国家社科基金后期资助项目

清至民国婺源县村落契约文书辑录

Contracts and Other Documents in Wuyuan County:
Qing Dynasty and Beyond

贰

秋口镇(一)

东坑村 · 鹤溪村 · 江村余姓 · 水末[沫]村汪家 · 长径村(1)

黄志繁 邵 鸿 彭志军 编

商务印书馆
创于1897 The Commercial Press
2014年 · 北京

秋口镇

秋口镇东坑村 1—17

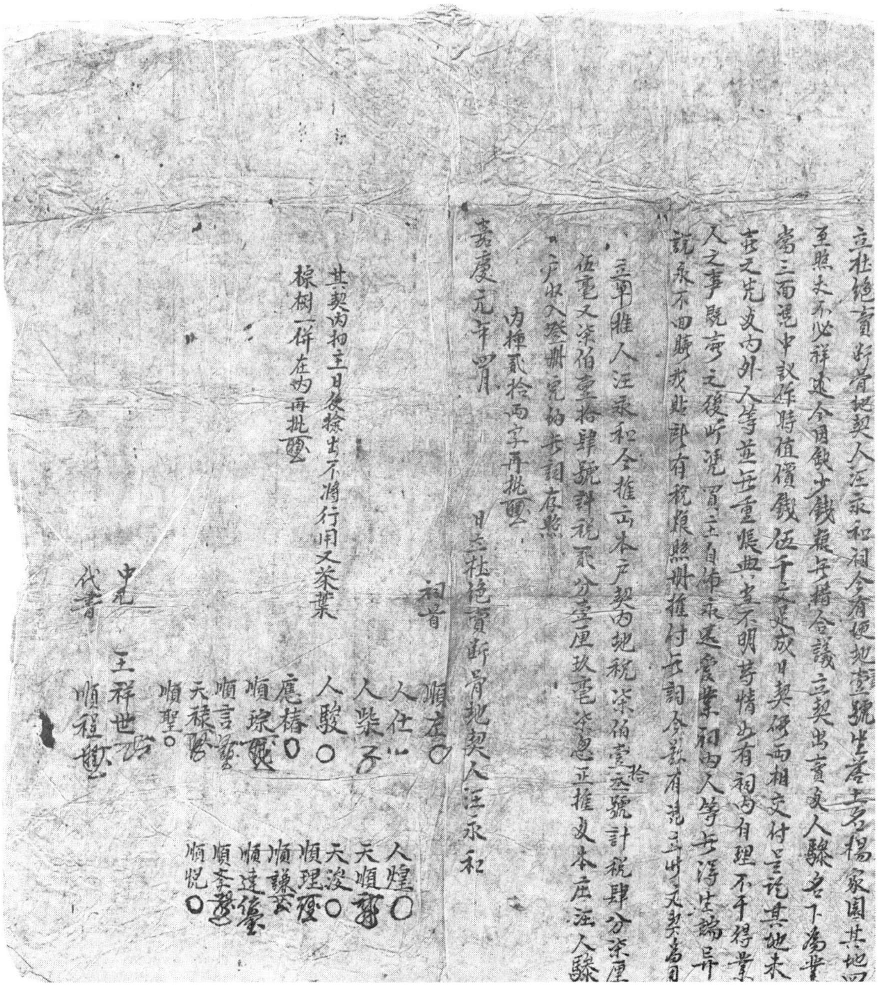
立杜絕賣斷骨地契人汪永和祠，今有便地壹號，坐落土名楊家園，其地四
至照依丈不必祥述。今因欠少錢糧無措，合議立契出賣與人駿名下為業，
當三面憑中議作時值價錢伍千文，足。成日契價兩相交付足訖。其地未
賣之先，與內外人等並無重張典當，不明等情，如有，祠內自理，不干得業
人之事。既賣之後，所憑買主自佈永遠管業，祠內人等無得生端異
說，永不回贖。我此所有稅糧照冊推付無詞，今欲有憑，立此杜絕賣契為據。

立單推人汪永和，今推出本戶契內地稅柒佰壹拾叁號，計稅肆分柒厘
伍毫，又柒佰壹拾肆號，計稅貳分壹厘玖毫柒忽，正推與本莊汪人騄
戶收入冊完納，無詞，存照。

內添貳拾兩字再批。

嘉慶元年四月　日立杜絕賣斷骨地契人汪永和

祠首　順在○　人仕　人柴　人駿○　應椿○　順琮　順言　天祿　順聖○
人煌○　天順　天浚○　順理　順謙　順達　順奎　順悅○

其契內相主日後檢出不得行用，又茶葉棕樹一併在內，再批。

中見　王祥世
代書　順程

秋口镇东坑村 2 · 嘉庆元年 · 杜绝卖断骨地契 · 汪永和卖与人骖

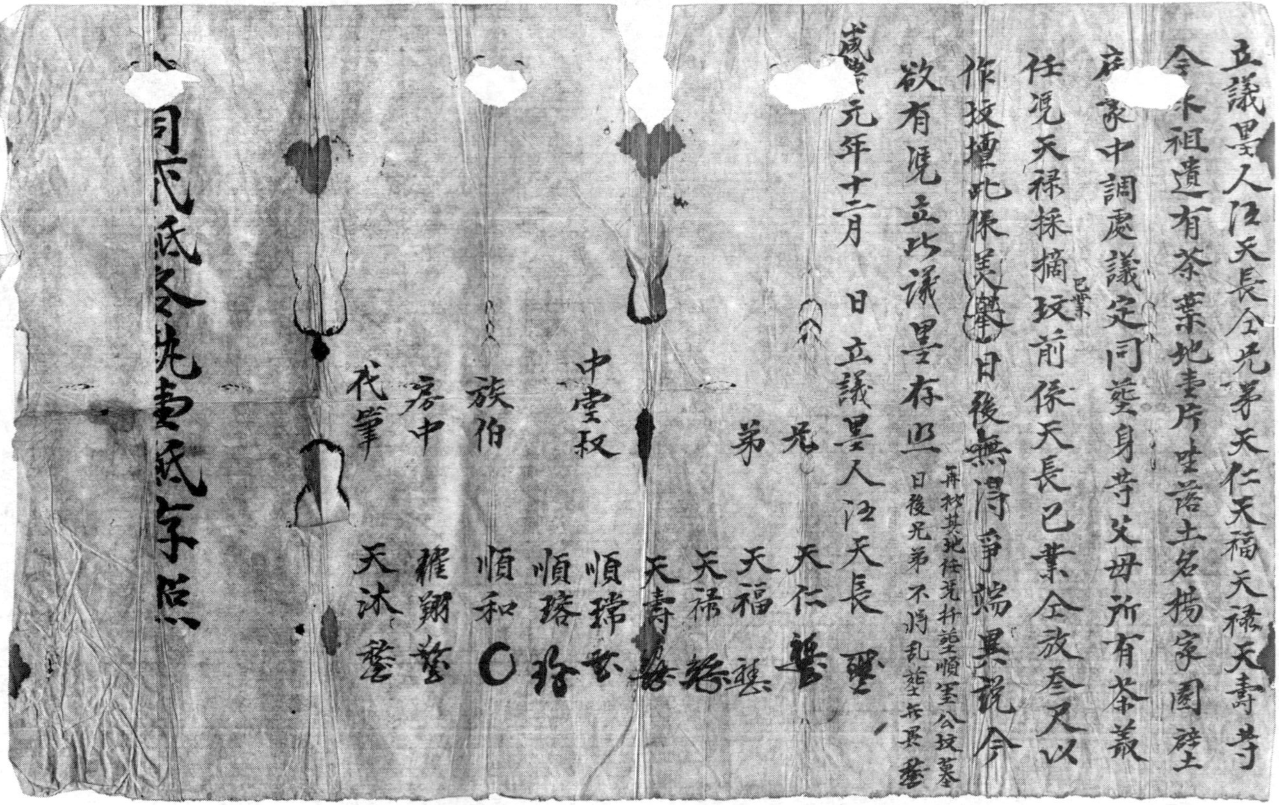

秋口镇东坑村 8 · 咸丰元年 · 议墨 · 汪天长同兄弟天仁、天福、天禧、天寿等

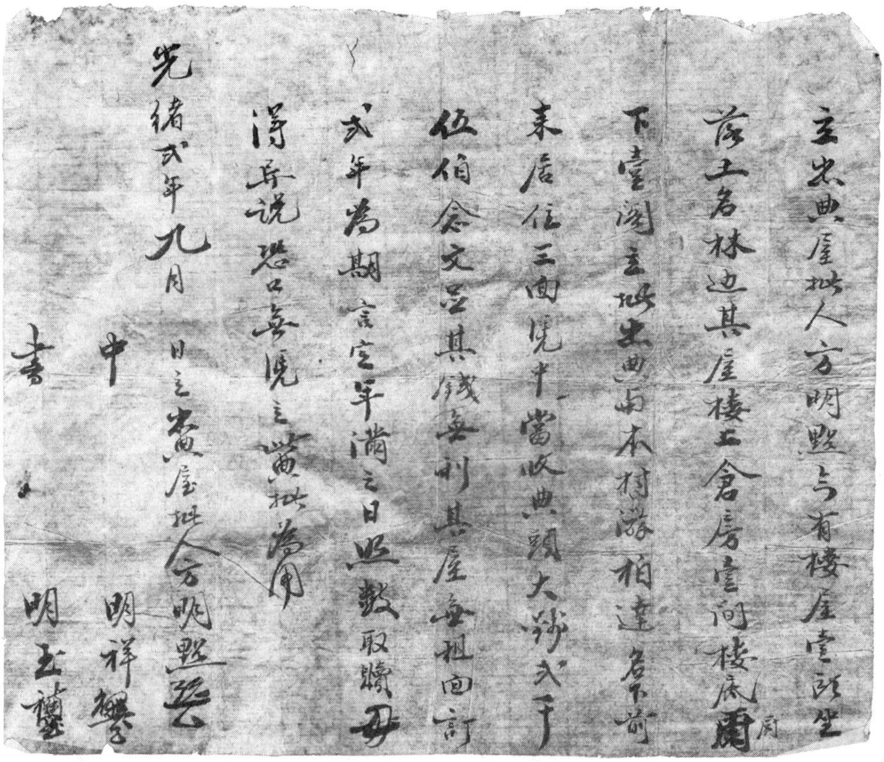

立出典屋批人方明點，今有楼屋壹頭，坐
落土名林边，其屋楼上仓房壹间，楼底厨
下壹间，立批出典与本村游柏達名下前
来居住。三面凭中，當收典頭大錢貳千
伍佰念文足，其錢無利，其屋無租，向
貳年為期，言定年满之日照數取贖，毋
得异说。恐口無凭，立當屋批為用。
光绪貳年九月　日立當屋批人方明點
中　明祥
書　明玉

秋口镇东坑村 12 · 光绪二年 · 出典屋批 · 方明点典与游柏达

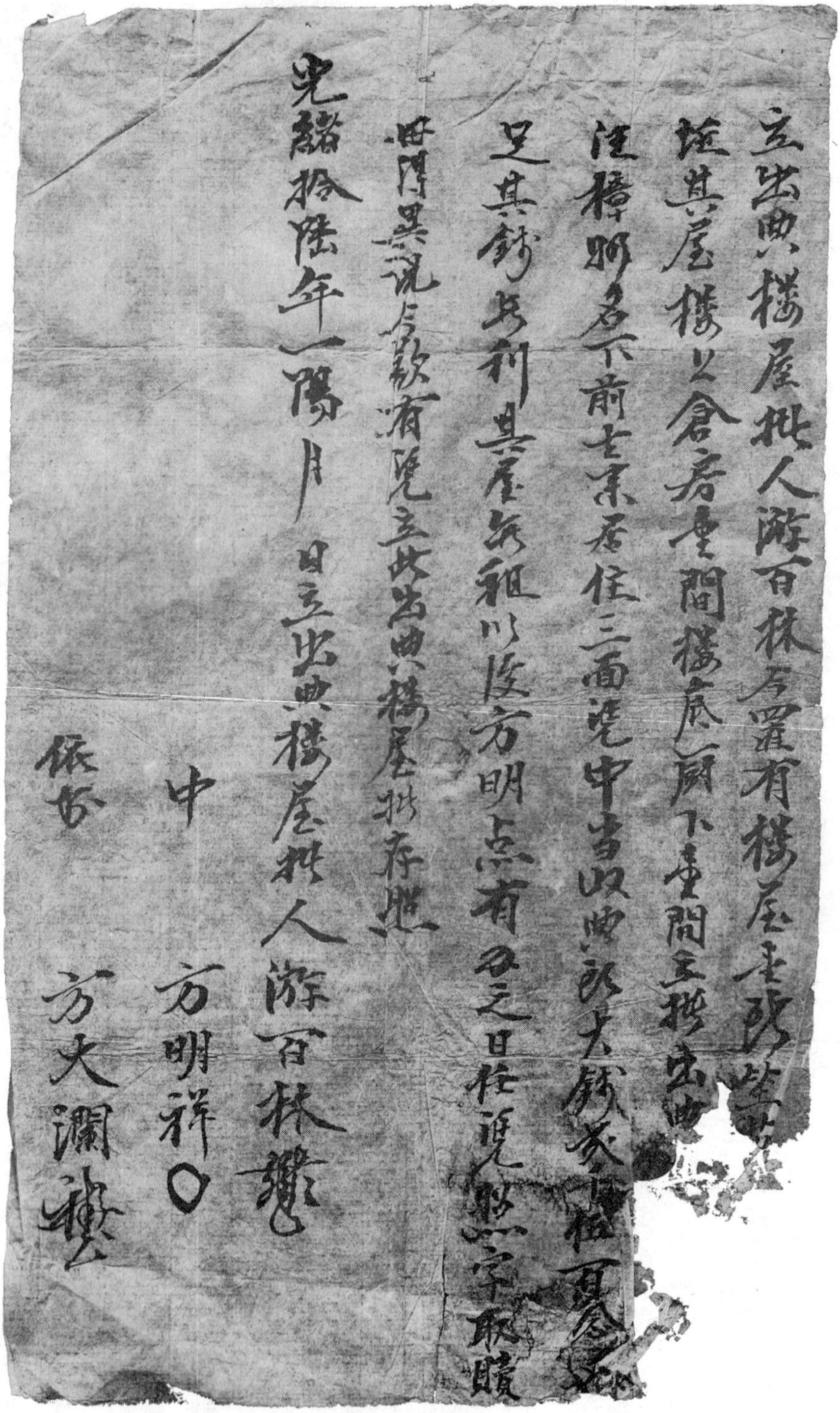

立出典樓屋批人游百林今將有樓屋壹所坐落[illegible]
址其屋樓上倉房壹間樓底廚下壹間立批出典與
汪樟州名下前去居住三面言定中當收典價大錢叁拾[illegible]
足其錢無利其屋無租以後方明點有[illegible]之日任從照字取贖
毋憑其說今欲有憑立此出典樓屋批存照
光緒拾陸年一陽月　日立出典樓屋批人游百林（押）
中　方明祥（押）
依書　方大瀾（押）

秋口镇东坑村 9 · 光绪十六年 · 出典楼屋批 · 游百林典与汪樟州

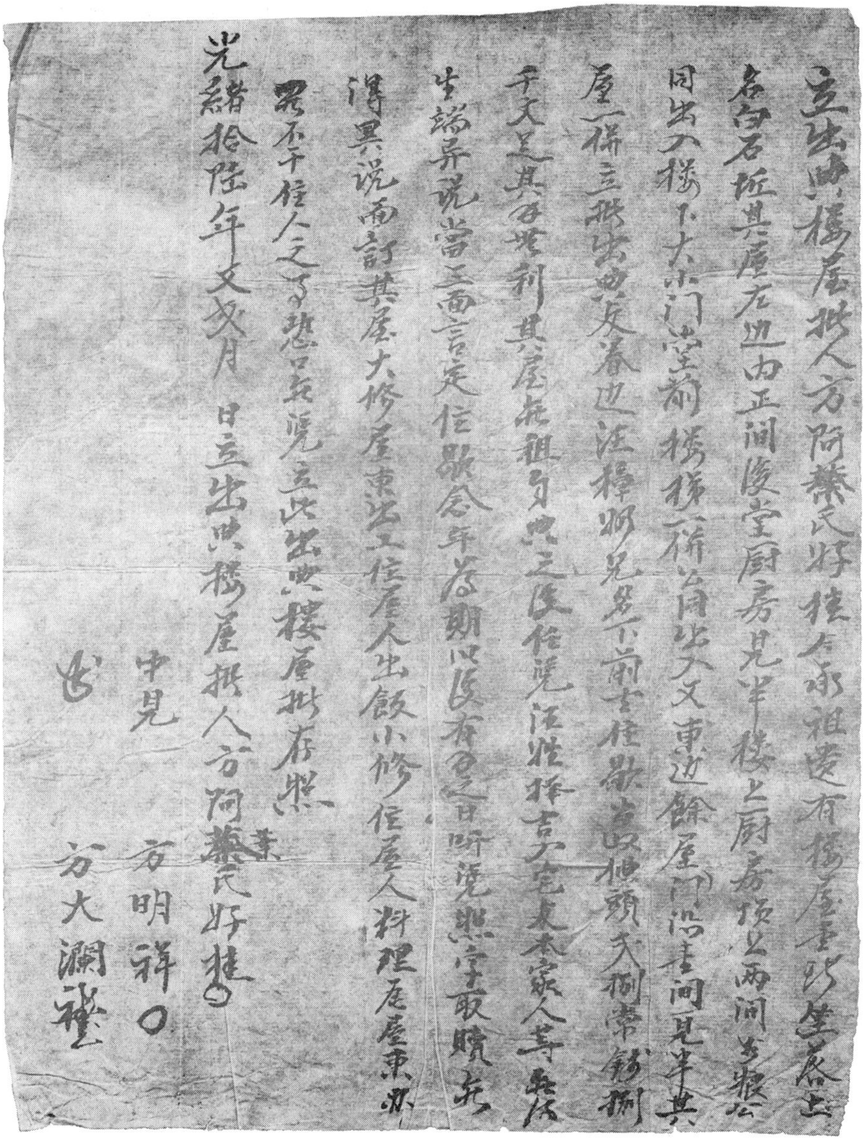
立出典楼屋批人方阿叶氏好桂今承祖遗有楼屋壹所坐落土名白石坵其屋左边内正间后堂厨房见半楼上厨房顶上两间与众公同出入楼下大小门堂前楼梯一併与同出入又东边余屋门沿壹间见半共屋一併立批出典与眷边汪樟州兄名下前去住歇当收价头英洋壹拾
千文足其洋当利其屋承祖自典之后住屋汪姓择吉入宅本家人等无得生端异说当三面言定住歇叁年为期以后有洋之日听凭照字取赎无异说倘屋大修屋东出工住屋人出饭小修住屋人料理屋东
不干住人之事恐口无凭立此出典楼屋批存照
光绪拾陆年又贰月 日立出典楼屋批人方阿叶氏好桂
中见 方明祥
书 方大澜

秋口镇东坑村 14 · 光绪十六年 · 出典楼屋批 · 方阿叶氏好桂典与眷边汪樟州

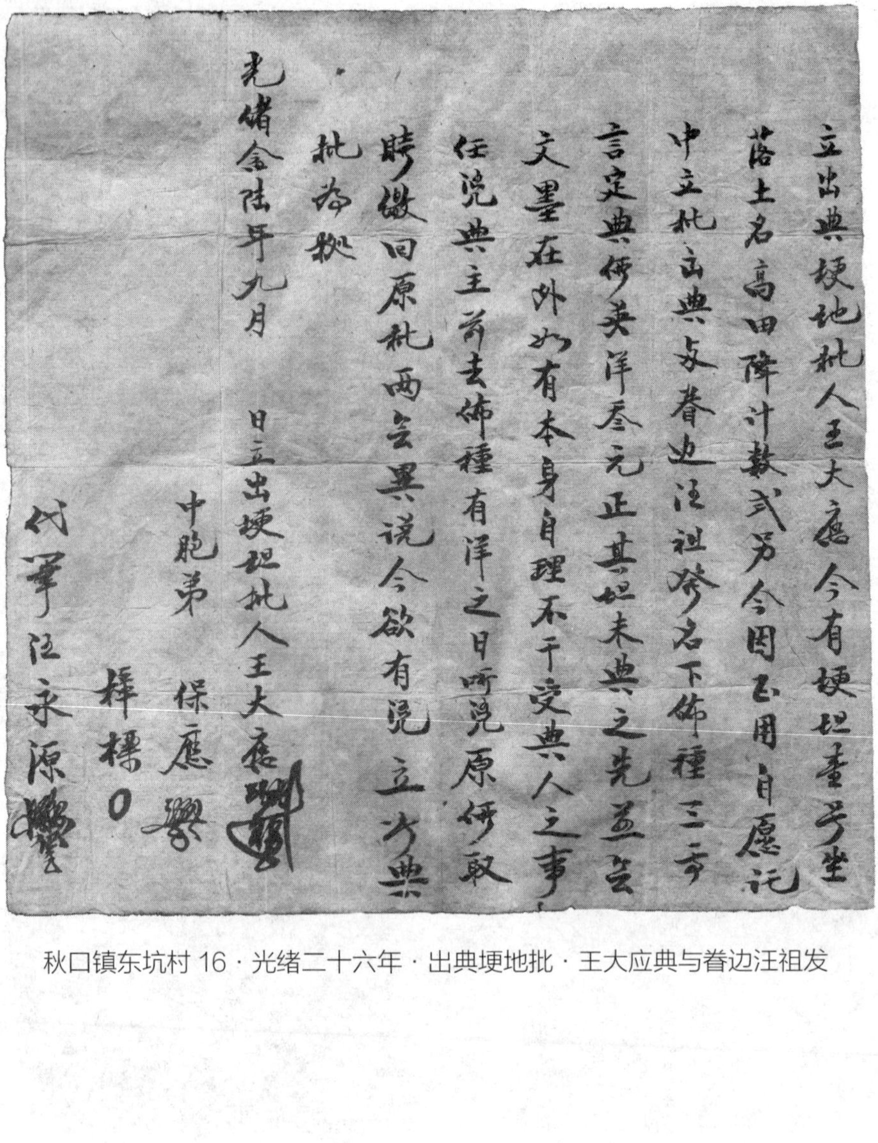

秋口镇东坑村 16 · 光绪二十六年 · 出典埂地批 · 王大应典与眷边汪祖发

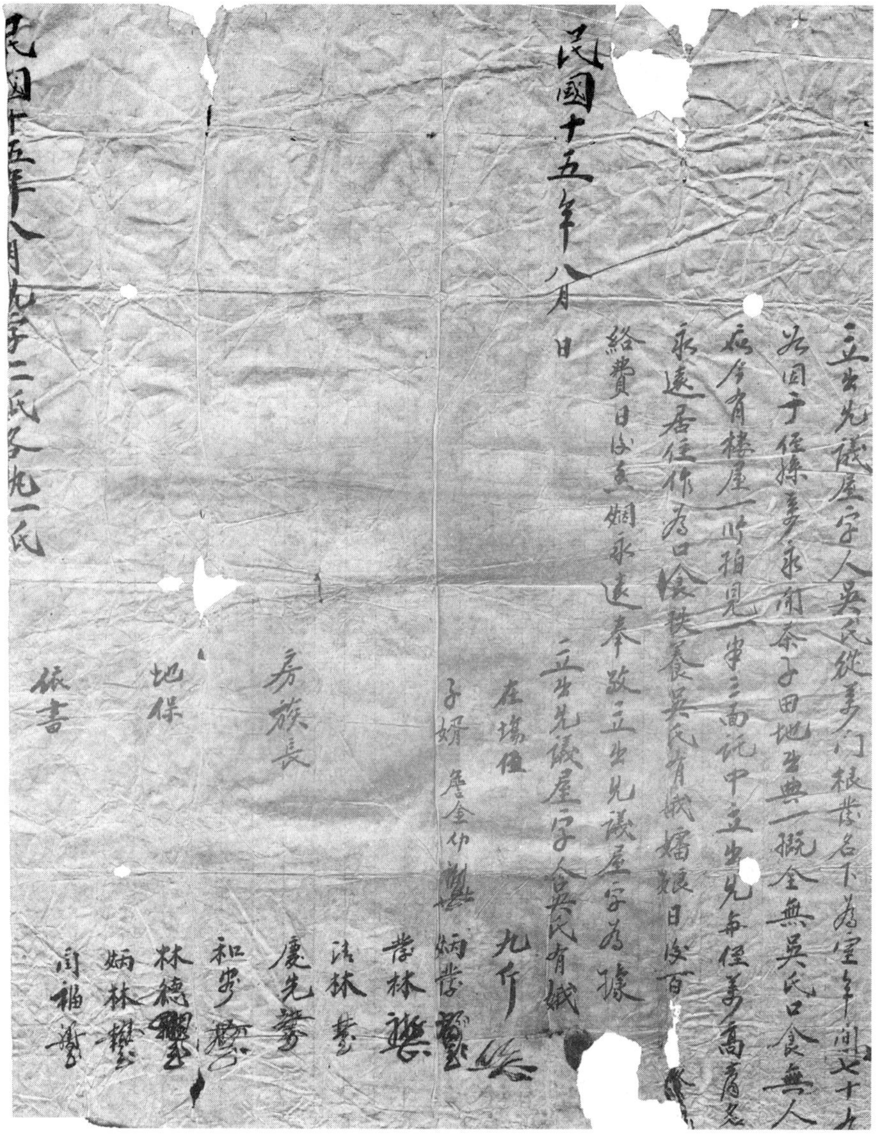

秋口镇东坑村 3 · 民国十五年 · 出允议屋字 · 吴有娥出允与侄万高寿

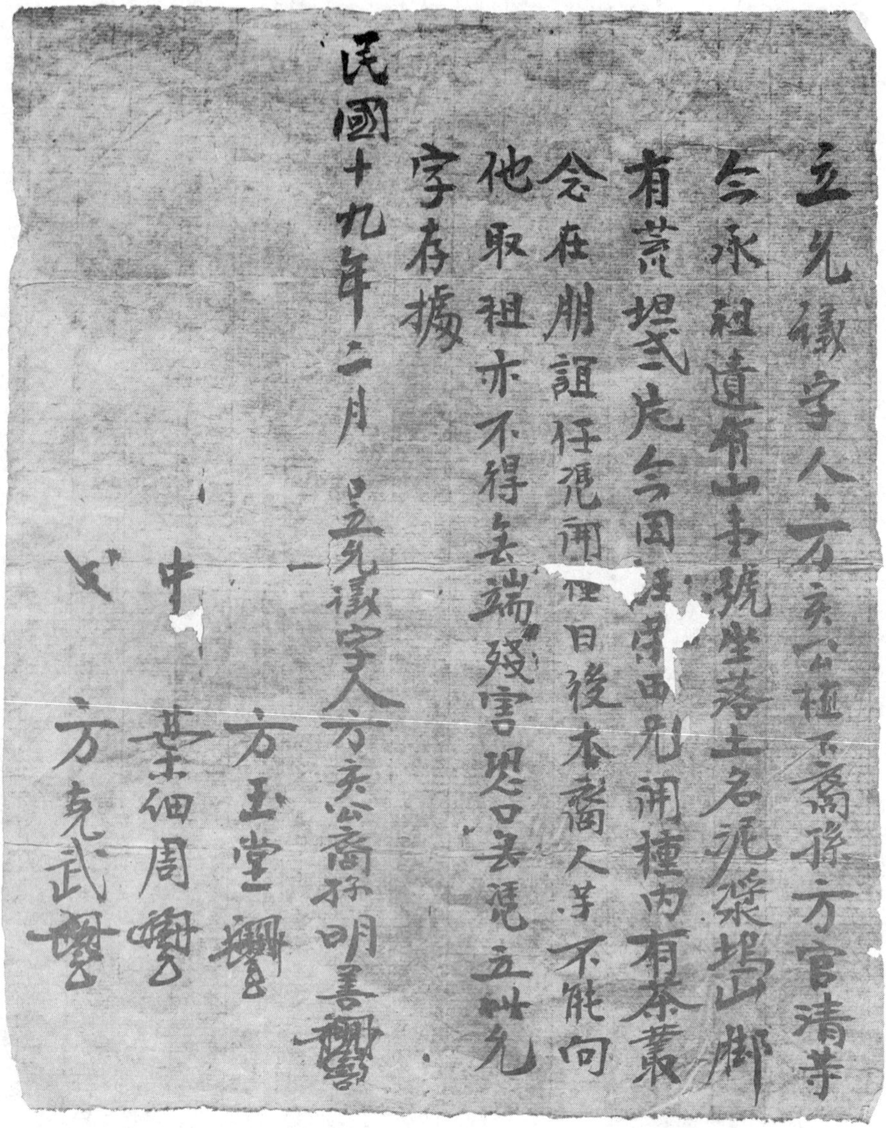

秋口镇东坑村 4 · 民国十九年 · 允议字 · 方庆功植下裔孙方官清等

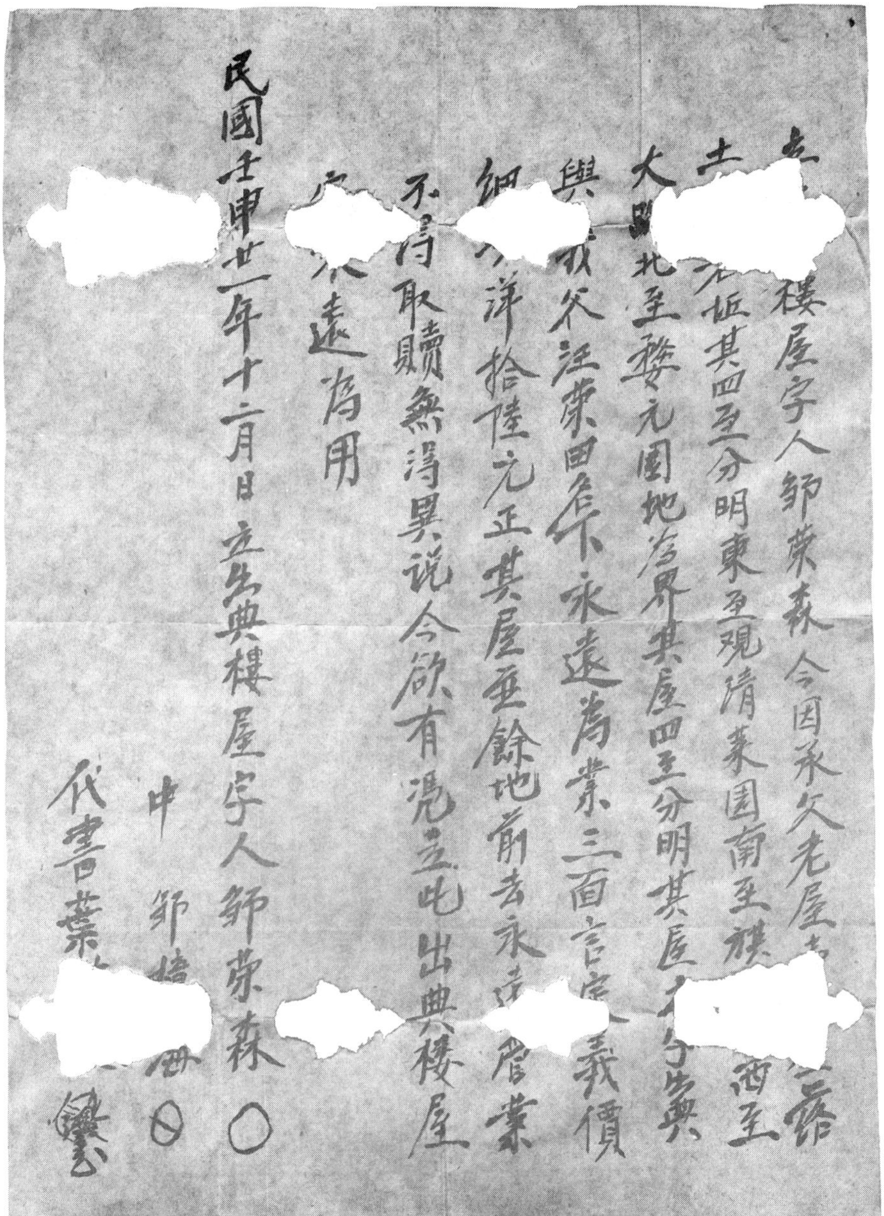
立□□□楼屋字人邹荣森今因承父老屋壹□□□土□□□□垣其四至分明东至观清菜园南至旗□□□西至大路北至婺元园地为界其屋四至分明其屋□□今出典与□□□我父江荣田名下永远为业三面言定义价□□□细□□洋拾陆元正其屋并余地前去永远管业不得取赎无得异说今欲有凭立此出典楼屋□□□永远为用
民国壬申廿一年十二月日立出典楼屋字人邹荣森〇
中　邹□□〇
代书叶□□

秋口镇东坑村 15 · 民国二十一年 · 出典楼屋字 · 邹荣森典与义父汪荣田

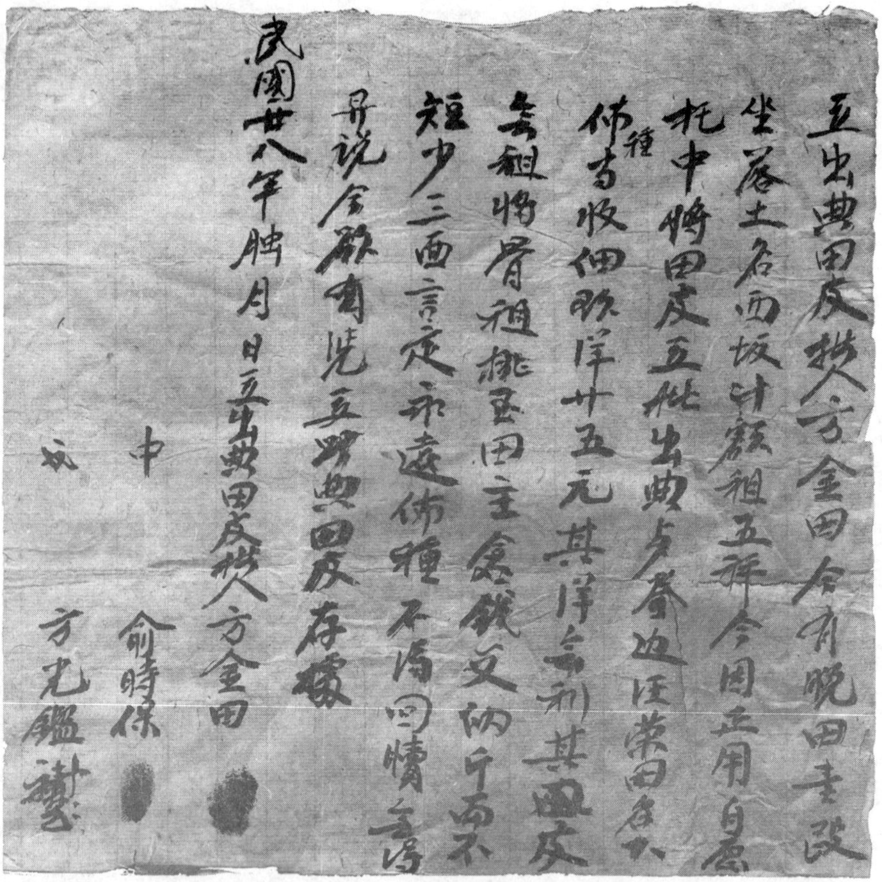
立出典田皮批人方金田今有晚田壹丘
坐落土名西坂計額租五秤今因正用自愿
托中將田皮立批出典與眷邊汪榮田名下
佃種當收佃價洋廿五元其洋無利其田皮
無租將骨租挑至田主處交納斤兩不
短少三面言定永遠佃種不得回情無得
異說今欲有凭立此出典田皮存據
民國廿八年腊月　日立出典田皮批人方金田
中　俞時保
代　方光鑑書

秋口镇东坑村 17 · 民国二十八年 · 出典田皮批 · 方金田典与眷边汪荣田

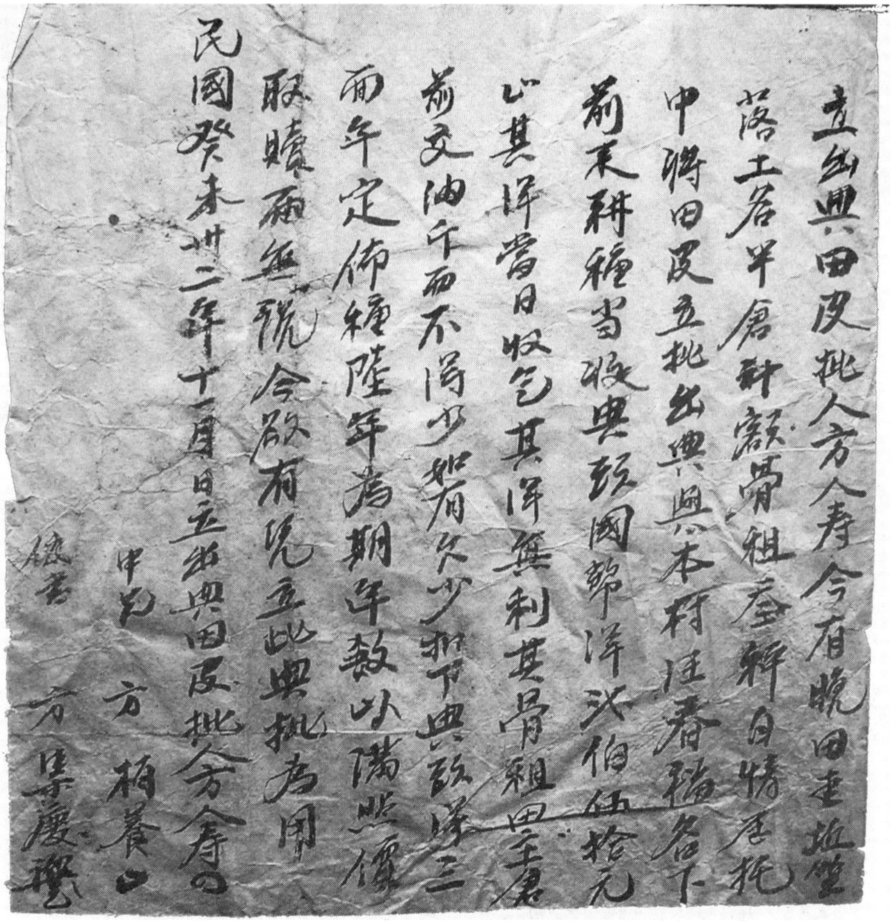

秋口镇东坑村 5 · 民国三十二年 · 出典田皮批 · 方人寿典与汪春福

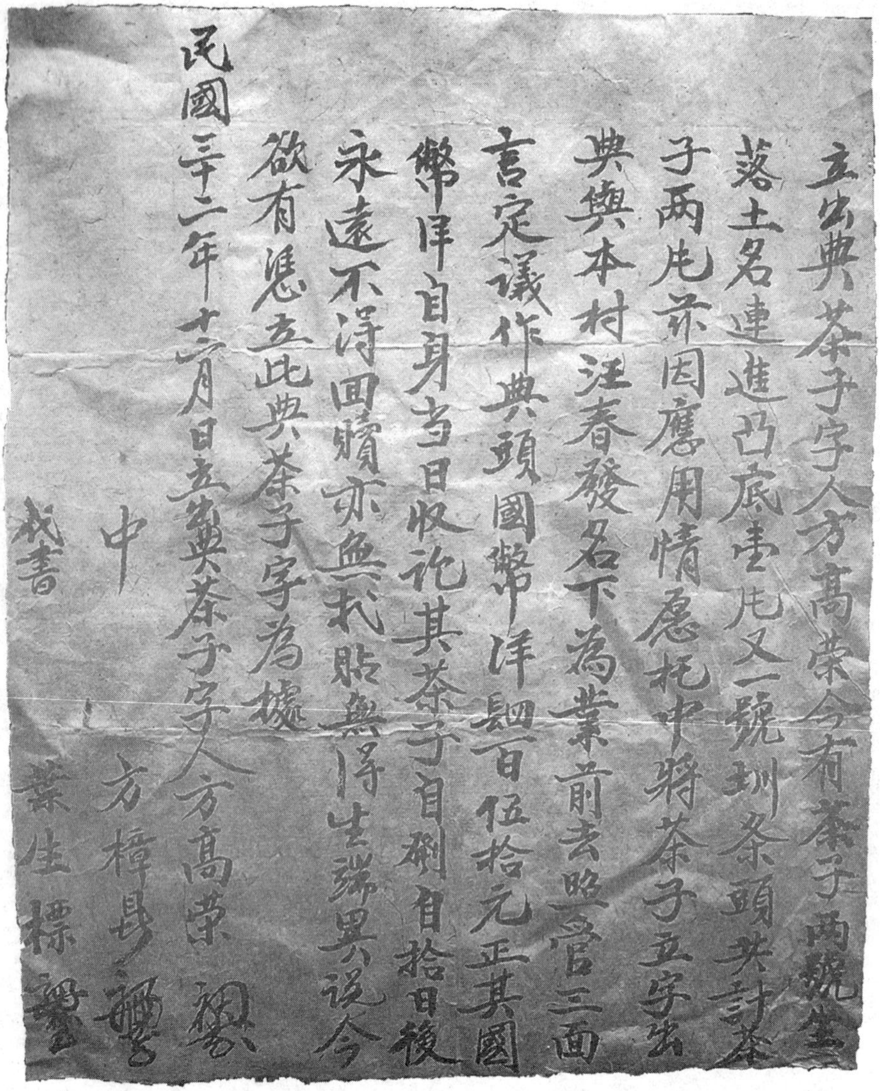

立出典茶子字人方高荣今有茶子兩號坐落土名連進巴底壹片又一號圳条頭共計茶子兩片亦因應用情愿托中將茶子立字出典與本村汪春發名下為業前去照管三面言定議作典頭國幣洋捌百伍拾元正其國幣洋自身当日收讫其茶子自划自拾日後永遠不得回贖亦無找貼無得生端異说今欲有憑立此典茶子字為據

民國三十二年十二月日立出典茶子字人方高荣

中　方樟县

代書　葉佳標

秋口镇东坑村 7 · 民国三十二年 · 出典茶子字 · 方高荣典与汪春发

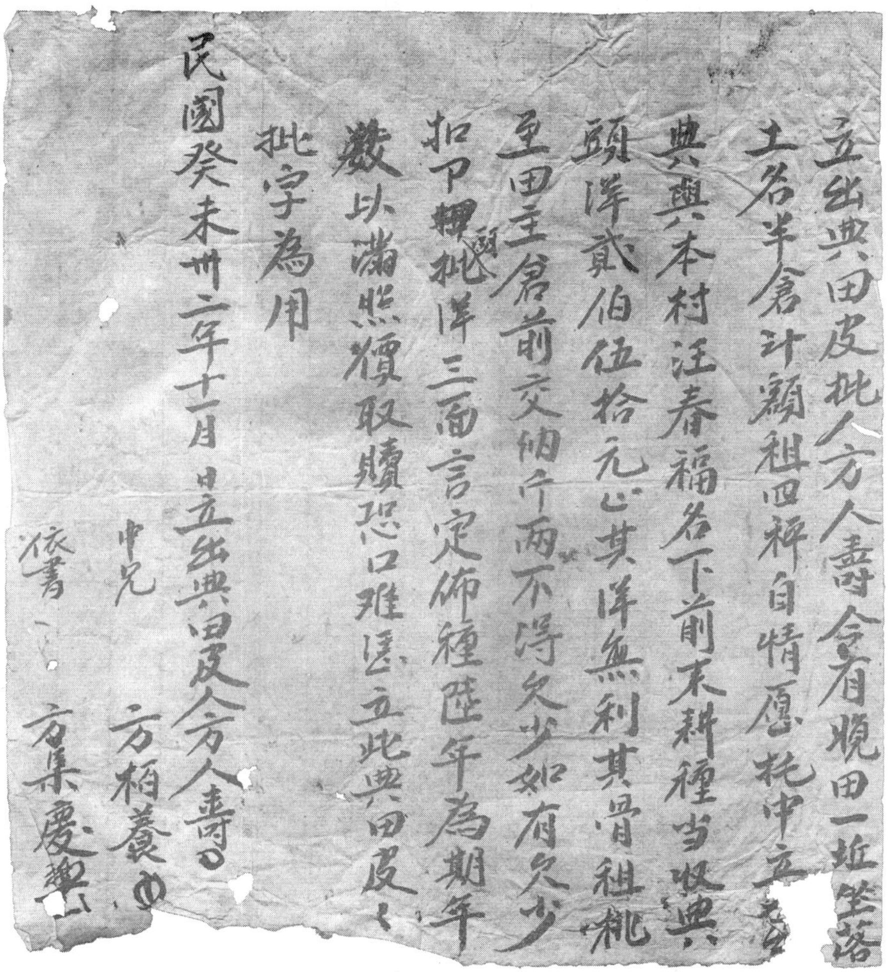
立出典田皮批人方人壽今有塆田一坵坐落
土名半倉計額租四秤自情愿托中立出
典與本村汪春福名下前來耕種當收典
頭洋貳伯伍拾元正其洋無利其骨租批
至田主倉前交納斤兩不得欠少如有欠少
扣下押批洋三面言定佈種陸年為期年
數以滿照價取贖恐口難憑立此典田皮〃
批字為用
民國癸未卅二年十一月　日立出典田皮人方人壽（押）
中見　方栢養（押）
依書　方集慶（押）

秋口镇东坑村 13 · 民国三十二年 · 出典田皮批 · 方人寿典与汪春福

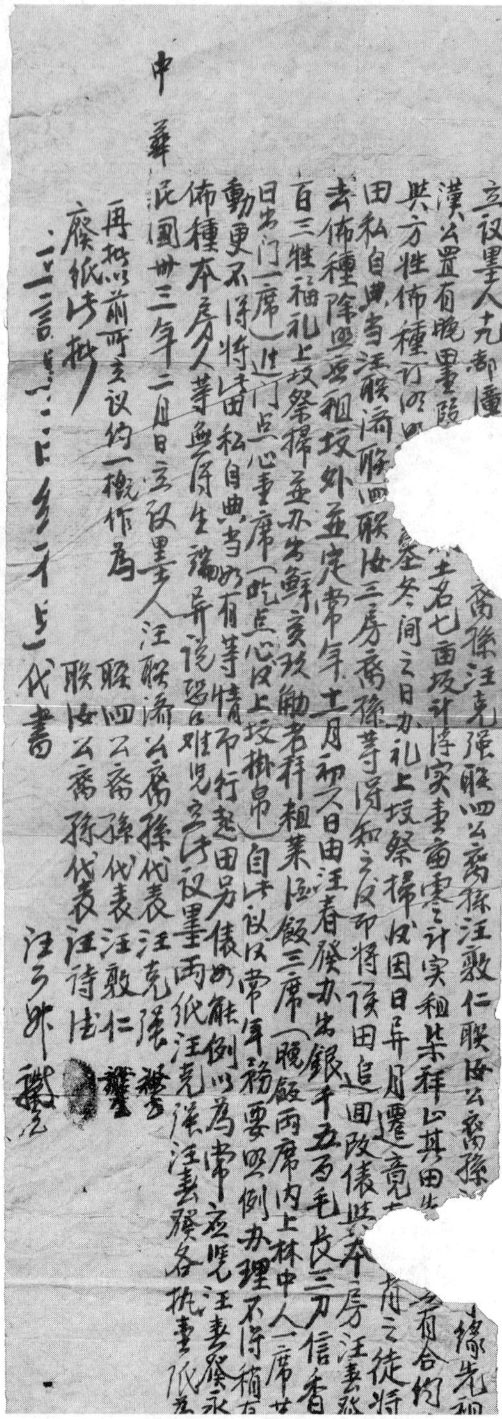

秋口镇东坑村 6 · 民国三十三年 · 议墨 · 联济公裔孙汪克强、
联泗公裔孙汪敦仁、联汝公裔孙汪待清等

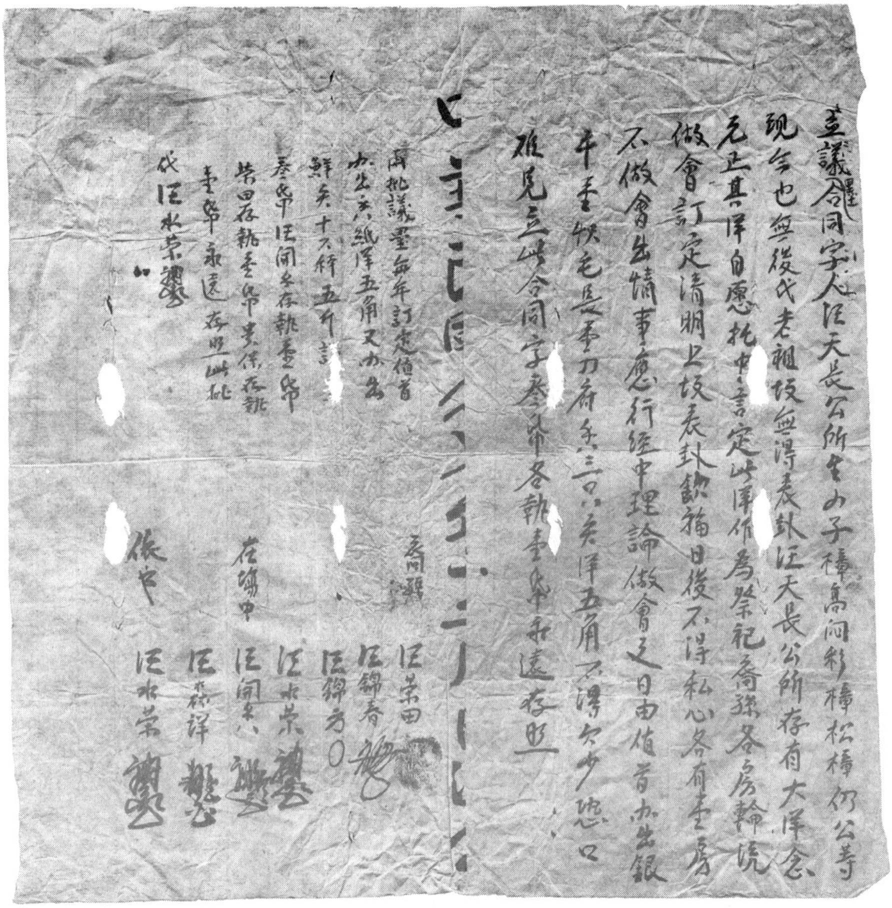

秋口镇东坑村 11 · 议墨合同 · 汪天长公裔孙汪荣田天等

秋口镇鹤溪村 1—30

秋口镇鹤溪村 26 · 乾隆三十八年 · 断骨出卖基地并浮屋契 · 伯元松卖与堂侄☒

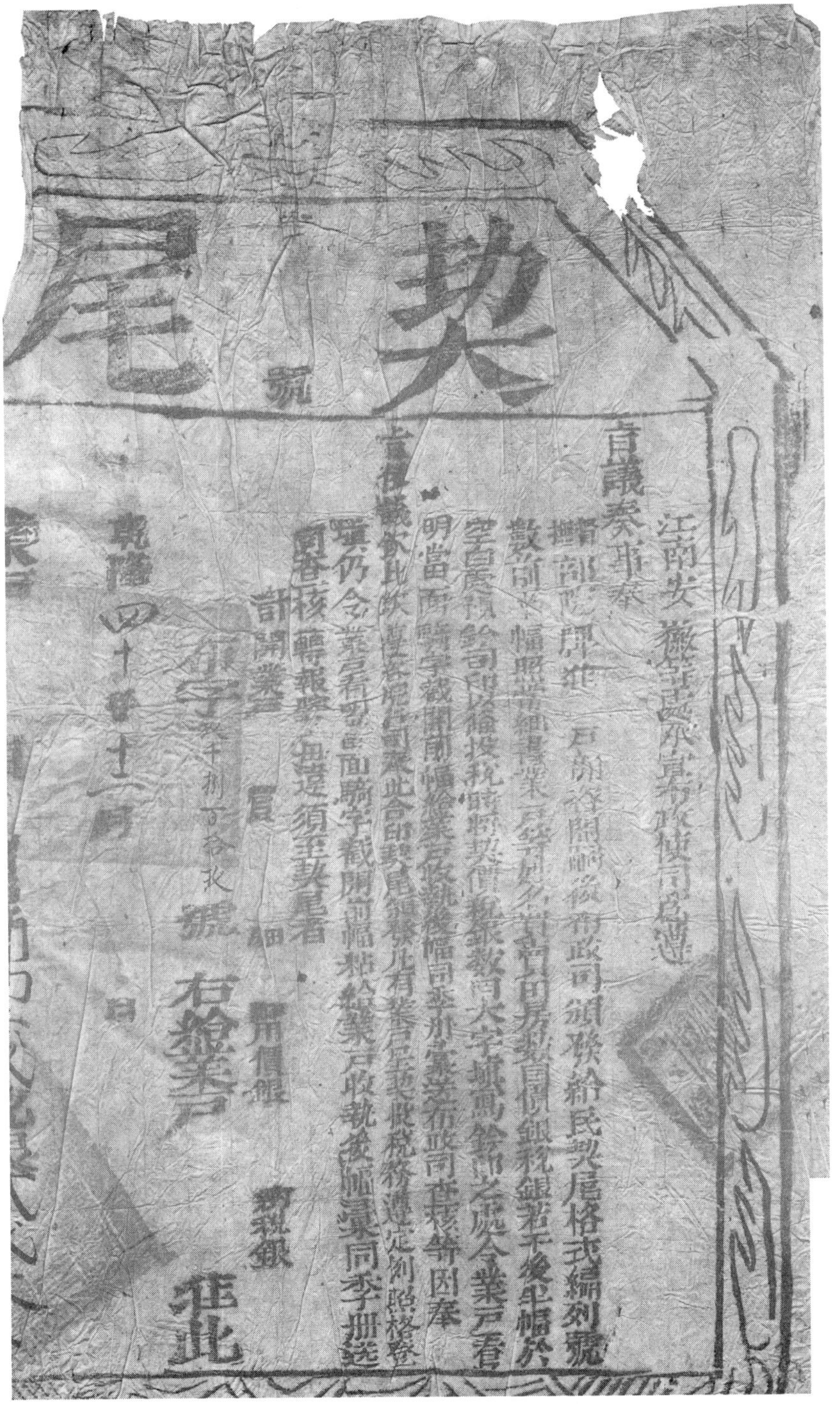
契尾 號

江南安徽等處承宣布政使司為遵
旨議奏事奉
督撫部院憲牌准 戶部咨開嗣後布政司頒發給民契尾格式編列號
數前半幅照常細書業戶等姓名買賣田房數目價銀稅銀若干後半幅於
空白處預鈐司印將投稅時將契價稅銀數目大字填寫鈐印之處令業戶看
明當面騎字截開前幅給業戶收執後幅同季冊彙送布政司查核等因奉
旨依議欽此欽遵在案除通行外合印契尾頒發凡有業戶赴縣投稅務遵定例照格登
填仍令業戶看明當面騎字截開前幅粘給業戶收執後幅彙同季冊送
司查核轉報毋違須至契尾者
計開業戶 買 用價銀 稅銀
字[illegible]號 右給業戶 准此
乾隆四十年十二月 日

秋口镇鹤溪村 27 · 乾隆四十年 · 契尾

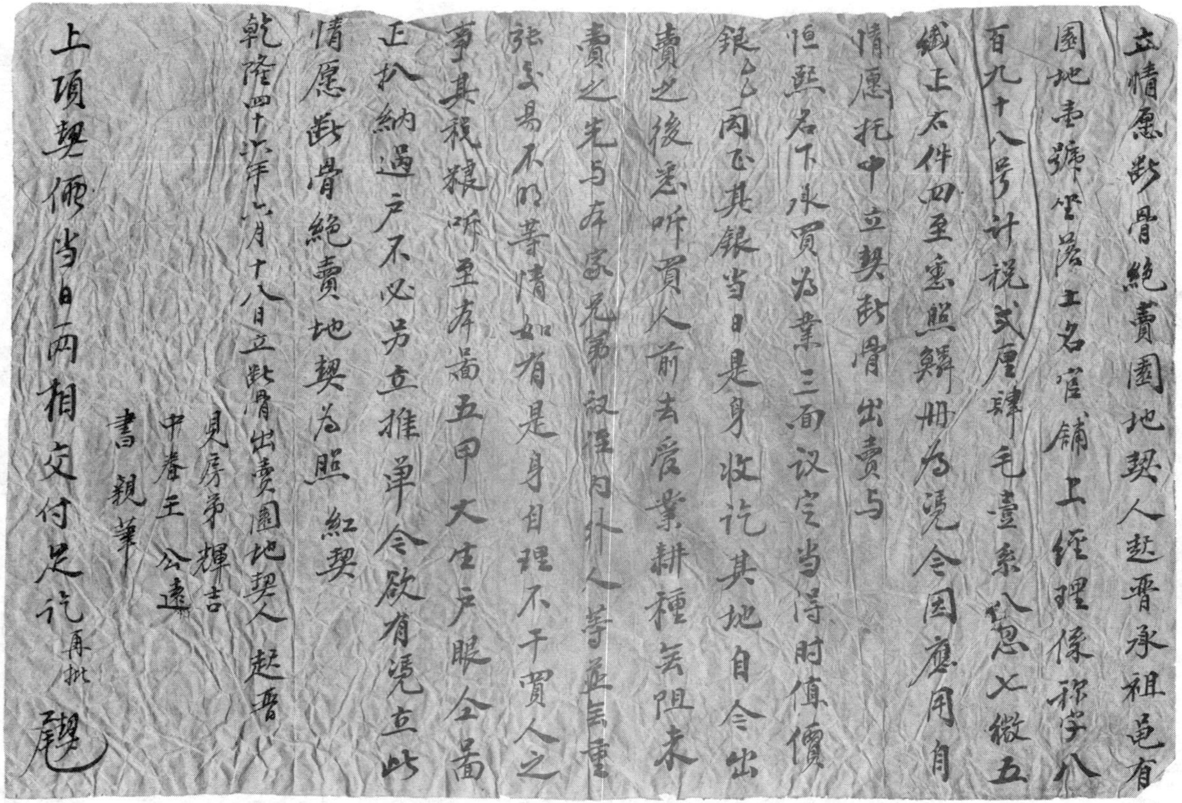
立情愿斷骨絕賣園地契人起晋承祖遺有
園地壹號坐落土名官鋪上經理係稱字八
百九十八號計稅弍厘肆毛壹系八忽七微五
纖正右件四至悉照鱗册為憑今因應用自
情愿托中立契斷骨出賣與
恒熙名下承買為業三面议定當得時值價
銀乙乙两正其銀當日是身收讫其地自今出
賣之後悉听買人前去管業耕種無阻未
賣之先与本家兄弟叔侄內外人等並無重
张交易不明等情如有是身自理不干買人之
事其稅粮听至本啚五甲大生户眼仝啚
正扒納過户不必另立推單今欲有憑立此
情愿斷骨絕賣地契為照　紅契
乾隆四十六年六月十八日立斷骨出賣園地契人　起晋
見房弟　輝吉
中　眷壬　公遠
書　親筆
上項契價當日兩相交付足讫　再批

秋口镇鹤溪村 18 · 乾隆四十六年 · 断骨出卖园地契 · 起晋卖与仁熙

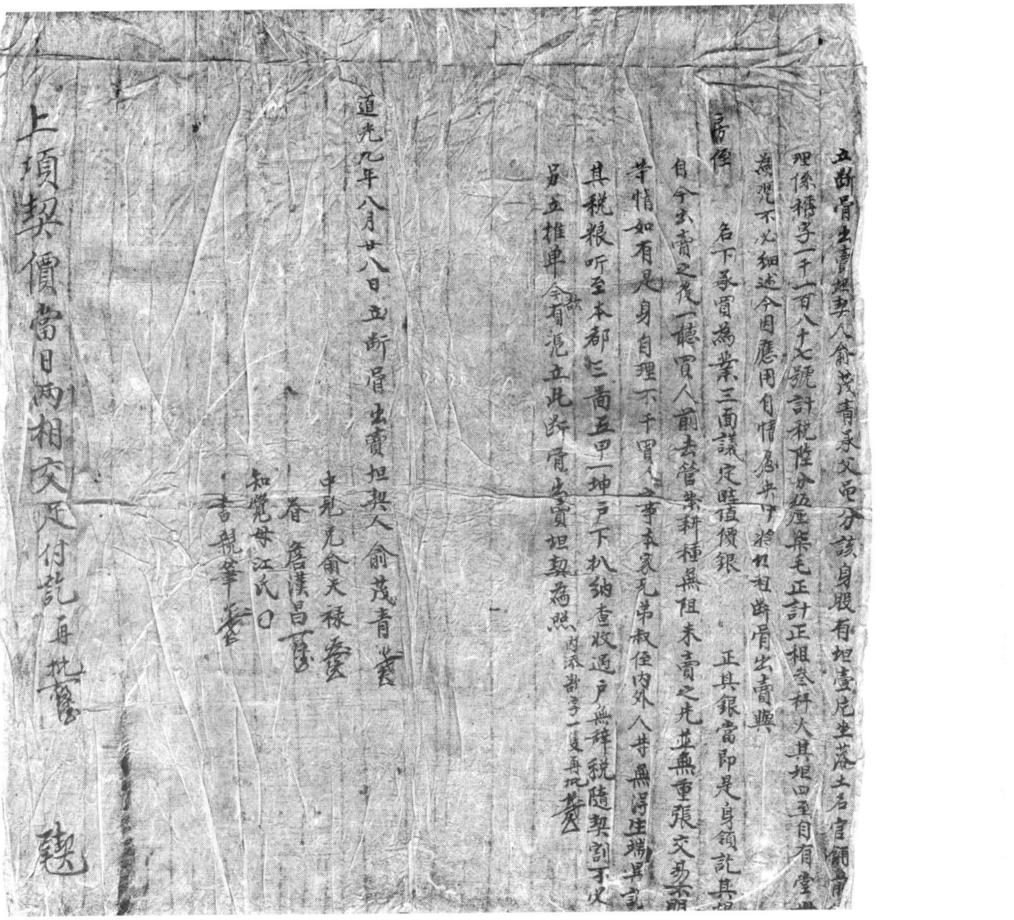
立断骨出賣坦契人俞茂青承父□分該身股有坦壹片坐落土名官鋪前
理係排字一千一百八十七號計税陸分伍厘柒毛正計正租叁秤大其坦四至自有堂
為憑不必細述今因應用自情愿央中將前坦断骨出賣與
房侄　名下承買為業三面議定時值價銀　正其銀當即是身領訖其坦
自今出賣之後一聽買人前去管業耕種無阻未賣之先並無重張交易
等情如有是身自理不干買人之事本家兄弟叔侄内外人等無得生端異言
其税粮听至本都三啚五甲一坤户下扒納查收過户無辞税隨契割不必
另立推单今欲有憑立此断骨出賣坦契為照　内添一字再批（押）
道光九年八月廿八日立断骨出賣坦契人俞茂青（押）
中見兄俞天禄（押）
眷詹漢昌（押）
知覺母江氏〇
書親筆（押）
上項契價當日兩相交足付訖再批（押）

秋口镇鹤溪村 8 · 道光九年 · 断骨出卖坦契 · 俞茂青卖与房侄☐

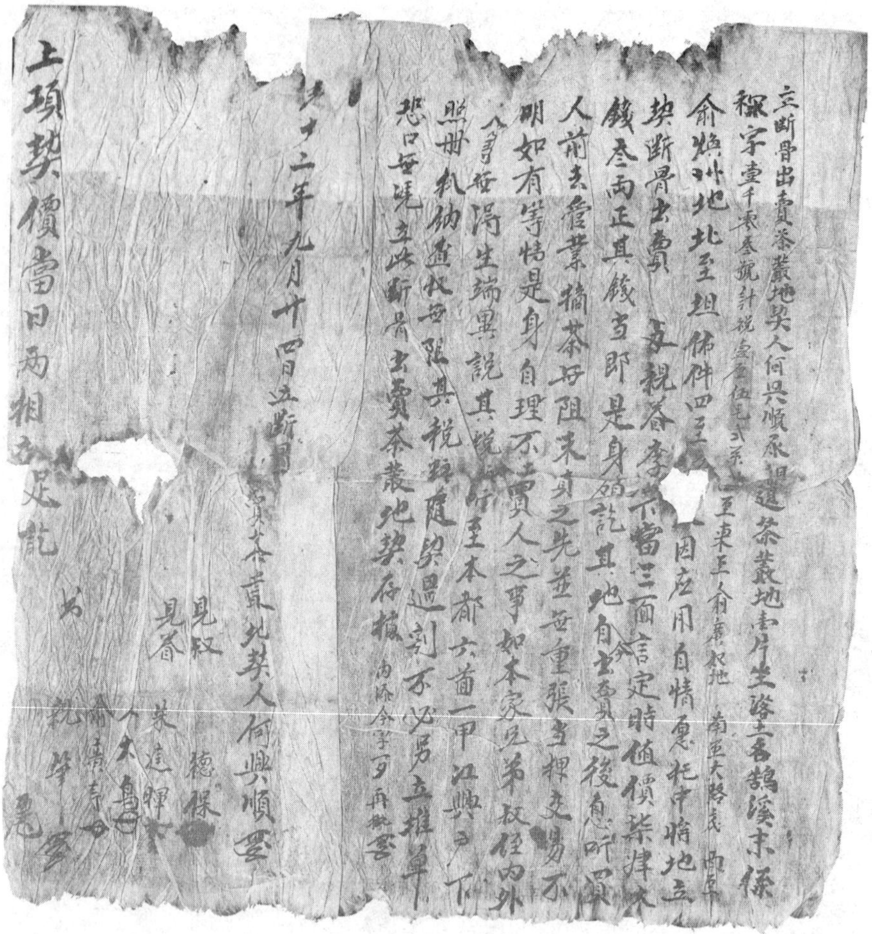
立断骨出賣茶叢地契人何興順承祖遺茶叢地壹片坐落土名鶴溪末係稼字壹千零叁號計稅壹分伍毛弍系 至東王人俞廣地 南至大路 西至俞煥州地北至坦 佛件四至 因应用自情愿托中將地立契断骨出賣与親眷李 為業當三面言定時值價柒肆錢叁兩正其錢当即是身領訖其地自出賣之後憑听人前去管業摘茶毋阻未賣之先並無重張当押交易不明如有等情是身自理不干買人之事如本家兄弟叔侄內外人等毋得生端異說其稅聽至本都六啚一甲江興戸下照冊扒納過戶毋阻其稅隨契過割不必另立推單恐口無憑立此断骨出賣茶叢地契存據 內添叁字再批押
道光十二年九月廿四日立断骨出賣茶叢地契人何興順押
見叔 德保
見眷 蔡進輝
上項契價當日兩相交足訖

秋口镇鹤溪村 9 · 道光十二年 · 断骨出卖茶丛地契 · 何兴顺卖与亲眷李

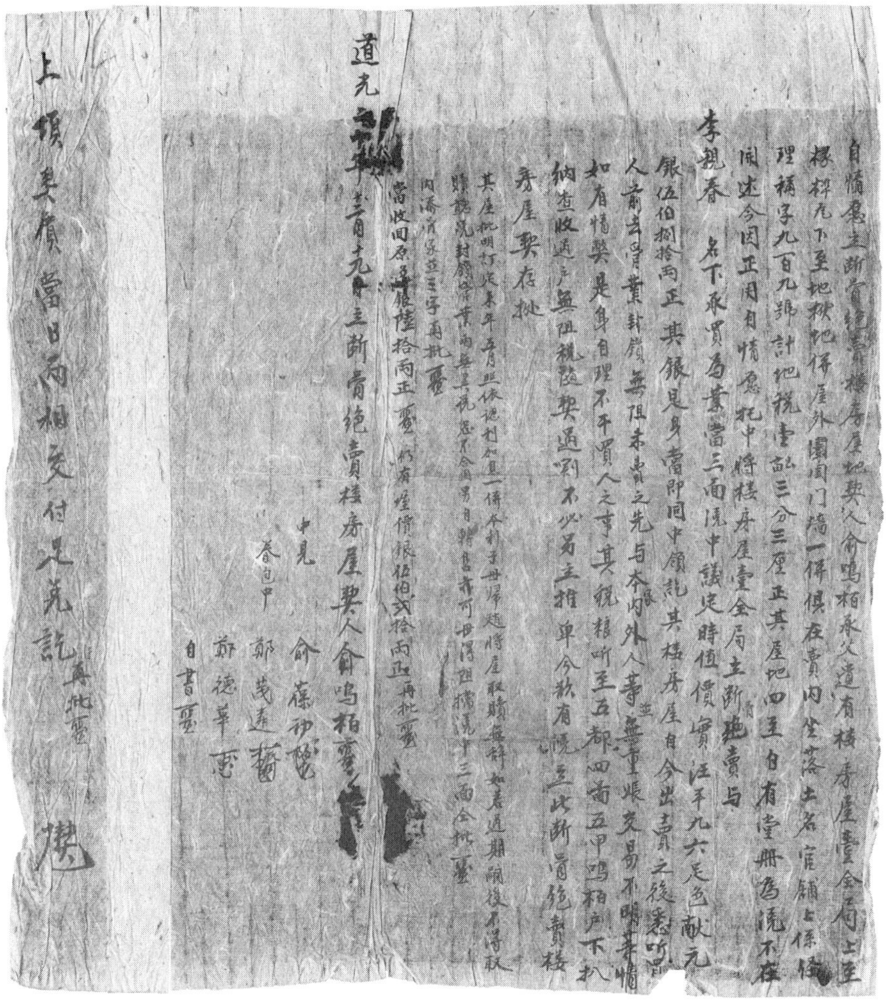

秋口镇鹤溪村 6 · 道光二十年 · 断骨绝卖楼房屋地契 · 俞鸣栢卖与李亲眷

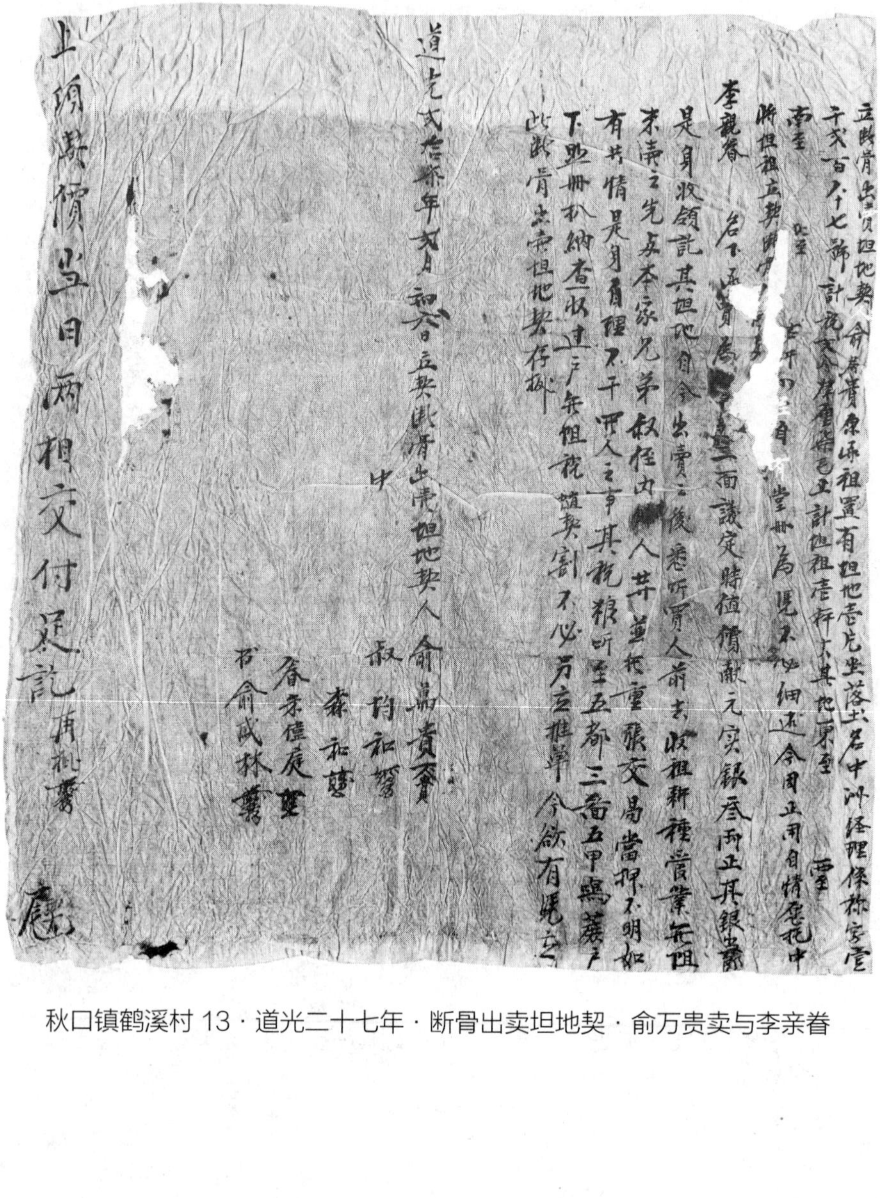

秋口镇鹤溪村 13 · 道光二十七年 · 断骨出卖坦地契 · 俞万贵卖与李亲眷

秋口镇鹤溪村 21 · 道光二十七年 · 断骨出卖坦皮茶丛契 · 俞万贵卖与李亲眷

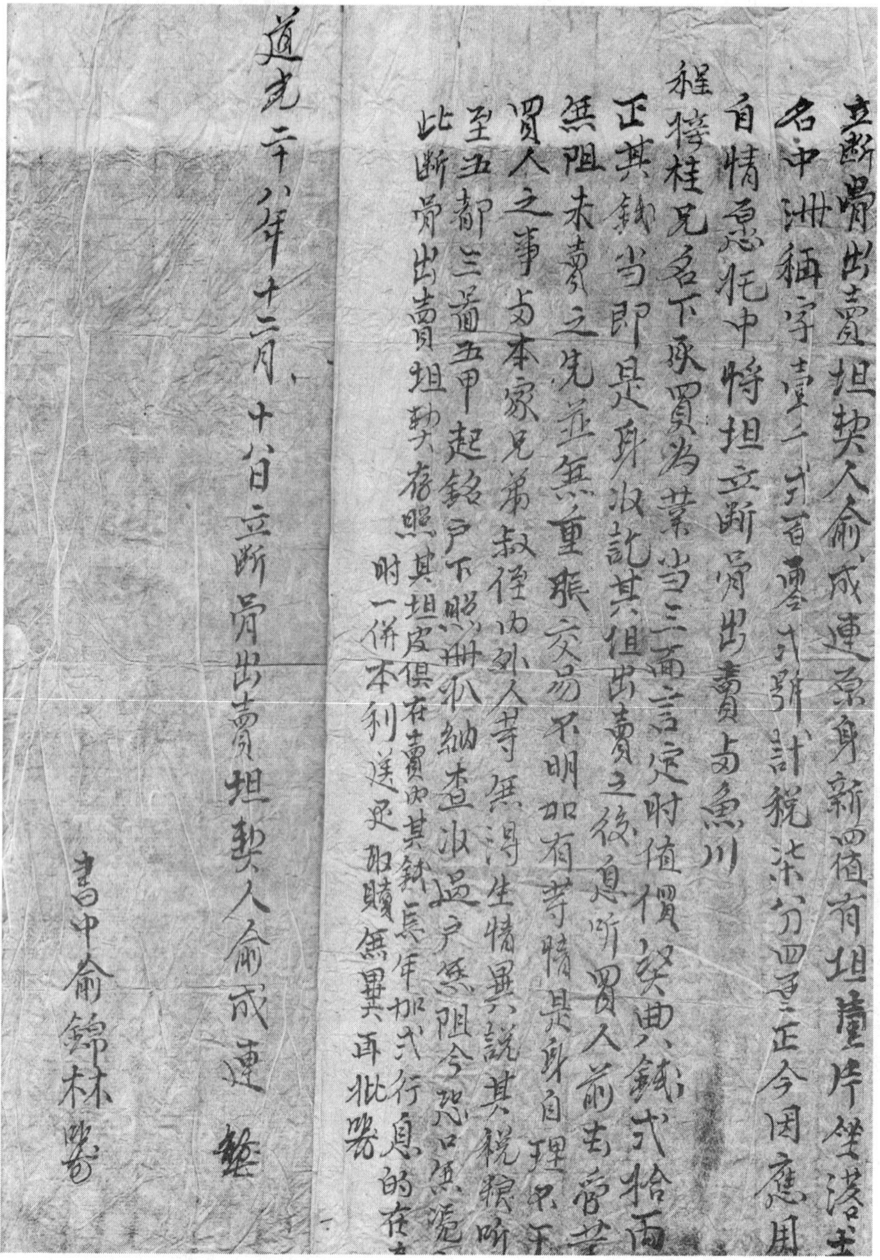

立断骨出賣坦契人俞成連原身新置有坦壹片坐落土
名中洲稱字壹千弍百零弍號計稅柒分四厘正今因應用
自情愿托中将坦立断骨出賣與魚川
程接桂兄名下承買為業當三面言定時值價紋曲銀弍拾兩
正其銀当即是身收訖其坦出賣之後息听買人前去管業
無阻未賣之先並無重張交易不明如有等情是身自理不干
買人之事与本家兄弟叔侄内外人等無得生情異說其稅粮听
至五都三啚五甲起錺户下照册収納查收過户無阻今恐口無憑立
此断骨出賣坦契存照其坦皮俱在賣内其銀長年加弍行息的在
附一併本利送还取贖無異再批照

道光二十八年十二月十八日立断骨出賣坦契人俞成連號

書中俞錦林號

秋口镇鹤溪村 3 · 道光二十八年 · 断骨出卖坦契 · 俞成连卖与程接桂

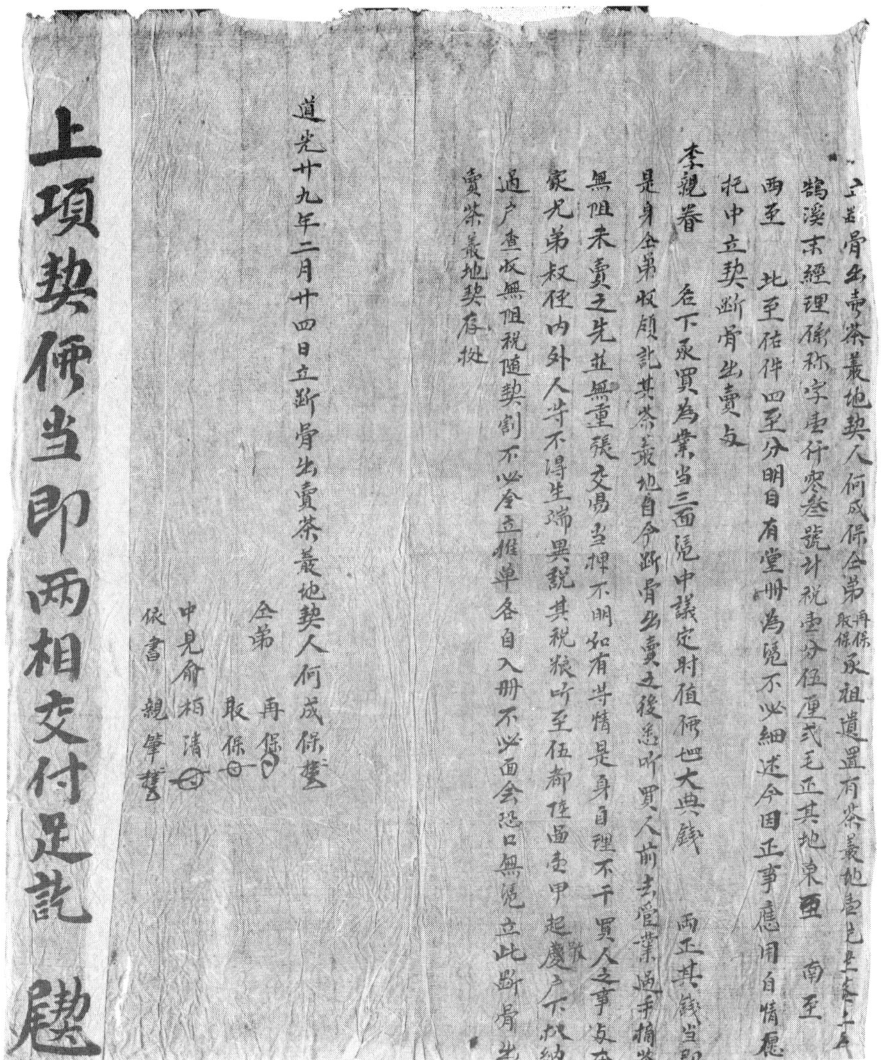
立斷骨出賣茶叢地契人何成保仝弟再保取保承祖遺置有茶叢地壹片坐落土名
鶴溪末經理係称字壹仟零叁號計稅壹分伍厘弍毛正其地東至　南至
西至　北至佑件四至分明自有堂册為憑不必細述今因正事應用自情愿
托中立契斷骨出賣与
李親眷　名下承買為業當三面憑中議定財值價也大典錢　兩正其錢當即
是身仝弟收領訖其茶叢地自今斷骨出賣之後悉听買人前去管業過手摘茶
無阻未賣之先並無重疊交易當押不明如有此情是身自理不干買人之事亦本
家兄弟叔侄內外人等不得生端異說其稅粮听至伍都陸啚壹甲起處戶下收納
過戶查收無阻稅隨契割不必另立推單各自入册不必面会恐口無憑立此斷骨出
賣茶叢地契存據
道光廿九年二月廿四日立斷骨出賣茶叢地契人何成保
仝弟　再保
取保
中見俞栢清
依書親筆
上項契價当即兩相交付足訖

秋口镇鹤溪村 2 · 道光二十九年 · 断骨出卖茶丛地契 ·
何成保同弟再保、取保卖与李亲眷

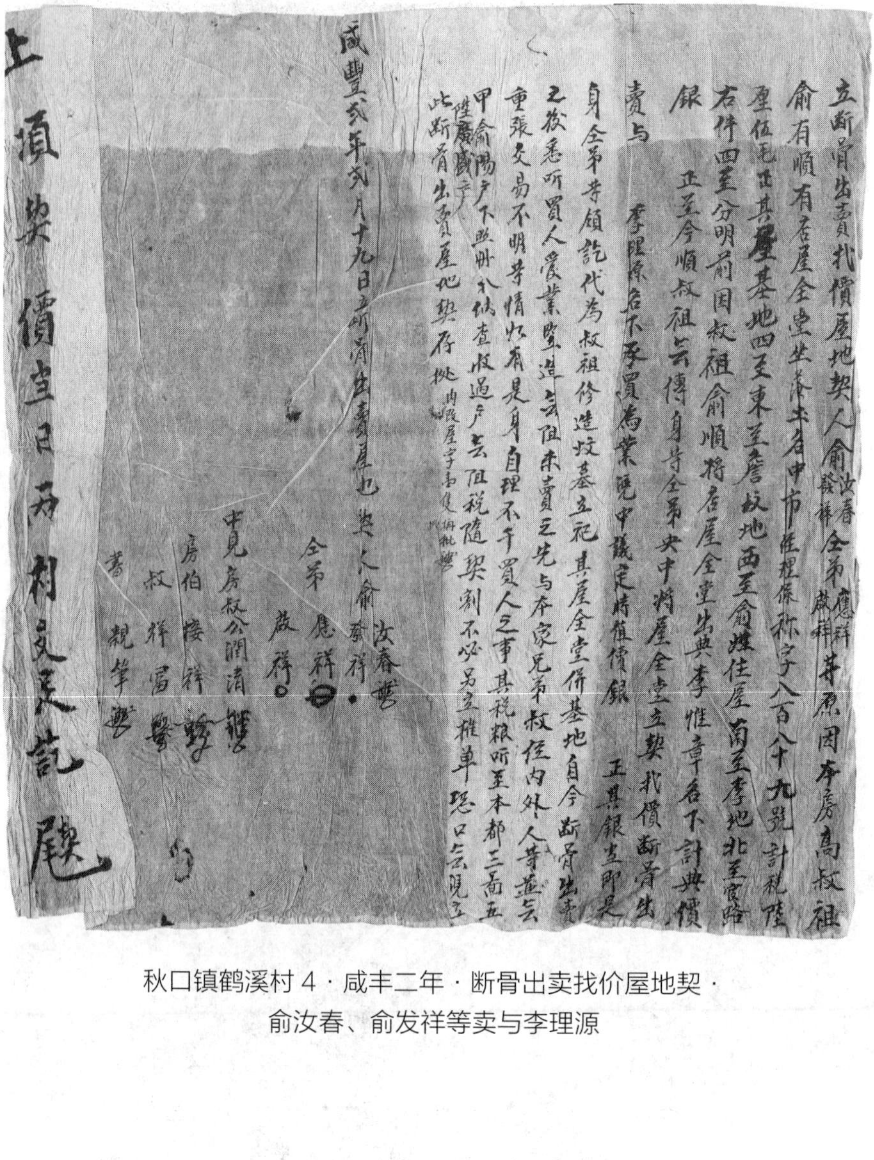

立断骨出賣找價屋地契人俞汝春發祥全弟應祥啟祥等，原因本房高叔祖
俞有順有屋全堂坐落土名中市，經理係称字八百八十九號，計税陸
厘伍毛正。其屋基地四至：東至詹姓地，西至俞姓住屋，南至李地，北至官路。
右件四至分明。前因叔祖俞順將屋全堂出典李惟章名下，計典價
銀　正。至今順叔祖亡傳，身等全弟央中將屋全堂立契找價斷骨出
賣與　李理源名下承買為業。憑中議定時值價銀　正。其銀当即是
身全弟等領訖，代為叔祖修造坟墓立祀。其屋全堂併基地自今斷骨出賣
之後，悉听買人管業，毋得異阻。未賣之先，与本家兄弟叔侄内外人等並無
重張交易不明等情；如有，是身自理，不干買人之事。其税粮听至本都三啚五
甲俞陽戶下照册扒付查收過戶，無阻。税随契割，不必另立推单。恐口無憑，立
陞廣戶
此断骨出賣屋地契存照。
内改屋字壹只併批押

咸豐贰年贰月十九日立断骨出賣屋地契人俞汝春押
發祥
全弟應祥
啟祥
中見房叔公潤清押
房伯樓祥押
叔祥富押
書親筆押

上項契價当日兩相交訖押

秋口镇鹤溪村 4 · 咸丰二年 · 断骨出卖找价屋地契 ·
俞汝春、俞发祥等卖与李理源

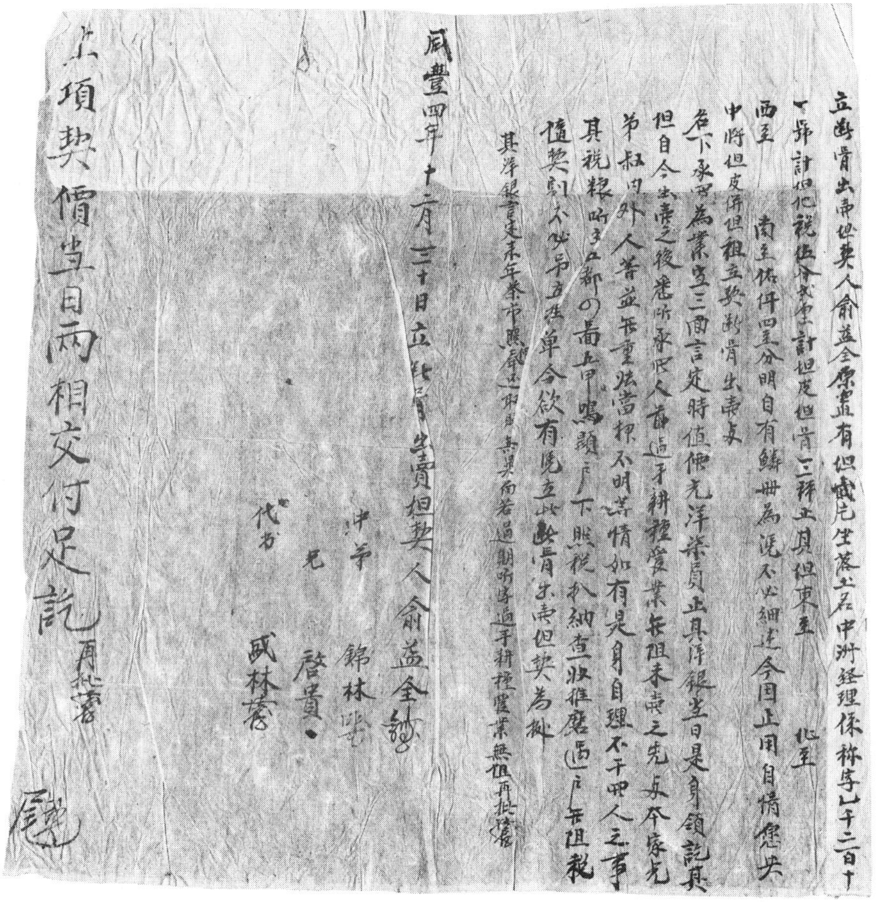

立断骨出卖坦契人俞益全原置有坦壹处坐落土名中洲经理係称字山千二百十
下号 计坦税[illegible] 计坦皮坦骨三拚正 其坦东至　北至
西至　南至 依坪四至分明自有鳞册为凭不必细述 今因正用自情愿央
中将坦皮并坦祖立契断骨出卖与
名下承买为业 当三面言定时值价光洋[illegible]员正 其洋银当日是身领讫 其
坦自今出卖之后悉听承买人前去过手耕种管业 未卖之先与本家兄
弟叔侄内外人等并无重张当押不明等情 如有是身自理 不干买人之事
其税粮听于五都四图五甲[illegible]户下照税扒纳 查收推磨过户无阻 税
随契割不必另立推单 合欲有凭 立此断骨出卖坦契为据
其洋银言定未年冬节照价[illegible] 若过期听凭过手耕种管业无阻 再批据
咸丰四年十二月三十日立断骨出卖坦契人俞益全（押）
中见 锦林（押）
启贵（押）
代书 盛林（押）
此项契价当日两相交付足讫 再批据

秋口镇鹤溪村 16 · 咸丰四年 · 断骨出卖坦契 · 俞益全卖与☐

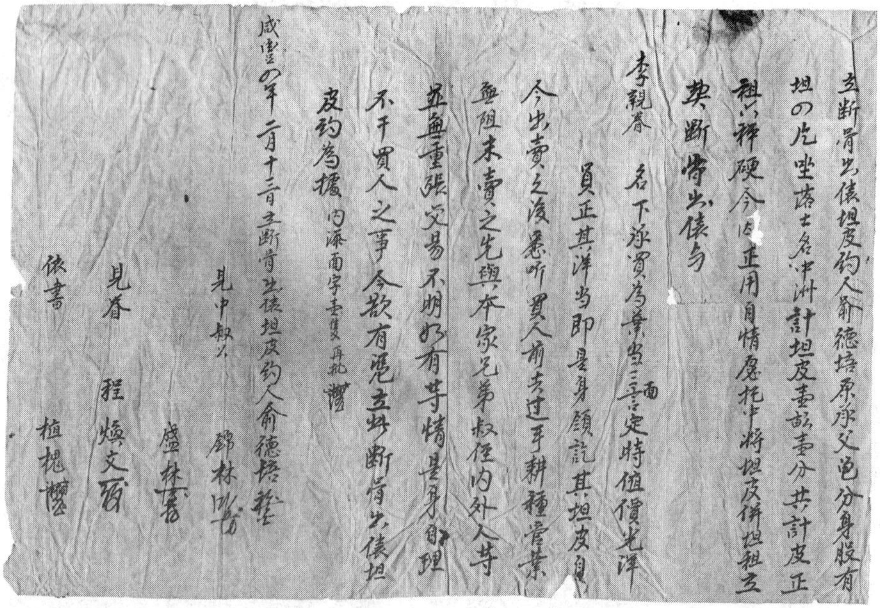

秋口镇鹤溪村 19 · 咸丰四年 · 断骨出俵坦皮契 · 俞德培断骨出俵与李亲眷

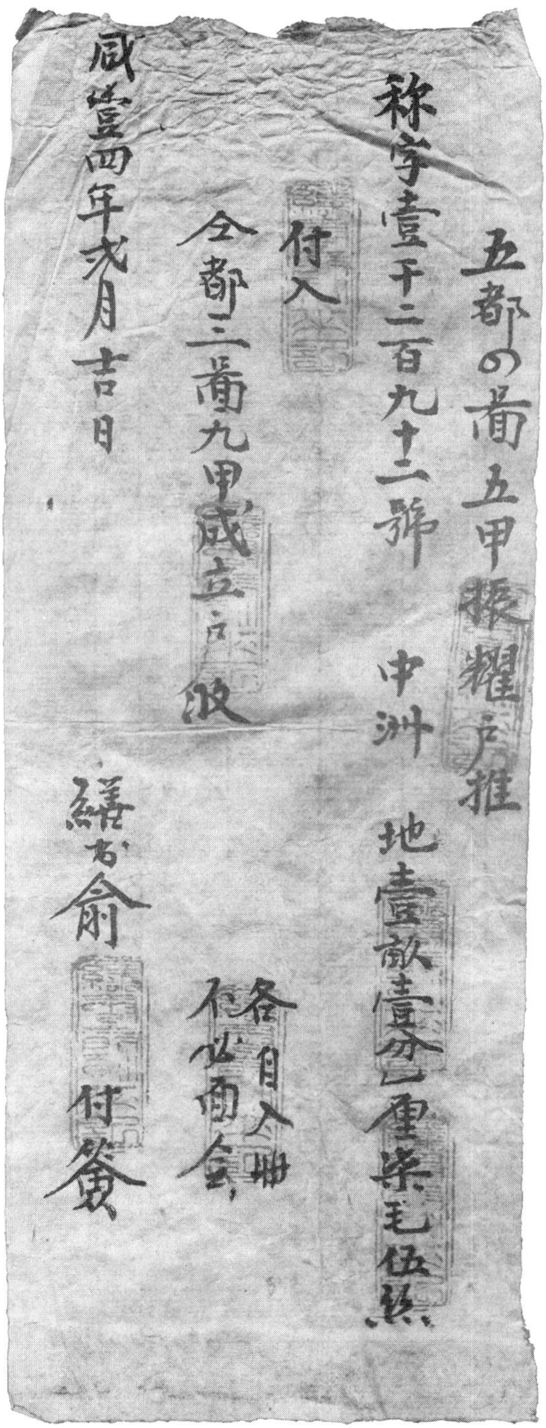

秋口镇鹤溪村 22 · 咸丰四年 · 推单 · 振耀户推与成立户

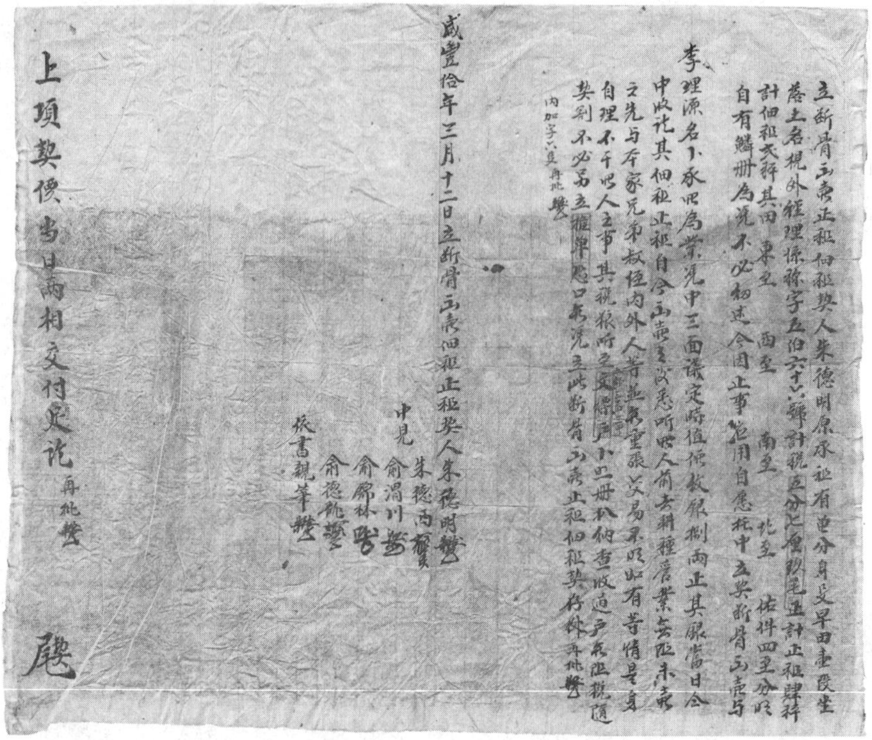

立断骨出卖正租佃租契人朱德明原承祖有世分身支早田壹段坐
落土名规外程理源保称字五伯六十六号计税五分七厘正计正租肆秤
计佃租六秤其田 東至 西至 南至 北至 佐件四至分明
自有鳞册为凭不必细述今因正事急用自愿托中立契断骨出卖与
李理源名下承业为业凭中三面议定时值价钱□两正其银当日全
中收讫其佃租正租自今出卖之后悉听业人前去耕种管业无阻未卖
之先与本家兄弟叔侄内外人等并无重张交易来历如有等情是身
自理不干业人之事其税银听[illegible]下业册扒纳查收过户无阻税随
契割不必另立推单恐口无凭立此断骨出卖正租佃租契存炤 再批（押）
内加字六真 再批（押）
咸丰拾年三月十二日立断骨出卖佃租正租契人朱德明（押）
中见 朱德丙（押）
俞渭川（押）
俞廓林（押）
俞德毓（押）
依书亲笔（押）
上项契价当日两相交付足讫 再批（押）
照

秋口镇鹤溪村 1 · 咸丰十年 · 断骨出卖正租佃租契 · 朱德明卖与李理源

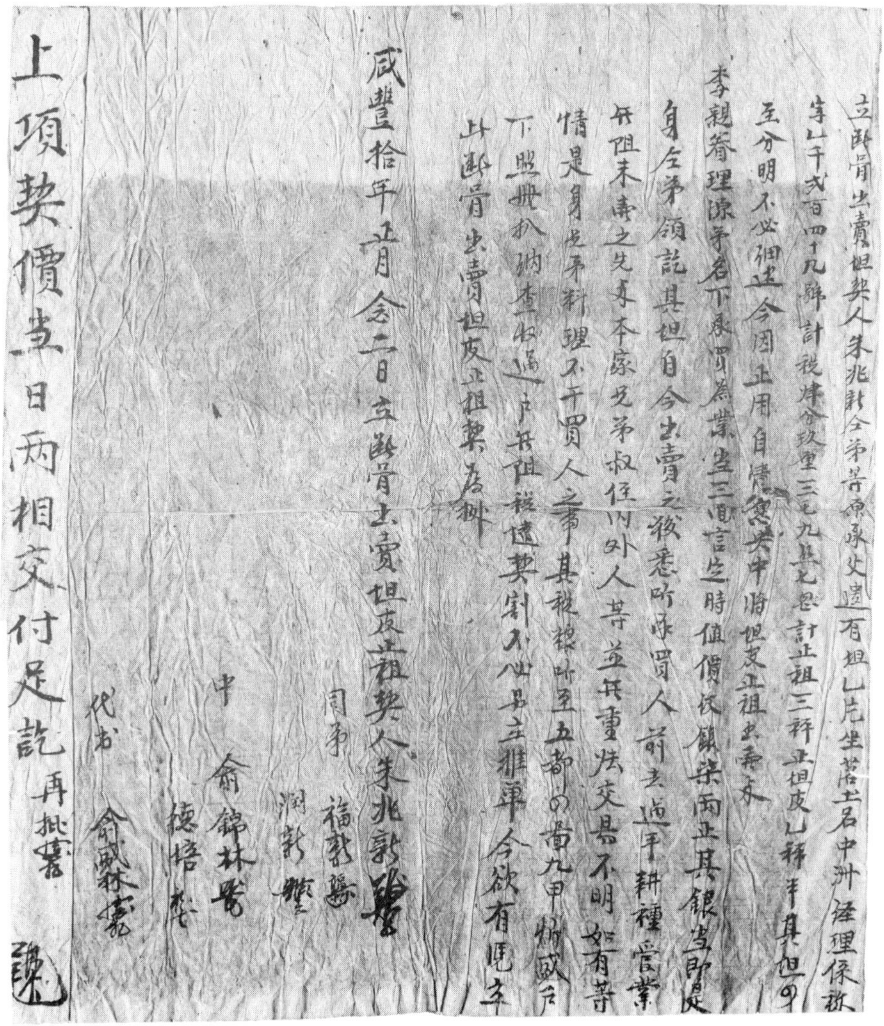

秋口镇鹤溪村 5 · 咸丰十年 · 断骨出卖坦契 · 朱兆新同弟福新等卖与李亲眷理源

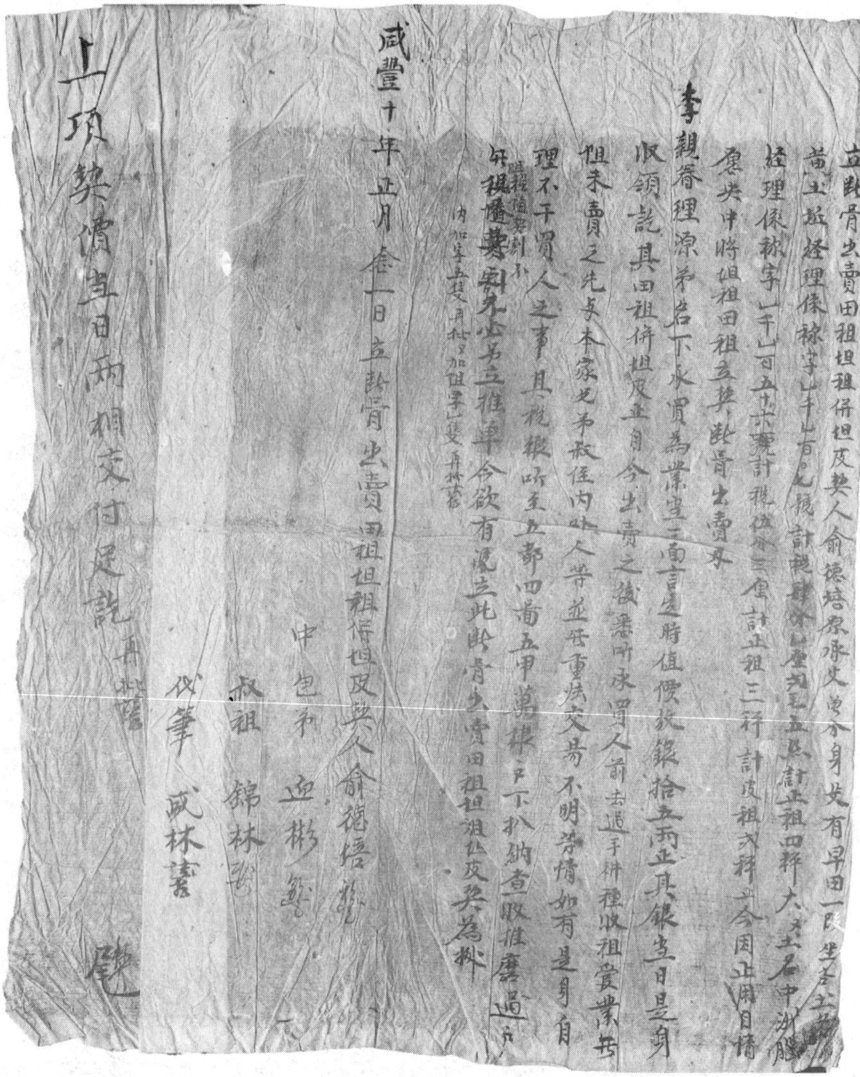

秋口镇鹤溪村 12 · 咸丰十年 · 断骨出卖田租坦租并坦皮契 ·
俞德培卖与李亲眷理源

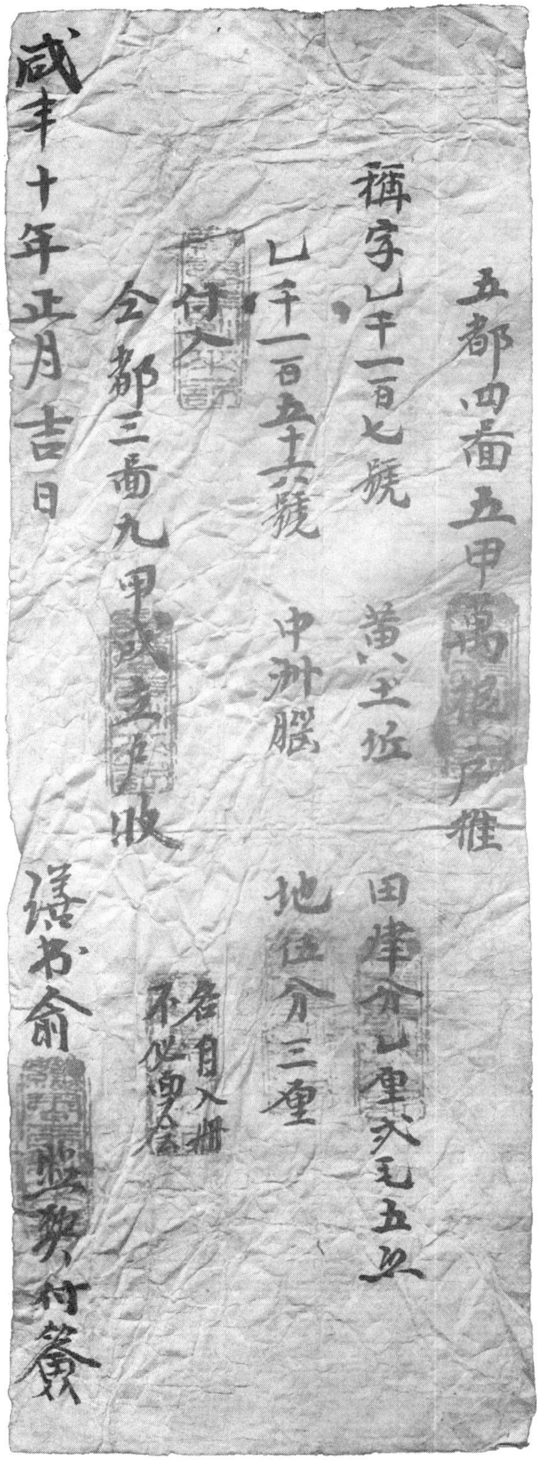

秋口镇鹤溪村 25 · 咸丰十年 · 推单 · 万根户付与成立户

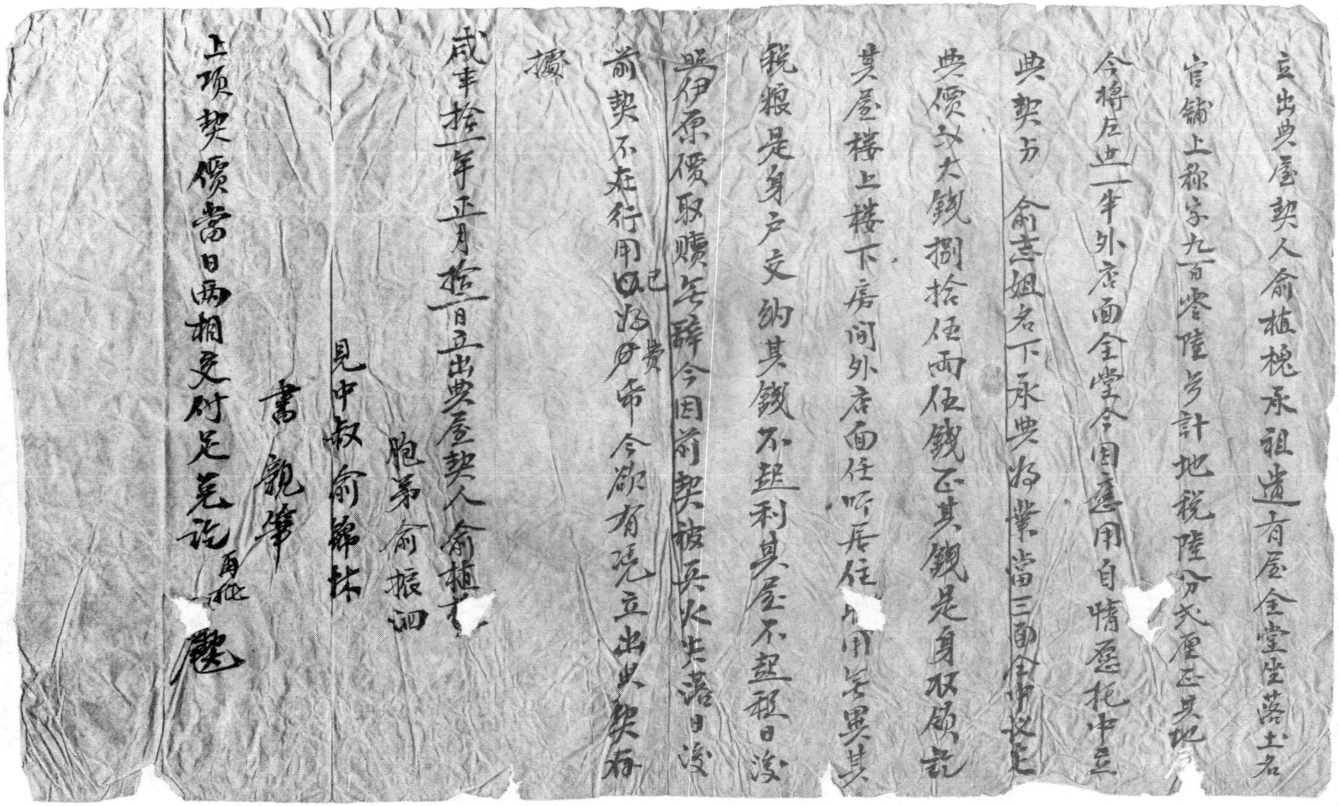
立出典屋契人俞植槐承祖遺有屋全堂坐落土名
官鋪上系字九百零陸號計地稅陸分弍厘正其地
今將左边一半外屋面全堂今因應用自情愿托中立
典契与 俞志姐名下承典為業當三面言中議定
典價洋大錢捌拾伍兩伍錢正其錢是身收領訖
其屋樓上樓下房間外屋面任听居住管用無異其
稅粮是身戶交納其錢不起利其屋不起租日後
照伊原價取贖無辭今因前契被兵火失落日後
前契不在行用以已將貴伊帝今欲有凭立出典契存
據
咸豐拾壹年正月拾一日立出典屋契人俞植槐
胞弟俞振泗
見中叔俞錦林
書 親筆
上項契價當日兩相交付足訖 再批

秋口镇鹤溪村 20 · 咸丰十一年 · 出典屋契 · 俞植槐典与俞志姐

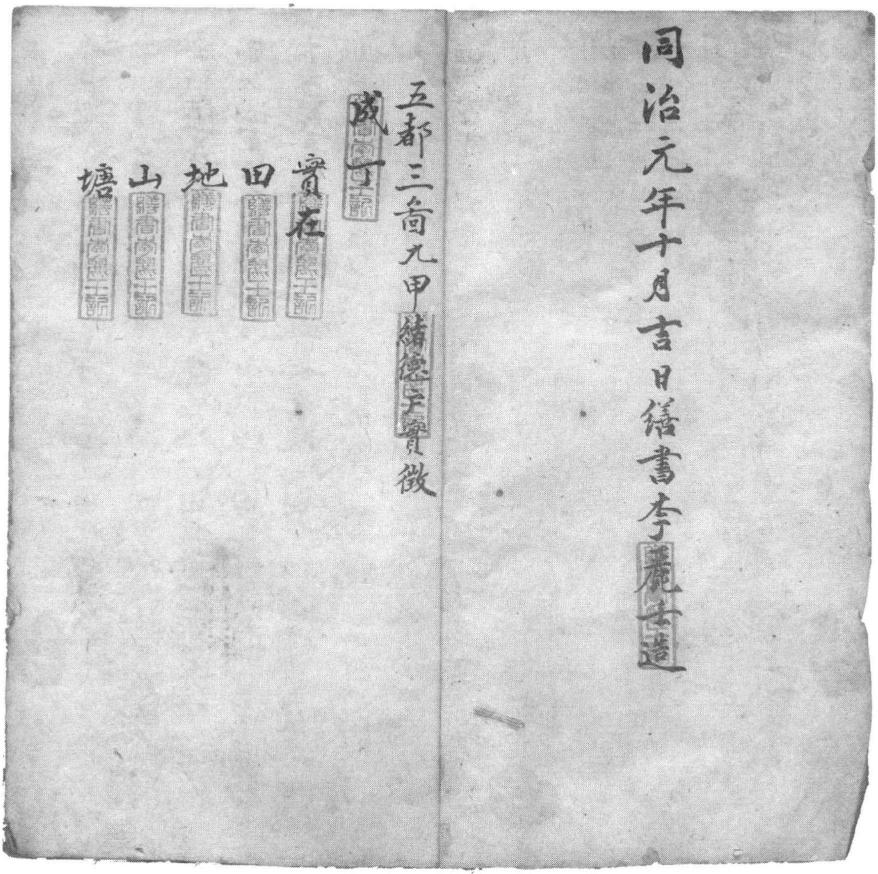

同治元年十月吉日繕書李
五都三啚九甲
緒德户實徵
成丁
實在
田
地
山
塘

秋口镇鹤溪村 30-1 · 同治元年 · 税粮实征册 · 绪德户

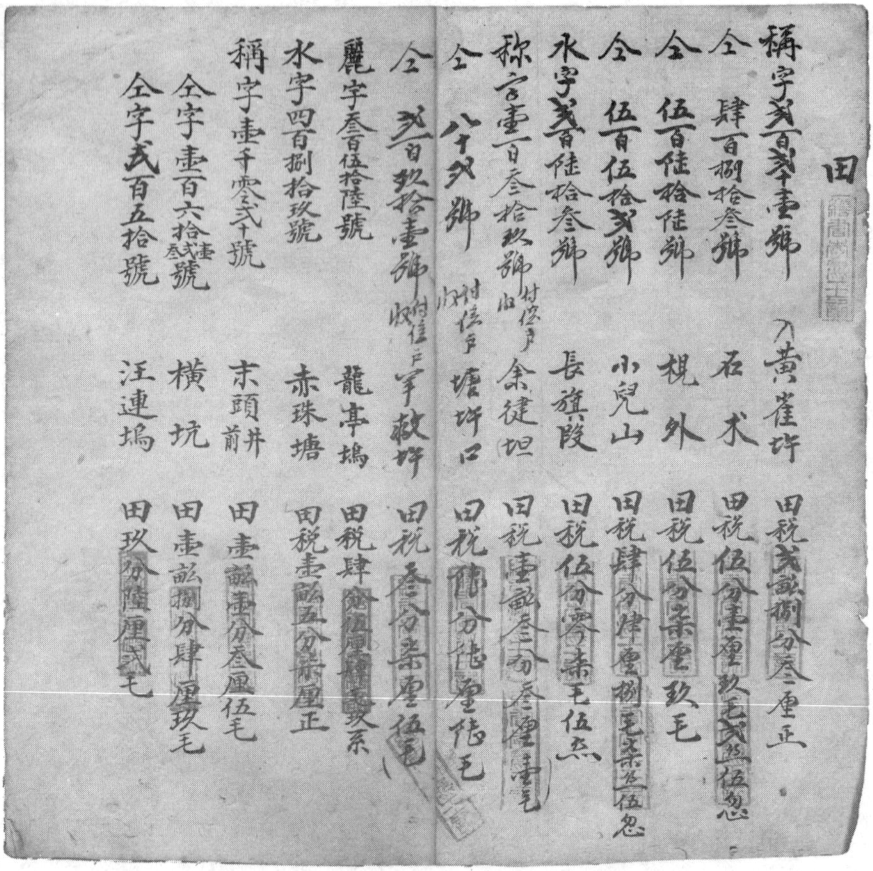

秋口镇鹤溪村 30-2 · 同治元年 · 税粮实征册 · 绪德户

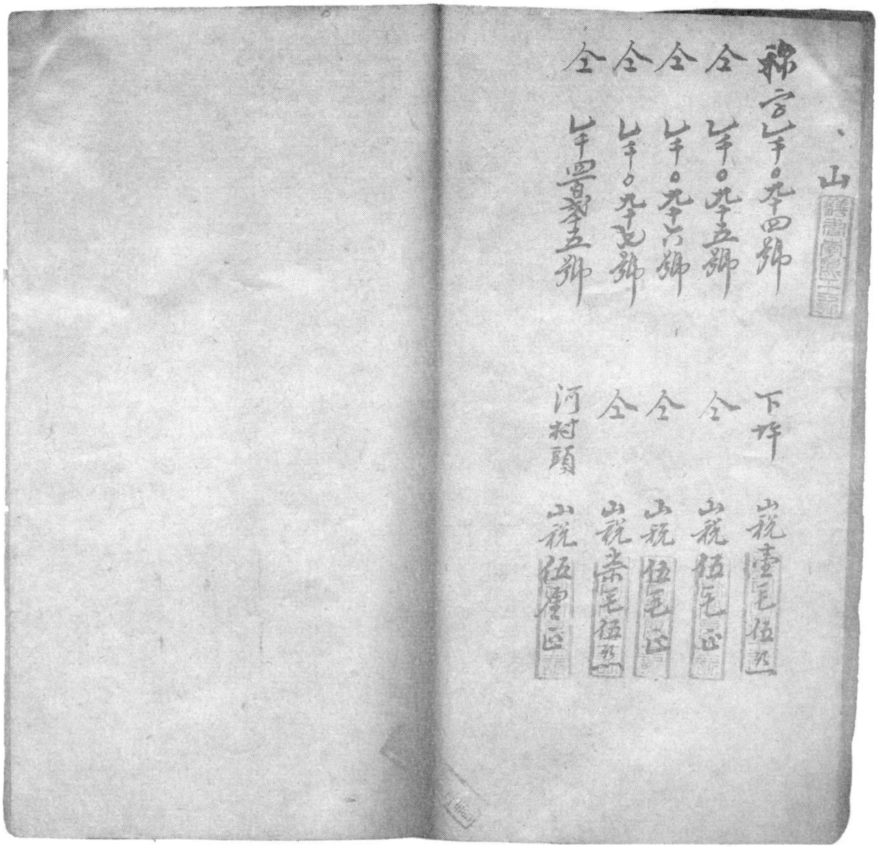

秋口镇鹤溪村 30-3 · 同治元年 · 税粮实征册 · 绪德户

秋口镇鹤溪村 30-4 · 同治元年 · 税粮实征册 · 绪德户

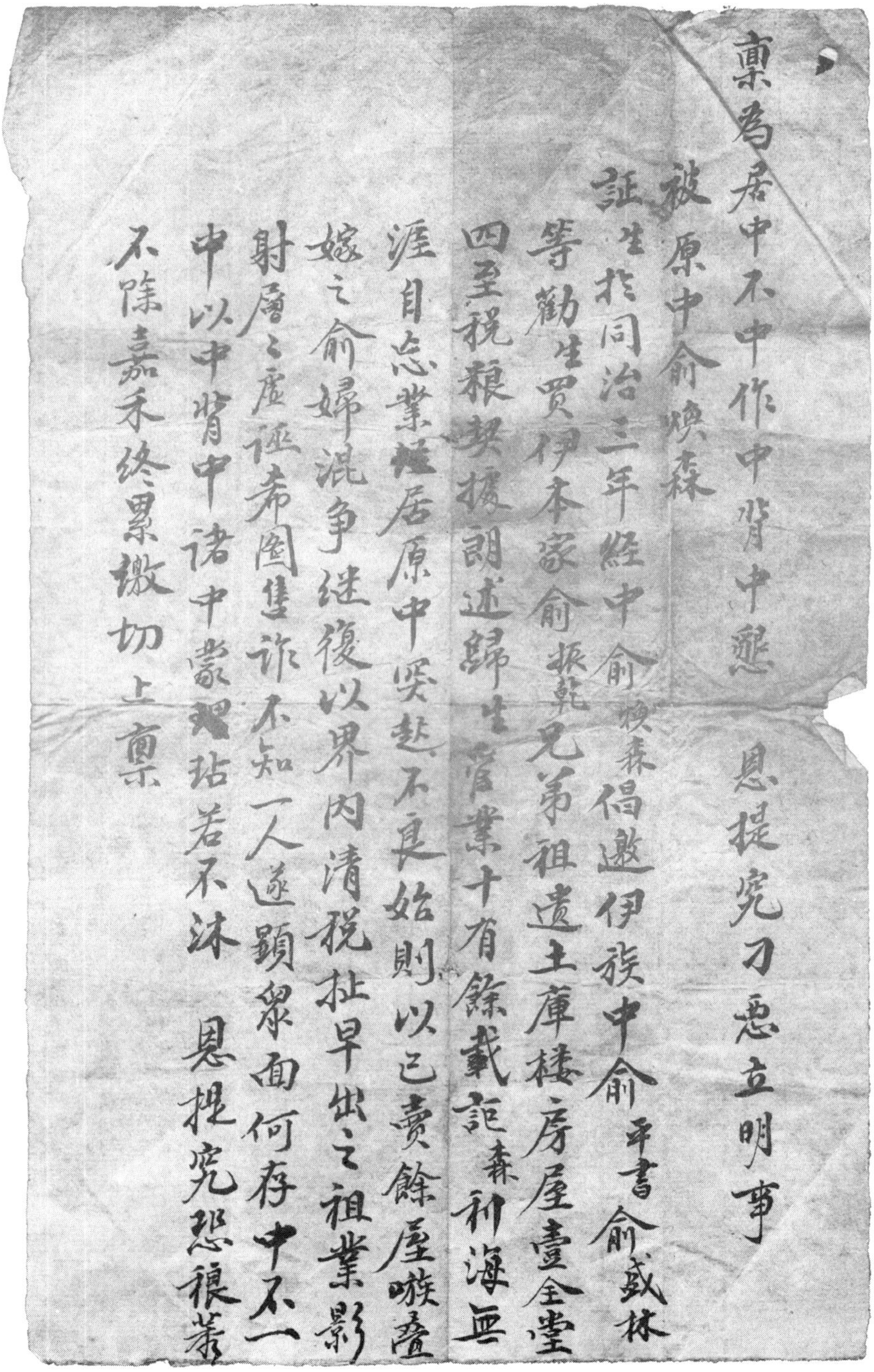

禀為居中不中作中背中懸　恩提究刁惡立明事

被原中俞煥森

証生於同治三年經中俞煥森倡邀伊族中俞平書俞盛林等勸生買伊本家俞振乾兄弟祖遺土庫樓房屋壹全堂四至稅糧契據詢述歸生管業十有餘載詎森种海無涯自忘業經居原中妥赴不良始則以已賣餘屋嗾叠嫁之俞婦混爭繼復以界內清稅扯早出之祖業影射層之虛誣希圖隻詐不知一人遂顯衆面何存中不一中以中背中諸中黨[illegible]玷若不沐　恩提究恐根葉不除嘉禾終累墩切上禀

秋口镇鹤溪村 23 · 同治三年 · 具状词 · 𠃊告俞焕森

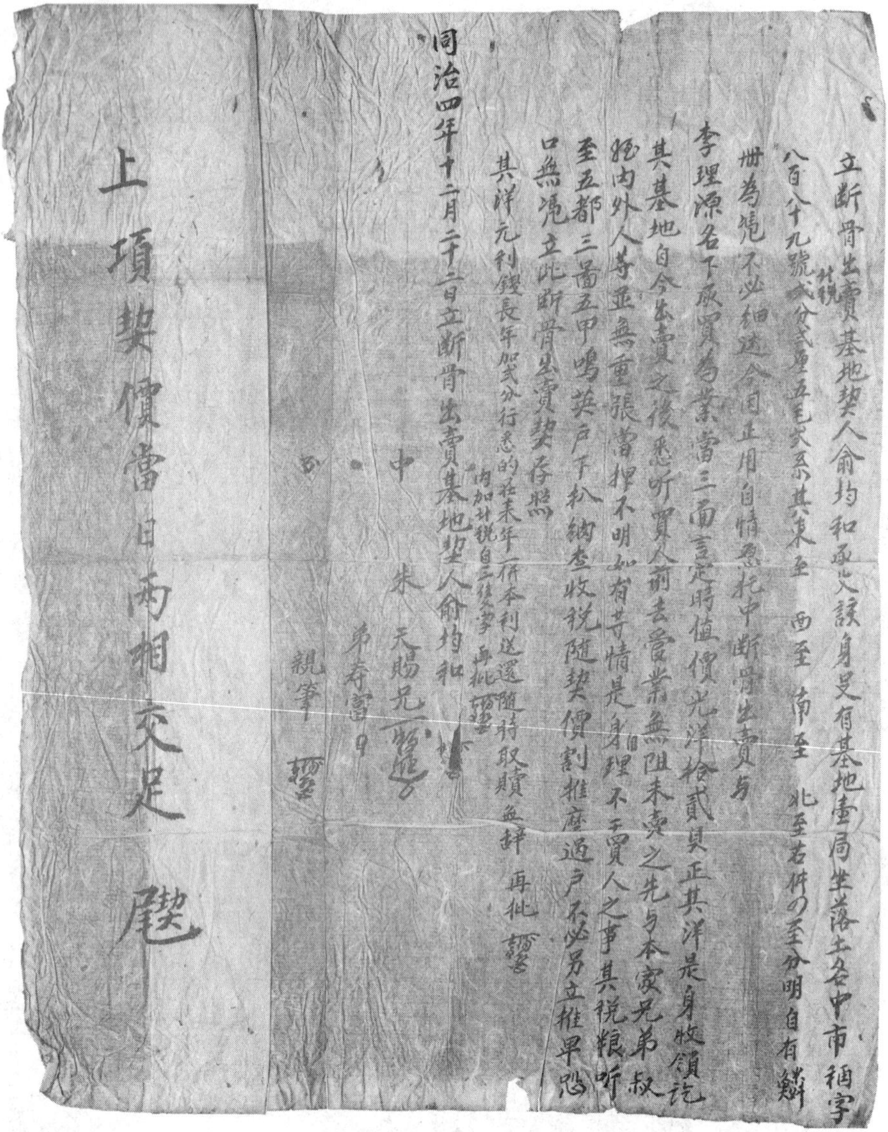

秋口镇鹤溪村 11 · 同治四年 · 断骨出卖基地契 · 俞均和卖与李理源

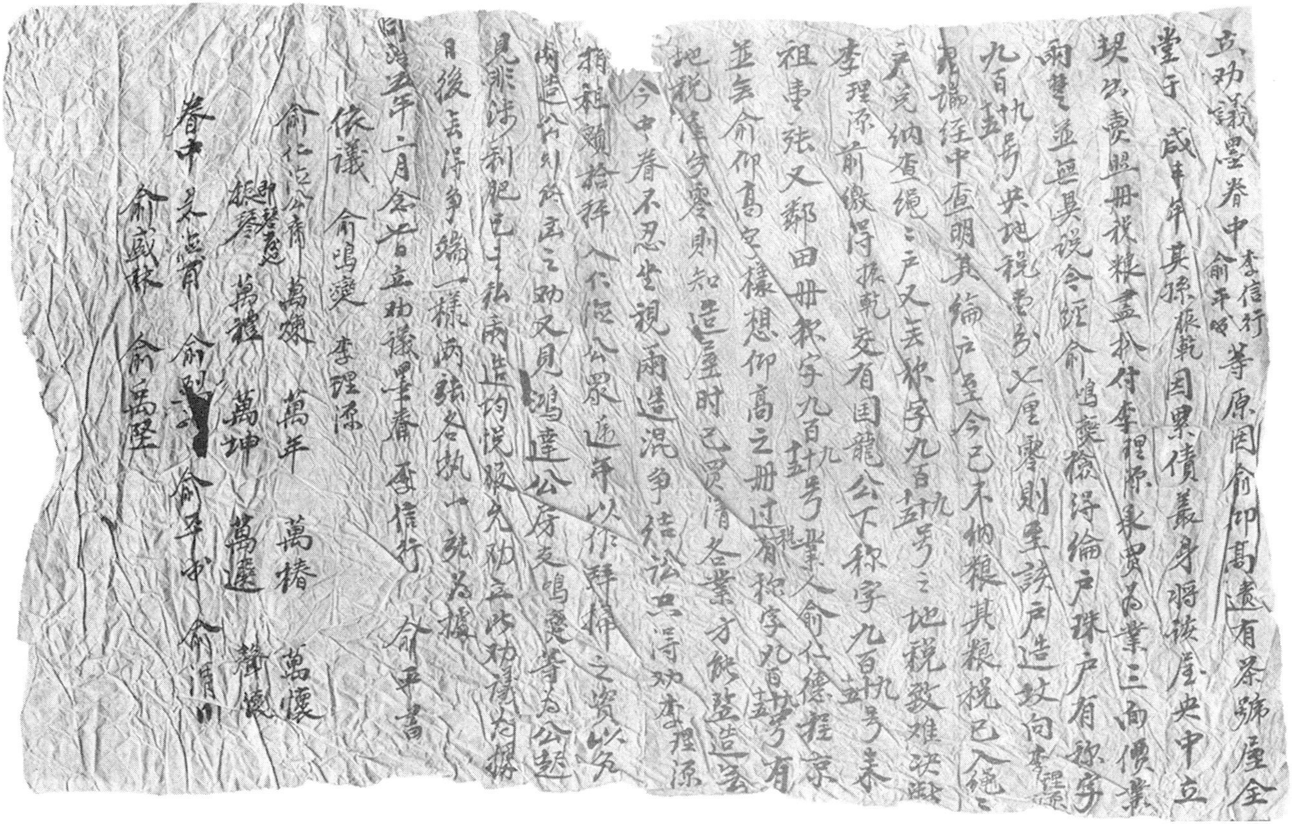

秋口镇鹤溪村 17・同治五年・劝议墨・李信行、俞平书等

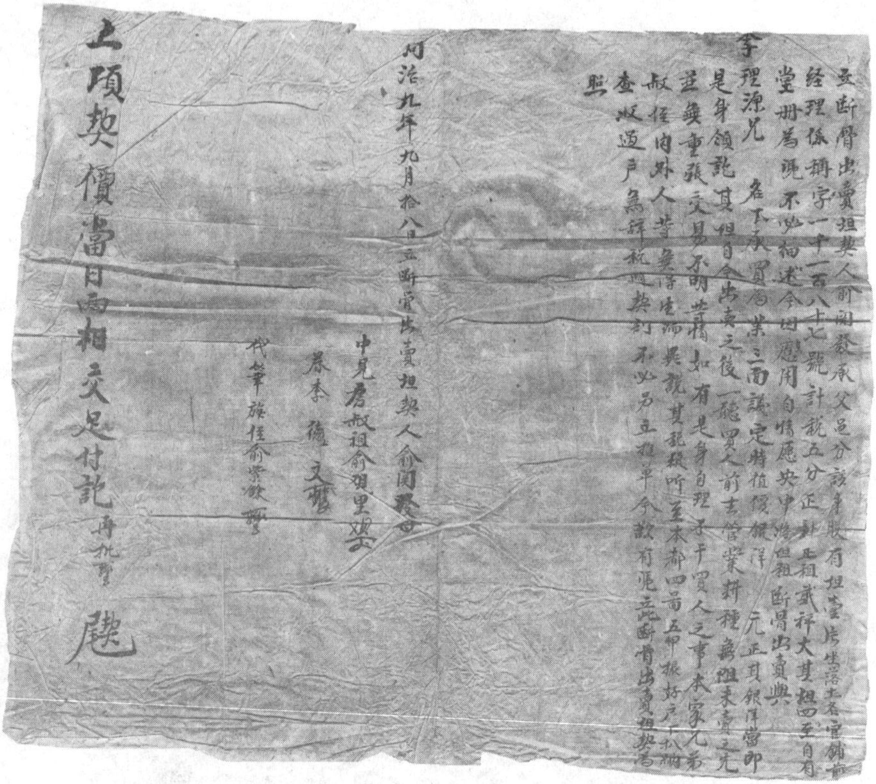

立断骨出卖坦契人俞关发，承父邑分，该身股有坦壹片，坐落土名官钿前，经理係称字一千一百八十七号，计税五分正，计正租贰秤大，其坦四至自有堂册为照，不必细述。今因應用，自情愿央中将坦租断骨出卖与李理源兄名下承买为业，三面议定时值价银洋　元正，其银洋当即是身领讫。其坦自今出卖之后，一听买人前去管业耕种，无阻。未卖之先并无重张交易不明等情，如有，是身自理，不干买人之事。本家兄弟叔侄内外人等无得生端异说。其税粮所至本都四图五甲振好户下扒纳，查收过户为准，税随契割，不必另立推单。今欲有凭，立此断骨出卖坦契为照。

同治九年九月拾八日立断骨出卖坦契人俞关发（押）

中见房叔祖俞观里（押）

眷李德文（押）

代笔族侄俞紫璈（押）

上项契价当日两相交足付讫，再批（押）

騐

秋口镇鹤溪村 10 · 同治九年 · 断骨出卖坦契 · 俞关发卖与李理源

秋口镇鹤溪村 29-1 · 光绪六年 · 税粮实征册 · 绪德户

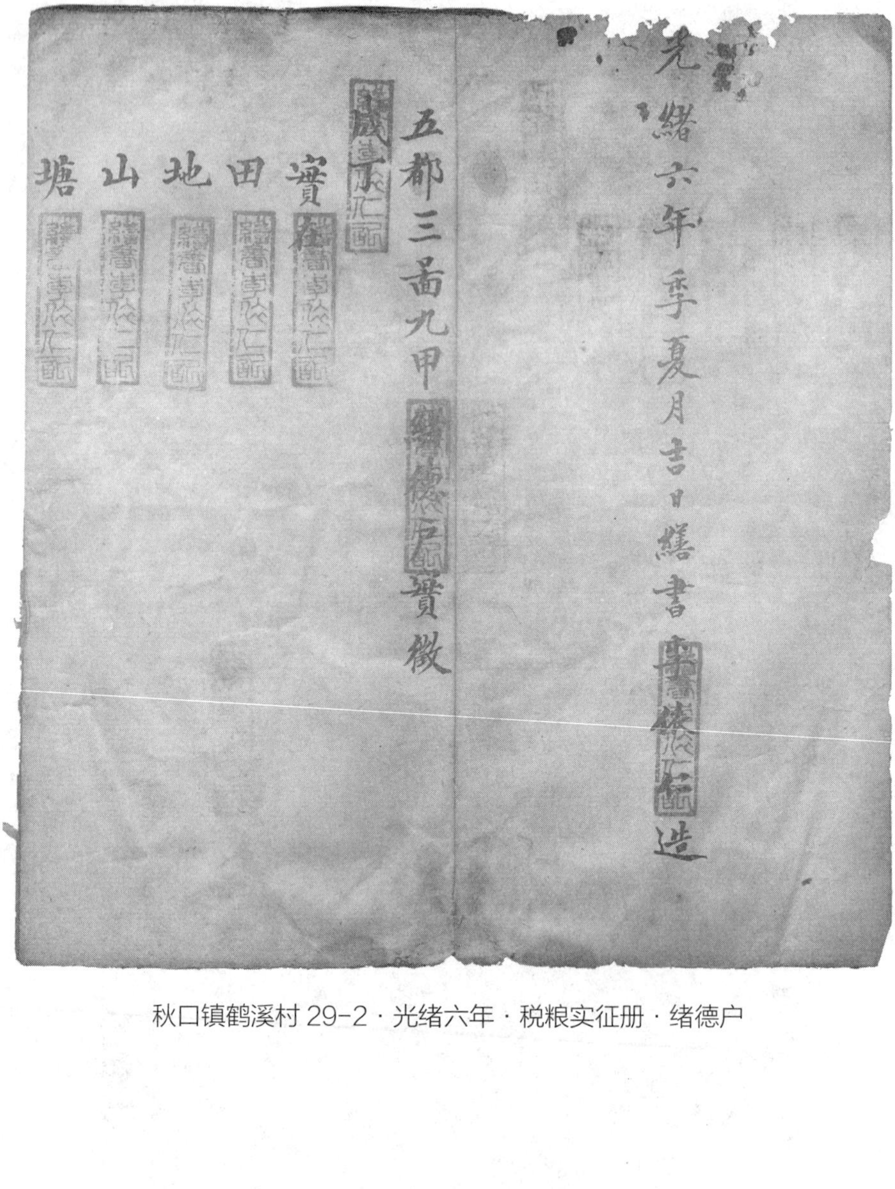

秋口镇鹤溪村 29-2 · 光绪六年 · 税粮实征册 · 绪德户

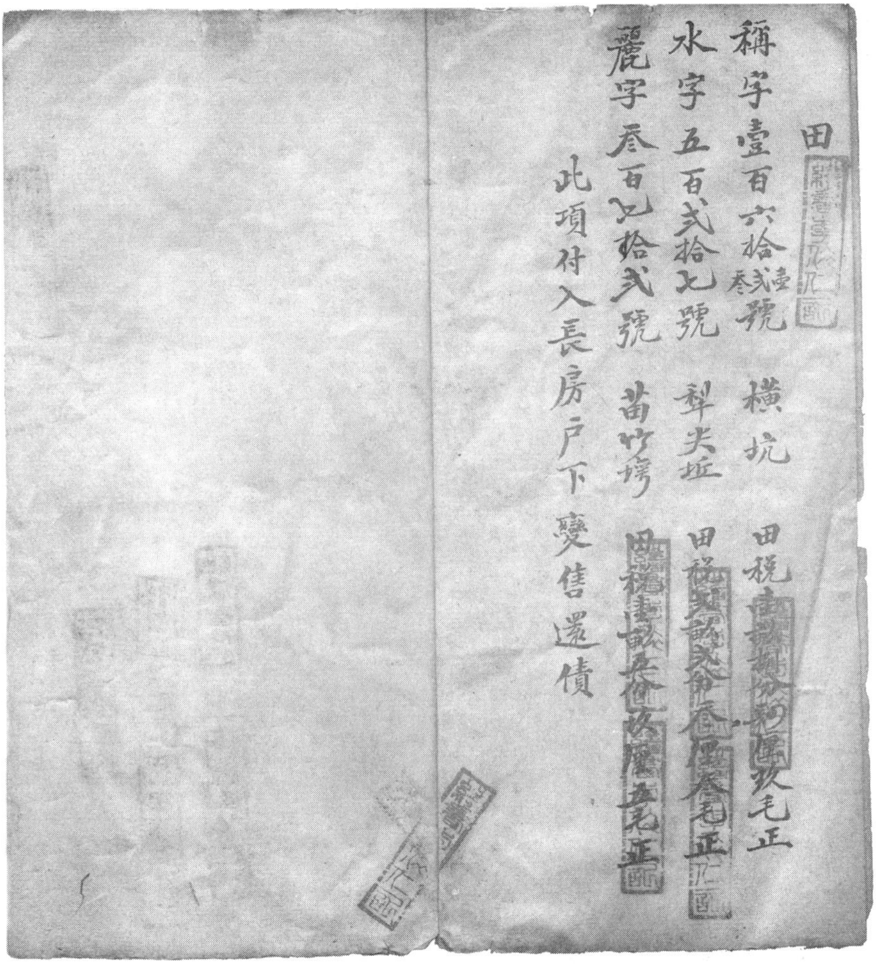

秋口镇鹤溪村 29-3 · 光绪六年 · 税粮实征册 · 绪德户

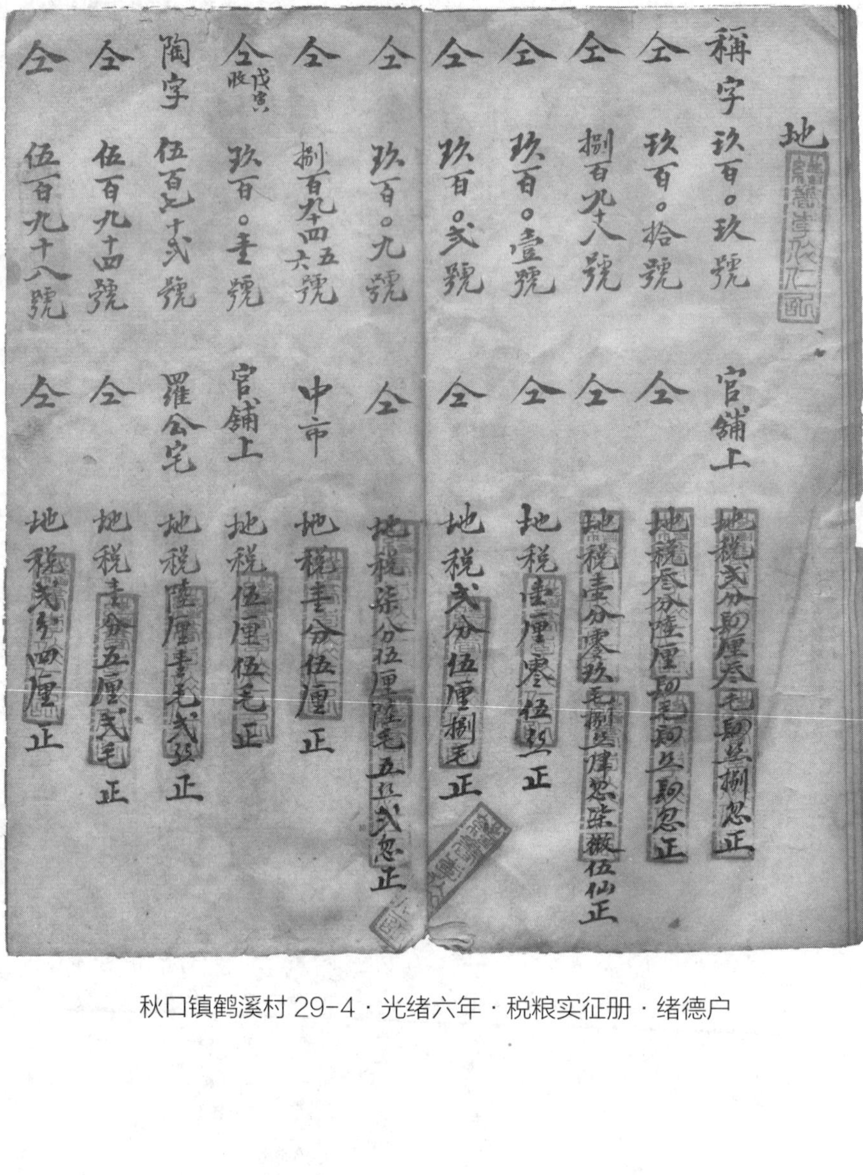

秋口镇鹤溪村 29-4 · 光绪六年 · 税粮实征册 · 绪德户

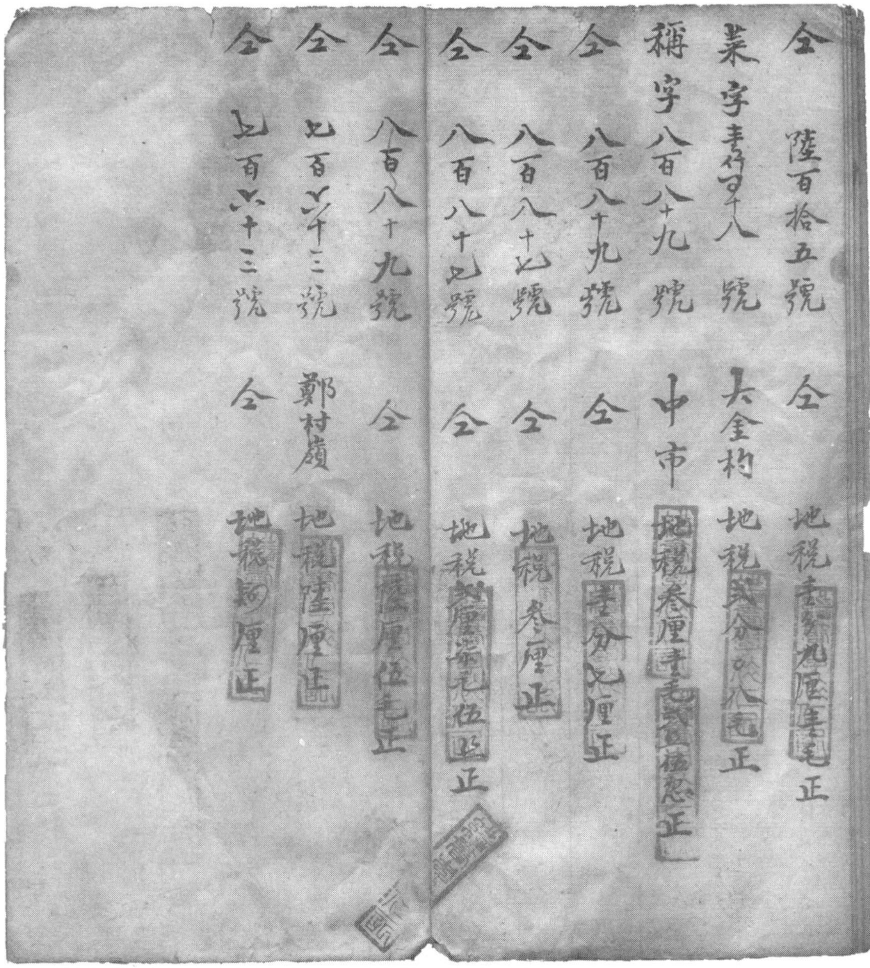

秋口镇鹤溪村 29-5 · 光绪六年 · 税粮实征册 · 绪德户

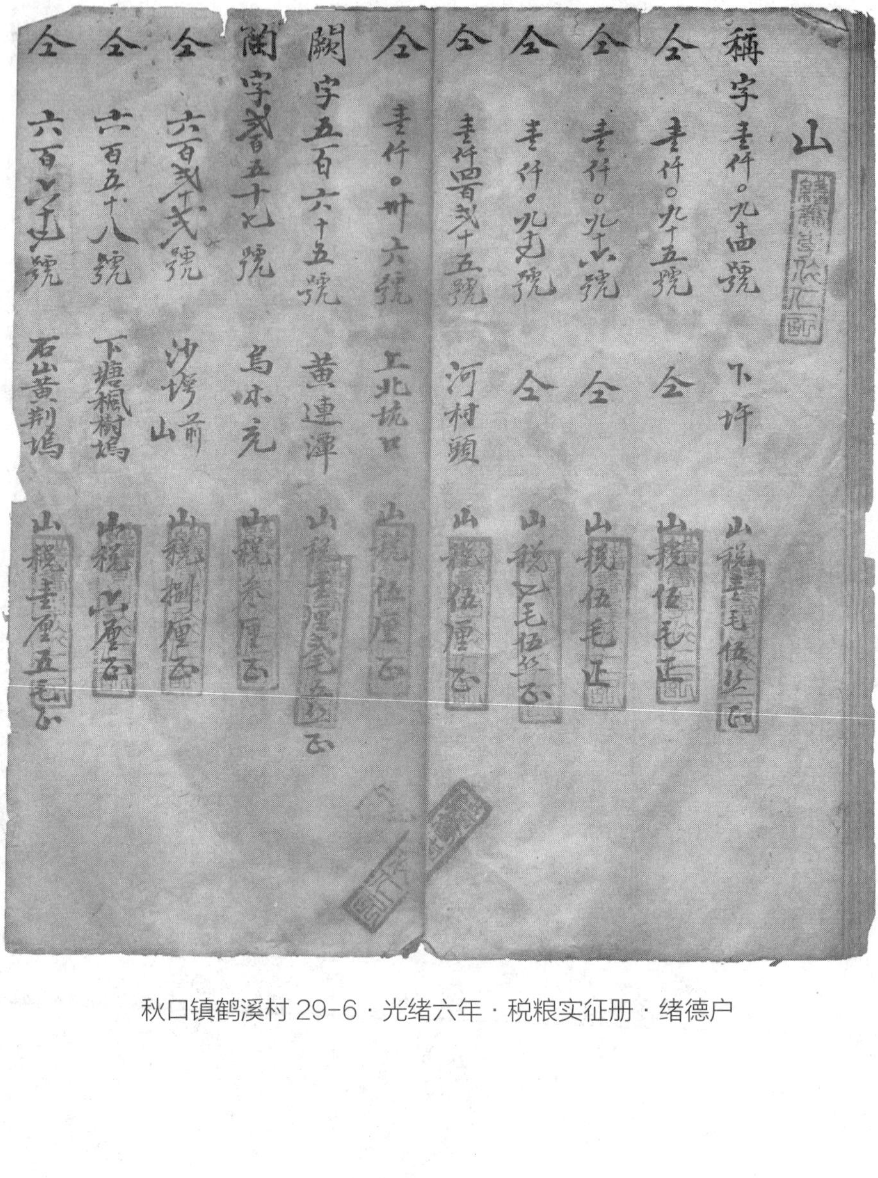

秋口镇鹤溪村 29-6 · 光绪六年 · 税粮实征册 · 绪德户

秋口镇鹤溪村 29-7 · 光绪六年 · 税粮实征册 · 绪德户

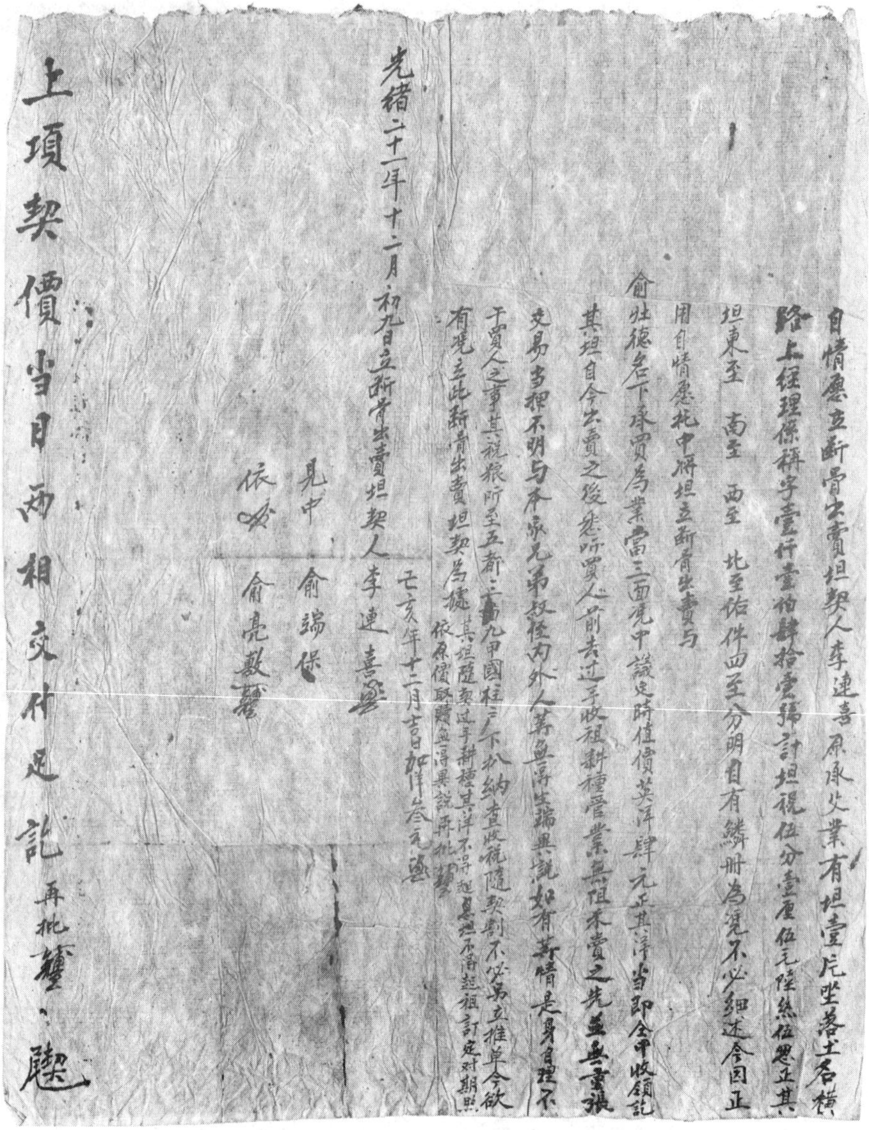

自情愿立断骨出賣坦契人李連喜原承父業有坦壹片坐落土名横
路上經理係稱字壹仟壹佰肆拾壹號計坦稅伍分壹厘伍毛陸絲伍忽正其
坦東至　南至　西至　北至佑件四至分明自有鱗冊為凭不必細述今因正
用自情愿托中將坦立斷骨出賣與
俞灶德名下承買為業當三面凭中議定時值價英洋肆元正其洋當即全中收領訖
其坦自今出賣之後悉听買人前去过手收租耕種管業無阻未賣之先並無重張
交易当押不明与本家兄弟叔侄內外人等無得生端異說如有等情是身自理不
干買人之事其稅粮所至五都三圖九甲國柱戶下扒納查收稅隨契割不必另立推单今欲
有凭立此斷骨出賣坦契為據　其坦随契过手耕種其洋不得退還其坦不得起租訂定对期照依原價取贖無得異說再批

壬亥年十二月吉日加洋叁元照

光緒二十一年十二月初九日立断骨出賣坦契人李連喜

見中　俞端保

依書　俞亮敷

上項契價當日兩相交付足訖　再批 [illegible]

秋口镇鹤溪村 7 · 光绪二十一年 · 断骨出卖坦契 · 李连喜卖与俞灶德

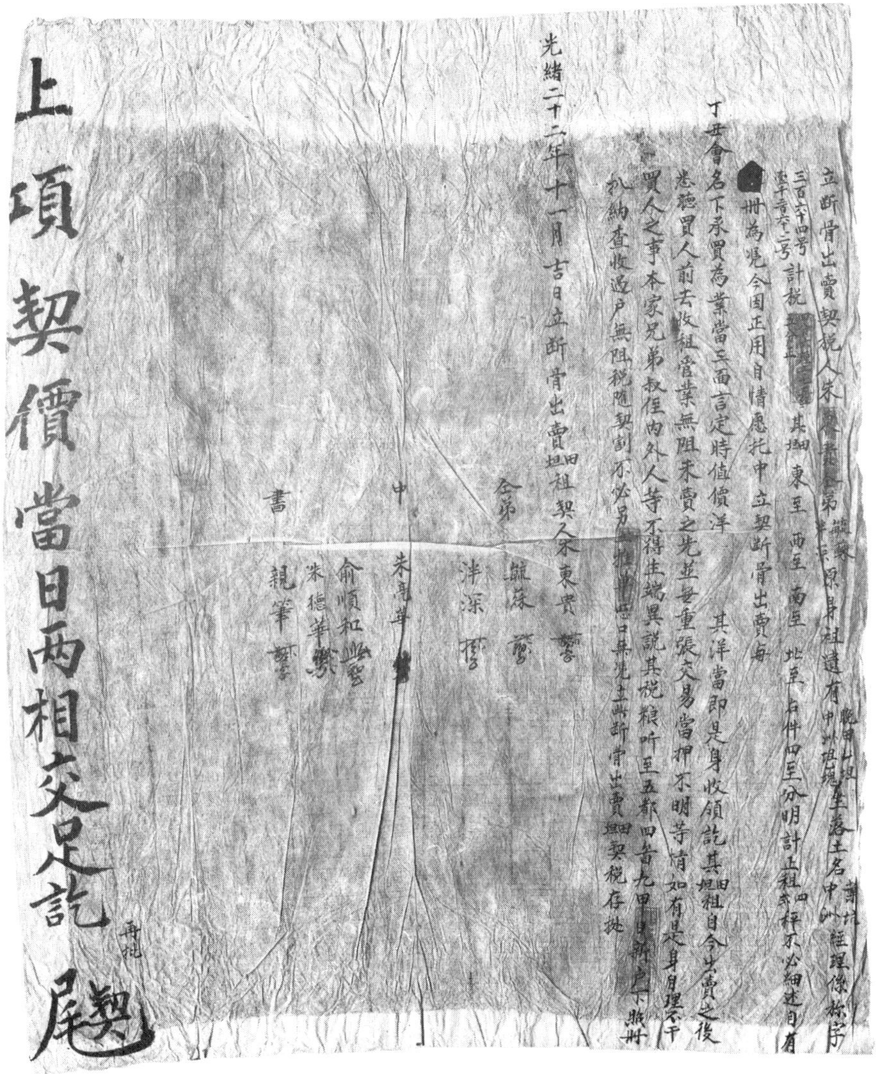

立断骨出賣契税人朱東貴仝弟毓蘇、洋深，原身祖遺有中洲坦境，坐落土名中洲，經理係裕字
三百六十四号、壹千壹百六十二号，計税[illegible]，其田坦東至 西至 南至 北至，右件四至分明，計上租四秤，不必細述，自有
冊為憑。今因正用，自情愿托中立契断骨出賣與
丁丑會名下承買為業，當三面言定時值價洋 其洋當即是身收領訖，其田坦租自今出賣之後，
悉聽買人前去收租管業無阻。未賣之先，並無重張交易當押不明等情，如有，是身自理，不干
買人之事。本家兄弟叔侄內外人等不得生端異說。其税粮听至五都四啚九甲[illegible]新户下照册
扒納查收過户無阻，税隨契割，不必另[illegible]口異。光立此断骨出賣田坦契税存照。

光緒二十二年十一月吉日立断骨出賣田坦租契人朱東貴（押）
仝弟 毓蘇（押） 洋深（押）
中 朱亮華（押） 俞順和（押） 朱德華（押）
書 親筆（押）

上項契價當日兩相交足訖 再批

契尾

秋口镇鹤溪村 15 · 光绪二十二年 · 断骨出卖田、坦租契 ·
朱东贵同弟毓苏、洋深卖与丁丑会

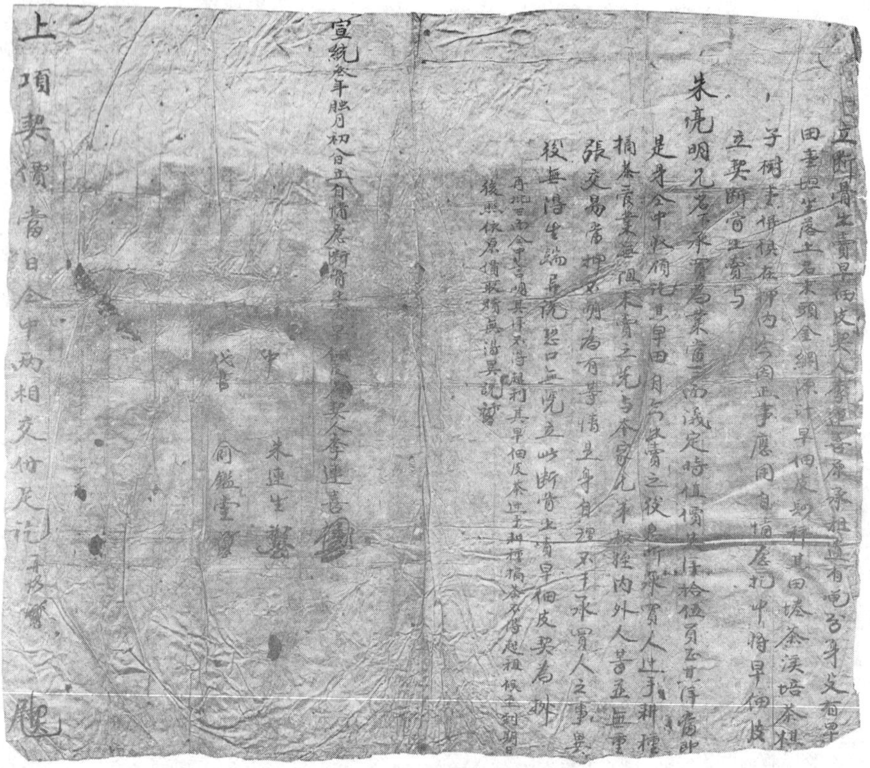

秋口镇鹤溪村 14 · 宣统三年 · 断骨出卖早佃皮契 · 李连喜卖与朱亮明

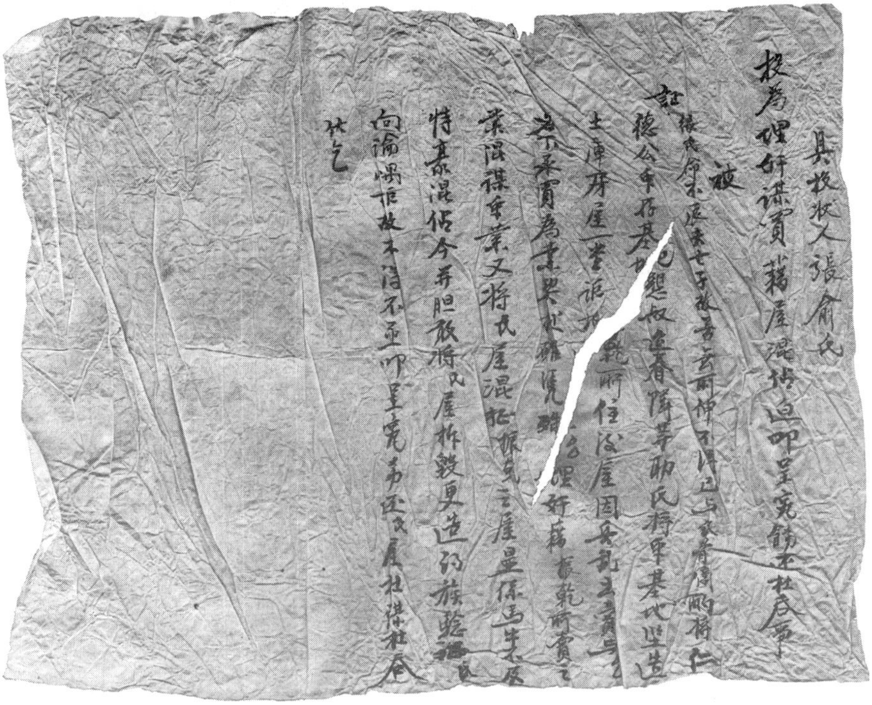
具投状人張俞氏
投為理奸謀買藉屋混佔迫叩呈究飭還杜吞事
被
証
張氏命不辰夫亡子故吾玄兩抑不得已[illegible]將仁
德公存基址[illegible]兒媳叔違眷隨筆助氏將甲基址出告[illegible]
土庫房屋一堂[illegible]乾所住沒屋因氏乱去[illegible]
不承買為業與叔[illegible]名理奸藉叔乾所賣之
業混謀為業又將氏屋混[illegible]氏之屋量係馬牛不及
特來混佔今并胆敢將氏屋拆毀更造[illegible]族[illegible]氏
向論竭伊投本[illegible]不亟叩呈究勒還氏屋杜[illegible]杜吞
伏乞

秋口镇鹤溪村 24 · 具投状 · 张俞氏告☐

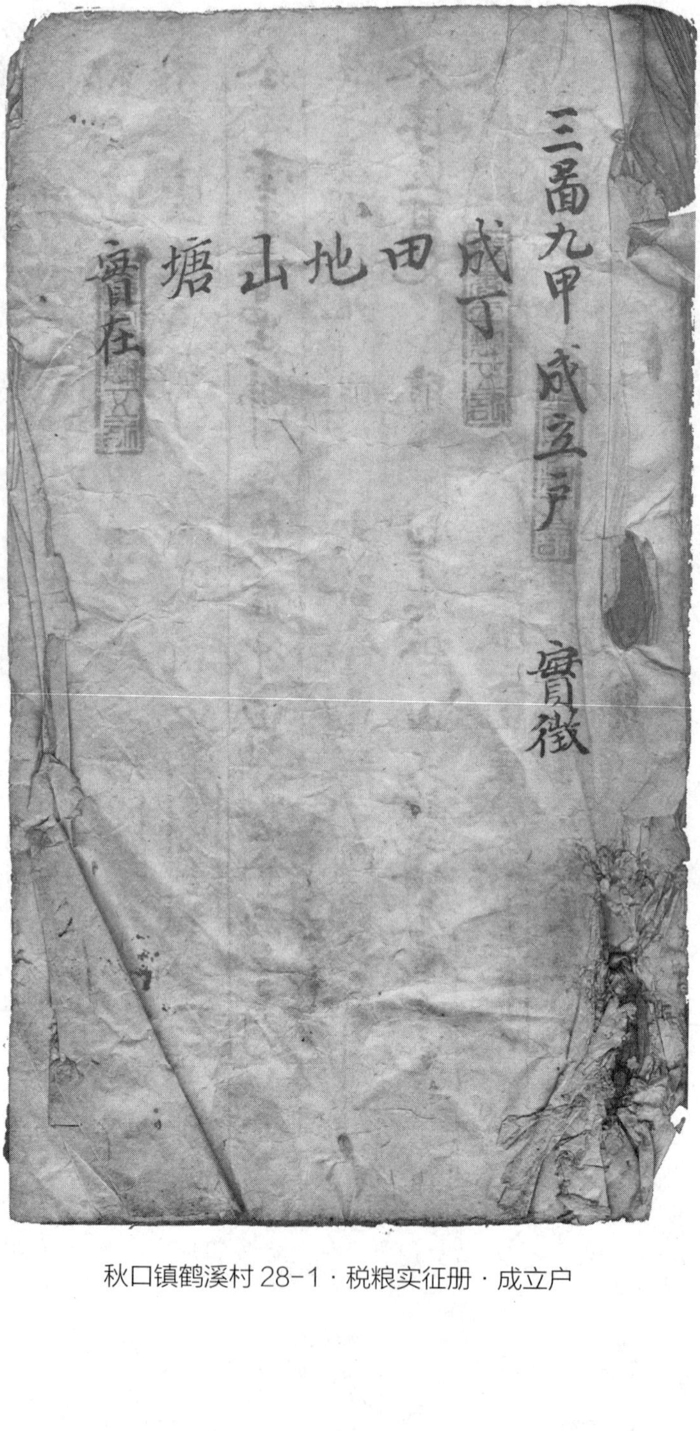

秋口镇鹤溪村 28-1 · 税粮实征册 · 成立户

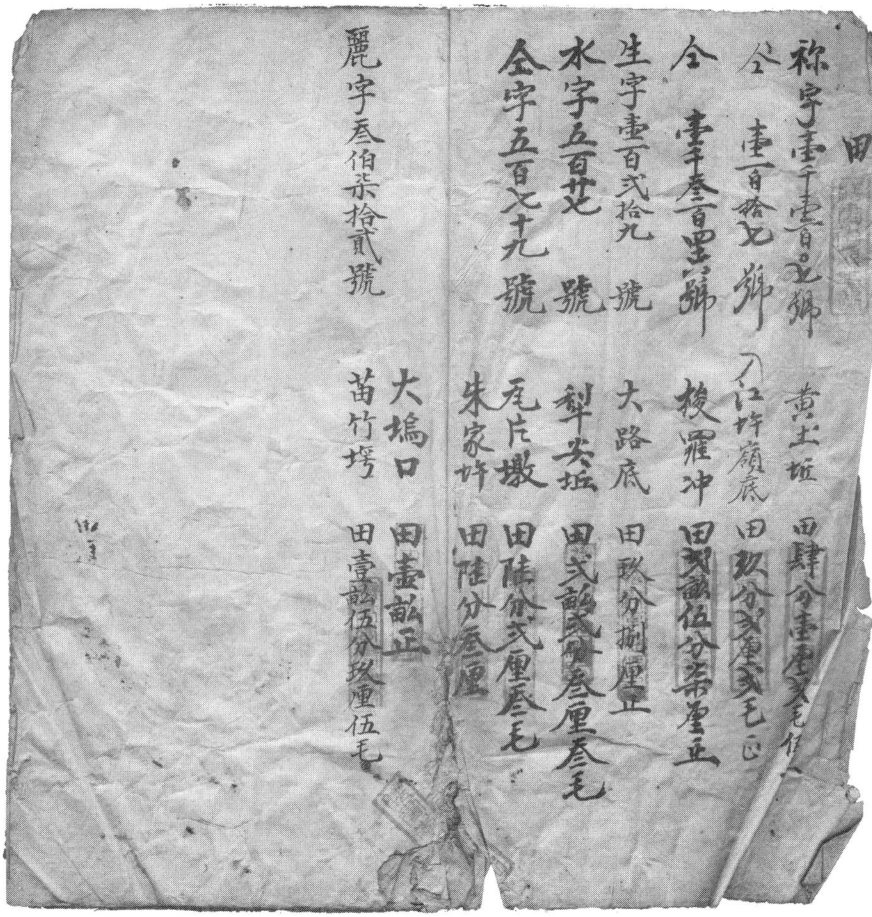
田
稱字壹千壹百〇五號 黄土垴 田肆分壹厘叁毛伍
仝 壹百拾七號 江圹嶺底 田玖分弍厘弍毛〇
仝 壹千叁百四十號 梭羅冲 田弍畝伍分柒厘五
生字壹百弍拾九號 大路底 田玖分捌厘五
水字五百廿七號 犁尖垴 田弍畝弍分叁厘叁毛
金字五百七十九號 尾片墩 田陸分弍厘叁毛
朱家圹 田陸分叁厘
大塢口 田壹畝五
麗字叁伯柒拾弍號 苗竹塝 田壹畝伍分玖厘伍毛

秋口镇鹤溪村 28–2 · 税粮实征册 · 成立户

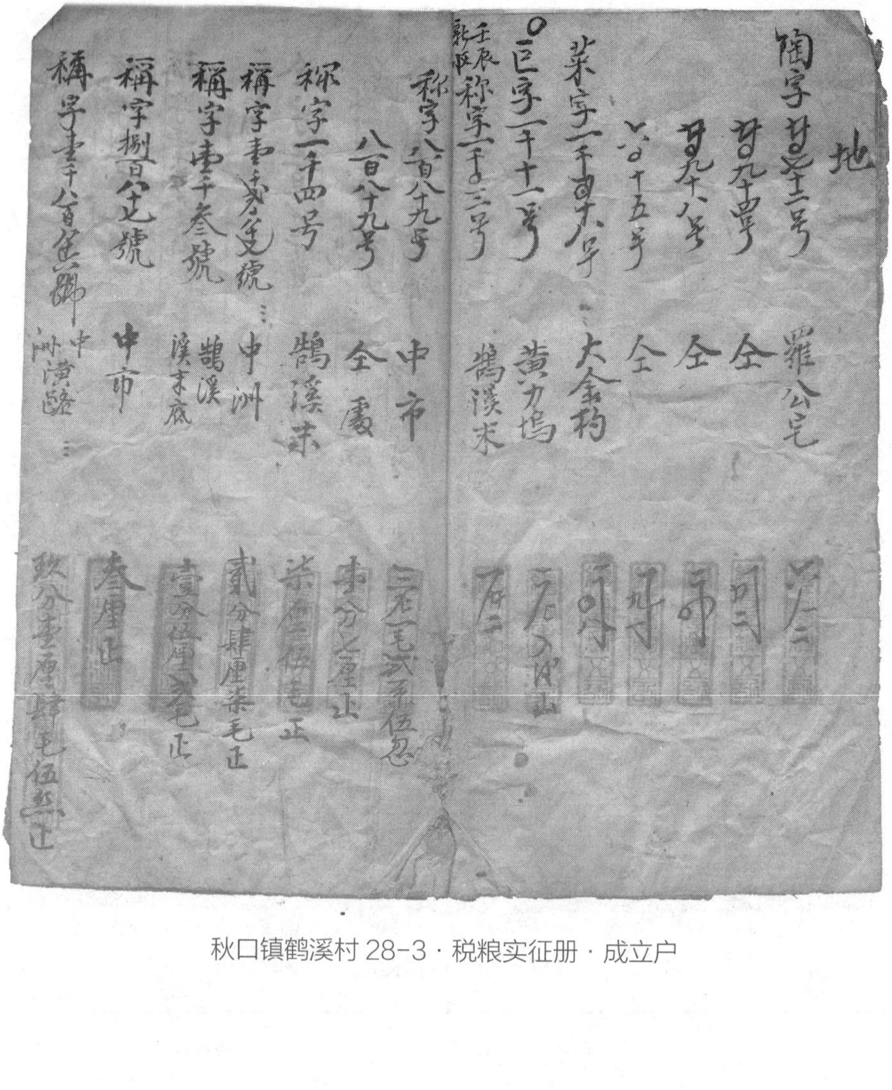

秋口镇鹤溪村 28-3 · 税粮实征册 · 成立户

秋口镇鹤溪村 28-4 · 税粮实征册 · 成立户

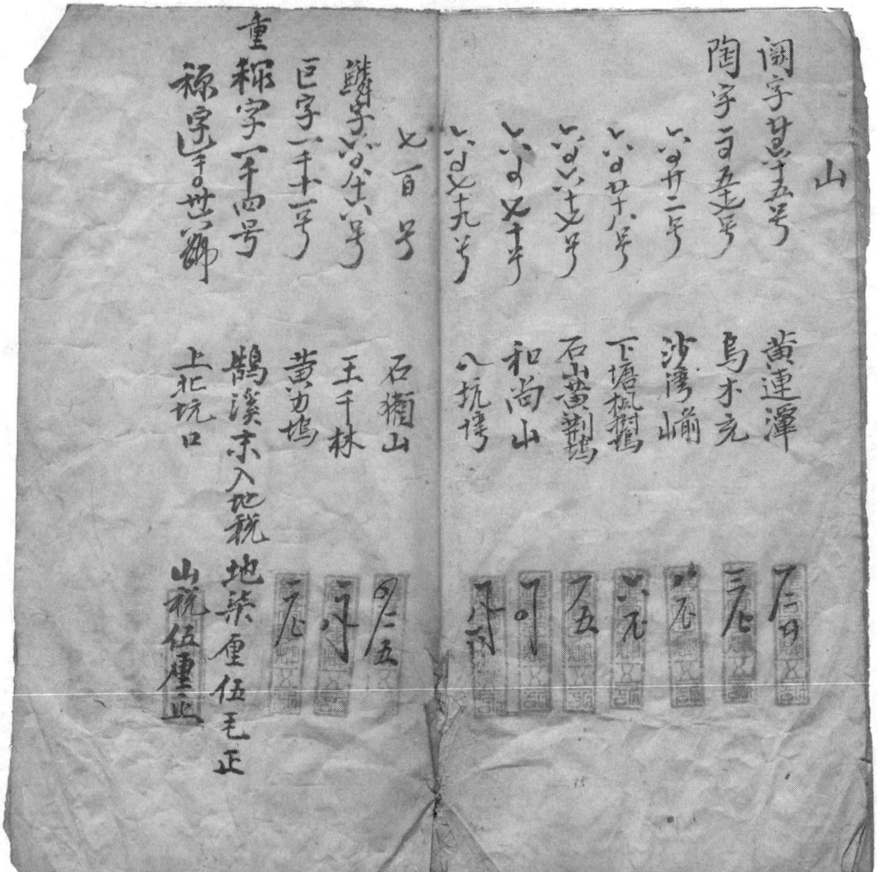

秋口镇鹤溪村 28-5 · 税粮实征册 · 成立户

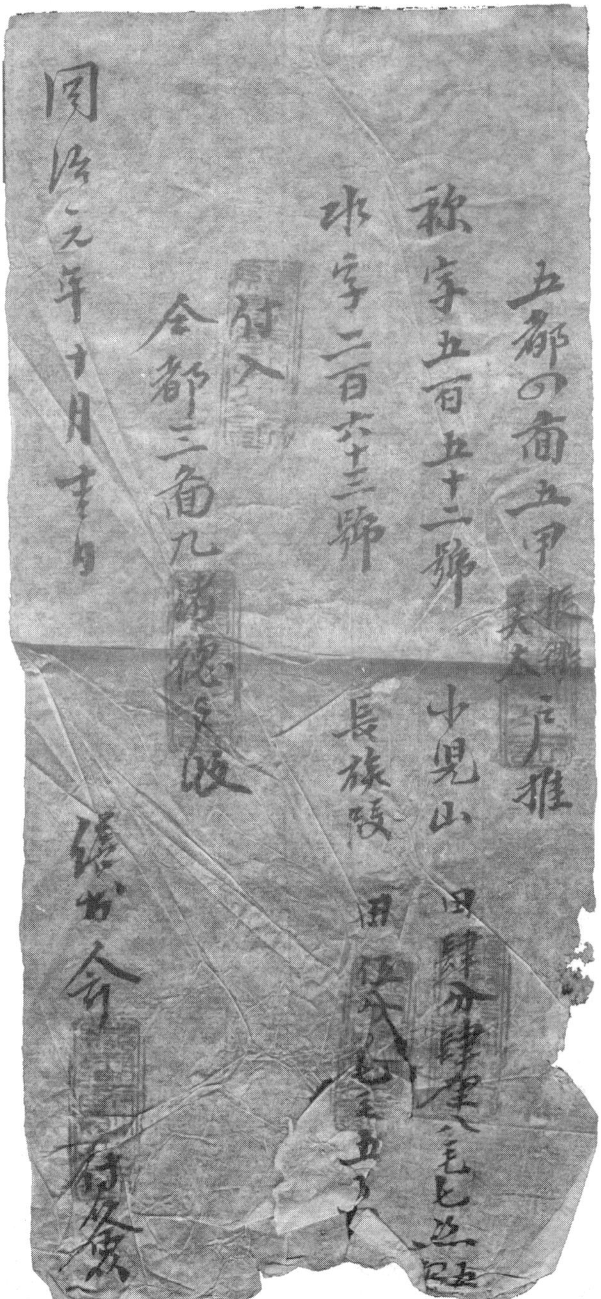

秋口镇鹤溪村 28-6 · 同治元年 · 推单 · 五都四图五甲振衢、美太户推入绪德户

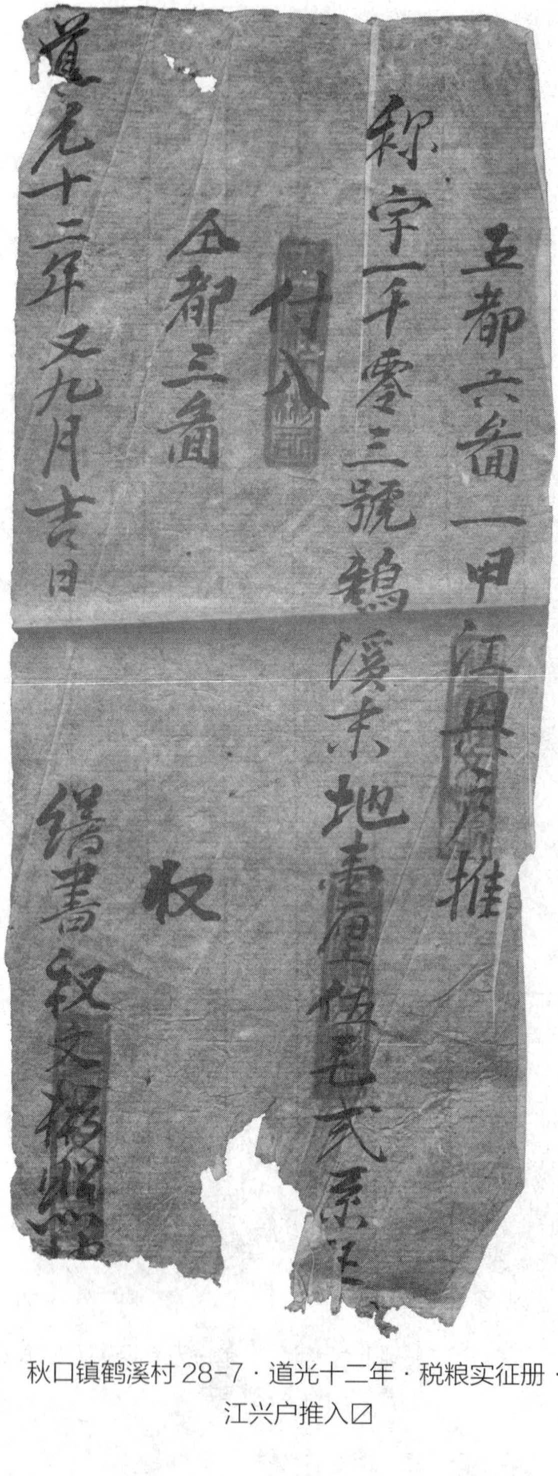

五都六啚一甲江興戶推
耕字一千零三號鶴溪末地壹厘伍毛貳[illegible]
付入
五都三啚　收
道光十二年又九月吉日　缮書叙文[illegible]

秋口镇鹤溪村 28-7 · 道光十二年 · 税粮实征册 ·
江兴户推入☑

秋口镇江村余姓 1—68

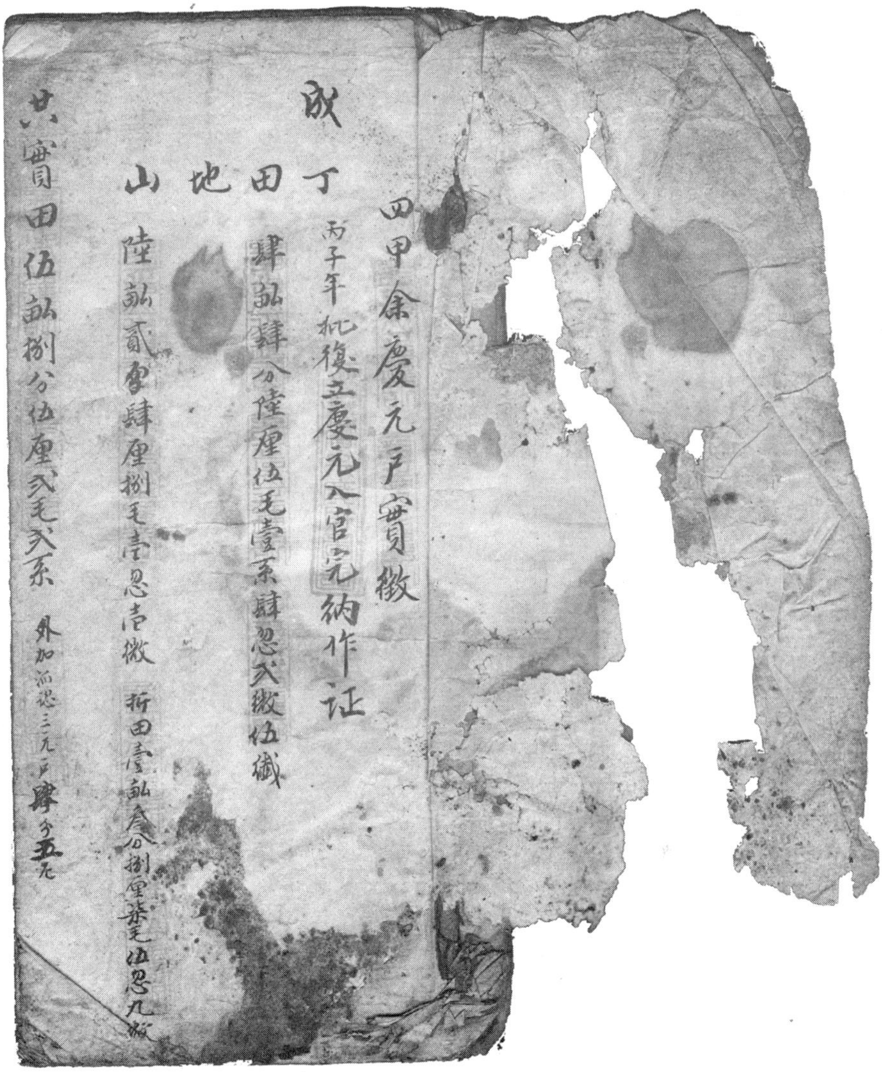

秋口镇江村余姓 4-1 · 乾隆四十四年 · 税粮实征册 · 余庆元户

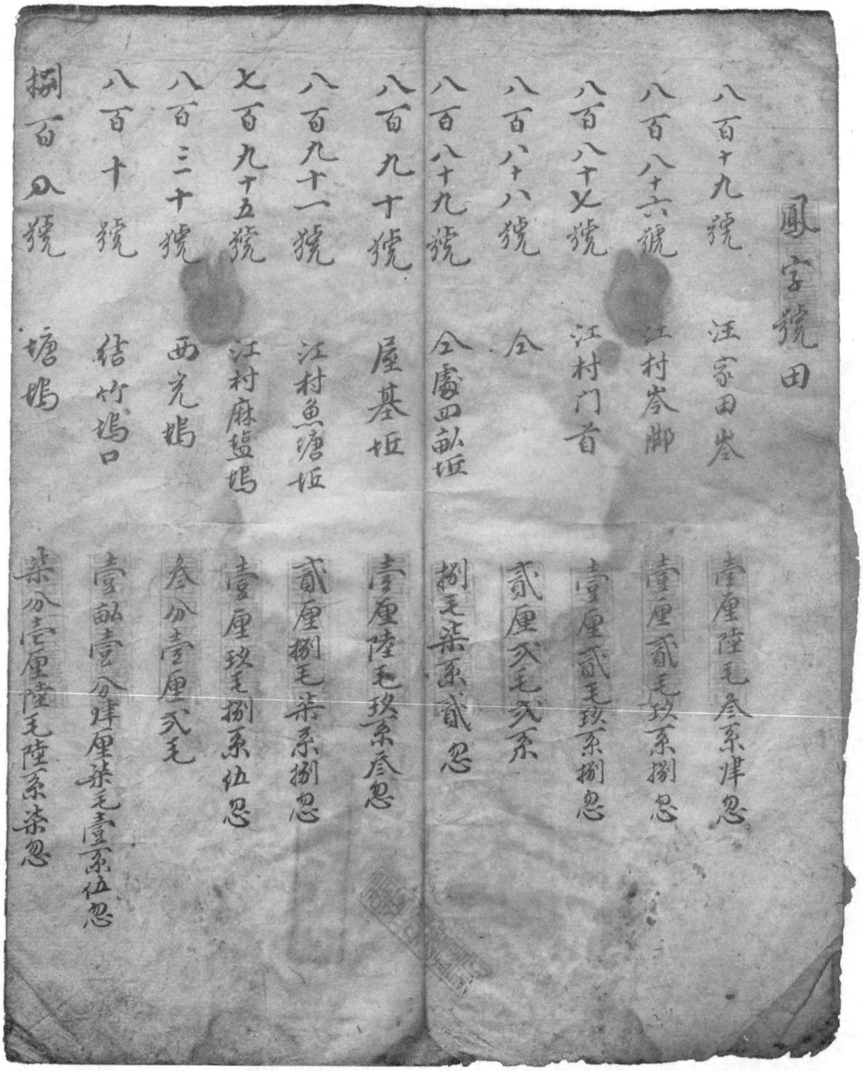

鳳字號田

八百十九號	汪家田塍	壹厘陸毛叁系肆忽
八百八十六號	江村塍脚	壹厘貳毛玖系捌忽
八百八十七號	江村门首	壹厘貳毛玖系捌忽
八百八十八號	仝	貳厘久毛弍系
八百八十九號	仝處四畝坵	捌毛柒系貳忽
八百九十號	屋基坵	壹厘陸毛玖系叁忽
八百九十一號	江村魚塘坵	貳厘捌毛柒系捌忽
七百九十五號	江村麻鹽塢	壹厘玖毛捌系伍忽
八百三十號	西光塢	叁分壹厘弍毛
八百十號	结竹塢口	壹畝壹分肆厘柒毛壹系伍忽
捌百八號	塘塢	柒分壹厘陸毛陸系柒忽

秋口镇江村余姓 4-2 · 乾隆四十四年 · 税粮实征册 · 余庆元户

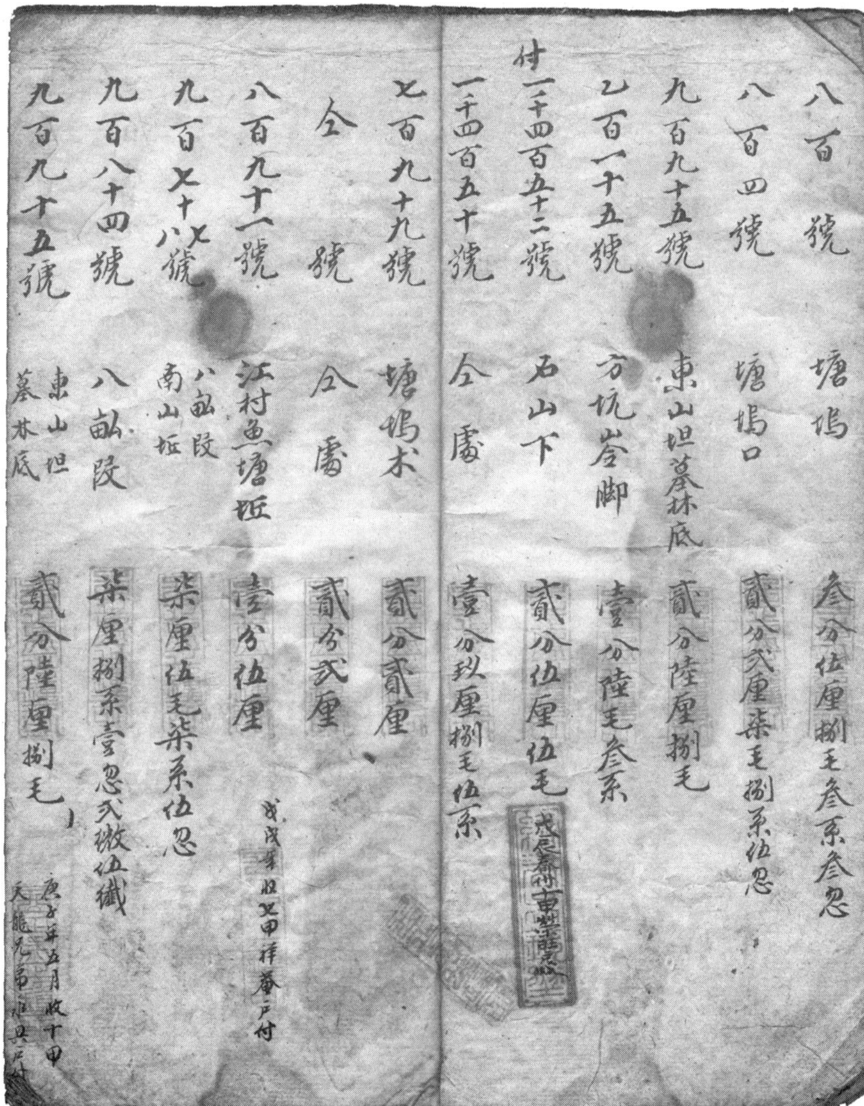

八百號 塘塢 叁分伍厘捌毛叁系叁忽
八百四號 塘塢口 貳分弍厘柒毛捌系伍忽
九百九十五號 東山坦墓林底 貳分陸厘捌毛
乙百一十五號 方坑嵩脚 壹分陸毛叁系
付一千四百五十二號 石山下 貳分伍厘伍毛
一千四百五十號 仝處 壹分玖厘捌毛伍系
七百九十九號 塘塢木 貳分貳厘
仝號 仝處 貳分弍厘
八百九十一號 江村魚塘坵 壹分伍厘
九百七十八號 八畝段 南山坵 柒厘伍毛柒系伍忽
九百八十四號 八畝段 柒厘捌系壹忽弍微伍纖
九百九十五號 東山坦墓林底 貳分陸厘捌毛
戊戌年收七甲祥華户付
庚子年五月收十甲天龍元□汪□户付

秋口镇江村余姓 4-3 · 乾隆四十四年 · 税粮实征册 · 余庆元户

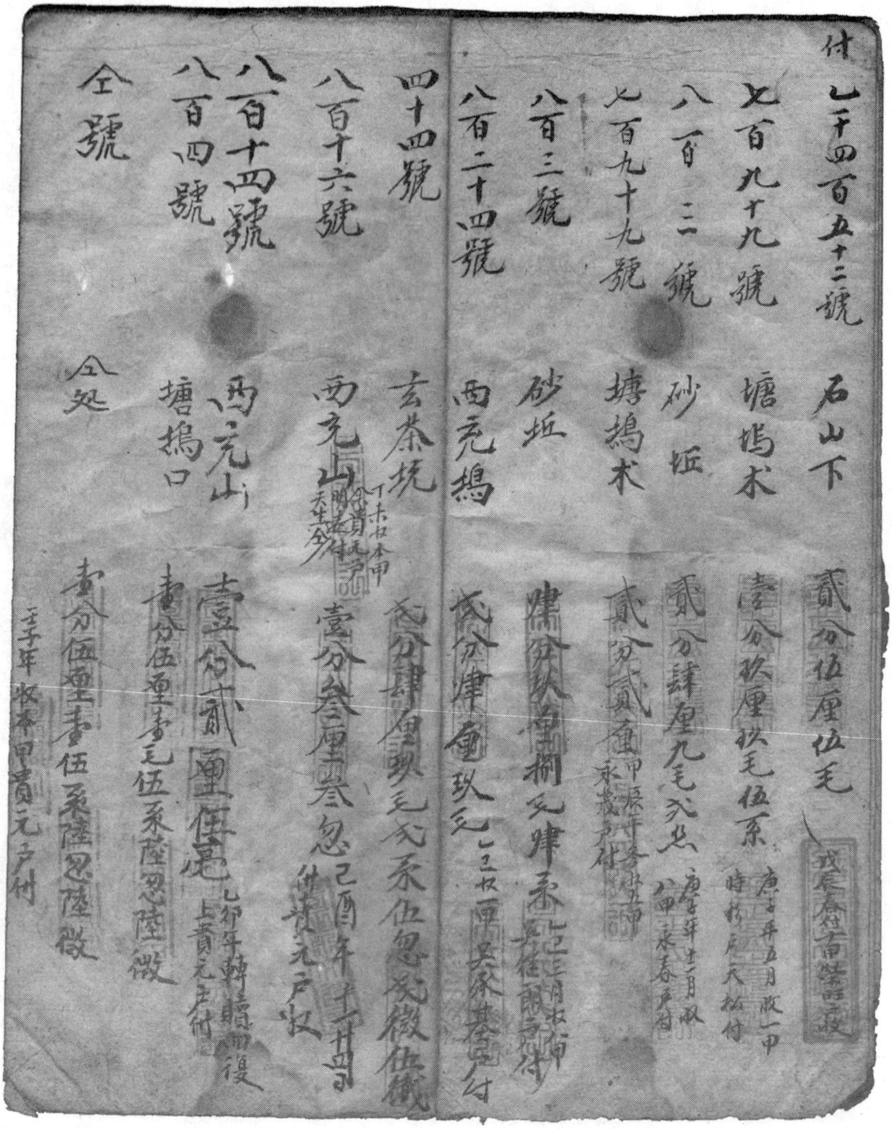

秋口镇江村余姓 4-4 · 乾隆四十四年 · 税粮实征册 · 余庆元户

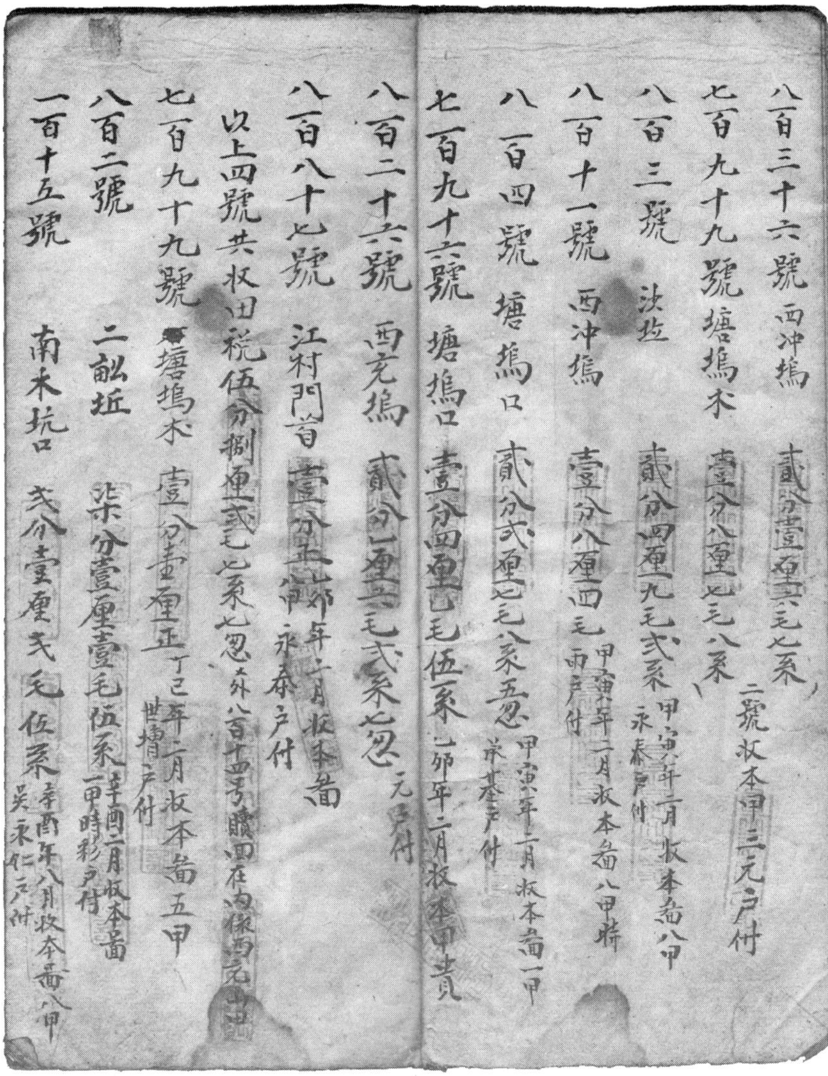

八百三十六號 西冲塢 貳分壹厘六毛七系 二號收本甲二元户付
七百九十九號 塘塢木 壹分八厘七毛八系
八百三號 汰坵 貳分四厘九毛弍系 甲寅年二月收本畲八甲 永泰户付
八百十一號 西冲塢 壹分八厘四毛 甲寅年二月收本畲八甲
八百四號 塘塢口 貳分弍厘七毛八系五忽 甲寅年二月收本畲一甲 承基户付
七百九十六號 塘塢口 壹分四厘七毛伍系 乙卯年二月收本甲
八百二十六號 西充塢 貳分一厘六毛弍系七忽 元户付
八百八十七號 江村門首 壹分五厘 乙卯年二月收本畲 永泰户付
以上四號共收田税伍分捌厘弍毛七系七忽 外八百十四號瞭田在内係西充山
七百九十九號 塘塢木 壹分壹厘五 丁巳年二月收本畲五甲 世增户付
八百二號 二畝坵 柒分壹厘壹毛伍系 辛酉二月收本畲一甲時彩户付
一百十五號 南木坑口 弍分壹厘弍毛伍系 辛酉年八月收本畲八甲 吴永仁户付

秋口镇江村余姓 4-5 · 乾隆四十四年 · 税粮实征册 · 余庆元户

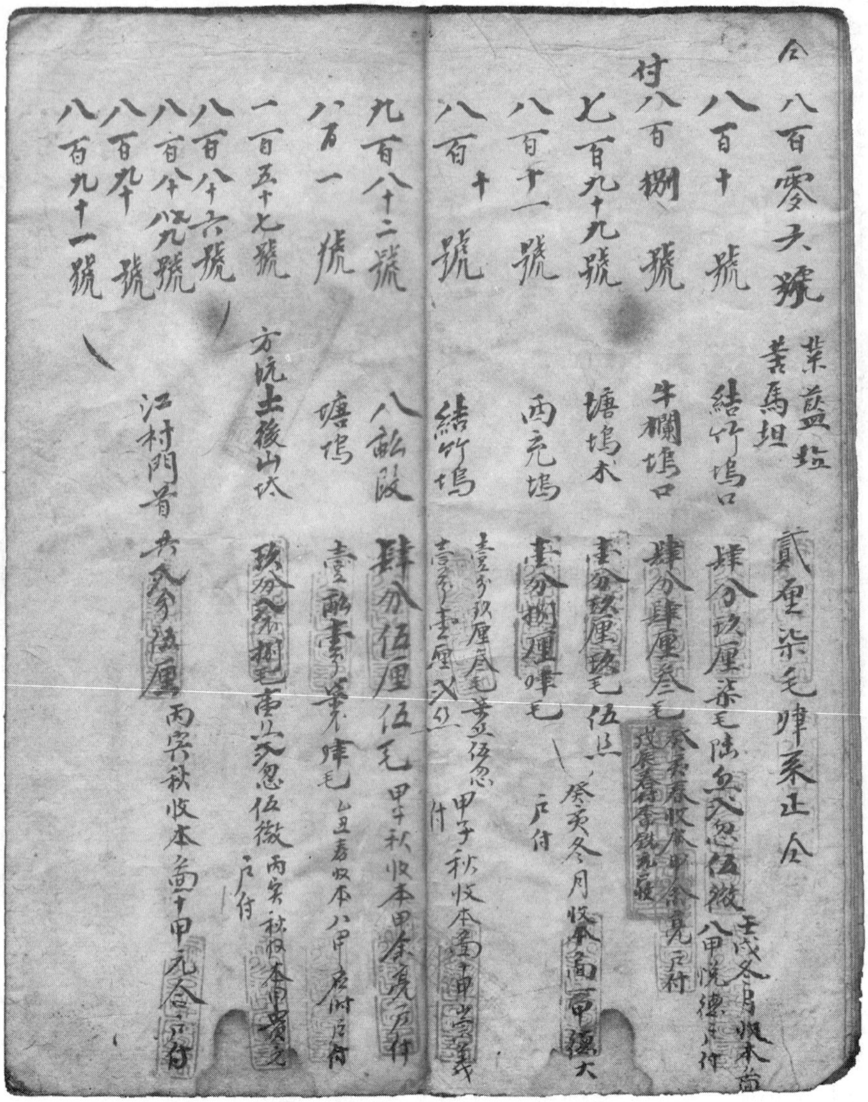

秋口镇江村余姓 4-6 · 乾隆四十四年 · 税粮实征册 · 余庆元户

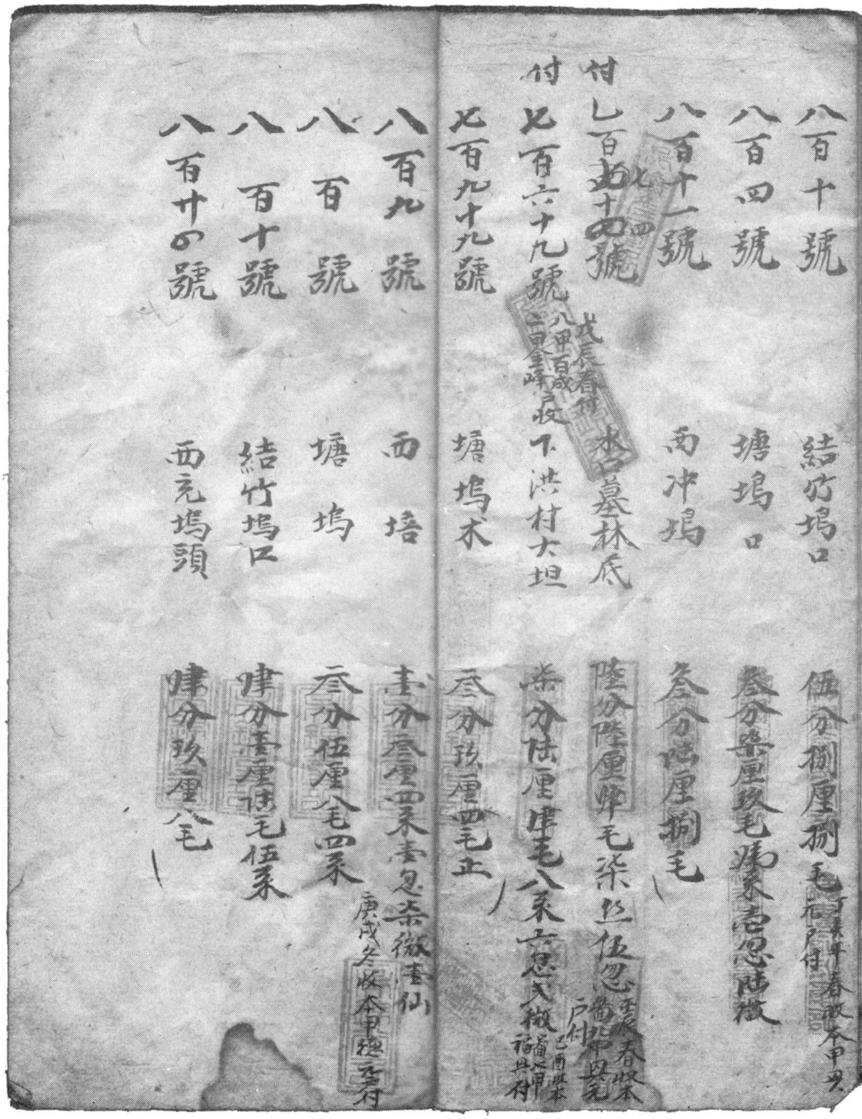

八百十號 結竹塢口 伍分捌厘捌毛

八百四號 塘塢口 叁分柒厘玖毛陆絲壹忽陆微

八百十一號 西冲塢 叁分陆厘捌毛

七百七十四號 墓林底 陸分陸厘肆毛柒絲伍忽

七百六十九號 下洪村大坦 柒分陆厘肆毛八絲六忽

七百九十九號 塘塢木 叁分玖厘四毛正

八百九號 西培 壹分叁厘四絲

八百 號 塘塢 叁分伍厘八毛四絲

八百十號 結竹塢口 肆分壹厘伍毛伍絲

八百廿四號 西充塢頭 肆分玖厘八毛

秋口镇江村余姓 4-7 · 乾隆四十四年 · 税粮实征册 · 余庆元户

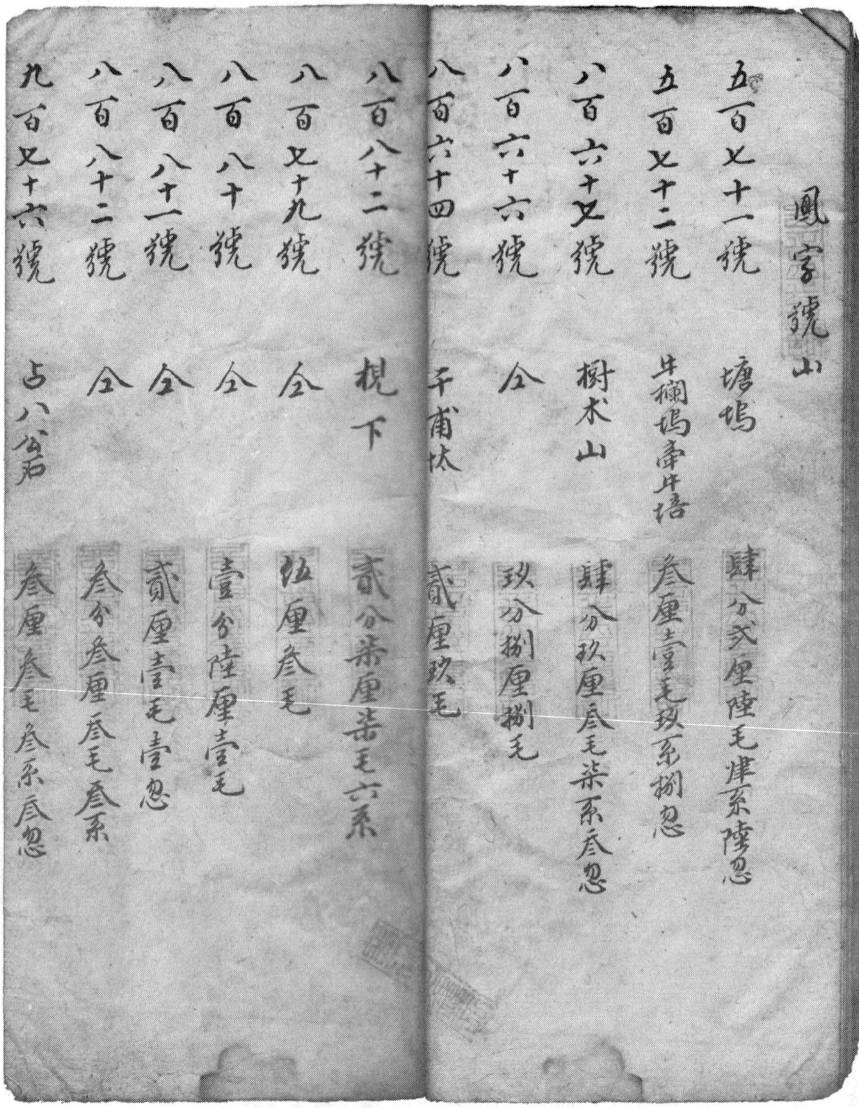

鳳字號山
五百七十一號 塘塢 肆分弍厘陸毛肆系陸忽
五百七十二號 牛欄塢牽牛培 叁厘壹毛玖系捌忽
八百六十七號 樹木山 肆分玖厘叁毛柒系叁忽
八百六十六號 仝 玖分捌厘捌毛
八百六十四號 平甫坑 貳厘玖毛
八百八十二號 梘下 貳分柒厘柒毛六系
八百七十九號 仝 伍厘叁毛
八百八十號 仝 壹分陸厘壹毛
八百八十一號 仝 貳厘壹毛壹忽
八百八十二號 仝 叁分叁厘叁毛叁系
九百七十六號 占八公石 叁厘叁毛叁系叁忽

秋口镇江村余姓 4-8 · 乾隆四十四年 · 税粮实征册 · 余庆元户

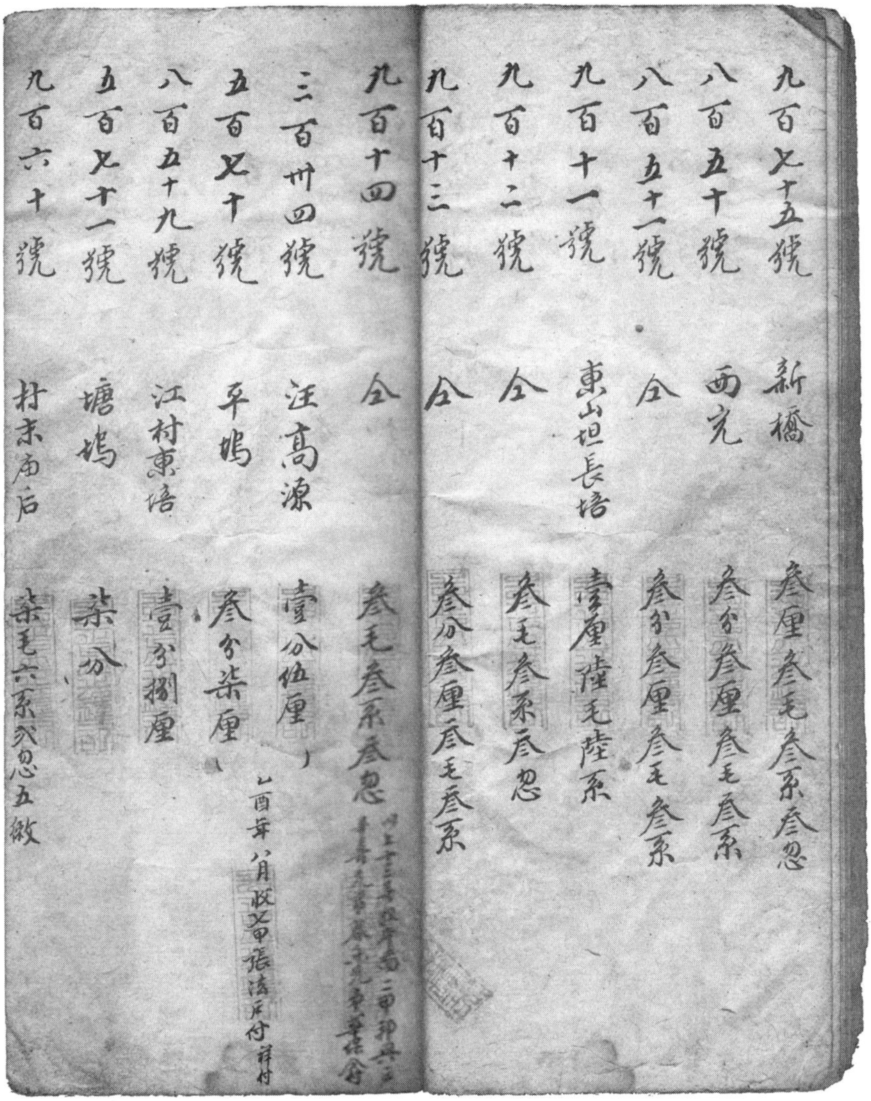

秋口镇江村余姓 4-9 · 乾隆四十四年 · 税粮实征册 · 余庆元户

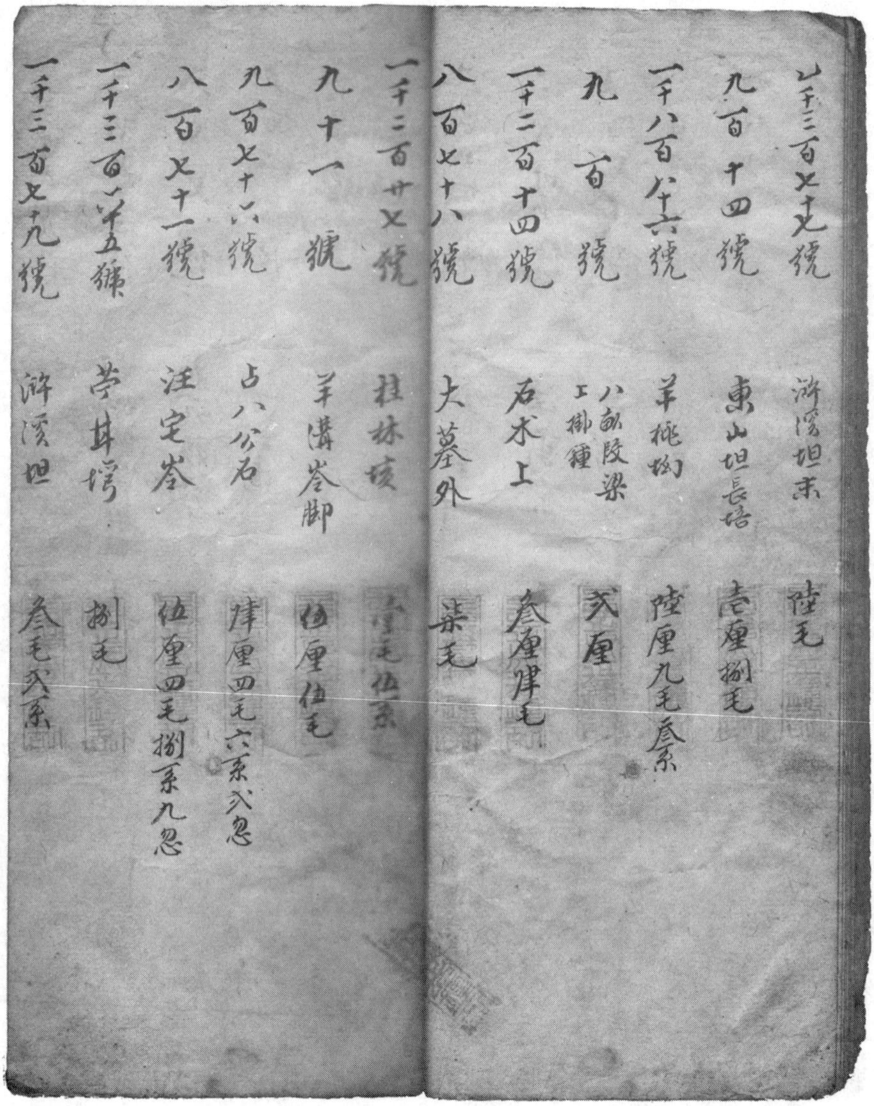

秋口镇江村余姓 4-10 · 乾隆四十四年 · 税粮实征册 · 余庆元户

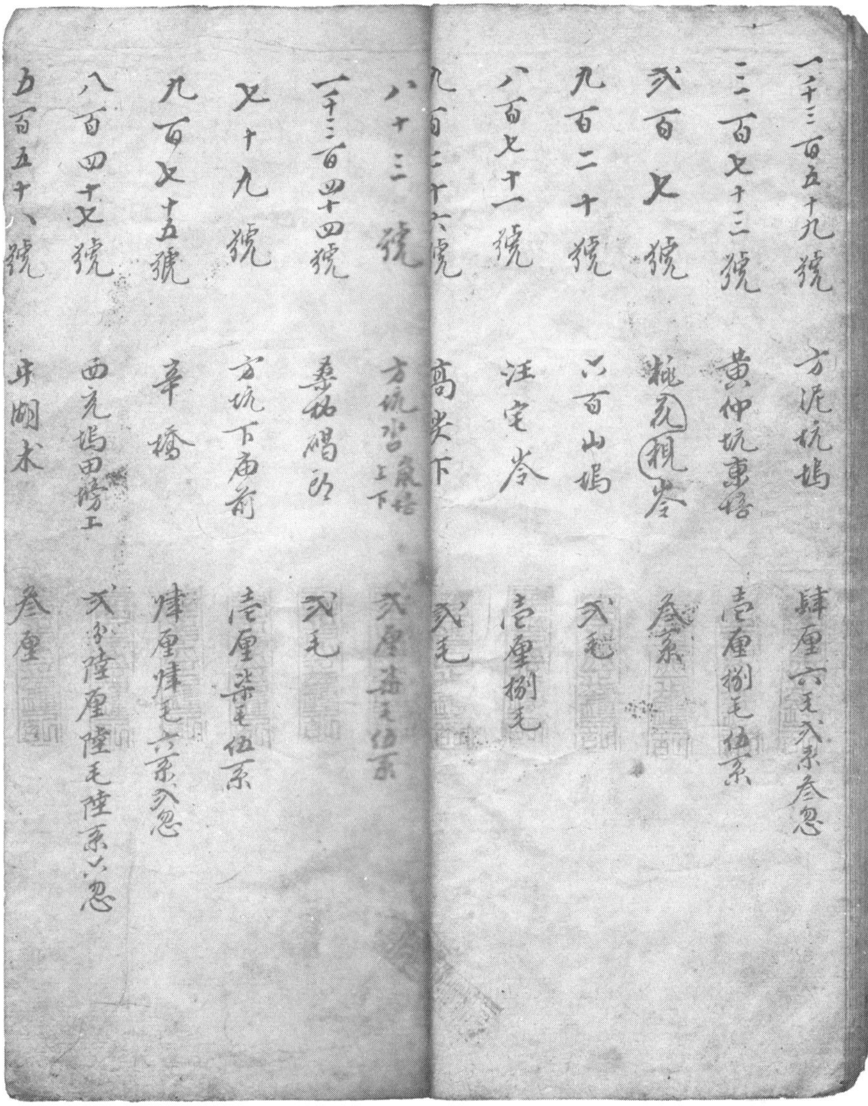
一千三百五十九號　方泥坑塢　肆厘六毛貳絲叁忽
二百七十二號　黄仲坑東培　壹厘捌毛伍系
貳百七號　桃規岺　叁系
九百二十號　六百山塢　貳毛
八百七十一號　汪宅岺　壹厘捌毛
九百二十六號　高块下　貳毛
八十三號　方坑上下　貳厘壹毛伍系
一千三百四十四號　黍坞碣頭　貳毛
七十九號　方坑下廟前　壹厘柒毛伍系
九百七十五號　辛橋　肆厘肆毛六系貳忽
八百四十七號　西充塢田塝上　貳分陸厘陸毛陸系六忽
五百五十八號　牛湖木　叁厘

秋口镇江村余姓 4-11 · 乾隆四十四年 · 税粮实征册 · 余庆元户

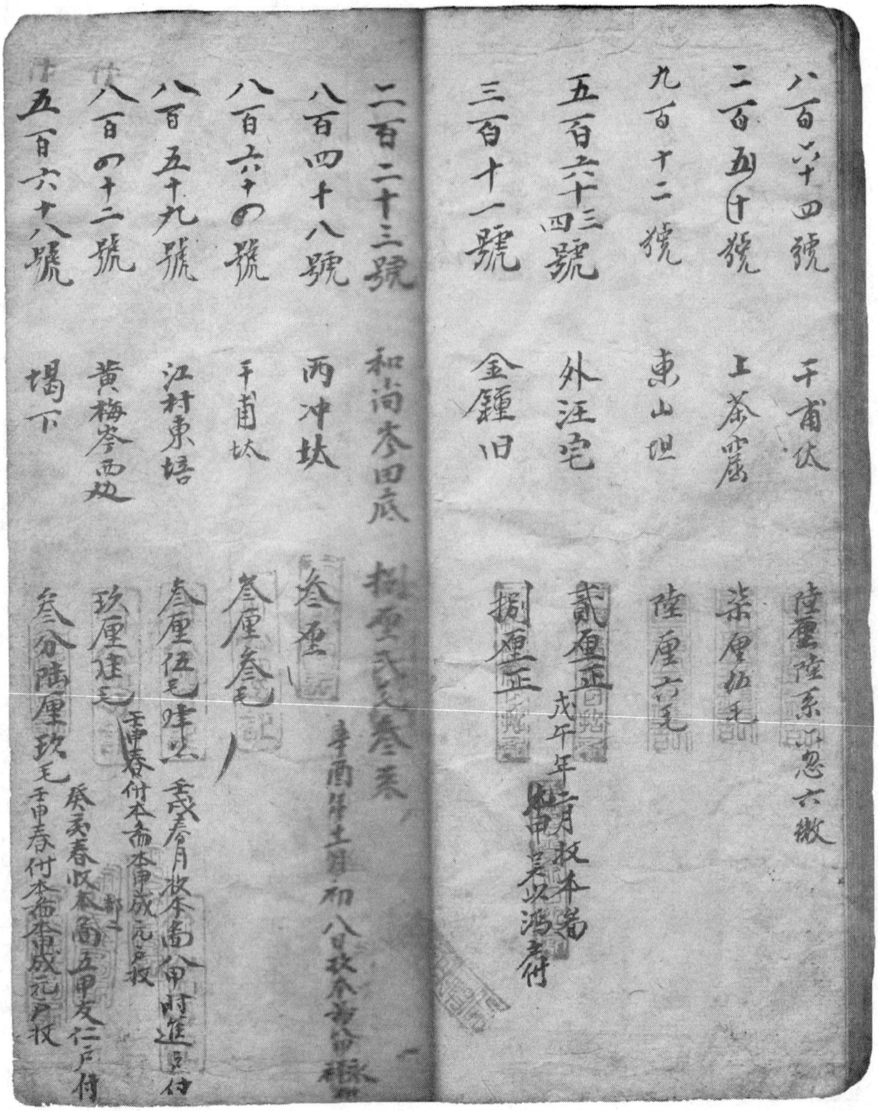

秋口镇江村余姓 4-12 · 乾隆四十四年 · 税粮实征册 · 余庆元户

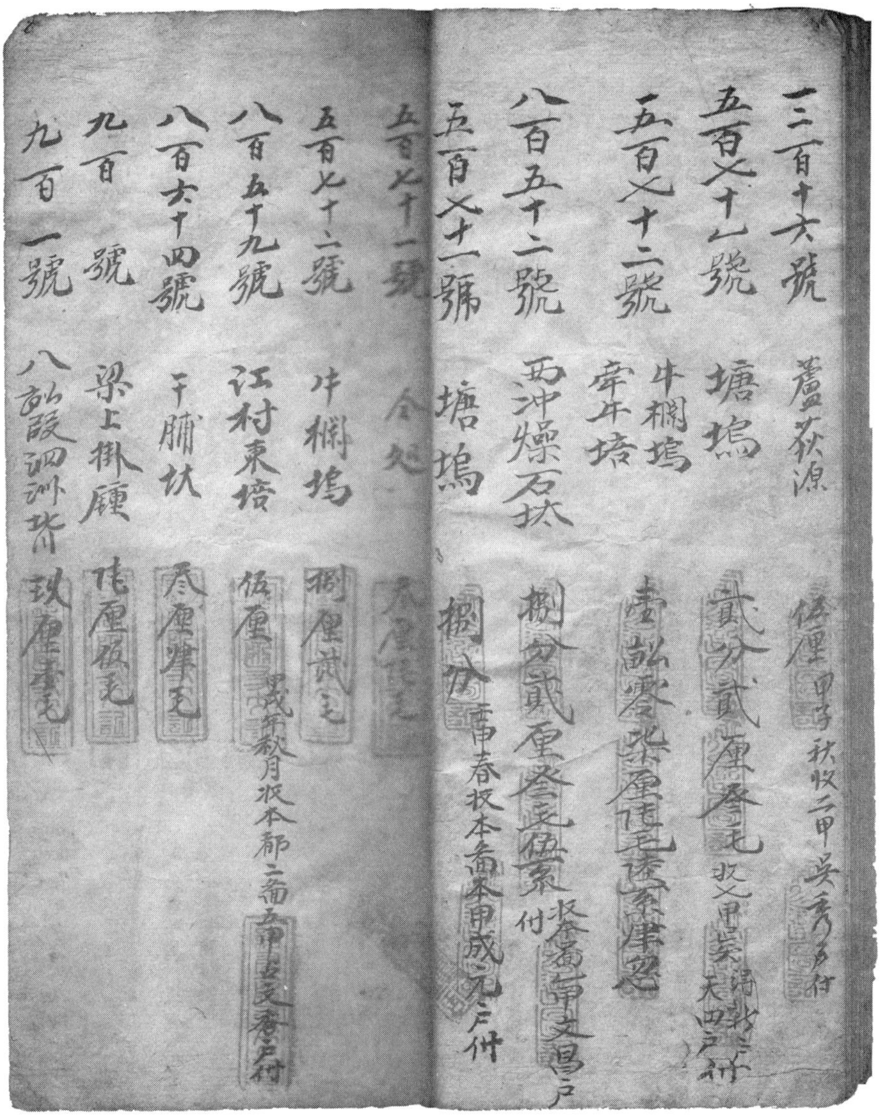

三百十六號 蘆荻源 伍厘 甲子秋收二甲吴秀乃付
五百七十山號 塘塢 貳分貳厘叁毛 收七甲吴得……天四户付
五百七十二號 牛欄塢 牵牛培 壹畝零柒厘伍毛 逵系肆忽
八百五十二號 西冲燥石坎 捌分貳厘叁毛伍系 付 收叁啚甲文昌户
五百七十一號 塘塢 捌分 甲春收本啚本甲成元户付
五百七十一號 仝處 叁厘伍毛
五百七十二號 牛欄塢 捌厘貳毛
八百五十九號 江村東培 伍厘 甲戌年秋月收本都二啚五甲土文秀户付
八百六十四號 干脯坎 叁厘肆毛
九百號 梁上掛塍 伍厘伍毛
九百一號 八畝段四洲塝 玖厘壹毛

秋口镇江村余姓 4-13 · 乾隆四十四年 · 税粮实征册 · 余庆元户

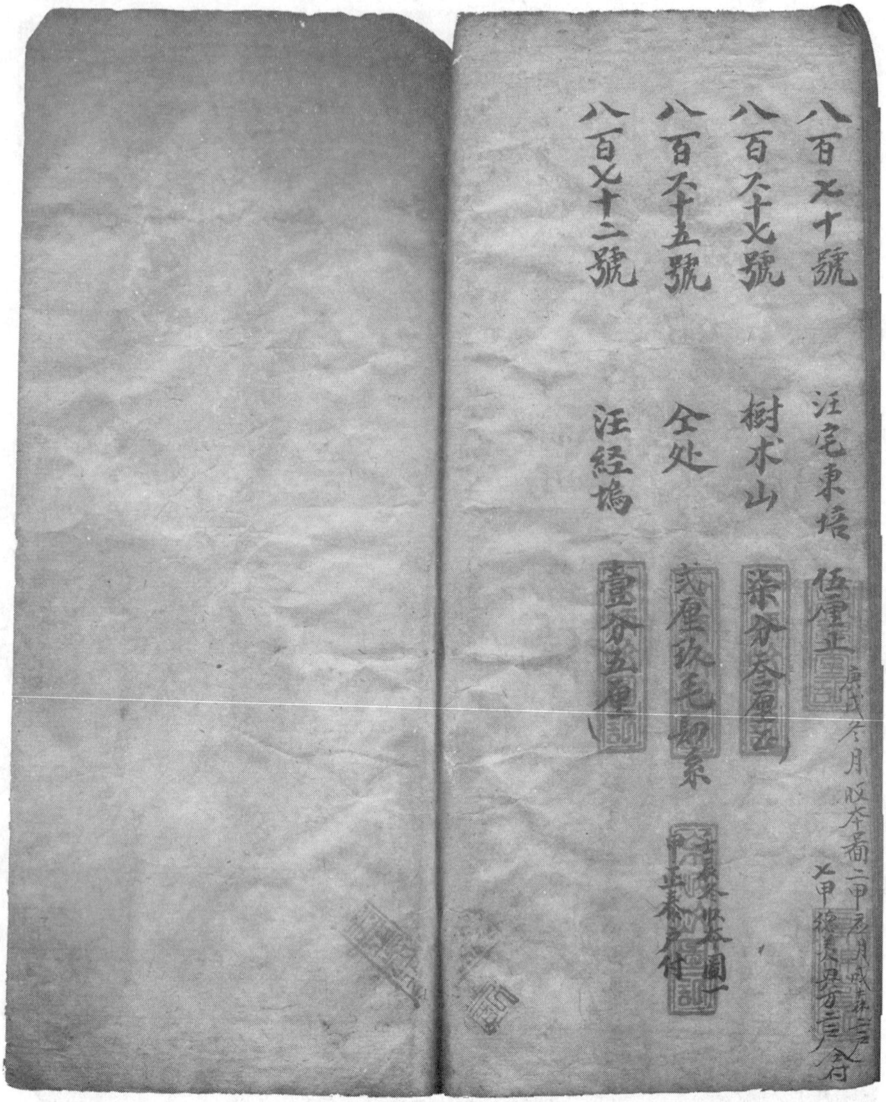
八百七十號　汪宅東培　伍厘正
八百六十七號　樹术山　柒分叁厘正
八百六十五號　仝处　貳厘玖毛
八百七十二號　汪經塢　壹分五厘

秋口镇江村余姓 4-14 · 乾隆四十四年 · 税粮实征册 · 余庆元户

乾隆四十四年荷月
啚正吴尧千造

秋口镇江村余姓 4-15 · 乾隆四十四年 · 税粮实征册 · 余庆元户

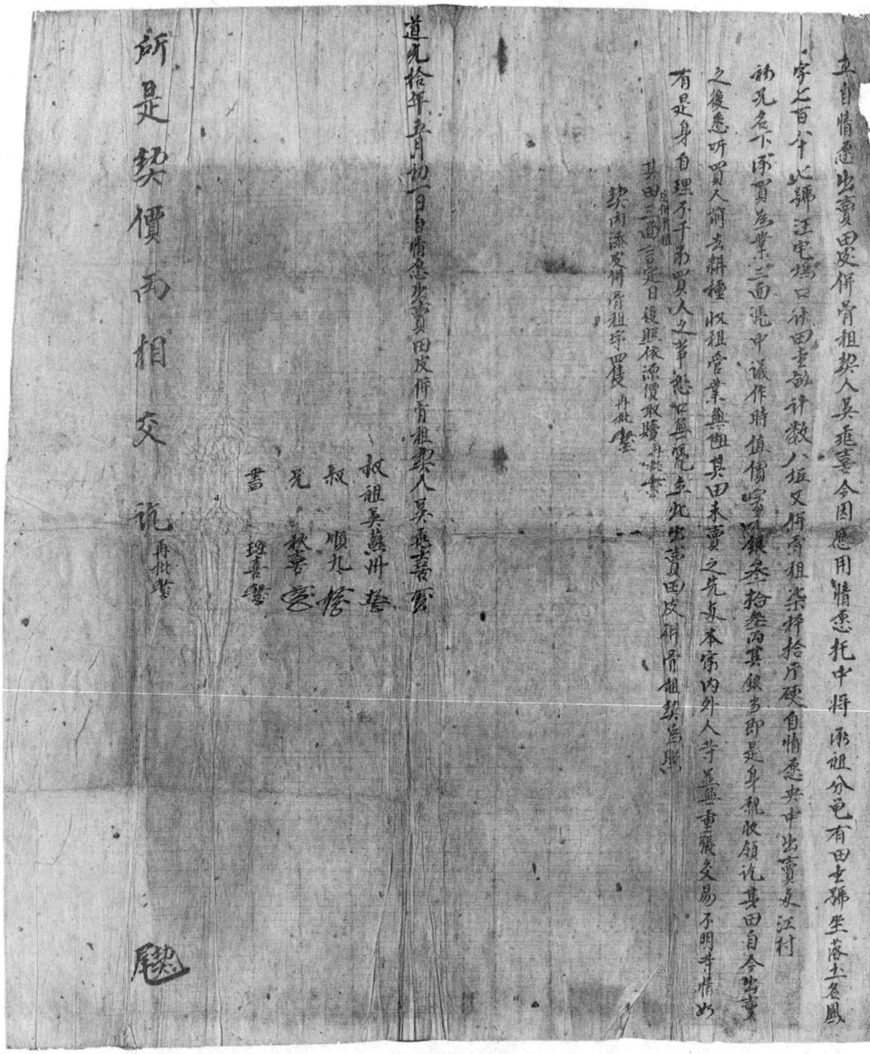
立自情愿出賣田皮併骨租契人吳垂喜，今因應用，情愿托中將承祖分已有田壹號，坐落土名鳳
字七百八十七號，土名汪宅塢口，計田壹畝，計數八坵，又併骨租柒秤拾斤硬，自情愿央中出賣與江村
福兄名下承買為業，三面憑中議作時值價九七色銀叁拾叁兩，其銀當即是身親收領訖，其田自今出賣
之後，悉聽買人前去耕種收租管業無阻。其田未賣之先，與本家內外人等並無重張交易不明等情，如
有，是身自理，不干買人之事。恐口無憑，立此出賣田皮併骨租契為照。
其田（皮併骨租）三面言定日後照依原價取贖 再批 押
契內添皮併骨租字四隻 再批 押
道光拾年五月初一日 自情愿出賣田皮併骨租契人 吳垂喜 押
叔祖 吳蘇卅 押
叔 順九 押
兄 秋壽 押
書 班喜 押
所是契價兩相交訖 再批 押

秋口镇江村余姓 62 · 道光十年 · 出卖田皮并骨租契 · 吴垂喜卖与▨福兄

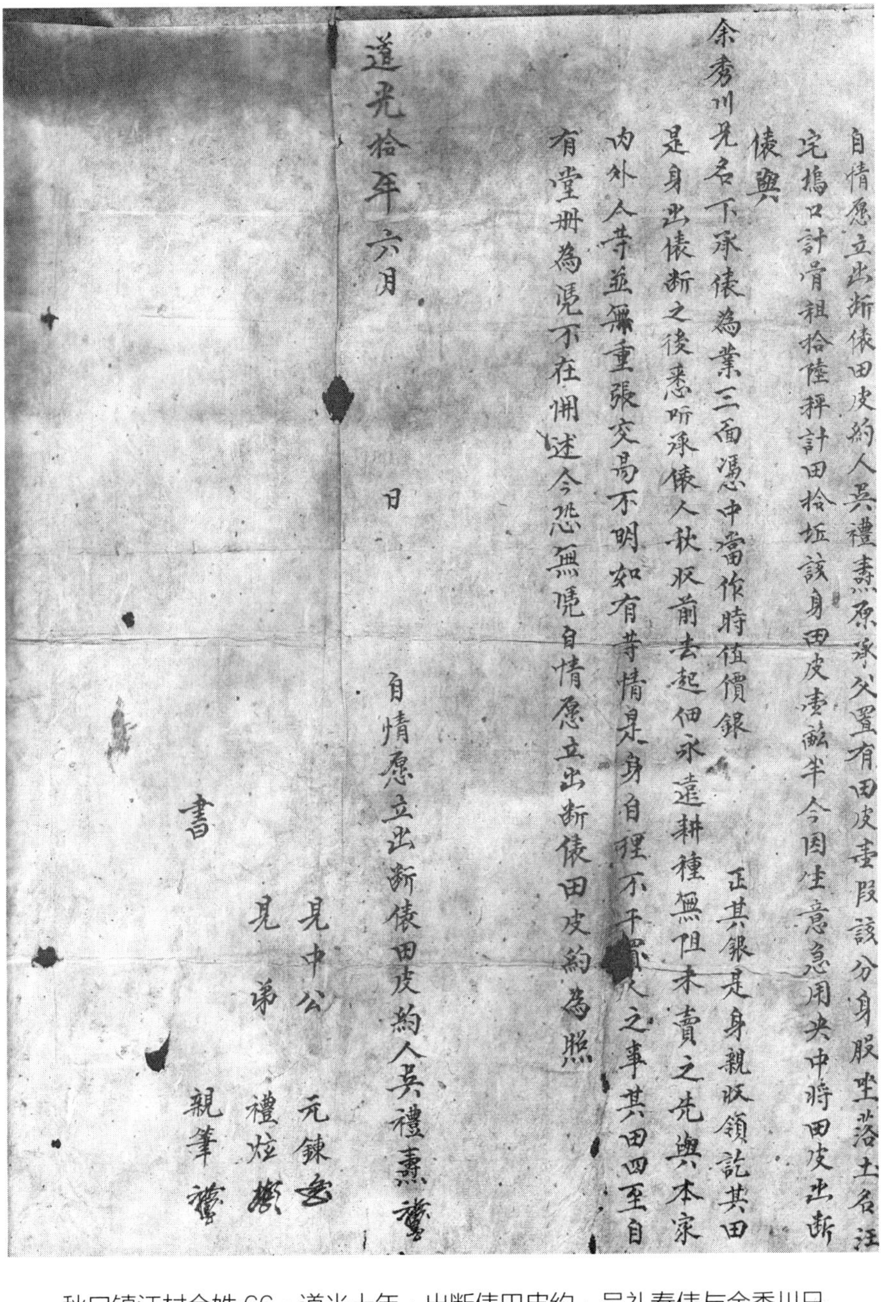
自情愿立出断俵田皮約人吴禮燾原承父置有田皮壹段該分身股坐落土名汪
宅塢口計骨租拾陸秤計田拾坵該身田皮壹畝半今因生意急用央中將田皮出断
俵與
余秀川兄名下承俵為業三面憑中當作時值價銀　正其銀是身親收領訖其田
是身出俵断之後悉聽承俵人秋收前去起佃永遠耕種無阻未賣之先與本家
内外人等並無重張交易不明如有等情是身自理不干買人之事其田四至自
有堂冊為憑不在開述今恐無憑自情愿立出断俵田皮約為照
道光拾年六月　日　自情愿立出断俵田皮約人吴禮燾（押）
見中公　元錬（押）
見弟　禮烇（押）
書　親筆（押）

秋口镇江村余姓 66 · 道光十年 · 出断俵田皮约 · 吴礼焘俵与余秀川兄

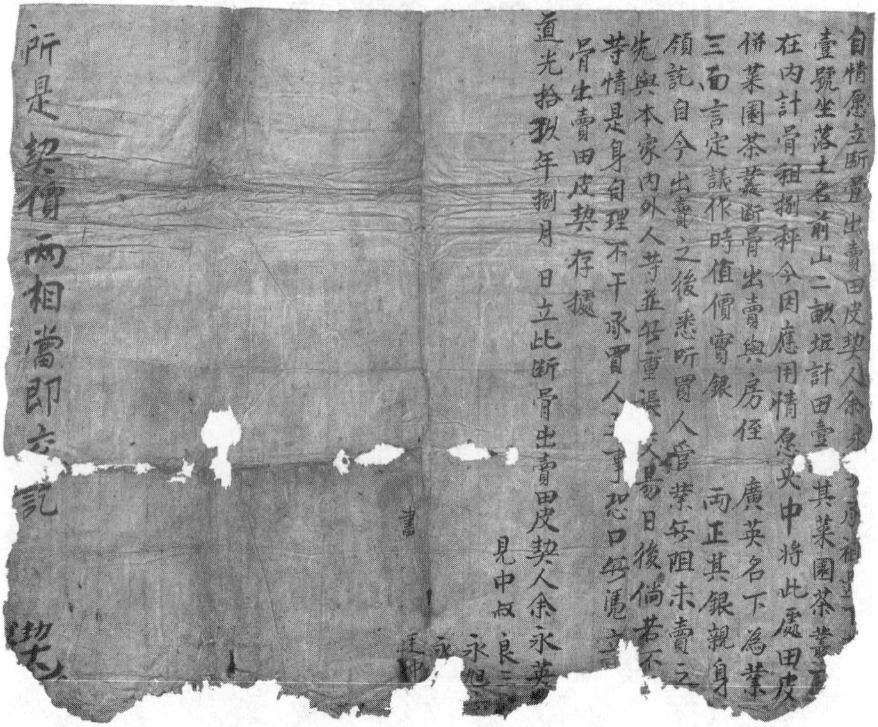

自情愿立断骨出賣田皮契人余永
壹號坐落土名前山二畝坵計田壹 其菜園茶叢
在内計骨租捌秤今因應用情愿央中将此處田皮
併菜園茶叢断骨出賣與房侄 廣英名下為業
三面言定議作時值價寳銀 兩正其銀親身
領訖自今出賣之後悉听買人管業無阻未賣之
先與本家内外人等並無重張交易日後倘若不
等情是身自理不干承買人之事恐口無憑立
骨出賣田皮契存據
道光拾玖年捌月 日立此断骨出賣田皮契人余永英
見中叔 良
永
書
所是契價兩相當即交訖

秋口镇江村余姓 52 · 道光十九年 · 断骨出卖田皮契 · 余永英卖与房侄广英

秋口镇江村余姓 1-1 · 咸丰五年 · 税粮实征册 · 新贵户

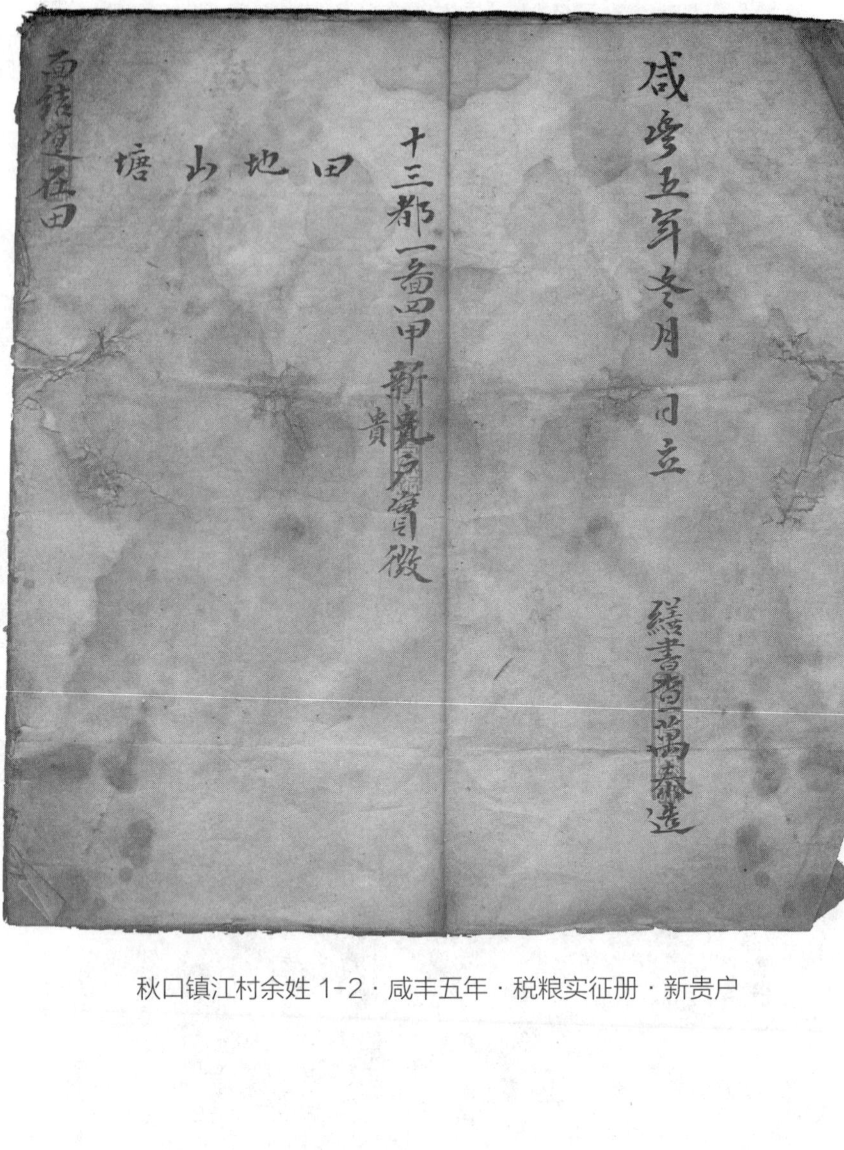

秋口镇江村余姓 1-2 · 咸丰五年 · 税粮实征册 · 新贵户

秋口镇江村余姓 1-3 · 咸丰五年 · 税粮实征册 · 新贵户

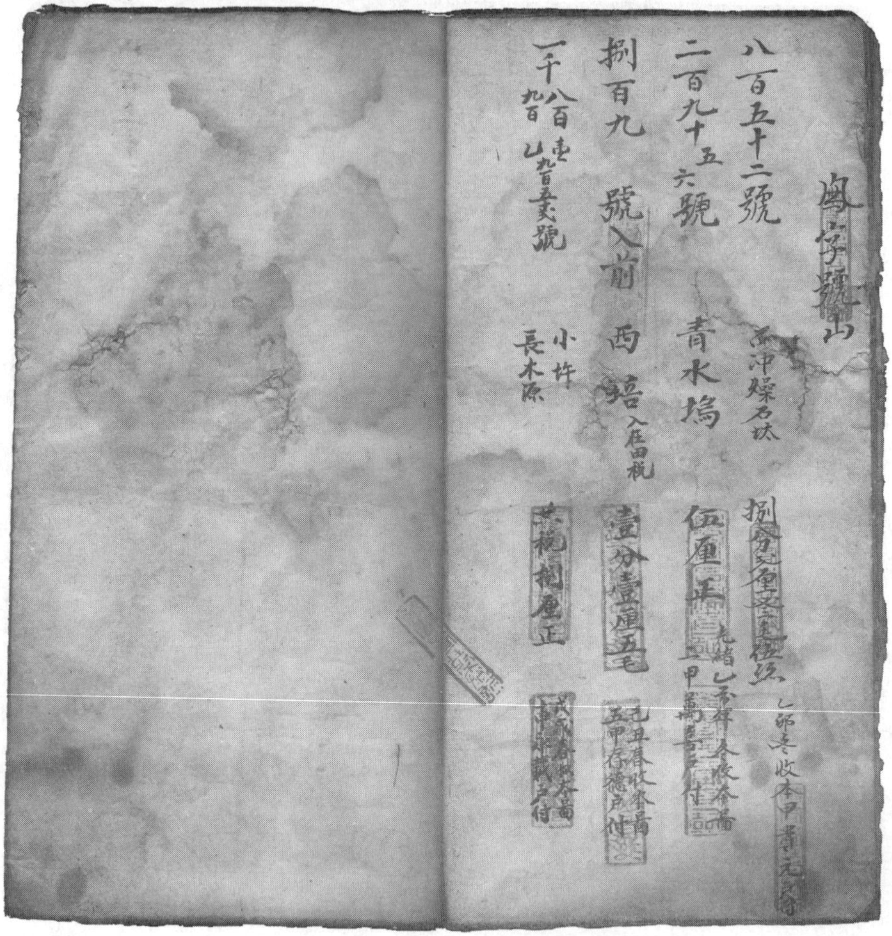

秋口镇江村余姓 1-4 · 咸丰五年 · 税粮实征册 · 新贵户

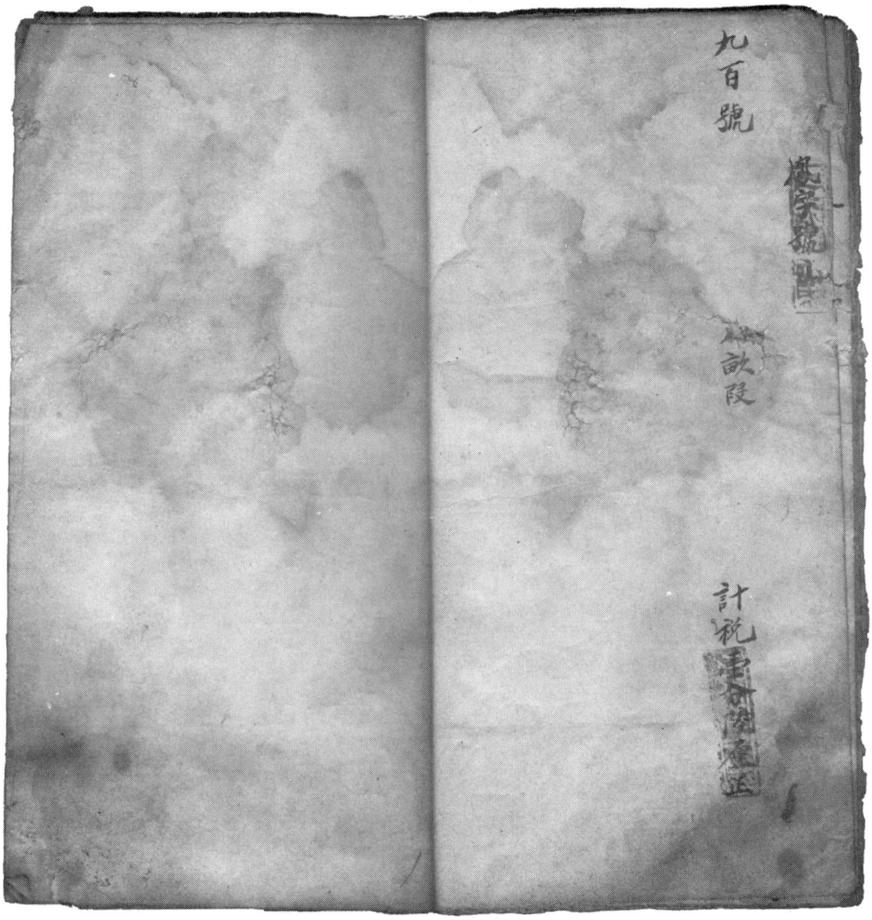

秋口镇江村余姓 1-5 · 咸丰五年 · 税粮实征册 · 新贵户

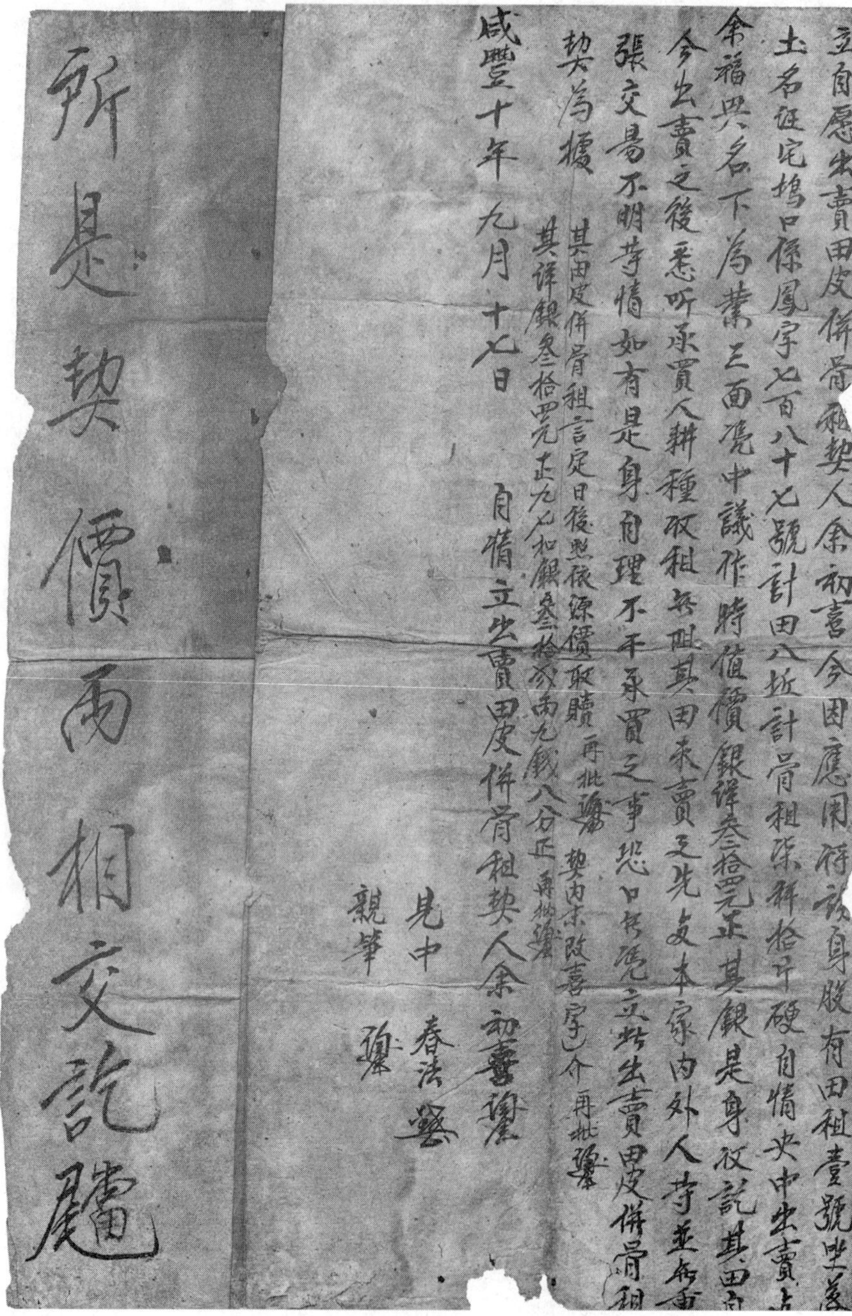

立自愿出賣田皮併骨租契人余初喜今因應用將故身股有田租壹號坐落
土名征宅塢口係鳳字乙百八十乙號計田八坵計骨租乙拾秤硬自情央中出賣
余福興名下為業三面憑中議作時值價銀洋叁拾元正其銀是身收訖其田自
今出賣之後悉听承買人耕種收租無阻其田未賣之先與本家內外人等並無重
張交易不明等情如有是身自理不干承買之事恐口無憑立此出賣田皮併骨租
契為據

其田皮併骨租言定日後照依源價取贖　再批
契內改喜字乙个　再批
其洋銀叁拾元正乙和銀叁拾叁兩九錢八分正　再批

咸豐十年九月十七日　自情立出賣田皮併骨租契人余初喜

見中　春法

親筆

所是契價兩相交訖

秋口镇江村余姓 53 · 咸丰十年 · 出卖田皮并骨租契 · 余初喜卖与余福兴

立斷骨出賣祖契人吳[illegible]禮煒等承祖遺有十三會骨租壹鼎坐落土名裡汪宅係經理鳥字九百[illegible]
拾[illegible]號計租[illegible]今因應用情意決中斷骨出賣與江村　余來喜兄名下承買為業[illegible]
中議作時值價洋伍員正其洋當即是身收訖其祖自今出賣之後悉聽受買人前去收租[illegible]
之先並本家內外人等並無重張交易如有不明等情是身自理不干受[illegible]
不在問述其稅糧所是十二都一圖九甲吳元吳戶扒納查收無阻稅隨契過[illegible]
兩相運不用撤付日後要用將出照証無辭恐口無憑立此斷骨出賣祖契[illegible]
外加計[illegible]秤拾叁觔大再批

同治元年二月[illegible]自情愿立斷骨出賣骨祖契人十三會文商吳宇時等（押）
吳禮煒等（押）
書吳宇昌（押）

所是價當即兩相交訖　再批

秋口镇江村余姓 56 · 同治元年 · 断骨出卖骨租契 ·
吴宇时、吴礼炜卖与余来喜兄

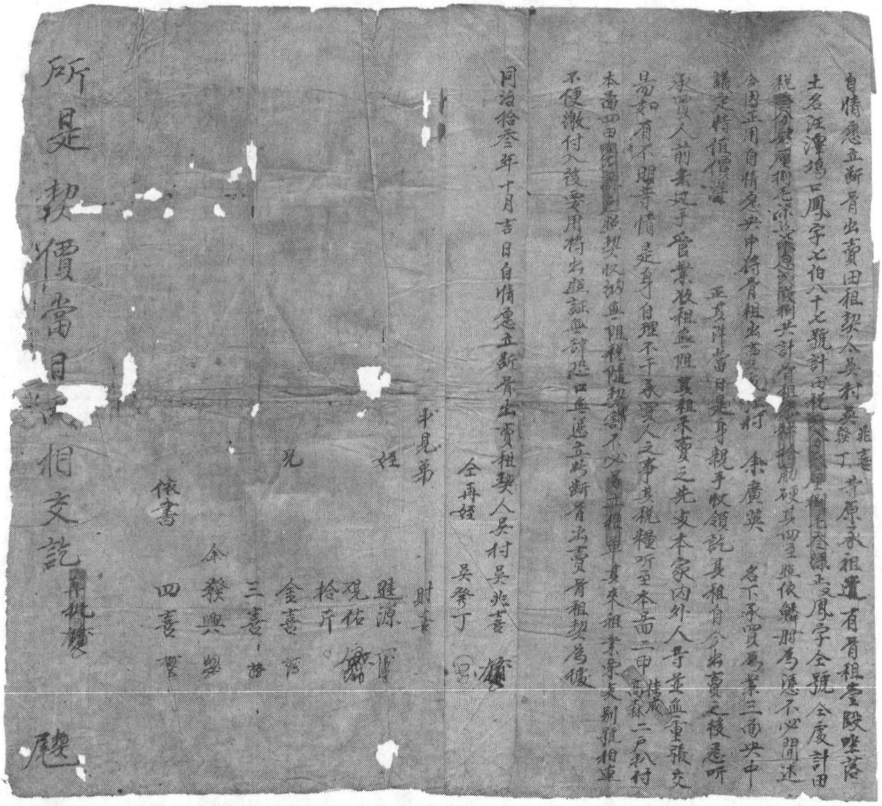

秋口镇江村余姓 59 · 同治十三年 · 断骨出卖田租契 ·
吴兆喜、吴发丁卖与余广英

自情愿立断骨出卖佃约人吴村吴兆喜原承祖置有佃壹坵坐
落土名汪湾坞口计田[illegible]丘计交骨租硬秤拾觔是今因正用自情愿央
中将该处田出卖交江村余广英兄名下永买为业三面央
中议[illegible]正其[illegible]当即是身[illegible]领讫其田自今出
卖之后[illegible]今未卖之先
与本家内外人[illegible]重张交易如有不明等情是身自理不干承
买人之事恐口无凭立此断骨出卖佃约为证契内插租字一个再批（押）
同治拾三年十月 吉日 自情愿立断骨出卖佃约人吴兆喜（押）
中见弟 [illegible] 观佑（押） 金喜（押） 进源（押） 拾斤 发丁 三喜（押）
依书 余 发兴（押） 四喜（押）

秋口镇江村余姓 63 · 同治十三年 · 断骨出卖佃约 · 吴兆喜卖与余广英兄

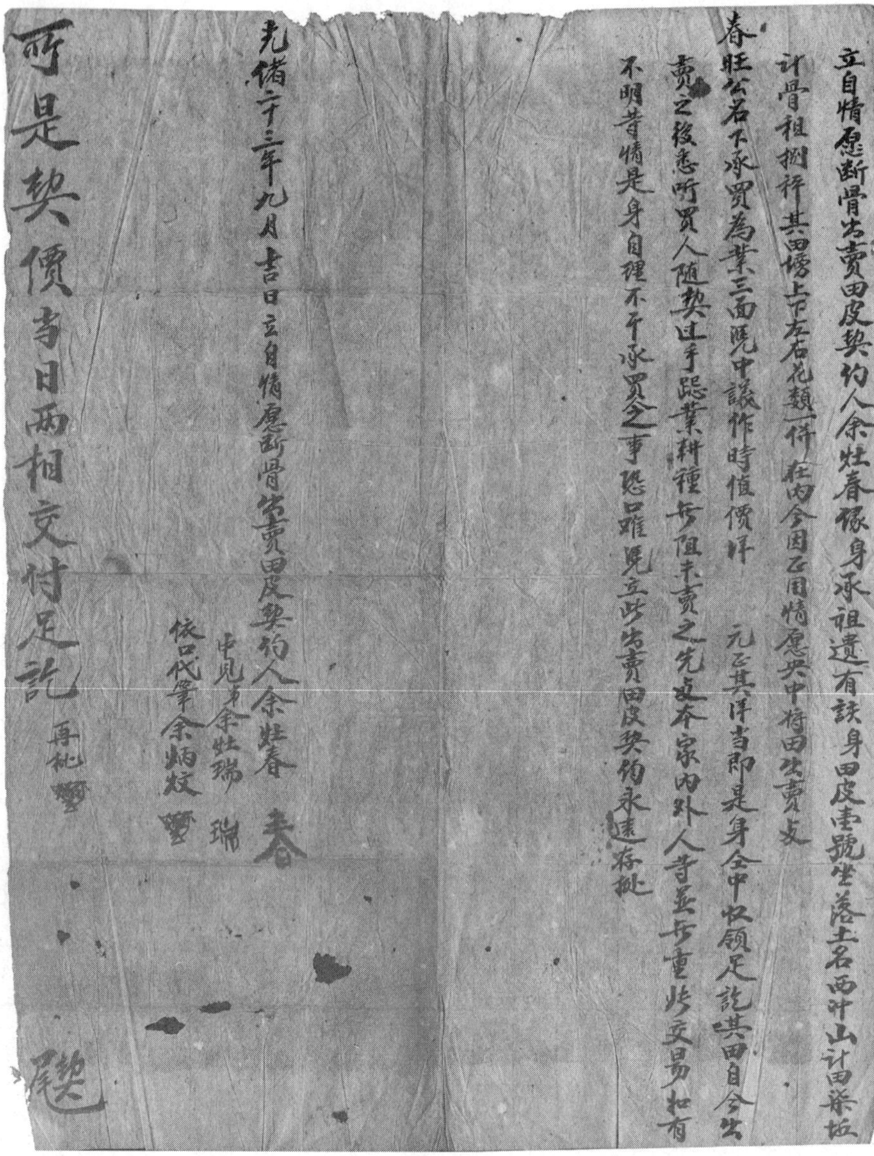

立自情愿断骨出賣田皮契約人余灶春，緣身承祖遺有鈇身田皮壹號，坐落土名西汁山，計田柒坵，
計骨租捌秤，其田傍上下左右花額一併在内。今因正用，情愿央中將田出賣與
春旺公名下承買為業，三面憑中議作時值價洋　元正，其洋當即是身仝中收領足訖。其田自今出
賣之後，悉所買人隨契過手起業耕種，無阻。未賣之先，系本家内外人等並無重叠交易。如有
不明等情，是身自理，不干承買之事。恐口難憑，立此出賣田皮契約永遠存據。

光緒二十三年九月吉日立自情愿斷骨出賣田皮契約人余灶春　春

中見弟余灶瑞　瑞

依口代筆余炳炆

再批：

所是契價當日兩相交付足訖。

契

秋口镇江村余姓 67 · 光绪二十三年 · 断骨出卖田皮契约 · 余灶春卖与春旺公

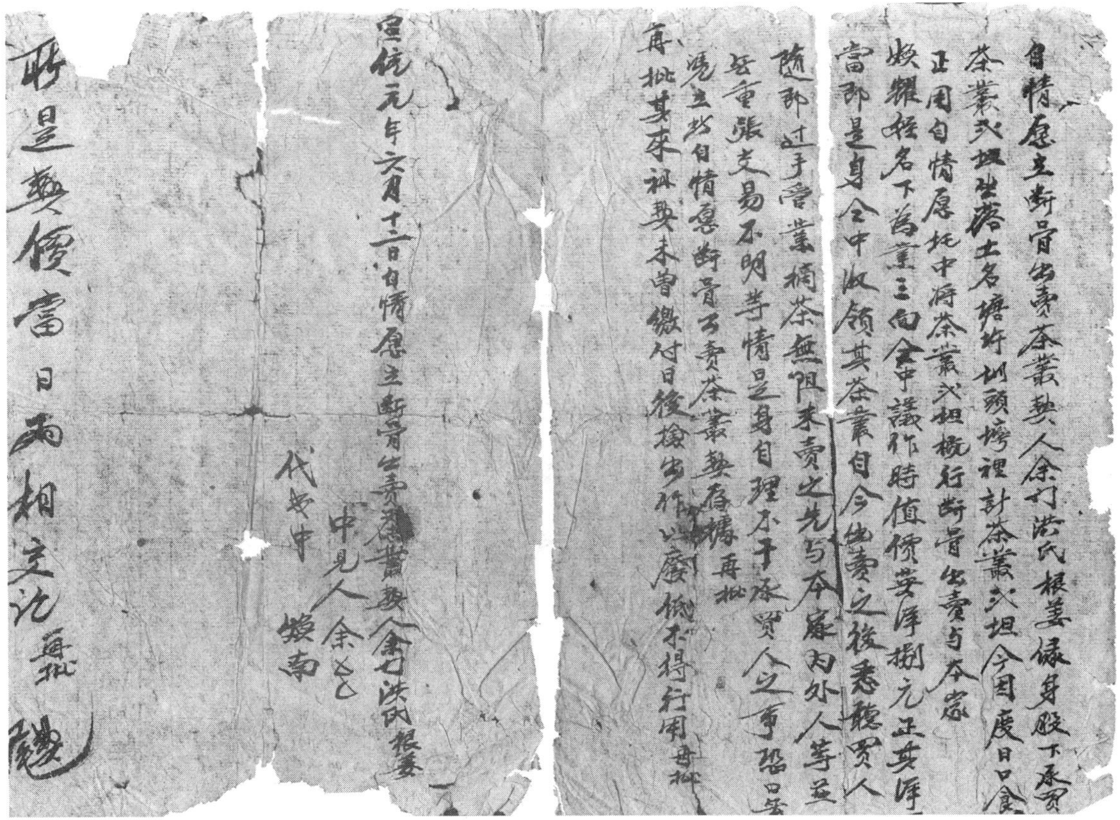
自情愿立断骨出卖茶丛契人余门洪氏根姜缘身殁下承买
茶丛弍坦坐落土名塘圻圳头塆里计茶丛弍坦今因度日口食
正用自情愿托中将茶丛弍坦概行断骨出卖与本家
焕耀侄名下为业三面仝中议作时值价英洋捌元正其洋
当即是身仝中收领其茶丛自今出卖之后悉听买人
随即过手管业摘茶无阻未卖之先与本家内外人等并
无重张交易不明等情是身自理不干承买人之事恐口无
凭立此自情愿断骨出卖茶丛契存据再批
再批其来祖契未曾缴付日后检出作以废纸不得行用再批
宣统元年六月十二日自情愿立断骨出卖茶丛契人余门洪氏根姜
中见人 余乞
代书中 焕南
断是契价当日两相交讫 再批

秋口镇江村余姓68·宣统元年·断骨出卖茶丛契·余门洪氏根姜卖与本家焕耀侄

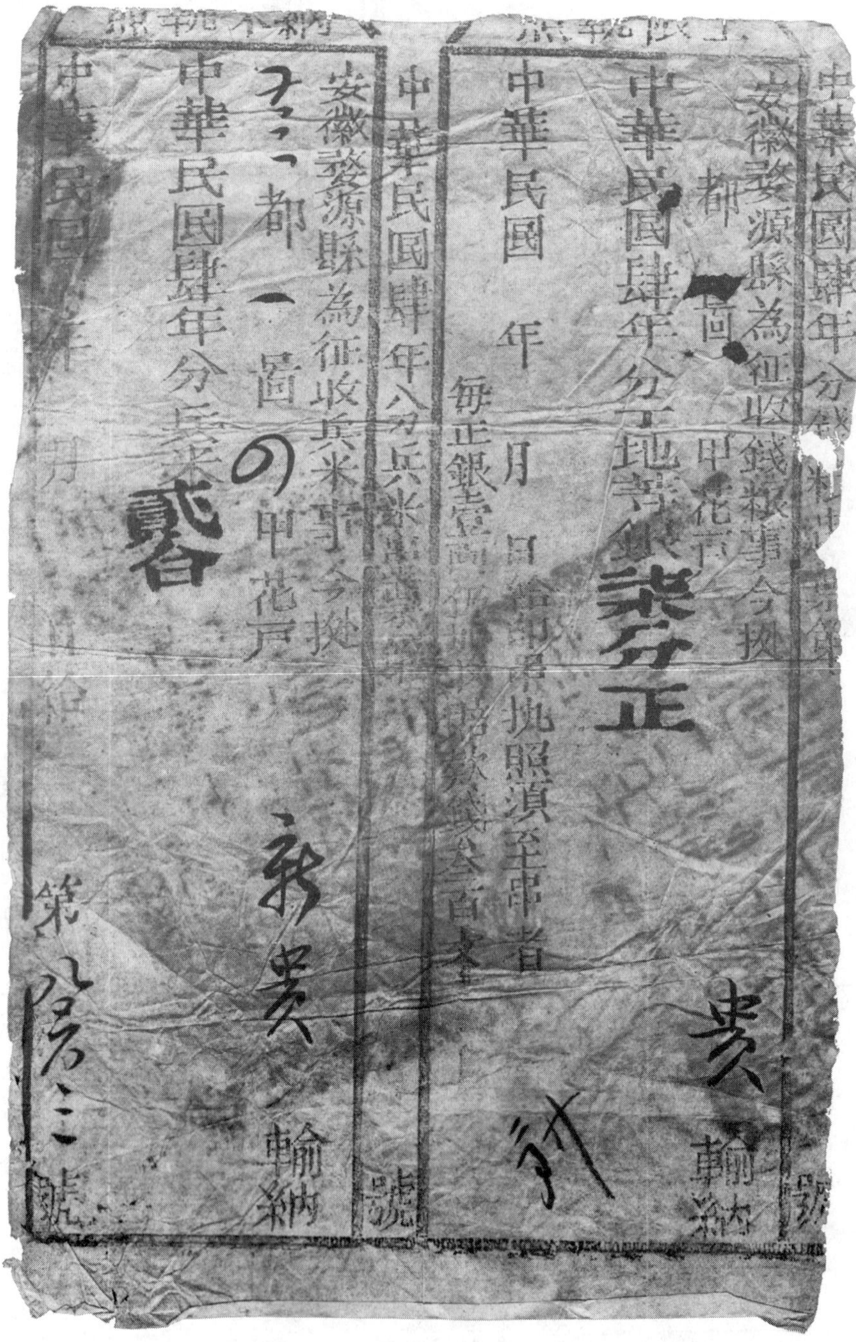

秋口镇江村余姓 10 · 民国四年 · 纳米执照 · 新贵

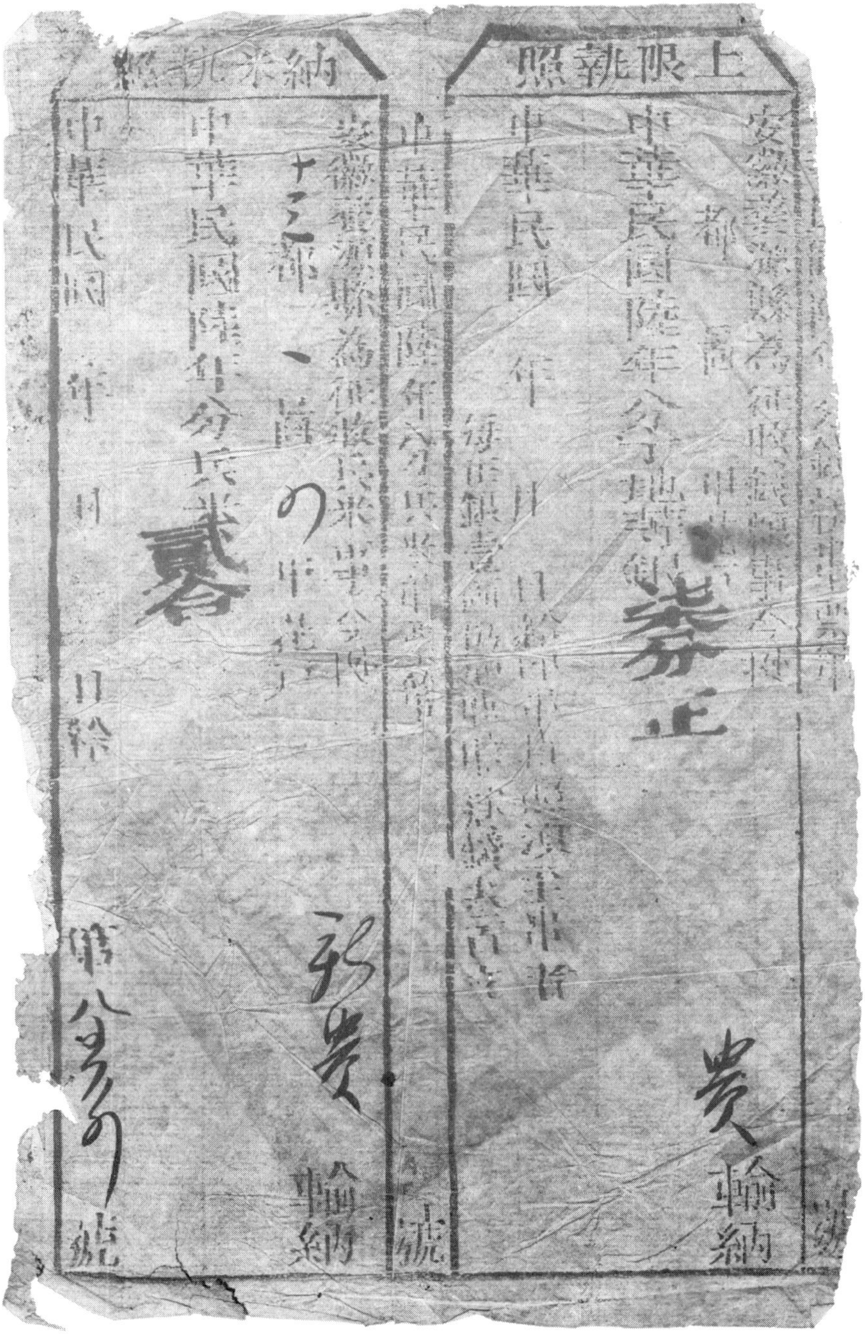

秋口镇江村余姓 12 · 民国六年 · 纳米执照 · 新贵

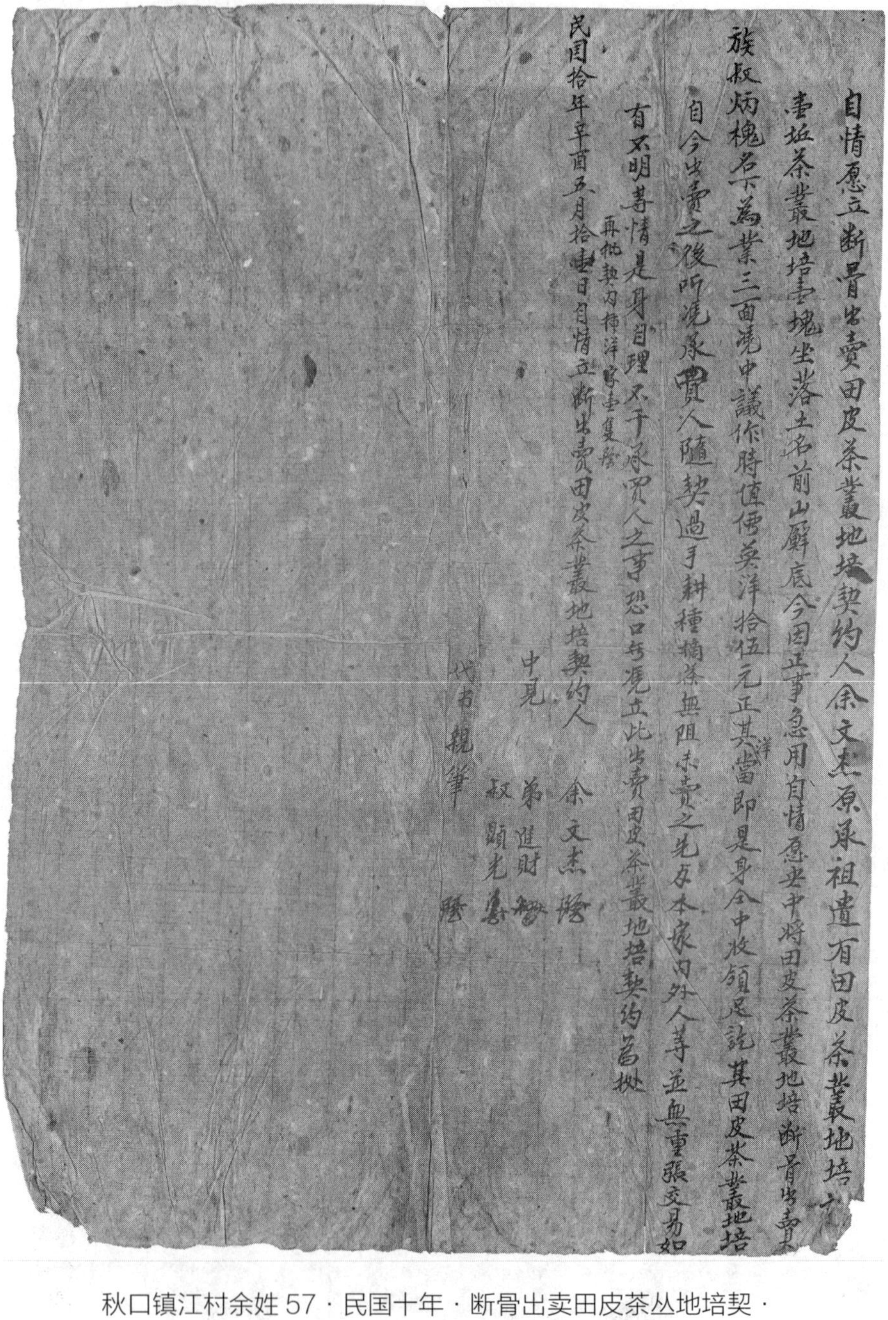

自情愿立断骨出賣田皮茶叢地培契約人余文杰，原承祖遺有田皮茶叢地培
壹坵茶叢地培壹塊，坐落土名前山廨底，今因正事急用，自情愿央中將田皮茶叢地培断骨出賣与
族叔炳槐名下為業，三面憑中議作時值價英洋拾伍元正，其洋當即是身全中收領足訖，其田皮茶叢地培
自今出賣之後，所憑承買人随契過手耕種摘茶無阻，未賣之先，存本家内外人等並無重張交易，如
有不明等情，是身自理，不干承買人之事，恐口無憑，立此出賣田皮茶叢地培契約為據。
再批：契内價洋字壹[illegible]
民国拾年辛酉五月拾壹日自情立断出賣田皮茶叢地培契約人　余文杰（押）
中見　弟　進財（押）
叔　顯光（押）
代书　親筆（押）

秋口镇江村余姓 57 · 民国十年 · 断骨出卖田皮茶丛地培契 ·
余文杰卖与族叔炳槐

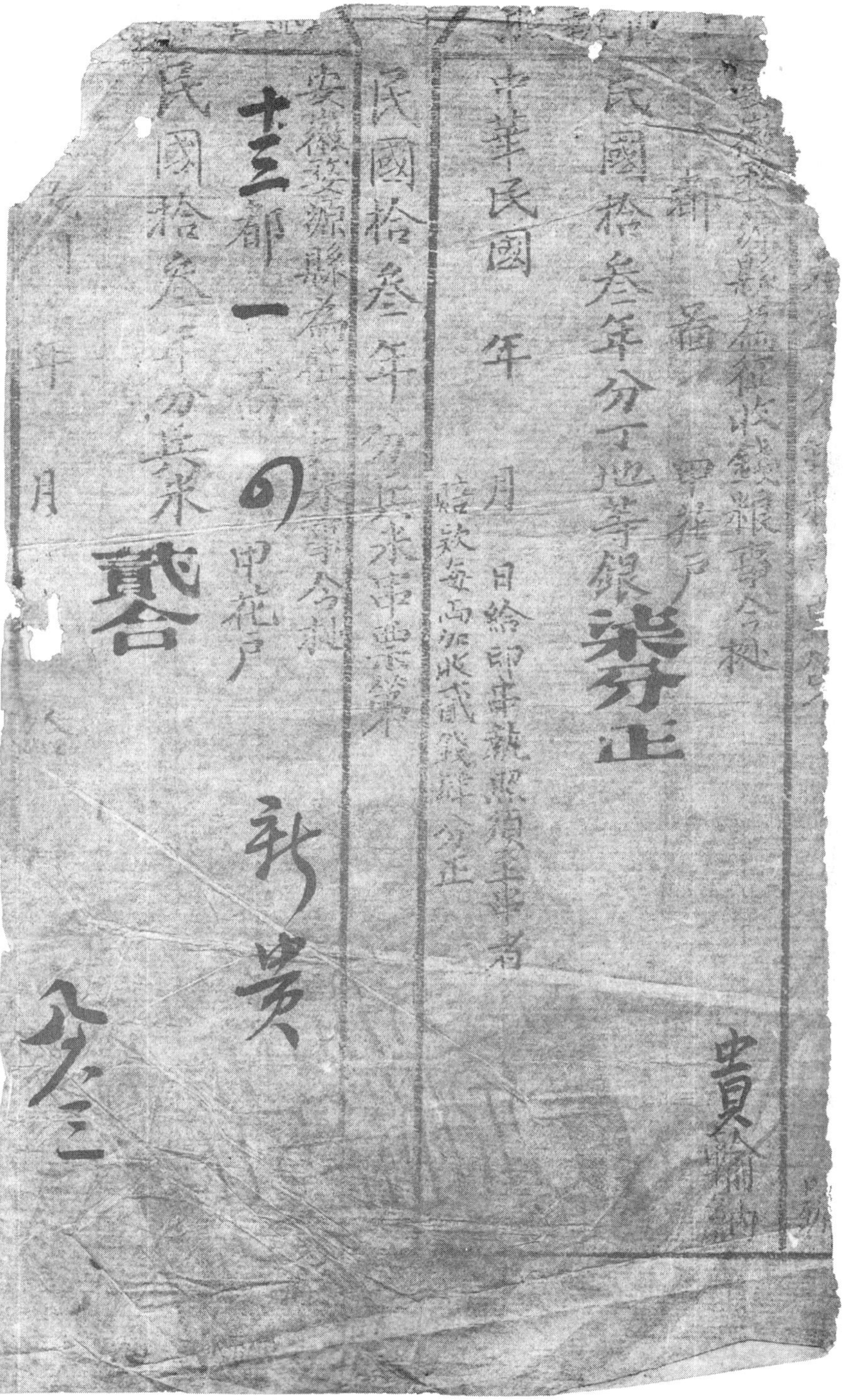
都　圖　甲花戶　貴輸納
民國拾叁年分丁地等銀柒分正
中華民國　年　月　日給印串執照須至串者
賠款每兩加收貳錢肆分正
民國拾叁年分丁征米串票第
安徽婺源縣為征收…等分提
十三都一圖　甲花戶　新貴
民國拾叁年分丁米貳合
民國　年　月

秋口镇江村余姓 8 · 民国十三年 · 纳米执照 · 新贵

秋口镇江村余姓 6 · 民国十四年 · 纳米执照 · 新贵

秋口镇江村余姓 9 · 民国十六年 · 纳米执照 · 新贵

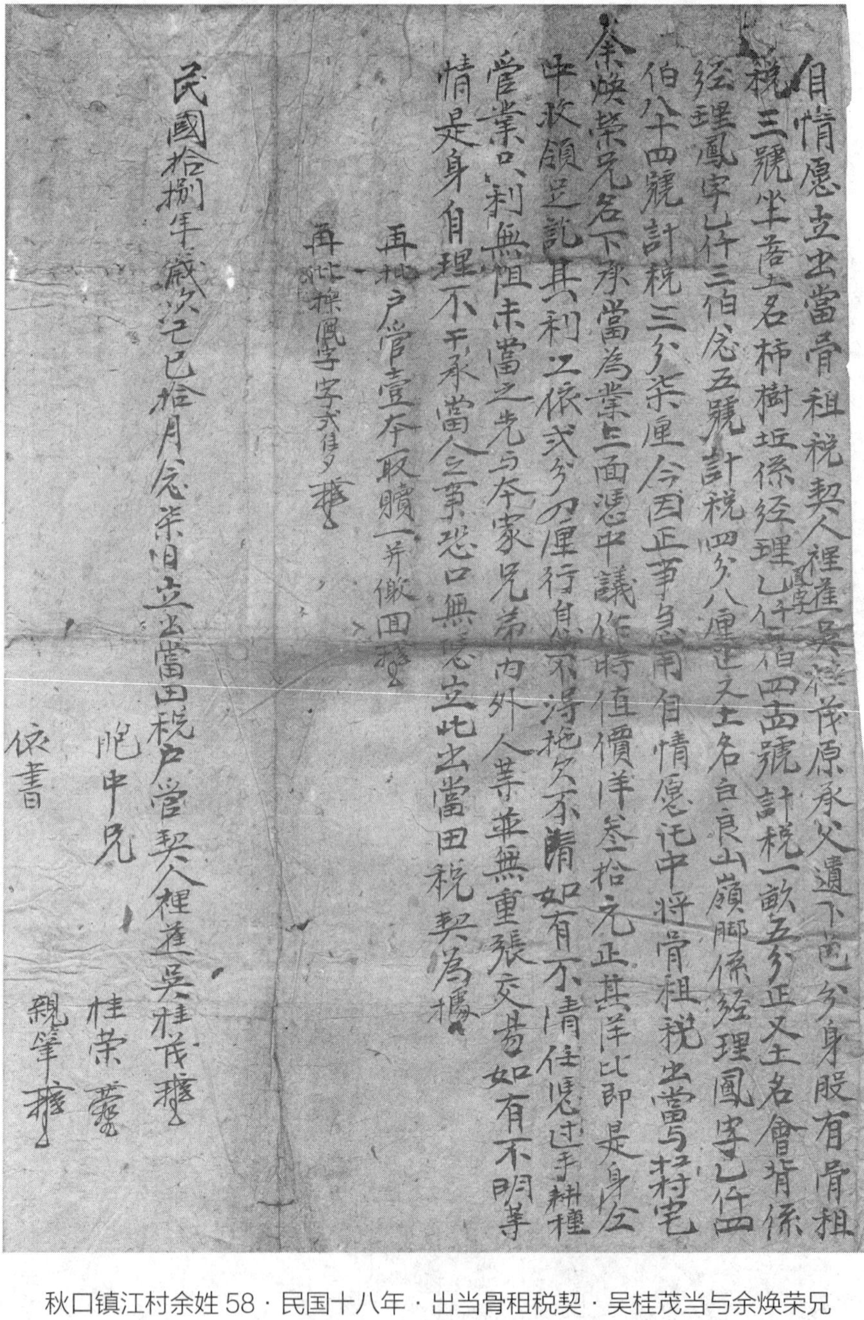
自情愿立出當骨租税契人裡進吳桂茂原承父遺下邑分身股有骨租
税三號半落土名柿樹坵係經理山仟伯四十西號計税一畝五分正又土名會背係
經理鳳字山仟三伯念五號計税四分八厘正又土名白良山嶺脚係經理鳳字山仟四
伯八十四號計税三分柒厘今因正事急用自情愿托中將骨租税出當與村宅
余煥榮兄名下承當為業上面憑中議作時值價洋叁拾元正其洋比即是身仝
中收領足訖其利江依式分乃厘行息不得拖欠不清如有不清任凭过手耕種
管業口口利無阻未當之先与本家兄弟内外人等並無重張交易如有不明等
情是身自理不干承當人之事恐口無凭立此出當田税契為據
再批戶管壹本取贖一并繳回據
再批標鳳字字式伯夕據
民國拾捌年歲次己巳拾月念柒日立出當田税戶管契人裡進吳桂茂據
胞中兄 桂榮 號
依書 親筆 據

秋口镇江村余姓 58 · 民国十八年 · 出当骨租税契 · 吴桂茂当与余焕荣兄

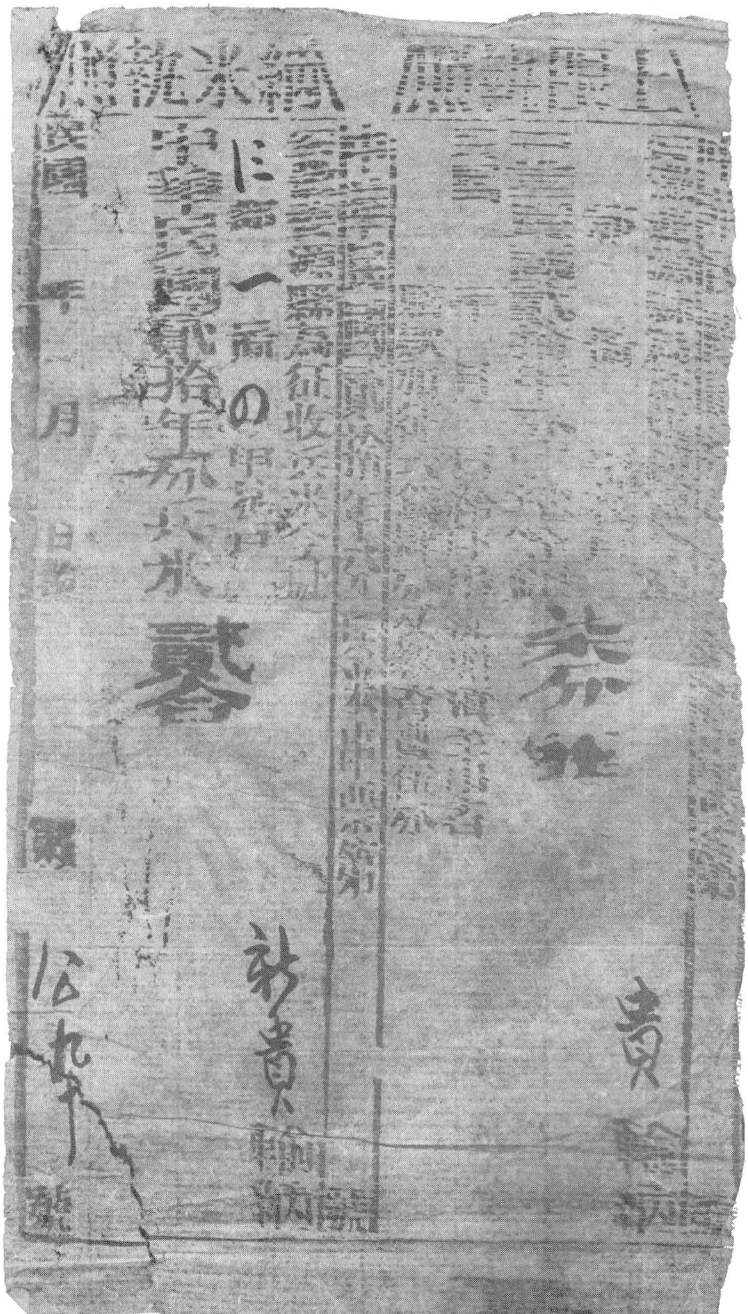

秋口镇江村余姓 7 · 民国二十年 · 纳米执照 · 新贵

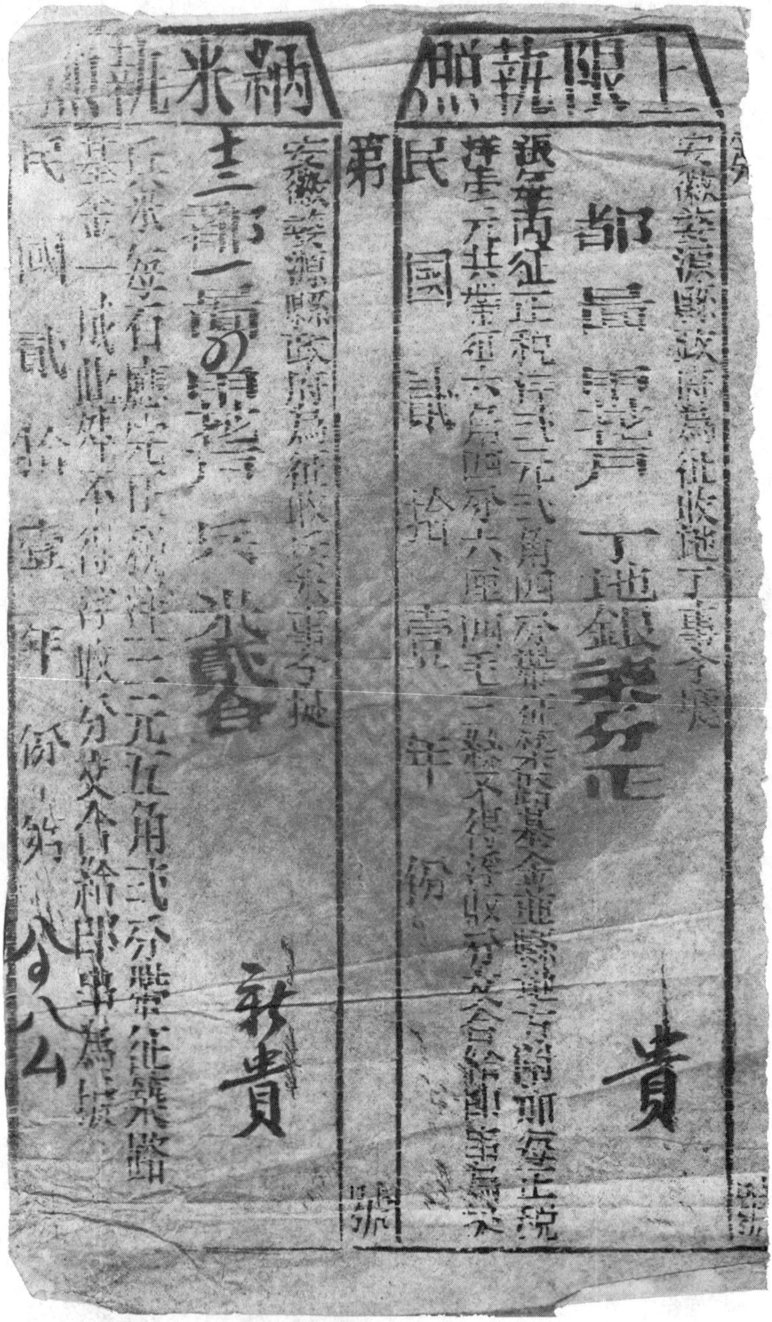

秋口镇江村余姓 11 · 民国二十一年 · 纳米执照 · 新贵

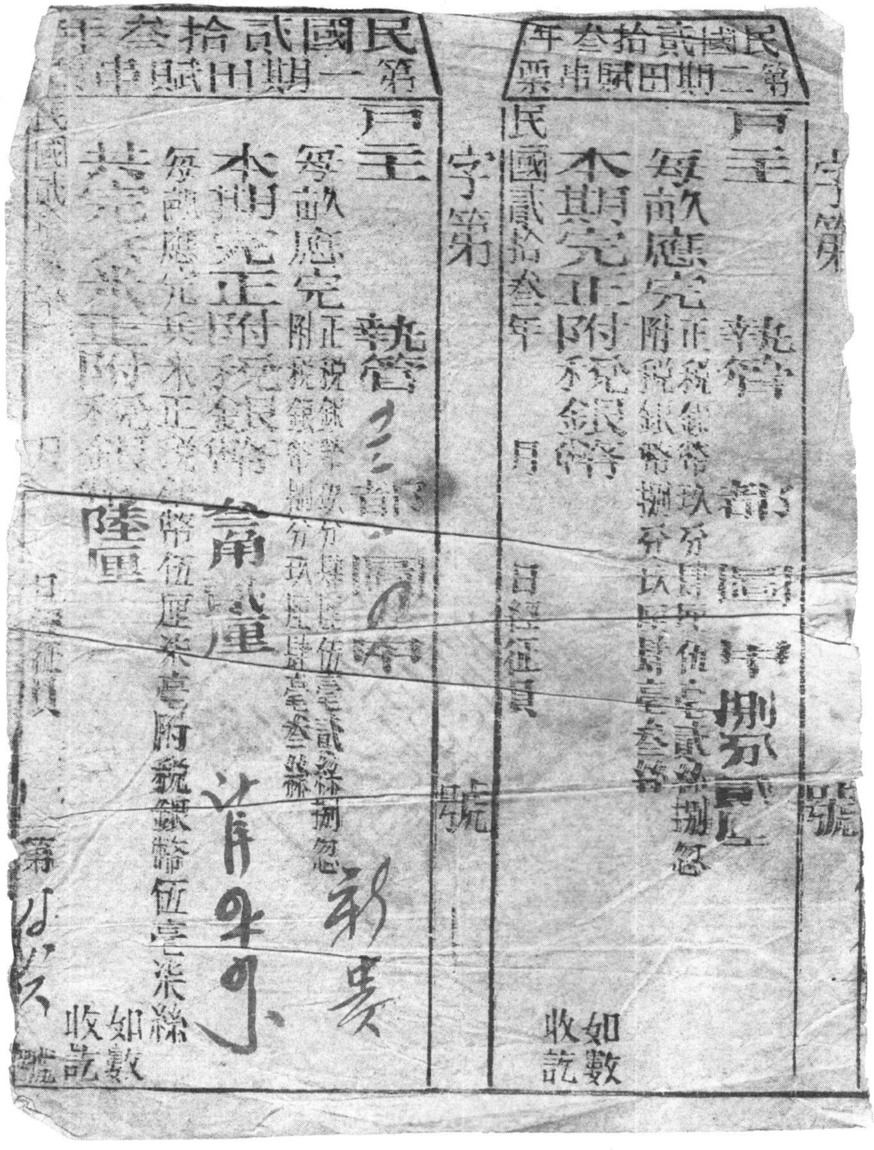

秋口镇江村余姓 14 · 民国二十三年 · 田赋串票 · 新贵

秋口镇江村余姓 2-1 · 民国二十四年 · 税粮实征册 · 庆元户

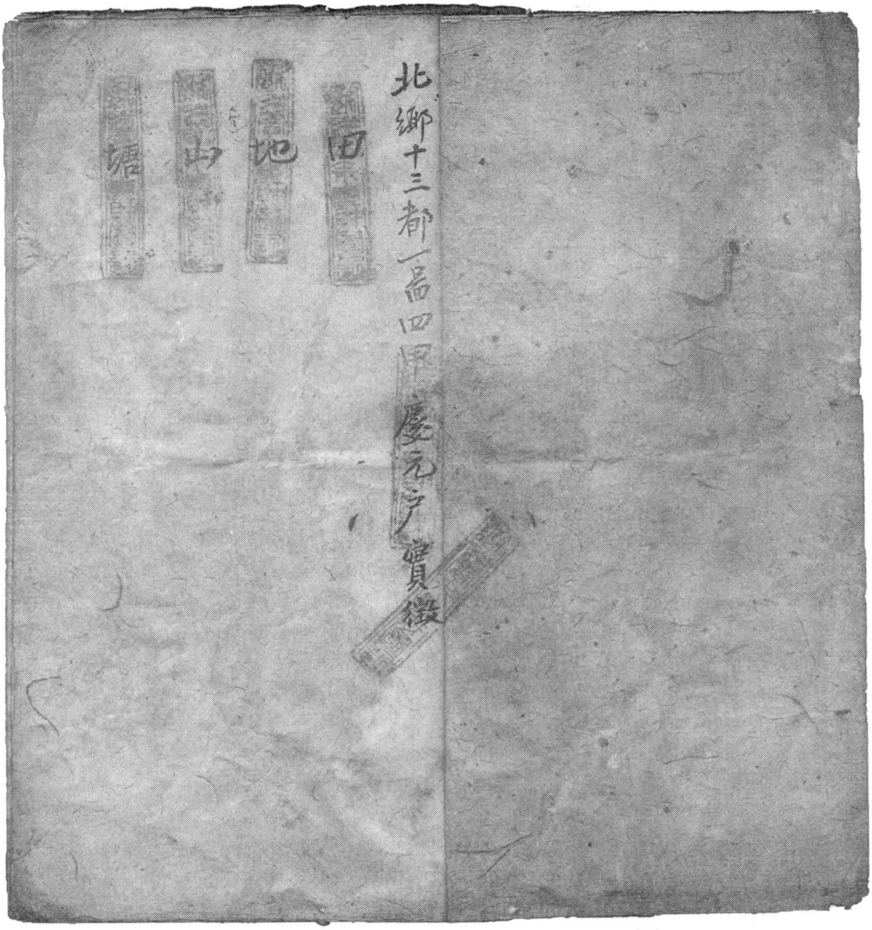

秋口镇江村余姓 2-2 · 民国二十四年 · 税粮实征册 · 庆元户

秋口镇江村余姓 2-3 · 民国二十四年 · 税粮实征册 · 庆元户

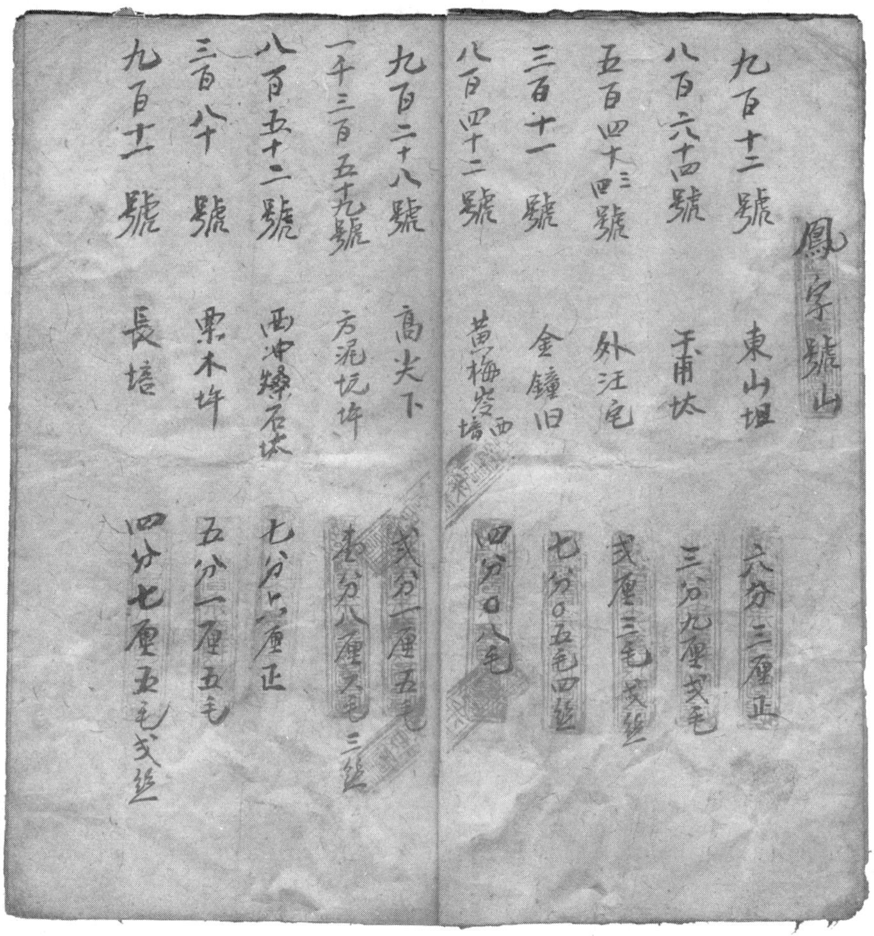

秋口镇江村余姓 2-4 · 民国二十四年 · 税粮实征册 · 庆元户

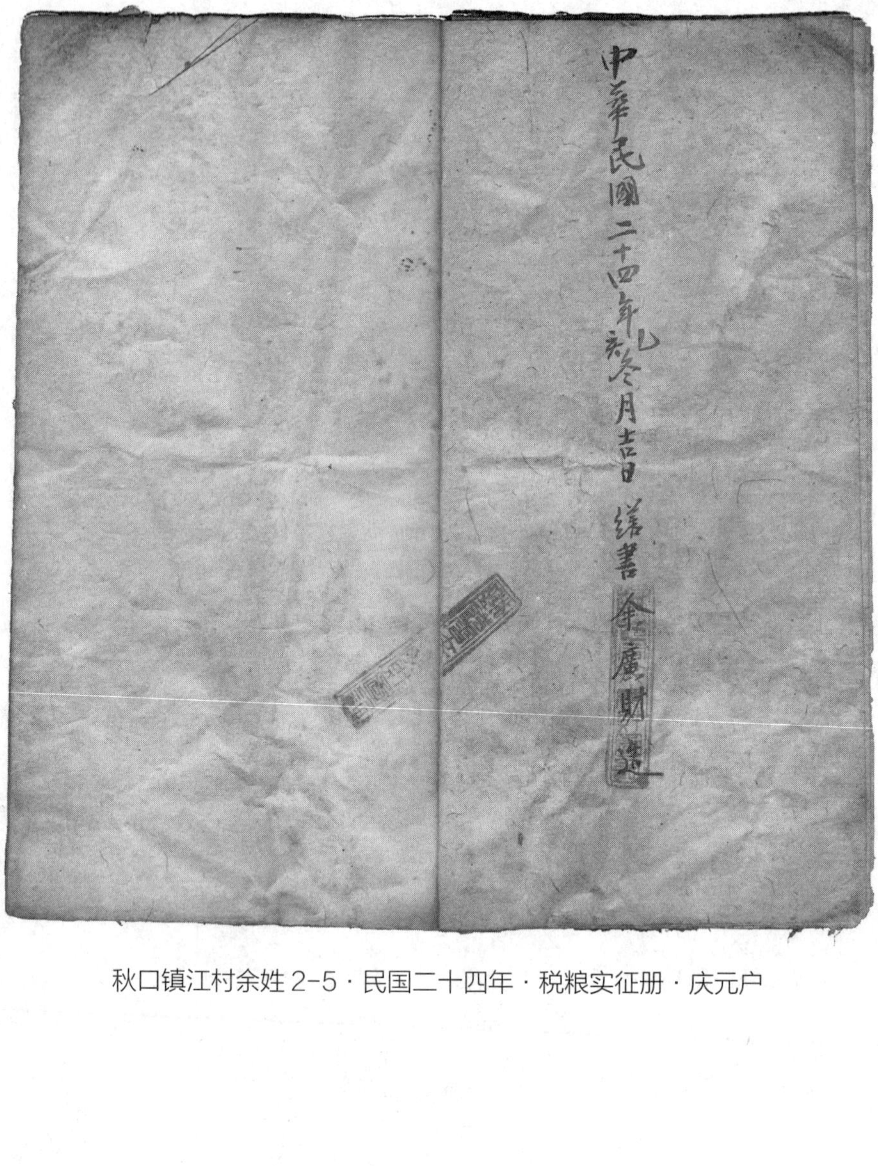
中華民國二十四年乙亥冬月吉日 繕書
余廣財 造

秋口镇江村余姓 2-5 · 民国二十四年 · 税粮实征册 · 庆元户

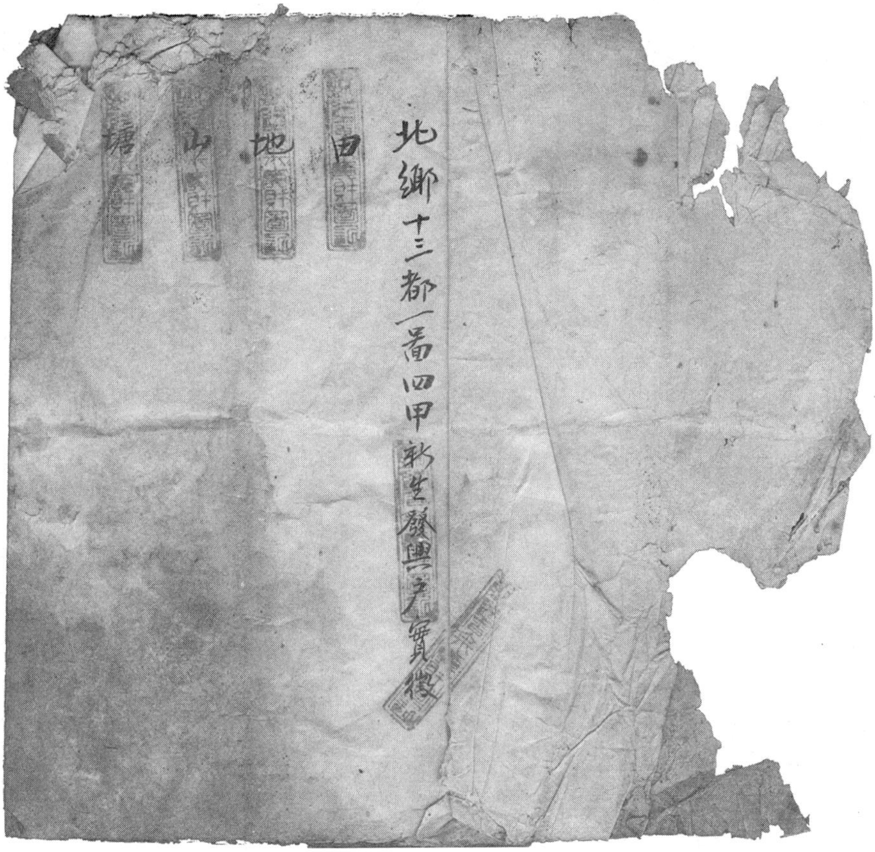

秋口镇江村余姓 3-1 · 民国二十四年 · 税粮实征册 · 新生发兴户

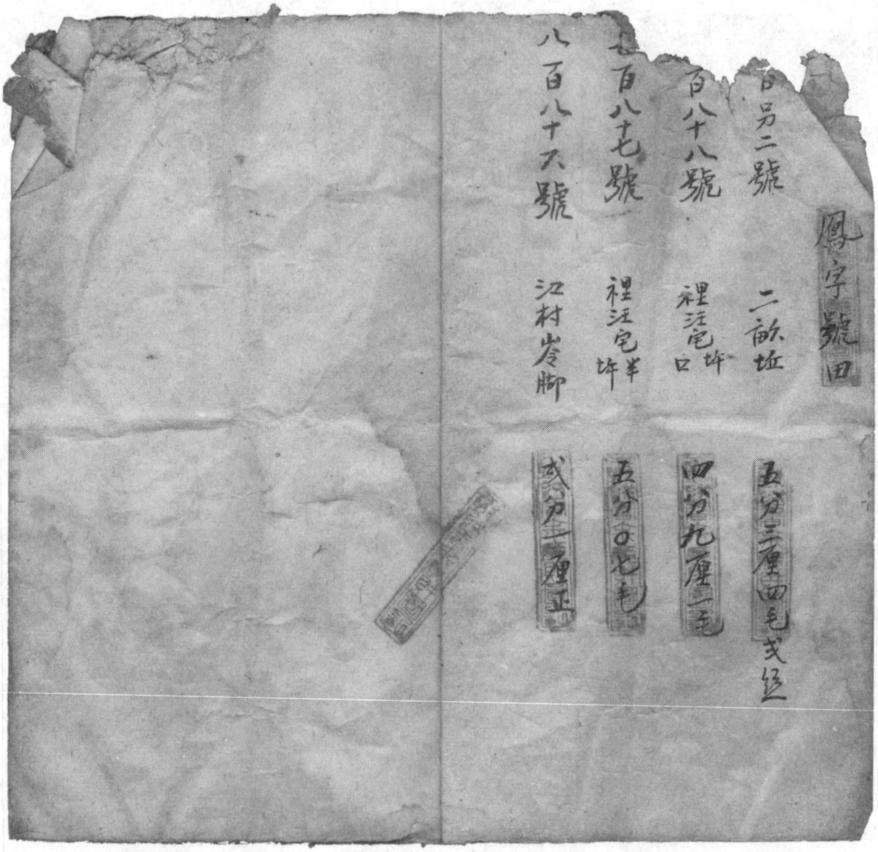

秋口镇江村余姓 3-2 · 民国二十四年 · 税粮实征册 · 新生发兴户

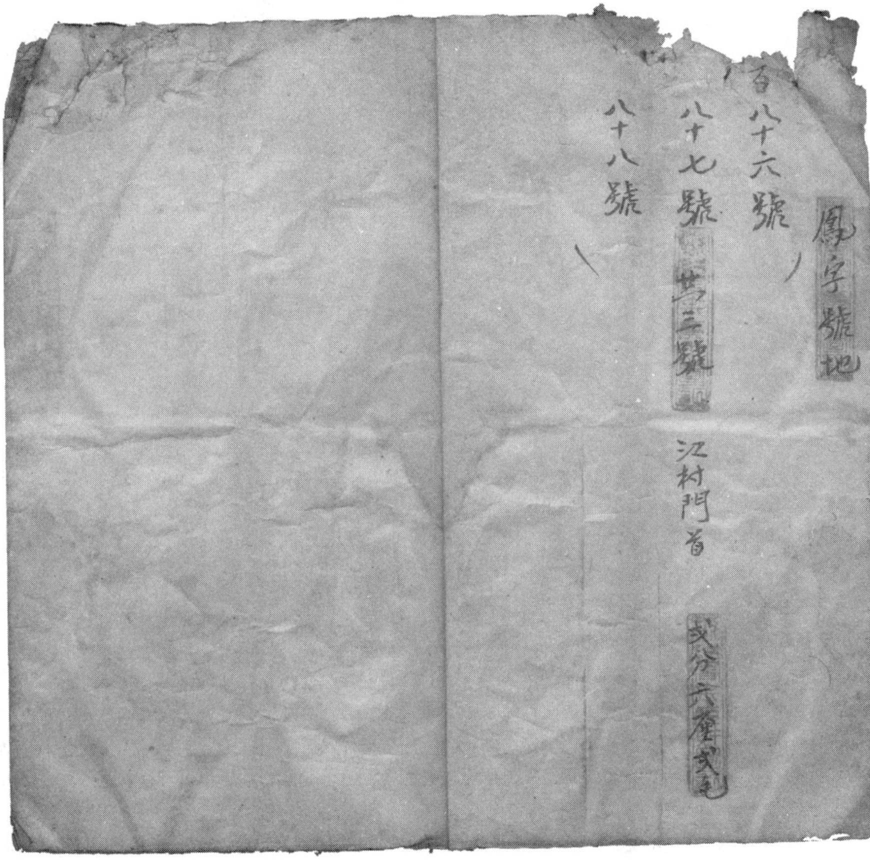

鳳字號地

百八十六號

八十七號

廿三號

八十八號

江村門首

弍分六釐弍毛

秋口镇江村余姓 3-3 · 民国二十四年 · 税粮实征册 · 新生发兴户

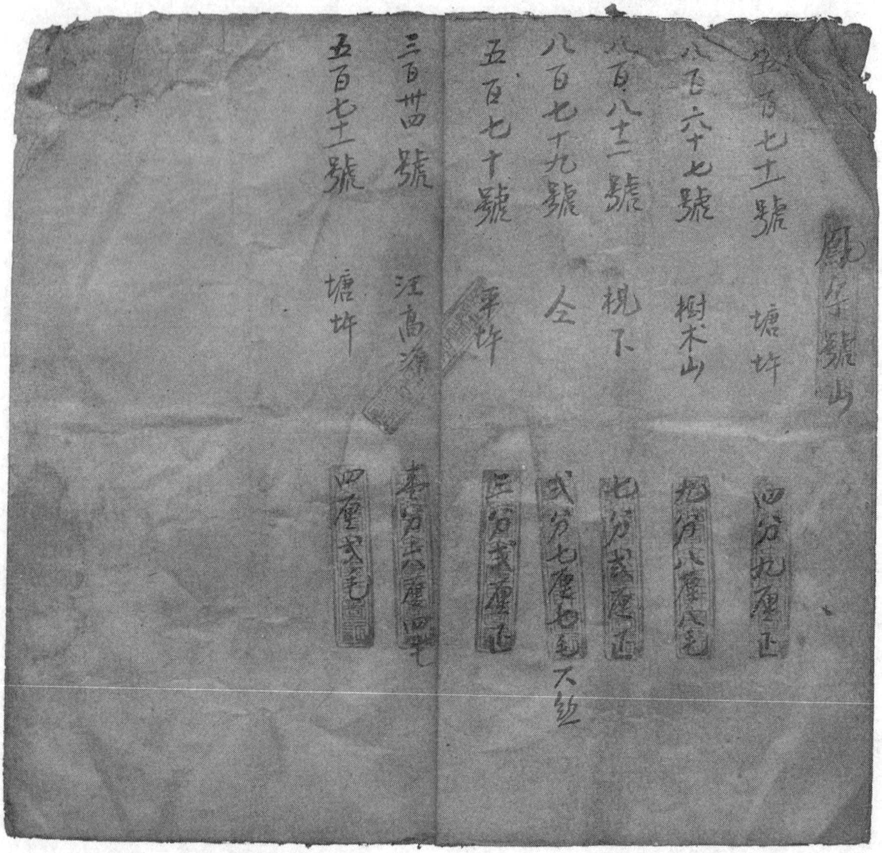

秋口镇江村余姓 3-4 · 民国二十四年 · 税粮实征册 · 新生发兴户

秋口镇江村余姓 3-5 · 民国二十四年 · 税粮实征册 · 新生发兴户

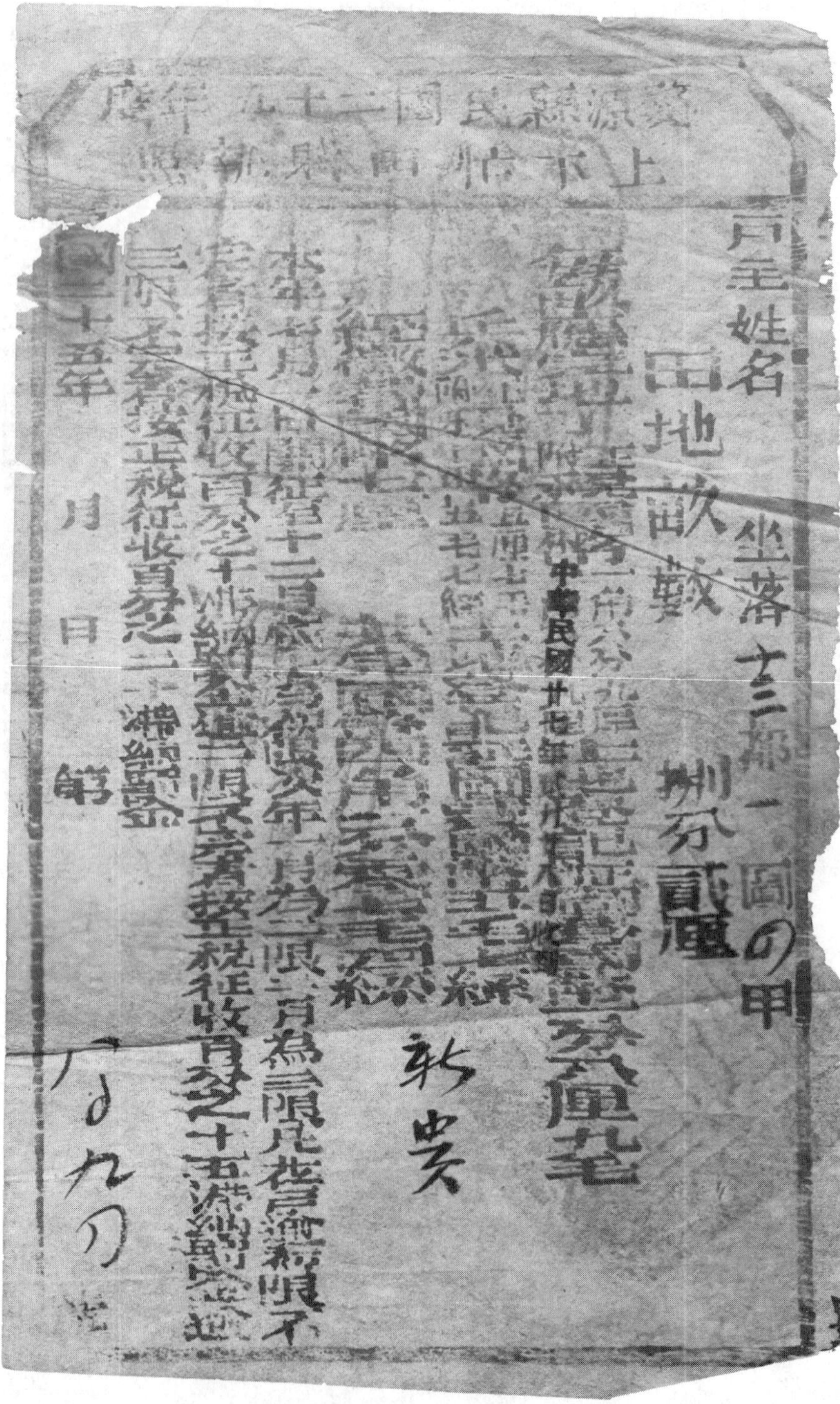

秋口镇江村余姓 5 · 民国二十五年 · 纳米执照 · 新贵

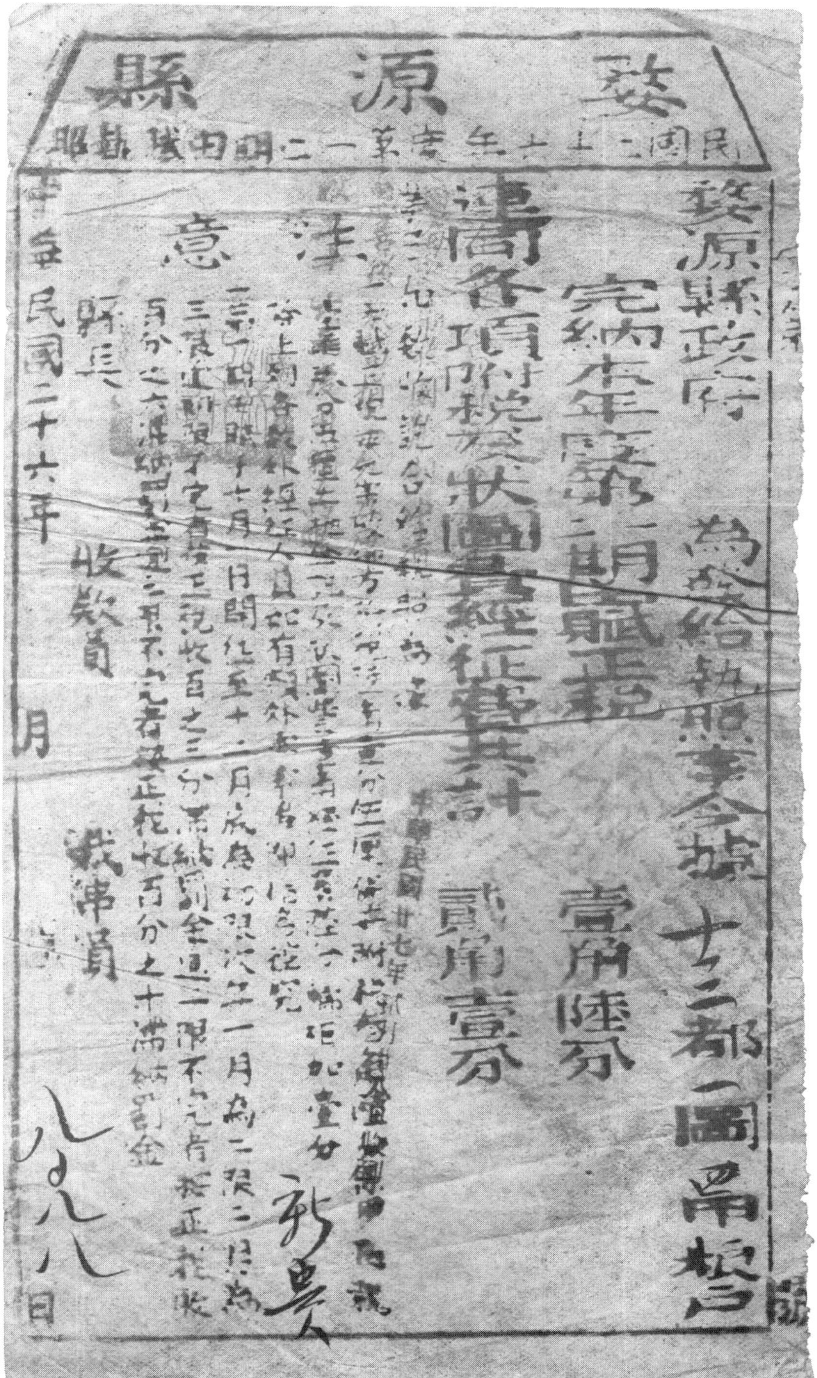

秋口镇江村余姓 13 · 民国二十六年 · 纳米执照 · 新贵

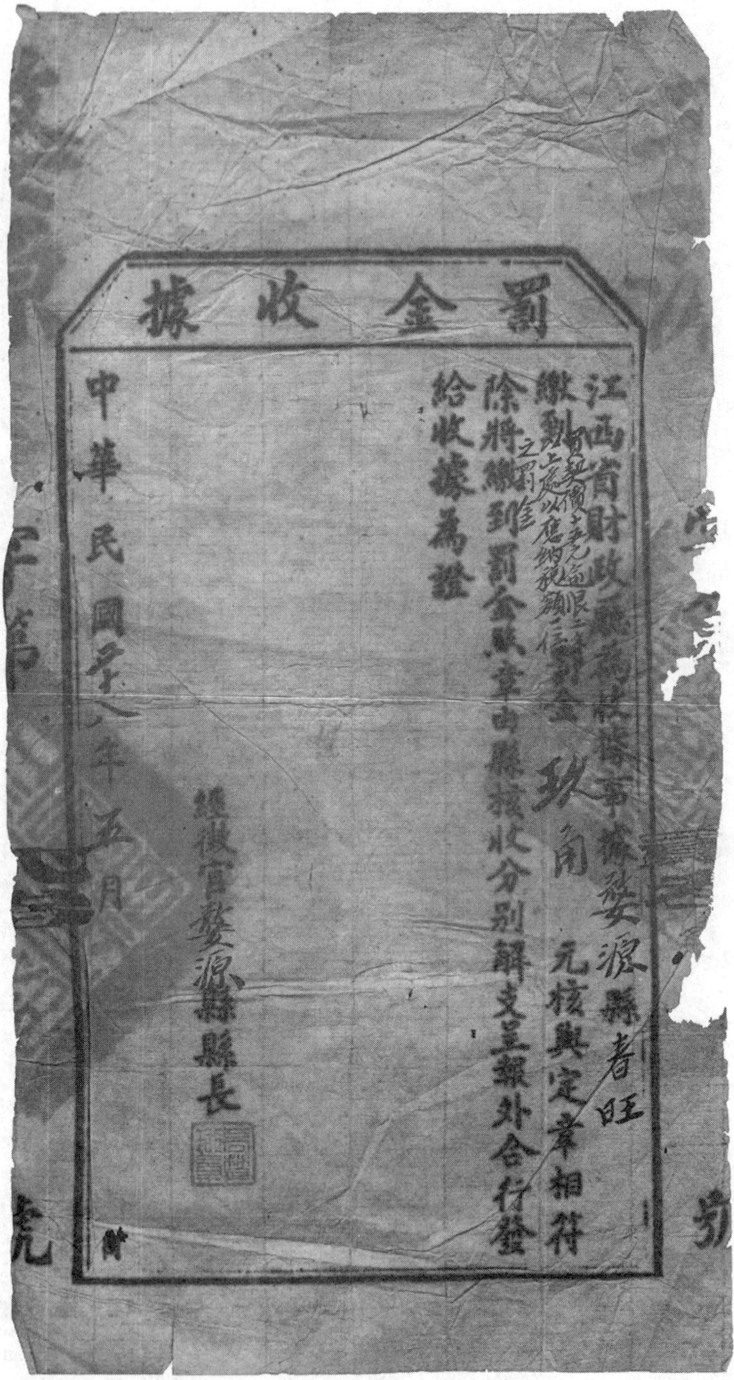

罰金收據

江西省財政廳為核准事案據婺源縣春旺

繳到[illegible]罰金玖角元核與定章相符

除將繳到罰金照章由縣核收分別解支呈報外合行發

給收據為證

中華民國二十八年五月

經征官婺源縣縣長

秋口镇江村余姓 15 · 民国二十八年 · 罚金收据 · 春旺

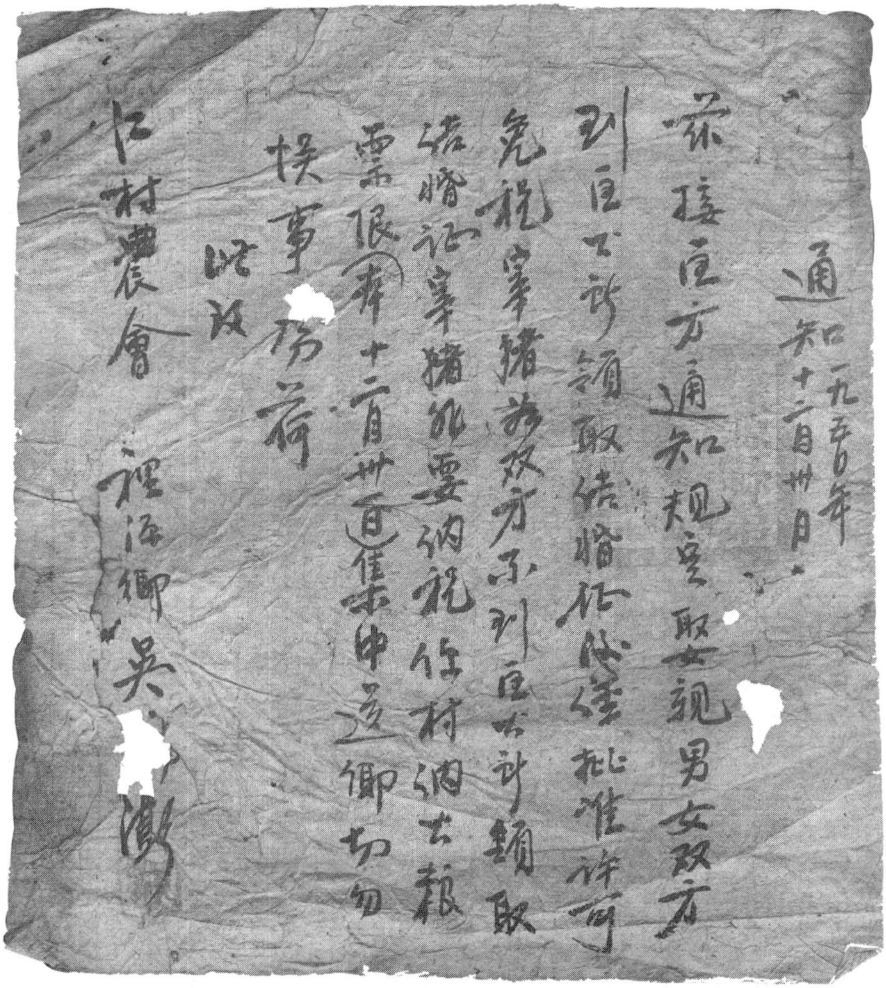
通知 一九五〇年十二月卅日
茲接區方通知規定娶女親男女雙方
到區公所領取結婚証然後批准許可
免税宰豬等雙方不到區公所領取
結婚証宰豬仍要納税任村納去報
票限本十二月卅日集中送鄉切勿
誤事為荷
此致
江村農會
程源鄉 吳[illegible]澎

秋口镇江村余姓 44 · 一九五〇年 · 通知 · 吴锦彭

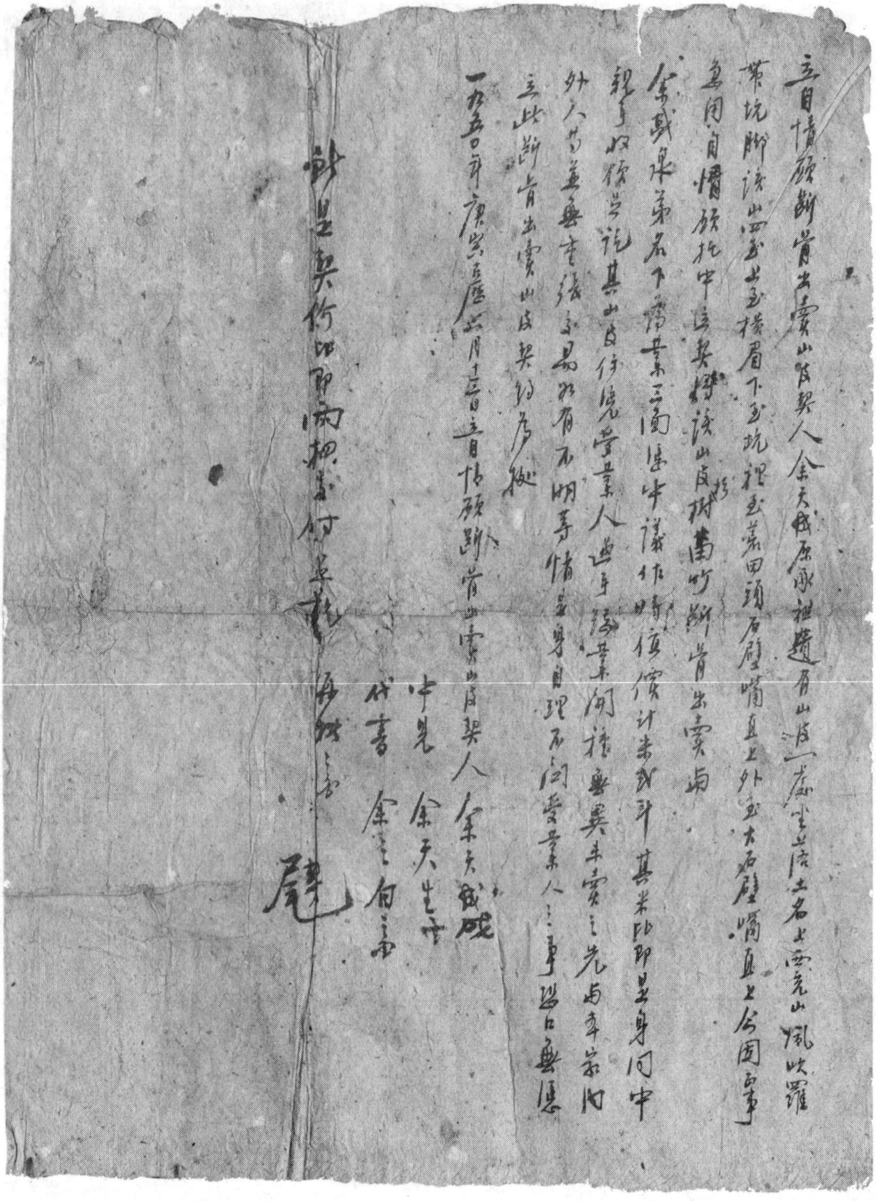
立自情願斷骨出賣山皮契人余天成原承祖遺有山皮一處坐落土名大西充山風吹羅
茅坑腳該山四至上至橫眉下至坑裡裡至荒田頭石壁嘴直上外至大石壁嘴直上今因要事
急用自情願托中送契將該山皮杉樹木竹斷骨出賣與
余盛泉弟名下為業三面憑中議作時值價計米貳斗其米比即是身同中
親手收訖其山皮任憑受業人過手管業開種無異未賣之先與本家內
外人等並無重張交易如有不明等情是身自理不涉受業人之事恐口無憑
立此斷骨出賣山皮契為據
一九五〇年庚寅歲六月十二日立自情願斷骨出賣山皮契人余天成（押）
中見 余天生（押）
代書 余[illegible]伯（押）
計是契價比即兩相交付是訖 再批

秋口镇江村余姓 54 · 一九五〇年 · 断骨出卖山皮契 · 余天成卖与余盛泉弟

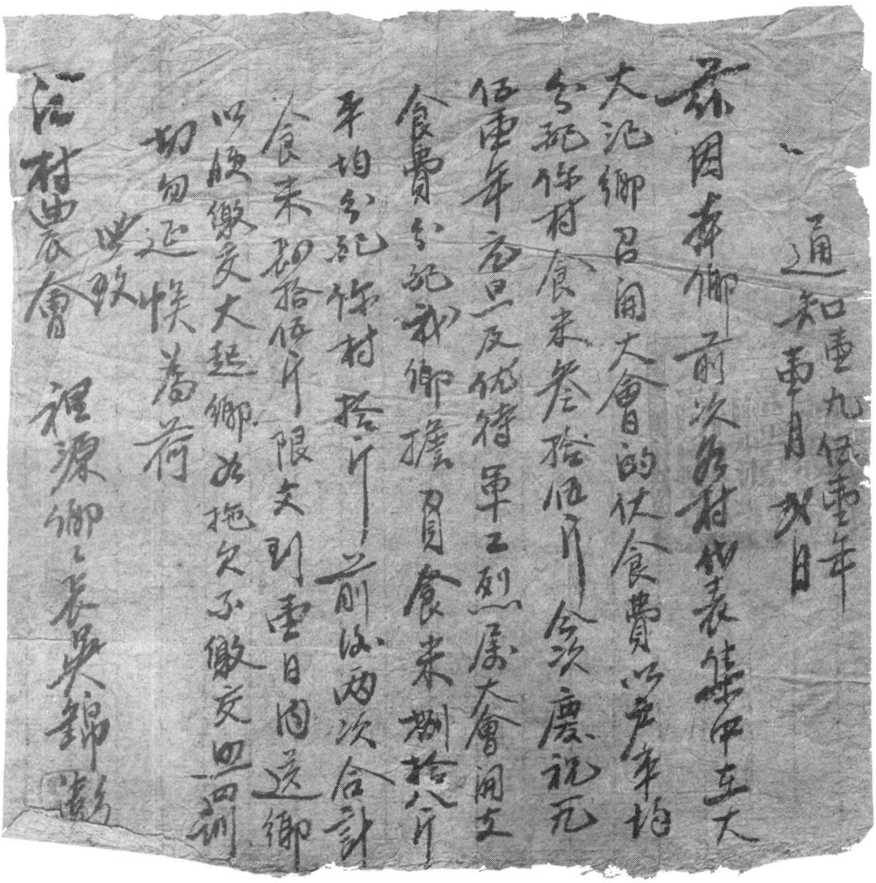

通知 壹九伍壹年
壹月廿日

茲因本鄉前次各村代表集中在大
大汜鄉召開大會的伙食費以每平均
分配給各村食米叁拾伍斤 今次慶祝元
旦年會旦及優待軍工烈屬大會開支
食費分配我鄉擔負食米捌拾斤
平均分配給各村拾斤 前次兩次合計
食米捌拾伍斤 限本月壹日前送鄉
以便繳交大汜鄉 如拖欠不繳交照罰
切勿延悞爲荷
此致
江村農會
程源鄉鄉長吳錦彭

秋口镇江村余姓 43 · 一九五一年 · 通知 · 吴锦彭

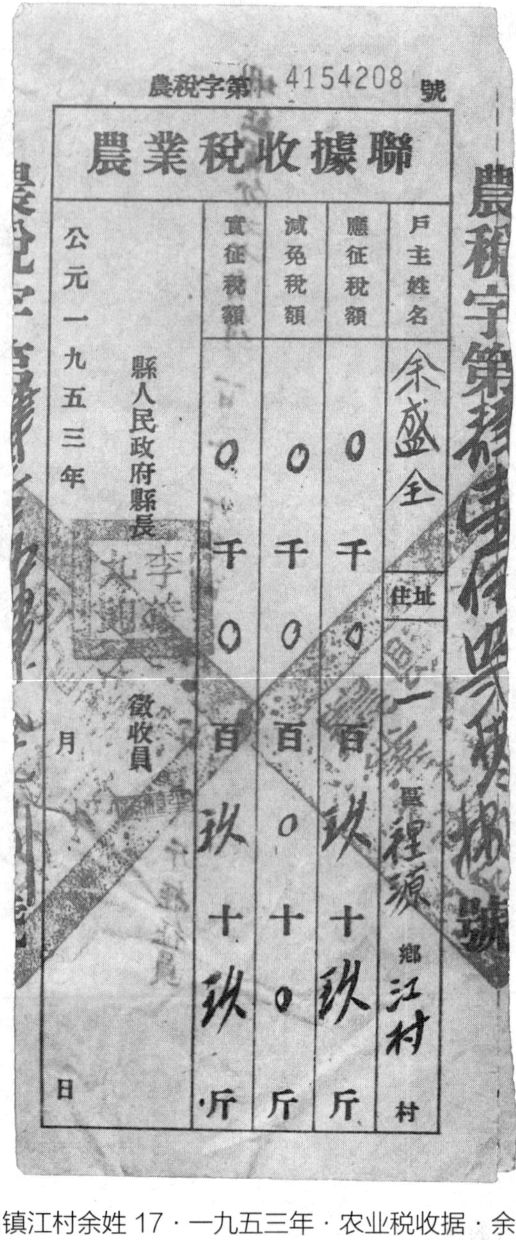
農稅字第 4154208 號

農業稅收據聯

戶主姓名	應征稅額	減免稅額	實征稅額
余盛全	0千0百玖十玖斤	0千0百0十0斤	0千0百玖十玖斤

住址 一區裡源鄉江村村

縣人民政府縣長　徵收員

公元一九五三年　月　日

秋口镇江村余姓 17 · 一九五三年 · 农业税收据 · 余盛全

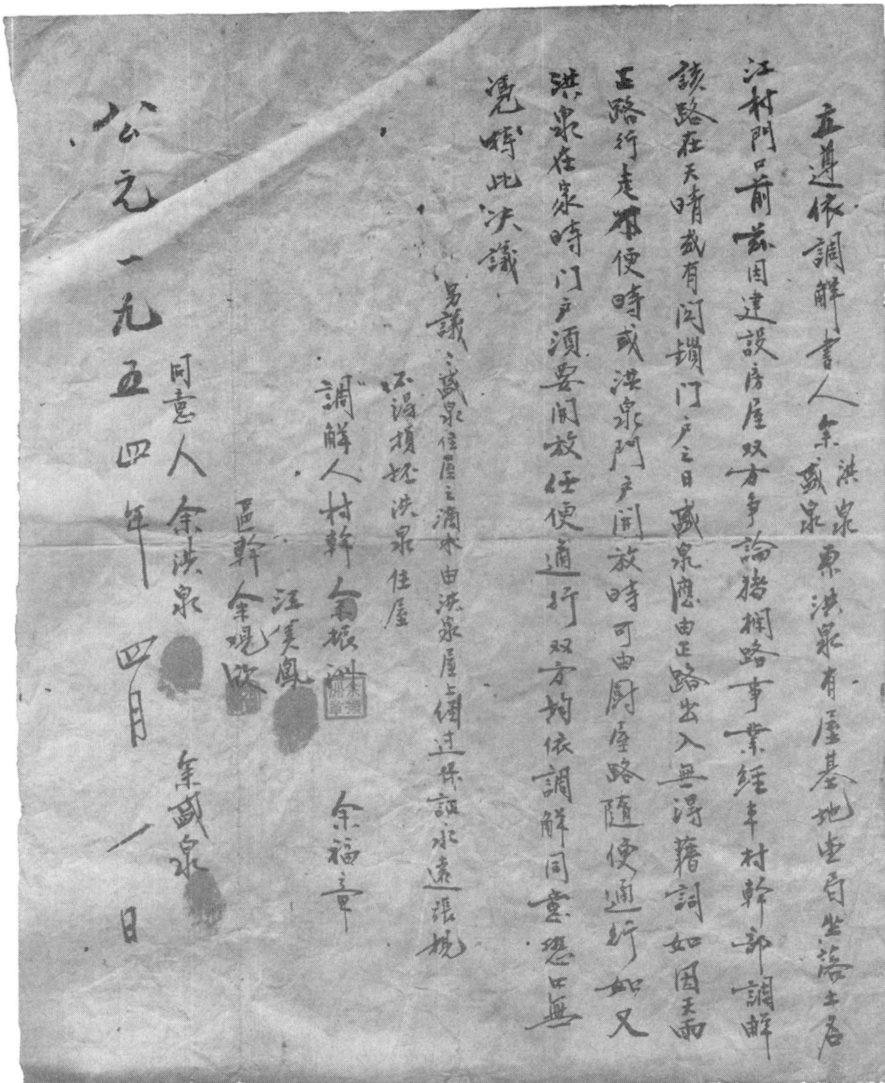

立遵依調解書人余洪泉
盛泉茲洪泉有屋基地坐落土名
江村門口前茲因建設房屋双方爭論豬欄路事業經本村幹部調解
該路在天晴或有閉鎖门户之日盛泉應由正路出入無得藉詞如因天雨
正路行走不便時或洪泉門户開放時可由廚房路隨便通行如又
洪泉在家時门户須要開放任便通行双方均依調解同意恐口無
憑特此决議

另議 盛泉住屋之滴水由洪泉屋上俱过保証永遠照規
不得損坏洪泉住屋

調解人 村幹 俞振洲 余福章
江美凰
區幹 余璟欲

同意人 余洪泉 余盛泉

公元一九五四年四月一日

秋口镇江村余姓 50 · 一九五四年 · 调解书 · 余洪泉、余盛泉

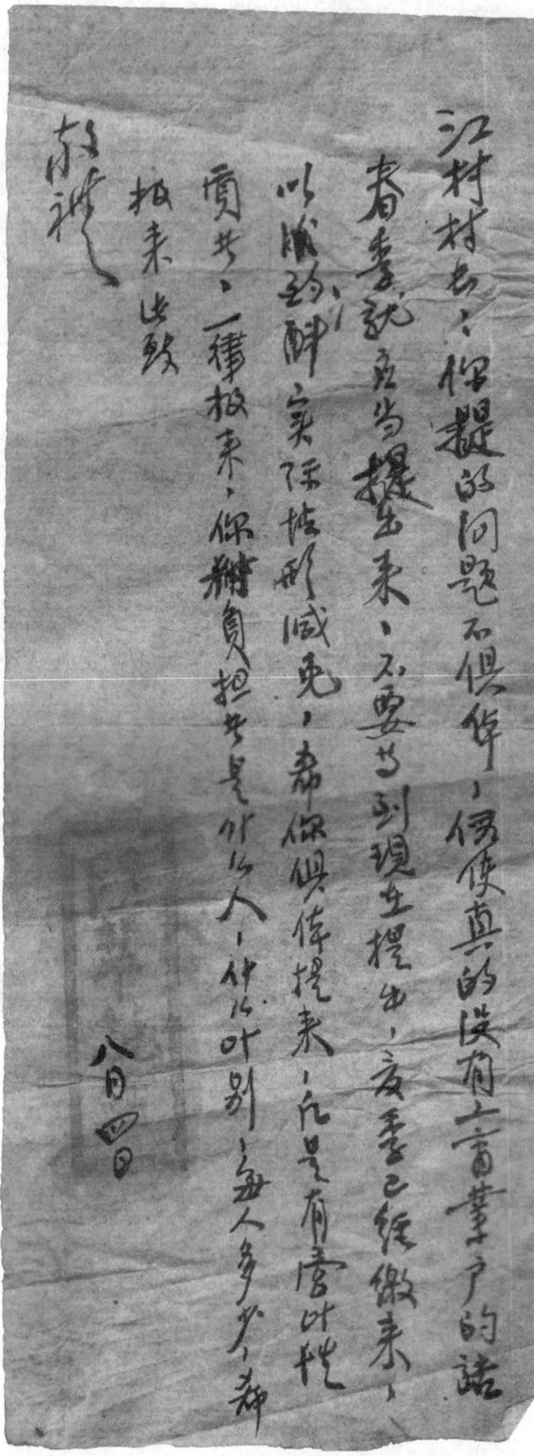

江村村长：你提的问题不俱体，假使真的没有六亩半户的话
春季就应当提出来，不要等到现在提出，夏季已经缴来，
以致酿成实际减免，希你俱体提来，凡是有[illegible]叶挑
负责、一律报来，你办负担者是什么人，什么叶别，每人多少，希
报来为盼
敬礼
八月四日

秋口镇江村余姓 16 · 政府批复 · 江村村长

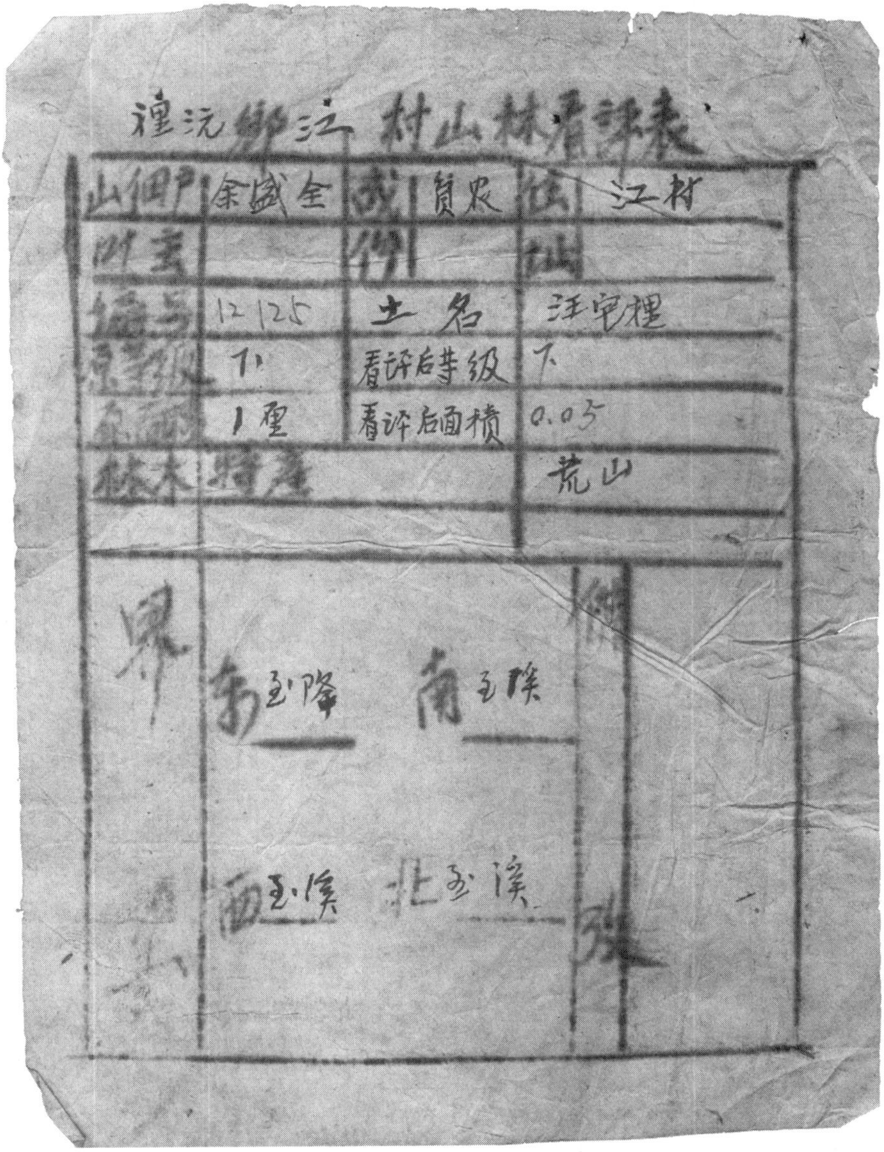

禮沅鄉江村山林看評表

山佃户	余盛全	成份	貧农	住址	江村
附表					
编号	12125	土名		汪宅裡	
原等级	下	看评后等级		下	
原面积	1厘	看评后面積		0.05	
林木特產				荒山	

界至	东至降　南至溪 西至溪　北至溪	備考

秋口镇江村余姓 18 · 山林看评表 · 余盛全

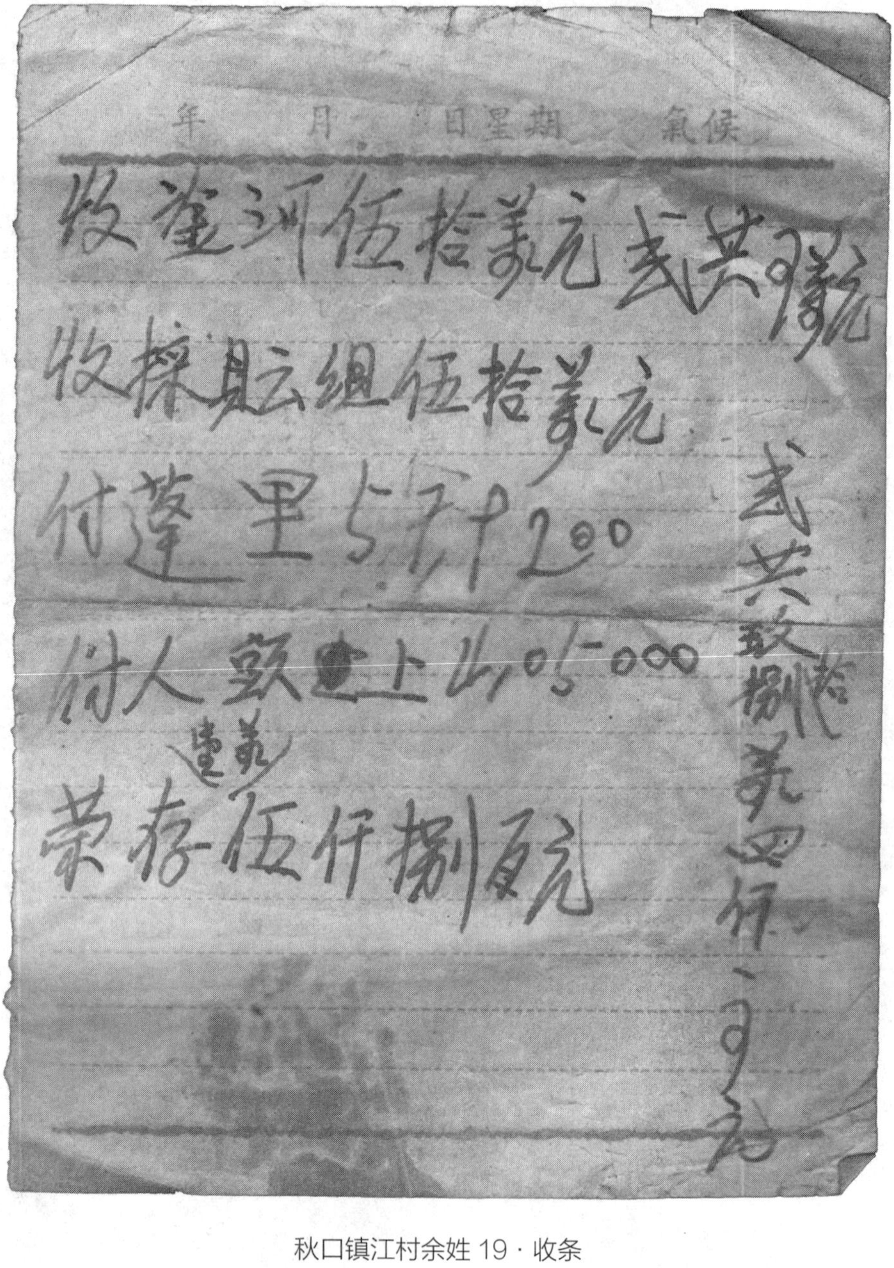

年　月　日星期　氣候

秋口镇江村余姓 19 · 收条

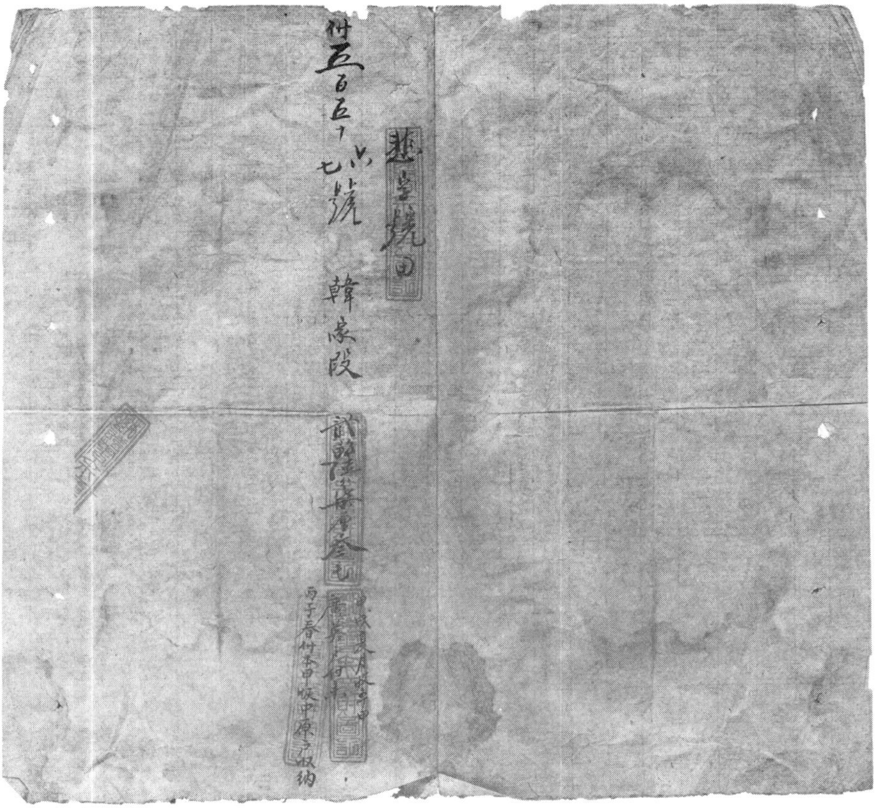

秋口镇江村余姓 33 · 税粮实征册 · 新生耀新户

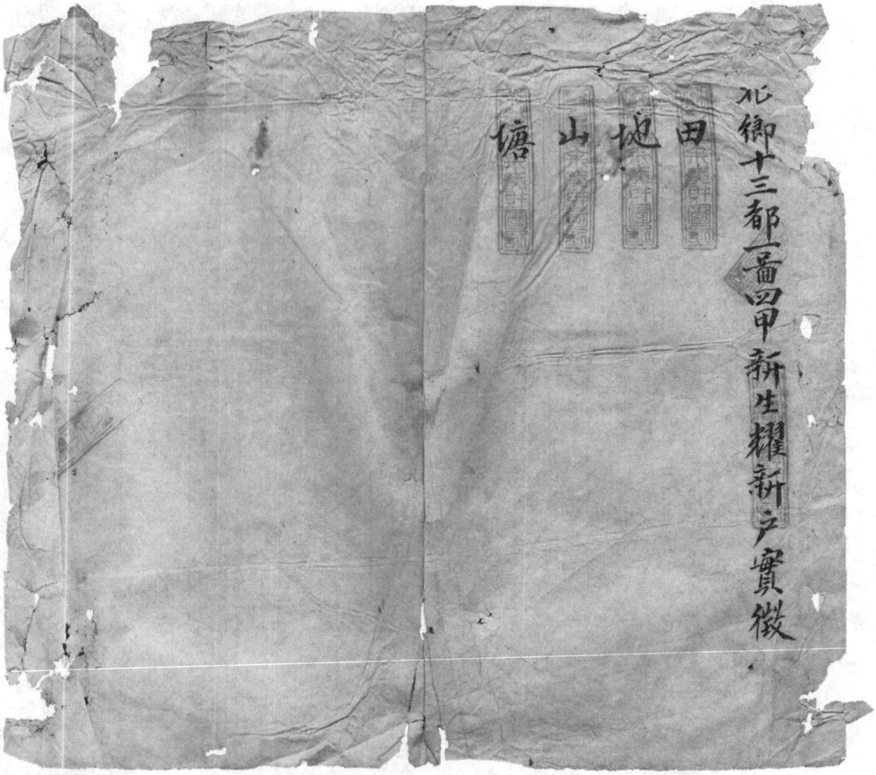
祁御十三都一啚四甲新生耀新户實徵
田
地
山
塘

秋口镇江村余姓 34 · 税粮实征册 · 新生耀新户

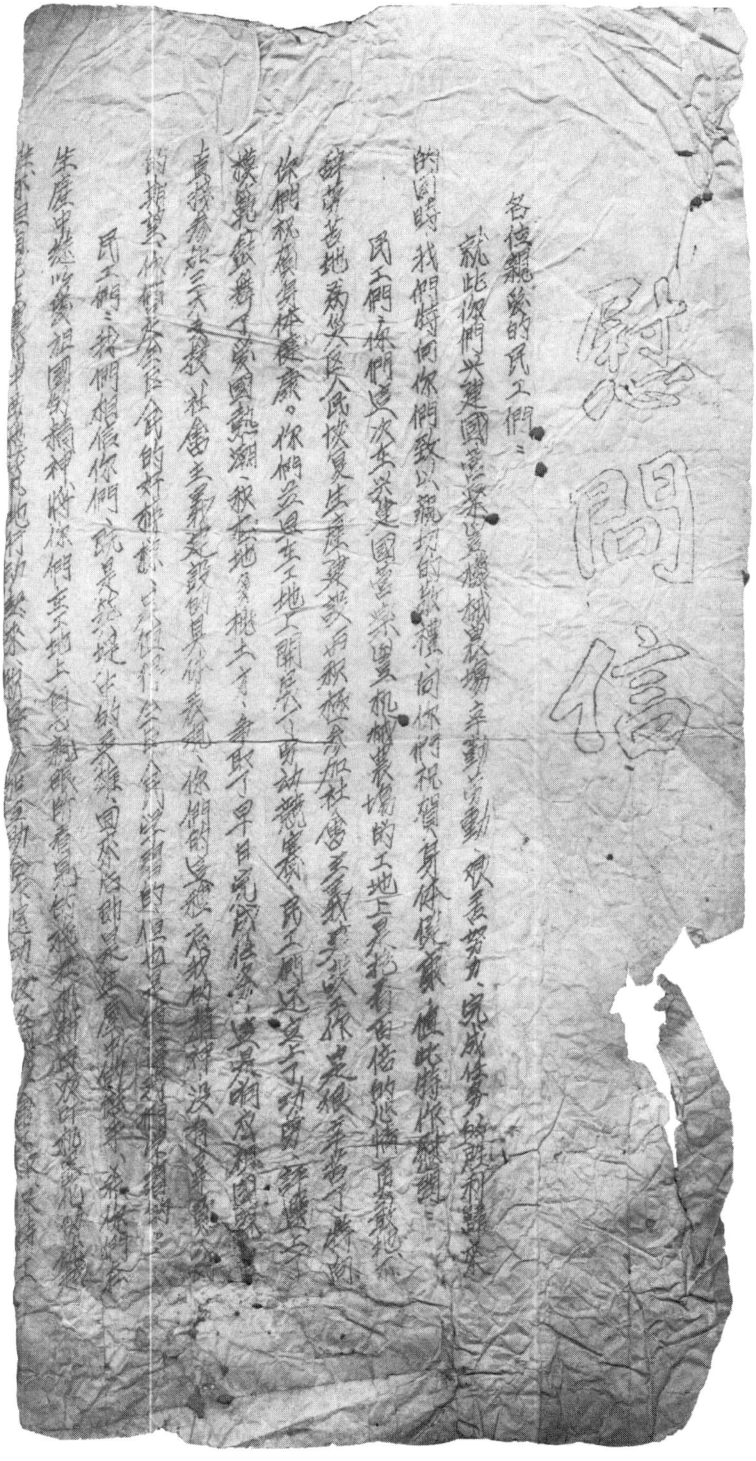
慰問信

各位親愛的民工們：

秋口镇江村余姓 35 · 慰问信 · 致民工

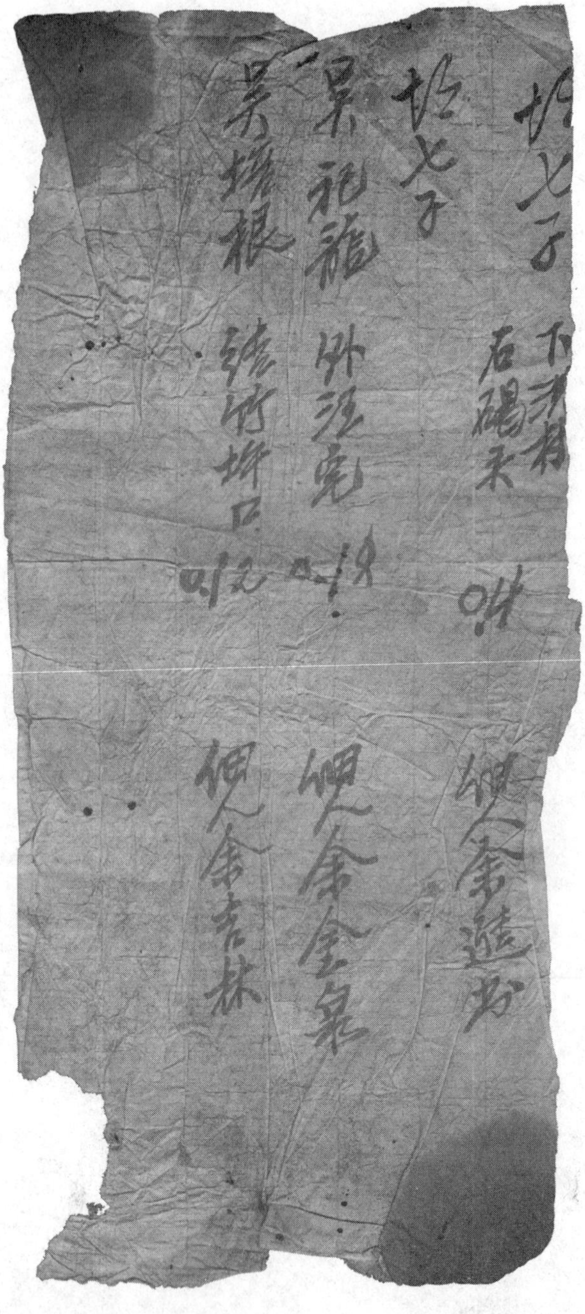

秋口镇江村余姓 36 · 账单

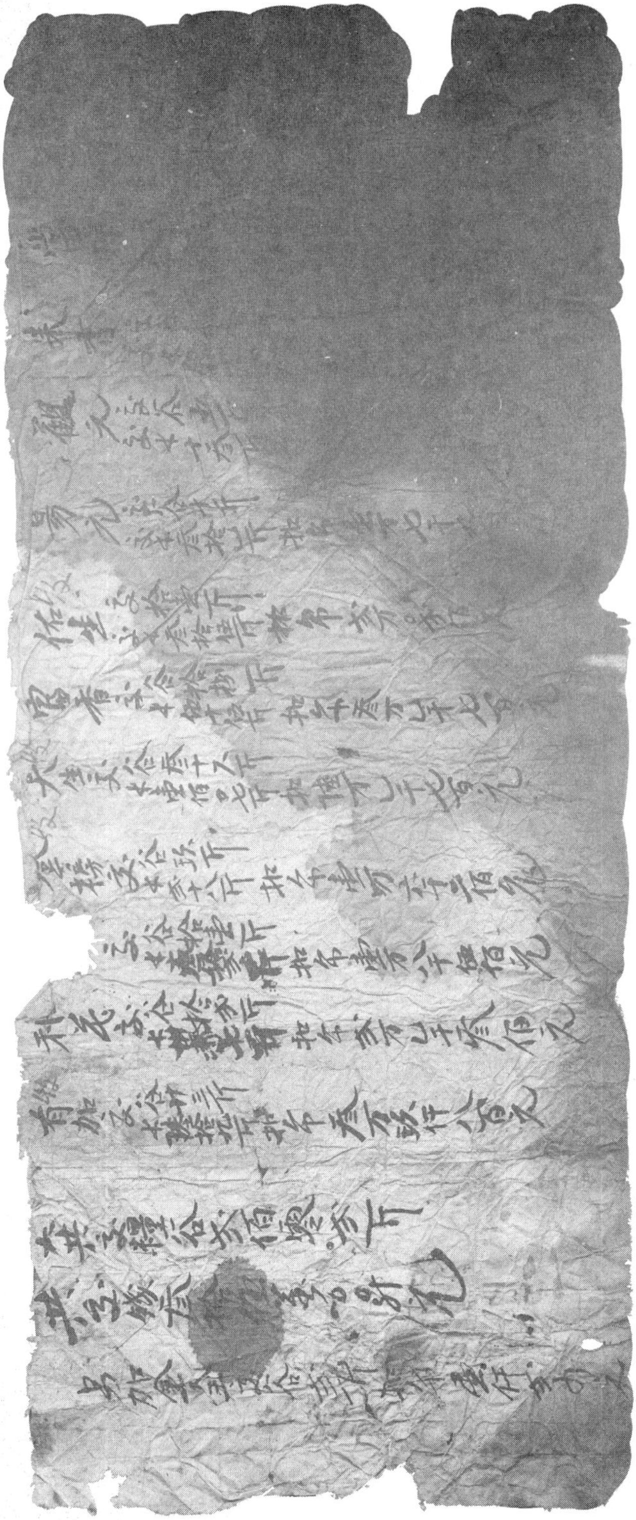

秋口镇江村余姓 37 · 账单

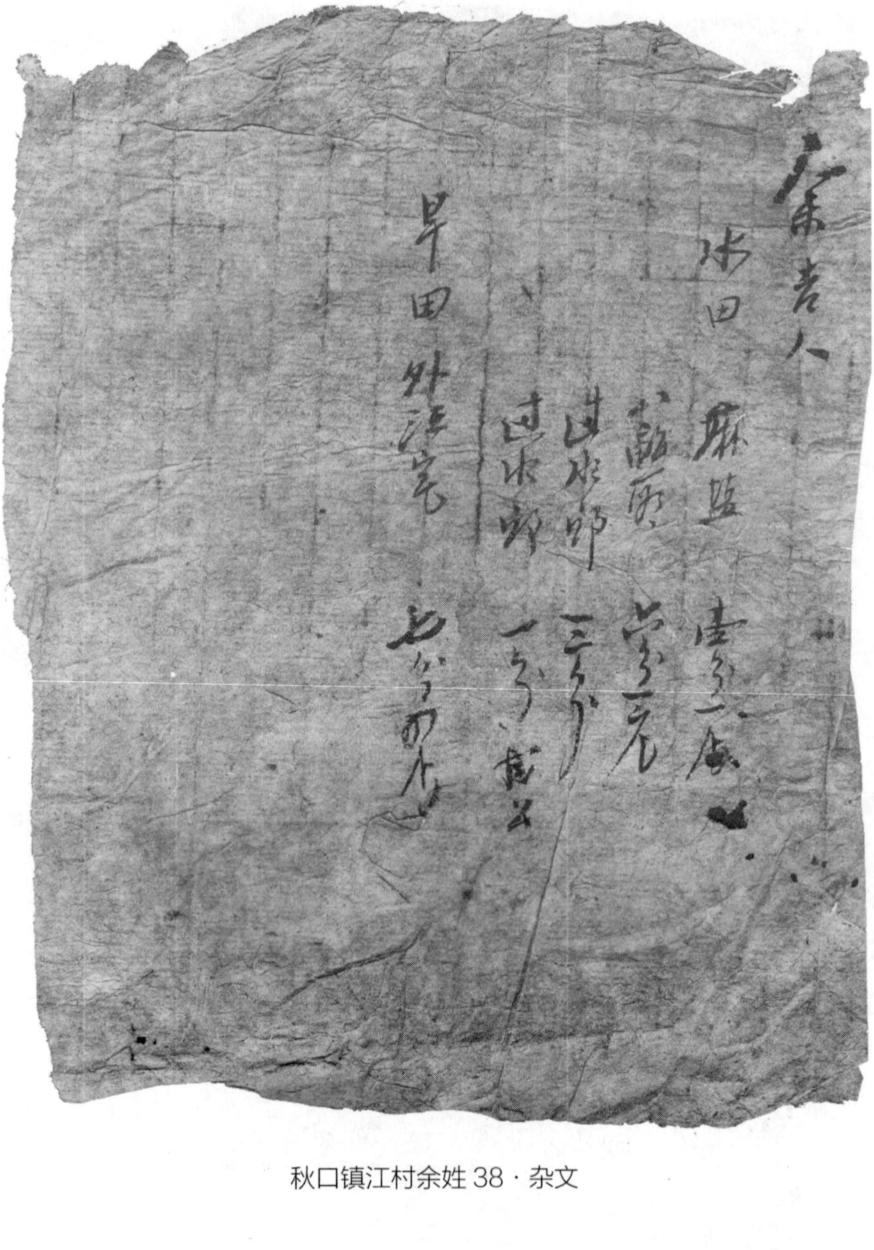
余吉人
水田 麻坵 壹分一厘
蘇塢 六分二厘
甘坑塢 三分
过水塢 一分贰厘
旱田 外泾宅 七分两厘

秋口镇江村余姓 38 · 杂文

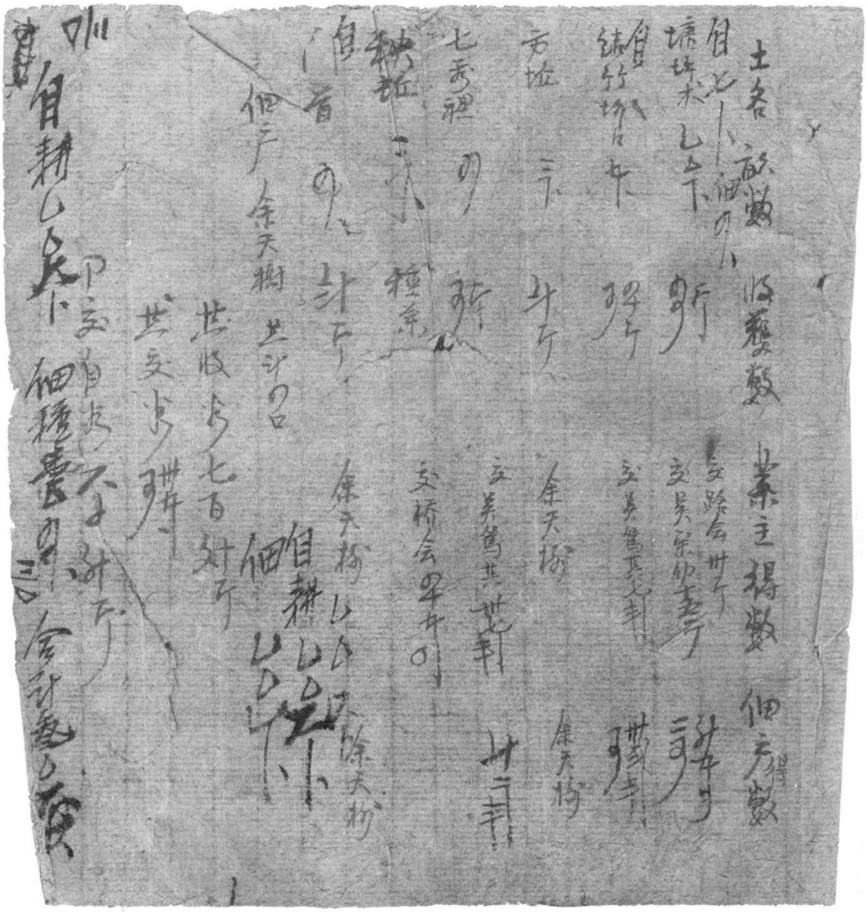

秋口镇江村余姓 39 · 账单

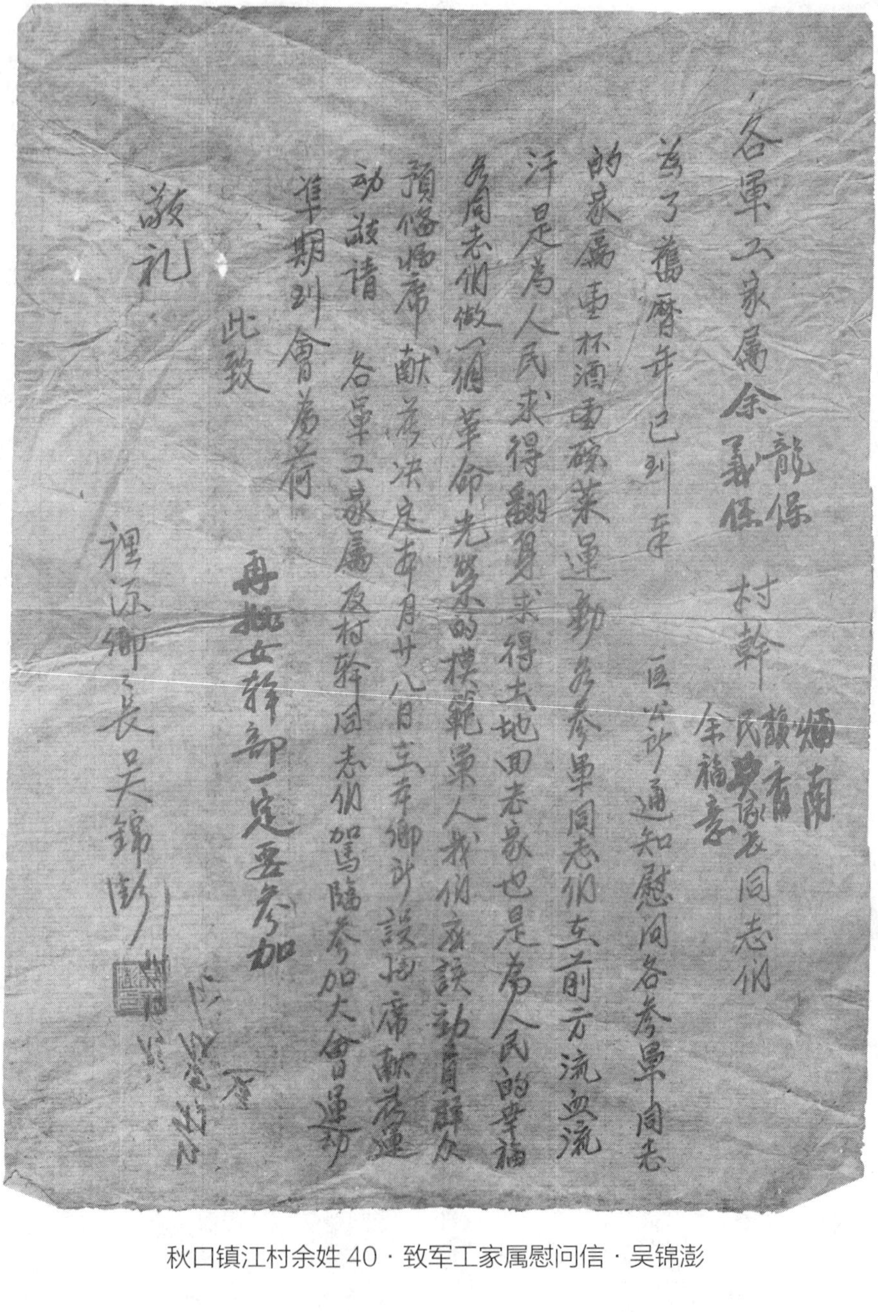

各軍工家屬余龍保、義保 村幹[illegible]南、龍青、民兵隊長余福亮同志们

為了舊曆年已到一年 區公所通知慰問各參軍同志的家屬壹杯酒壹碗菜運動各參軍同志们在前方流血流汗是為人民求得翻身求得土地田產家也是為人民的幸福各同志们做一個革命先烈的模範榮人我们應該动員群众領導鄉席獻菜決定本月廿八日在本鄉所設酒席獻菜運动敬請 各軍工家屬及村幹同志们加駕臨參加大會運动準期到會為荷 再批女幹部一定要參加

此致

敬礼

裡源鄉々長吴錦彭

秋口镇江村余姓 40 · 致军工家属慰问信 · 吴锦彭

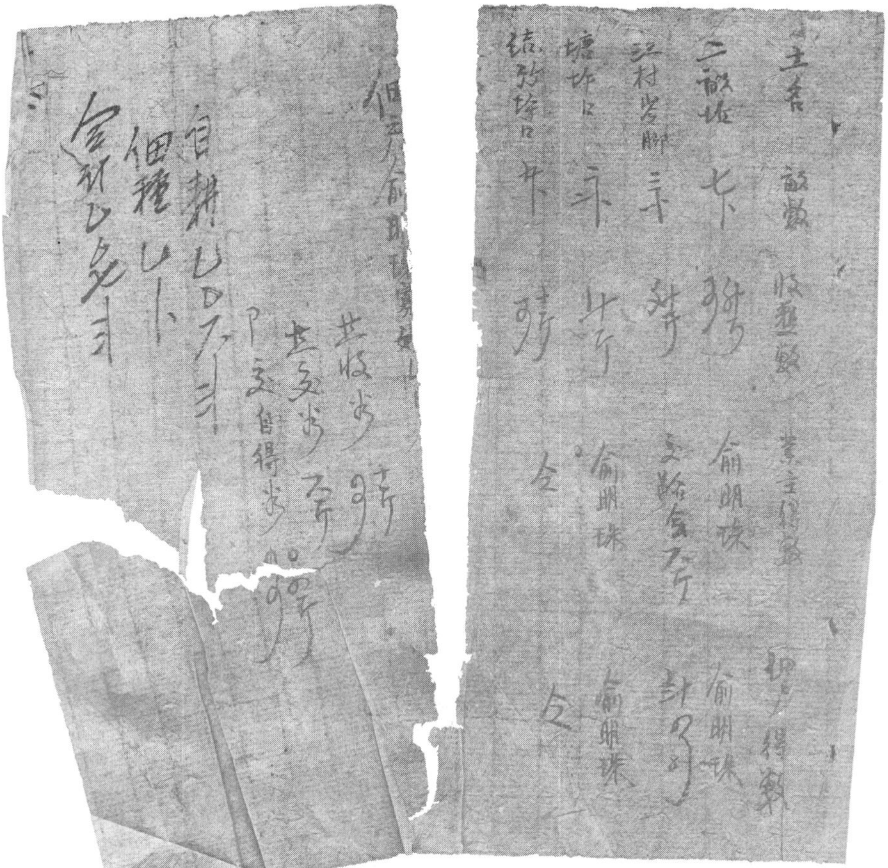

秋口镇江村余姓 41 · 账单

秋口镇江村余姓 45 · 流水账

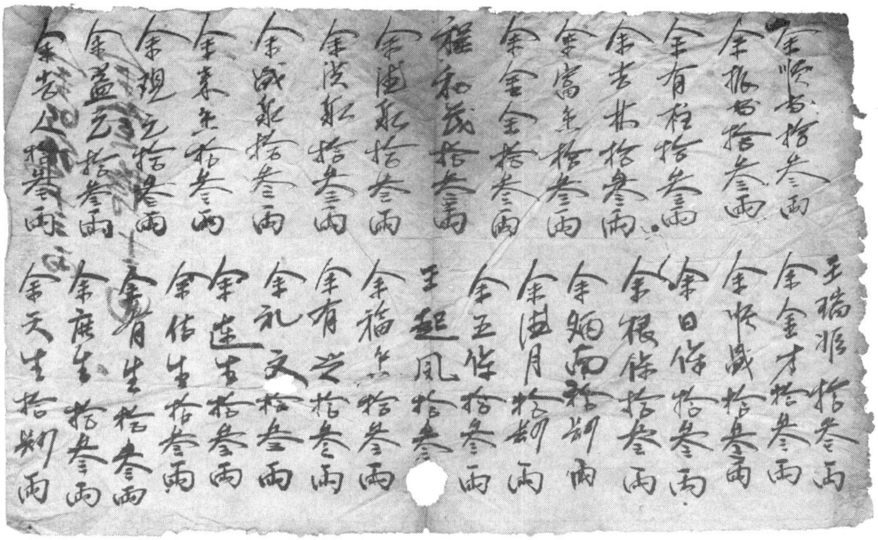

余怀古拾叁两
余振富拾叁两
余有桂拾叁两
余吉林拾叁两
余富生拾叁两
余金全拾叁两
程和茂拾叁两
余潮彩拾叁两
余洪彩拾叁两
余成彩拾叁两
余来生拾叁两
余观生拾叁两
余益生拾叁两
余发生拾叁两
王瑞珍拾叁两
余金才拾叁两
余怀盛拾叁两
余日保拾叁两
余根保拾叁两
余炳南拾捌两
余由月拾捌两
余玉保拾叁两
王起凤拾叁两
余福生拾叁两
余有之拾叁两
余礼文拾叁两
余连生拾叁两
余佑生拾叁两
余贵生拾叁两
余应生拾叁两
余天生拾捌两

秋口镇江村余姓 46 · 流水账

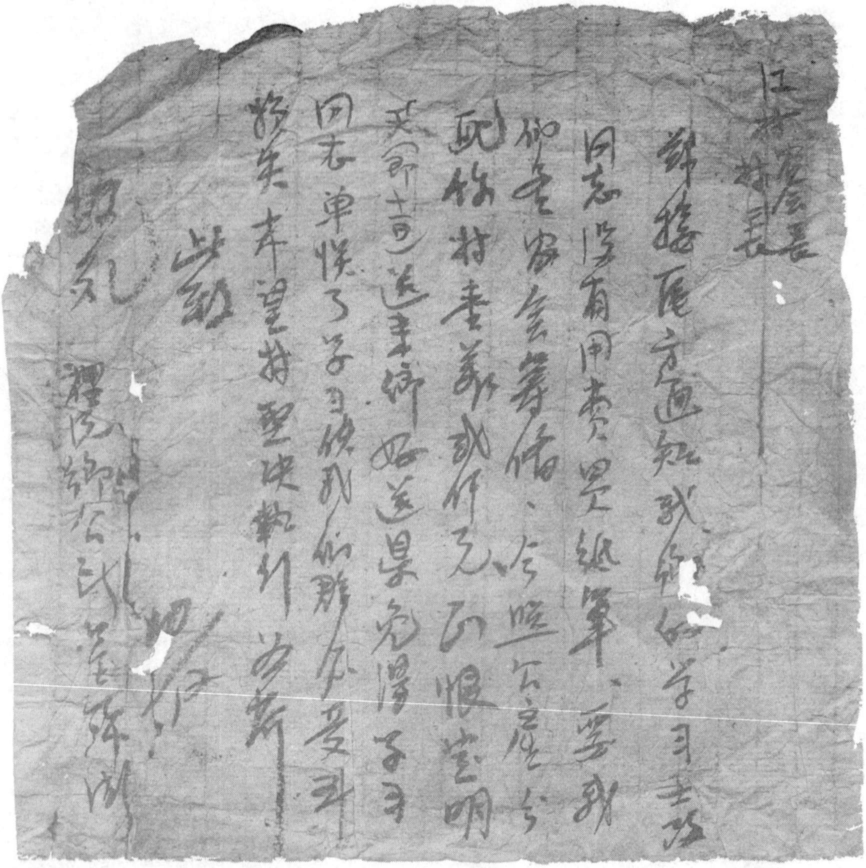

江村农会長
村長
兹接区方通知我们的学习委员
同志没有用费買纸笔、要我
们各农会筹備、今晚[illegible]
现给村委募或作元正限至明
天(即十三)送来镇好送早免得学习
同志单误了学习使我们都受到
损失 本望村長坚决执行为荷
此致
敬礼
[illegible]乡公所 民运[illegible]

秋口镇江村余姓 47 · 通知 · 吴锦澎

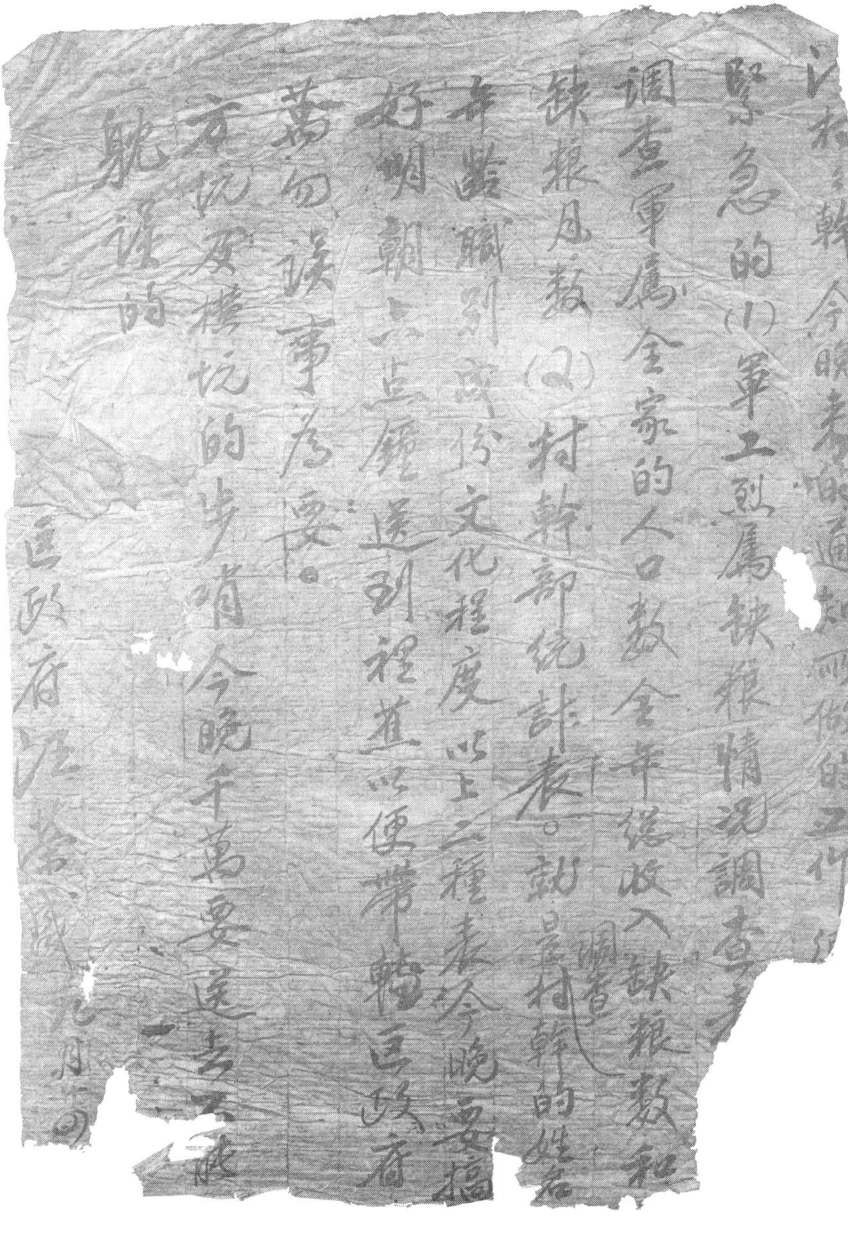

江村村幹今晚來的通知所做的工作
緊急的(1)軍工烈屬缺糧情況調查表
調查軍屬全家的人口數全年總收入缺糧數和
缺糧月數(2)村幹部統計表。就是村幹的姓名
年齡職别成份文化程度以上二種表今晚要搞
好明朝六点鐘送到程莊以便帶轉區政府
萬勿誤事為要。
方抗安據坑的步背今晚千萬要送去不致
耽誤的
區政府汪榮盛 九月十日

秋口镇江村余姓 48 · 通知 · 汪荣盛

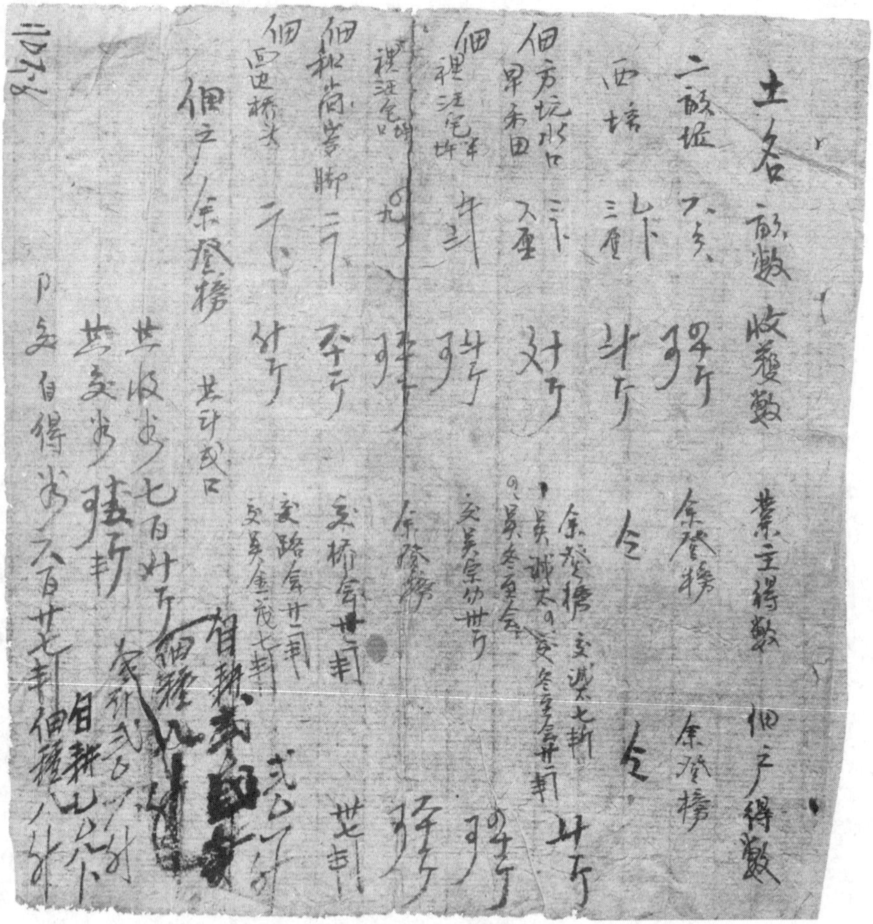

秋口镇江村余姓 49 · 流水账

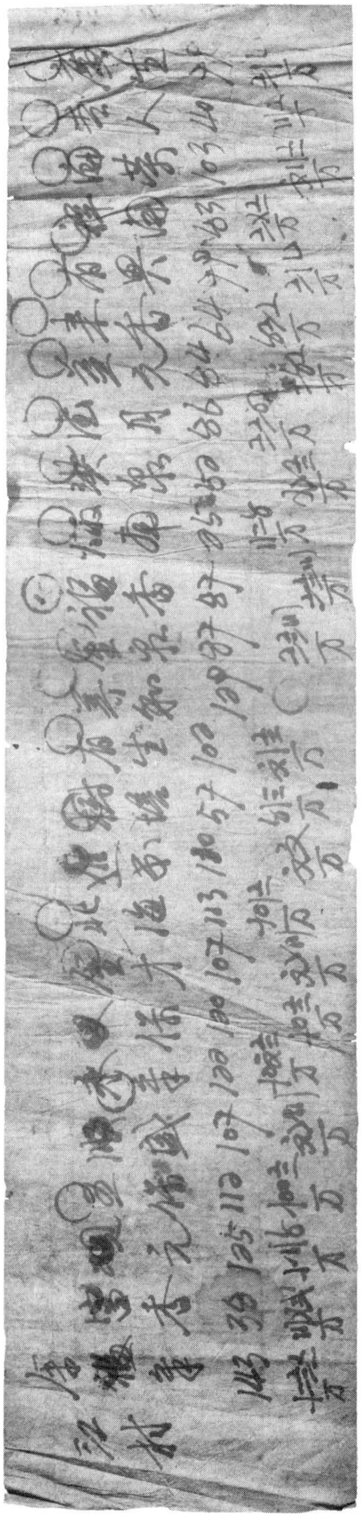

秋口镇江村余姓 51 · 流水账

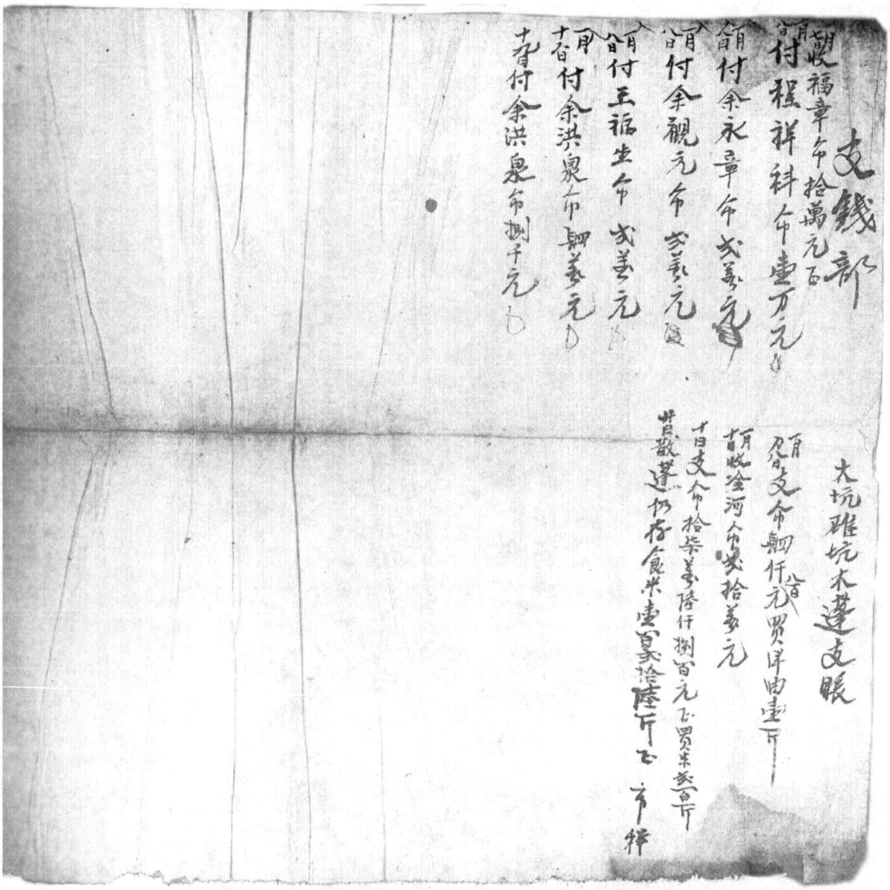

秋口镇江村余姓 60-1 · 账单

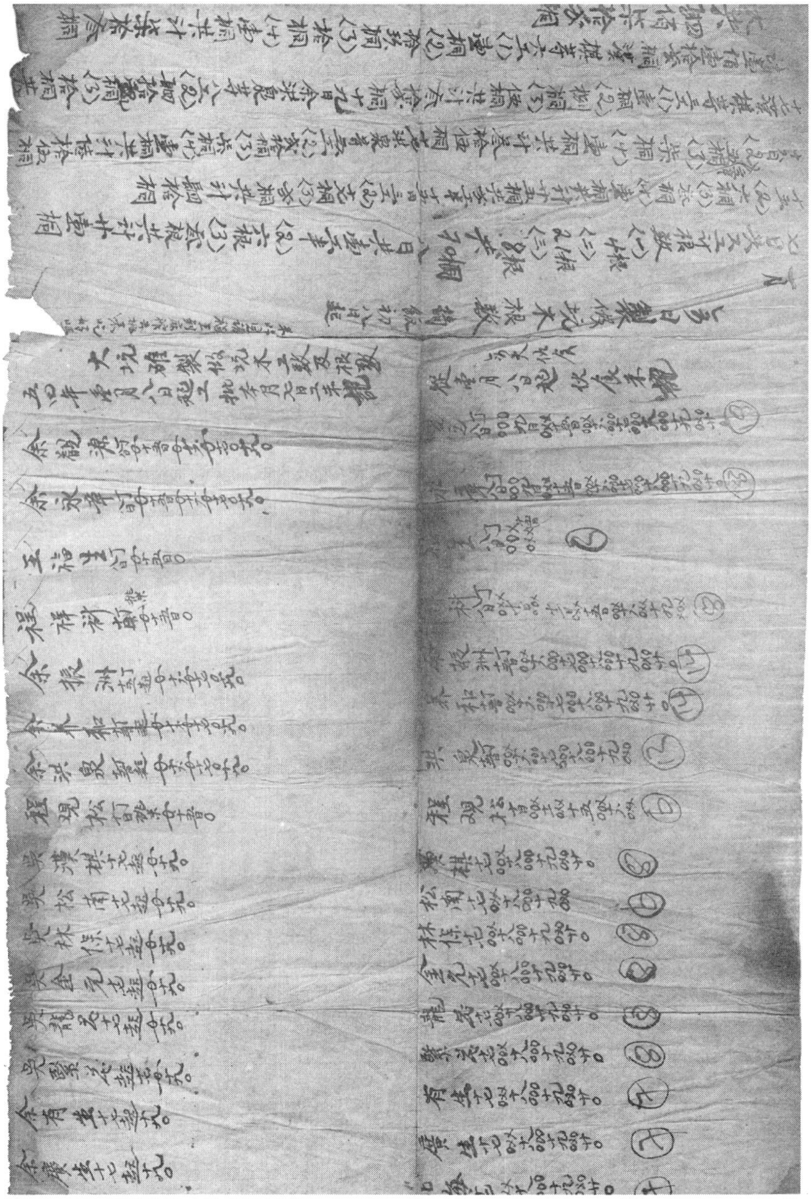

秋口镇江村余姓 60-2 · 账单

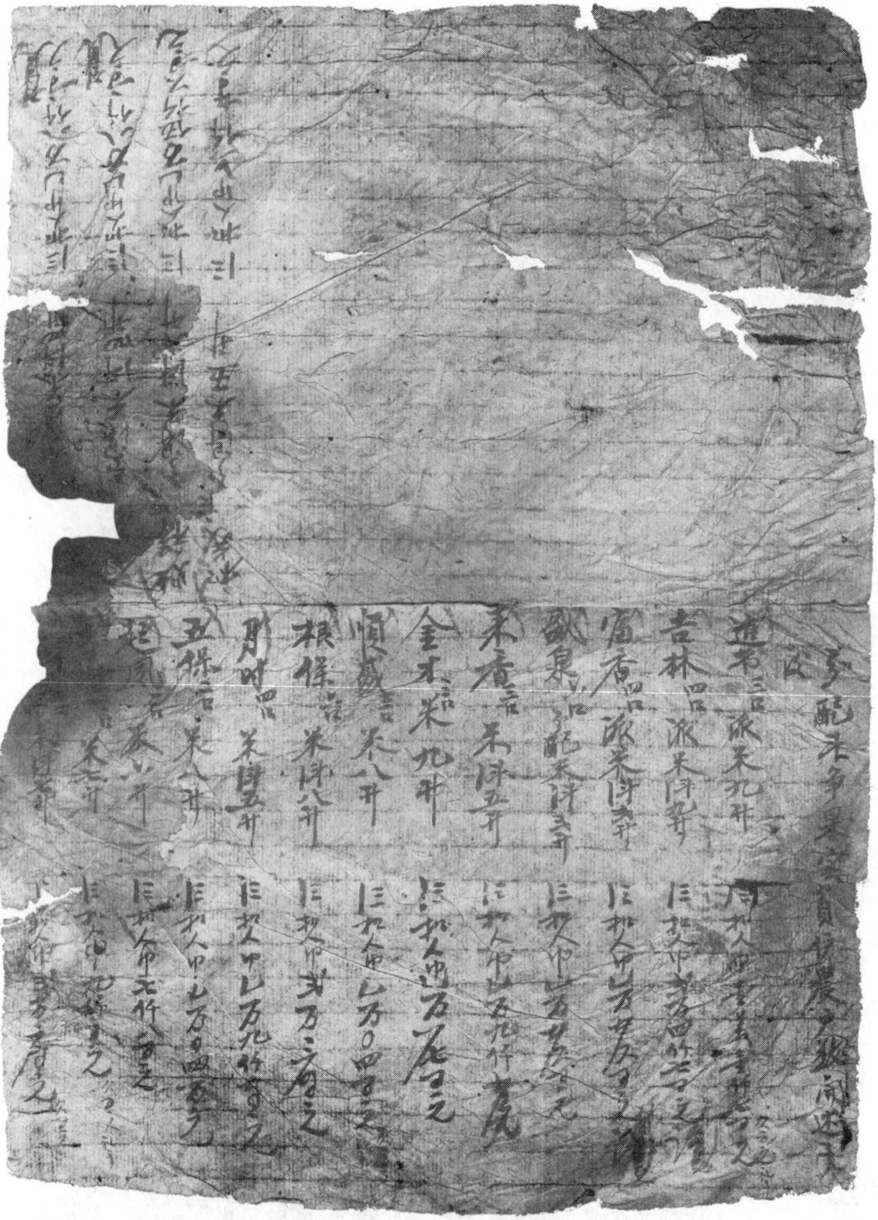

秋口镇江村余姓 64 · 账单

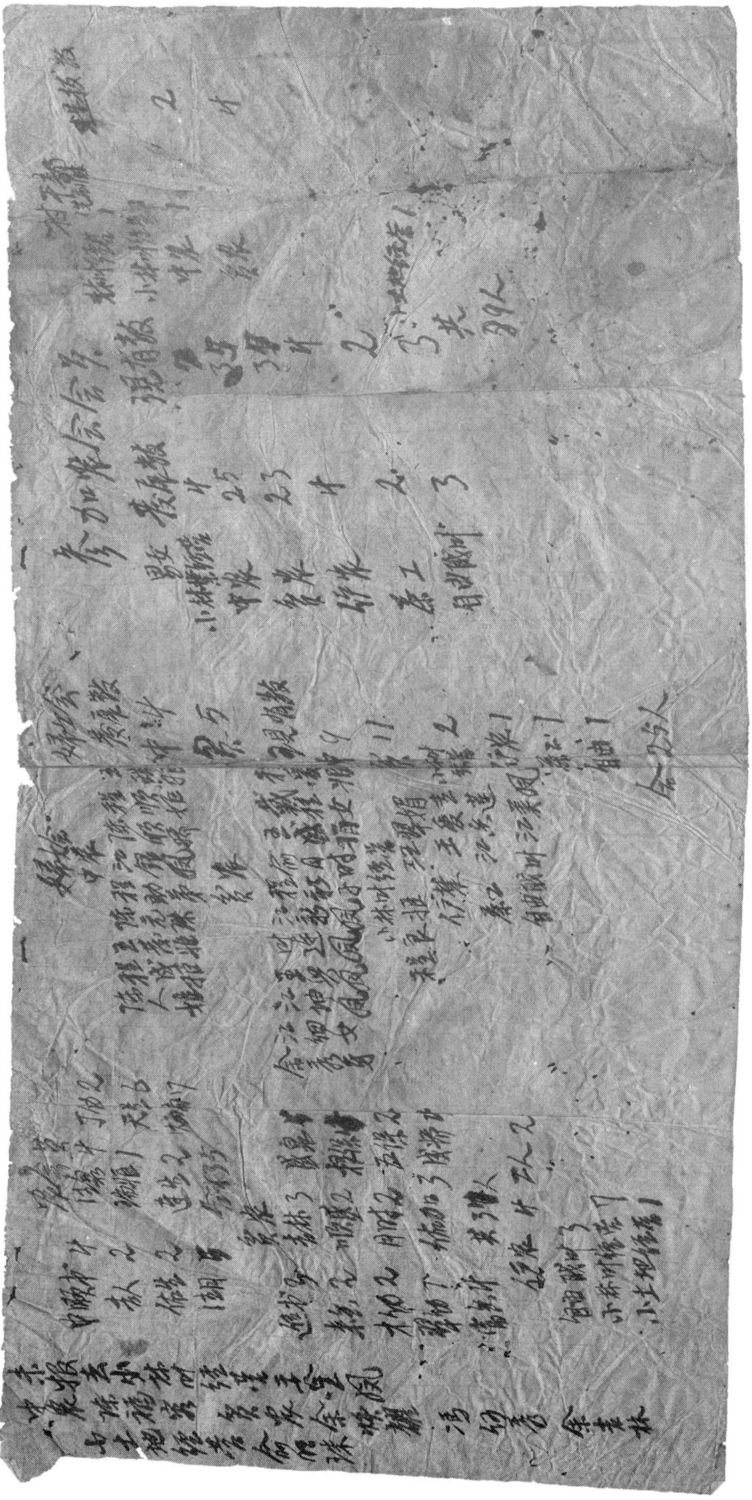

秋口镇江村余姓 65 · 杂文

秋口镇水末[沫]村汪家 1—319

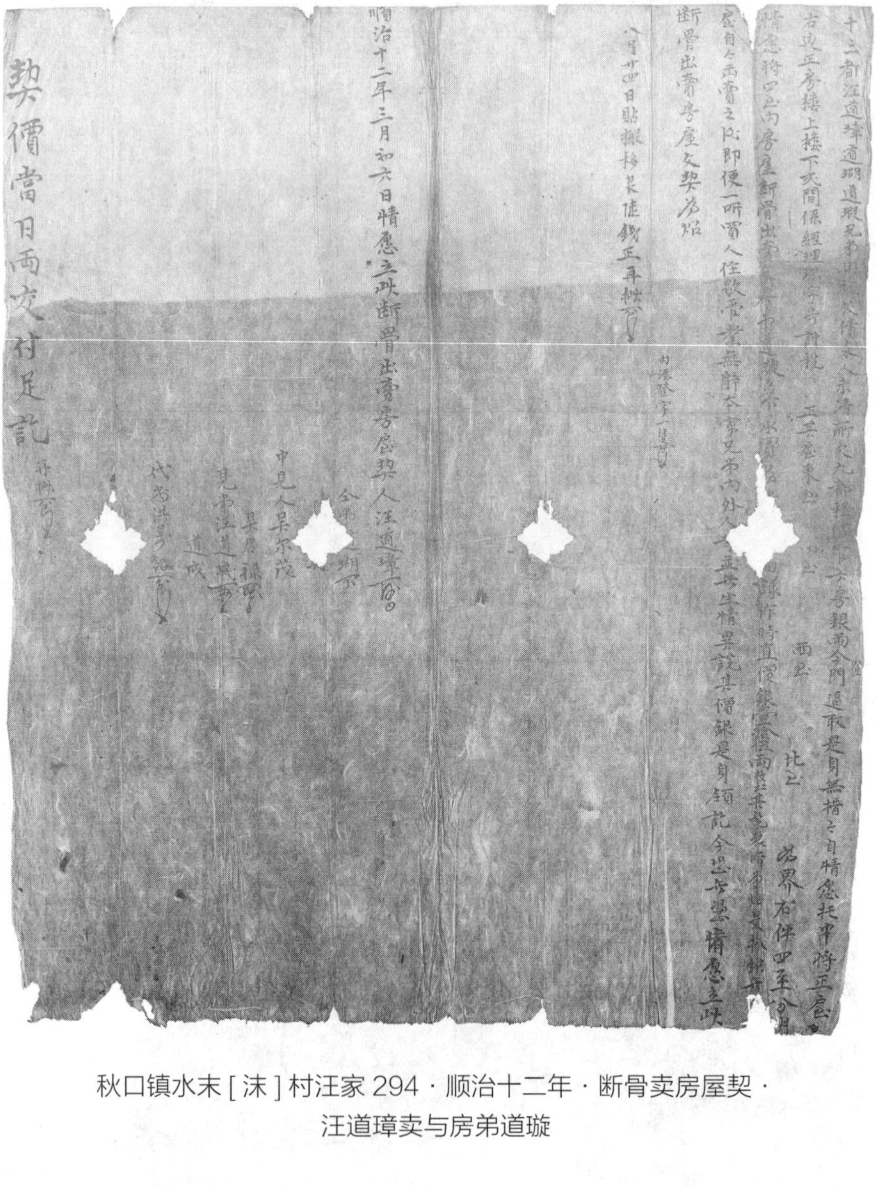

秋口镇水末[沫]村汪家 294 · 顺治十二年 · 断骨卖房屋契 · 汪道璋卖与房弟道璇

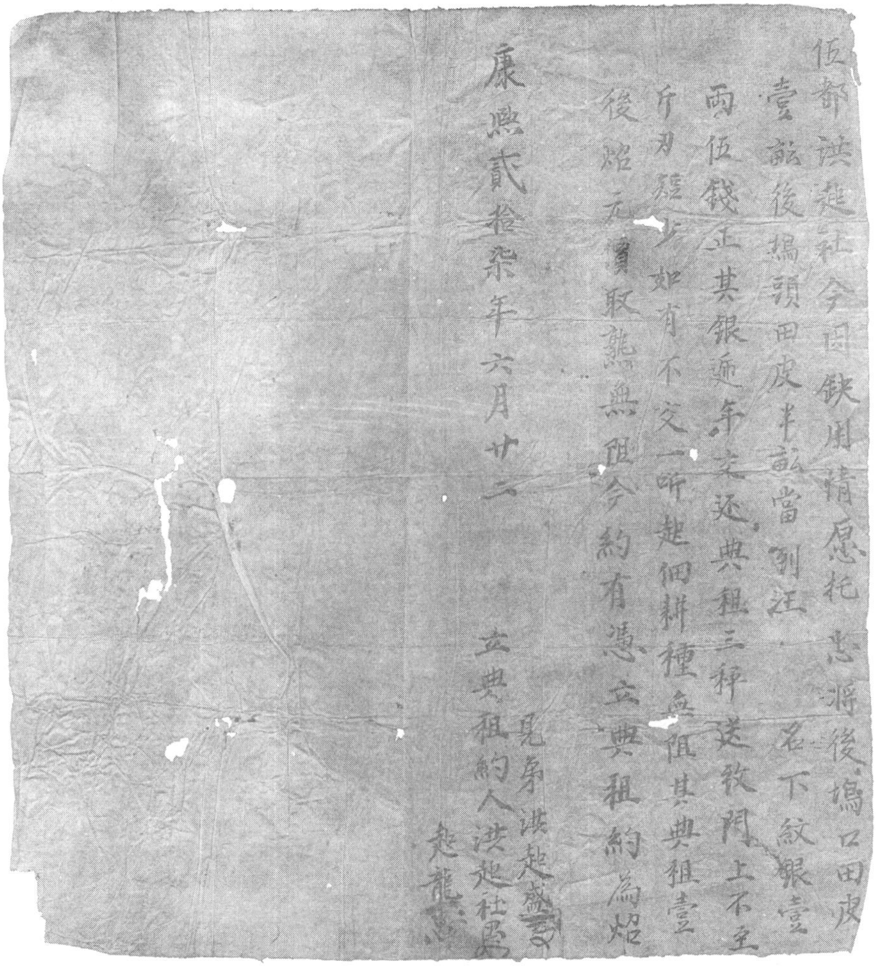
伍都洪起社今因缺用情愿托中將後塢口田皮
壹畝後塢頭田皮半畝當到汪　名下紋銀壹
兩伍錢正其銀逐年交還典租三秤送致門上不至
斤兩短少如有不交一聽起佃耕種無阻其典租壹
後炤元價取贖無阻今約有憑立典租約為炤
康熙貳拾柒年六月廿二　立典租約人洪起社（押）
見房洪起盛（押）
起龍（押）

秋口镇水末［沫］村汪家 173 · 康熙二十七年 · 典租约 · 洪起社当到汪〇

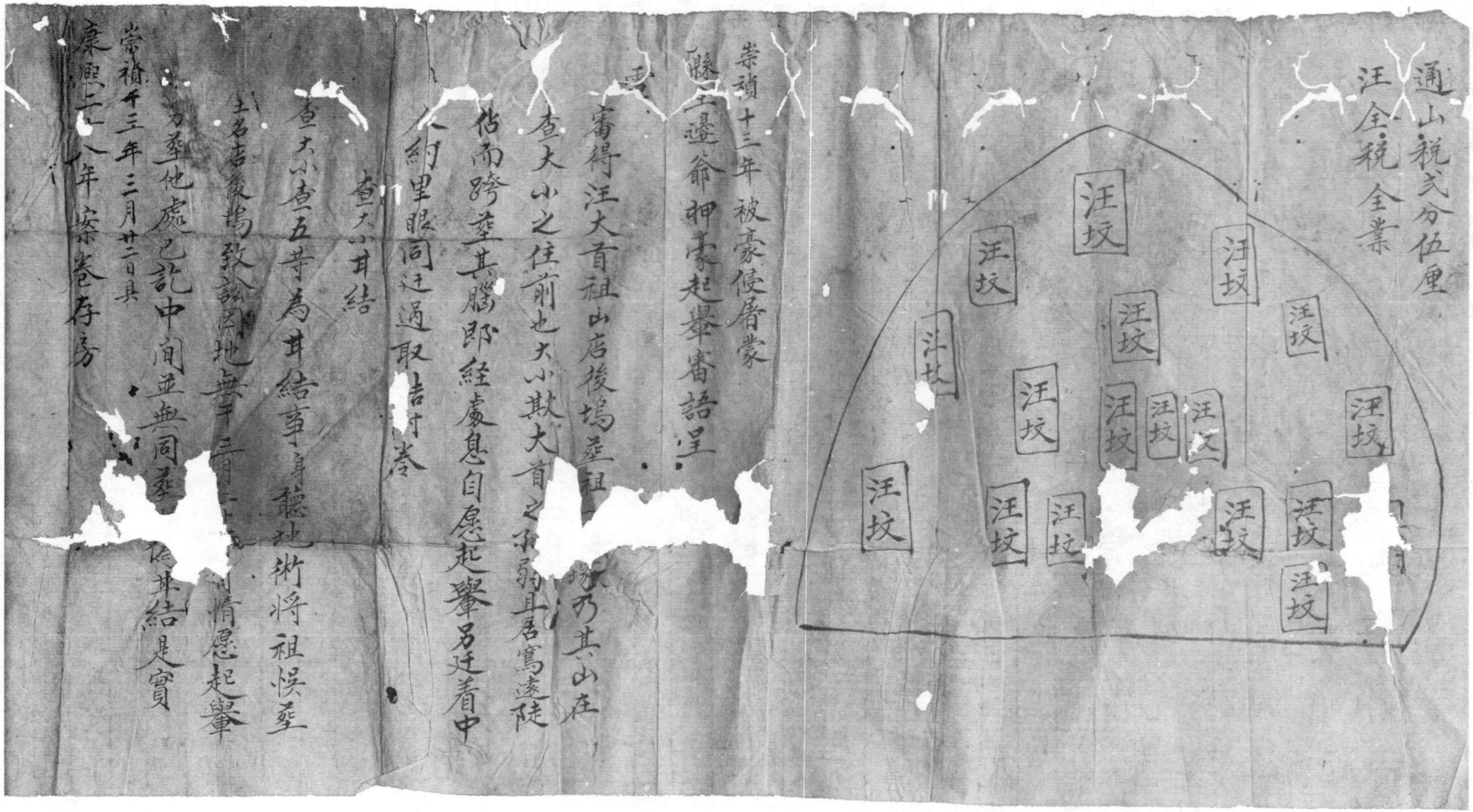

通山稅弍分伍厘
汪全稅全業

崇禎十三年被豪侵暦蒙
縣主邊爺押蒙起舉審語呈
審得汪大首祖山店後塢塋祖[…]乃其山在
查大小之住前也大小欺大首之孤弱且居窎遠陡
佔而跨塋其勝郎經處息自愿起舉另迁着中
人紨里眼同迁過取結附卷
查大小甘結
查大小查五芳為甘結事身聽地術將祖悮塋
土名店後塢致訟因地無干[…]情愿起舉
[…]另塋他處已訖中間並無同塋[…]甘結是實
崇禎十三年三月廿二日具
康熙二十八年案卷存房

秋口镇水末［沫］村汪家233·康熙二十八年·坟地记载

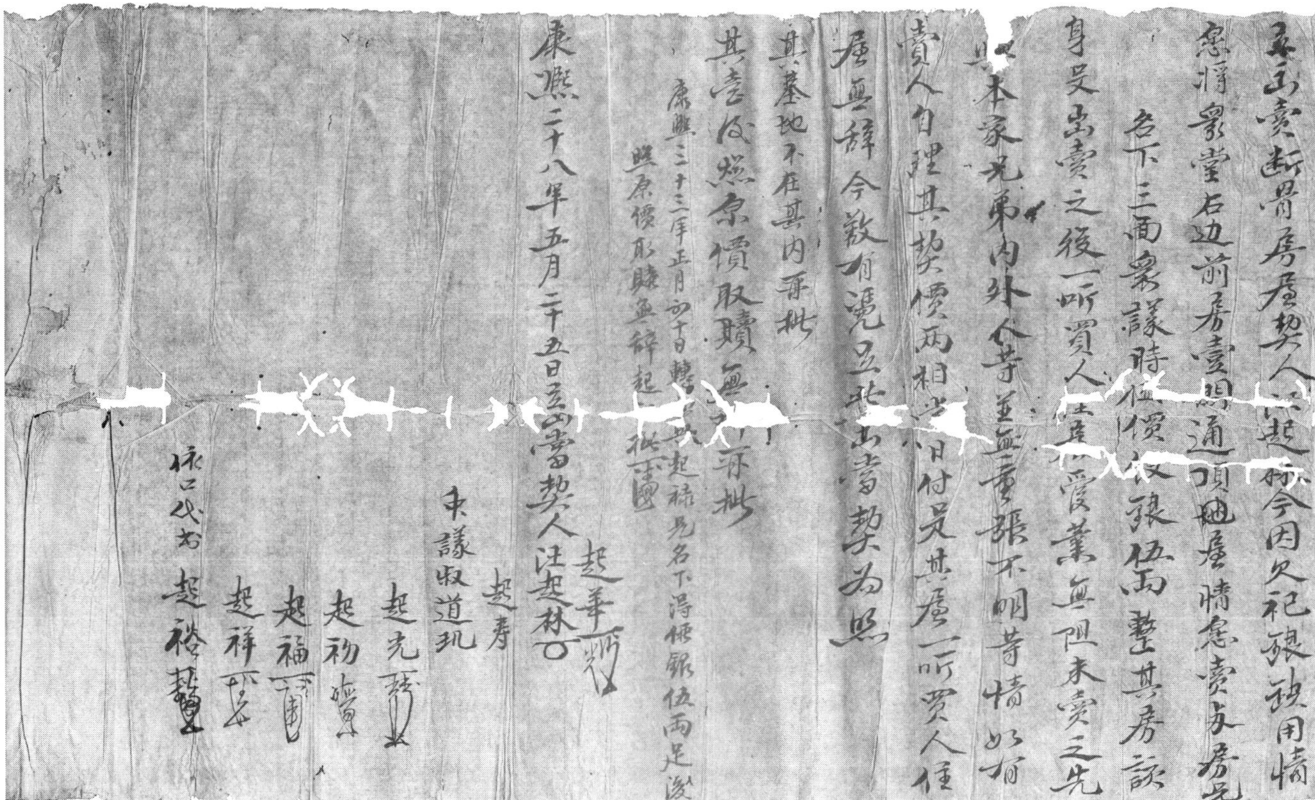

秋口镇水末［沫］村汪家 258 · 康熙二十八年 · 卖断骨房屋契 · 汪起林卖与房兄☐

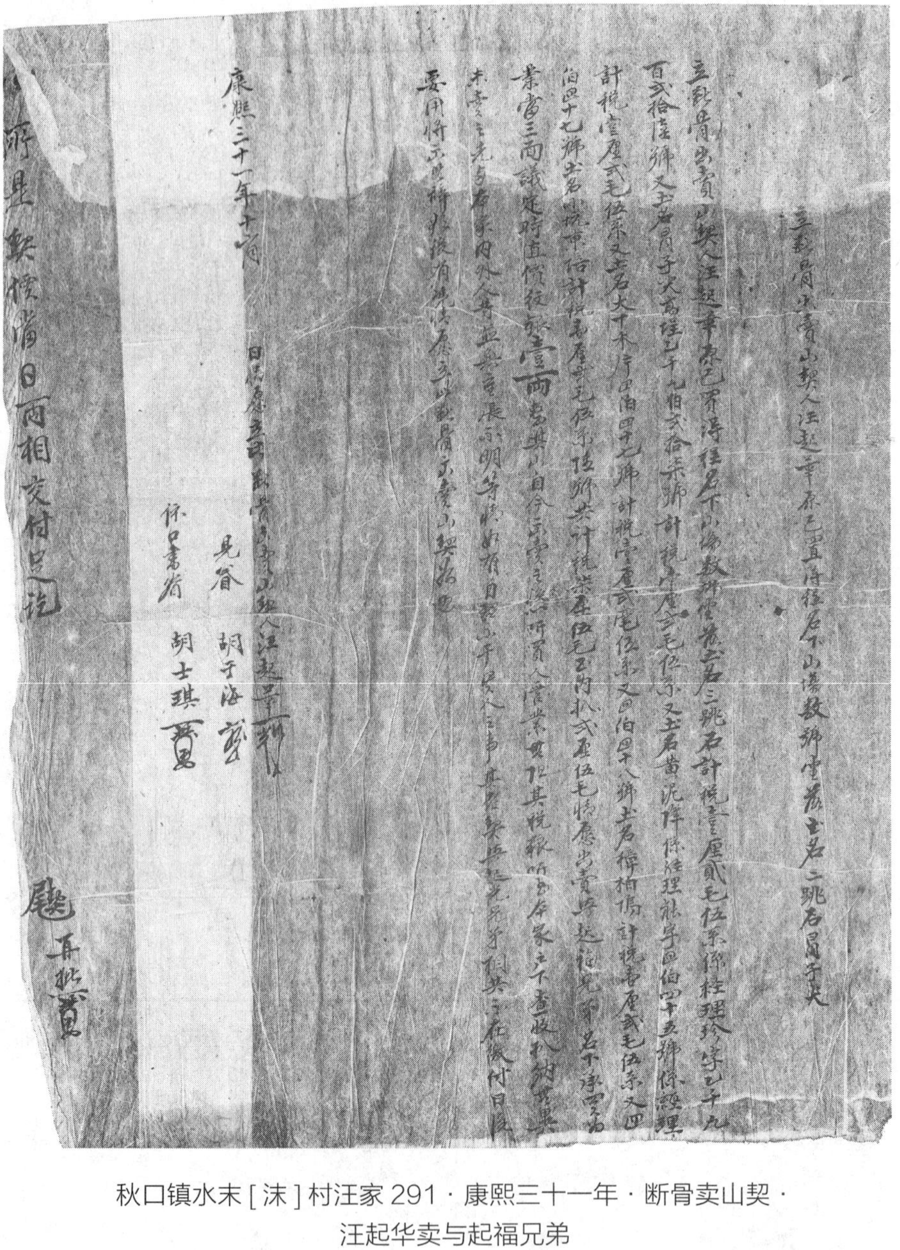

秋口镇水末[沫]村汪家 291 · 康熙三十一年 · 断骨卖山契 ·
汪起华卖与起福兄弟

秋口镇水末［沫］村汪家 11-1 · 康熙三十二年 · 税粮实征册 · 汪添进户

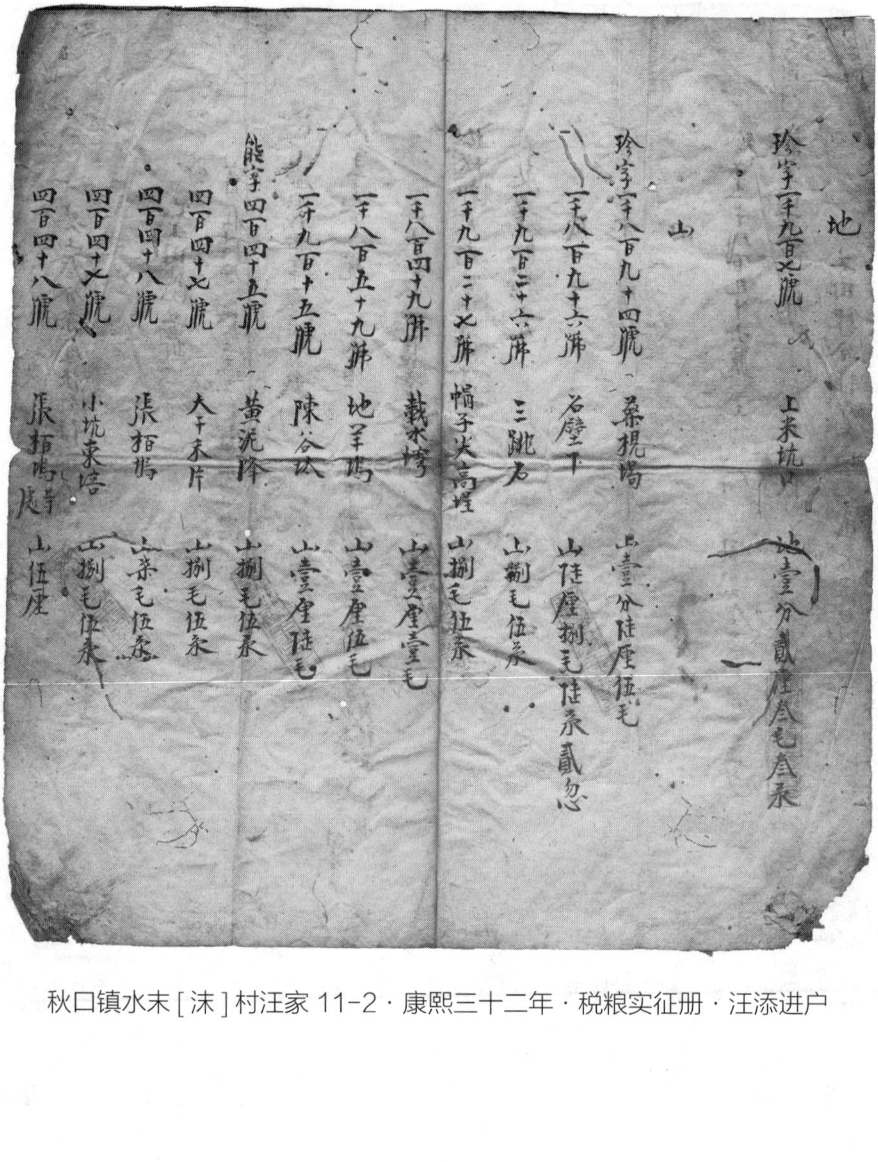

地

珍字一千九百七號 上米坑口 地壹分貳厘叁毛叁系

山

珍字一千八百九十四號 桑梘塢 山壹分陸厘伍毛

一千八百九十六號 石壁下 山陸厘捌毛陸系貳忽

一千九百二十六號 三跳石 山捌毛伍系

一千九百二十七號 帽子尖高塆 山捌毛伍系

一千八百四十九號 載水塆 山壹厘壹毛

一千八百五十九號 地羊塢 山壹厘伍毛

一千九百十五號 陳谷坛 山壹厘陸毛

能字四百四十五號 黃泥降 山捌毛伍系

四百四十七號 大十末片 山捌毛伍系

四百四十八號 張栢塢 山柒毛伍系

四百四十七號 小坑東培 山捌毛伍系

四百四十八號 張栢塢底 山伍厘

秋口镇水末[沫]村汪家 11–2 · 康熙三十二年 · 税粮实征册 · 汪添进户

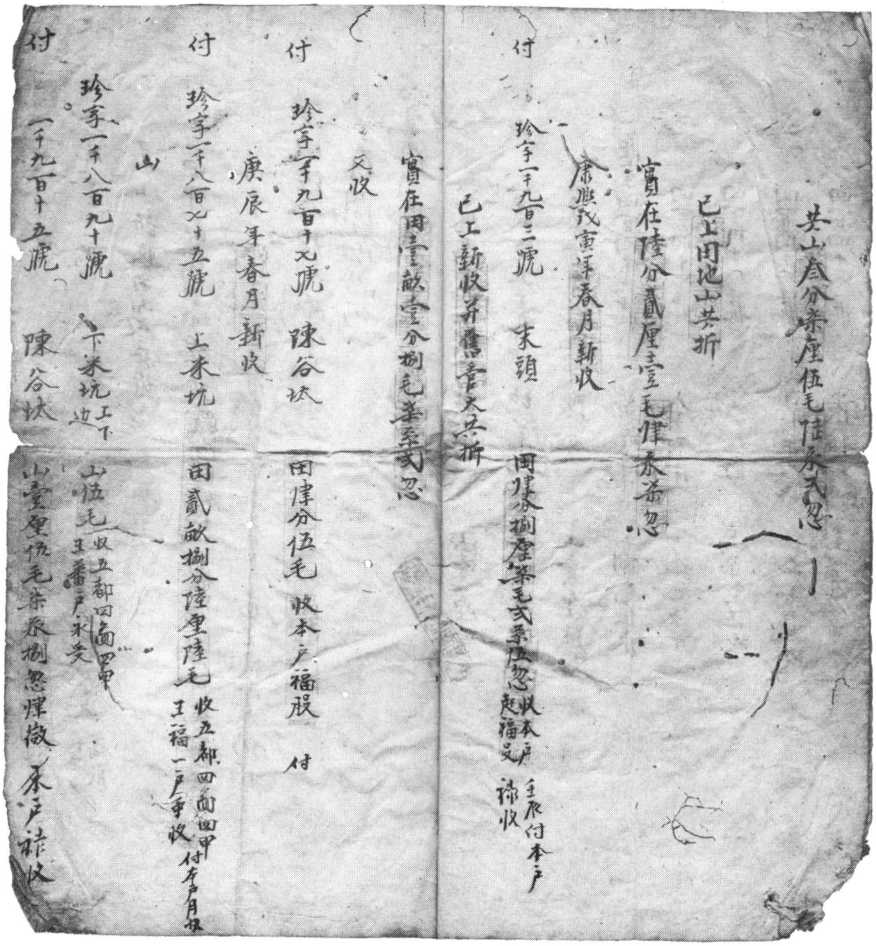

共山叁分柒厘伍毛陆系弍忽

已上田地山共折

實在陸分貳厘壹毛肆系柒忽

康熙戊寅年春月新收

付 珍字一千九百三號 末頭

已上新收并舊管共折

田肆分捌厘柒毛弍系伍忽 收本户趙福旻 壬辰付本户 禄收

實在田壹畝壹分捌毛柒系弍忽

又收

庚辰年春月新收

付 珍字一千九百十九號 陳谷坑 田肆分伍毛 收本户福服 付

付 珍字一千八百九十五號 上米坑 田貳畝捌分陸厘陸毛 收五都四啚四甲王福一户爭收 付本户月收

山

付 珍字一千八百九十號 下米坑上下边 山伍毛 收五都四啚四甲王番户承受

付 一千九百十五號 陳谷坑 山壹厘伍毛柒系捌忽肆微 本户禄收

秋口镇水末 [沫] 村汪家 11-3 · 康熙三十二年 · 税粮实征册 · 汪添进户

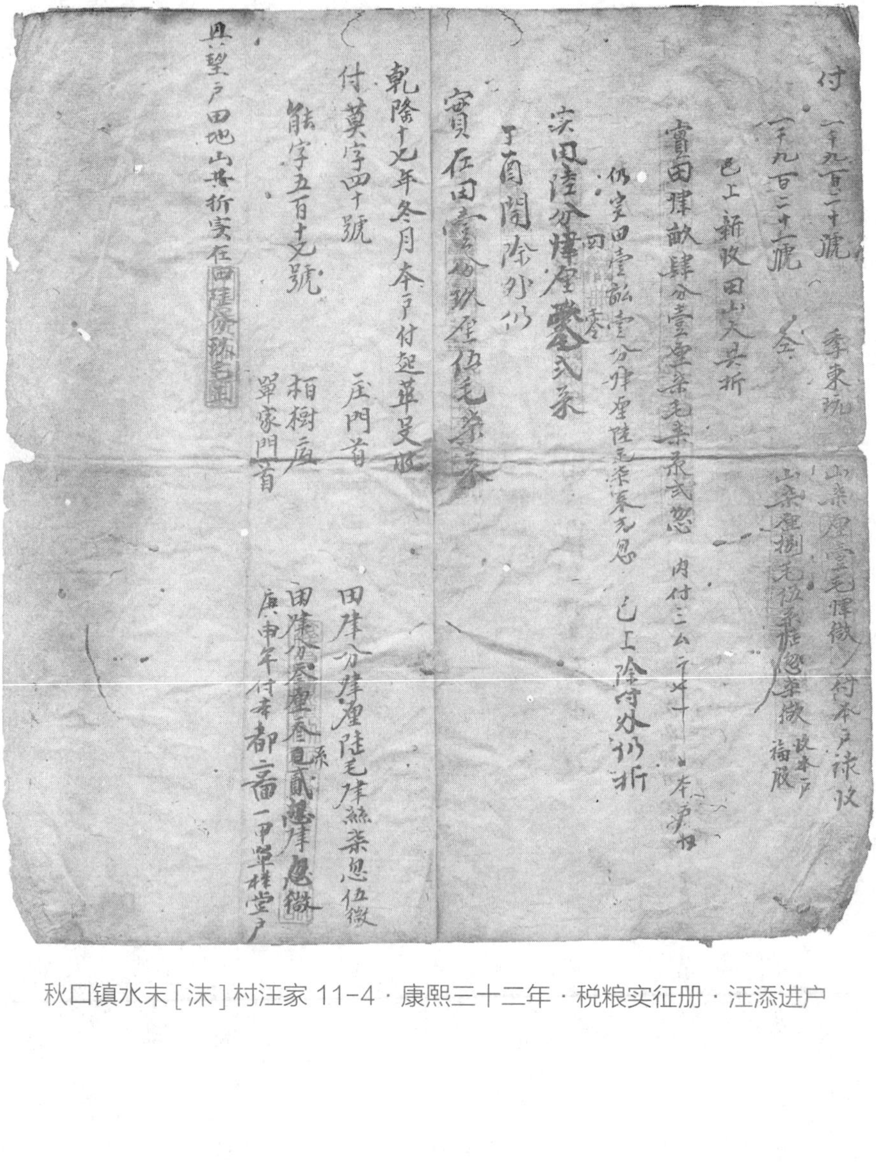

秋口镇水末［沫］村汪家 11-4 · 康熙三十二年 · 税粮实征册 · 汪添进户

秋口镇水末［沫］村汪家 10–1 · 康熙三十五年 · 税粮实征册 · 汪添进户

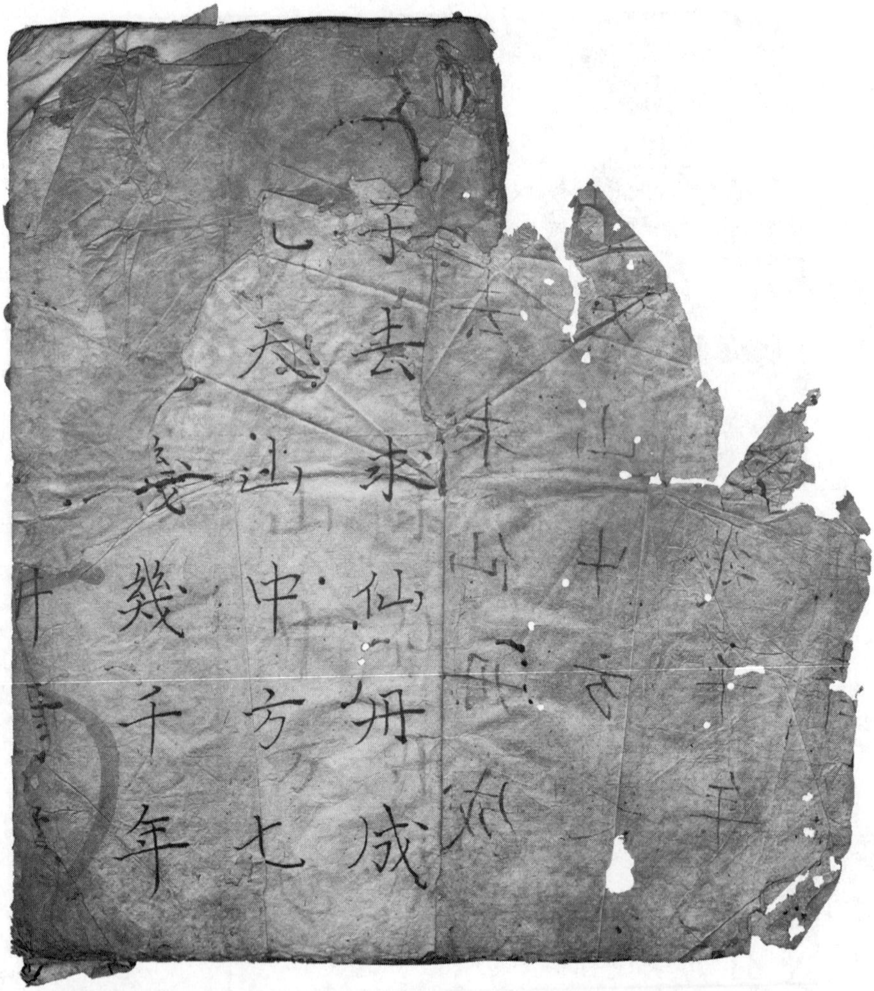

秋口镇水末［沫］村汪家 10–2 · 康熙三十五年 · 税粮实征册 · 汪添进户

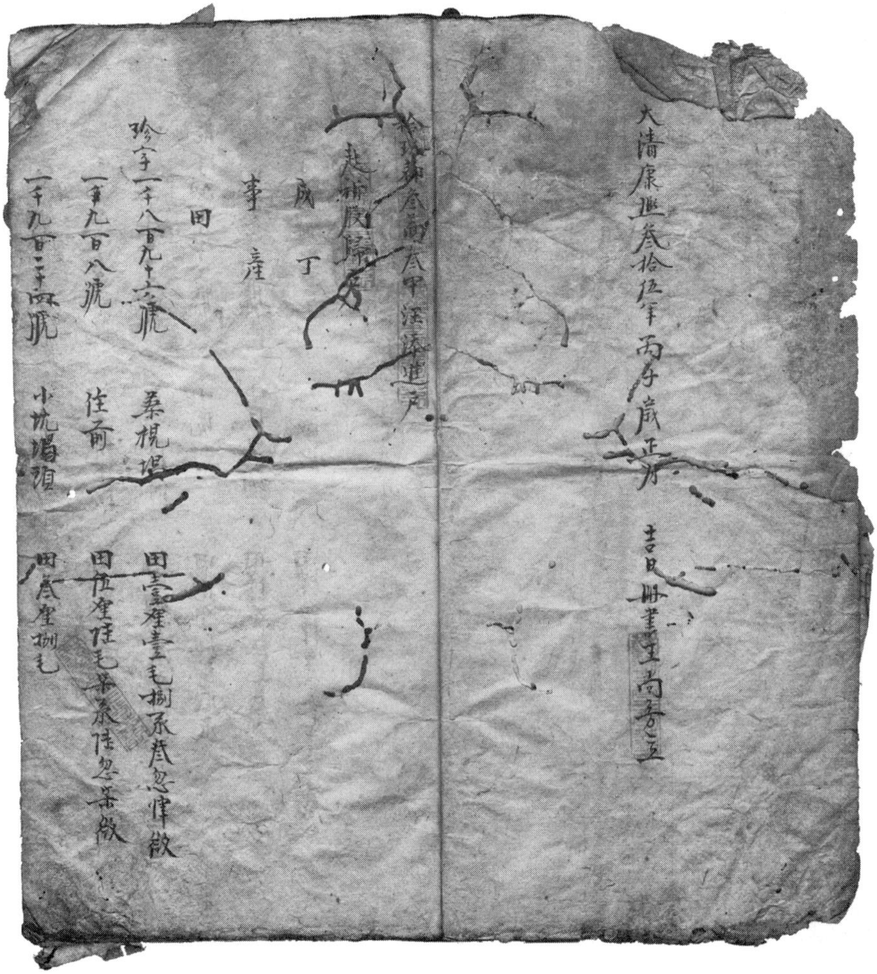

秋口镇水末［沫］村汪家 10-3 · 康熙三十五年 · 税粮实征册 · 汪添进户

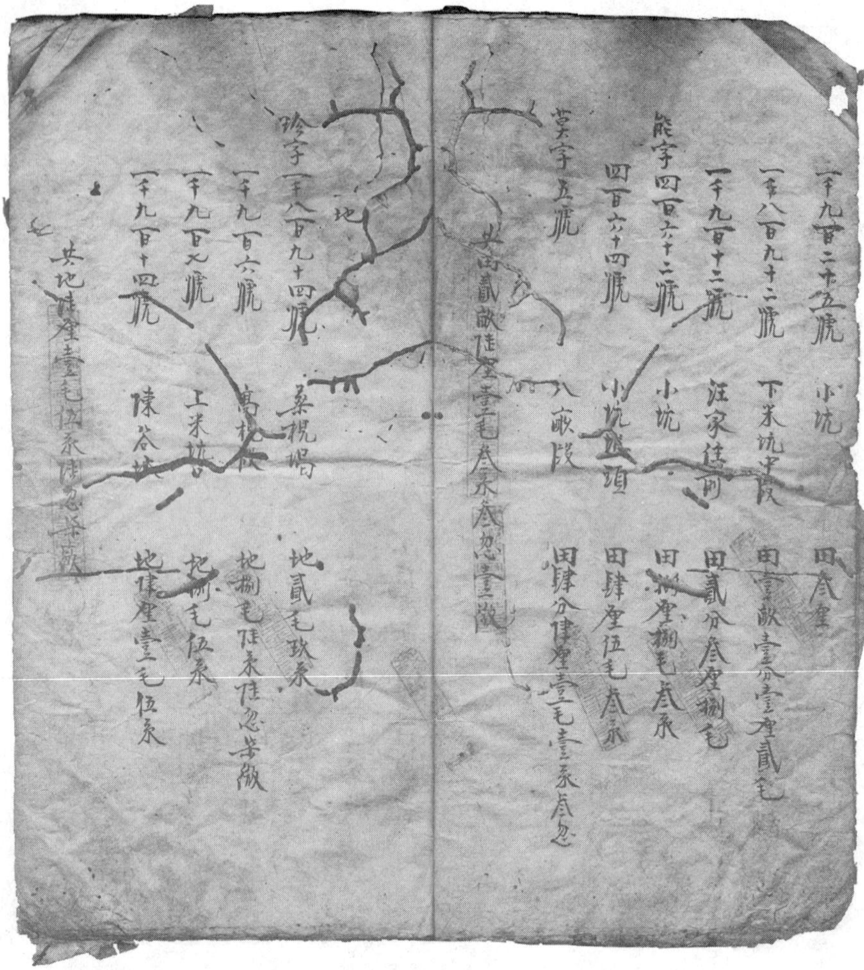

秋口镇水末[沫]村汪家 10-4 · 康熙三十五年 · 税粮实征册 · 汪添进户

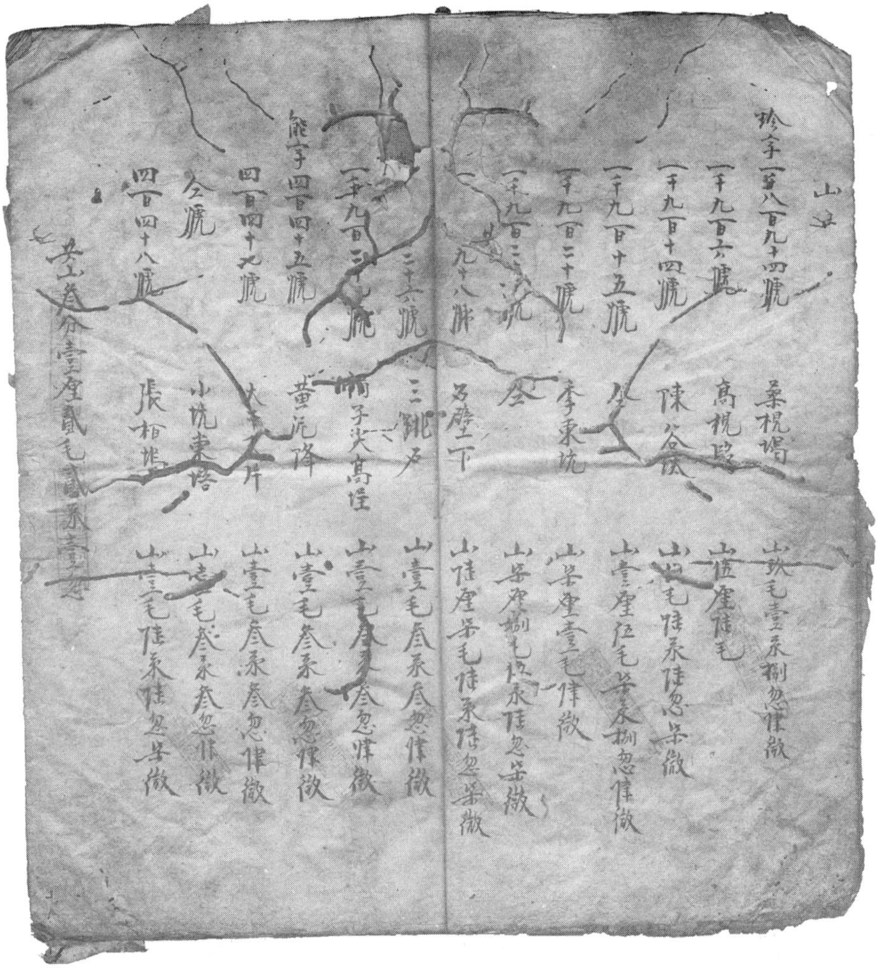

秋口镇水末［沫］村汪家 10-5 · 康熙三十五年 · 税粮实征册 · 汪添进户

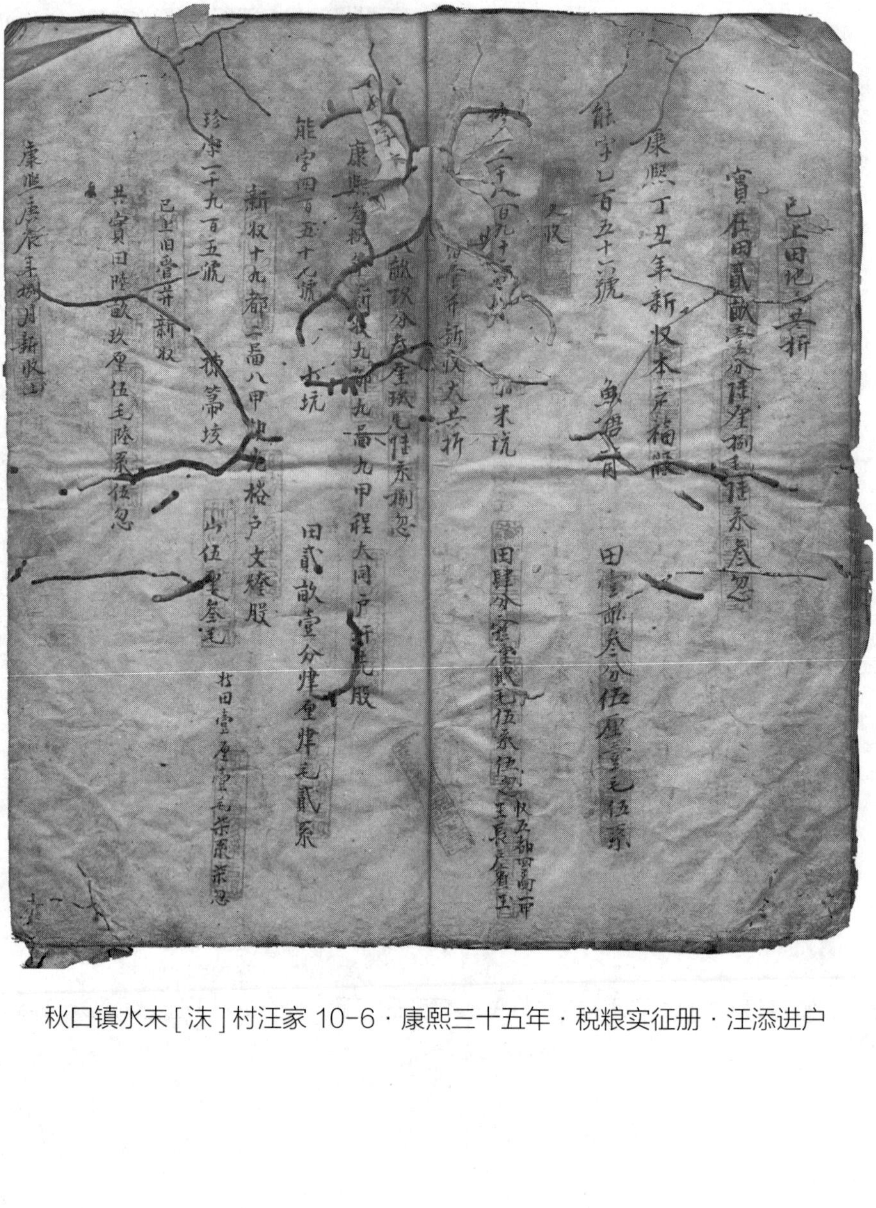

秋口镇水末[沫]村汪家 10-6 · 康熙三十五年 · 税粮实征册 · 汪添进户

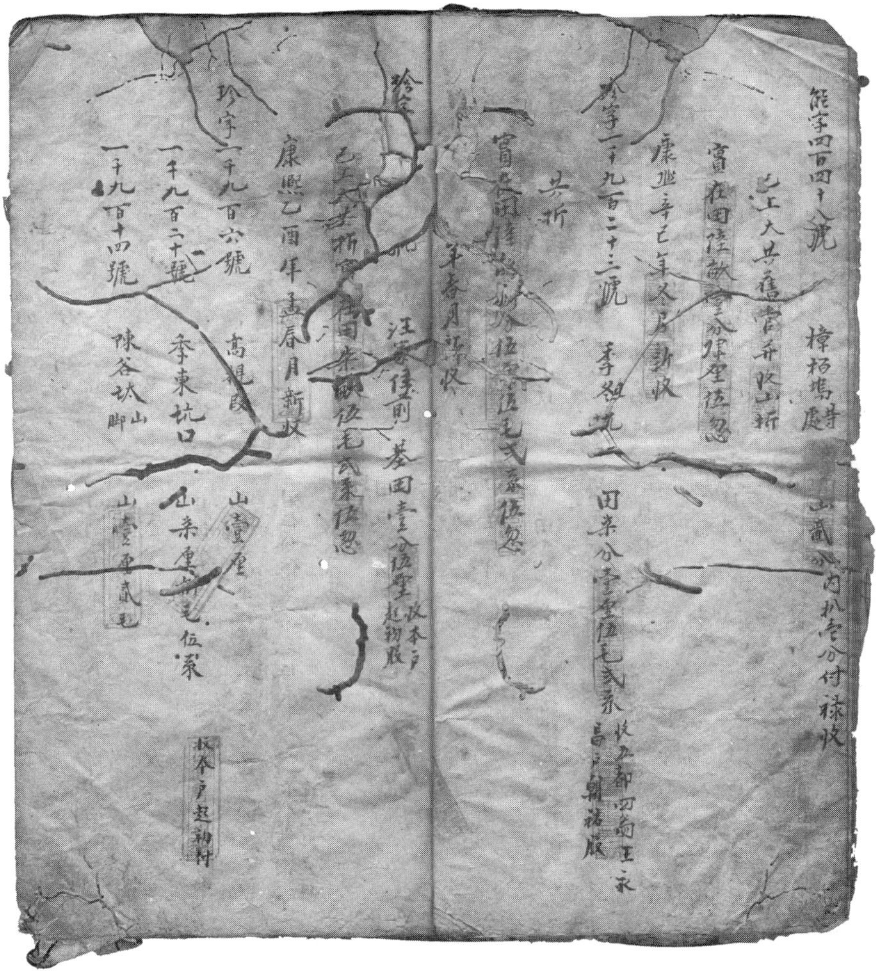

秋口镇水末［沫］村汪家 10–7 · 康熙三十五年 · 税粮实征册 · 汪添进户

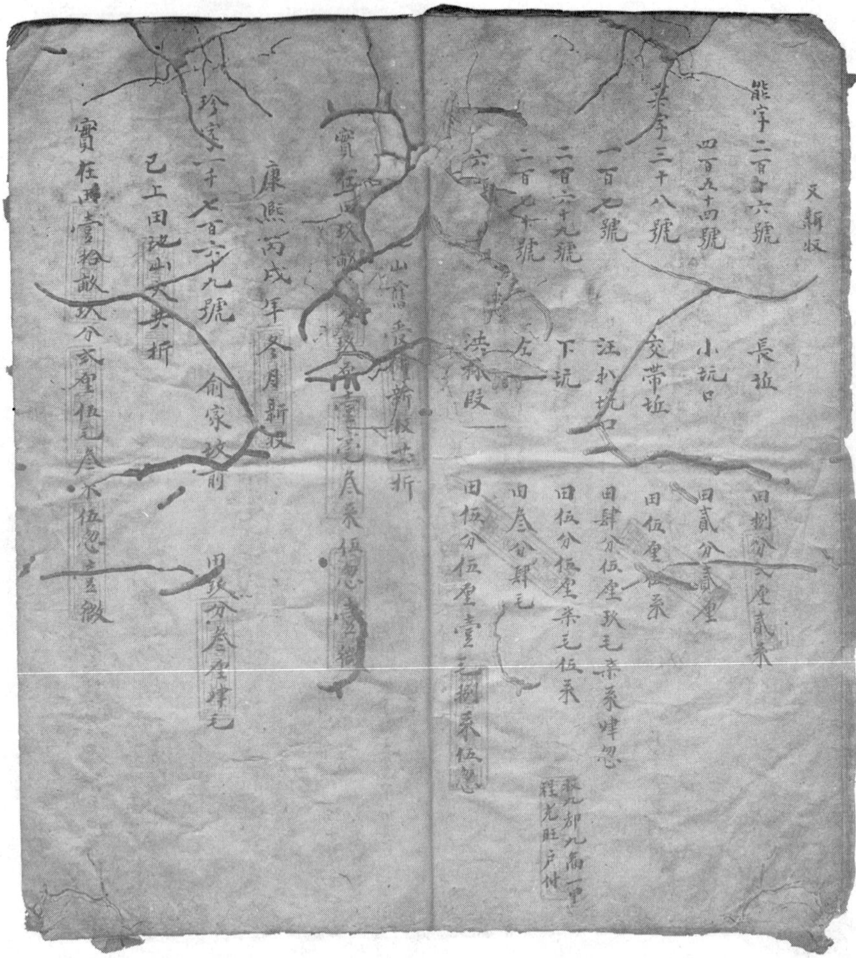

秋口镇水末[沫]村汪家 10-8 · 康熙三十五年 · 税粮实征册 · 汪添进户

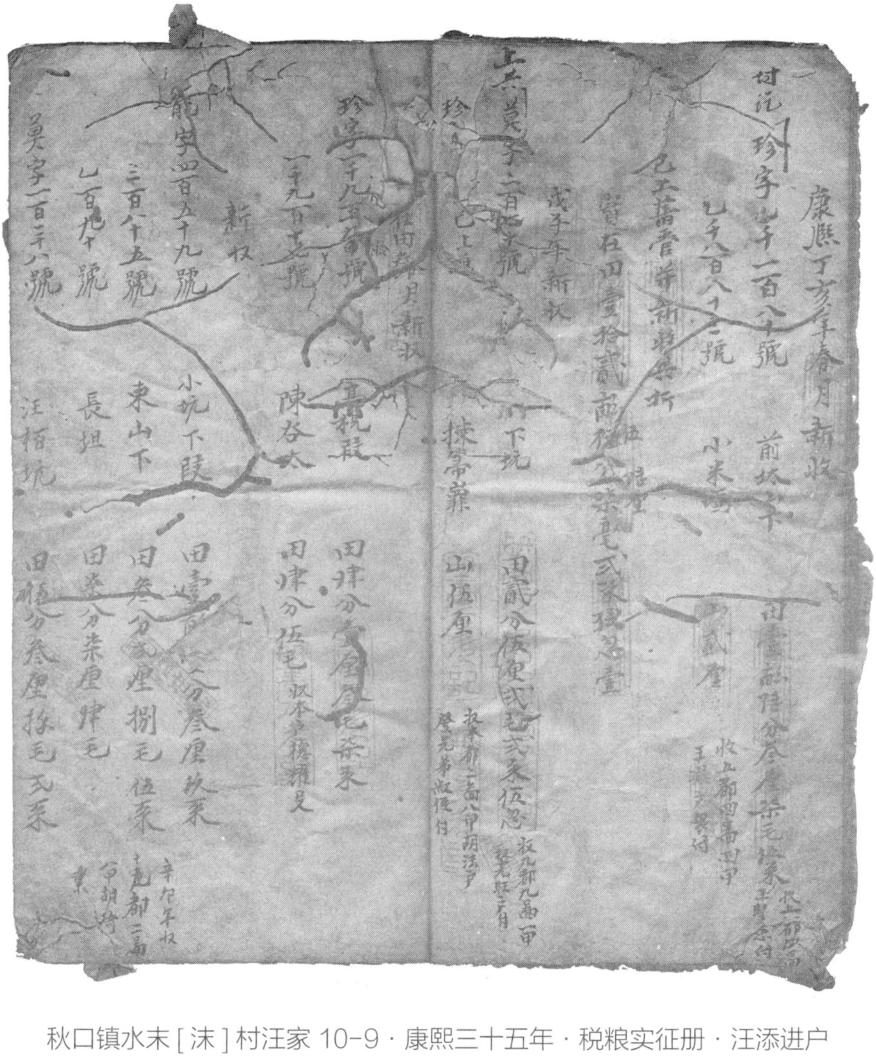

秋口镇水末[沫]村汪家 10-9 · 康熙三十五年 · 税粮实征册 · 汪添进户

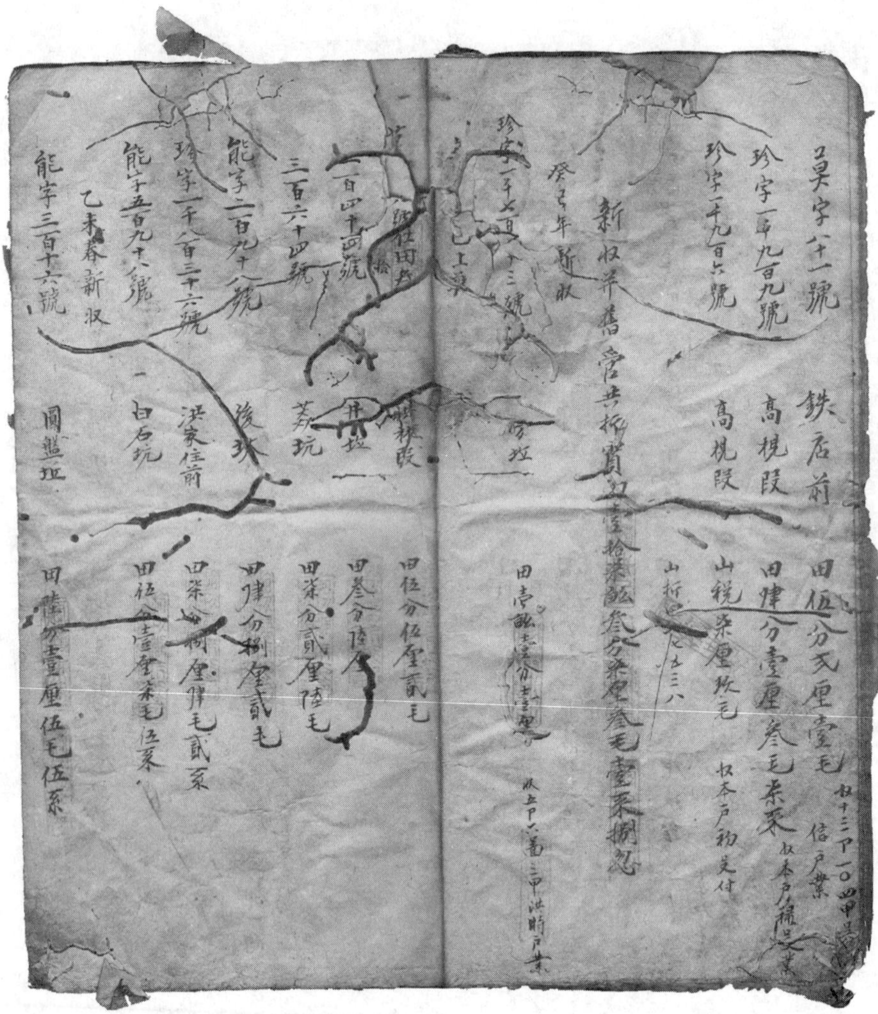

秋口镇水末[沫]村汪家 10-10 · 康熙三十五年 · 税粮实征册 · 汪添进户

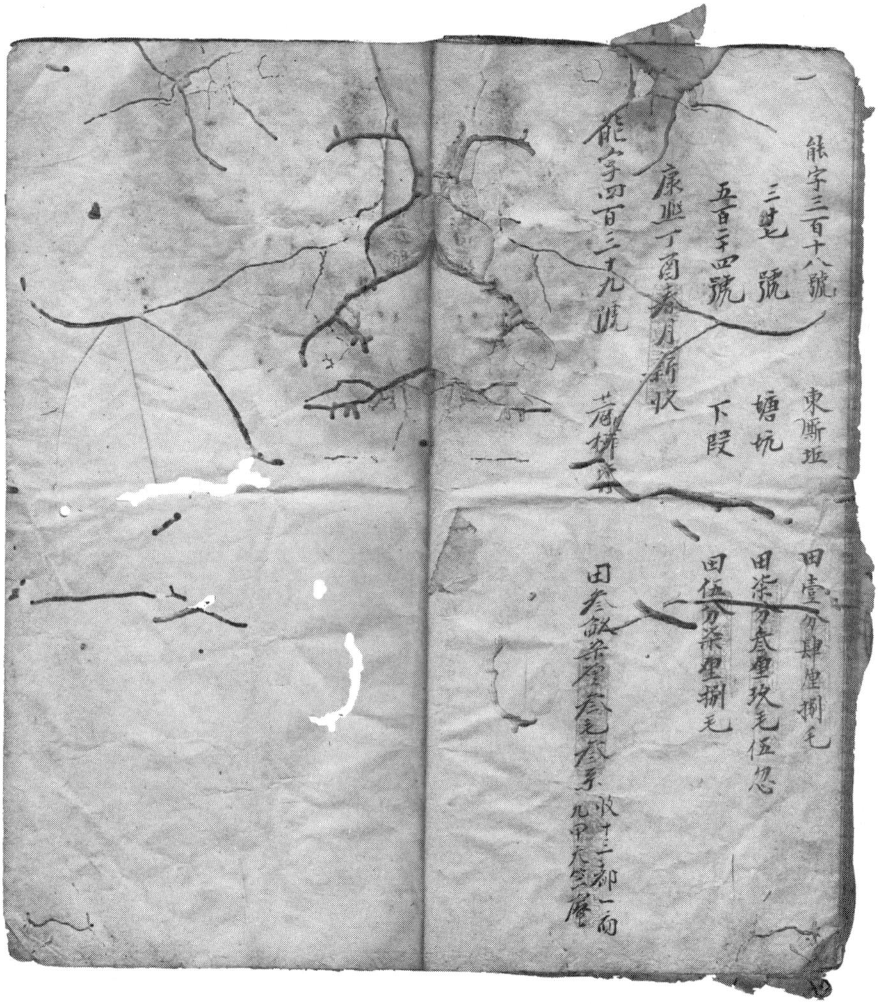

秋口镇水末［沫］村汪家 10-11 · 康熙三十五年 · 税粮实征册 · 汪添进户

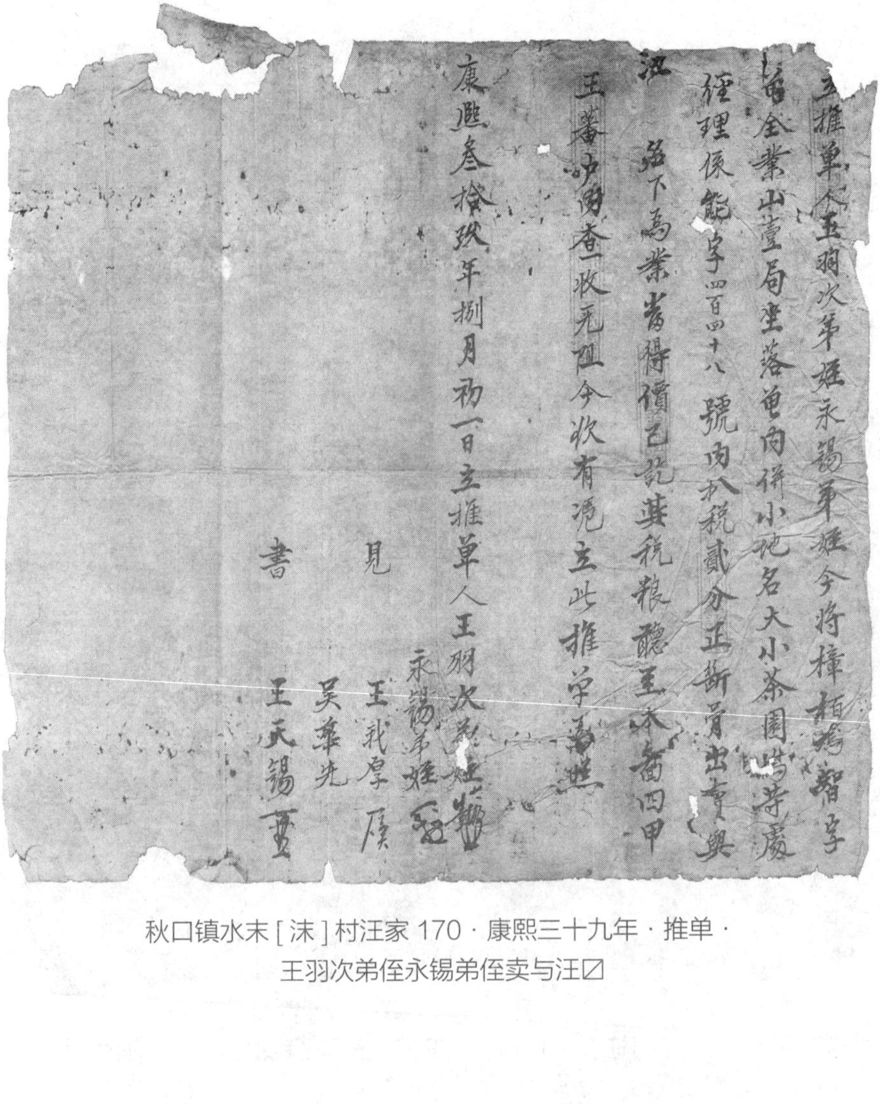

立推單人王羽次弟侄永錫弟侄今將樟柏塢智字
號全業山壹局坐落前内併小地名大小茶園塢等處
經理係能字四百四十八號内入稅貳分正新胥出賣與
汪 名下為業當得價已訖其稅粮聽至本圖四甲
王蕃戶内查收无阻今欲有憑立此推單為照
康熙叁拾玖年捌月初一日立推單人王羽次
永錫弟侄
見 王𢧐厚
吴華先
書 王天錫

秋口镇水末[沫]村汪家 170 · 康熙三十九年 · 推单 ·
王羽次弟侄永锡弟侄卖与汪☒

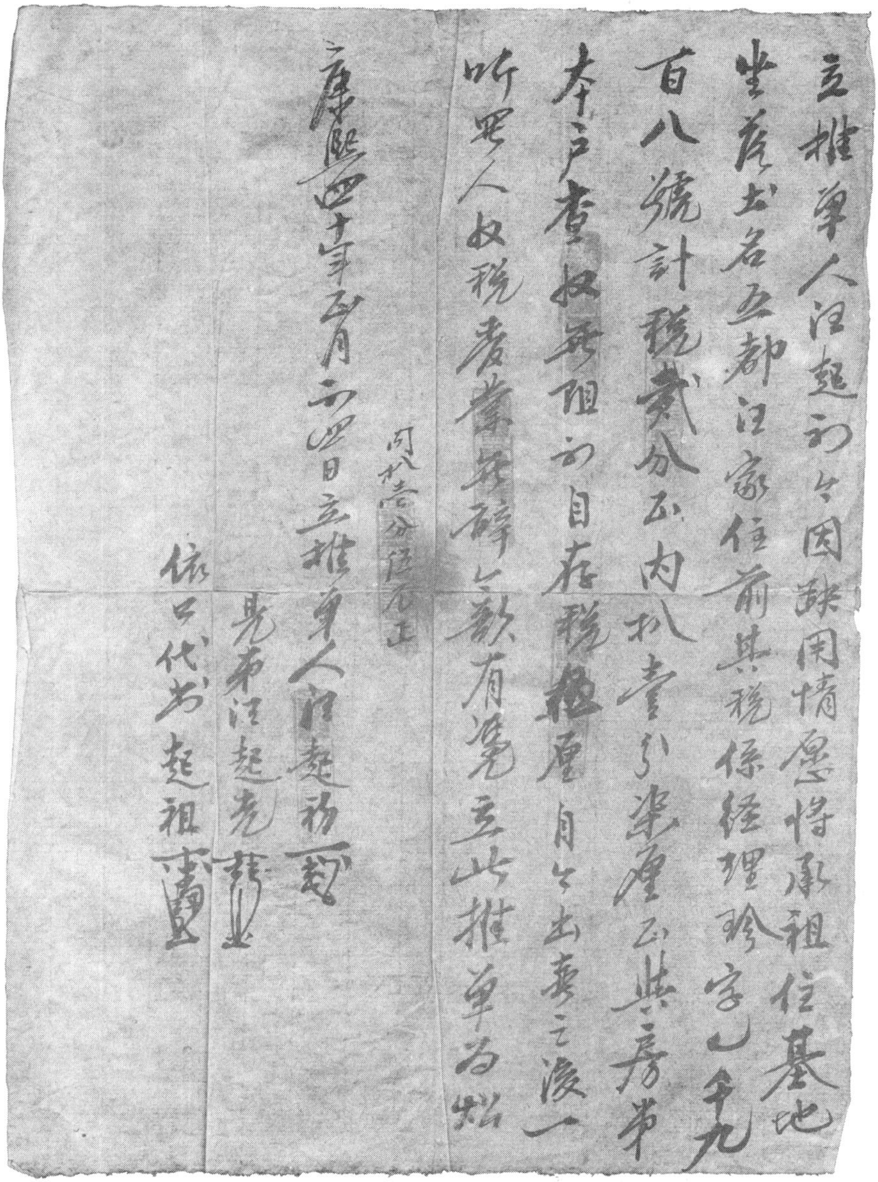

立推單人汪起初，今因缺用，情愿將承祖住基地
坐落土名五都汪家住前，其稅係經理珍字乙千九
百八號，計稅貳分五，內扒壹分柒厘五與房弟
本戶查收無阻，今自存稅柒厘，自今出賣之後，一
聽買人收稅管業無辭，今欲有憑，立此推單為照。
內扒壹分註在上
康熙四十年五月廿四日立推單人汪起初
見弟汪起光
依口代書起祖

秋口镇水末［沫］村汪家 156 · 康熙四十年 · 推单 · 汪起初付与本户查收

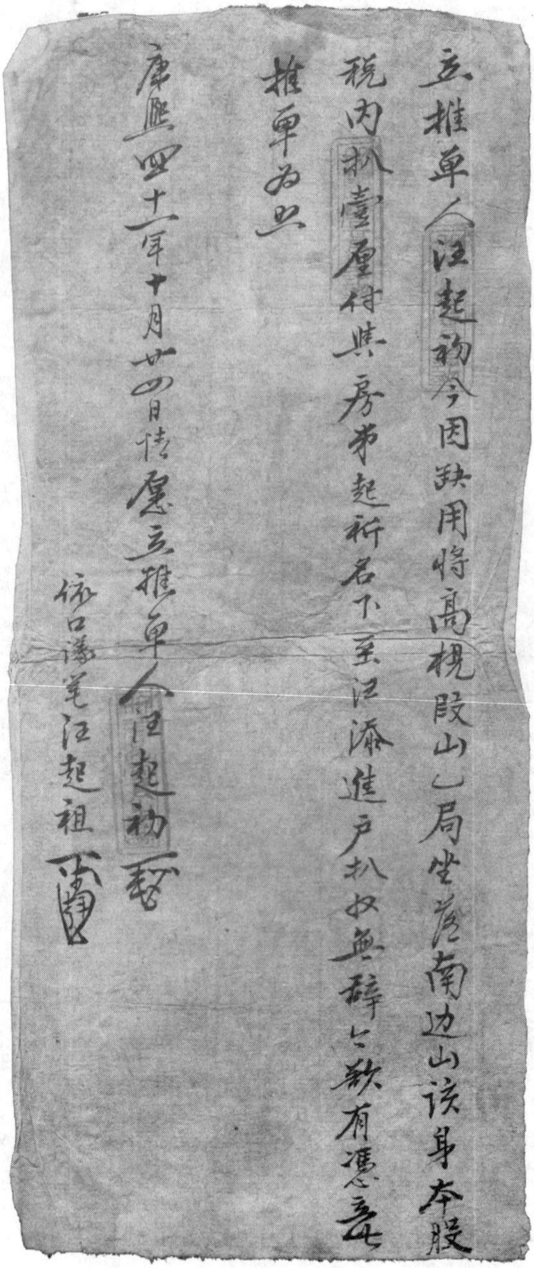

立推单人汪起初今因缺用将高枧段山乙局坐落南边山该身本股
税内扒壹厘付与房弟起新名下至汪添进户扒收无辞，欲有凭，立
推单为照
康熙四十一年十月廿四日情愿立推单人汪起初（押）
依口代笔汪起祖（押）

秋口镇水末［沫］村汪家 150 · 康熙四十一年 · 推单 · 汪起初付与房弟起新

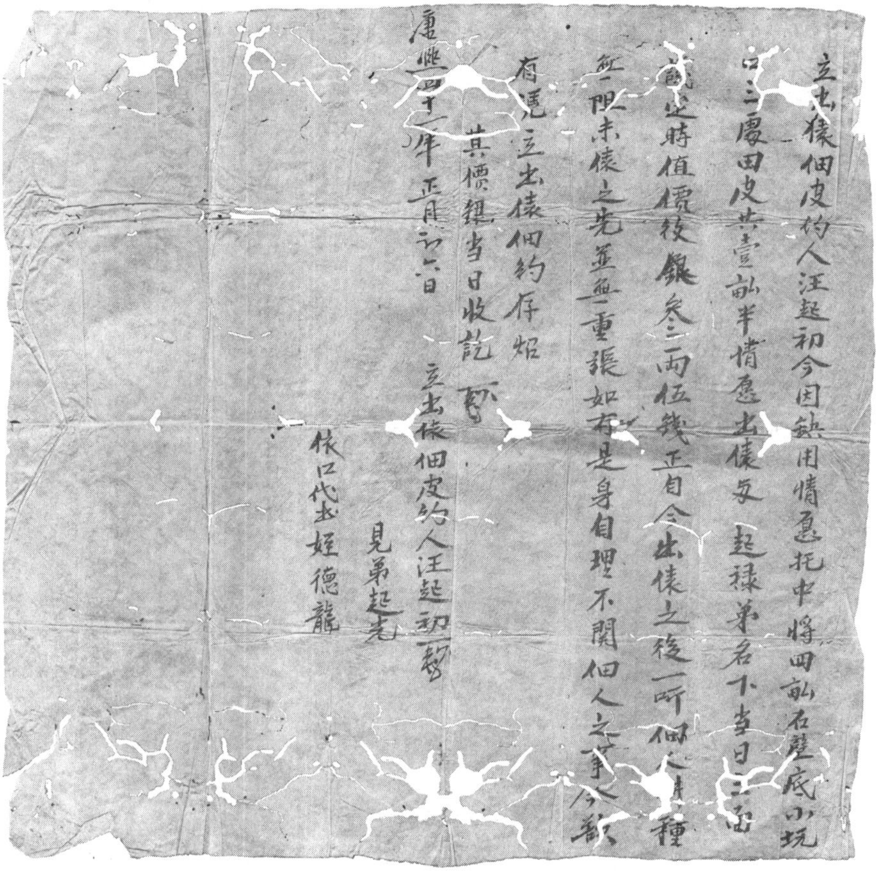

秋口镇水末[沫]村汪家 181 · 康熙四十一年 · 出俵佃皮约 · 汪起初俵与汪起禄

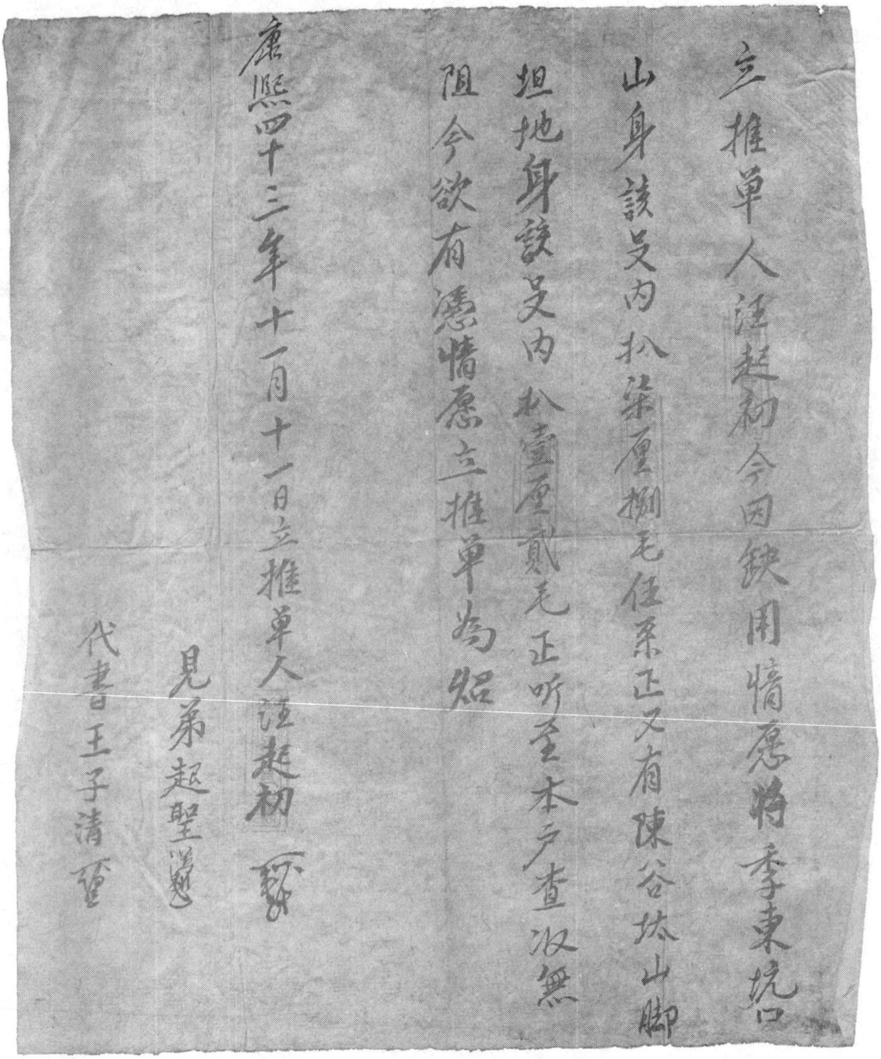

立推单人汪起初今因缺用情愿将季東坑口
山身該旻内扒柒厘捌毛任系正又有陳谷坑山脚
坦地身該旻内扒壹厘貳毛正听至本户查収無
阻今欲有憑情愿立推单為照
康熙四十三年十一月十一日立推单人汪起初
見弟起聖
代書王子清

秋口镇水末 [沫] 村汪家 175 · 康熙四十三年 · 推单 · 汪起初付与本户

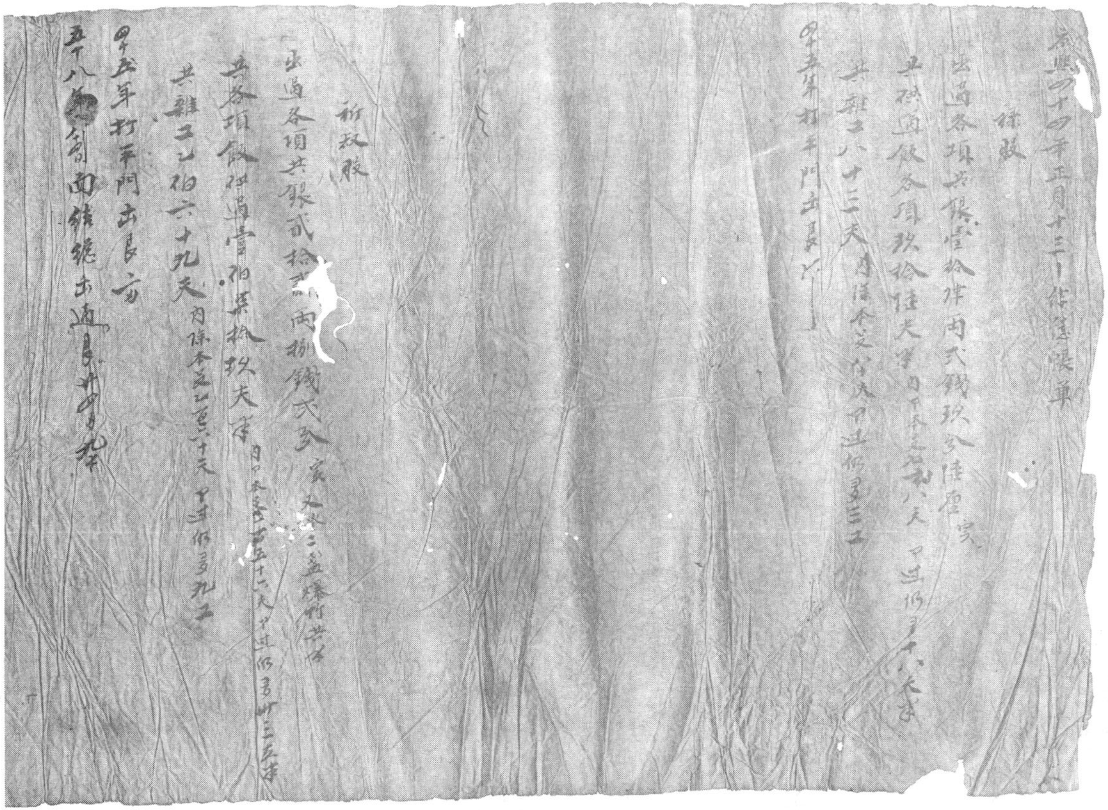

秋口镇水末［沫］村汪家 235-i · 康熙四十四年 · 结宗账单（右半部分）

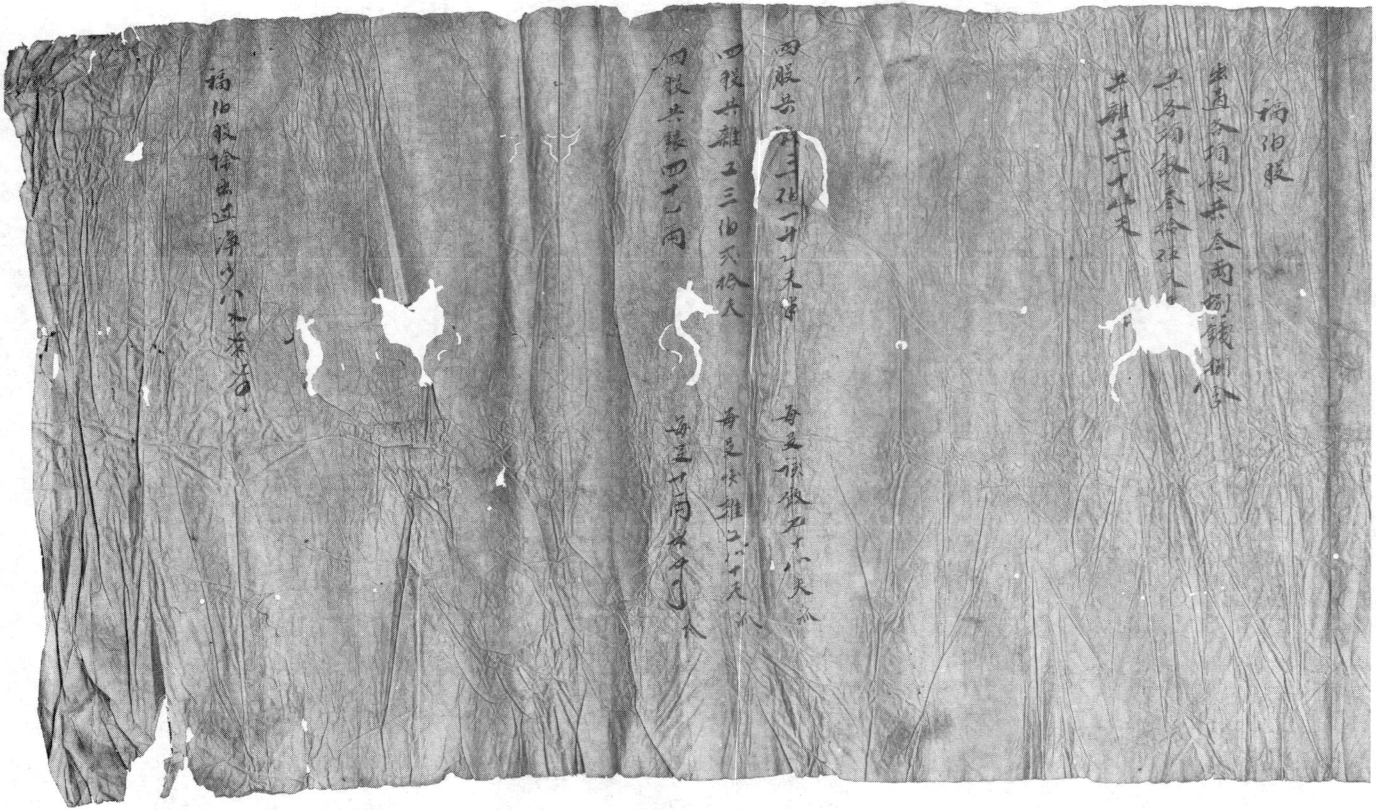

秋口镇水末［沫］村汪家 235-ii · 康熙四十四年 · 结宗账单（左半部分）

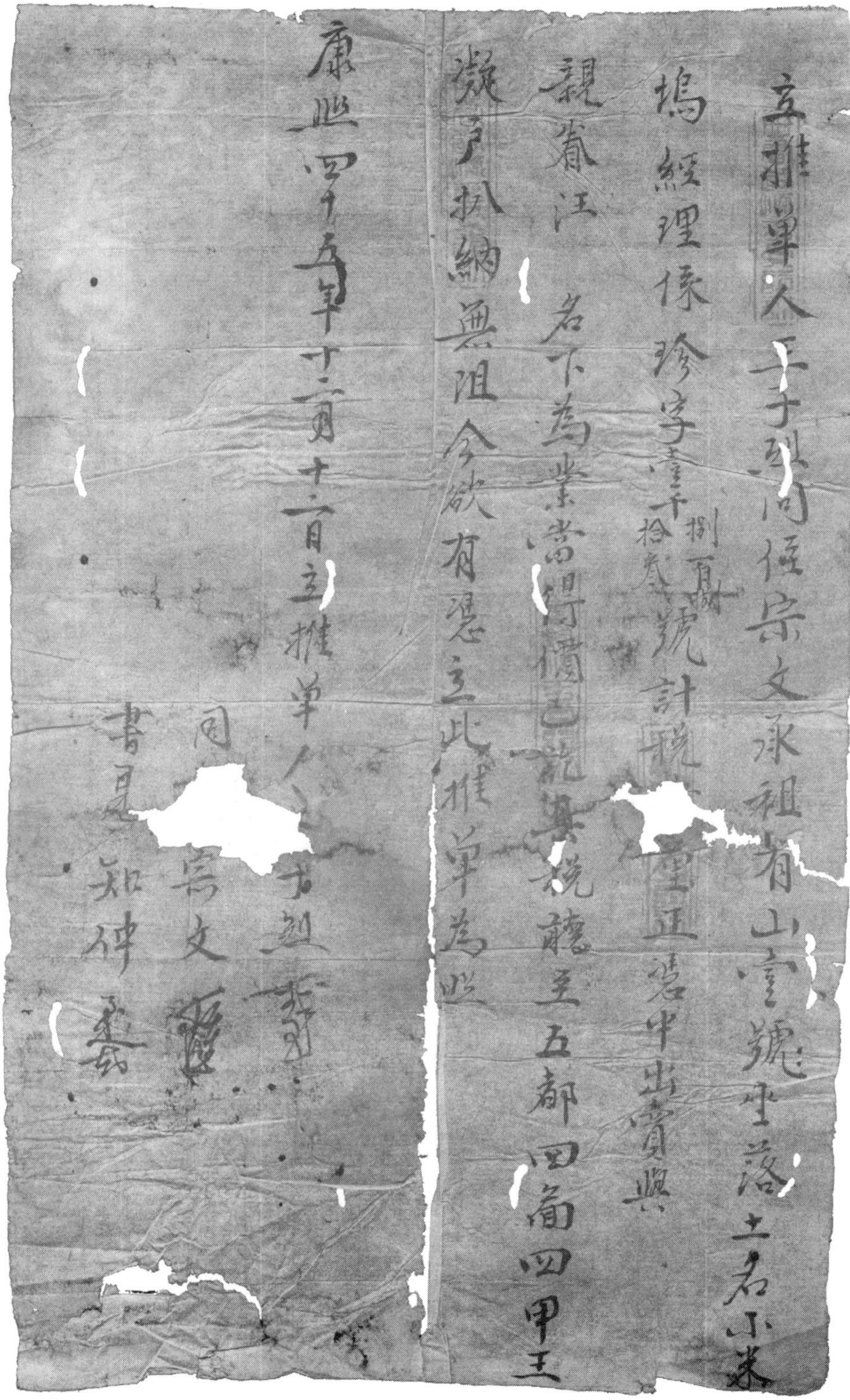
立推單人王子烈同侄宗文承祖有山壹號坐落土名小沐
塢經理係珍字壹千捌百肆拾貳號計稅[illegible]正憑中出賣與
親眷汪　名下為業當得價已訖其稅聽至五都四啚四甲王
凝户扒納無阻今欲有憑立此推單為照
康熙四十五年十二月十二日立推單人王子烈
同侄宗文
書見知仲

秋口镇水末[沫]村汪家 142 · 康熙四十五年 · 推单 ·
王子烈同侄宗文付与亲眷汪〼

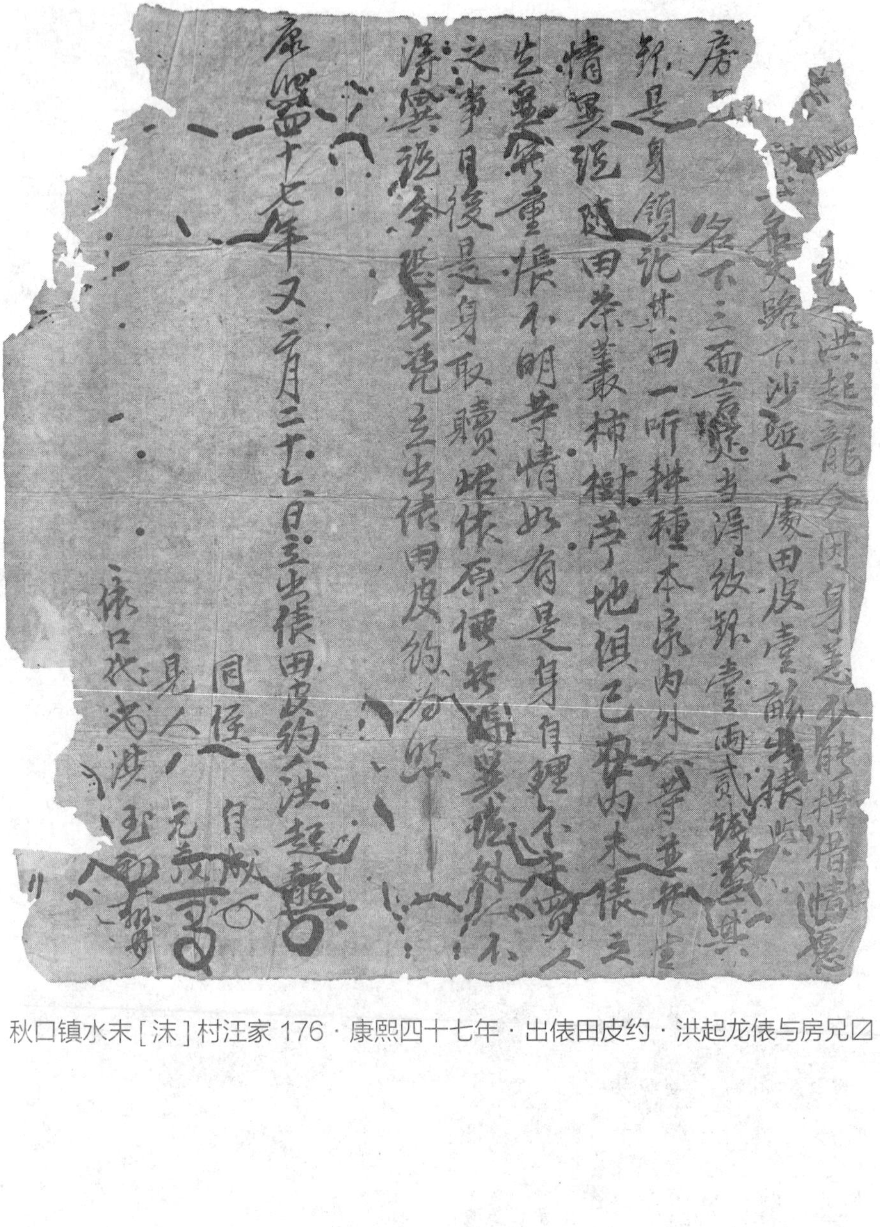

秋口镇水末[沫]村汪家 176 · 康熙四十七年 · 出俵田皮约 · 洪起龙俵与房兄☐

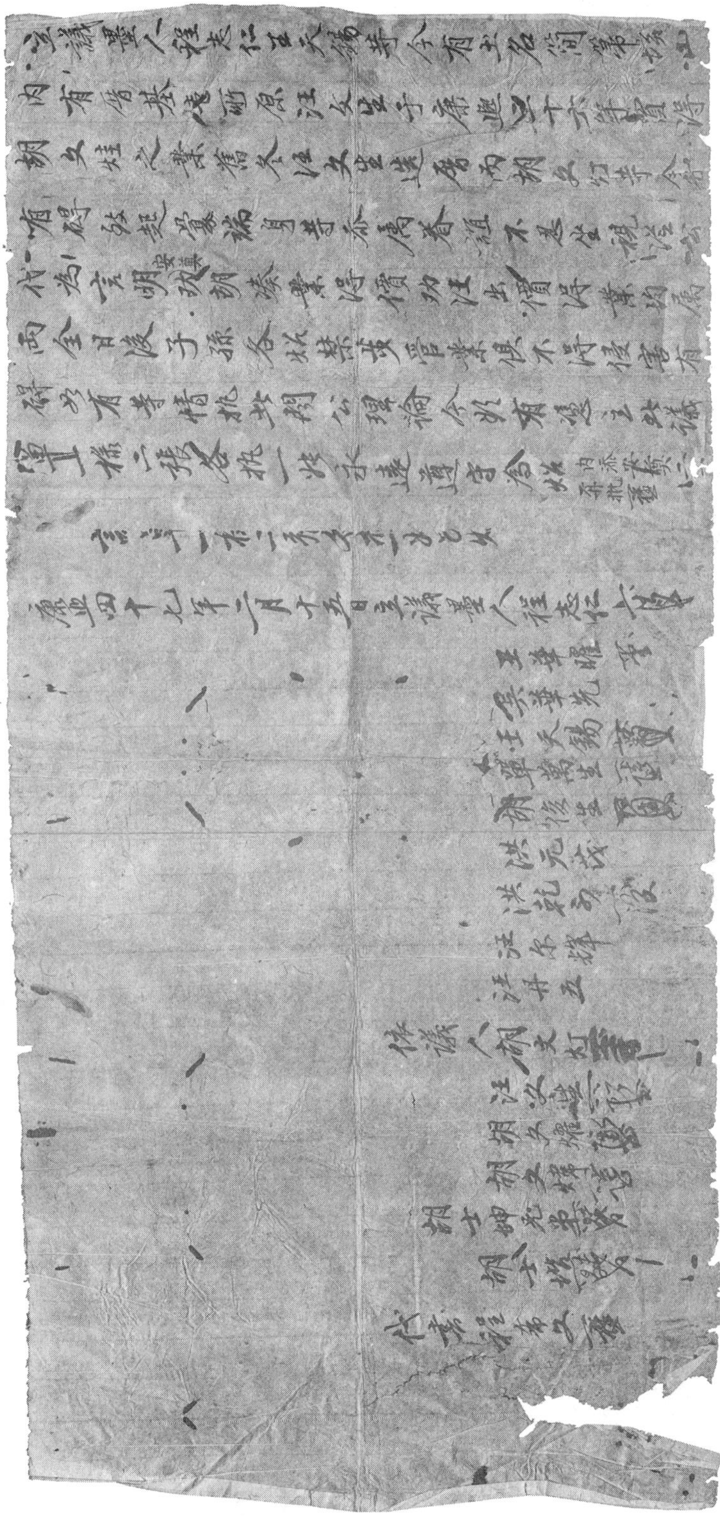

秋口镇水末[沫]村汪家 257 · 康熙四十七年 · 议墨 · 程志仁、田锡等

秋口镇水末［沫］村汪家 314 · 康熙四十八年 · 断骨卖田契 · 汪学三卖与亲眷吴☐

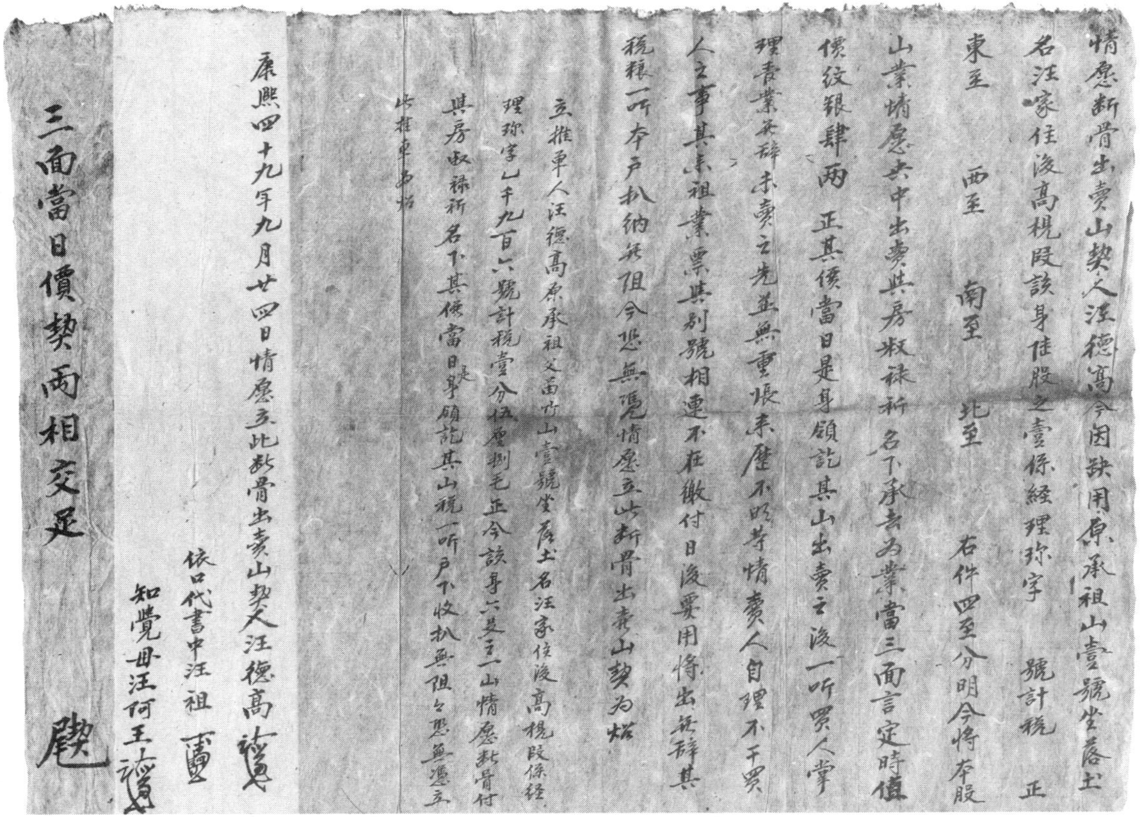
情愿断骨出卖山契人汪德高，今因缺用，原承祖山壹號，坐落土
名汪家住後高梘段，該身住股之壹，係經理珎字　號，計稅　正
東至　西至　南至　北至　右件四至分明，今将本股
山業情愿央中出卖與房叔禄祈名下承去為業，當三面言定時值
價纹銀肆兩正，其價當日是身領訖，其山出卖之後，一听買人掌
理管業無辞。未卖之先，並無重張交易。來歷不明，等情卖人自理，不干買
人之事。其承祖業票其别號相連，不在繳付。日後要用，将出無辞。其
稅粮一听本户扒納無阻。今恐無憑，情愿立此断骨出卖山契為炤。
立推單人汪德高，原承祖父苗竹山壹號，坐落土名汪家住後高梘段，係經
理珎字山千九百六號，計稅壹分伍厘捌毛正，今該身六股之一山情愿断骨付
與房叔禄祈名下，其價當日是身領訖，其山稅一听户下收扒無阻。今恐無憑，立
此推單為炤
康熙四十九年九月廿四日情愿立此断骨出卖山契人汪德高（押）
依口代書中汪祖（押）
知覺母汪何王氏（押）
三面當日價契兩相交足

秋口镇水末［沫］村汪家 272·康熙四十九年·断骨卖山契·汪德高卖与房叔禄祈

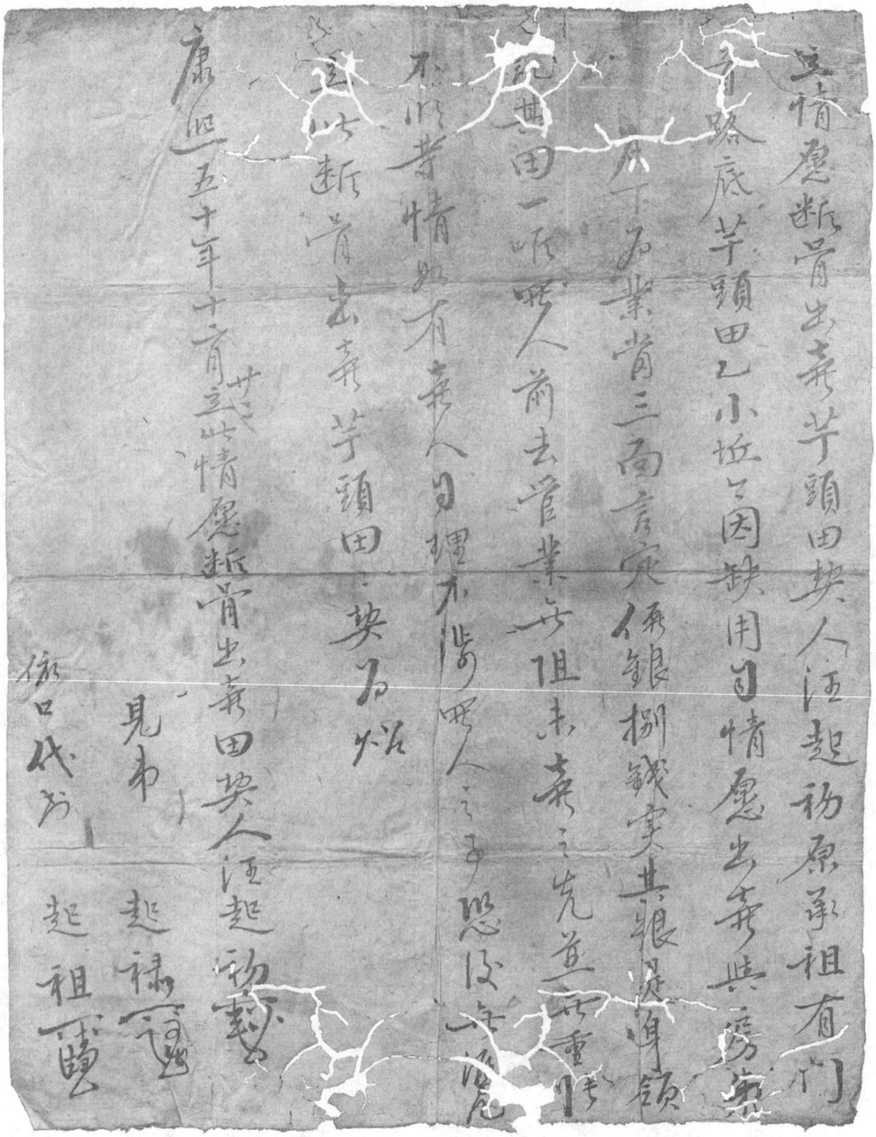
立情愿斷骨出賣芋頭田契人汪起初，原承祖有門
前路底芋頭田乙小坵，今因缺用，自情愿出賣與房[illegible]
[illegible]名下為業，當三面言定，價銀捌錢，其銀是日領
去。其田一聽買人前去管業，無阻。未賣之先並無重[illegible]
不明等情，如有，賣人自理，不涉買人之事。恐後無憑，
立此斷骨出賣芋頭田契為照。
康熙五十年十二月廿二日立此情愿斷骨出賣田契人汪起初（押）
見中　起祿（押）
依口代書　起祖（押）

秋口镇水末［沫］村汪家 179 · 康熙五十年 · 断骨出卖芋头田契 · 汪起初卖与房弟☒

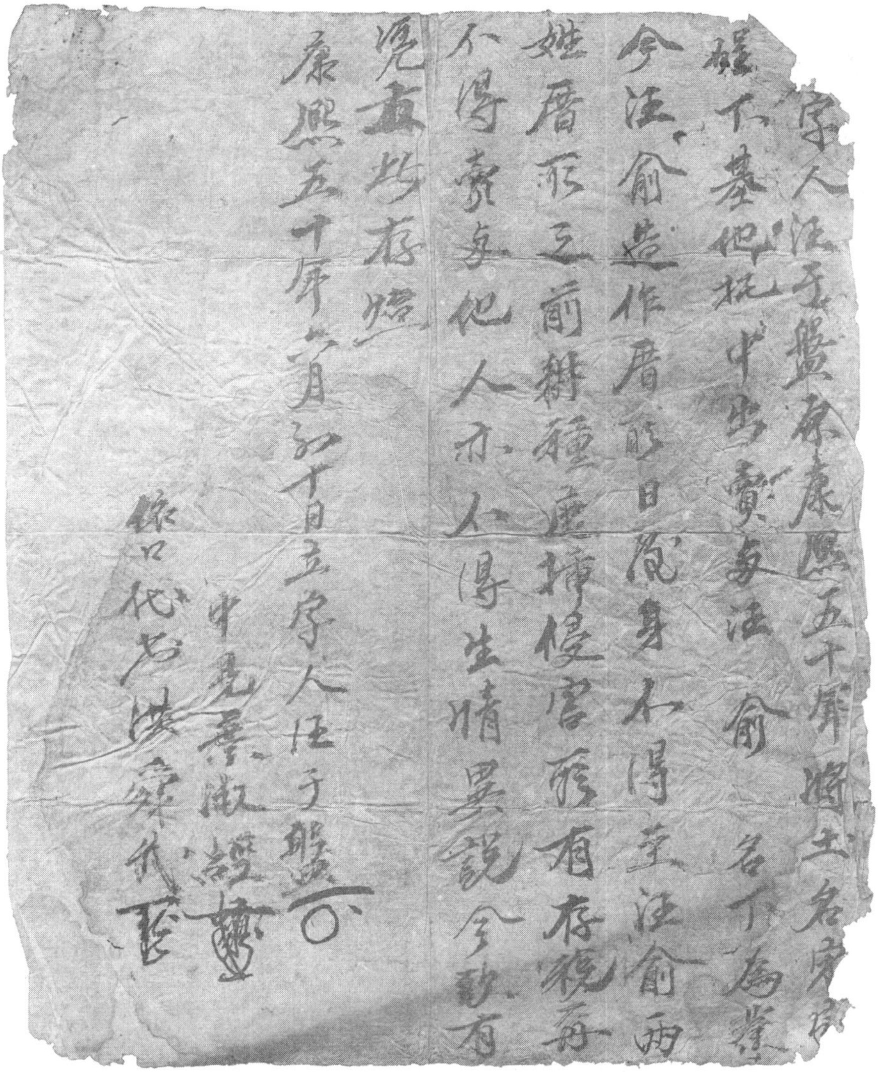
字人汪于盘今康熙五十年将土名宋[illegible]
嫁不基地托中出卖与汪俞 名下为業
今汪俞造作屋所日后身不得至汪俞西
姓屋前之前耕种魚塘侵害所有存税[illegible]
不得卖与他人亦不得生情异说今欲有
凭立此存照
康熙五十年六月初十日立字人汪于盘
中见吴[illegible] [illegible]经书
依口代书洪[illegible]茂

秋口镇水末 [沫] 村汪家 193 · 康熙五十年 · 字据 · 汪于盘

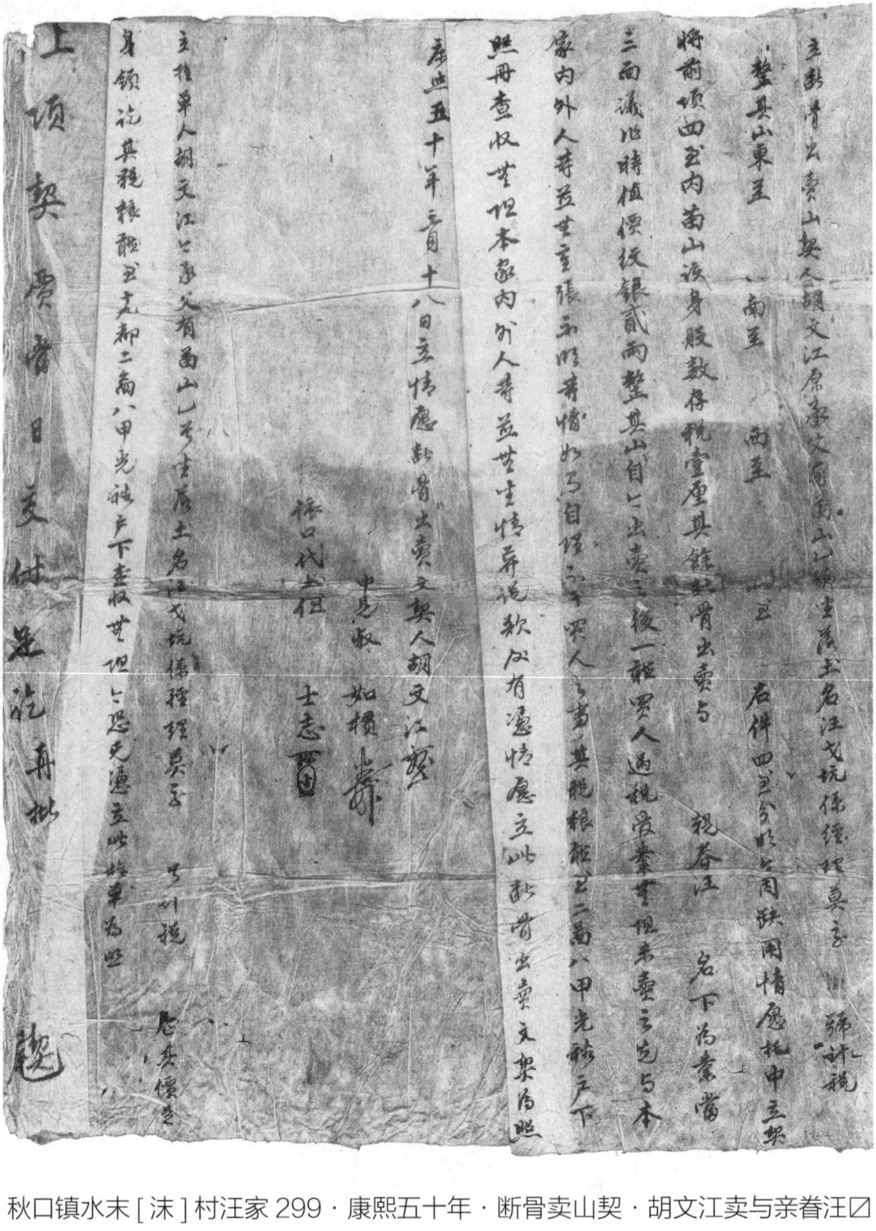

秋口镇水末［沫］村汪家 299 · 康熙五十年 · 断骨卖山契 · 胡文江卖与亲眷汪☐

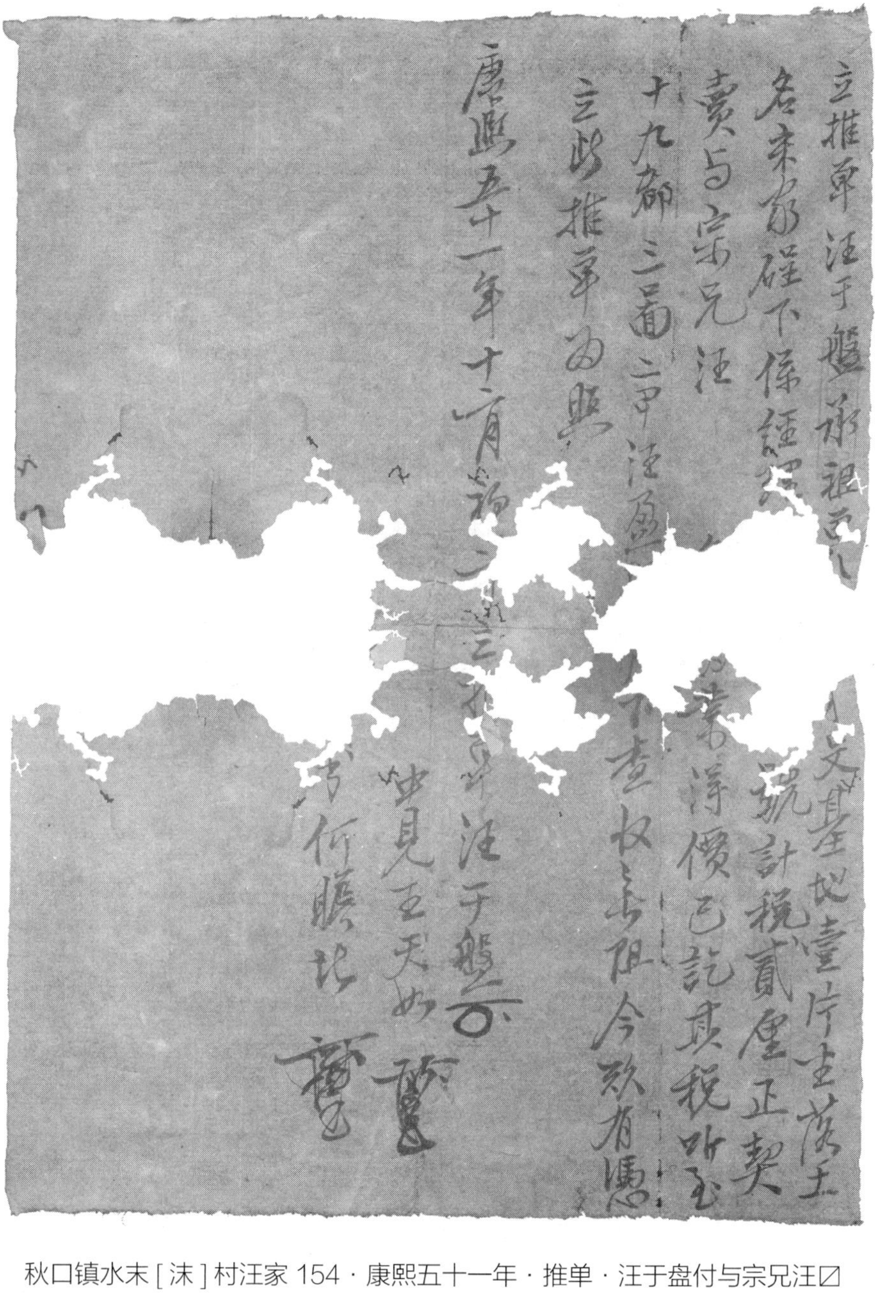

秋口镇水末[沫]村汪家 154 · 康熙五十一年 · 推单 · 汪于盘付与宗兄汪☐

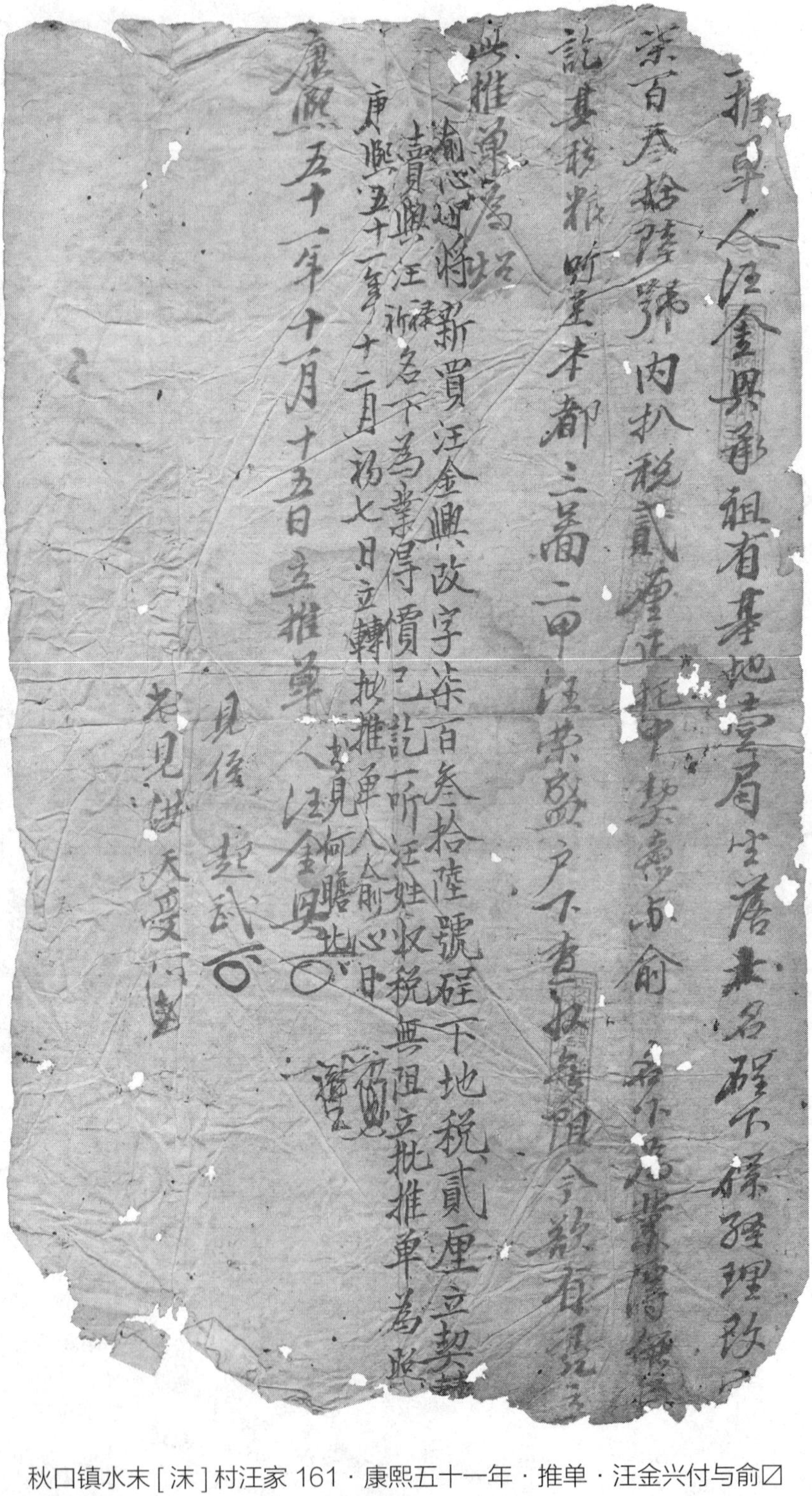
立推單人汪金興承祖有基地壹眉坐落土名硭下孫程理段
柒百叁拾陸號內扒稅貳厘正托中契賣與俞名下為業當得價銀
訖其稅粮所是本都三啚二甲汪榮盛戶下查收無阻今欲有憑立
此推單為炤
諭心坦將新買汪金興改字柒百叁拾陸號硭下地稅貳厘立契轉
賣與汪祿祈名下為業得價已訖一听汪姓收稅無阻立批推单為照
康熙五十一年十二月初七日立轉批推單人俞心坦
中見何聽
康熙五十一年十月十五日立推單人汪金興
見侄　起武
代見　天愛

秋口镇水末［沫］村汪家 161 · 康熙五十一年 · 推单 · 汪金兴付与俞☐

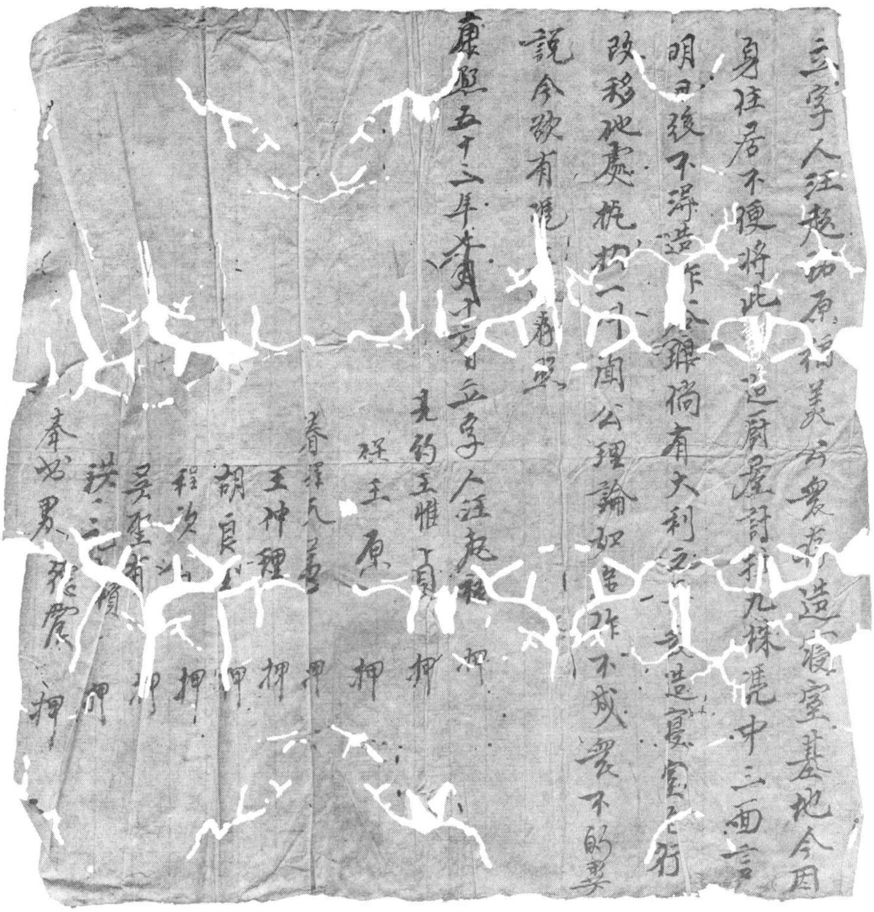
立字人汪起[illegible]原[illegible]美公衆[illegible]造寢室基地今因
身往居不便將此[illegible]造廚屋計[illegible]九株憑中三面言
明日後不得造作[illegible]碍倘有大利[illegible]造寢室[illegible]行
改移地處梳[illegible]一[illegible]閫公理論如造作不成衆不[illegible]
說今欲有憑[illegible]存照
康熙五十三年[illegible]月十五日立字人汪起祐 押
見約王惟貢 押
[illegible]王原 押
[illegible] 押
王伸理 押
胡良[illegible] 押
程汝[illegible] 押
吴聖有 押
洪[illegible] 押
秦也男[illegible] 押

秋口镇水末[沫]村汪家 167 · 康熙五十三年 · 字据 · 汪起祐

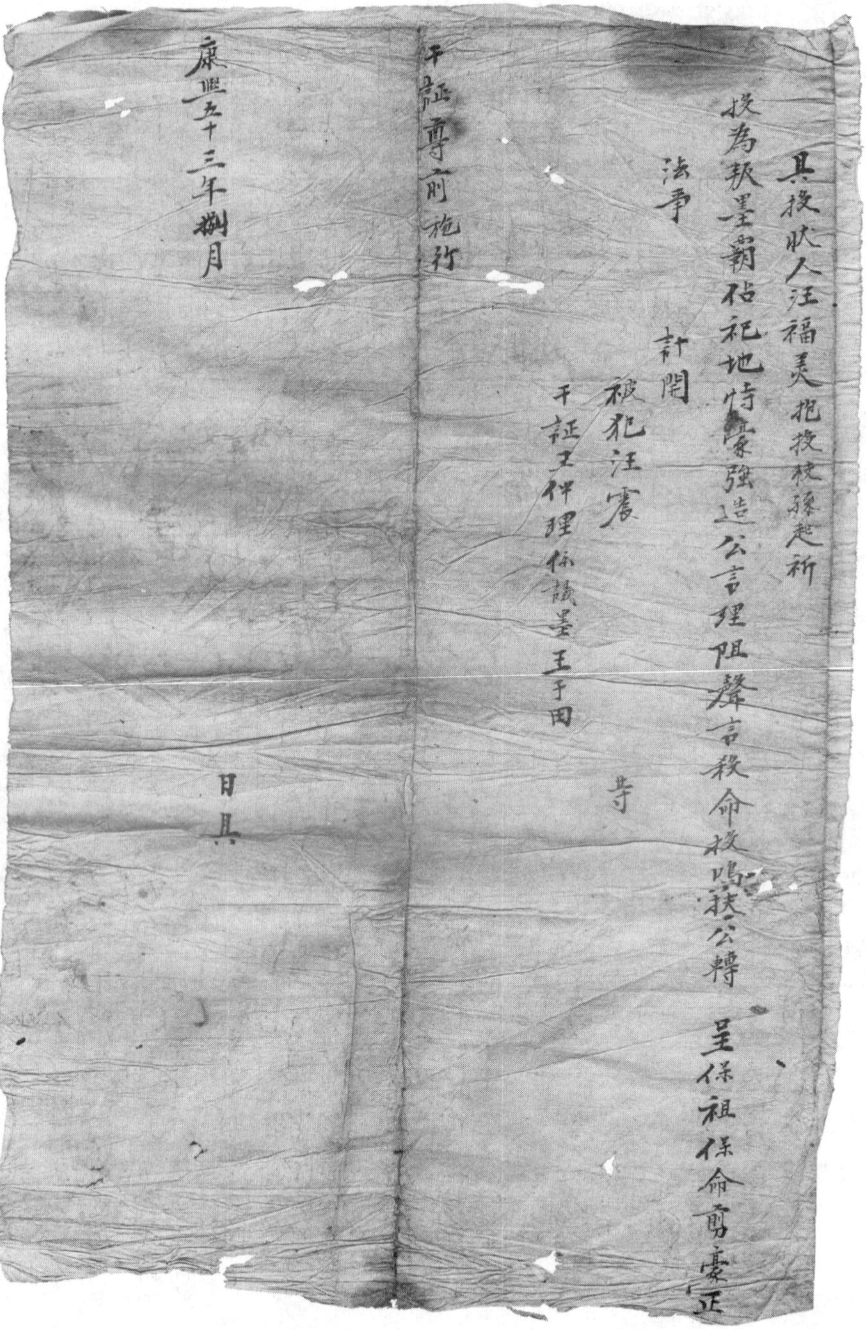
具投狀人汪福美抱投枝孫起祈
投為叛墨霸佔祀地恃衆強造公言理阻聲言殺命投鳴扶公轉 呈保祖保命剪豪正
法事 計開
被犯汪寰 寺
干証王伴理 仆議墨 王于田
干証尊前施行
康熙五十三年捌月 日具

秋口镇水末[沫]村汪家 239 · 康熙五十三年 · 具状词 · 汪福美抱投枝孙起祈

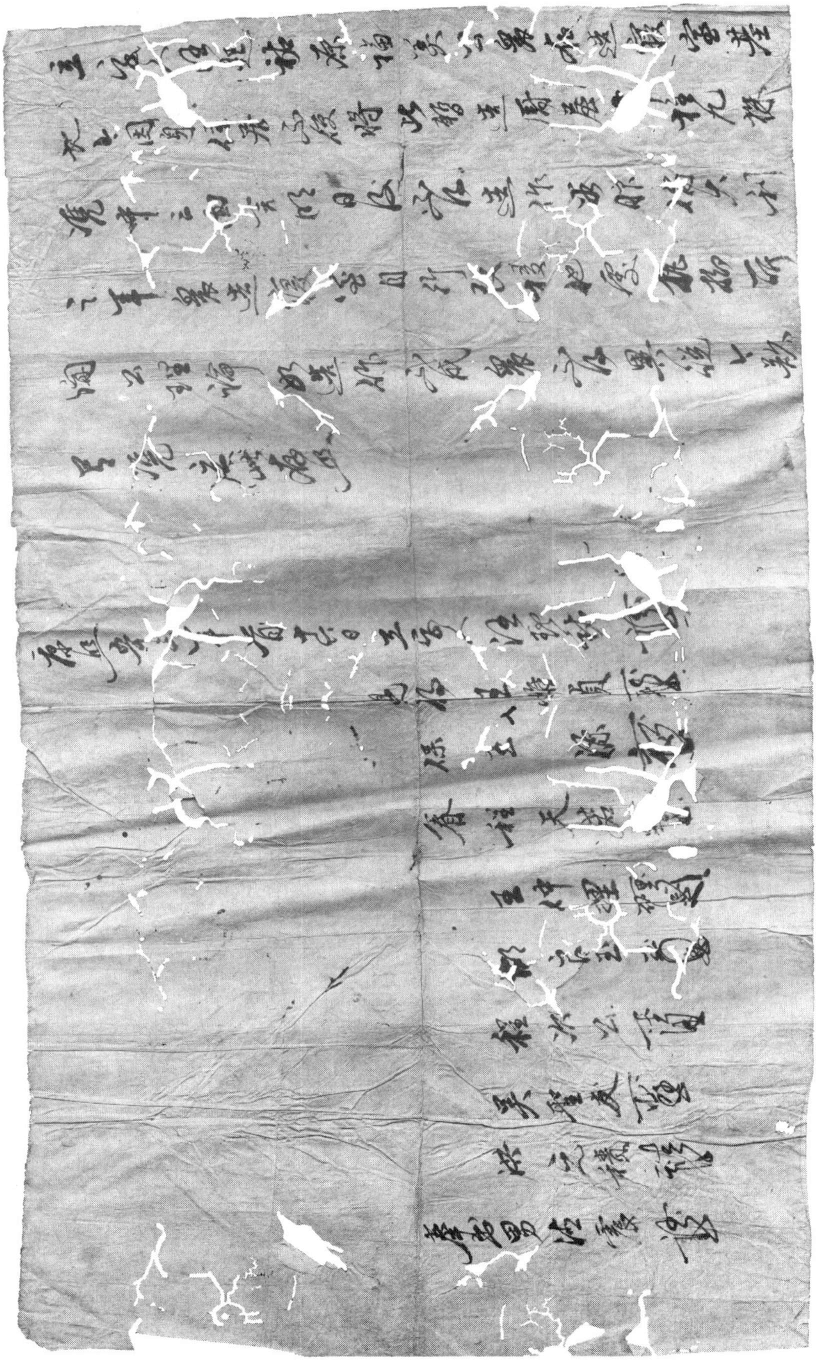

秋口镇水末［沫］村汪家 255 · 康熙五十三年 · 字据 · 汪起祐

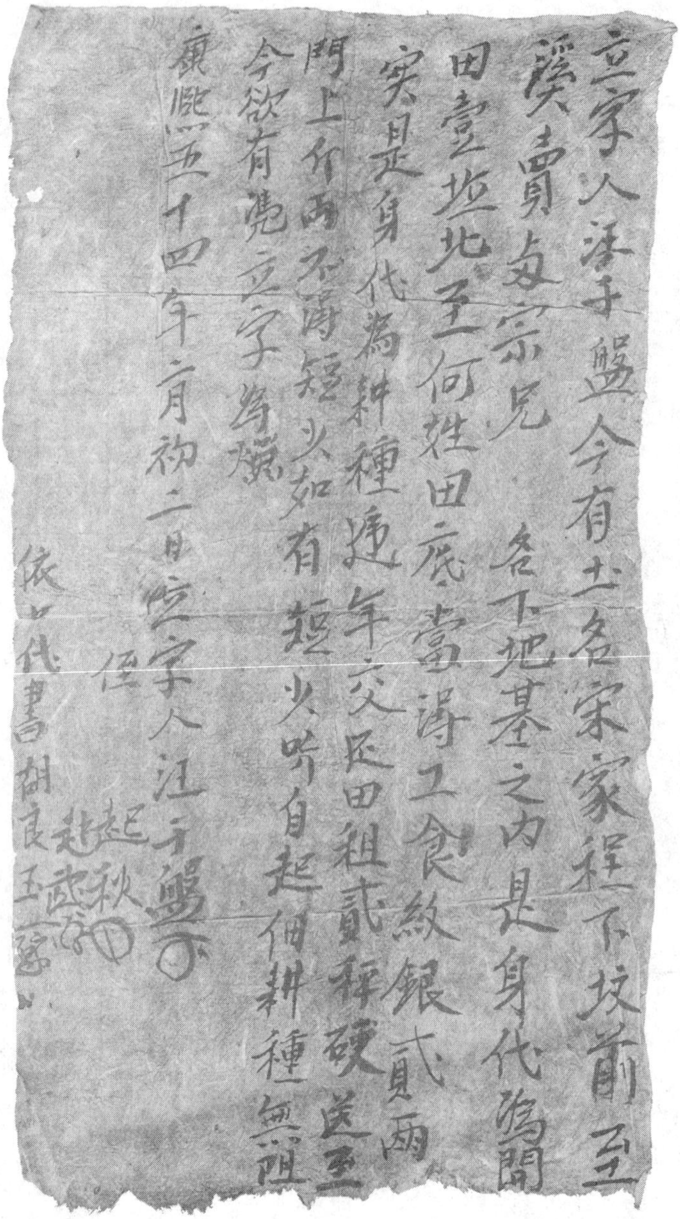
立字人汪于盤今有土名宋家程下垅前至
溪賣與宗兄 名下地基之內是身代為開
田壹坵北至何姓田底當得工食紋銀貳兩
實是身代為耕種遞年交還田租貳秤硬送至
門上不爾不得短少如有短少聽自起佃耕種無阻
今欲有憑立字為據
康熙五十四年六月初二日立字人汪于盤
侄 起秋
起武
依口代書胡良玉

秋口镇水末［沫］村汪家 195 · 康熙五十四年 · 字据 · 汪于盘卖与宗兄☐

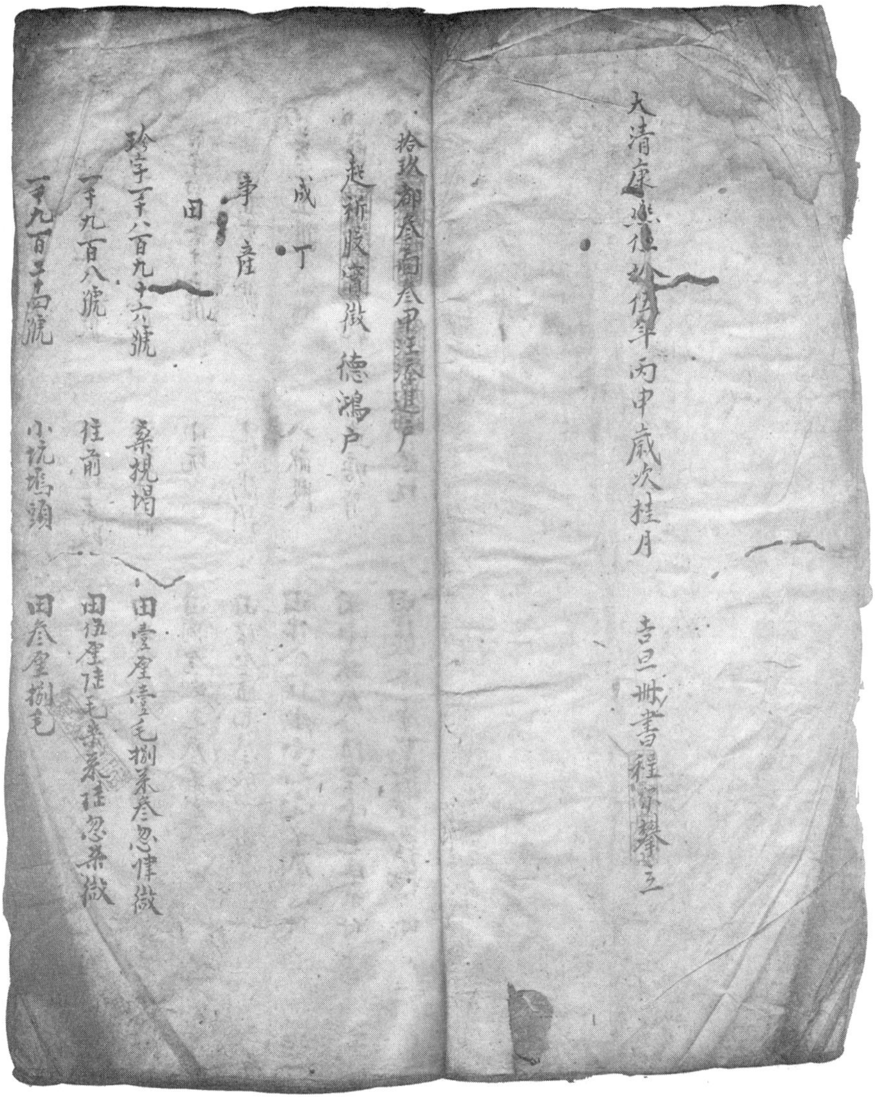

秋口镇水末[沫]村汪家 8-1 · 康熙五十五年 · 税粮实征册 · 汪添进户

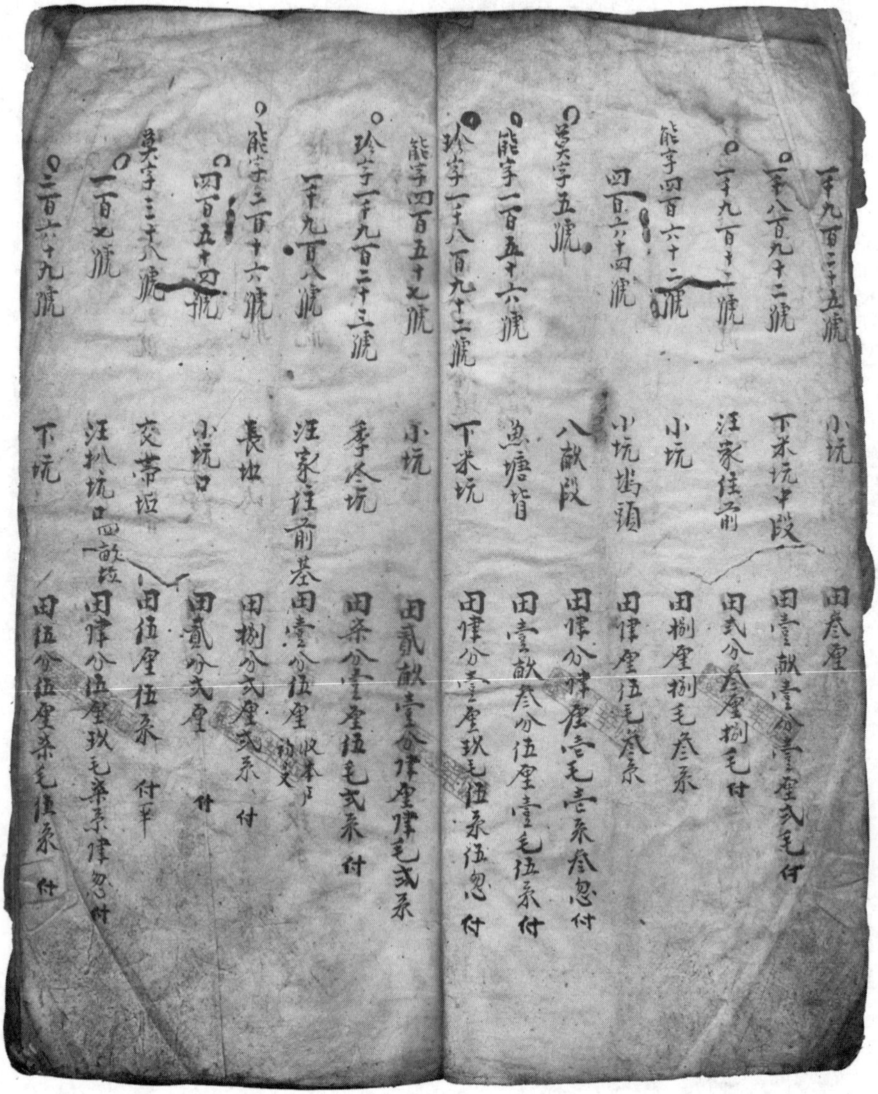

秋口镇水末 [沫] 村汪家 8-2 · 康熙五十五年 · 税粮实征册 · 汪添进户

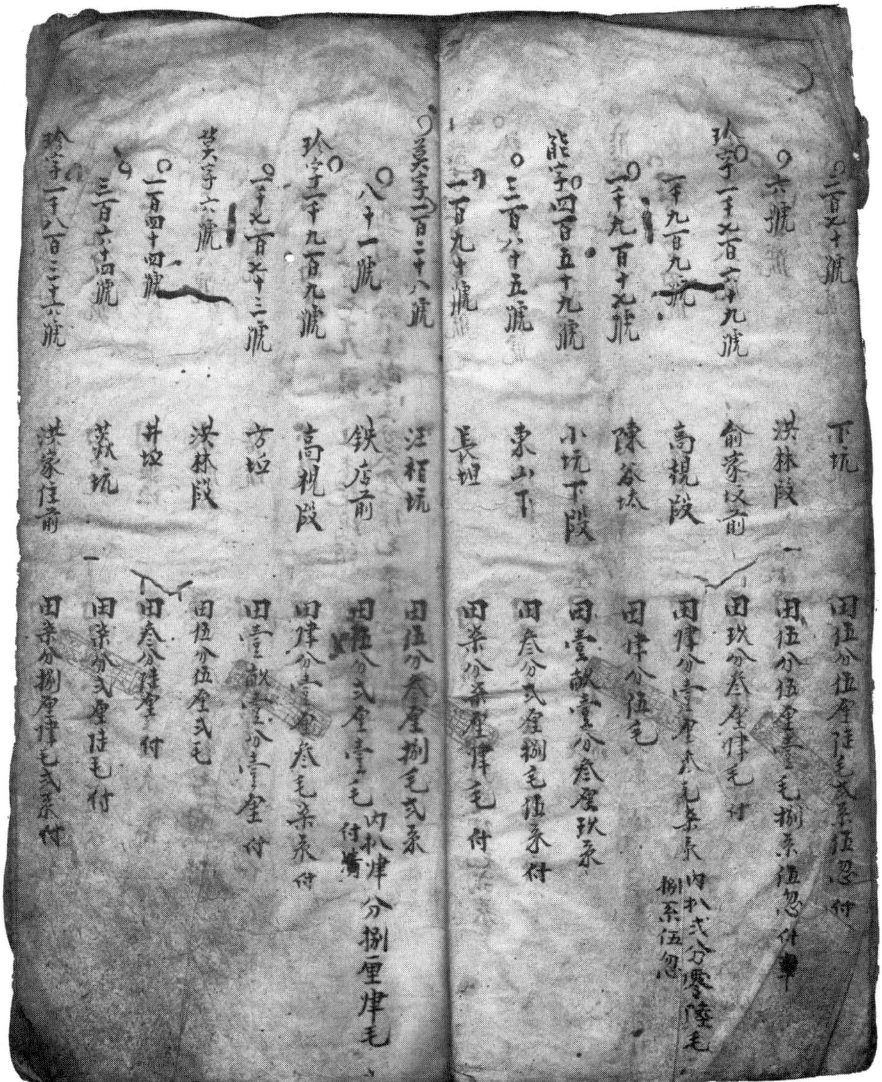

秋口镇水末［沫］村汪家 8-3 · 康熙五十五年 · 税粮实征册 · 汪添进户

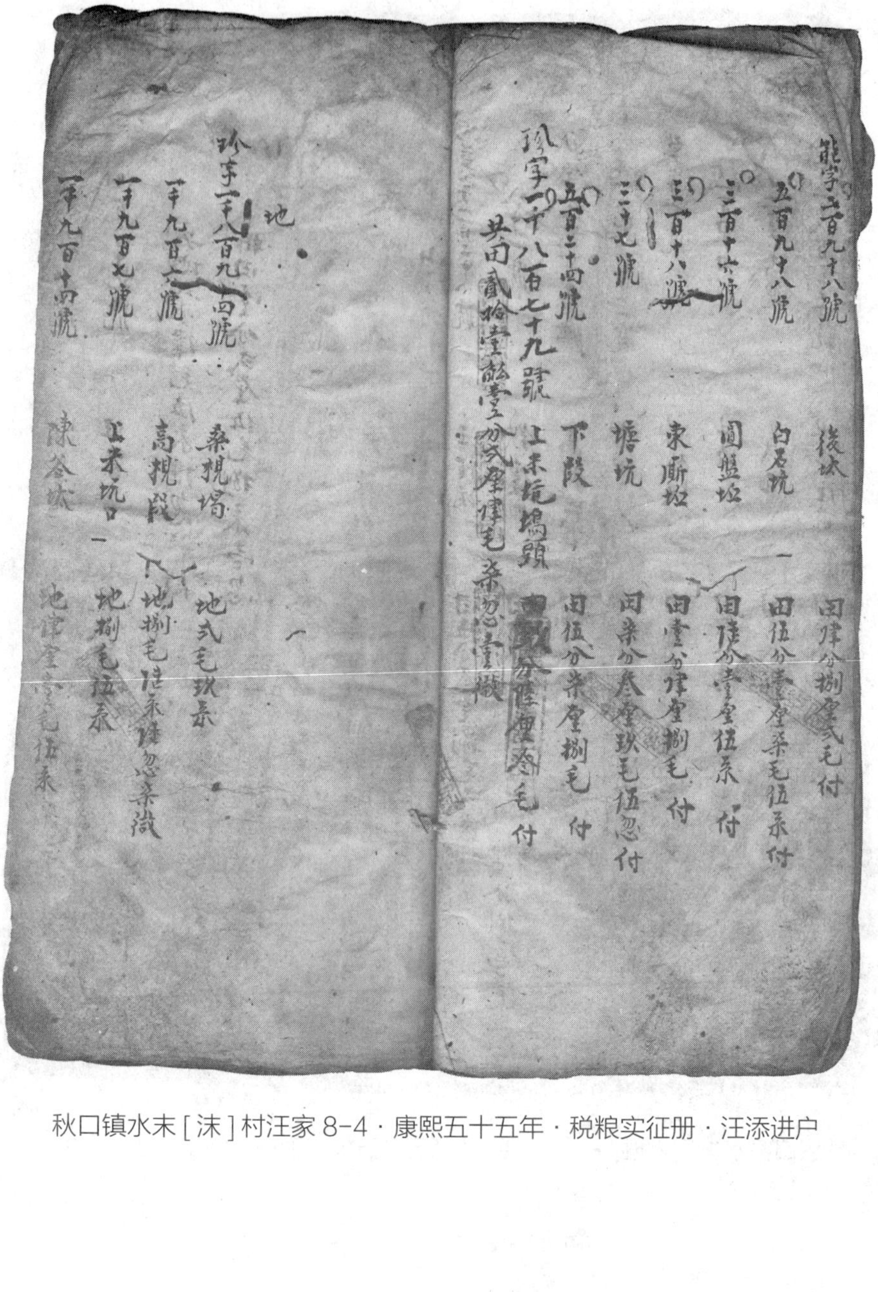

秋口镇水末[沫]村汪家 8-4 · 康熙五十五年 · 税粮实征册 · 汪添进户

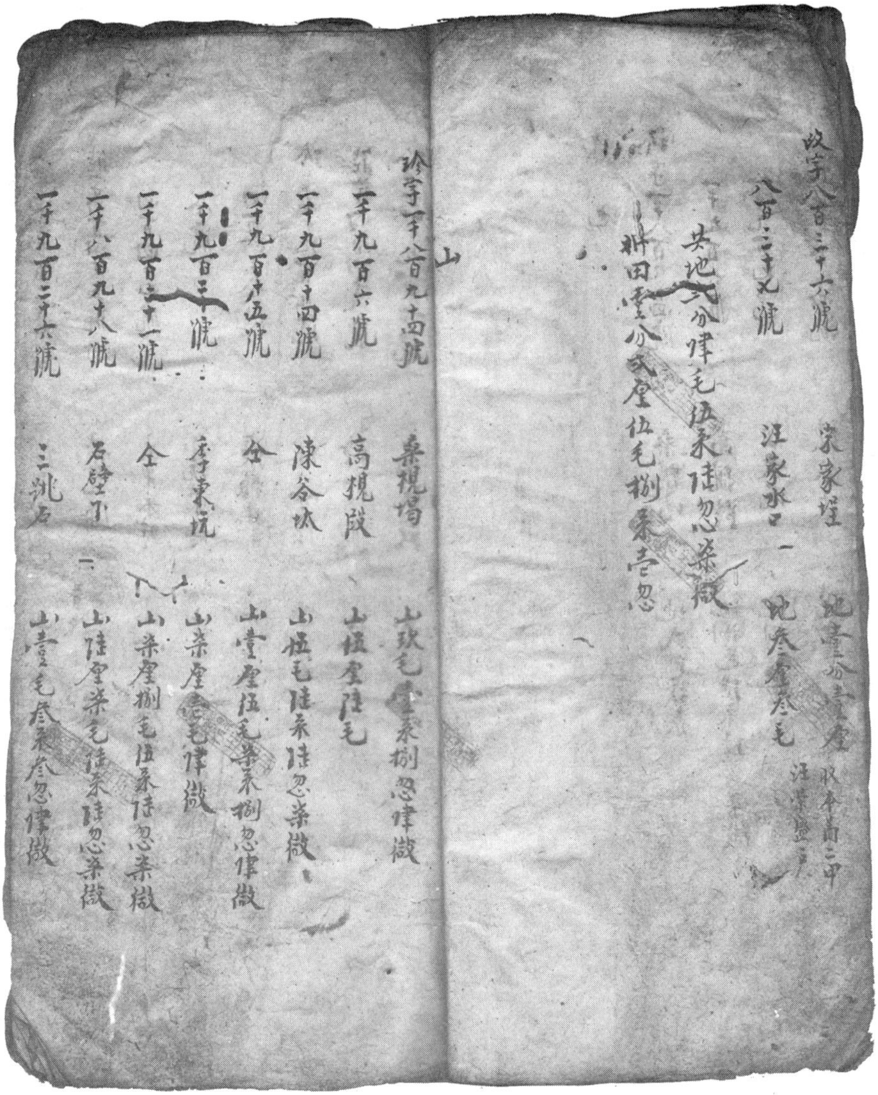

秋口镇水末 [沫] 村汪家 8-5 · 康熙五十五年 · 税粮实征册 · 汪添进户

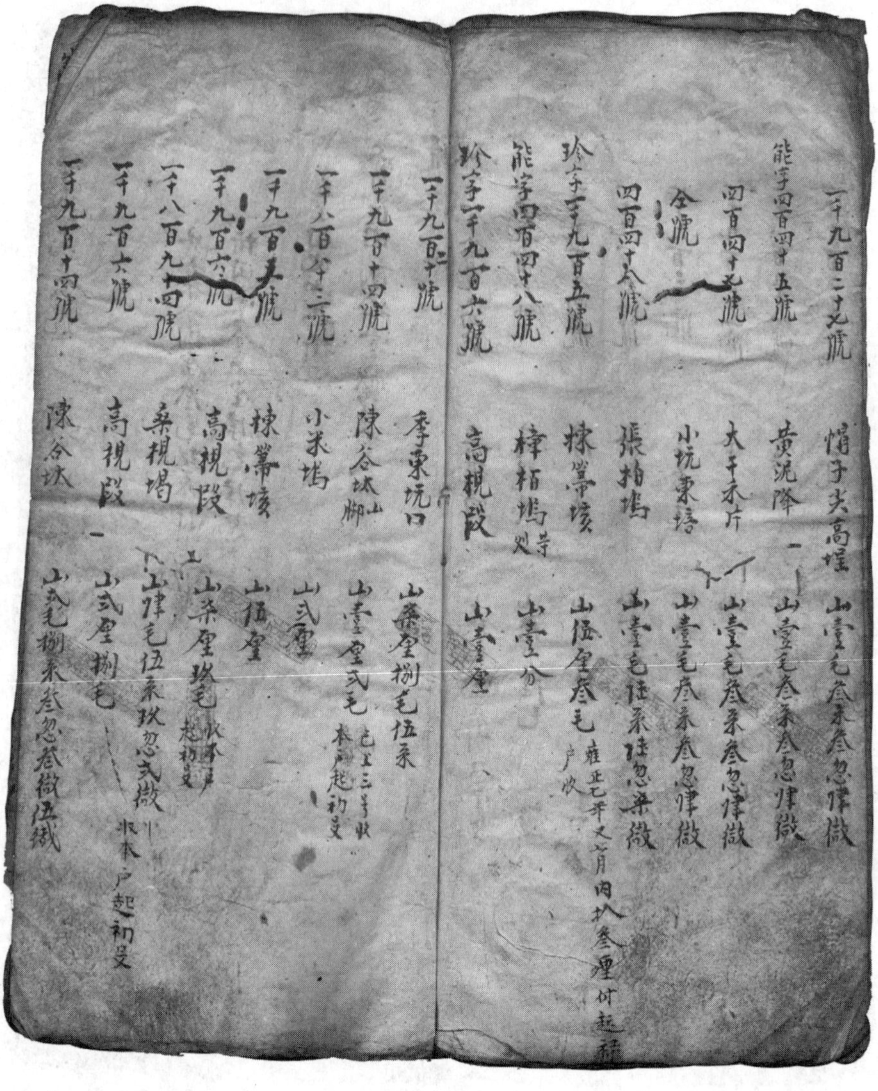

秋口镇水末［沫］村汪家 8-6 · 康熙五十五年 · 税粮实征册 · 汪添进户

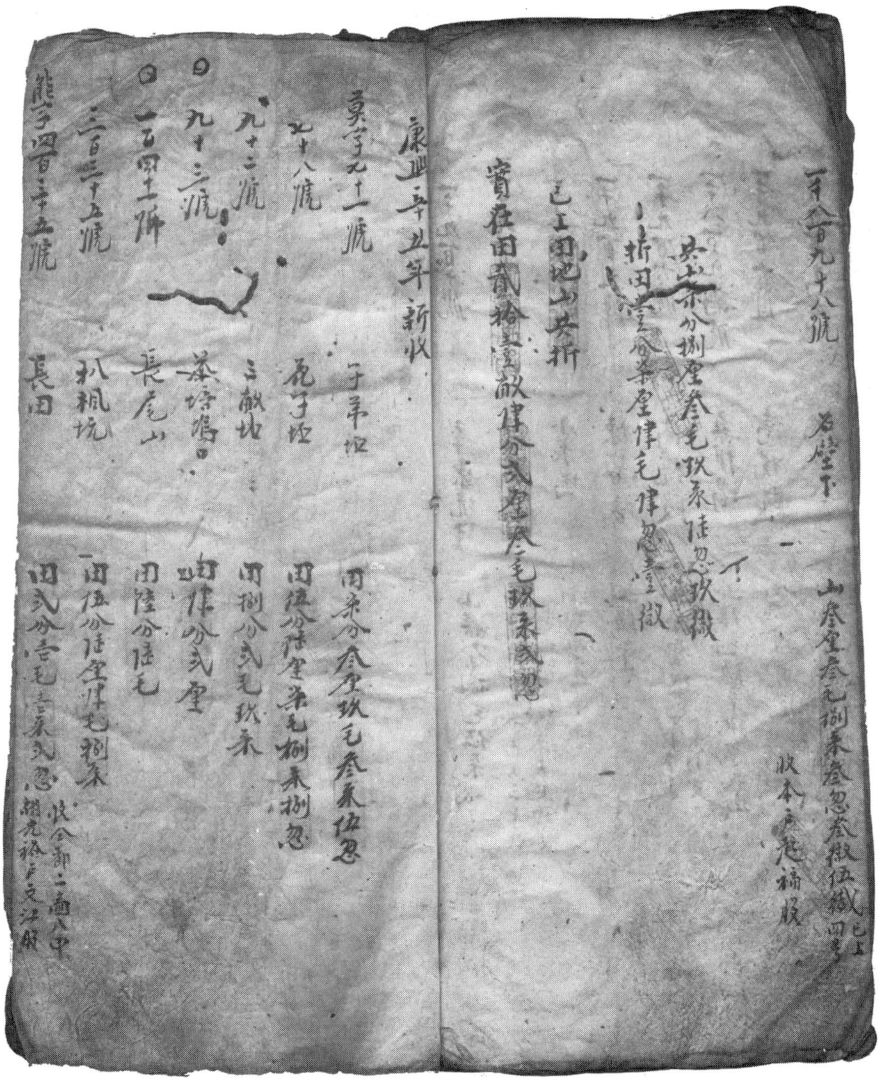

秋口镇水末[沫]村汪家 8-7 · 康熙五十五年 · 税粮实征册 · 汪添进户

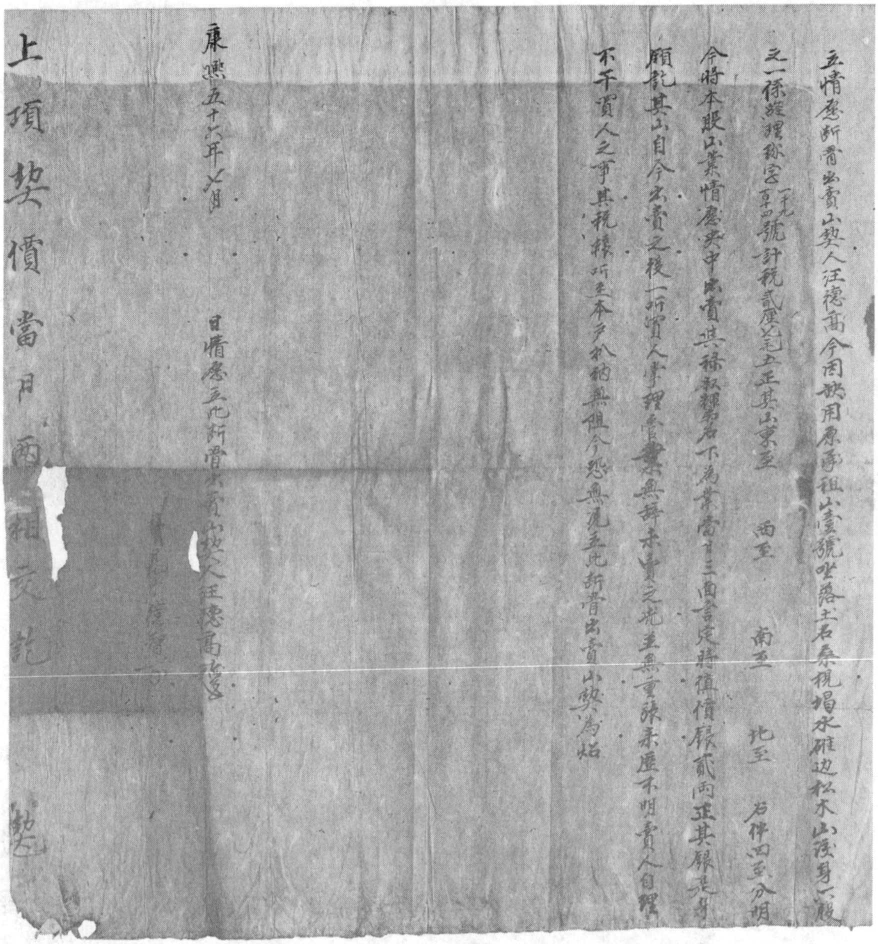

秋口镇水末[沫]村汪家 298 · 康熙五十六年 · 断骨卖山契 ·
汪德高卖与禄叔辉弟

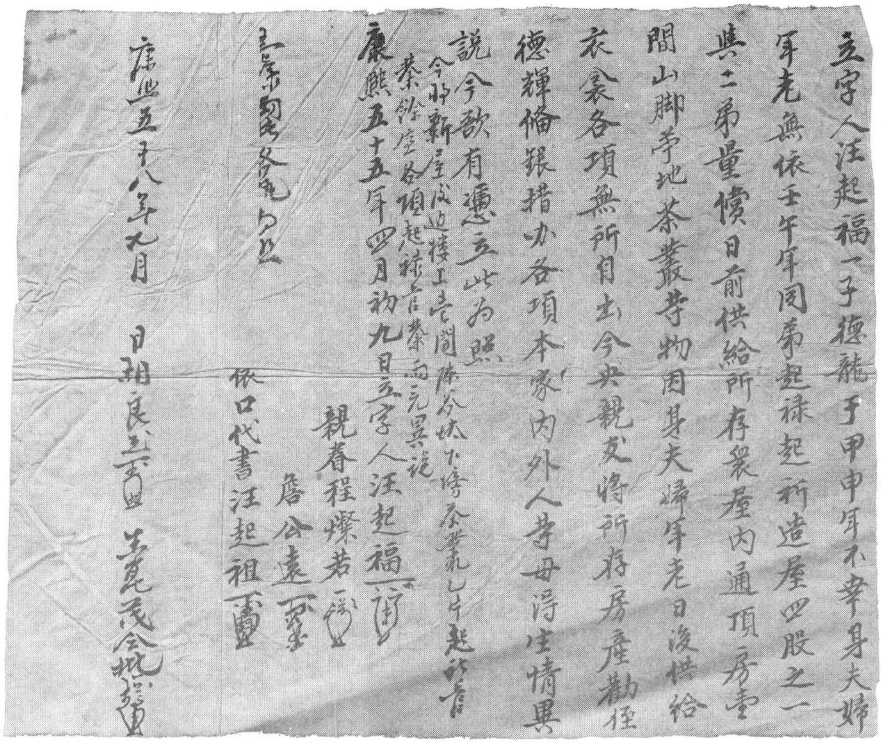

立字人汪起福一子德龍于甲申年不幸身夫婦
年老無依壬午年同弟起禄起新造屋四股之一
與二弟量償日前供給所存衆屋内通項房壹
間山脚等地茶叢等物因身夫婦年老日後供給
衣衾各項無所自出今央親友將所存房產勸侄
德輝備銀措办各項本家内外人等毋得生情異
說今欲有憑立此為照
今將新屋後边樓上壹間[illegible]
其餘屋各項起禄[illegible]異說
康熙五十五年四月初九日立字人汪起福（押）
親眷程燦若（押）
詹公遠（押）
依口代書汪起祖（押）
[illegible]
康熙五十八年九月　日[illegible]

秋口镇水末 [沫] 村汪家 186 · 康熙五十八年 · 字据 · 汪起福

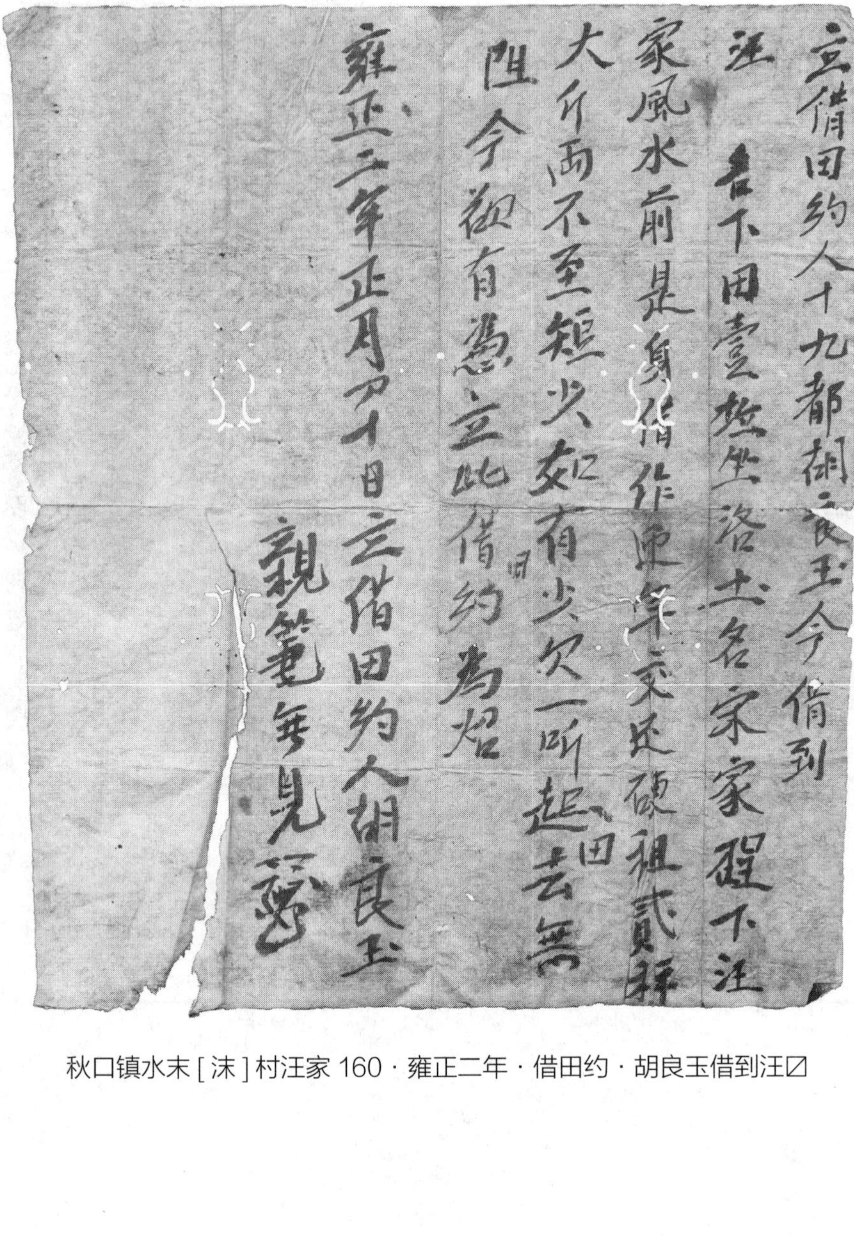

立借田约人十九都胡良玉今借到
汪 名下田壹坵坐落土名宋家碓下汪
家風水前是身借作風水年交還硬租貳頁秤
大斤兩不至短少如有少欠一听起田去無
阻今欲有憑立此借约為照
雍正二年正月 十日立借田约人胡良玉
親筆無見

秋口镇水末［沫］村汪家 160 · 雍正二年 · 借田约 · 胡良玉借到汪〼

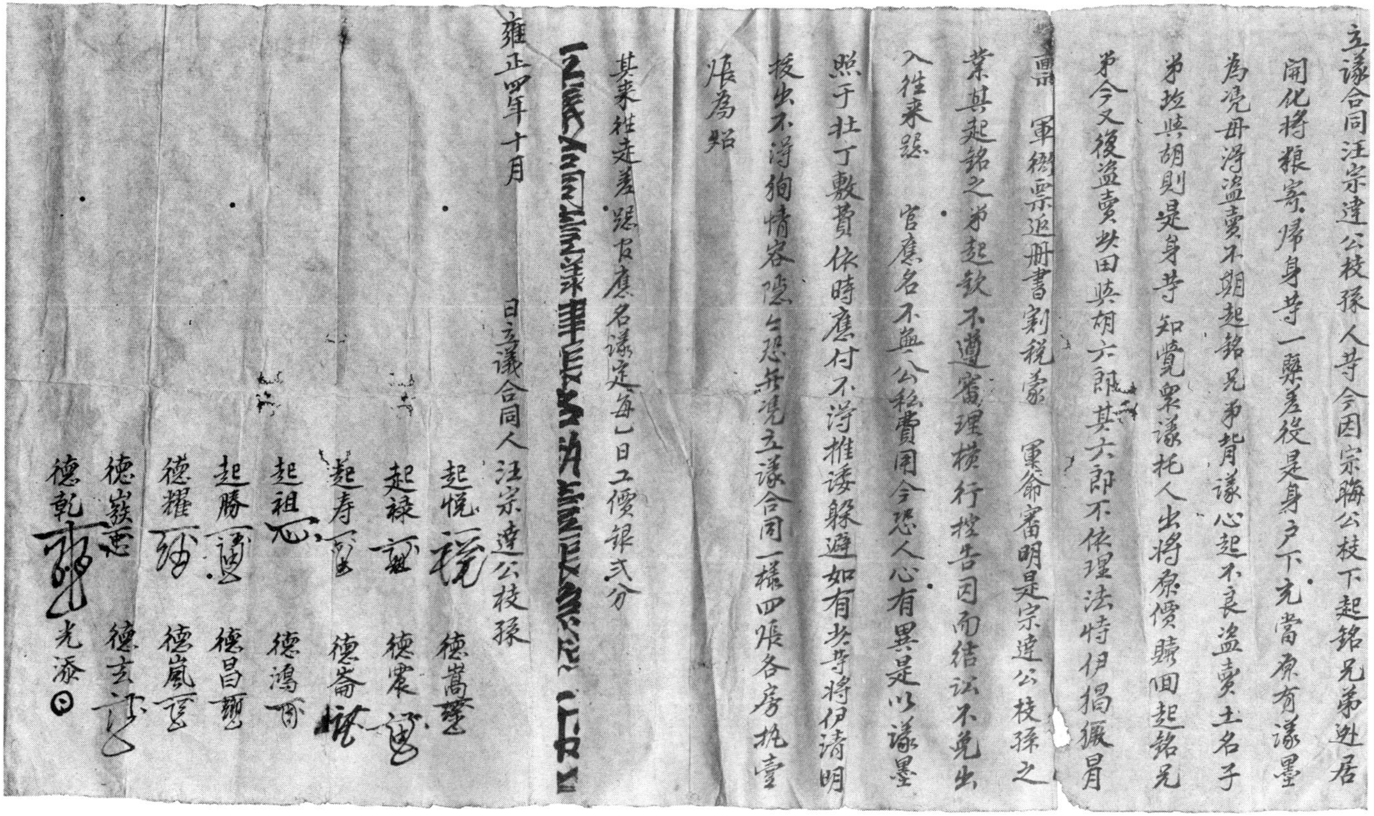
立議合同汪宗達公枝孫人等今因宗瀚公枝下起銘兄弟逊居
閩化將粮寄歸身等一甲差役是身戶下充當原有議墨
為憑毋得盜賣不期起銘兄弟背議心起不良盜賣土名子
弟坞䓁胡則是身等知覺衆議托人出將原價贖回起銘兄
弟今又復盜賣此田䓁胡六郎其六郎不依理法恃伊揭縂胥
票 軍衙票追册書劉税蒙 軍爺審明是宗達公枝孫之
業其起銘之弟起欽不遵審理橫行捏告因而結訟不免出
入往來照 官應名不無公私費用今恐人心有異是以議墨
照于壯丁數費依時應付不得推諉躲避如有此等將伊請明
棱出不得徇情容隱今恐無憑立議合同一樣四張各房執壹
張為照
其來往差費應名議定每一日工價銀式分
雍正四年十月　日立議合同人汪宗達公枝孫
起悅　德嵩
起祿　德衆
起壽　德崙
起祖　德鴻
起勝　德昌
德耀　德鳳
德嶽　德玄
德乾　光添

秋口镇水末［沫］村汪家 226 · 雍正四年 · 合同 · 汪宗达公枝孙人等

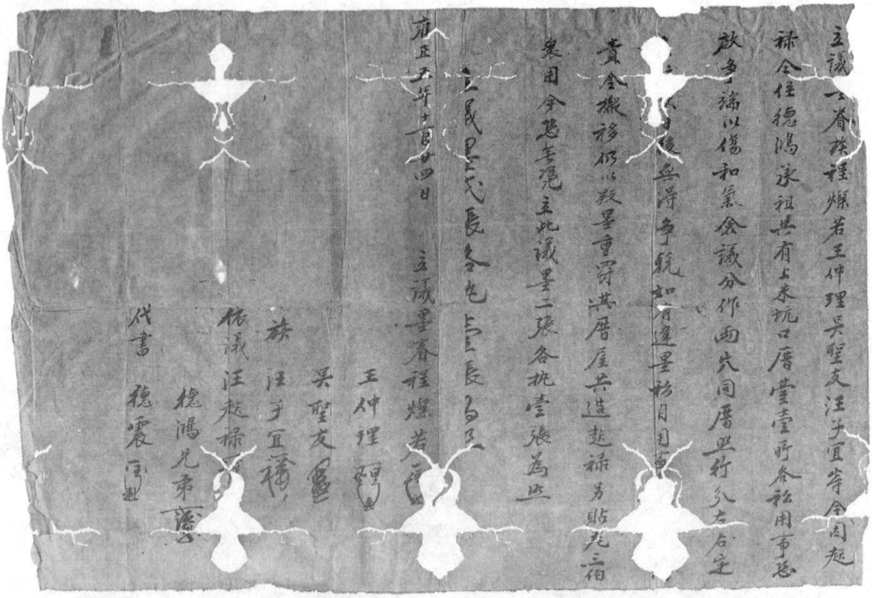

秋口镇水末 [沫] 村汪家 199 · 雍正五年 · 议墨 ·
程灿若、王仲理、吴圣友、汪子宜等

秋口镇水末［沫］村汪家 208 · 雍正五年 · 钱款往来记录 · 汪德辉

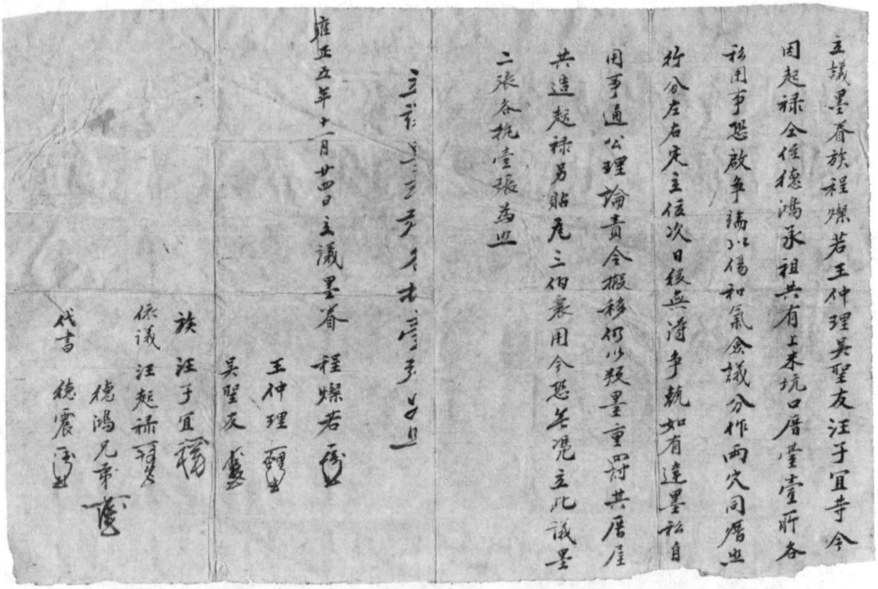

秋口镇水末[沫]村汪家 219 · 雍正五年 · 议墨 ·
程灿若、王仲理、吴圣友、汪子宜等

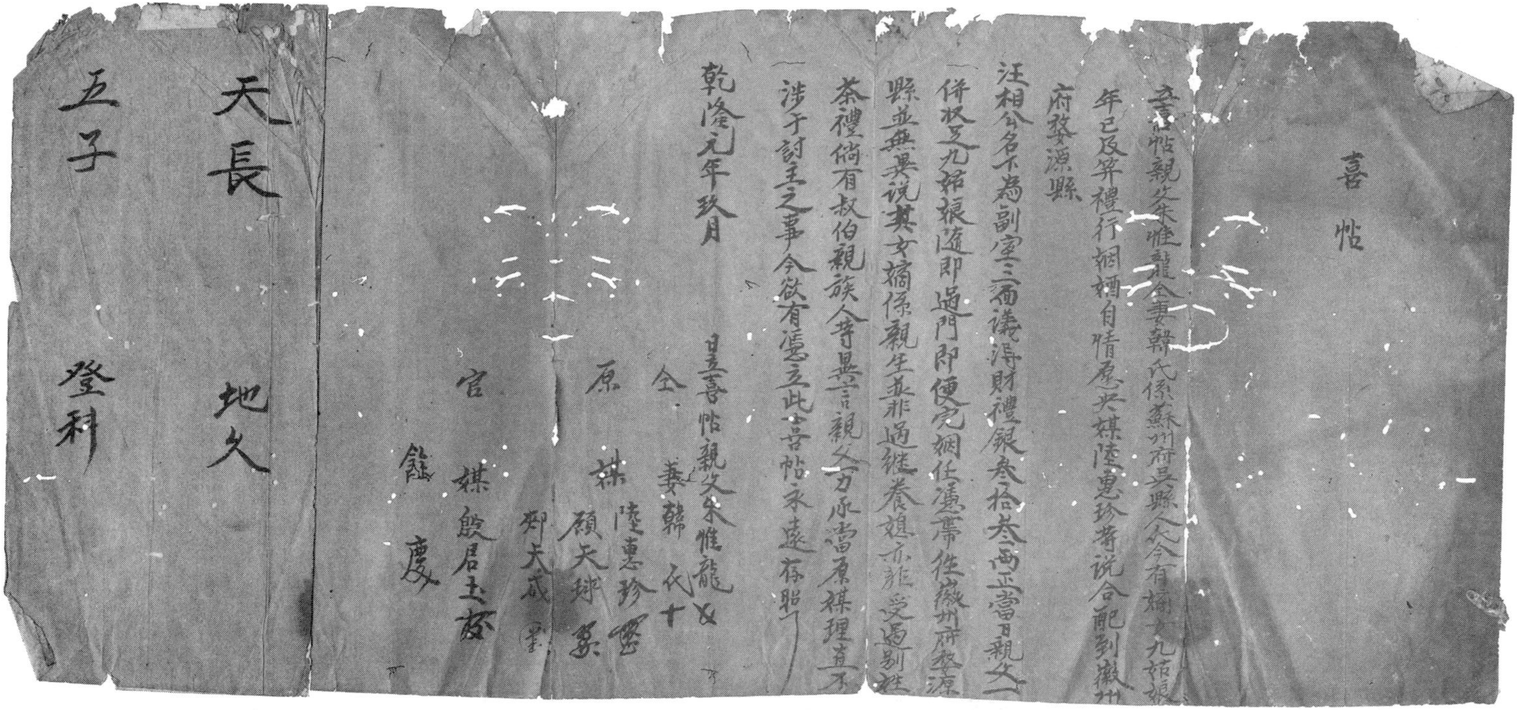

喜帖

立喜帖親父朱惟龍仝妻韓氏係蘇州府吳縣人，今有嫡女九姑娘
年已及笄，禮行婚嫁，自情愿央媒陸惠珍說合配到徽州
府婺源縣
汪相公名下為副室，三面議得財禮銀叁拾叁兩正，當日親父一
併收足，九姑娘隨即過門，即便完姻，任憑帶往徽州府婺源
縣，並無異說。其女嫡係親生，並非過繼養媳，亦非受過別姓
茶禮，倘有叔伯親族人等異言，親父一力承當，原媒理直，不
涉于討主之事。今欲有憑，立此喜帖，永遠存照。

乾隆元年玖月　日立喜帖親父朱惟龍（押）
仝妻韓氏（十）
原媒陸惠珍（押）
顧天球（押）
鄭大成（押）
官媒殷居玉（押）
錢慶

天長地久

五子登科

秋口镇水末［沫］村汪家 310 · 乾隆元年 · 喜帖 · 朱惟龙同妻韩氏

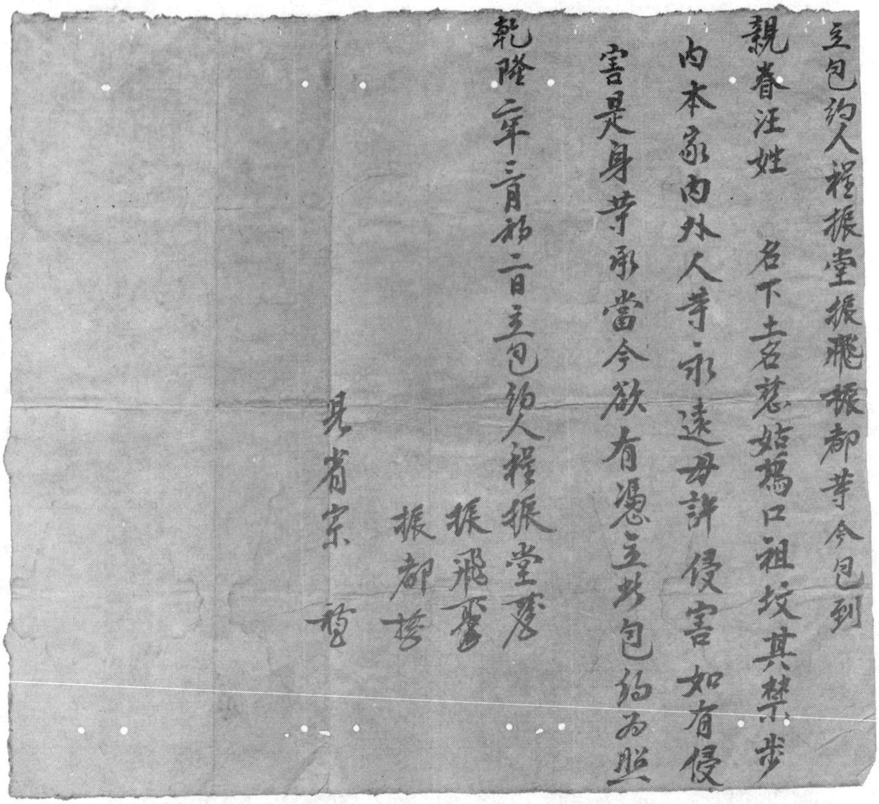

立包约人程振堂振飞振都等今包到
亲眷汪姓　名下土名慈姑坞口祖坟其禁步
内本家内外人等永远毋许侵害如有侵
害是身等承当今欲有凭立此包约为照
乾隆二年三月初二日立包约人程振堂
振飞
振都
见　肖宗

秋口镇水末［沫］村汪家 165 · 乾隆二年 · 包约 ·
程振堂、振飞、振都等包到亲眷汪姓☑

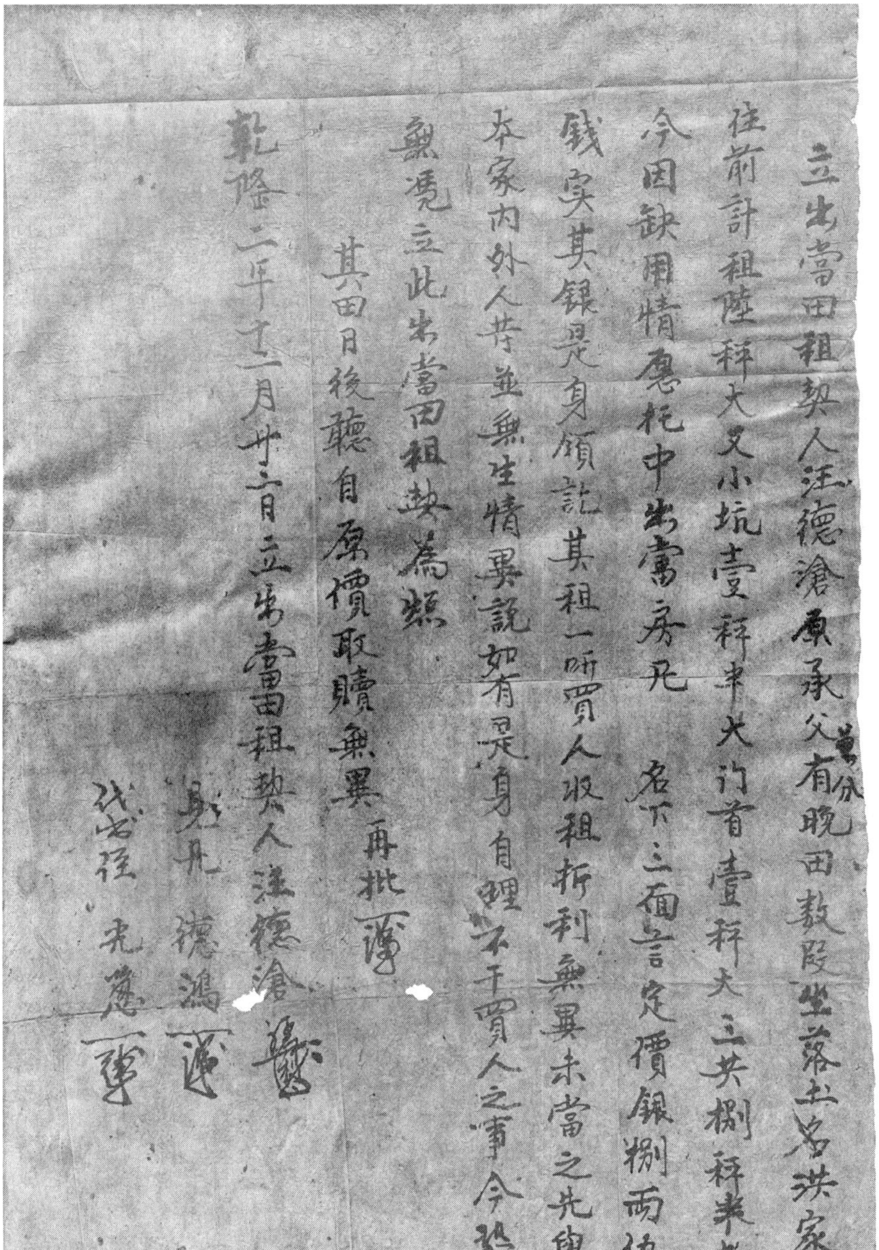
立出當田租契人汪德滄原承父業分有晚田數段坐落土名洪家
住前計租陸秤大又小坑壹秤半大门首壹秤大三共捌秤半大
今因缺用情愿托中出當房兄 名下三面言定價銀捌兩伍
錢正其銀是身領訖其租一听買人收租折利無異未當之先與
本家內外人等並無生情異說如有是身自理不干買人之事今恐
無憑立此出當田租契為照
其田日後聽自原價取贖無異 再批
乾隆二年十二月廿一日立出當田租契人汪德滄
見兄 德鴻
代书侄 光蕙

秋口镇水末［沫］村汪家 282 · 乾隆二年 · 出当田租契 · 汪德沧当与房兄☒

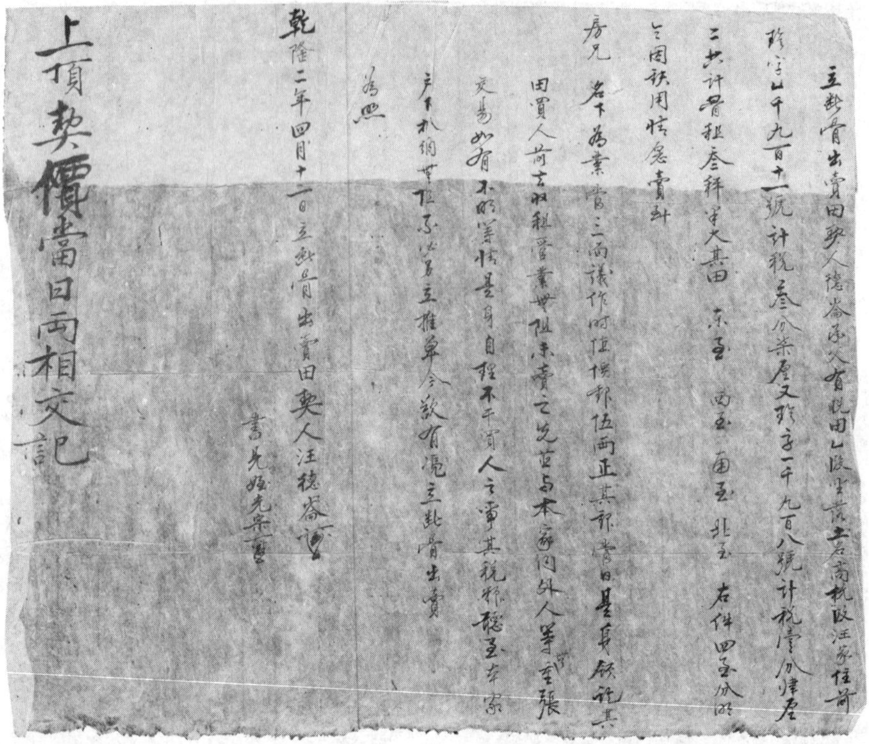

秋口镇水末[沫]村汪家 289 · 乾隆二年 · 断骨卖田契 · 汪德仑卖与房兄☐

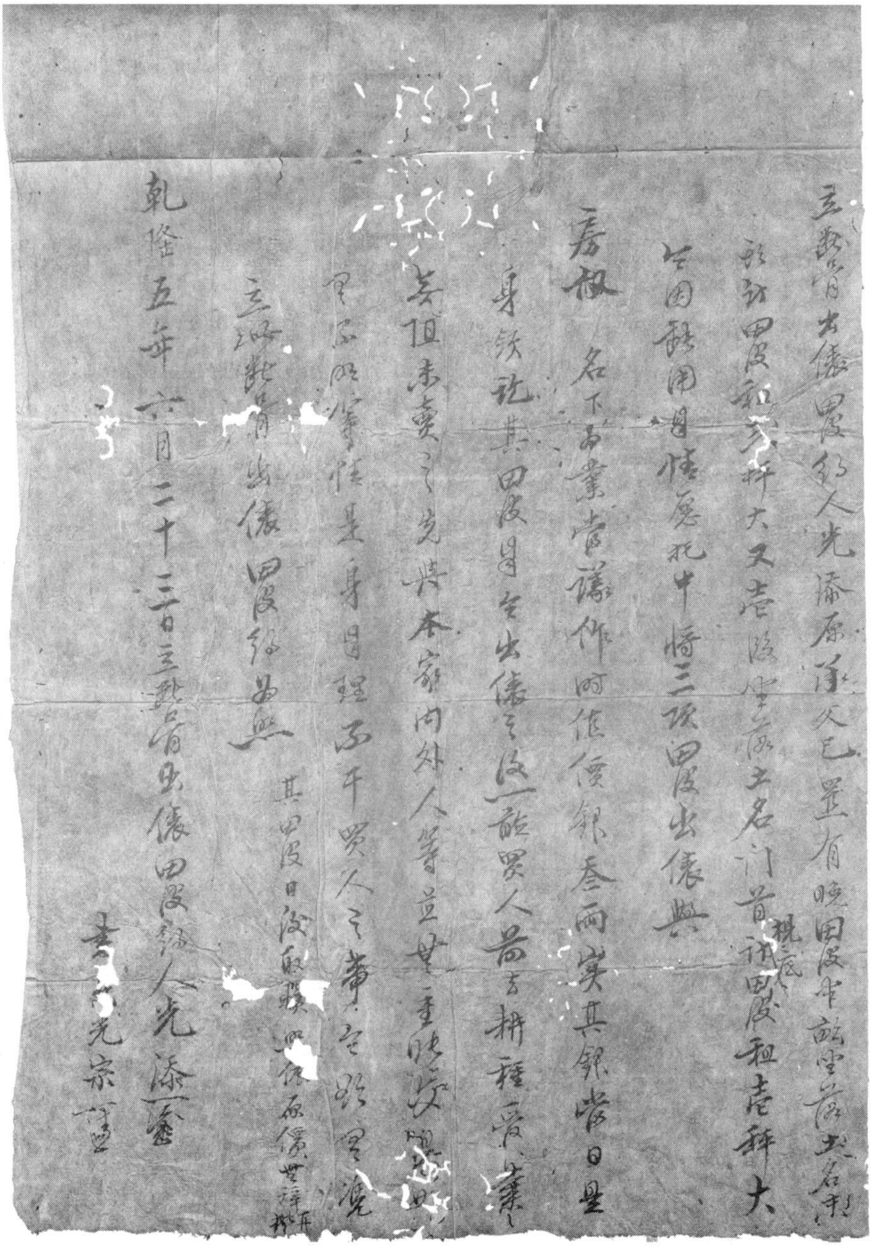
立断骨出俵田皮约人光添，原承父已置有晚田皮半亩，坐落土名[illegible]
孙村田皮租六秤大，又壹号坐落土名门首枧底田皮租壹秤大。
今因缺用，自情愿托中将二项田皮出俵与
房叔 名下为业，当议作时值价银叁两，其银当日是
身领讫。其田皮自今出俵之后，一听买人前去耕种管业，
无阻。未卖之先，与本家内外人等并无重复交易[illegible]。
如有不明等情，是身自理，不干买人之事。今恐无凭，
立此断骨出俵田皮约为照。
其田皮日后取赎，照依原价[illegible]
乾隆五年六月二十三日立断骨出俵田皮约人光添（押）
书[illegible]光宗（押）

秋口镇水末［沫］村汪家 305 · 乾隆五年 · 断骨出俵田皮约 · 光添出俵与房叔☐

秋口镇水末[沫]村汪家 1-1 · 乾隆六年 · 税粮实征册 · 汪德鸿户

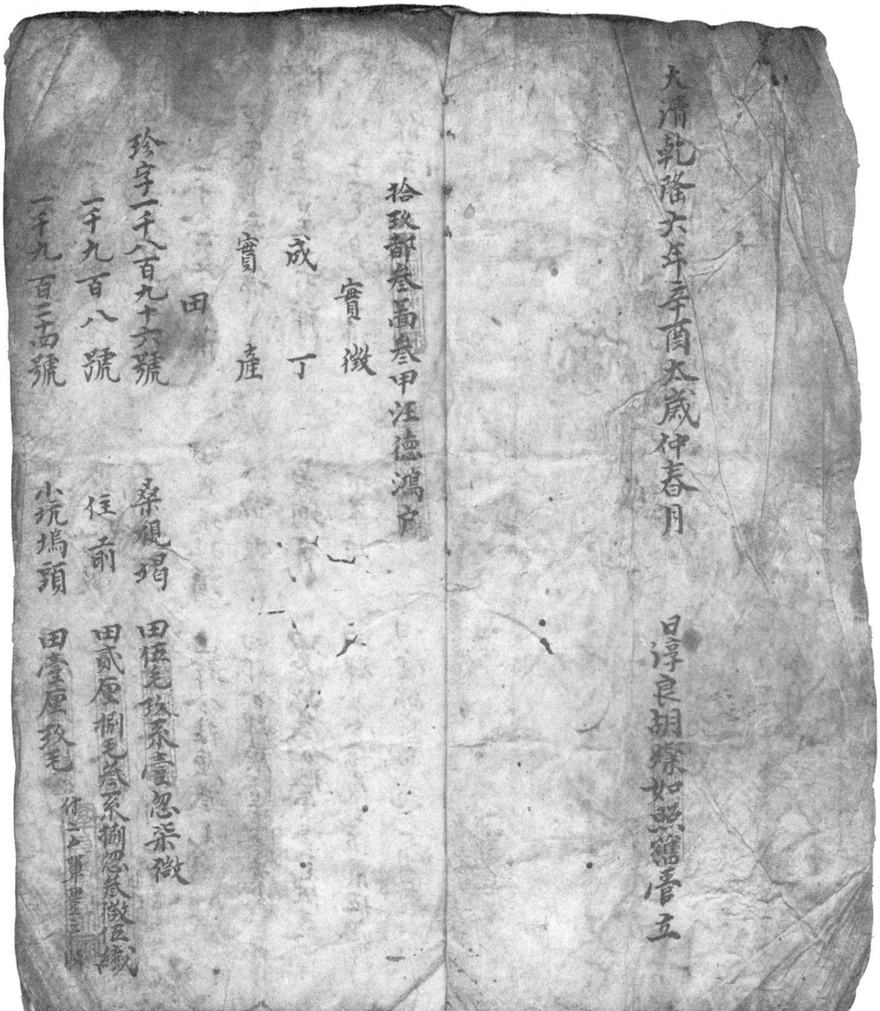

大清乾隆六年辛酉太歲仲春月　日淳良胡[illegible]如照[illegible]書立

拾玖都叁啚叁甲汪德鴻户

實徵　一

成丁　一

實產

田

珍字一千八百九十六號　桑覌塢　田伍毛玖系壹忽柒微

一千九百八號　住前　田貳厘捌毛叁系捌忽叁微伍纖

一千九百二十四號　小坑塢頭　田壹厘玖毛

付二户單[illegible]

秋口镇水末［沫］村汪家 1–2 · 乾隆六年 · 税粮实征册 · 汪德鸿户

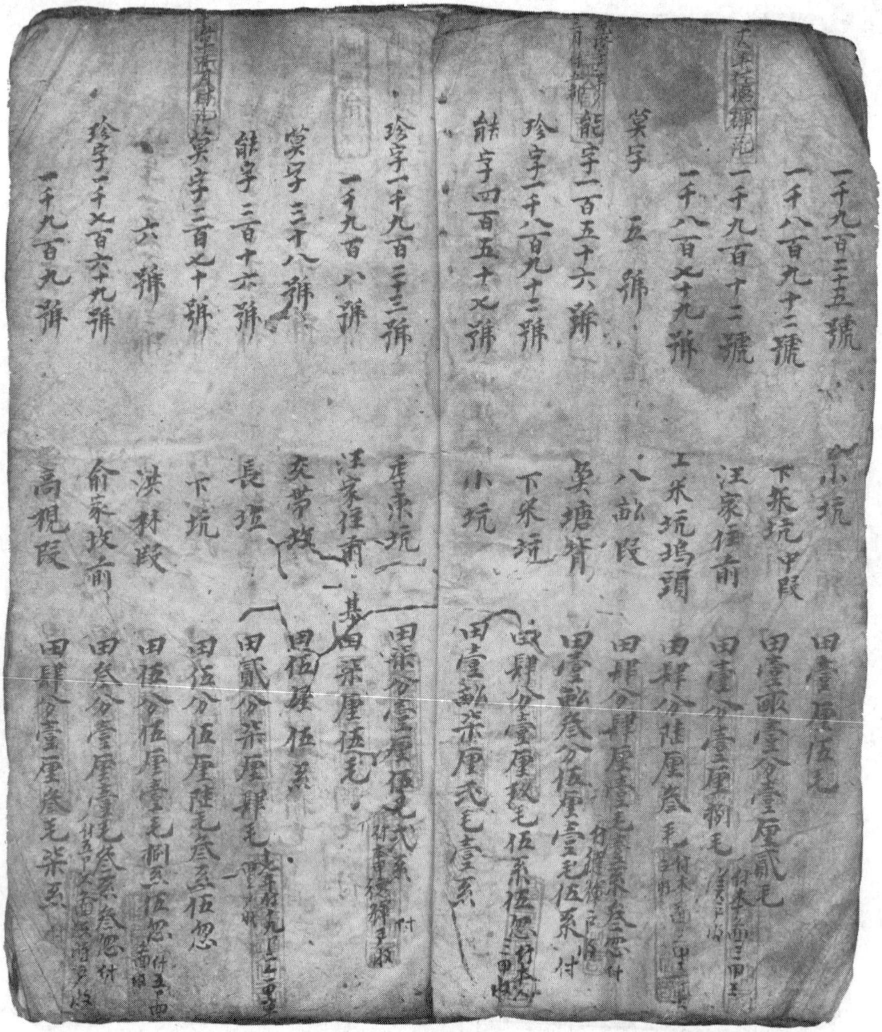

秋口镇水末［沫］村汪家 1-3 · 乾隆六年 · 税粮实征册 · 汪德鸿户

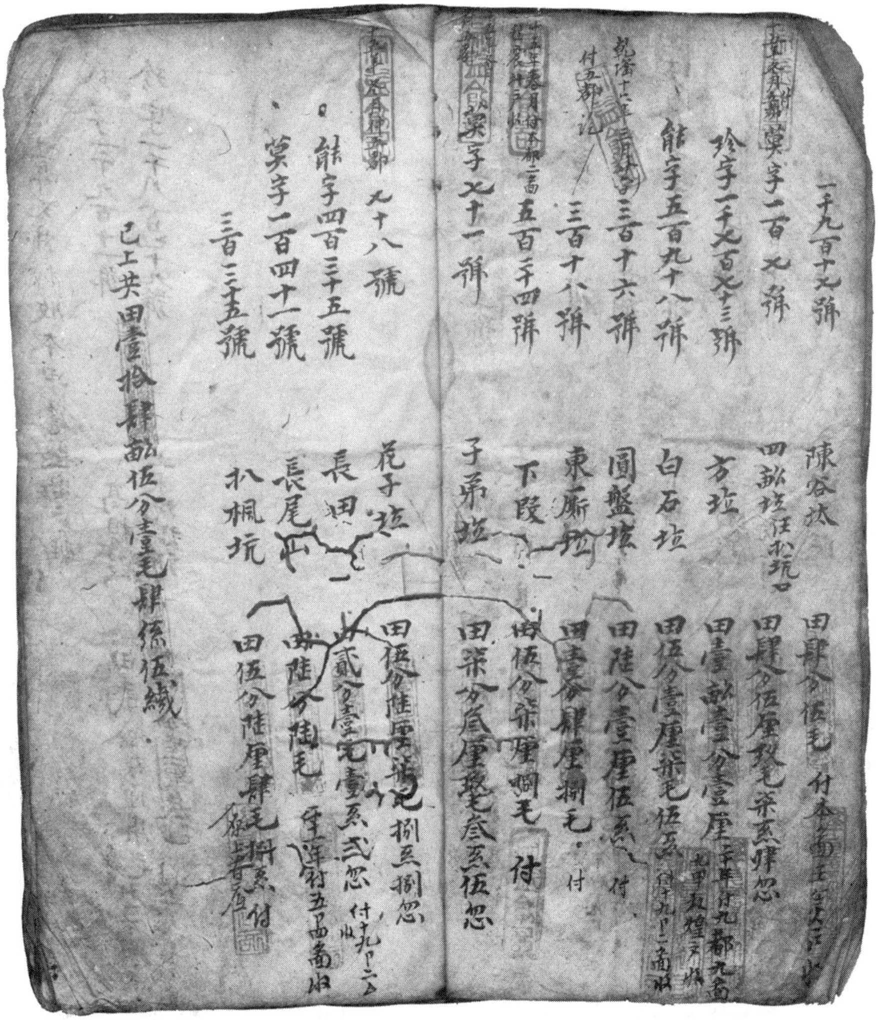

秋口镇水末[沫]村汪家 1-4 · 乾隆六年 · 税粮实征册 · 汪德鸿户

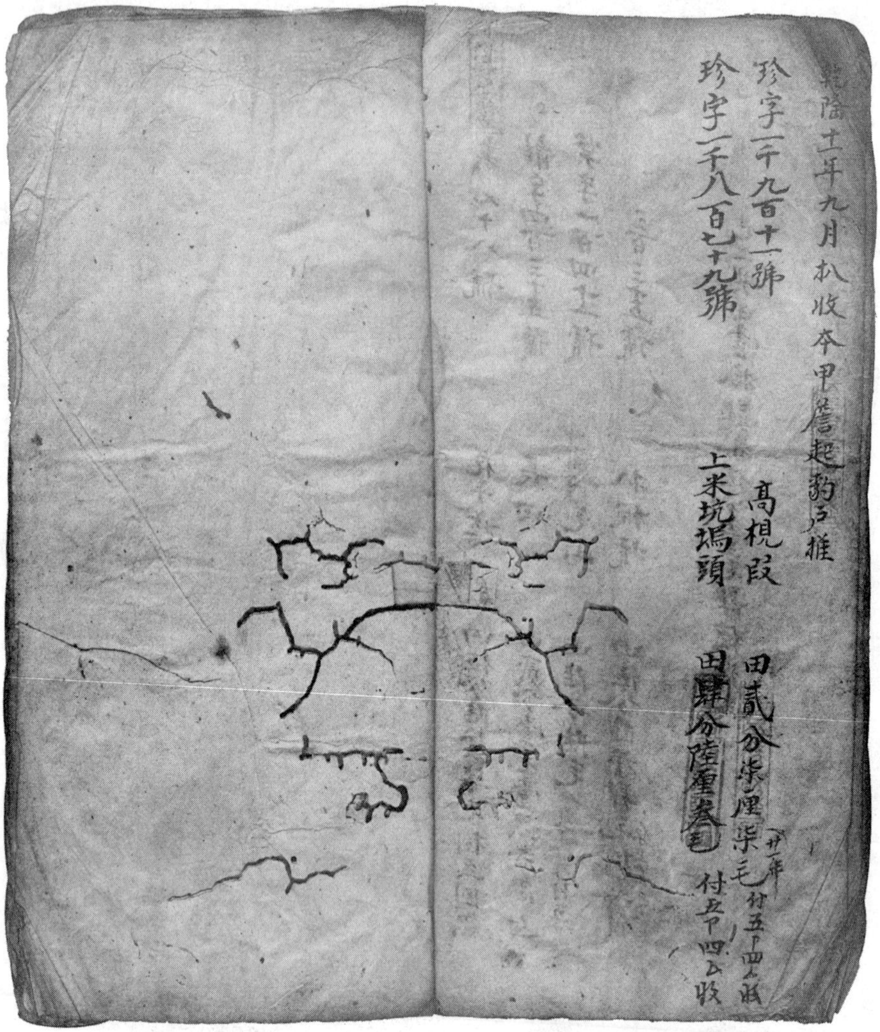

秋口镇水末[沫]村汪家 1-5 · 乾隆六年 · 税粮实征册 · 汪德鸿户

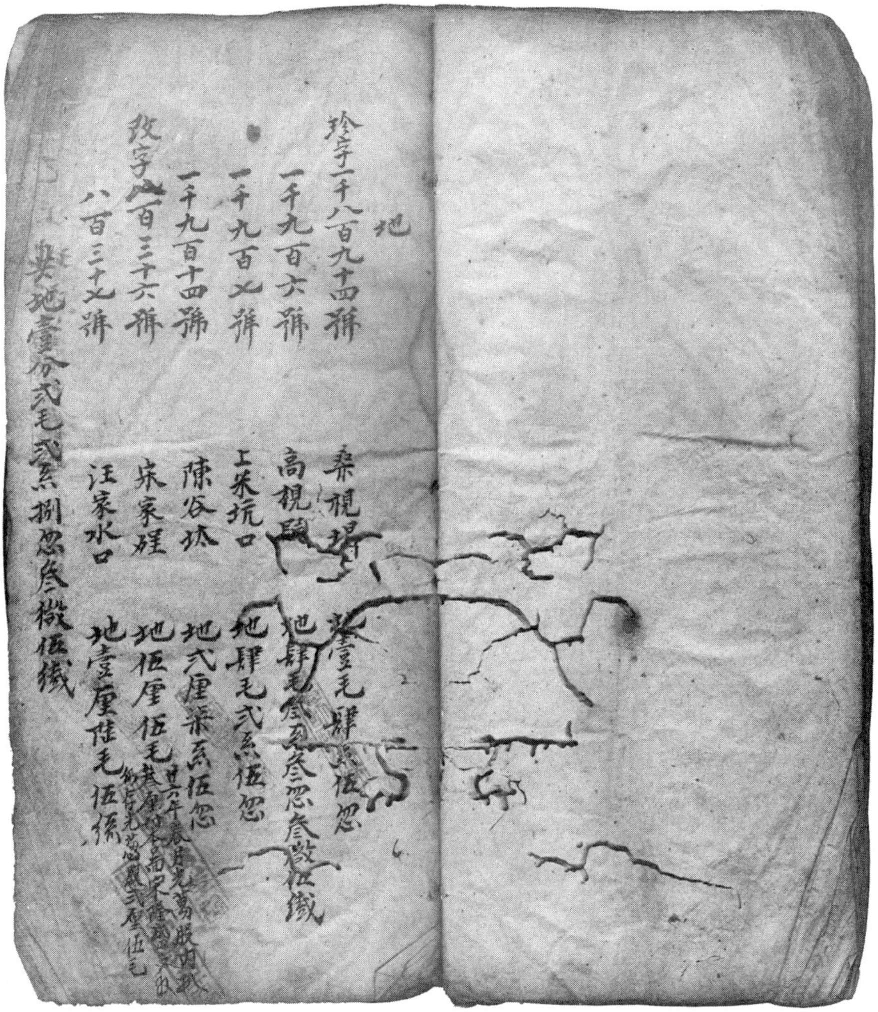

秋口镇水末 [沫] 村汪家 1-6 · 乾隆六年 · 税粮实征册 · 汪德鸿户

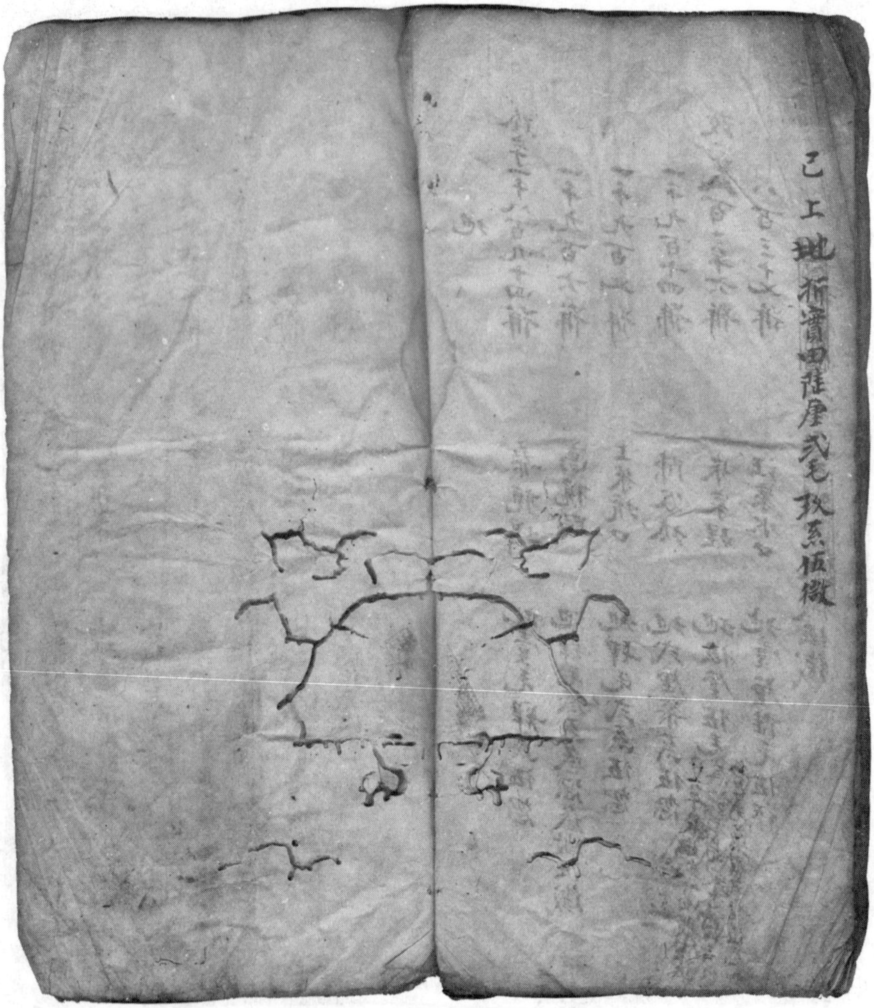

秋口镇水末［沫］村汪家 1-7 · 乾隆六年 · 税粮实征册 · 汪德鸿户

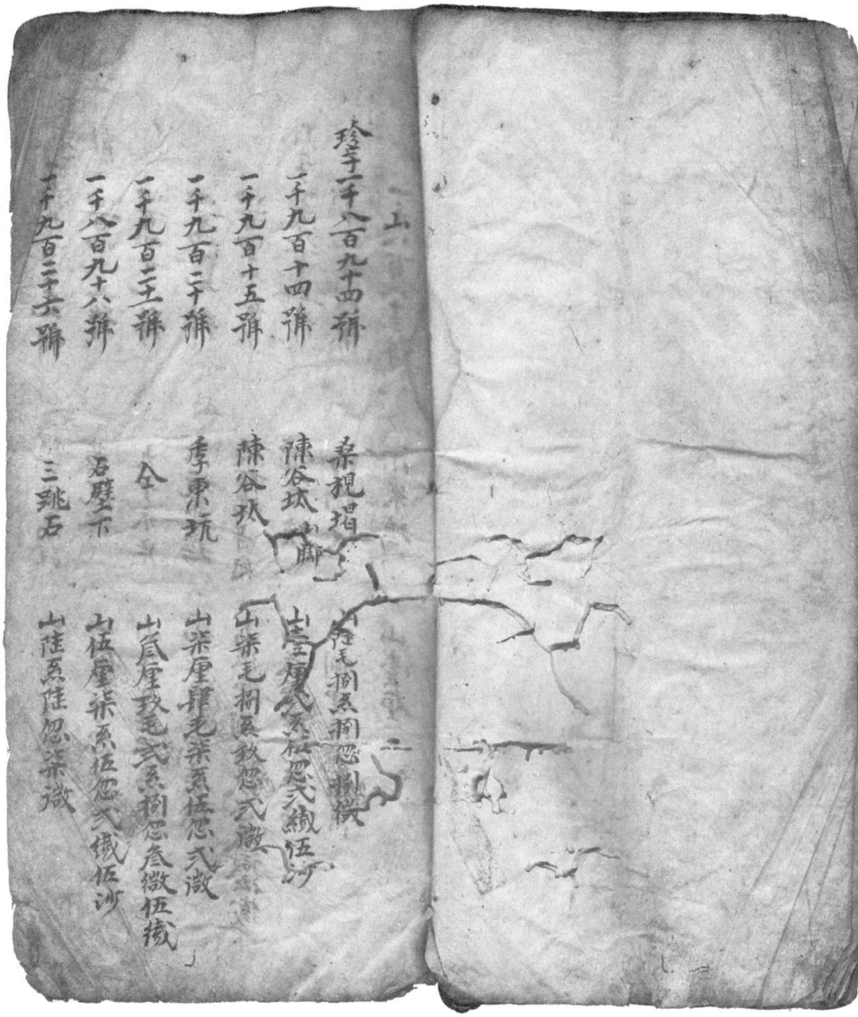

珍字一千八百九十四號
一千九百十四號
一千九百十五號
一千九百二十號
一千八百九十八號
一千九百二十六號

陳谷坑
季東坑
仝
石壁下
三跳石

秋口镇水末 [沫] 村汪家 1–8 · 乾隆六年 · 税粮实征册 · 汪德鸿户

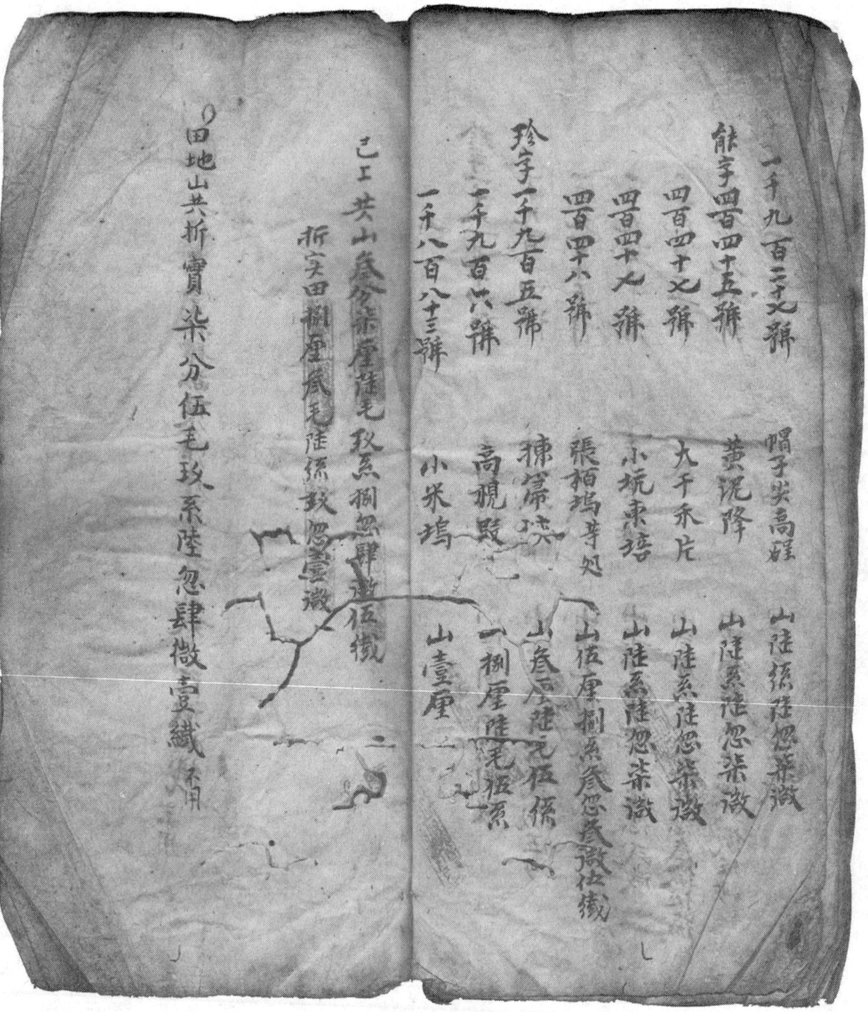
一千九百二十七號　帽子尖高嶺　山陸絲陸忽柒微
能字四百四十五號　黄泥降　山陸系陸忽柒微
四百四十七號　大千禾片　山陸系陸忽柒微
四百四十七號　小坑東培　山陸系陸忽柒微
四百四十八號　張栢塢芽坵　山伍厘捌系叁忽叁微伍纖
珍字一千九百五號　揀篇坑　山叁厘陸毛伍係
一千九百六號　高視段　一捌厘陸毛伍系
一千八百八十三號　小米塢　山壹厘
已上共山叁分柒厘陸毛玖系捌忽肆微伍纖
折实田捌厘叁毛陸絲玖忽壹微
田地山共折實柒分伍毛玖系陸忽肆微壹纖　不用

秋口镇水末［沫］村汪家 1-9 · 乾隆六年 · 税粮实征册 · 汪德鸿户

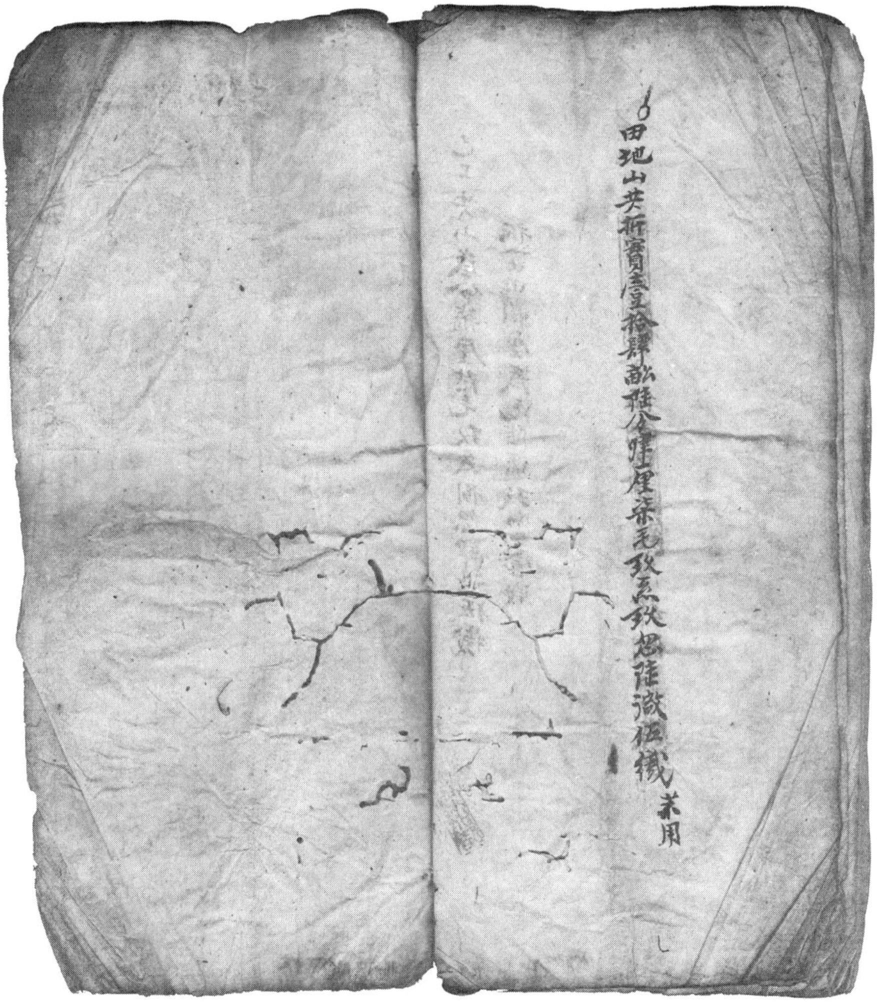

秋口镇水末[沫]村汪家 1-10 · 乾隆六年 · 税粮实征册 · 汪德鸿户

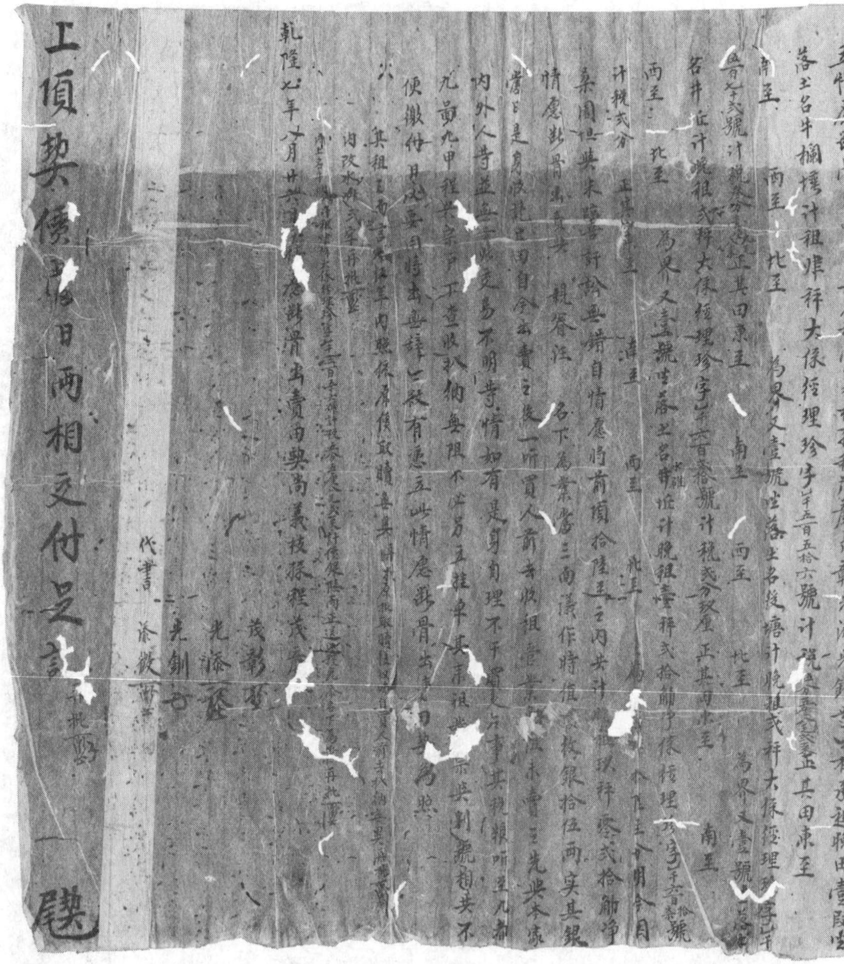

秋口镇水末［沫］村汪家 277 · 乾隆七年 · 断骨卖田契 · 程尚义枝孙程茂廉、茂彰、光添、光钏等卖与亲眷汪☐

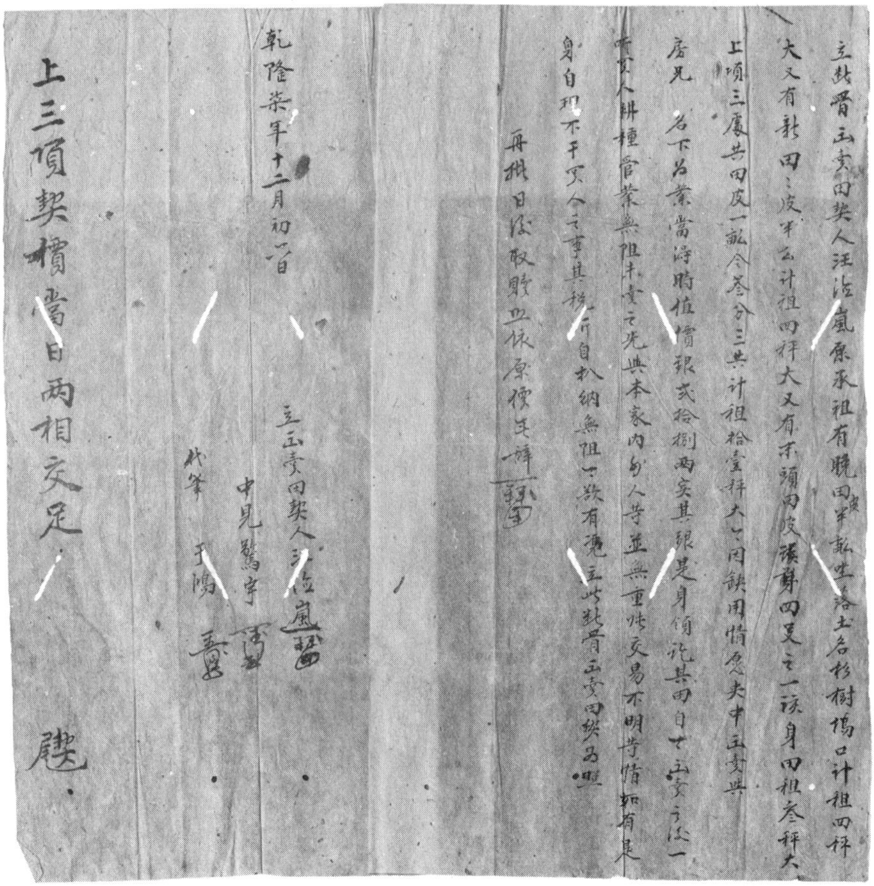

立斷骨玉賣田契人汪德嵐，原承祖有曉田半畝，土名杉樹塢口，計租四秤大，又有新田二皮半丘，計租四秤大，又有木頭田皮，張身四叉之一，該身田租叁秤大。上項三處共田皮一畝令叁分三，共計租拾壹秤大。今因缺用，情愿央中立賣與房兄　名下爲業，當得時值價銀貳拾捌兩，其銀是身領訖，其田自今立賣之後，一聽買人耕種管業無阻。未賣之先，與本家內外人等並無重復交易，不明等情，如有，是身自理，不干買人之事。其稅聽自扒納無阻。今欲有憑，立此斷骨玉賣田契為照。

再批：日後取贖，照依原價無辭。

乾隆柒年十二月初一日　立玉賣田契人汪德嵐

中見　鷲宇

代筆　于鴻

上三項契價當日兩相交足。

秋口镇水末［沫］村汪家 280 · 乾隆七年 · 断骨卖田契 · 汪德岚卖与房兄☒

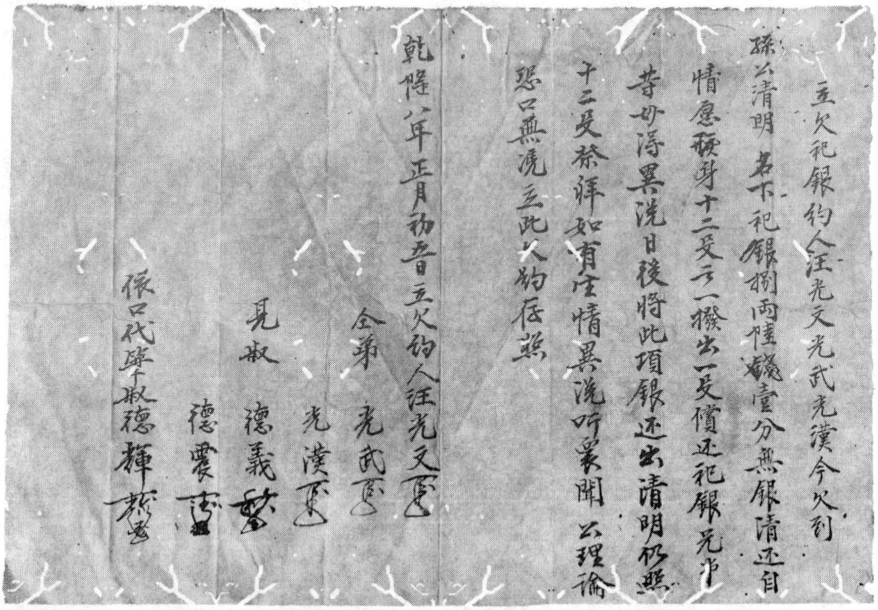

立欠祀银约人汪光文光武光漢今欠到
孫公清明名下祀银捌两陸錢壹分無银清还自
情愿硬身十二股之一撥出一股償还祀银兄弟
并毋得異説日後將此項银还出清明仍照
十二股祭拜如有生情異説听衆閙公理論
恐口無凭立此欠约存照
乾隆八年正月初吾立欠约人汪光文
仝弟 光武
光漢
見叔 德義
德霞
依口代筆叔德輝

秋口镇水末［沫］村汪家 225 · 乾隆八年 · 欠约 · 汪光文、光武、光汉欠孙公清明

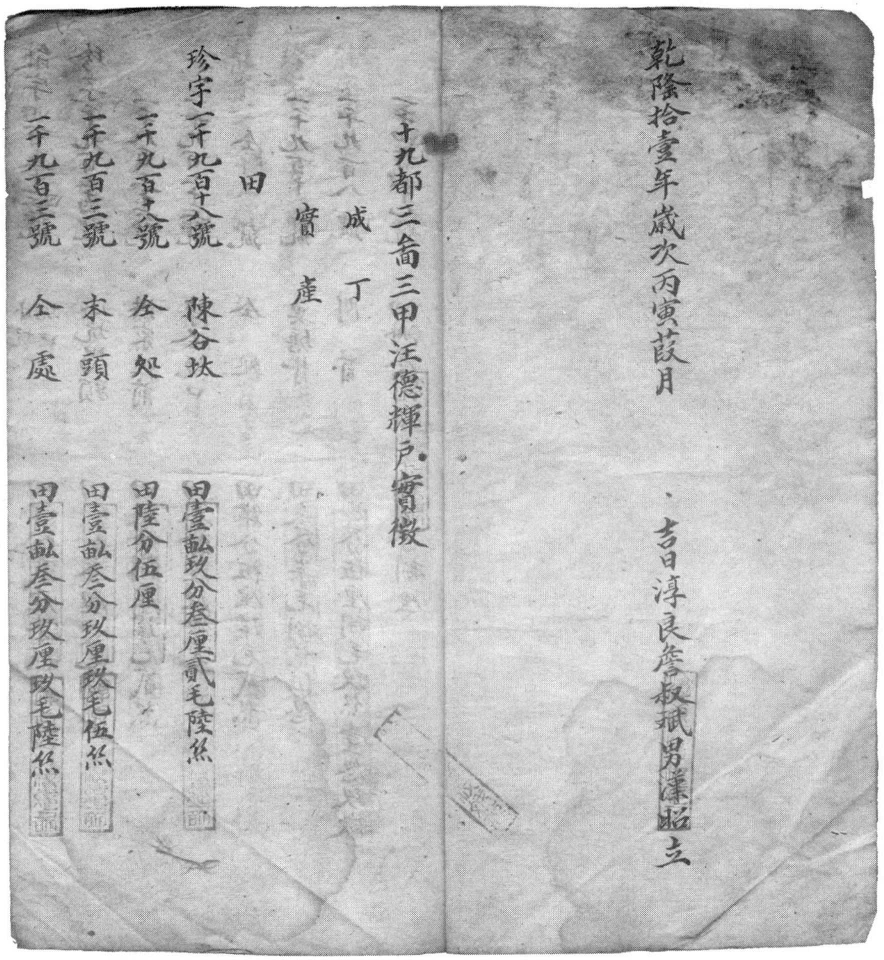
乾隆拾壹年歲次丙寅葭月

吉日淳良詹叔斌男濂招立

十九都三啚三甲汪德輝戶實徵

成丁

實產

田

珍字一千九百十八號　陳谷坵　田壹畝玖分叁厘貳毛陸絲

一千九百十八號　全　処　田陸分伍厘

一千九百三號　末　頭　田壹畝叁分玖厘玖毛伍絲

一千九百三號　仝　處　田壹畝叁分玖厘玖毛陸絲

秋口镇水末［沫］村汪家 6-1 · 乾隆十一年 · 税粮实征册 · 汪德辉户

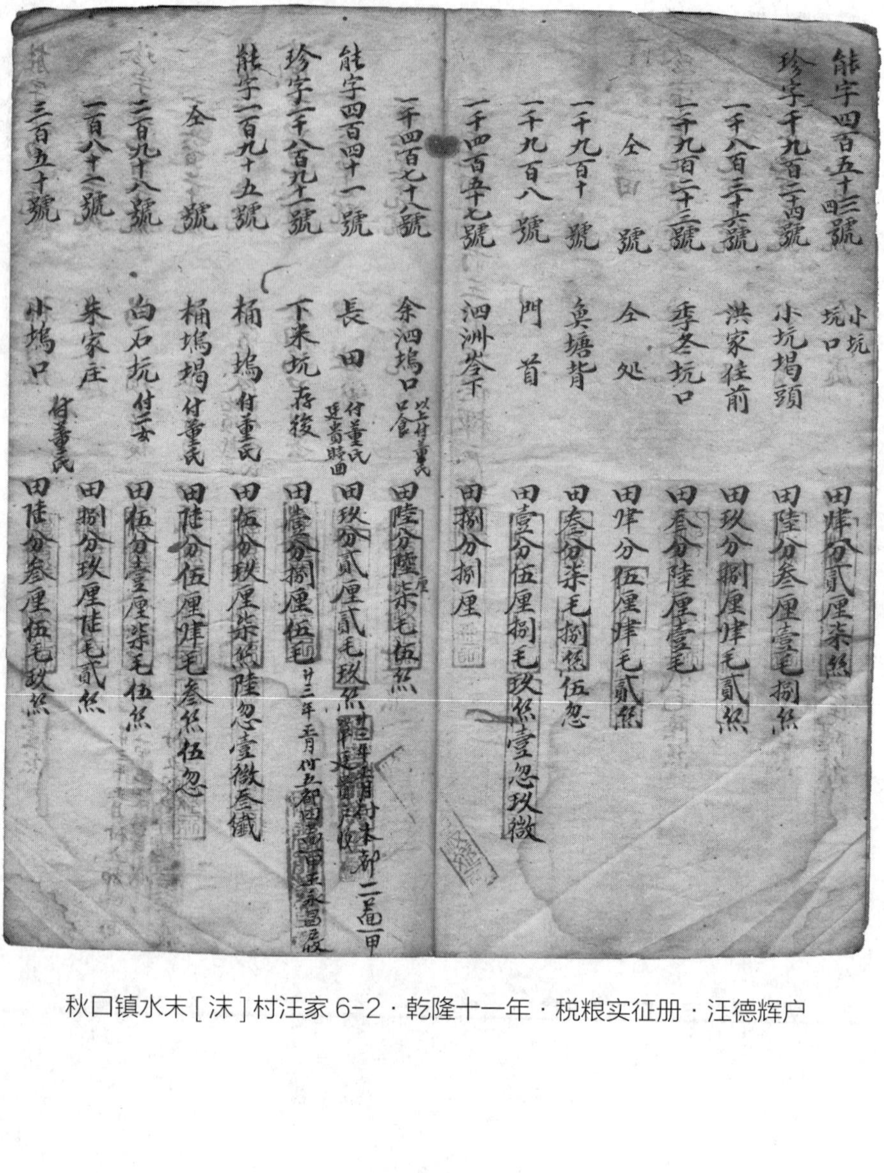

能字四百五十三號 小坑坑口 田肆分貳厘柒絲
珍字千九百二十四號 小坑塌頭 田陸分叁厘壹毛捌絲
一千八百三十六號 洪家往前 田玖分捌厘肆毛貳絲
一千九百二十三號 季冬坑口 田叁分陸厘壹毛
仝 號 仝 処 田肆分伍厘肆毛貳絲
一千九百十 號 奠塘背 田叁分柒毛捌絲伍忽
一千九百八 號 門 首 田壹分伍厘捌毛玖絲壹忽玖微
一千四百五十七號 泗洲塔下 田捌分捌厘
一千四百七十八號 余泗塢口 口倉 以上付董氏 田陸分陸厘柒毛伍絲
能字四百四十一號 長 田 付董氏 廷貴時田 田玖分貳厘貳毛玖絲
珍字一千八百九十一號 下米坑 存後 田陸分捌厘伍毛
能字一百九十五號 桶塢 付董氏 田伍分玖厘柒絲陸忽壹微叁纖
仝 號 桶塢塌 付董氏 田陸分伍厘肆毛叁絲伍忽
二百九十八號 白石坑 付二女 田伍分壹厘柒毛伍絲
一百八十一號 朱家庄 田捌分玖厘陸毛貳絲
三百五十號 小塢口 付董氏 田陸分叁厘伍毛玖絲

秋口镇水末[沫]村汪家 6-2 · 乾隆十一年 · 税粮实征册 · 汪德辉户

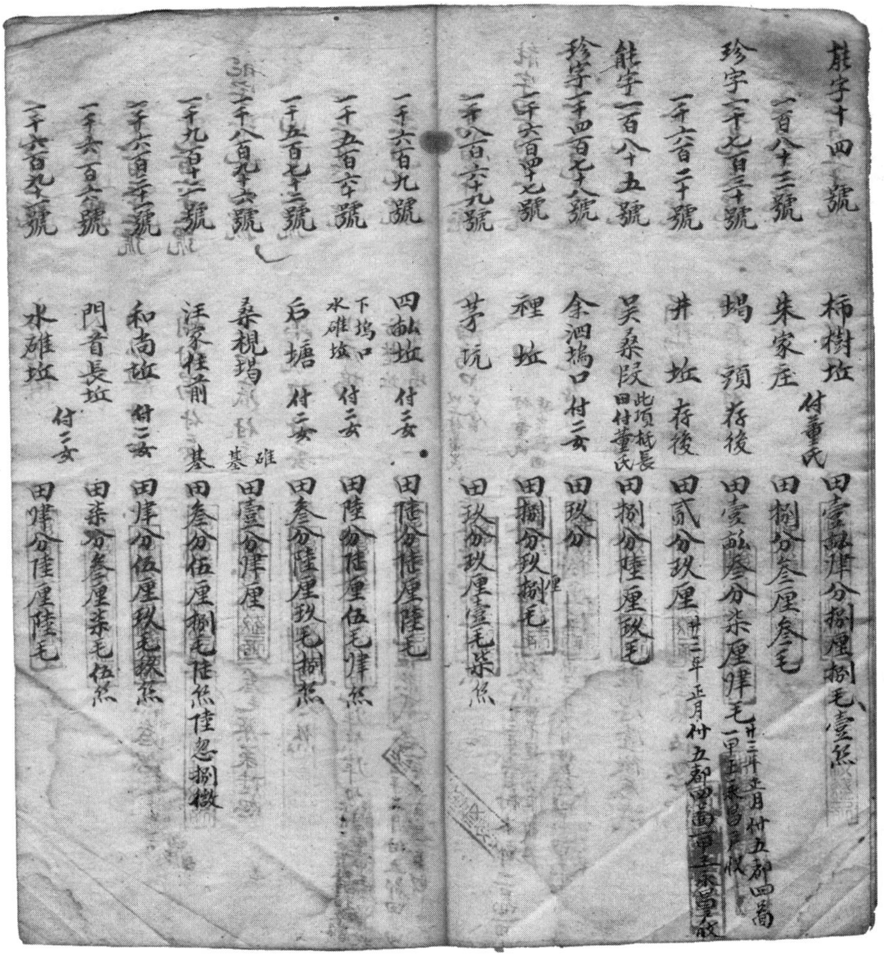

秋口镇水末 [沫] 村汪家 6-3 · 乾隆十一年 · 税粮实征册 · 汪德辉户

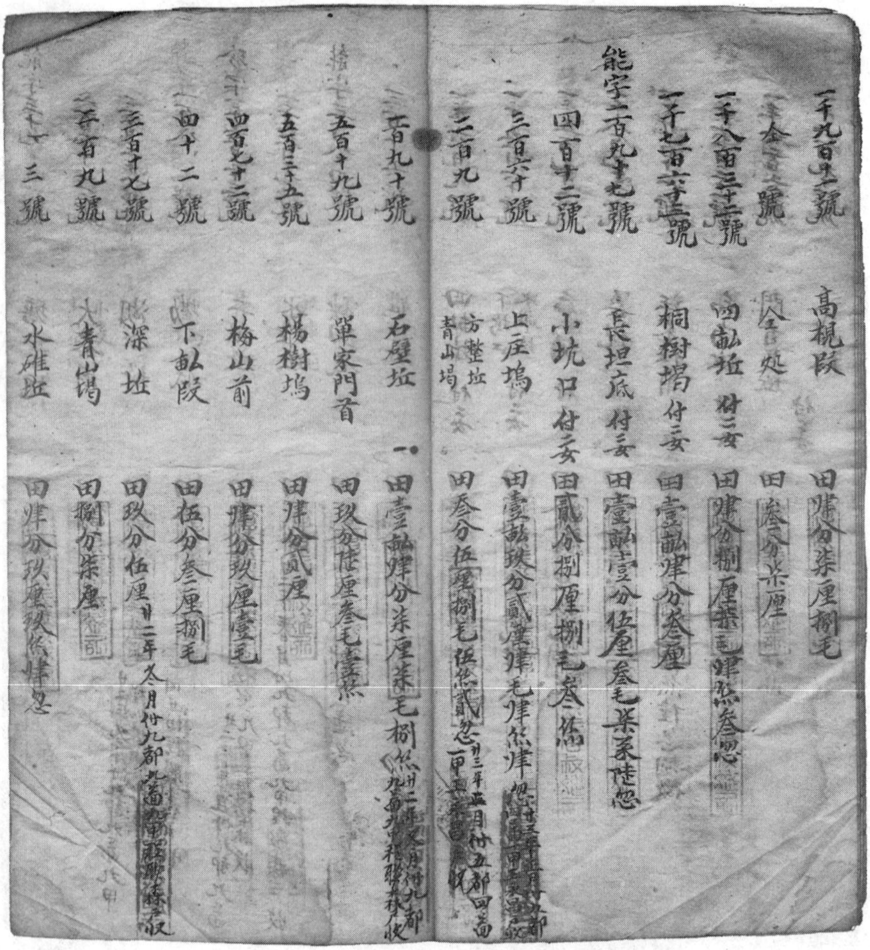
一千九百十二號 高槻段 田肆分柒厘捌毛
仝號 仝處 田叁分柒厘
一千八百三十二號 西畝坵 付三安 田肆分捌厘柒毛肆絲叁忽
一千七百六十三號 桐樹塢 付安 田壹畝肆分叁厘
能字二百九十七號 長坦底 付安 田壹畝壹分伍厘叁毛柒系陸忽
四百十二號 小坑口 付安 田貳分捌厘捌毛叁絲
三百六十號 上庄塢 田壹畝玖分貳厘肆毛肆絲
二百九號 方整坵 青山塢 田叁分伍厘捌毛伍絲貳忽
一百九十號 石壁坵 田壹畝肆分柒厘柒毛捌絲
五百十九號 單家門首 田玖分陸厘叁毛壹絲
五百三十五號 楊樹塢 田肆分貳厘
四百七十二號 梅山前 田肆分玖厘壹毛
四十二號 下畝段 田伍分叁厘捌毛
三百十七號 深坵 田玖分伍厘 廿二年冬月廿九都
二百九號 大青山塢 田捌分柒厘
三號 水碓坵 田肆分玖厘玖絲肆忽

秋口镇水末［沫］村汪家 6-4 · 乾隆十一年 · 税粮实征册 · 汪德辉户

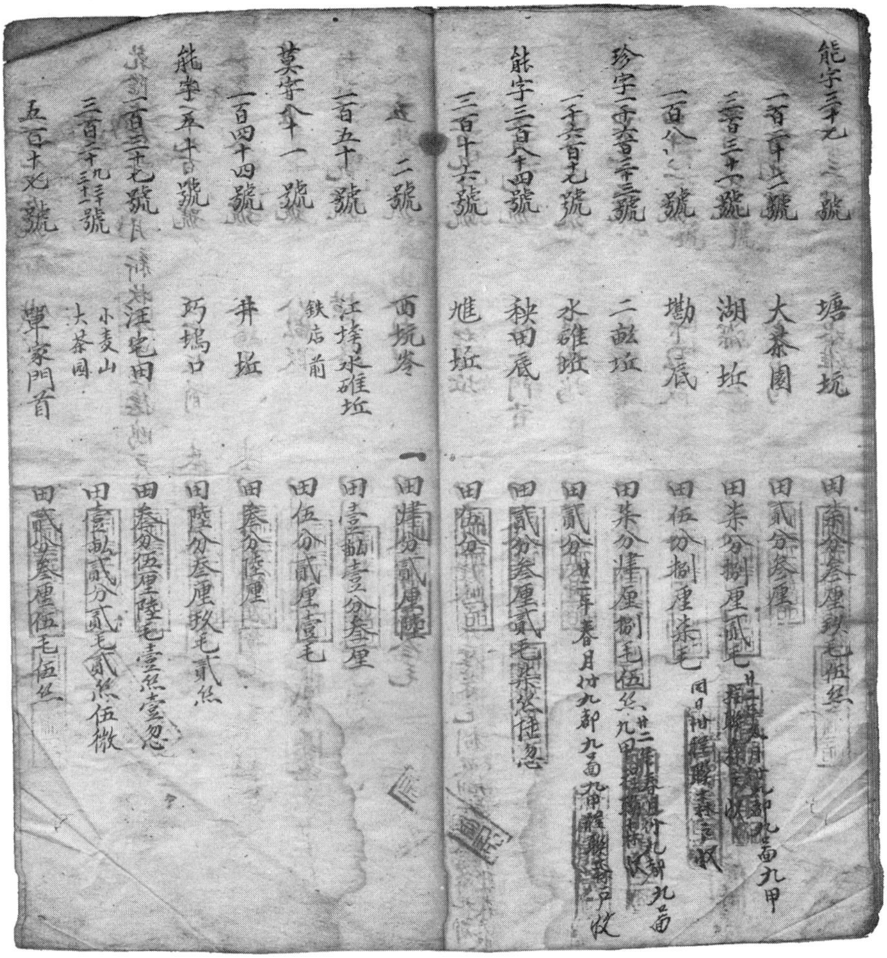

秋口镇水末［沫］村汪家 6-5 · 乾隆十一年 · 税粮实征册 · 汪德辉户

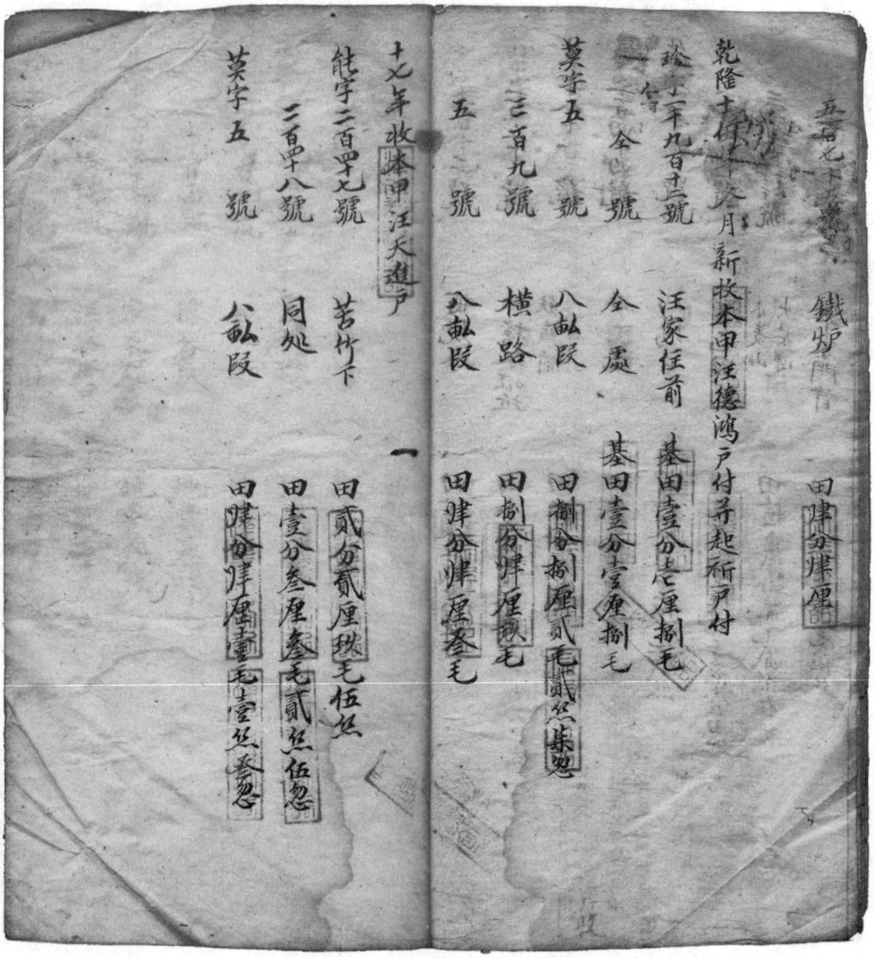

秋口镇水末［沫］村汪家 6-6 · 乾隆十一年 · 税粮实征册 · 汪德辉户

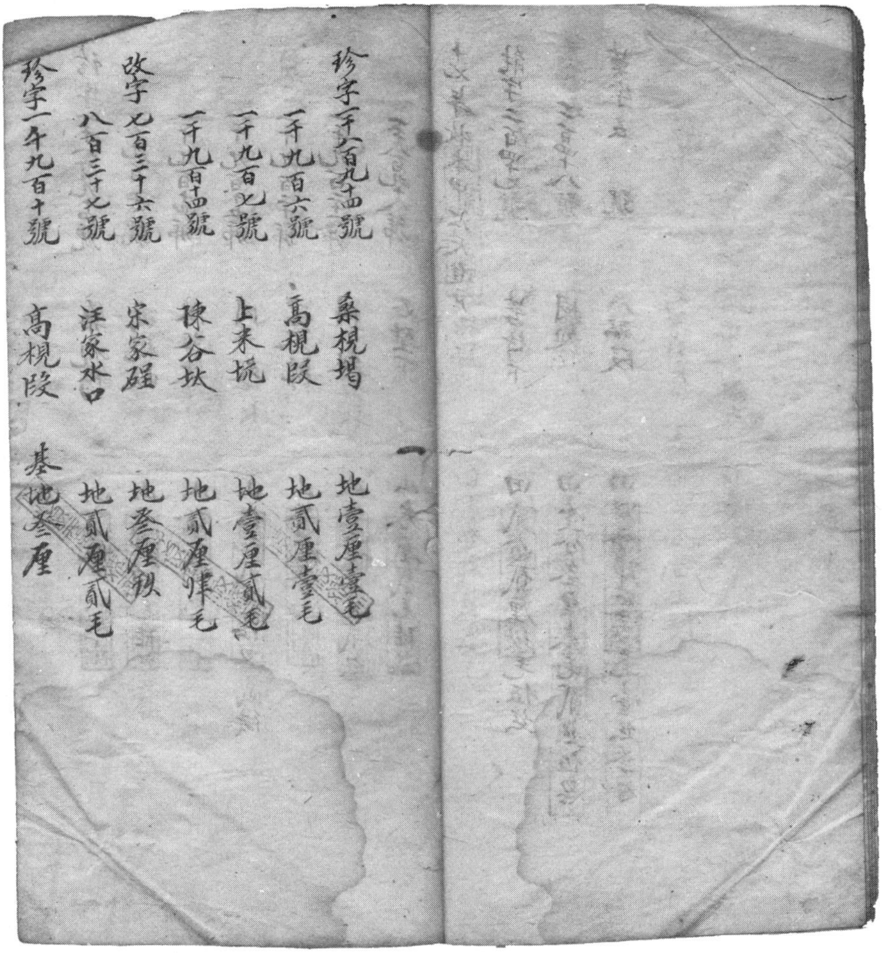

珍字一千八百九十四號　桑梘塌　地壹厘壹毛

一千九百六號　高梘跂　地貳厘壹毛

一千九百七號　上未坑　地壹厘貳毛

一千九百十四號　棟谷坻　地貳厘肆毛

改字七百三十六號　宋家碓　地叁厘玖

八百三十七號　汪家水口　地貳厘貳毛

珍字一千九百十號　高梘跂　基地叁厘

秋口镇水末［沫］村汪家 6-7 · 乾隆十一年 · 税粮实征册 · 汪德辉户

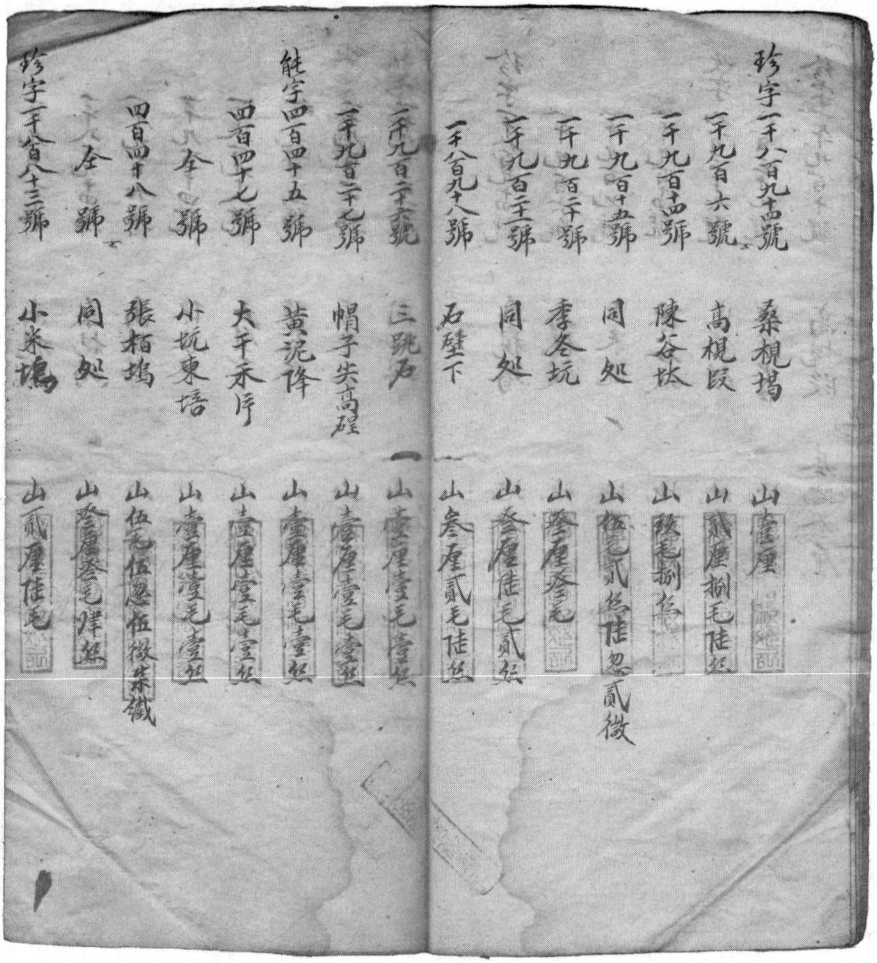

珍字一千八百九十四號 桑梘塢 山壹釐

一千九百六號 高梘段 山貳釐捌毛陸絲

一千九百十四號 陳谷坑 山玖毛捌絲

一千九百十五號 同處 山伍毛貳絲陸忽貳微

一千九百二十號 李冬坑 山叁釐叁毛

一千九百二十二號 同處 山叁釐陸毛貳絲

一千九百九十八號 石壁下 山叁釐貳毛陸絲

一千九百二十六號 三號石 山壹釐壹毛壹絲

一千九百二十七號 帽子尖高碇 山壹釐壹毛壹絲

能字四百四十五號 黃泥降 山壹釐壹毛壹絲

四百四十七號 大干禾坪 山壹釐壹毛壹絲

仝號 外坑東培 山壹釐壹毛壹絲

四百四十八號 張栢塢 山伍毛伍忽伍微柒纖

仝號 同處 山叁釐叁毛肆絲

珍字一千九百八十三號 小米塢 山貳釐陸毛

秋口镇水末［沫］村汪家 6-8 · 乾隆十一年 · 税粮实征册 · 汪德辉户

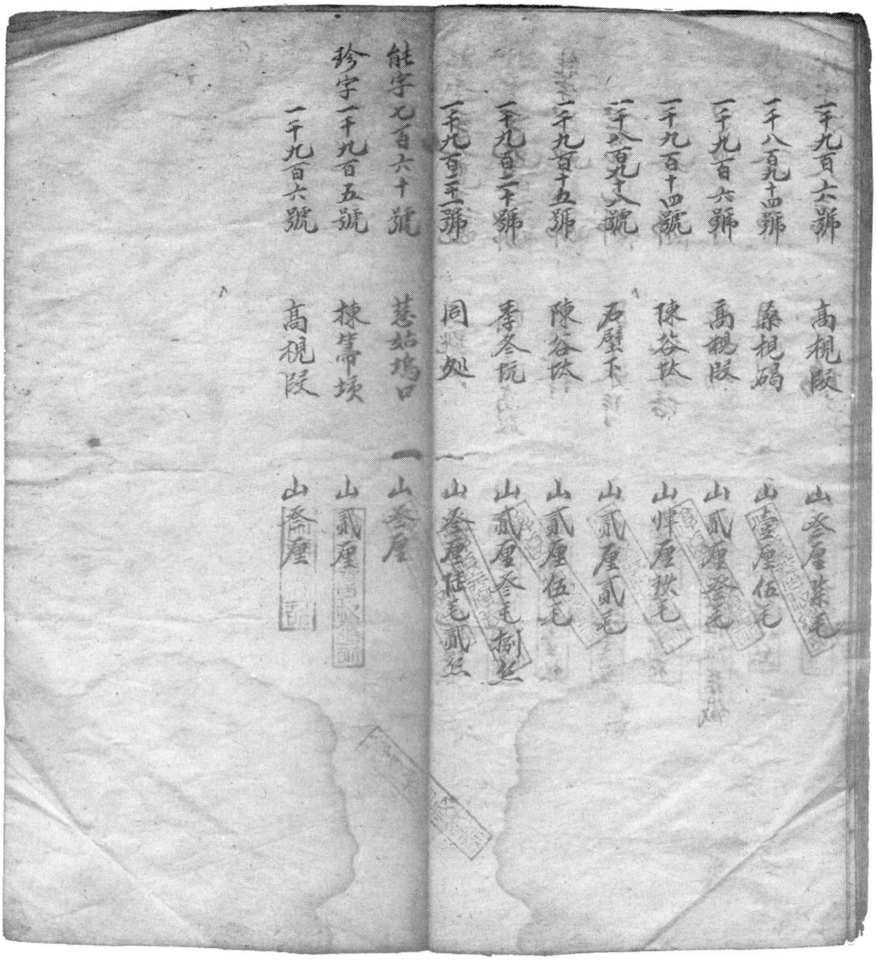

秋口镇水末 [沫] 村汪家 6-9 · 乾隆十一年 · 税粮实征册 · 汪德辉户

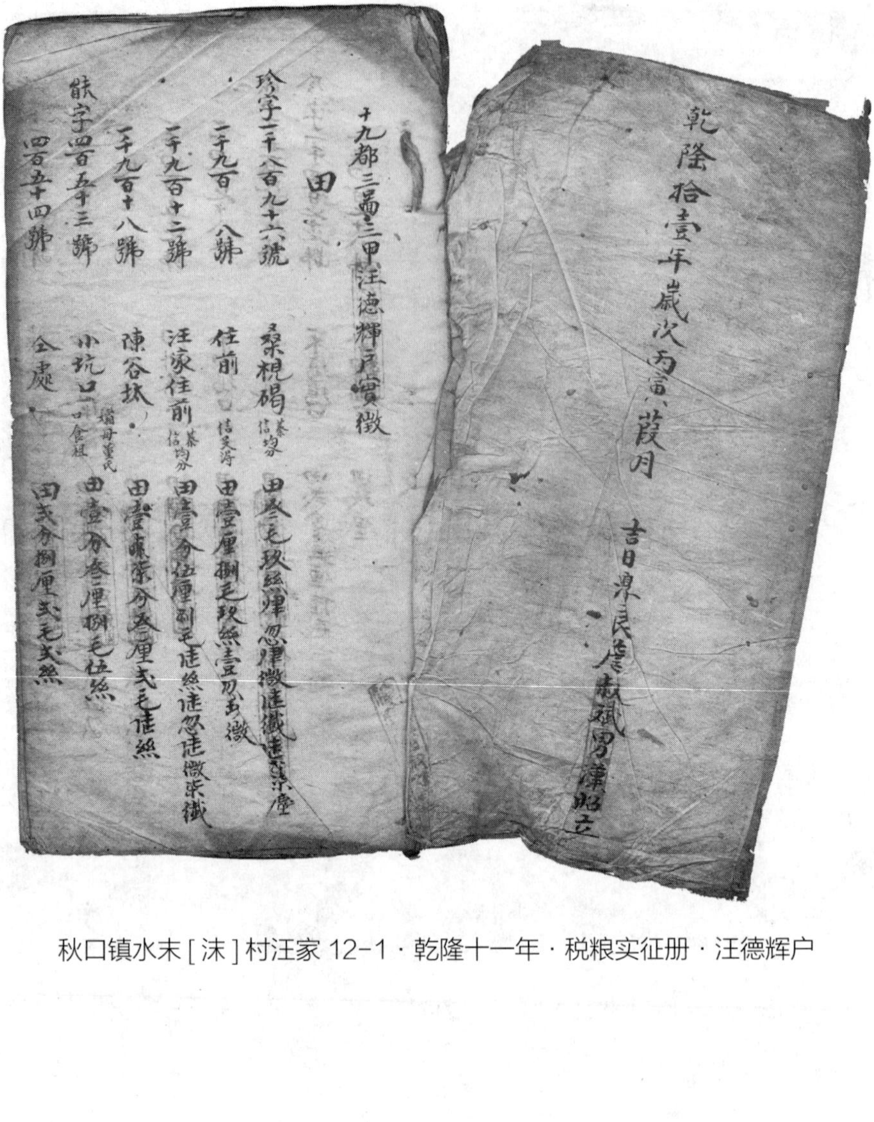

秋口镇水末［沫］村汪家 12-1 · 乾隆十一年 · 税粮实征册 · 汪德辉户

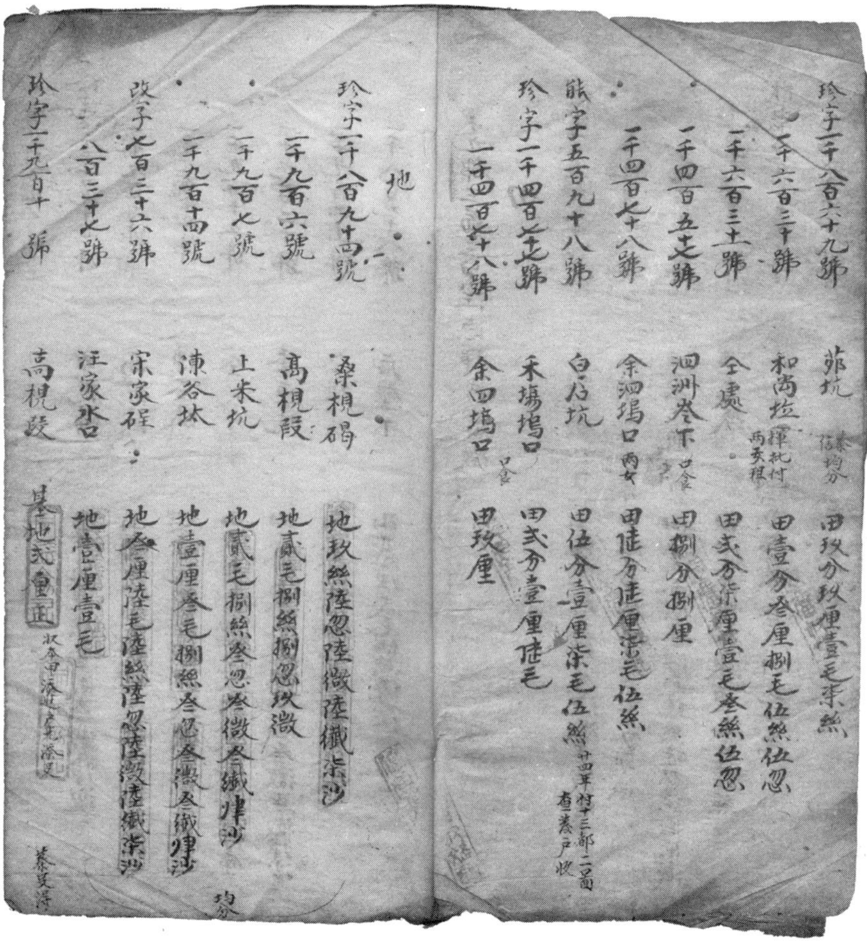
珍字一千八百六十九號　茆坑　田玖分玖厘壹毛柒絲
一千六百三十號　和尚垅　田壹分叁厘捌毛伍絲伍忽
一千六百三十一號　仝處　田弍分柒厘壹毛叁絲伍忽
一千四百五十七號　泗洲叁下　田捌分捌厘
一千四百七十八號　余泗塢口　田陸分陸厘柒毛伍絲
能字五百九十八號　白石坑　田伍分壹厘柒毛伍絲
珍字一千四百七十七號　禾塲塢口　田弍分壹厘陸毛
一千四百七十八號　余四塢口　田玖厘

地
珍字一千八百九十四號　桑槻碣　地玖絲陸忽陸微陸纖柒沙
一千九百六號　高槻段　地貳毛捌絲捌忽玖微
一千九百七號　上米坑　地貳毛捌絲叁忽叁微叁纖肆沙
一千九百十四號　湅谷垅　地壹厘叁毛捌絲叁忽叁微叁纖肆沙
改字七百三十六號　宋家碓　地叁厘陸毛陸絲陸忽陸微陸纖柒沙
八百三十七號　汪家㘭　地壹厘壹毛
珍字一千九百十　號　高槻段　基地弍厘正

秋口镇水末[沫]村汪家 12-2 · 乾隆十一年 · 税粮实征册 · 汪德辉户

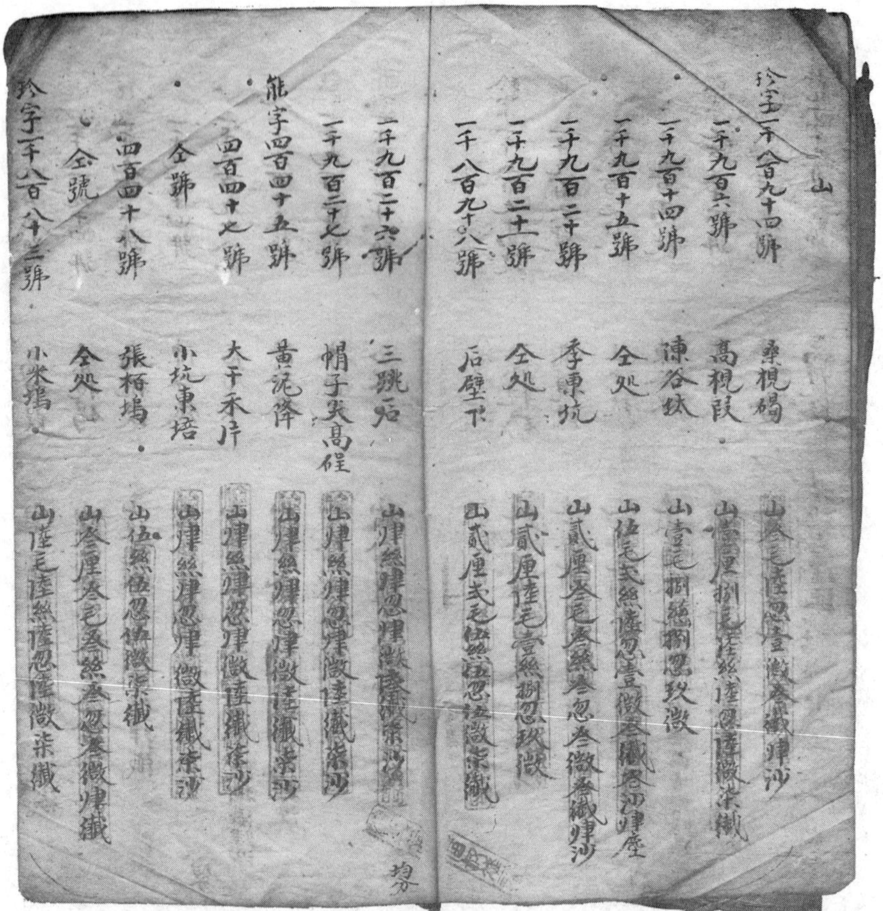

山

玲字一千八百九十四號 桑榥碣 山叁毛陸忽壹微叁纖肆沙

一千九百六號 高榥段 山陸厘捌毛陸絲陸忽陸微柒纖

一千九百十四號 陳谷鈦 山壹毛捌絲捌忽玖微

一千九百十五號 仝處 山伍毛弍絲陸忽壹微叁纖叁沙肆塵

一千九百二十號 季東坑 山貳厘叁毛叁絲叁忽叁微叁纖肆沙

一千九百二十一號 仝處 山貳厘陸毛壹絲捌忽玖微

一千八百九十八號 后壁下 山貳厘弍毛伍絲伍忽伍微柒纖

一千九百二十六號 三跳石 山肆絲肆忽肆微陸纖柒沙

一千九百二十七號 帽子尖高程 山肆絲肆忽肆微陸纖柒沙

能字四百四十五號 黃泥降 山肆絲肆忽肆微陸纖柒沙

四百四十七號 大干禾片 山肆絲肆忽肆微陸纖柒沙

仝號 小坑東培 山肆絲肆忽肆微陸纖柒沙

四百四十八號 張栢塢 山伍絲伍忽伍微柒纖

仝號 仝處 山叁厘叁毛叁絲叁忽叁微肆纖

玲字一千八百八十三號 小米塢 山陸毛陸絲陸忽陸微柒纖

塝

秋口镇水末 [沫] 村汪家 12-3 · 乾隆十一年 · 税粮实征册 · 汪德辉户

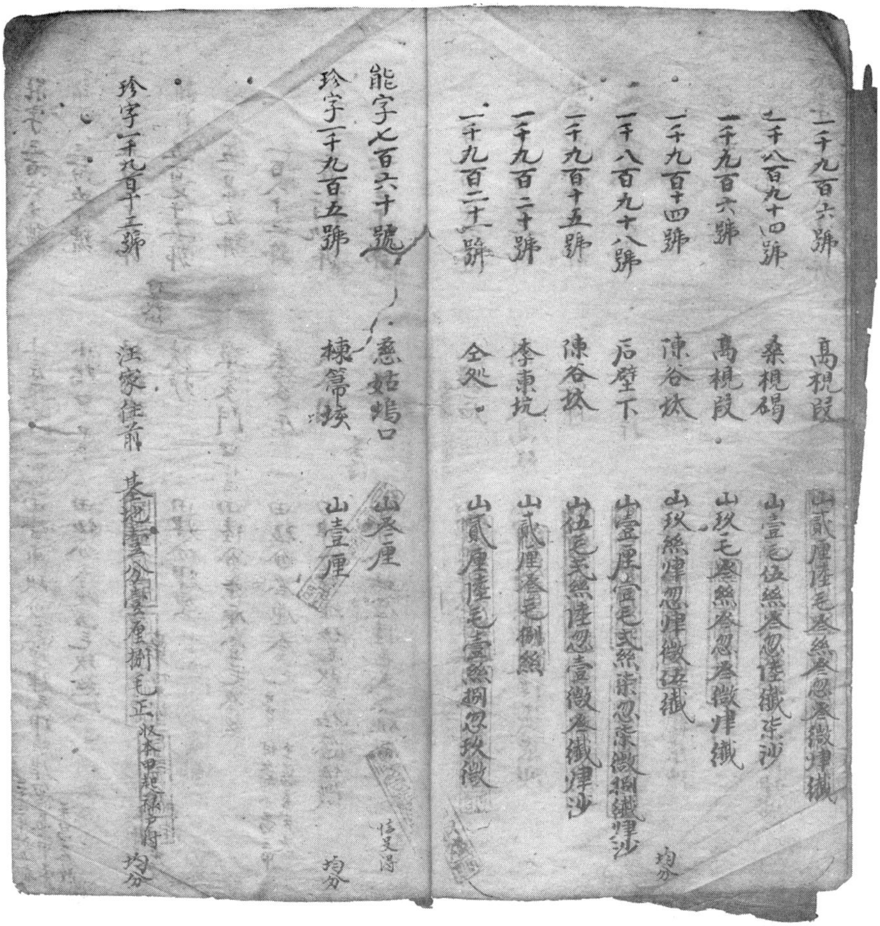

一千九百六號　高枧段　山貳厘陸毛叁絲叁忽叁微肆纖
一千八百九十四號　桑枧碣　山壹毛伍絲叁忽陸纖柒沙
一千九百六號　高枧段　山玖毛叁絲叁忽叁微肆纖
一千九百十四號　陳谷坎　山玖絲肆忽肆微伍纖
一千八百九十八號　后壁下　山壹厘壹毛弍絲柒忽柒微捌纖肆沙
一千九百十五號　陳谷坎　山伍毛弍絲陸忽壹微叁纖肆沙
一千九百二十號　李東坑　山弍厘叁毛捌絲
一千九百二十一號　全处　山貳厘陸毛壹絲捌忽玖微
均分

能字七百六十號　慈姑嶋口　山叁厘
珍字一千九百五號　棟篙坑　山壹厘
佳旻渭
均分

珍字一千九百十三號　汪家住前　基地壹分叁厘捌毛正
收本甲旭孫户用
均分

秋口镇水末［沫］村汪家 12-4 · 乾隆十一年 · 税粮实征册 · 汪德辉户

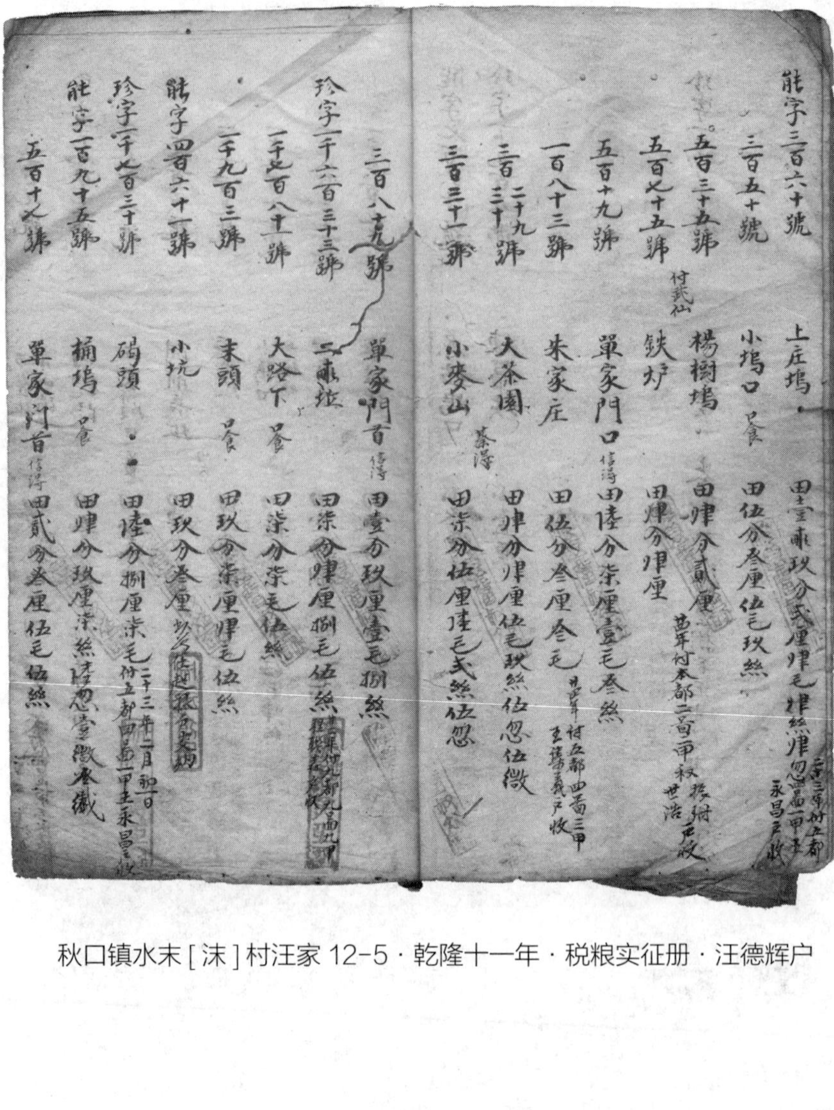
能字三百六十號　上庄塢　田壹畝玖分弍厘肆毛肆絲肆忽
三百五十號　小塢口　田伍分叁厘伍毛玖絲
五百三十五號　楊樹塢　田肆分貳厘
五百七十五號　鉄炉　田肆分肆厘
五百十九號　單家門口　田陸分柒厘壹毛叁絲
一百八十三號　朱家庄　田伍分叁厘叁毛
三百二十九號　大茶園　田肆分肆厘伍毛玖絲伍忽伍微
三百三十一號　小麥山　田柒分伍厘陸毛弍絲伍忽
三百八十九號　單家門首　田壹分玖厘壹毛捌絲
珍字一千六百三十三號　二畝坵　田柒分肆厘捌毛伍絲
一千七百八十一號　大路下　田柒分柒毛伍絲
一千九百三號　末頭　田玖分柒厘肆毛伍絲
能字四百六十一號　小坑　田玖分叁厘
珍字一千七百三十號　碣頭　田陸分捌厘柒毛
能字一百九十五號　桶塢　田肆分玖厘柒絲
五百十七號　單家門首　田貳分叁厘伍毛伍絲

秋口镇水末［沫］村汪家 12-5 · 乾隆十一年 · 税粮实征册 · 汪德辉户

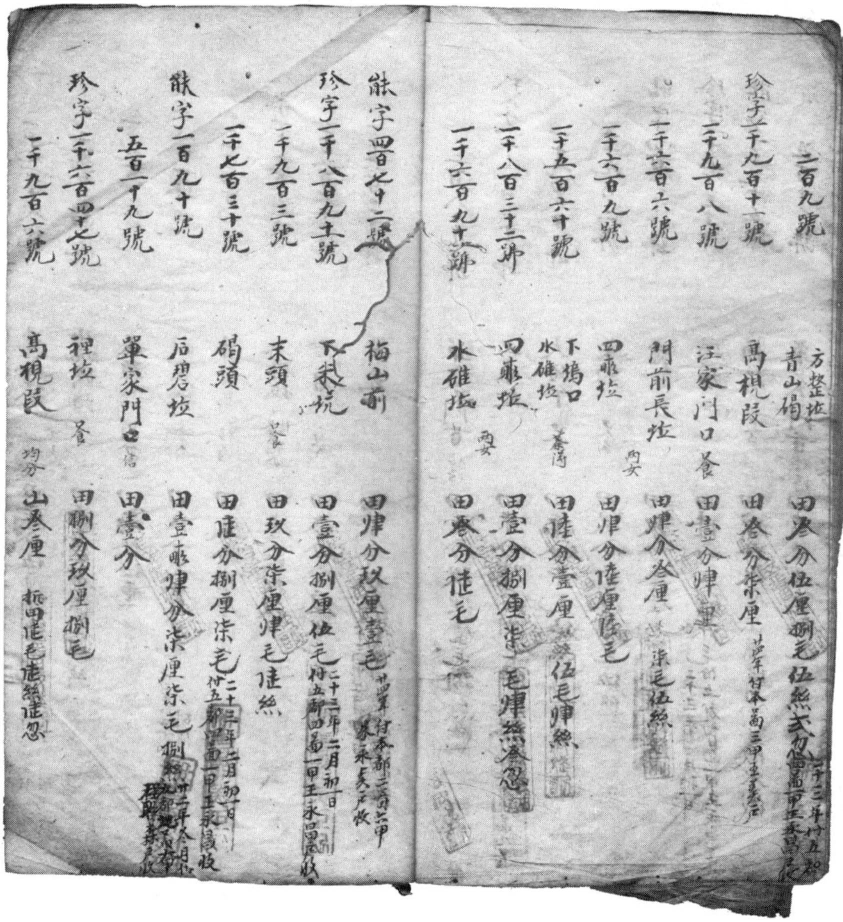

秋口镇水末[沫]村汪家 12-6 · 乾隆十一年 · 税粮实征册 · 汪德辉户

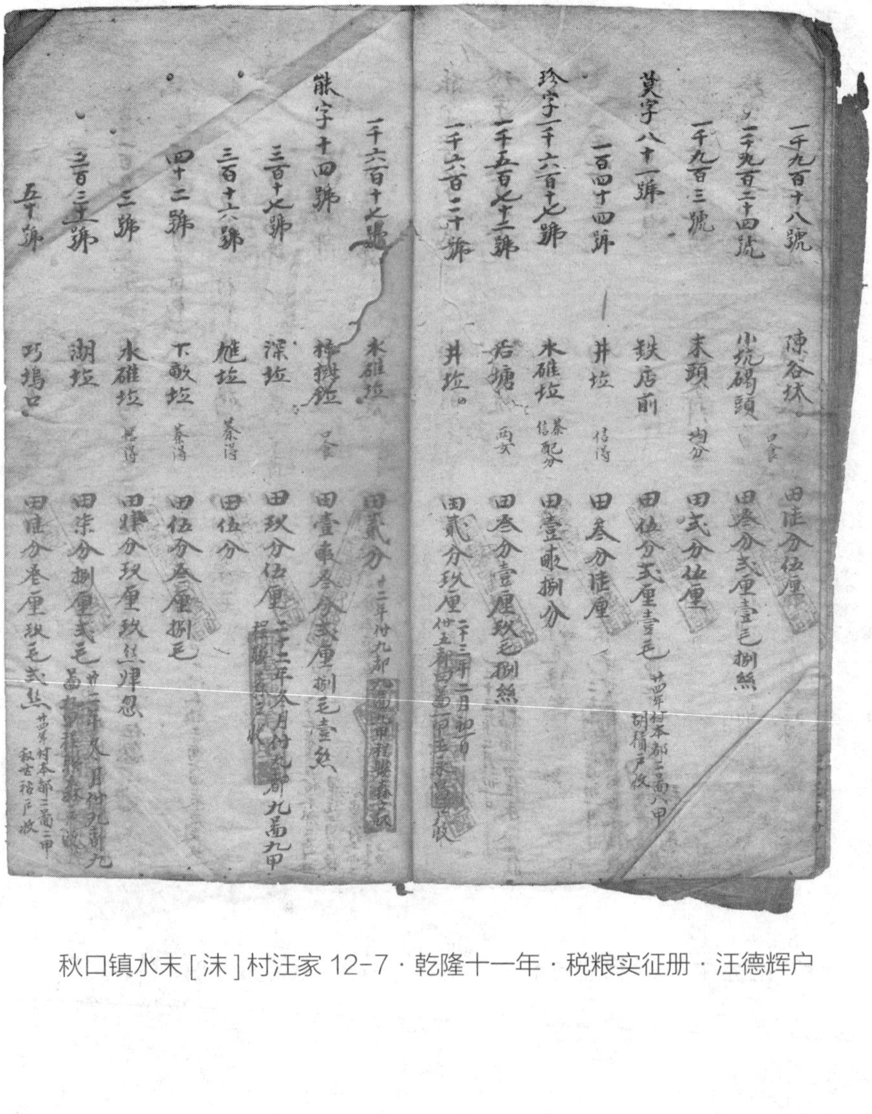

秋口镇水末［沫］村汪家 12-7 · 乾隆十一年 · 税粮实征册 · 汪德辉户

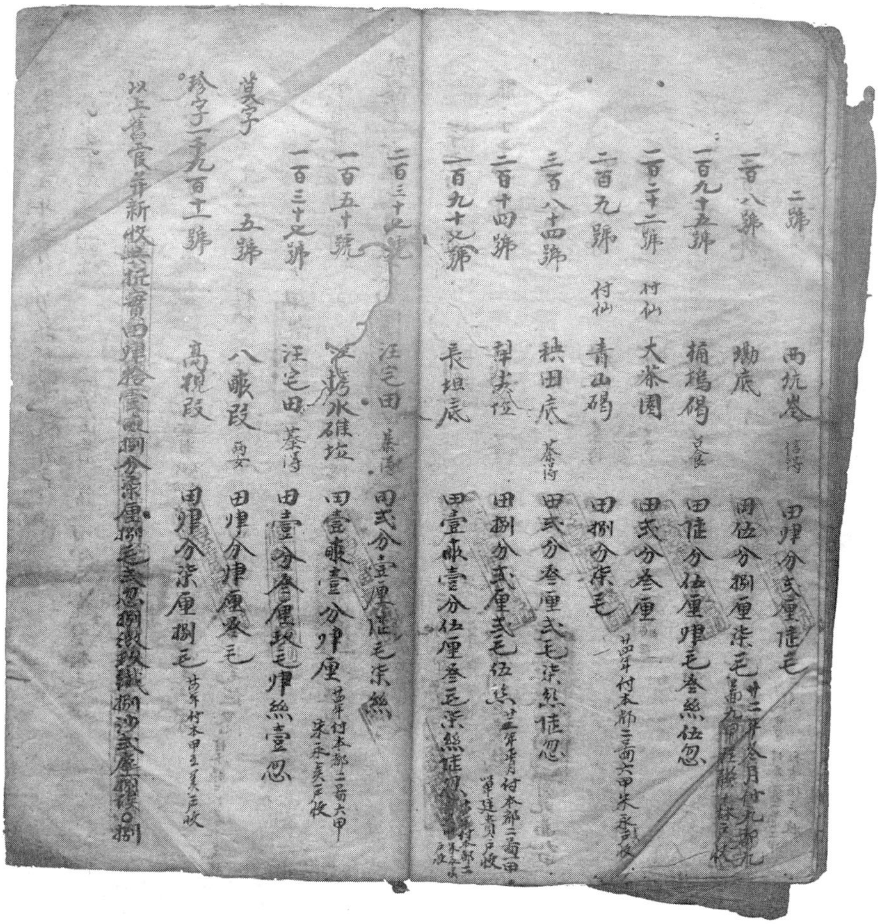

二號 西坑巷 信得 田肆分貳厘陸毛
一百八號 塲底 田伍分捌厘柒毛
一百九十五號 捕鳩碣 田陸分伍厘肆毛叁絲伍忽
一百二十二號 村仙 大塋園 田貳分叁厘
二百九號 付仙 青山碣 田捌分柒毛
二百八十四號 秧田底 蓁得 田貳分叁厘貳毛柒絲陸忽
二百十四號 犁头坵 田捌分貳厘貳毛伍絲
一百九十七號 長坦底 田壹畝壹分伍厘叁毛柒絲陸忽
二百三十七號 汪宅田 蓁得 田貳分壹厘陸毛柒絲
一百五十號 又 捞水碓坵 田壹畝壹分肆厘
一百三十七號 汪宅田 蓁得 田壹分叁厘玖毛肆絲壹忽
莫字 五號 八畝段 田肆分肆厘叁毛
珍字一千九百十一號 高規段 田肆分柒厘捌毛
以上舊管并新收共計實田肆拾壹畝捌分柒厘捌毛貳忽捌微玖纖捌沙貳塵捌渺○捌

秋口镇水末［沫］村汪家 12-8 · 乾隆十一年 · 税粮实征册 · 汪德辉户

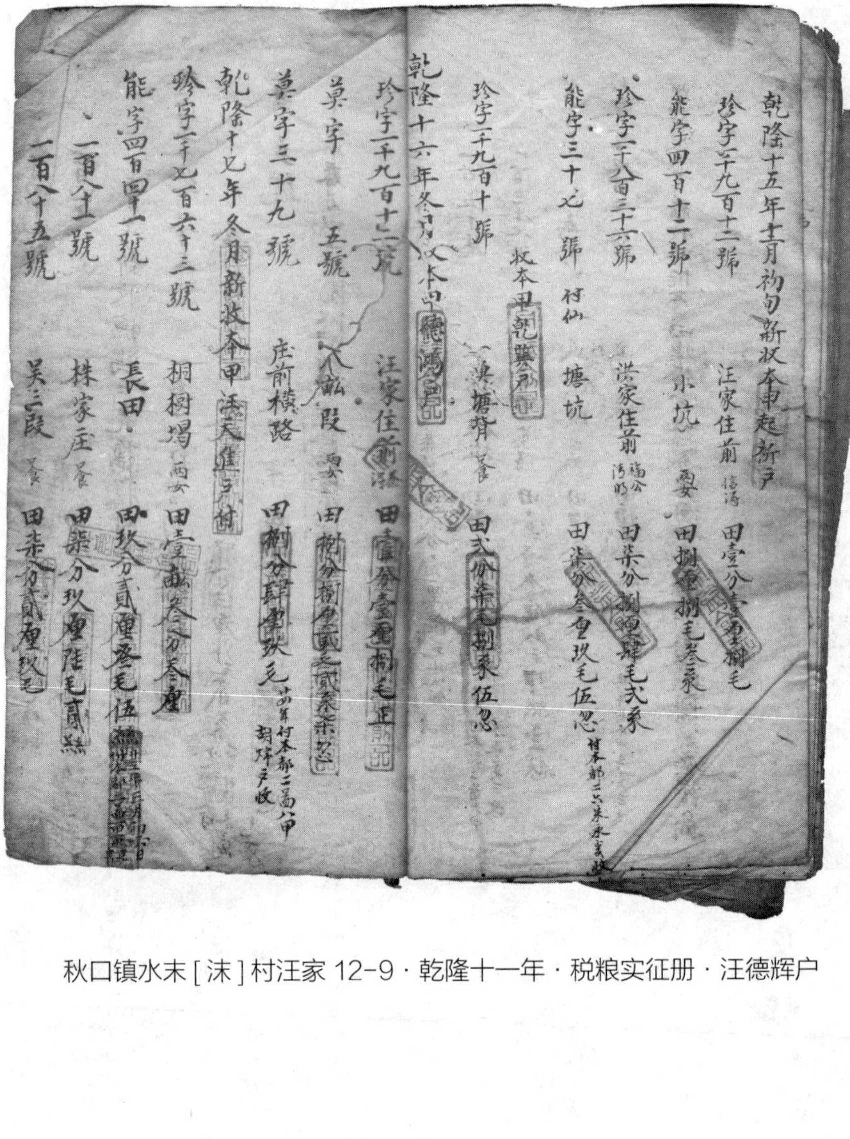

秋口镇水末[沫]村汪家 12-9 · 乾隆十一年 · 税粮实征册 · 汪德辉户

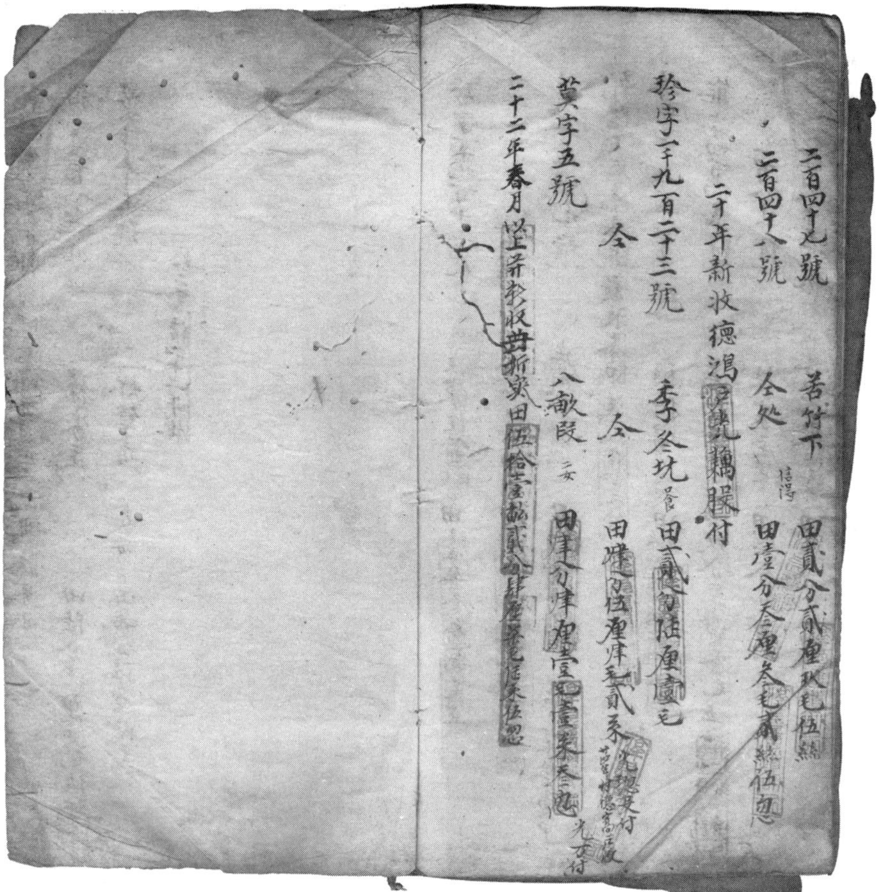

秋口镇水末［沫］村汪家 12-10 · 乾隆十一年 · 税粮实征册 · 汪德辉户

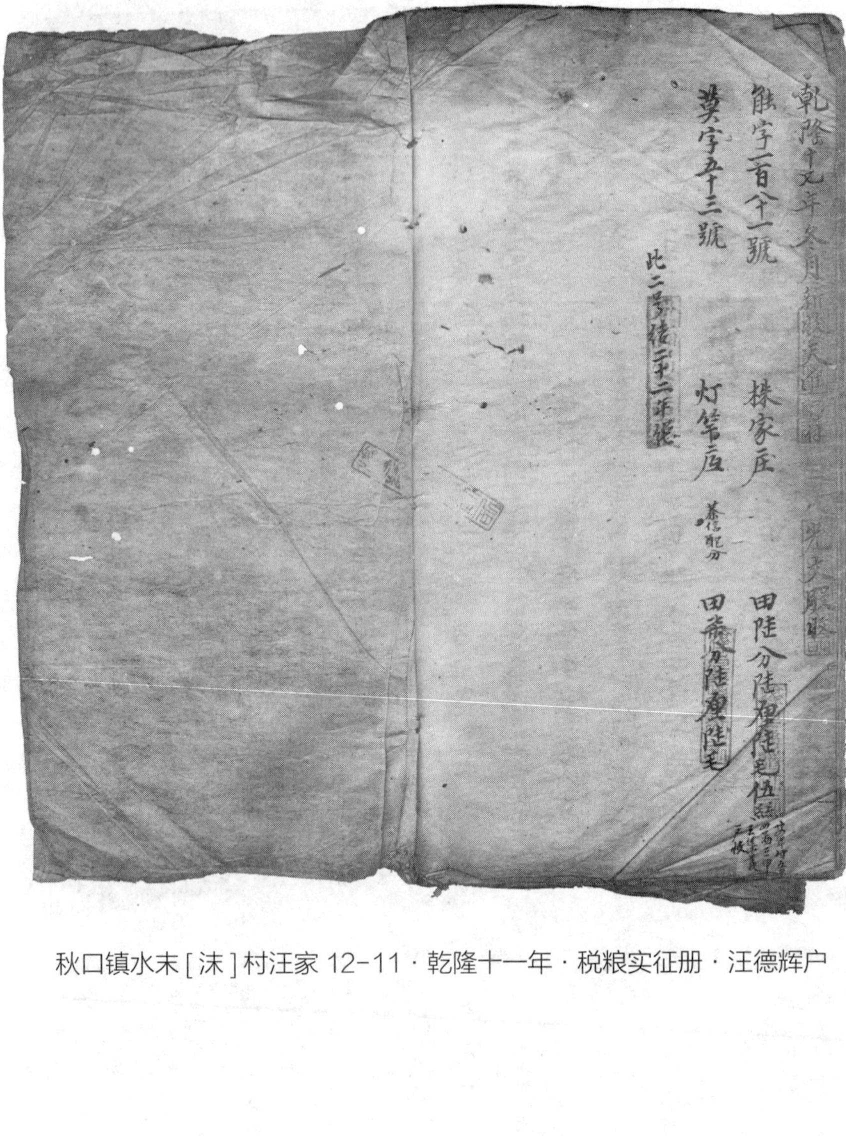

秋口镇水末[沫]村汪家 12-11 · 乾隆十一年 · 税粮实征册 · 汪德辉户

秋口镇水末[沫]村汪家 13-1 · 乾隆十一年 · 税粮实征册 · 汪起禄户

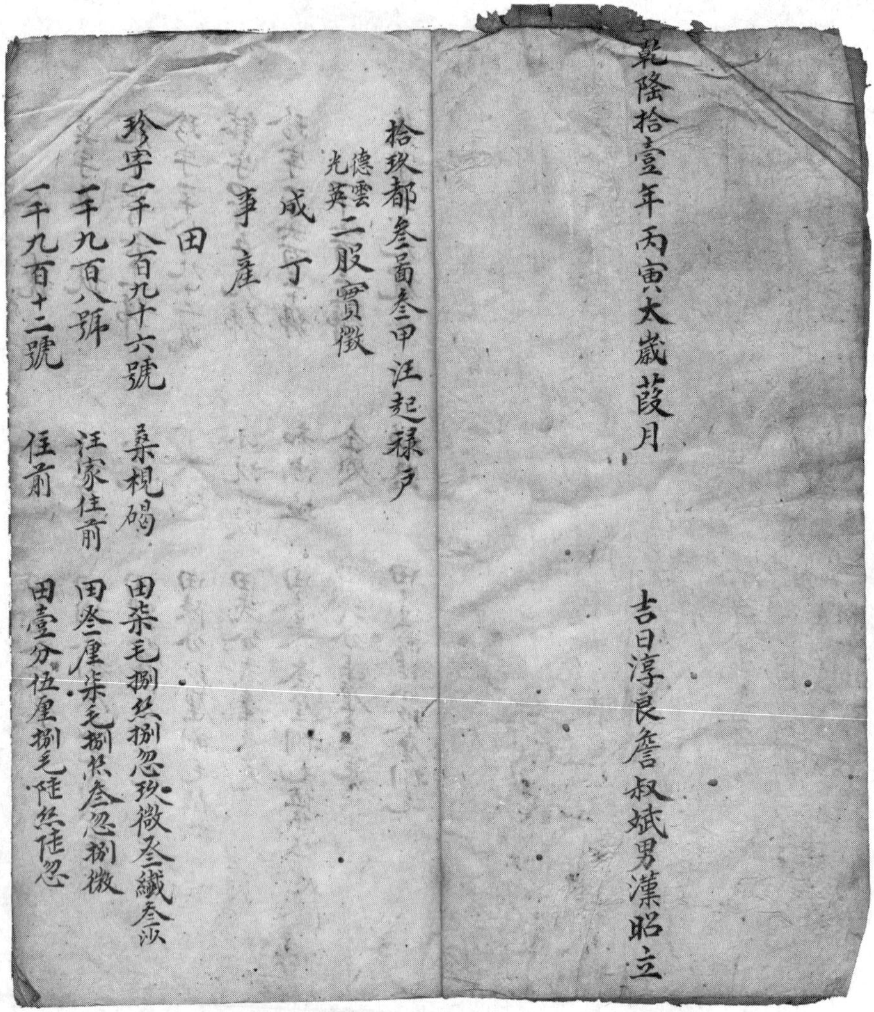

秋口镇水末［沫］村汪家 13-2 · 乾隆十一年 · 税粮实征册 · 汪起禄户

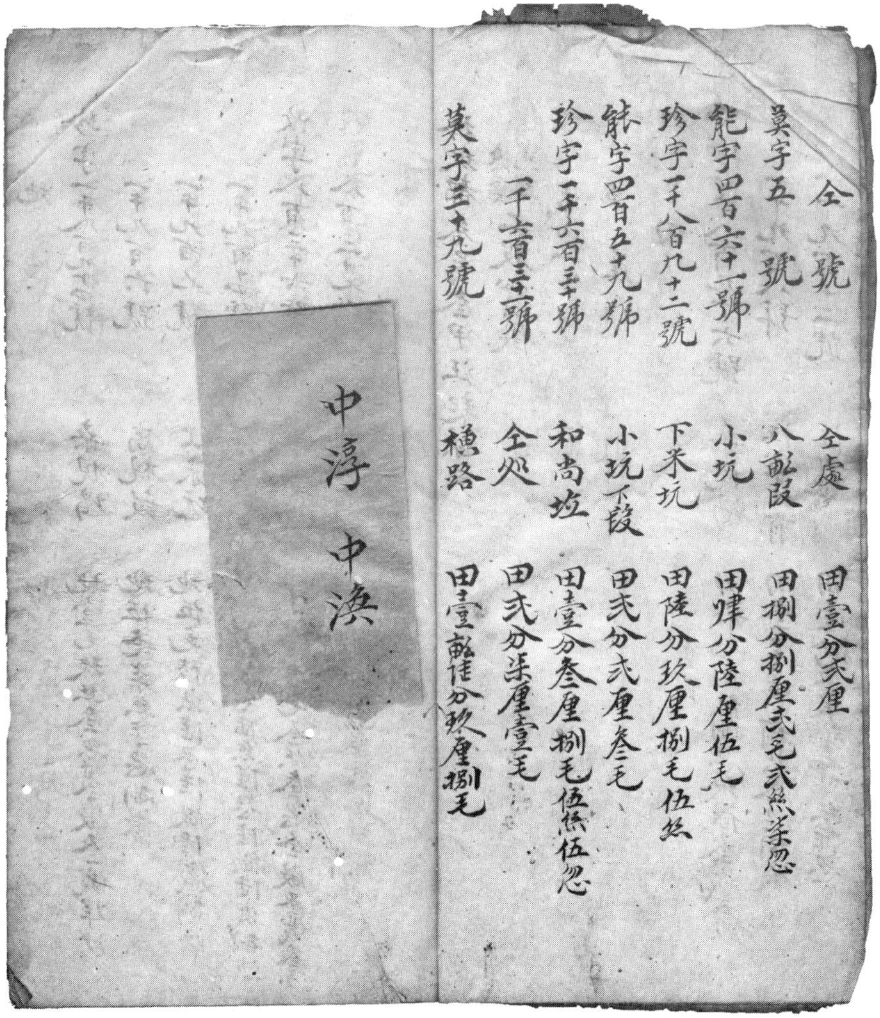

仝號	仝處	田壹分弍厘
莫字五號	八畝段	田捌分捌厘弍毛弍絲柒忽
能字四百六十一號	小坑	田肆分陸厘伍毛
珍字一千八百九十二號	下米坑	田陸分玖厘捌毛伍絲
能字四百五十九號	小坑下段	田弍分弍厘叁毛
珍字一千六百三十號	和尚垅	田壹分叁厘捌毛伍絲伍忽
一千六百三十一號	仝處	田弍分柒厘壹毛
莫字三十九號	槙路	田壹畝徃分玖厘捌毛

中淳 中涣

秋口镇水末[沫]村汪家 13-3 · 乾隆十一年 · 税粮实征册 · 汪起禄户

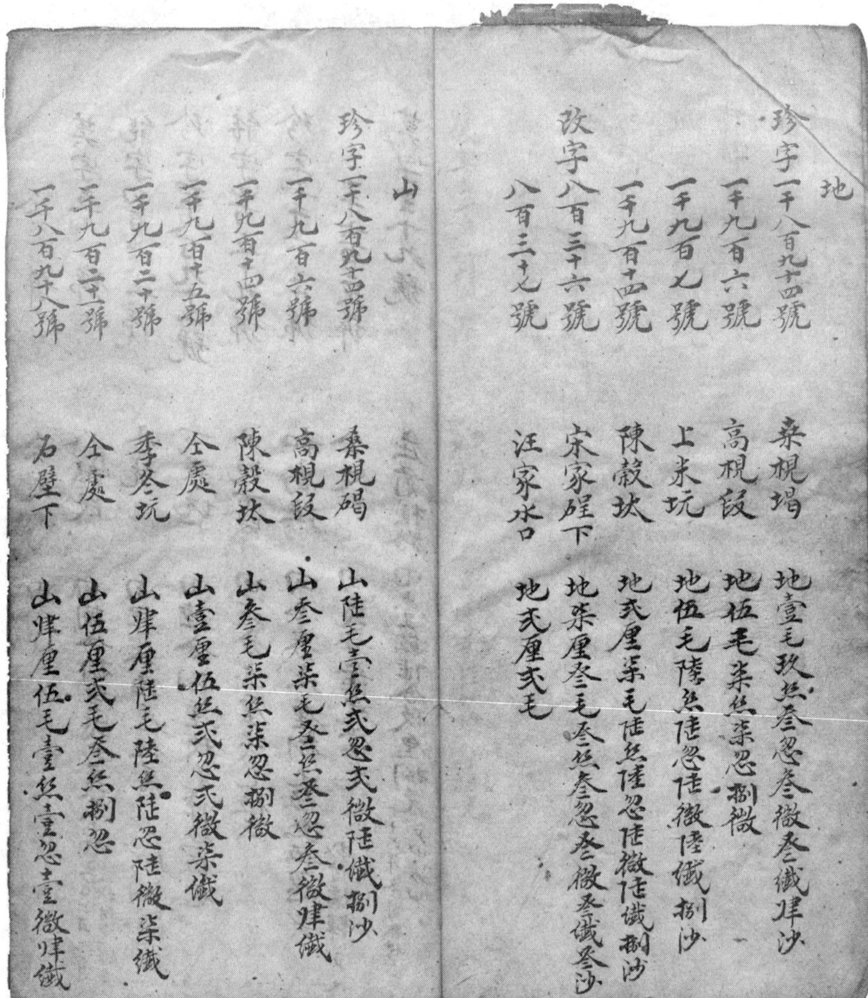

地

珍字一千八百九十四號　桑梘塢　地壹毛玖絲叁忽叁微叁纖肆沙

一千九百六號　高梘段　地伍毛柒絲柒忽捌微

一千九百七號　上米坑　地伍毛陸絲陸忽陸微陸纖捌沙

一千九百十四號　陳穀垅　地弍厘柒毛陸絲陸忽陸微陸纖捌沙

改字八百三十六號　宋家塂下　地柒厘叁毛叁絲叁忽叁微叁纖叁沙

八百三十七號　汪家水口　地弍厘弍毛

山

珍字一千八百九十四號　桑梘碣　山陸毛壹絲弍忽弍微陸纖捌沙

一千九百六號　高梘段　山叁厘柒毛叁絲叁忽叁微肆纖

一千九百十四號　陳穀垅　山叁毛柒絲柒忽捌微

一千九百十五號　仝處　山壹厘伍絲弍忽弍微柒纖

一千九百二十號　季冬坑　山肆厘陸毛陸絲陸忽陸微柒纖

一千九百二十一號　仝處　山伍厘弍毛叁絲捌忽

一千八百九十八號　石壁下　山肆厘伍毛壹絲壹忽壹微肆纖

秋口镇水末 [沫] 村汪家 13-4 · 乾隆十一年 · 税粮实征册 · 汪起禄户

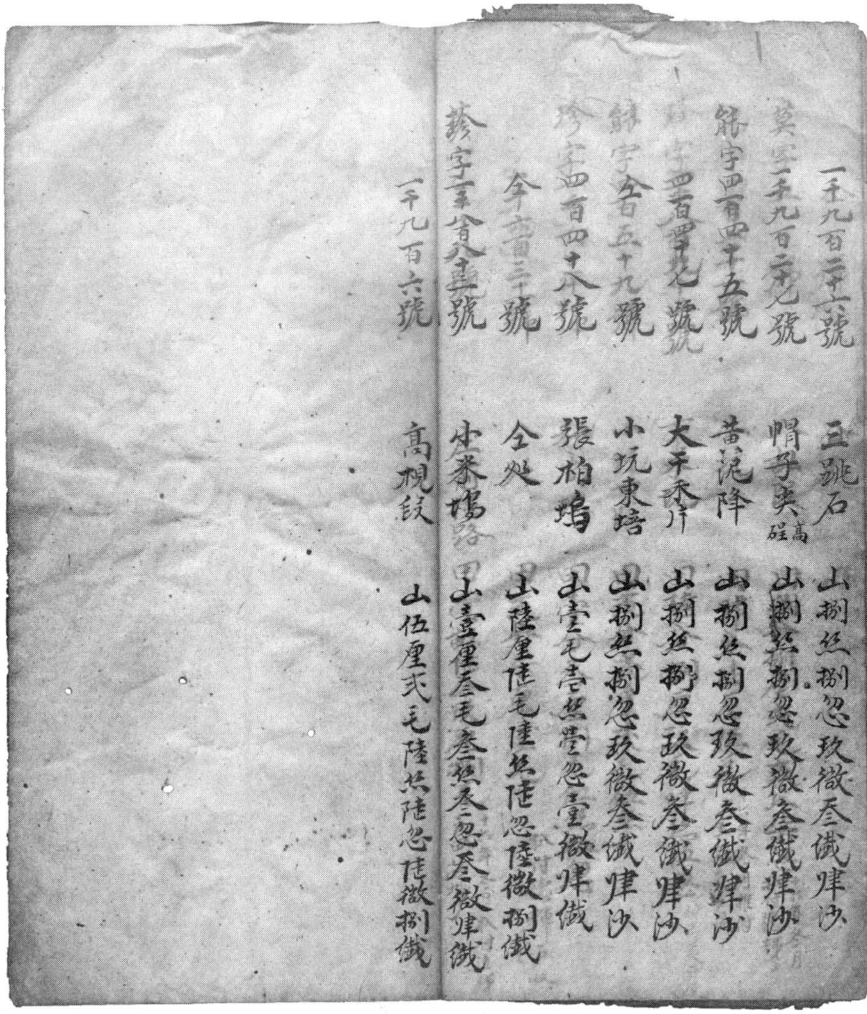
一千九百二十六號　三跳石　山捌丝捌忽玖微叁纖肆沙
莫字一千九百二十七號　帽子尖（高磴）　山捌丝捌忽玖微叁纖肆沙
能字四百四十五號　黄泥降　山捌丝捌忽玖微叁纖肆沙
能字四百四十九號　大平秀片　山捌丝捌忽玖微叁纖肆沙
能字仝百五十九號　小坑東培　山捌丝捌忽玖微叁纖肆沙
珍字四百四十八號　張柏塢　山壹毛壹丝壹忽壹微肆纖
仝字四百三十號　仝处　山陸厘陸毛陸丝陸忽陸微捌纖
珍字一千一百八十七號　坐茶塢路　山壹厘叁毛叁丝叁忽叁微肆纖
一千九百六號　高峴段　山伍厘弍毛陸丝陸忽陸微捌纖

秋口镇水末［沫］村汪家 13-5 · 乾隆十一年 · 税粮实征册 · 汪起禄户

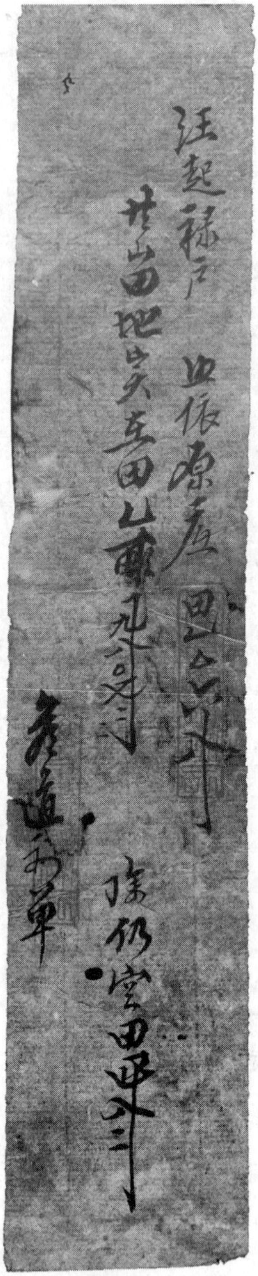

秋口镇水末［沫］村汪家 13-6 · 乾隆十一年 · 税粮实征册 · 汪起禄户

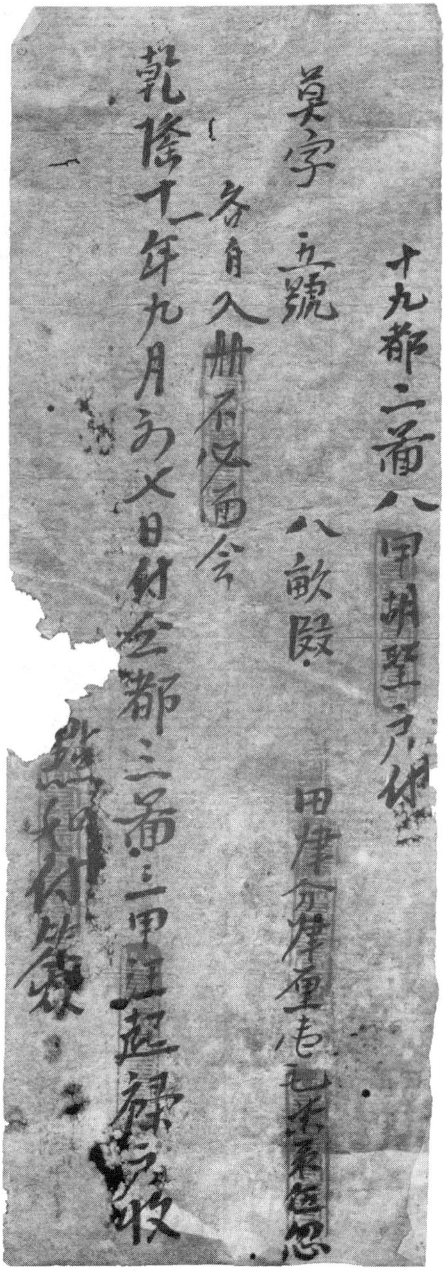

秋口镇水末［沫］村汪家 13-7 · 乾隆十一年 · 税粮实征册 · 汪起禄户

秋口镇水末［沫］村汪家 306 · 乾隆十一年 · 断骨卖田契 ·
汪阿查同男汪光案卖与房伯☐

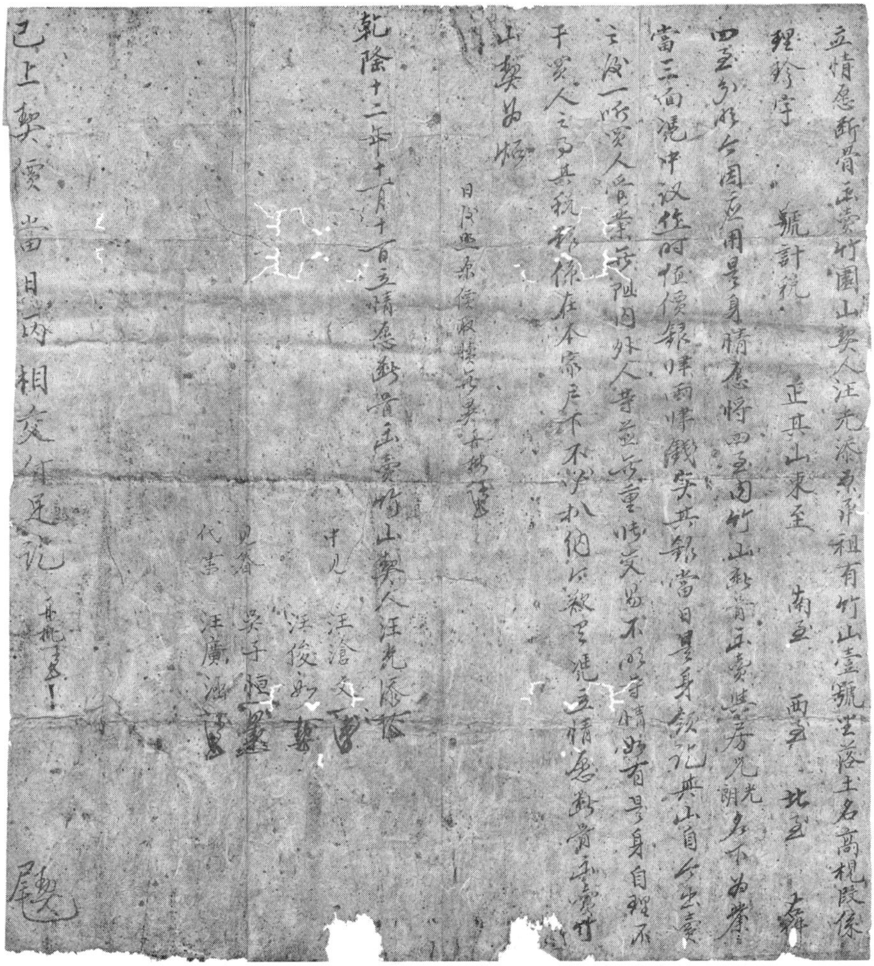

立情愿断骨出賣竹園山契人汪光添原承祖有竹山壹號坐落土名高梘段係
理珍字 號計稅 正其山東至 南至 西至 北至
四至分明今因正用是身情愿將四至内竹山断骨出賣與房兄光朗名下为業
當三面憑中议定时值價銀[illegible]兩[illegible]錢其銀當日是身收足其山自今出賣
之後一听買人管業无阻因外人并無重复交易不明等情如有是身自理不
干買人之事其稅粮係在本家户下不必扒納今欲有凭立此情愿断骨出賣竹
山契為照
日后照依原價取贖[illegible]
乾隆十二年十月十一日立情愿断骨出賣竹山契人汪光添
中見 汪滄文
汪俊如
見證 兄子恒[illegible]
代書 汪廣涵
已上契價當日一并相交足訖 再批
屋契

秋口镇水末［沫］村汪家 295 · 乾隆十二年 · 断骨卖竹园山契 ·
汪光添卖与房兄光朗

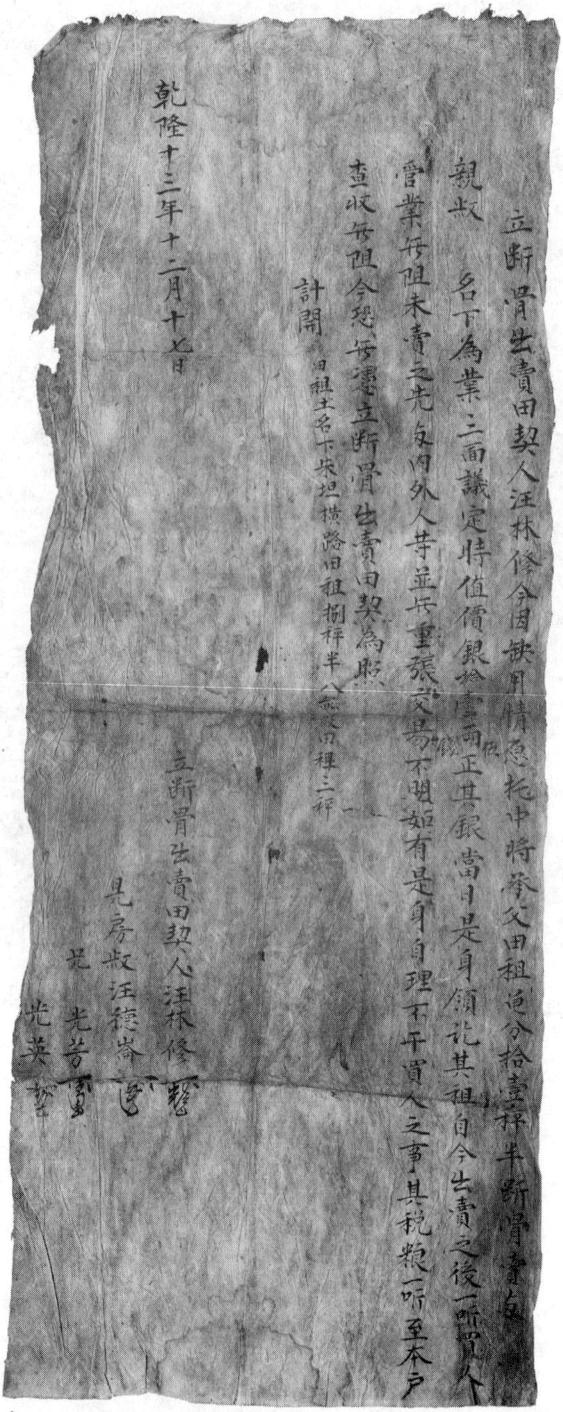

立断骨出賣田契人汪林修今因缺用情愿托中将承父田租迶分拾壹秤半断骨賣與
親叔 名下為業三面議定時值價銀拾壹两正其銀當日是身領訖其租自今出賣之後一听買人
管業無阻未賣之先与内外人并無重張交易不明如有是身自理不干買人之事其税粮一听至本户
查收無阻今恐無憑立断骨出賣田契為照
計開 田租土名下朱坦横路田租捌秤半又□□田租三秤
乾隆十三年十二月十七日 立断骨出賣田契人汪林修
見房叔汪德嵩
見 光芳
光英

秋口镇水末［沫］村汪家 259 · 乾隆十三年 · 断骨卖田契 · 汪林修卖与亲叔☐

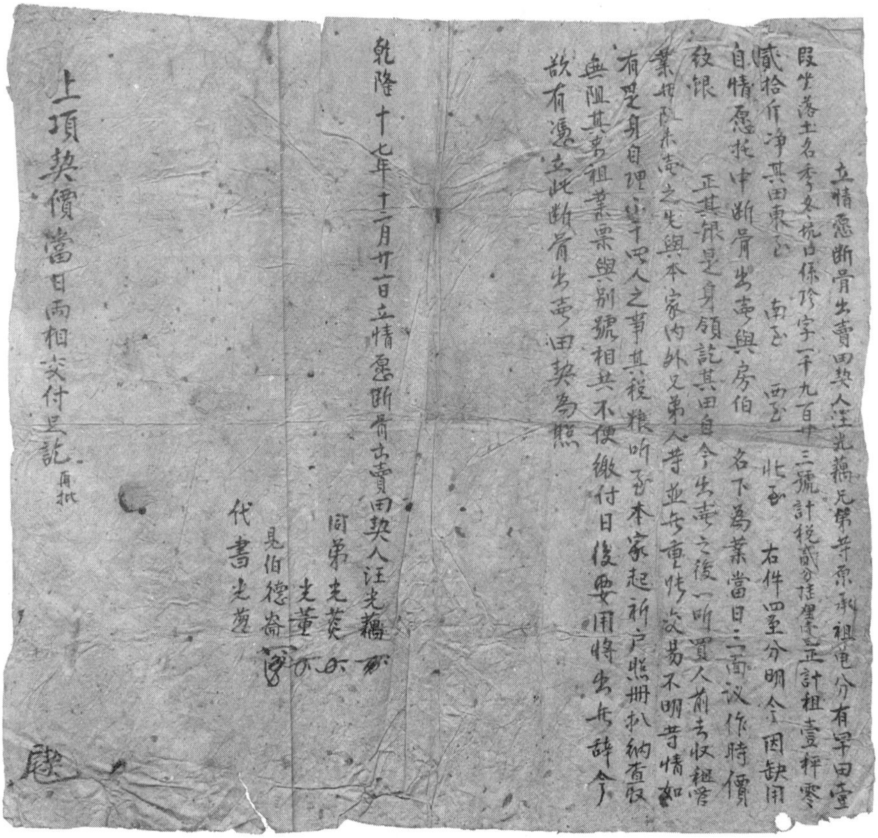

立情愿断骨出賣田契人汪光藕兄弟并原承祖遺分有早田壹
段坐落土名季家坑口係珍字一千九百廿三號計稅貳分捌厘五正計租壹秤零
貳拾斤净其田東至　南至　西至　北至　右件四至分明今因缺用
自情愿托中断骨出賣與房伯　名下為業當日三面议作時價
紋銀　正其銀是身領訖其田自今出賣之後一听買人前去收租管
業相未賣之先與本家内外兄弟人等並無重複交易不明等情如
有是身自理不干受人之事其稅粮听至本家起新户照冊扒納查收
無阻其業祖業票與别號相共不便繳付日後要用將出無辞今
欲有憑立此断骨出賣田契為照

乾隆十七年十二月廿日立情愿断骨出賣田契人汪光藕
同弟　光茂
光董
見伯　德崙
代書　光蘆

上項契價當日兩相交付足訖　再批

秋口镇水末［沫］村汪家 285 · 乾隆十七年 · 断骨卖田契 ·
汪光藕兄弟等卖与房伯☐

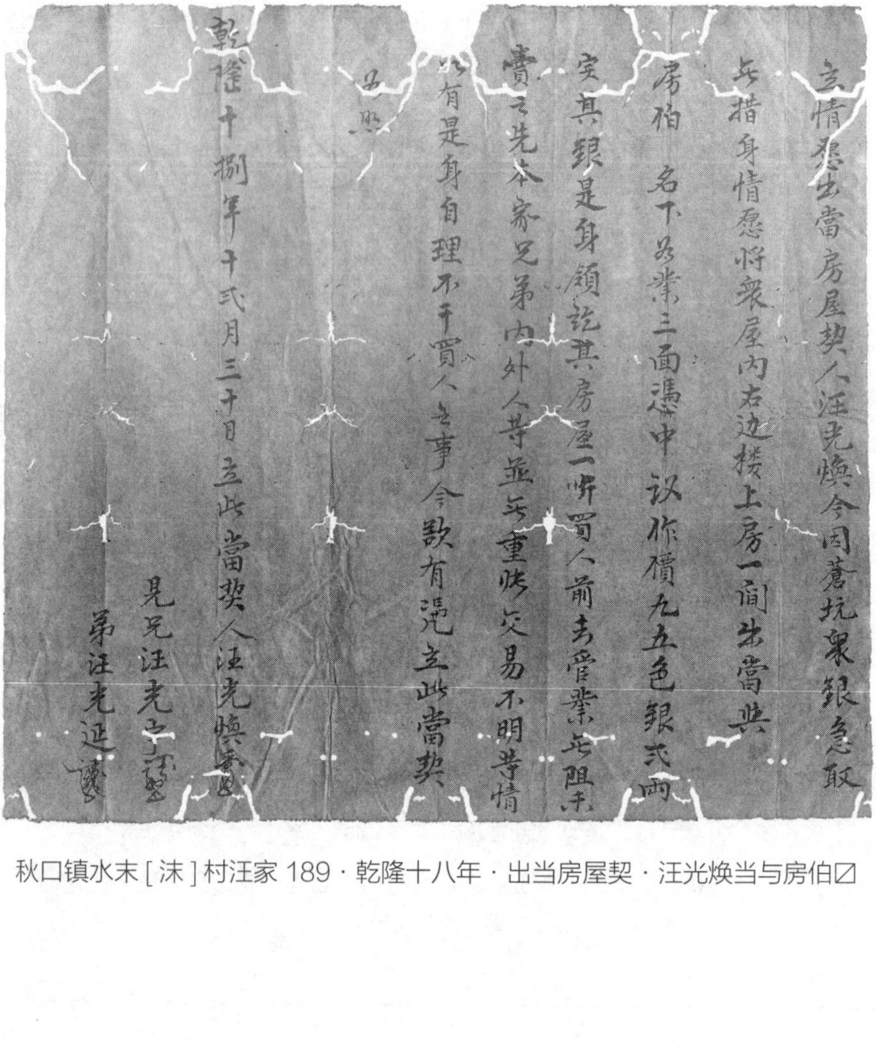
立情愿出當房屋契人汪光煥今因蒼坑衆銀急取
無措身情愿將衆屋内右边楼上房一間出當與
房伯 名下為業三面憑中議作價九五色銀弍兩
正其銀是身領訖其房屋一听買人前去管業無阻未
賣之先本家兄弟内外人等並無重張交易不明等情
如有是身自理不干買人之事今欲有憑立此當契
存照
乾隆十捌年十弍月三十日立此當契人汪光煥（押）
見兄汪光宁（押）
弟汪光廷（押）

秋口镇水末［沫］村汪家 189 · 乾隆十八年 · 出当房屋契 · 汪光焕当与房伯☐

秋口镇水末［沫］村汪家 254 · 乾隆十八年 · 遗字 · 汪德辉

秋口镇水末 [沫] 村汪家 215 · 乾隆十九年 · 杂文 · 汪德辉

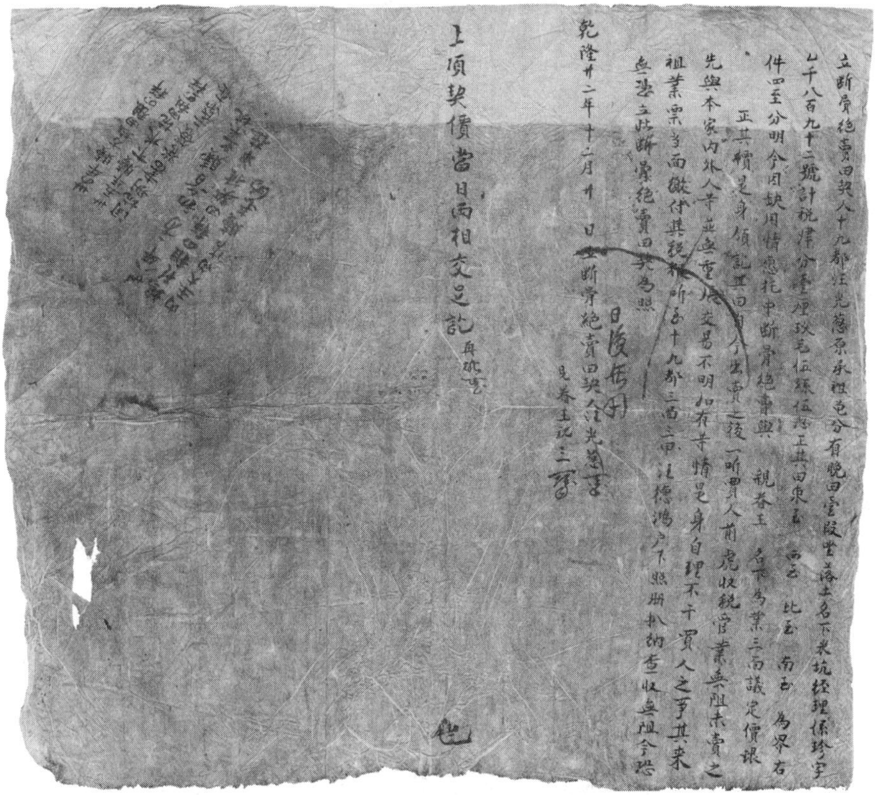

秋口镇水末[沫]村汪家 318 · 乾隆二十二年 · 断骨绝卖田契 ·
汪光葱卖与亲眷王☐

秋口镇水末［沫］村汪家 237 · 乾隆二十三年 · 议墨 · 汪德振、德鸿等

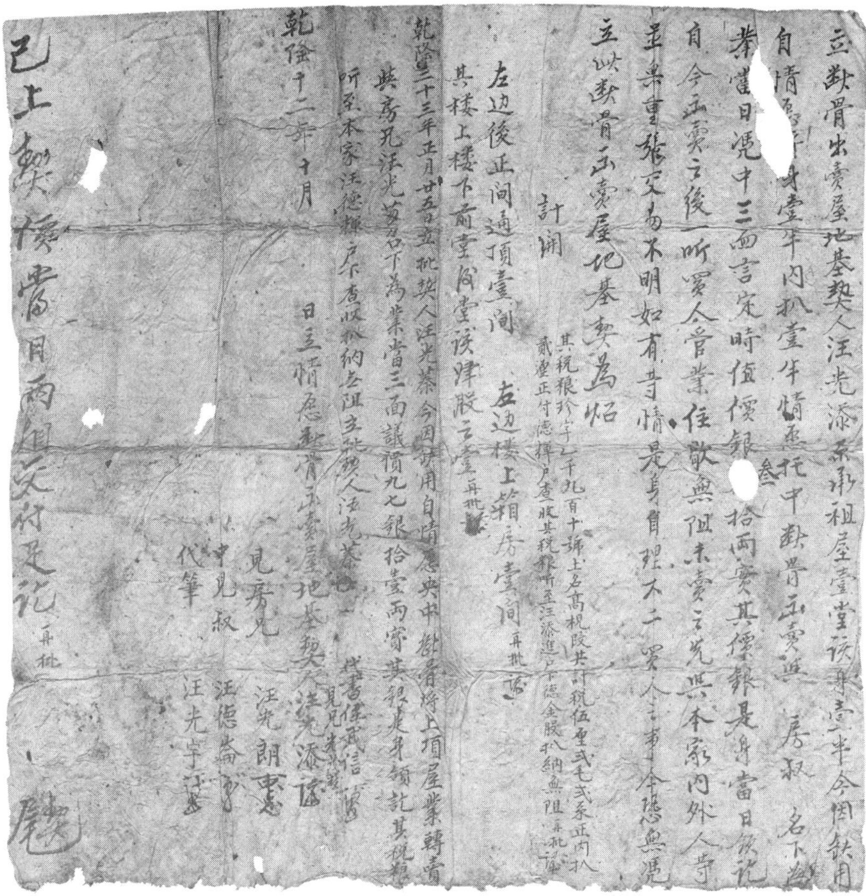

秋口镇水末［沫］村汪家 296 · 乾隆二十三年 · 断骨出卖屋地基契
（含上手契） · 汪光添卖与房叔☐

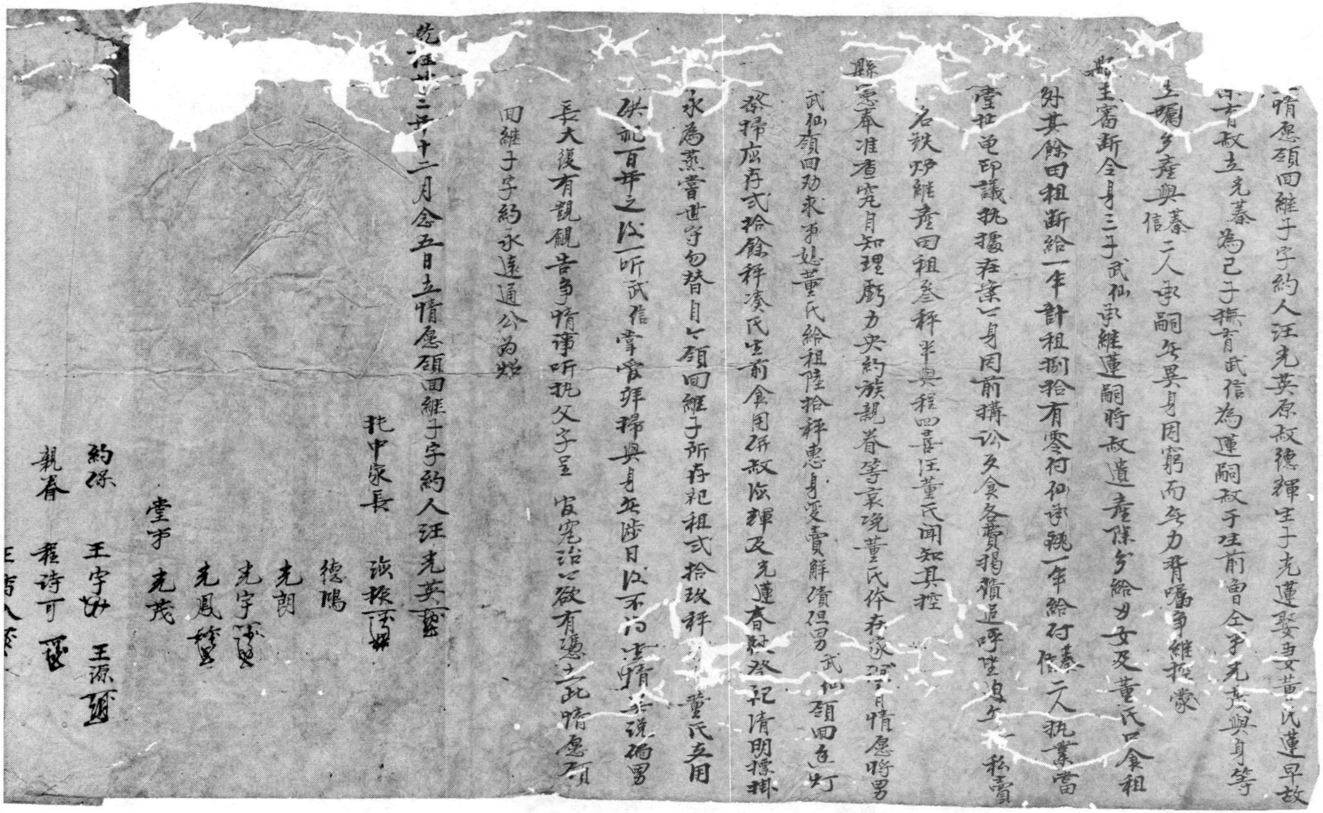

情愿领回继子字约人汪光英，原叔德辉生子光运，娶妻董氏，运早故
并无子，叔立光慕为己子，抚育武信为运嗣。叔于生前曾仝子光英与身等
立嘱，今产与信、慕二人承嗣，无异。身因穷而无力，胥嘱弟维拴蒙
县主審断，仝身三子武仙承继运嗣，将叔遗产除分给女及董氏口食祖
外，其余田租断给一半，计租捌拾有零，付仙承执，一半给付慕、信二人执业。当
堂在卷印议执据在案。之身因前构讼，各食费揭债，呼望[illegible]私当
名秩抄继产田租叁秤半，与程四喜，汪董氏闻知其控
县宪，奉准查究，身知理亏，力央约族亲眷等哀恳董氏[illegible]身情愿将男
武仙领回，劝求弟媳董氏给租陆拾秤，惠身变卖，解偿债但，男武仙领回[illegible]
登归，应存式拾余秤，凑氏生前食用。侪叔德辉及光运春秋祭祀、清明标挂
永为蒸尝，世守勿替。自今领回继子所存祀租式拾玖秤，董氏存用
殁祀，百年之后，一听武信掌管拜扫。并身并日后不得生情异说。倘男
长大，复有觊觎生事，情愿听执父字呈官究治，以儆有凭。立此情愿领
回继子字约，永远遗公为照。

乾隆廿三年十二月念五日立情愿领回继子字约人汪光英（押）

凭中家长 汝振（押）
德鸿
光朗
光宇（押）
光凤（押）
堂弟 光茂
约保 王宇协 王源（押）
亲眷 程诗可（押）

秋口镇水末［沫］村汪家 309 · 乾隆二十三年 · 领回继子字约 · 汪光英

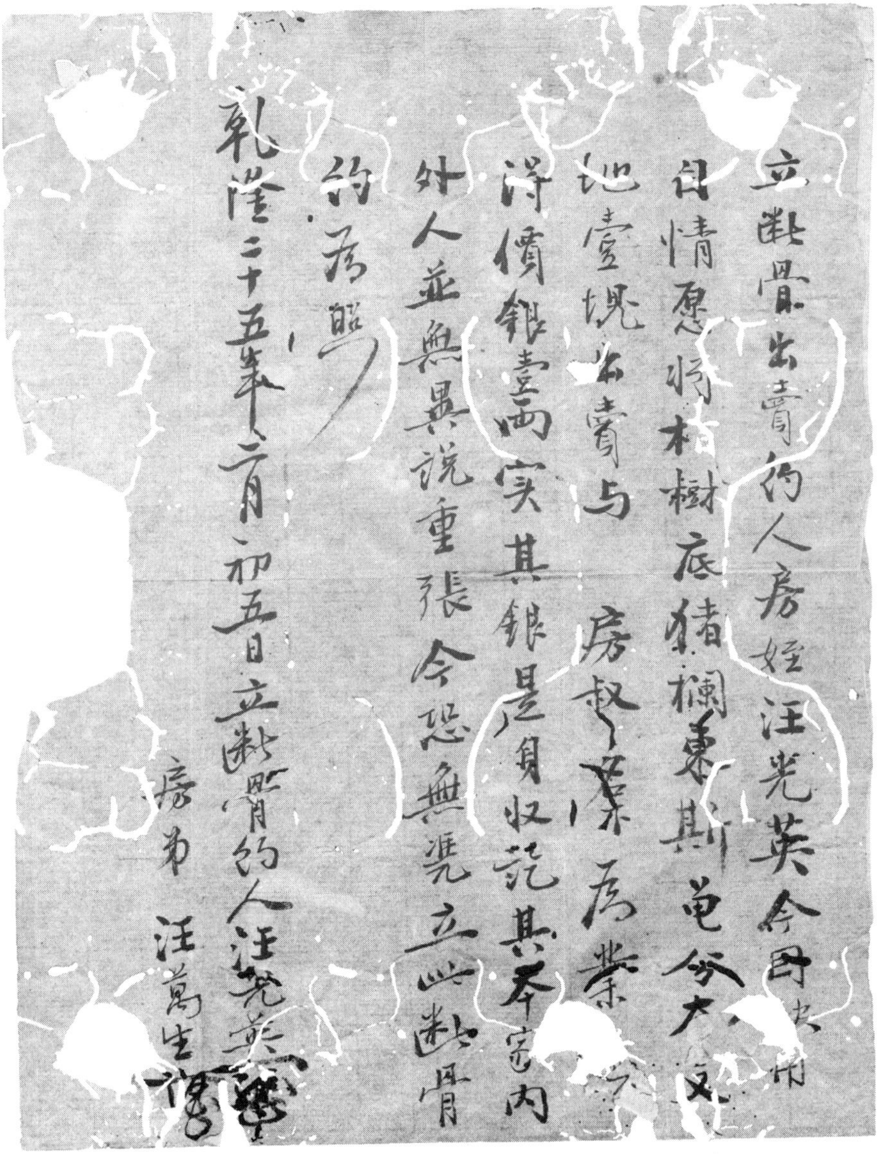

秋口镇水末［沫］村汪家 157 · 乾隆二十五年 · 断骨出卖猪栏约 ·
汪光英卖与房叔

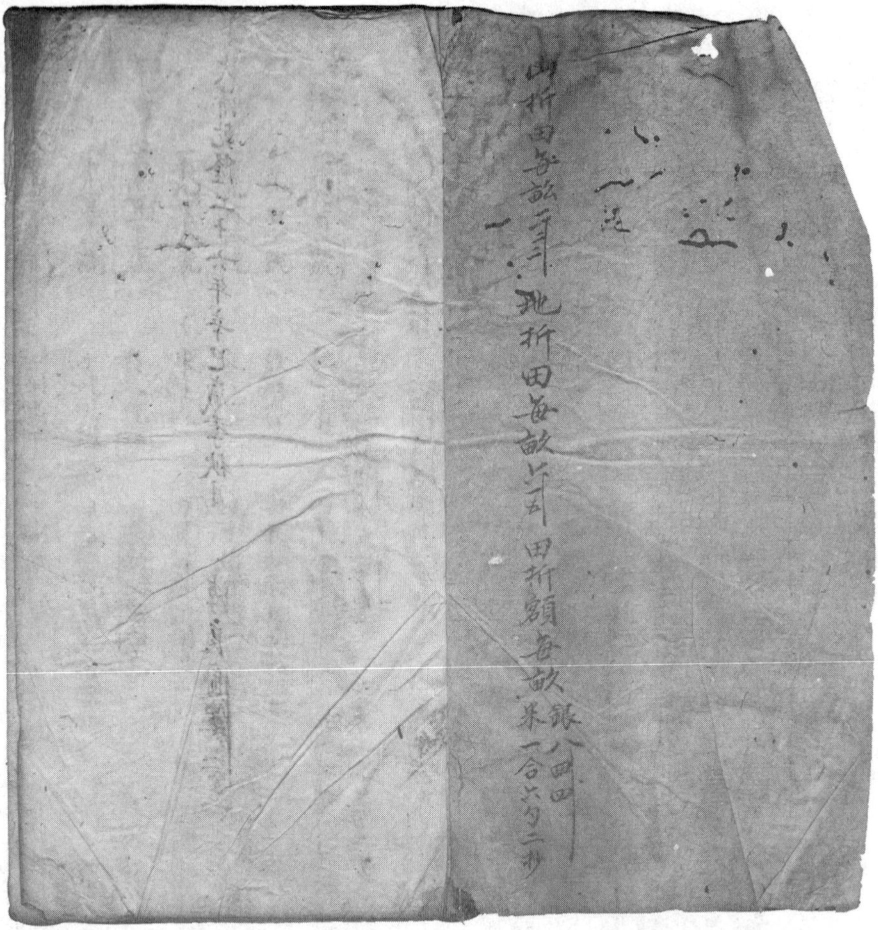

秋口镇水末[沫]村汪家 5-1 · 乾隆二十六年 · 税粮实征册 · 汪德辉户

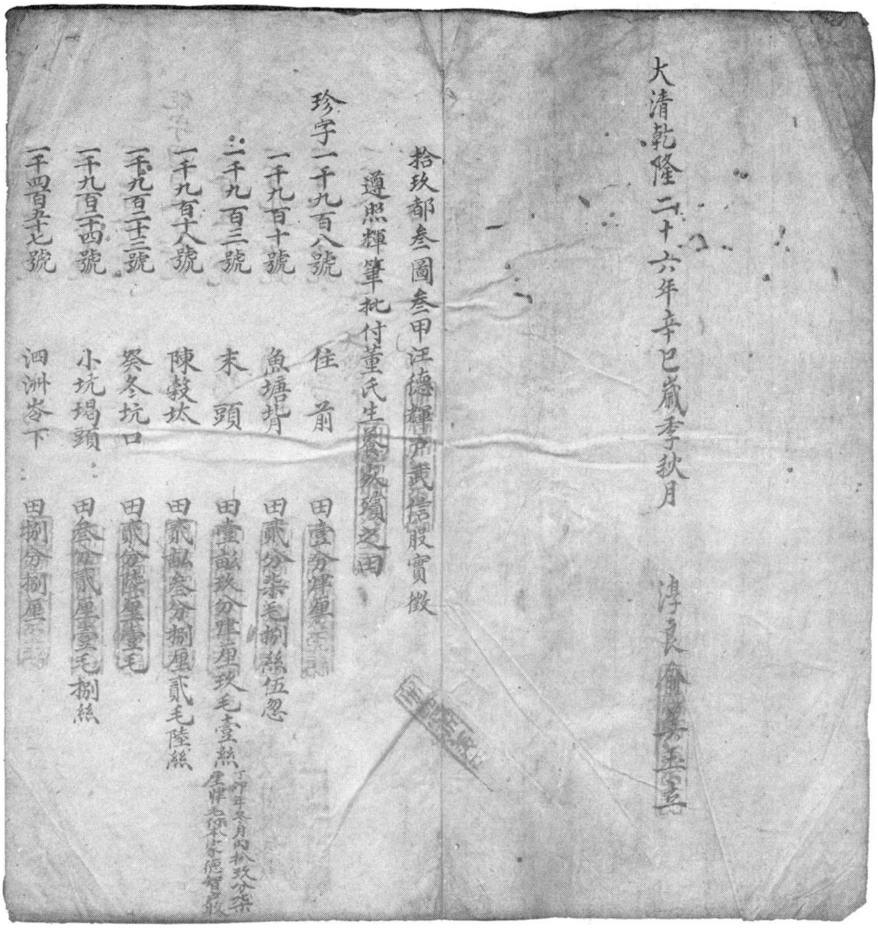
大清乾隆二十六年辛巳歲季秋月

拾玖都叁圖叁甲汪德輝户貳[illegible]股實徵

一遵照輝筆批付董氏生[illegible]之田

珍字一千九百八號 住前 田壹分肆厘[illegible]

一千九百十號 魚塘背 田貳分柒毛捌絲伍忽

一千九百三號 末頭 田壹畝玖分肆厘玖毛壹絲

一千九百十八號 陳穀坵 田貳畝叁分捌厘貳毛陸絲

一千九百二十三號 癸冬坑口 田貳分陸厘壹毛

一千九百二十四號 小坑塌頭 田叁分貳厘壹毛捌絲

一千四百二十七號 泗洲嵛下 田捌分捌厘[illegible]

秋口镇水末 [沫] 村汪家 5-2 · 乾隆二十六年 · 税粮实征册 · 汪德辉户

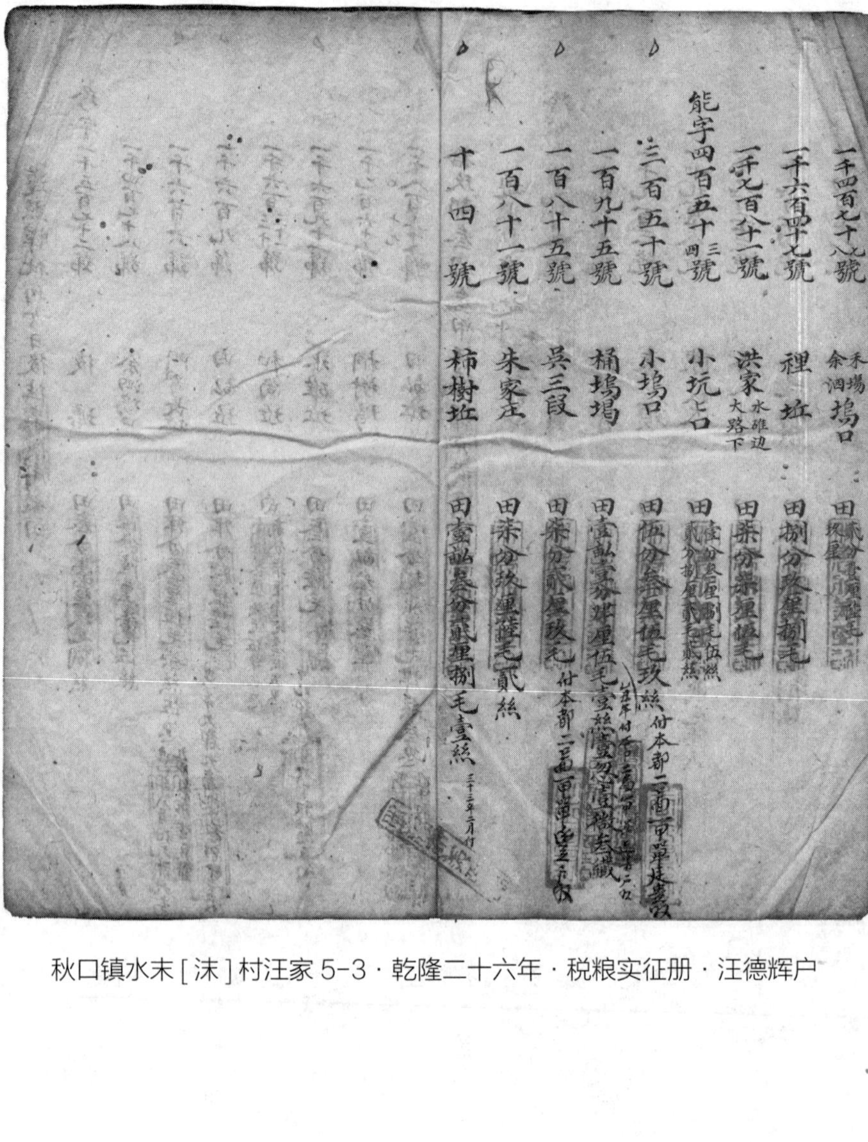

秋口镇水末[沫]村汪家 5-3 · 乾隆二十六年 · 税粮实征册 · 汪德辉户

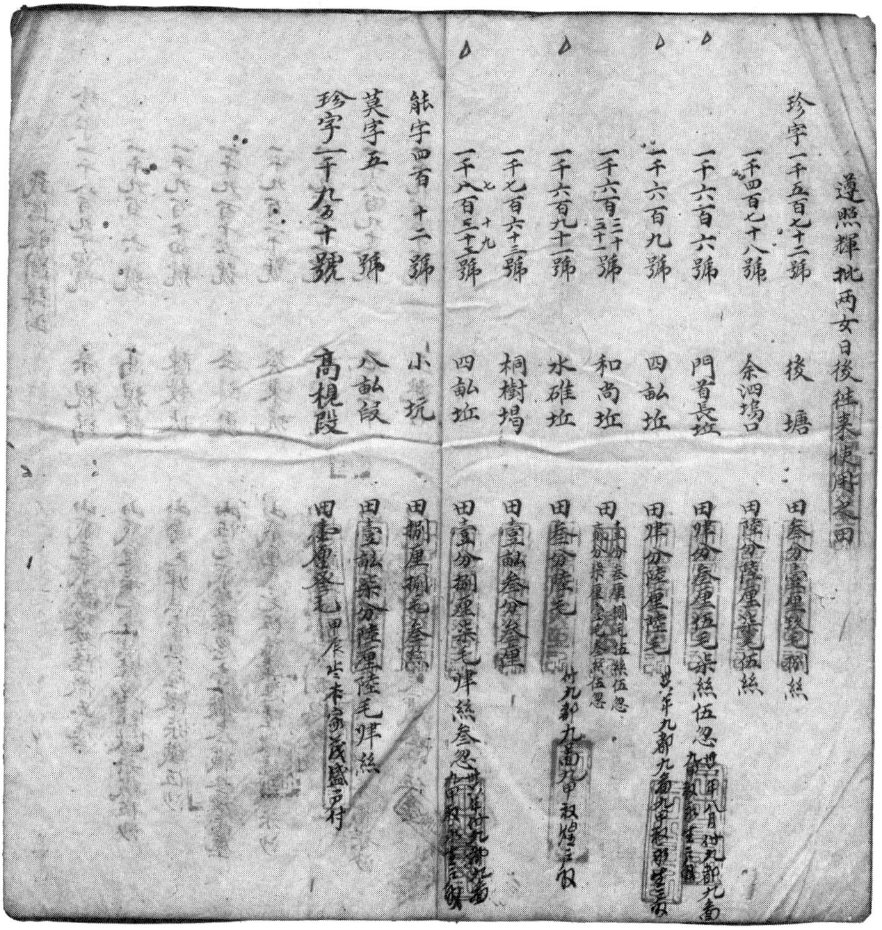

秋口镇水末［沫］村汪家 5-4 · 乾隆二十六年 · 税粮实征册 · 汪德辉户

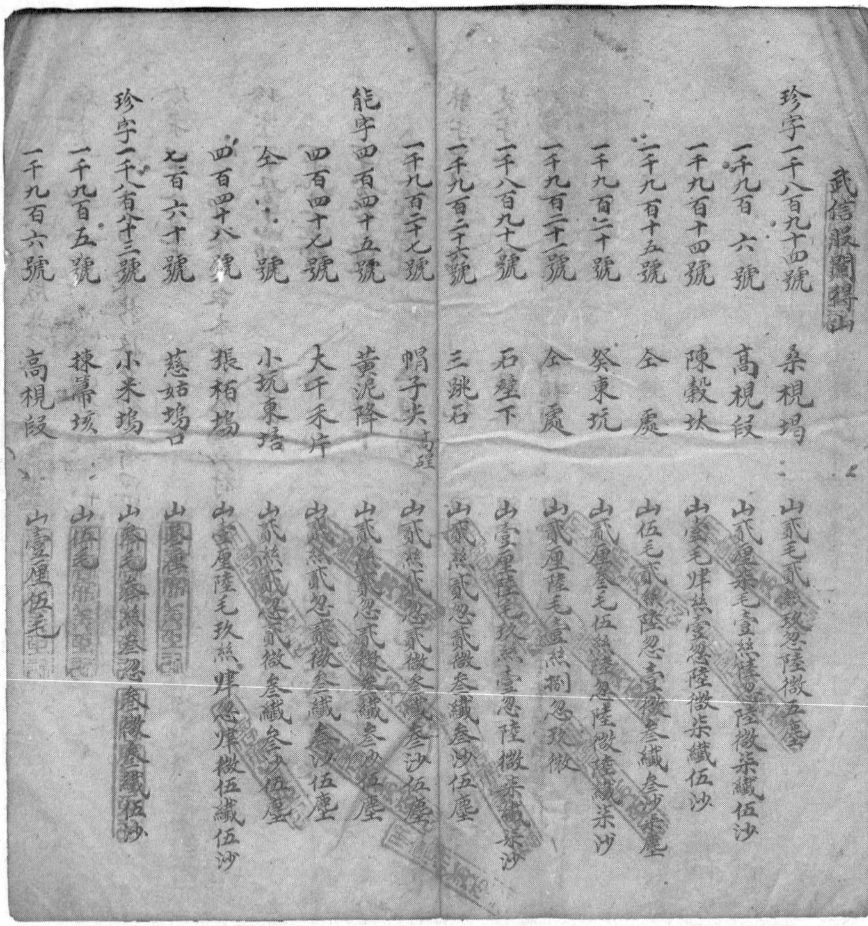
武信服闔得山

珍字一千八百九十四號 桑梘塢 山貳毛貳絲玖忽陸微五塵

一千九百六號 高梘段 山貳厘柒毛壹絲陸忽陸微柒纖伍沙

一千九百十四號 陳穀坑 山壹毛肆絲壹忽陸微柒纖伍沙

一千九百十五號 仝處 山伍毛貳絲陸忽壹微叁纖叁沙柒塵

一千九百二十號 癸東坑 山貳厘叁毛伍絲陸忽陸微陸纖柒沙

一千九百二十一號 仝處 山貳厘陸毛壹絲捌忽玖微

一千八百九十八號 石壁下 山壹厘陸毛玖絲壹忽陸微柒纖柒沙

一千九百二十六號 三跳石 山貳絲貳忽貳微叁纖叁沙伍塵

一千九百二十七號 帽子尖 高碓 山貳絲貳忽貳微叁纖叁沙伍塵

能字四百四十五號 黃泥降 山貳絲貳忽貳微叁纖叁沙伍塵

四百四十七號 大千禾片 山貳絲貳忽貳微叁纖叁沙伍塵

仝 號 小坑東培 山貳絲貳忽貳微叁纖叁沙伍塵

四百四十八號 張栢塢 山壹厘陸毛玖絲肆忽肆微伍纖伍沙

七百六十號 慈姑塢口 山[illegible]

珍字一千八百六十三號 小米塢 山叁毛叁絲叁忽叁微叁纖伍沙

一千九百五號 揀幕垓 山伍毛[illegible]

一千九百六號 高梘段 山壹厘伍毛[illegible]

秋口镇水末 [沫] 村汪家 5-5 · 乾隆二十六年 · 税粮实征册 · 汪德辉户

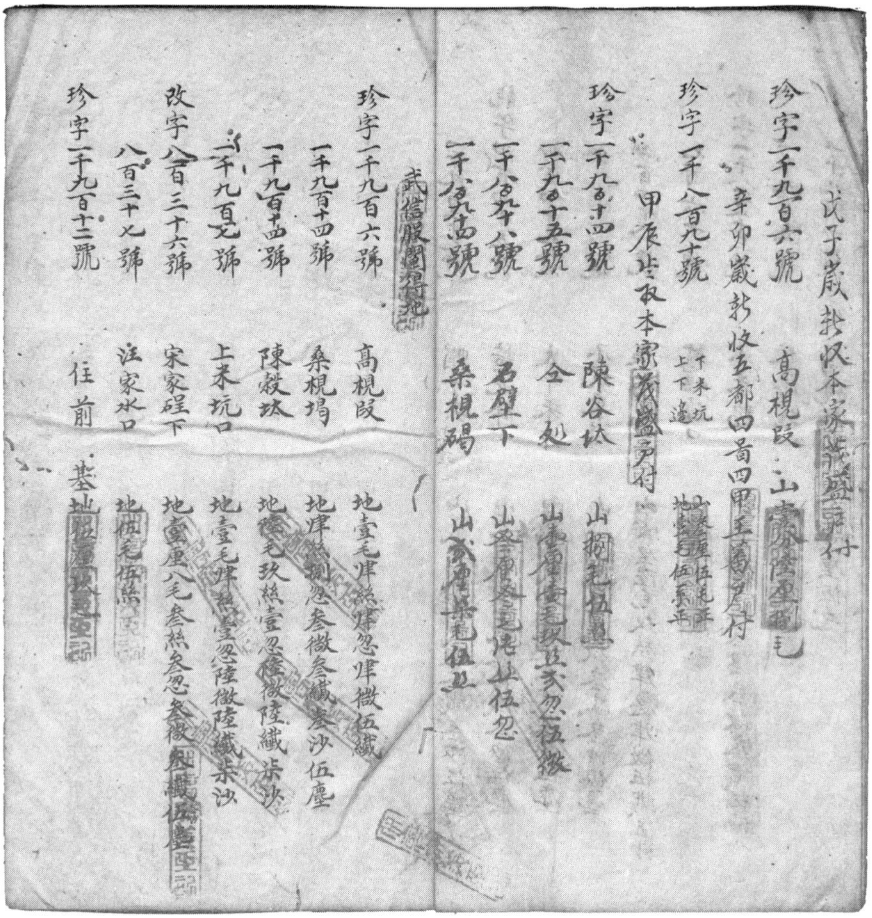

戊子歲推收本家茂盛戶付
珍字一千九百六號　高梘段　山壹分陸厘……毛
辛卯歲推收五都四啚四甲王茂盛戶付
珍字一千八百九十號　下米坑上下邊　山……地……伍……
甲辰歲收本家茂盛戶付
珍字一千九百十四號　陳谷坾　山捌毛伍……
一千九百十五號　仝處　山壹分……伍微
一千八百六十八號　石壁下　山……伍忽
一千八百九十四號　桑梘碣　山……伍……
……得業地
珍字一千九百六號　高梘段　地壹毛肆絲肆忽肆微伍纖
一千九百十四號　桑梘塢　地肆絲捌忽叁微叁纖叁沙伍塵
一千九百十四號　陳殺坾　地陸毛玖絲壹忽陸微陸纖柒沙
二千九百七號　上米坑口　地壹毛肆絲壹忽陸微陸纖柒沙
改字八百三十六號　宋家碣下　地壹厘八毛叁絲叁忽叁微叁纖……
八百三十七號　汪家水口　地伍毛伍絲……
珍字一千九百十二號　住前　基地……

秋口镇水末［沫］村汪家 5-6 · 乾隆二十六年 · 税粮实征册 · 汪德辉户

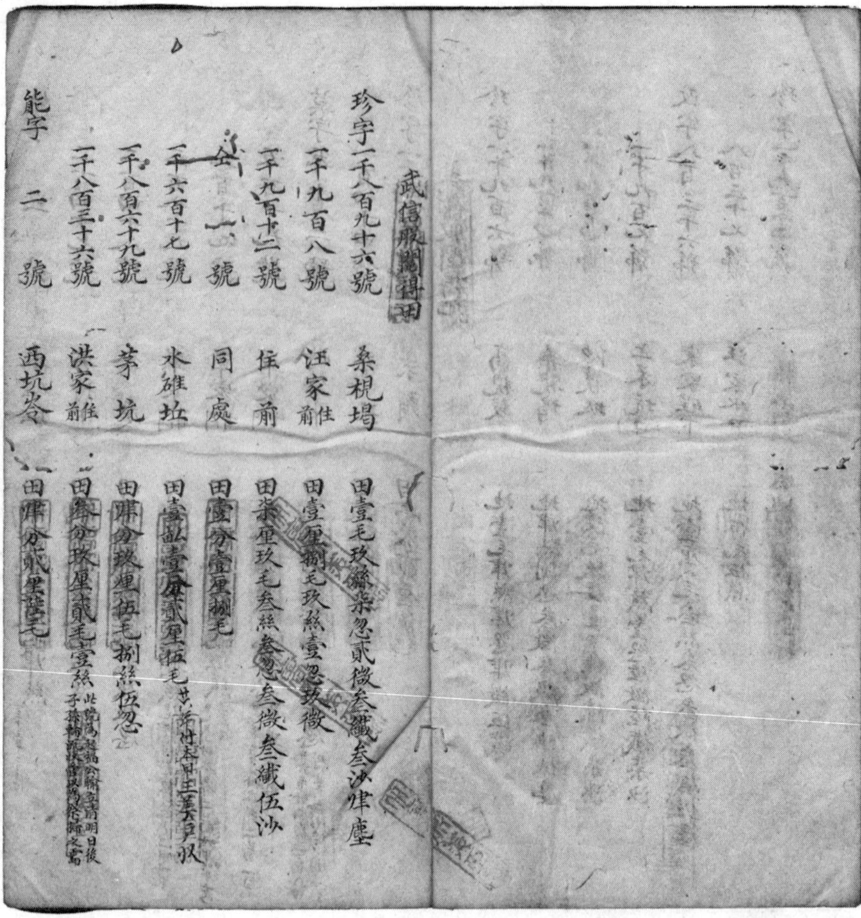

秋口镇水末［沫］村汪家 5-7 · 乾隆二十六年 · 税粮实征册 · 汪德辉户

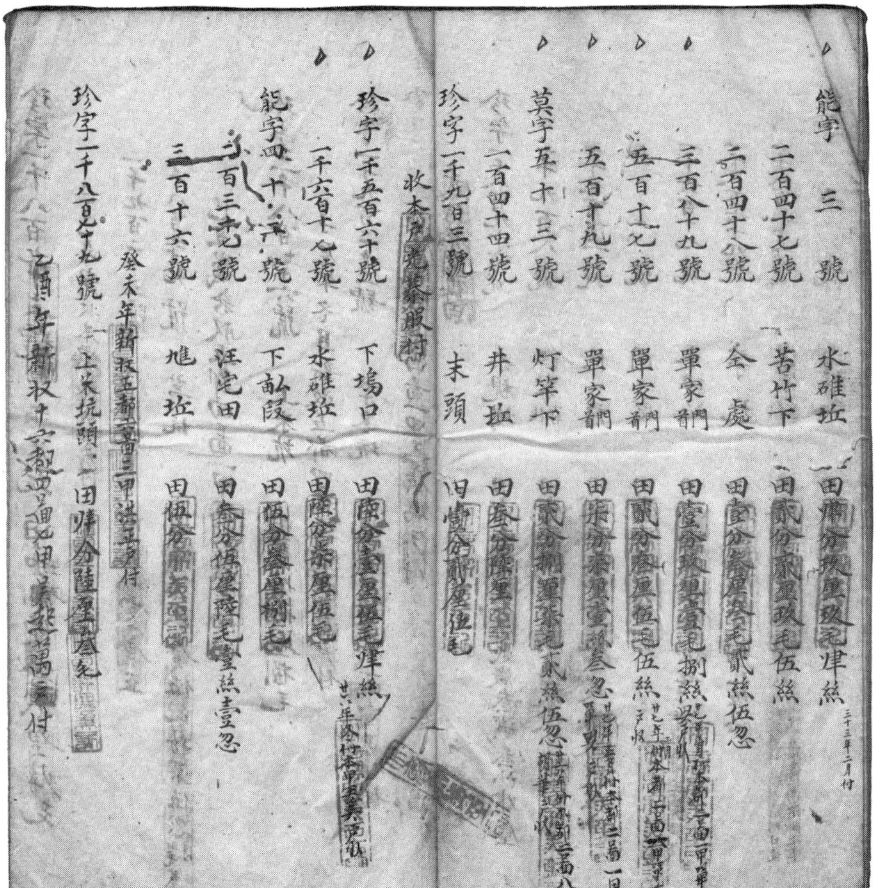

秋口镇水末[沫]村汪家 5-8 · 乾隆二十六年 · 税粮实征册 · 汪德辉户

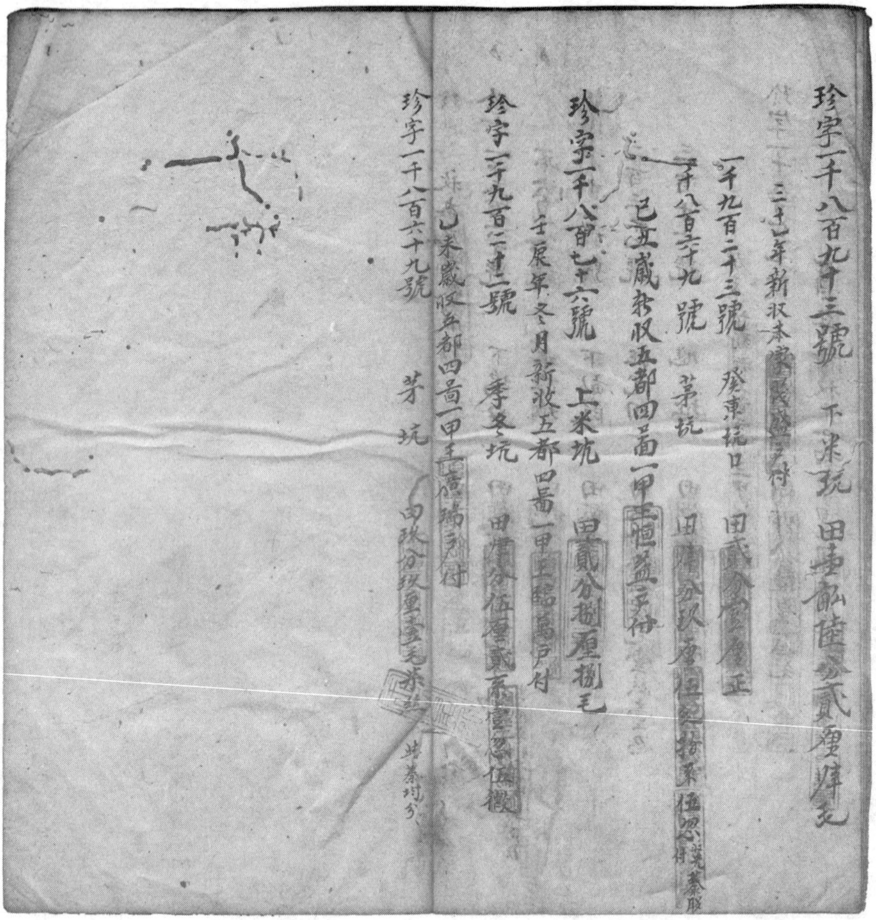

珍字一千八百九十三號　下米坑　田壹畝陸分貳厘肆毛

三十七年新收本家[illegible]付

一千九百二十三號　癸東坑口　田貳分[illegible]厘正

一千八百六十九號　茅坑　田肆分玖厘[illegible]

己丑歲新收五都四啚一甲王恒益戶付

珍字一千八百七十六號　上米坑　田貳分捌厘捌毛

壬辰年冬月新收五都四啚一甲王瑞高戶付

珍字一千九百二十二號　季冬坑　田肆分伍厘貳毫[illegible]伍微

乙未歲收五都四啚一甲王[illegible]付

珍字一千八百六十九號　茅坑　田玖分玖厘壹毛[illegible]

共業均分

秋口镇水末［沫］村汪家 5-9 · 乾隆二十六年 · 税粮实征册 · 汪德辉户

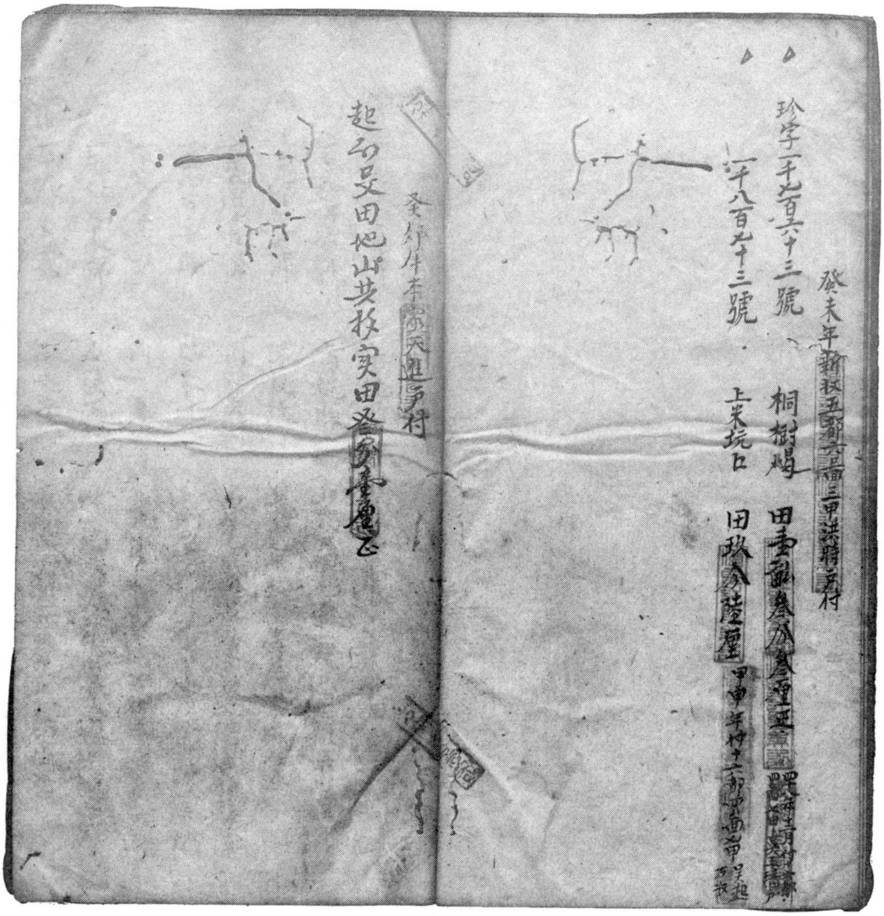

秋口镇水末 [沫] 村汪家 5-10 · 乾隆二十六年 · 税粮实征册 · 汪德辉户

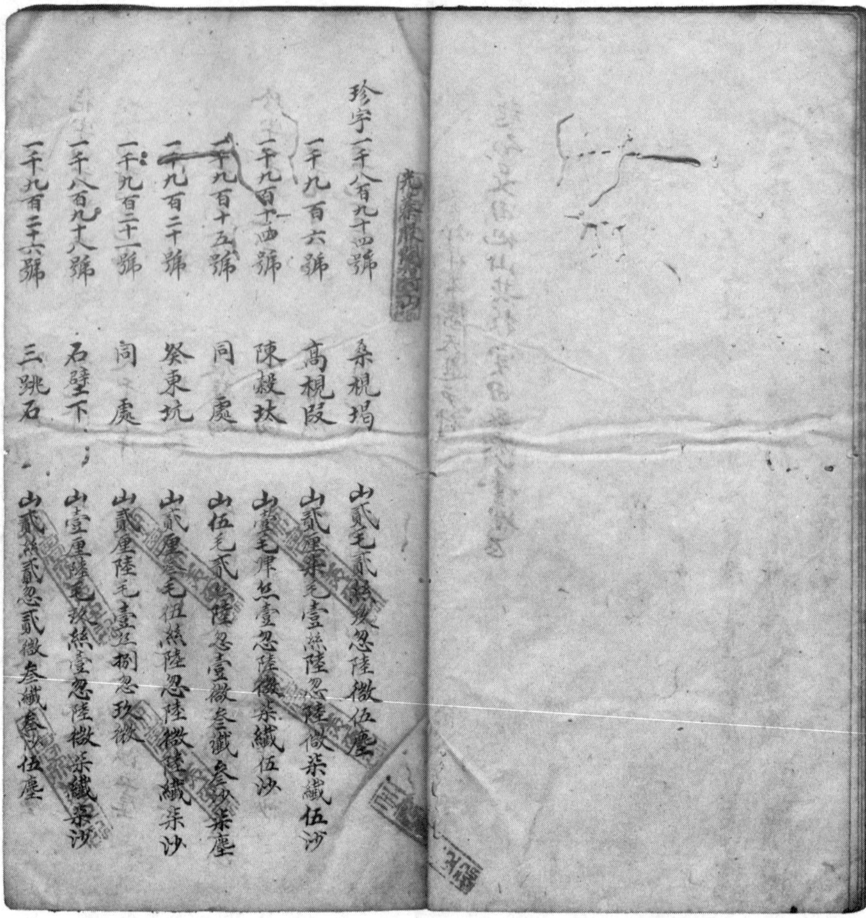
珍字一千八百九十四號　桑梘塢　山貳毛貳絲[illegible]忽陸微伍塵
一千九百六號　高梘段　山貳厘柒毛壹絲陸忽陸微柒纖伍沙
一千九百十四號　陳毅坟　山壹毛肆絲壹忽陸微柒纖伍沙
一千九百十五號　同處　山伍毛貳絲陸忽壹微叁纖叁沙柒塵
一千九百二十號　祭東坑　山貳厘叁毛伍絲陸忽陸微陸纖柒沙
一千九百二十一號　同處　山貳厘陸毛壹絲捌忽玖微
一千八百九十八號　石壁下　山壹厘陸毛玖絲壹忽陸微柒纖柒沙
一千九百二十六號　三跳石　山貳絲貳忽貳微叁纖叁沙伍塵

秋口镇水末 [沫] 村汪家 5-11 · 乾隆二十六年 · 税粮实征册 · 汪德辉户

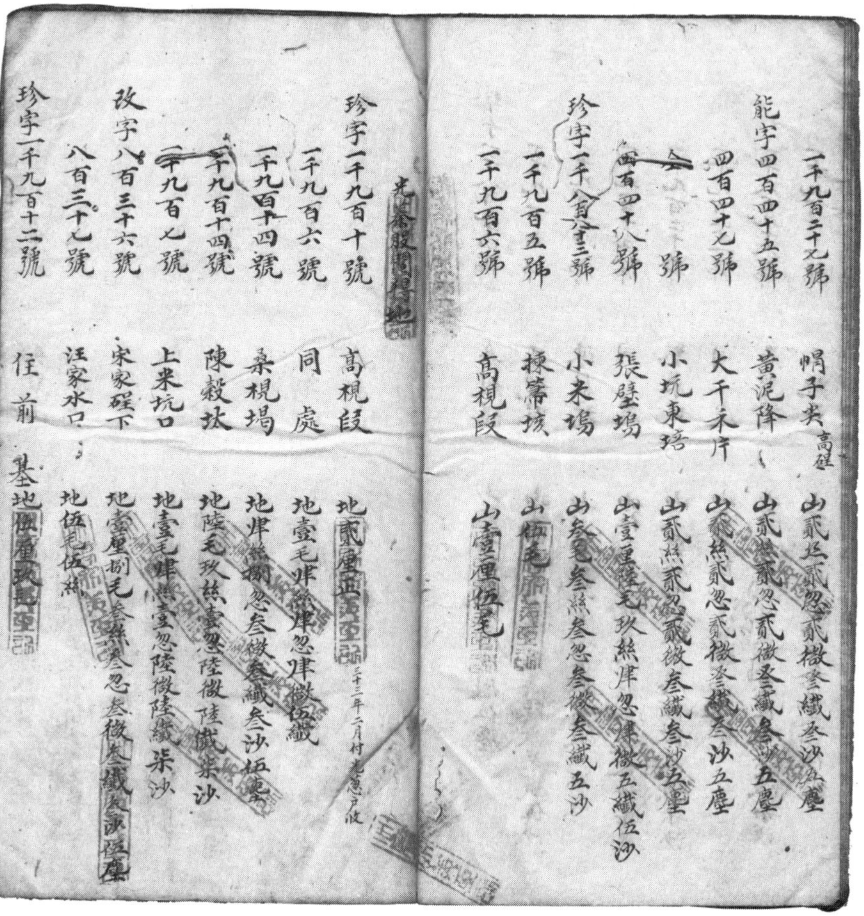
一千九百二十乙號　帽子尖 高碣　山貳厘貳毫貳絲貳忽貳微叁纖叁沙五塵
能字四百四十五號　黄泥降　山貳毫貳絲貳忽貳微叁纖叁沙五塵
四百四十乙號　大千木庁　山貳絲貳忽貳微叁纖叁沙五塵
仝　號　小坑東培　山貳絲貳忽貳微叁纖叁沙五塵
四百四十八號　張壁塢　山壹厘陸毫玖絲肆忽肆微五纖伍沙
珍字一千八百八十三號　小木塢　山叁毫叁絲叁忽叁微叁纖五沙
一千九百五號　榉木坑　山伍毫
一千九百六號　高梘段　山壹厘伍毫
光□餘股開墾地
珍字一千九百十號　高梘段　地貳厘伍毫　三十三年二月村光□户收
一千九百六號　同處　地壹毛肆絲肆忽肆微伍纖
一千九百十四號　桑梘塢　地肆絲捌忽叁微叁纖叁沙伍塵
一千九百十四號　陳穀坵　地陸毛玖絲壹忽陸微陸纖柒沙
一千九百乙號　上米坑口　地壹毛肆絲壹忽陸微陸纖柒沙
改字八百三十六號　宋家碣下　地壹厘捌毛叁絲叁忽叁微叁纖叁沙伍塵
八百三十乙號　汪家水口　地伍毛伍絲
珍字一千九百十二號　住前　基地伍厘玖毫

秋口镇水末［沫］村汪家 5-12 · 乾隆二十六年 · 税粮实征册 · 汪德辉户

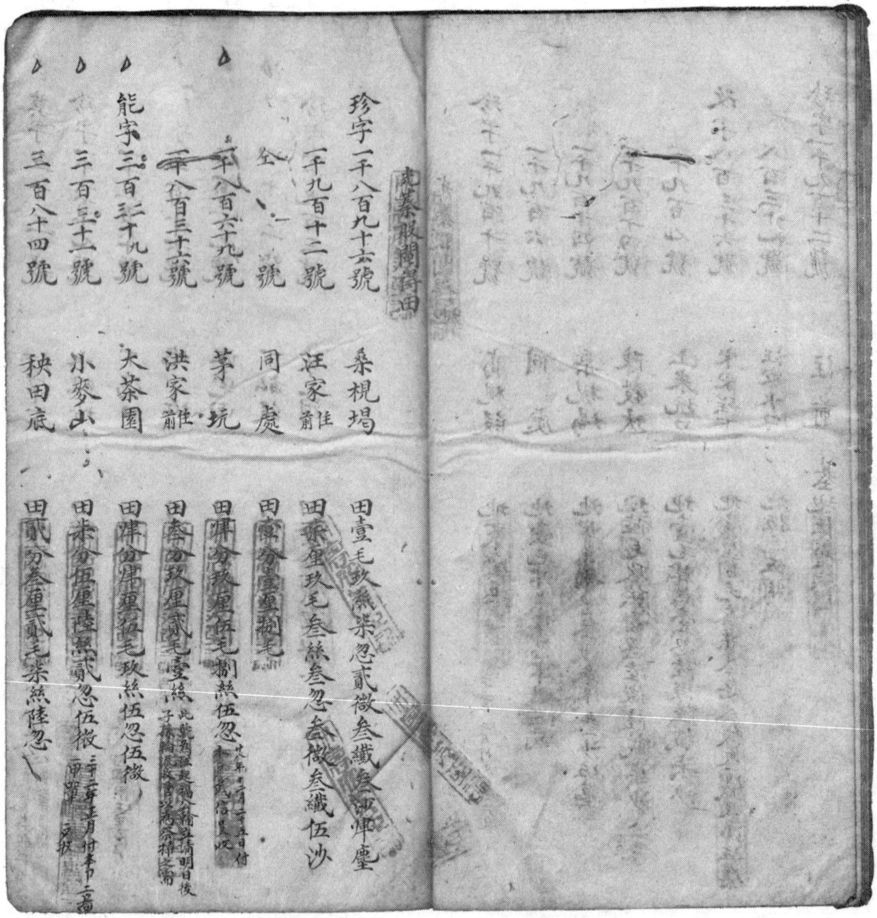

秋口镇水末[沫]村汪家 5-13 · 乾隆二十六年 · 税粮实征册 · 汪德辉户

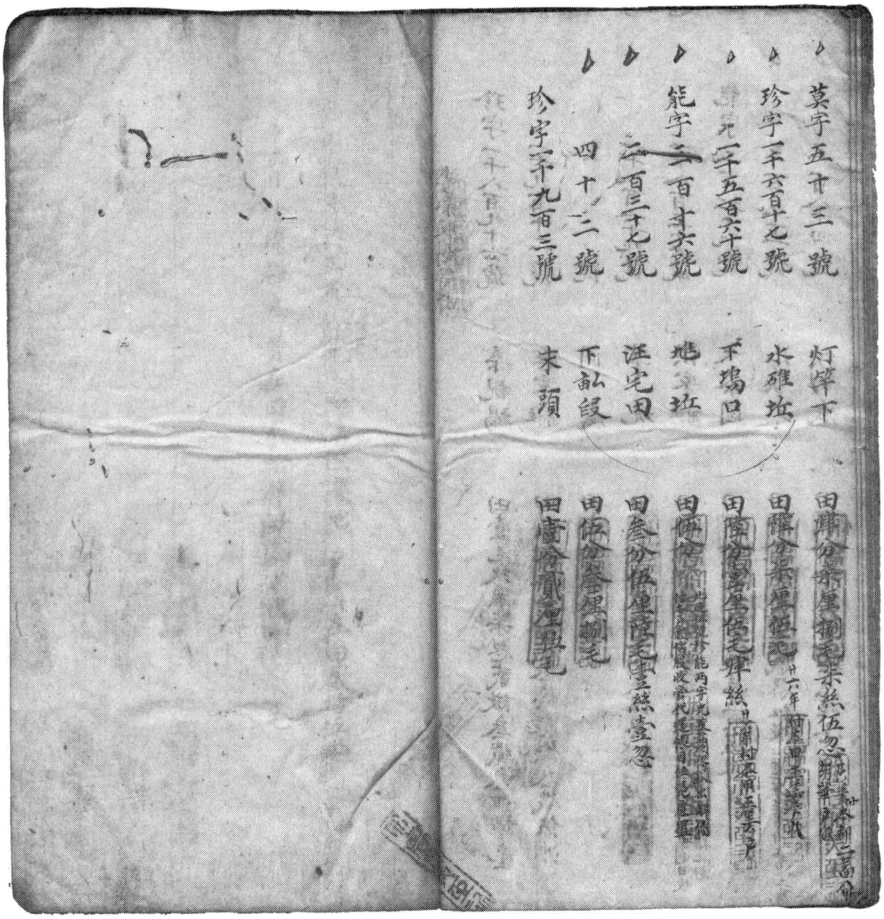

秋口镇水末［沫］村汪家 5-14 · 乾隆二十六年 · 税粮实征册 · 汪德辉户

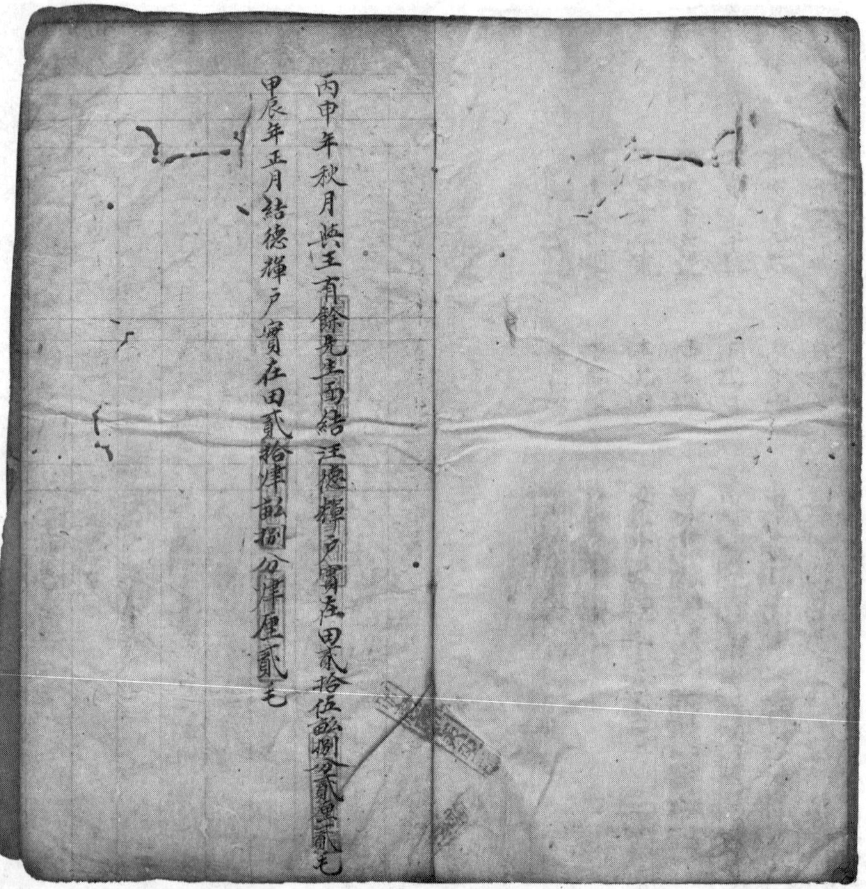

秋口镇水末［沫］村汪家 5-15 · 乾隆二十六年 · 税粮实征册 · 汪德辉户

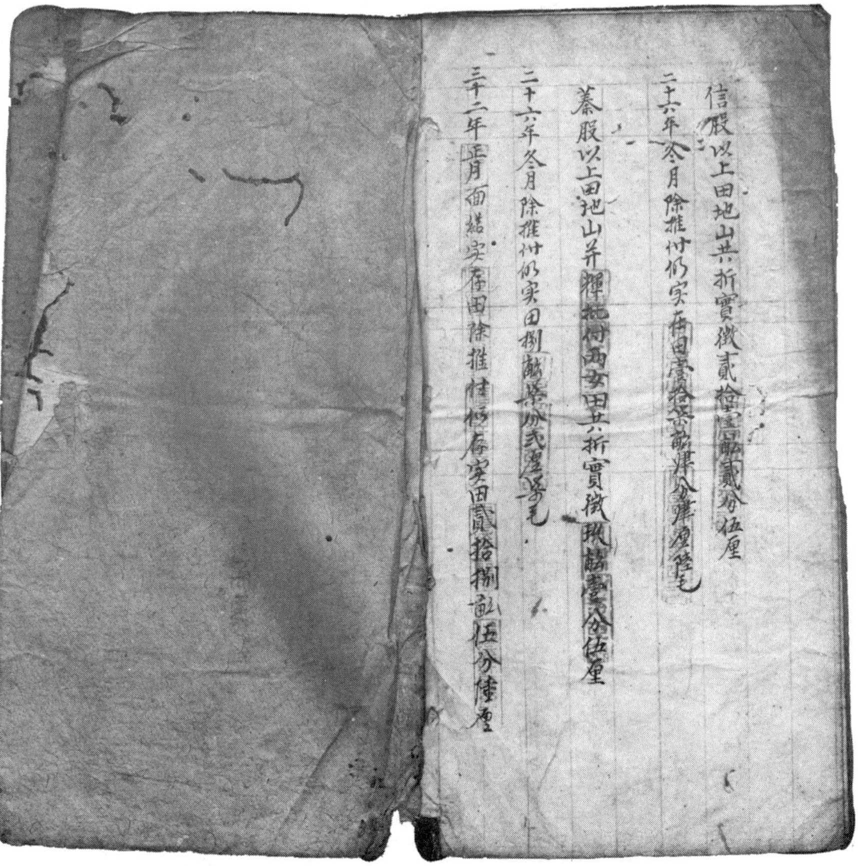

秋口镇水末［沫］村汪家 5-16 · 乾隆二十六年 · 税粮实征册 · 汪德辉户

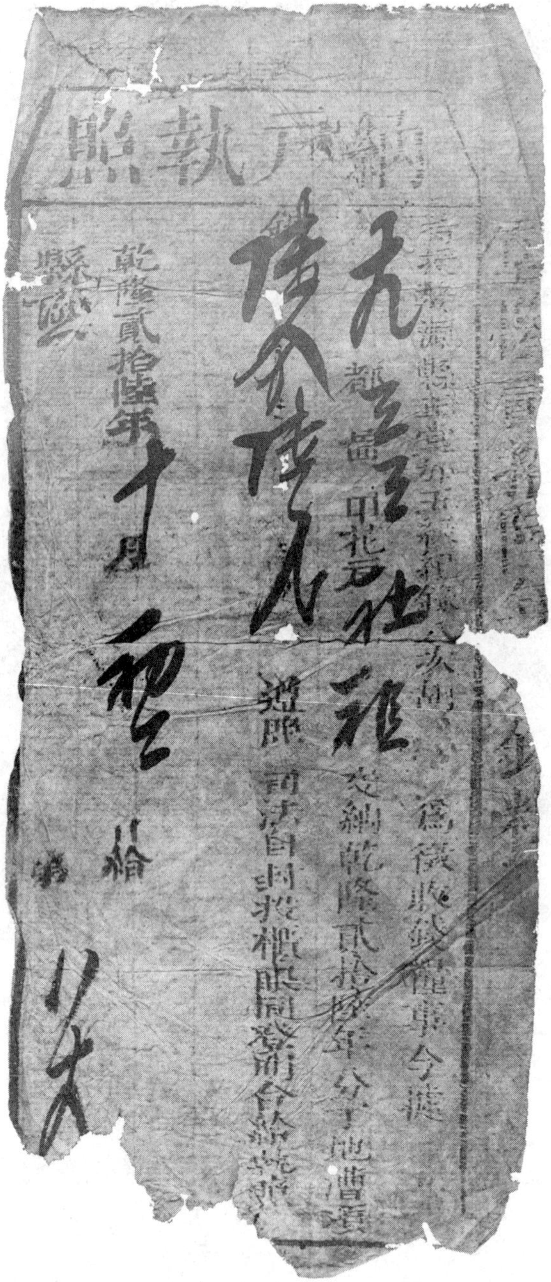

秋口镇水末［沫］村汪家 17 · 乾隆二十六年 · 纳户执照 · 社祖

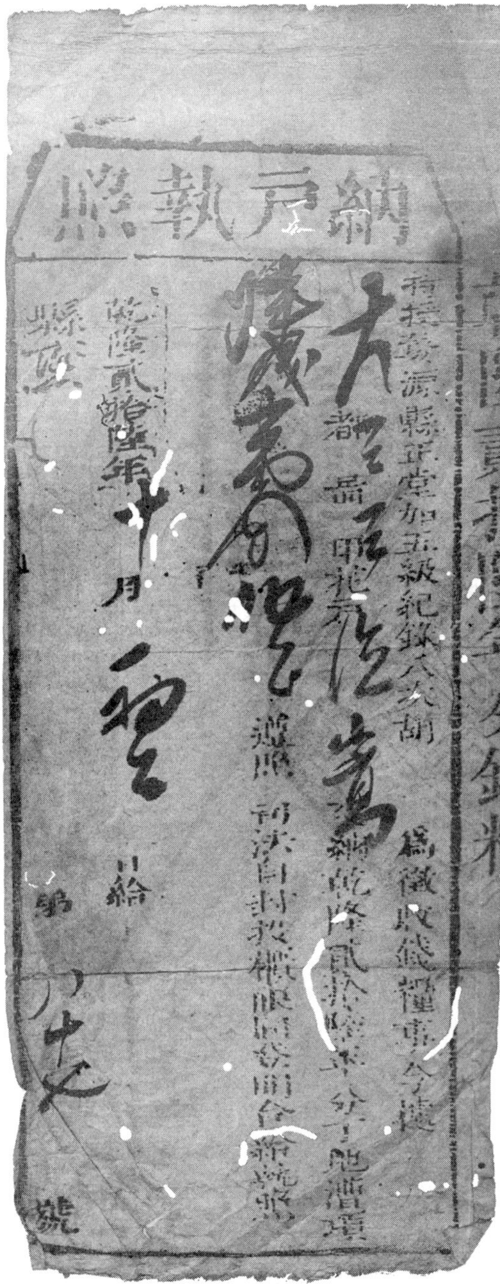

秋口镇水末[沫]村汪家 18 · 乾隆二十六年 · 纳户执照 · 德嵩

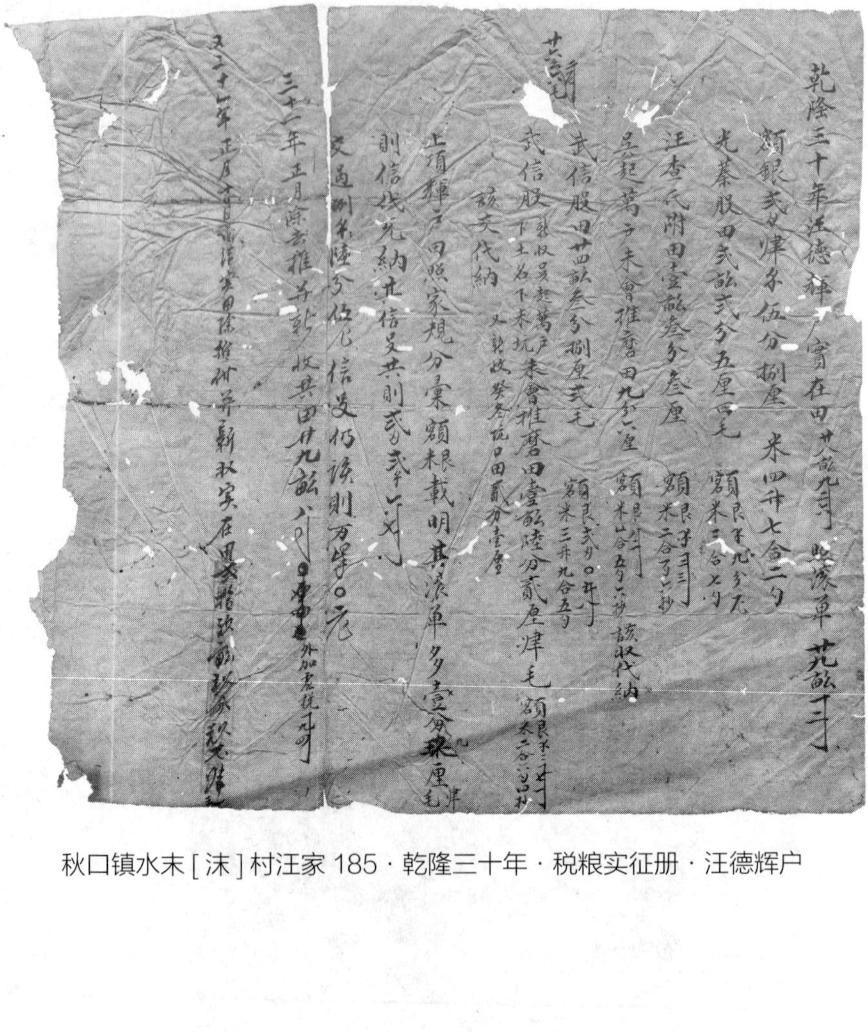

秋口镇水末[沫]村汪家 185·乾隆三十年·税粮实征册·汪德辉户

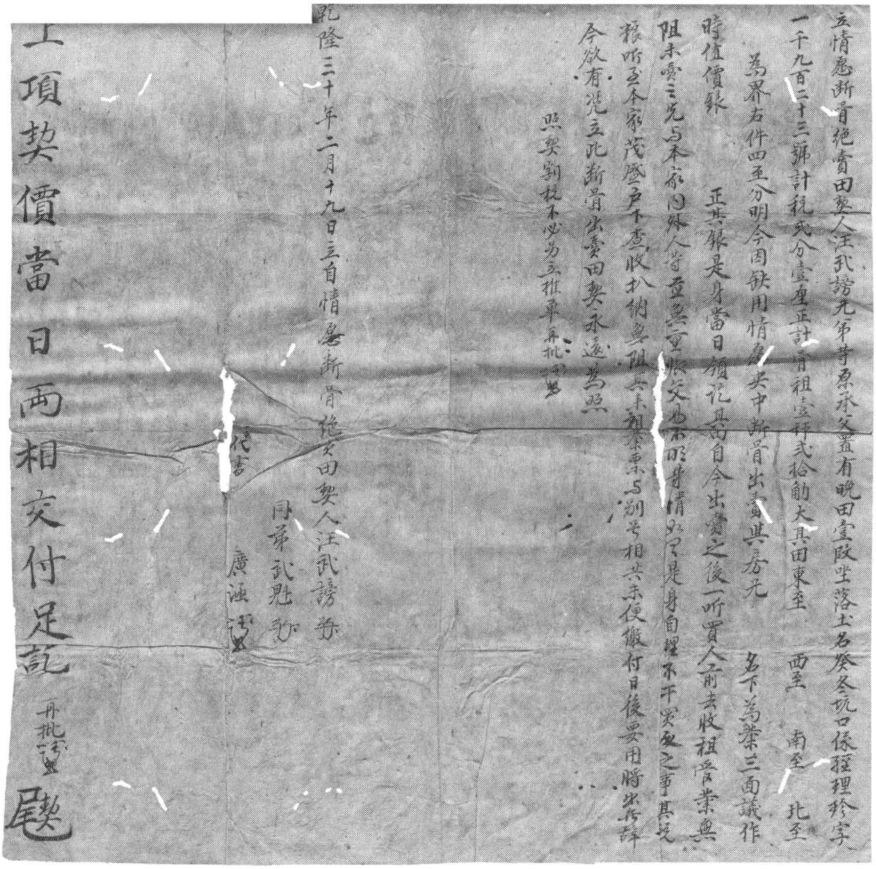

秋口镇水末[沫]村汪家 263 · 乾隆三十年 · 断骨绝卖田契 ·
汪武谤兄弟等卖与房兄☐

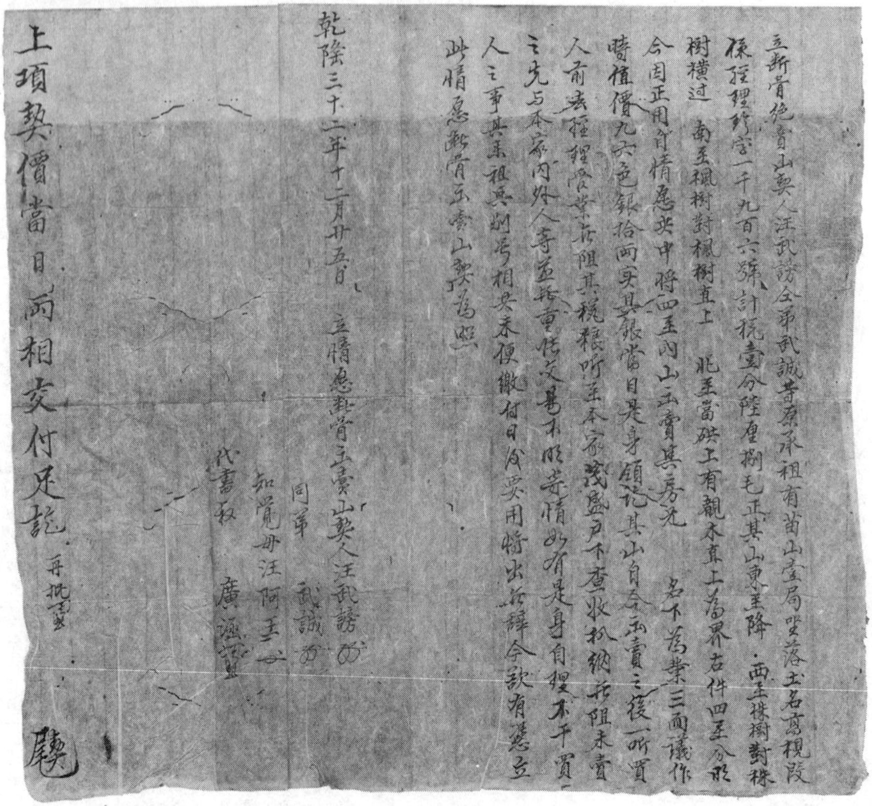

秋口镇水末［沫］村汪家 307 · 乾隆三十二年 · 断骨绝卖山契 ·
汪武谤同弟武诚等卖与房兄☐

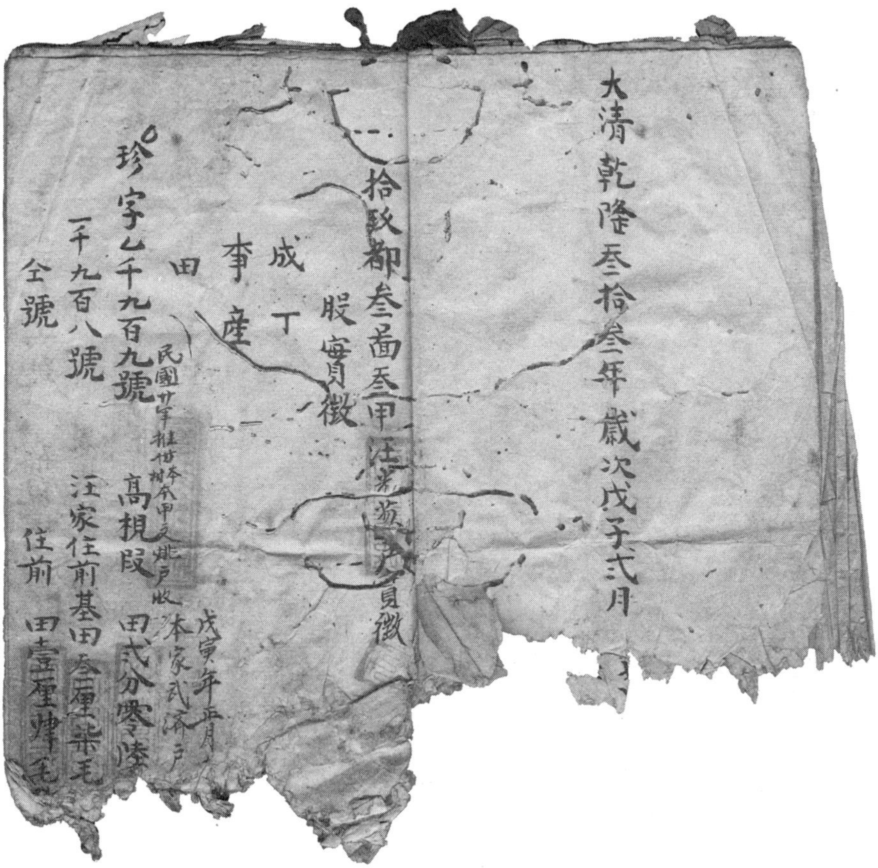

秋口镇水末[沫]村汪家 9-1 · 乾隆三十三年 · 税粮实征册 · 汪光葱户

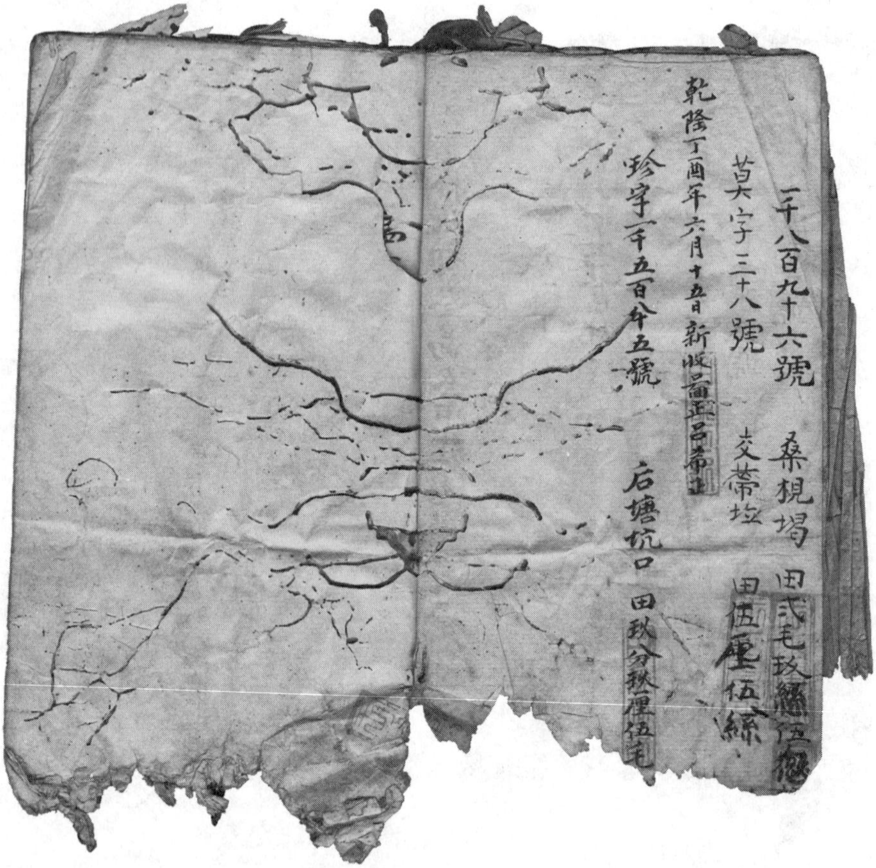

秋口镇水末［沫］村汪家 9-2 · 乾隆三十三年 · 税粮实征册 · 汪光葱户

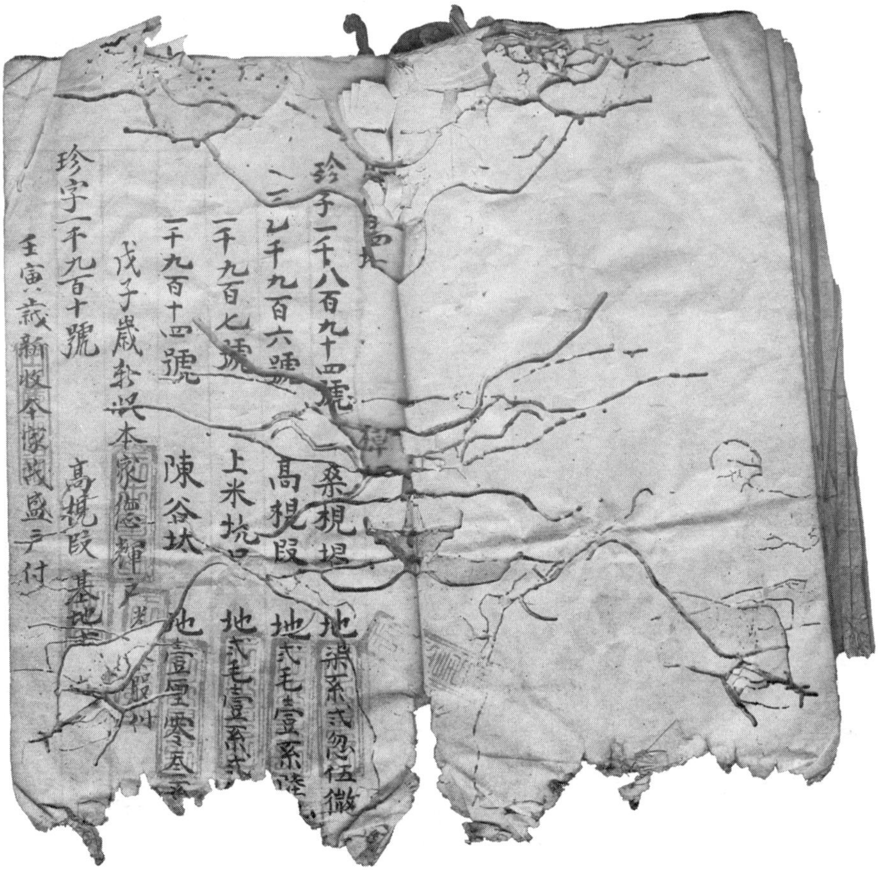

秋口镇水末［沫］村汪家 9-3 · 乾隆三十三年 · 税粮实征册 · 汪光葱户

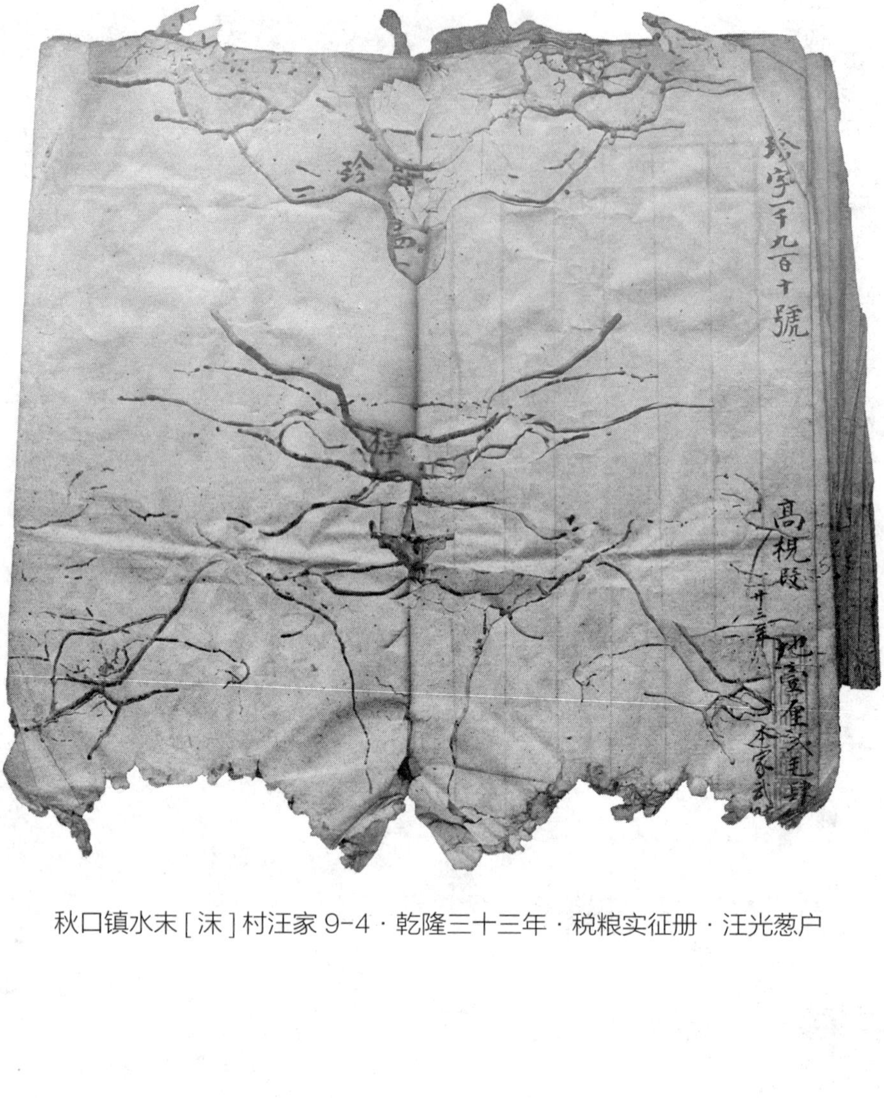

秋口镇水末［沫］村汪家 9-4 · 乾隆三十三年 · 税粮实征册 · 汪光葱户

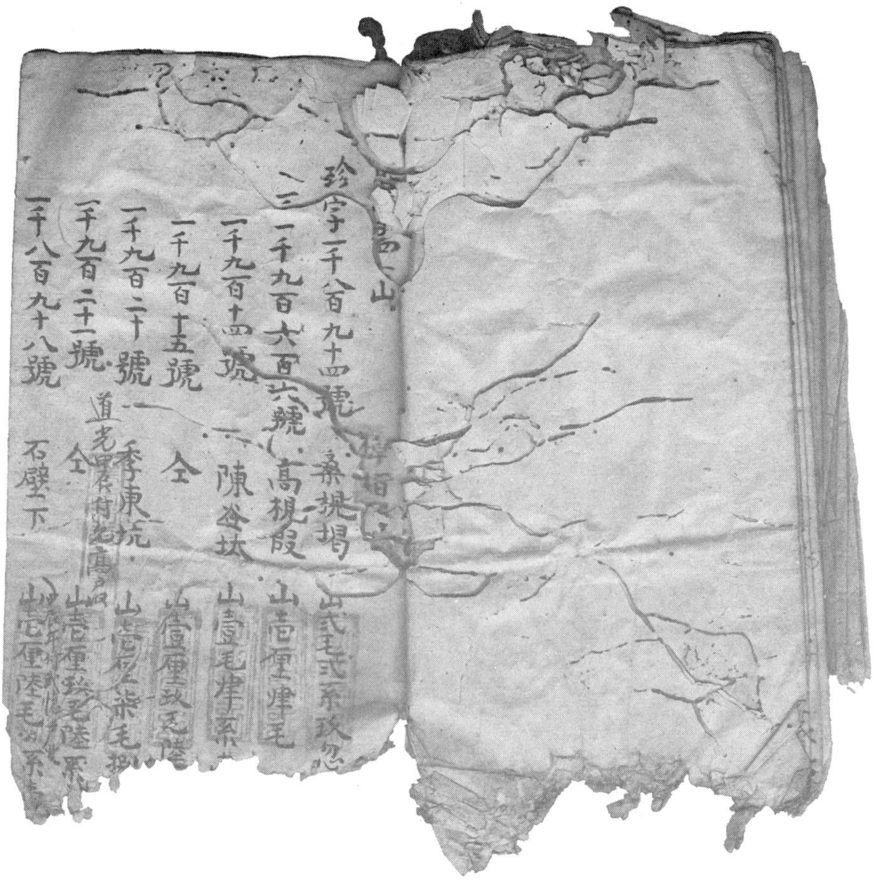

秋口镇水末[沫]村汪家 9-5 · 乾隆三十三年 · 税粮实征册 · 汪光葱户

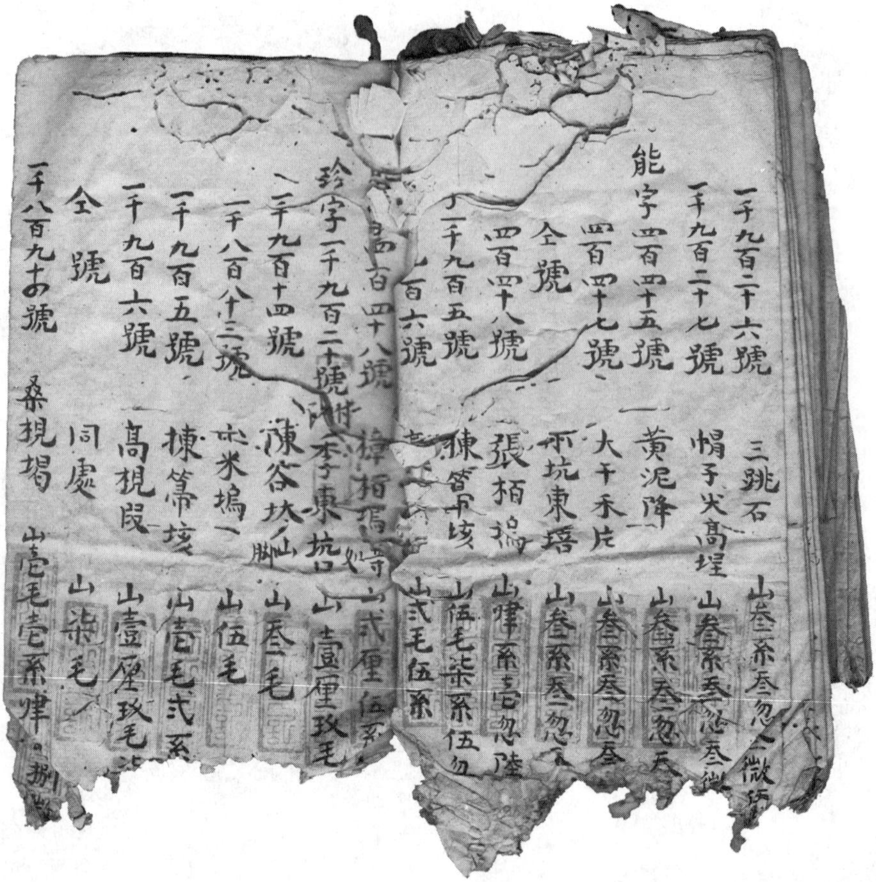

秋口镇水末［沫］村汪家 9-6 · 乾隆三十三年 · 税粮实征册 · 汪光葱户

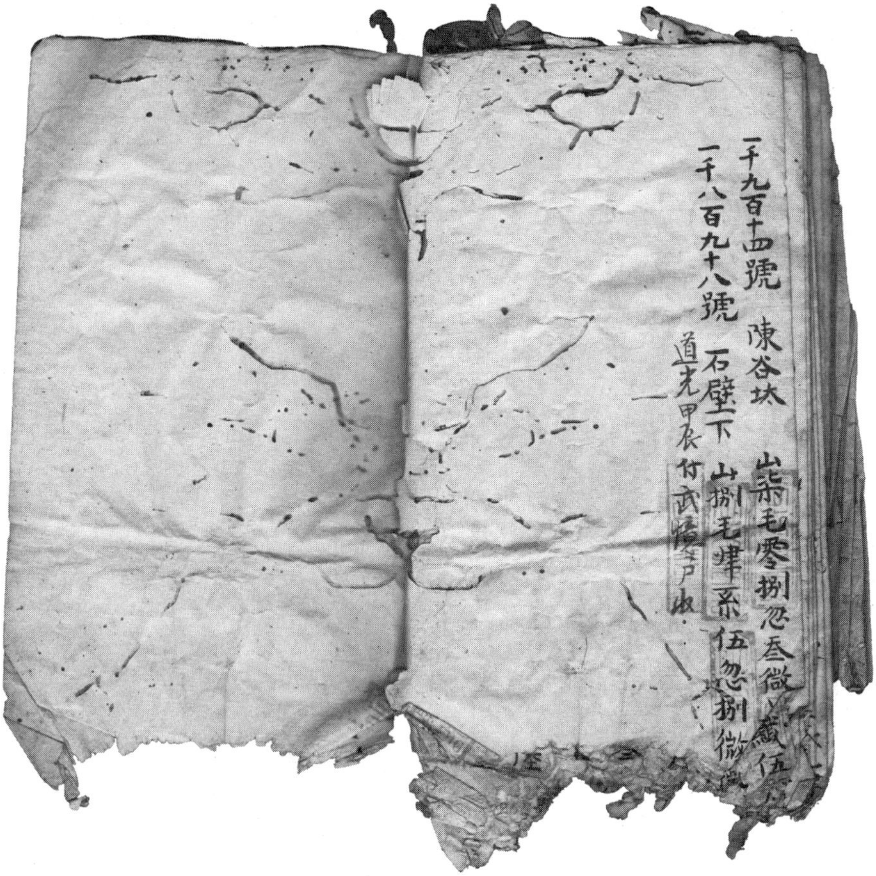

秋口镇水末［沫］村汪家 9-7 · 乾隆三十三年 · 税粮实征册 · 汪光葱户

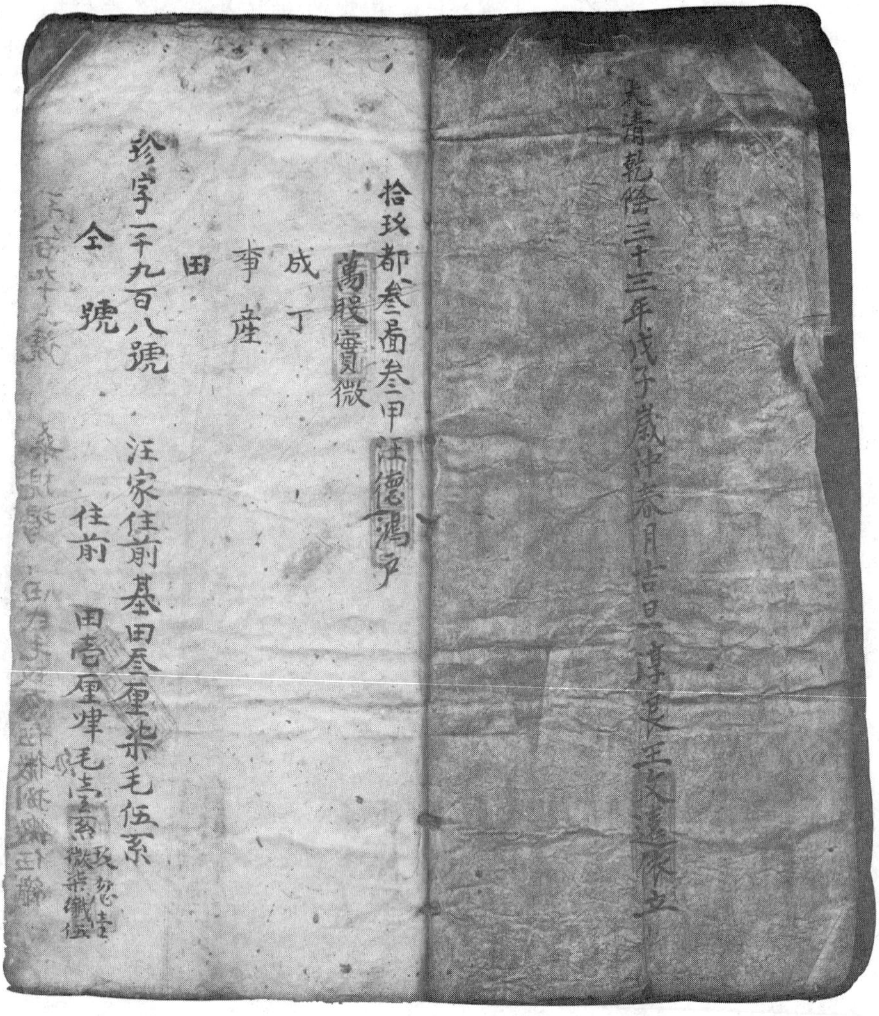

秋口镇水末[沫]村汪家 14-1 · 乾隆三十三年 · 税粮实征册 · 汪德鸿户

秋口镇水末[沫]村汪家 14-2・乾隆三十三年・税粮实征册・汪德鸿户

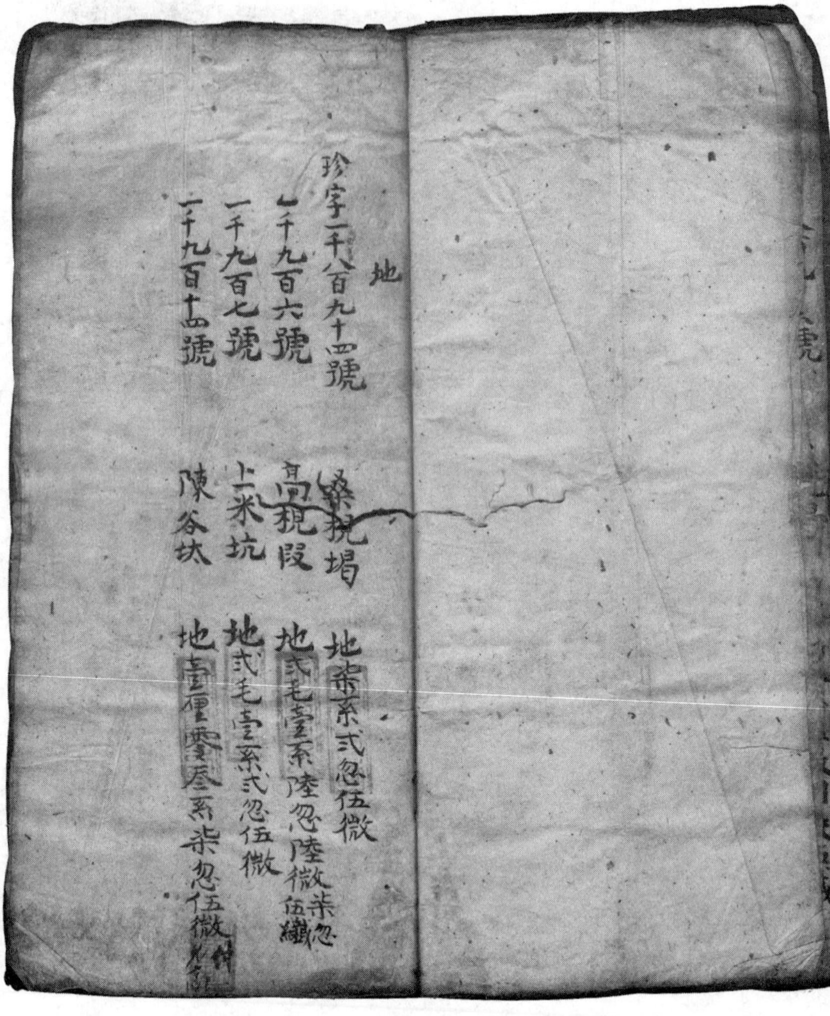

秋口镇水末 [沫] 村汪家 14-3 · 乾隆三十三年 · 税粮实征册 · 汪德鸿户

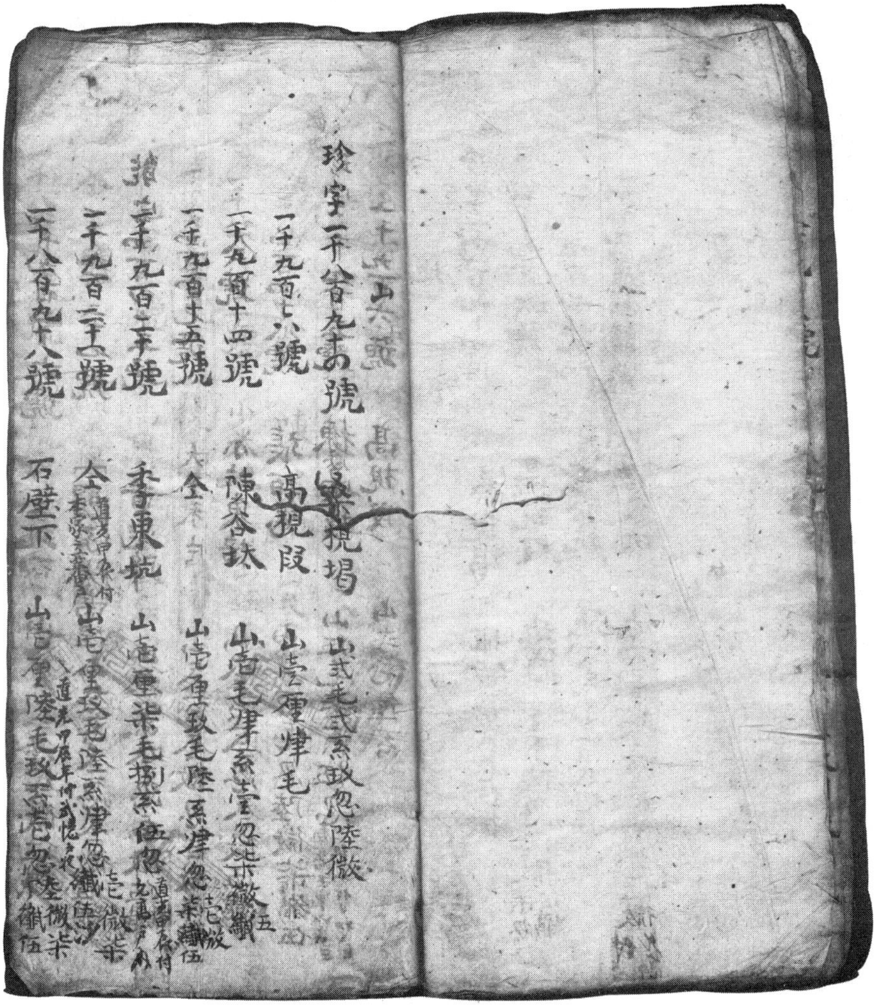

秋口镇水末［沫］村汪家 14-4 · 乾隆三十三年 · 税粮实征册 · 汪德鸿户

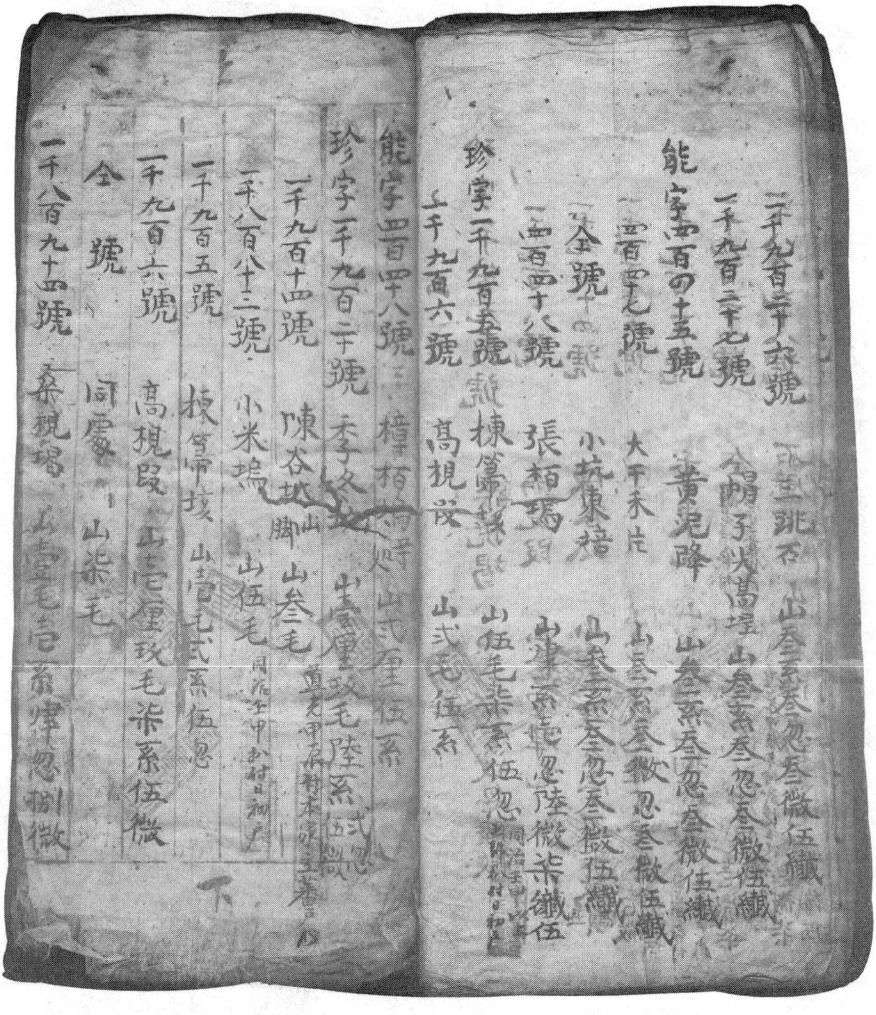

秋口镇水末［沫］村汪家 14-5 · 乾隆三十三年 · 税粮实征册 · 汪德鸿户

一千九百十四號　陳谷坵　山柒毛零捌忽叁微柒纖伍沙
一千八百九十八號　石壁下　山捌毛肆甬伍忽捌微叁纖柒沙伍

秋口镇水末 [沫] 村汪家 14-6 · 乾隆三十三年 · 税粮实征册 · 汪德鸿户

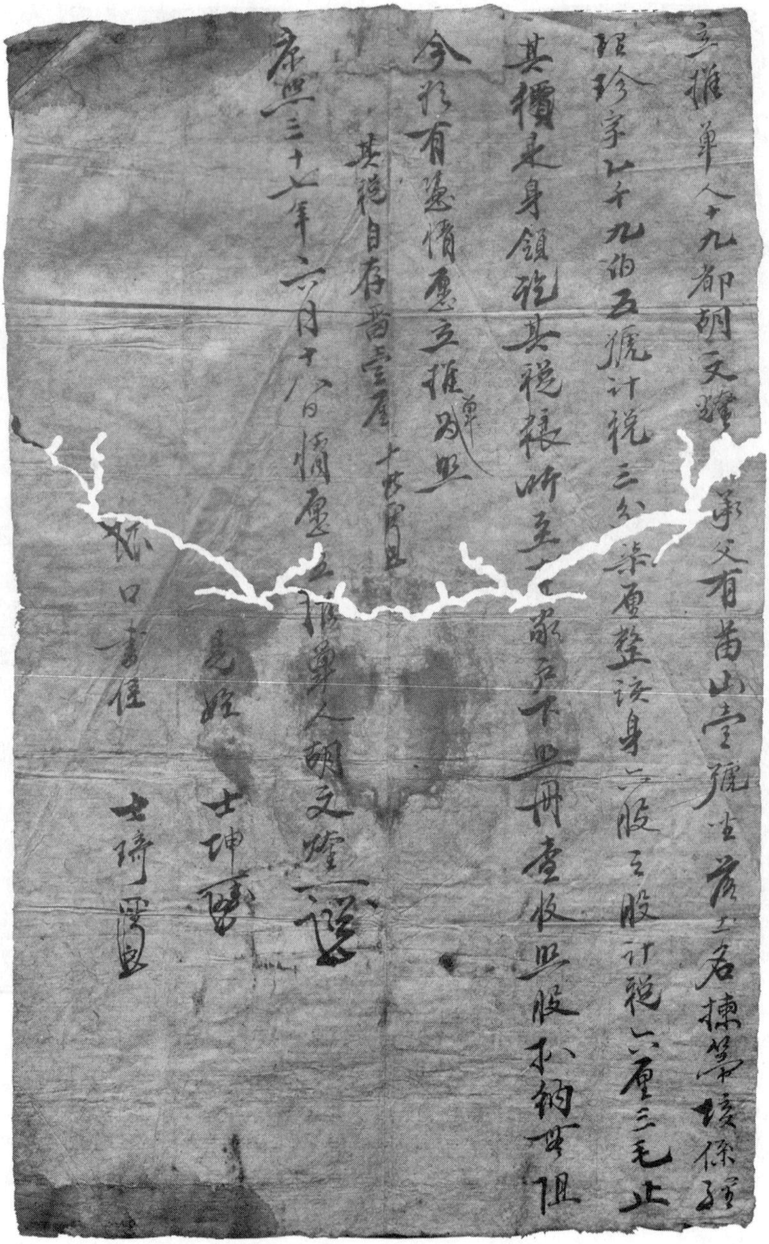

秋口镇水末［沫］村汪家 14 · 乾隆三十三年 · 推单 · 胡文煃推至本家户下

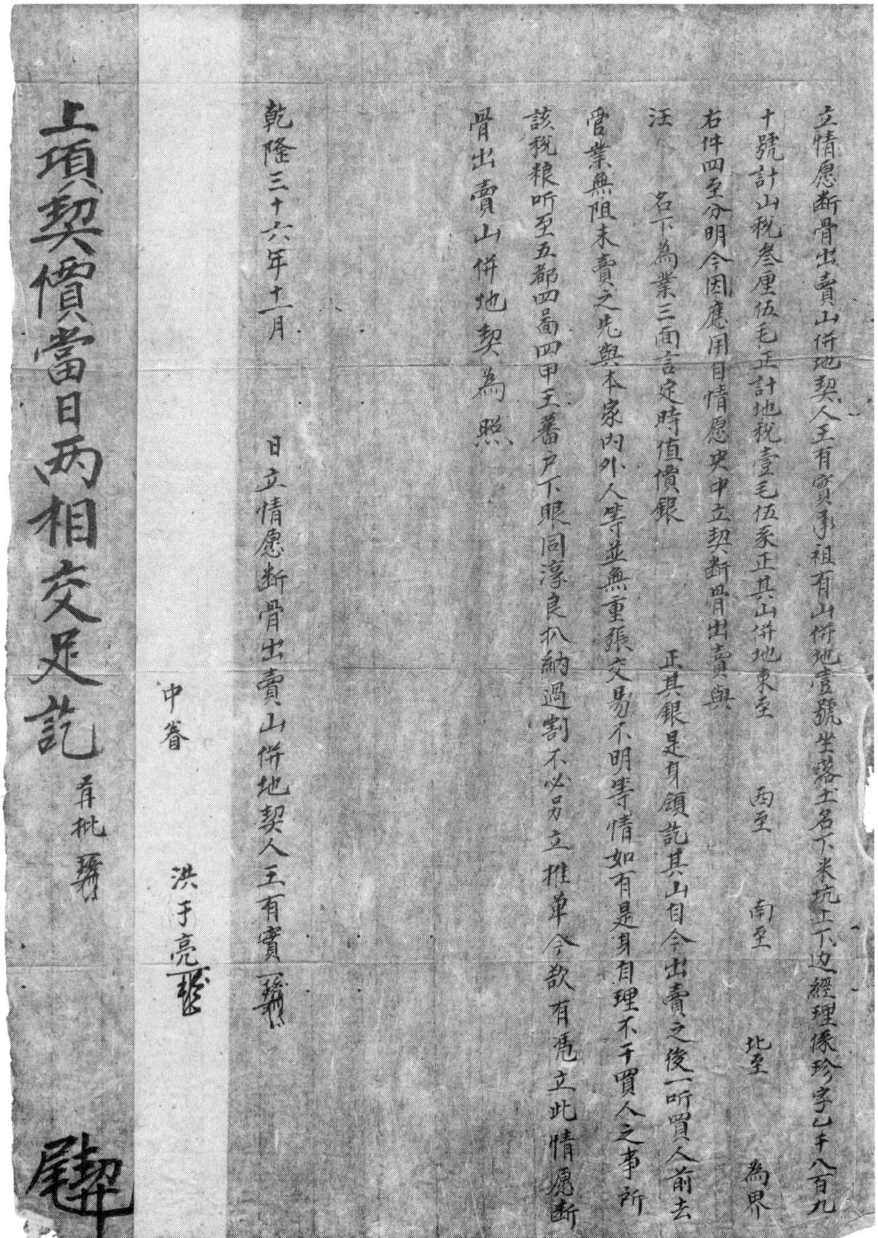

立情愿断骨出賣山併地契人王有實承祖有山併地壹號坐落土名下米坑上下边經理係珍字山千八百九

十號計山税叁厘伍毛正計地税壹毛伍系正其山併地東至　西至　南至　北至　為界

右件四至分明今因應用自情愿央中立契断骨出賣與

汪　名下為業三面言定時值價銀　正其銀是身領訖其山自今出賣之後一听買人前去

管業無阻未賣之先與本家內外人等並無重張交易不明等情如有是身自理不干買人之事所

該税粮听至五都四啚四甲王蕃户下服同淳良扒納過割不必另立推单今欲有凭立此情愿断

骨出賣山併地契為照

乾隆三十六年十一月　　日立情愿断骨出賣山併地契人王有實

中眷　洪于亮

上項契價當日兩相交足訖　再批

秋口镇水末[沫]村汪家 288 · 乾隆三十六年 · 断骨卖山并地契 · 王有实卖与汪☒

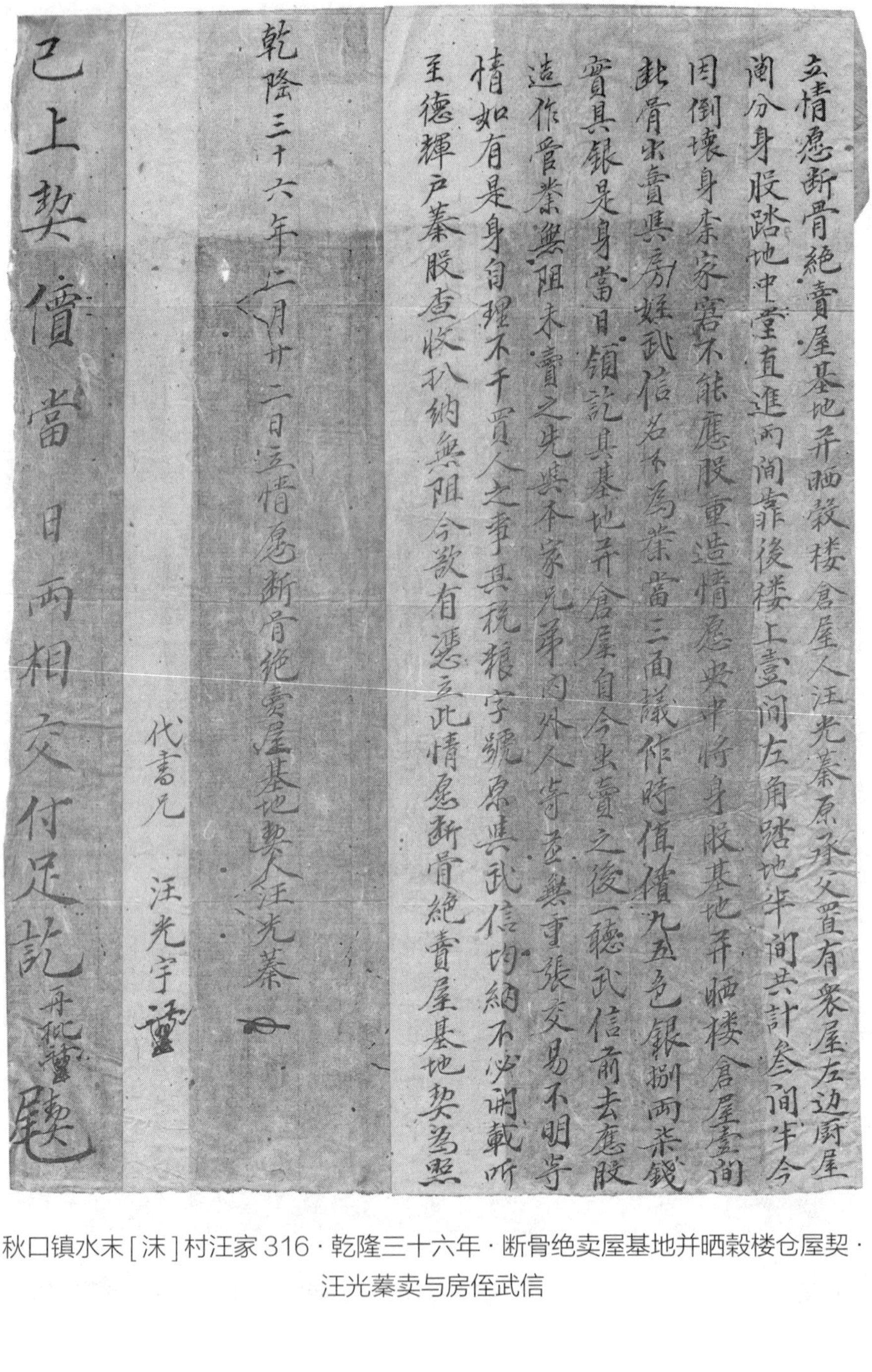
立情愿断骨絕賣屋基地并晒穀楼倉屋人汪光蓁原承父置有衆屋左边廚屋
閫分身股踏地中堂直進兩間靠後楼上壹間左角踏地半間共計叁間半今
因倒壞身叔家寒不能應股重造情愿央中將身股基地并晒楼倉屋壹間
出骨出賣與房姪武信名下爲業當三面議作時値價九五色銀捌兩柒錢
當其銀是身當日領訖其基地并倉屋自今出賣之後一聽武信前去應股
造作管業無阻未賣之先與本家兄弟内外人等並無重張交易不明等
情如有是身自理不干買人之事其稅粮字號原與武信均納不必開載聽
至德輝戶蓁股查收扒納無阻今欲有憑立此情愿断骨絕賣屋基地契爲照

乾隆三十六年二月廿二日立情愿断骨絕賣屋基地契人汪光蓁

代書兄　汪光宇

已上契價當日兩相交付足訖　再批　照

秋口镇水末[沫]村汪家 316 · 乾隆三十六年 · 断骨绝卖屋基地并晒穀楼仓屋契 ·
汪光蓁卖与房侄武信

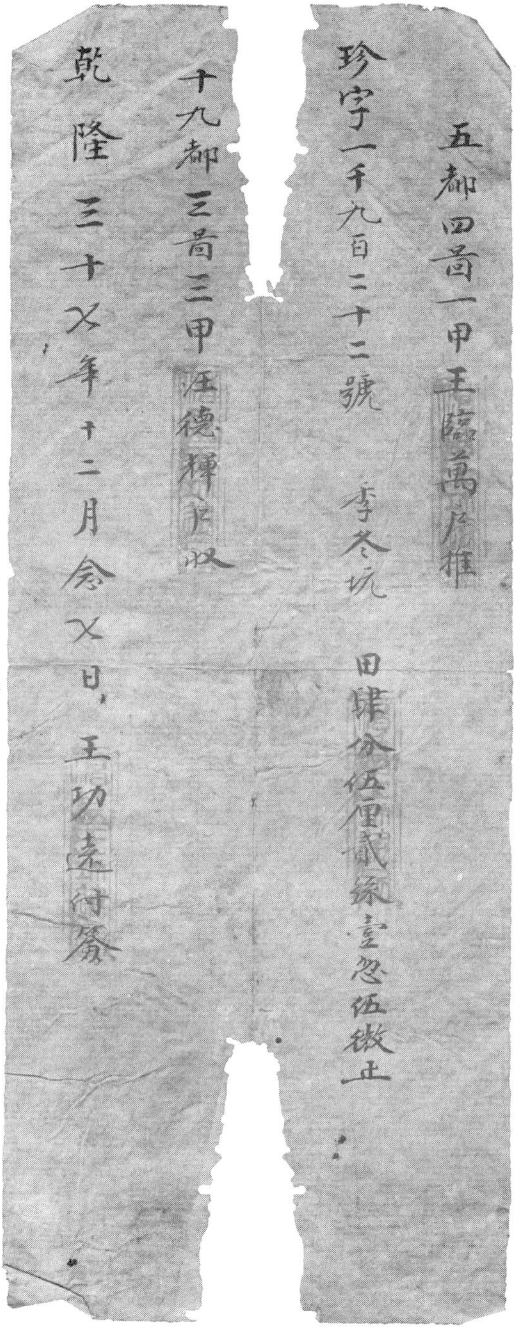

秋口镇水末［沫］村汪家 22 · 乾隆三十七年 · 推单 · 王统万户与汪德辉户

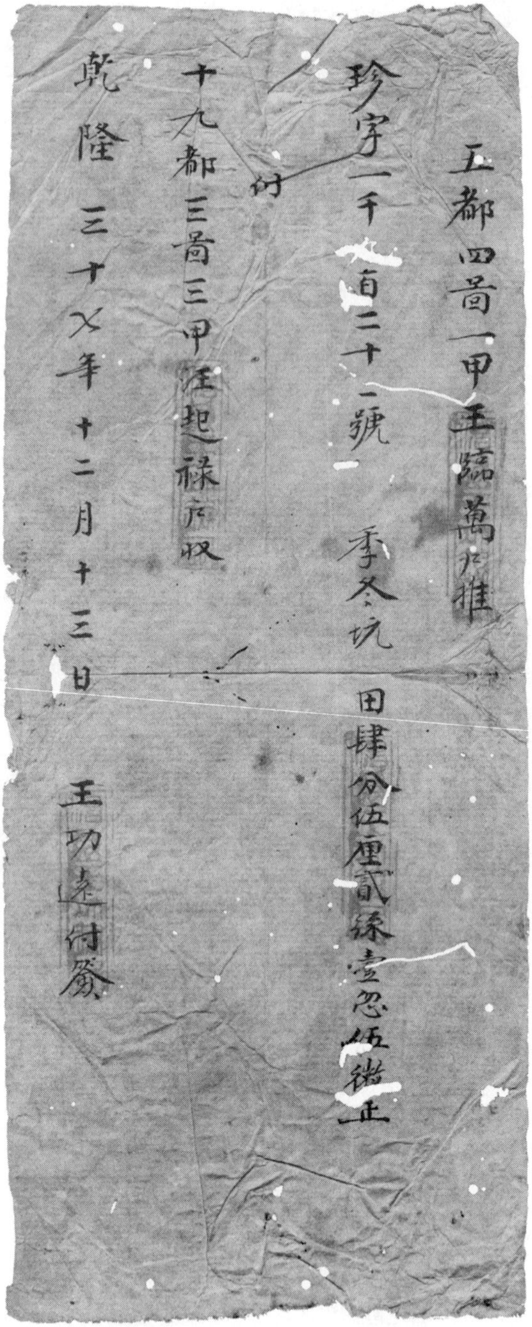

五都四啚一甲王臨萬户推

珍字一千[illegible]百二十二號　季冬坑　田肆分伍厘貳絲壹忽伍微正

付

十九都三啚三甲汪起祿户収

乾隆三十七年十二月十三日

王功遠付發

秋口镇水末 [沫] 村汪家 147 · 乾隆三十七年 · 推单 · 王临万付与汪起禄

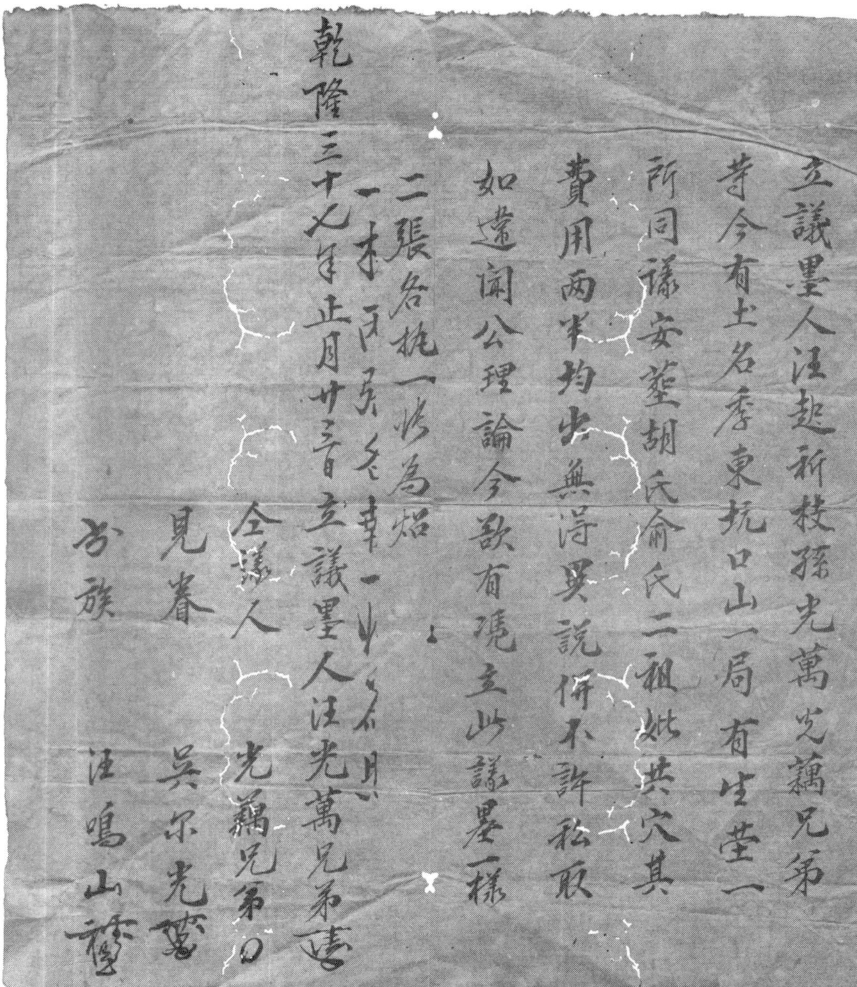
立議墨人汪起新枝孫光萬光藕兄弟
等今有土名李東坑口山一局有生茔一
所同謀安葬胡氏俞氏二祖妣共穴其
費用兩半均出無得異說倘不許私取
如違聞公理論今欲有憑立此議墨一樣
二張各执一收為照
一本日後各業一[illegible]
乾隆三十七年正月廿三日立議墨人汪光萬兄弟（押）
仝議人 光藕兄弟（押）
見書 吳尔光（押）
房族 汪鳴山（押）

秋口镇水末［沫］村汪家 182 · 乾隆三十七年 · 议墨 ·
汪起新枝孙光万、光藕兄弟等

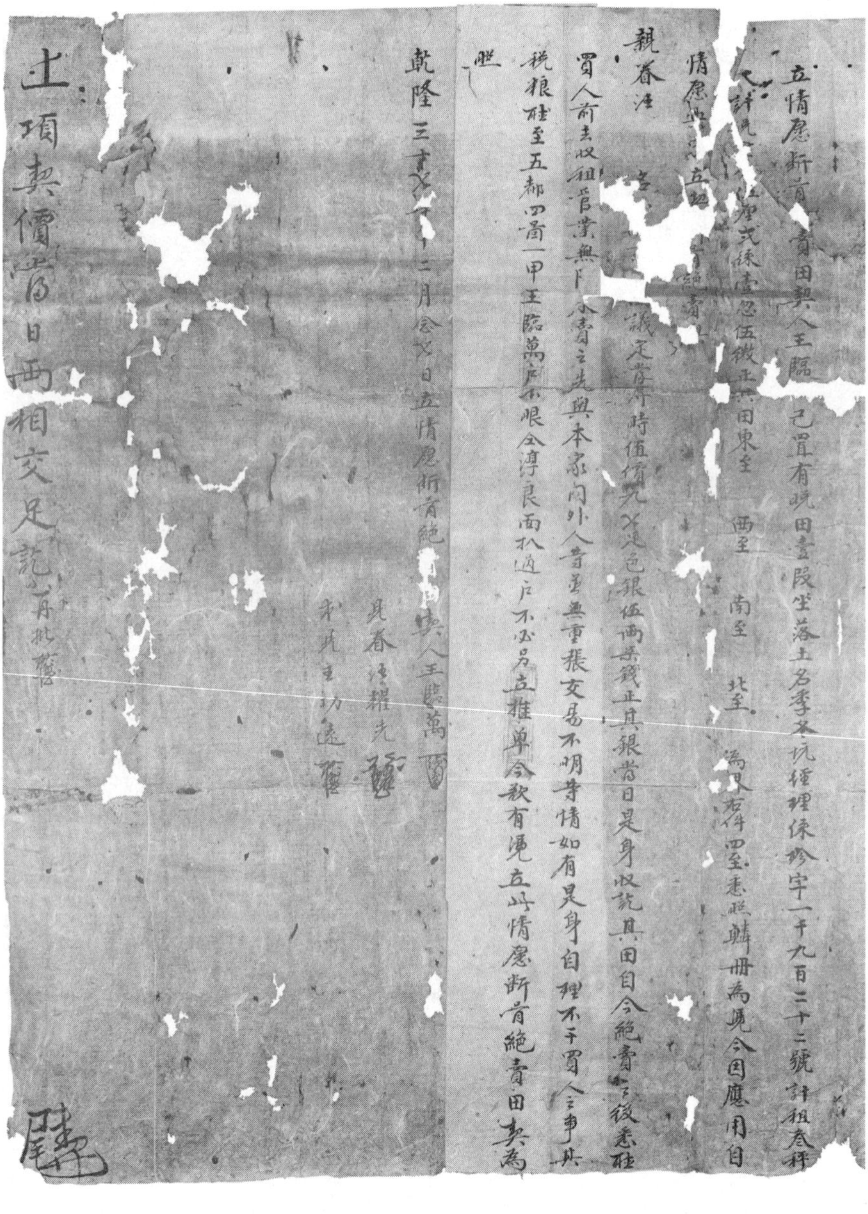

秋口镇水末[沫]村汪家 270 · 乾隆三十七年 · 断骨绝卖田契 ·
王临万卖与亲眷汪☑

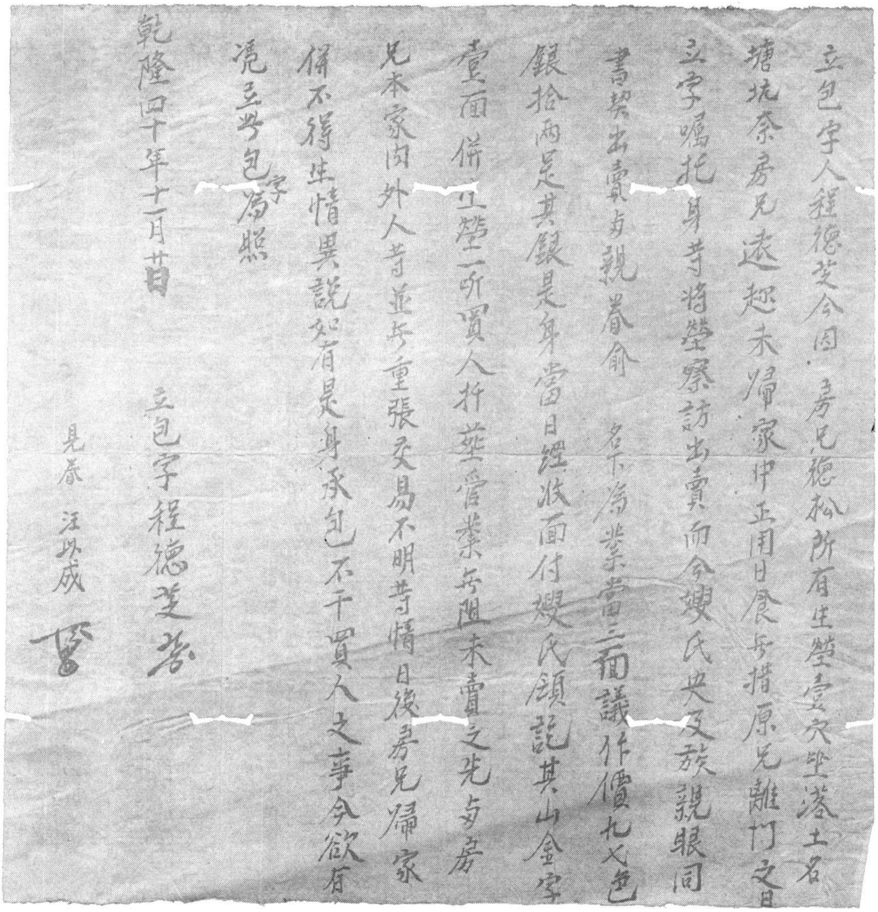

立包字人程德芝今因房兄德松所有生塋壹穴坐落土名

塘坑祭房兄遠趣未歸家中正用日食無措原兄離門之日

立字囑托身等將塋察訪出賣而今嫂氏央及族親眼同

書契出賣與親眷俞　名下為業當三面議作價九七色

銀拾兩是其銀是身當日經收面付嫂氏領訖其山金字

壹面併在塋一所買人扦葬管業無阻未賣之先與房

兄本家內外人等並無重張交易不明等情日後房兄歸家

倘不得生情異說如有是身承包不干買人之事今欲有

憑立此包字為照

乾隆四十年十一月廿日

立包字程德芝（押）

見眷　汪以成（押）

秋口镇水末［沫］村汪家 190 · 乾隆四十年 · 包约 · 程德芝卖坟地与亲眷俞☐

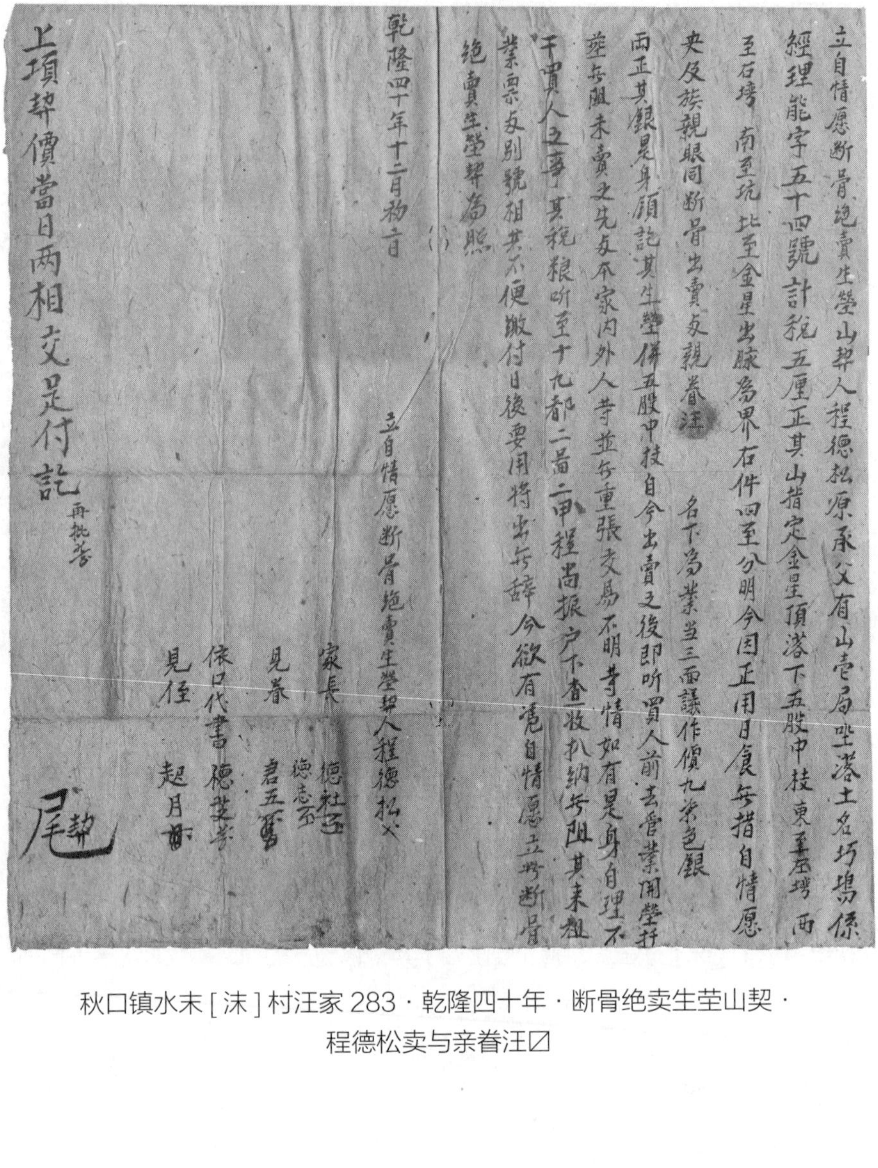

秋口镇水末［沫］村汪家 283 · 乾隆四十年 · 断骨绝卖生茔山契 ·
程德松卖与亲眷汪□

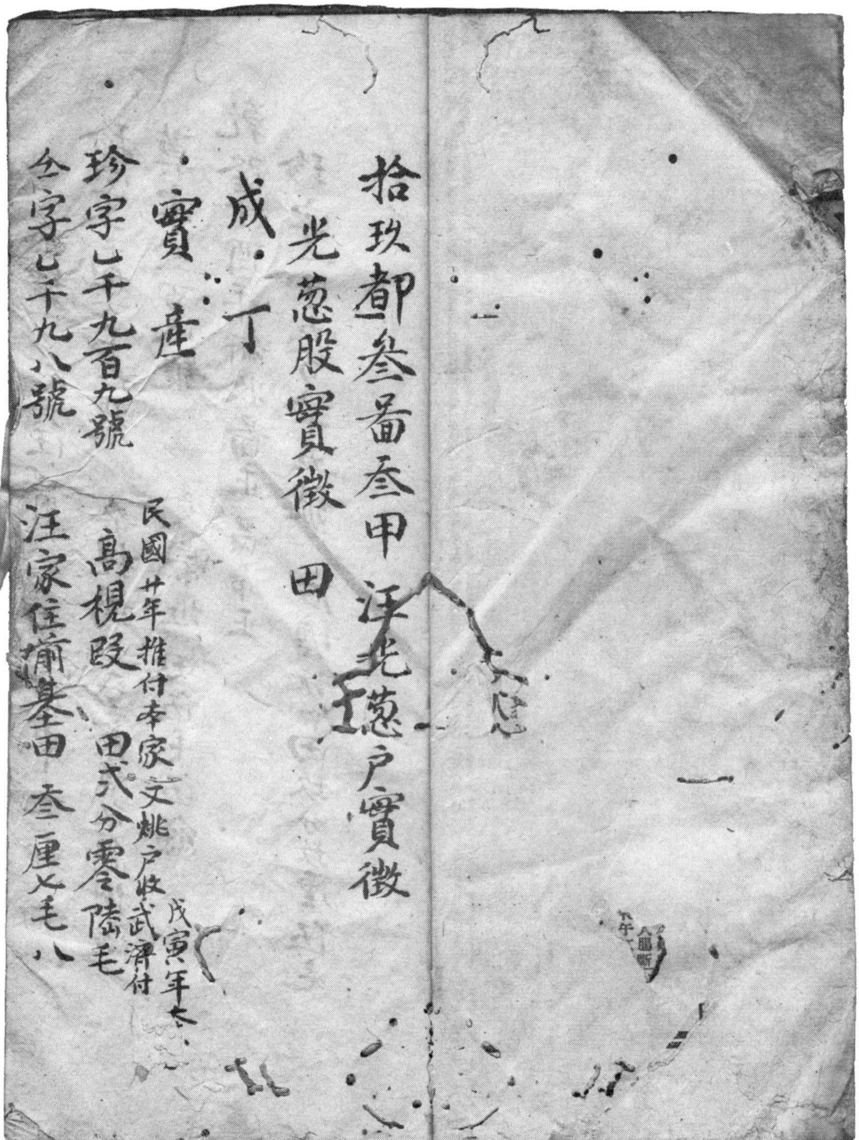

拾玖都叁啚叁甲汪光葱户實徵
光葱股實徵田
成丁
實產
珍字七千九百九號
仝字七千九八號
民國廿年推付本家文姚户收武濟付
高梘段田弍分零陸毛
汪家住前基田叁厘七毛八
戊寅年本

秋口镇水末［沫］村汪家 2-1 · 乾隆四十二年 · 税粮实征册 · 汪光葱户

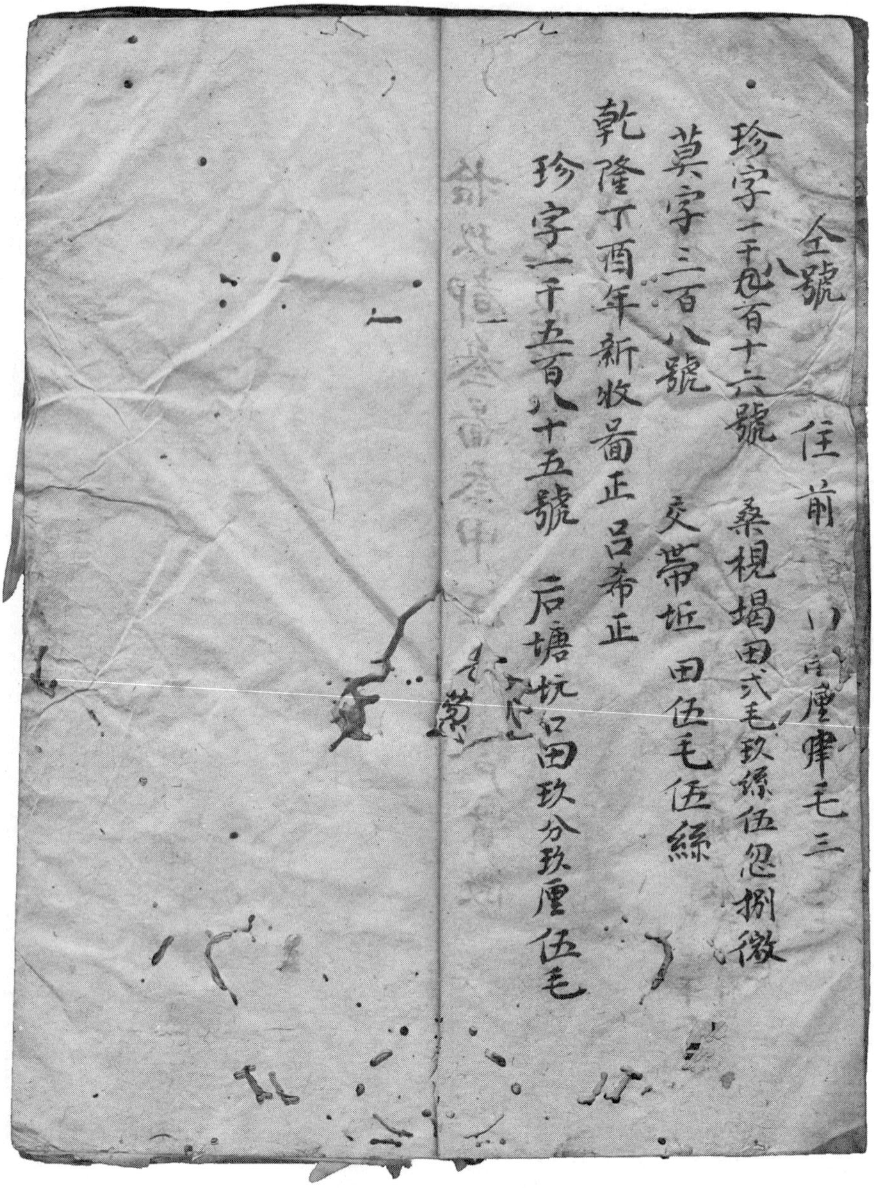

仝號　住前　八分厘肆毛三
珍字一千八百十六號　桑梘塌田弍毛玖絲伍忽捌微
莫字三百八號　交帶垣　田伍毛伍絲
乾隆丁酉年新收畗正　吕希正
珍字一千五百八十五號　后塘坑口田玖分玖厘伍毛

秋口镇水末［沫］村汪家 2-2 · 乾隆四十二年 · 税粮实征册 · 汪光葱户

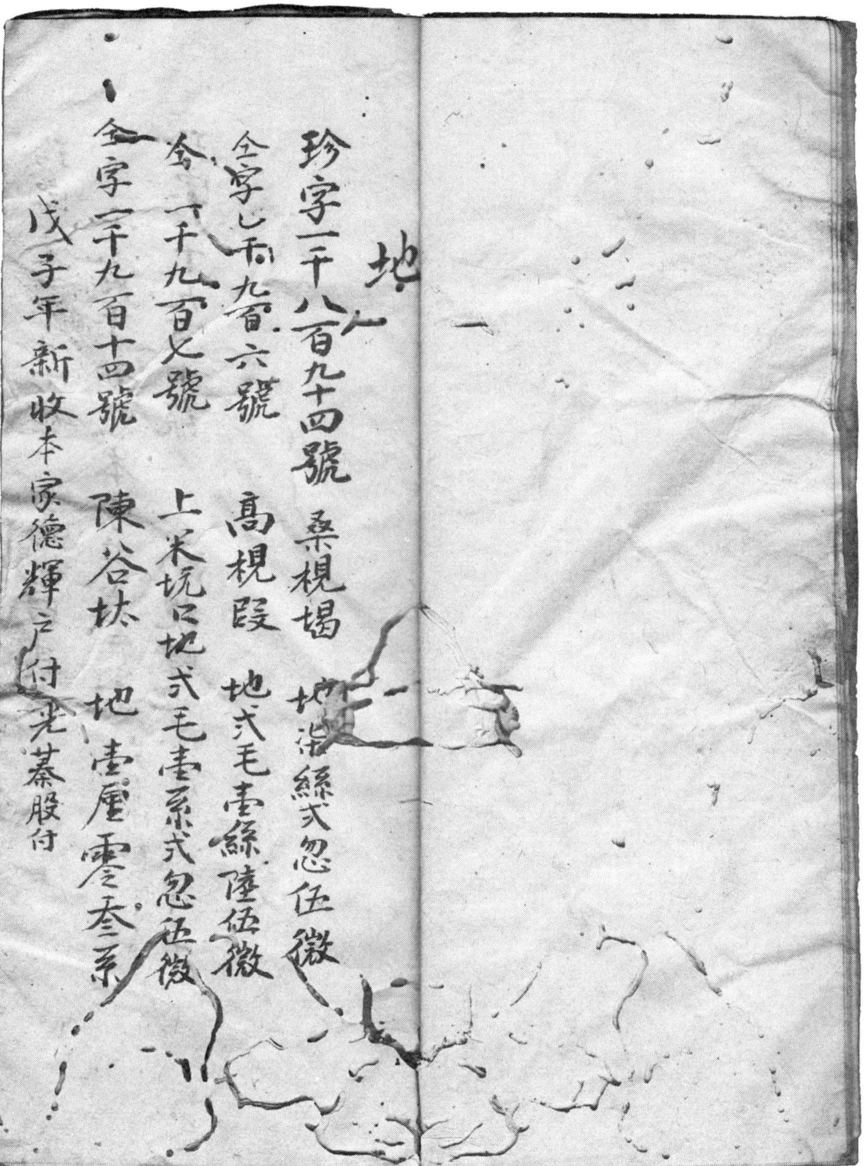

地
珍字一千八百九十四號　桑梘塢　地[illegible]絲弍忽伍微
仝字乙千九百〇六號　高梘段　地弍毛壹絲陸伍微
仝　一千九百乙號　上米坑口　地弍毛壹系弍忽伍微
仝字一千九百十四號　陳谷坑　地壹厘零叁系
戊子年新收本家德輝户付光慕股付

秋口镇水末 [沫] 村汪家 2–3 · 乾隆四十二年 · 税粮实征册 · 汪光葱户

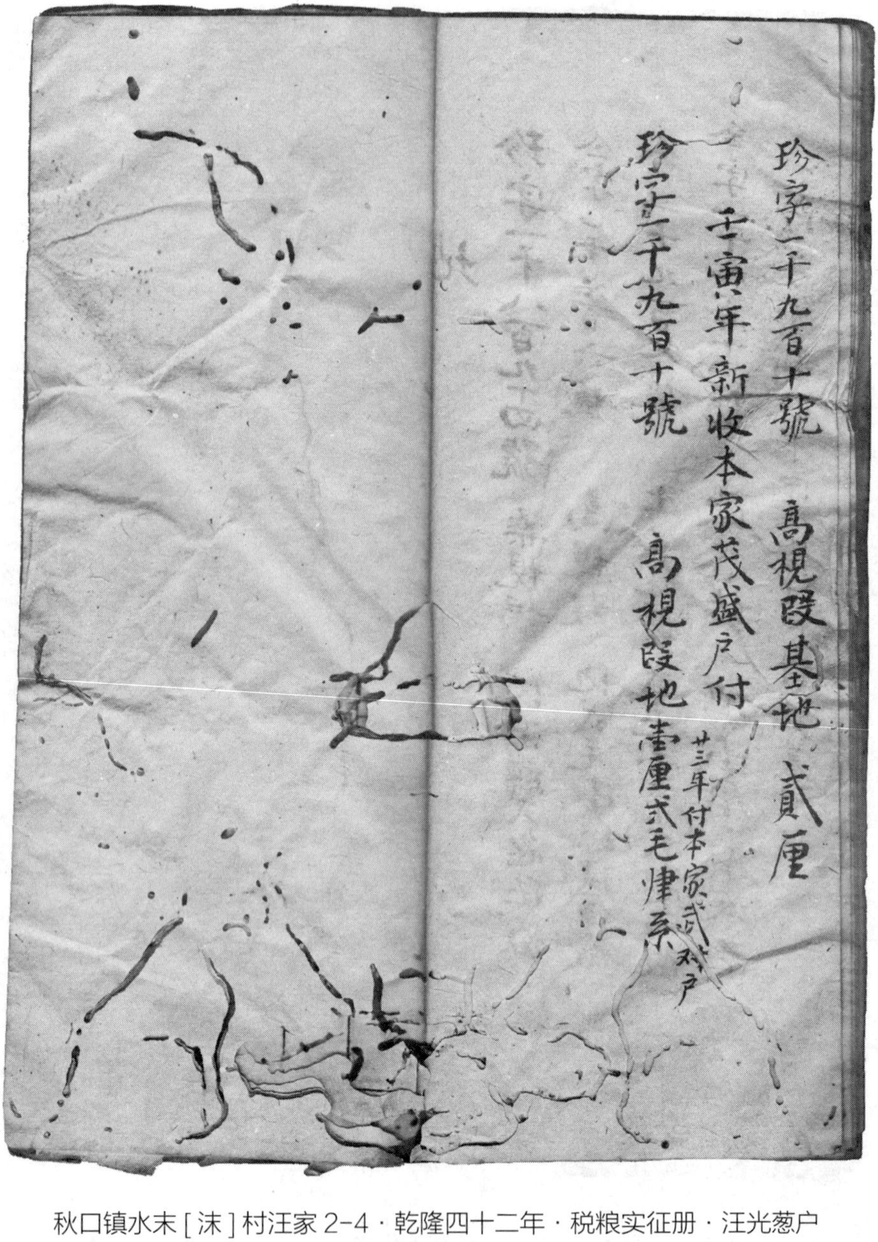
珍字一千九百十號 高視段基地 貳厘
壬寅年新收本家茂盛户付
珍字一千九百十號 高視段地壹厘弍毛肆系
廿三年付本家弍[illegible]户

秋口镇水末［沫］村汪家 2-4 · 乾隆四十二年 · 税粮实征册 · 汪光葱户

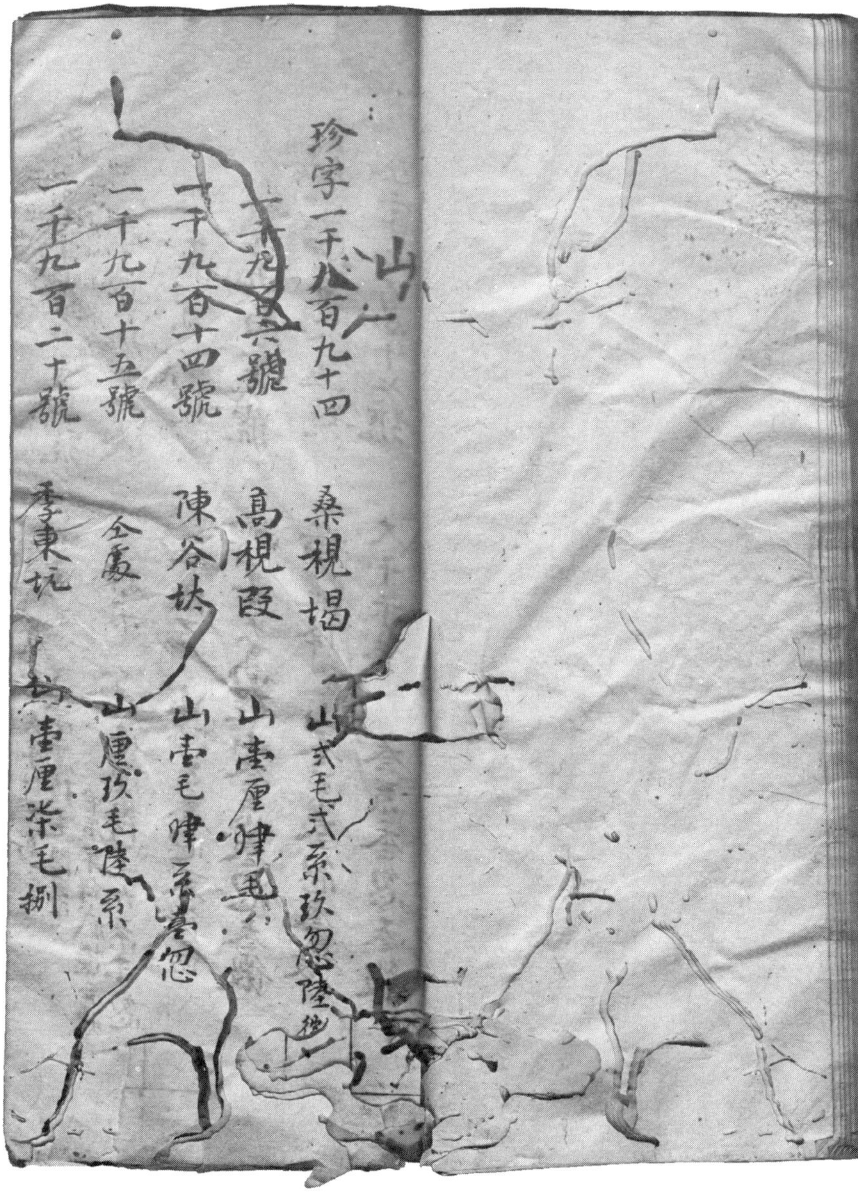
珍字一千八百九十四　桑梘塲　山弍毛弍系玖忽陸徵
一千九百[illegible]六號　高梘段　山壹厘肆毛
一千九百十四號　陳谷坵　山壹毛肆系壹忽
一千九百十五號　仝處　山厘玖毛陸系
一千九百二十號　李東坑　山壹厘柒毛捌

秋口镇水末［沫］村汪家 2-5 · 乾隆四十二年 · 税粮实征册 · 汪光葱户

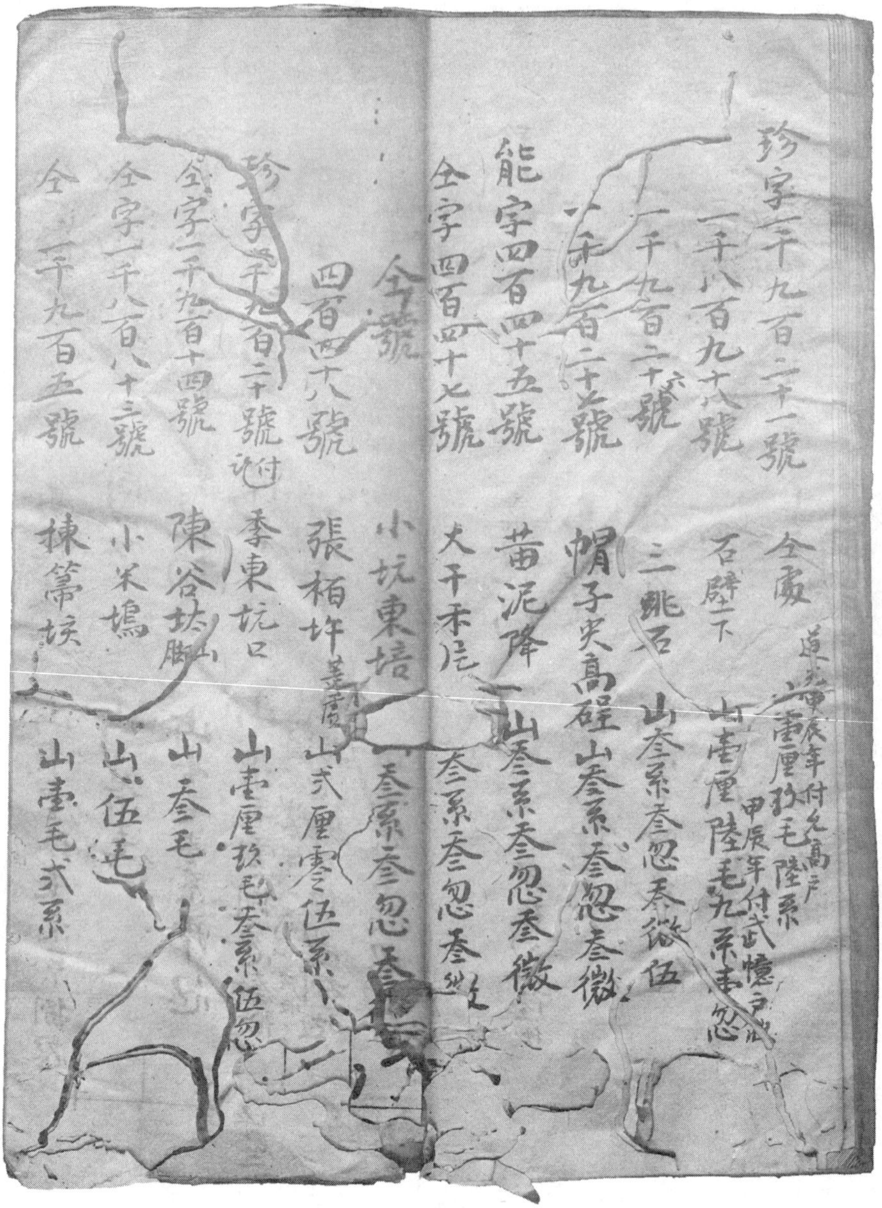

秋口镇水末 [沫] 村汪家 2-6 · 乾隆四十二年 · 税粮实征册 · 汪光葱户

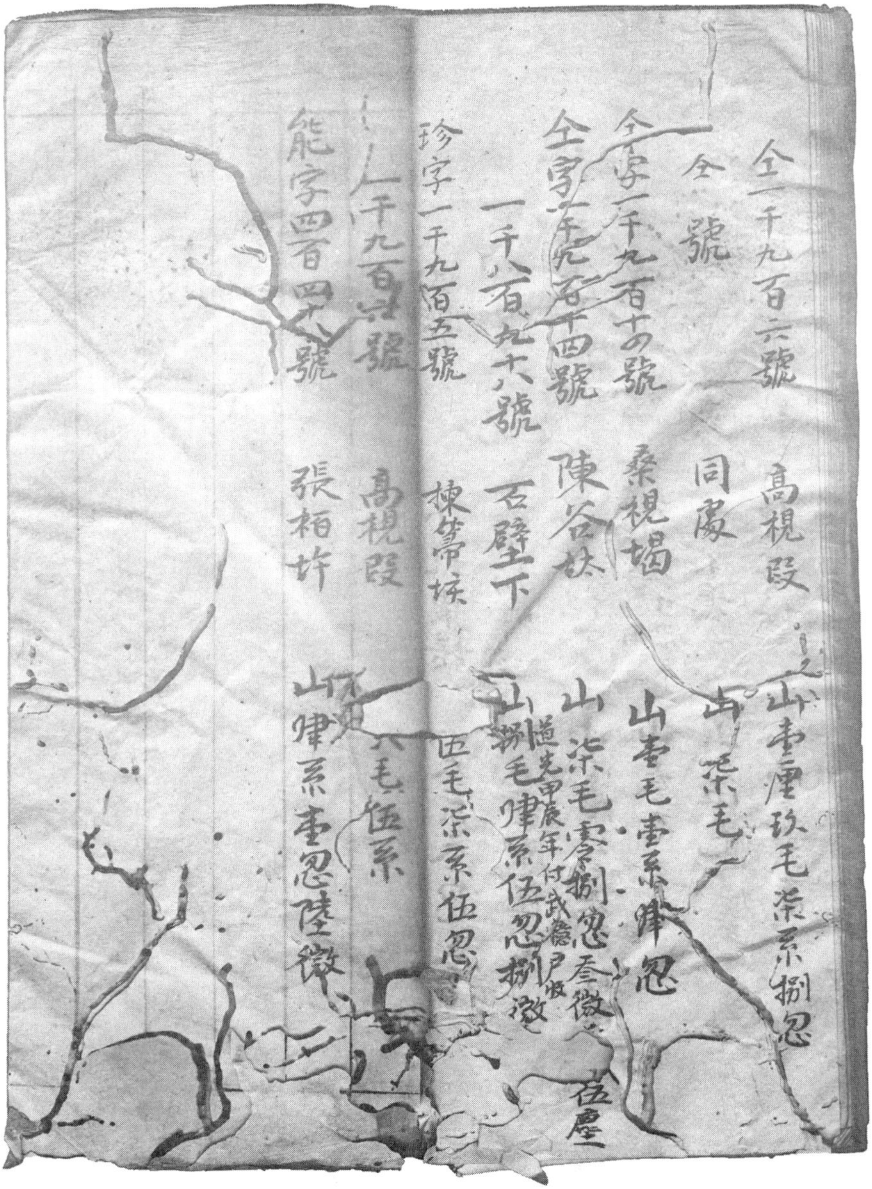

秋口镇水末［沫］村汪家 2-7 · 乾隆四十二年 · 税粮实征册 · 汪光葱户

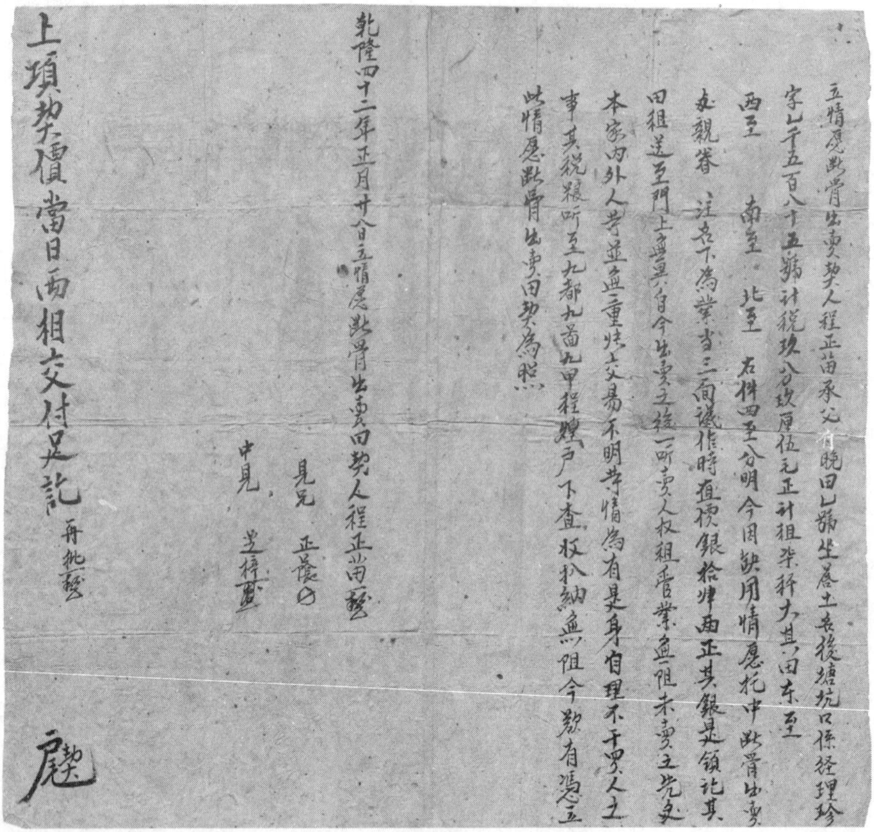

立情愿断骨出賣契人程正苗承父有晚田山號坐落土名後塘坑口係经理珍字山千五百八十五號計稅玖分玖厘伍毛正計租柒秤大其田东至　西至　南至　北至　右件四至分明今因缺用情愿托中断骨出賣与親眷　汪名下為業當三面議作時值價銀拾肆兩正其銀是領訖其田祖遺至門上無異自今出賣之後一听受人收租管業無阻未賣之先與本家內外人等並無重復交易不明等情為有是身自理不干受人之事其稅粮听至九都九啚九甲程煙户下查收扒納無阻今欲有憑立此情愿断骨出賣田契為照

乾隆四十二年正月廿八日立情愿断骨出賣田契人程正苗

見兄　正養

中見　聖梓

上項契價當日兩相交付足訖　再批

秋口镇水末［沫］村汪家 284 · 乾隆四十二年 · 断骨卖田契 · 程正苗卖与亲眷汪〼

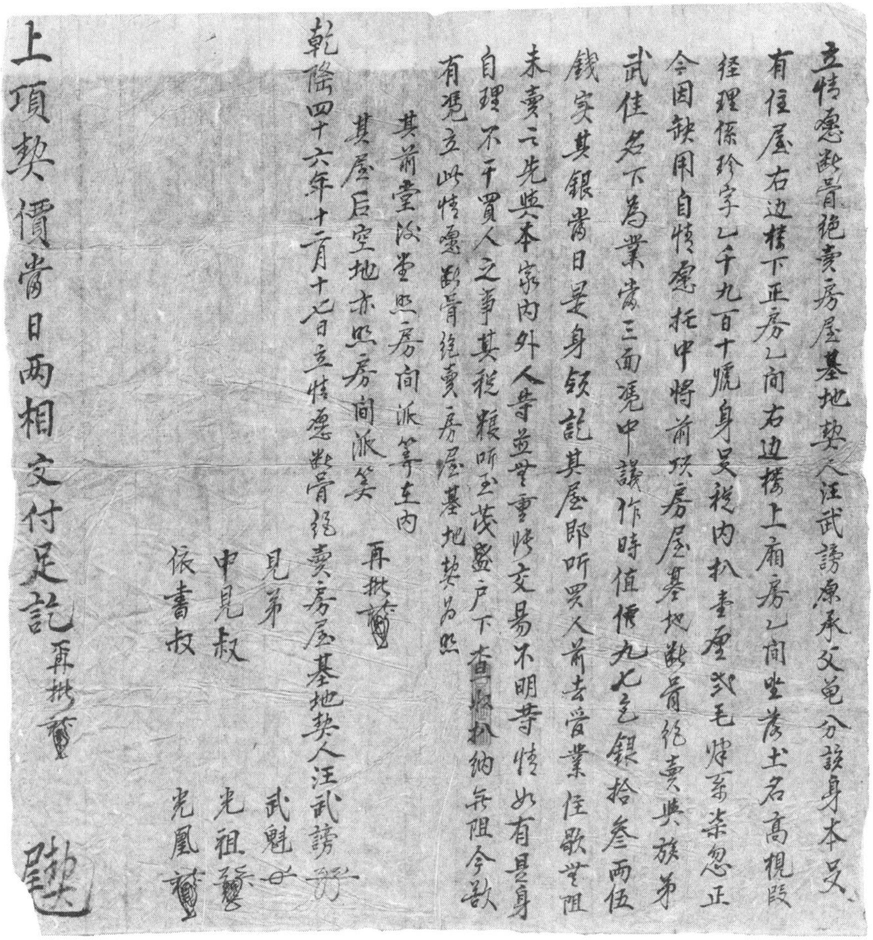
立情愿断骨绝賣房屋基地契人汪武謗原承父芑分該身本受
有住屋右边楼下正房乙間右边楼上厢房乙間坐落土名高枧段
经理係珍字乙千九百十號身足從内扒壹厘弍毛伍系柒忽正
今因缺用自情愿托中將前項房屋基地断骨绝賣與族弟
武佳名下為業當三面憑中議作時值價九七色銀拾叁两伍
錢実其銀當日是身領訖其屋即听買人前去管業住歇無阻
未賣之先與本家内外人等並無重叠交易不明等情如有是身
自理不干買人之事其税粮听至茂盛户下查收扒納無阻今欲
有憑立此情愿断骨绝賣房屋基地契為照
其前堂役坐照房間派算在内　再批（押）
其屋后空地亦照房間派算
乾隆四十六年十二月十七日立情愿断骨绝賣房屋基地契人汪武謗（押）
見弟　武魁（押）
中見叔　光祖（押）
依書叔　光凰（押）
上項契價當日两相交付足訖　再批（押）

秋口镇水末［沫］村汪家 317 · 乾隆四十六年 · 断骨绝卖房屋基地契 ·
汪武谤卖与族弟汪武佳

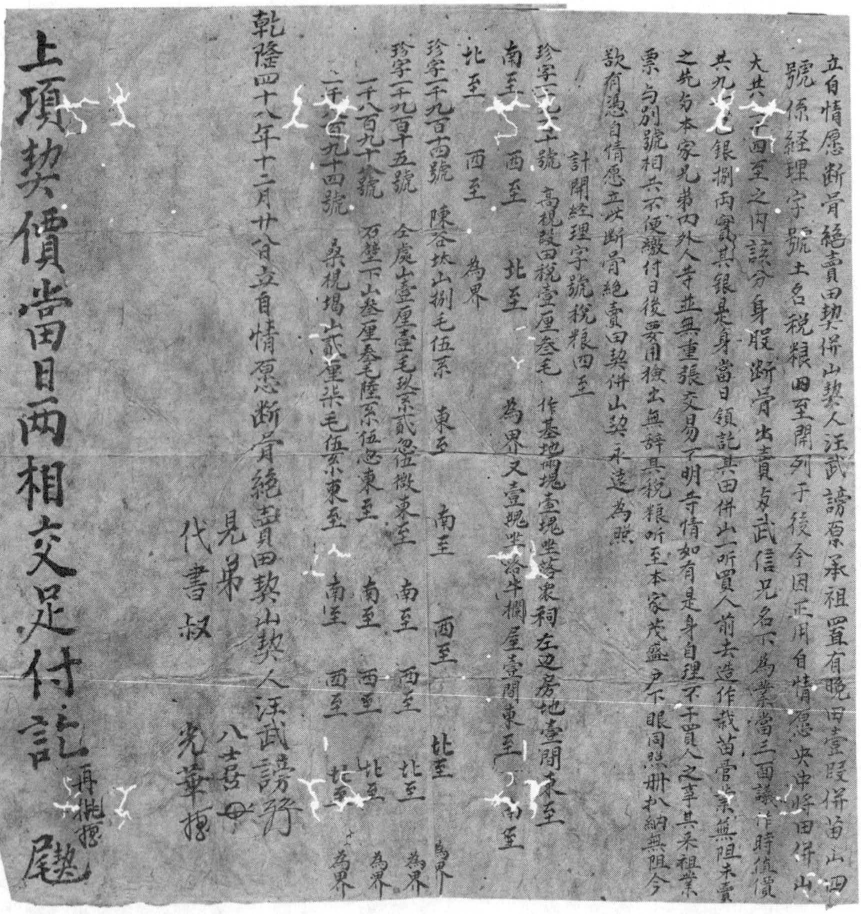

立自情愿断骨絶賣田契併山契人汪武謗，原承祖置有晚田壹段併苗山四
號，係經理字號土名税粮田至開列于後。今因正用，自情愿央中將田併山
大共九號四至之内，該分身股断骨出賣与武信兄名下為業。當三面議作時值價
共九七銀捌兩貳，其銀是身當日領訖。其田併山一听買人前去造作栽苗管業無阻。未賣
之先，与本家兄弟内外人等並無重張交易。不明等情，如有，是身自理，不干買人之事。其承祖業
票与別號相共，不便繳付，日後要用，檢出無辞。其税粮听至本家茂盛户下眼同照册扒納無阻。今
欲有憑，自情愿立此断骨絶賣田契併山契，永遠為照。

計開經理字號税粮四至

珍字一千九十二號　高梘段田税壹厘叁毛　作基地兩塊，壹塊坐落東祠左边房地壹間，東至　南至　西至　北至　為界；又壹塊坐洛半欄屋壹間，東至　南至　西至　北至　為界

珍字一千九百十四號　陳谷坟山捌毛伍系　東至　南至　西至　北至　為界

珍字一千九百十五號　仝處山壹厘壹毛玖系貳忽微　東至　南至　西至　北至　為界

一千八百九十號　石壁下山叁厘叁毛陸系伍忽　東至　南至　西至　北至　為界

一千八百九十四號　桑梘塢山貳厘柒毛伍系　東至　南至　西至　北至　為界

乾隆四十八年十二月廿八日立自情愿断骨絶賣田契山契人汪武謗（押）

見弟　八士（押）

代書叔　光華（押）

上項契價當日兩相交足付訖　再批（押）

秋口镇水末［沫］村汪家 290 · 乾隆四十八年 · 断骨绝卖田契并山契 ·
汪武谤卖与武信兄

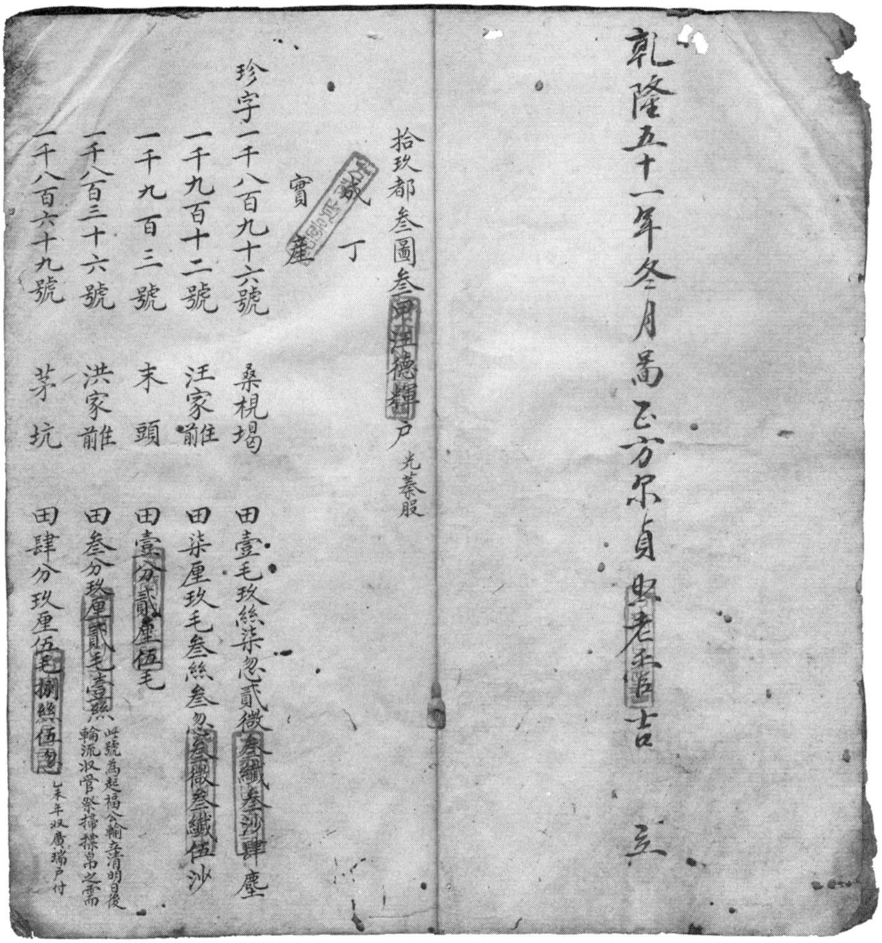
乾隆五十一年冬月畐丕方宗貞[illegible]老[illegible]吉立

拾玖都叁圖叁甲汪德輝戶 光蓁股

成丁

實產

珍字一千八百九十六號 桑梘塌 田壹毛玖絲柒忽貳微叁纖叁沙肆塵

一千九百十二號 汪家前住 田柒厘玖毛叁絲叁忽叁微叁纖伍沙

一千九百三號 末頭 田壹分貳厘伍毛

一千八百三十六號 洪家前住 田叁分玖厘貳毛壹絲 此號為起福公輸查清明日後輪流收管祭掃標帛之需

一千八百六十九號 茅坑 田肆分玖厘伍毛捌絲伍忽 乙未年收唐瑞戶付

秋口镇水末［沫］村汪家 7-1 · 乾隆四十九年至嘉庆六年 · 税粮实征册 · 汪德辉户

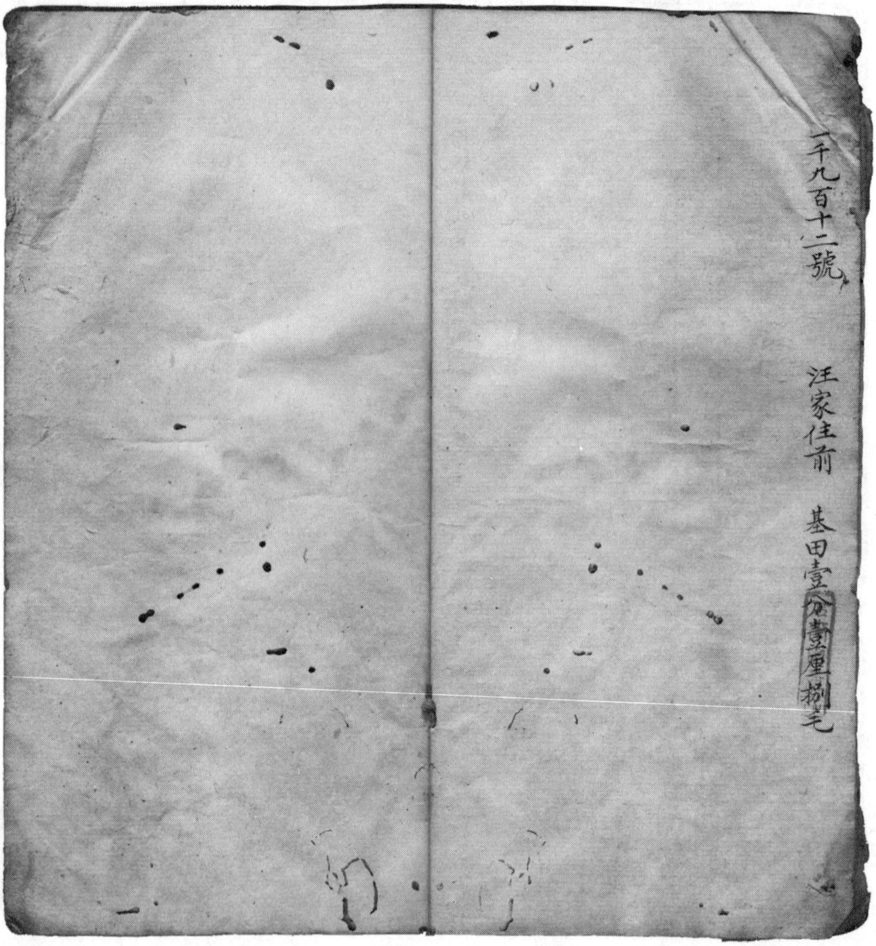

秋口镇水末 [沫] 村汪家 7-2 · 乾隆四十九年至嘉庆六年 · 税粮实征册 · 汪德辉户

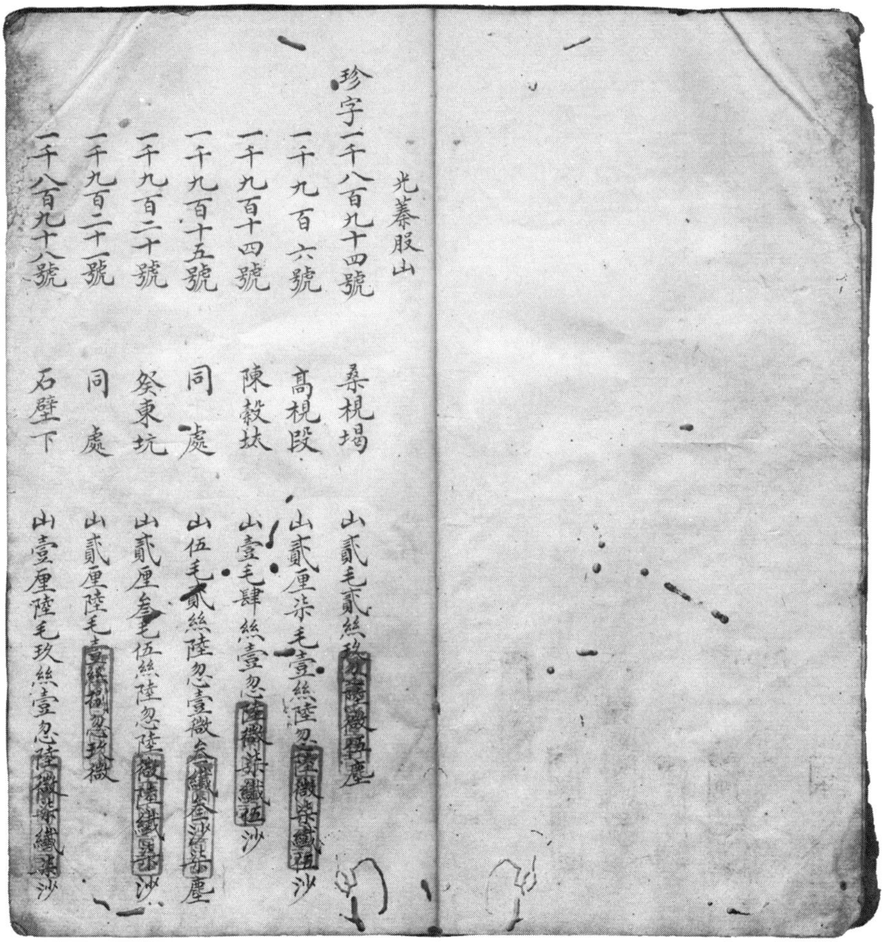

光綦服山
珍字一千八百九十四號　桑梘塌　山貳毛貳絲玖[illegible]塵
一千九百六號　高梘段　山貳厘柒毛壹絲陸忽[illegible]沙
一千九百十四號　陳穀坛　山壹毛肆絲壹忽[illegible]沙
一千九百十五號　同處　山伍毛貳絲陸忽壹微[illegible]塵
一千九百二十號　癸東坑　山貳厘叁毛伍絲陸忽陸[illegible]沙
一千九百二十一號　同處　山貳厘陸毛[illegible]玖微
一千八百九十八號　石壁下　山壹厘陸毛玖絲壹忽陸[illegible]沙

秋口镇水末 [沫] 村汪家 7-3 · 乾隆四十九年至嘉庆六年 · 税粮实征册 · 汪德辉户

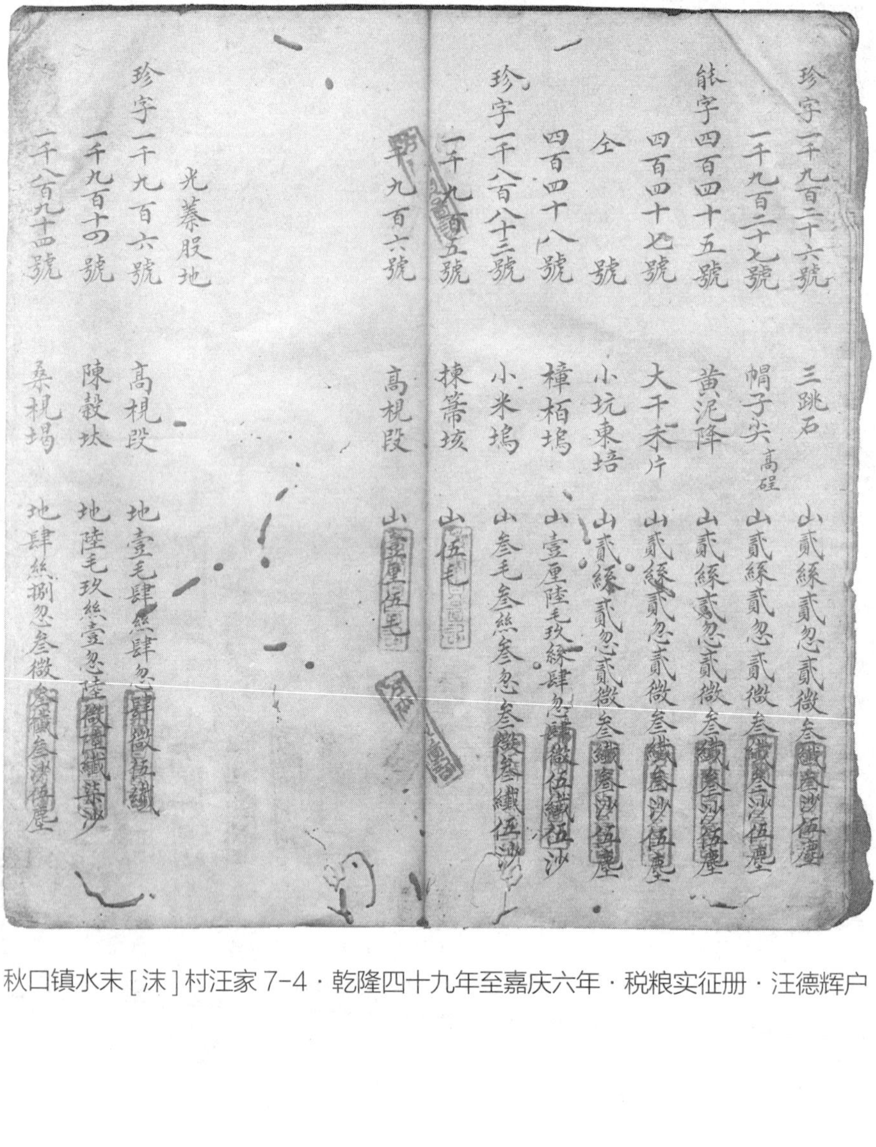

珍字一千九百二十六號　三跳石　山貳絲貳忽貳微叁纖叁沙伍塵
一千九百二十七號　帽子尖 高碇　山貳絲貳忽貳微叁纖叁沙伍塵
能字四百四十五號　黃泥降　山貳絲貳忽貳微叁纖叁沙伍塵
四百四十七號　大干禾片　山貳絲貳忽貳微叁纖叁沙伍塵
仝　號　小坑東培　山貳絲貳忽貳微叁纖叁沙伍塵
四百四十八號　樟栢塢　山壹厘陸毛玖絲肆忽叁微伍纖伍沙
珍字一千八百八十三號　小米塢　山叁毛叁絲叁忽叁微叁纖伍沙
一千九百五號　棟篇垓　山伍毛
一千九百六號　高視段　山壹厘伍毛
光蓁股地
珍字一千九百六號　高視段　地壹毛肆絲肆忽肆微伍纖
一千九百十四號　陳穀坊　地陸毛玖絲壹忽陸微陸纖柒沙
一千八百九十四號　桑梘塢　地肆絲捌忽叁微叁纖叁沙伍塵

秋口镇水末［沫］村汪家 7-4 · 乾隆四十九年至嘉庆六年 · 税粮实征册 · 汪德辉户

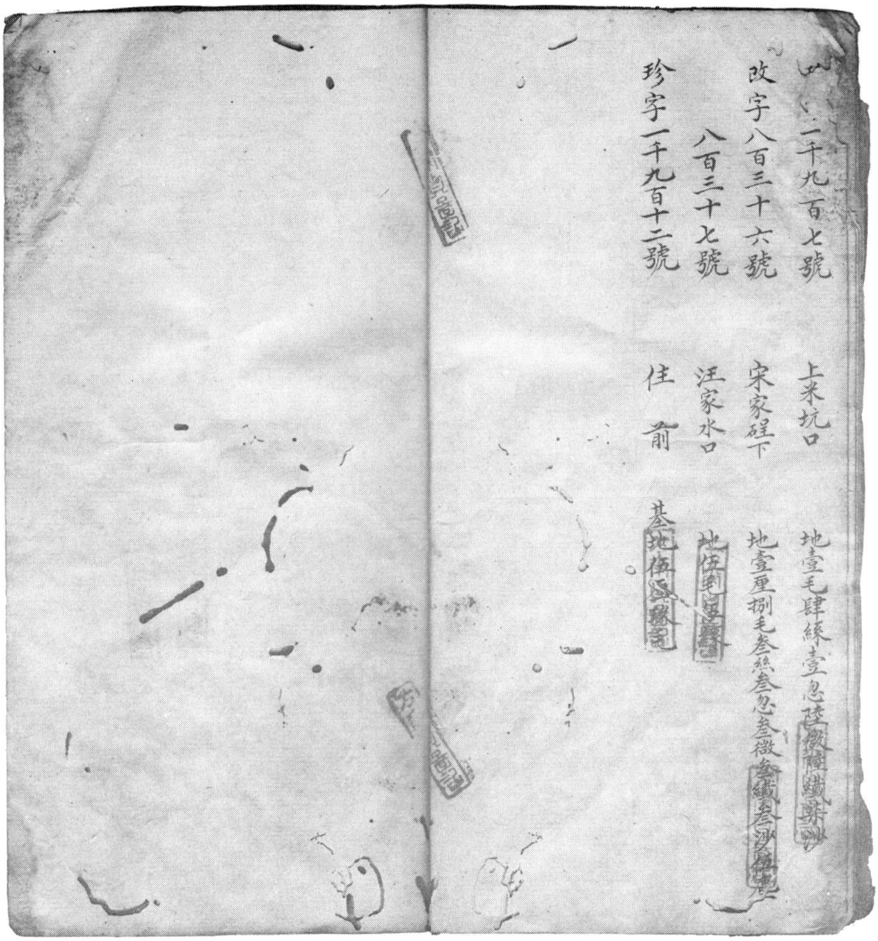

秋口镇水末[沫]村汪家 7-5 · 乾隆四十九年至嘉庆六年 · 税粮实征册 · 汪德辉户

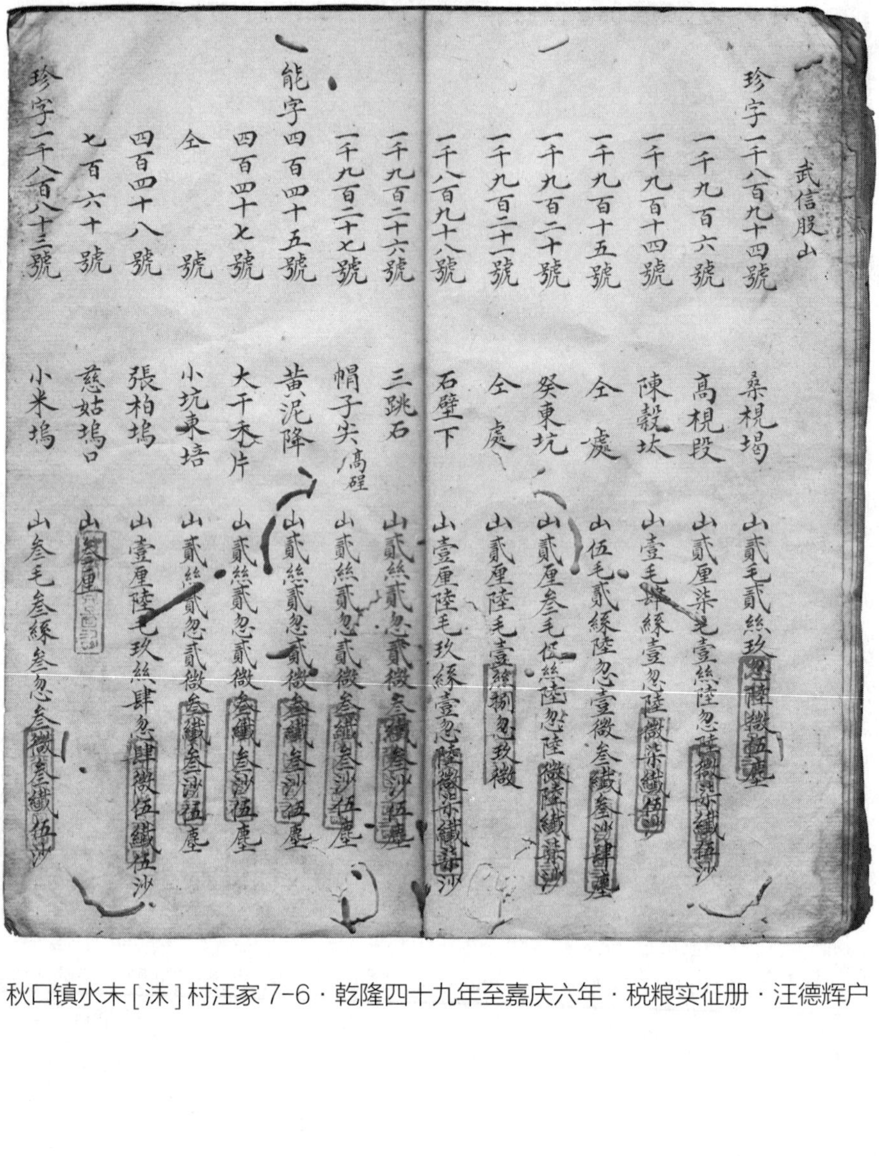
武信股山
珍字一千八百九十四號　桑梘塢　山貳毛貳絲玖忽陸微伍塵
一千九百六號　高梘段　山貳厘柒毛壹絲陸忽陸微柒纖伍沙
一千九百十四號　陳穀垯　山壹毛肆絲壹忽陸微柒纖伍沙
一千九百十五號　仝處　山伍毛貳絲陸忽壹微叁纖叁沙肆塵
一千九百二十號　癸東坑　山貳厘叁毛伍絲陸忽陸微陸纖柒沙
一千九百二十一號　仝處　山貳厘陸毛壹絲捌忽玖微
一千八百九十八號　石壁下　山壹厘陸毛玖絲壹忽陸微柒纖柒沙
一千九百二十六號　三跳石　山貳絲貳忽貳微叁纖叁沙伍塵
一千九百二十七號　帽子尖　高碓　山貳絲貳忽貳微叁纖叁沙伍塵
能字四百四十五號　黃泥降　山貳絲貳忽貳微叁纖叁沙伍塵
四百四十七號　大千秃片　山貳絲貳忽貳微叁纖叁沙伍塵
仝　號　小坑東培　山貳絲貳忽貳微叁纖叁沙伍塵
四百四十八號　張柏塢　山壹厘陸毛玖絲肆忽肆微伍纖伍沙
七百六十號　慈姑塢口　山叁厘[illegible]
珍字一千八百八十三號　小米塢　山叁毛叁絲叁忽叁微叁纖伍沙

秋口镇水末［沫］村汪家 7-6 · 乾隆四十九年至嘉庆六年 · 税粮实征册 · 汪德辉户

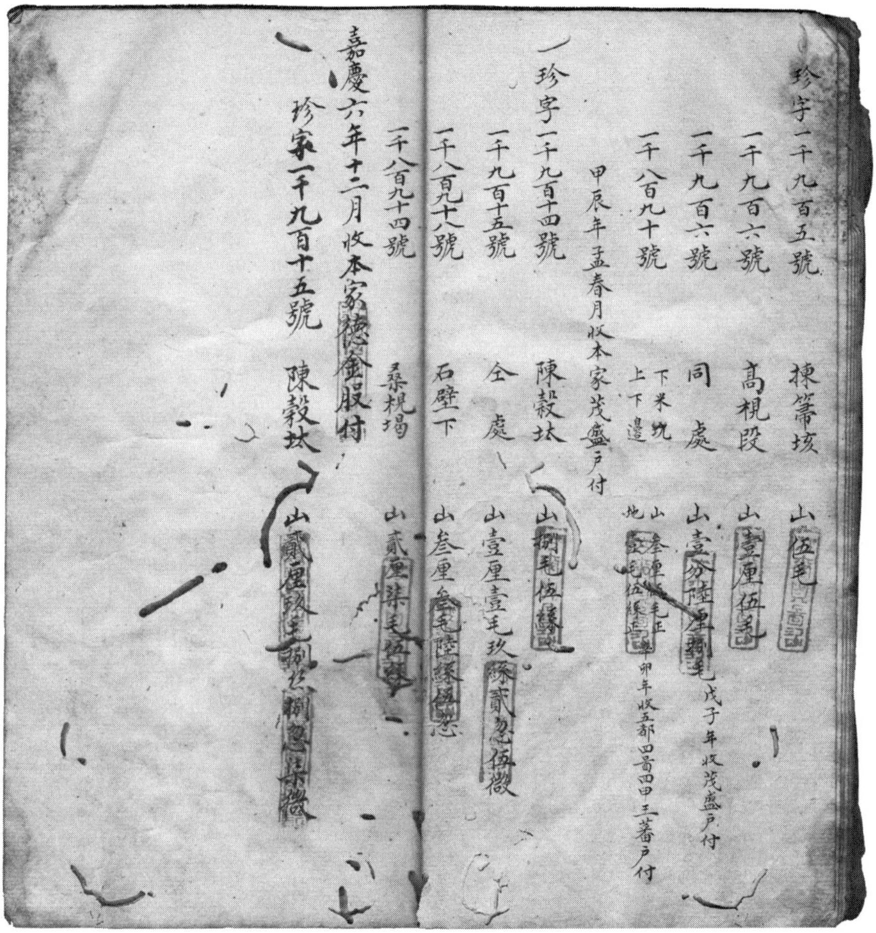

秋口镇水末［沫］村汪家 7-7 · 乾隆四十九年至嘉庆六年 · 税粮实征册 · 汪德辉户

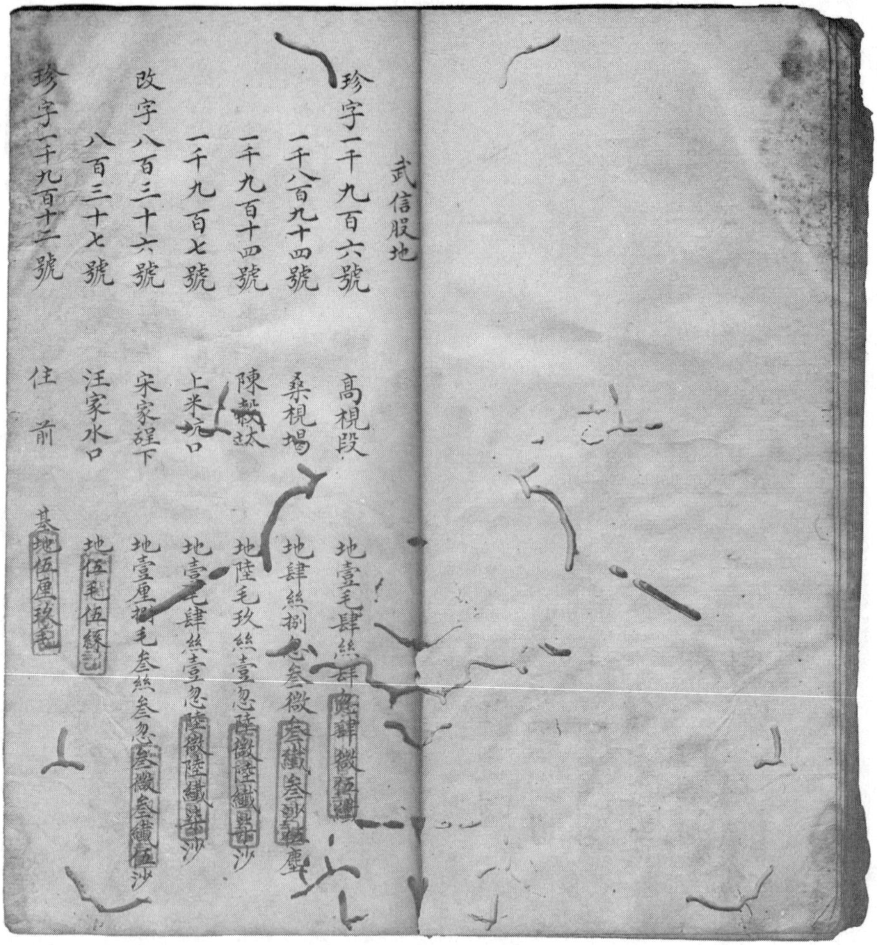
武信服地
珍字一千九百六號　高梘段　地壹毛肆絲肆忽肆微伍纖
一千八百九十四號　桑梘塌　地肆絲捌忽叁微叁纖叁沙[illegible]塵
一千九百十四號　陳毅坟　地陸毛玖絲壹忽陸微陸纖[illegible]沙
一千九百七號　上米坑口　地壹毛肆絲壹忽陸微陸纖[illegible]沙
改字八百三十六號　宋家碓下　地壹厘捌毛叁絲叁忽叁微叁纖伍沙
八百三十七號　汪家水口　地伍毛伍絲
珍字一千九百十二號　住前　基地伍厘玖毛

秋口镇水末[沫]村汪家 7-8 · 乾隆四十九年至嘉庆六年 · 税粮实征册 · 汪德辉户

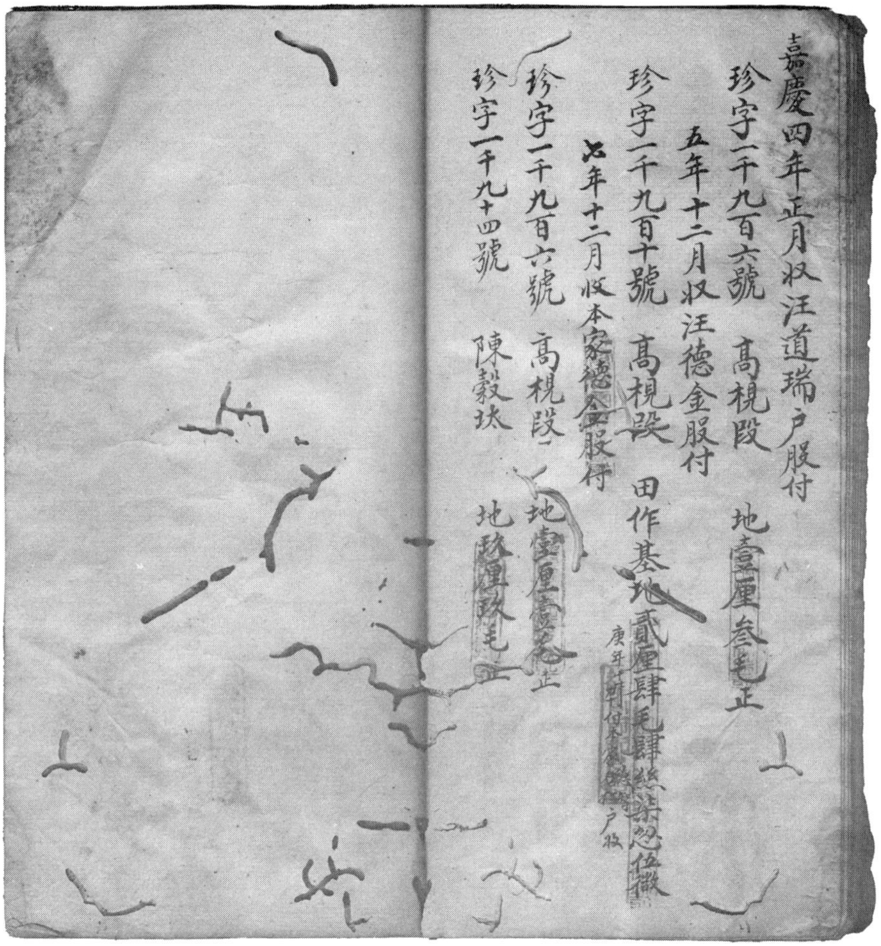

秋口镇水末［沫］村汪家 7-9 · 乾隆四十九年至嘉庆六年 · 税粮实征册 · 汪德辉户

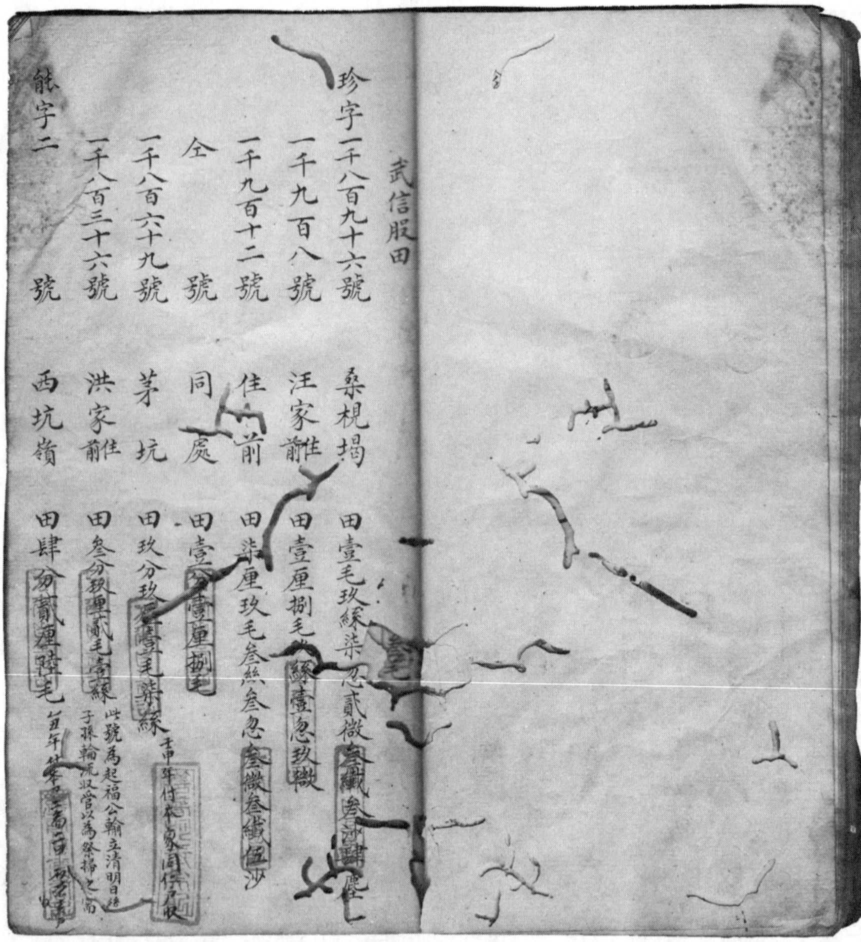
武信服田
珍字一千八百九十六號 桑梘揭 田壹毛玖絲柒忽貳微叁纖叁沙肆塵
一千九百八號 汪家前住 田壹厘捌毛叁絲壹忽玖微
一千九百十二號 住前 田柒厘玖毛叁絲叁忽叁微叁纖伍沙
仝 號 同處 田壹分壹厘捌毛
一千八百六十九號 茅坑 田玖分玖厘壹毛柒絲 壬申年付本家
一千八百三十六號 洪家前住 田叁分玖厘貳毛壹絲 此號為起福公輸立清明日子孫輪流收管以為祭掃之需
能字二 號 西坑嶺 田肆分貳厘陸毛

秋口镇水末[沫]村汪家 7-10 · 乾隆四十九年至嘉庆六年 · 税粮实征册 · 汪德辉户

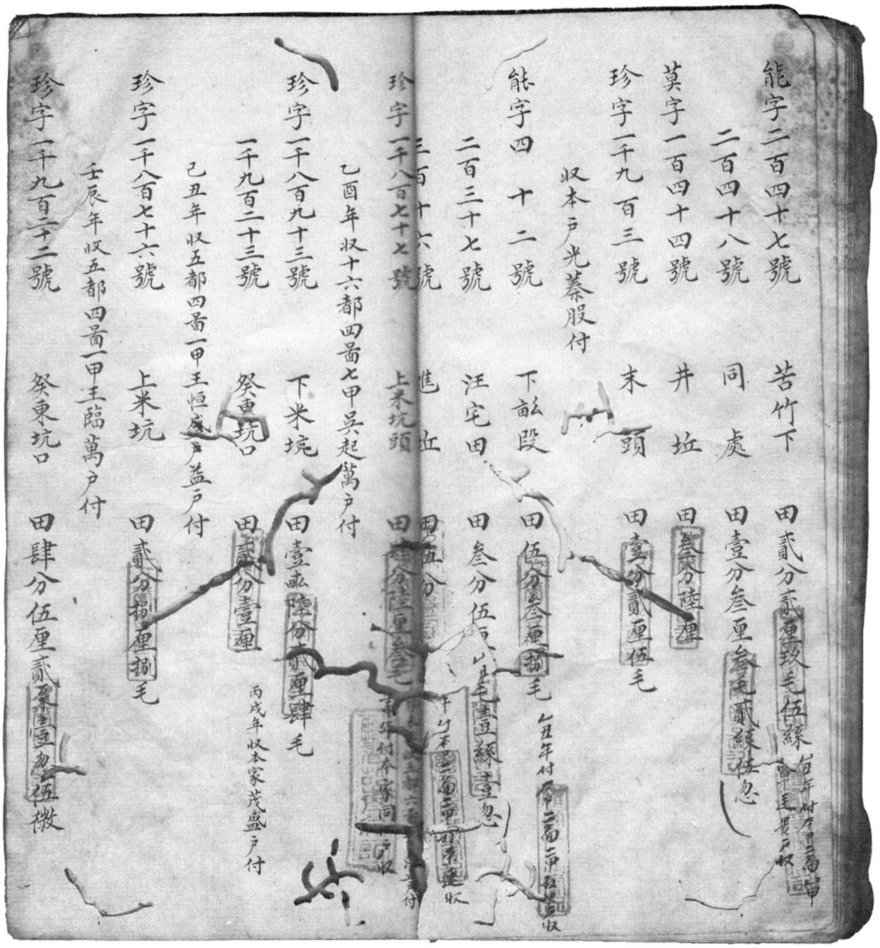

能字二百四十七號　苦竹下　田貳分貳厘玖毛伍絲

二百四十八號　同處　田壹分叁厘叁毫貳絲伍忽

莫字一百四十四號　井垃　田叁分陸厘

珍字一千九百三號　末頭　田壹分貳厘伍毛

收本户光綦股付

能字四十二號　下畝段　田伍分叁厘捌毛

二百三十七號　汪宅田　田叁分伍[illegible]

三百十六號　進丘　田伍分[illegible]

珍字一千八百七十七號　上米坑頭　田[illegible]分陸厘叁毛

乙酉年收十六都四啚七甲吴起萬户付

珍字一千八百九十三號　下米坑　田壹畝陸分[illegible]厘肆毛

丙戌年收本家茂盛户付

一千九百二十三號　癸東坑口　田貳分壹厘

己丑年收五都四啚一甲王恒盛益户付

珍字一千八百七十六號　上米坑　田貳分捌厘捌毛

壬辰年收五都四啚一甲王臨萬户付

珍字一千九百二十二號　癸東坑口　田肆分伍厘貳[illegible]壹忽伍微

秋口镇水末[沫]村汪家 7–11 · 乾隆四十九年至嘉庆六年 · 税粮实征册 · 汪德辉户

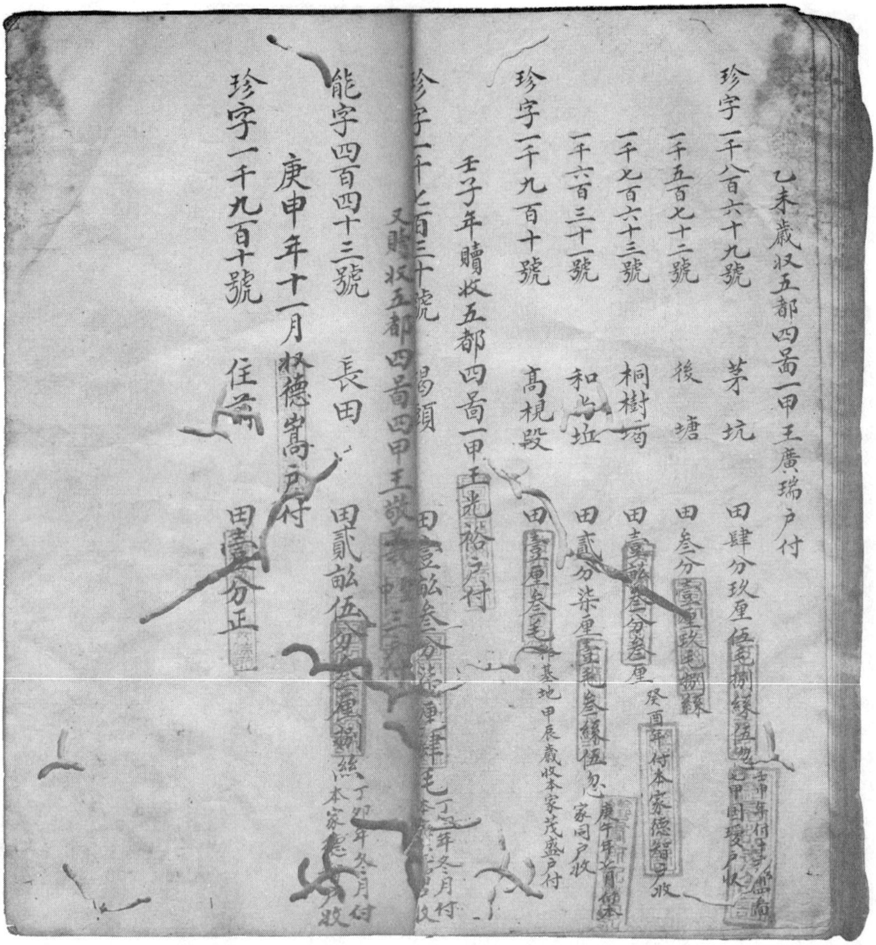

乙未歲收五都四啚一甲王廣瑞户付
珍字一千八百六十九號 茅坑 田肆分玖厘伍毛捌絲 壬申年付[illegible]户收
一千五百七十二號 後塘 田叁分壹厘玖毛捌絲
一千七百六十三號 桐樹塢 田壹畝叁分叁厘 癸酉年付本家德智户收
一千六百三十一號 和尚坵 田貳分柒厘[illegible]毛叁絲伍忽 家同户收
珍字一千九百十號 高梘段 田壹厘叁毛 基地 甲辰歲收本家茂盛户付
壬子年贖收五都四啚一甲王光裕户付
珍字一千七百三十號 [illegible] 田壹畝叁分柒厘肆毛 丁丑年冬月付 本家[illegible]收
又贖收五都四啚四甲王敬[illegible]户付
能字四百四十三號 長田 田貳畝伍分[illegible]厘[illegible]絲 丁卯年冬月付 本家[illegible]户收
庚申年十一月收德嵩户付
珍字一千九百十號 任[illegible] 田壹分正

秋口镇水末[沫]村汪家 7-12 · 乾隆四十九年至嘉庆六年 · 税粮实征册 · 汪德辉户

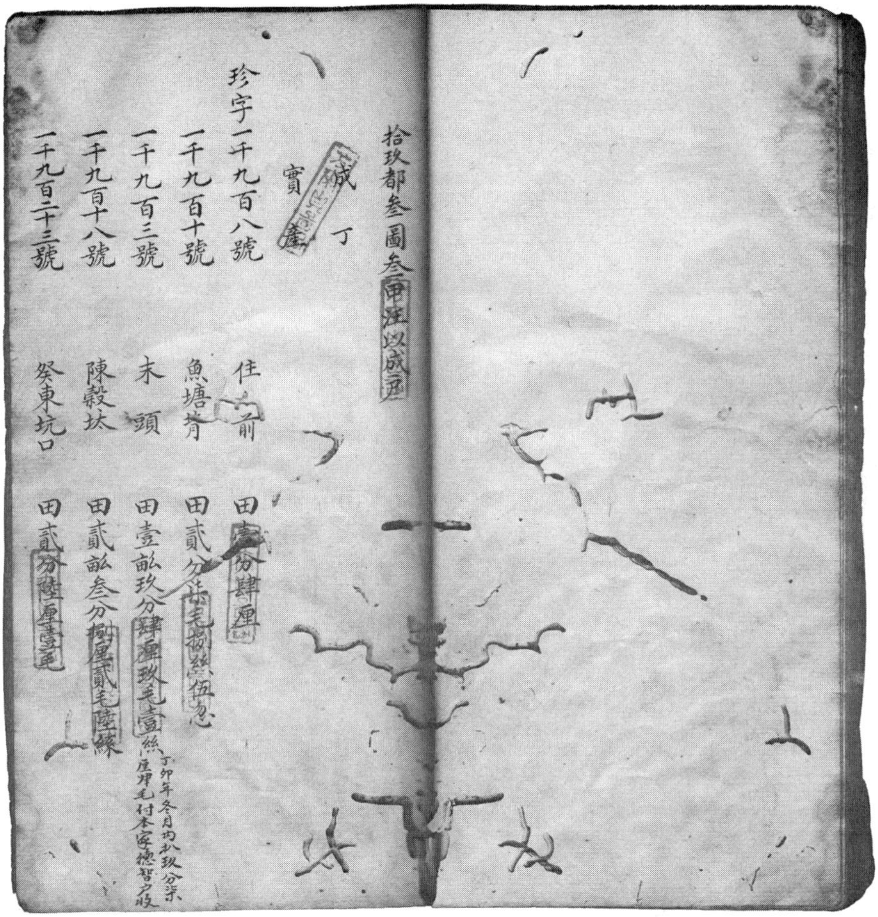
拾玖都叁圖叁甲汪以成戶

成丁

實產

珍字一千九百八號 住前 田壹分肆厘

一千九百十號 魚塘背 田貳分柒毛捌絲伍忽

一千九百三號 末頭 田壹畝玖分肆厘玖毛壹絲 丁卯年冬月内扒玖分柒厘肆毛付本家德智户收

一千九百十八號 陳穀坟 田貳畝叁分捌厘貳毛陸絲

一千九百二十三號 癸東坑口 田貳分陸厘壹毛

秋口镇水末［沫］村汪家 7–13 · 乾隆四十九年至嘉庆六年 · 税粮实征册 · 汪德辉户

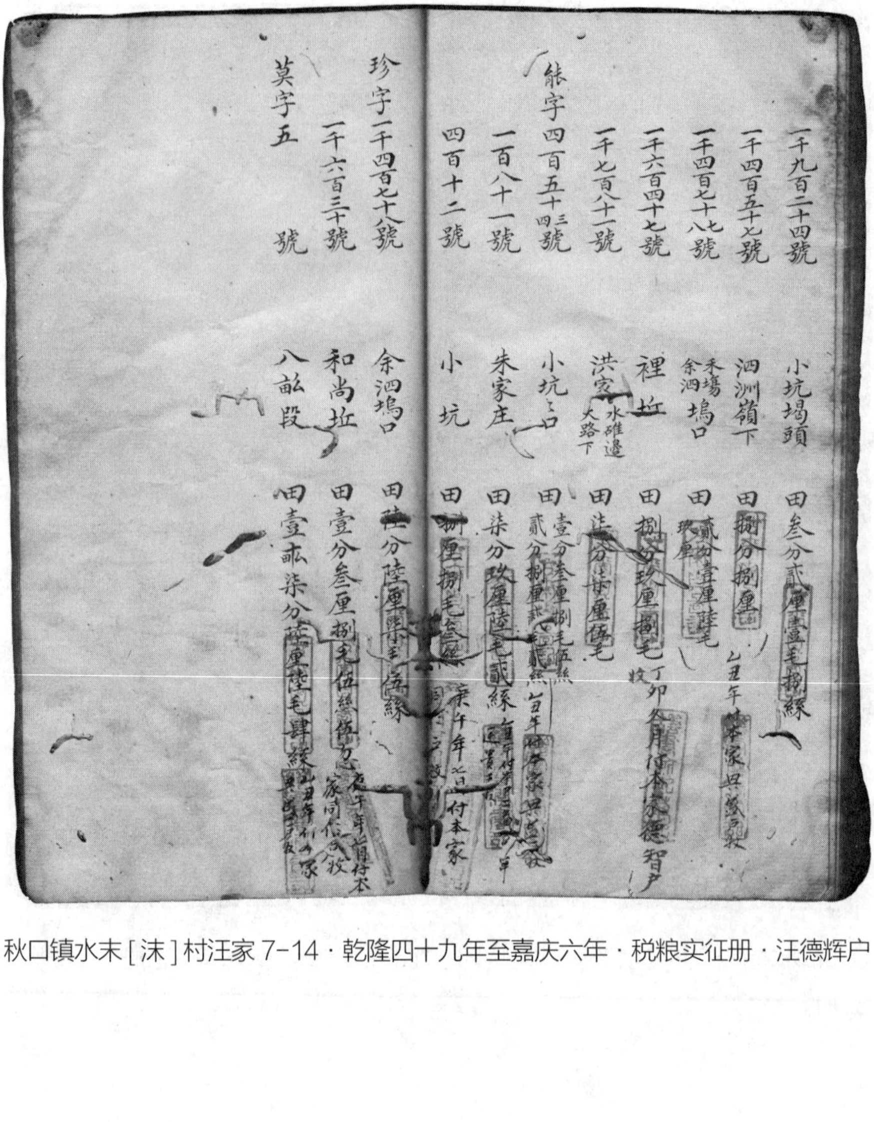

秋口镇水末[沫]村汪家 7-14 · 乾隆四十九年至嘉庆六年 · 税粮实征册 · 汪德辉户

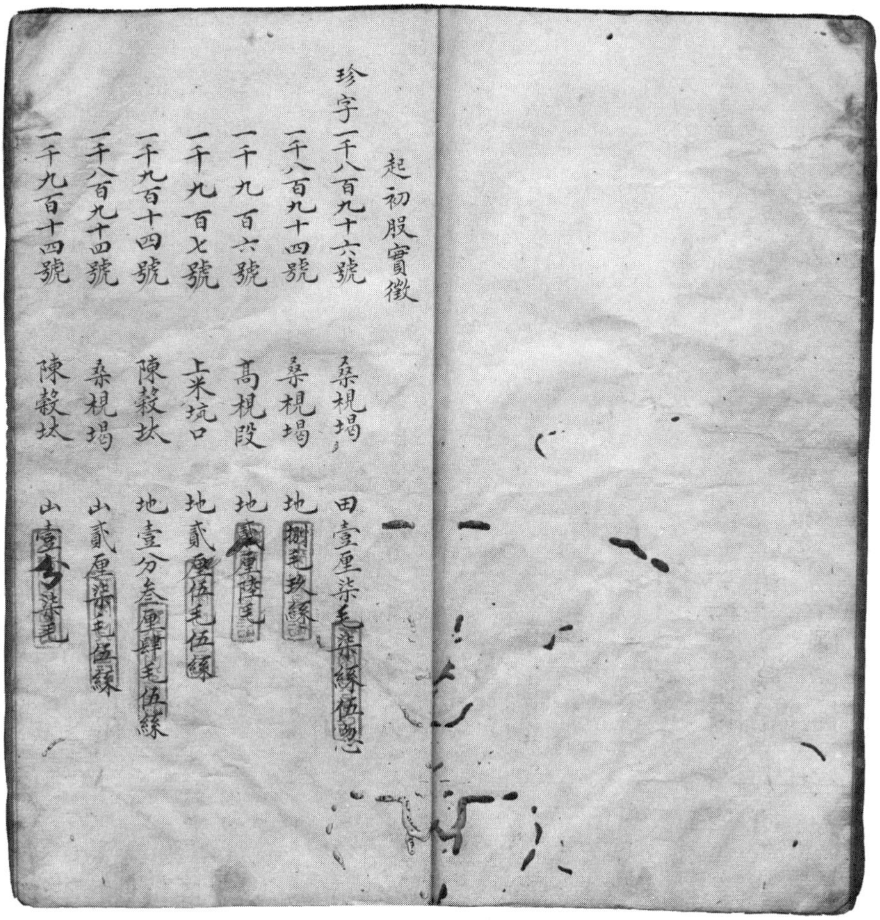

起初股實徵

珍字一千八百九十六號　桑梘塌　田壹厘柒毛柒絲伍忽

一千八百九十四號　桑梘塌　地捌毛玖絲

一千九百六號　高梘段　地[illegible]厘陸毛

一千九百七號　上米坑口　地貳厘伍毛伍絲

一千九百十四號　陳穀坎　地壹分叁厘肆毛伍絲

一千八百九十四號　桑梘塌　山貳厘柒毛伍絲

一千九百十四號　陳穀坎　山壹[illegible]柒毛

秋口镇水末［沫］村汪家 7-15 · 乾隆四十九年至嘉庆六年 · 税粮实征册 · 汪德辉户

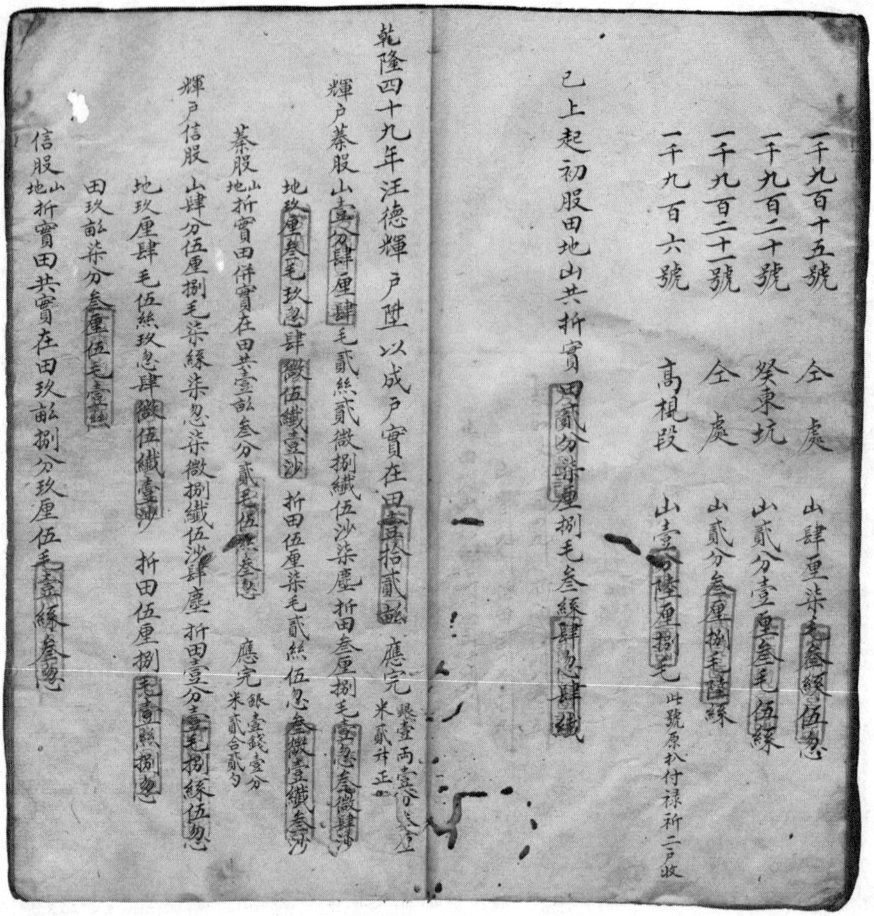

一千九百十五號　仝處　山肆厘柒毛叁絲伍忽
一千九百二十號　癸東坑　山貳分壹厘叁毛伍絲
一千九百二十一號　仝處　山貳分叁厘捌毛陸絲
一千九百六號　高梘段　山壹分陸厘捌毛　此號原扒付祿祈二戶收
己上起初服田地山共折實田貳分柒厘捌毛叁絲肆忽肆纖

乾隆四十九年汪德輝戶塈以成戶實在田壹拾貳畝　應完銀壹兩壹[illegible]米貳升正
輝戶蓁服山壹分肆厘肆毛貳絲貳微捌纖伍沙柒塵　折田叁厘捌毛壹忽叁微肆沙
地玖厘叁毛玖忽肆微伍纖壹沙　折田伍厘柒毛貳絲伍忽叁微壹纖叁沙
蓁服山地折實田併實在田共壹畝叁分貳毛伍絲叁忽　應完銀壹錢壹分米貳合貳勺
輝戶信服　山肆分伍厘捌毛柒絲柒忽柒微捌纖伍沙肆塵　折田壹分壹毛捌絲伍忽
地玖厘肆毛伍絲玖忽肆微伍纖壹沙　折田伍厘捌毛壹絲捌忽
田玖畝柒分叁厘伍毛壹絲
信服山地折實田共實在田玖畝捌分玖厘伍毛壹絲叁忽

秋口镇水末［沫］村汪家 7–16 · 乾隆四十九年至嘉庆六年 · 税粮实征册 · 汪德辉户

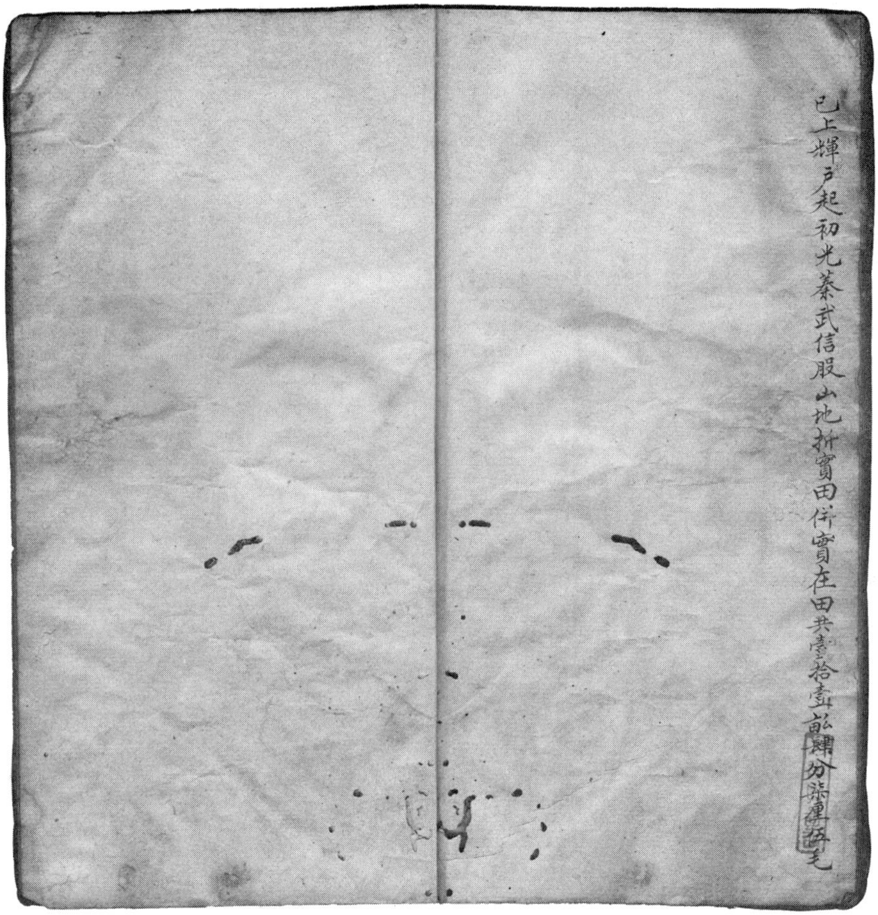

秋口镇水末［沫］村汪家 7-17 · 乾隆四十九年至嘉庆六年 · 税粮实征册 · 汪德辉户

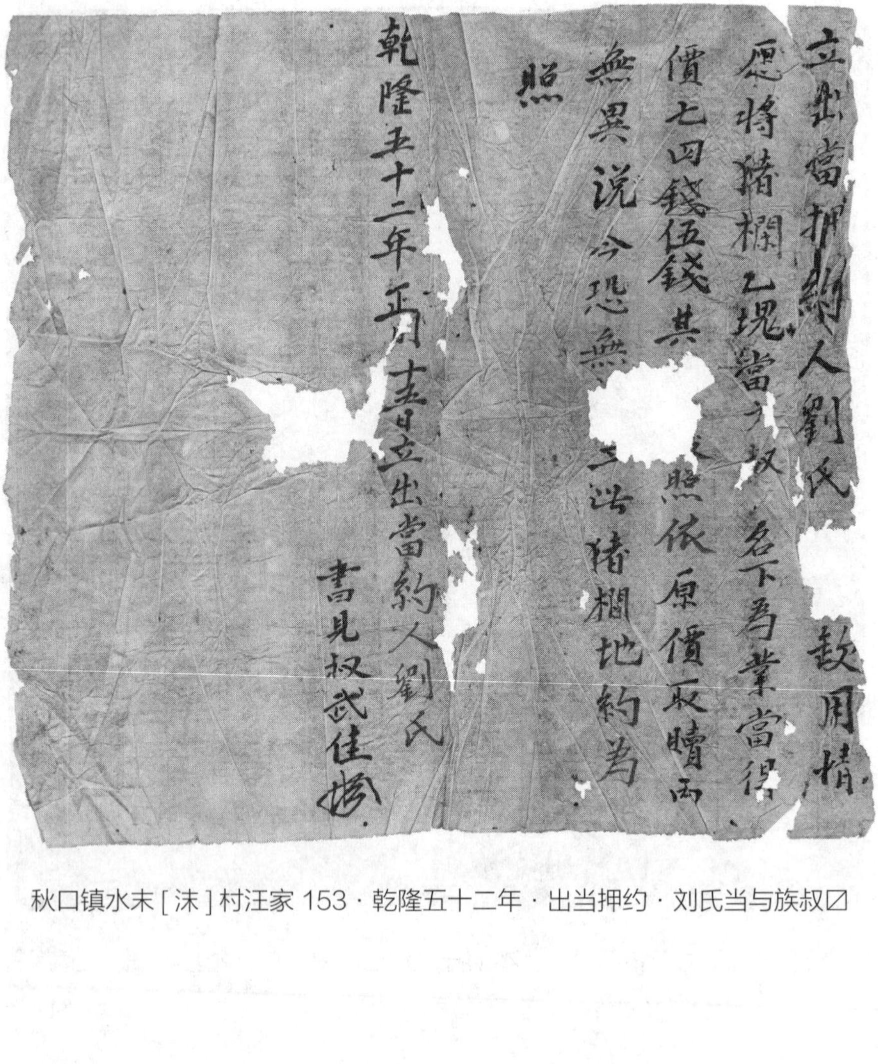

秋口镇水末 [沫] 村汪家 153 · 乾隆五十二年 · 出当押约 · 刘氏当与族叔☒

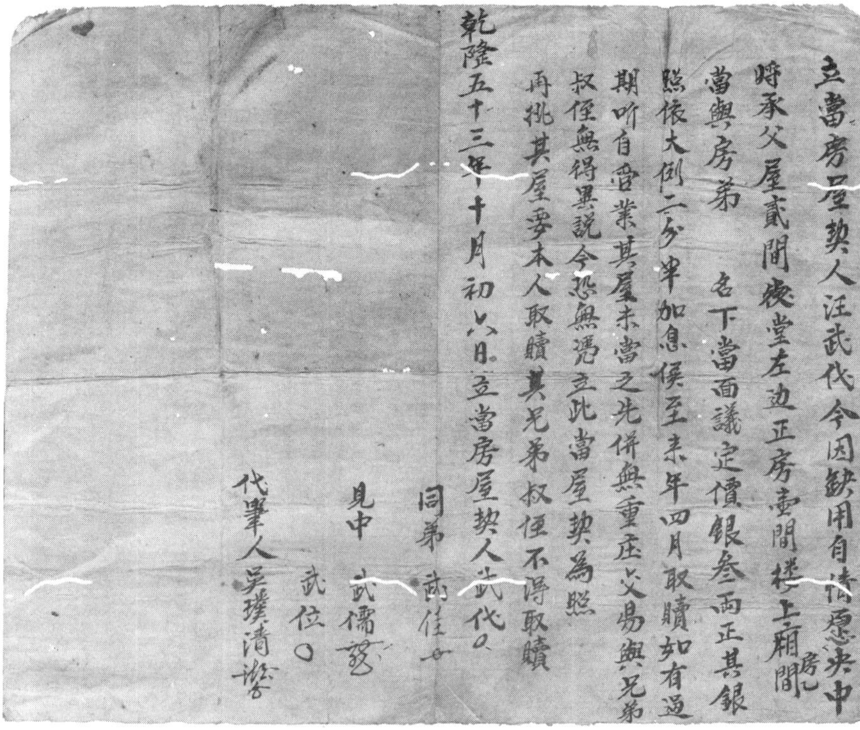

立當房屋契人汪武代今因缺用自情愿央中
將承父屋貳間後堂左边正房壹間樓上廂房乙間
當與房弟　名下當面議定價銀叁兩正其銀
照依大例二分半加息俟至未年四月取贖如有過
期听自管業其屋未當之先并無重庒交易與兄弟
叔侄無得異說今恐無憑立此當屋契為照
再批其屋要本人取贖其兄弟叔侄不得取贖
乾隆五十三年十月初六日立當房屋契人武代〇
同弟　武佳
見中　武儒
武位〇
代筆人吴璞清

秋口镇水末[沫]村汪家 197 · 乾隆五十三年 · 当房屋契 · 汪武代当与房弟□

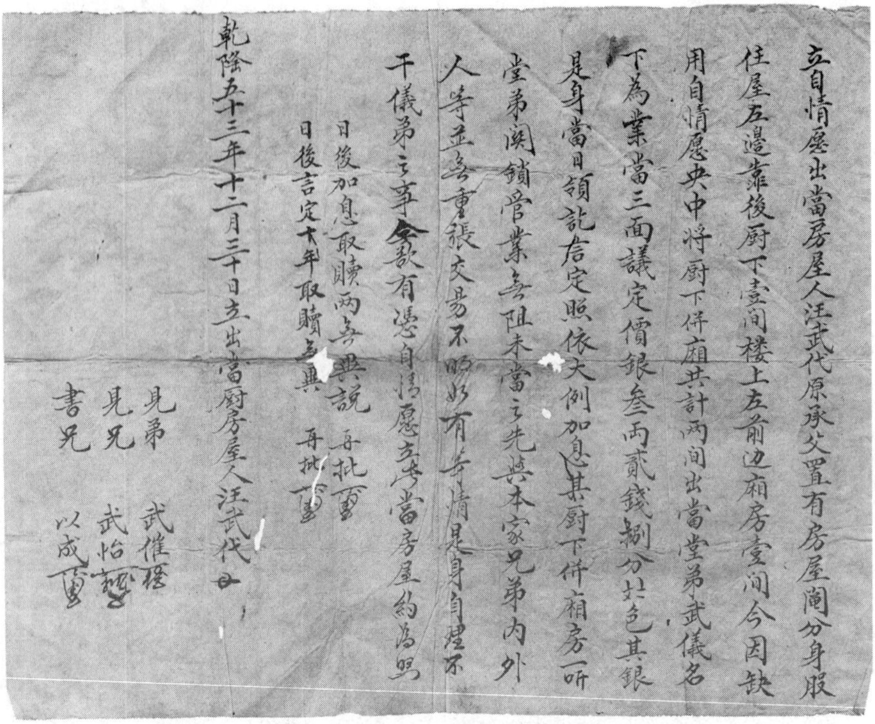

立自情愿出當房屋人汪武代原承父置有房屋阄分身股
住屋左邊靠後厨下壹间楼上左前边廂房壹间今因缺
用自情愿央中将厨下并廂共計两间出當堂弟武儀名
下為業當三面議定價銀叁両貳錢捌分足色其銀
是身當日領訖言定照依大例加息其厨下并廂房一所
堂弟関鎖管業無阻未當之先與本家兄弟内外
人等並無重張交易不明如有等情是身自理不
干儀弟之事今欲有憑自情愿立此當房屋約為照
日後加息取贖两無異說 再批
日後言定十年取贖無異 再批
乾隆五十三年十二月三十日立出當厨房屋人汪武代
見弟 武催
見兄 武怡
書兄 以成

秋口镇水末［沫］村汪家 212 · 乾隆五十三年 · 出当厨房屋 ·
汪武代当与堂弟武仪

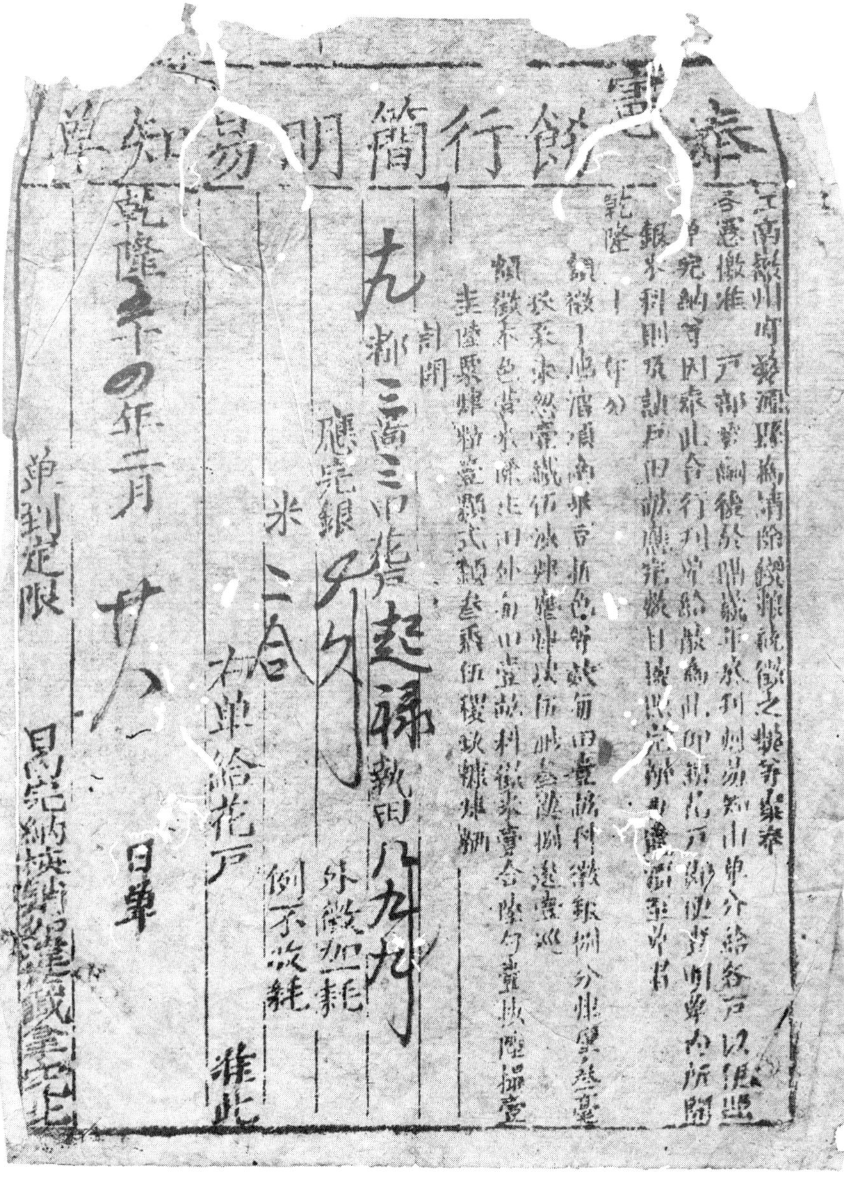

秋口镇水末［沫］村汪家 25 · 乾隆五十四年 · 饬行简明易知单 · 汪起禄

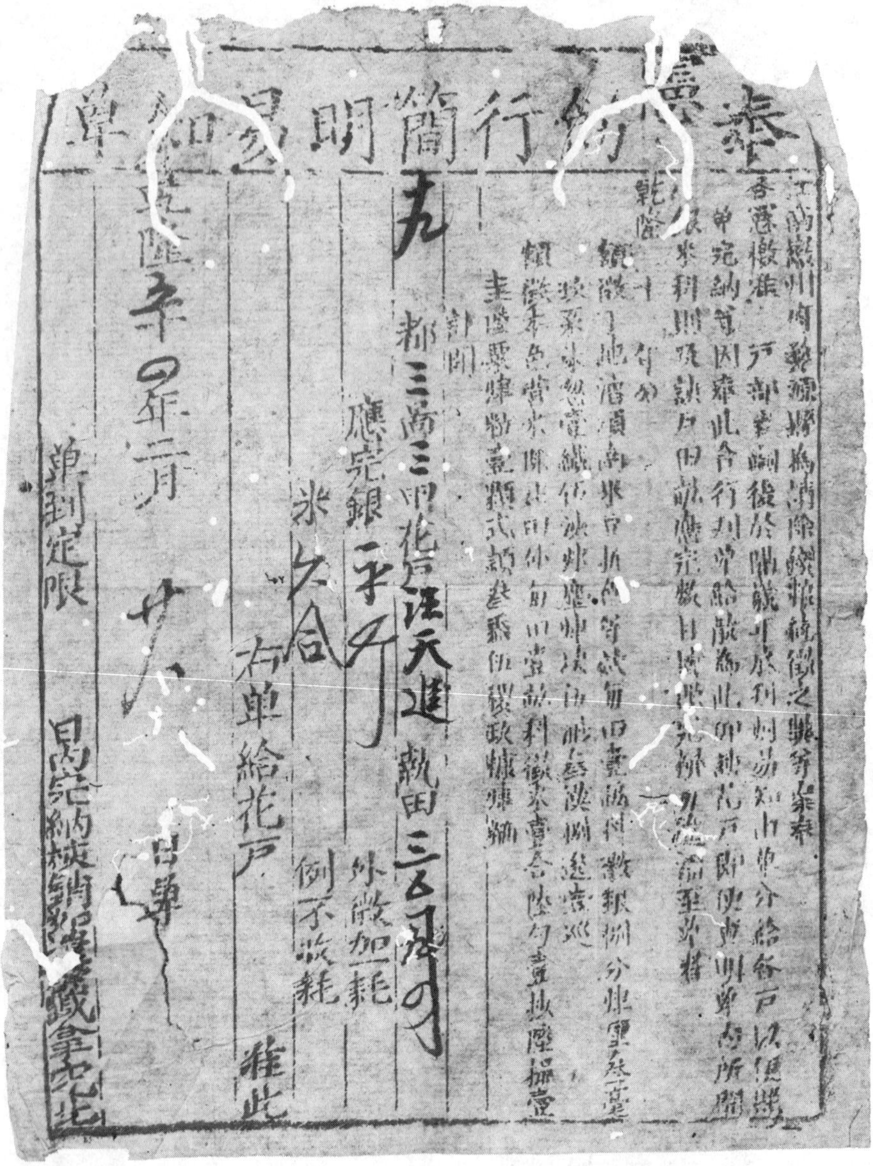
奉憲飭行簡明易知單

九

都三圖三甲花戶汪天進

應完銀

米

外徵加耗

倒不收耗

右单給花户

准此

乾隆辛

單到定限

秋口镇水末 [沫] 村汪家 26 · 乾隆五十四年 · 饬行简明易知单 · 汪天进

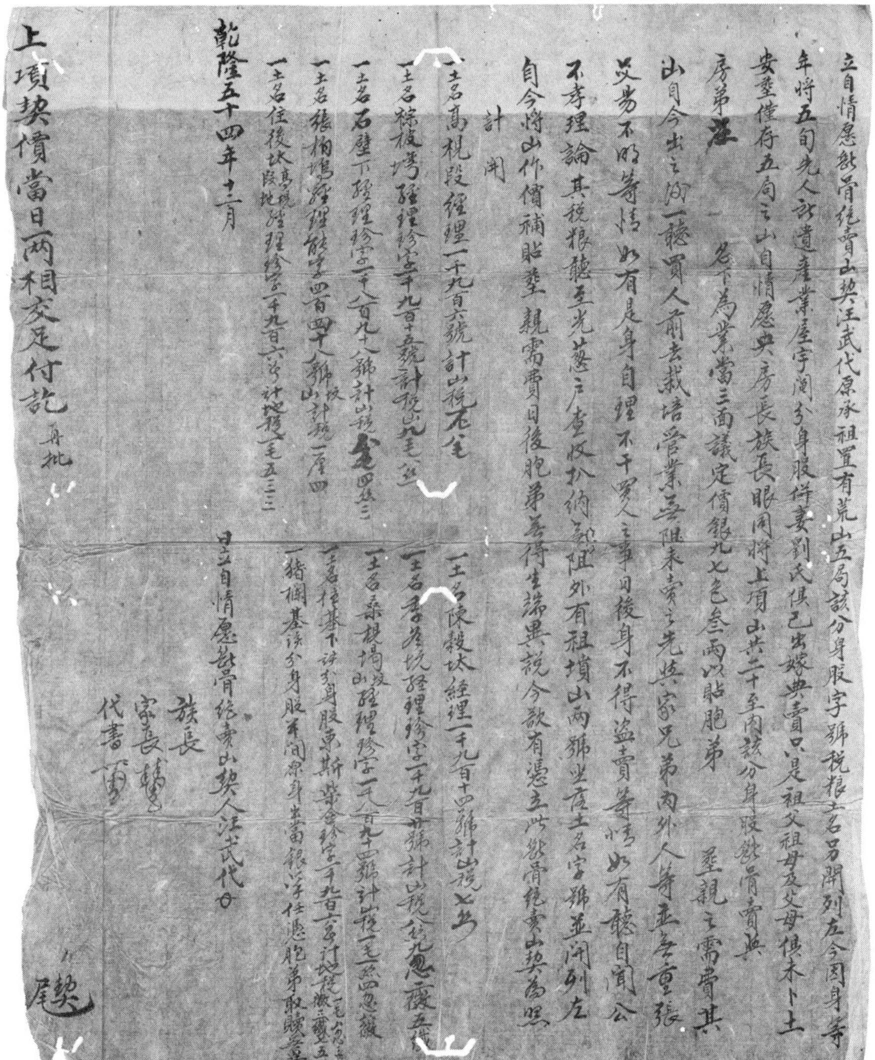
立自情願斷骨絕賣山契汪武代，原承祖置有荒山五局，該分身股，字號稅糧土名另開列左。今因身年將五旬，先人所遺產業屢字鬮分身股，並妻劉氏俱已出嫁典賣只是，祖父祖母及父母俱未卜土安葬，僅存五局之山，自情願央房長族長眼同，將上項山共二十至內該分身股斷骨賣與房弟[illegible]名下為業，當三面議定價銀九七色叁兩，以貼胞弟[illegible]葬親之需費。其山自今出賣之後，一聽買人前去栽培管業，無阻。未賣之先，並無家兄弟內外人等互賣重張交易不明等情，如有，是身自理，不干買人之事。日後身不得盜賣等情，如有，聽自聞公不孝理論。其稅糧聽至光懋戶查收扒納，無阻。外有祖墳山兩號，坐落土名字號，並開列左。自今將山作價補貼葬親需費，日後胞弟無得生端異說。今欲有憑，立此斷骨絕賣山契為照。

計開

一土名高視段，經理一千九百六號，計山稅[illegible]
一土名棕㭶塆，經理稔字一千九百十五號，計稅山九毛[illegible]
一土名石壁下，經理稔字一千八百九十八號，計山稅[illegible]
一土名張栢塢，經理能字四百四十八號，坟山計稅一厘四
一土名住後坦，高視段地，經理稔字一千九百六號，計地稅一毛五[illegible]

一土名陳穀坦，經理一千九百十四號，計山稅七[illegible]
一土名李家坑，經理稔字一千九百廿號，計山稅[illegible]
一土名桑樹塢，坟山，經理稔字一千八百九十四號，計山稅一毛[illegible]
一土名枯基下，該分身股東斯葉[illegible]稔字一千九百六[illegible]號，計地稅[illegible]
一豬欄基，該分身股並間原身出當銀[illegible]，任憑胞弟取贖，無異

乾隆五十四年十二月　日立自情願斷骨絕賣山契人汪武代（押）

族長
家長 [illegible]
代書 [illegible]

上項契價當日兩相交足付訖。再批

契尾

秋口镇水末［沫］村汪家 262 · 乾隆五十四年 · 断骨绝卖山契 ·
汪武代卖与房弟汪☐

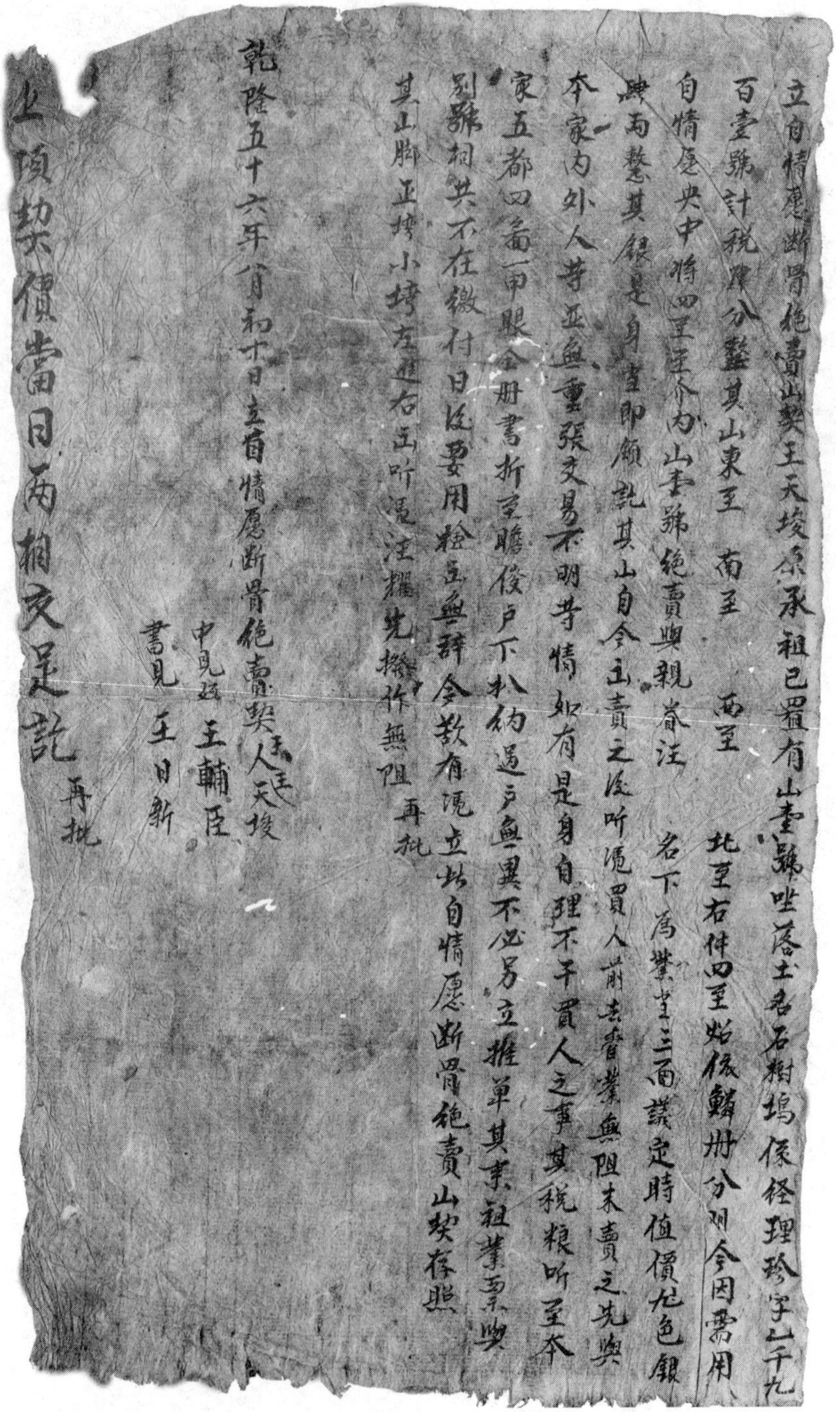

立自情愿断骨絕賣山契王天埈，今承祖己置有山壹號，坐落土名石樹塢，係經理珍字山千九百壹號，計税[illegible]分整。其山東至　南至　西至　北至，右件四至照依鱗册分明。今因需用，自情愿央中將四至之內山壹號絕賣與親眷汪　名下為業。當三面議定時值價九色銀[illegible]兩整，其銀是身當即領訖。其山自今立賣之後，聽憑買人前去管業無阻。未賣之先，與本家內外人等並無重張交易不明等情，如有，是身自理，不干買人之事。其税粮聽至本家五都四啚一甲[illegible]金册書圻至贍役户下扒納過户，無異，不必另立推單。其來祖業票與别號相共，不在繳付，日後要用，捡出無辭。今欲有憑，立此自情愿断骨絕賣山契存照。

其山脚並塝小塝左進右出，聽憑汪耀先[illegible]作無阻。再批

乾隆五十六年[illegible]月初十日立自情愿断骨絕賣契人王天埈

中見姪　王輔臣

書見　王日新

上項契價當日兩相交足訖　再批

秋口镇水末［沫］村汪家 315 · 乾隆五十六年 · 断骨绝卖山契 ·
王天埈卖与亲眷汪☐

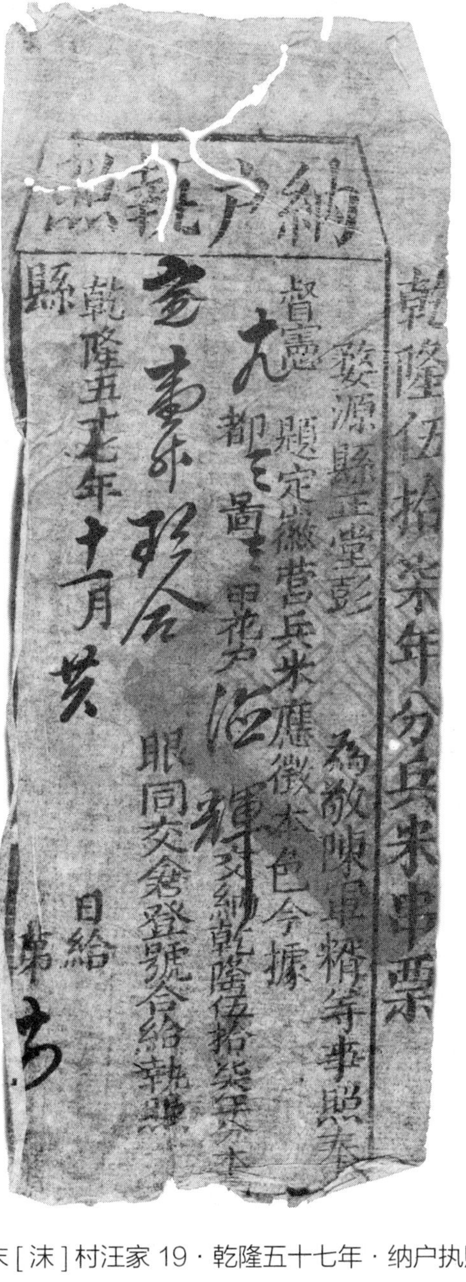

秋口镇水末 [沫] 村汪家 19 · 乾隆五十七年 · 纳户执照 · 德辉

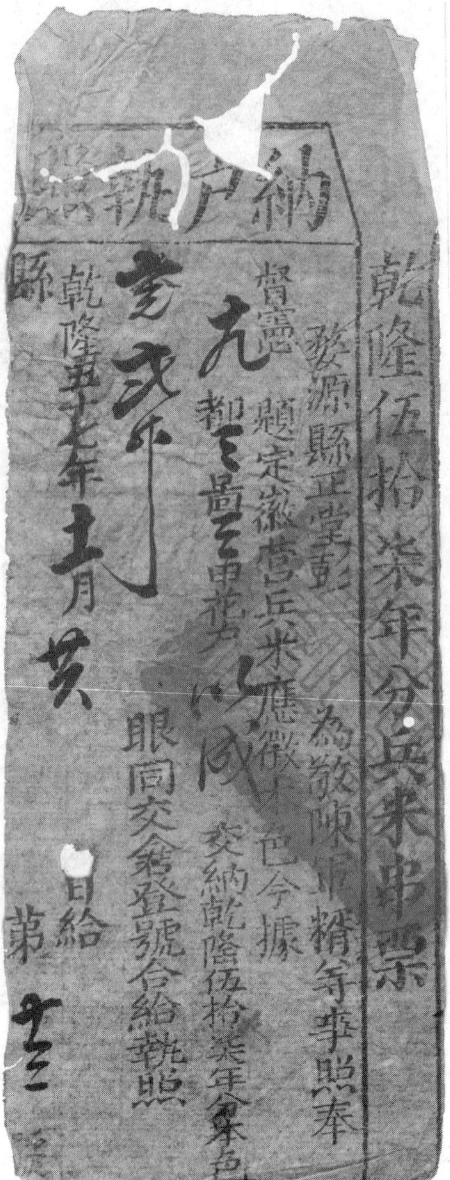
乾隆伍拾柒年分兵米串票
納户執照
婺源縣正堂彭 為敬陳串稍等事照奉
督憲 題定徽營兵米應徵本色今據
九都三圖三甲 戶 以成 交納乾隆伍拾柒年分本色
眼同交銀登號合給執照
乾隆五十七年十一月廿六日給
縣 第 十三 號

秋口镇水末 [沫] 村汪家 20 · 乾隆五十七年 · 纳户执照 · 以成

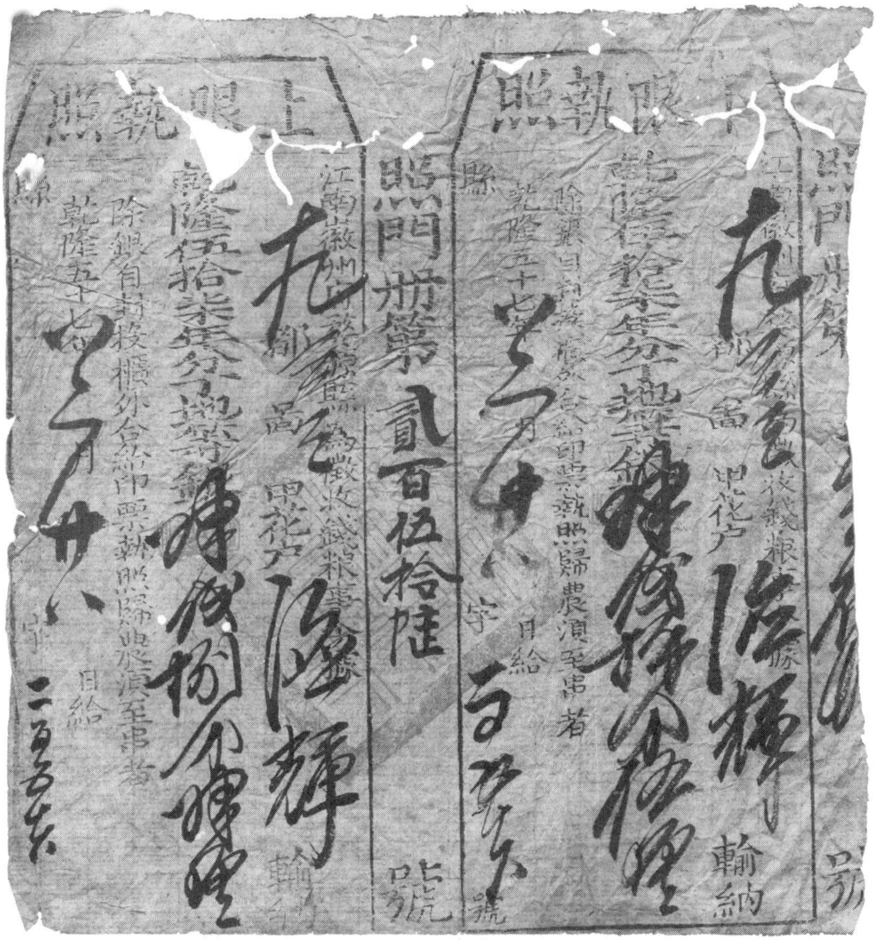

秋口镇水末 [沫] 村汪家 95 · 乾隆五十七年 · 纳米执照 · 德辉

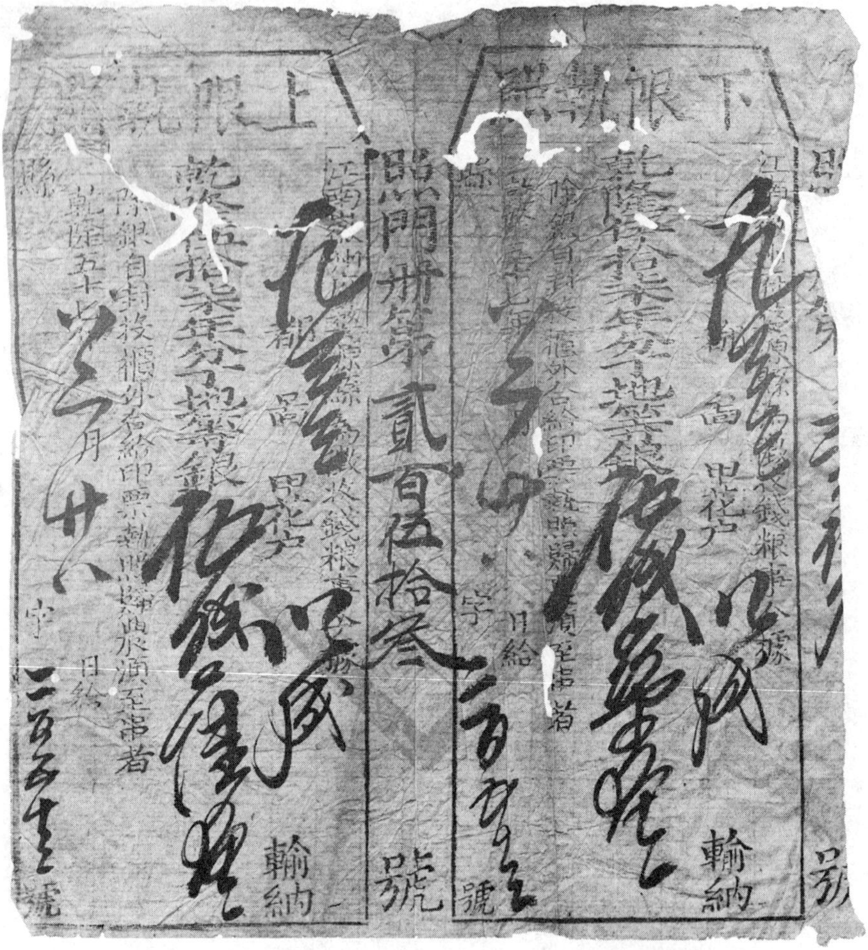

下限執照

乾隆伍拾柒年分地丁漕銀

徐銀自封投櫃外合給印票執照歸戶須至串者

都 圖 甲花户 以成 輸納

字 號

貼門冊第貳百伍拾叁號

上限執照

乾隆伍拾柒年分地丁漕銀

除銀自封投櫃外合給印票執照歸戶須至串者

都 圖 甲花户 以成 輸納

乾隆五十七年 月 日給

字 號

秋口镇水末 [沫] 村汪家 96 · 乾隆五十七年 · 纳米执照 · 以成

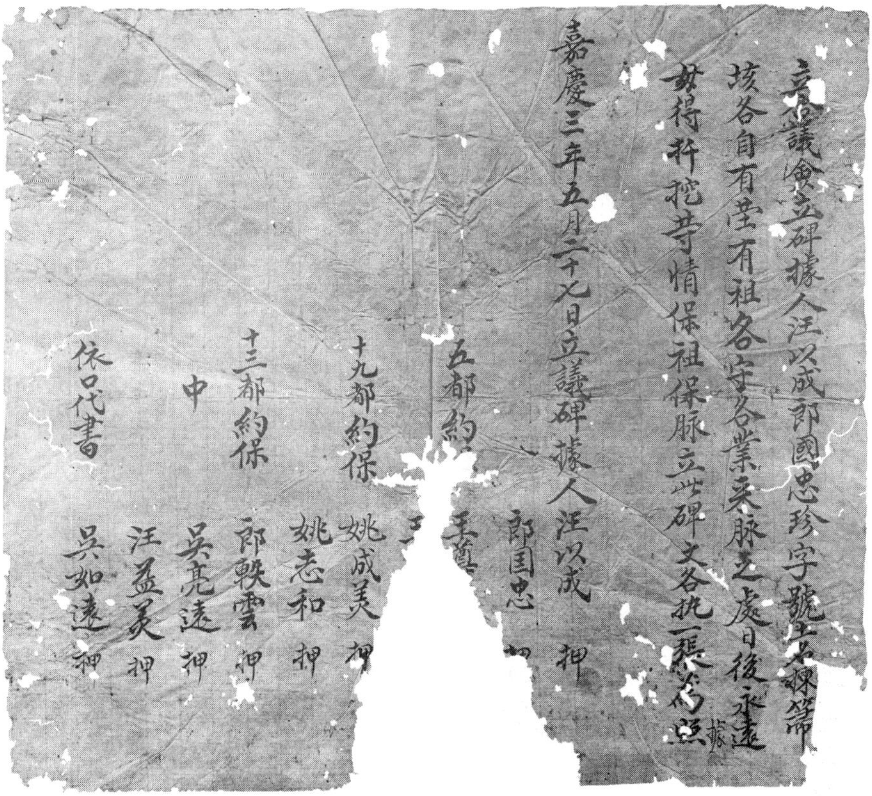

秋口镇水末[沫]村汪家 210 · 嘉庆三年 · 合议佥立碑据 · 汪以成、郎国忠

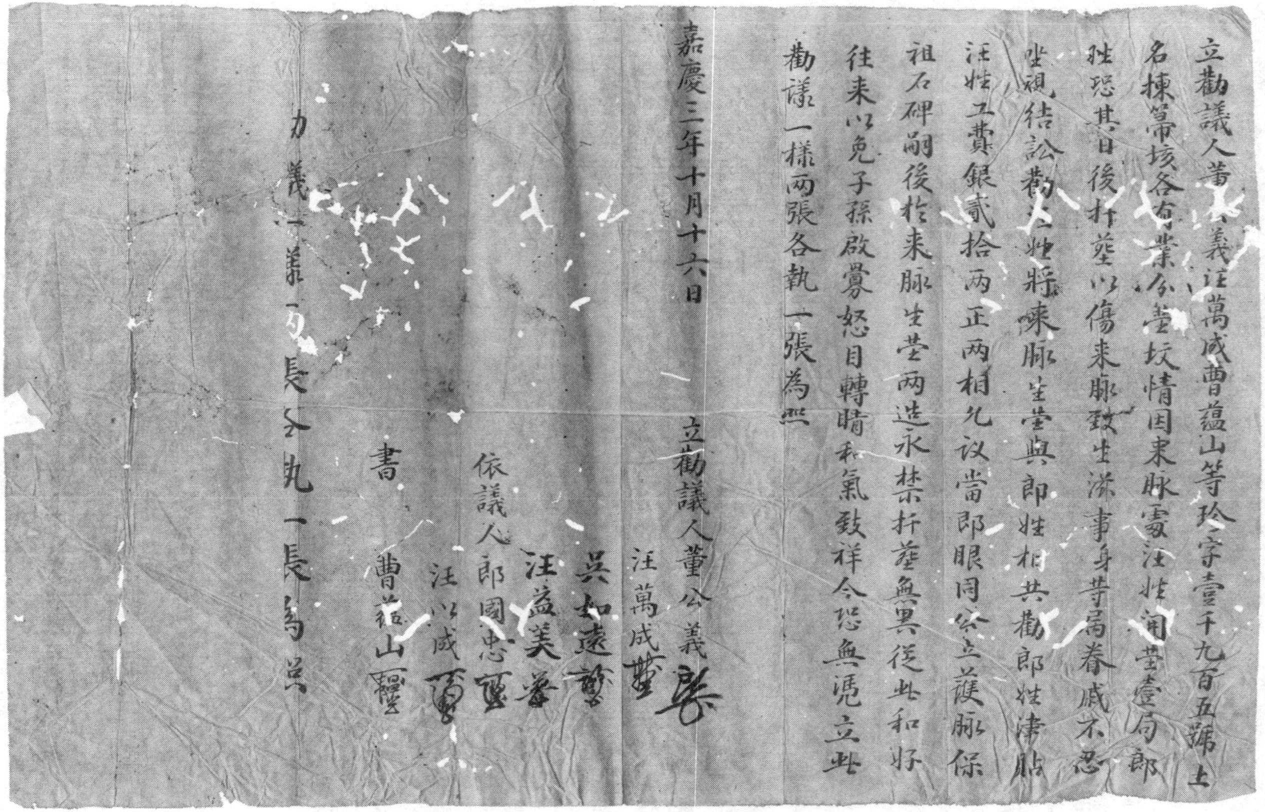

立勸議人董公義汪萬成曹蘊山等玲字壹千九百五號土
名棟幕坑各有業分墓坟情因來脉處汪姓開塋壹局郎
姓恐其日後扦塋以傷來脉致生滋事身等局眷戚不忍
坐視結訟勸汪姓將陳脉生塋與郎姓相共勸郎姓津貼
汪姓工費銀貳拾兩正兩相允议當郎眼同公立護脉保
祖石碑嗣後於來脉生塋兩造永禁扦塋無異從此和好
往来以免子孫啟釁怒目轉睛和氣致祥今恐無憑立此
勸議一樣兩張各執一張為照

嘉慶三年十月十六日　立勸議人董公義（押）
汪萬成（押）
吳如遠（押）
汪蕴美（押）
依議人郎國忠（押）
汪以成（押）
書　曹蕴山（押）

力義一樣兩張各執一張為照

秋口镇水末［沫］村汪家 229 · 嘉庆三年 · 劝议 · 董公义、汪万成、曹蕴山等

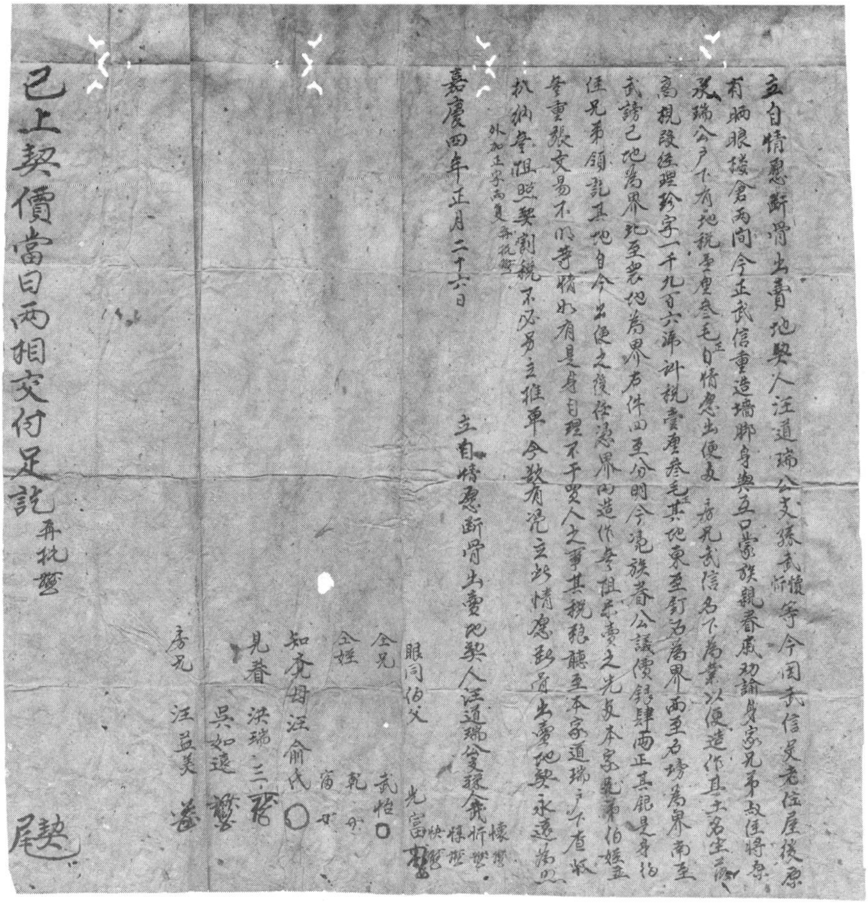

秋口镇水末 [沫] 村汪家 268 · 嘉庆四年 · 断骨卖地契 ·
汪道瑞公支孙武怀、武忻等出便与房兄武信

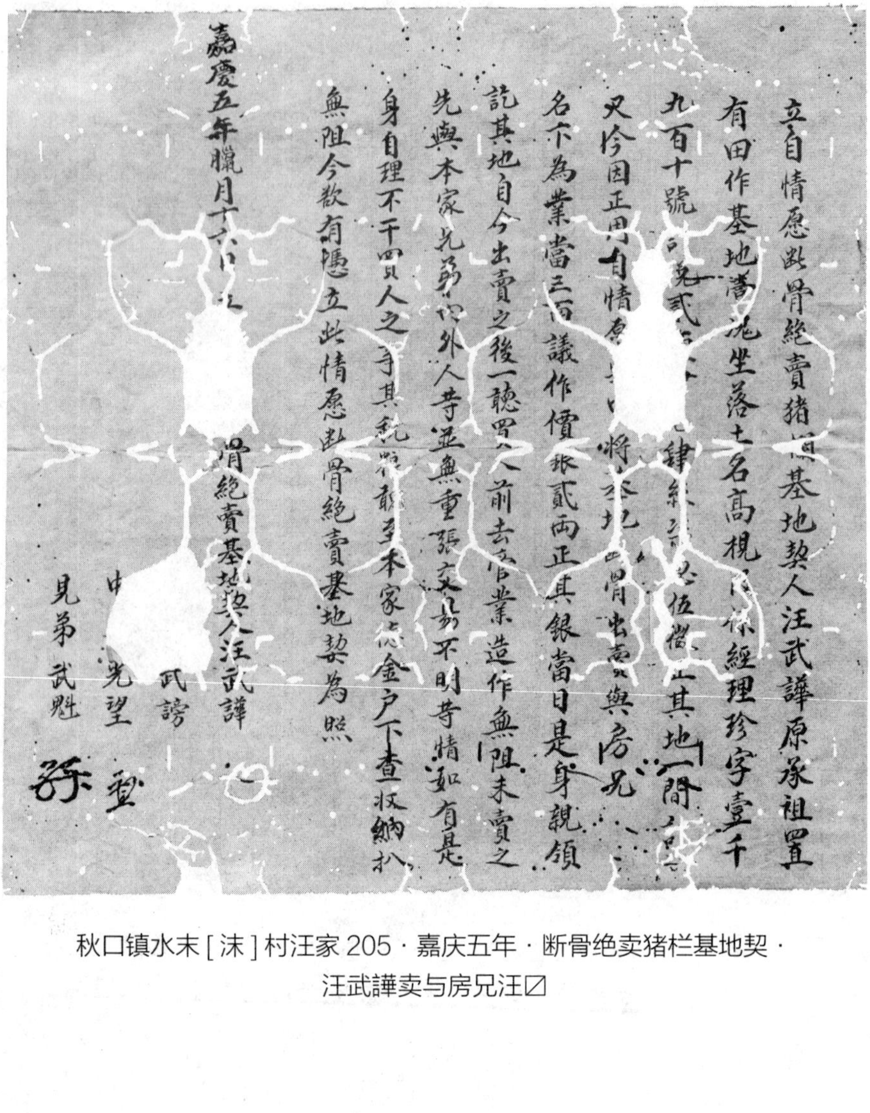

秋口镇水末［沫］村汪家 205 · 嘉庆五年 · 断骨绝卖猪栏基地契 ·
汪武譁卖与房兄汪☐

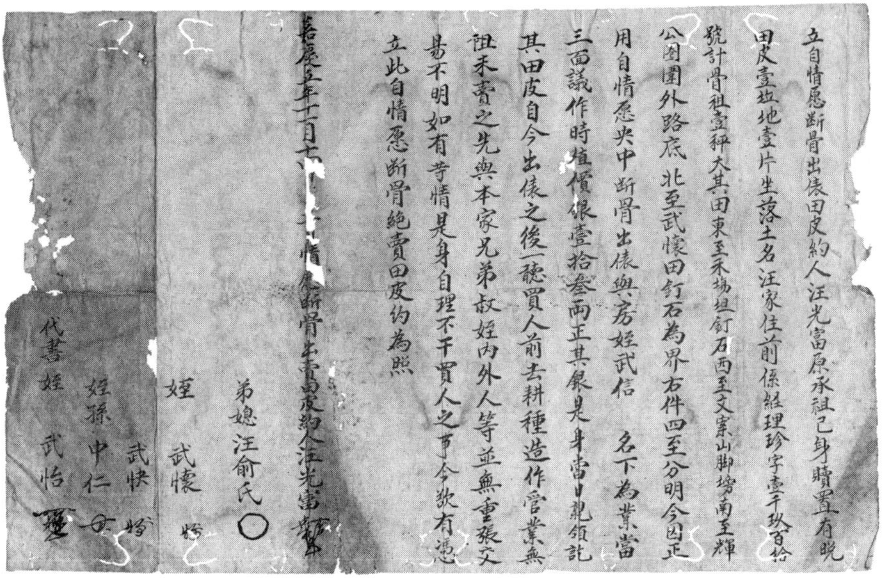

立自情愿断骨出俵田皮约人汪光富原承祖己身買有晚
田皮壹坵地壹片坐落土名汪家住前係経理珍字壹千玖百拾
號計骨租壹秤大其田東至禾塲坦釘石西至文寀山脚塝南至輝
公園圍外路底 北至武懷田釘石為界右件四至分明今因正
用自情愿央中断骨出俵與房姪武信 名下為業當
三面議作時值價銀壹拾叁兩正其銀是身當日親領訖
其田皮自今出俵之後一聽買人前去耕種造作管業無
阻未賣之先與本家兄弟叔姪内外人等並無重張交
易不明如有等情是身自理不干買人之事今欲有憑
立此自情愿断骨絶賣田皮约為照
嘉慶五年十一月[illegible]立自情愿断骨出賣田皮約人汪光富
弟媳汪俞氏
姪 武懷
武快
姪孫 中仁
代書姪 武怡

秋口镇水末［沫］村汪家 217 · 嘉庆五年 · 断骨出俵田皮约 ·
汪光富俵与房侄武信

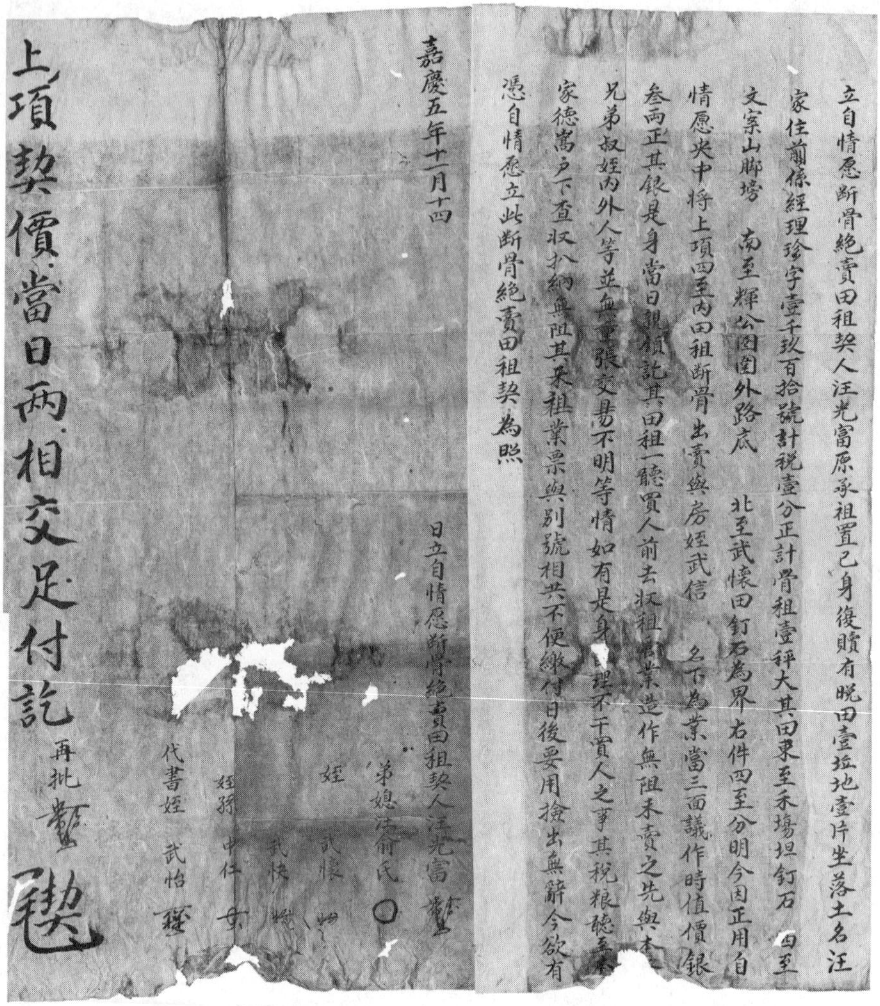

立自情愿断骨絕賣田租契人汪光富原承祖置己身後贖有晚田壹坵地壹片坐落土名汪家住前倲經理珍字壹千玖百拾號計稅壹分正計骨租壹秤大其田東至禾塲坦釘石 西至文案山脚塝 南至輝公囪園外路底 北至武懷田釘石為界 右件四至分明今因正用自情愿央中將上項四至內田租断骨出賣與房姪武信 名下為業當三面議作時值價銀叁兩正其銀是身當日親領訖其田租一聽買人前去収租[illegible]業造作無阻未賣之先與本兄弟叔姪內外人等並無重張交易不明等情如有是身[illegible]理不干買人之事其稅粮聽至本家德卨戶下查収扒納無阻其來祖業票與別號相共不便繳付日後要用撿出無辭今欲有憑自情愿立此断骨絕賣田租契為照

嘉慶五年十一月十四 日立自情愿断骨絕賣田租契人汪光富（押）

弟媳汪俞氏 ○

姪 武懷（押）

姪 武棟（押）

姪孫 中仕（押）

代書姪 武怡（押）

上項契價當日兩相交足付訖

再批（押）

契

秋口镇水末［沫］村汪家 264 · 嘉庆五年 · 断骨绝卖田租契 ·
汪光富卖与房侄武信

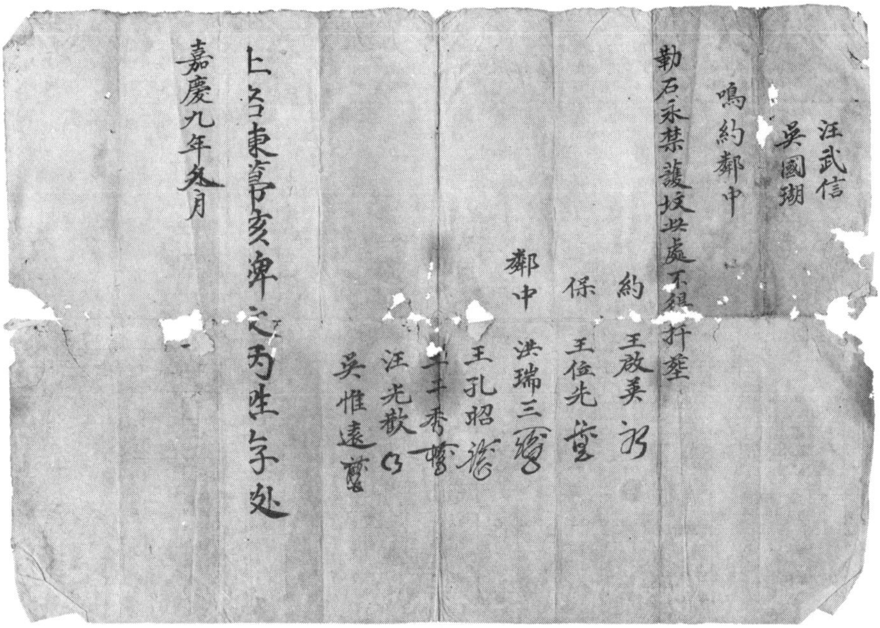

汪武信
吴國瑚
鳴約鄰中
勒石永禁護坟此處不得扦塟
約 王啟美
保 王位先
鄰中 洪瑞三
王孔昭
王千秀
汪光歆
吴惟遠
土名東亭亥坤之丙坐字处
嘉慶九年冬月

秋口镇水末［沫］村汪家 213 · 嘉庆九年 · 碑刻抄文

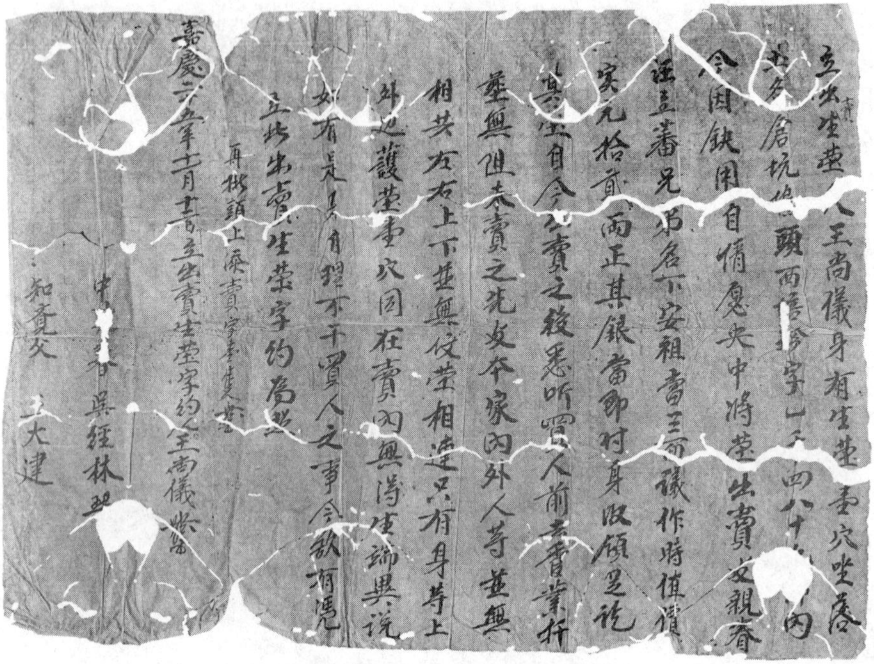

秋口镇水末［沫］村汪家 198 · 嘉庆二十五年 · 卖生茔字约 ·
王尚仪卖与亲眷汪立蕃兄弟

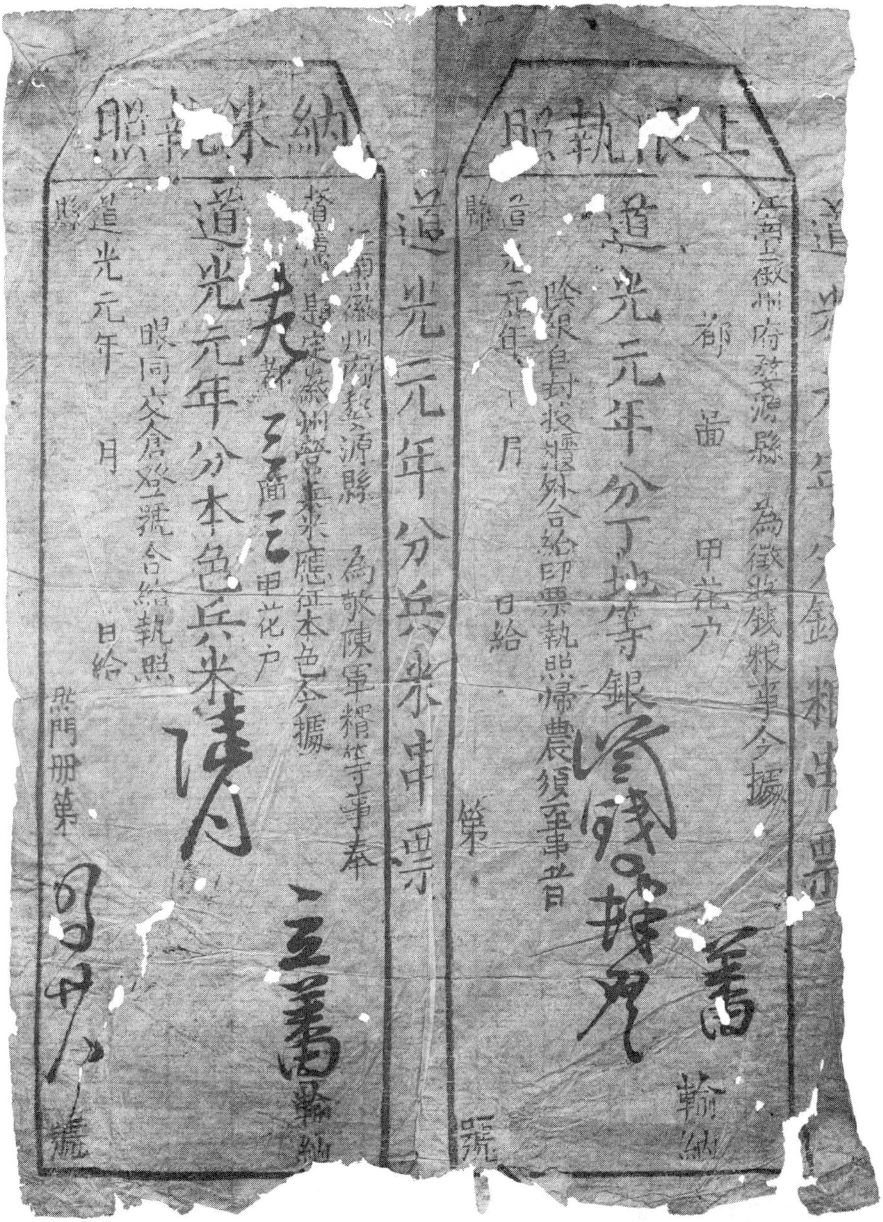

秋口镇水末[沫]村汪家 68 · 道光元年 · 纳米执照 · 立蕃

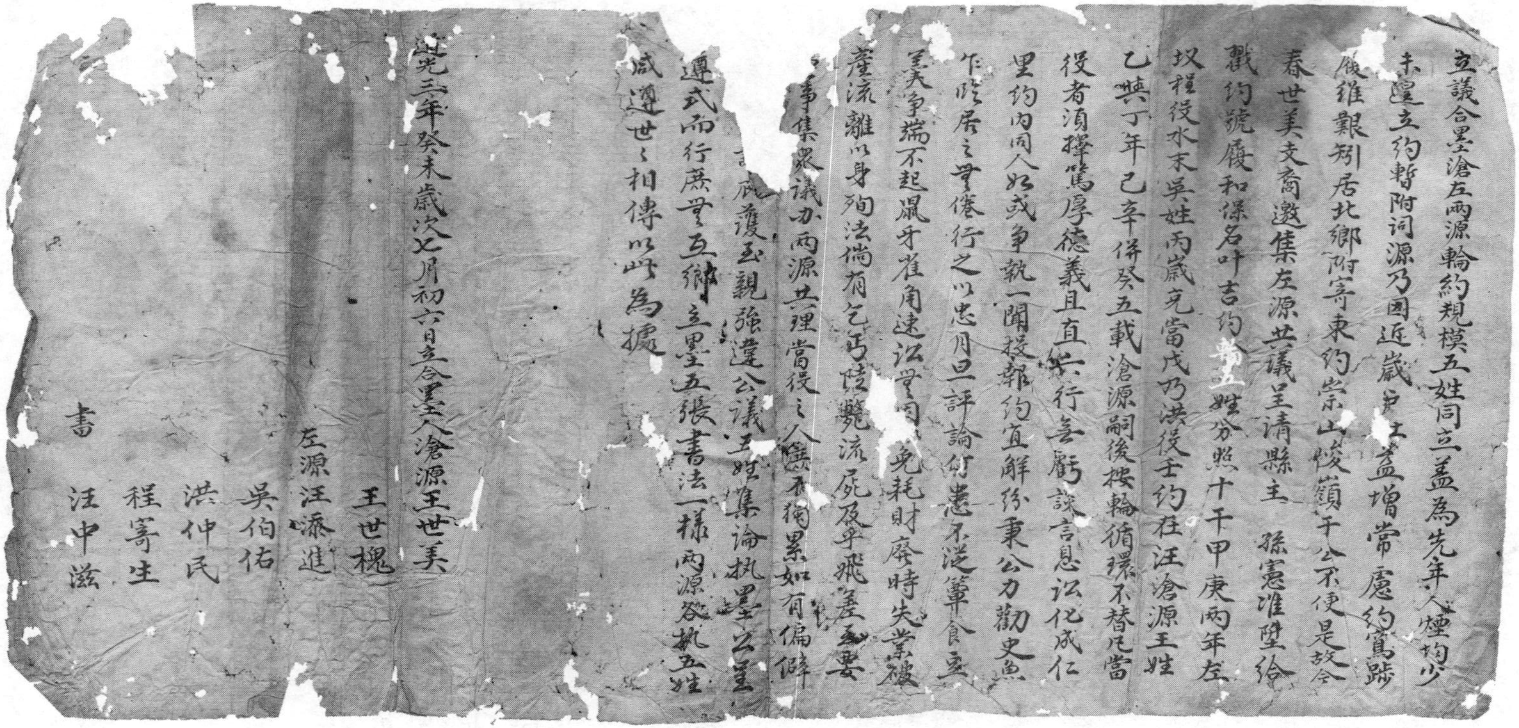

秋口镇水末［沫］村汪家 256 · 道光三年 · 合墨 · 王世美等

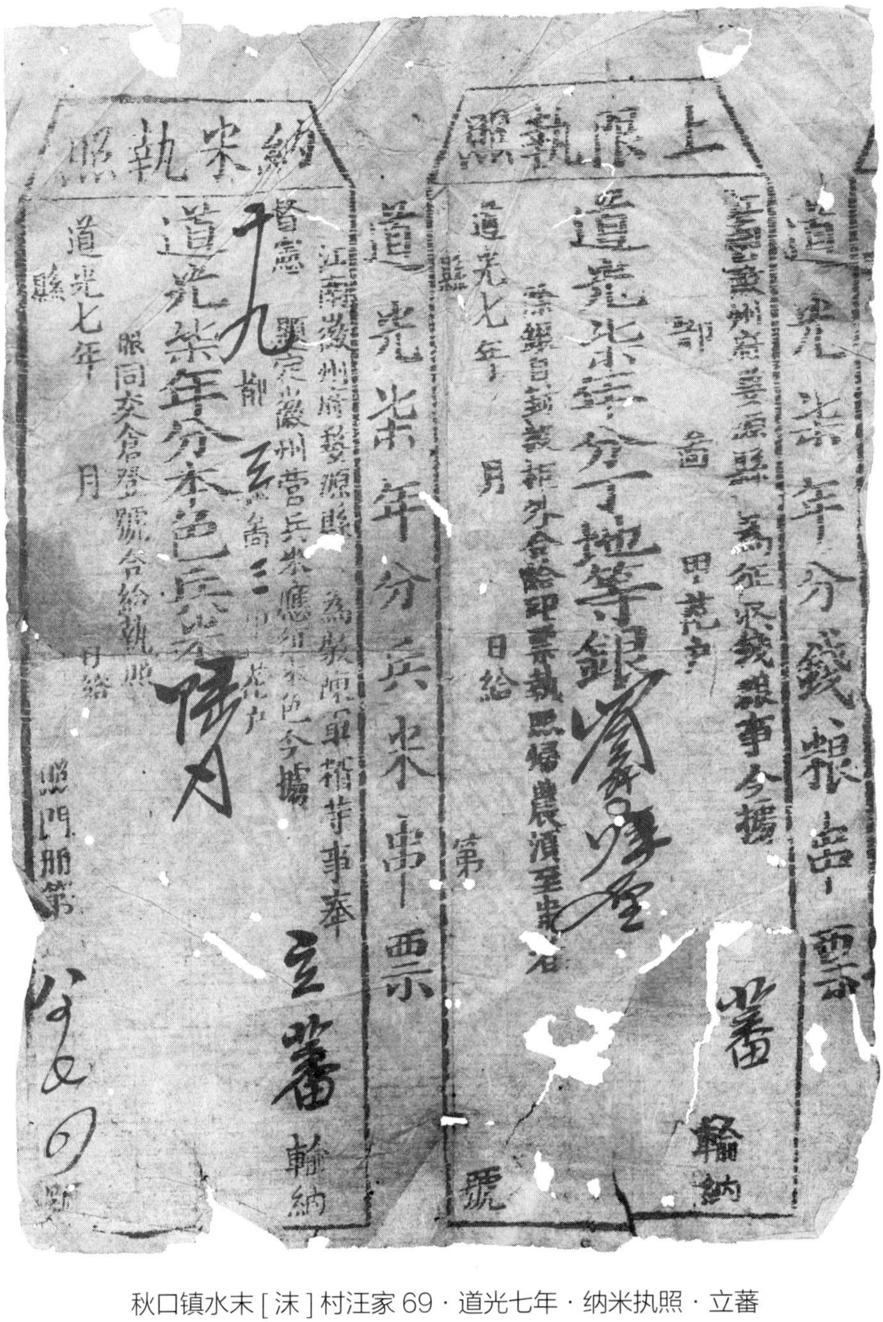

秋口镇水末［沫］村汪家 69 · 道光七年 · 纳米执照 · 立蕃

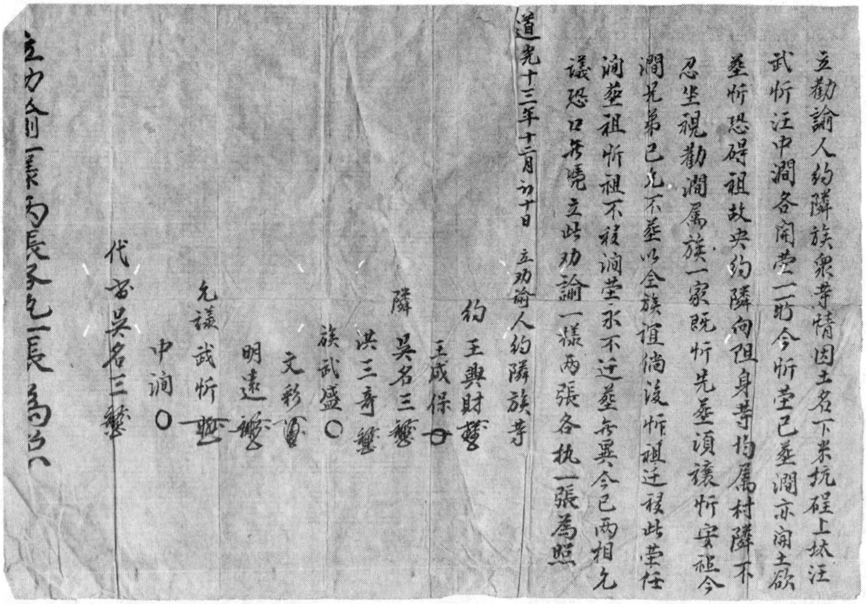

秋口镇水末［沫］村汪家 218 · 道光十三年 · 劝谕 · 约邻族众等

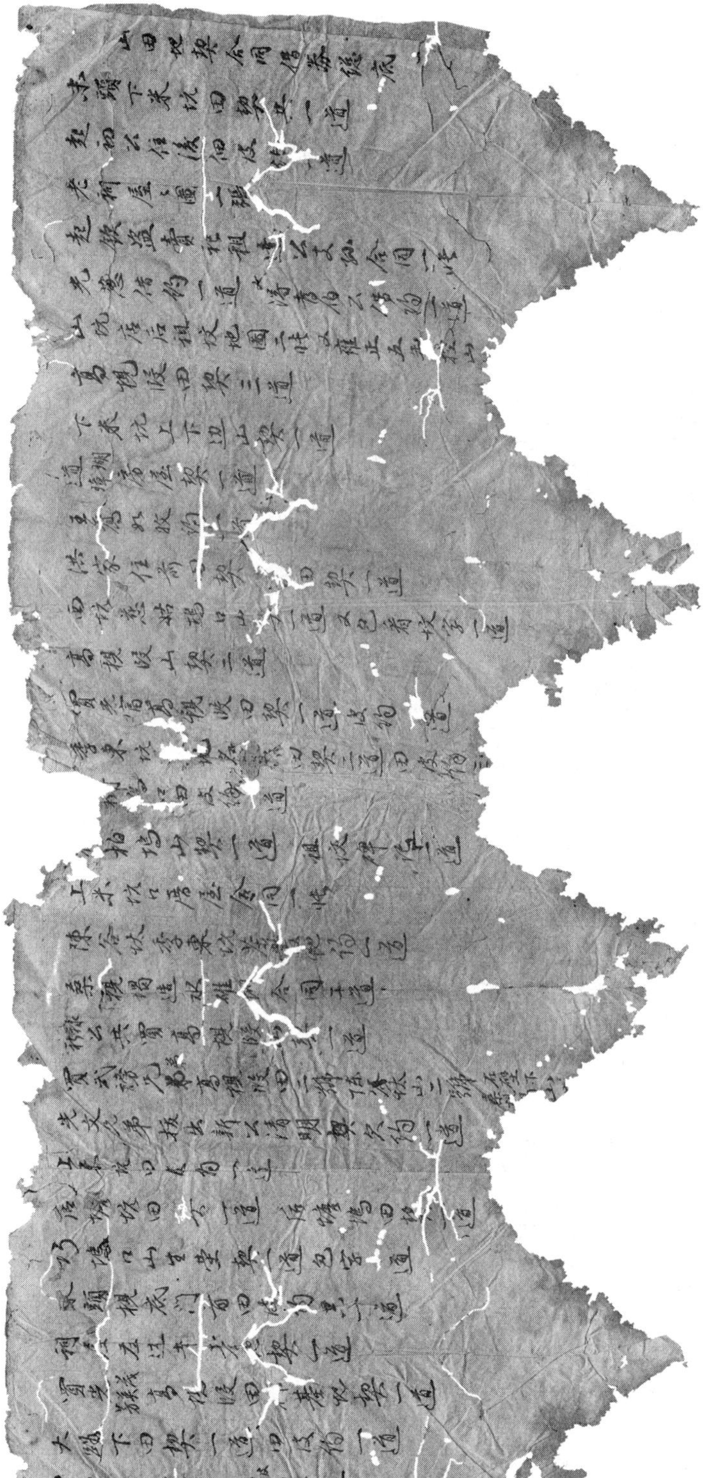

秋口镇水末[沫]村汪家 251-i·道光十三年·山田地契合同借券总底·汪立蓄（右半部分）

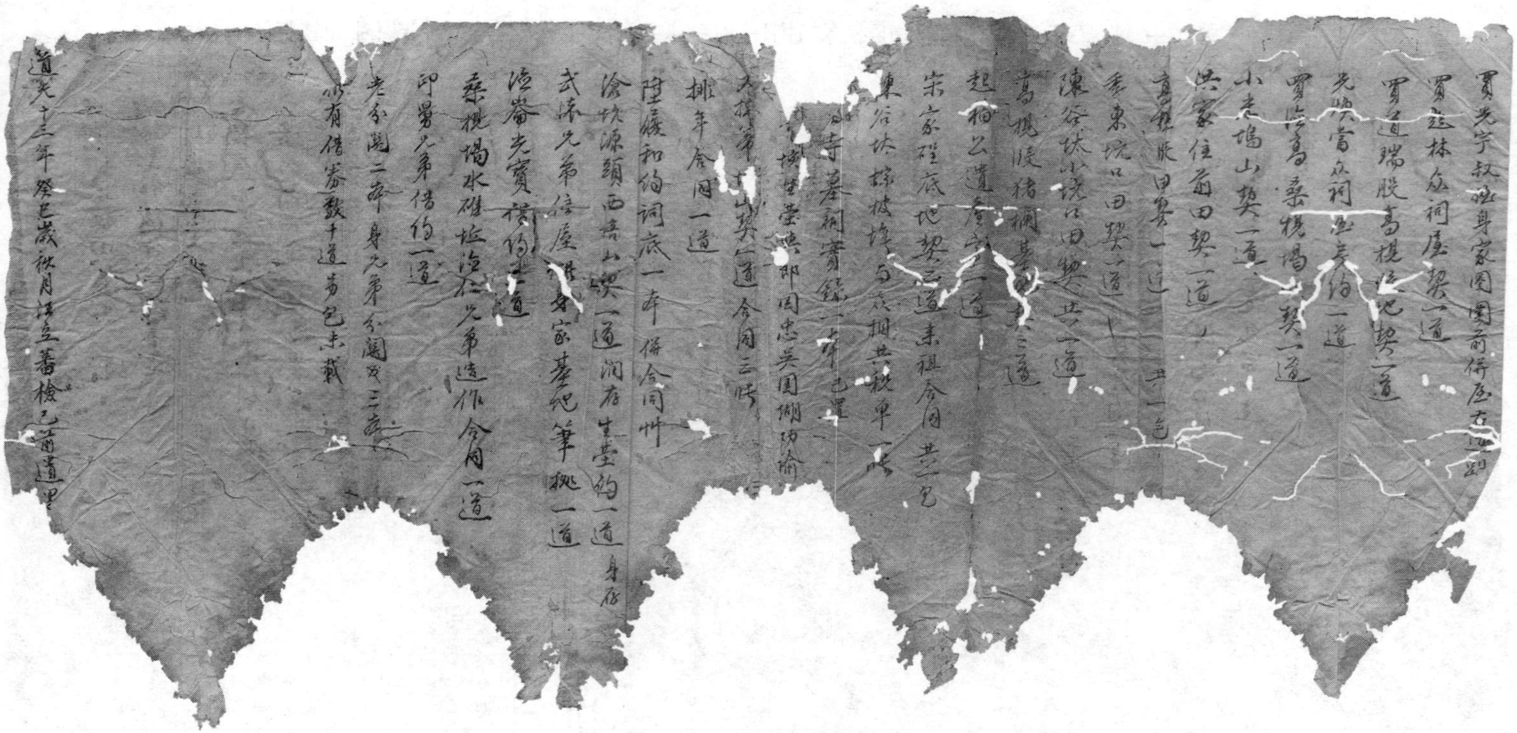

秋口镇水末［沫］村汪家 251-ii · 道光十三年 · 山田地契合同借券总底 · 汪立蕃（左半部分）

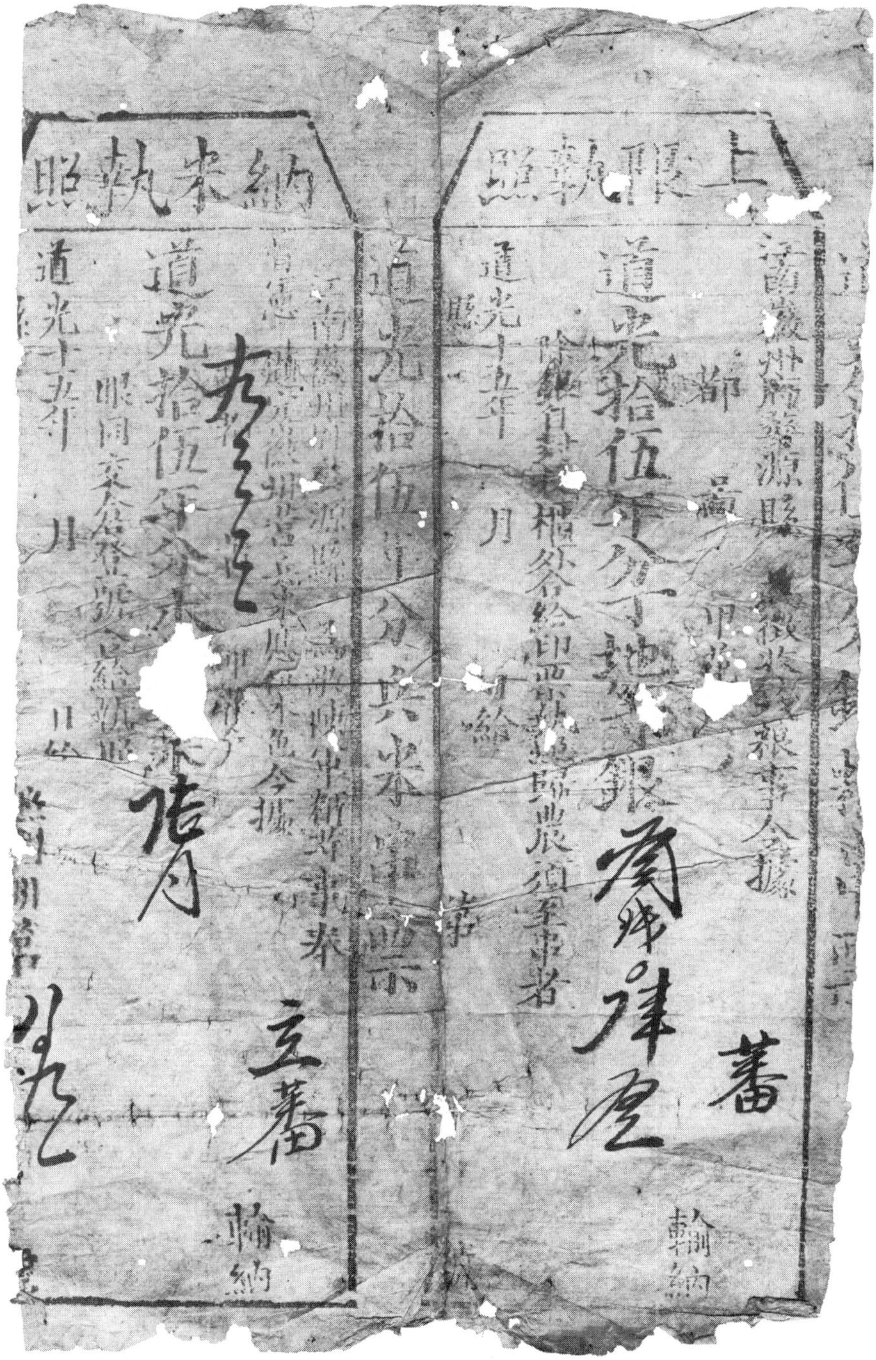

秋口镇水末［沫］村汪家 65 · 道光十五年 · 纳米执照 · 立蕃

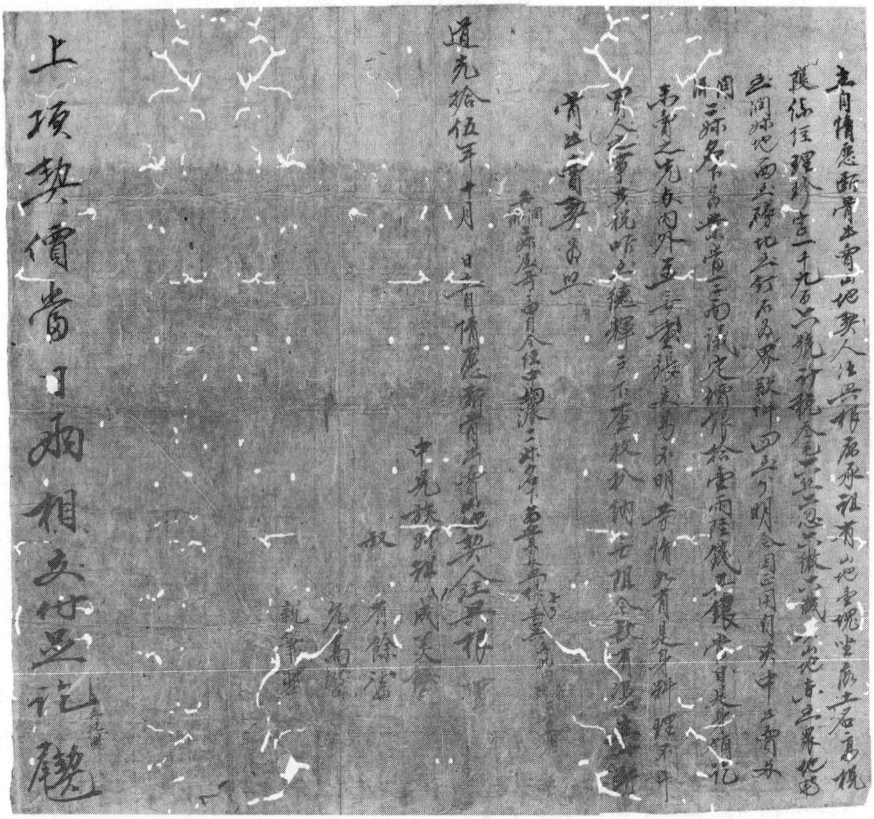

秋口镇水末[沫]村汪家 300 · 道光十五年 · 断骨卖山地契 ·
汪兴根卖与润、滋二孙

秋口镇水末[沫]村汪家 266·道光十七年·断骨卖地契·王汪氏卖与族孙兆坤

秋口镇水末［沫］村汪家 269 · 道光十七年 · 调换房屋契 ·
王汪氏同男起姚换与族侄孙兆坤

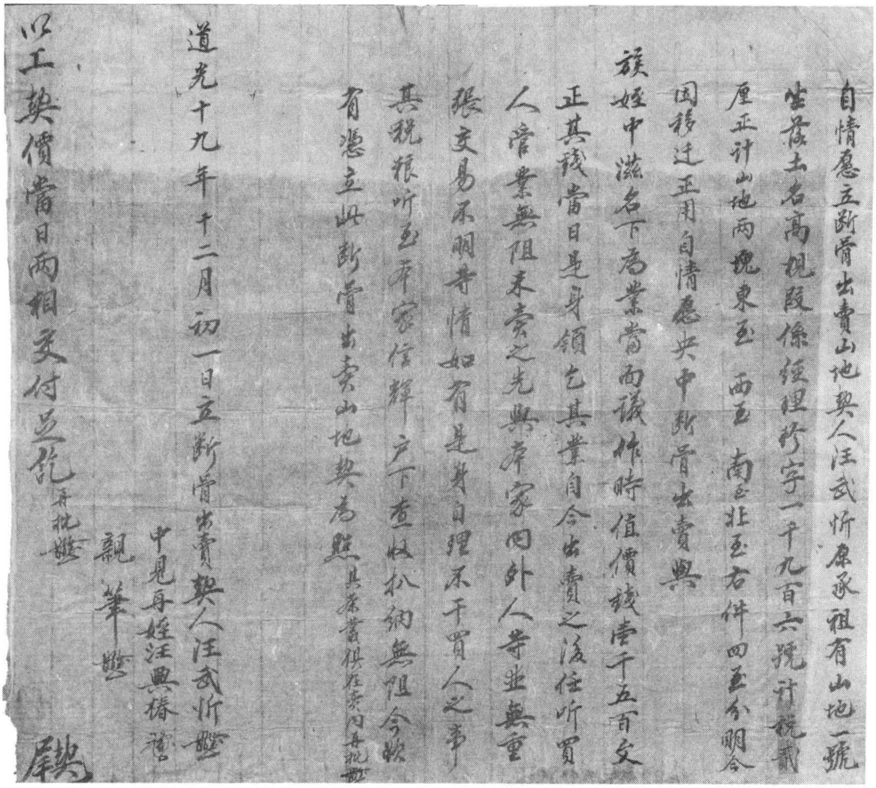

自情愿立断骨出賣山地契人汪武忻，原承祖有山地一號
坐落土名高枧段，係經理矜字一千九百六號，計稅貳
厘正，計山地兩塊。東至　西至　南至　北至　右件四至分明，今
因移迁正用，自情愿央中斷骨出賣與
族姪中滋名下為業，當面議作時值價錢壹千五百文
正，其錢當日是身領乞，其業自今出賣之後，任听買
人管業無阻。未賣之先，與本家內外人等並無重
張交易不明等情，如有，是身自理，不干買人之事。
其稅粮听至本家信輝戶下查收扒納無阻。今欲
有憑，立此斷骨出賣山地契為照。其來業俱在賣內，再批。
道光十九年十二月初一日立斷骨出賣契人汪武忻
中見再姪汪興椿
親筆
以上契價當日兩相交付足訖，再批。

秋口镇水末［沫］村汪家 293 · 道光十九年 · 断骨卖山地契 · 汪武忻卖与族侄中滋

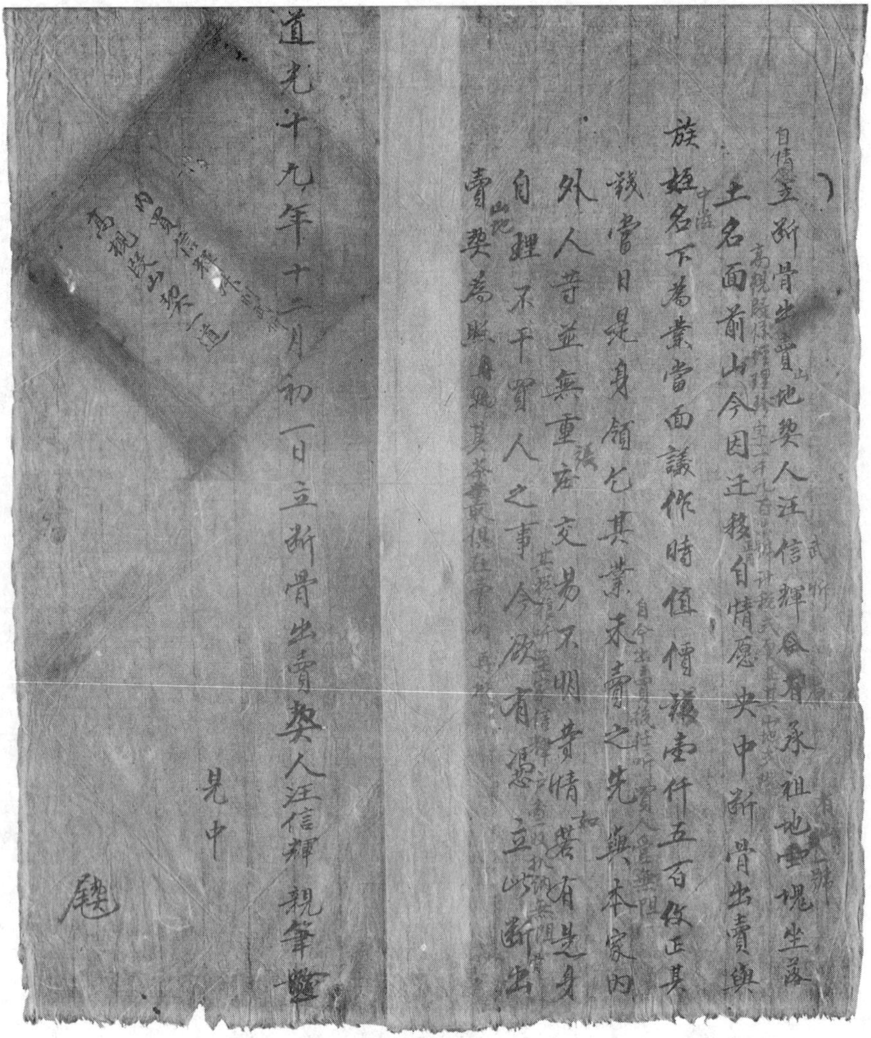

秋口镇水末［沫］村汪家 308 · 道光十九年 · 断骨卖山地契 ·
汪信辉、武忻卖与族侄中滋

秋口镇水末 [沫] 村汪家 214 · 道光二十年 · 合同 · 汪中润、中滋、兴根等

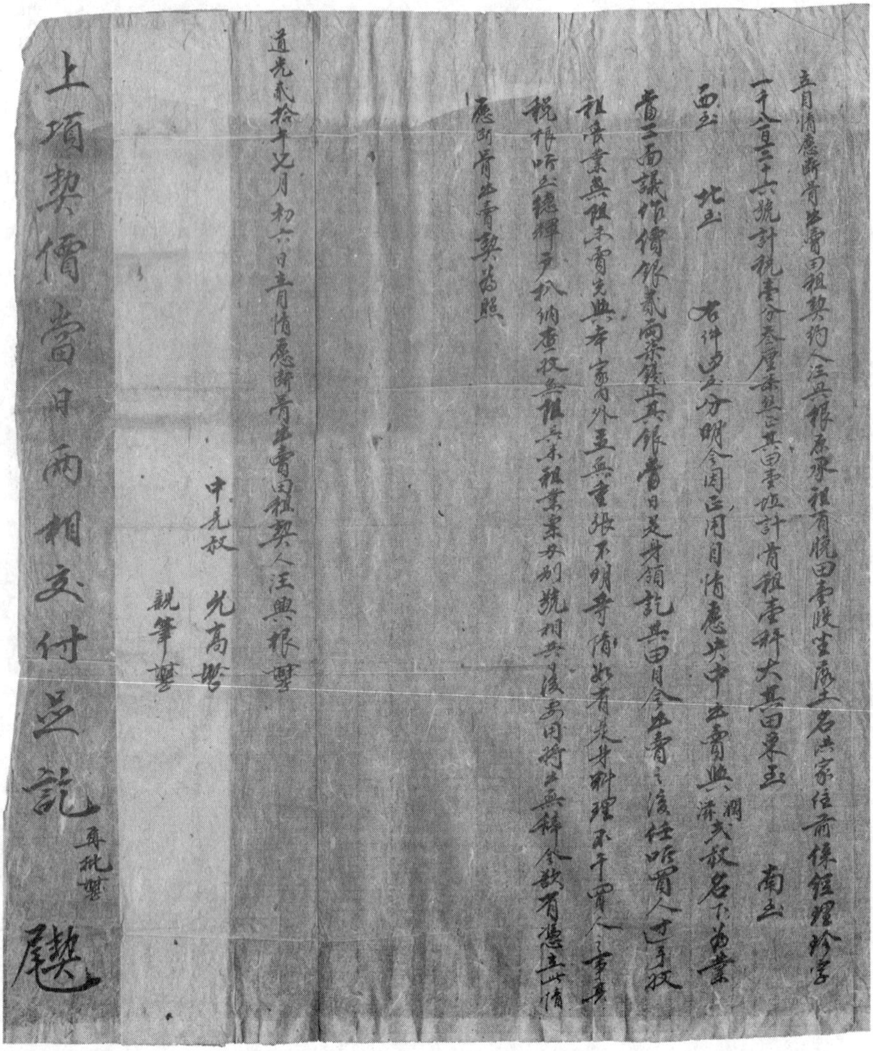

立自情愿断骨出卖田租契约人汪兴根，原承祖有晚田壹段，坐落土名洪家住前，係经理珍字一千六百三十六号，计税壹分叁厘柒毛正，其田壹坵，计骨租壹秤大，其田东至　南至　西至　北至　右件四至分明。今因正用，自情愿央中出卖与润、滋二叔名下为业，当三面议作价银贰两柒钱正。其银当日是身领讫，其田自今出卖之后，任听买人过手收租受业。其租未卖先，与本家内外并无重张不明等情；如有，是身料理，不干买人之事。其税粮听出总辉户扒纳壹收，无阻。其来祖业未分别号相共，日后要用将出，无辞。今欲有凭，立此情愿断骨出卖契为照。

道光贰拾年七月初六日立自情愿断骨出卖田租契人汪兴根（押）

中见叔　允高（押）

亲笔（押）

上项契价当日两相交付足讫　再批（押）

秋口镇水末［沫］村汪家 273 · 道光二十年 · 断骨卖田租契 ·
汪兴根卖与兴润、兴滋二叔

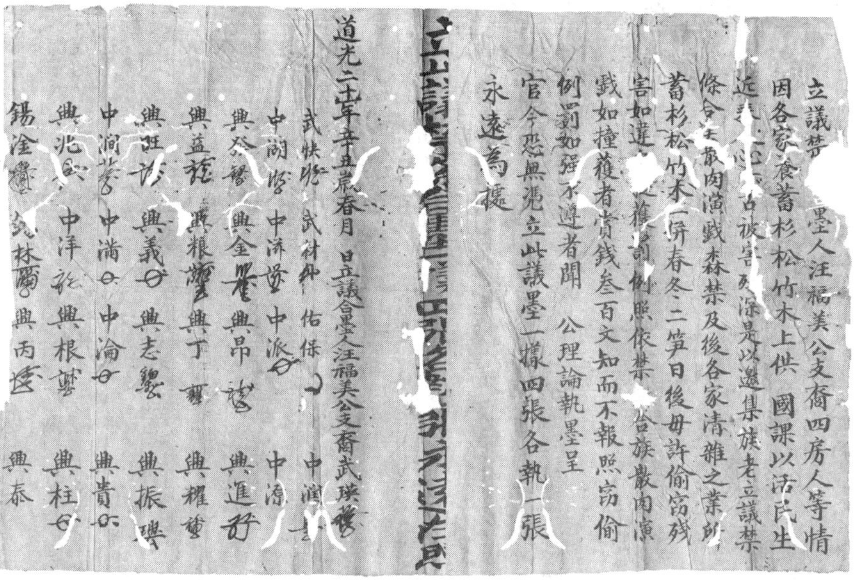

立議合墨人汪福美公支裔四房人等情
因各家食蓄杉松竹木上供 國課以活民生
近來人心不古被害殘深是以邀集族老立議禁
條合族嚴肉演戲森禁及後各家清雜之業所
蓄杉松竹木并春冬二笋日後毋許偷竊殘
害如違者獲前例照依禁合族嚴肉演
戲如撞獲者賞錢叁百文知而不報照竊偷
例罰如强不遵者聞 公理論執墨呈
官今恐無凭立此議墨一樣四張各執一張
永遠為據

道光二十一年辛丑歲春月 日立議合墨人汪福美公支裔武瑛 中澗
武快 武材 佑保 中濤
中澗 中济 中派 典進
典癸 典金 典昂 典耀
典益 典粮 典丁 典振
典旺 典義 典志 典貴
中澗 中滿 中淪 典柱
典兆 中洋 典根 典泰
錫淦 秋林 典丙

秋口镇水末 [沫] 村汪家 227 · 道光二十一年 · 合墨 · 汪福美公支裔四房人等

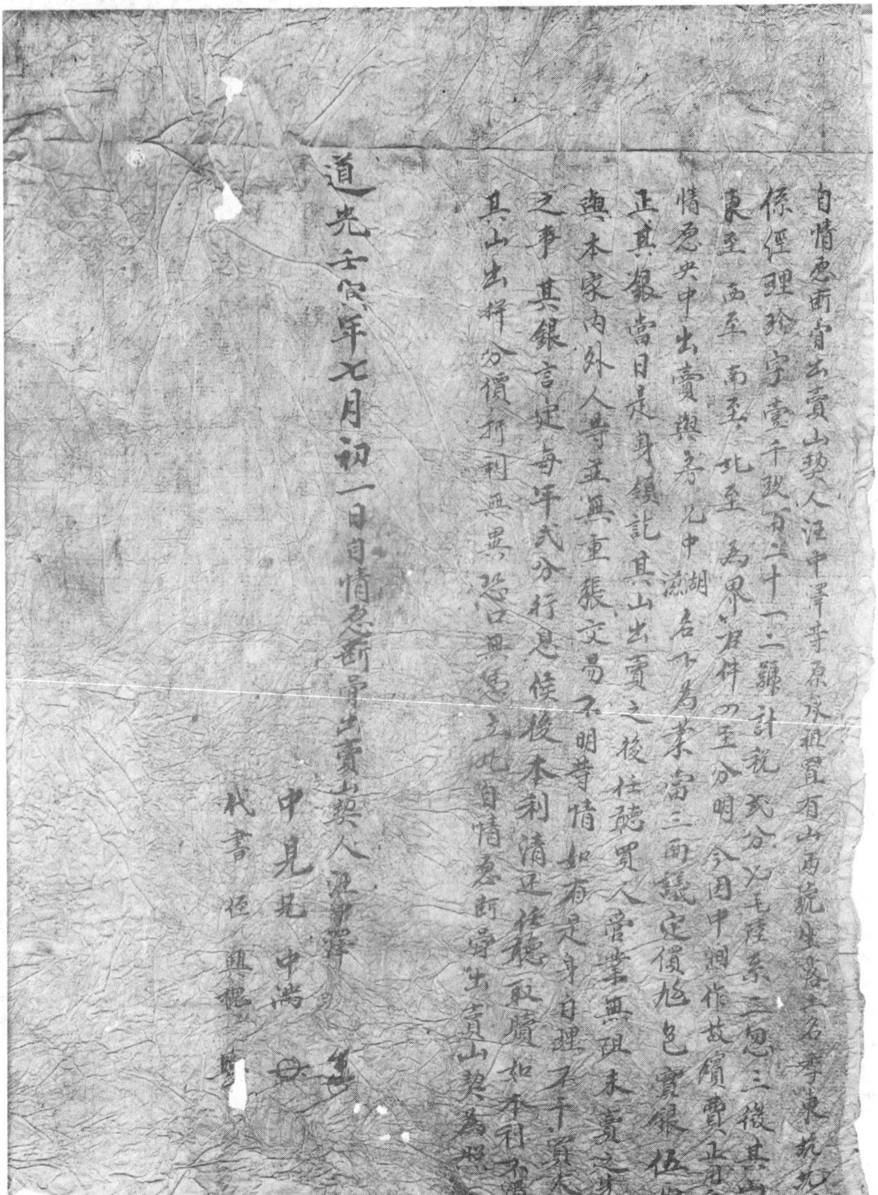

自情愿断骨出賣山契人汪中澤等，原承祖置有山，西號坐落土名李東坑九口，係經理珍字壹千玖百二十一、二號，計税弍分〆毛陸系三忽三微。其山東至 西至 南至 北至 為界，[illegible]件四至分明。今因中[illegible]作故，缺費正用，自情愿央中出賣與房兄中湖、中滋名下為業，當三面議定價紋色實銀伍兩正，其銀當日是身領訖。其山出賣之後，任聽買人管業無阻。未賣之先，與本家內外人等並無重張交易，不明等情，如有，是身自理，不干買人之事。其銀言定每年弍分行息，候後本利清還，任聽取贖；如本利不清，其山出拼分價，折利無異。恐口無憑，立此自情愿断骨出賣山契為照。

道光壬寅年七月初一日自情愿断骨出賣山契人 汪中澤（押）

中見 兄 中湍（押）

代書 侄 興槐（押）

秋口镇水末［沫］村汪家 275 · 道光二十二年 · 断骨卖山契 ·
汪中泽等卖与房兄中湖、中滋

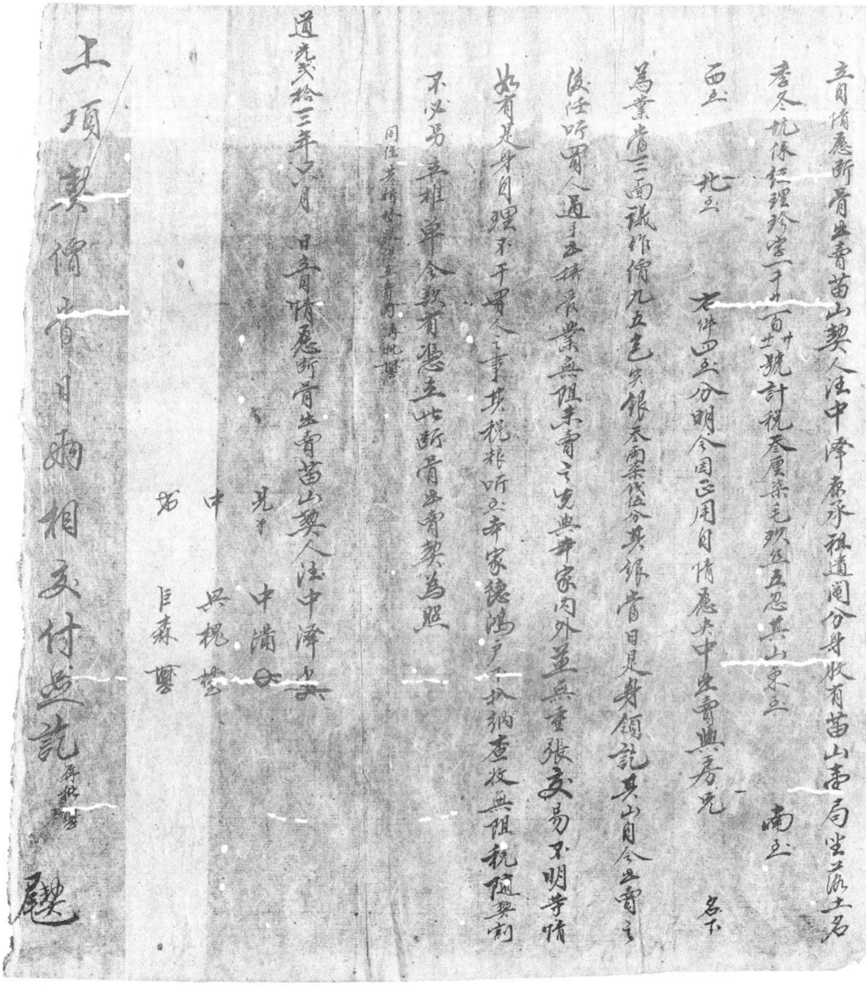

秋口镇水末[沫]村汪家 274 · 道光二十三年 · 断骨卖苗山契 · 汪中泽卖与房兄☑

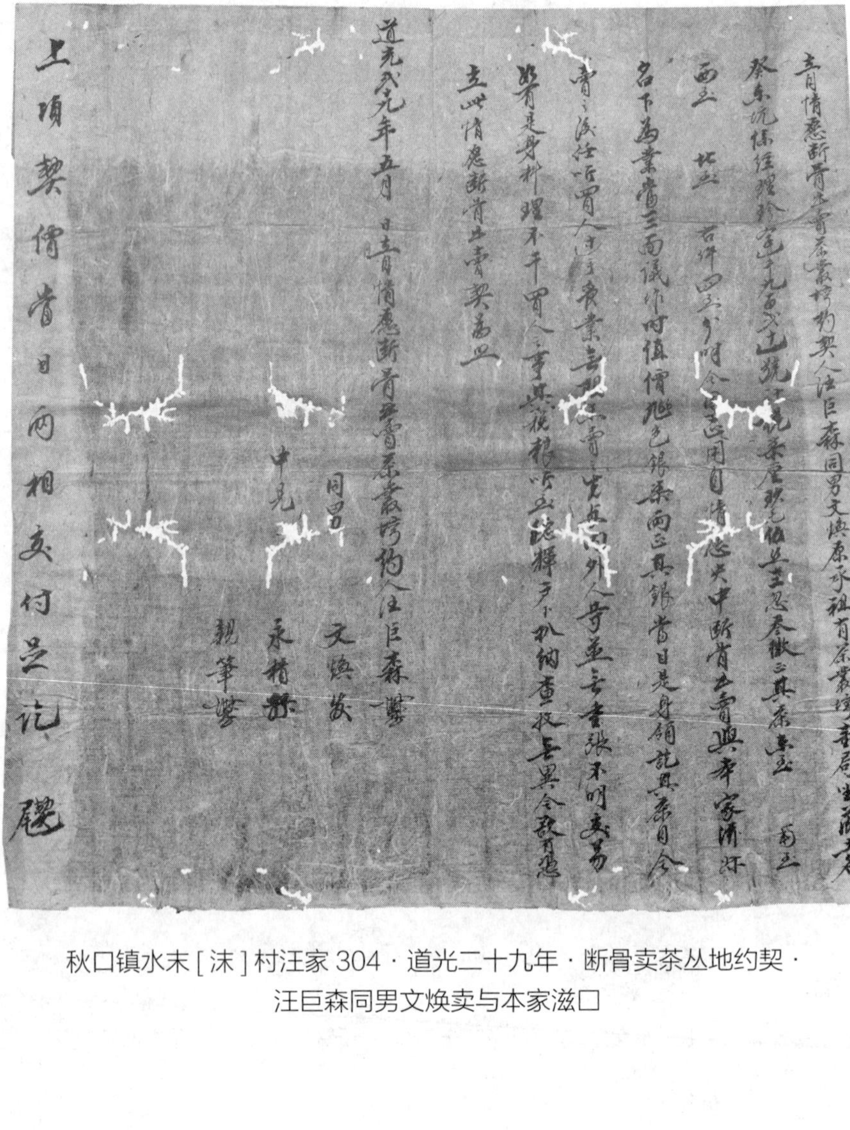

秋口镇水末［沫］村汪家 304 · 道光二十九年 · 断骨卖茶丛地约契 · 汪巨森同男文焕卖与本家滋口

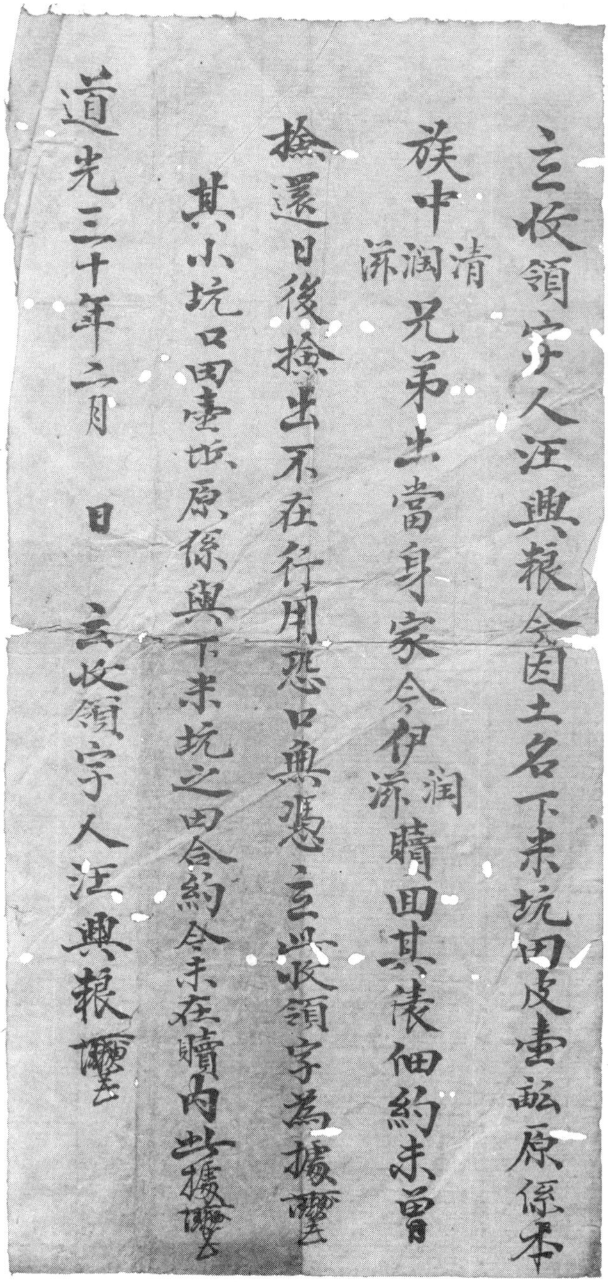

立收領字人汪興粮今因土名下末坑田皮壹畝原係本族中清潤淓兄弟出當身家今伊潤淓贖田其表佃約未曾撿還日後撿出不在行用恐口無憑立此收領字為據

其小坑口田壹坵原係與下末坑之田合約今未在贖內此據

道光三十年二月　日　立收領字人汪興粮

秋口镇水末［沫］村汪家 151 · 道光三十年 · 收领字 · 汪兴粮

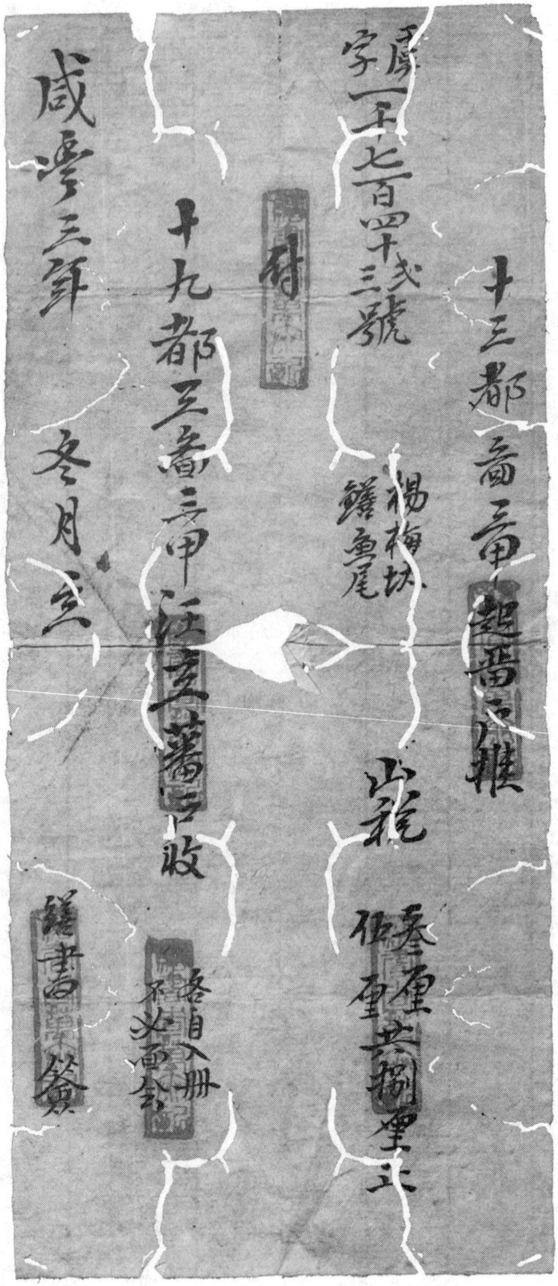

秋口镇水末［沫］村汪家 144 · 咸丰三年 · 推单 · 起源户付与汪立藩户

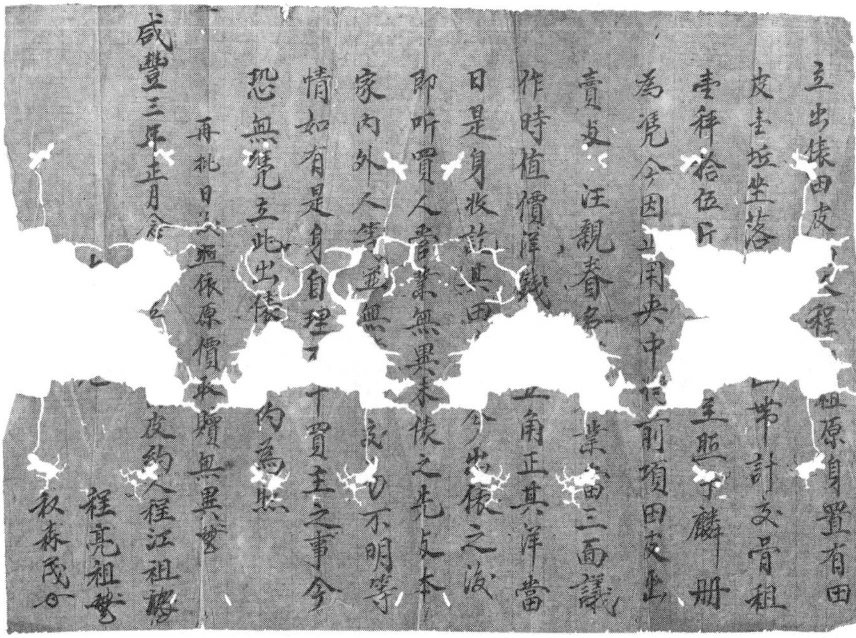

秋口镇水末 [沫] 村汪家 202 · 咸丰三年 · 出俵田皮约 · 程江祖卖与汪亲眷

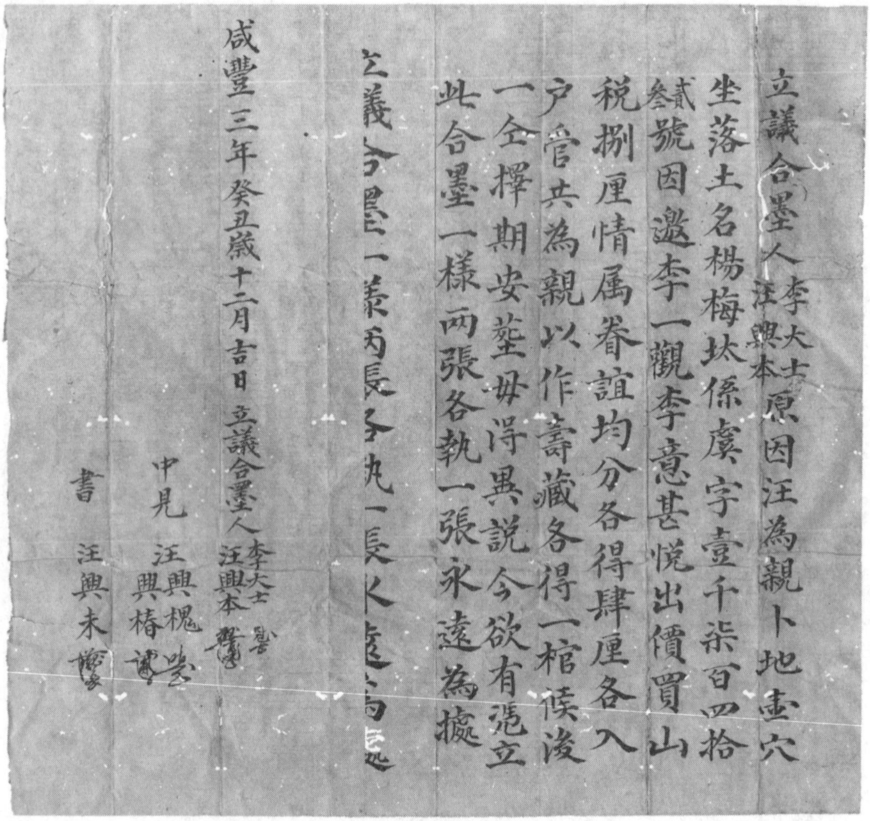

立議合墨人李大士/汪興本原因汪為親卜地壹穴
坐落土名楊梅坞係虞字壹千柒百四拾
貳/叁號因邀李一觀李意甚悦出價買山
税捌厘情屬眷誼均分各得肆厘各入
户管共為親以作壽藏各得一棺倏後
一仝擇期安葬毋得異説今欲有憑立
此合墨一樣两張各執一張永遠為據

立義合墨一樣两張各執一張永遠為據

咸豐三年癸丑歲十二月吉日 立議合墨人李大士/汪興本

中見 汪興槐 興椿

書 汪興末

秋口镇水末[沫]村汪家 211 · 咸丰三年 · 合墨 · 李大士、汪兴本

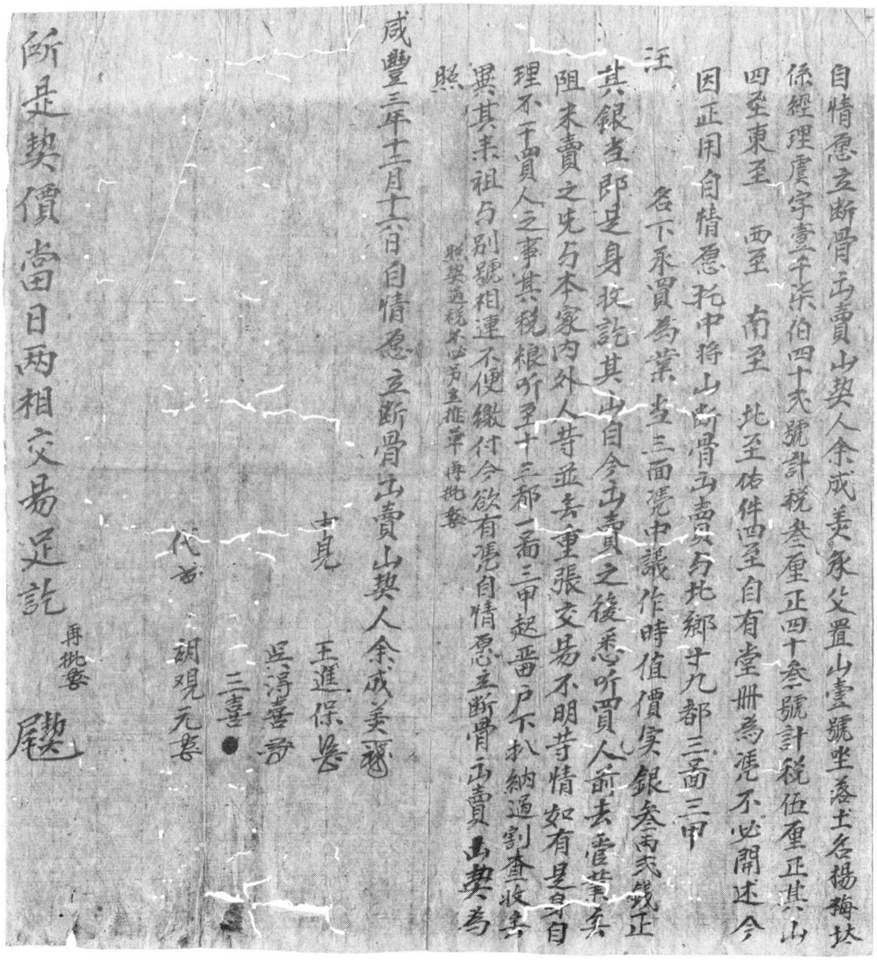

自情愿立断骨出賣山契人余成美，承父置山壹號，坐落土名楊梅坑，
係經理虞字壹千柒伯四十弍號，計稅叁厘正；四十叁號，計稅伍厘正。其山
四至：東至　西至　南至　北至，俱件四至自有堂冊為凴，不必開述。今
因正用，自情愿托中將山出骨出賣與本都十九都三啚三甲
汪　名下承買為業。当三面凴中議作時值價實銀叁兩弍錢正。
其銀当即是身收訖。其山自今出賣之後，悉听買人前去管業無
阻。未賣之先，與本家內外人等並無重張交易不明等情。如有，是身自
理，不干買人之事。其稅粮听至十三都一啚三甲起割，户下扒納過割，查收無
異。其來祖與別號相連，不便繳付。今欲有凴，自情愿立断骨出賣山契為
照。

照契過稅，不必另立推單。再批。（押）

咸豐三年十二月十六日自情愿立断骨出賣山契人余成美（押）

中見　王進保（押）
吳淂善（押）
三喜●

代書　胡观元（押）

所是契價當日兩相交易足訖。再批（押）

秋口镇水末［沫］村汪家 267 · 咸丰三年 · 断骨卖山契 · 余成美卖与汪☐

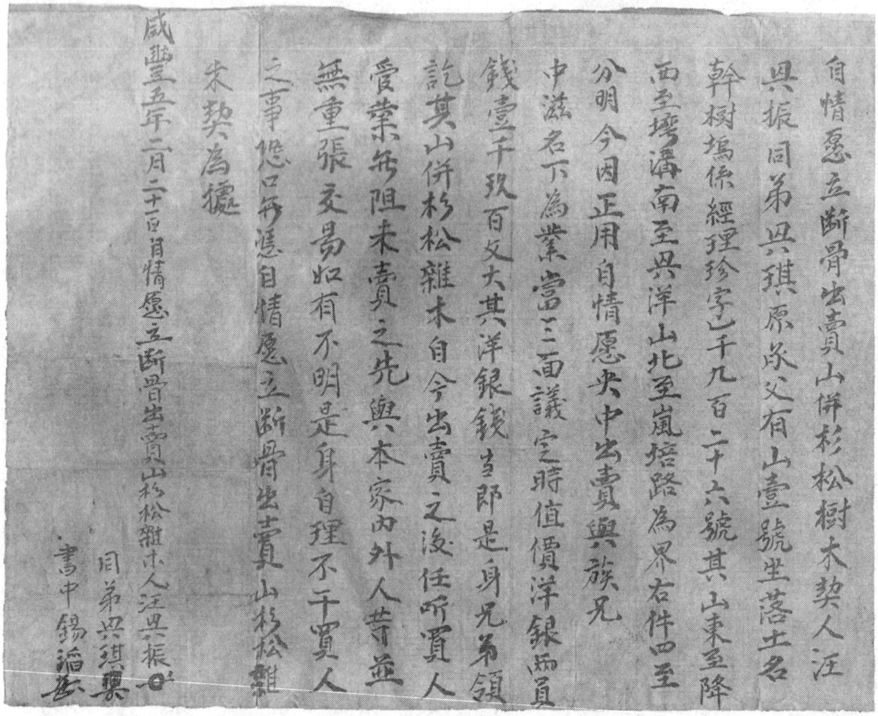
自情愿立断骨出賣山併杉松樹木契人汪
興振同弟興琪原承父有山壹號坐落土名
幹樹塢係經理珍字乙千九百二十六號其山東至降
西至塝溝南至興洋山北至嵐塔路為界右件四至
分明今因正用自情愿央中出賣與族兄
中滋名下為業當三面議定時值價洋銀兩員
錢壹千玖百文大其洋銀錢当即是身兄弟領
訖其山併杉松雜木自今出賣之後任听買人
管業無阻未賣之先與本家內外人等並
無重張交易如有不明是身自理不干買人
之事恐口無憑自情愿立断骨出賣山杉松雜
木契為據
咸豐五年二月二十日自情愿立断骨出賣山杉松雜木人汪興振（押）
同弟興琪（押）
書中錫謟（押）

秋口镇水末［沫］村汪家 224 · 咸丰五年 · 断骨卖山并杉松树木契 ·
汪兴振同弟兴琪卖与族兄中滋

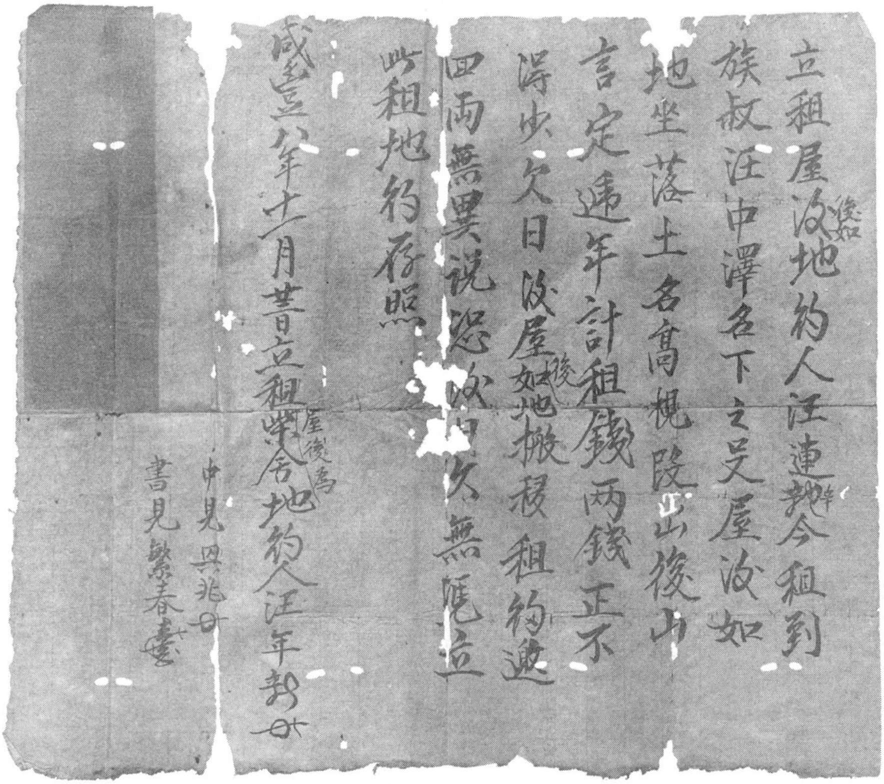

秋口镇水末［沫］村汪家 171 · 咸丰八年 · 租约 · 汪连新租族叔汪中泽

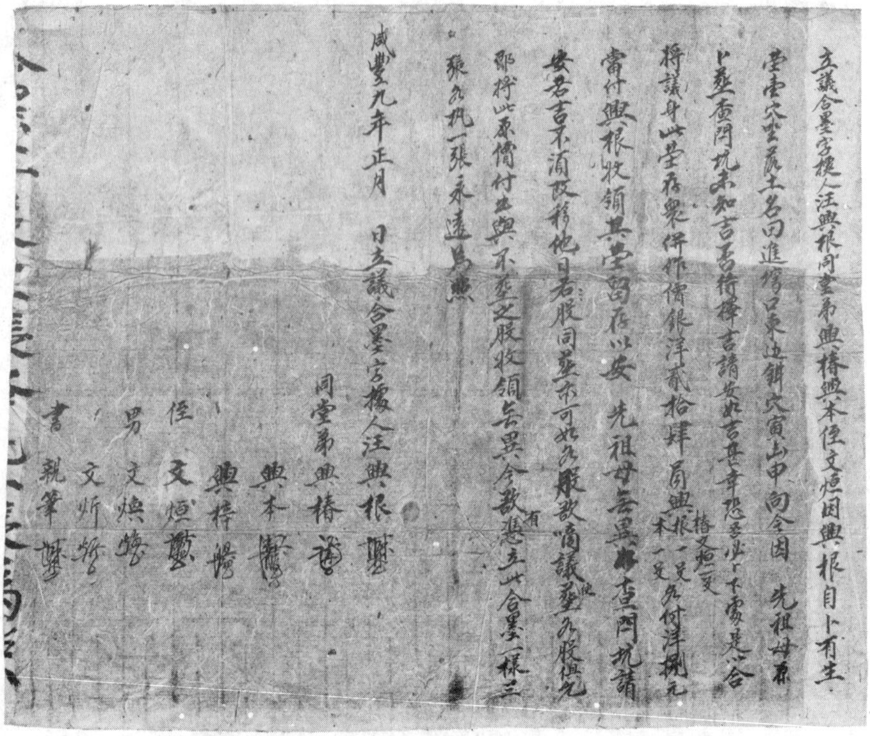

秋口镇水末［沫］村汪家 297 · 咸丰九年 · 合墨字据 ·
汪兴根同堂弟兴椿、兴本、侄汪文

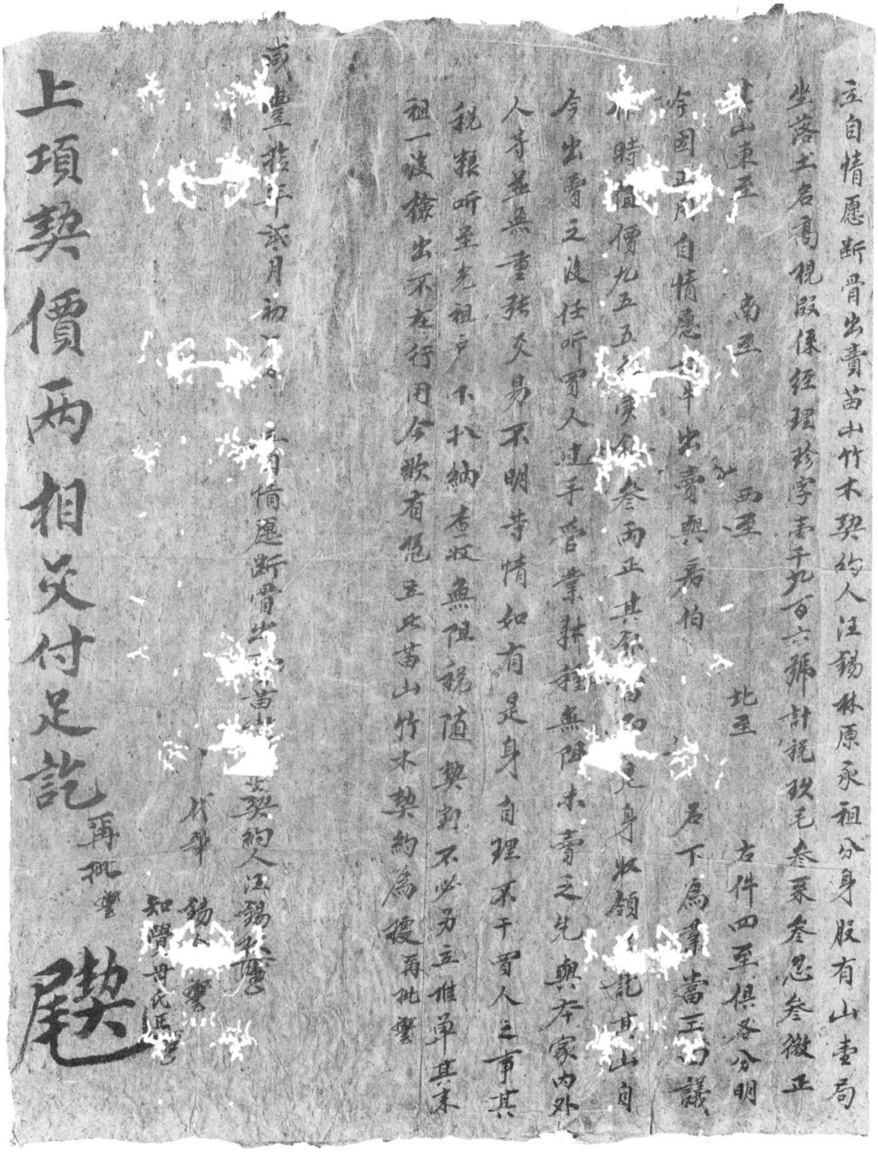
立自情愿断骨出賣苗山竹木契約人汪錫林原承祖分身股有山壹号
坐落土名高枧段係經理珍字壹千九百六號計稅玖毛叁絲叁忽叁微正
其山東至　南至　西至　北至　右件四至俱各分明
今因正用自情愿將身股出賣與房伯名下爲業當三面議
作時值價九五五紋銀叁兩正其銀當日是身收領訖其山自
今出賣之後任听買人過手管業砍斫無阻未賣之先與本家內外
人等並無重張交易不明等情如有是身自理不干買人之事其
稅粮听至光祖戶下扒納查收無阻稅隨契割不必另立推单其未
祖一後餘出不在行用今欲有憑立此苗山竹木契約爲據再批(押)
咸豐拾年　月初　日立自情愿断骨出賣苗山竹木契約人汪錫林(押)
代筆　錫　(押)
知證　母氏　(押)
上項契價兩相交付足訖　再批(押)
契

秋口镇水末 [沫] 村汪家 302 · 咸丰十年 · 断骨卖苗山竹木契约 ·
汪锡林卖与房伯☑

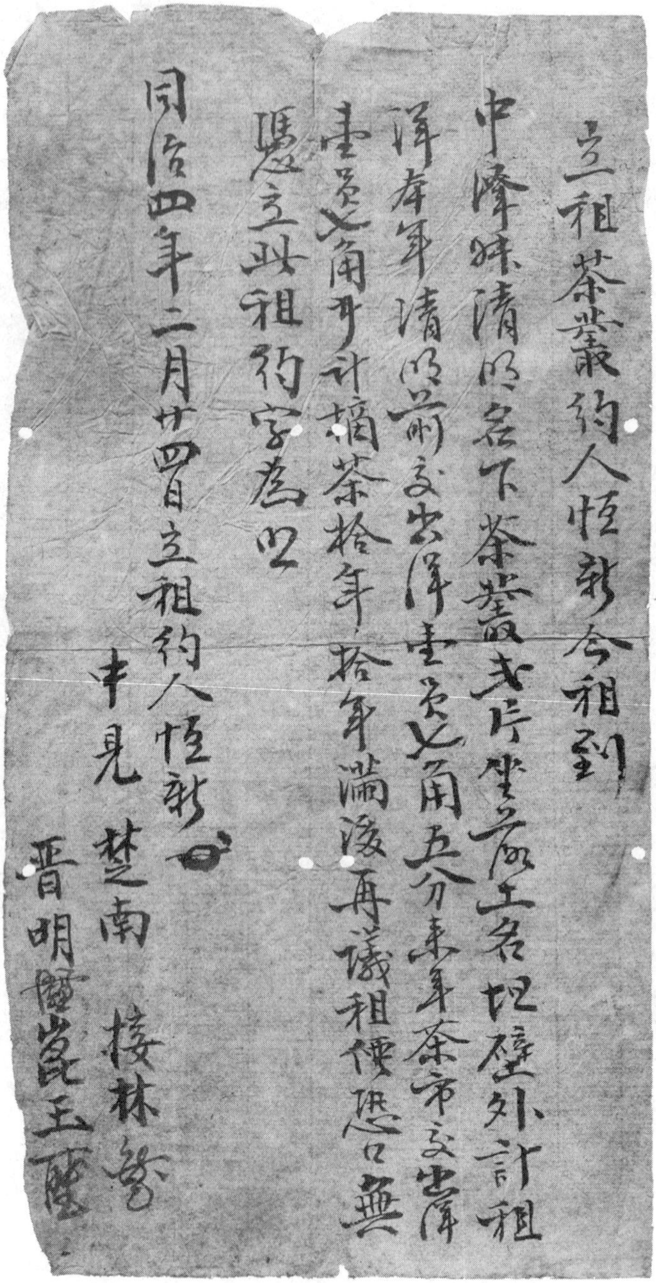
立租茶叢約人恒新今租到
中澤叔清明名下茶叢弍片坐落土名坦壁外計租
洋本年清明前交出洋壹元七角五分來年茶市交出洋
壹元七角五分計摘茶拾年拾年滿後再議租價恐口無
憑立此租約字爲照
同治四年二月廿四日立租約人恒新（押）
中見 楚南 接林（押）
晋明 崑玉書

秋口镇水末［沫］村汪家 149 · 同治四年 · 租茶丛约 · 恒新租到中泽叔清明

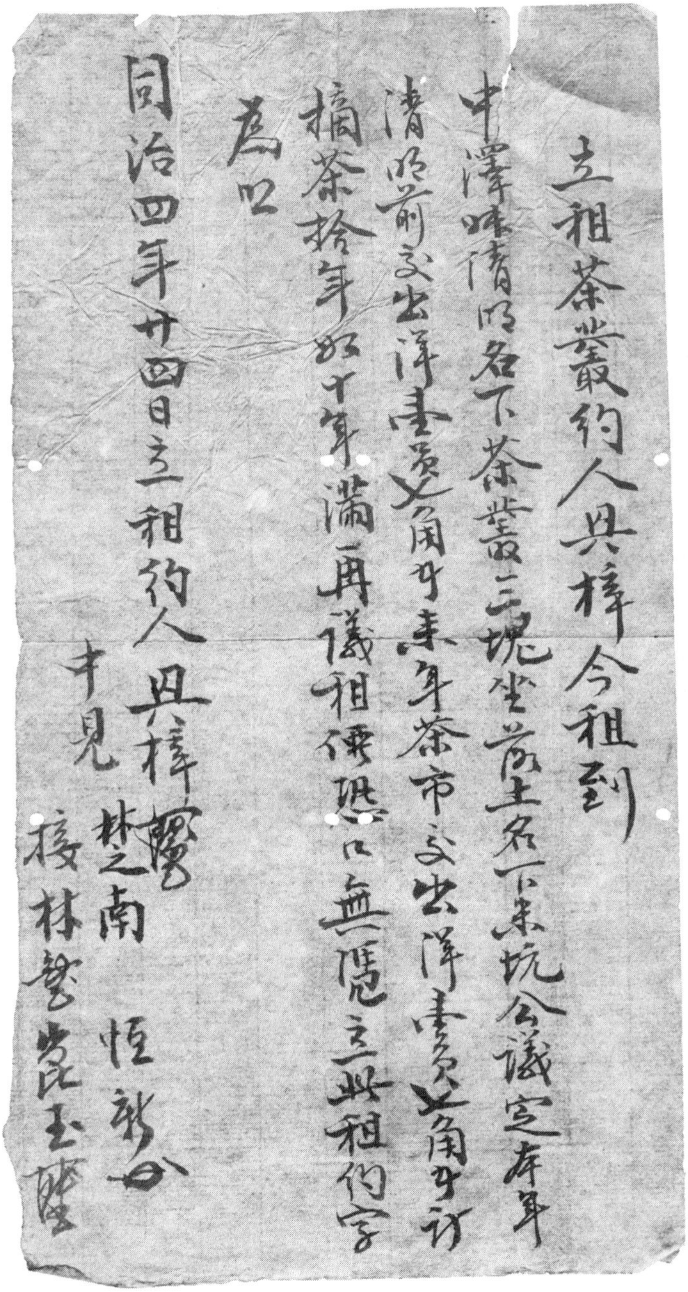

秋口镇水末［沫］村汪家 152 · 同治四年 · 租茶丛约 · 兴梓租到中泽叔清明

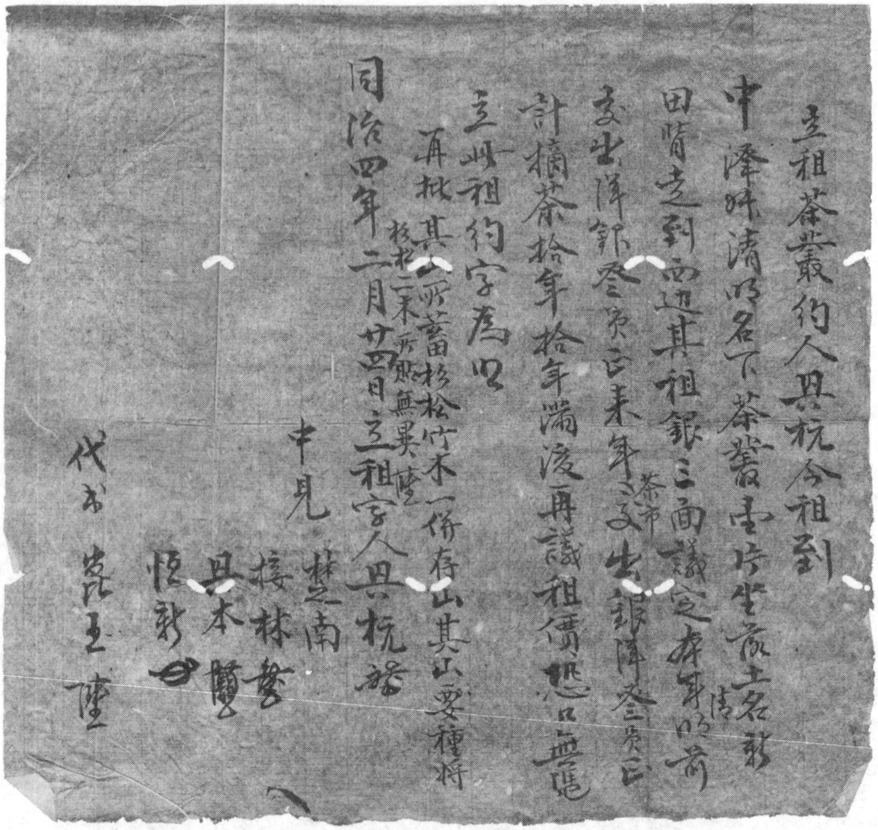

秋口镇水末［沫］村汪家 172 · 同治四年 · 租茶丛约 · 兴杭租到中泽叔清明

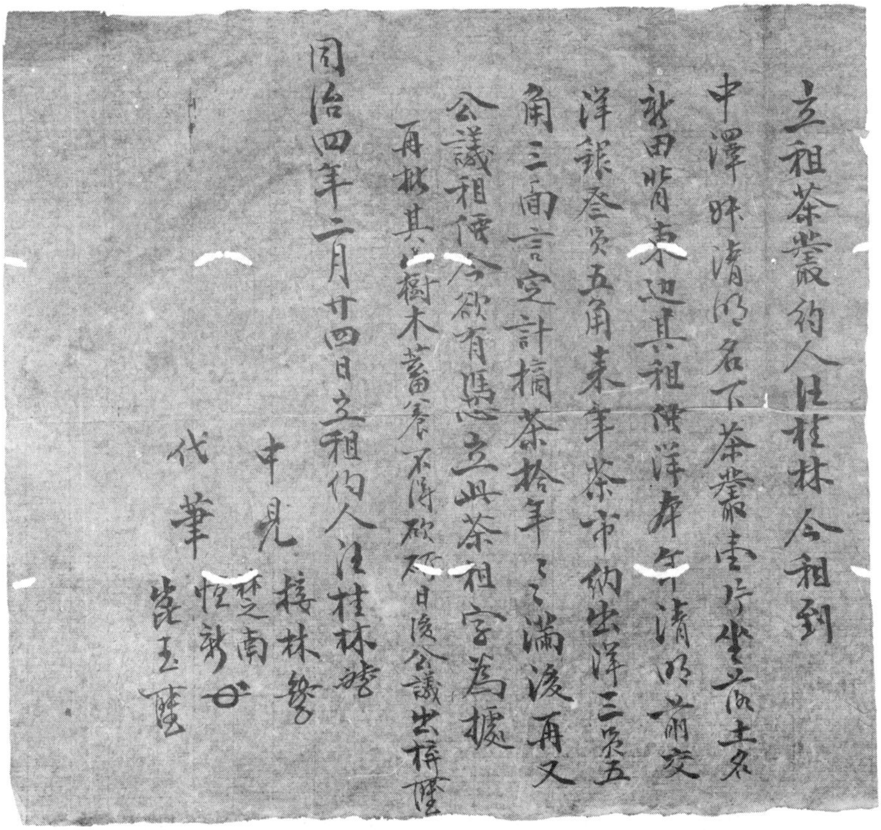

立租茶叢約人汪桂林今租到
中澤叔清明名下茶叢壹片坐落土名
新田背東邊其租價洋本年清明前交
洋銀叁角五分來年茶市納出洋三角五
角三面言定計摘茶拾年之滿後再又
公議租價今欲有憑立此茶租字為據
再批其山樹木蓄養不得砍伐日後公議出拼照
同治四年二月廿四日立租約人汪桂林號
中見 梓林 押
楚南
姪新 押
代筆 昆玉 押

秋口镇水末［沫］村汪家 207 · 同治四年 · 租茶丛约 · 汪桂林租到中泽叔清明

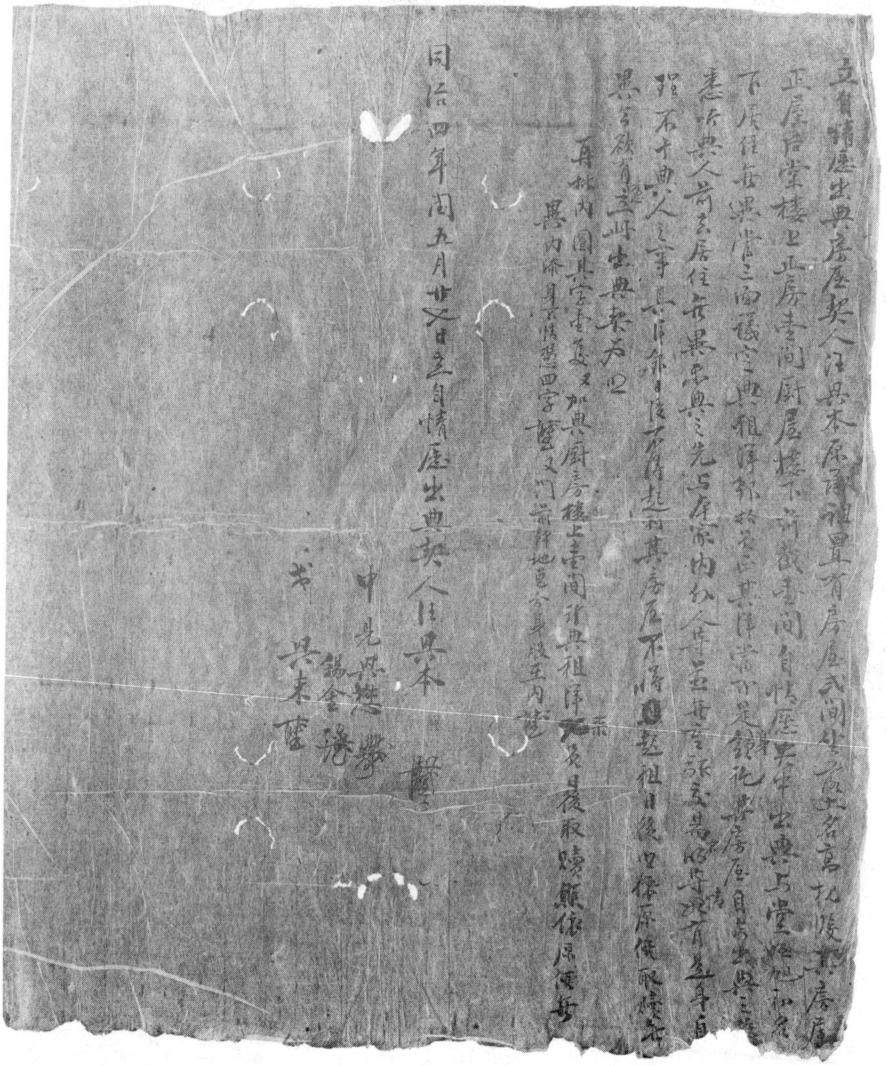

立自情愿出典房屋契人汪兴本，原承祖置有房屋贰间，坐落土名高枧后，其房屋
正屋后堂楼上正房壹间、厨房楼下计数壹间，自情愿央中出典与堂侄旭初名
下居住无异，当三面议定典租洋银拾叁元正，其洋当即是领讫，其房屋自出典之后
悉听典人前去居住无异，未典之先与房族内外人等并无重张交易，倘有至亲人等自
理，不干典人之事。其洋日后不得起租，其房屋不得□起租，日后回赎原价取赎无
异。今欲有凭，立此出典契存照。
再批：内圈其字壹个，又加典厨房楼上壹间，计典租洋□元，日后取赎照依原价无异。
其内添其自情愿四字，照。又门前余地邑分身股在内，照。
同治四年闰五月廿七日立自情愿出典契人汪兴本（押）
中见 兴懋 锡金（押）
书 兴来（押）

秋口镇水末[沫]村汪家 301 · 同治四年 · 出典房屋契 · 汪兴本典与堂侄旭初

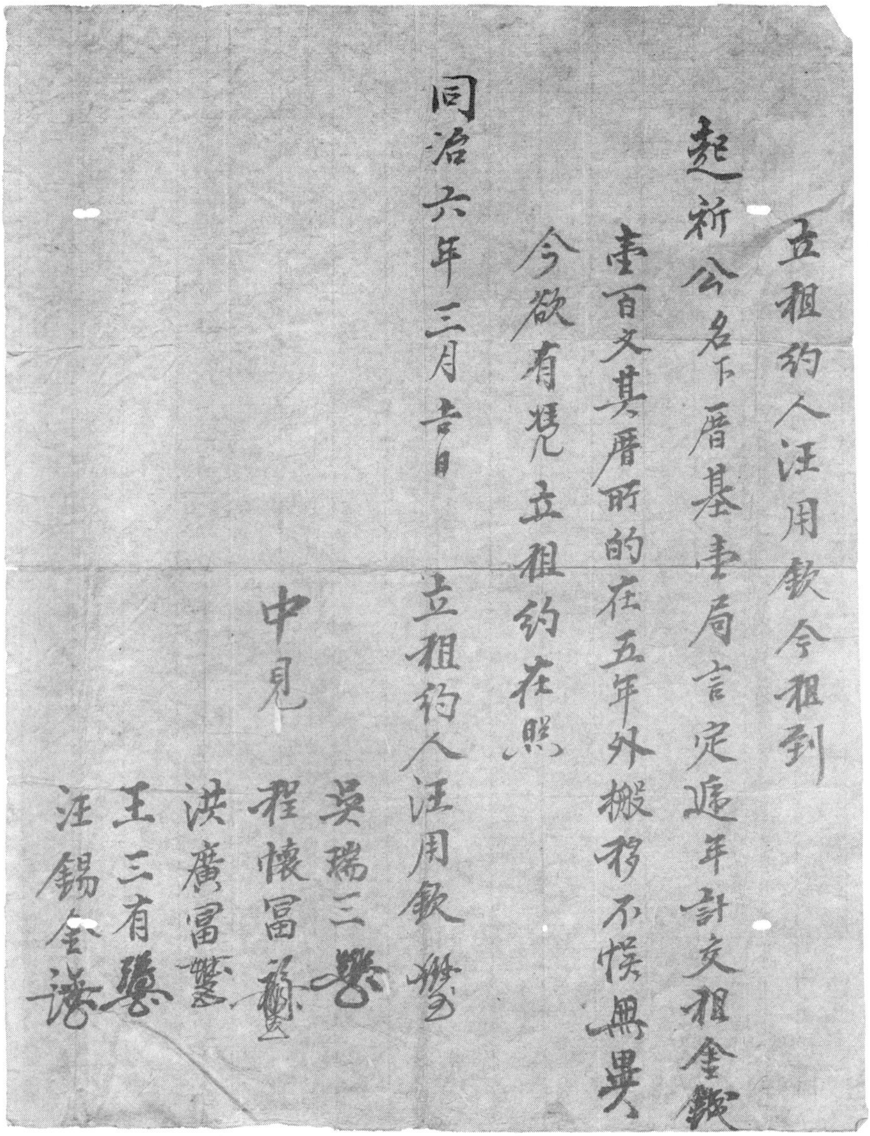

立租约人汪用欽今租到
起祈公名下厝基壹局言定遞年計交租金錢
壹百文其厝所的在五年外搬移不悞無異
今欲有凭立租约存照
同治六年三月吉日
立租约人汪用欽
中見
吴瑞三
程懷冨
洪廣冨
王三有
汪錫金

秋口镇水末［沫］村汪家 166 · 同治六年 · 租约 · 汪用钦租到起祈公

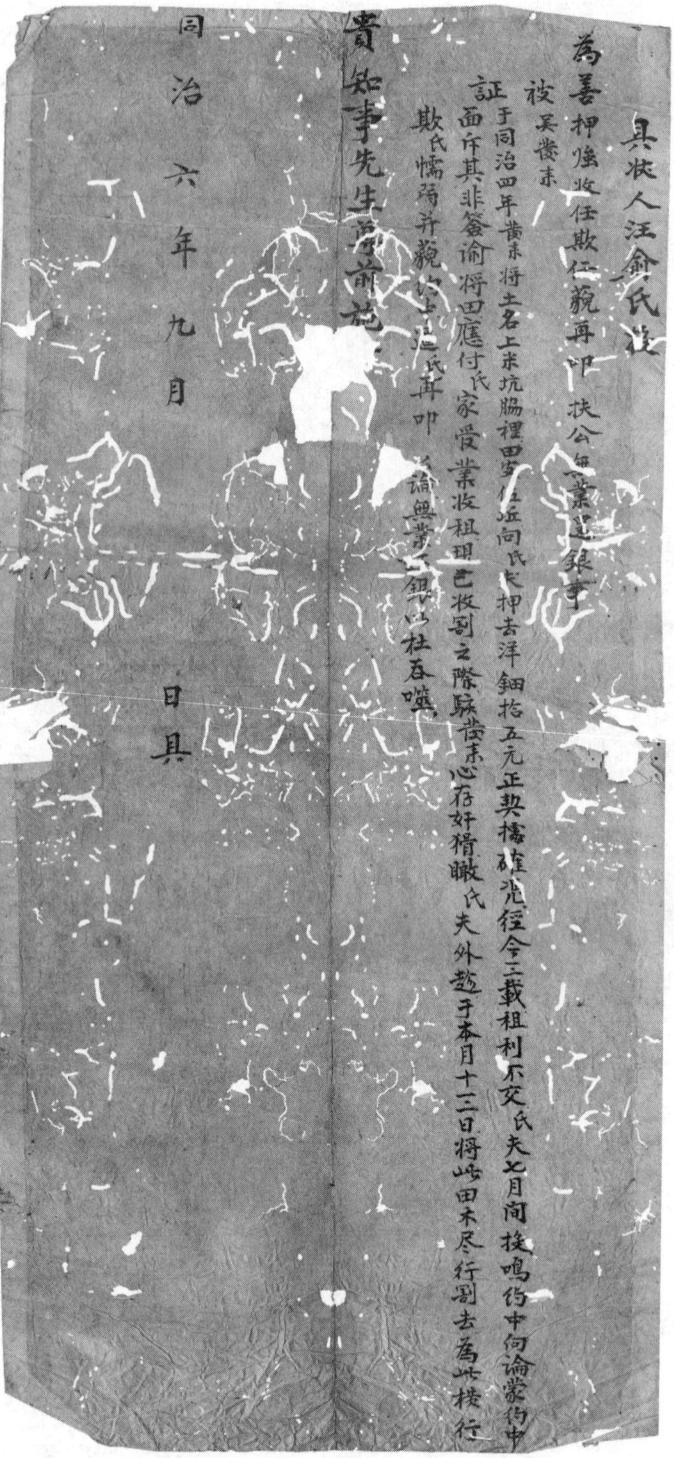

具状人汪俞氏

為善押強收任欺任藐再叩　扶公無業還銀事

被吴發未

証

于同治四年黄未将土名上未坑膓裡田坵向氏夫押去洋鈿拾五元正契墧確凭经今三載租利不交氏夫七月間投鳴约中向論蒙约中

面斥其非簽谕将田應付氏家管業收租現已收割之際豚黄未心存奸猾瞰氏夫外趂于本月十三日将岭田禾尽行割去為此楼行

欺氏懦弱并藐约中　氏再叩　谕無業還銀以杜吞噬

貴知事先生尊前施行

同治六年九月　日具

秋口镇水末[沫]村汪家238·同治六年·具状词·汪俞氏

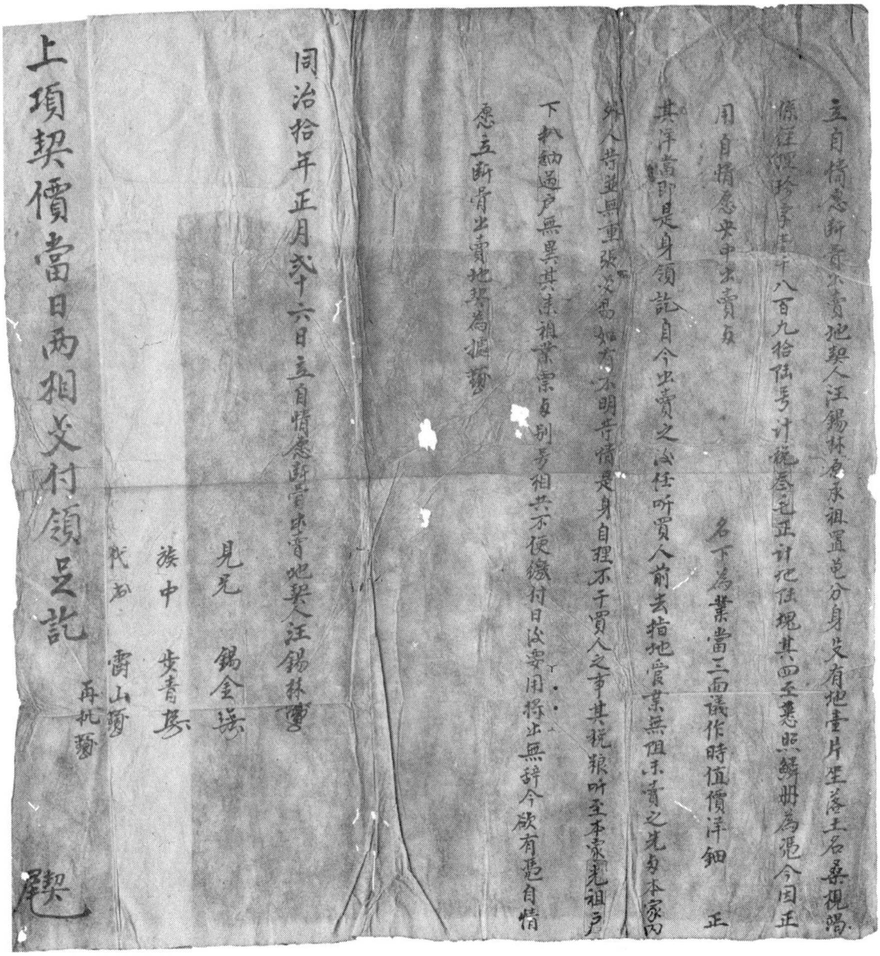

立自情愿断骨出賣地契人汪錫林原承祖置邑分身支有地壹片坐落土名桑𡉏陽
係汪保玲字壹千八百九拾陆号計税叁毛正計地伍塊其四至悉照鱗册爲憑今因正
用自情愿央中出賣与
名下爲業當三面議作時值價洋鈿　正
其洋當即是身領訖自今出賣之後任听買人前去掯地管業無阻未賣之先与本家內
外人等並無重張交易如有不明等情是身自理不干買人之事其税粮听至本家光祖户
下扒勅過户無異其來祖業票与別号相共不便繳付日後要用將出無辞今欲有憑自情
愿立断骨出賣地契爲據
同治拾年正月廿六日立自情愿断骨出賣地契人汪錫林
見兄　錫金
族中　步青
代书　靄山
再批
上項契價當日兩相交付領足訖
契

秋口镇水末［沫］村汪家 271・同治十年・断骨卖地契・汪锡林卖与☑

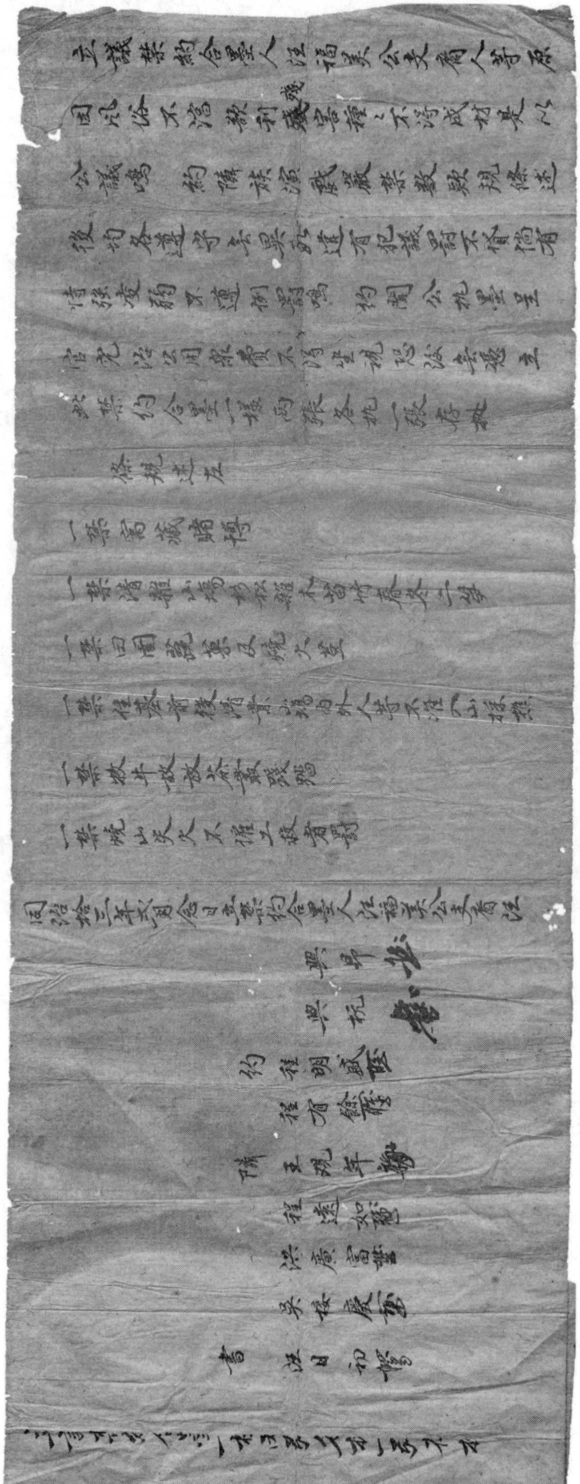

秋口镇水末［沫］村汪家 236 · 同治十三年 · 禁约合墨 · 汪福美公支裔人等

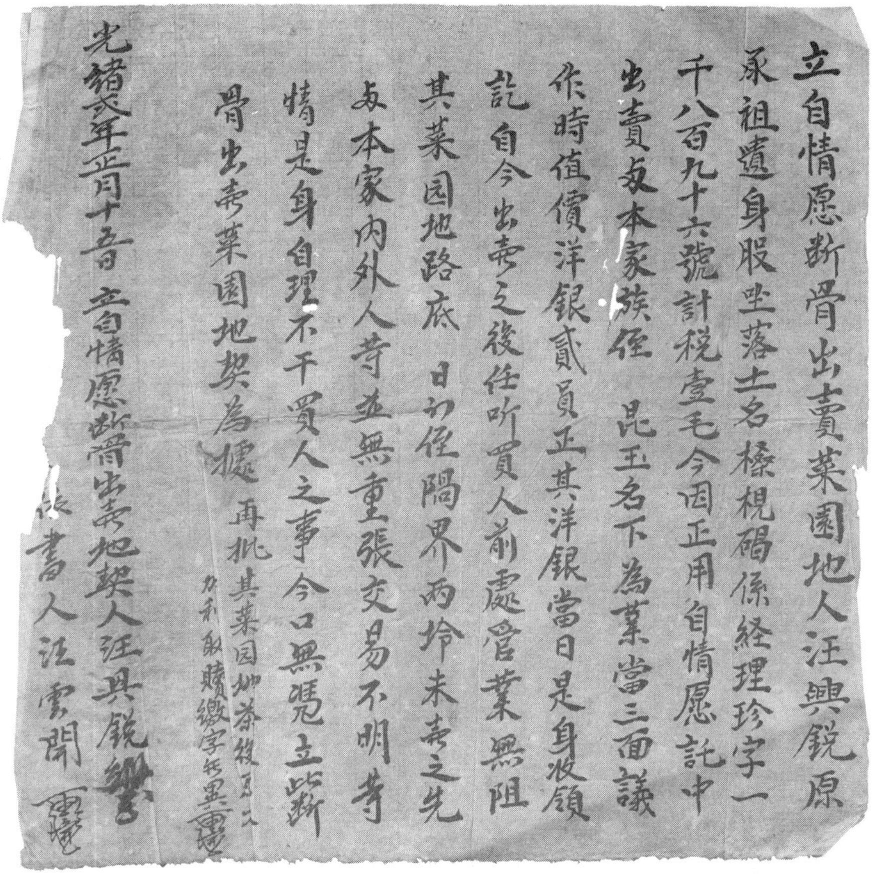
立自情愿断骨出賣菜園地人汪興鋭原
承祖遺身服坐落土名椽棍碣係經理珍字一
千八百九十六號計税壹毛今因正用自情愿託中
出賣与本家族侄 昆玉名下為業當三面議
作時值價洋銀貳員正其洋銀當日是身收領
訖自今出賣之後任听買人前處管業無阻
其菜园地路底 日后侄隔界兩家未賣之先
与本家内外人等並無重張交易不明等
情是身自理不干買人之事今口無憑立此断
骨出賣菜園地契為據 再批其菜园地茶稞日后
力和取贖繳字存照
光緒贰年正月十二日 立自情愿断骨出賣地契人汪興鋭
依書人汪雲開

秋口镇水末 [沫] 村汪家 188 · 光绪二年 · 断骨卖菜园地契 ·
汪兴锐卖与本家族侄昆玉

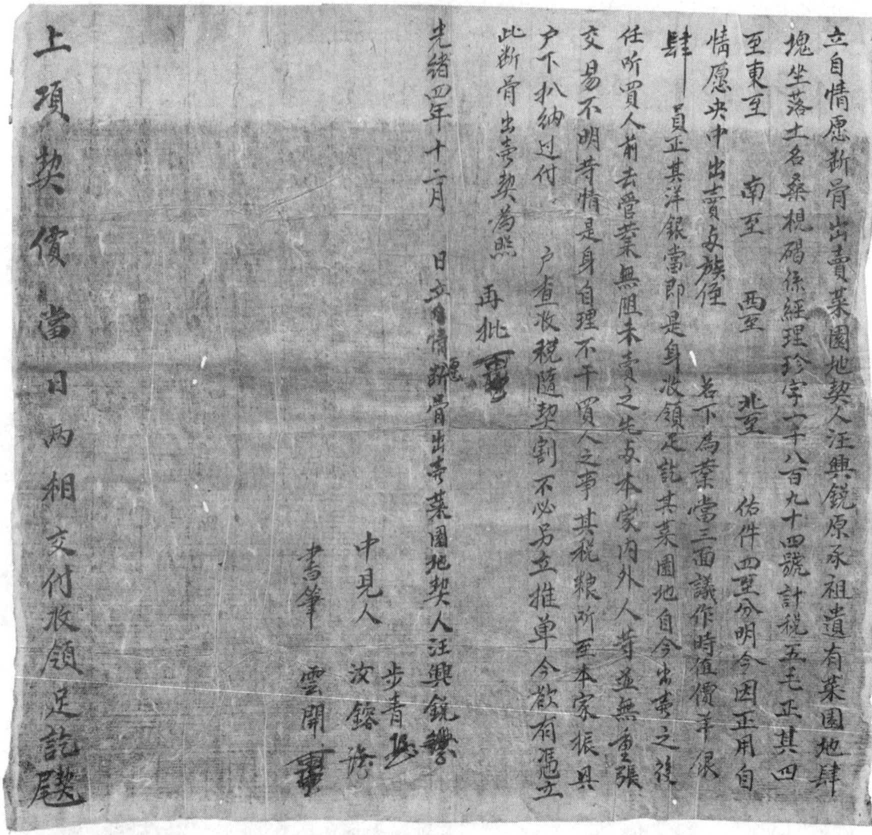

立自情愿断骨出賣菜園地契人汪興銳，原承祖遺有菜園地肆
塊，坐落土名桑棍碣，係經理珍字一千八百九十四號，計税五毛正，其四
至東至　南至　西至　北至　俱件四至分明。今因正用，自
情愿央中出賣與族侄　名下為業，當三面議作時值價洋銀
肆　員正。其洋銀當即是身收領足訖，其菜園地自今出賣之後，
任听買人前去管業，無阻。未賣之先，與本家内外人等並無重張
交易。不明等情，是身自理，不干買人之事。其税粮所至本家振興
户下扒納过付。　户查收税，随契割，不必另立推单。今欲有凭，立
此断骨出賣契為照。　再批（押）
光緒四年十二月　日立自情愿断骨出賣菜園地契人汪興銳（押）
中見人　步青（押）
汝鎔（押）
書筆　雲開（押）
上項契價當日兩相交付收領足訖（押）

秋口镇水末［沫］村汪家 303 · 光绪四年 · 断骨卖菜园地契 · 汪兴锐卖与族侄☐

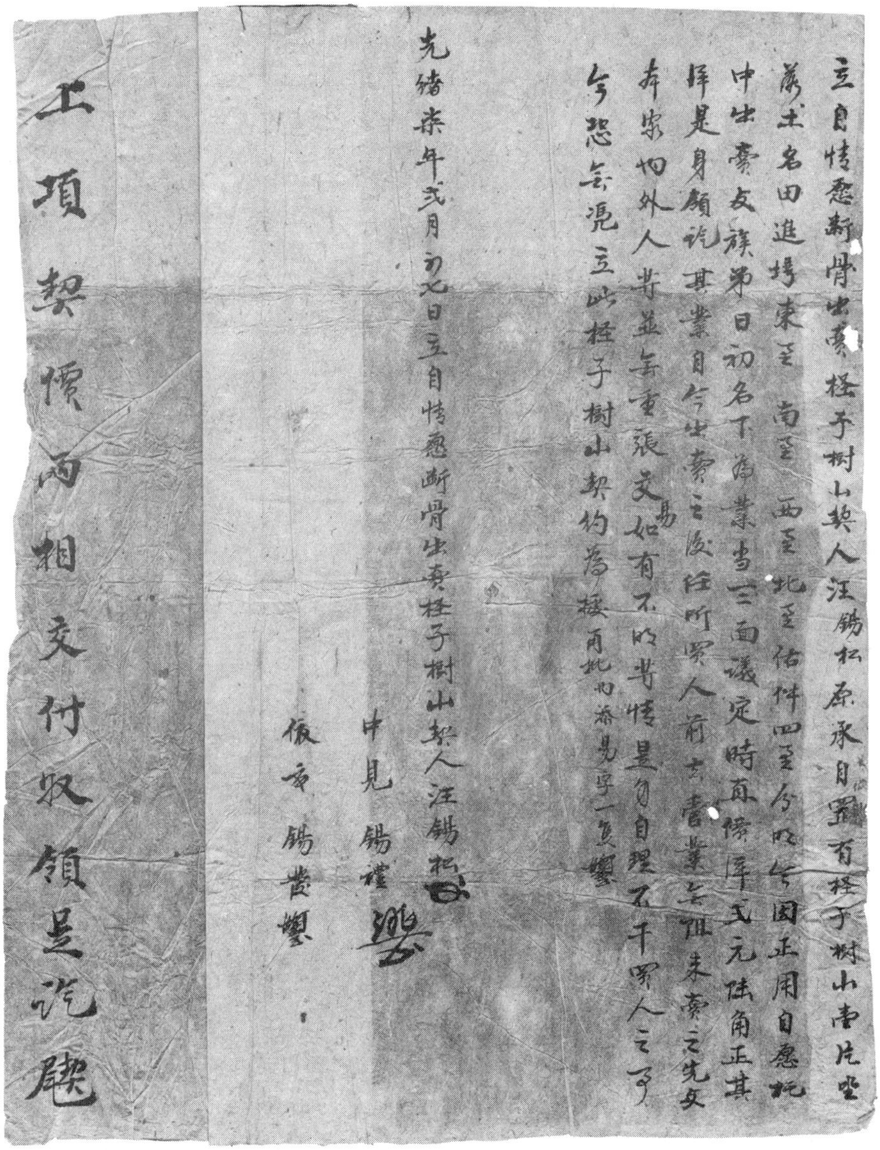
立自情愿斷骨出賣柽子樹山契人汪錫松原承自置有柽子樹山壹片坐
落土名田進塢東至 南至 西至 北至佔件四至今因正用自愿托
中出賣與族弟日初名下為業當三面議定時值價洋弍元陸角正其
洋是身領訖其業自今出賣之後任所買人前去管業無阻未賣之先與
本家內外人等並無重張交易如有不明等情是身自理不干買人之事
今恐無憑立此柽子樹山契約為據 再批內添見字一個
光緒柒年弍月初七日立自情愿斷骨出賣柽子樹山契人汪錫松
中見 錫禮
依書 錫贊
上項契價兩相交付收領是訖

秋口镇水末［沫］村汪家 286 · 光绪七年 · 断骨卖柽子树山契 ·
汪锡松卖与族弟日初

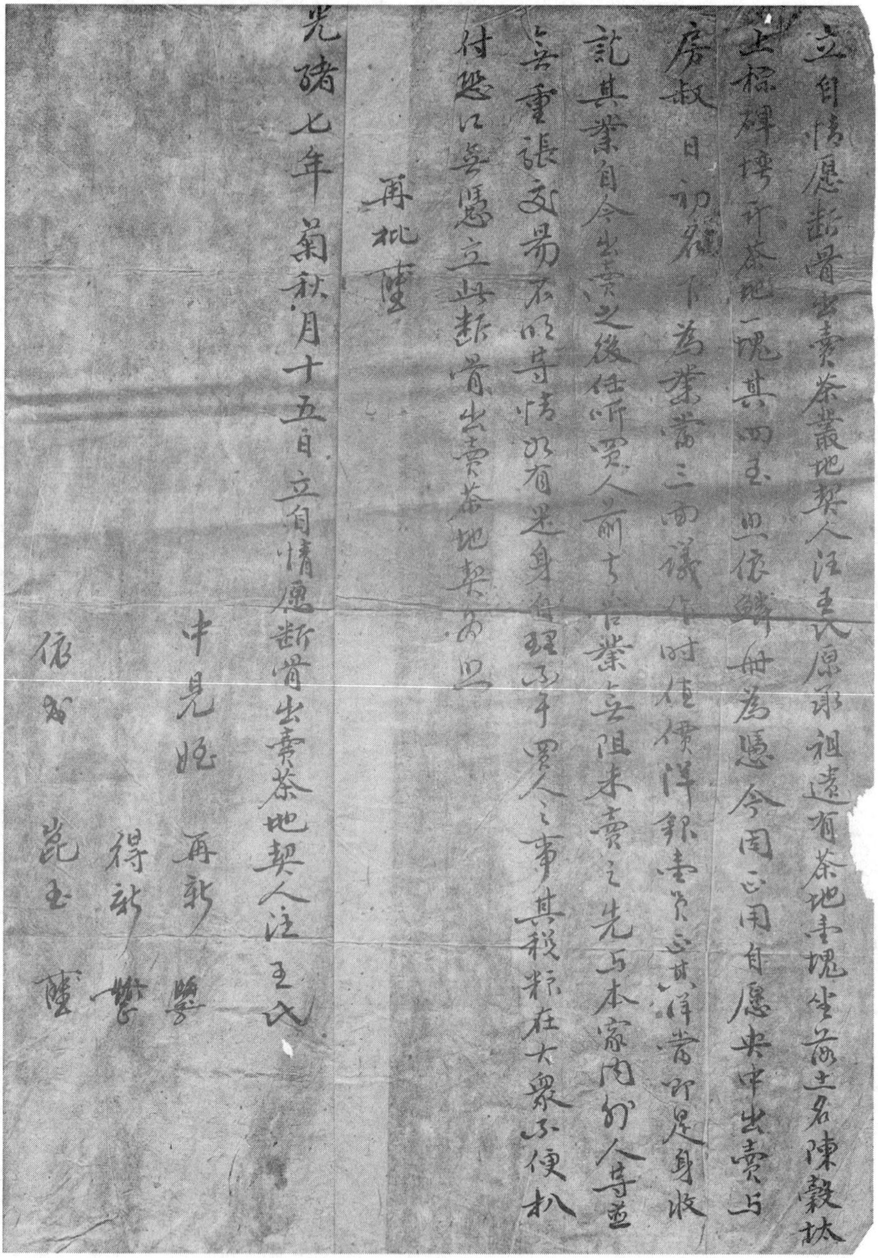
立自情愿斷骨出賣茶叢地契人汪王氏，原承祖遺有茶地壹塊，坐落土名陳毂坑
上棕碑塆，計茶地一塊，其四至照依鱗册為憑。今因正用，自愿央中出賣與
房叔日初名下為業，當三面議作時值價洋銀壹員正，其洋當即是身收
訖。其業自今出賣之後，任聽買人前去管業無阻。未賣之先，與本家內外人等並
無重張交易。不明等情，盡是身自理，不干買人之事。其稅糧在大眾，不便扒
付。恐口無憑，立此斷骨出賣茶地契為照。

再批（押）

光緒七年菊秋月十五日 立自情愿斷骨出賣茶地契人汪王氏

中見 晚 再新（押）

得新（押）

依書 範玉（押）

秋口镇水末［沫］村汪家287·光绪七年·断骨卖茶丛地契·
汪王氏卖与房叔日初

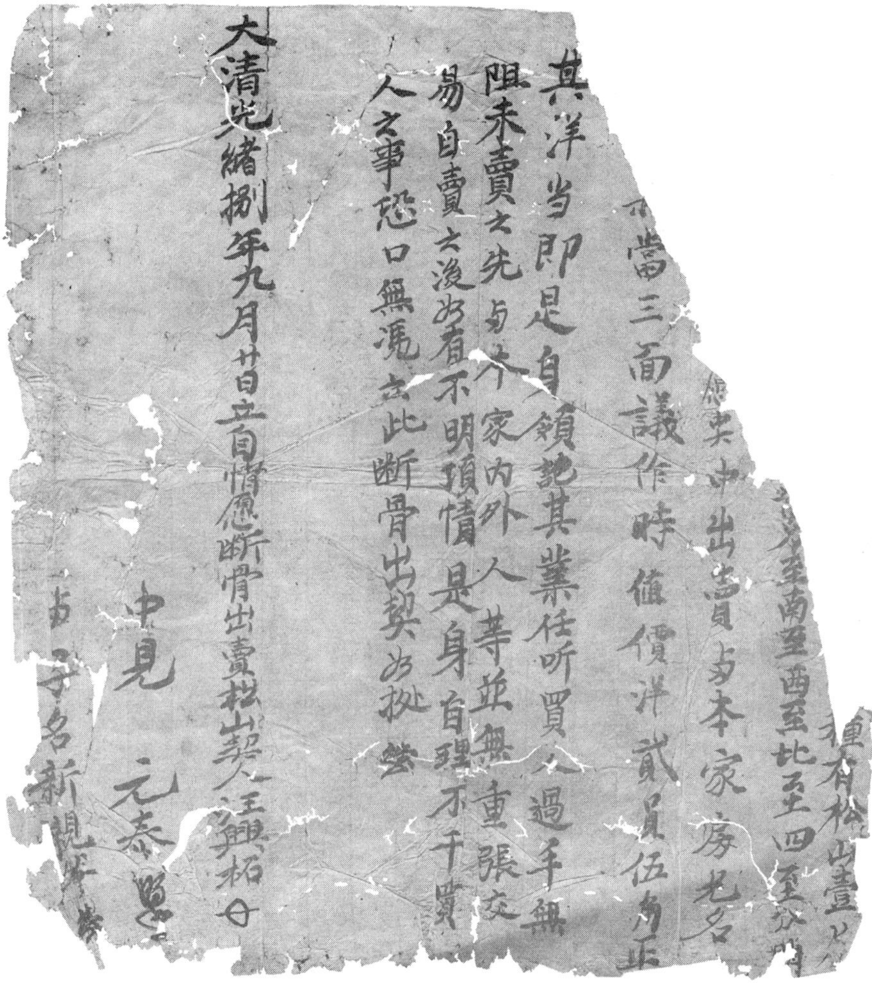

秋口镇水末［沫］村汪家 192 · 光绪八年 · 断骨卖松山契 · 汪兴枳卖与本家房兄

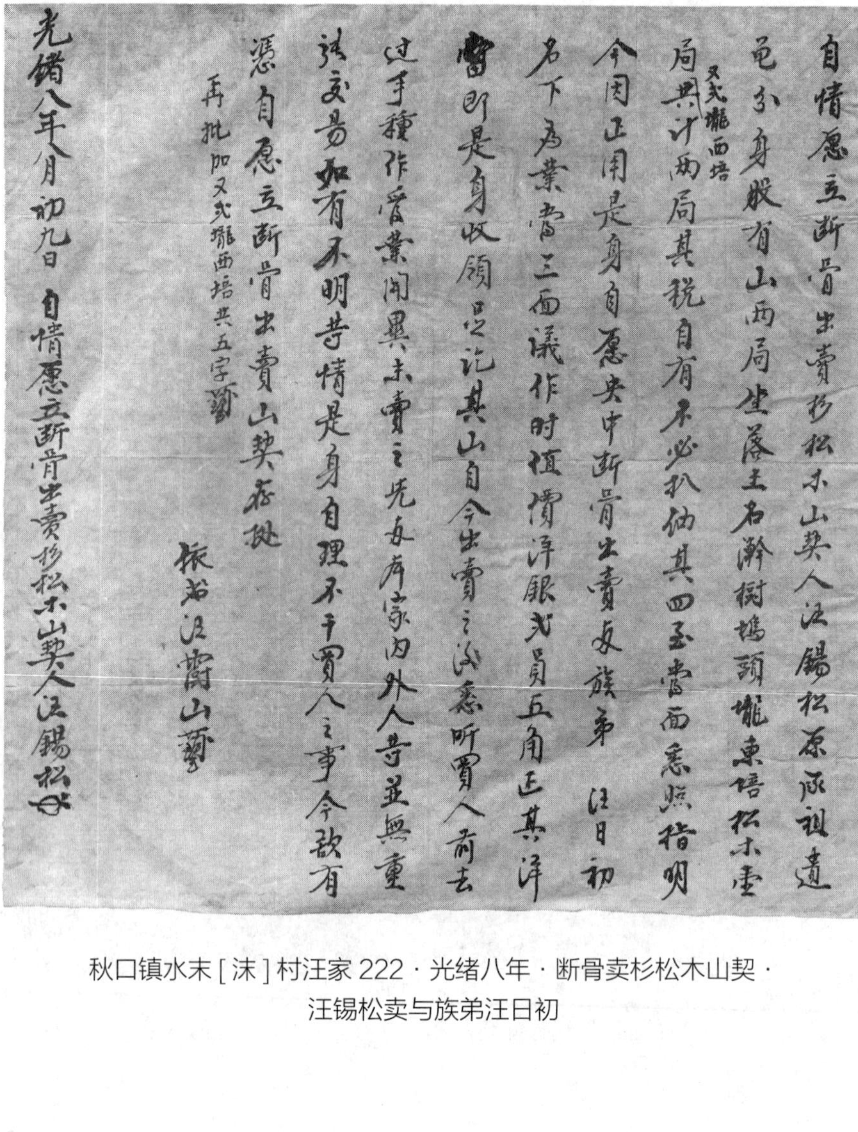
自情愿立断骨出賣杉松木山契人汪锡松原承祖遺
已分身股有山两局坐落土名瀨樹塢頭壠東培松木壹
局又弍壠西培共計两局其税自有木必扒佃其四至當面悉照指明
今因正用是身自愿央中断骨出賣与族弟　汪日初
名下為業當三面議作时值價洋銀弍員五角正其洋
當即是身收領足讫其山自今出賣之後悉听買人前去
过手種作管業闲異未賣之先与本家内外人等並無重
複交易如有不明等情是身自理不干買人之事今欲有
憑自愿立断骨出賣山契存拠
再批加又弍壠西培共五字（押）
張裕　汪齊山（押）
光绪八年八月初九日　自情愿立断骨出賣杉松木山契人汪锡松（押）

秋口镇水末 [沫] 村汪家 222 · 光绪八年 · 斷骨卖杉松木山契 ·
汪锡松卖与族弟汪日初

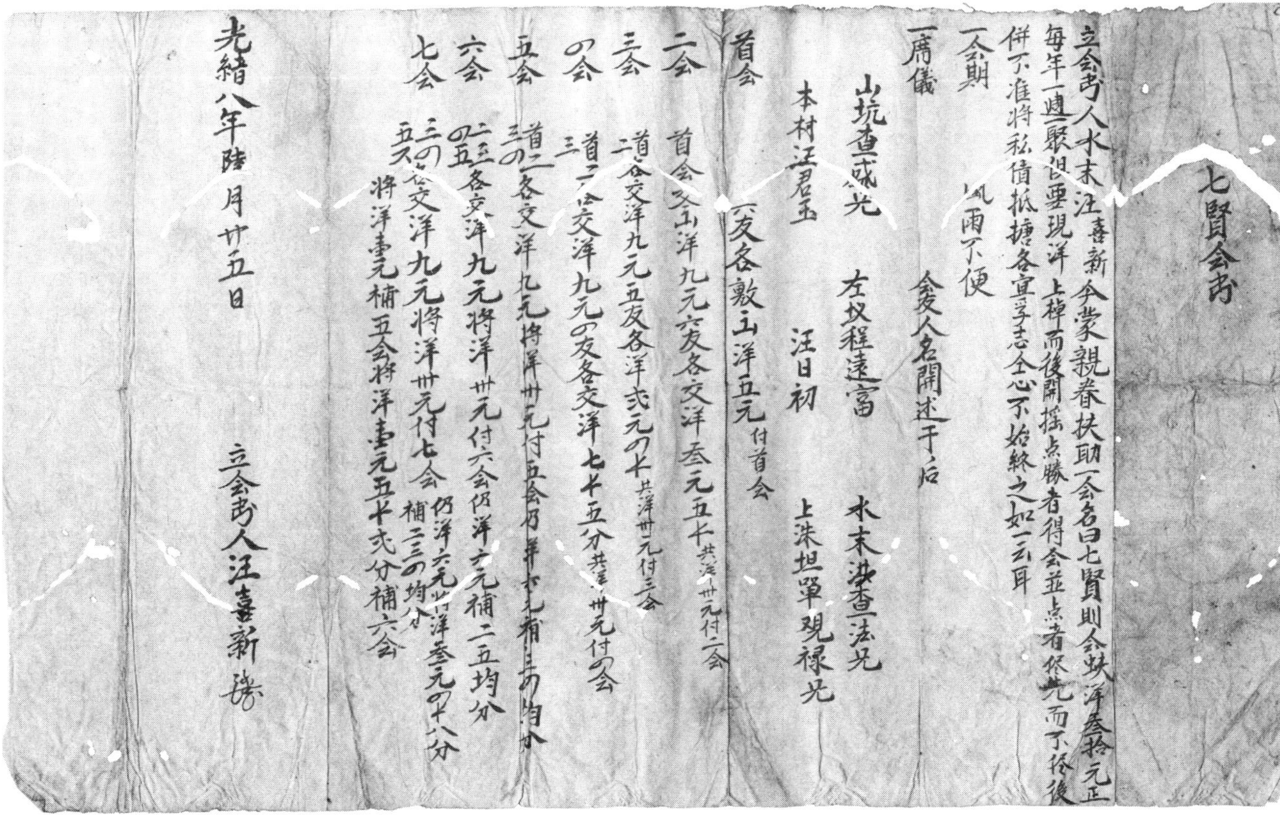

七賢会书

立会书人水末汪喜新今蒙親眷扶助一会名曰七賢則会友洋叁拾元正
每年一週聚但要現洋上桌而後開摇点勝者得会並点者俟先而下俟後
併不准將私債抵搪各宜矢志全心不始終之如一云耳

一会期　風雨不便

一席儀　　會友人名開述于后

山坑查成光　　左圾程遠富　　水末洪查法兄

本村汪君玉　　汪日初　　上沫坦單覌禄兄

首会　六友各敷五洋五元付首会

二会　首会交五洋九元六友各交洋叁元五七共洋卅元付二会

三会　二首会交洋九元五友各洋弍元の七共洋卅元付三会

の会　三首二会交洋九元の友各交洋七七五分共洋卅元付の会

五会　三の首二各交洋九元將洋卅元付五会仍洋十元補三の均分

六会　二三の五各交洋九元將洋卅元付六会仍洋六元補二五均分

七会　三の[illegible]各交洋九元將洋卅元付七会仍洋六元將洋叁元の七八分補二三の均分
五六將洋壹元補五会將洋壹元五七弍分補六会

光緒八年陆月廿五日　　立会书人汪喜新謹

秋口镇水末 [沫] 村汪家 228 · 光绪八年 · 会书 · 汪喜新七贤会

具投狀人秉鄉宮橋程和尚投

為賺據伐塚母骸叵測泣叩驗[illegible]事

被 程卓卿 奇來等賺據伐塚人

正 身幼失怙恃依叔[illegible]成身故代身父安厝百家源[illegible]今二十餘年身母安葬仝處歷今二十餘年毫無鏡舌今年三月間突有[illegible]卓卿等指為伊家清

証 年身知厝所為村內[illegible]契四至炳據葬請為身家[illegible]退茶提說業未能明晰身貧苦乞食勢不能敵託身姊夫洪盛周赴商候移葬兩骸[illegible]欺用孤身入村蜂聚多

卿等率百餘人[illegible]身母坟[illegible]身登[illegible]身捆縛[illegible]伐塚翻厝母骸叵測為此泣叩

貴約先生尊前施行

光緒八年 月 日

秋口镇水末[沫]村汪家 240 · 光绪八年 · 具状词 · 程和尚告程卓卿

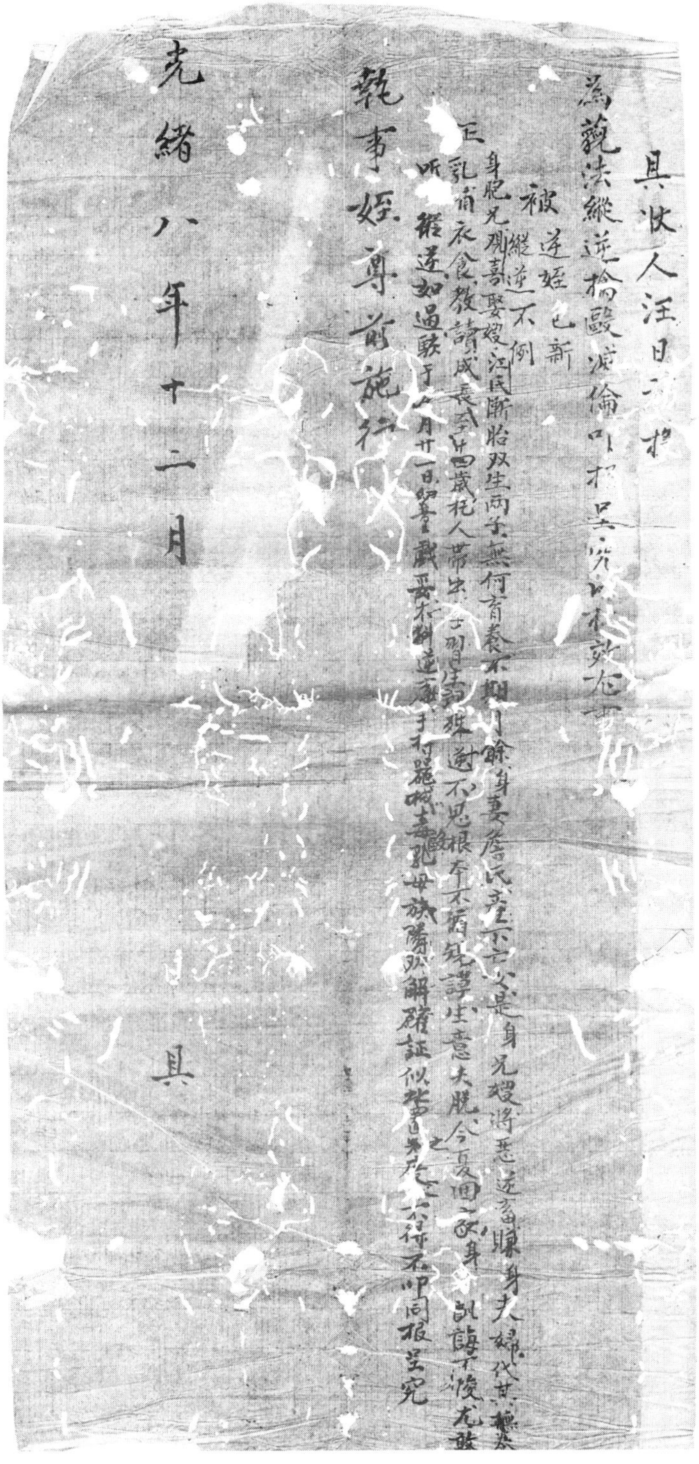

具狀人汪日初告

爲藐法縱逆，槍毆滅倫，叩樹呈究，以杜效尤事

被　逆姪色新

縱逆不例

身胞兄觀喜娶嫂江氏，斷胎双生兩子，無何育養不起，[illegible]餘身妻詹氏産下一女，是身兄嫂將惡逆[illegible]賺身夫婦代哺，撫養

正乳哺衣食，教讀成長，至廿四歲，托人帶出[illegible]習生意，[illegible]逆不思根本，不顧[illegible]，譚生意夫脱，今夏回家，身[illegible]訓誨，不悛尤甚

聽縱逆，如逼駭于今月廿一日[illegible]戳要，不料逆家手持[illegible]械毒毆，[illegible]母族隣以解，確証似[illegible]之[illegible]不得不叩同根呈究

藐事姪尊前施行

光緒八年十二月　日具

秋口镇水末［沫］村汪家 241 · 光绪八年 · 具状词 · 汪日初告色新

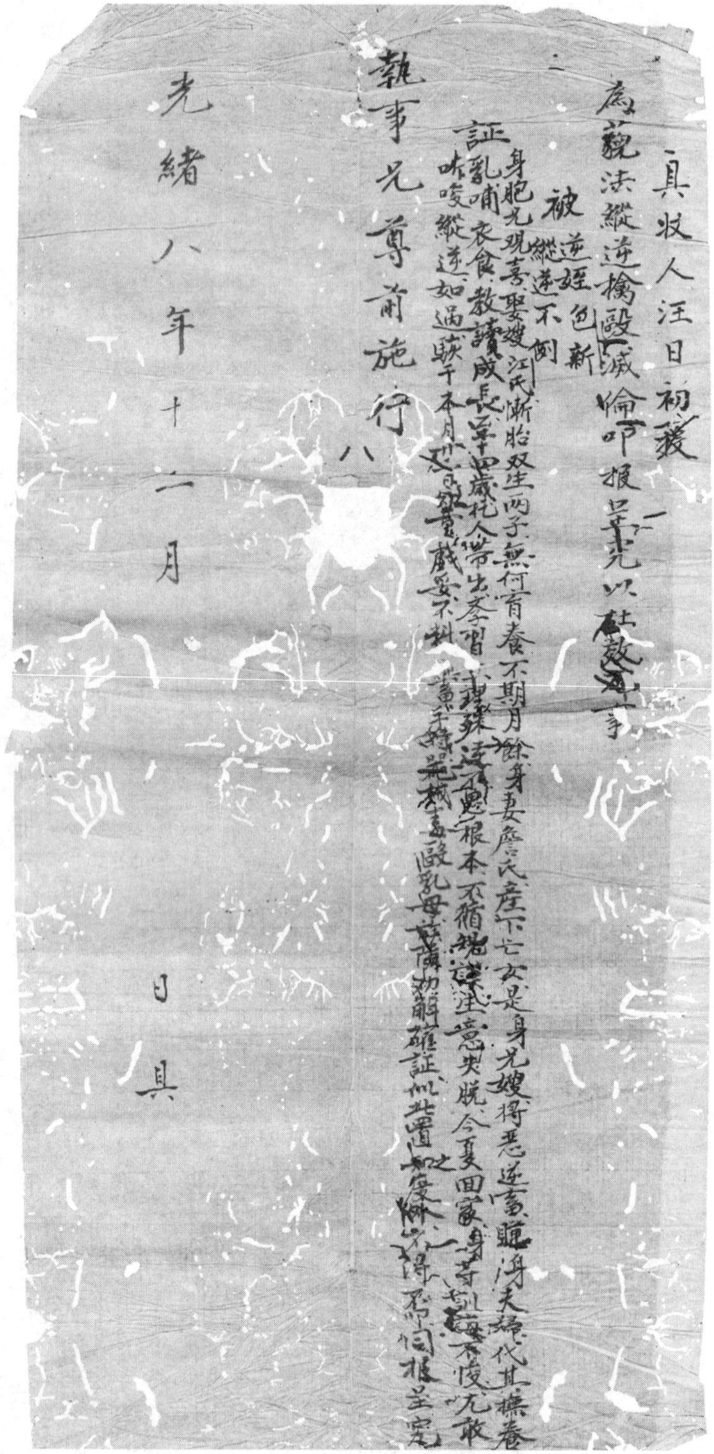

具状人汪日初，[illegible]

為藐法縱逆擒毆滅倫，叩报呈究，以杜效尤事。

被 逆姪色新 縱逆不倒

身胞兄現喜，娶嫂江氏，漸胎双生兩子，無何育眷，不期月餘，身妻詹氏產下亡女，是身兄嫂將惡逆富贍，浮夫婦代其撫養，

乳哺衣食，教讀成長，二十四歲托人帶出[illegible]習[illegible]理，殊逆不思根本，不循規矩，逞意[illegible]脫，今夏田家，身寄[illegible][illegible]不[illegible]，[illegible]敢

咋唆縱逆，如遇駭于本月廿[illegible][illegible][illegible]戲，[illegible]不料[illegible][illegible]手[illegible][illegible]毆亂[illegible][illegible]勸解確証，似此[illegible][illegible][illegible][illegible][illegible]得[illegible]根呈究

証

執事老尊前施行 八

光緒八年十二月 日具

秋口镇水末[沫]村汪家 243 · 光绪八年 · 具状词 · 汪日初告色新

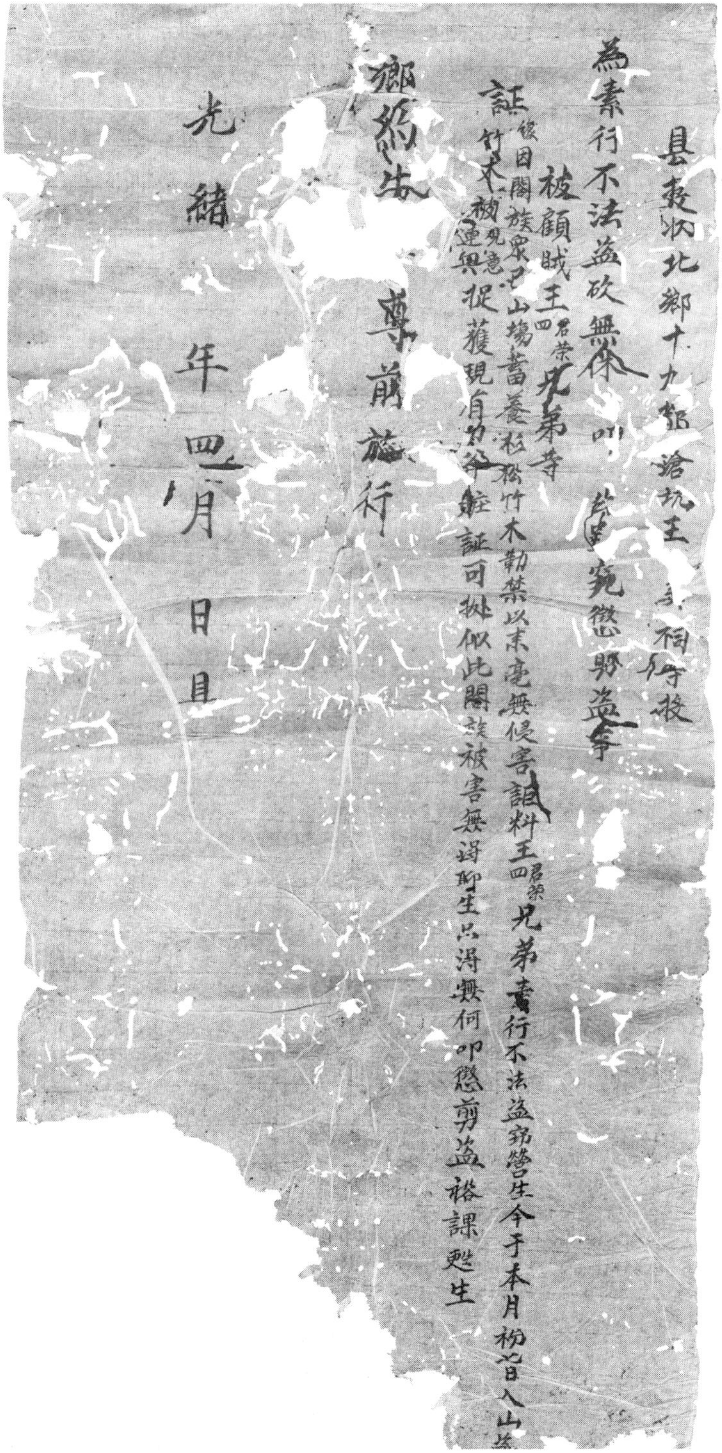
县衷状北乡十九都沫坑王□美祠告被
为素行不法盗砍无凭叫冤惩警盗事
被窃贼王君荣四兄弟等
证 缘田阁族众共山场蓄养杉松竹木勒禁以来毫无侵害讵料王君荣四兄弟素行不法盗窃营生今于本月初旬入山盗
竹木杉苗当被身追捉获现有赃证可据似此阁族被害无穷聊生何叩惩剪盗裕课甦生
乡约先 尊前施行
光绪 年 四月 日 具

秋口镇水末［沫］村汪家 244 · 光绪八年 · 具状词 · 王〇美祠告王君荣兄弟等

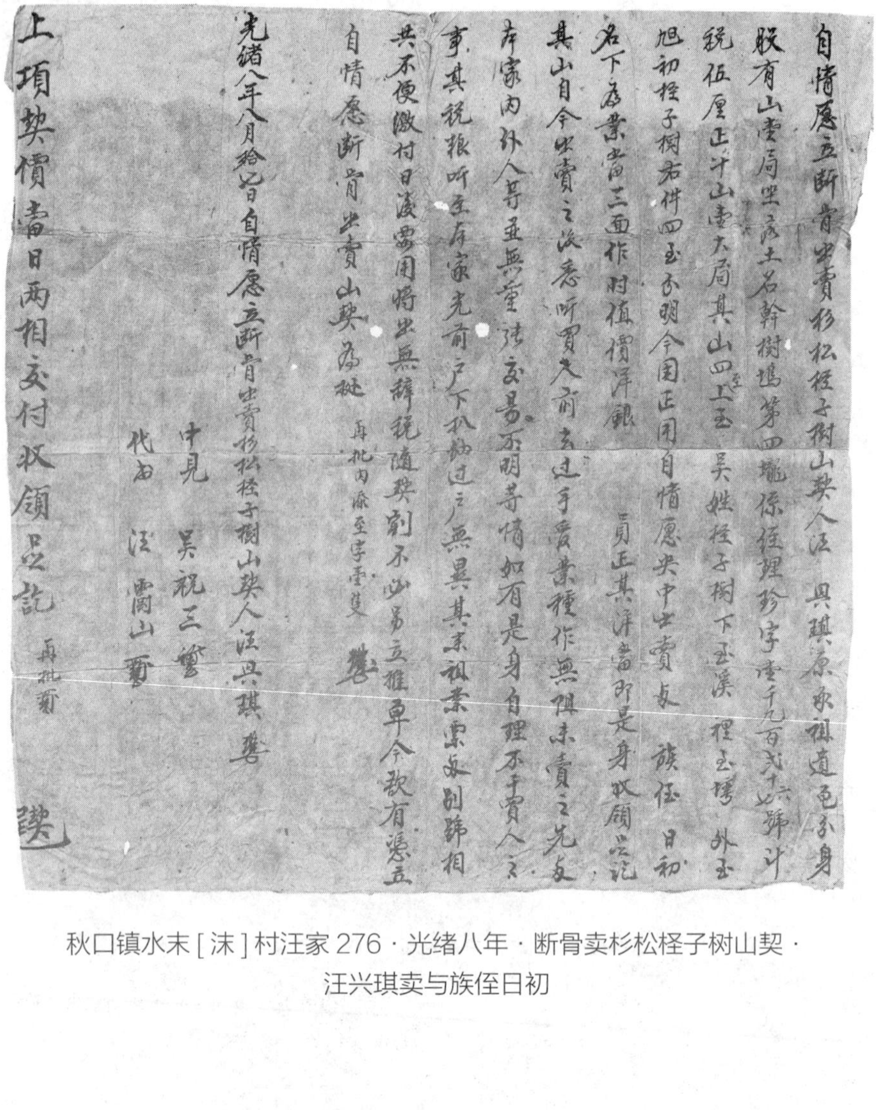
自情愿立断骨出賣杉松梓子樹山契人汪　興琪，原承祖遺已分身
股有山壹局，坐落土名幹樹塢，第四號，係經理珍字壹千九百弍十六號，計
稅伍厘正，計山壹大局，其山四至：上至吳姓梓子樹，下至溪，裡至塝，外至
旭初梓子樹為界。併四至分明，今因正用，自情愿央中出賣與族侄　日初
名下為業，當三面作時值價洋銀　　員正，其洋當即是身收領足訖。
其山自今出賣之後，悉聽買人前去過手管業種作，無阻。未賣之先，與
本家內外人等並無重張交易，不明等情。如有，是身自理，不干買人之
事。其稅糧聽至本家光前戶下扒納過户，無異。其來祖業票與別號相
共，不便繳付，日後要用，將出無辭。稅隨契割，不必另立推單。今欲有憑，立
此自情愿断骨出賣山契為據。　再批：內添至字壹隻。押
光緒八年八月拾二日　自情愿立断骨出賣杉松梓子樹山契人汪興琪　押
中見　吳祝三　押
代筆　汪爾山　押
上項契價當日兩相交付收領足訖。　再批　押
契

秋口镇水末［沫］村汪家 276 · 光绪八年 · 断骨卖杉松梓子树山契 · 汪兴琪卖与族侄日初

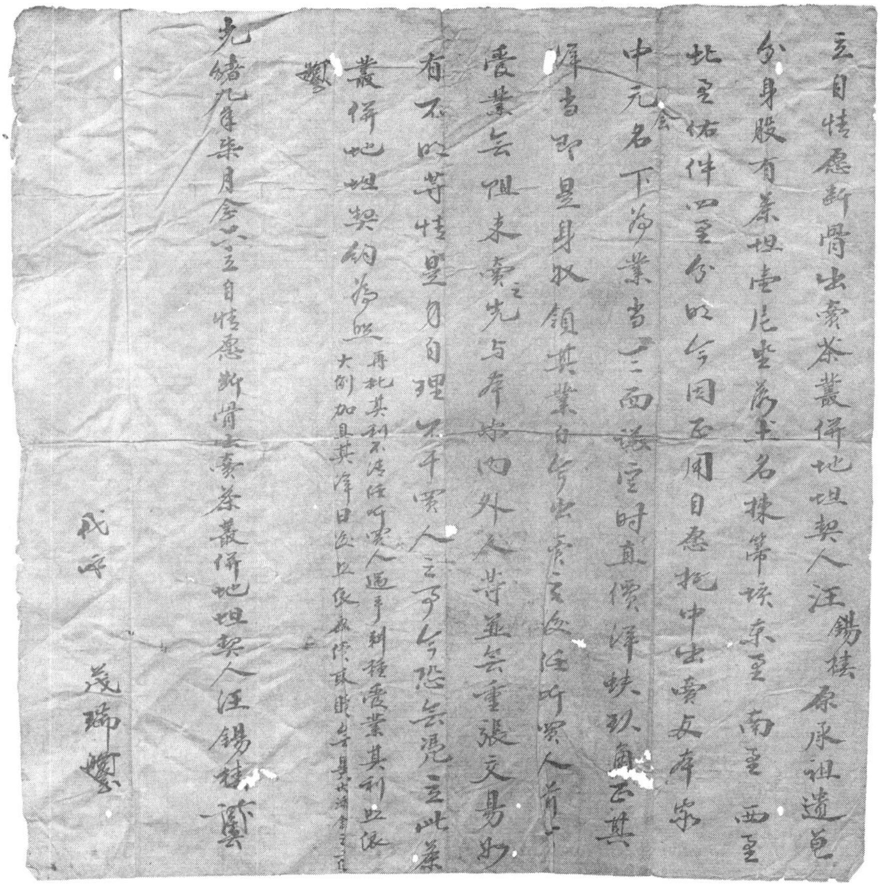

秋口镇水末[沫]村汪家183 · 光绪九年 · 断骨卖茶丛并地坦契 · 汪锡椿卖与本家中元会

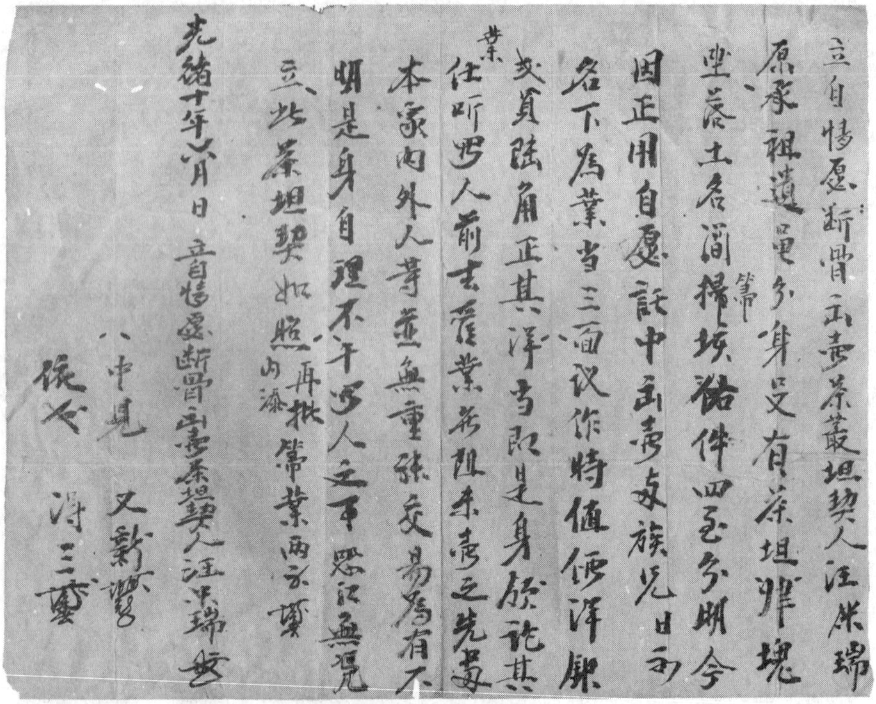

立自情愿断骨出卖茶丛坦契人汪米瑞
原承祖遗受分身又有茶坦壹块
坐落土名涧[illegible]坑第[illegible]件四至分明今
因正用自愿托中出卖与族兄日初
名下为业当三面议作时值价洋[illegible]
交员陆角正其洋当即是身收讫其
叶任听买人前去[illegible]业无阻未卖之先与
本家内外人等并无重张交易为有不
明是身自理不干买人之事恐口无凭
立此茶坦契[illegible]照 内添 再批 常业两[illegible][illegible]
光绪十年六月 日 立自情愿断骨出卖茶坦契人汪米瑞 押
中见 又新 押
依[illegible] 得三 押

秋口镇水末 [沫] 村汪家 194 · 光绪十年 · 断骨卖茶丛坦契 ·
汪米瑞卖与族兄日初

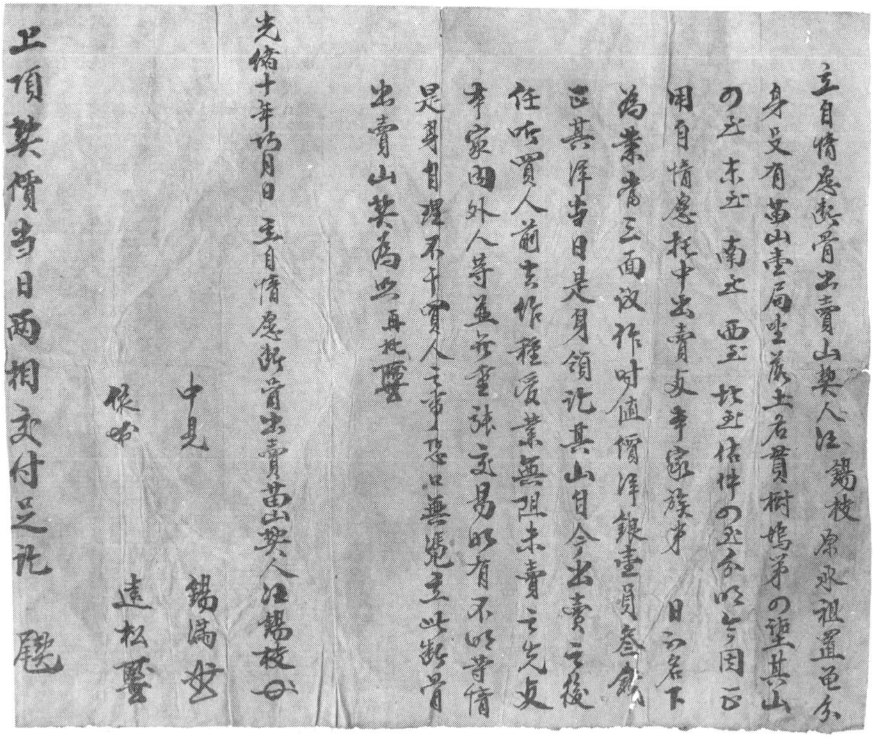

立自情愿断骨出賣山契人汪錫枝，原承祖置己分
身是有苗山壹局，坐落土名貫樹塢，第四號，其山
四至：東至　南至　西至　北至，俱仲四至分明。今因正
用，自情愿托中出賣與本家族弟　日初名下
為業，當三面议作时值價洋銀壹員叁角
正，其洋当日是身領讫。其山自今出賣之後，
任听買人前去作種管業無阻。未賣之先，与
本家內外人等並無重張交易，如有不明等情，
是身自理，不干買人之事。恐口無憑，立此断骨
出賣山契為照。再批（押）

光緒十年巧月日　立自情愿断骨出賣苗山契人汪錫枝（押）
中見　錫满（押）
依书　遠松（押）

上項契價当日兩相交付足讫（押）

秋口镇水末 [沫] 村汪家 221 · 光绪十年 · 断骨卖苗山契 ·
汪锡枝卖与本家族弟日初

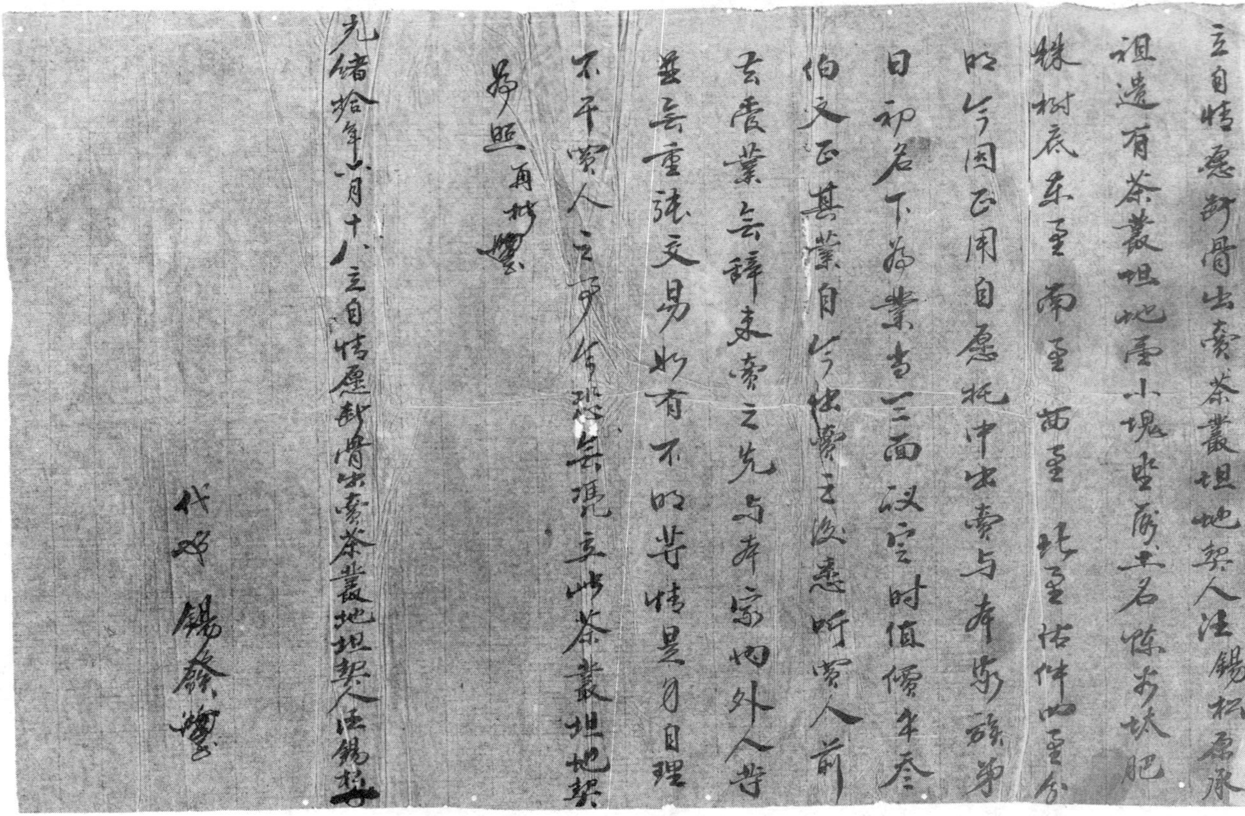
立自情愿断骨出卖茶丛坦地契人汪锡松，原承
祖遗有茶丛坦地壹小块，坐落土名馀坞，计肥
株。树底东至　南至　西至　北至　佑件四至分
明。今因正用，自愿托中出卖与本家族弟
日初名下为业，当三面议定时值价年叁
伯文正，其业自今出卖之后，悉听买人前
去管业无辞。未卖之先，与本家内外人等
并无重张交易，如有不明等情，是身自理，
不干买人之事。今恐无凭，立此茶丛坦地契
为照。再批。(押)
光绪拾年六月十八日立自情愿断骨出卖茶丛坦地契人汪锡松(押)
代笔　锡裔(押)

秋口镇水末［沫］村汪家 223 · 光绪十年 · 断骨卖茶丛坦地契 · 汪锡松卖与本家族弟日初

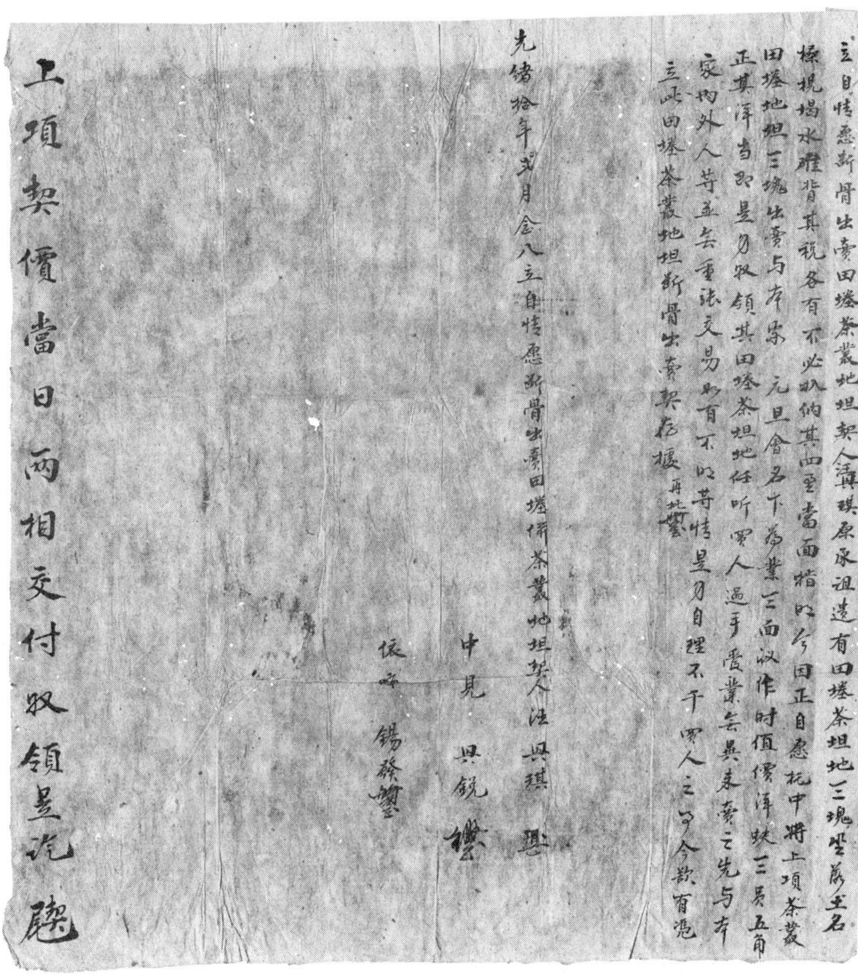

立自情愿断骨出賣田塝茶叢地坦契人汪興琪，原承祖遺有田塝茶坦地一三塊，坐落土名操峴塌水碓背，其稅各有，不必細納。其四至當面踏明。今因正自愿托中將上項茶叢田塝地坦一三塊出賣與本家元旦會名下為業，三面議作時值價洋錢一三員五角正。其洋當即是身收領。其田塝茶坦地任听買人過手管業，無異。未賣之先與本家內外人等並無重張交易。如有不明等情，是身自理，不干買人之事。今欲有憑，立此田塝茶叢地坦断骨出賣契存據。再批（押）

光緒拾年弍月念八立自情愿断骨出賣田塝併茶叢地坦契人汪興琪（押）

中見 興銳（押）

依口 錫發（押）

上項契價當日兩相交付收領足訖（押）

秋口镇水末［沫］村汪家 265 · 光绪十年 · 断骨卖田塝茶丛地坦契 ·
汪兴琪卖与本家元旦会

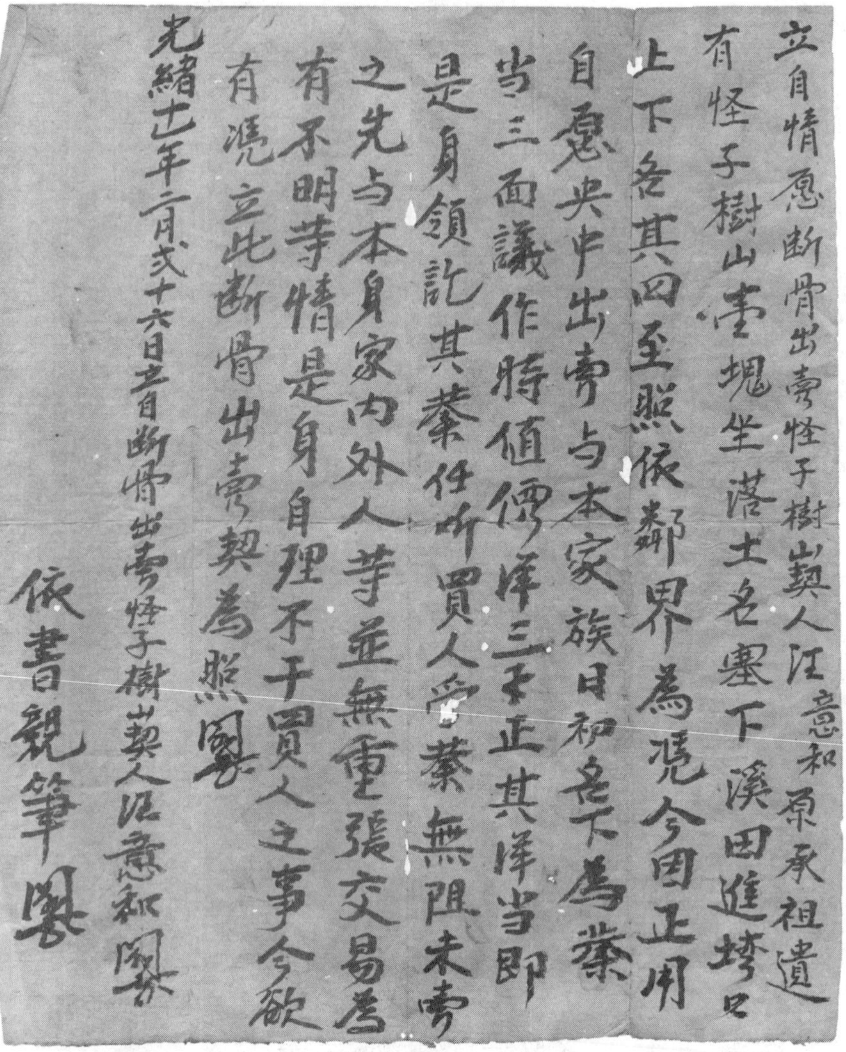

立自情愿断骨出賣怪子樹山契人汪意和原承祖遺
有怪子樹山壹塊坐落土名塞下溪田進塢口
上下各其四至照依鄰界為憑今因正用
自愿央中出賣与本家族日初名下為業
当三面議作時值價洋三元正其洋当即
是身領訖其業任听買人管業無阻未賣
之先与本身家內外人等並無重張交易為
有不明等情是身自理不干買人之事今欲
有憑立此断骨出賣契為照
光緒十一年二月弍十六日立自断骨出賣怪子樹山契人汪意和（押）
依書親筆（押）

秋口镇水末［沫］村汪家 169 · 光绪十一年 · 断骨出卖栓子树山契 ·
汪意和卖与本家族日初

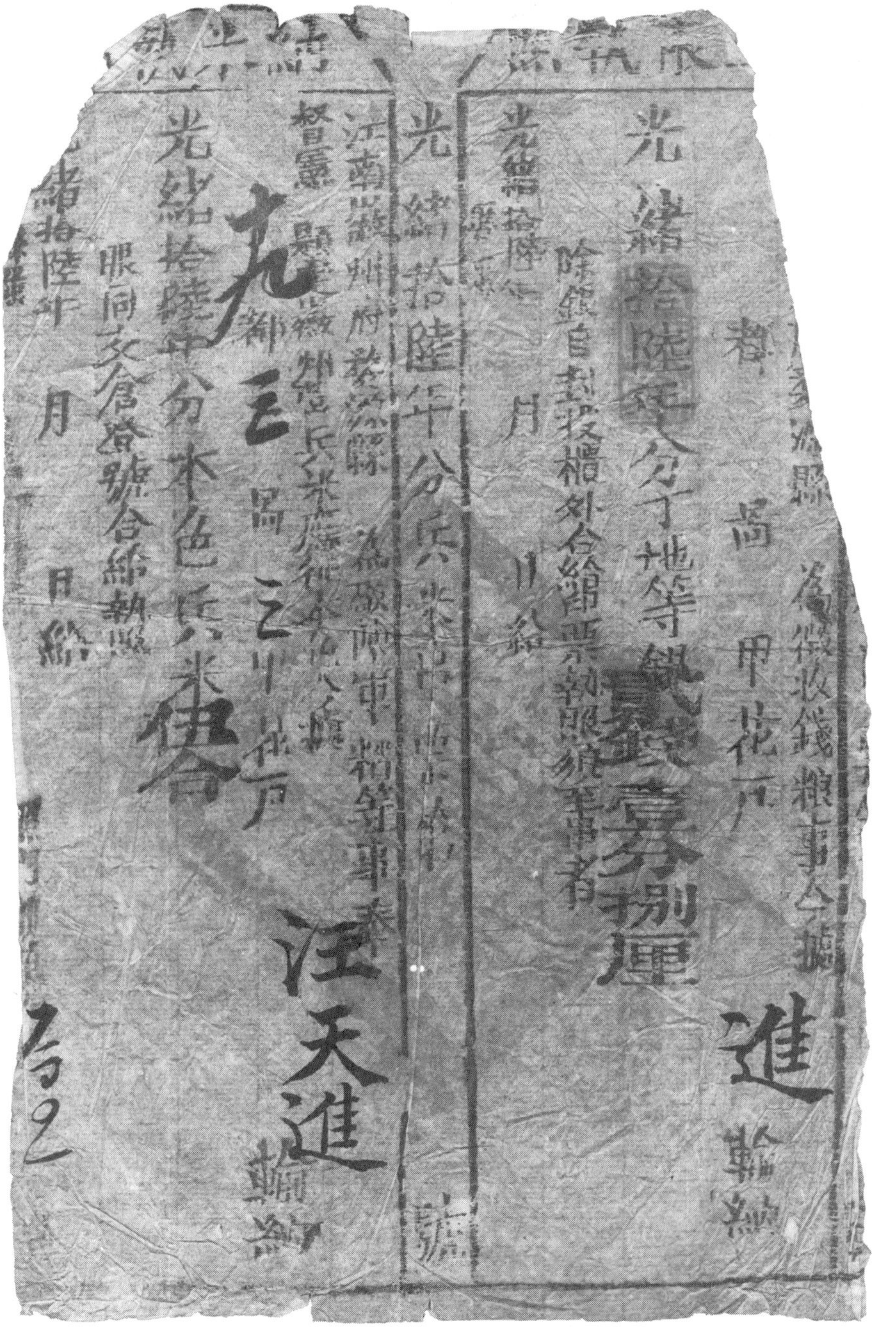
光緒拾陸年分丁地等銀
除銀自封投櫃外合給串票執照須至串者
進
光緒拾陸年分兵米
九都三圖三甲花戶 汪天進
光緒拾陸年分本色兵米
眼同交倉登號合給執照

秋口镇水末 [沫] 村汪家 75 · 光绪十六年 · 纳米执照 · 汪天进

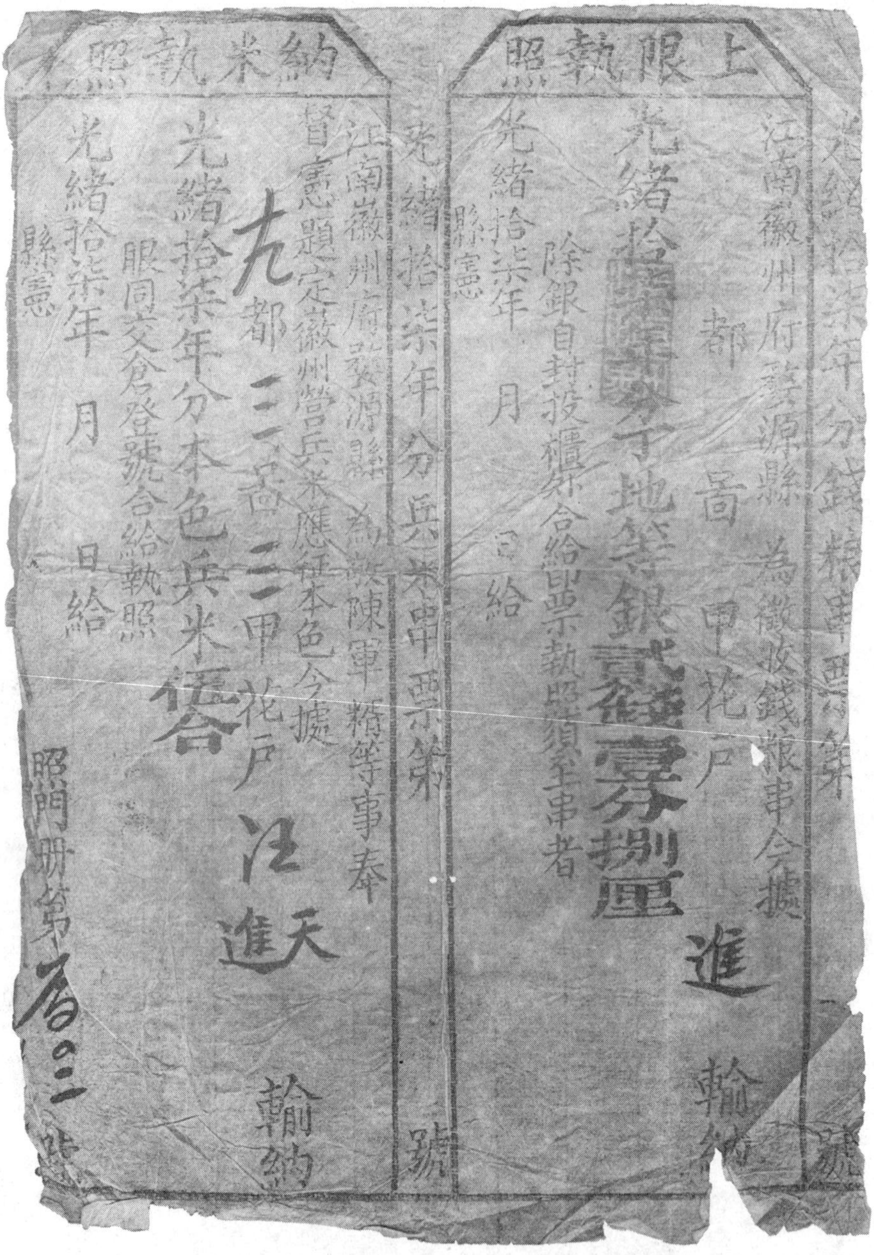

秋口镇水末［沫］村汪家 73 · 光绪十七年 · 纳米执照 · 汪天进

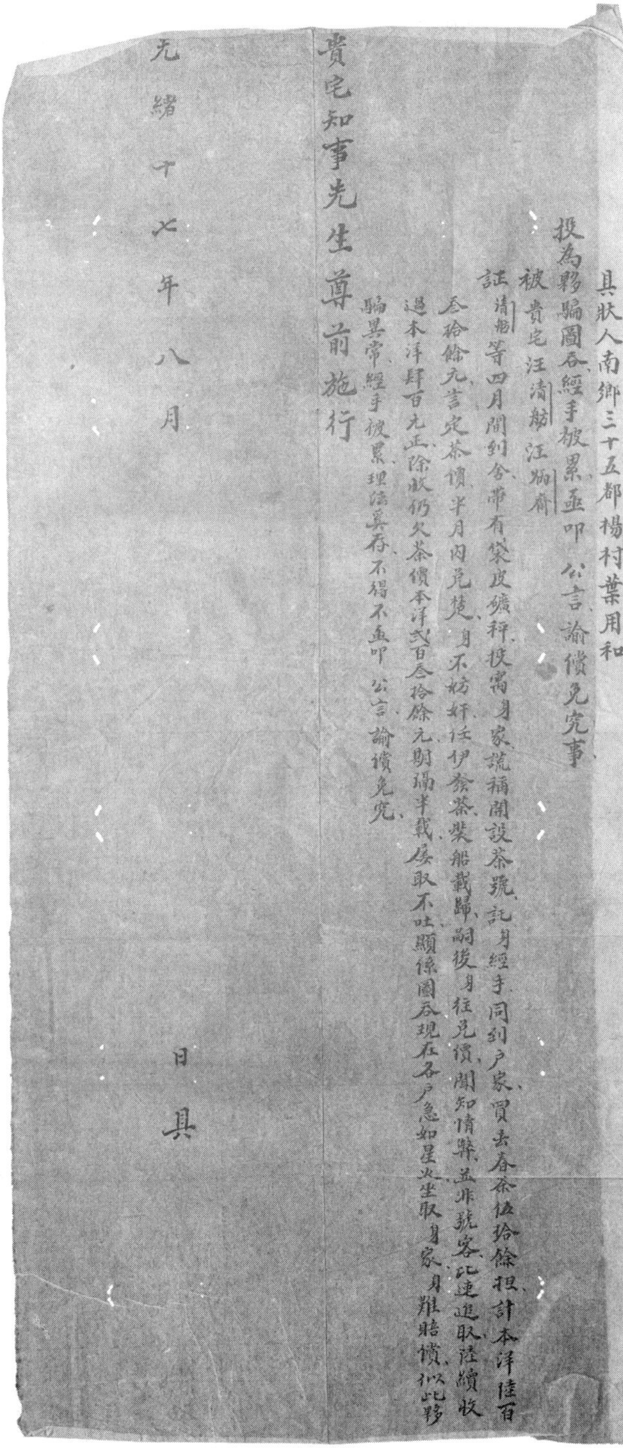

具狀人南鄉三十五都楊村葉用和

投為夥騙圖吞、經手被累、亟叩 公言論償究事

被 貴宅汪清舫 汪炳齊

証 清舫 等四月間到舍、帶有袋皮、鑊秤、投寓身家、謊稱開設茶號、託身經手、同到户家、買去春茶伍拾餘担、計本洋陸百叁拾餘元、言定茶價半月內兌楚、身不防奸、任伊僉茶、裝船載歸、嗣後身往兌價、闔知情弊、並非號客、比速追取、陸續收過本洋肆百元正、除收仍欠茶價本洋弍百叁拾餘元、朋踹半載、屢取不吐、顯係圖吞、現在各户急如星火、坐取身家、身難賠償、似此夥騙異常、經手被累、理法奚存、不得不亟叩 公言論償究究、

貴宅知事先生尊前施行

光緒十七年八月 日 具

秋口镇水末［沫］村汪家 248 · 光绪十七年 · 具状词 · 叶用和告汪清舫、汪炳齐

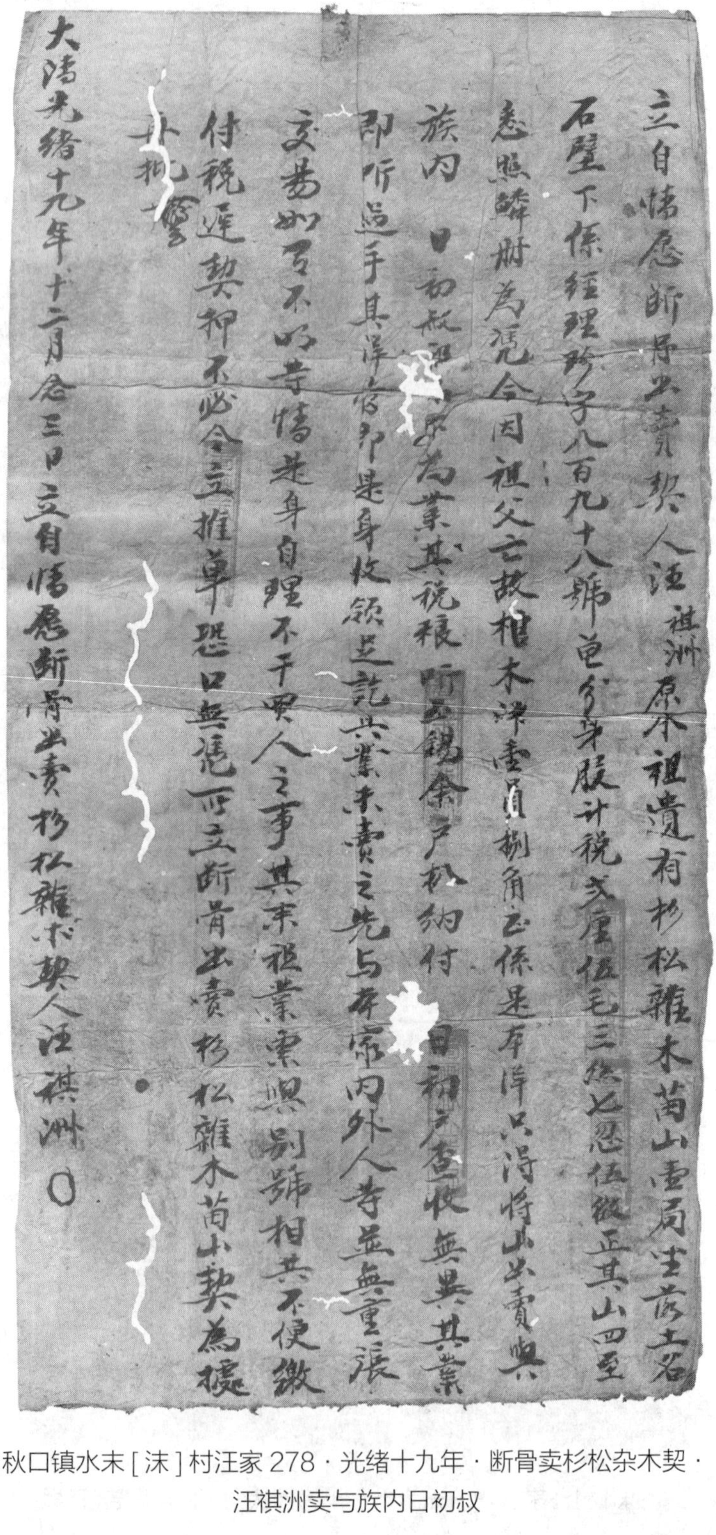

立自情愿断骨出卖契人汪祺洲原承祖遗有杉松杂木苗山壹局，坐落土名石壁下，係经理珍字八百九十八号，邑分身股，计税弍厘伍毛三丝七忽伍微正，其山四至悉照鳞册为凭。今因祖父亡故，棺木洋壹員(?)，[illegible]角正，係是本洋，只得将山出卖與族内日初叔边承為業，其税粮所[illegible]余户扒纳付日初户查收無異。其業即所過手，其洋當即是身收領足訖。其業未賣之先与本家内外人等並無重張交易，如有不明等情，是身自理，不干買人之事。其来祖業票(?)與别號相共，不便繳付，税逐契扒，不必今立推单。恐口無憑，所立断骨出賣杉松雜木苗山契為據。

大清光绪十九年十二月念三日立自情愿断骨出卖杉松杂木契人汪祺洲

秋口镇水末[沫]村汪家 278 · 光绪十九年 · 断骨卖杉松杂木契 · 汪祺洲卖与族内日初叔

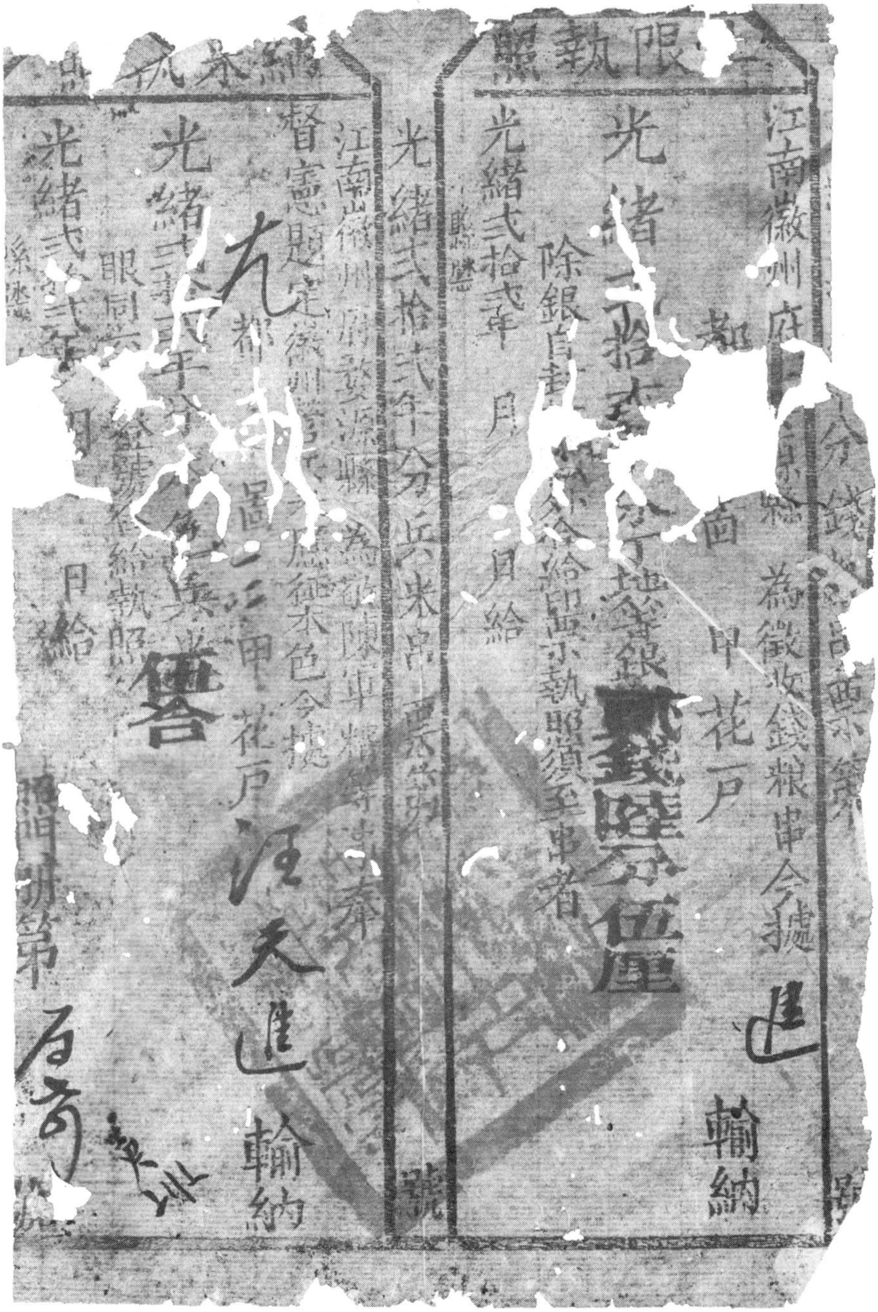

秋口镇水末［沫］村汪家 49 · 光绪二十二年 · 纳米执照 · 汪天进

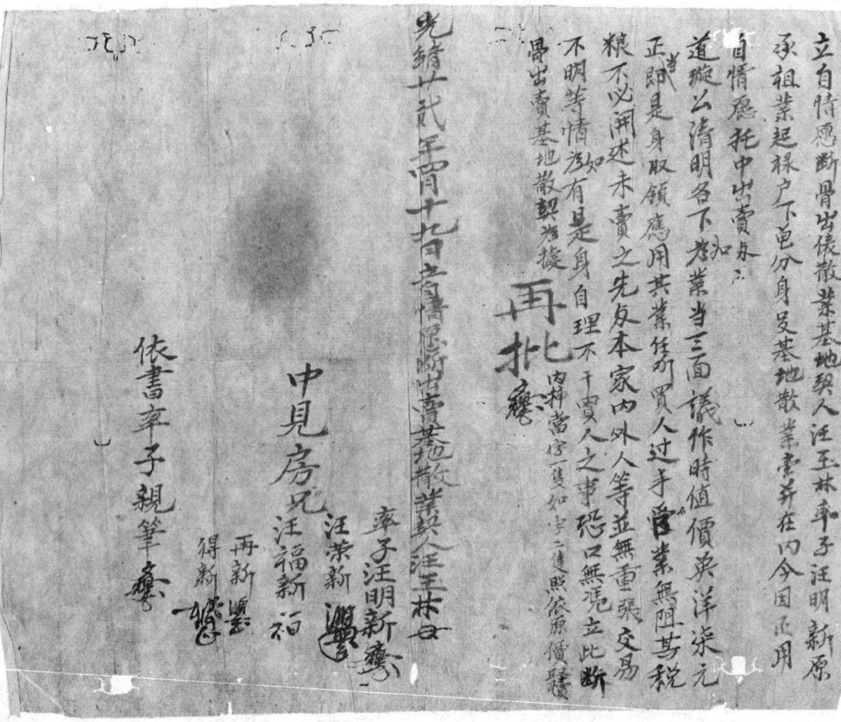

秋口镇水末［沬］村汪家 220 · 光绪二十二年 · 断骨出俵散业基地契 ·
汪玉林率子汪明新卖与道璇公清明

秋口镇水末[沫]村汪家 4-1 · 光绪二十六年 · 税粮实征册 · 新生发仪户

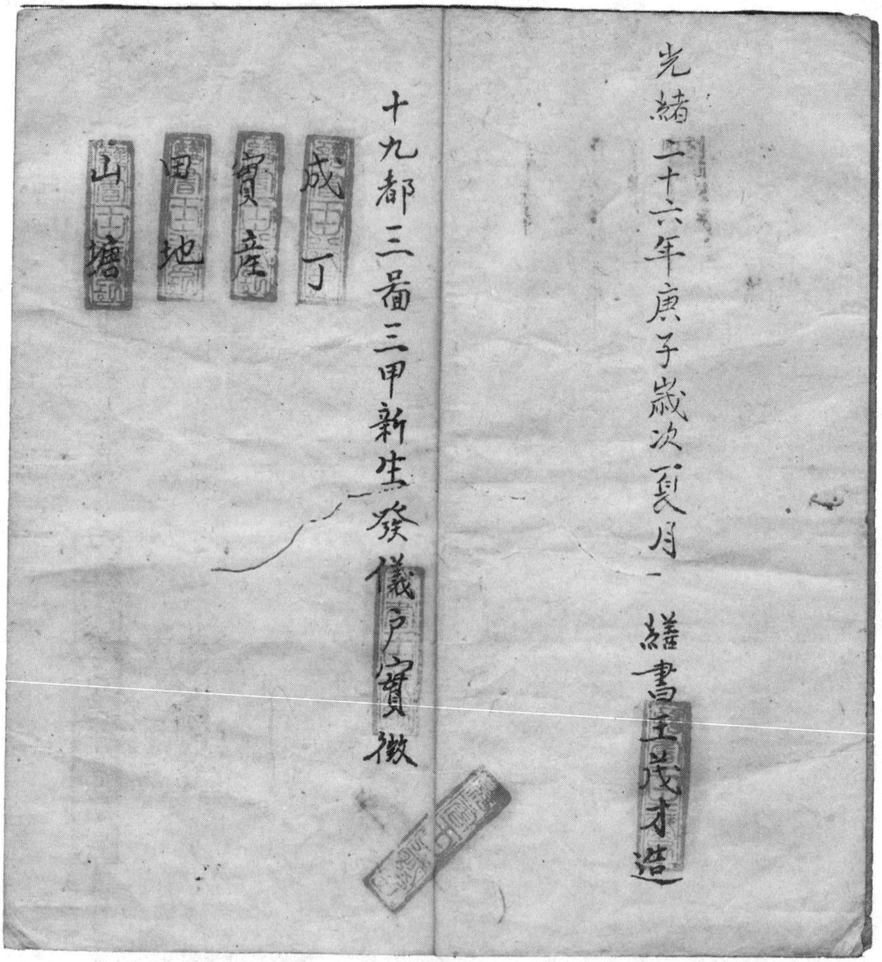

秋口镇水末［沫］村汪家 4-2 · 光绪二十六年 · 税粮实征册 · 新生发仪户

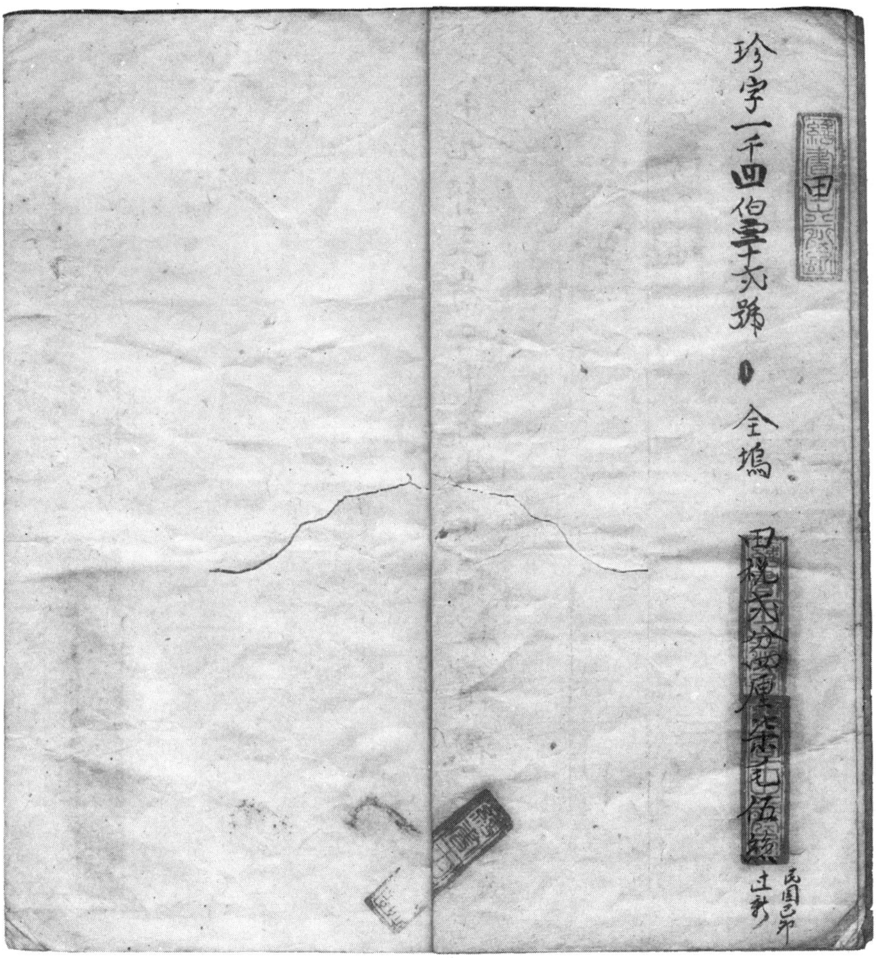

秋口镇水末[沫]村汪家 4-3 · 光绪二十六年 · 税粮实征册 · 新生发仪户

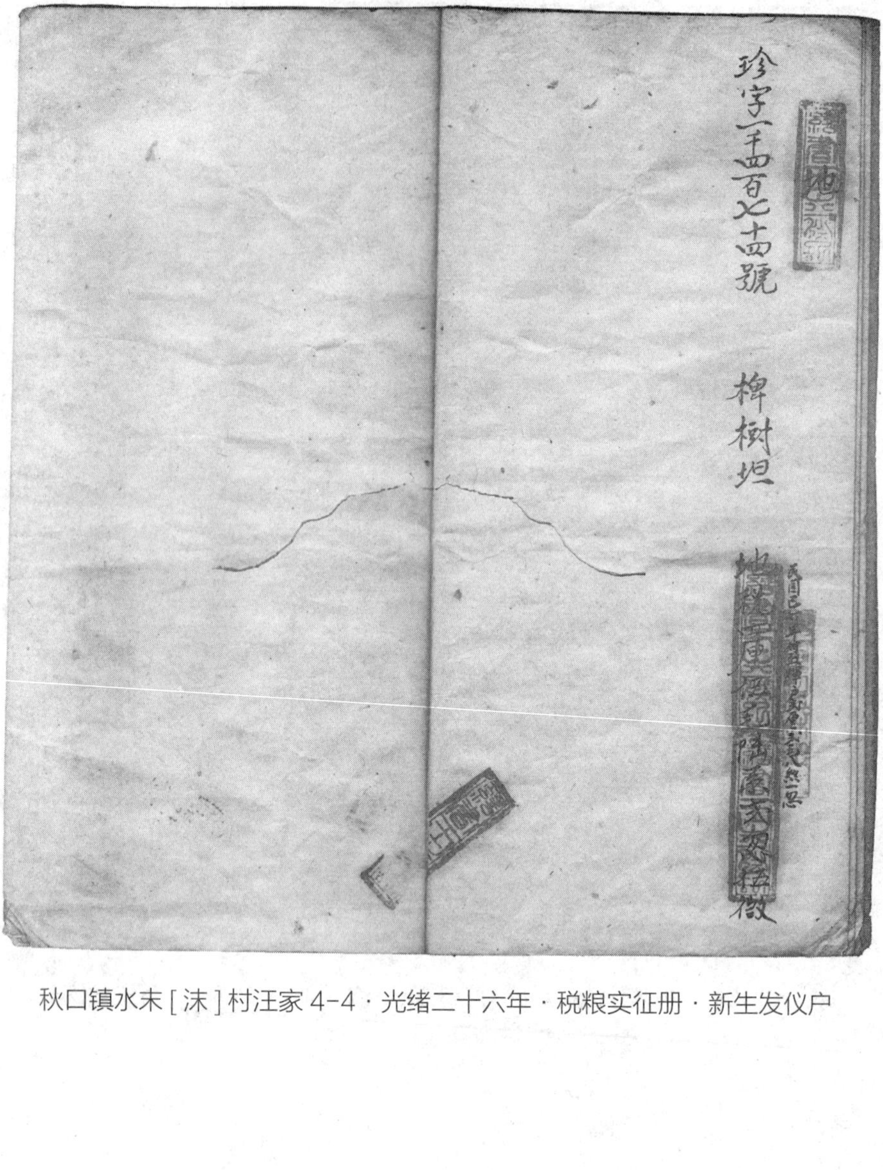

秋口镇水末［沫］村汪家 4-4 · 光绪二十六年 · 税粮实征册 · 新生发仪户

秋口镇水末 [沫] 村汪家 4-5 · 光绪二十六年 · 税粮实征册 · 新生发仪户

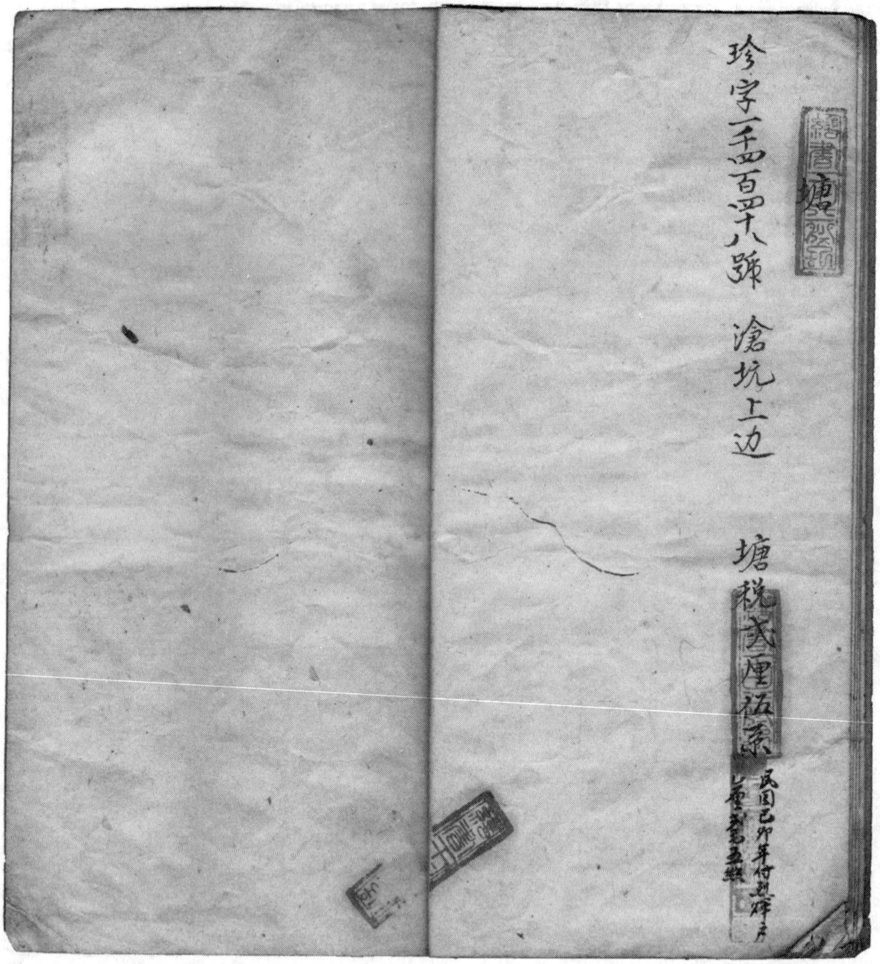

秋口镇水末［沫］村汪家 4-6 · 光绪二十六年 · 税粮实征册 · 新生发仪户

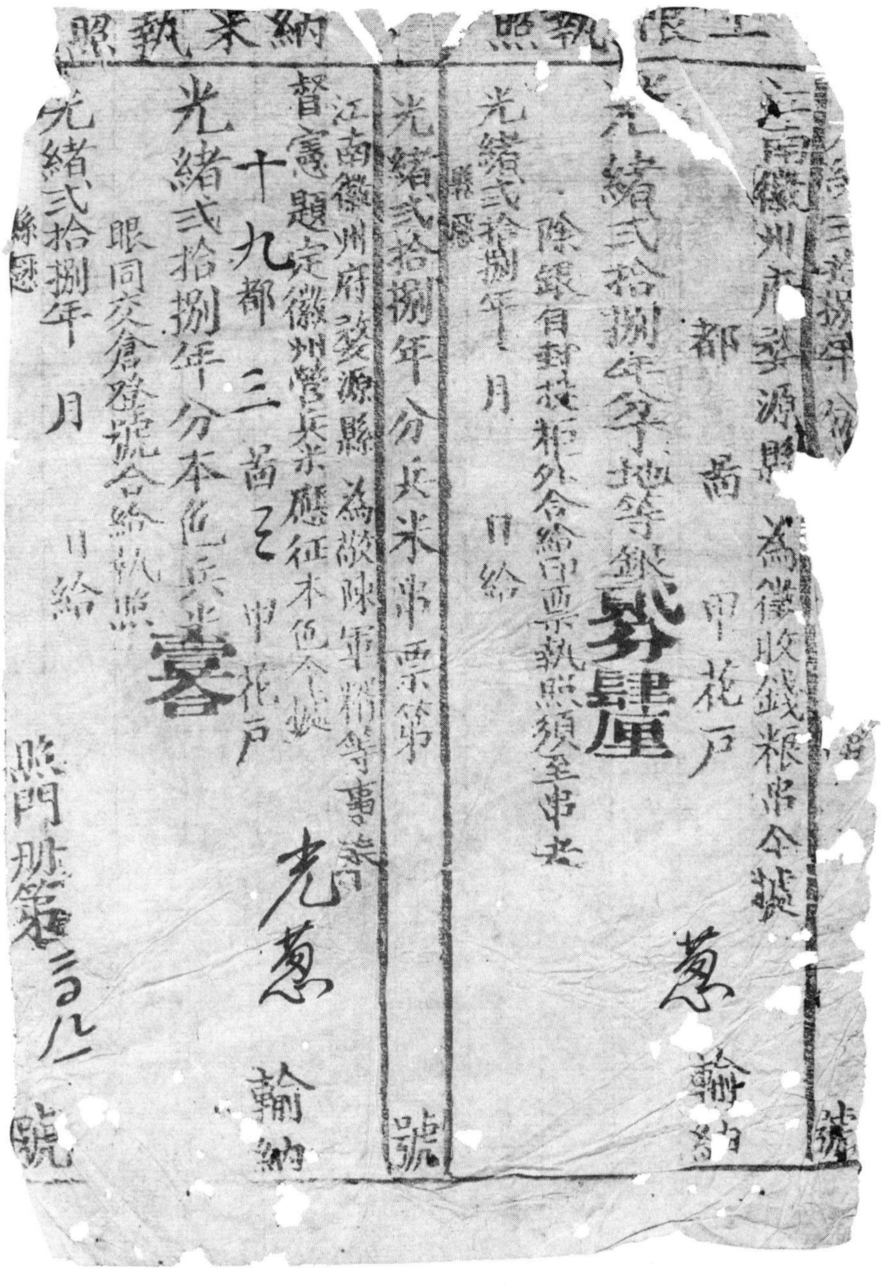
上限執照

光緒弍拾捌年分　號

江南徽州府婺源縣　為徵收錢粮串令據

光緒弍拾捌年分　都　啚　甲花戶　蔥　輸納

光緒弍拾捌年分地等銀　分肆厘

除銀自封投櫃外合給印票執照須至串者

縣總

光緒弍拾捌年　月　日給

光緒弍拾捌年分兵米串票第　號

納米執照

江南徽州府婺源縣　為欽陳軍糈等事奉

督憲題定徽州營兵米歷征本色合據

十九都　三啚　三甲花戶　光蔥　輸納

光緒弍拾捌年分本色兵米　壹合

眼同交倉登號合給執照

縣總

光緒弍拾捌年　月　日給

照門册第三百八　號

秋口镇水末［沫］村汪家 66 · 光绪二十八年 · 纳米执照 · 光葱

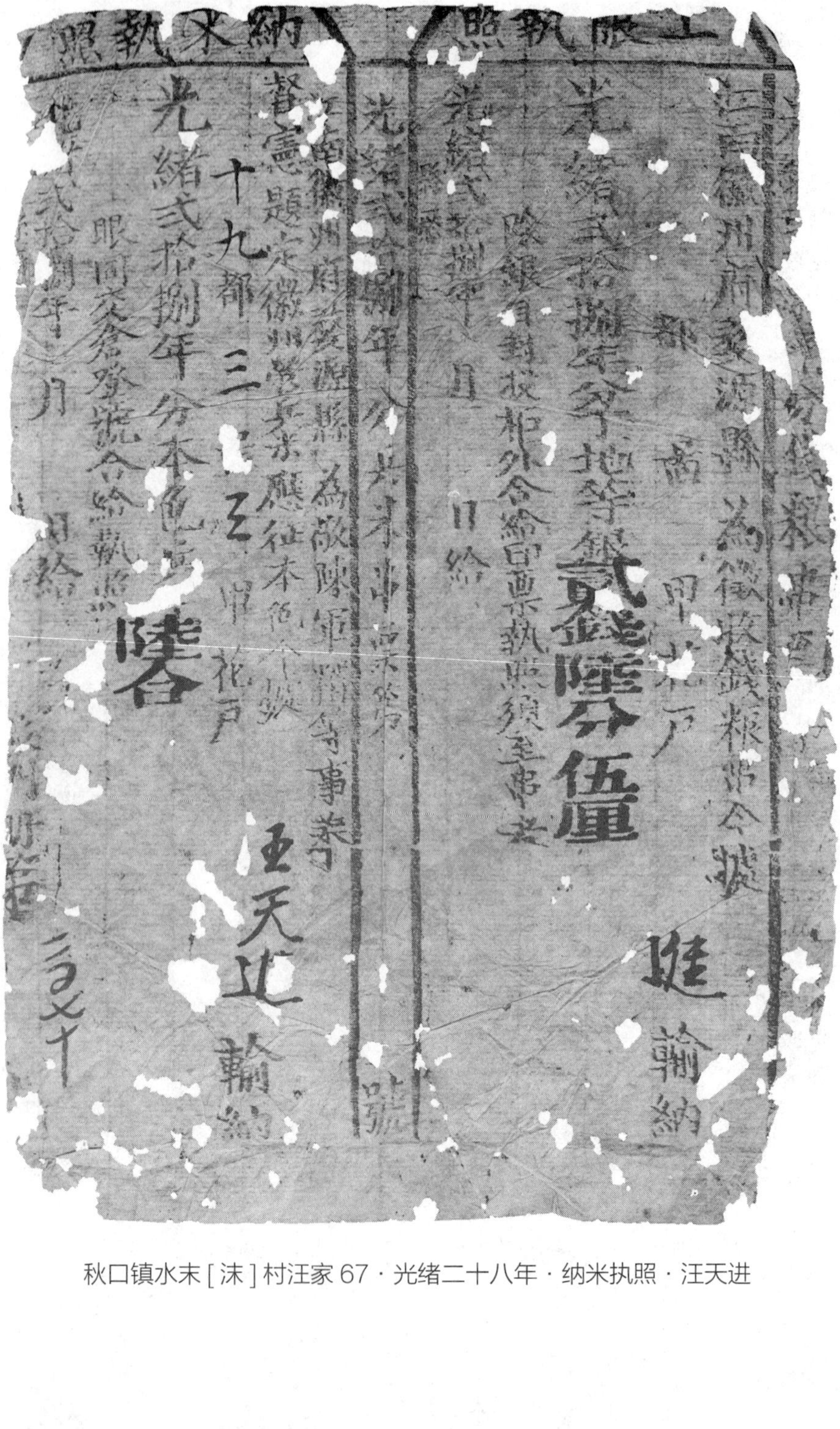

江南徽州府婺源縣為徵收錢粮事今據
都 啚 甲 花戶
光緒貳拾捌年分地丁等銀貳錢陸分伍釐
除銀自封投櫃外合給印票執照須至串者
光緒貳拾捌年 月 日給
汪進 輸納
十九都 三 三 甲 花戶
光緒貳拾捌年分本色米
照同米倉發號合給執照
汪天進 輸納

秋口镇水末 [沫] 村汪家 67 · 光绪二十八年 · 纳米执照 · 汪天进

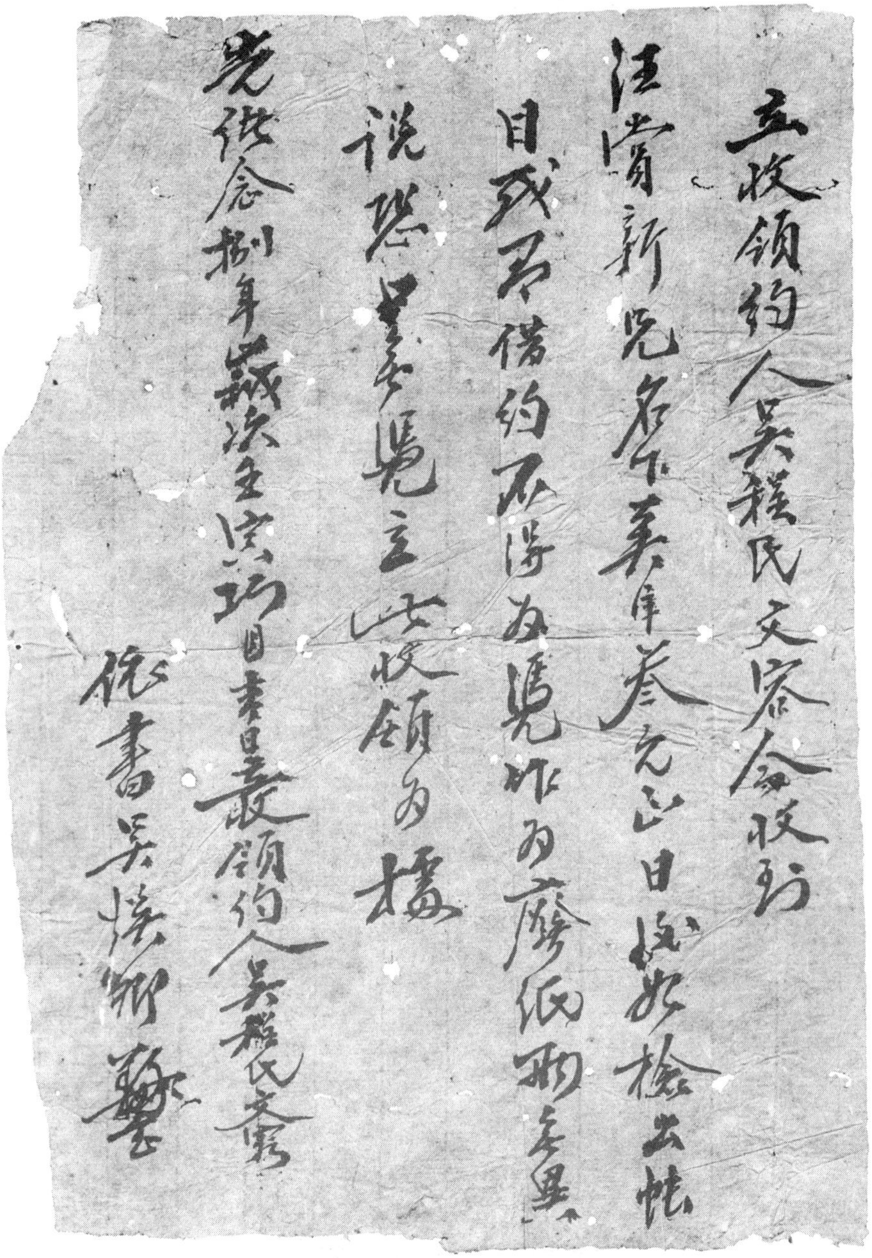
立收领约人吴程氏文容今收到
汪赏新兄名下英洋叁元正，日后如检出帐
目，或另借约，不得为凭，作为废纸。两无异
说，恐口无凭，立此收领为据。
光绪念捌年岁次壬寅巧月吉日立收领约人吴程氏文容
依书吴焕卿笔

秋口镇水末［沫］村汪家 146 · 光绪二十八年 · 收领约 · 吴程氏文容收到汪赏新兄

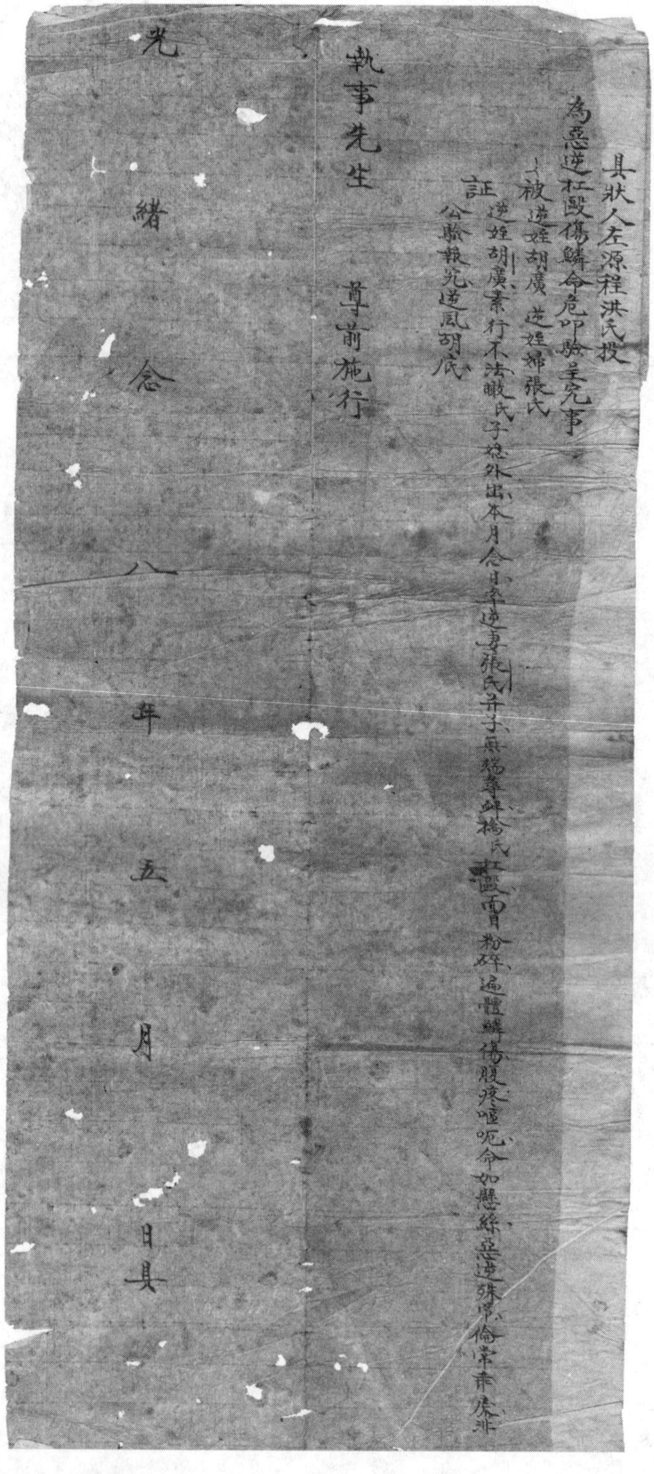

具狀人左源程洪氏投

為惡逆杠毆傷鱗命危叩驗呈究事

被 逆姪胡廣 逆姪婦張氏

証 逆姪胡廣素行不法，瞰氏子媳外出，本月念日率逆妻張氏并子[illegible]等，將氏杠毆，肋骨粉碎，遍體鱗傷，腹疼噎呃，命如懸絲，惡逆殊常，倫常[illegible]

公驗報究逆鳳胡底

執事先生 尊前施行

光 緒 念 八 年 五 月 日具

秋口镇水末［沫］村汪家 249 · 光绪二十八年 · 具状词 · 程洪氏

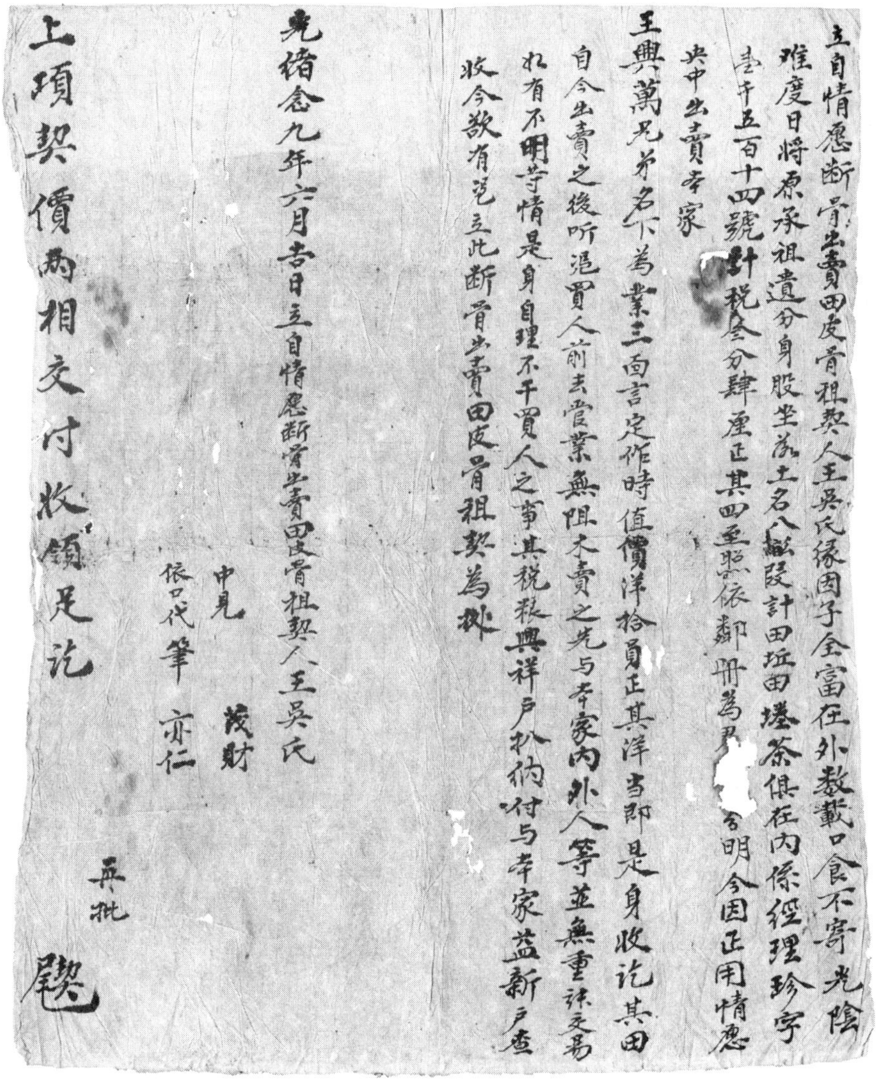

立自情愿断骨出賣田皮骨租契人王吳氏缘因子全富在外数載口食不寄光陰难度日將原承祖遺分身股坐落土名八畝段計田坵田塝茶俱在内係經理珍字壹千五百十四號計稅叁分肆厘正其四至照依鄰冊爲界[illegible]明今因正用情愿央中出賣本家

王興萬兄弟名下爲業三面言定作時值價洋拾員正其洋当即是身收訖其田自今出賣之後听憑買人前去管業無阻未賣之先与本家内外人等並無重複交易如有不明等情是身自理不干買人之事其稅粮興祥戶扒納付与本家益新戶查收今欲有憑立此断骨出賣田皮骨租契爲據

光緒念九年六月吉日立自情愿断骨出賣田皮骨租契人王吳氏

中見 茂財

依口代筆 亦仁

上項契價兩相交付收領足訖

再批

契

秋口镇水末［沫］村汪家 312 · 光绪二十九年 · 断骨卖田皮骨租契 ·
王吴氏卖本家王兴万兄弟

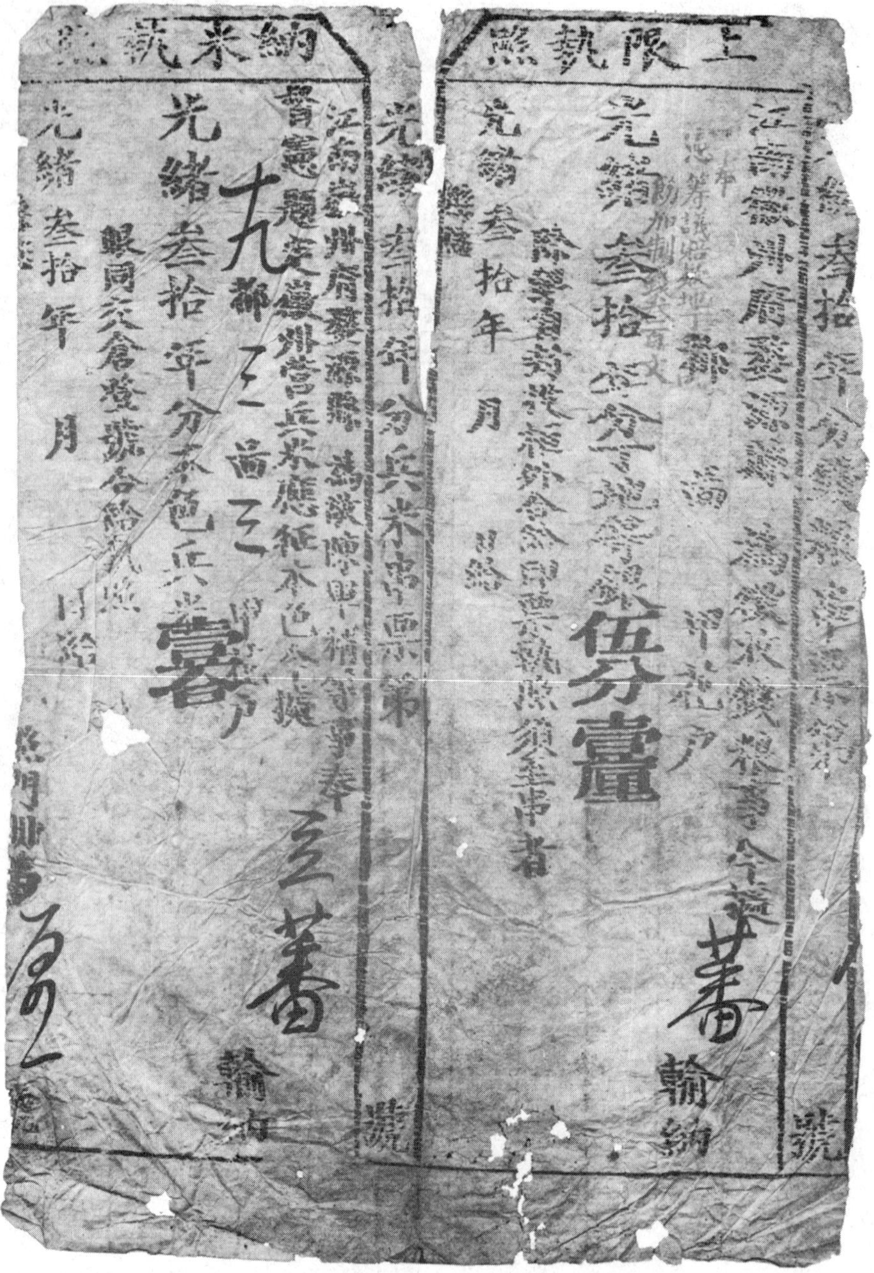

秋口镇水末［沫］村汪家 62 · 光绪三十年 · 纳米执照 · 立蕃

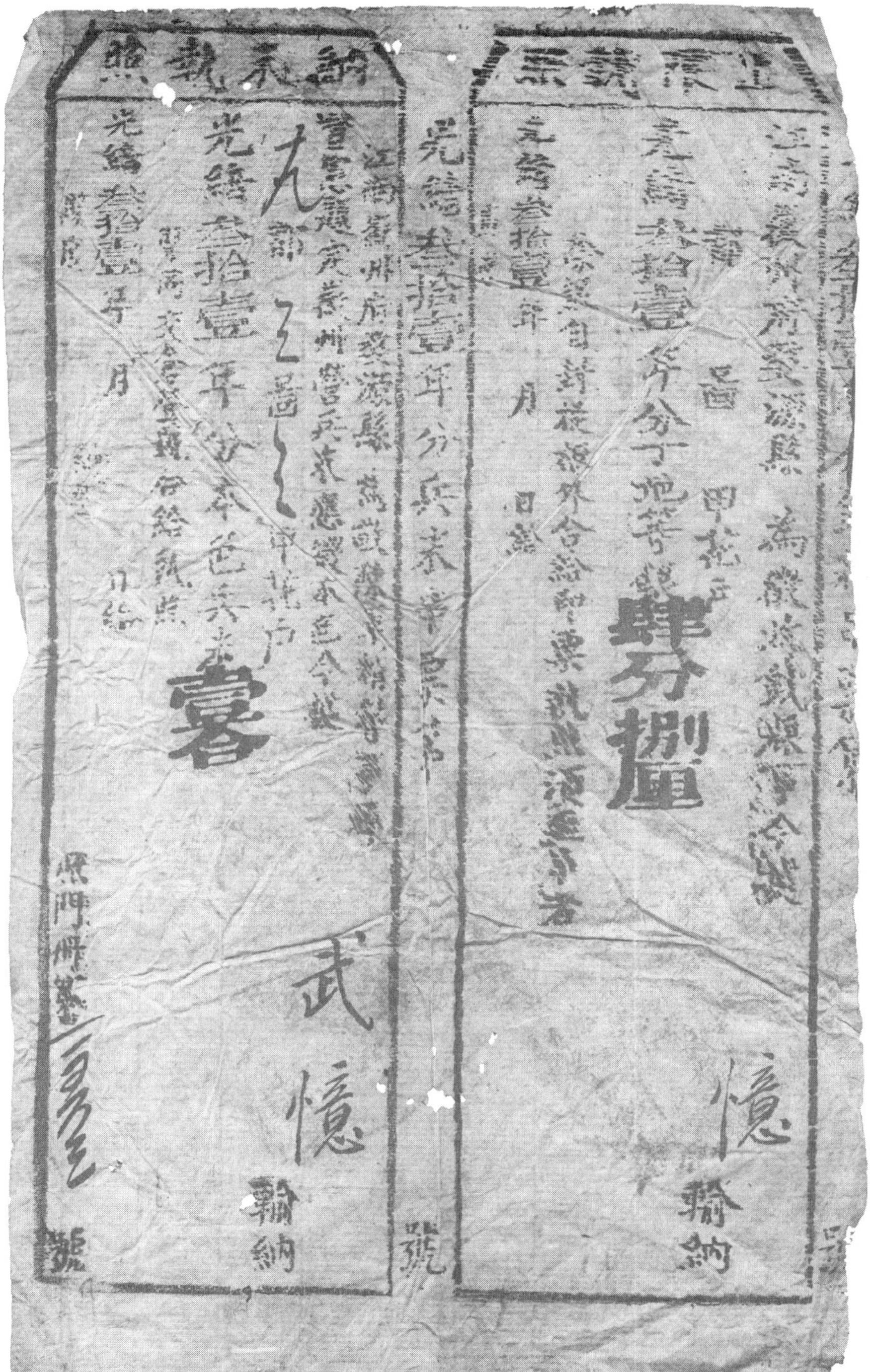

秋口镇水末［沫］村汪家 70 · 光绪三十一年 · 纳米执照 · 武忆

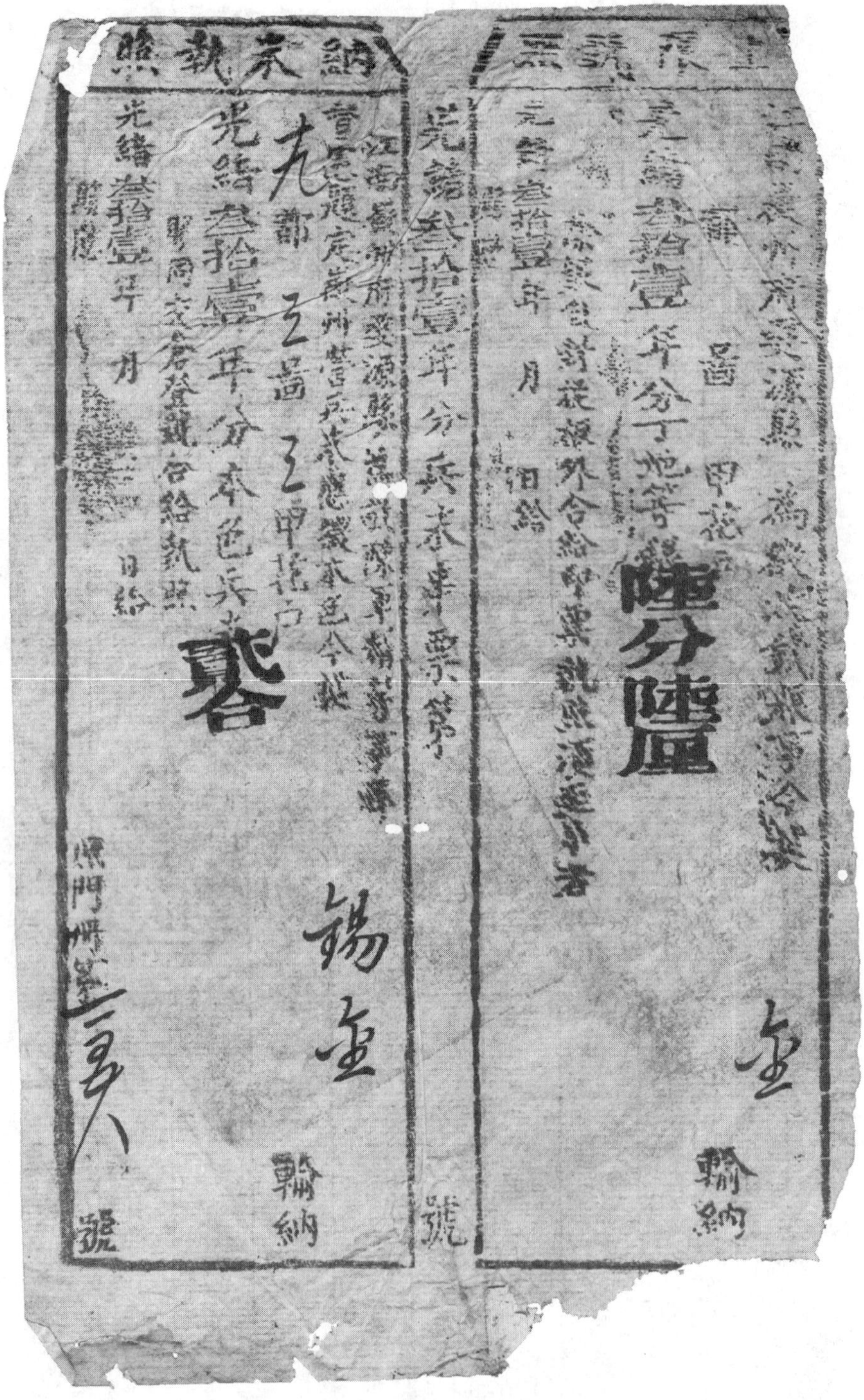

秋口镇水末［沫］村汪家 93 · 光绪三十一年 · 纳米执照 · 锡金

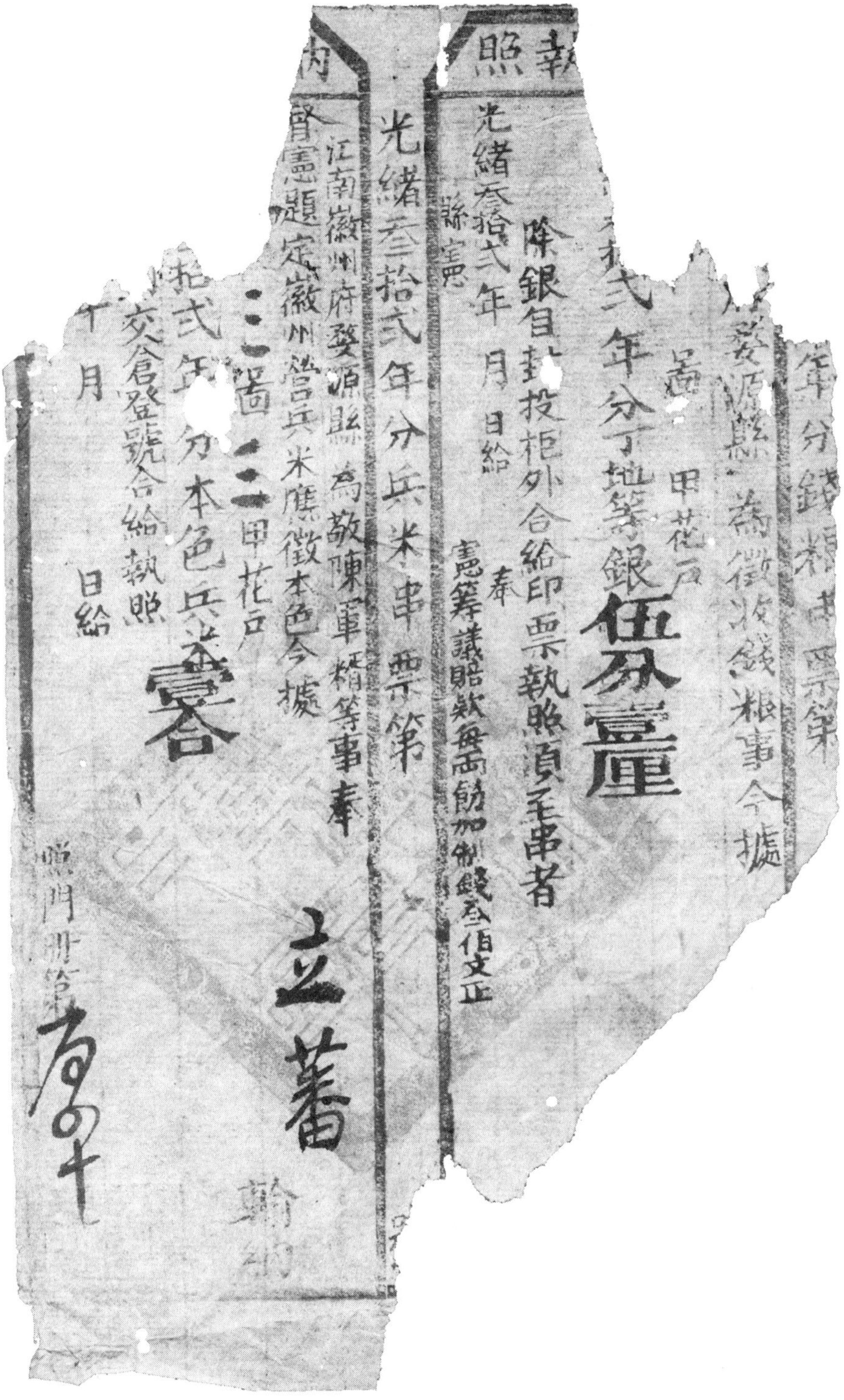
執照
……年分錢糧串票第
……婺源縣 為徵收錢糧事今據
……都……圖 甲花戶
……拾弍年分丁地等銀 伍分壹釐
除銀自封投柜外合給印票執照須至串者
憲籌議賠款每兩飭加制錢叁佰文正
光緒叁拾弍年 月 日給
縣憲 奉
光緒叁拾弍年分兵米串票第
江南徽州府婺源縣 為敬陳軍糈等事奉
督憲題定徽州營兵米應徵本色今據
三十二都三圖 三甲花戶
……拾弍年分本色兵米 壹合
交倉登號合給執照
……十 月 日給
立蕃
納

秋口镇水末［沫］村汪家 29 · 光绪三十二年 · 纳米执照 · 立蕃

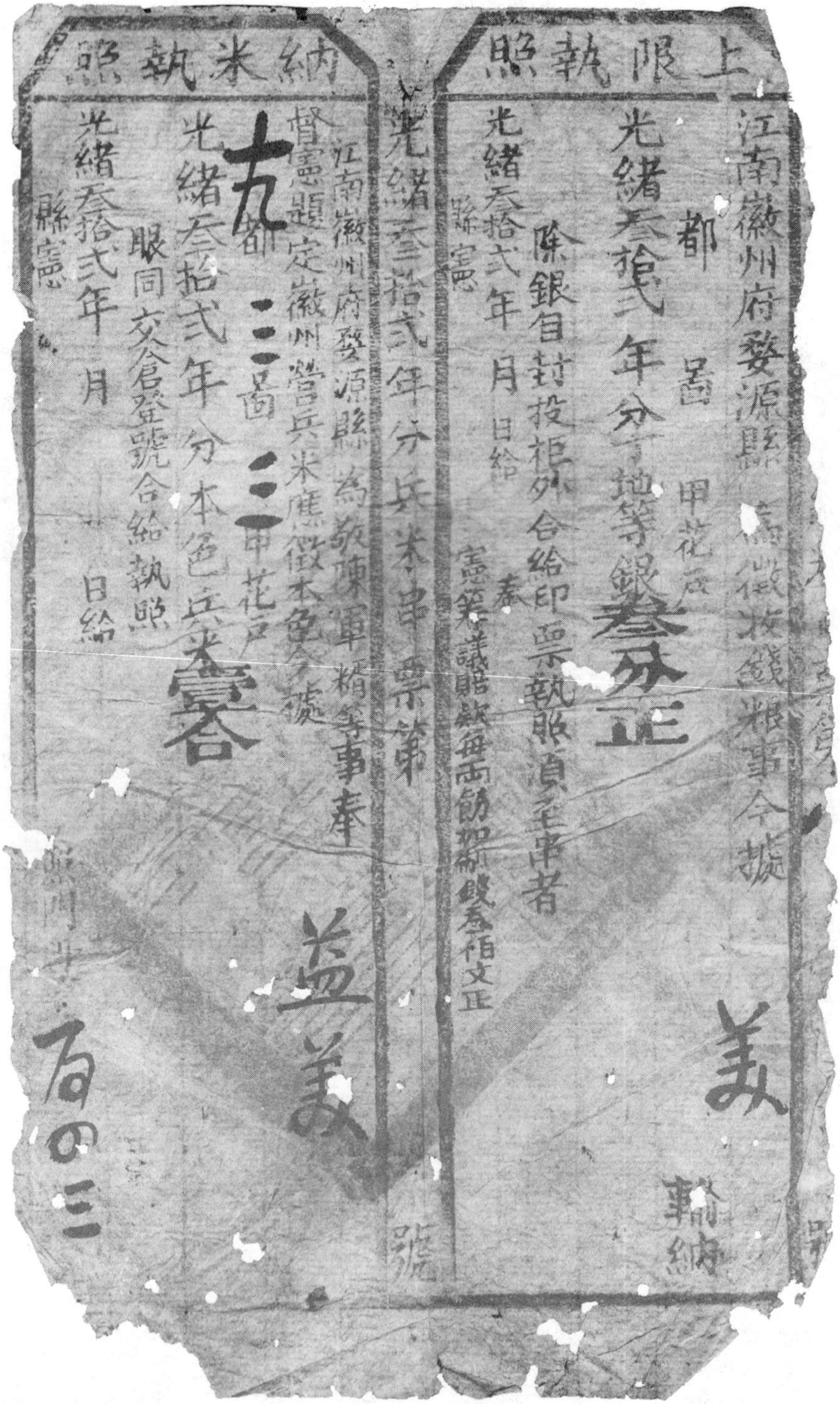

秋口镇水末［沫］村汪家 44 · 光绪三十二年 · 纳米执照 · 益美

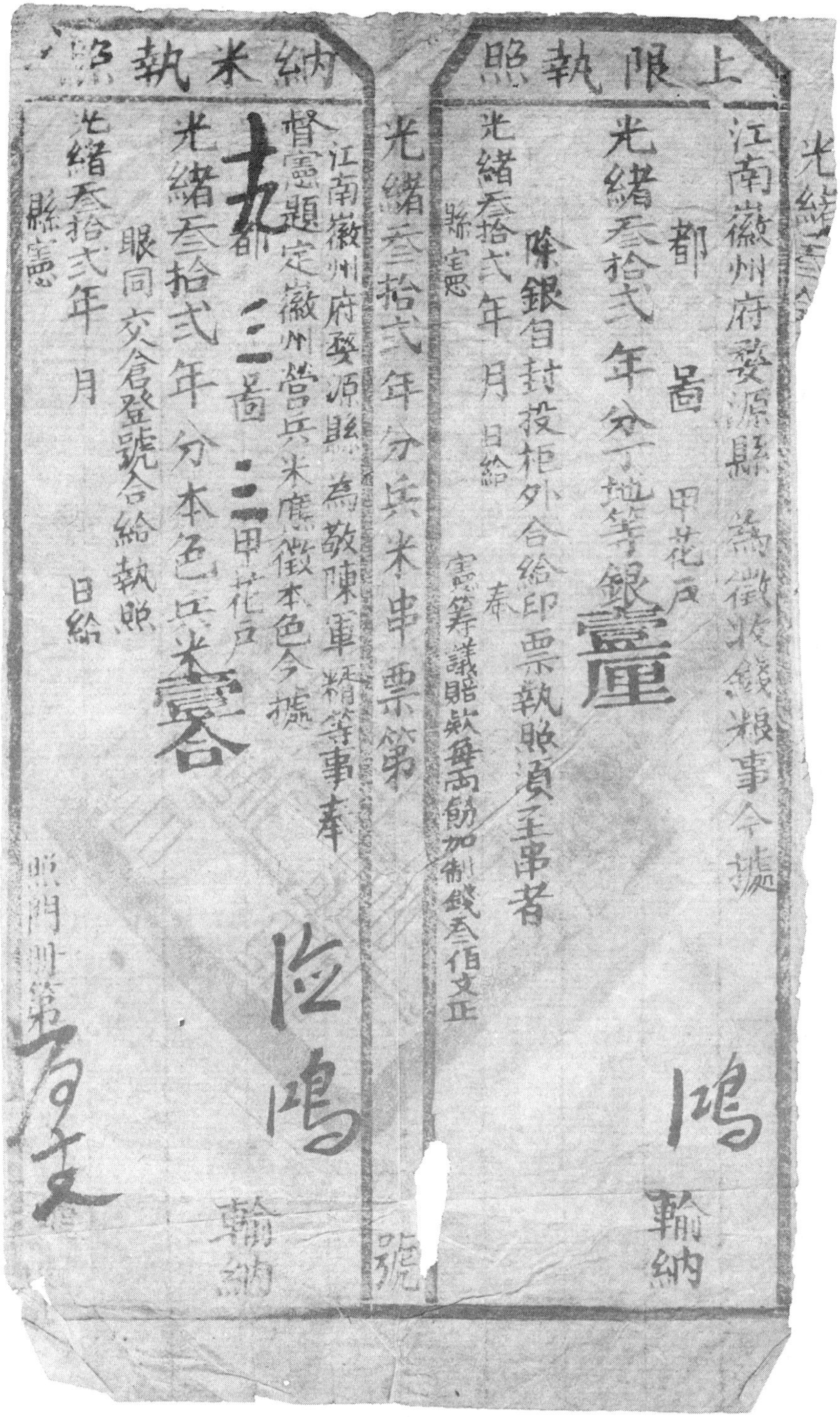
上限執照
江南徽州府婺源縣為徵收錢粮事今據
一都 啚 甲花戶
光緒叁拾弍年分丁地等銀 釐
除銀自封投柜外合給印票執照須至串者
憲籌議賠款每兩飭加制錢叁佰文正
春
光緒叁拾弍年 月 日給
縣憲
鴻
輸納
光緒叁拾弍年分兵米串票第 號
納米執照
江南徽州府婺源縣為敬陳軍糈等事奉
督憲題定徽州營兵米應徵本色今據
十九都 三啚 三甲花戶
光緒叁拾弍年分本色兵米 壹合
眼同交倉登號合給執照
光緒叁拾弍年 月 日給
縣憲
德鴻
輸納
照門冊第

秋口镇水末［沫］村汪家 61 · 光绪三十二年 · 纳米执照 · 德鸿

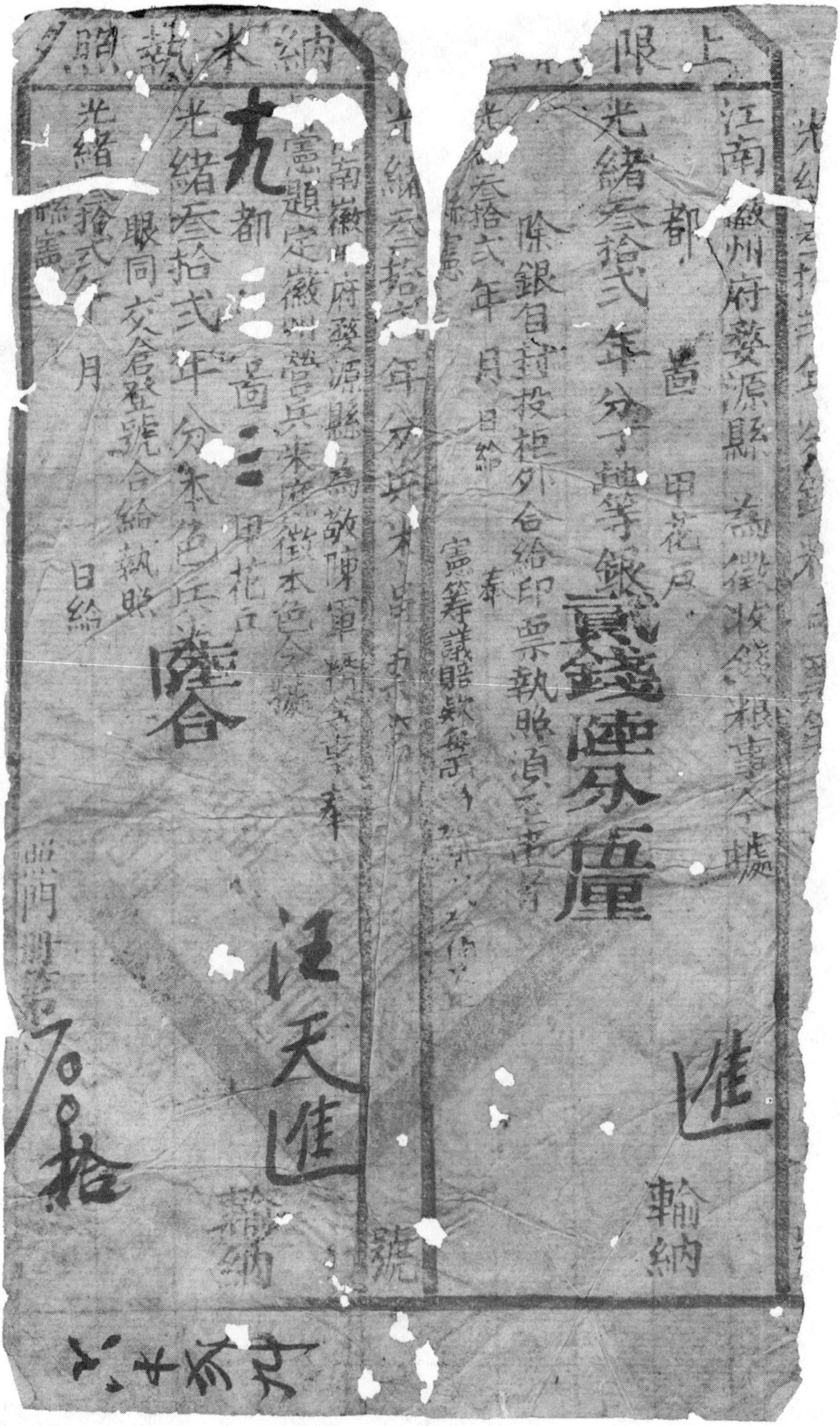
上限

江南徽州府婺源縣為徵收錢糧事今據

都 啚 甲花戶

光緒叁拾弍年分丁地等銀貳錢陸分厘

除銀自封投櫃外合給印票執照須至串者

光緒叁拾弍年 月 日給 春

進

輸納

納米執照

江南徽州府婺源縣為敬陳軍糈等事奉

憲題定徽州營兵米應徵本色合據

九都三啚三甲花戶 汪天進

光緒叁拾弍年分本色兵米 合

照同交倉登號合給執照

光緒叁拾弍年 月 日給

輸納

秋口镇水末[沫]村汪家 64 · 光绪三十二年 · 纳米执照 · 汪天进

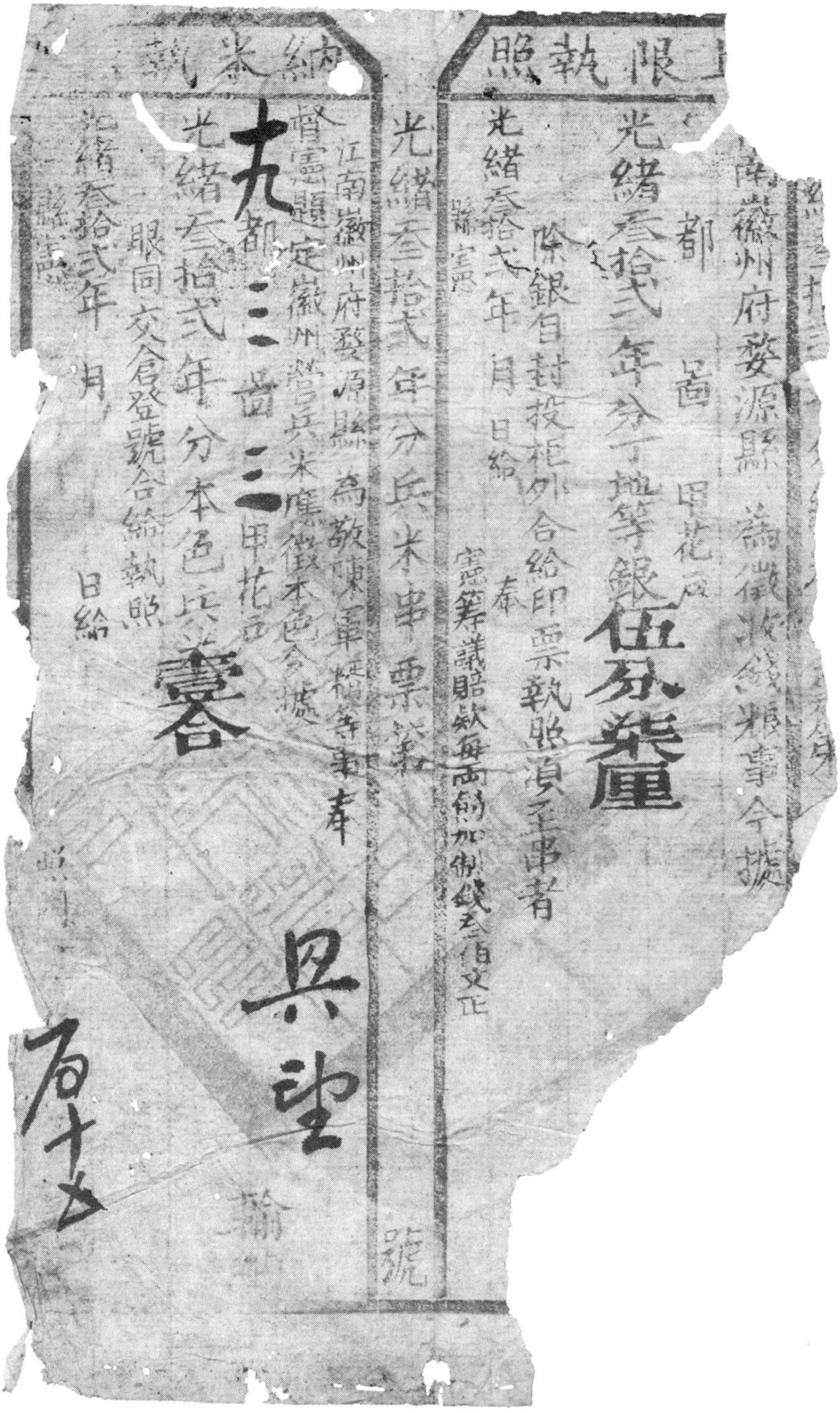
上限執照
□徽州府婺源縣 為徵收錢粮事今據
都 圖 甲花戶
光緒叁拾弍年分下地等銀伍分叁釐
除銀自封投柜外合給印票執照須至串者
憲籌議賠款每兩隨加制錢叁佰文正
光緒叁拾弍年 月 日給
光緒叁拾弍年分兵米串票 號
納米執照
江南徽州府婺源縣 為敬陳軍糈等事奉
督憲題定徽州營兵米應徵本色合據
九都三圖二甲花戶 興望
光緒叁拾弍年分本色兵米壹合
一眼同交倉登號合給執照
光緒叁拾弍年 月 日給

秋口镇水末［沫］村汪家 76 · 光绪三十二年 · 纳米执照 · 兴望

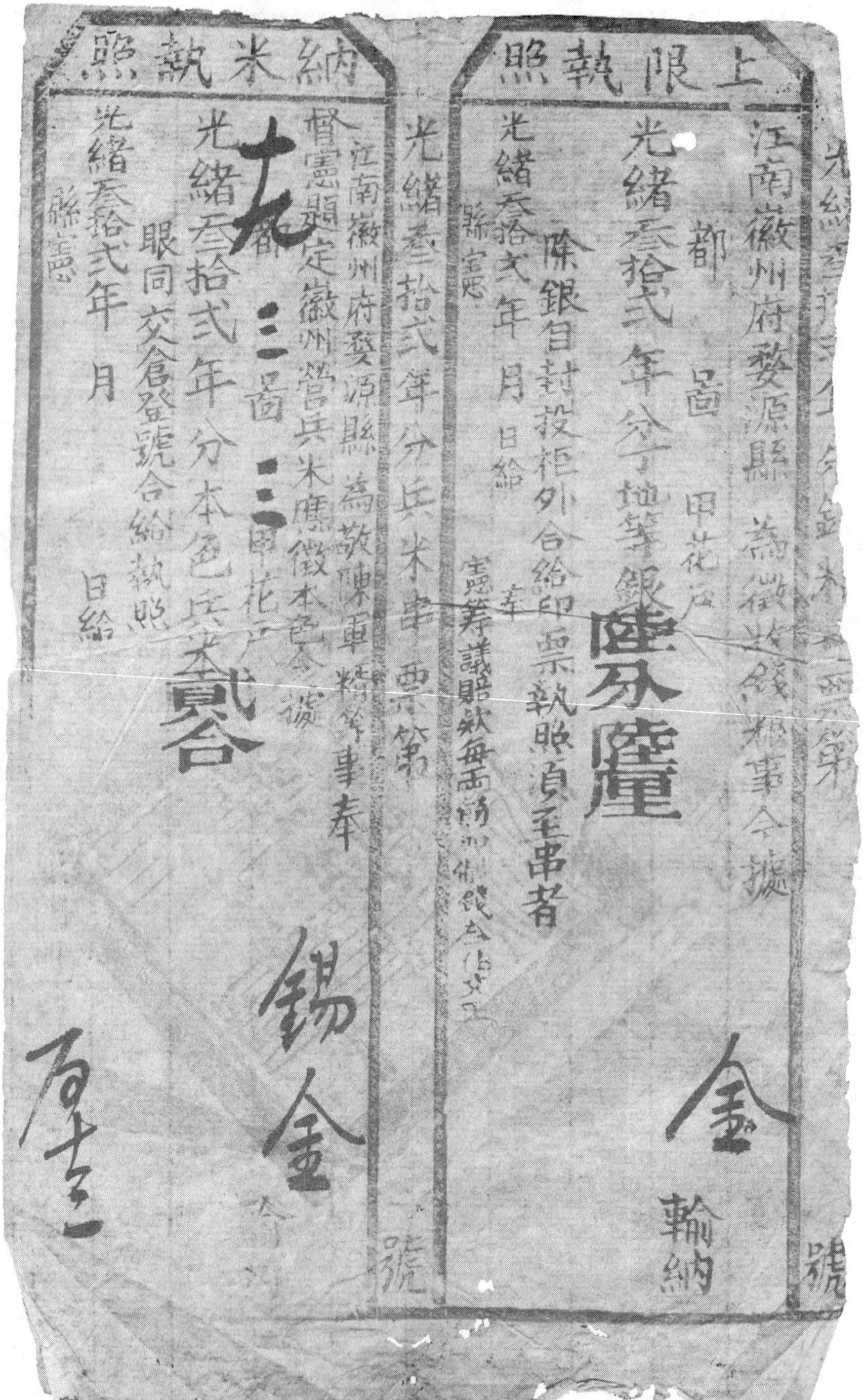
上限執照
江南徽州府婺源縣 為徵收錢糧事今據
都 圖 甲花戶
光緒叁拾弍年分地丁銀 陸分壹釐
除銀自封投櫃外合給印票執照須至串者
光緒叁拾弍年 月 日給
縣宪
憲奉議照欵每兩隨加制錢
金 輸納
光緒叁拾弍年分兵米串票第 號
納米執照
江南徽州府婺源縣 為敬陳軍精事奉
督憲題定徽州營兵米應徵本色今據
九都 三圖 三甲花戶 錫金
光緒叁拾弍年分本色兵米 貳合
眼同交倉登號合給執照
光緒叁拾弍年 月 日給
縣憲

秋口镇水末 [沫] 村汪家 77 · 光绪三十二年 · 纳米执照 · 锡金

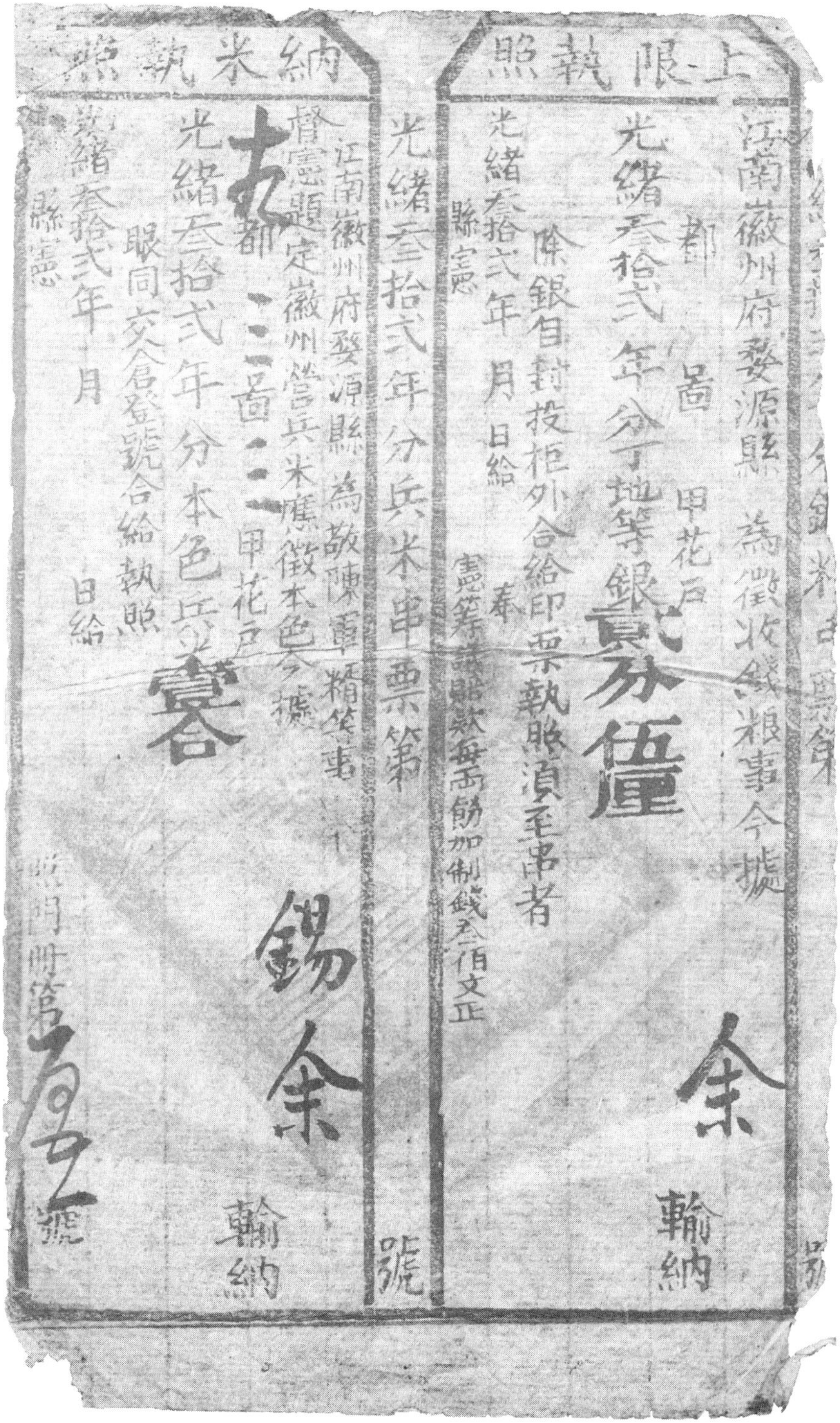
上限執照

江南徽州府婺源縣 為徵收錢糧事今據

都 啚 甲花戶 余 輸納

光緒叁拾弍年分丁地等銀貳分伍釐

除銀自封投柜外合給印票執照須至串者

光緒叁拾弍年 月 日給

縣憲

憲筹蒜貽欵每両飭加制錢叁佰文正

光緒叁拾弍年分兵米串票第 號

納米執照

江南徽州府婺源縣 為敬陳覃精筹事

督憲題定徽州營兵米應徵本色今據

十都 二啚 二甲花戶 錫余 輸納

光緒叁拾弍年分本色兵米壹合

眼同交倉登號合給執照

光緒叁拾弍年 月 日給

縣憲

照冊第 號

秋口镇水末 [沫] 村汪家 79 · 光绪三十二年 · 纳米执照 · 锡余

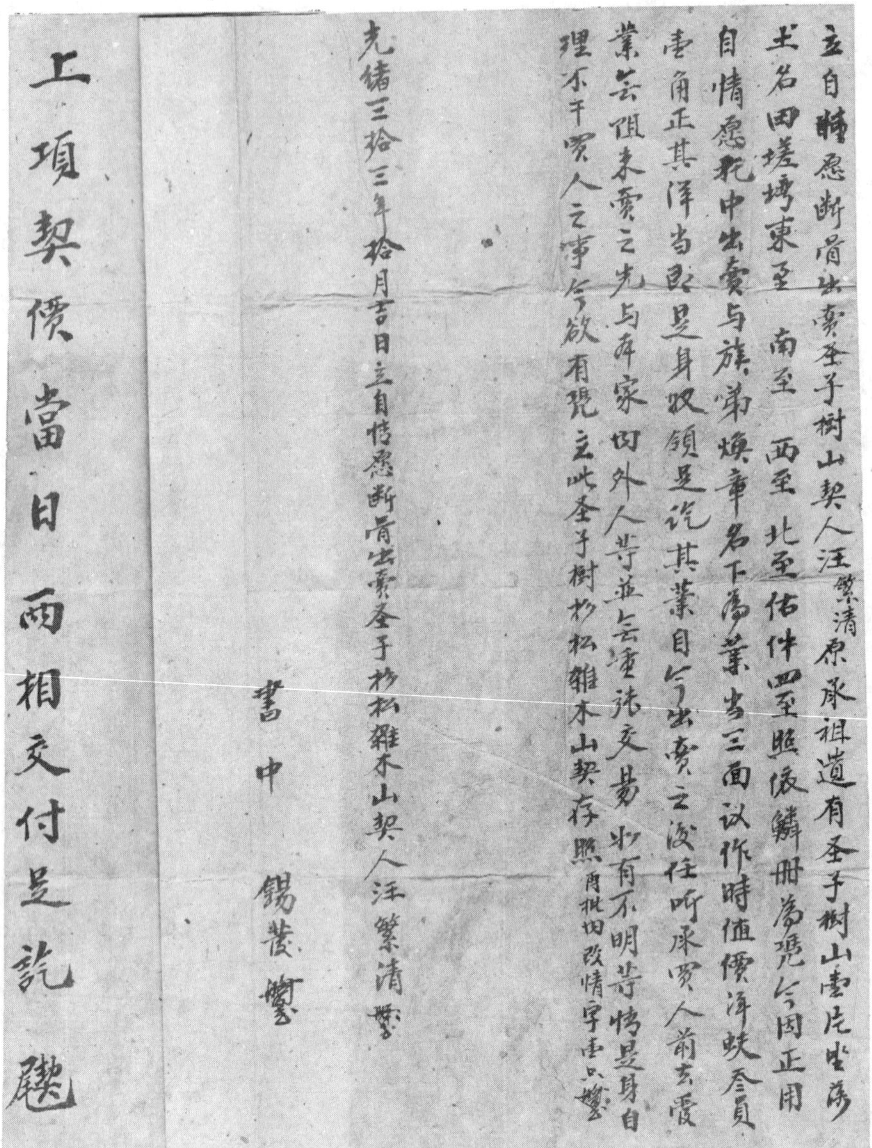

秋口镇水末 [沫] 村汪家 281 · 光绪三十三年 · 断骨卖柽子树山契 · 汪繁清卖与族弟焕章

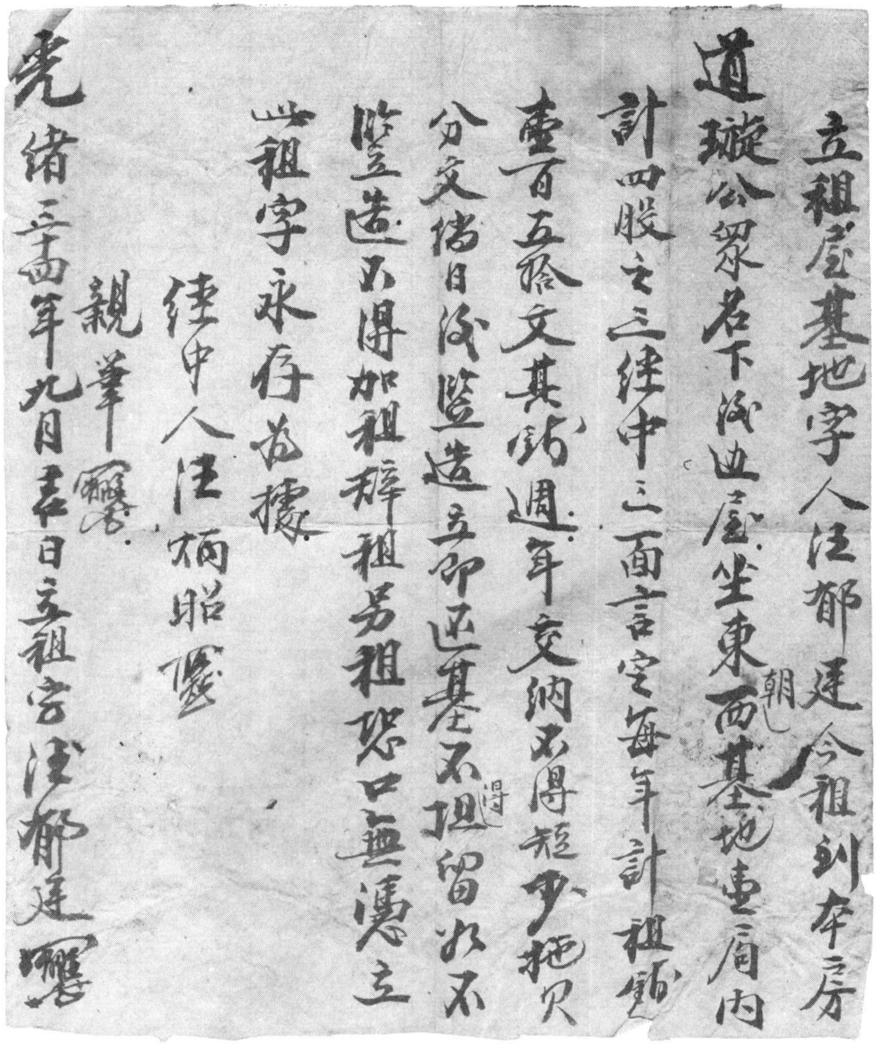
立祖屋基地字人汪郁廷今祖到本房
道璇公眾名下承出屋坐東朝西基地壹間內
計四股之三經中三面言定每年計祖錢
壹百五拾文其錢週年交納不得短少拖欠
分文倘日後監造立即退基不得阻留如不
監造不得加祖辞祖另祖恐口無憑立
此祖字永存為據
經中人汪炳昭（押）
親筆（押）
光緒三十四年九月吉日立祖字汪郁廷（押）

秋口镇水末 [沫] 村汪家 177 · 光绪三十四年 · 租屋基地字 ·
汪郁廷租到本房道璇公众

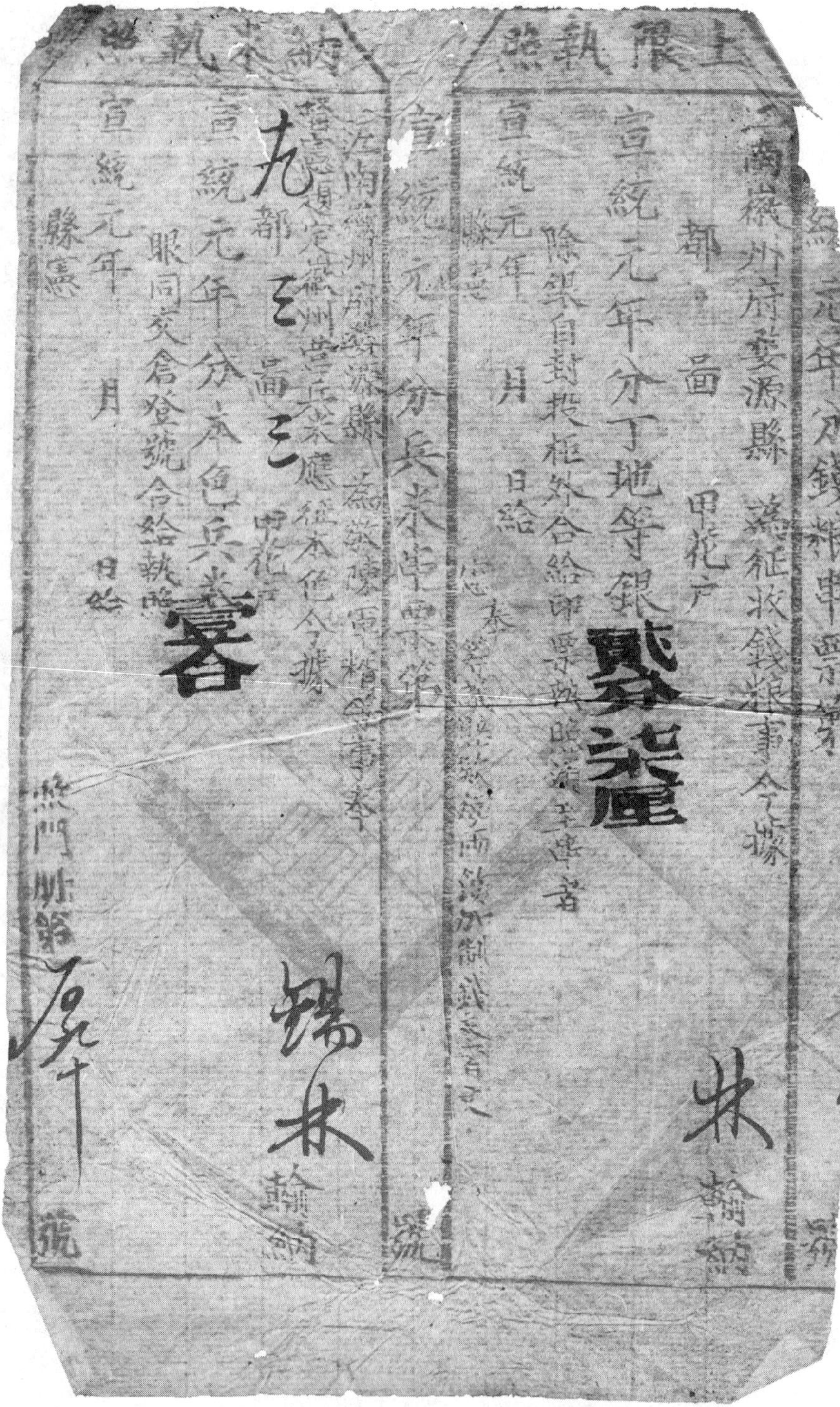

秋口镇水末［沫］村汪家 86 · 宣统元年 · 纳米执照 · 锡林

宣統元年分丁地等銀

陸分陸厘

宣統元年 月 日給

金

九都三啚三甲花戶

宣統元年分本色兵米

眼同交倉登號合給執照

貳合

宣統元年 月 日給

鍚金

秋口镇水末 [沫] 村汪家 91 · 宣统元年 · 纳米执照 · 锡金

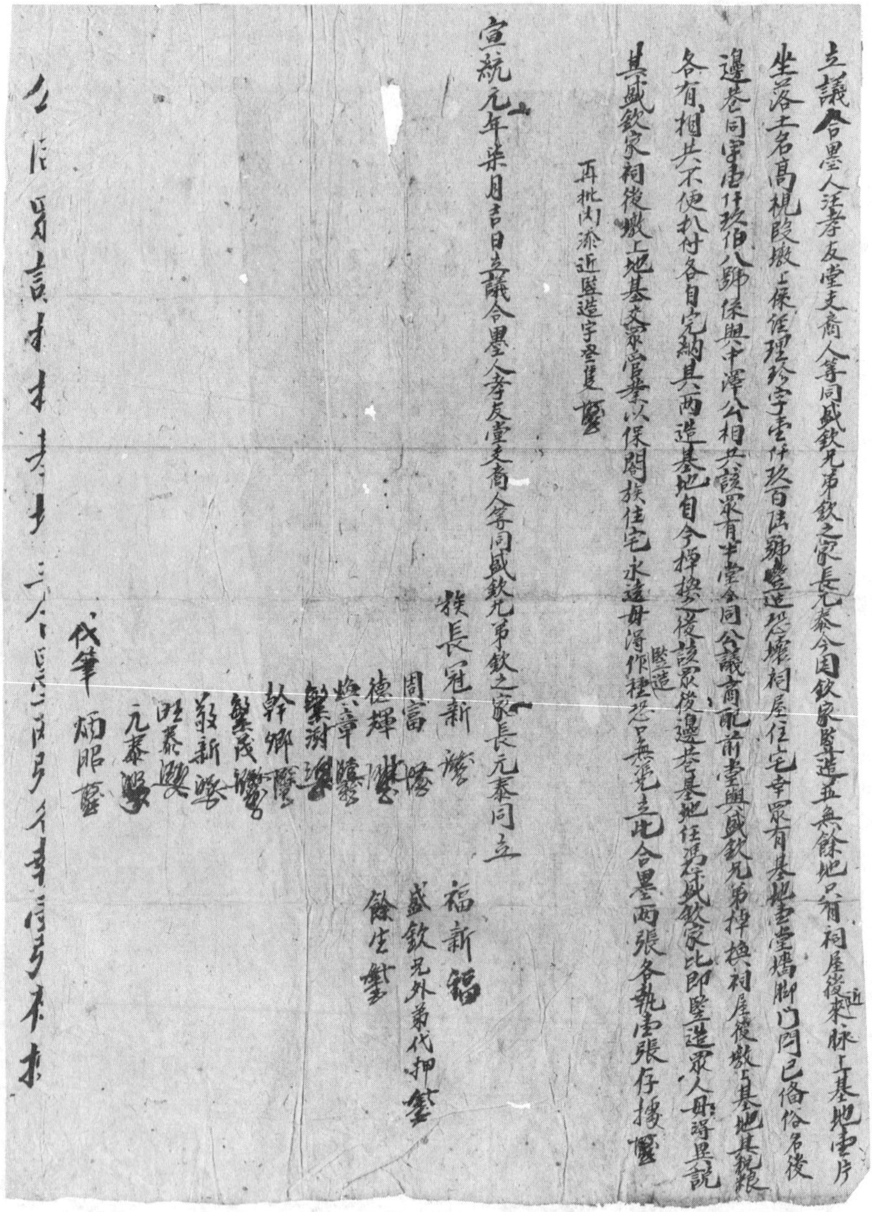
立議合墨人汪孝友堂支裔人等同盛欽兄弟欽之家長元泰，今因欽家豎造並無餘地，只有祠屋後近來脉上基地壹片，坐落土名高梘段墩上，係經理玠字壹仟玖百伍拾號，豎造恐壞祠屋住宅，幸眾有基地壹堂墻脚门閂已備，俗名後邊巷，同字壹仟玖伯八號，係與中澤公相共，該眾有半堂，合同公議商酌，前壹與盛欽兄弟掉換祠屋後墩上基地，其糧各有，相共不便扒付，各自完納。其兩造基地自今掉換之後，該眾後邊巷基地任憑盛欽家比即豎造，眾人毋得異說；其盛欽家祠後墩上地基交眾管業，以保闔族住宅，永遠毋得作種豎造。恐口無憑，立此合墨兩張，各執壹張存據。

再批內添近、豎造字，登是（押）

宣統元年柒月吉日立議合墨人孝友堂支裔人等同盛欽兄弟欽之家長元泰同立

族長冠新（押）
周富（押）
德輝（押）
煥章（押）
繁澍（押）
幹鄉（押）
繁茂（押）
毅新（押）
旺泰（押）
元泰（押）
福新（押）
盛欽兄外弟代押（押）
餘生（押）
代筆 炳明（押）

秋口镇水末［沫］村汪家 319 · 宣统元年 · 合墨 · 汪孝友堂支裔人等

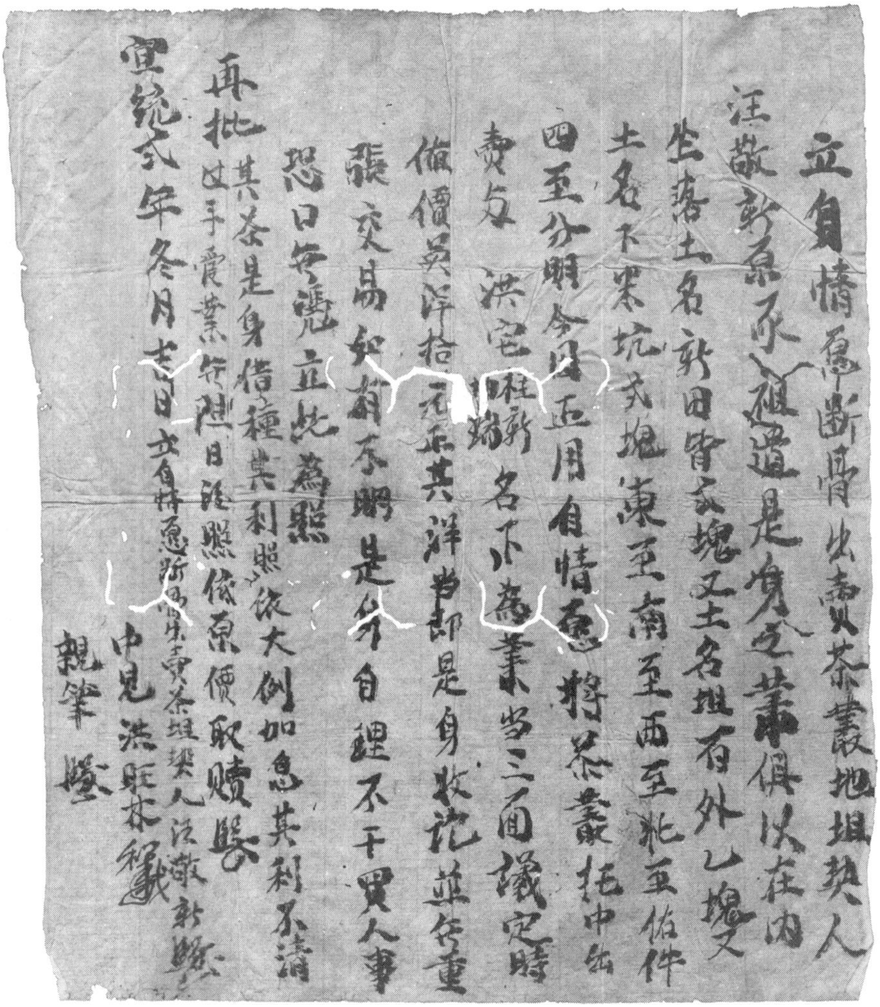
立自情愿断骨出卖茶丛地坦契人
汪敬新，原承祖遗是身之业，俱佚在内，
坐落土名新田背壹块，又土名坦石外乙块，又
土名下栗坑弍块，东至 南至 西至 北至佑件
四至分明，今因正用，自情愿将茶丛托中出
卖与洪宅桂新、坤瑞名下为业，当三面议定时
值价英洋拾元正，其洋当即是身收讫，并无重
张交易，如有不明，是身自理，不干买人事。
恐口无凭，立此为照。
再批：其茶是身借种，其利照依大例加息，其利不清，
凭手震业无限，日后照依原价取赎照。
宣统弍年冬月十二日 立自情愿断骨出卖茶坦契人汪敬新
中见 洪旺林
亲笔

秋口镇水末［沫］村汪家 163 · 宣统二年 · 断骨出卖茶丛地坦契 ·
汪敬新卖与洪宅桂新、坤瑞

秋口镇水末 [沫] 村汪家 102 · 民国元年 · 纳米执照 · 锡林

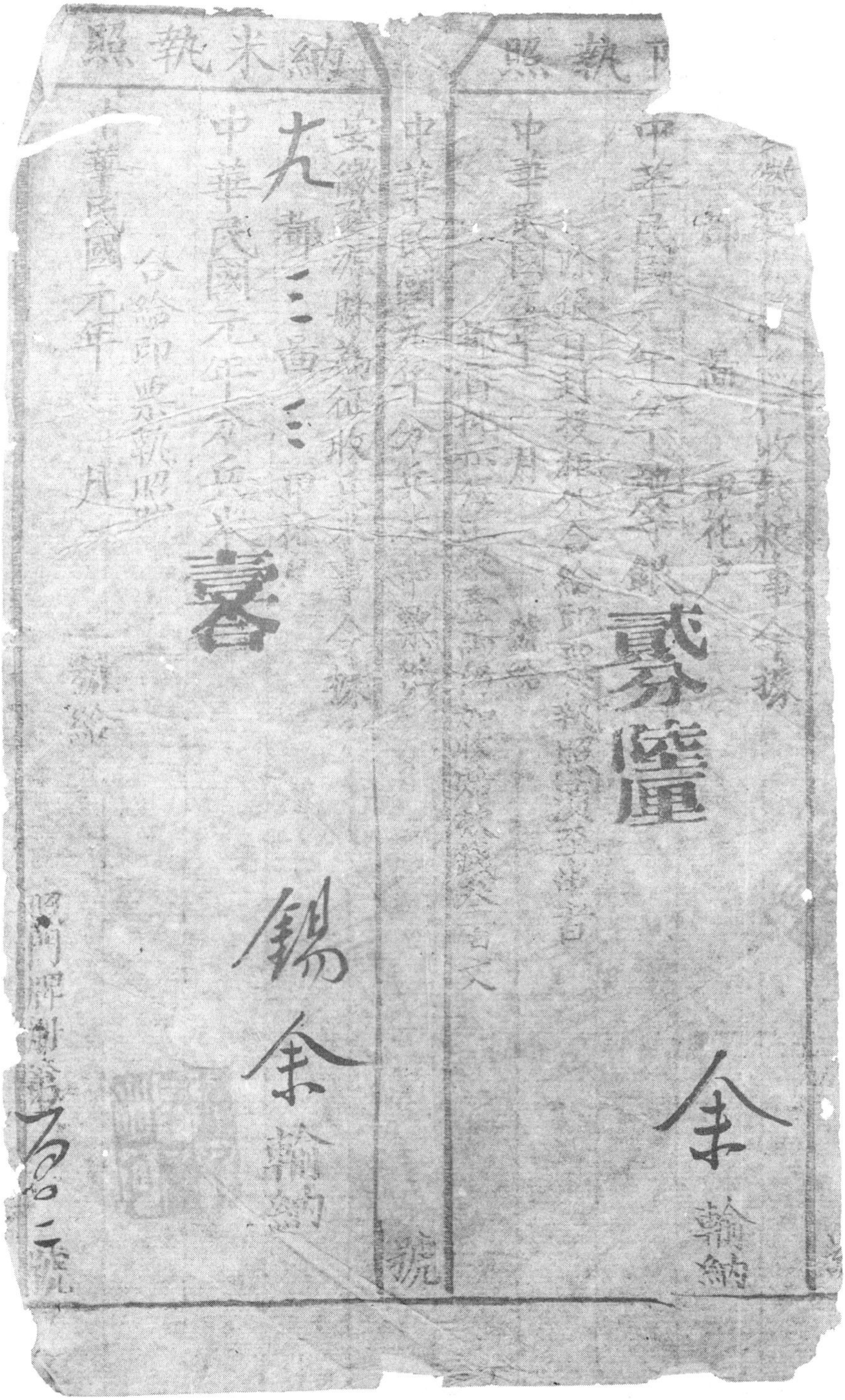

秋口镇水末［沫］村汪家 103 · 民国元年 · 纳米执照 · 锡余

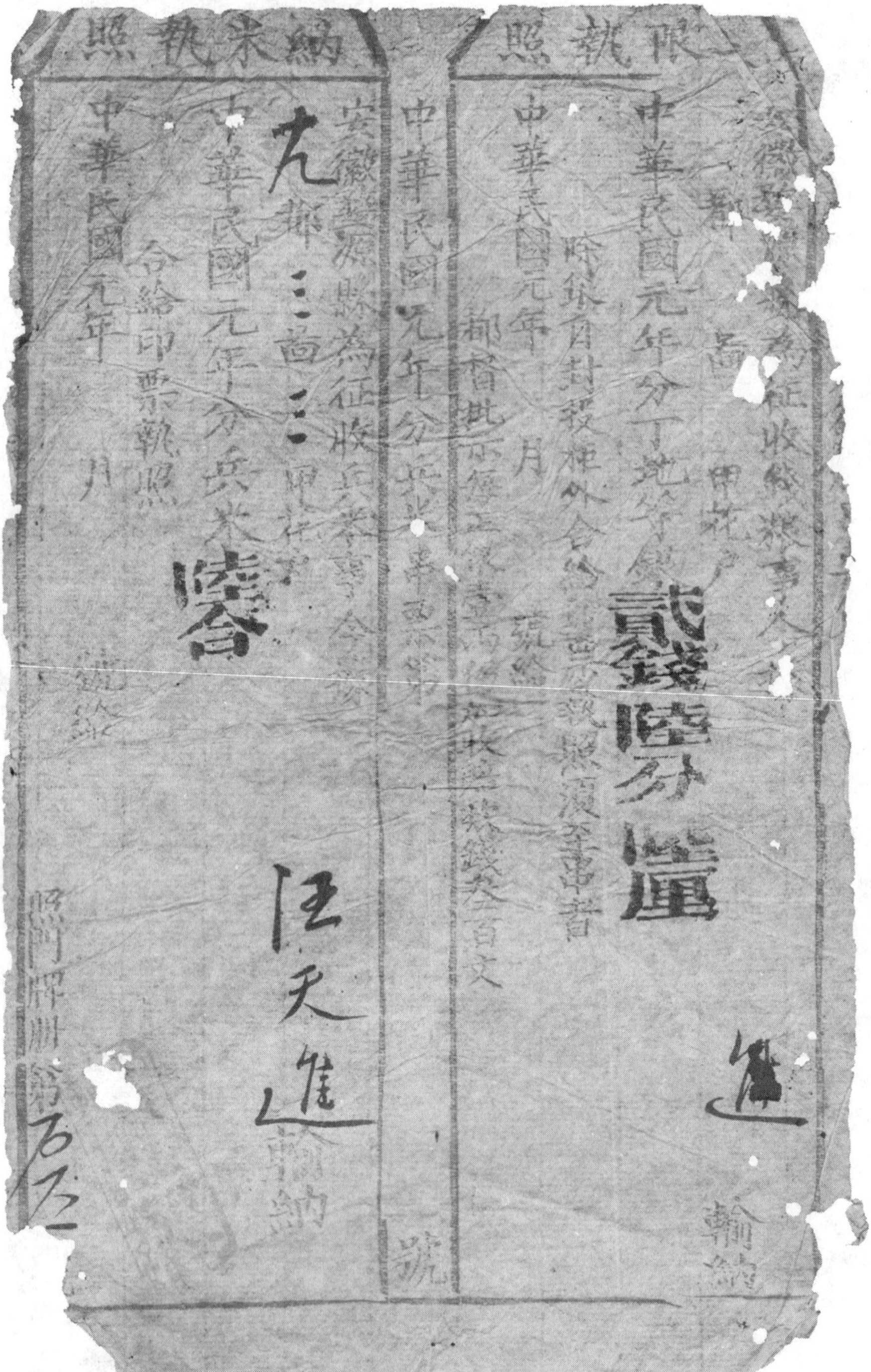

秋口镇水末 [沫] 村汪家 105 · 民国元年 · 纳米执照 · 汪天进

秋口镇水末 [沫] 村汪家 110 · 民国元年 · 纳米执照 · 日初

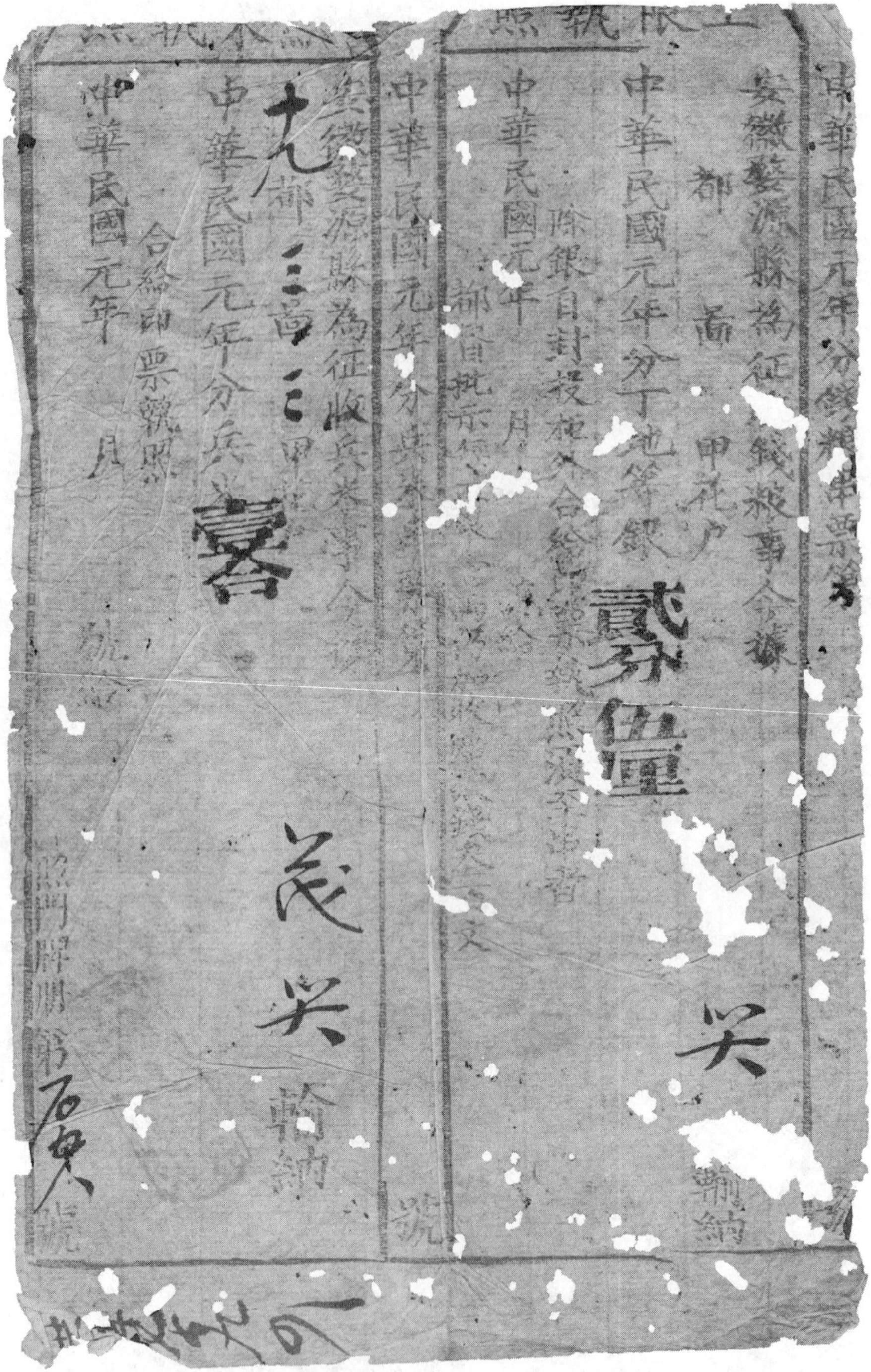

秋口镇水末[沫]村汪家113 · 民国元年 · 纳米执照 · 茂兴

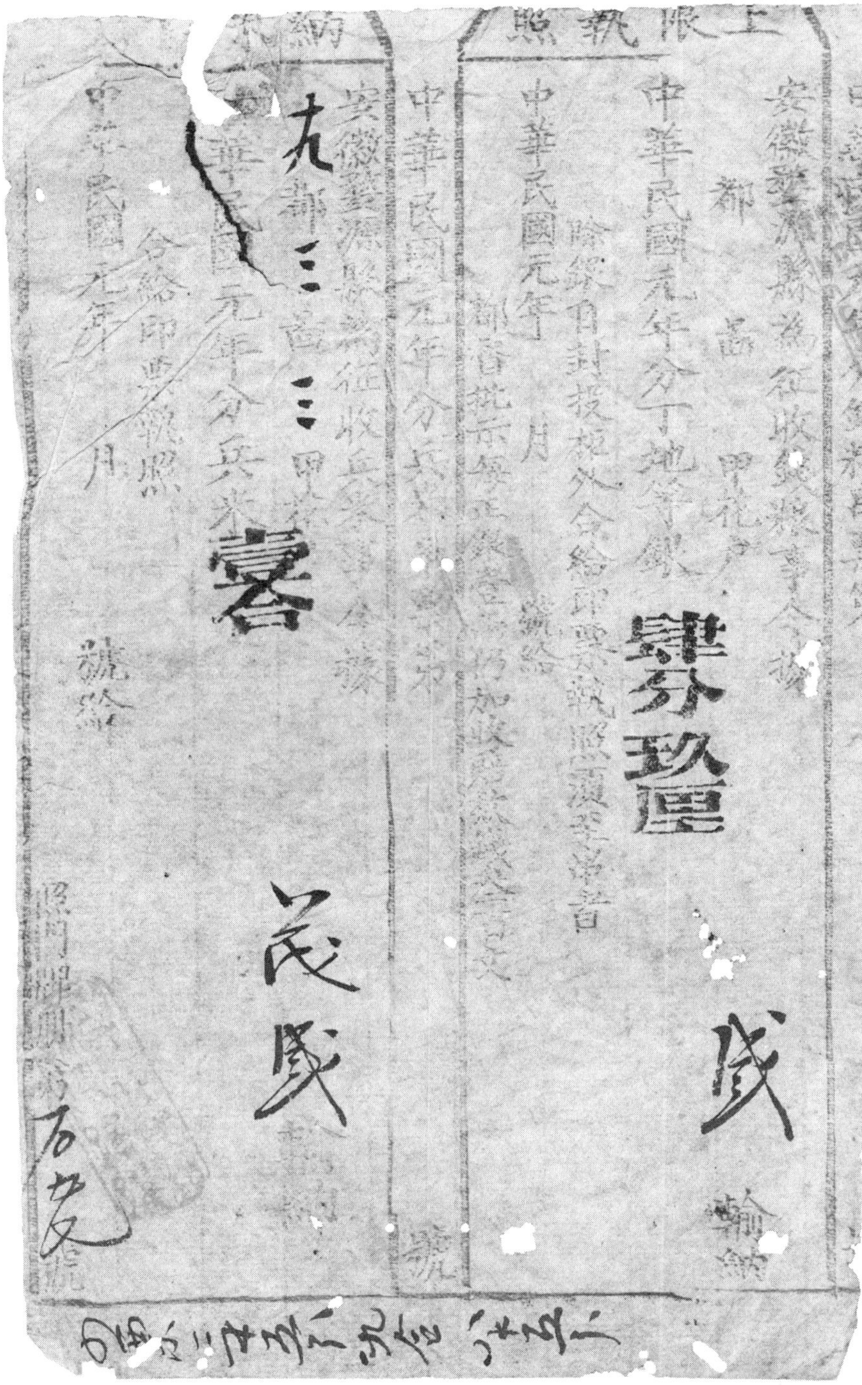

秋口镇水末［沫］村汪家 115 · 民国元年 · 纳米执照 · 茂盛

上限執照
安徽黟縣為
中華民國元年
納米執
中華民國元年

秋口镇水末［沫］村汪家 127 · 民国元年 · 纳米执照 · 光葱

上限執照
中華民國元年
中華民國元年
蕃

納米執照
九都三圖三甲
中華民國元年
中華民國元年
立蕃
石九一號

秋口镇水末[沫]村汪家 129 · 民国元年 · 纳米执照 · 立蕃

秋口镇水末 [沫] 村汪家 15-1 · 民国二年 · 卷拢账 · 王启桂户

秋口镇水末[沫]村汪家15-2·民国二年·卷拢账·王启桂户

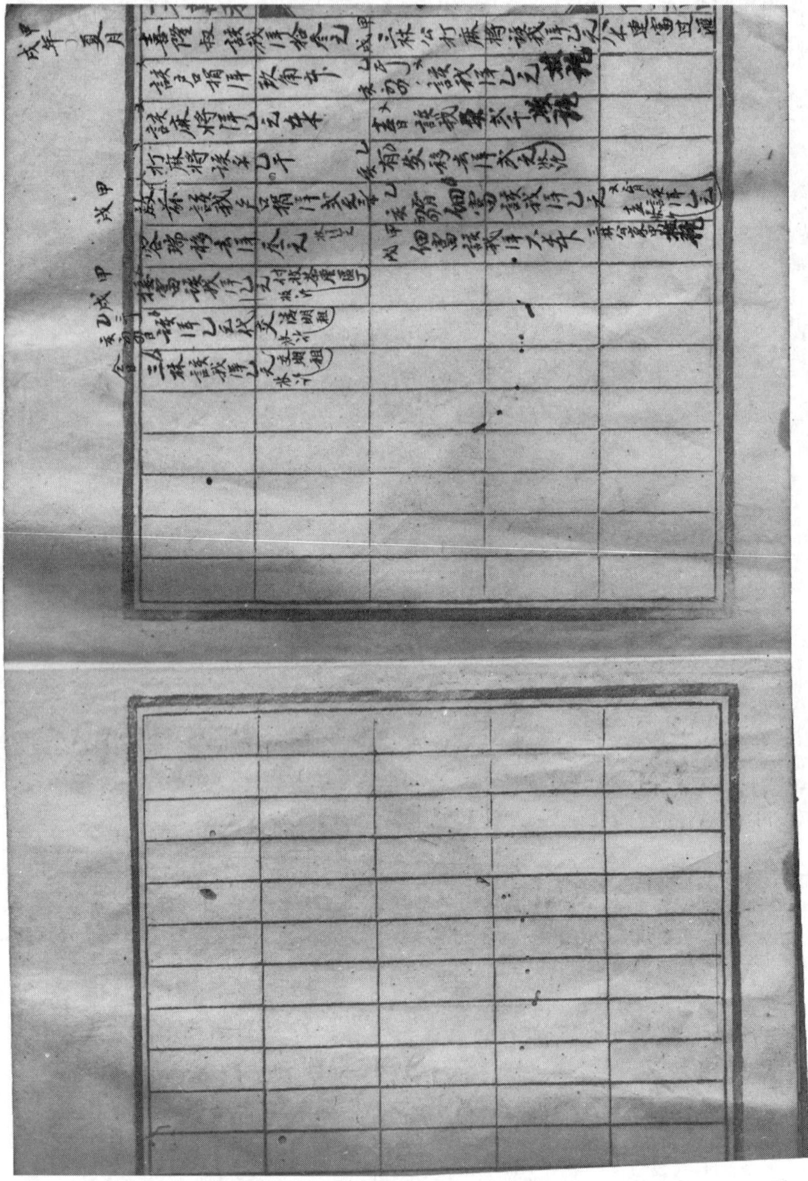

秋口镇水末［沫］村汪家 15-3 · 民国二年 · 卷拢账 · 王启桂户

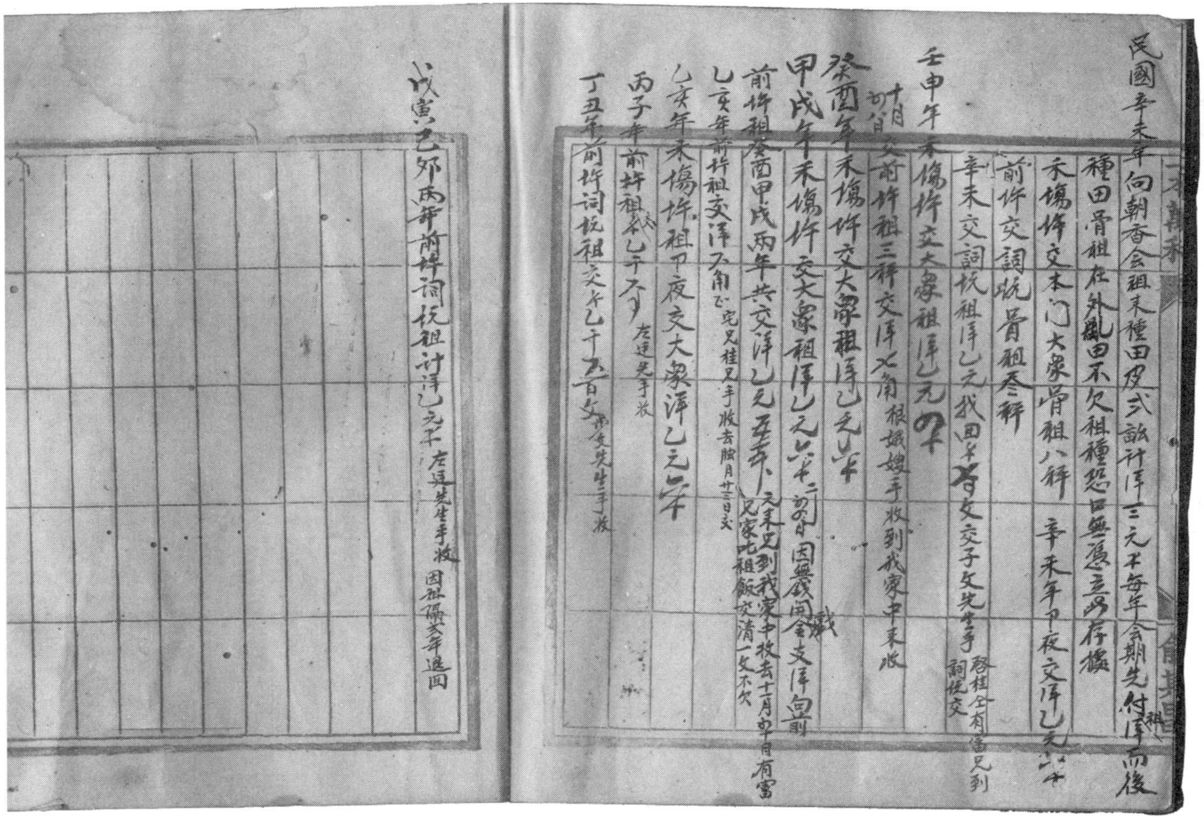

秋口镇水末［沫］村汪家 15-4 · 民国二年 · 卷拢账 · 王启桂户

秋口镇水末［沫］村汪家 33 · 民国四年 · 纳米执照 · 兴望

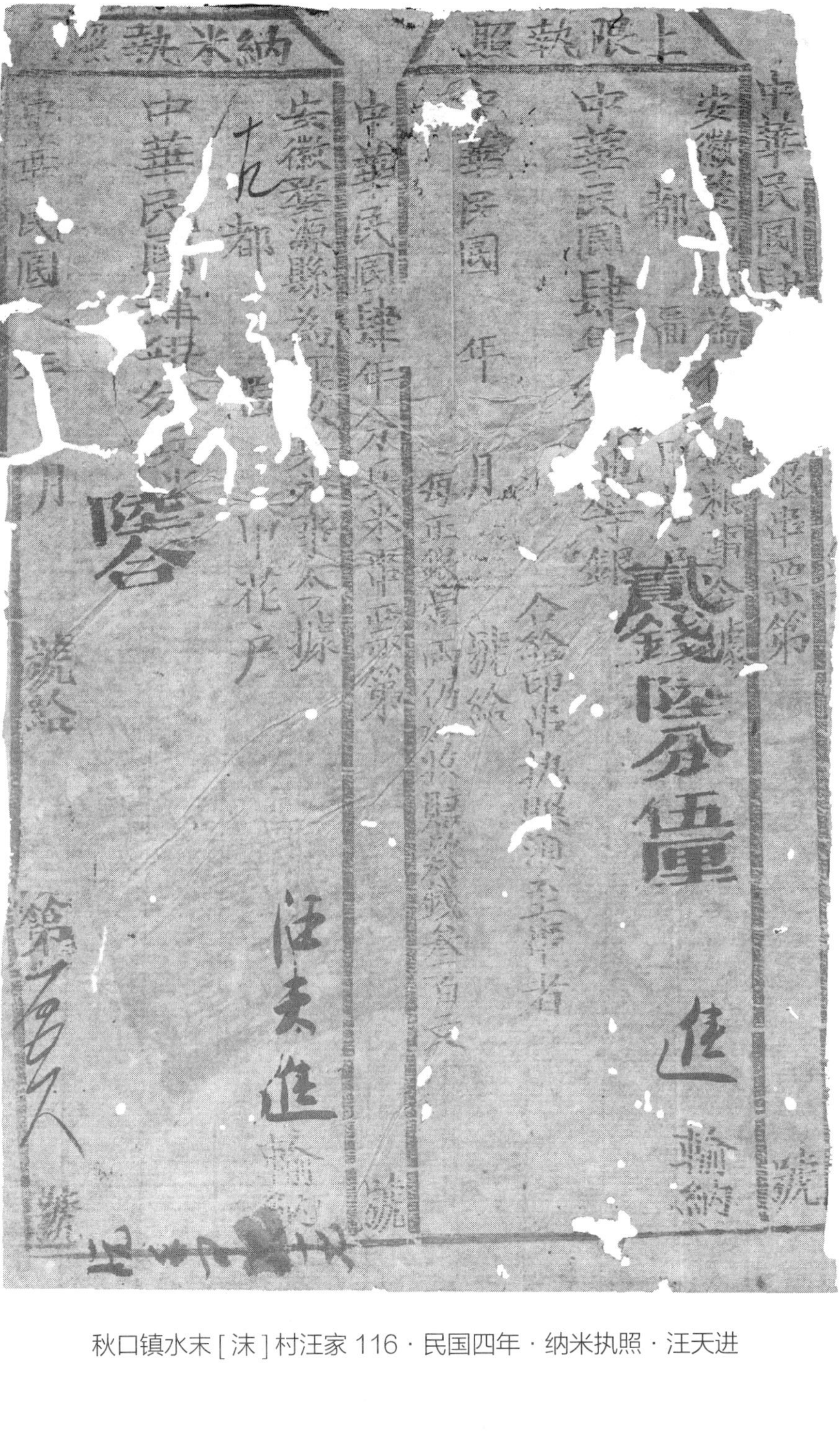
納米執照

上限執照

秋口镇水末 [沫] 村汪家 116 · 民国四年 · 纳米执照 · 汪天进

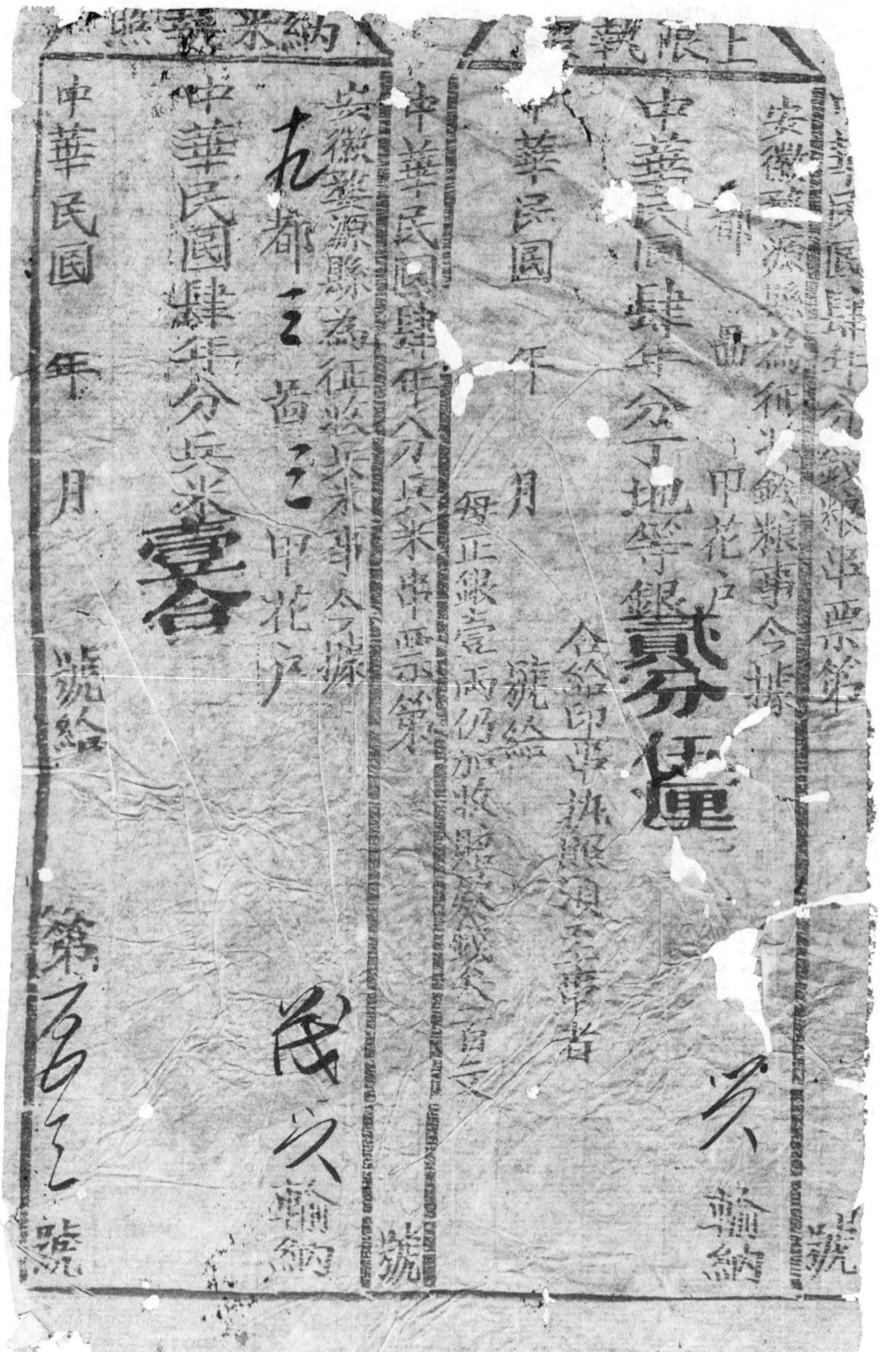
上限執照
中華民國肆年分錢糧串票第 號
安徽婺源縣為征收錢糧事今據
都 啚 甲花户
中華民國肆年分丁地等銀貳分僅
合給印串執照須至串者
每正銀壹兩仍加收隨征錢
中華民國 年 月 號給
兴 輸納
納米執照
中華民國肆年分兵米串票第 號
安徽婺源縣為征收兵米事今據
九都三啚三甲花户
中華民國肆年分兵米壹合
中華民國 年 月 號給
第 號
茂兴 輸納

秋口镇水末［沫］村汪家 117 · 民国四年 · 纳米执照 · 茂兴

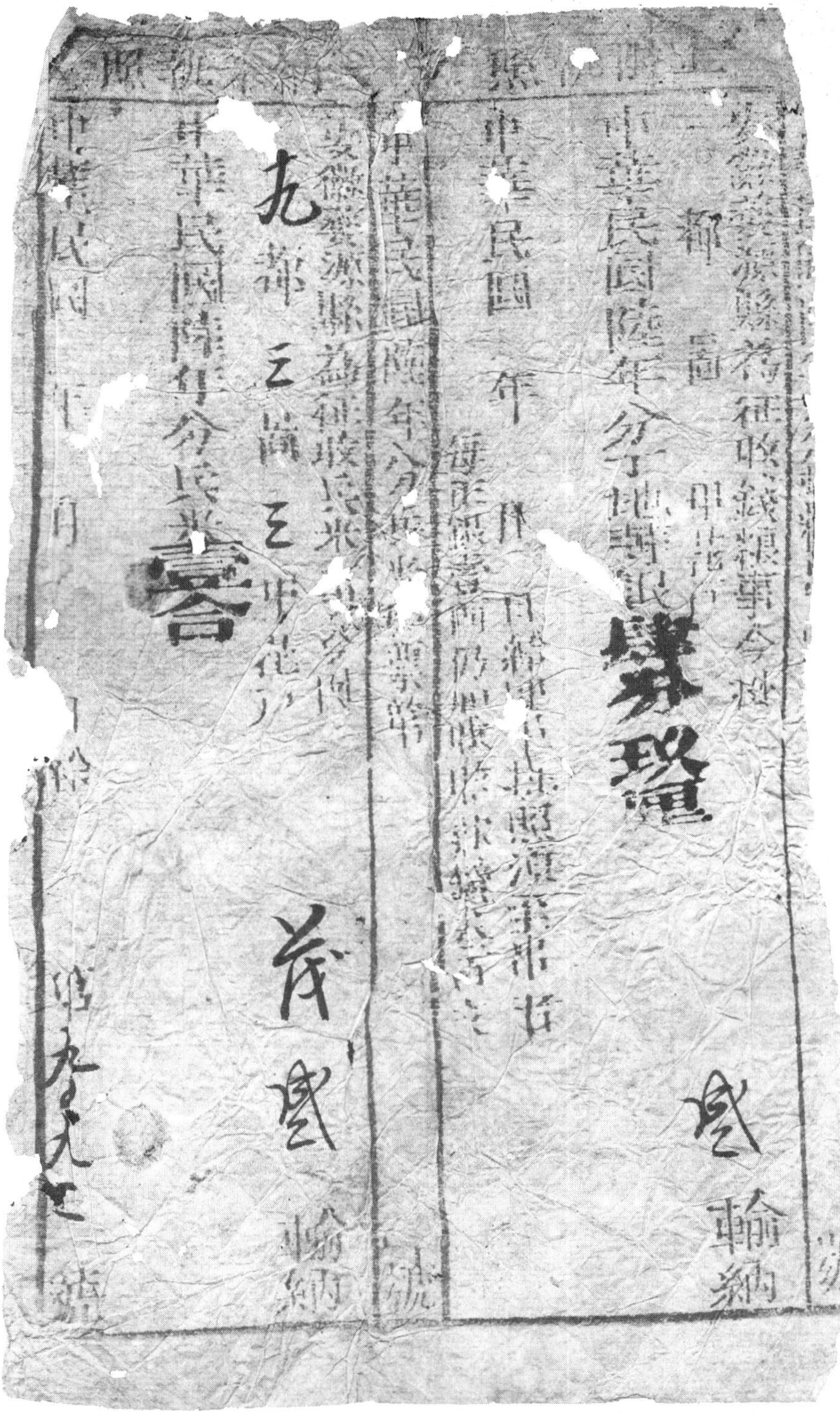

秋口镇水末［沫］村汪家 128 · 民国六年 · 纳米执照 · 茂盛

秋口镇水末 [沫] 村汪家 108 · 民国七年 · 纳米执照 · 汪天进

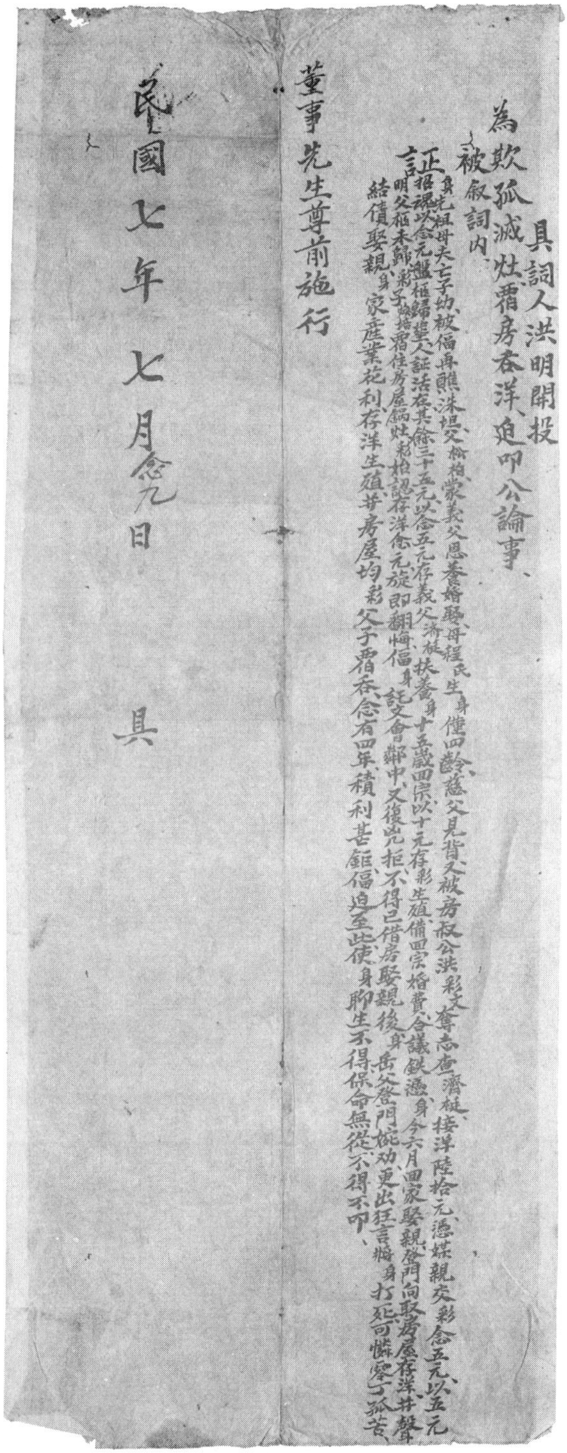

具詞人洪明開投

為欺孤滅灶、霸房吞洋、迫叩公論事、

被叙詞内、

証正：身先祖母夫亡子幼、被偪再醮洪堨父榆柏、蒙義父恩養婚娶、母程氏生身僅四齡、慈父見背、又被房叔公洪彩文奪志扁擠挺、接洋陸拾元、憑媒親交彩念五元、以五元

言：招魂以念元盤柩歸葬、人証活在、其餘三十五元以念五元存義父济挺扶養身十五歲、四宗以十元存彩生殖、備四宗婚費、合議僉憑、身今六月回家娶親、登門向取房屋存洋、并聲

明父柩未歸、彩子[illegible]揞霸住房屋鍋灶、彩抬認存洋念元、旋即翻悔、偪身託文會鄰中、又復兇拒、不得已借房娶親、後身岳父登門妮劝、更出狂言、將身打死、可憐零丁孤苦、

結債娶親、身家產業花利存洋生殖、并房屋均彩父子霸吞、念有四年、積利甚鉅、偪迫至此、使身聊生不得、保命無從、不得不叩、

董事先生尊前施行

民國七年七月念九日　具

秋口镇水末［沫］村汪家 246 · 民国七年 · 具状词 · 洪明开告洪彩文父子

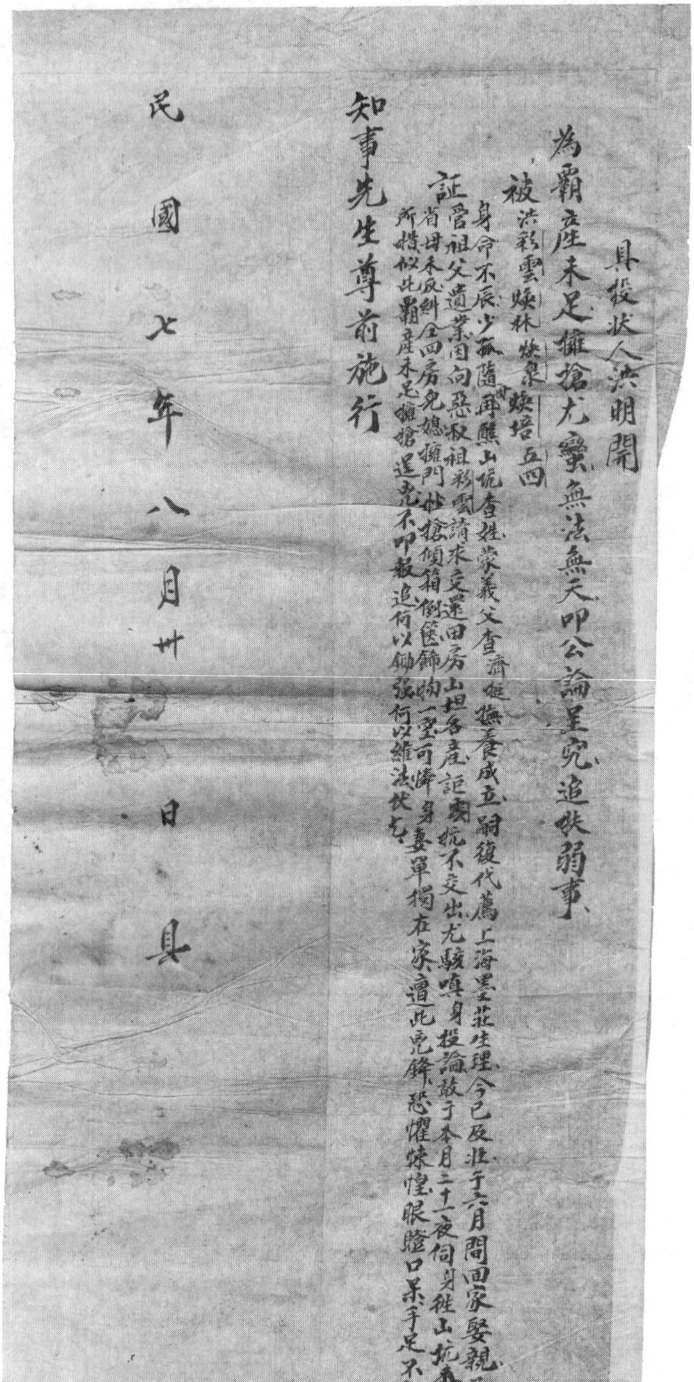

具投状人洪明開

為霸産未足擁搶尤蠻無法無天叩公論呈究追扶弱事

被洪彩雲 煥林 煥泉 煥培 五四

証

身命不辰少孤隨母再醮山坑查姓蒙義父查濟娗撫養成立嗣後代薦上海墨莊生理今已及壯于六月間回家娶親承

曾祖父遺業因向惡叔祖彩雲請來交還田房山坦各産詎惡抗不交出尤駭嗔身投論敢于本月二十一夜伺身往山坑查夏

首母未成斜全四房兇媳擁門扯搶傾箱倒篋飾物一空可憐身妻單獨在家遭此兇鋒恐懼悚惶眼瞪口呆手足不知

所措似此霸産未足擁搶逞兇不叩殺追何以鋤強何以維法伏乞

知事先生尊前施行

民國七年八月卅日具

秋口镇水末［沫］村汪家 247 · 民国七年 · 具状词 ·
洪明开告洪彩云、焕林、焕泉、焕培

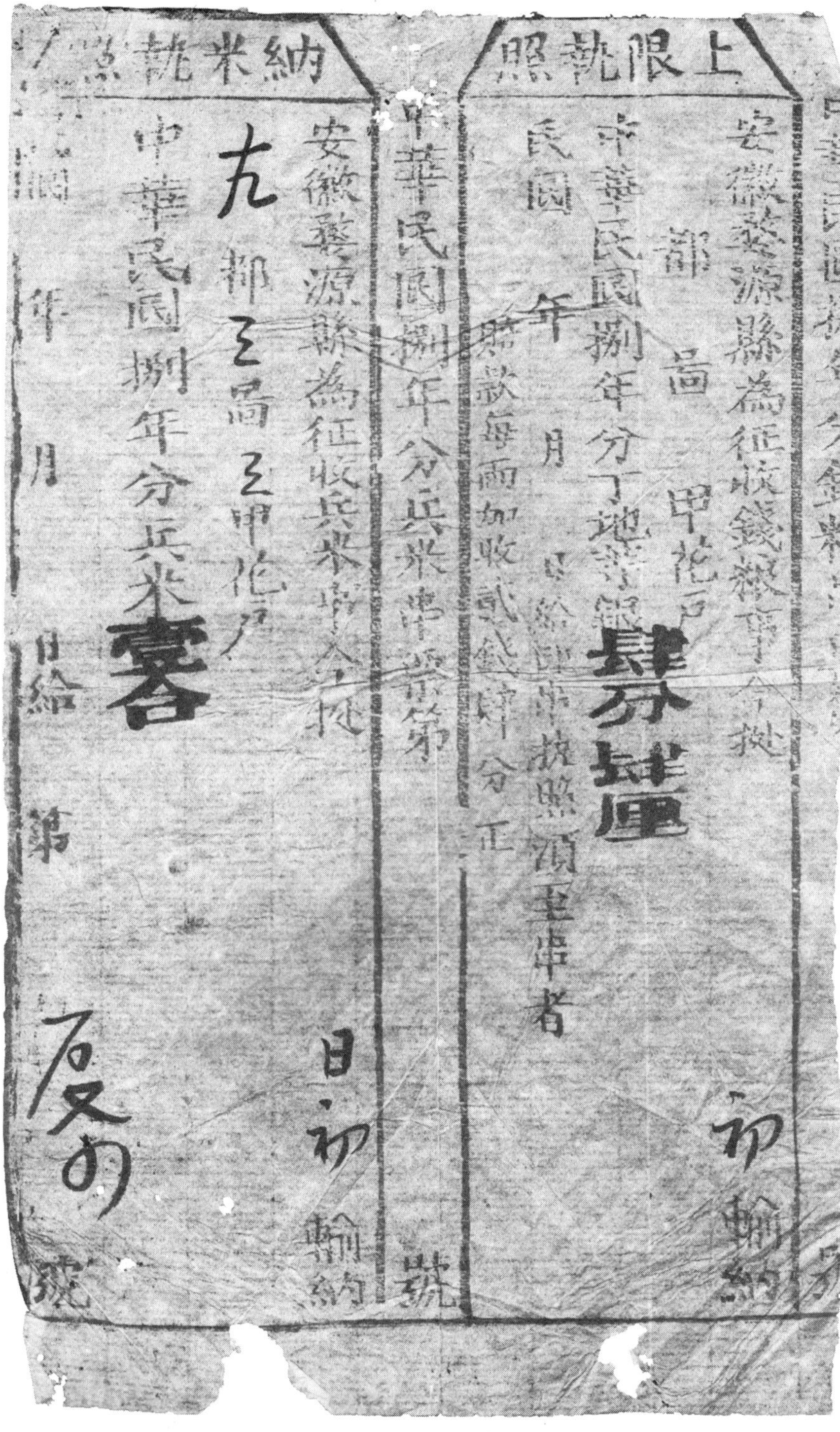

秋口镇水末[沫]村汪家107 · 民国八年 · 纳米执照 · 日初

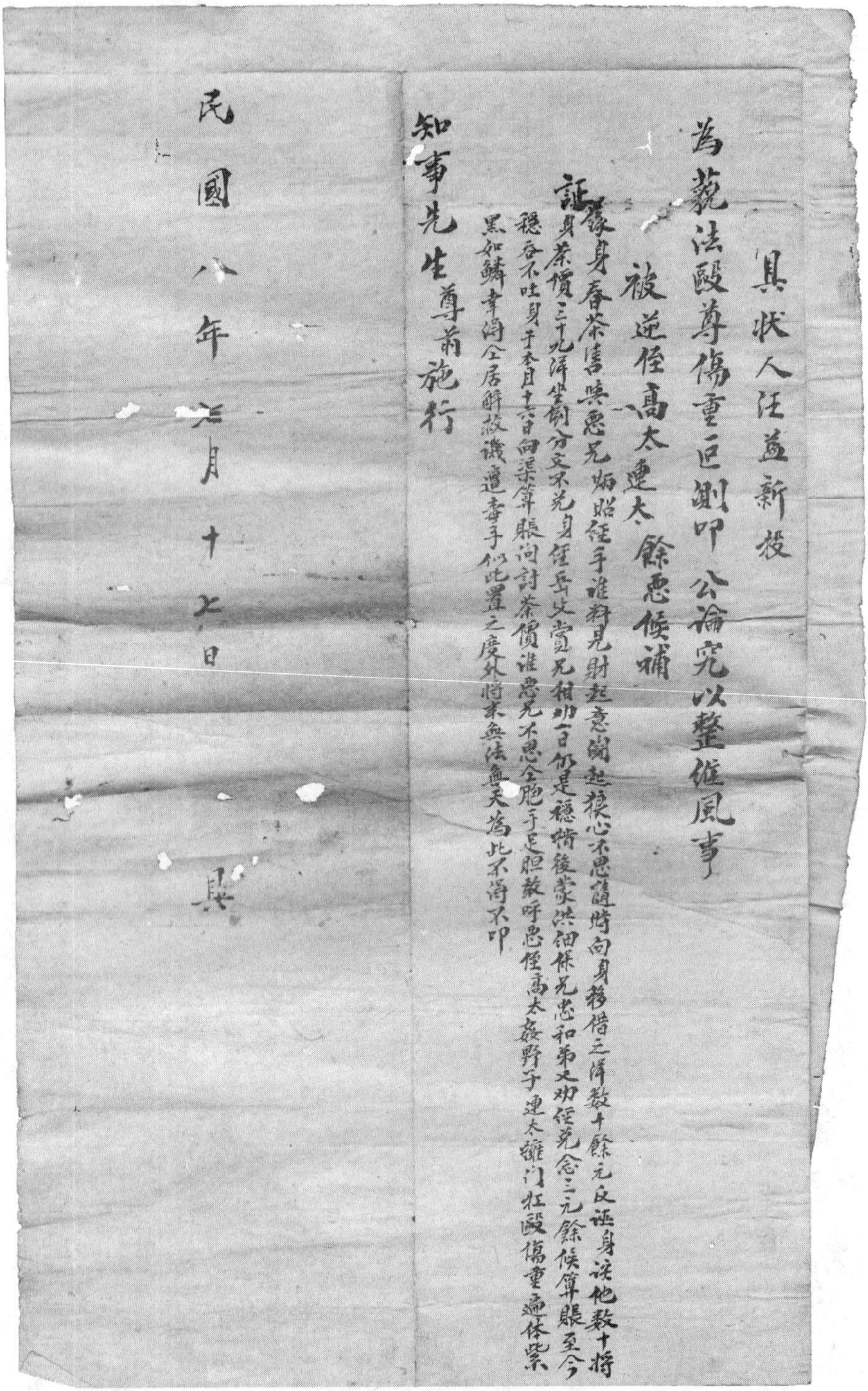

具状人汪益新投

為藐法毆尊傷重叵測叩公論究以整維風事

被逆侄高太連太　餘惡候補

証　缘身春茶售與恶兄炳昭經手誰料見財起意尚起狼心不思随時向身移借之洋數十餘元反誣身該他數十將身茶價三十九洋坐扣分文不兑身侄岳丈賞兄相劝一日仍是穩情後蒙洪細保兄忠和弟丈劝侄兄念三元餘候算賬至今穩吞不吐身于本月十六日向渠算賬尚討茶價誰恶兄不思全胞手足胆敢呼恶侄高太姦野子連太擁门狂毆傷重遍体紫黑如鳞幸得仝居解救識邁毒手似此罪之度外將來無法無天為此不得不叩

知事先生尊前施行

民國八年六月十七日　具

秋口镇水末［沫］村汪家 245 · 民国八年 · 具状词 · 汪益新

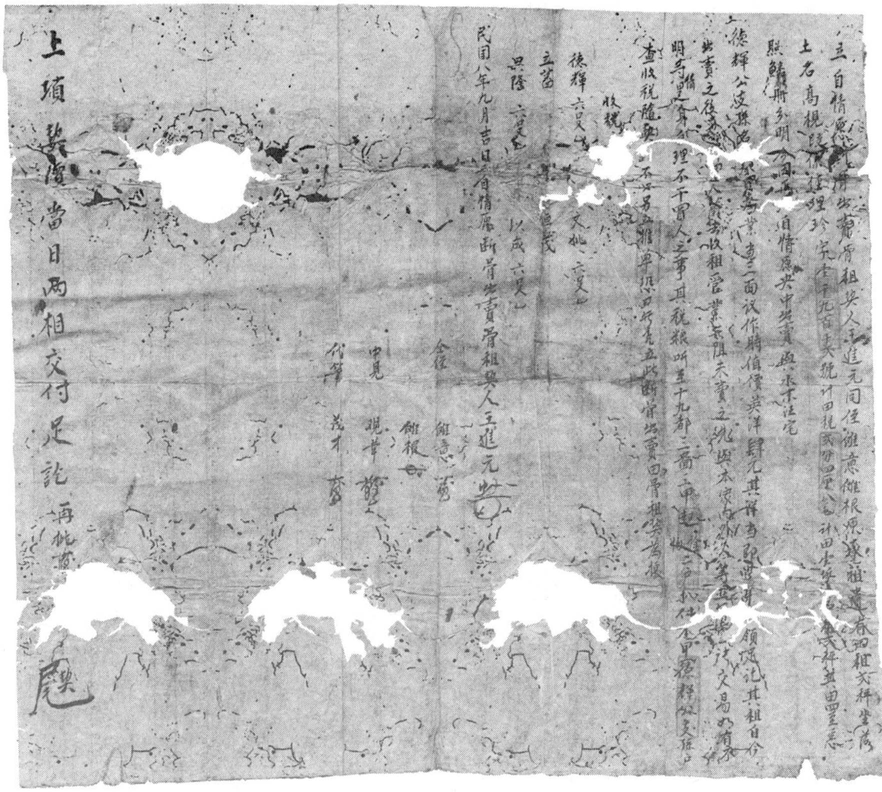

秋口镇水末［沫］村汪家 313 · 民国八年 · 断骨卖骨租契 ·
王进元同侄傩意、傩根卖与汪德辉公支孙

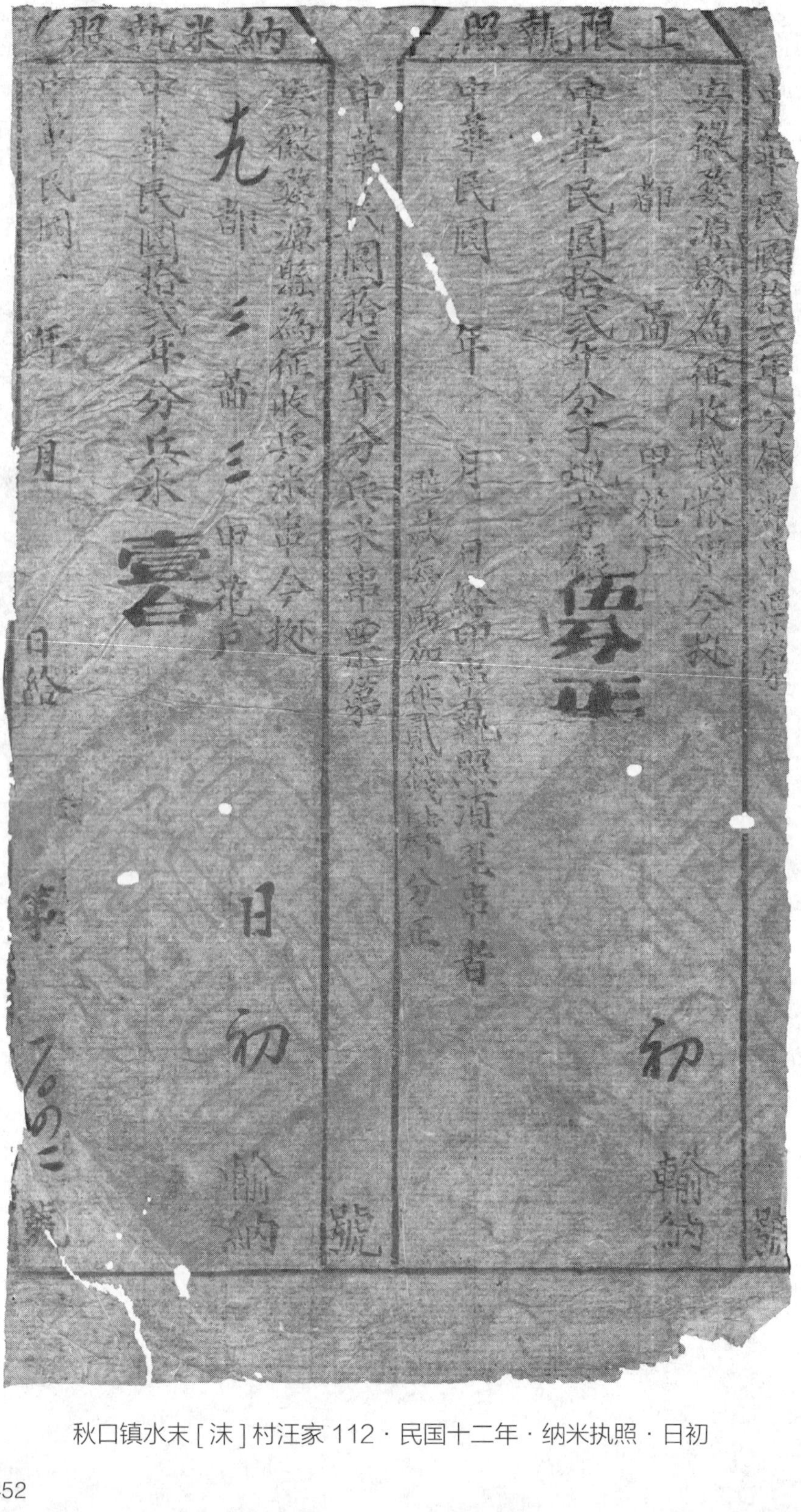
中華民國拾弍年分徵米串票字第 號

上限執照

安徽婺源縣為徵收錢糧事今據

都 圖 甲花戶

中華民國拾弍年分丁地等銀 伍正

中華民國 年 月 日給印串執照須至串者

初 輸納

中華民國拾弍年分兵米串票第 號

納米執照

安徽婺源縣為徵收兵米串事今據

九 都 三 圖 三 甲花戶

中華民國拾弍年分兵米 壹合

中華民國 年 月 日給

第 號

日 初 輸納

秋口镇水末［沫］村汪家 112 · 民国十二年 · 纳米执照 · 日初

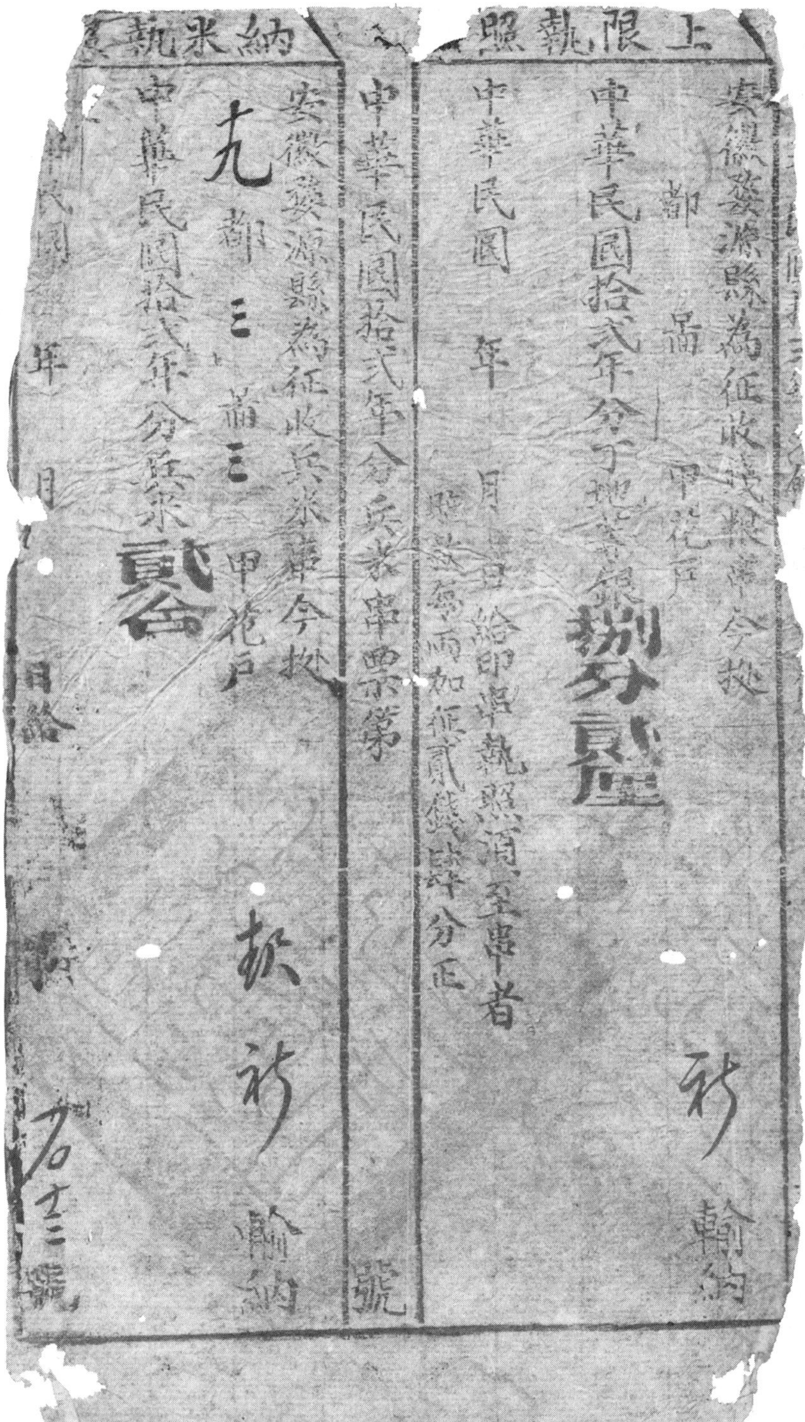
上限執照
安徽婺源縣為征收錢糧事今據 都 啚 甲 花戶
中華民國拾弍年分丁地漕銀 捌分貳厘
中華民國 年 月 日給印串執照須至串者
照[illegible]每兩加征貳錢肆分正
新 輸納

中華民國拾弍年分兵米串票第 號

納米執照
安徽婺源縣為征收兵米事今據 九 都 三 啚 三 甲 花戶
中華民國拾弍年分兵米 貳合
起新 輸納
中華民國 年 月 日給

秋口镇水末[沫]村汪家 126 · 民国十二年 · 纳米执照 · 起新

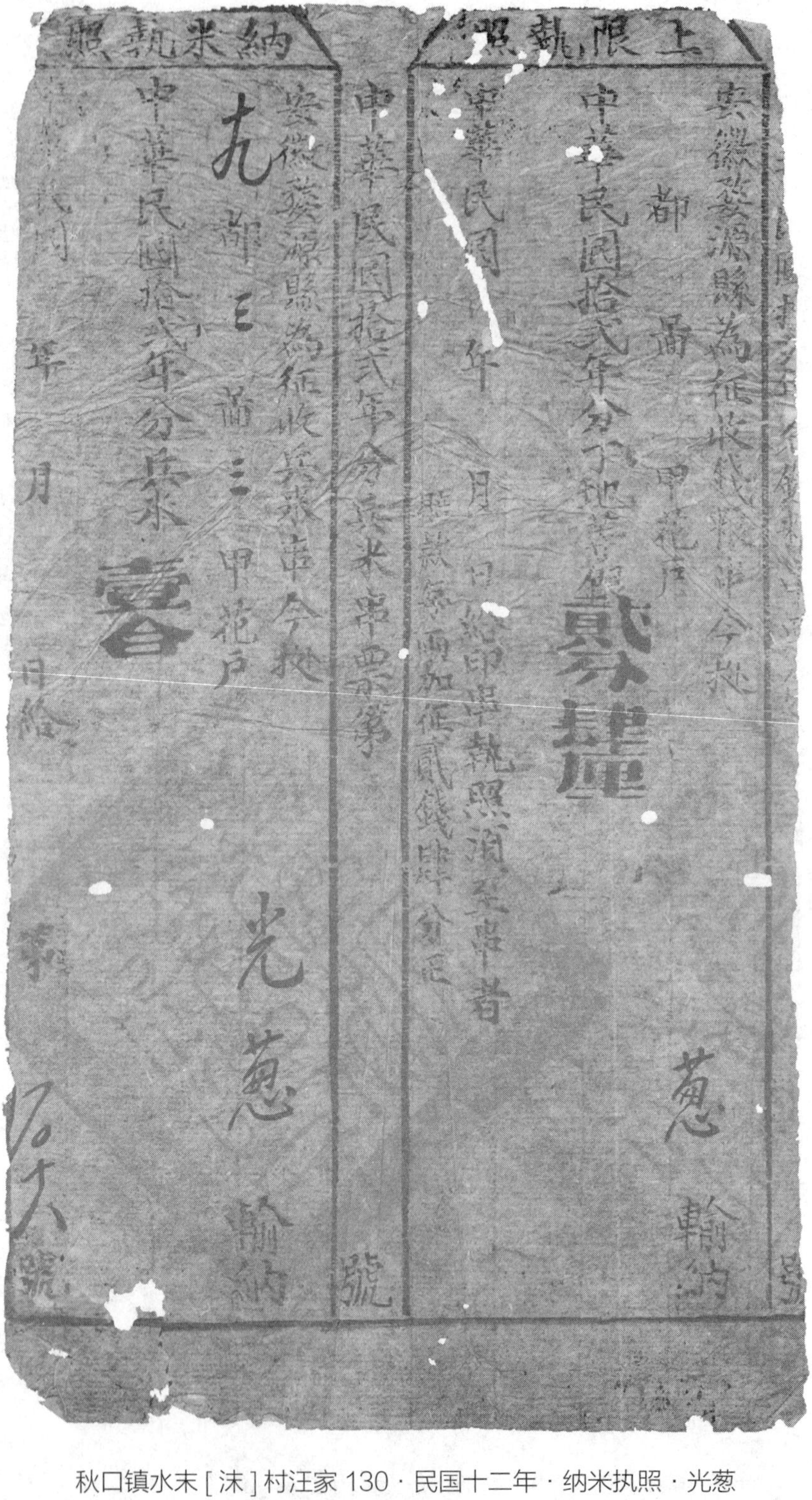

秋口镇水末 [沫] 村汪家 130 · 民国十二年 · 纳米执照 · 光葱

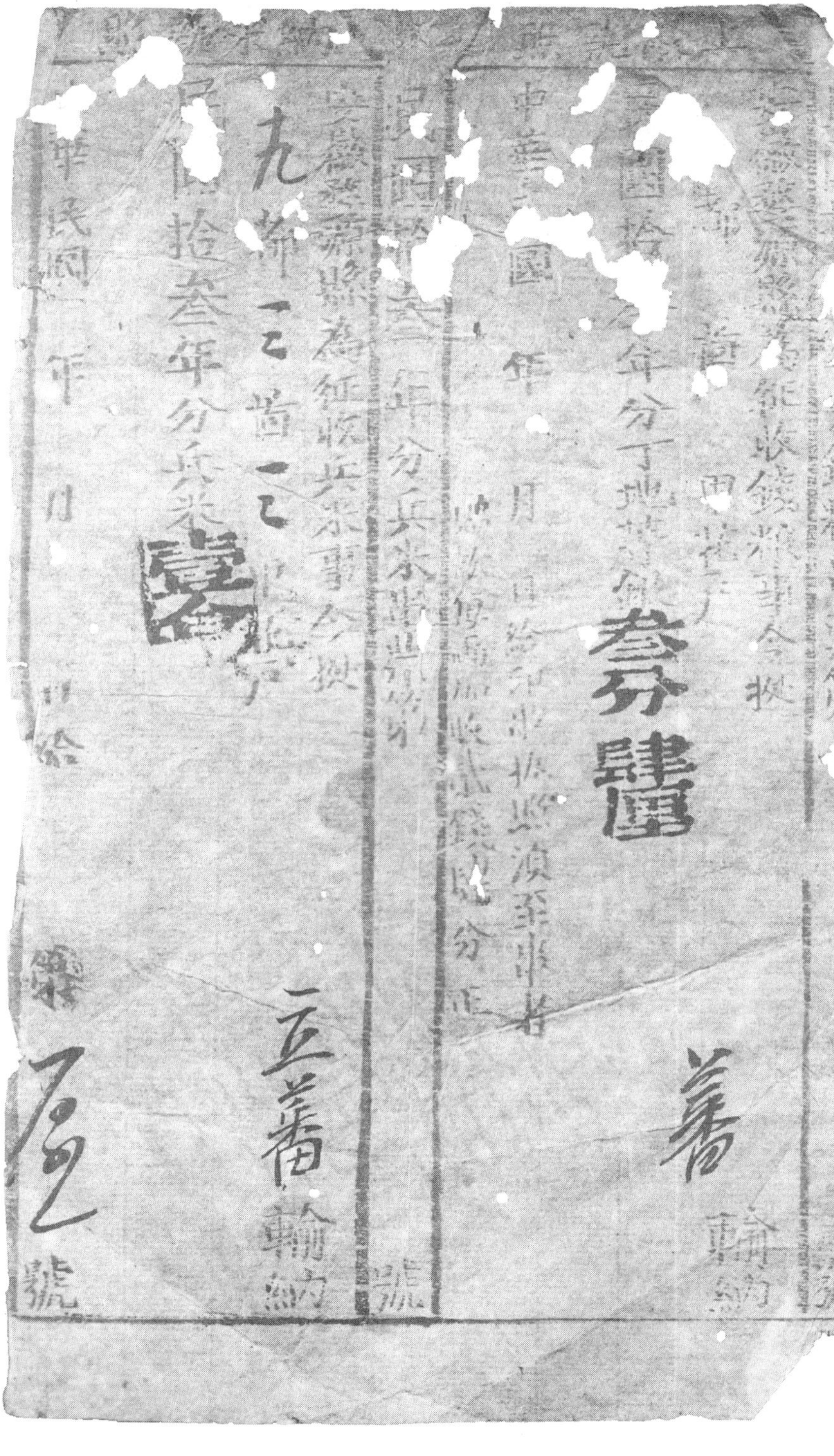

秋口镇水末［沫］村汪家 111 · 民国十三年 · 纳米执照 · 立蓄

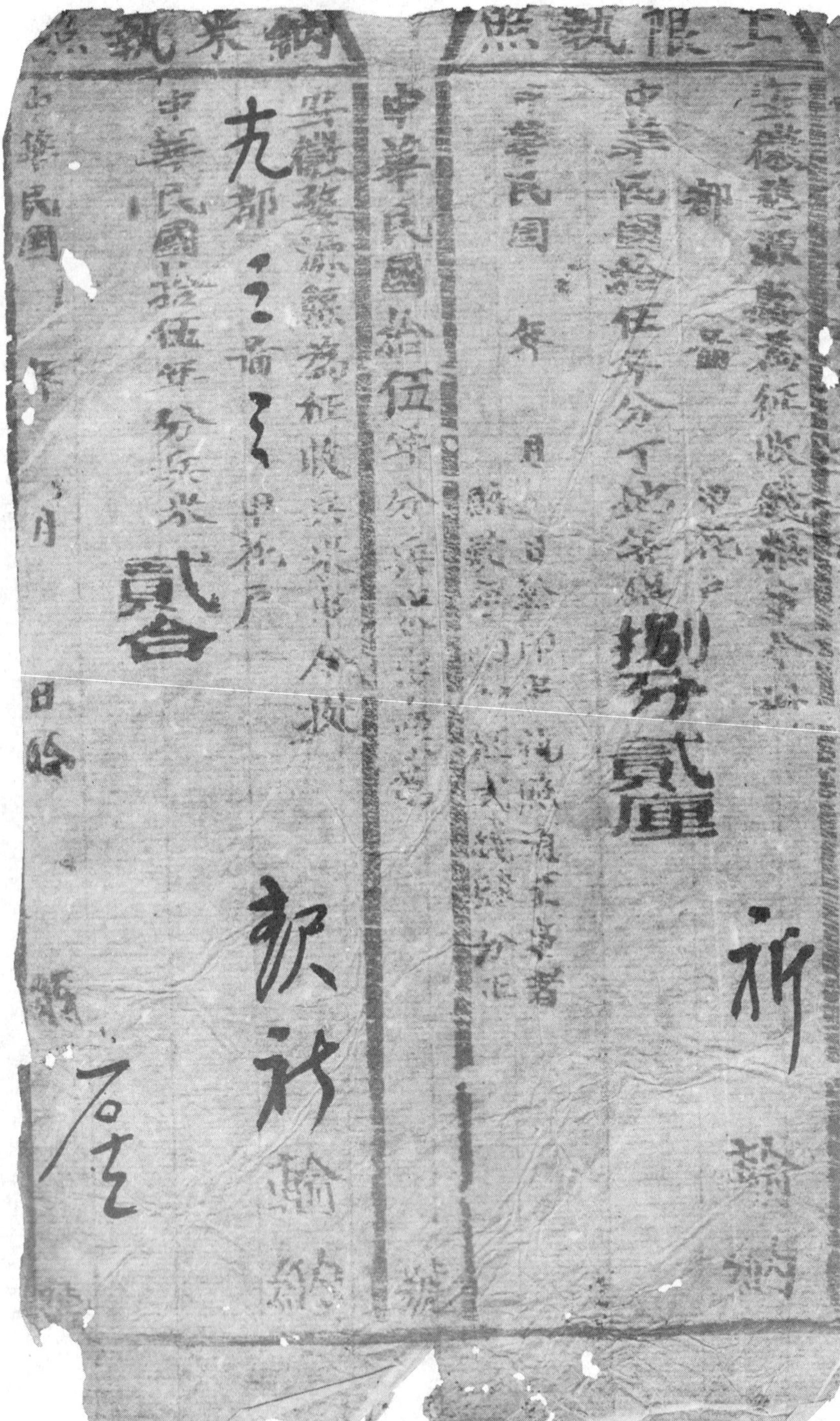

納米執照

中華民國拾伍年分兵米

九都 二啚 三甲 户

貳合

起新

秋口镇水末［沫］村汪家 104 · 民国十五年 · 纳米执照 · 起新

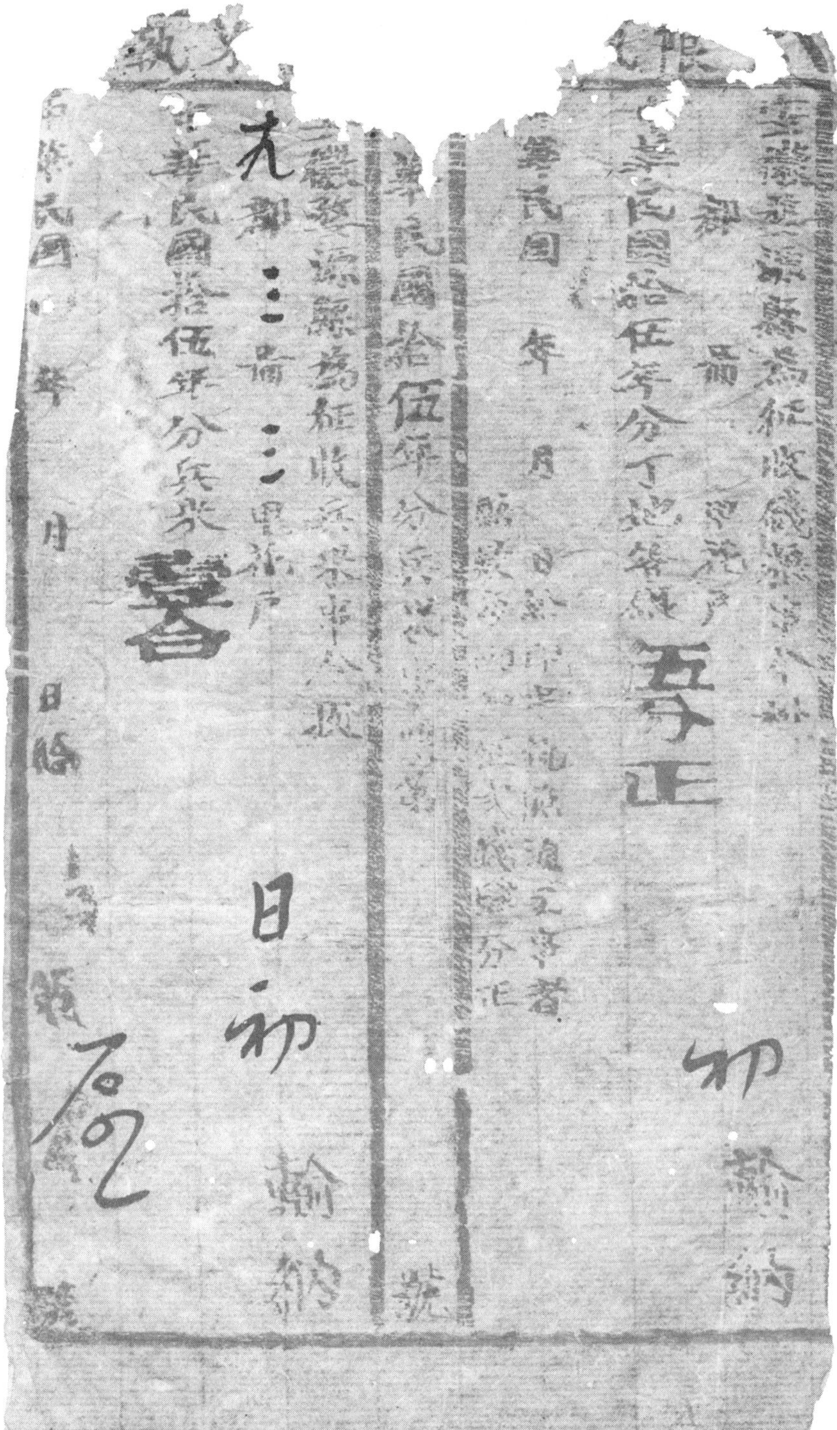

秋口镇水末[沫]村汪家 118 · 民国十五年 · 纳米执照 · 日初

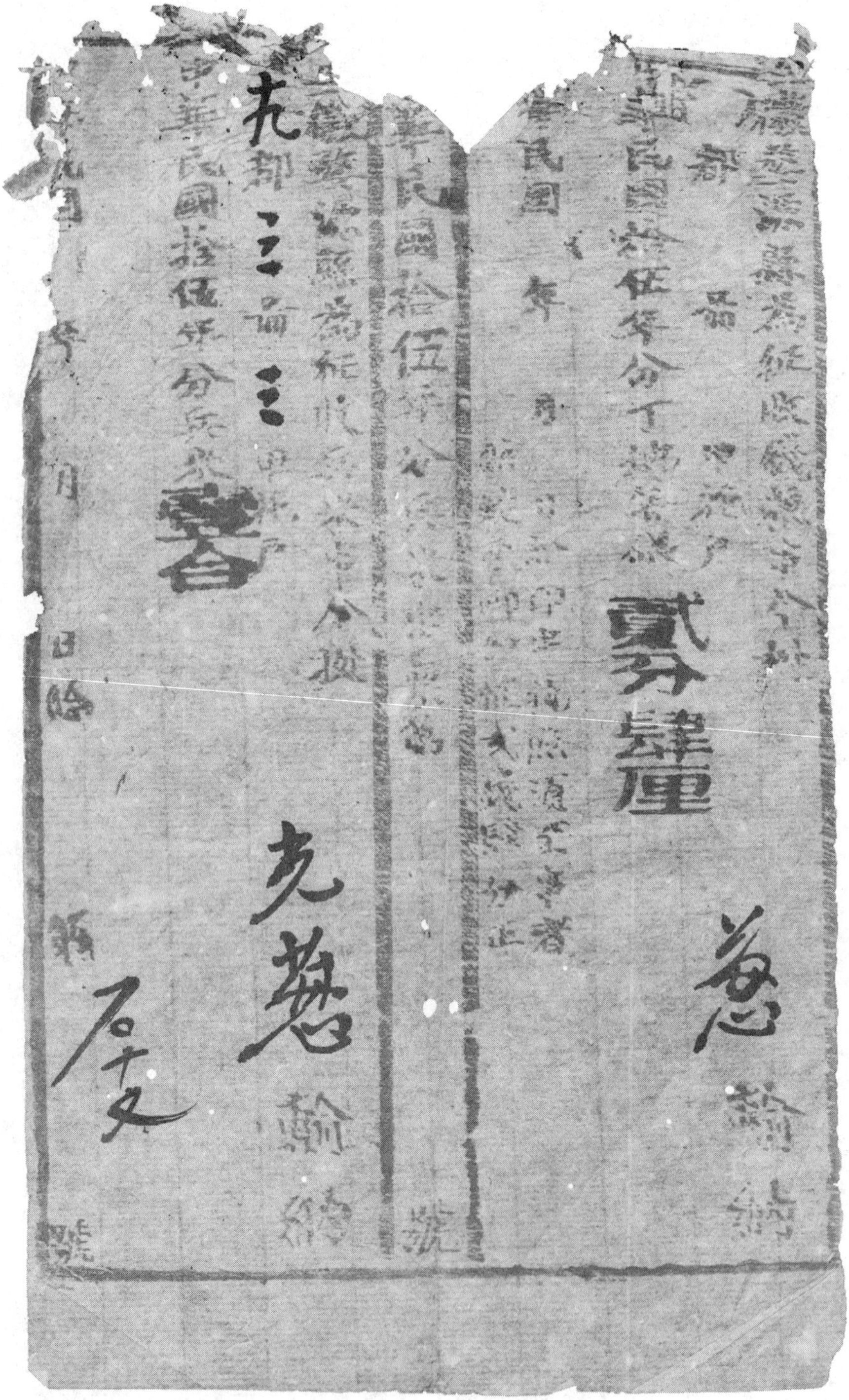

秋口镇水末 [沫] 村汪家 119 · 民国十五年 · 纳米执照 · 光葱

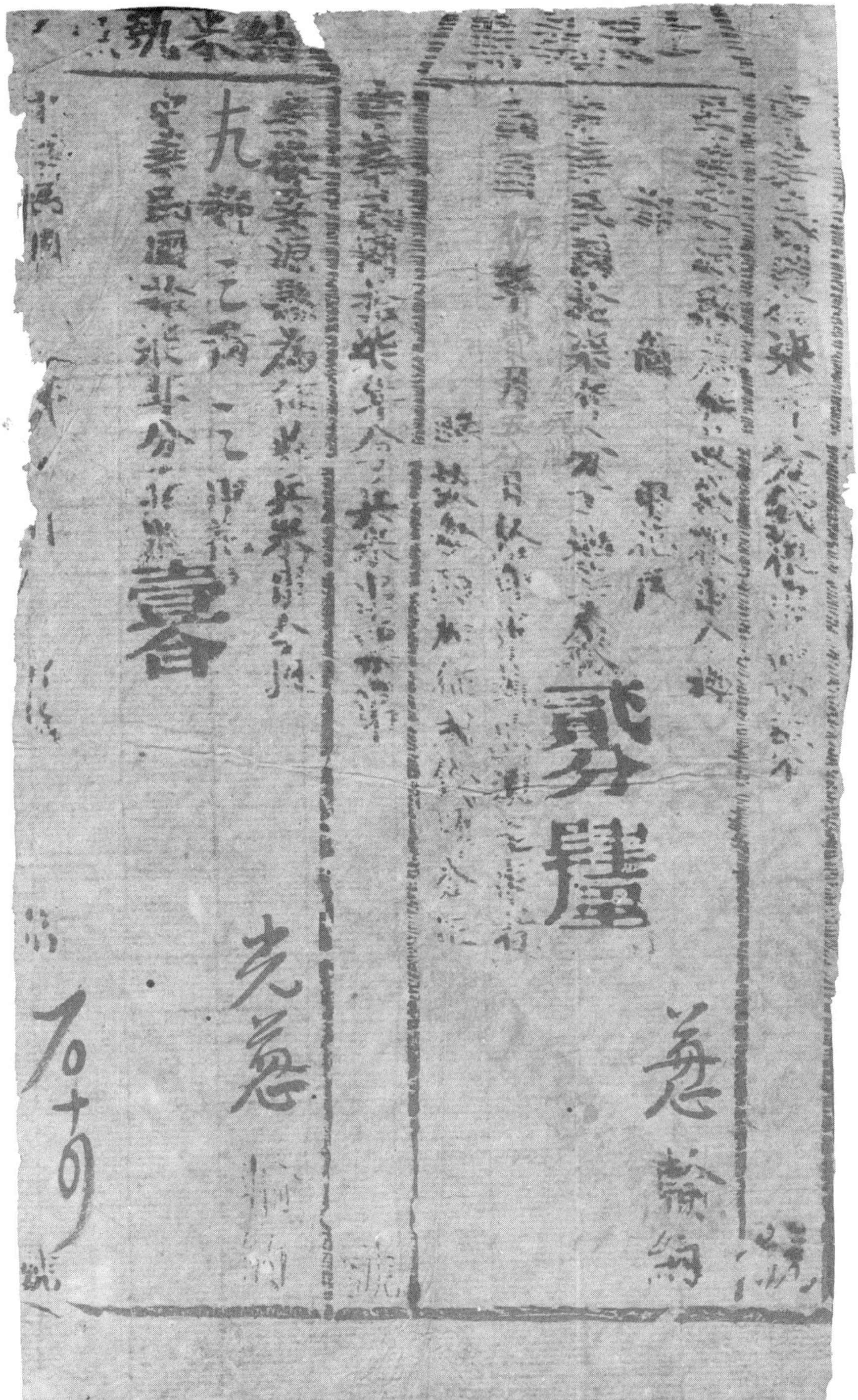

秋口镇水末［沫］村汪家 121 · 民国十七年 · 纳米执照 · 光葱

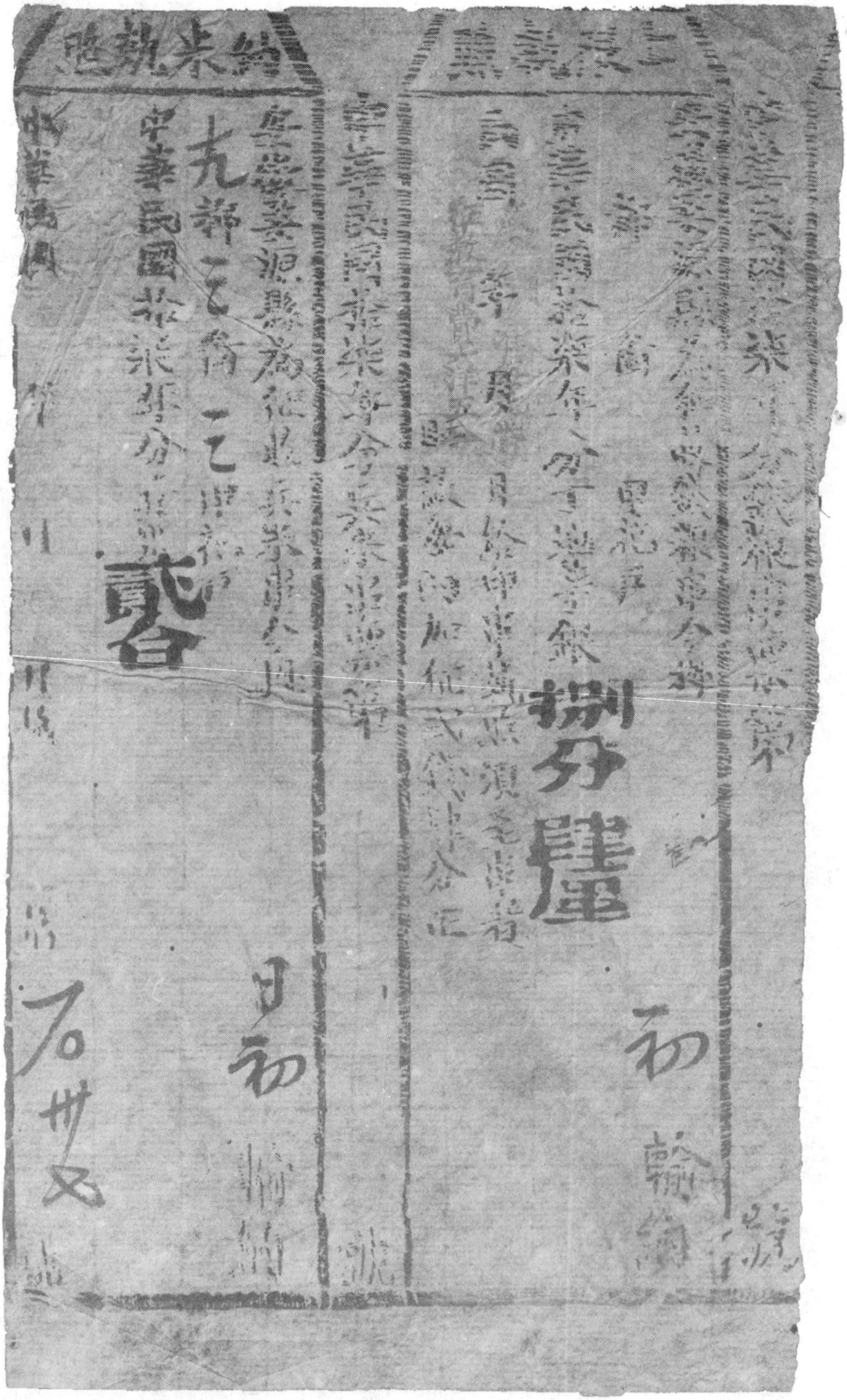

秋口镇水末［沫］村汪家 122 · 民国十七年 · 纳米执照 · 日初

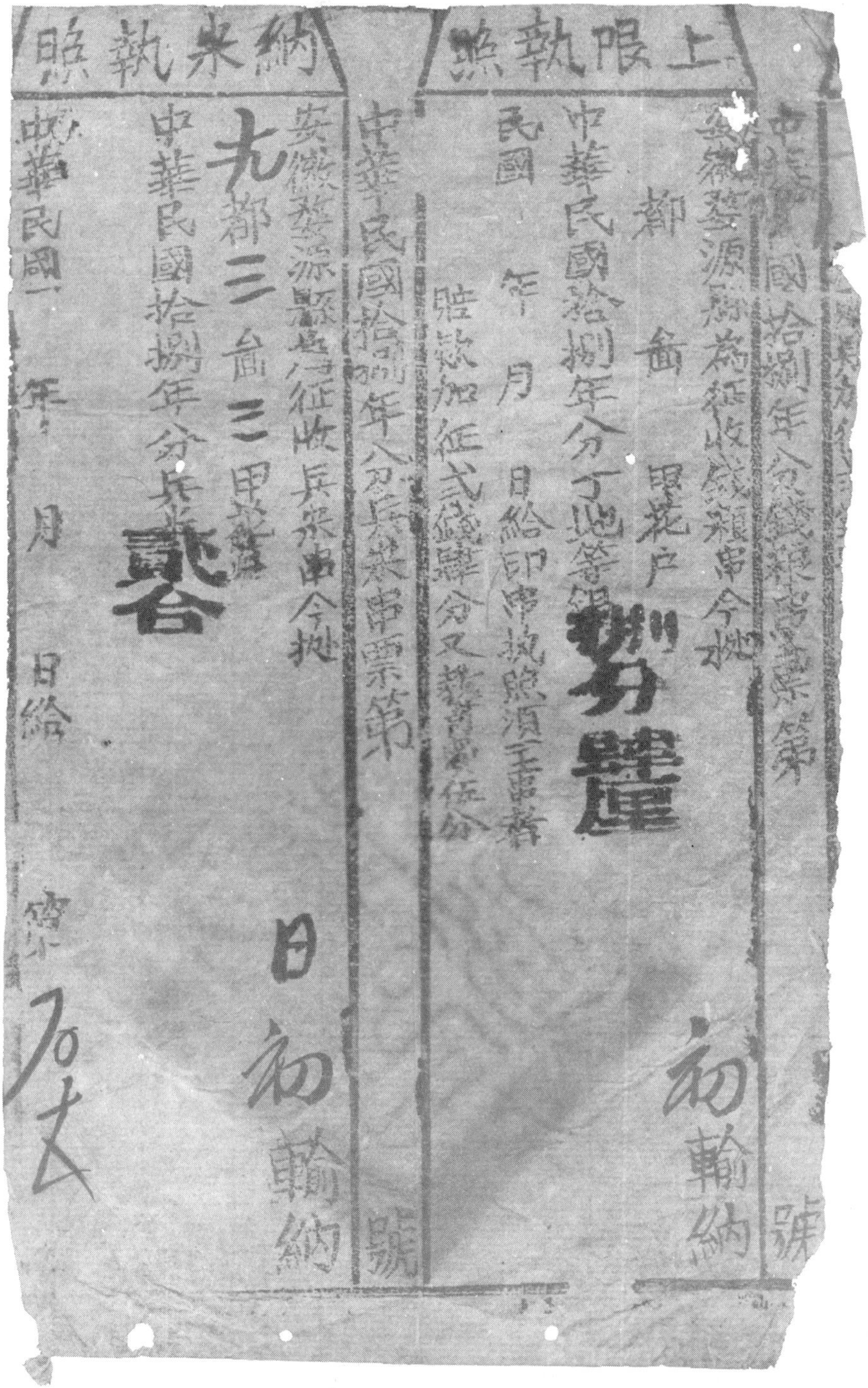

秋口镇水末［沫］村汪家 114 · 民国十八年 · 纳米执照 · 日初

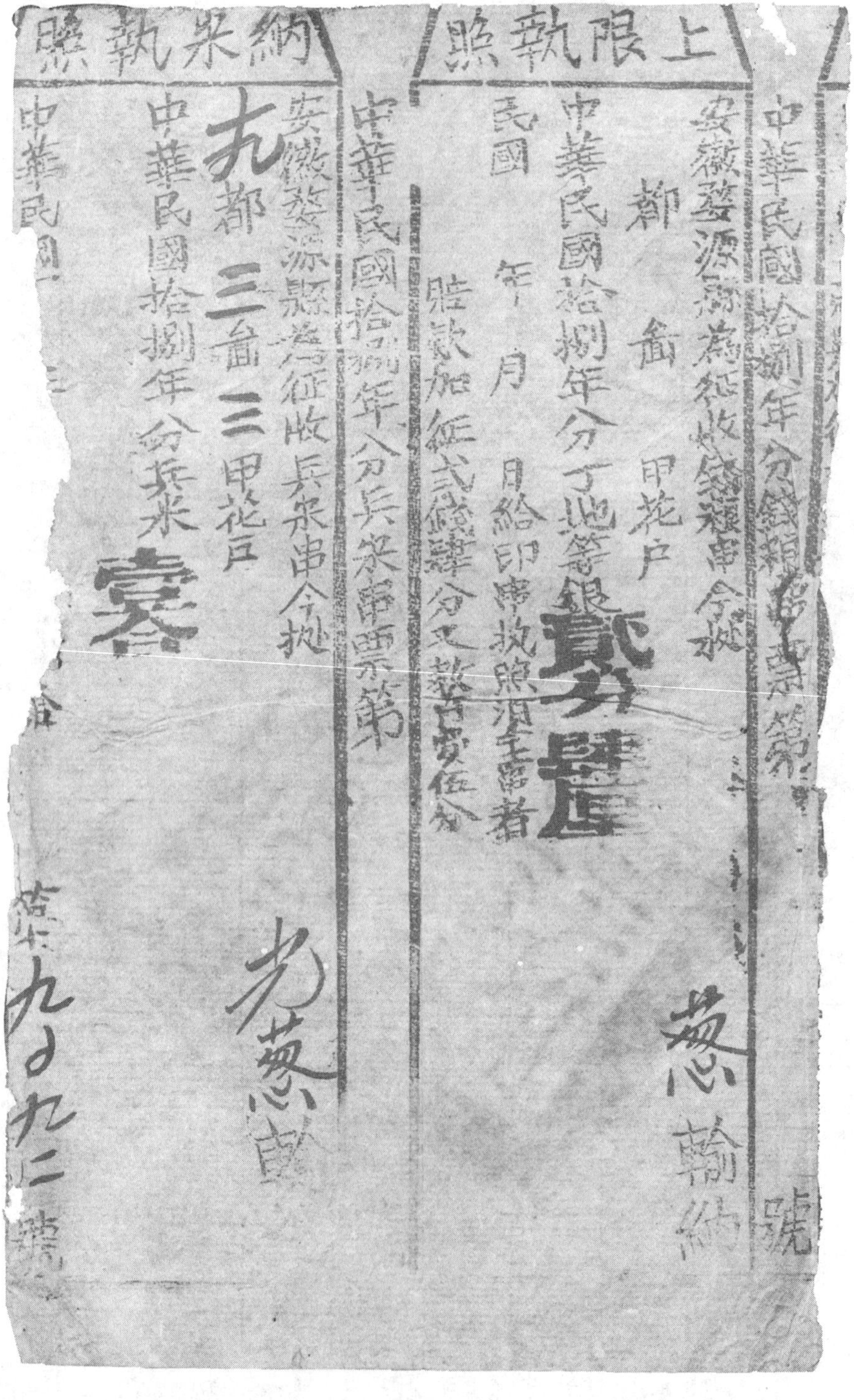

秋口镇水末 [沫] 村汪家 120 · 民国十八年 · 纳米执照 · 光葱

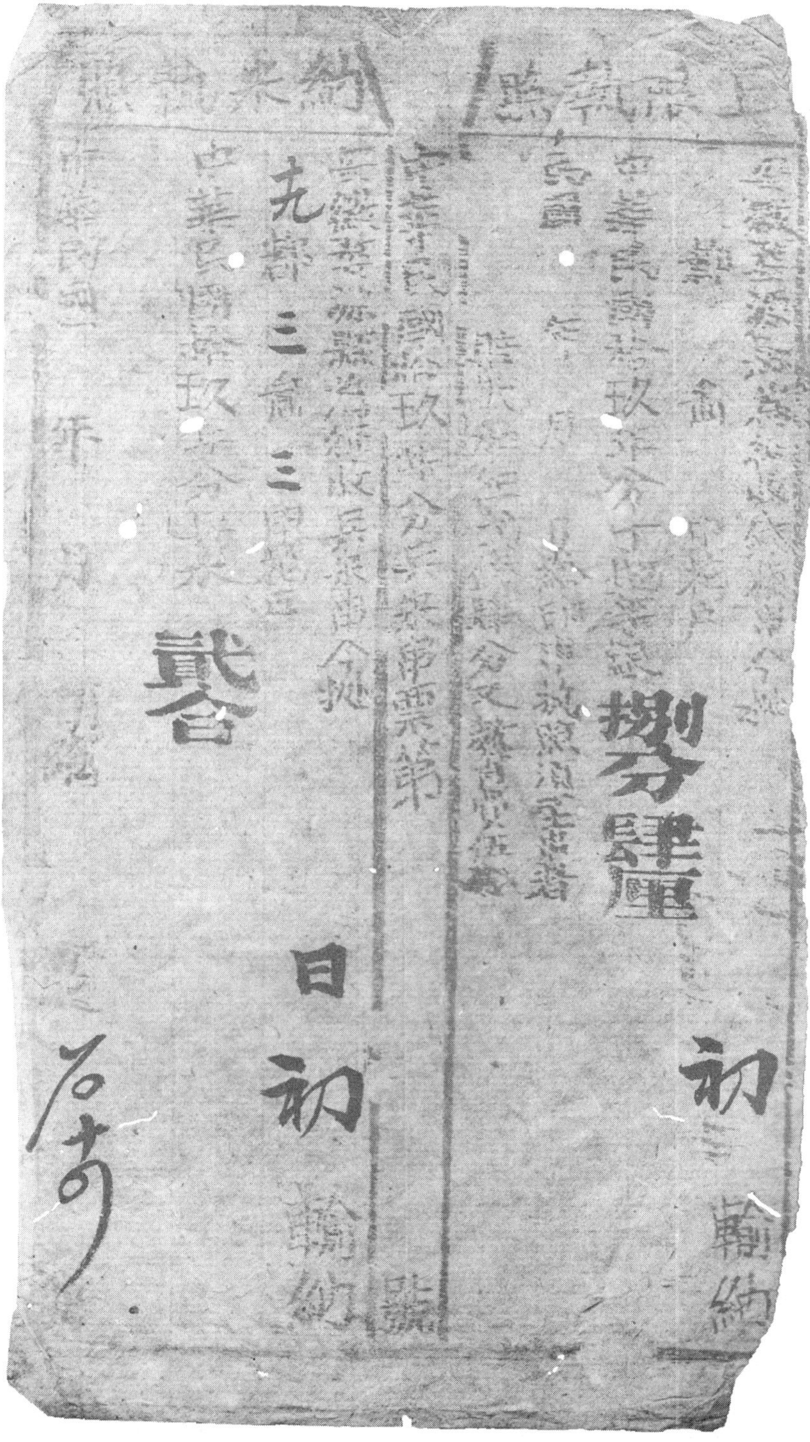

秋口镇水末 [沫] 村汪家 57 · 民国十九年 · 纳米执照 · 日初

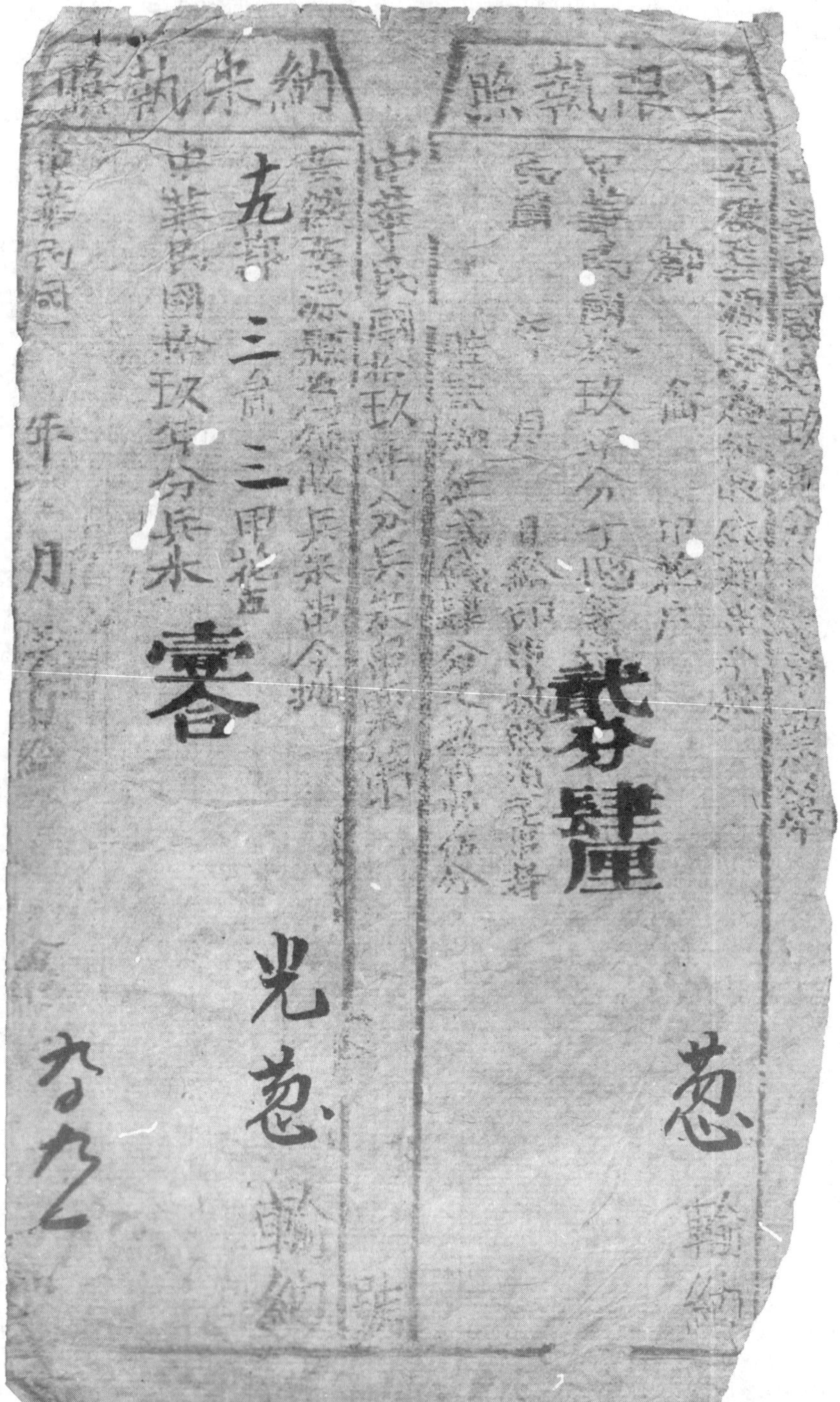

秋口镇水末[沫]村汪家 109 · 民国十九年 · 纳米执照 · 光葱

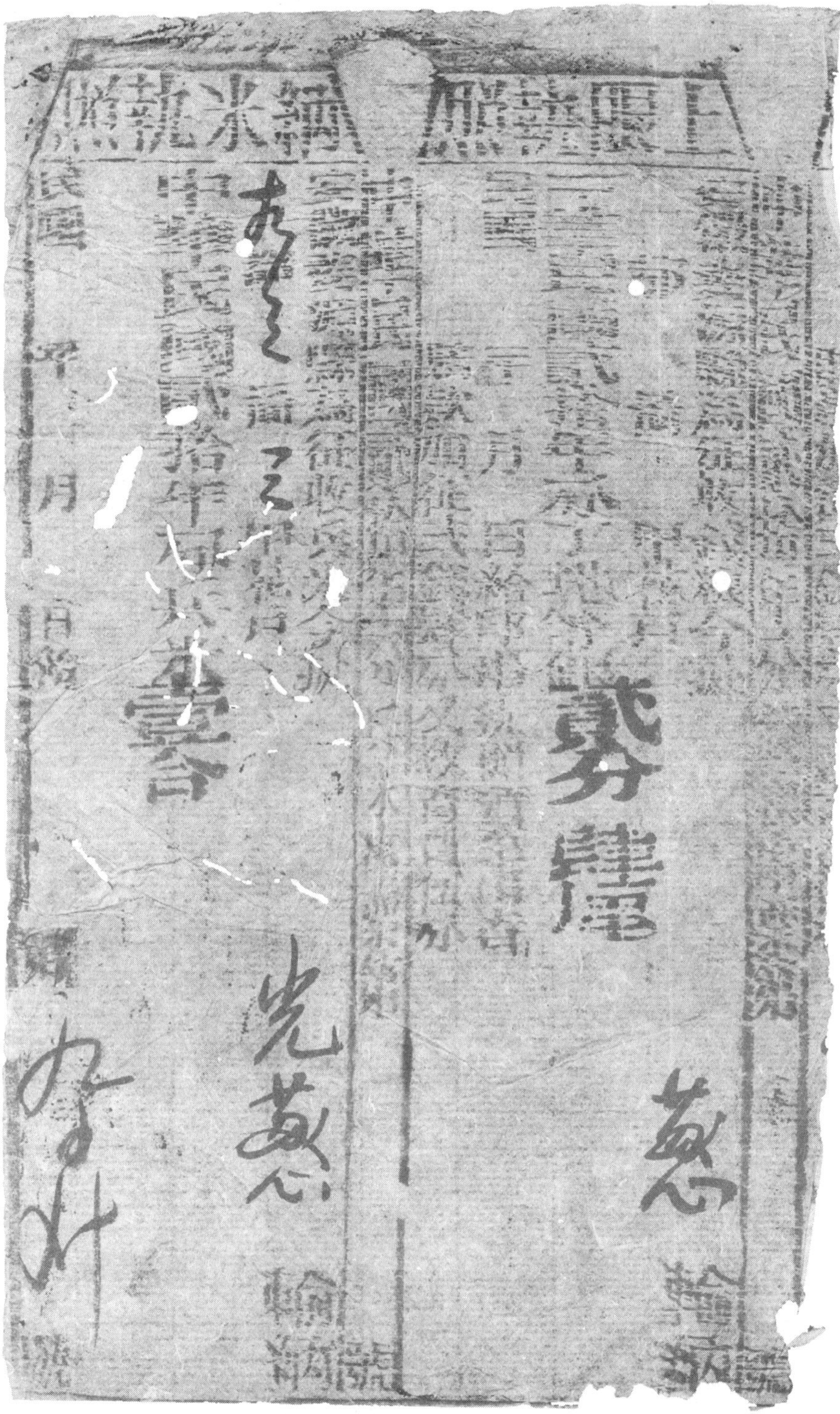

秋口镇水末[沫]村汪家 123 · 民国二十年 · 纳米执照 · 光葱

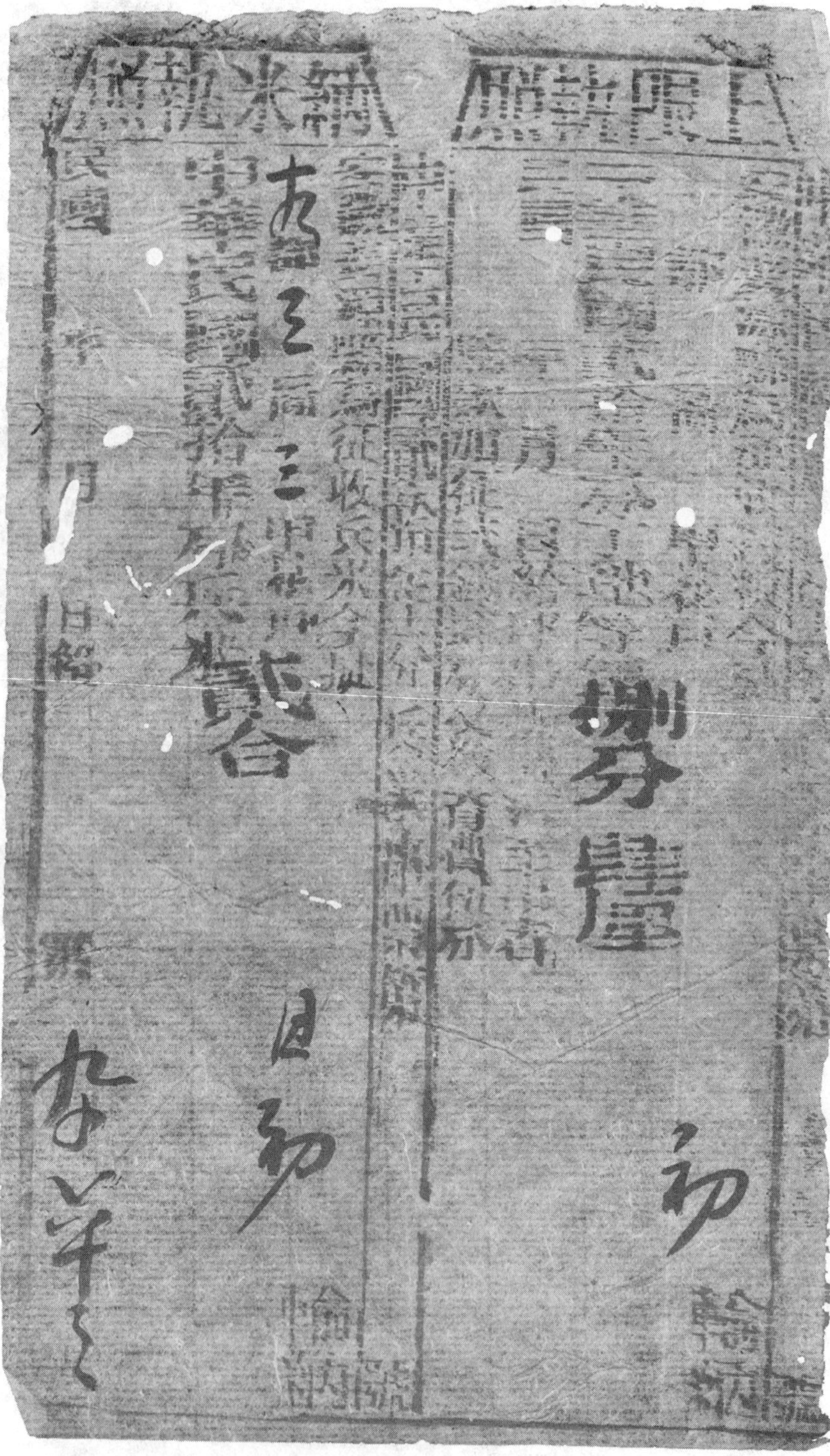

秋口镇水末 [沫] 村汪家 124 · 民国二十年 · 纳米执照 · 日初

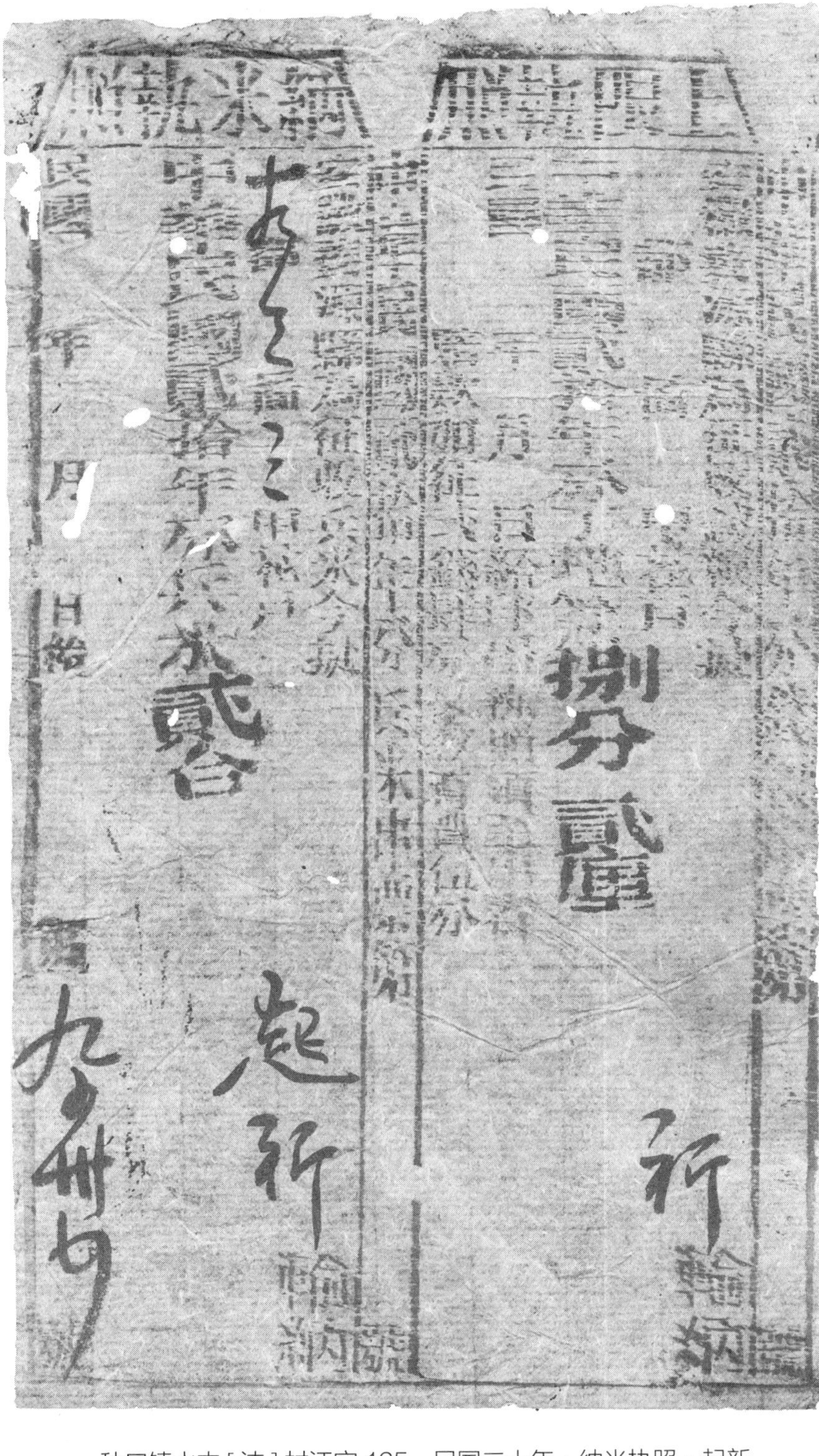

上限執照

納米執照

民國貳拾年

起新

秋口镇水末[沫]村汪家 125 · 民国二十年 · 纳米执照 · 起新

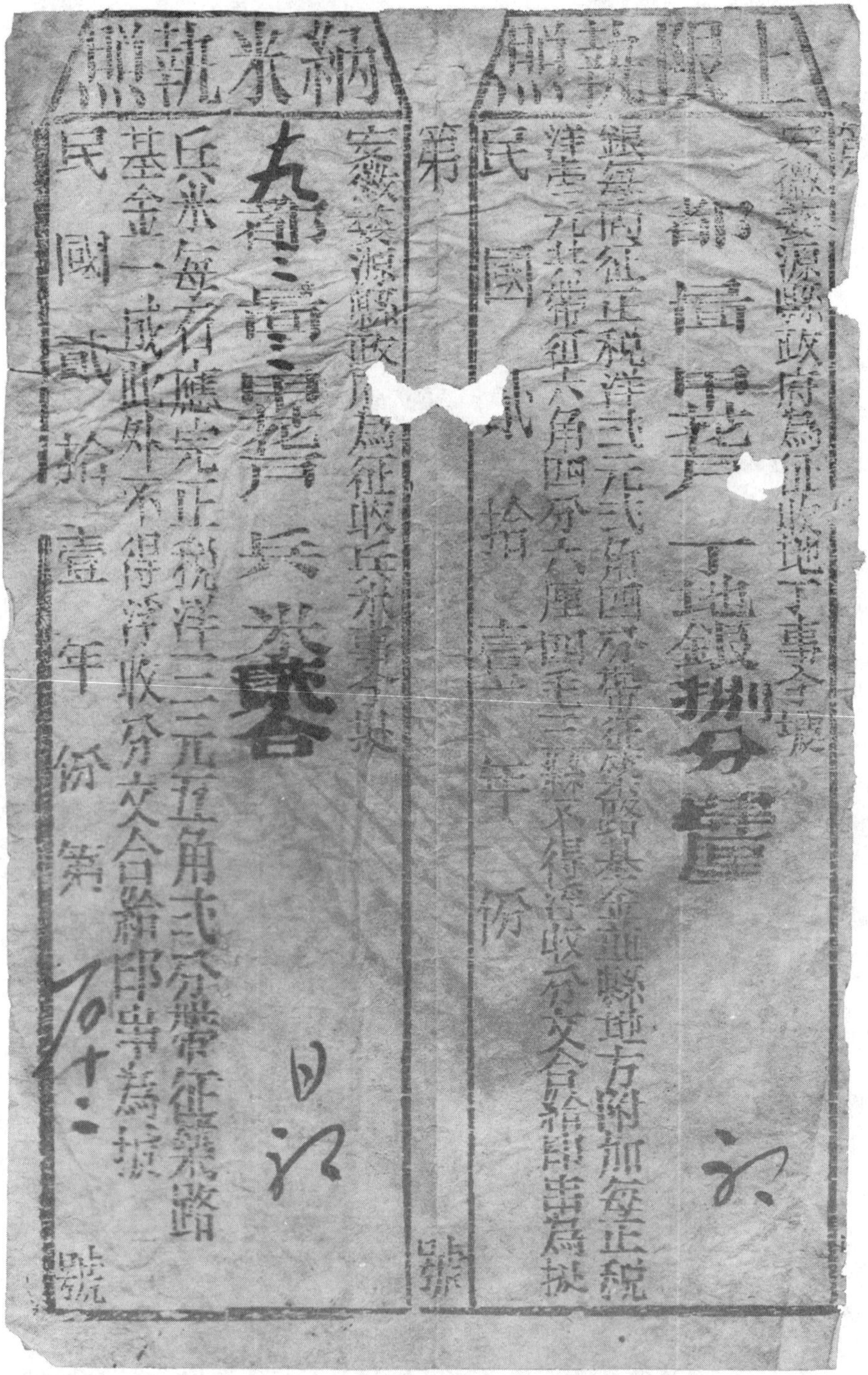

秋口镇水末［沫］村汪家 97 · 民国二十一年 · 纳米执照 · 日初

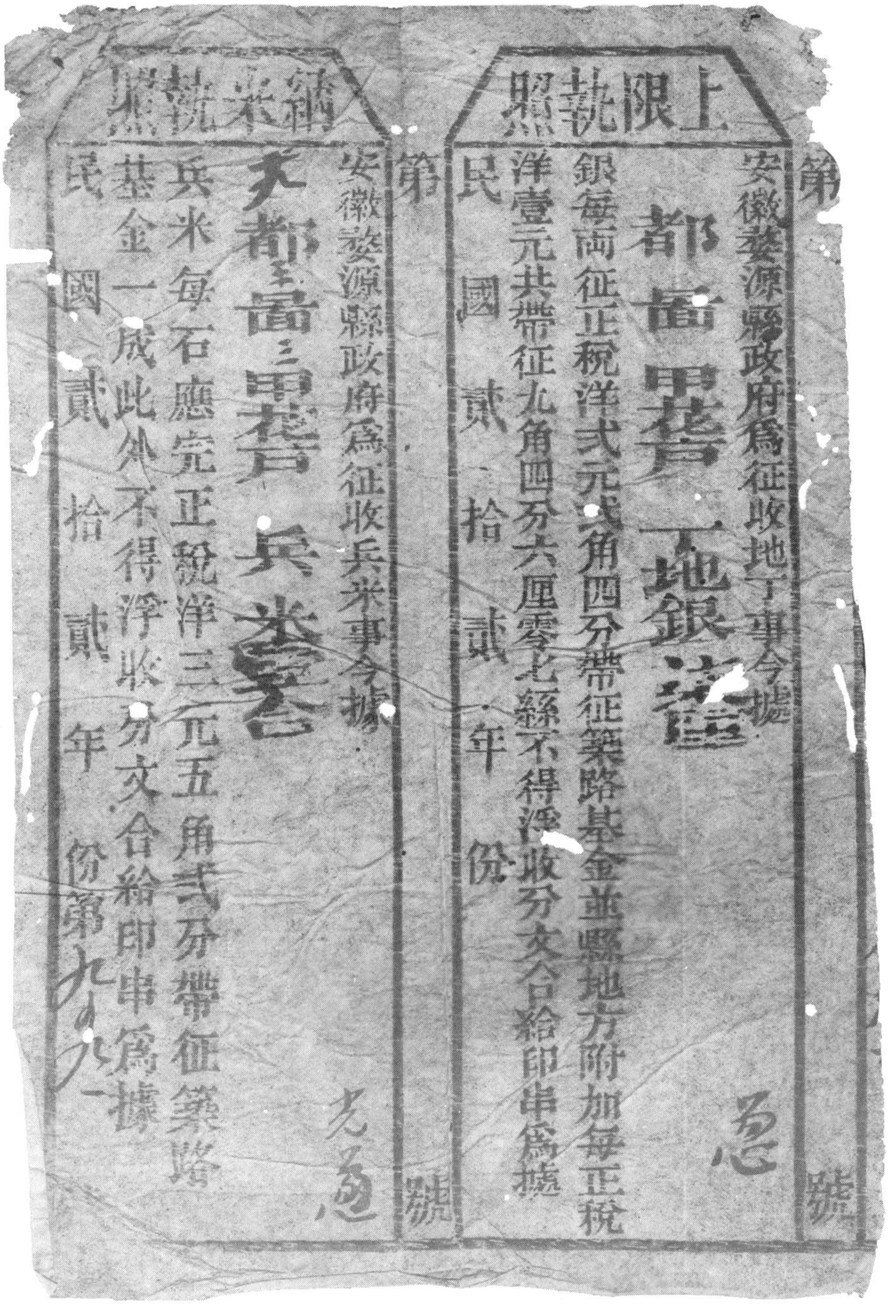

秋口镇水末［沫］村汪家 131 · 民国二十二年 · 纳米执照 · 光葱

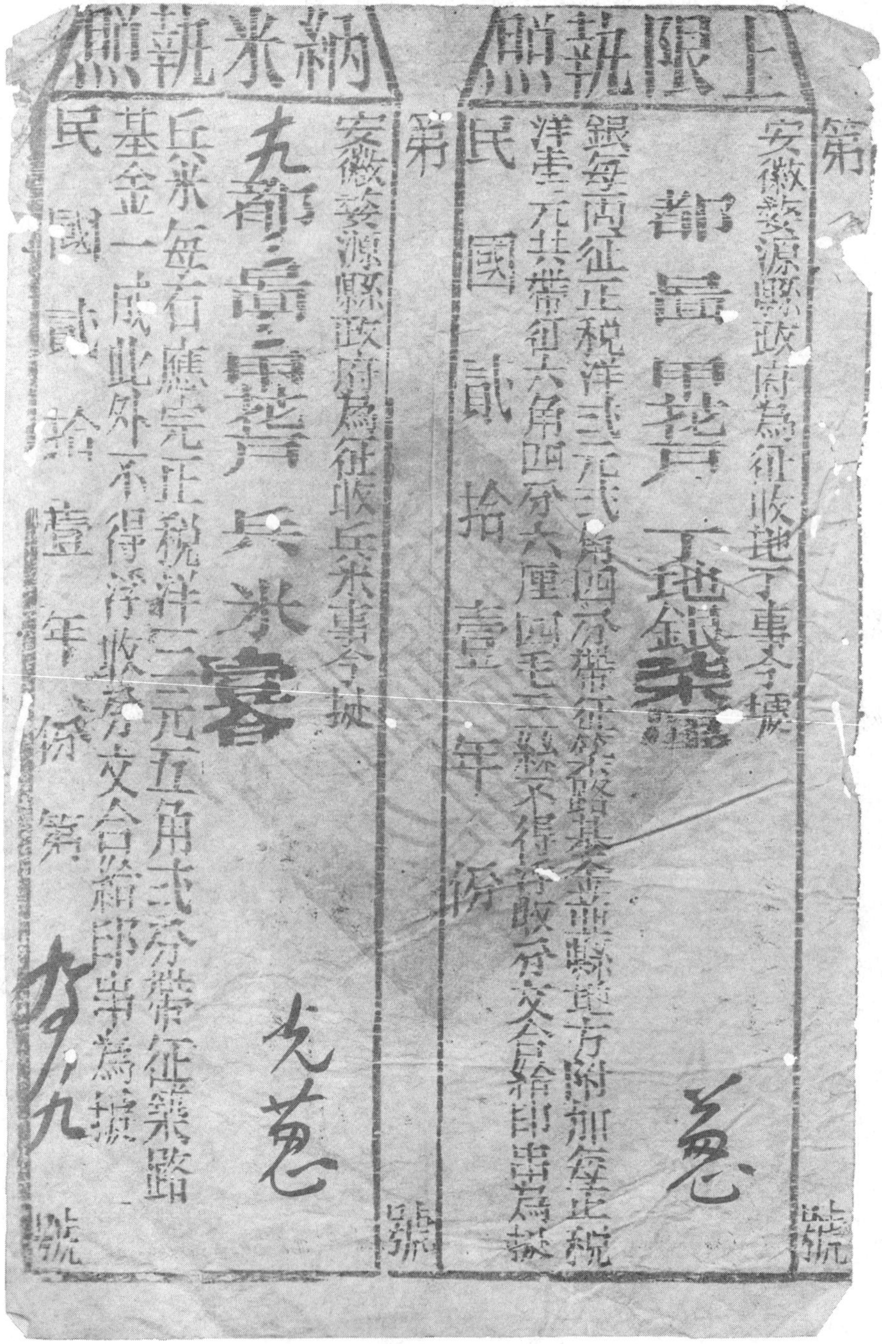
上限執照
第 號
安徽婺源縣政府為征收地丁事今據
都 圖 甲 戶 丁地銀
銀每両征正稅洋弍元弍角四分帶征
洋壹元共帶征六角四分六厘
不得浮收分文合給印串為據
民 國 貳 拾 壹 年 月 日
葱
納米執照
第 號
安徽婺源縣政府為征收兵米事今據
九都三圖三甲 戶 兵米
兵米每石應完正稅洋二元五角弍分帶征築路
基金一成此外不得浮收分文合給印串為據
民 國 貳 拾 壹 年 月 日 第 號
光葱
九

秋口镇水末［沫］村汪家 140 · 民国二十一年 · 纳米执照 · 光葱

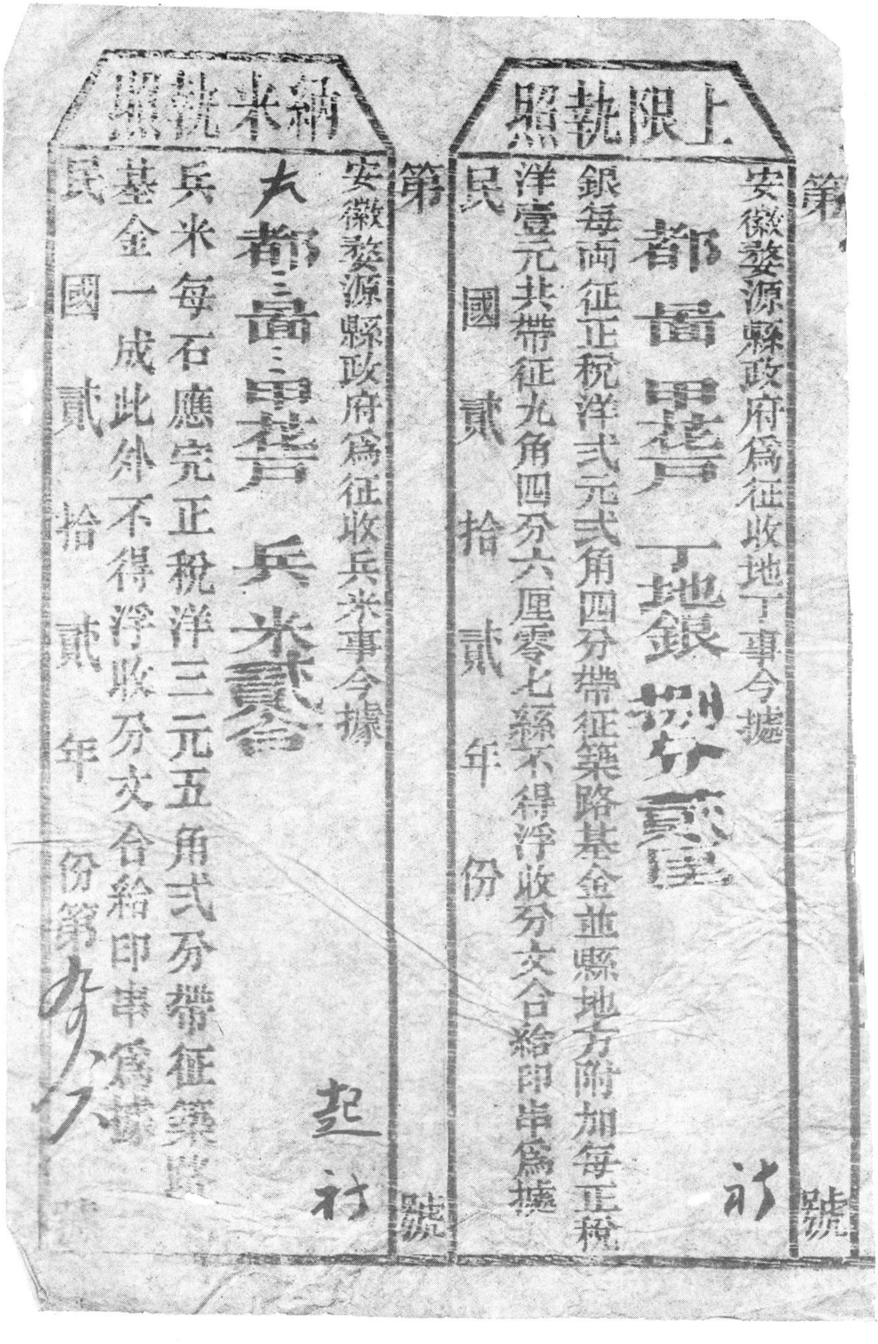

上限執照

第　　號

安徽婺源縣政府為征收地丁事今據

都　啚　甲　戶　丁地銀

銀每兩征正稅洋弍元弍角四分帶征築路基金並縣地方附加每正稅洋壹元共帶征九角四分六厘零七絲不得浮收分文合給印串為據

民國貳拾貳年份

納米執照

第　　號

安徽婺源縣政府為征收兵米事今據

大都三啚三甲　戶　兵米

兵米每石應完正稅洋三元五角弍分帶征築路基金一成此外不得浮收分文合給印串為據

民國貳拾貳年份第　　號

起

秋口镇水末［沫］村汪家 139 · 民国二十二年 · 纳米执照 · 起新

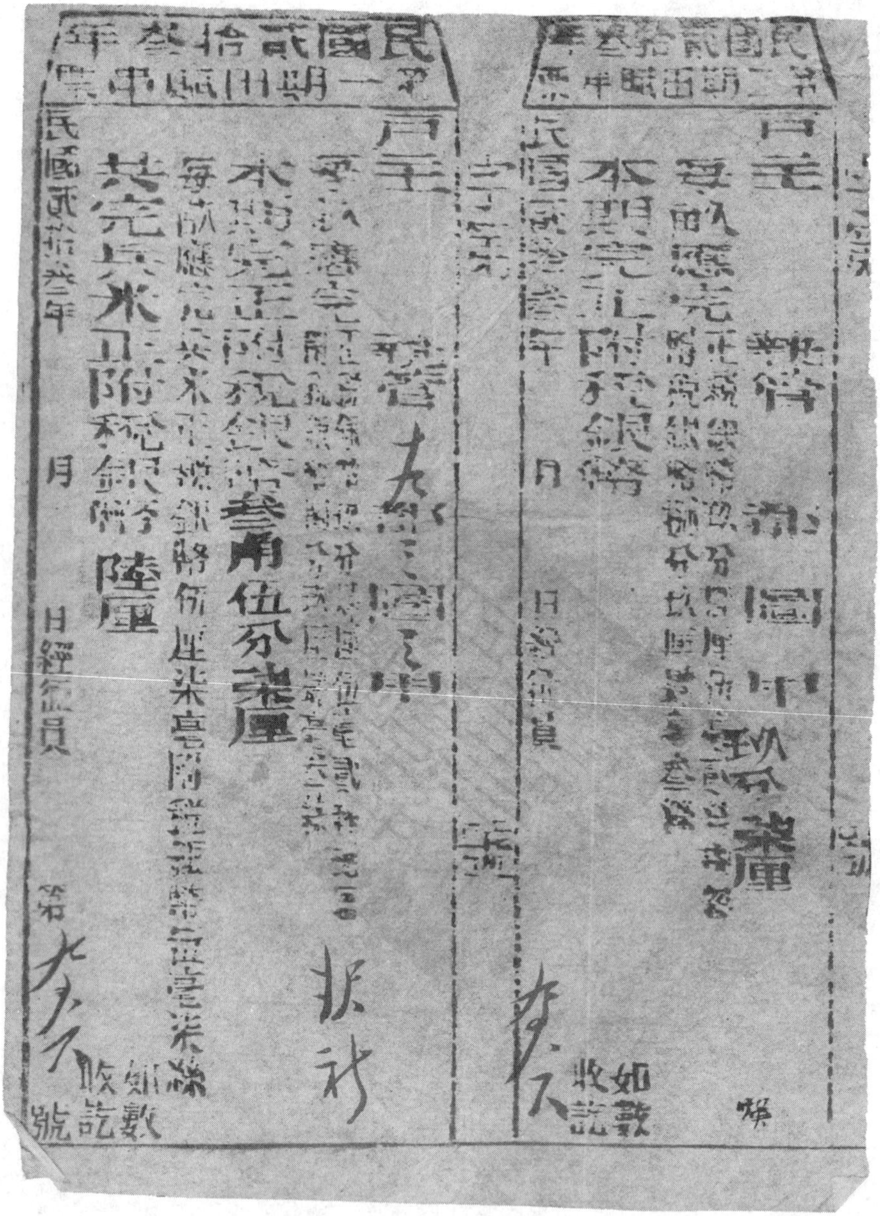

秋口镇水末[沫]村汪家135·民国二十三年·田赋串票·起新

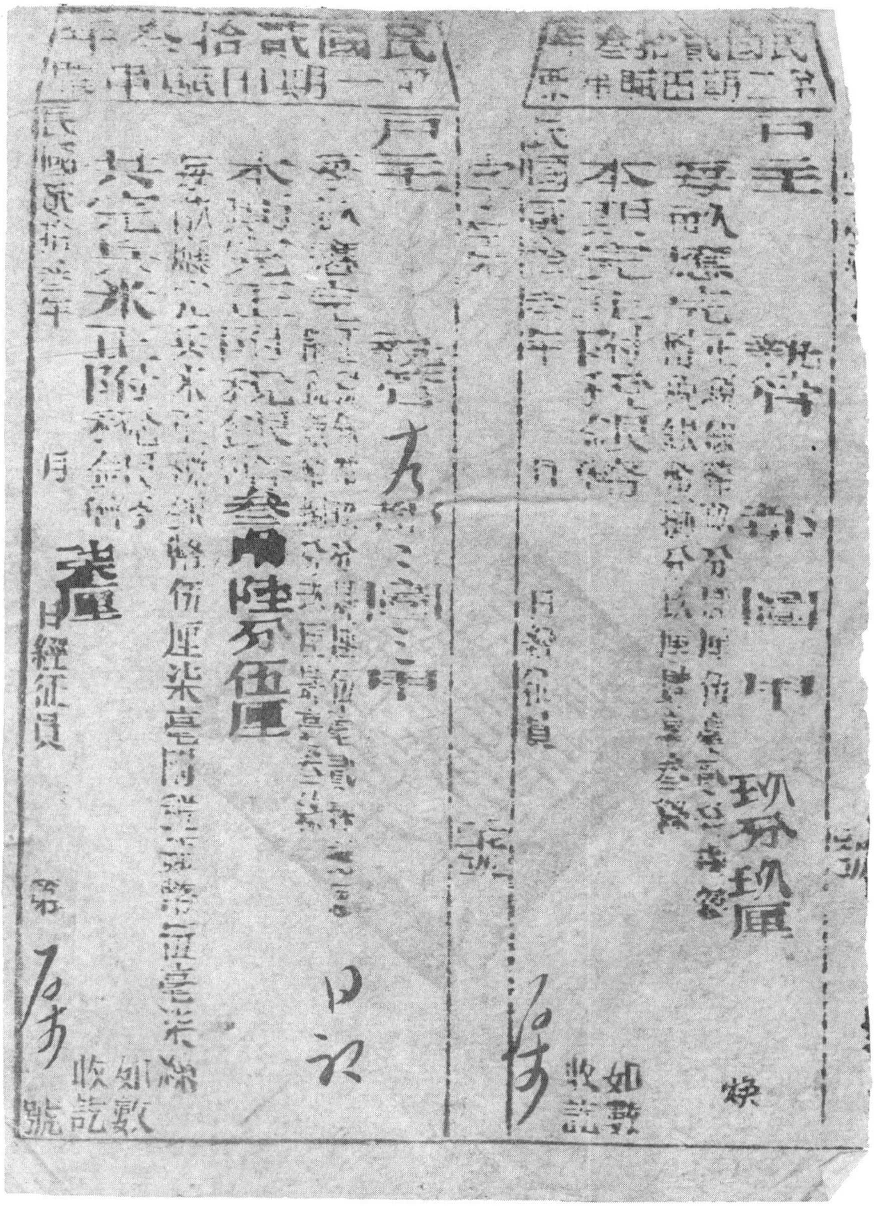

秋口镇水末[沫]村汪家136·民国二十三年·田赋串票·日初

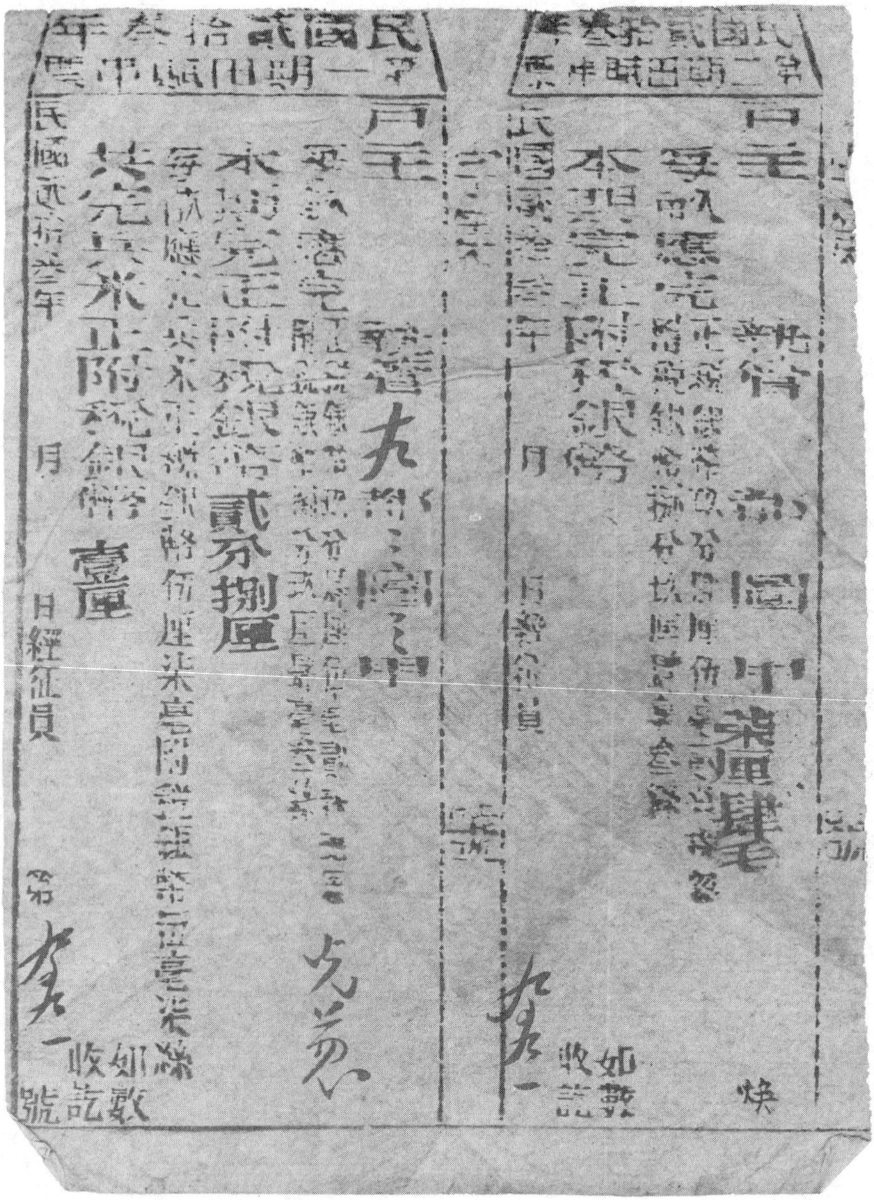

秋口镇水末[沫]村汪家 137 · 民国二十三年 · 田赋串票 · 光葱

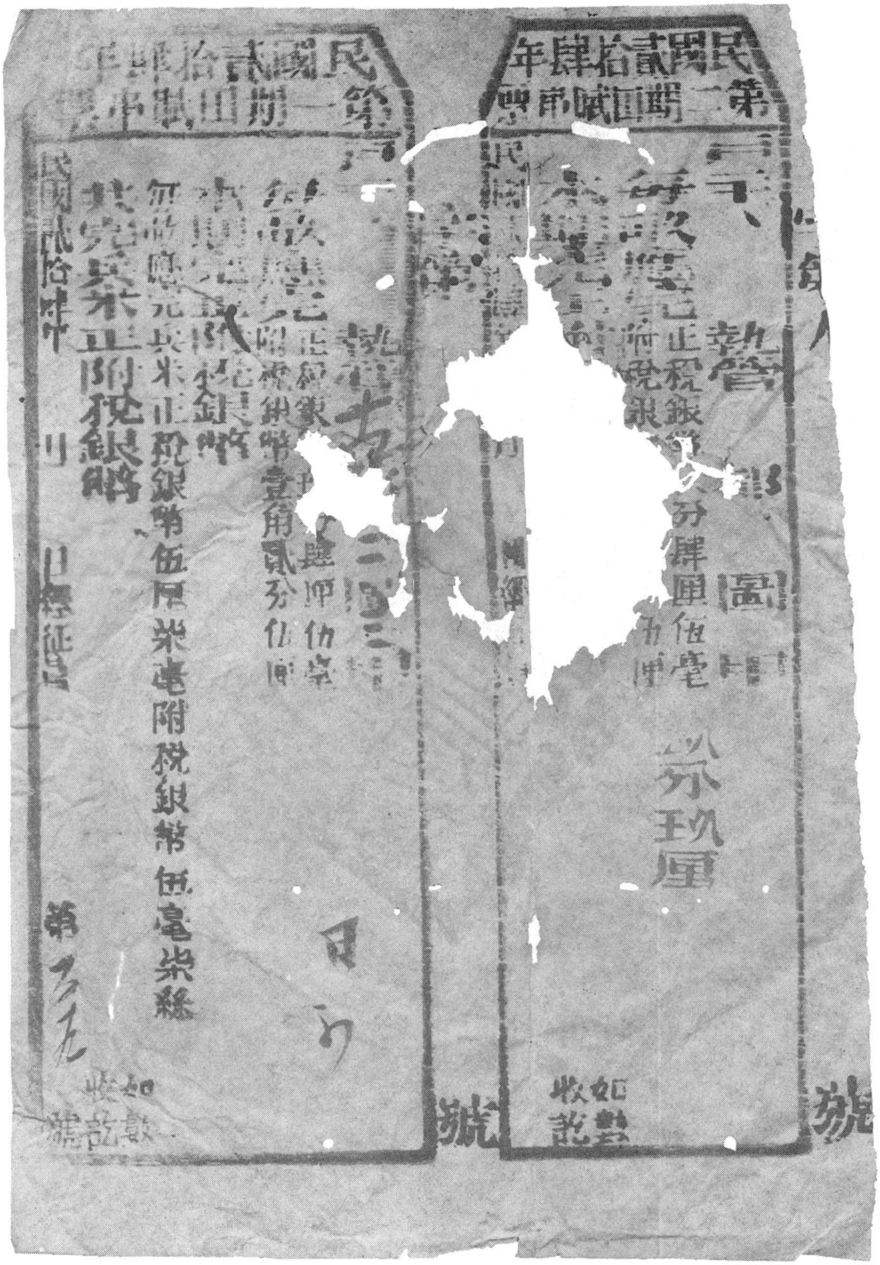
民國貳拾肆年第一期田賦串票

民國貳拾肆年第一期田賦串票

秋口镇水末 [沫] 村汪家 99 · 民国二十四年 · 田赋串票 · 日初

秋口镇水末［沫］村汪家 133 · 民国二十四年 · 田赋串票 · 起新

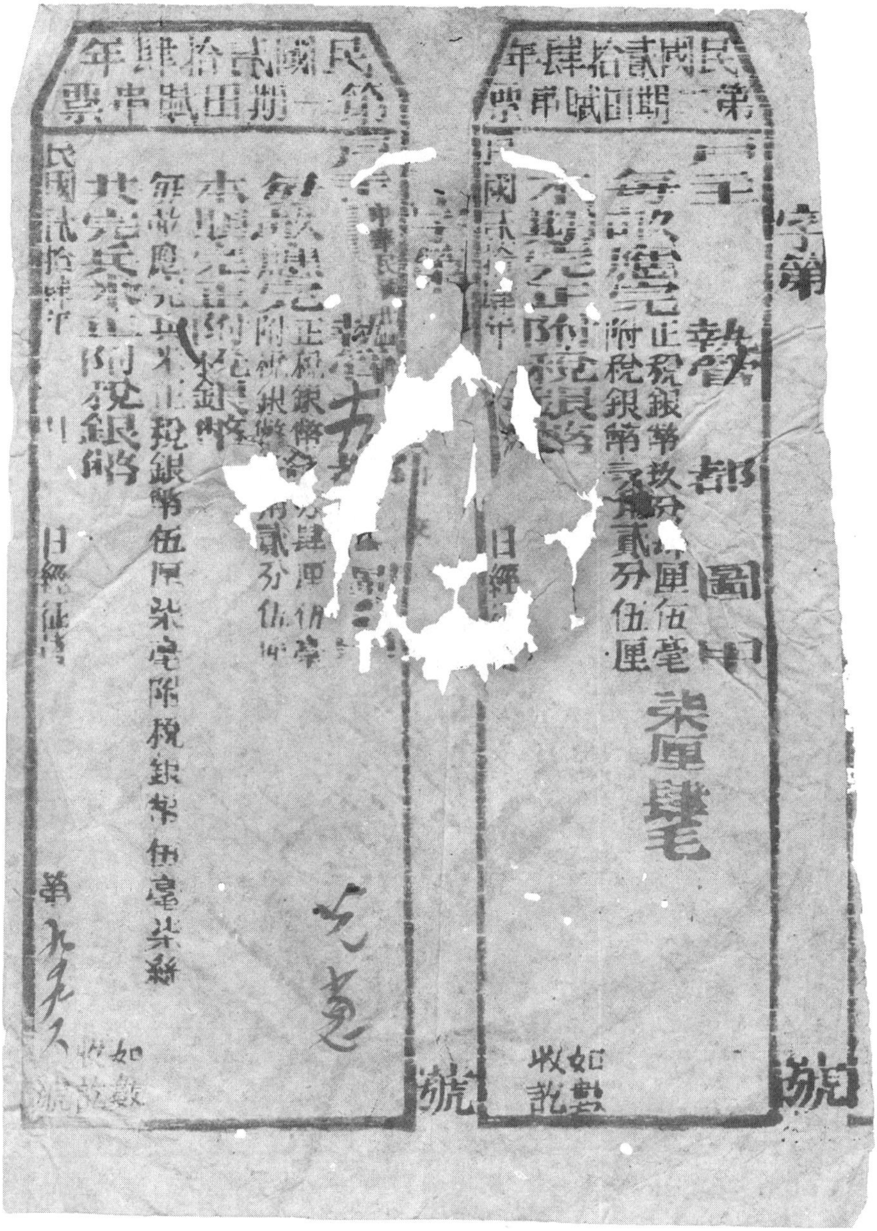

秋口镇水末[沫]村汪家 138 · 民国二十四年 · 田赋串票 · 光葱

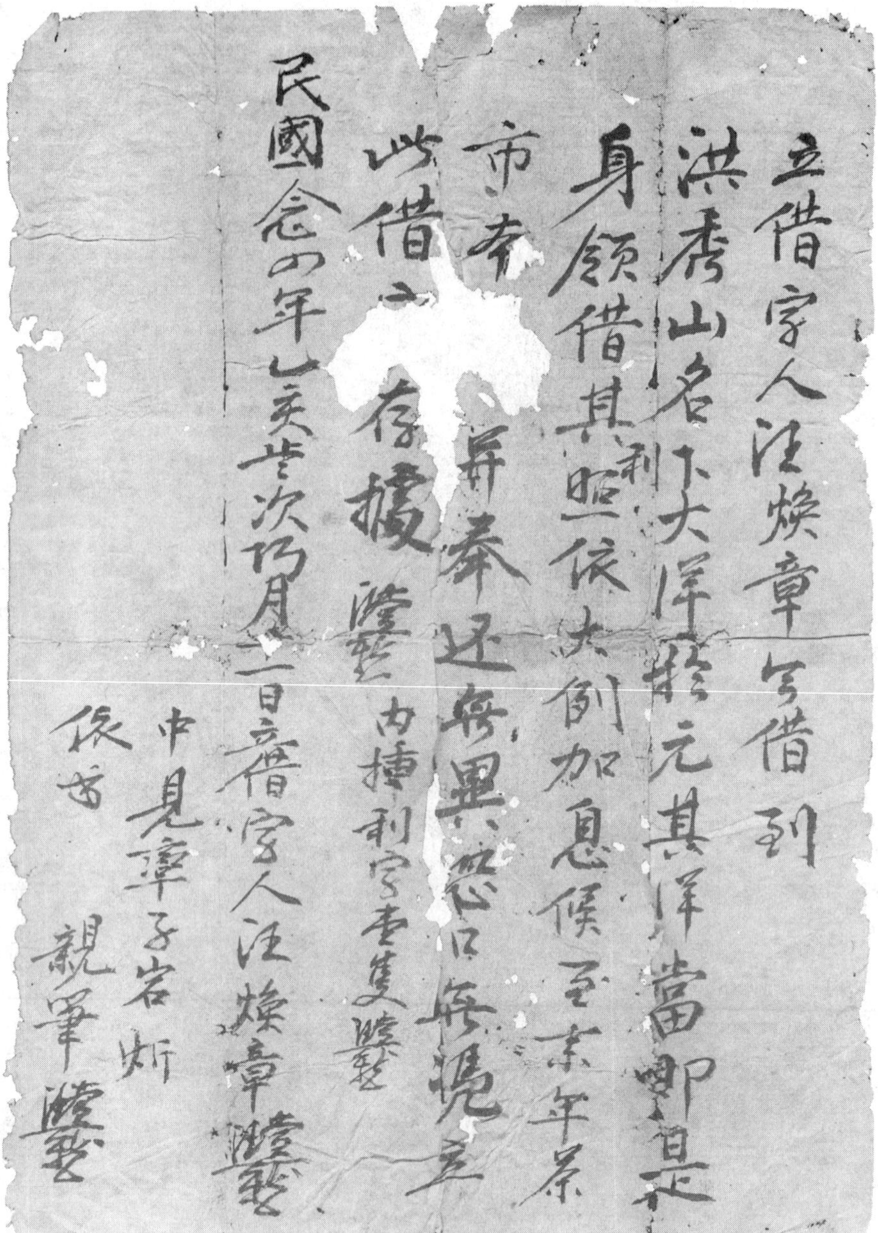

立借字人汪煥章今借到
洪秀山名下大洋拾元其洋當即是
身領借其利照依大例加息候至本年茶
市本利并奉還無異恐口無憑立
此借字存據
內揷利字壹隻
民國念四年乙亥歲次巧月一日立借字人汪煥章
中見章子岩 炘
依書 親筆

秋口镇水末［沫］村汪家 174 · 民国二十四年 · 借字 · 汪焕章借到洪秀山

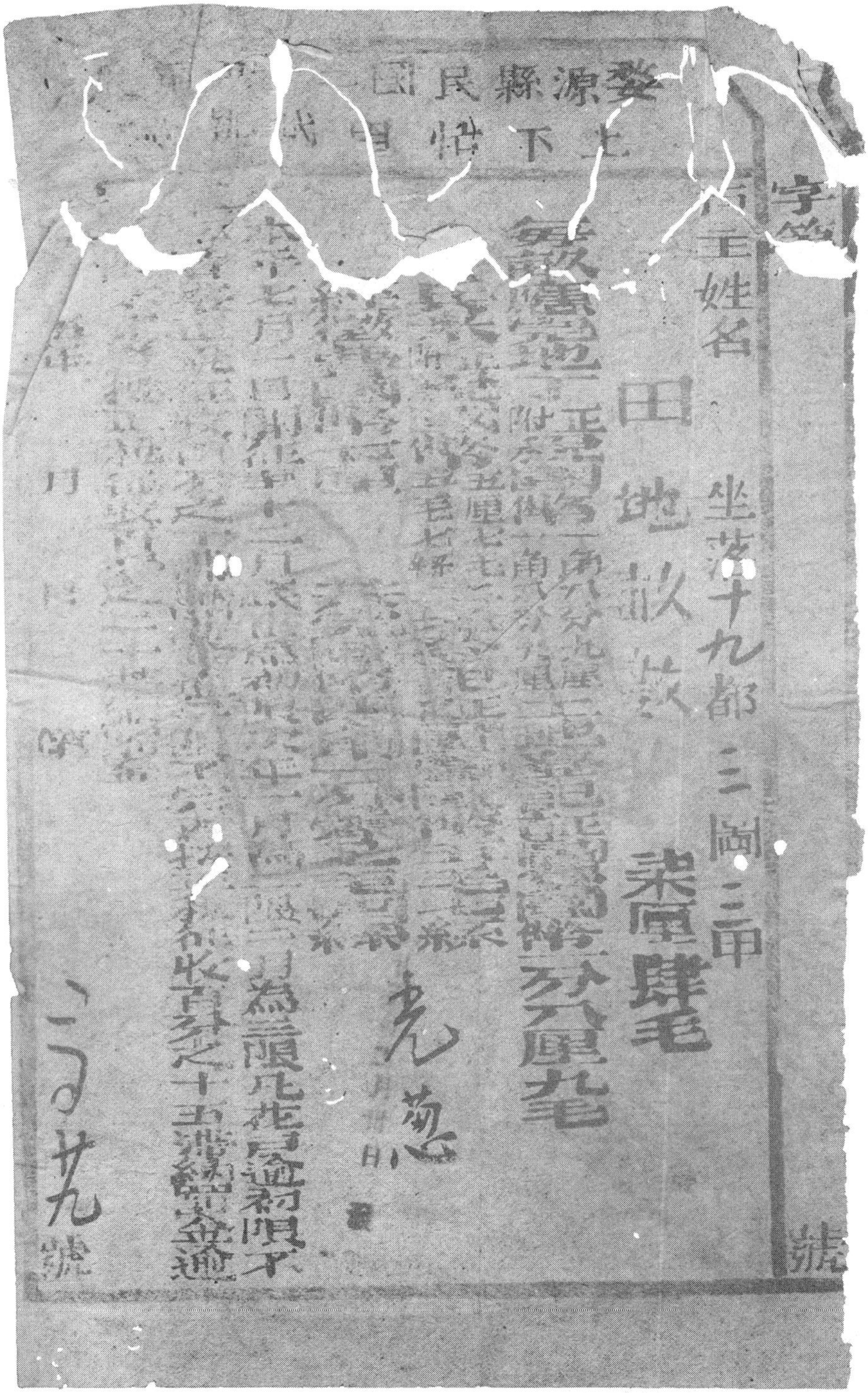
婺源縣民國

業主姓名

坐落十九都三圖三甲

田地畝數

光葱

秋口镇水末 [沫] 村汪家 132 · 民国二十五年 · 纳米执照 · 光葱

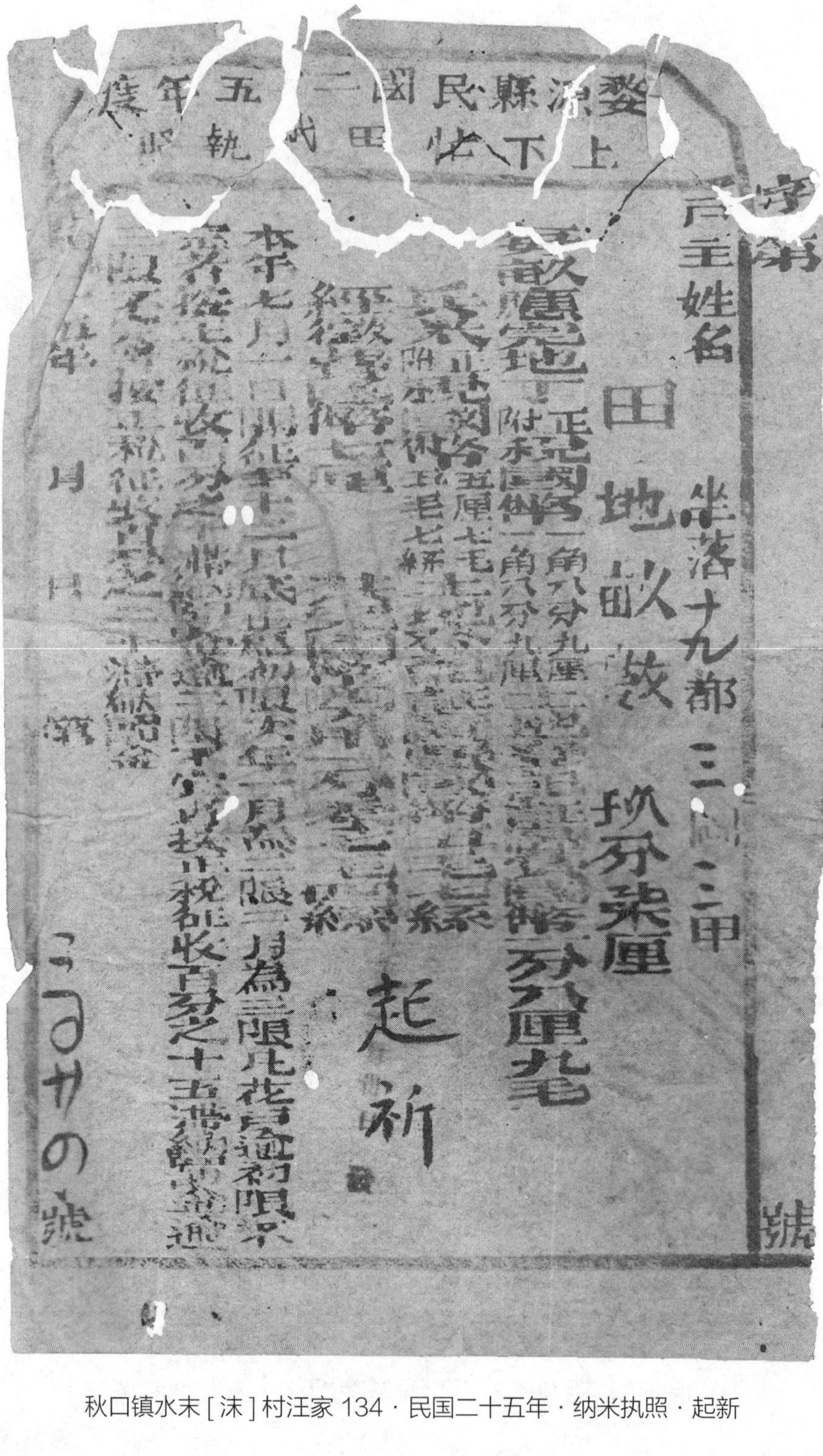

秋口镇水末[沫]村汪家 134 · 民国二十五年 · 纳米执照 · 起新

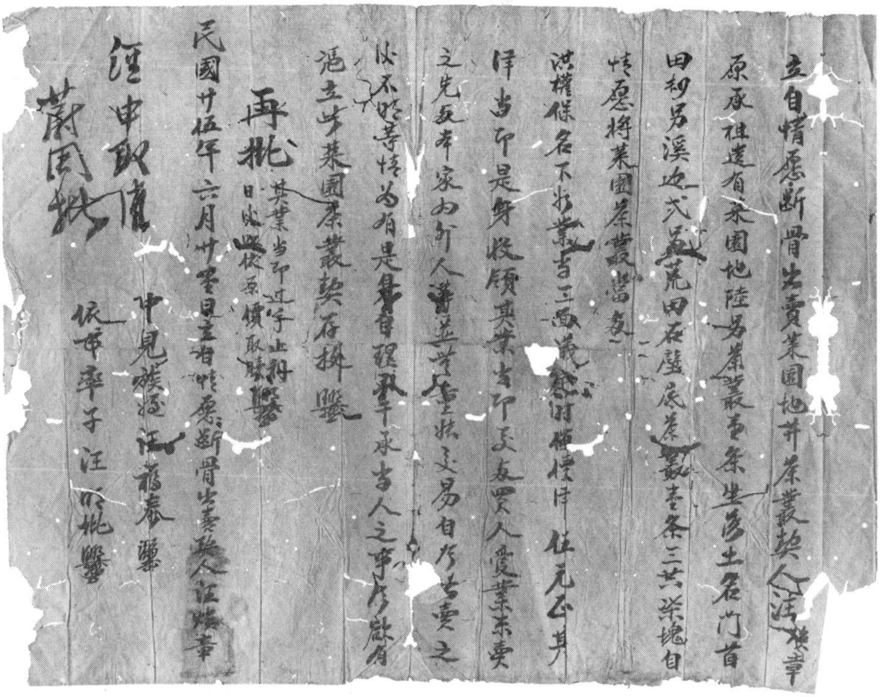

秋口镇水末［沫］村汪家 184 · 民国二十五年 · 断骨卖菜园地并茶丛契 ·
汪焕章当与洪权保

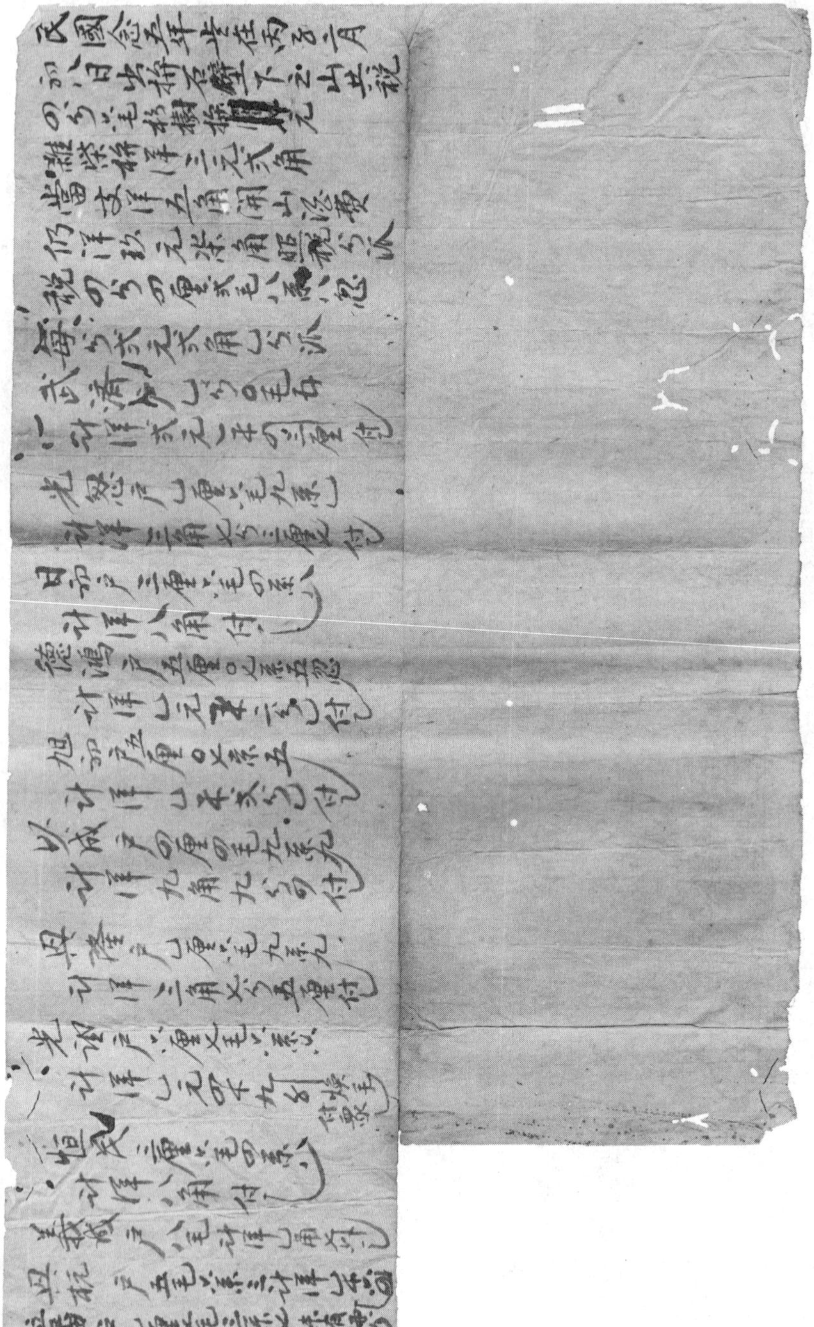

秋口镇水末［沫］村汪家232·民国二十五年·流水账

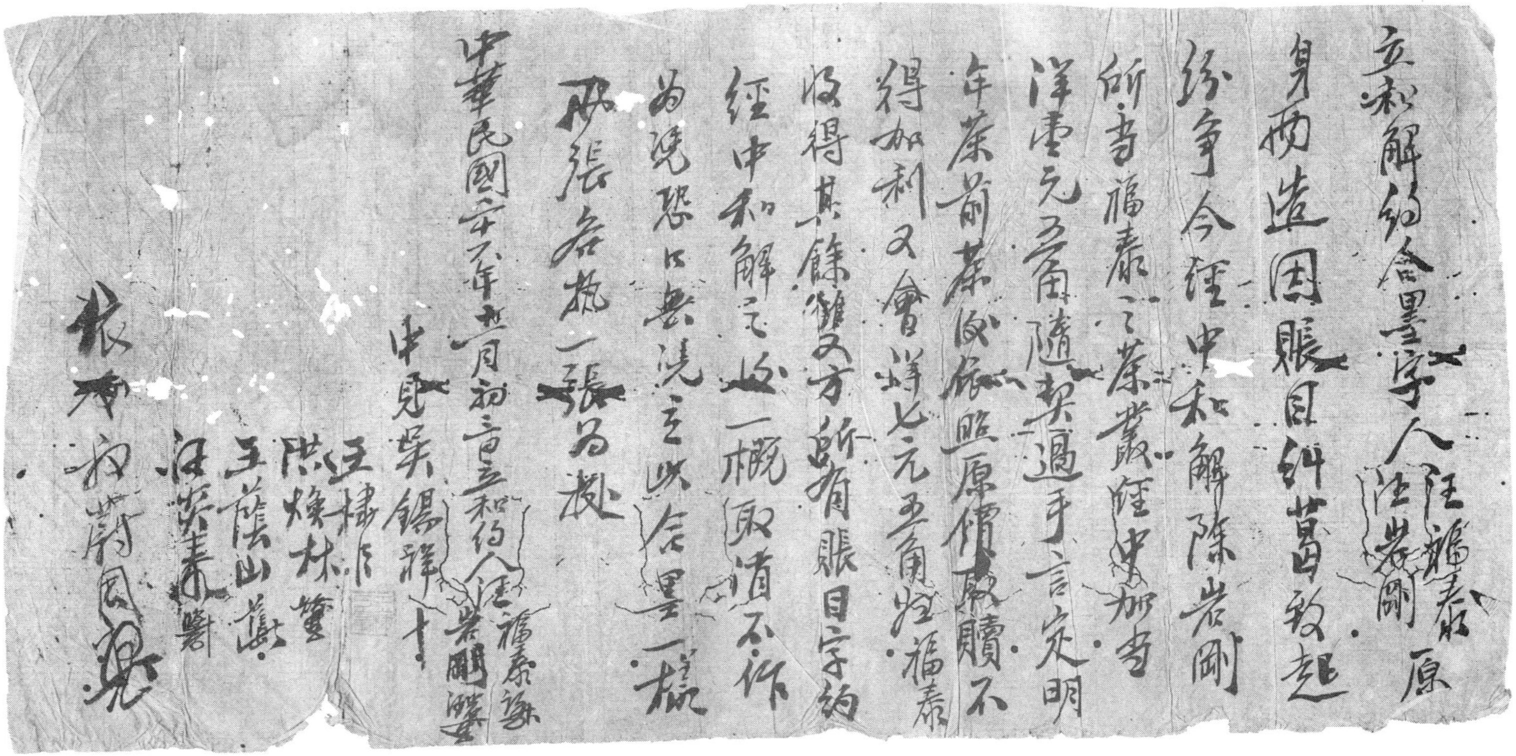
立和解约合墨字人汪福泰、汪岩刚，原
身因造园账目纠葛致起
纷争，今经中和解，陈岩刚
所当福泰之茶叶经中加当
洋壹元五角，随契过手，言定明
年茶前茶后照原价取赎，不
得加利，又会洋七元五角，归福泰
收得。其余双方所有账目字约
经中和解之后，一概取消不作
为凭，恐后无凭，立此合墨一样
两张，各执一张为据。
中华民国廿六年五月初三日立和约人汪福泰、岩刚
中见 吴锡祥 十

秋口镇水末［沫］村汪家 200 · 民国二十六年 · 合墨 · 汪福泰、汪岩刚

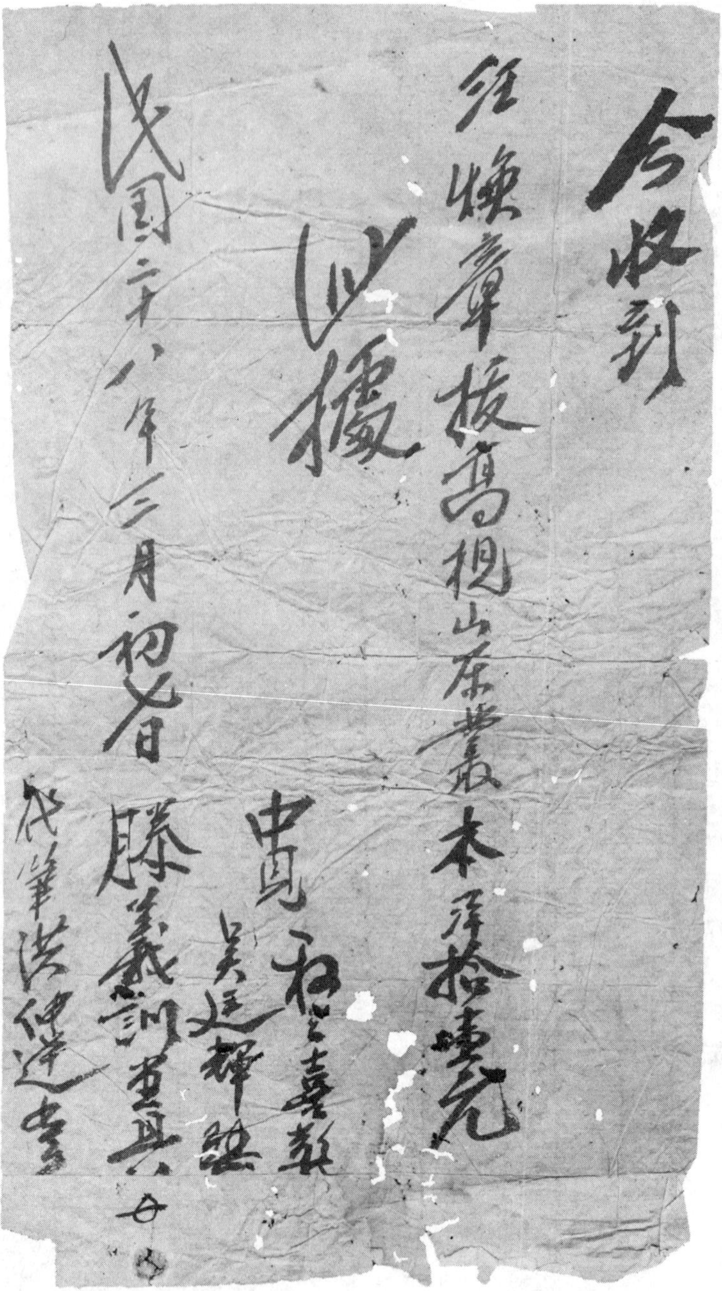

秋口镇水末 [沫] 村汪家 155 · 民国二十八年 · 收据 · 滕义训

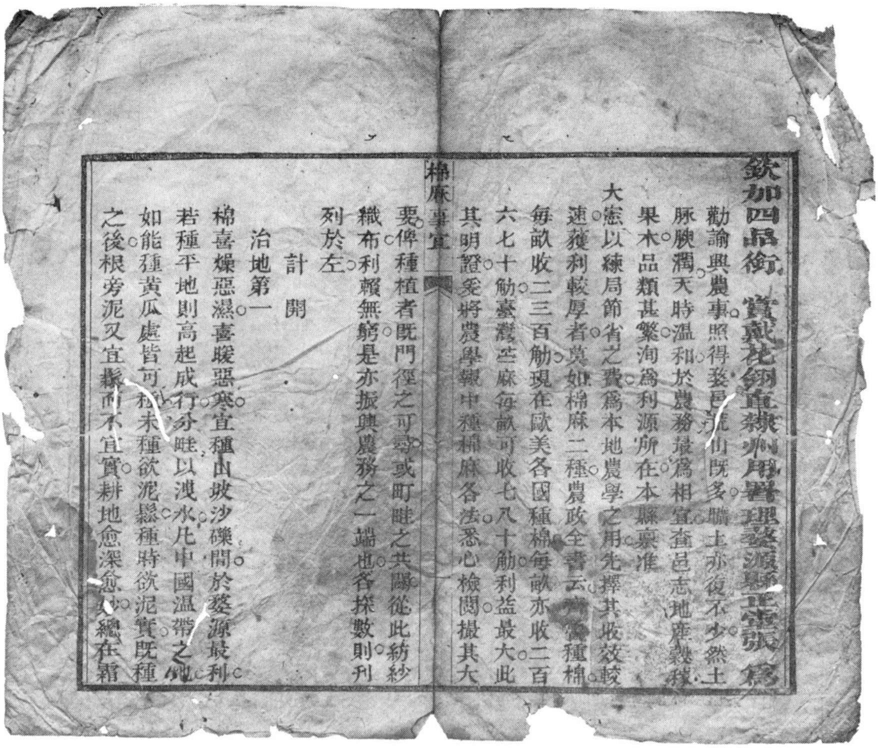

欽加四品銜賞戴花翎直隸州用署理婺源縣正堂張爲
勸諭興農事。照得婺坵邑荒山既多。膴土亦復不少。然土
脉腴潤。天時溫和。於農務最爲相宜。查邑志地産穀稷
果木品類甚繁。洵爲利源所在。本縣稟准
大憲。以練局節省之費。爲本地農學之用。先擇其收效較
速獲利較厚者。莫如棉麻二種。農政全書云。[illegible]種棉
每畝收二三百觔。現在歐美各國種棉。每畝亦收二百
六七十觔。臺灣苎麻每畝可收七八十觔。利益最大。此
其明證。爰將農學報中種棉麻各法。悉心檢閱。撮其大
要。俾種植者既門徑之可尋。或町畦之共闢。從此紡紗
織布。利賴無窮。是亦振興農務之一端也。各採數則。刋
列於左。

計開

治地第一

棉喜燥惡濕。喜暖惡寒。宜種山坡沙礫。閒於婺源最利。
若種平地。則高起成行分畦。以洩水。凡中國溫帶之地。
如能種黃瓜處。皆可種。未種欲泥鬆。種時欲泥實。既種
之後。根旁泥又宜鬆而不宜實。耕地愈深愈妙。總在霜

棉麻事宜

秋口镇水末[沫]村汪家 16-1 · 文集 · 棉麻事宜

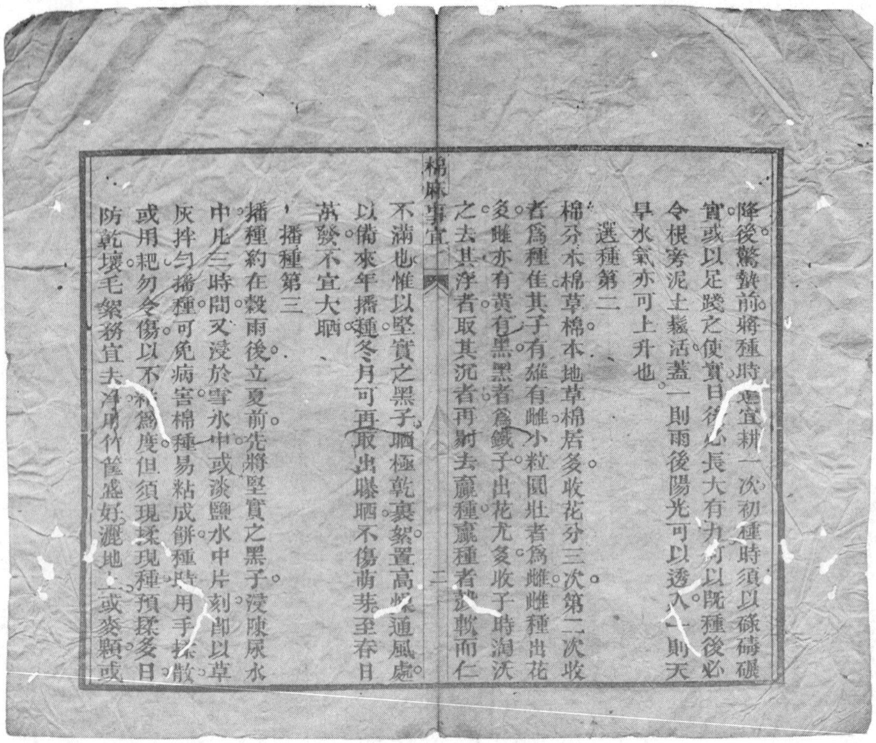

棉麻事宜　二

降。後驚蟄前。將種時更宜耕一次。初種時須以磟碡碾
實。或以足踐之使實。日後必長大有力。可以既種後必
令根旁泥土鬆活。蓋一則雨後陽光可以透入。一則天
旱水氣亦可上升也。

選種第二

棉分木棉草棉。本地草棉居多。收花分三次。第二次收
者為種佳。其子有雄有雌。小粒圓壯者為雌。雌種出花
多。雄亦有黃有黑。黑者為鐵子。出花尤多。收子時淘汰
之去其浮者。取其沉者再射去癟種。癟種者殼軟而仁
不滿也。惟以堅實之黑子。晒極乾。裹絮置高燥通風處。
以備來年播種。冬月可再取出曝晒。不傷萌芽。至春日
萌發。不宜大晒。

播種第三

播種約在穀雨後。立夏前。先將堅實之黑子。浸陳尿水
中。凡三時間。又浸於雪水中。或淡鹽水中片刻。即以草
灰拌勻播種。可免病害。棉種易粘成餅。種時用手搓散。
或用耙。勿令傷。以不粘為度。但須現採現種。預採多日
防乾壞。毛絮務宜去淨。用竹筐盛好。灑地上。或麥顆。或

秋口镇水末[沫]村汪家 16-2 · 文集 · 棉麻事宜

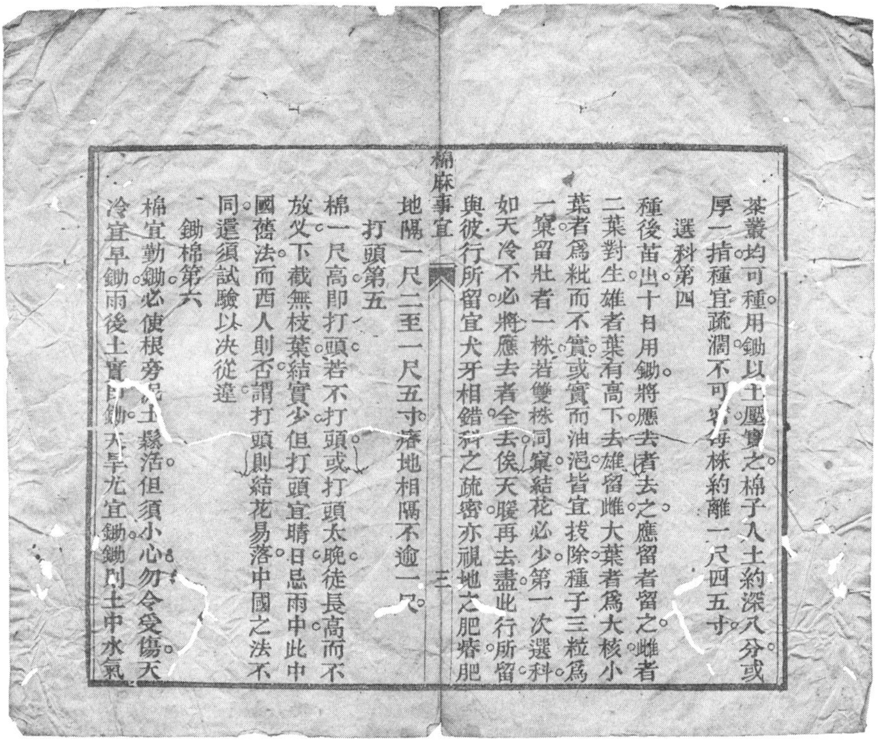
叢均可種。用鋤。以土壓實之。棉子入土約深八分。或
厚一指。種宜疏。濶不可密。每株約離一尺四五寸。
選科第四
種後苗出。十日用鋤。將應去者去之。應留者留之。雌者
二葉對生。雄者葉有高下。去雄。留雌。大葉者爲大核。小
葉者爲粃而不實。或實而油浥。皆宜拔除。種子三粒。爲
一窠。留壯者一株。若雙株同窠。結花必少。第一次選科。
如天冷。不必將應去者全去。俟天暖再去盡。此行所留
與彼行所留。宜犬牙相錯。科之疏密。亦視地之肥瘠。肥
棉麻事宜 三
地隔一尺二至一尺五寸。落地相隔不逾一尺。
打頭第五
棉。一尺高即打頭。若不打頭。或打頭太晚。徒長高而不
放。父下截無枝葉。結實少。但打頭宜晴日。忌雨中。此中
國舊法。而西人則否。謂打頭則結花易落。中國之法不
同。還須試驗以决從違
鋤棉第六
棉宜勤鋤。必使根旁泥土鬆活。但須小心。勿令受傷。天
冷宜早鋤。雨後土實即鋤。天旱尤宜鋤。鋤則土中水氣

秋口镇水末［沫］村汪家 16-3 · 文集 · 棉麻事宜

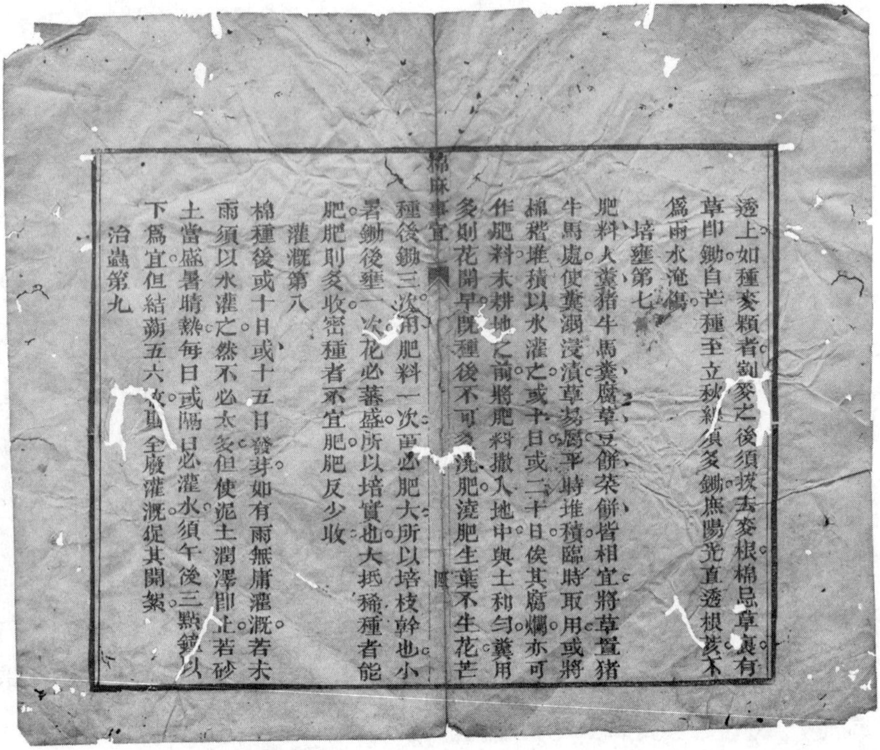

棉麻事宜 四

透上。如種麥類者。割麥之後。須拔去麥根。棉忌草。裏有
草即鋤。自芒種至立秋。總須多鋤。庶陽光直透根荄。不
爲雨水淹傷。

培壅第七

肥料、人糞、猪牛馬糞、腐草、豆餅、菜餅、皆相宜。將草置猪
牛馬處。使糞溺浸漬草易腐。平時堆積。臨時取用。或將
棉稭堆積。以水灌之。或十日或二十日。俟其腐爛。亦可
作肥料。未耕地之前。將肥料撒入地中。與土和勻。糞用
多則花開早。既種後不可多澆肥。澆肥生葉不生花。芒
種後鋤三次。用肥料一次。再必肥大。所以培枝幹也。小
暑鋤後。壅一次。花必蕃盛。所以培實也。大抵稀種者能
肥。肥則多收。密種者不宜肥。肥反少收

灌溉第八

棉種後或十日或十五日發芽。如有雨。無庸灌溉。若未
雨。須以水灌之。然不必太多。但使泥土潤澤即止。若砂
土。當盛暑晴熱。每日或隔日必灌水。須午後三點鐘以
下爲宜。但結蕊五六枚。即全廢灌溉。促其開絮。

治蟲第九

秋口镇水末［沫］村汪家 16-4 · 文集 · 棉麻事宜

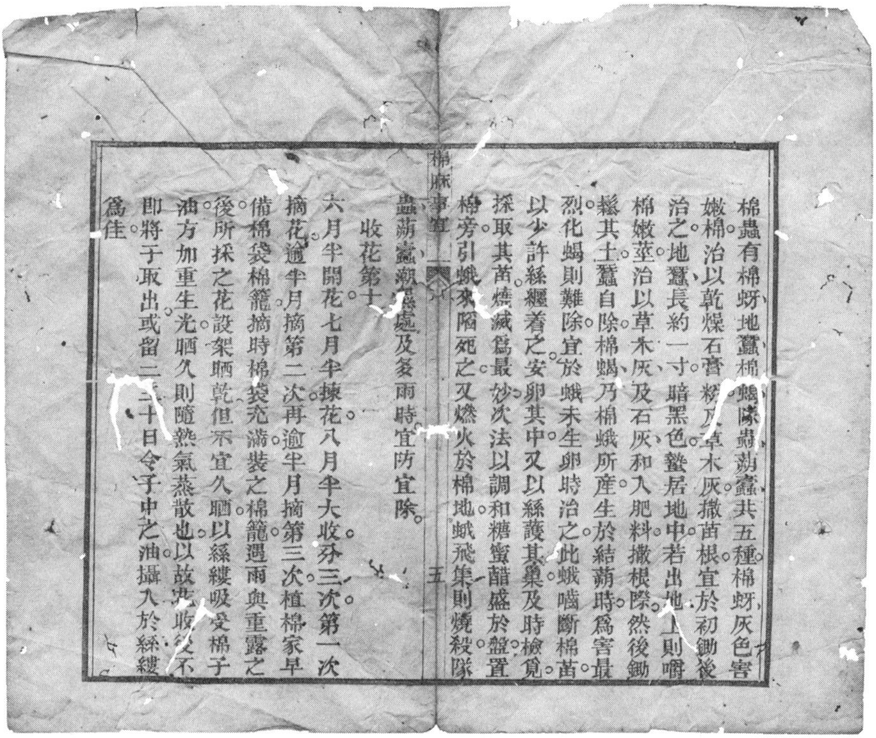

棉蟲有棉蚜、地蠶、棉蝸、隊蟲、薊蠹、共五種。棉蚜、灰色害嫩棉。治以乾燥石膏粉、及草木灰。撒苗根。宜於初鋤後治之。地蠶長約一寸。暗黑色。蟄居地中。若出地上則嚼棉嫩莖。治以草木灰、及石灰、和入肥料。撒根際。然後鋤鬆其土。蠶自除。棉蝸、乃棉蛾所產生。於結薊時。爲害最烈。化蝸則難除。宜於蛾未生卵時治之。此蛾嚙斷棉苗。以少許絲纏着之。安卵其中。又以絲護其巢。及時檢覓採取其苗。燒滅爲最妙。次法以調和糖蜜醋。盛於盤。置棉旁。引蛾來陷死之。又燃火於棉地。蛾飛集則燒殺。隊蟲、薊蠹、潮溼處及多雨時。宜防宜除。

收花第十。

六月半開花。七月半採花。八月半大收。分三次。第一次摘花。逾半月摘第二次。再逾半月摘第三次。植棉家早備棉袋棉籠。摘時棉袋充滿。裝之棉籠。遇雨與重露之後。所採之花。設架晒乾。但不宜久晒。以絲縷吸受棉子油。方加重生光。晒久則隨熱氣蒸散也。以故收後不即將子取出。或留二三十日。令子中之油。攝入於絲縷爲佳。

棉麻事宜　五

秋口镇水末［沫］村汪家 16-5 · 文集 · 棉麻事宜

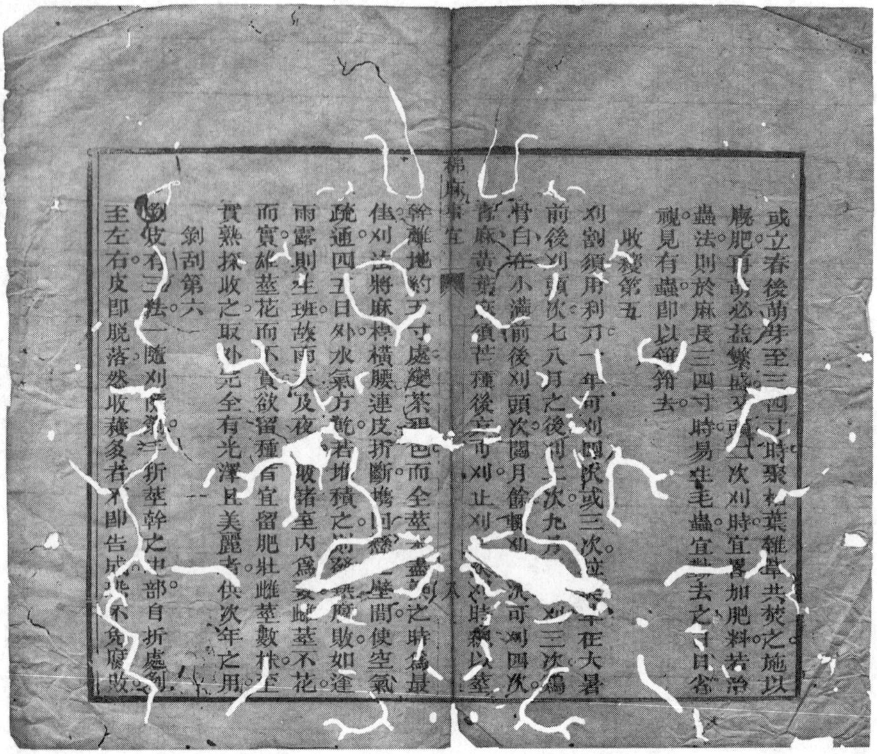

或立春後萌芽至三四寸時。聚[illegible]葉雜草共焚之。施以
腕肥。再[illegible]必益繁盛。[illegible]頭二次刈時。宜略加肥料。若治
蟲法。則於麻長三四寸時。易生毛蟲。宜[illegible]去之。[illegible]日省
視。見有蟲。即以[illegible]鉗去。
收穫第五
刈割須用利刀。一年可刈四[illegible]或三次。[illegible]在大暑
前後刈頭次。七八月之後刈二次。九月[illegible]刈三次。爲
骨白。在小滿前後刈頭次。閏月餘[illegible]刈[illegible]可刈四次。
靑麻黃[illegible]須芒種後[illegible]可刈。止刈[illegible]時須以莖

棉麻事宜 八

幹離地約五寸處。變茶[illegible]色。而全莖[illegible]之時爲最
佳。刈法將麻梢橫腰連皮折斷。攜回[illegible]壁間。使空氣
疏通。四五日外。水氣方乾。若堆積之。[illegible]腐敗。如逢
雨露。則生斑。故雨天及夜[illegible]收諸室內。爲[illegible]莖不花
而實。雄莖花而不實。欲留種者。宜留肥壯雌莖數株。至
貫熟採收之。取外皮完全有光澤且美麗者。供次年之用。
剝刮第六
剝皮有三法。一隨刈[illegible]折莖幹之中部。自折處剝
至左右。皮即脫落。然收穫多者。不即告成。[illegible]不免腐敗。

秋口镇水末［沫］村汪家 16-6 · 文集 · 棉麻事宜

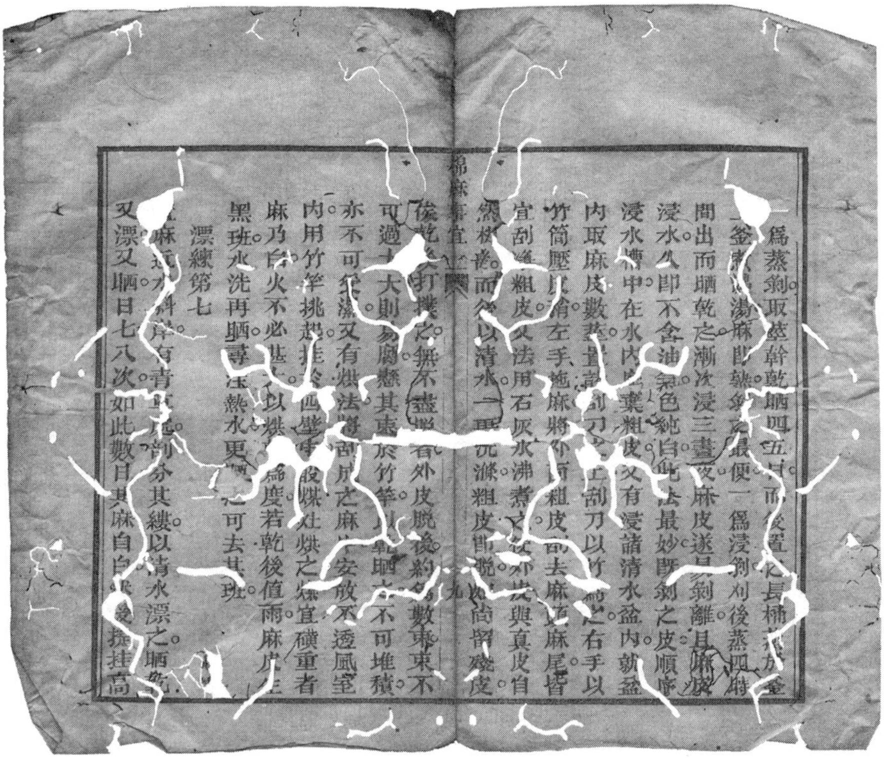

棉麻事宜 上 九

一爲蒸剝。取莖幹乾晒四五日。而後置於長桶蒸於釜
上釜[illegible]湯麻即熟剝之最便。一爲浸剝。刈後蒸四時
間出而晒乾之。漸次浸三晝夜。麻皮遂易剝離。且麻皮
浸水。久即不含油。氣色純白。此法最妙。既剝之皮。順序
浸水槽中。在水內[illegible]粗皮。又有浸諸清水盆內。就盆
內取麻皮數莖。置[illegible]刮刀之上。刮刀以竹[illegible]之。右手以
竹筒壓[illegible]。左手拖麻。將外面粗皮刮去。麻[illegible]麻尾皆
宜刮淨粗皮。又法用石灰水沸煮之。[illegible]外皮。與真皮自
然離。而後以清水一再洗滌粗皮。即脫[illegible]尚留殘皮。

後乾之。打撲之。無不盡[illegible]。若外皮脫後。約[illegible]數束。不
可過大。大則易腐爛。其束於竹竿上。乾晒之。不可堆積。
亦不可[illegible]濕。又有烘法。將刮成之麻[illegible]安放不透風室
內。用竹竿挑起。排於四壁。[illegible]下設煤灶烘之。煤宜礦重者
麻乃白。火不必甚大。以烘[illegible]爲度。若乾後值雨。麻皮生
黑斑。以水洗再晒。尋[illegible]熱水更[illegible]之可去其斑。

漂練第七

[illegible]麻[illegible]料。岸有青草處。剖分其縷。以清水漂之。晒乾。
又漂又晒。日七八次。如此數日。其麻自白。[illegible]挂高

秋口镇水末［沫］村汪家 16-7 · 文集 · 棉麻事宜

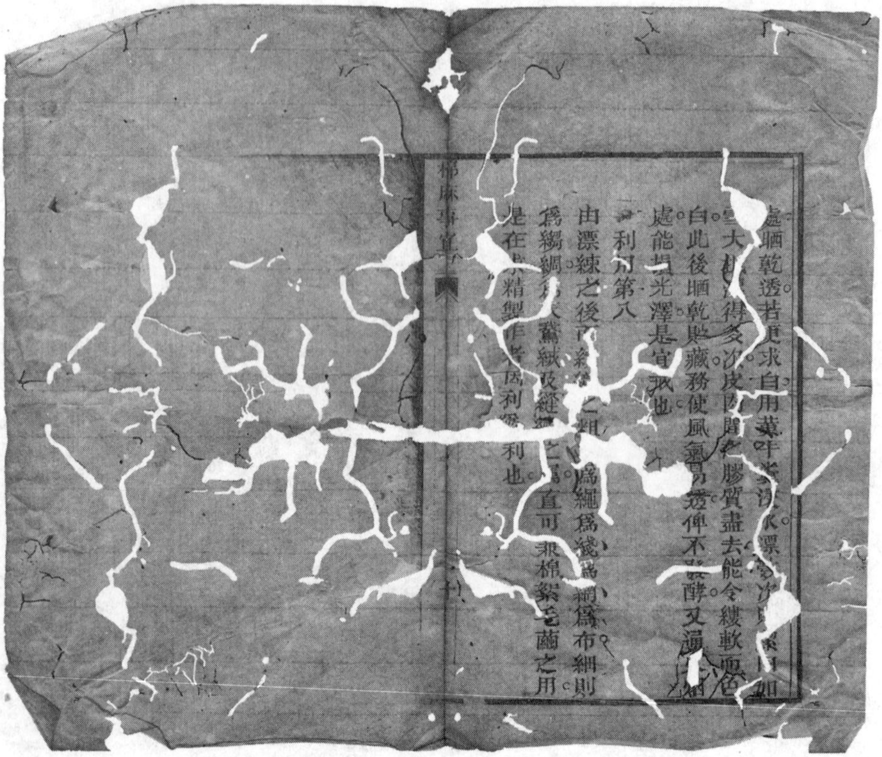

秋口镇水末[沫]村汪家 16-8 · 文集 · 棉麻事宜

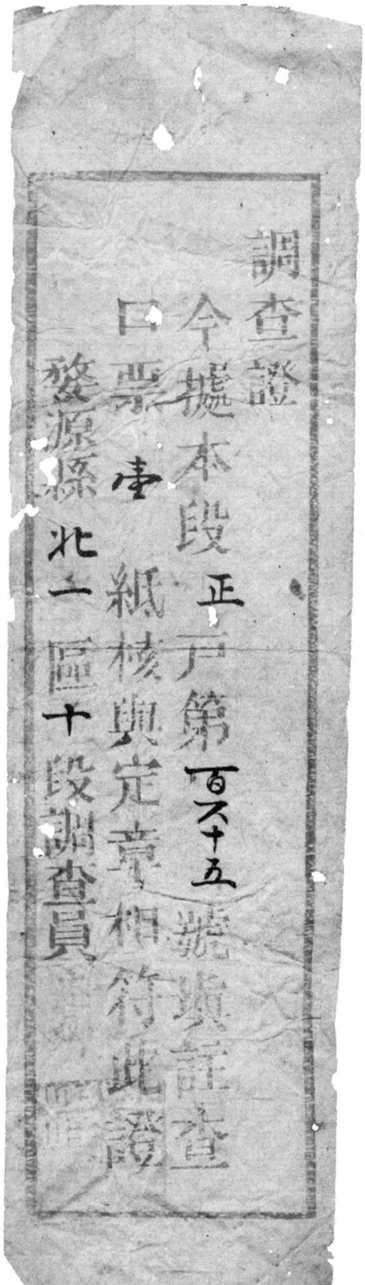
調查證
今據本段正戶第百六十五號填註查
口票壹紙核與定章相符此證
婺源縣北一區十段調查員

秋口镇水末[沫]村汪家 21 · 调查证 · 婺源县北一区十段调查员

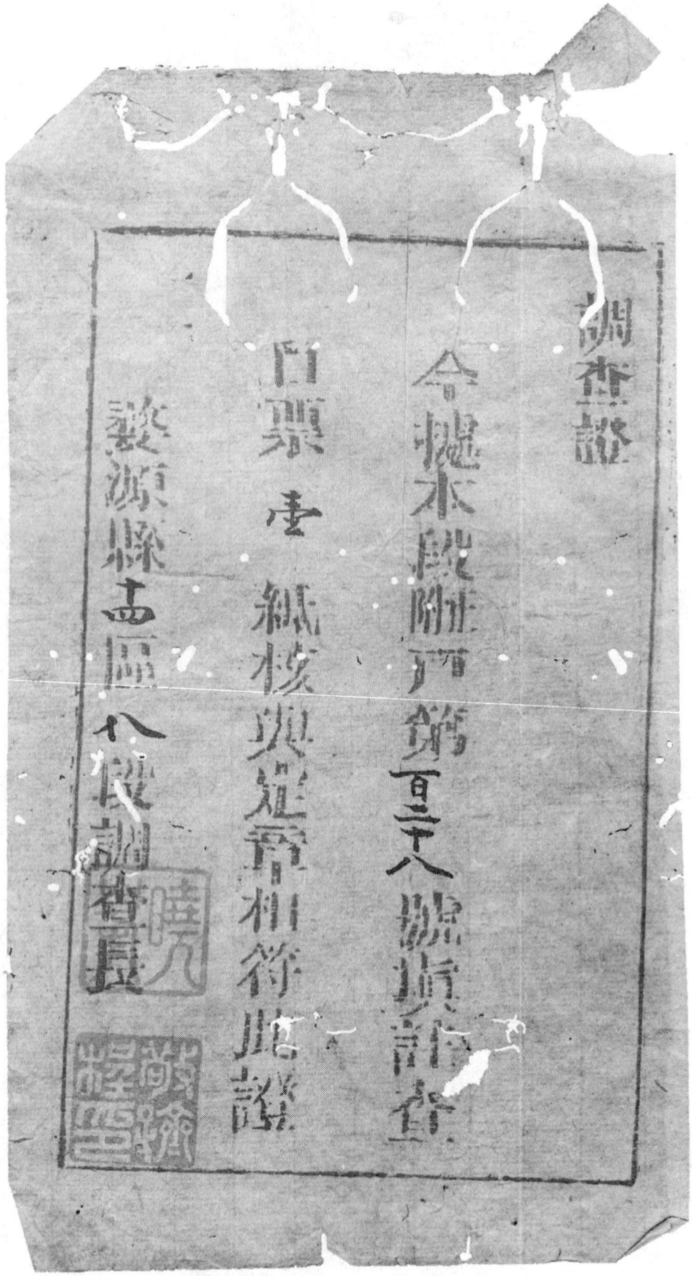

秋口镇水末［沫］村汪家 28 · 调查证 · 婺源县十四区八段调查长

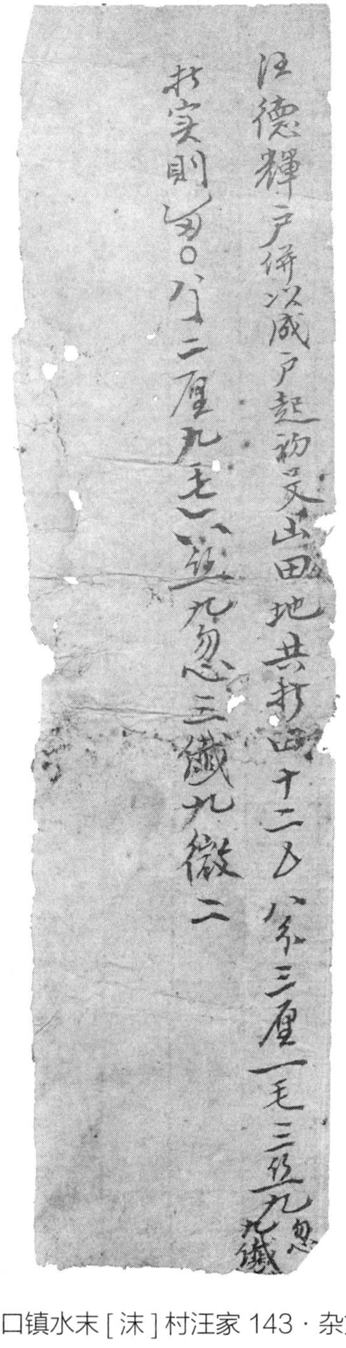

汪德輝户併以成户起初又山田地共折田十二亩八分三厘一毛三丝九忽九纖

折实則亩○八分二厘九毛八丝九忽三纖九微二

秋口镇水末[沫]村汪家 143 · 杂文

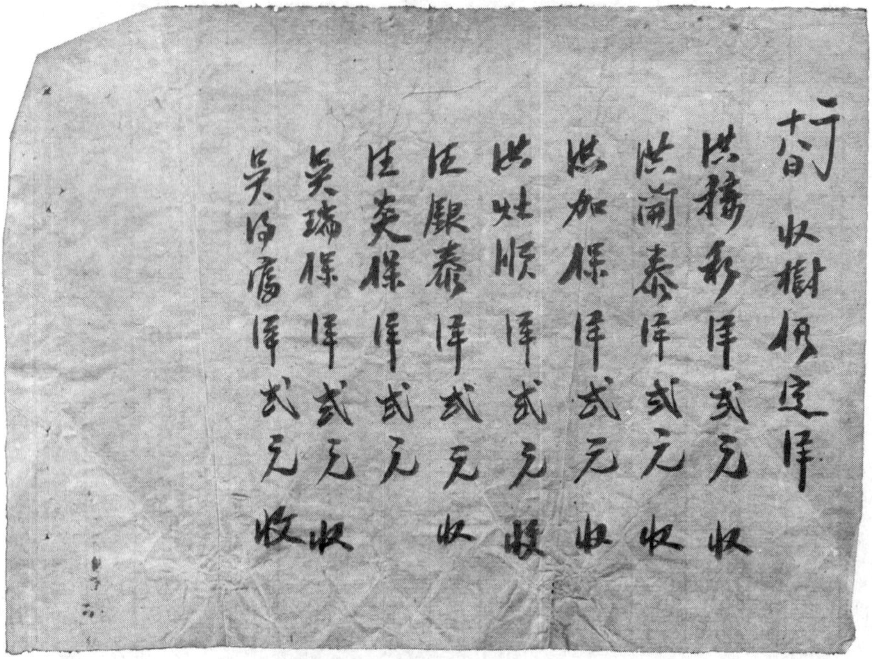

十一日收樹仍定洋

洪勝彩洋弍元收

洪蘭泰洋弍元收

洪加保洋弍元收

洪灶順洋弍元收

汪觀泰洋弍元收

汪英保洋弍元

吴瑞保洋弍元收

吴海富洋弍元收

秋口镇水末［沫］村汪家 145 · 账单

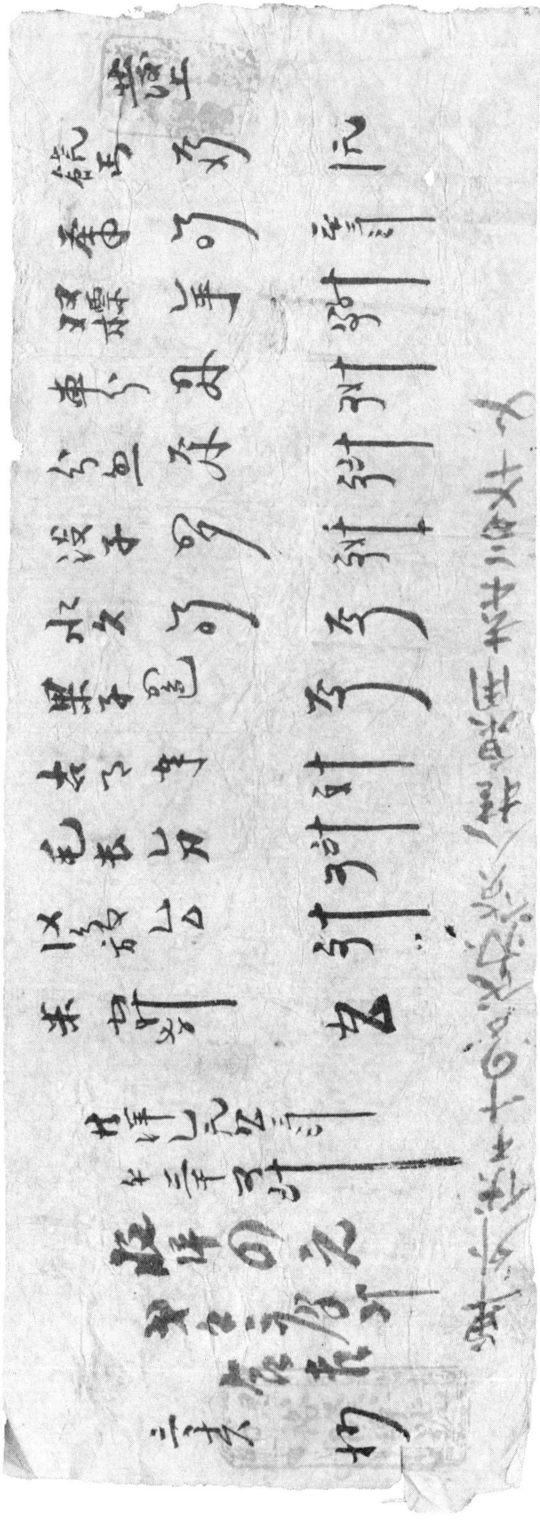

秋口镇水末［沫］村汪家 148 · 账单

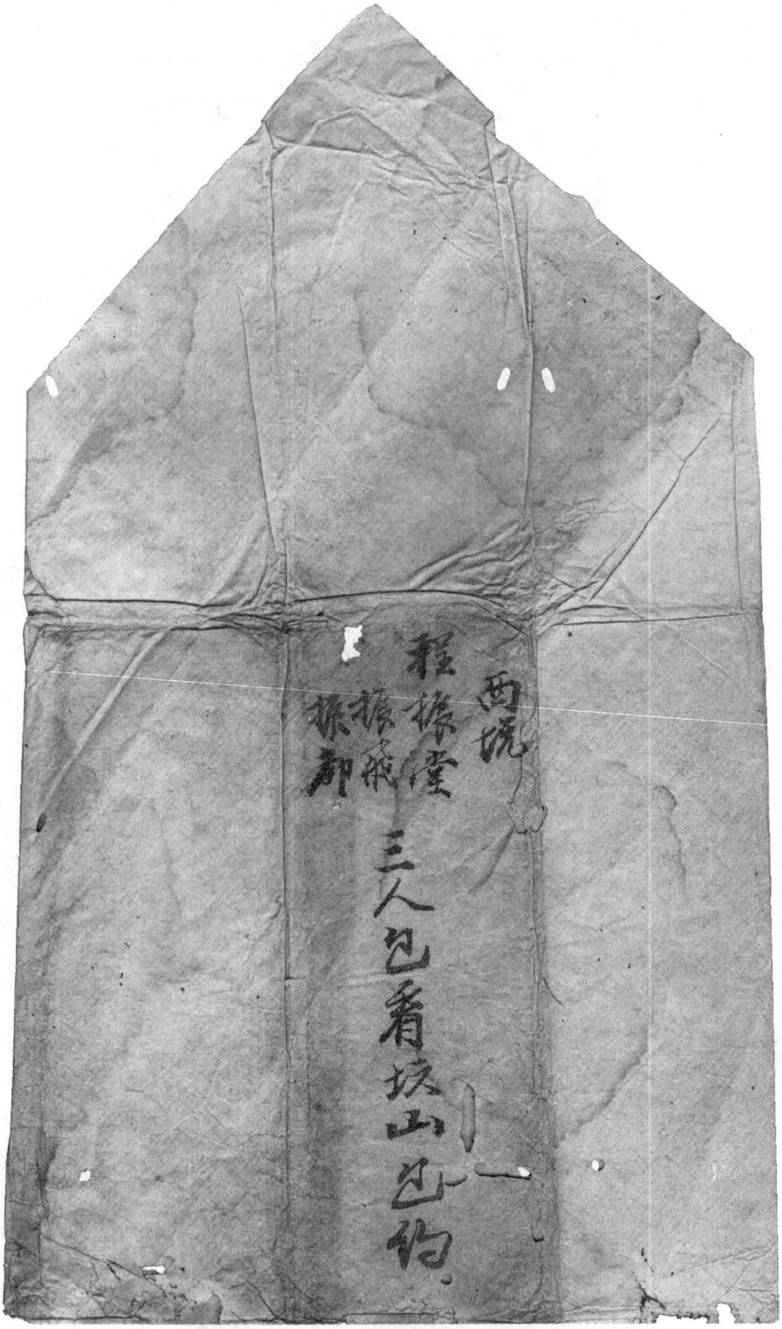
西坑
程振滢
振飛
振卿
三人包看坟山包约

秋口镇水末［沫］村汪家 158 · 包封

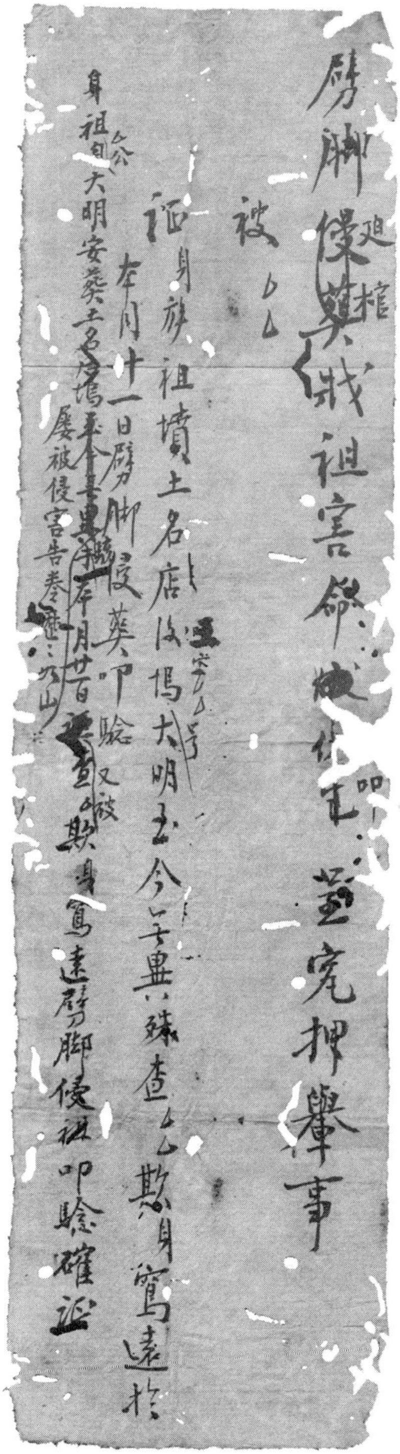

房脚追棺侵葬戕祖害命[illegible]叩恳究押毕事

被 厶厶

証 身族祖坟土名店後塢大明土今厶厶[illegible]查厶厶欺身窎远於

本月十一日房脚侵葬叩验又被[illegible]查厶欺身窎远房脚侵祖叩验确证

身祖公大明安葬土名店塢[illegible]屡被侵害告[illegible]

秋口镇水末 [沫] 村汪家 159 · 具投状

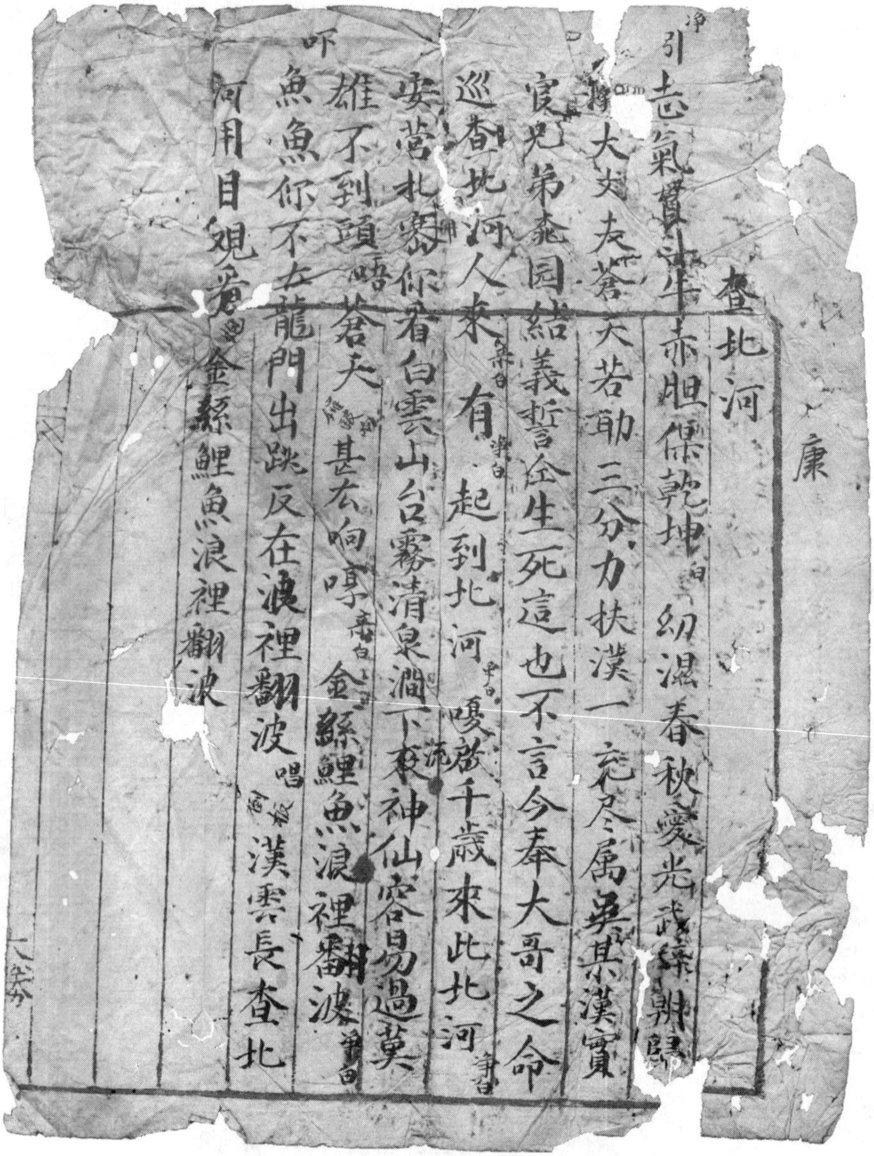

秋口镇水末[沫]村汪家 162-i · 杂文（第一面）

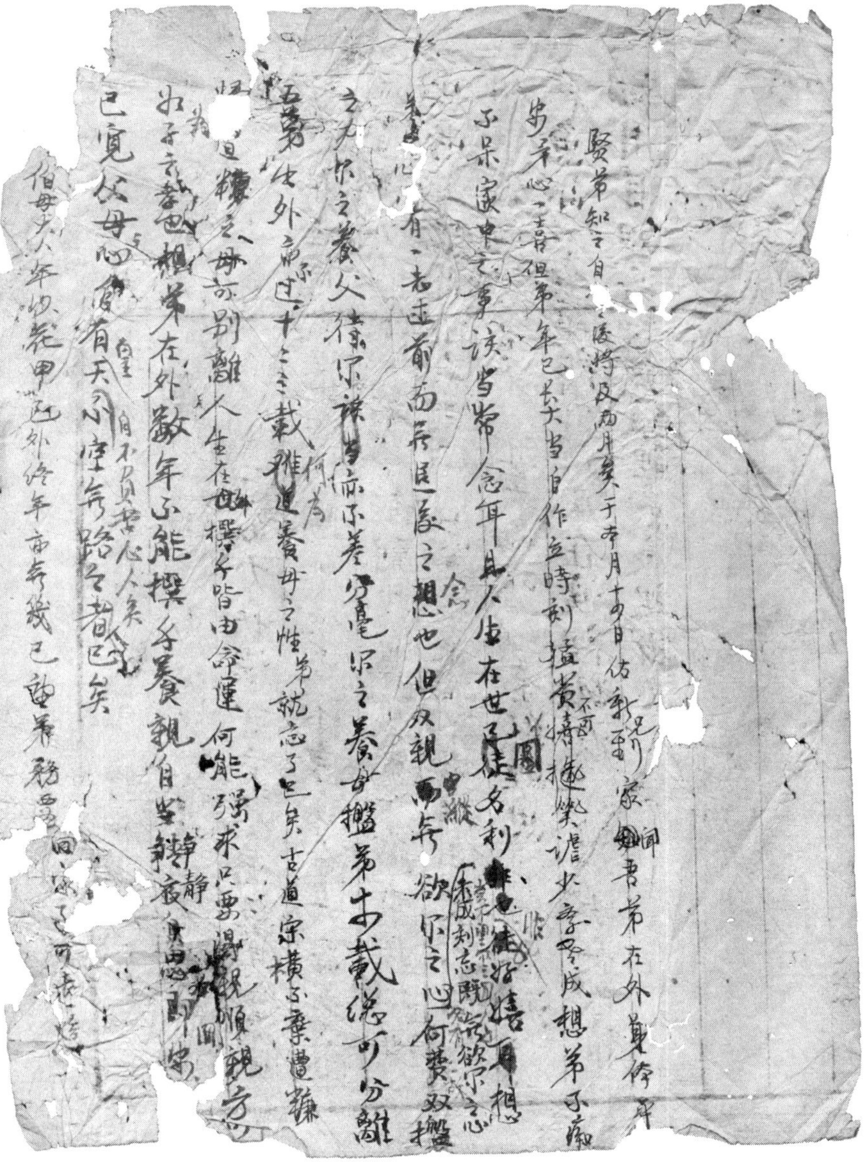

贤弟知之，自[illegible]后将及两月矣，于本月十四日[illegible]家[illegible]书，弟在外[illegible]平

安，弟[illegible]心一喜，但弟年已长大，当自作主，时刻猛省，[illegible]谨少事，[illegible]成，想弟不痴

不呆，家中之事，谈当常念，年[illegible]人生在世，[illegible]名利[illegible]想

[illegible]心，有一者，述前所[illegible]之想也，但双亲所[illegible]欲尔之心，何费双[illegible]

之尤尔之养父，待尔[illegible]亦不差分毫，尔之养母[illegible]弟十六载，[illegible]可分离

五弟[illegible]外，亦不过十二三载，难道养母之性，弟就忘了也矣，古道宗[illegible]不弃遗[illegible]

[illegible]道[illegible]之母，亦别离，人生在世，[illegible]皆由命运，何能强求，只要[illegible]顺亲[illegible]

[illegible]之孝也，想弟在外数年，不能[illegible]养亲，自当[illegible]

已宽父母心，[illegible]有天[illegible]路之[illegible]矣

伯母大人年[illegible]外终年[illegible]已[illegible]回[illegible]

秋口镇水末［沫］村汪家 162-ii · 杂文（第二面）

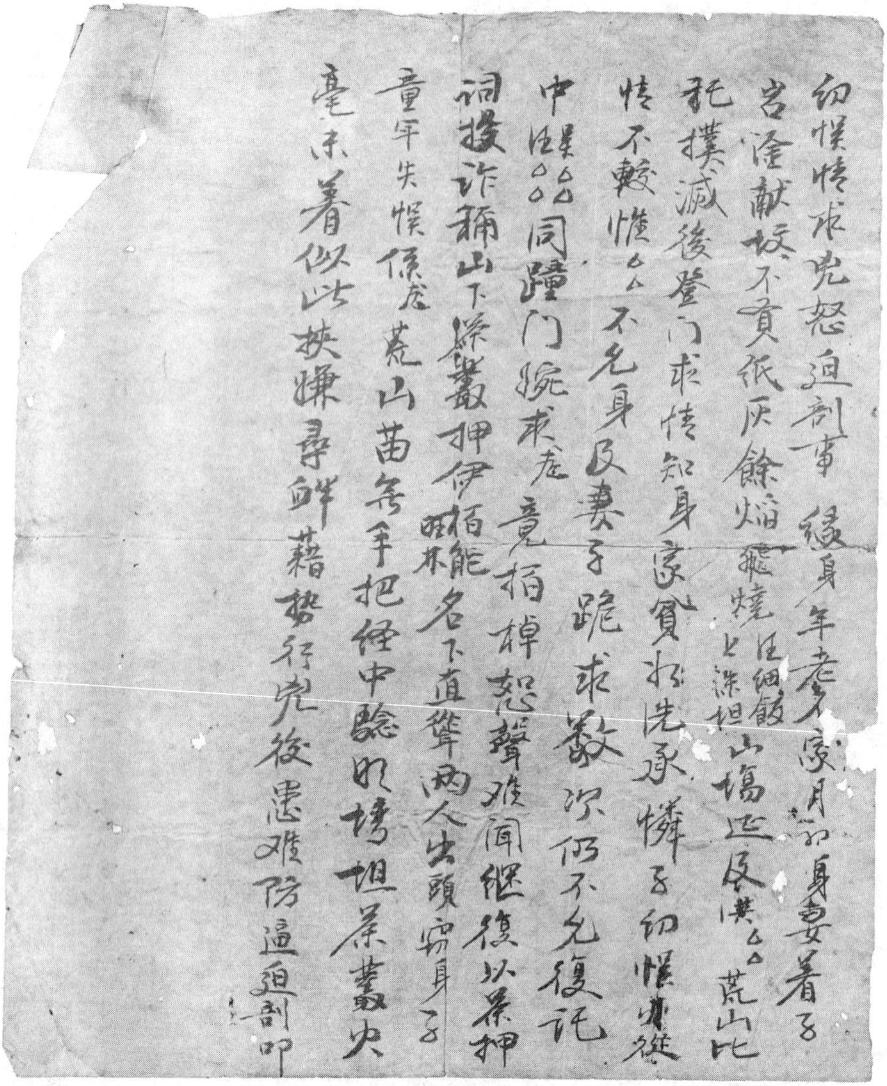

切恨情求究恕迫剖事　緣身年老寡家月初身妻着子
岂途獻錢不貪紙灰餘焰飛燒侄細叙山塢近及樊〻〻荒山比
托撲滅後登門求情知身家貧於洗承憐子切恨遭継
情不較惟〻不允身及妻子跪求數次仍不允復託
中〻〻同登門懇求詎竟栢棹恕聲難聞繼復以茶押
詞撥詐稱山下茶叢押伊栢能名下直聳兩人出頭窃身子
童年失恨債詎荒山苗無手把經中驗明塢坦茶叢尖
毫未着似此挾嫌尋衅藉勢行凶後患難防逼迫剖叩

秋口镇水末［沫］村汪家 164 · 具状词

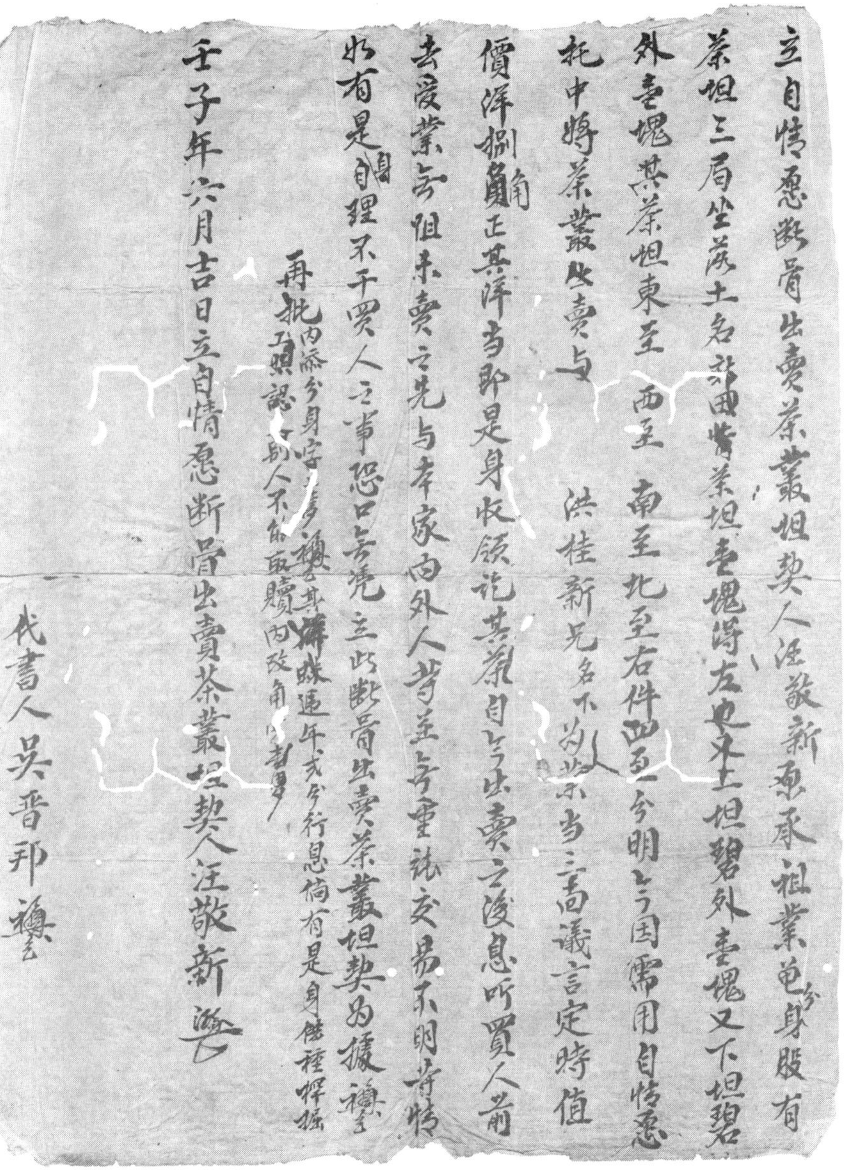

立自情愿断骨出卖茶丛坦契人汪敬新，原承祖业，邑分身股有
茶坦三号，坐落土名[illegible]田背茶坦壹块，得左边本土坦碧外壹块，又下坦碧
外壹块，其茶坦东至　西至　南至　北至，右件四至一分明。今因需用，自情愿
托中将茶丛出卖与　洪桂新兄名下为业，当三面议言定时值
价洋捌角正，其洋当即是身收领讫，其茶丛自今出卖之后，悉听买人前
去受业，无阻。未卖之先与本家内外人等并无重张交易，不明等情，
如有是身自理，不干买人之事。恐口无凭，立此断骨出卖茶丛坦契为据。（押）
再批：内添今身字一个，押。其洋□照远年式分行息，倘有是身价种挥据
三项认□别人不能取赎，内改角字，再照。
壬子年六月吉日立自情愿断骨出卖茶丛坦契人汪敬新（押）
代书人吴晋邦（押）

秋口镇水末［沫］村汪家 168 · 断骨卖茶丛坦契 ·

汪敬新卖与洪桂新兄

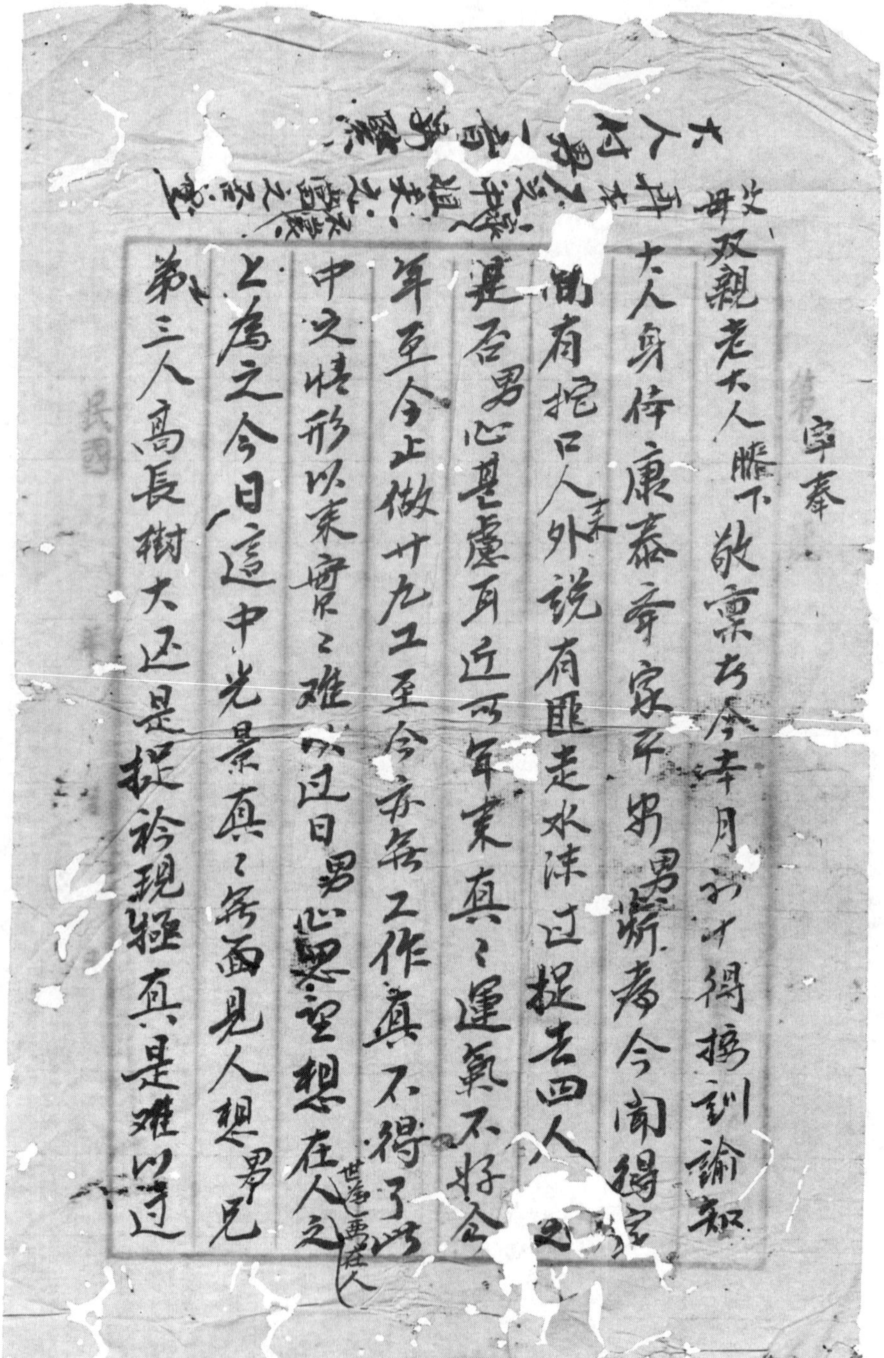
寧奉

父母双親老大人膝下 敬禀者今年月初十得接訓諭叙

大人身体康泰合家平安男躬康泰今聞得家

鄉有挖口人來外説有匪走水沫过捉去四人之

是否男心甚慮耳近兩年来真〻運氣不好今

年至今止做廿九工至今存各工作真〻不得了此

中之情形以来実〻難以过日男心思望想在人之（世道要在人）

上為之今日这中光景真〻各面見人想男兄

弟三人高長樹大还是捉衿現肘真是難以過

[illegible]

秋口镇水末 [沫] 村汪家 178 · 书信

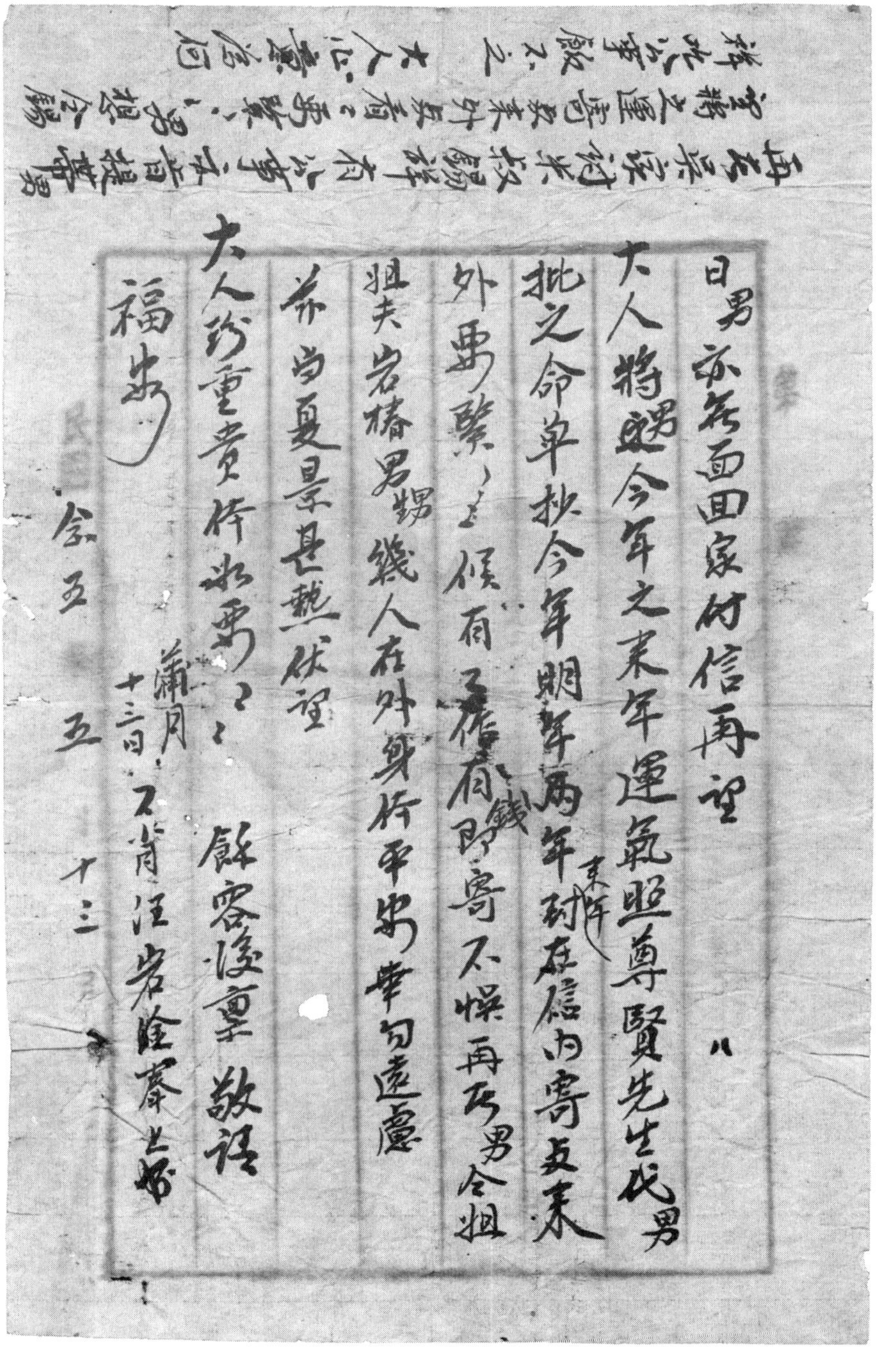

日男亦知面回家付信再望
大人將男錫之今年之來年運氣照尊賢先生代男
批之命單抄今年明年兩年封在信內寄去來
外要緊々々之候有了信有錢即寄不誤再啟男今祖
祖夫岩椿男錫幾人在外身体平安並勿遠慮
茶當夏景甚熱伏望
大人珍重貴体為要々々　餘容後稟　敬請
福安　蒲月十三日　不肖汪岩淦寄上
念五　五　十三

秋口镇水末［沫］村汪家 180 · 民国二十五年 · 书信 · 汪岩淦寄与父母大人

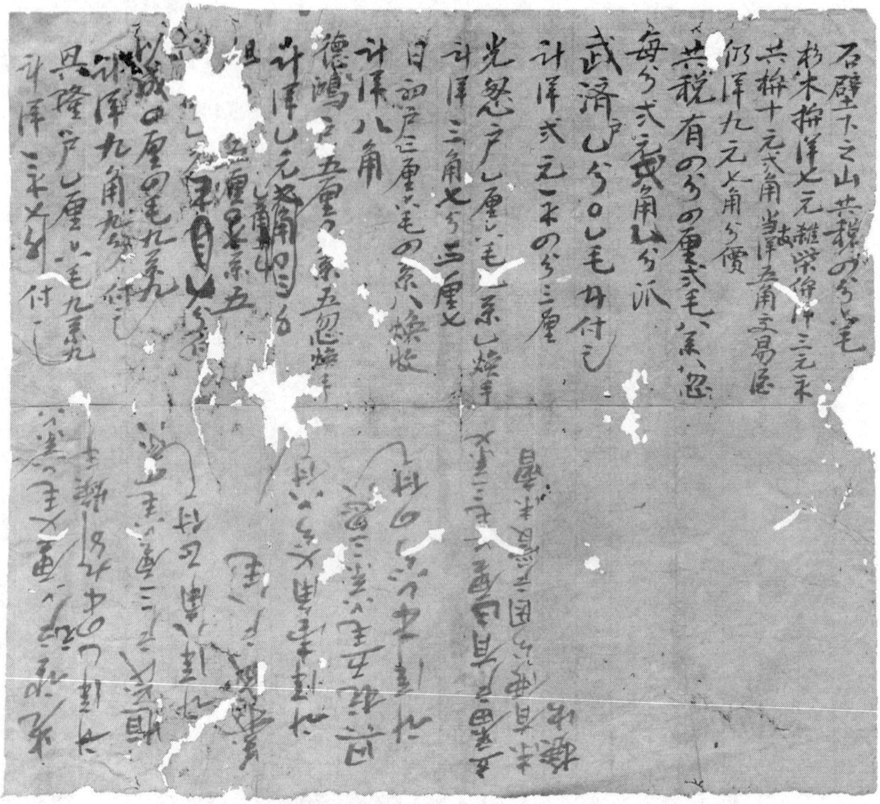

秋口镇水末[沫]村汪家 187 · 流水账

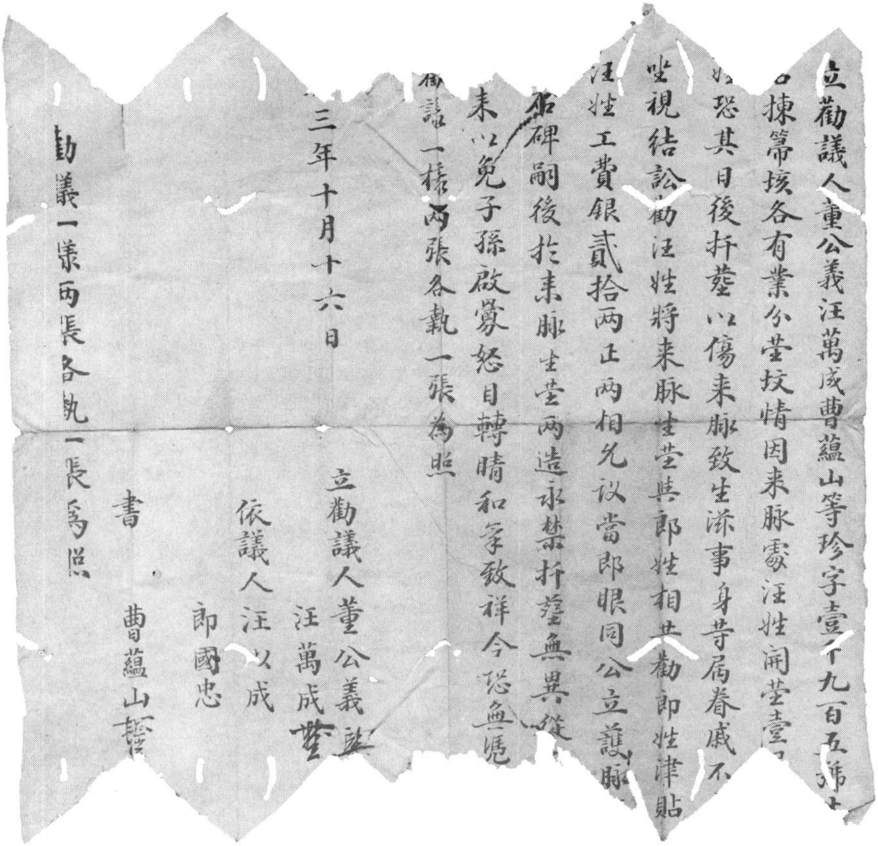
立勸議人董公義汪萬成曹蘊山等珍字壹千九百五十
石揀第垓各有業分茔坟情因来脉處汪姓開茔壹
始恐其日後扦葬以傷来脉致生添事身等居眷戚不
坐視結訟勸汪姓將来脉生茔與郎姓相共勸郎姓津貼
汪姓工費銀貳拾兩正兩相允议當郎眼同公立護脉
石碑嗣後於来脉生茔兩造永禁扦葬無異從
来以免子孫啟釁怨目轉睛和字致祥今恐無憑
立勸議一樣兩張各執一張為照
三年十月十六日
立勸議人董公義
汪萬成
依議人汪以成
郎國忠
書
曹蘊山
勸議一樣兩張各執一張為照

秋口镇水末[沫]村汪家 191 · 劝议 · 董公义、汪万成、曹蕴山等

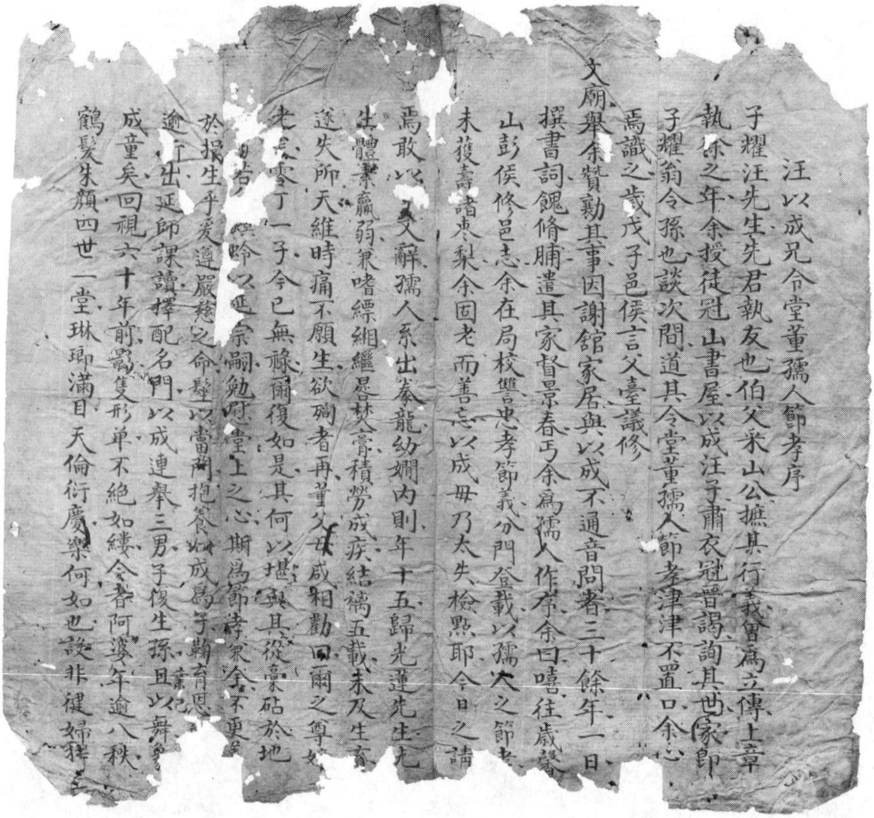

汪以成兄令堂董孺人節孝序

子耀汪先生先君執友也伯父采山公摭其行義曾為立傳上章執徐之年余授徒冠山書屋以成汪子肅衣冠晉謁詢其世家即子耀翁令孫也談次間道其令堂董孺人節孝津津不置口余心焉識之歲戊子邑侯言父臺議修

文廟舉余贊勷其事因謝館家居與以成不通音問者三十餘年一日撰書詞餽脩脯遣其家督景春丐余為孺人作序余曰嘻往歲馨山彭侯修邑志余在局校讐忠孝節義分門登載以孺人之節孝未獲壽諸棗梨余固老而善忘以成毋乃太失檢點耶今日之請焉敢以不文辭孺人系出夌龍幼嫻內則年十五歸光運先生光生體素羸弱衆嗜縹緗晷焚膏積勞成疾結褵五載未及生育遂失所天維時痛不願生欲殉者再董父母咸相勸曰爾之尊[illegible]老矣零丁一子今已無祿爾復如是其何以堪與其從槀砧於地[illegible]者[illegible]吟以延宗嗣勉慰堂上之心斯為節孝衆全不更妥於是生乎爰遵嚴慈之命壁以當剛抱養姪成為子鞠育恩勤逾丁出延師課讀擇配名門以成連舉三男子復生孫且以舞象成童矣回視六十年前煢隻形单不絕如縷今春阿婆年逾八秩鶴髮朱顏四世一堂琳瑯滿目天倫衍慶樂何如也誰非徤婦[illegible]

秋口镇水末[沫]村汪家 196 · 艺文 · 汪以成兄令堂董孺人节孝序

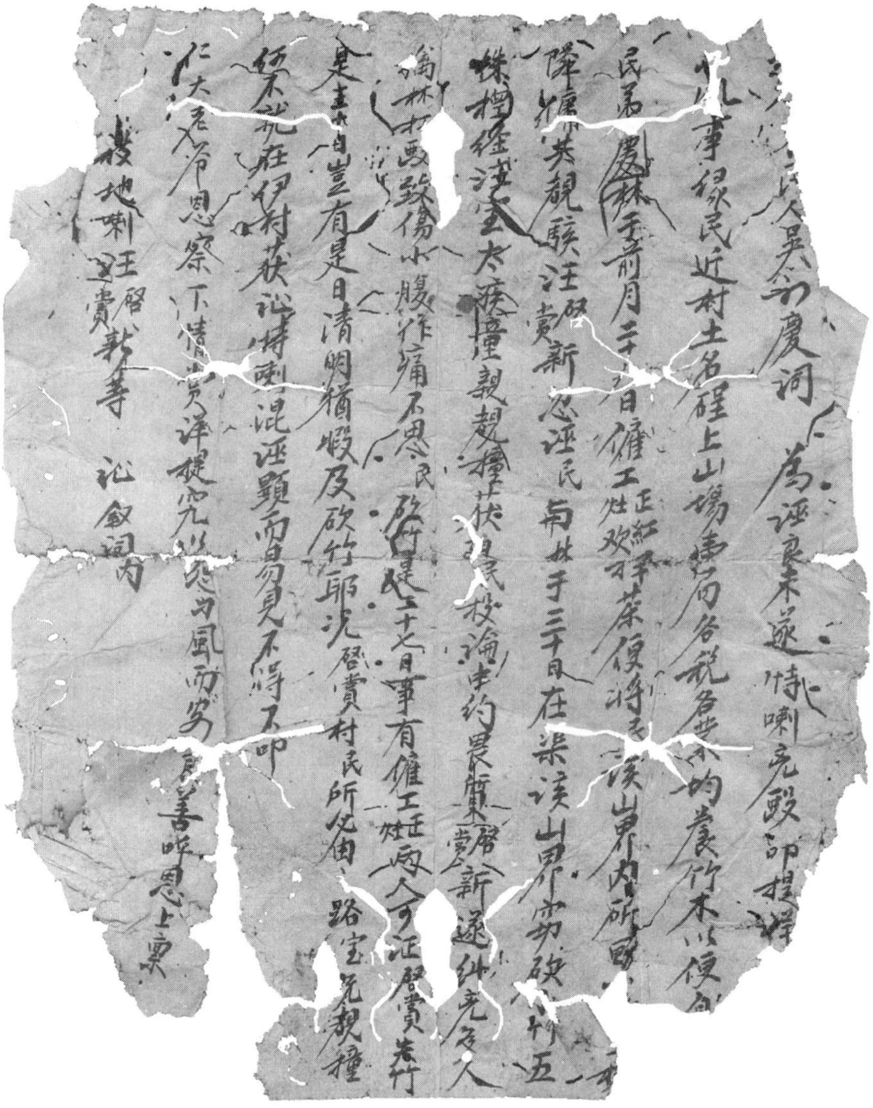

秋口镇水末[沫]村汪家 201 · 具状词 · 吴初庆告☐

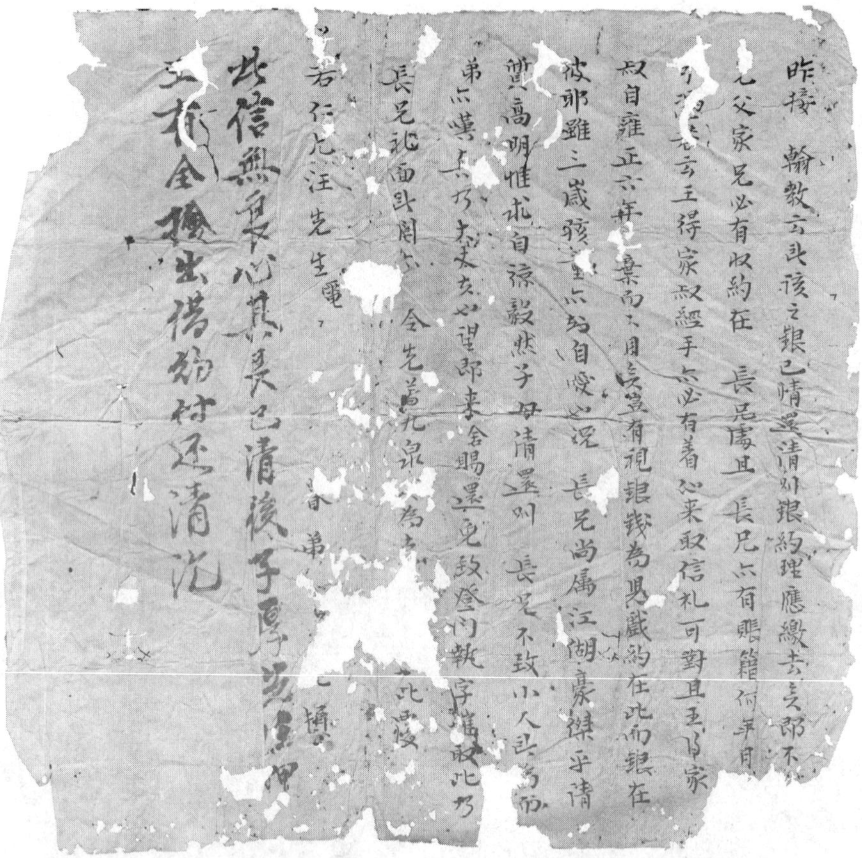

昨接
翰教云此孩之銀已情還清所銀約理應繳去去郎不
乞父家兄必有收約在　長兄處且長兄亦有賬簿何半月
不[illegible]云王得家叔經手亦必有着必来取信札可對且王[illegible]家
叔自雍正六年[illegible]棄而亡目長豈有視銀錢為兒戲約在此而銀在
彼耶雖三歲孩童亦知自愛也況　長兄尚屬江湖豪傑乎請
質高明惟求自諒穀然子母清還則　長兄不致小人此為而
弟亦[illegible]其巧夫[illegible]亦必望郎来舍賜還兒致登門執字催取此[illegible]
長兄祇面此閣[illegible]　全先[illegible]允泉[illegible]為[illegible]　此覆
若仁兄汪先生[illegible]　春　弟[illegible]　頓
此信無要[illegible]其長已清後字厚[illegible]押
[illegible]祇全換出借約付还清訖

秋口镇水末［沫］村汪家 203 · 书信

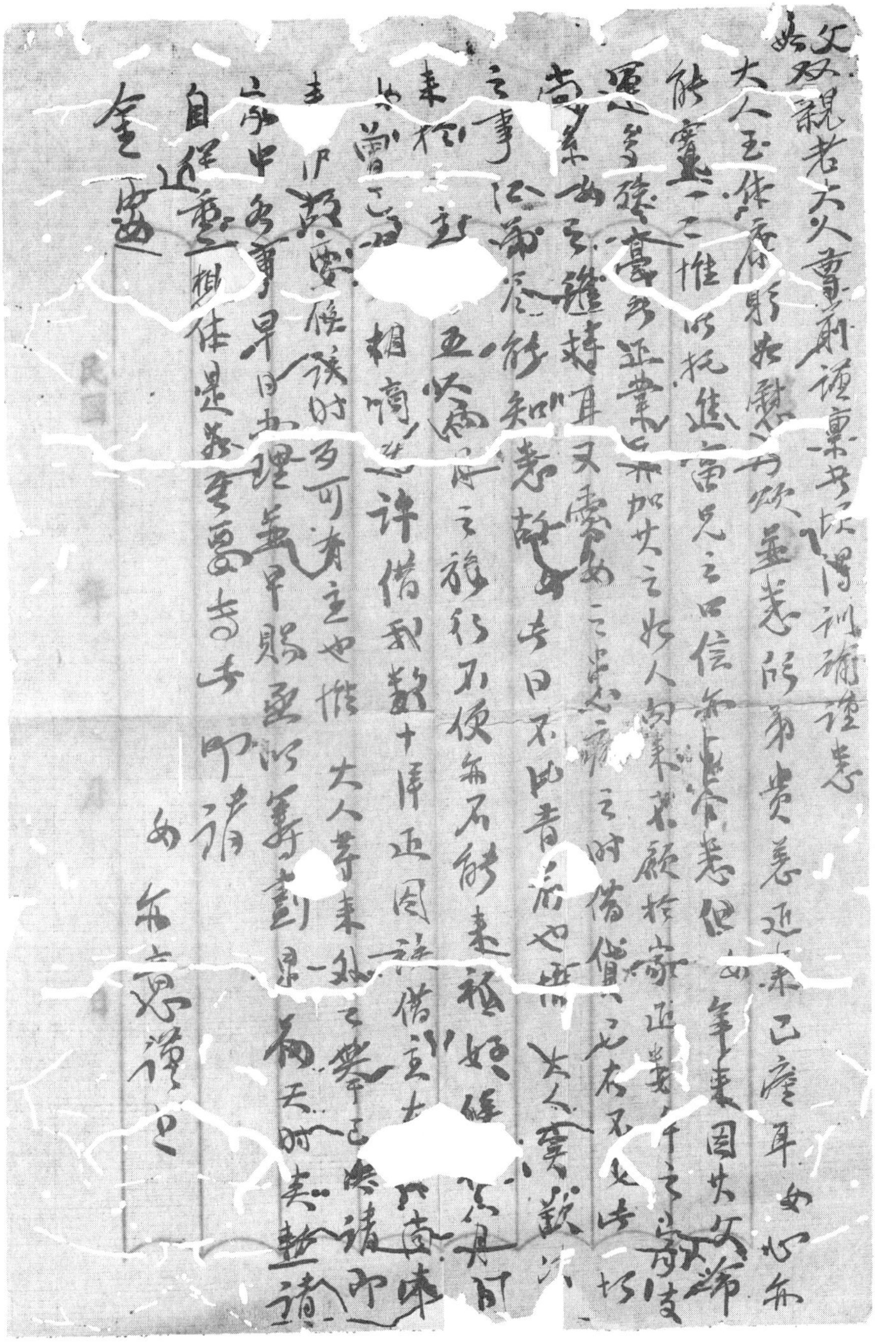

秋口镇水末［沫］村汪家 204 · 书信 · 亦意寄与双亲

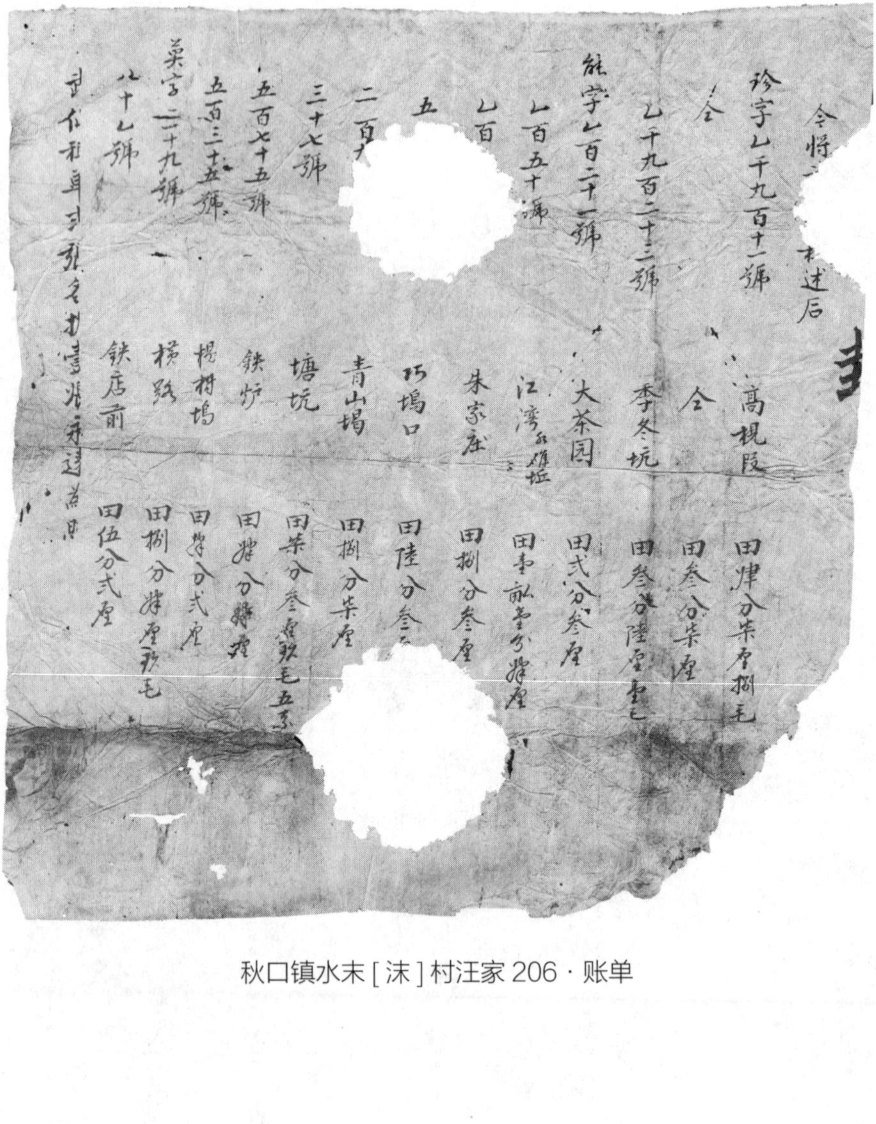

今将……杜述后
珍字山千九百十一號　高視段　田肆分柒厘捌毛
仝　仝　田叁分柒厘
山千九百二十三號　李冬坑　田叁分陆厘壹毛
能字山百二十一號　大茶园　田式分叁厘
山百五十號　江湾石碓坵　田壹畝壹分肆厘
山百……　朱家崖　田捌分叁厘
五……　巧塢口　田陆分叁……
二百……　青山塢　田捌分柒厘
三十七號　塘坑　田柒分叁厘玖毛五系
五百七十五號　鉄炉　田肆分肆厘
五百三十五號　楊树塢　田肆分式厘
菜字二十九號　横路　田捌分肆厘玖毛
八十山號　鉄店前　田伍分式厘
其在和身[illegible]

秋口镇水末［沫］村汪家 206 · 账单

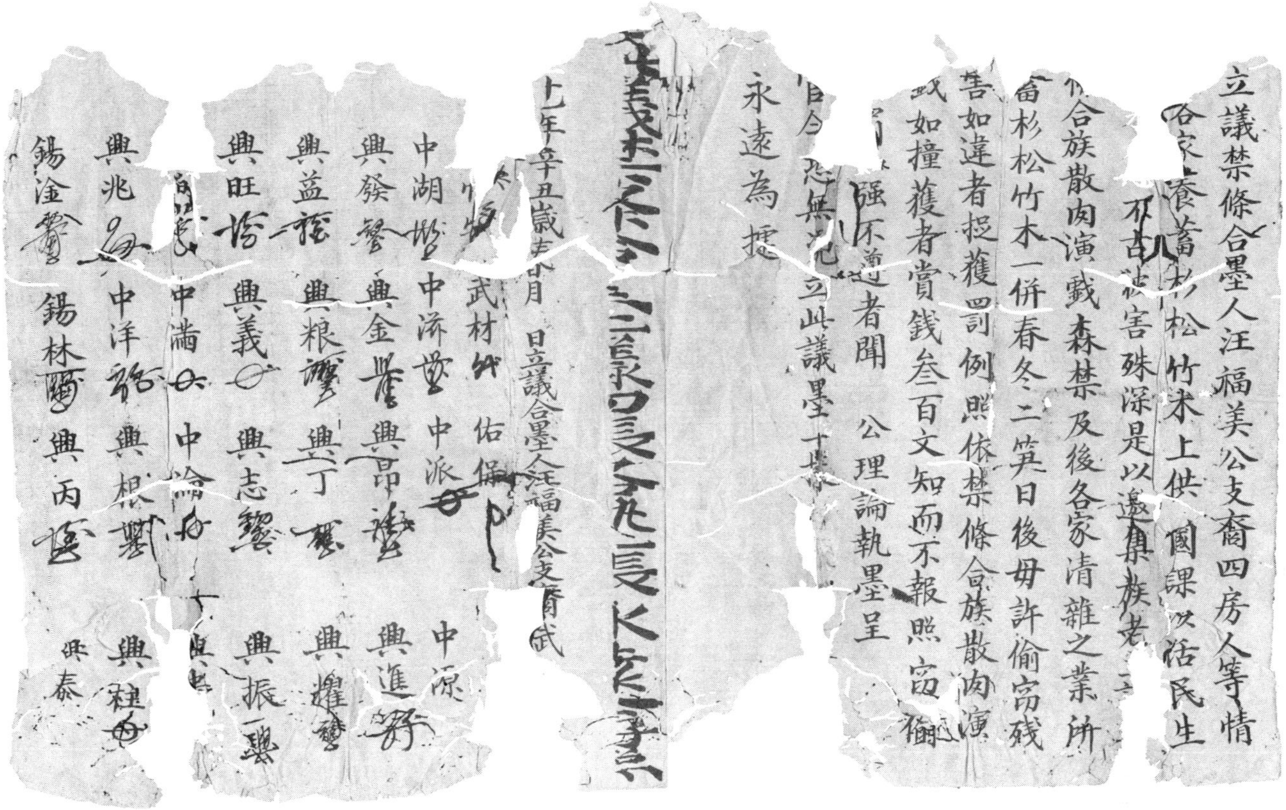

立議禁條合墨人汪福美公支裔四房人等情
合家養蓄杉松竹木上供 國課以活民生
不料被害殊深是以邀集族老
合族散肉演戲森禁及後各家清雜之業所
蓄杉松竹木一併春冬二笋日後毋許偷竊殘
害如違者捉獲罰例照依禁條合族散肉演
戲如撞獲者賞錢叁百文知而不報照竊論
強不遵者聞 公理論執墨呈
[illegible]恐無憑立此議墨十張
永遠為據

[illegible]七年辛丑歲五月 日立議合墨人汪福美公支裔武村 佑保
中湖 中浒 中派
興發 興金 興昂
興益 興粮 興丁
興旺 興義 興志
[illegible] 中滿 中論
興兆 中洋 興根
錫淦 錫林 興丙
中源 興進 興耀 興振 興[illegible] 興桂 興泰

秋口镇水末[沫]村汪家209·合墨·汪福美公支裔四房人等

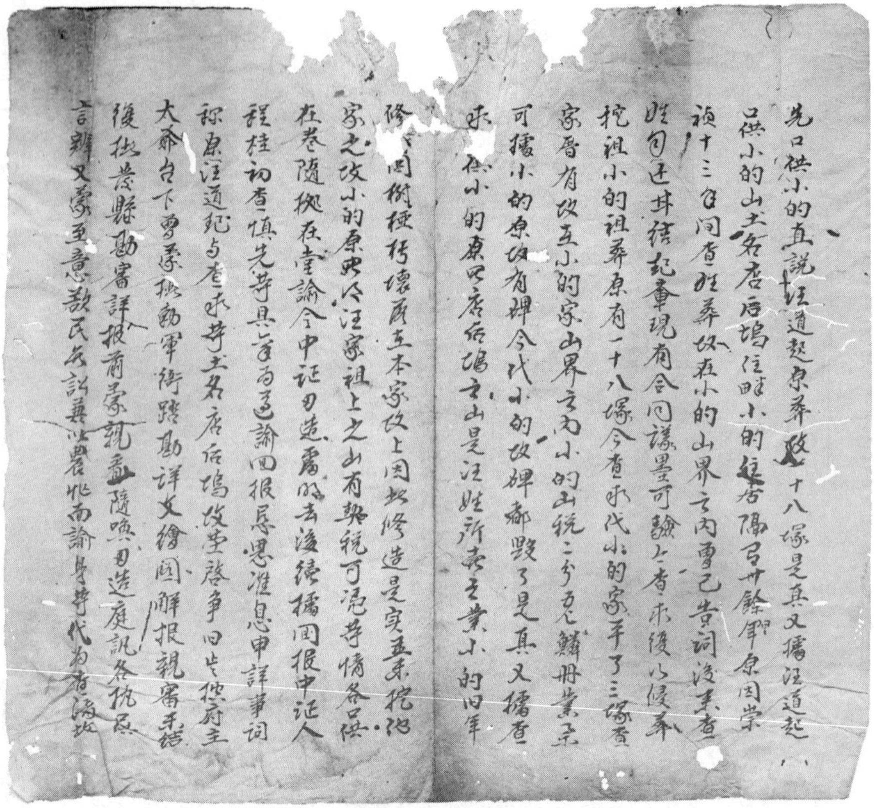
先口供小的直說汪道起原葬坟十八塚是真又據汪道起
口供小的山主名唐啟鳴住時小的在居陽已卅餘年原因崇
禎十三年間查姓葬坟在小的山界之內曾已告詞後來查
姓向汪姓說起事現有合同議墨可驗上查來後以侵葬
挖祖小的祖葬原有一十八塚今查來代小的家平了三塚查
家譜有坟五小的家山界之內小的山稅二分五厘鱗冊業字
可據小的原坟有碑今代小的坟碑都毀了是真又據查
來供小的原只唐啟鳴之山是汪姓所賣之業小的舊年
修之因樹極朽壞歷五本家坟上因此修造是實五年來挖他
家之坟小的原只以汪家祖上之山有契稅可憑等情各口供
在卷隨與在堂諭令中證自造處所去後續據回報中證人
程桂詢查慎先等具有而遵諭回報懇恩准息申詳事詞
稱原汪道起與查來等主名唐啟鳴坟塋啟爭回告撫府主
太爺台下曾蒙批動軍衙踏勘詳文繪圖解報親審錄結
後批貴縣勘審詳報前蒙親審隨喚自造庭訊各執懇
言難又蒙至意款民無訟兼以農忙而諭身等代為查海坟

秋口镇水末［沫］村汪家 216 · 供词

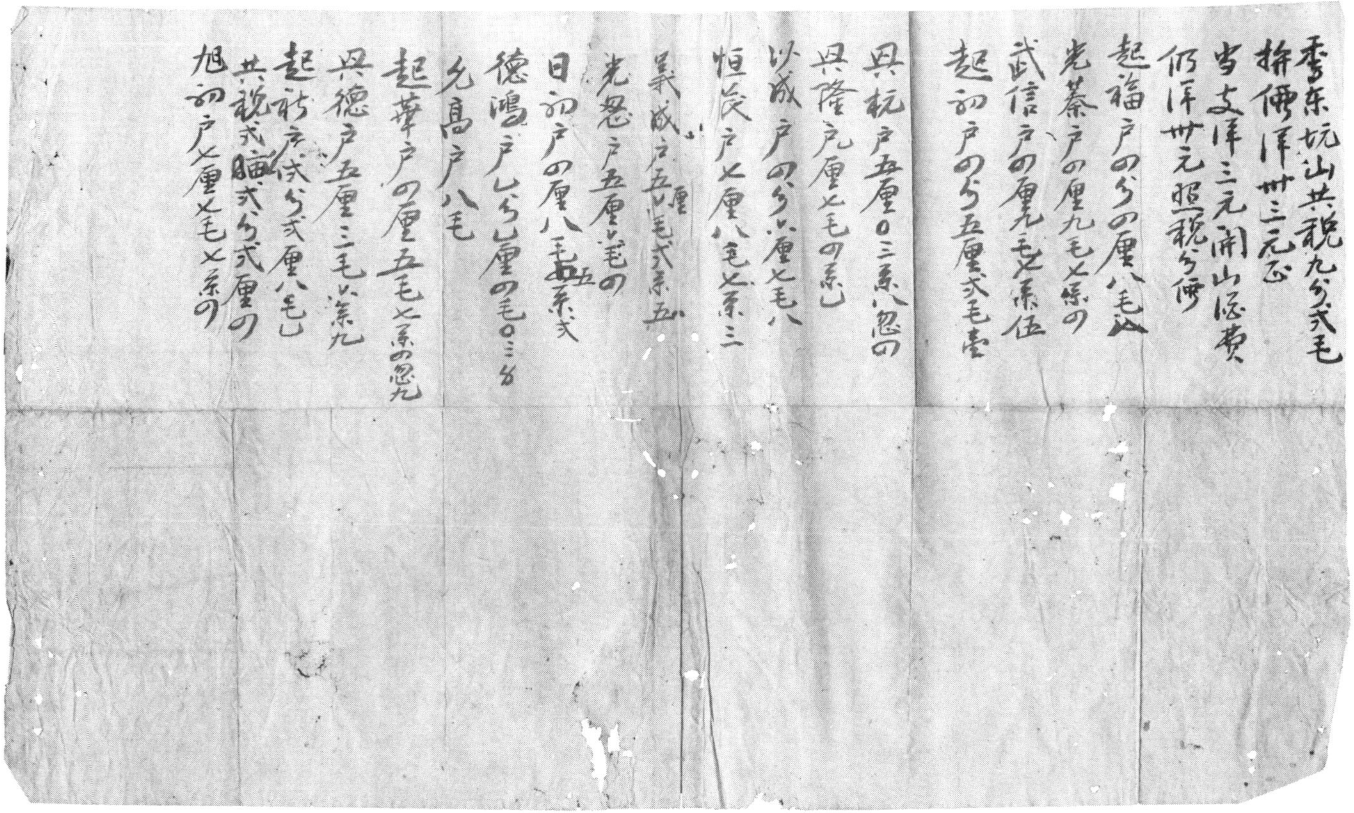
季东坑山共税九分弍毛
拚價洋卅三元正
当支洋三元开山经费
仍洋卅元照税分價
起福户の分の厘八毛四
光蔡户の厘九毛七系の
武信户の厘九毛七系伍
起初户の分五厘弍毛壹
兴杭户五厘〇三系八忽の
兴隆户九厘七毛の系〡
以成户の分六厘七毛八
恒茂户七厘八毛七系三
义成户五厘〡毛弍系五
光忽户五厘〡毛の
日初户の厘八毛五系弍
德鸿户〡分〡厘の毛〇三分
允高户八毛
起华户の厘五毛七系の忽九
兴德户五厘三毛〡系九
起祈户弍分弍厘八毛〡
共税弍分弍厘の
旭初户七厘七毛七系の

秋口镇水末[沫]村汪家 230 · 流水账

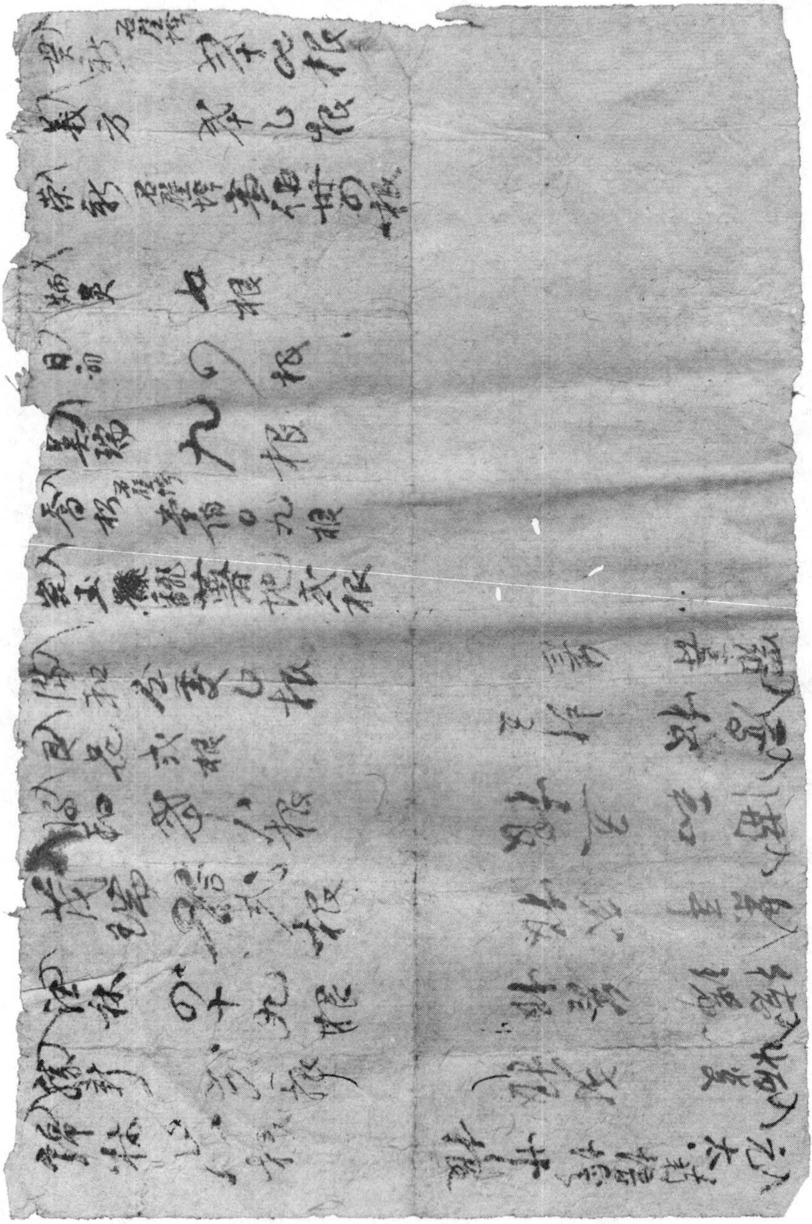

秋口镇水末[沫]村汪家231·流水账

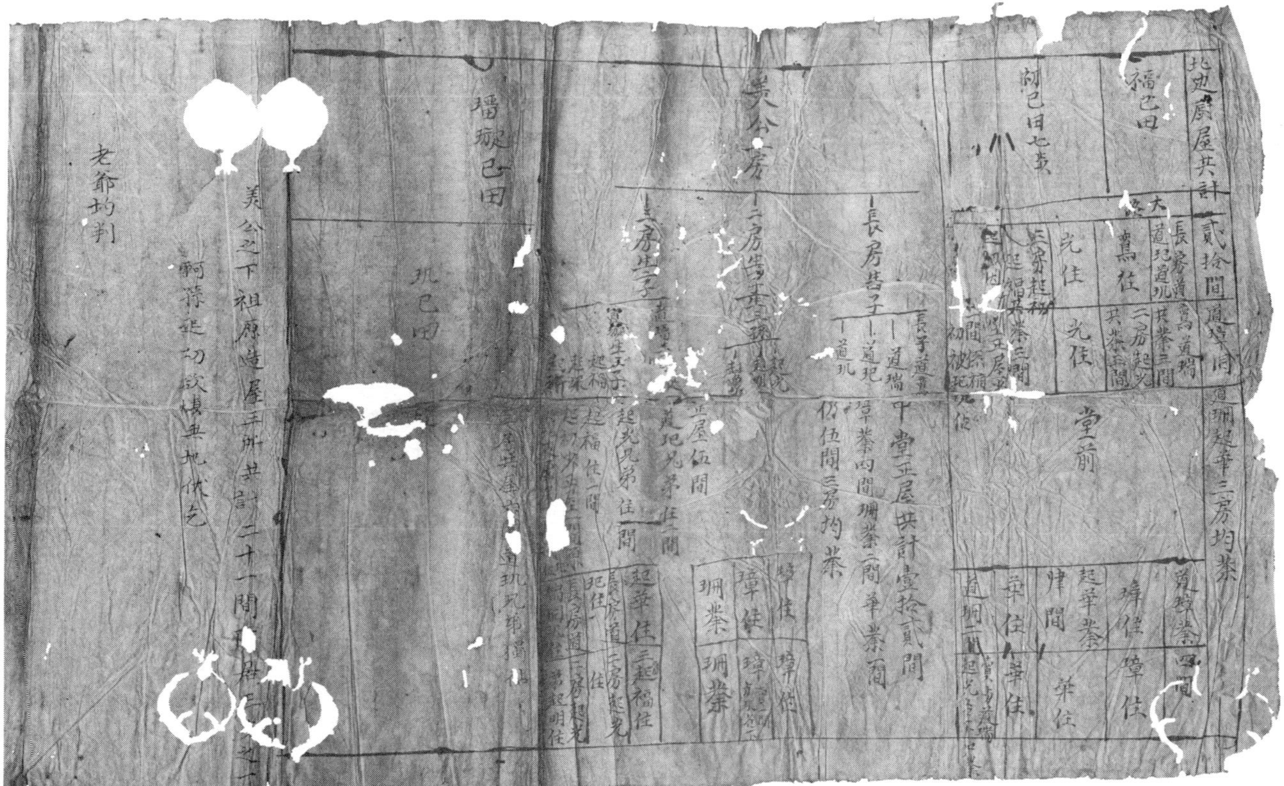

秋口镇水末[沫]村汪家234·房户示意图

秋口镇水末［沫］村汪家 250 · 继嗣文书 · 杨载玉同室徐氏

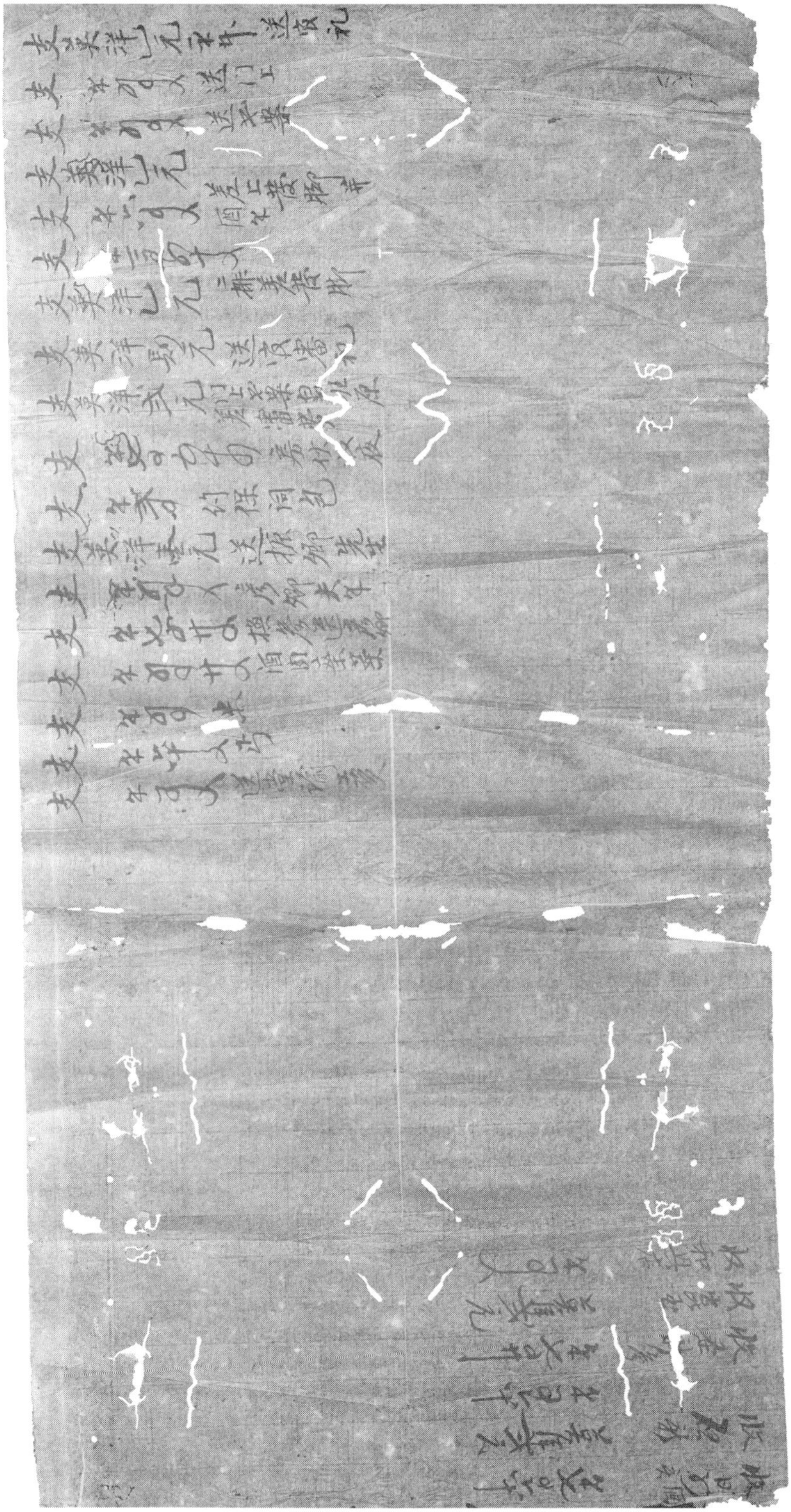

秋口镇水末［沫］村汪家 252 · 流水账

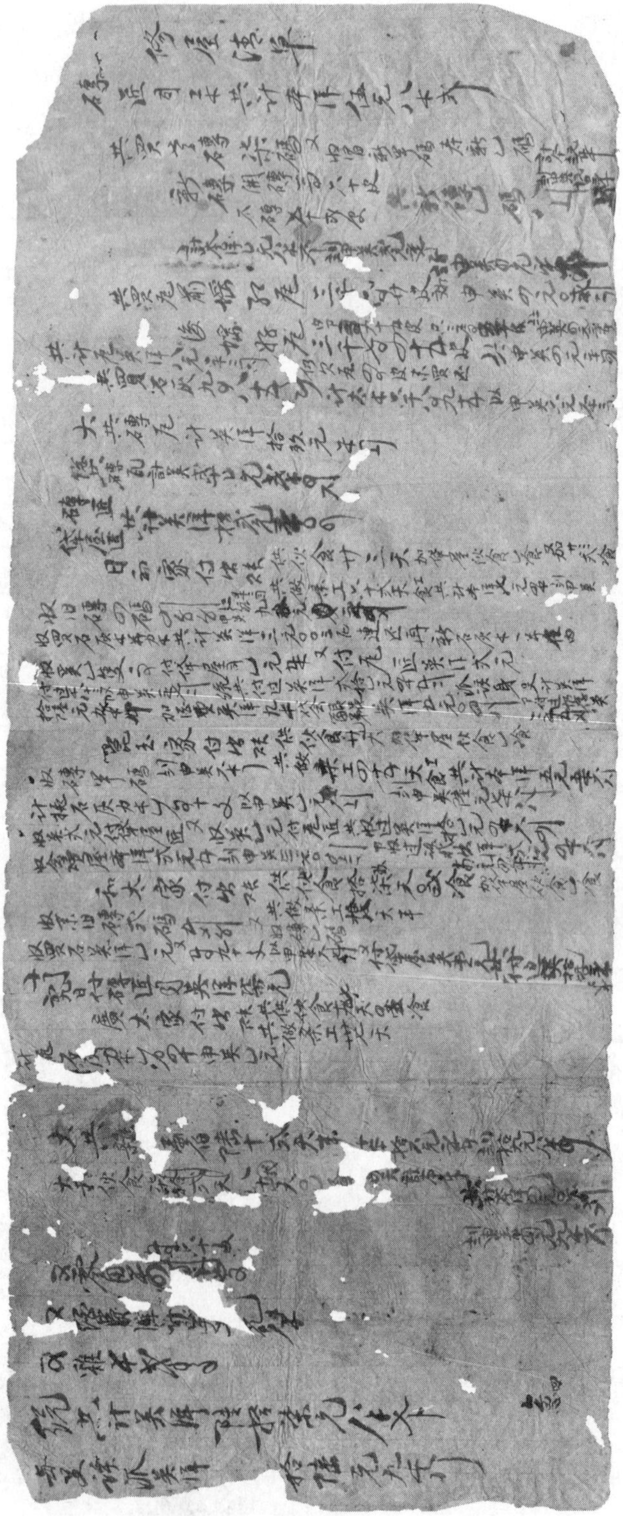

秋口镇水末[沫]村汪家 253 · 修屋清单

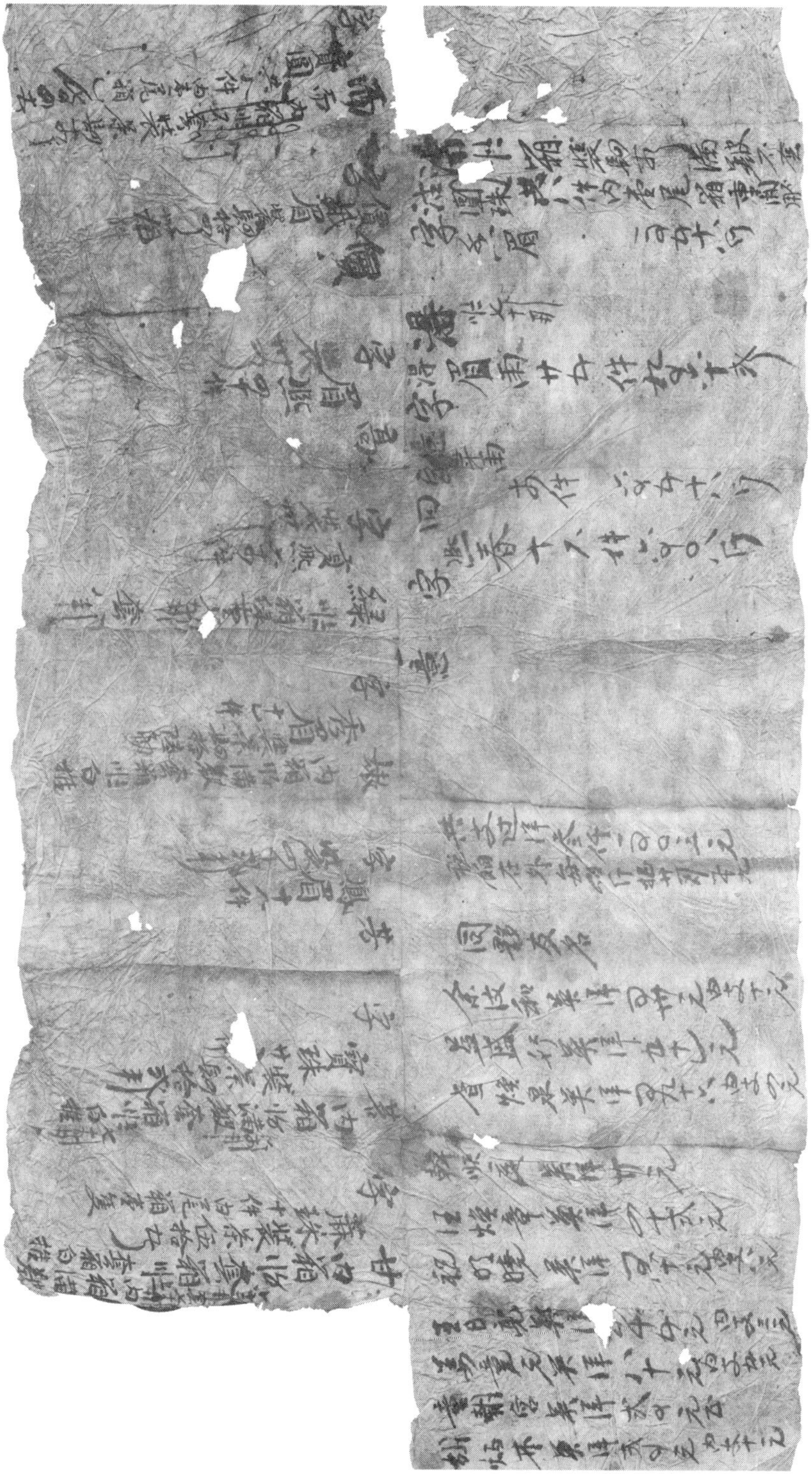

秋口镇水末［沫］村汪家 260 · 流水账

秋口镇水末[沫]村汪家 261 · 断骨卖田契 · 王大胜卖与亲眷汪☐

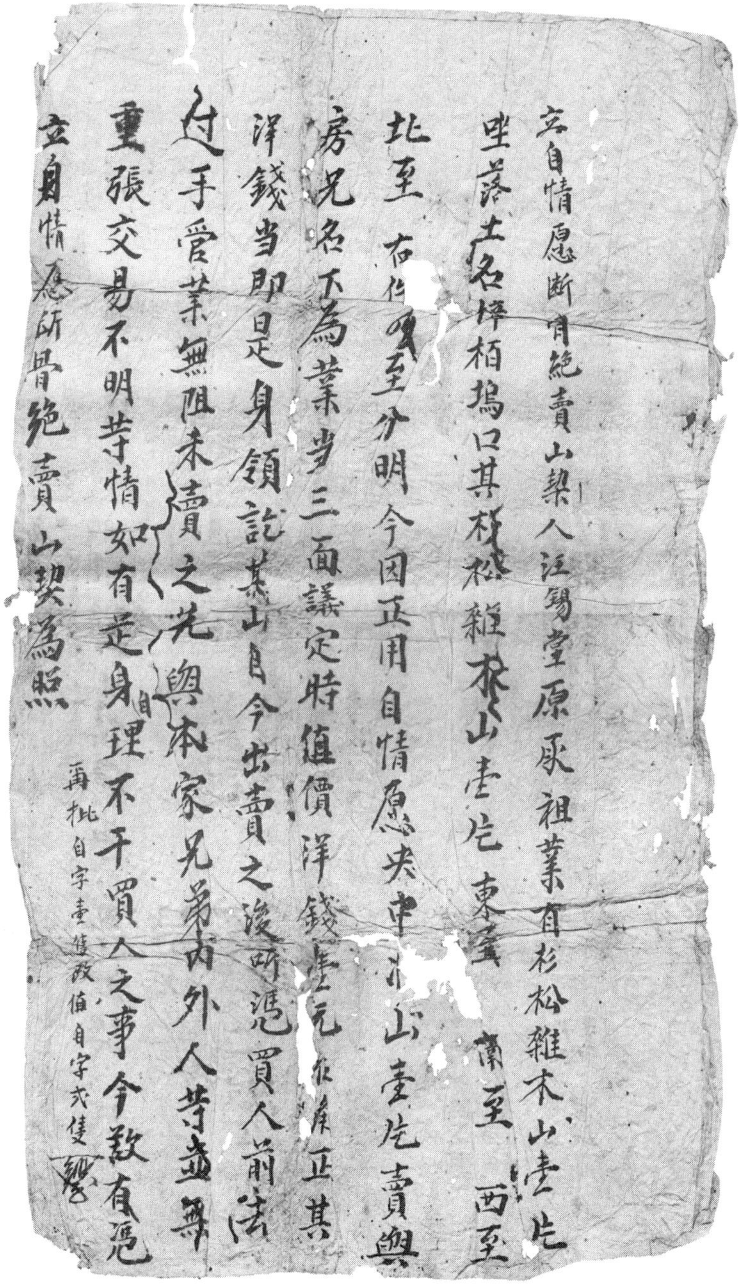

立自情愿断骨絕賣山契人汪錫堂原承祖業有杉松雜木山壹片
坐落土名樟栢塢口其杉松雜木山壹片 東至 南至 西至
北至 右件四至分明今因正用自情愿央中將山壹片賣與
房兄名下為業当三面議定時值價洋錢壹元伍角正其
洋錢当即是身領訖其山自今出賣之後所憑買人前去
過手管業無阻未賣之先與本家兄弟内外人等並無
重張交易不明等情如有是身自理不干買人之事今欲有憑
立自情愿斫骨絕賣山契為照
再批自字壹隻改值自字弍隻

秋口镇水末［沫］村汪家 279-i · 咸丰四年 · 断骨绝卖山契 · 汪锡堂卖与房兄（右半部分）

咸豐四年拾月拾七日　立自情愿出賣断骨山契人汪錫堂

代書　汪興鏡

當即　領訖

契尾

秋口镇水末 [沫] 村汪家 279-ii · 咸丰四年 · 断骨绝卖山契 ·
汪锡堂卖与房兄（左半部分）

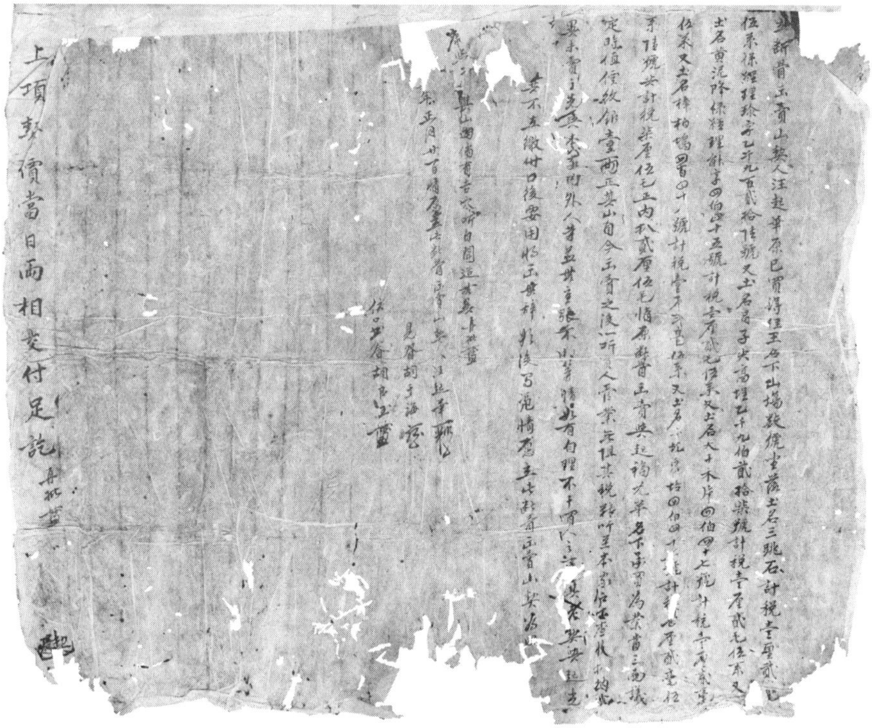

立斷骨出賣山契人汪起華原已買得

上項契價當日兩相交付足訖

秋口镇水末［沫］村汪家 292 · 断骨出卖山契 · 汪起华卖与起福兄弟

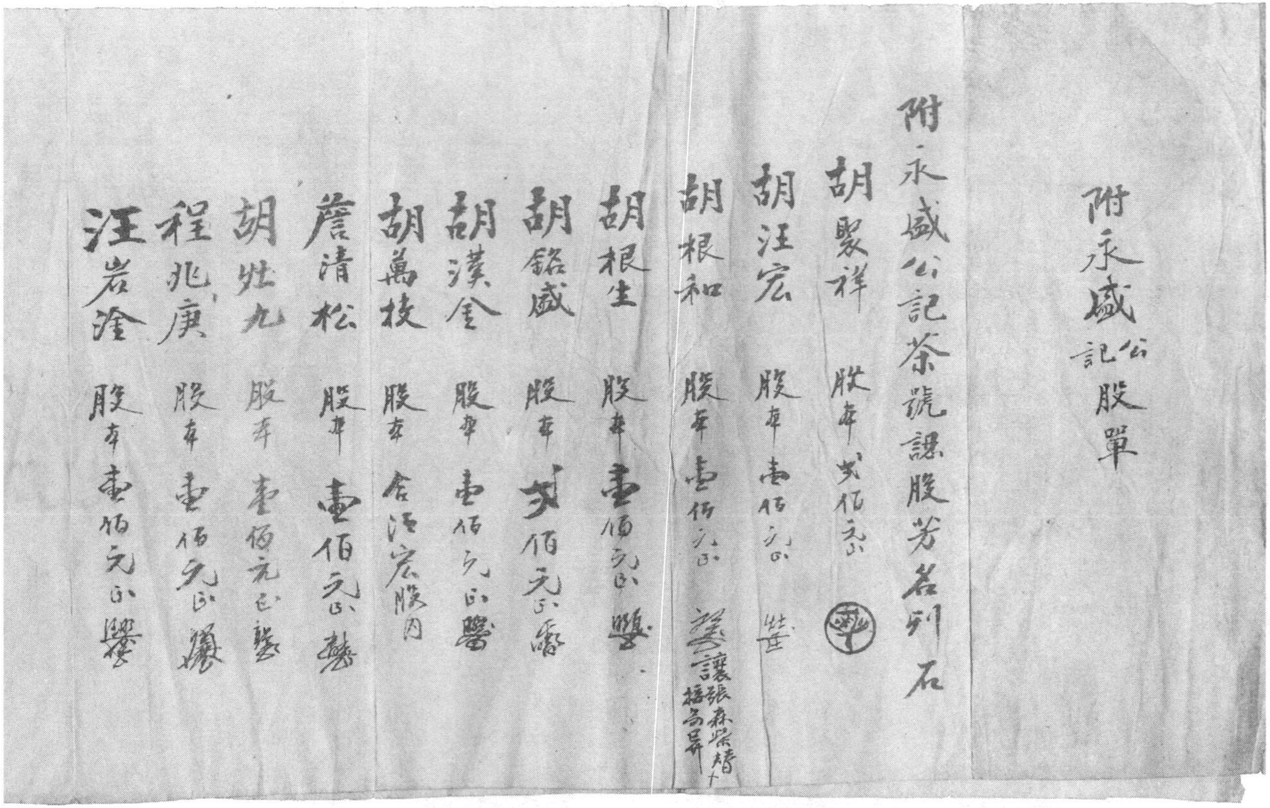
附永盛公記股單

附永盛公記茶號謀股芳名列右

胡聚祥 股本弍佰元正

胡汪宏 股本壹佰元正

胡根和 股本壹佰元正

胡根生 股本壹佰元正

胡銘盛 股本弍佰元正

胡漢全 股本壹佰元正

胡萬枝 股本 含汪宏股內

詹清松 股本壹佰元正

胡灶九 股本壹佰元正

程兆庚 股本壹佰元正

汪岩淦 股本壹佰元正

秋口镇水末[沫]村汪家311・附永盛公记股单

秋口镇长径村 A 1—72

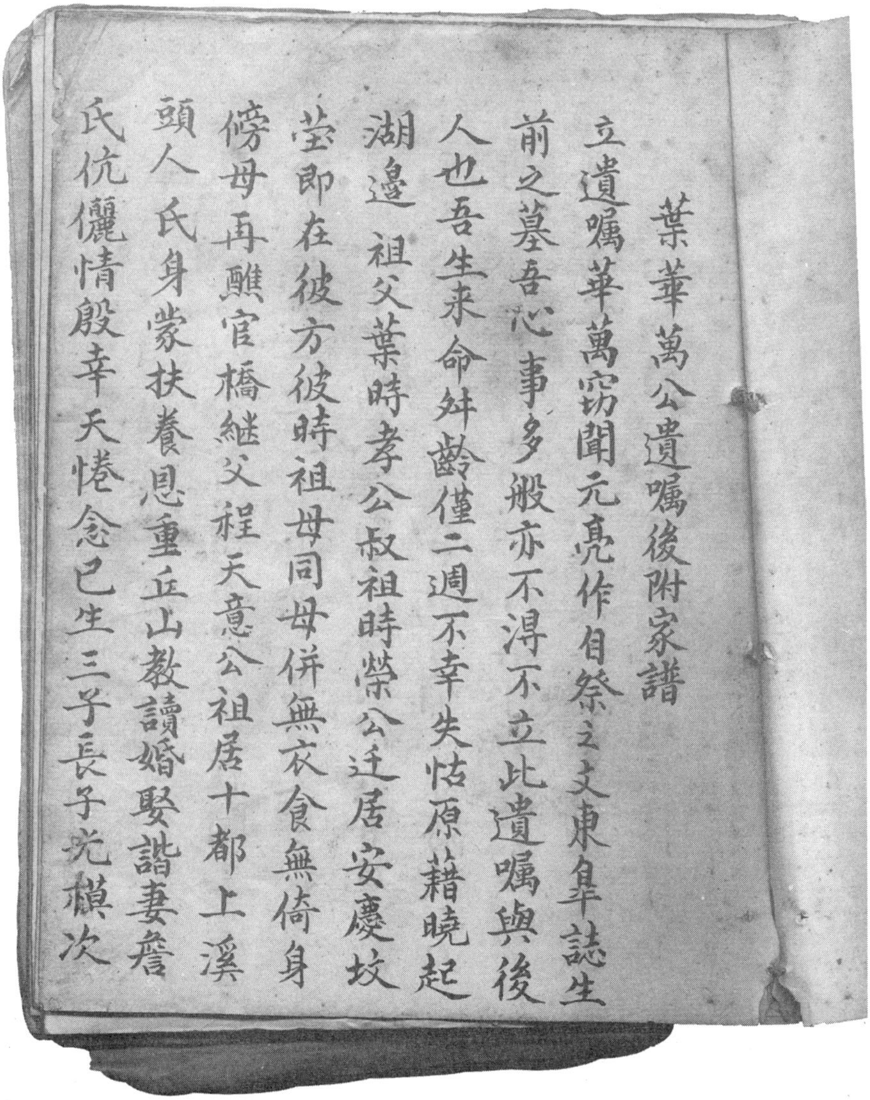

葉華萬公遺囑後附家譜

立遺囑華萬竊聞元亮作自祭之文東皐誌生
前之墓吾心事多般亦不得不立此遺囑與後
人也吾生来命舛齡僅二週不幸失怙原籍曉起
湖邊 祖父葉時孝公叔祖時榮公迁居安慶坟
塋即在彼方彼時祖母同母併無衣食無倚身
傍母再醮官橋繼父程天意公祖居十都上溪
頭人 氏身蒙扶養恩重丘山教讀婚娶諧妻詹
氏伉儷情殷幸天惓念已生三子長子光楨次

秋口镇长径村 A 8-1 · 康熙四十一年 · 遗嘱及家谱 · 叶华万公

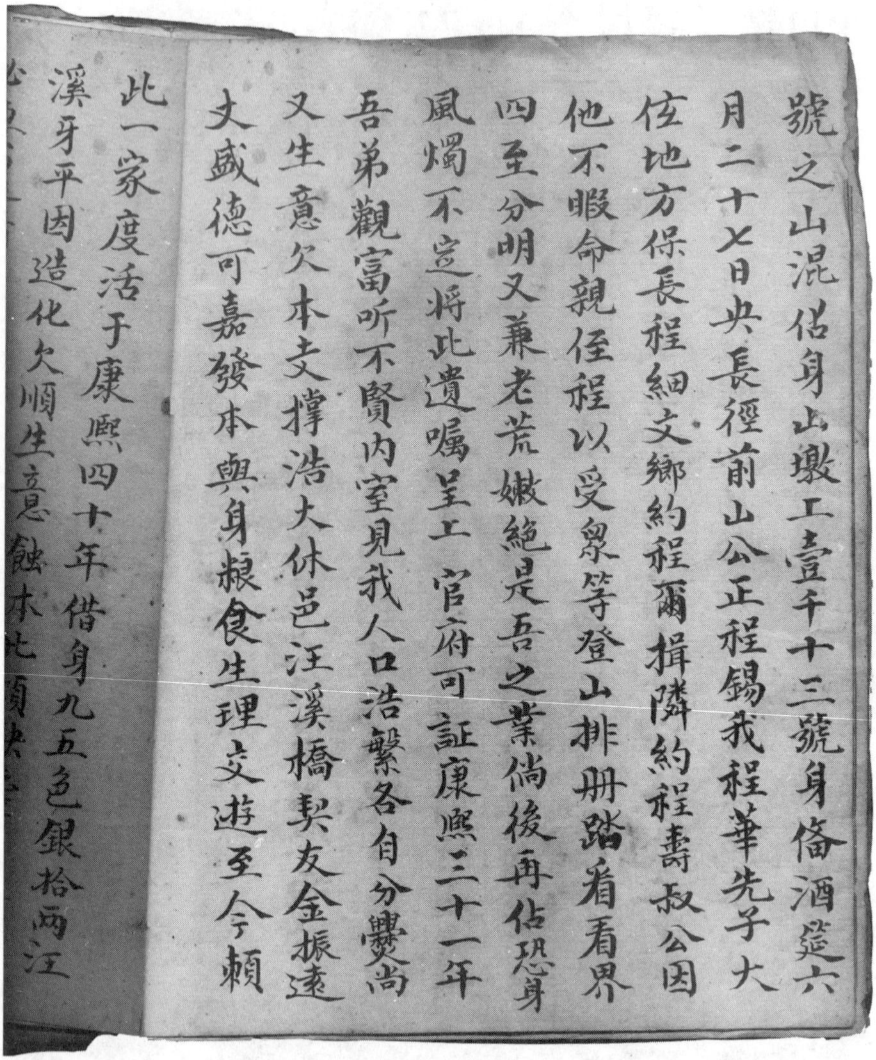
號之山混佔身山墩工壹千十三號身備酒筵六
月二十七日央長徑前山公正程錫我程華先子大
佐地方保長程細文鄉約程爾揖隣約程壽叔公因
他不暇命親侄程以受衆等登山排册踏看看界
四至分明又兼老荒嫩絕是吾之業倘後再佔恐身
風燭不豈將此遺囑呈工 官府可証康熙三十一年
吾弟觀富听不賢内室見我人口浩繁各自分爨尚
又生意欠本支撑浩大休邑汪溪橋契友金振遠
丈盛德可嘉發本與身粮食生理交遊至今賴
此一家度活于康熙四十年借身九五色銀拾兩汪
溪牙平因造化欠順生意蝕本比須

秋口镇长径村 A 8-2 · 康熙四十一年 · 遗嘱及家谱 · 叶华万公

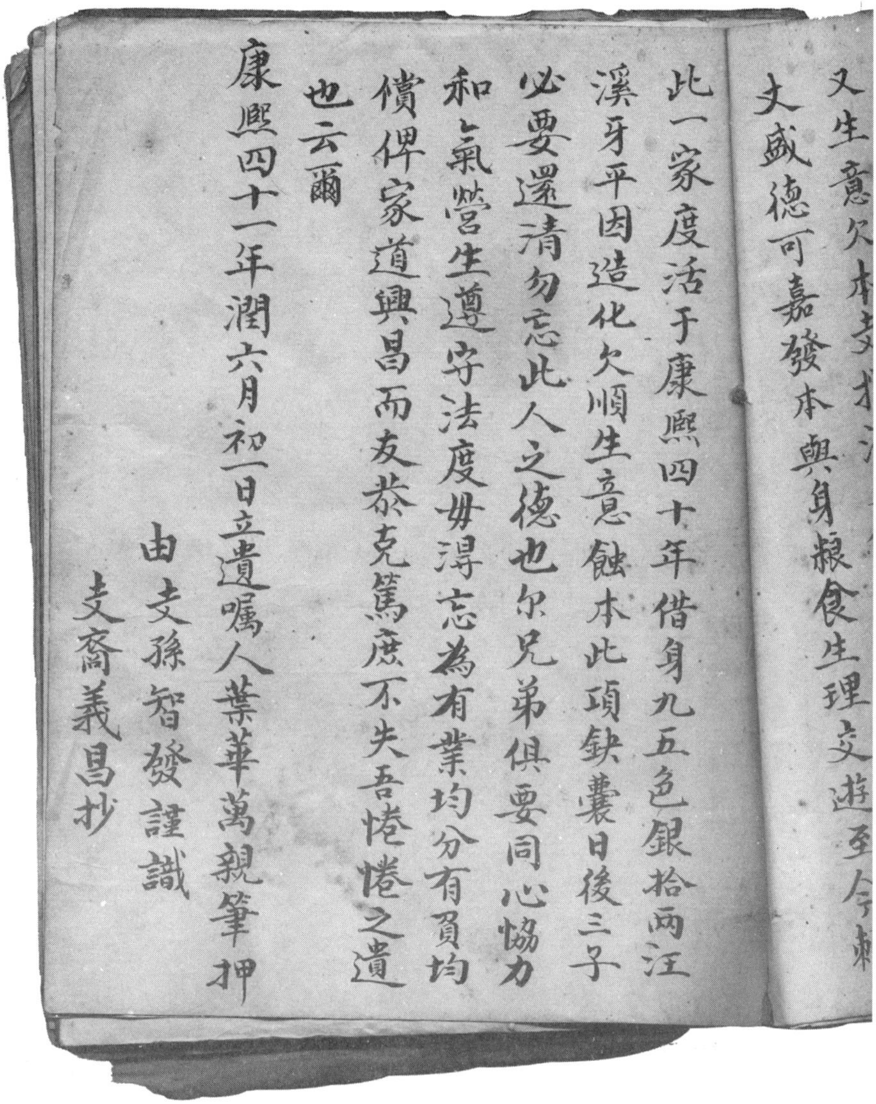

又生意欠本支

文盛德可嘉發本與身粮食生理交遊至今

此一家度活于康熙四十年借身九五色銀拾兩汪溪牙平因造化欠順生意蝕本此項缺囊日後三子必要還清勿忘此人之德也尔兄弟俱要同心協力和氣營生遵守法度毋滑忘為有業均分有負均償俾家道興昌而友恭克篤庶不失吾惓惓之遺也云爾

康熙四十一年潤六月初一日立遺囑人葉華萬親筆押

由支孫智發謹識

支裔義昌抄

秋口镇长径村 A 8-3 · 康熙四十一年 · 遗嘱及家谱 · 叶华万公

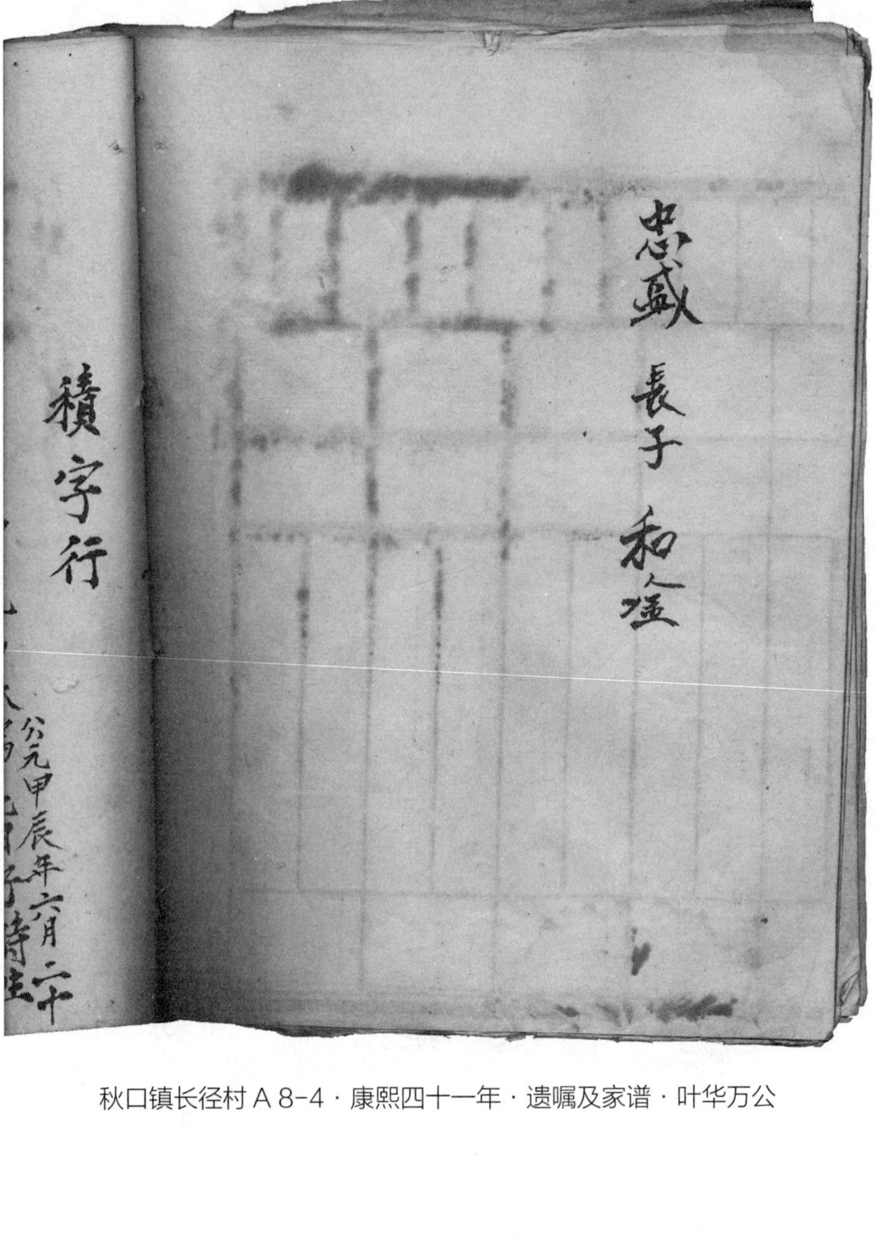

秋口镇长径村 A 8-4 · 康熙四十一年 · 遗嘱及家谱 · 叶华万公

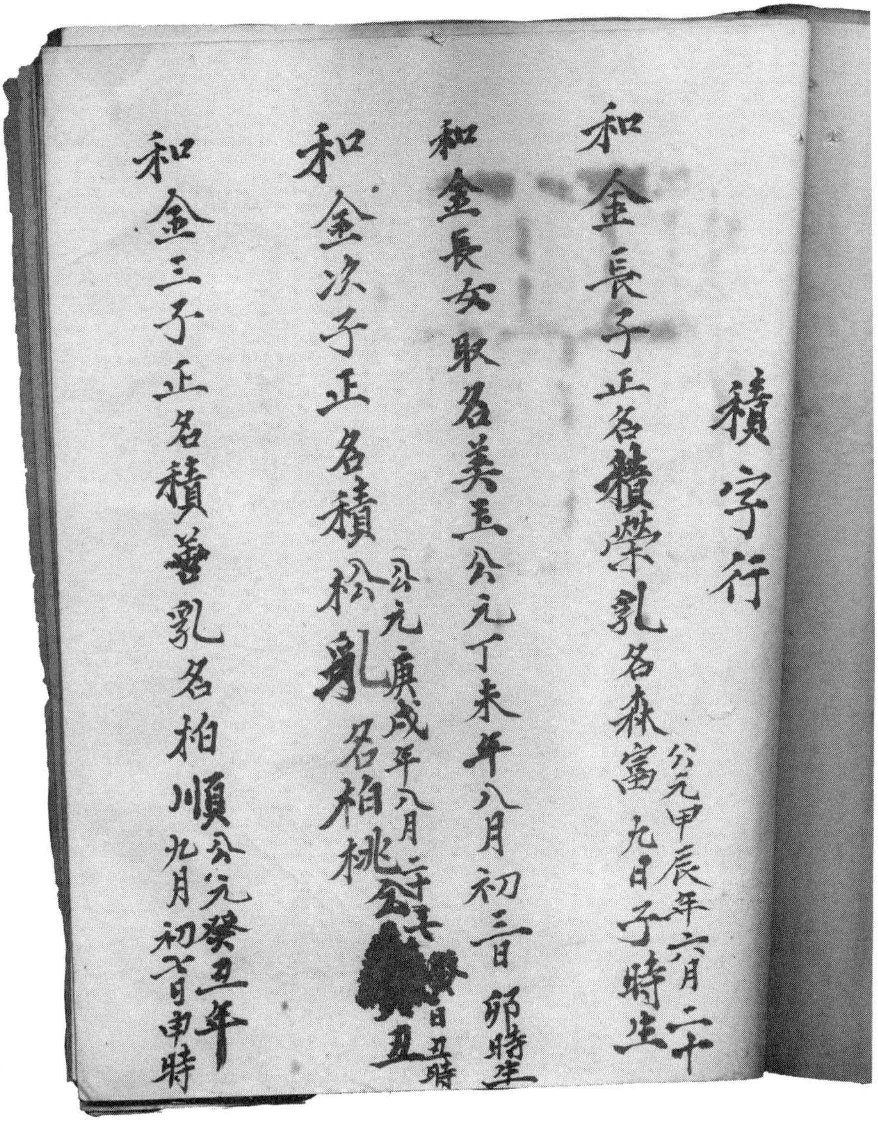

積字行

和金長子正名積榮 乳名森富 公元甲辰年六月二十九日子時生

和金長女 取名美玉 公元丁未年八月初三日卯時生

和金次子正名積松 乳名柏桃 公元庚戌年八月二十三日 [illegible] 丑 日丑時

和金三子正名積善 乳名柏順 公元癸丑年九月初七日申時

秋口镇长径村 A 8-5 · 康熙四十一年 · 遗嘱及家谱 · 叶华万公

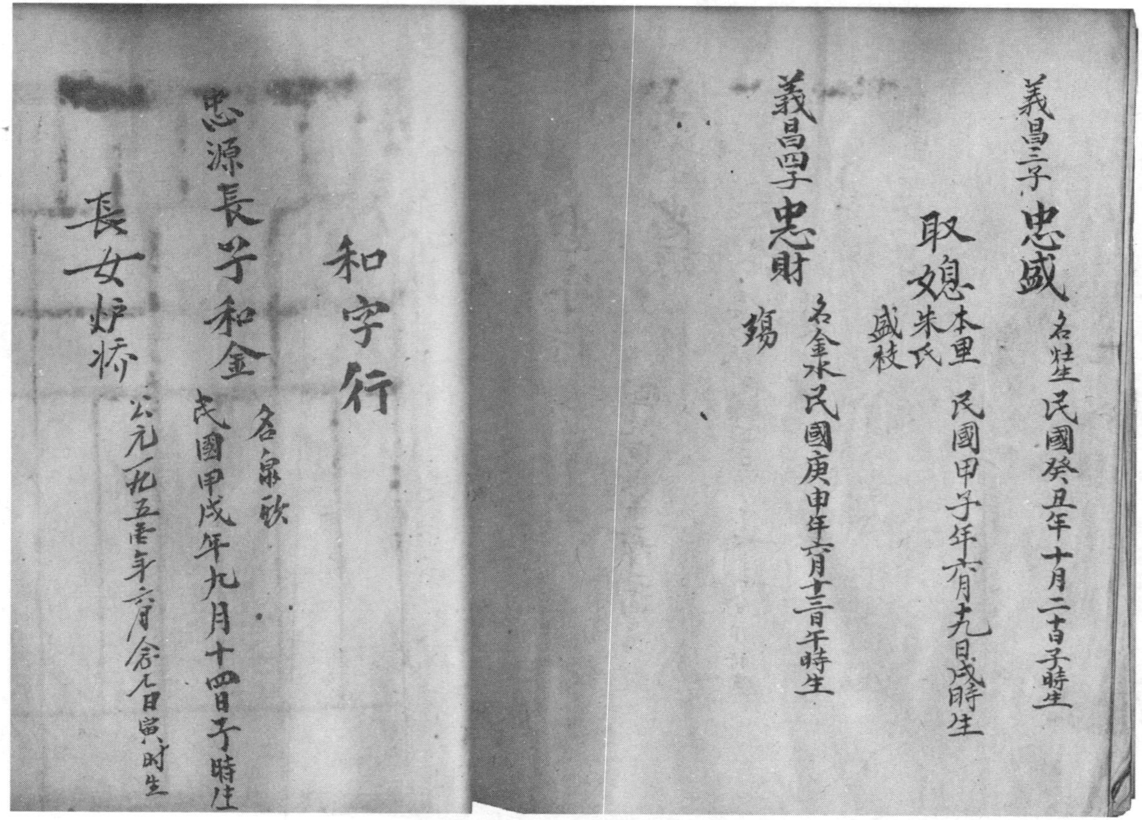

義昌三子 忠盛 名灶生 民國癸丑年十月二十日子時生

取媳 本里朱氏盛枝 民國甲子年六月九日戌時生

義昌四子 忠財 [illegible] 名金水 民國庚申年六月十三日午時生

和字行

忠源長子 和金 名泉欽 民國甲戌年九月十四日子時生

長女 炉娇 公元一九五二年六月念八日寅時生

秋口镇长径村 A 8-6 · 康熙四十一年 · 遗嘱及家谱 · 叶华万公

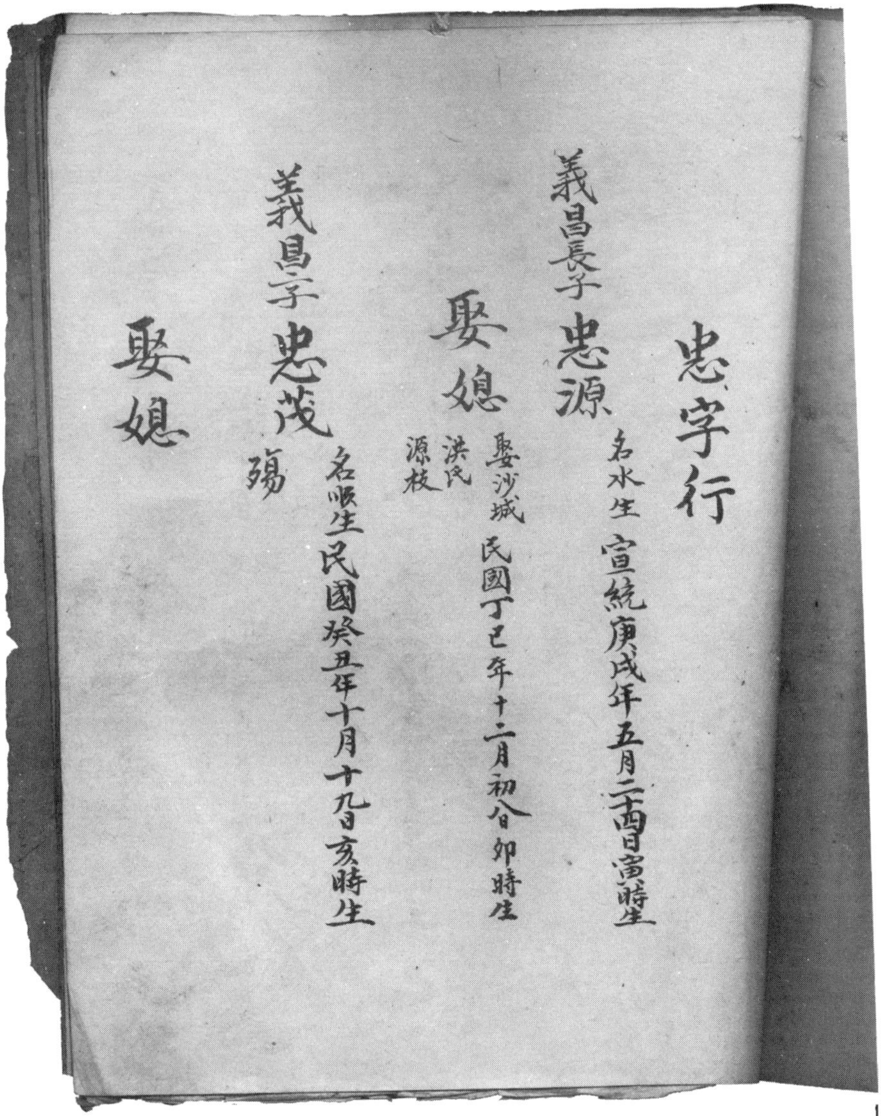

忠字行

義昌長子 忠源 名水生 宣統庚戌年五月二十四日寅時生

娶媳 娶沙城洪氏源枝 民國丁巳年十二月初八日卯時生

義昌子 忠茂 殤 名哏生民國癸丑年十月十九日亥時生

娶媳

秋口镇长径村 A 8-7 · 康熙四十一年 · 遗嘱及家谱 · 叶华万公

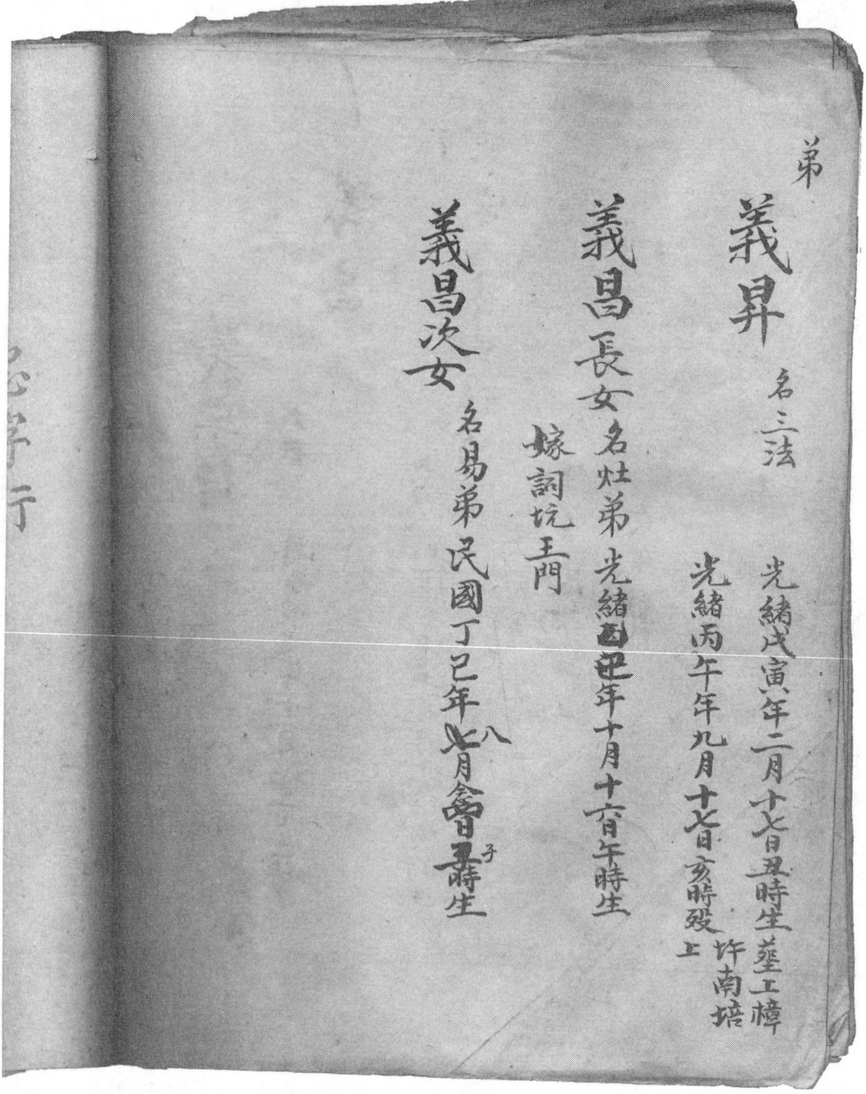

弟
義昇 名三法 光緒戊寅年二月十七日丑時生 塟上樟圩南培
光緒丙午年九月十七日亥時歿 上
義昌長女名灶弟 光緒乙巳年十月十六日午時生
嫁詞坑王門
義昌次女 名易弟 民國丁巳年八月念四日子時生

秋口镇长径村 A 8–8 · 康熙四十一年 · 遗嘱及家谱 · 叶华万公

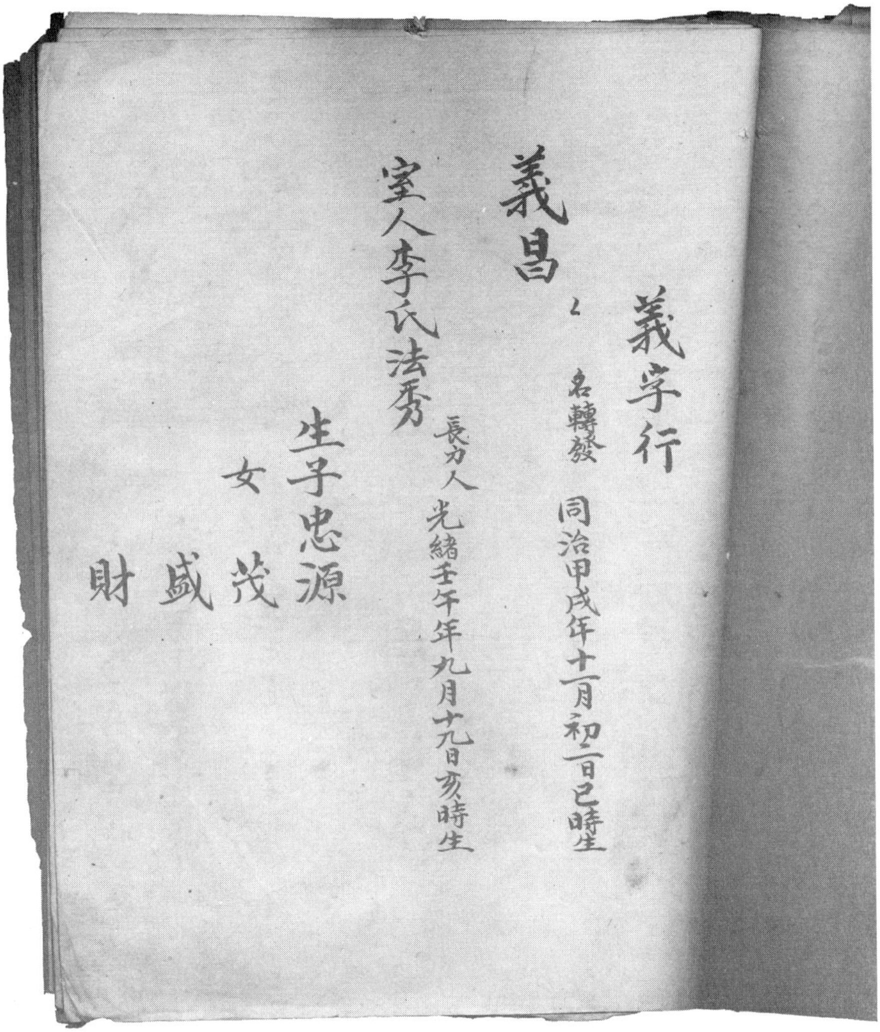

義字行
名轉發 同治甲戌年十一月初二日巳時生
義昌
室人李氏法秀
長力人 光緒壬午年九月十九日亥時生
生子忠源
女 茂
盛
財

秋口镇长径村 A 8-9 · 康熙四十一年 · 遗嘱及家谱 · 叶华万公

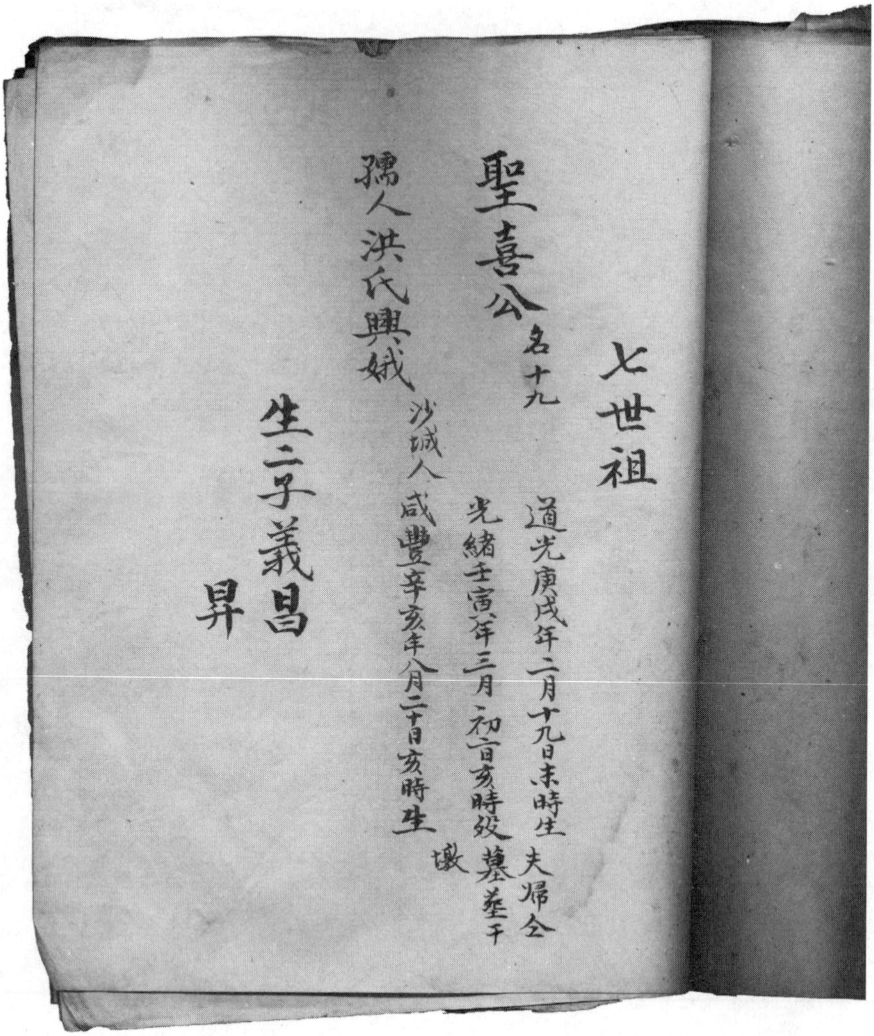

七世祖

聖喜公 名十九

道光庚戌年二月十九日未時生 夫婦仝

光緒壬寅年三月初二日亥時殁 墓塟于墩

孺人洪氏興娥 沙城人 咸豐辛亥年八月二十日亥時生

生二子 義昌 昇

秋口镇长径村 A 8-10 · 康熙四十一年 · 遗嘱及家谱 · 叶华万公

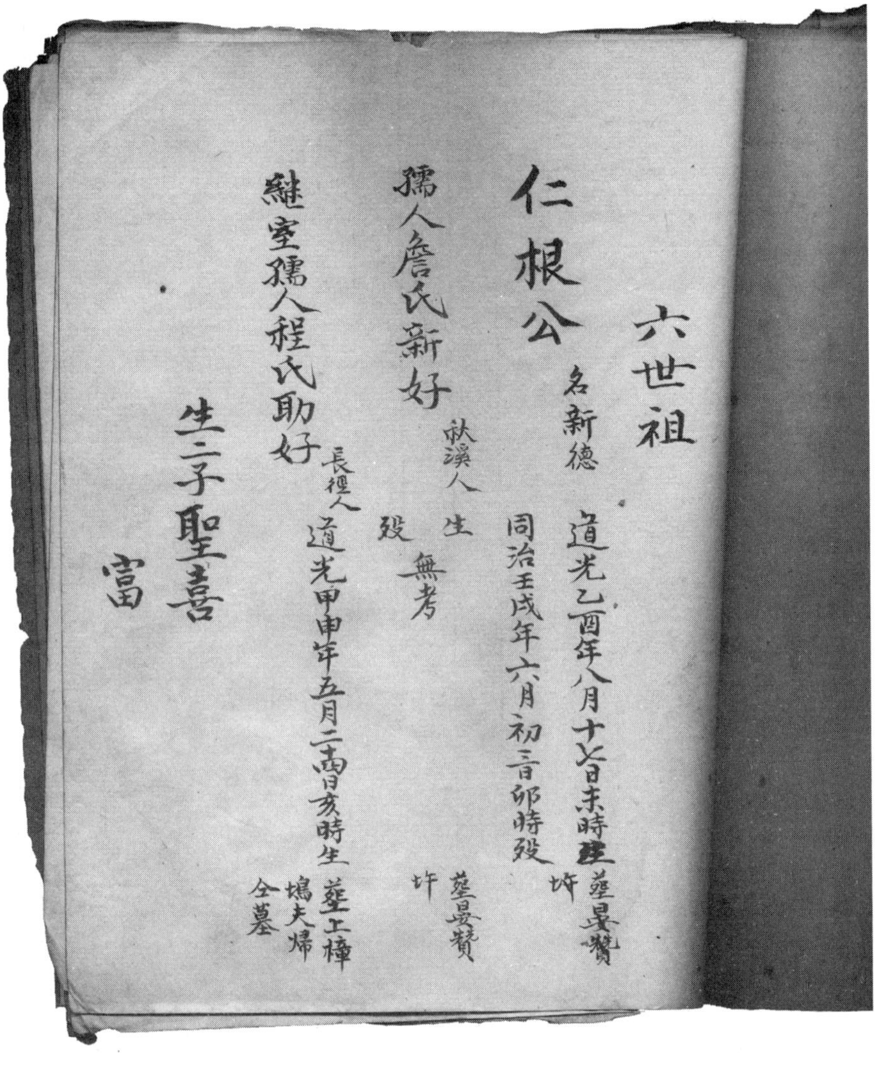
六世祖

仁根公 名新德 道光乙酉年八月十七日未時生 同治壬戌年六月初三日卯時殁 葬晏贊圩

孺人詹氏新好 秋溪人 生 殁 無考 葬晏贊圩

繼室孺人程氏助好 長徑人 道光甲申年五月二十四日亥時生 葬上樟塢夫婦仝墓

生二子 聖喜 富

秋口镇长径村 A 8-11 · 康熙四十一年 · 遗嘱及家谱 · 叶华万公

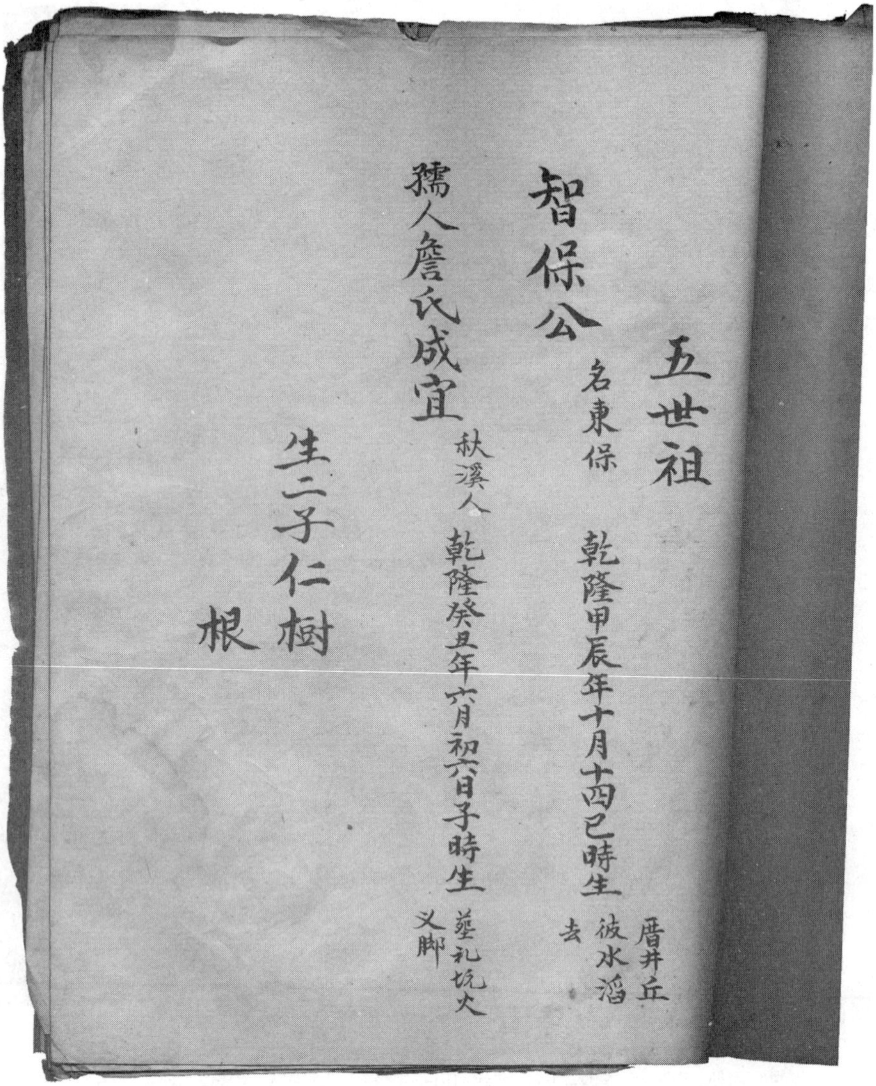
五世祖
智保公 名東保 乾隆甲辰年十月十四巳時生 厝井丘彼水滔去
孺人詹氏成宜 秋溪人 乾隆癸丑年六月初六日子時生 塟礼坑火义脚
生二子仁樹 根

秋口镇长径村 A 8-12 · 康熙四十一年 · 遗嘱及家谱 · 叶华万公

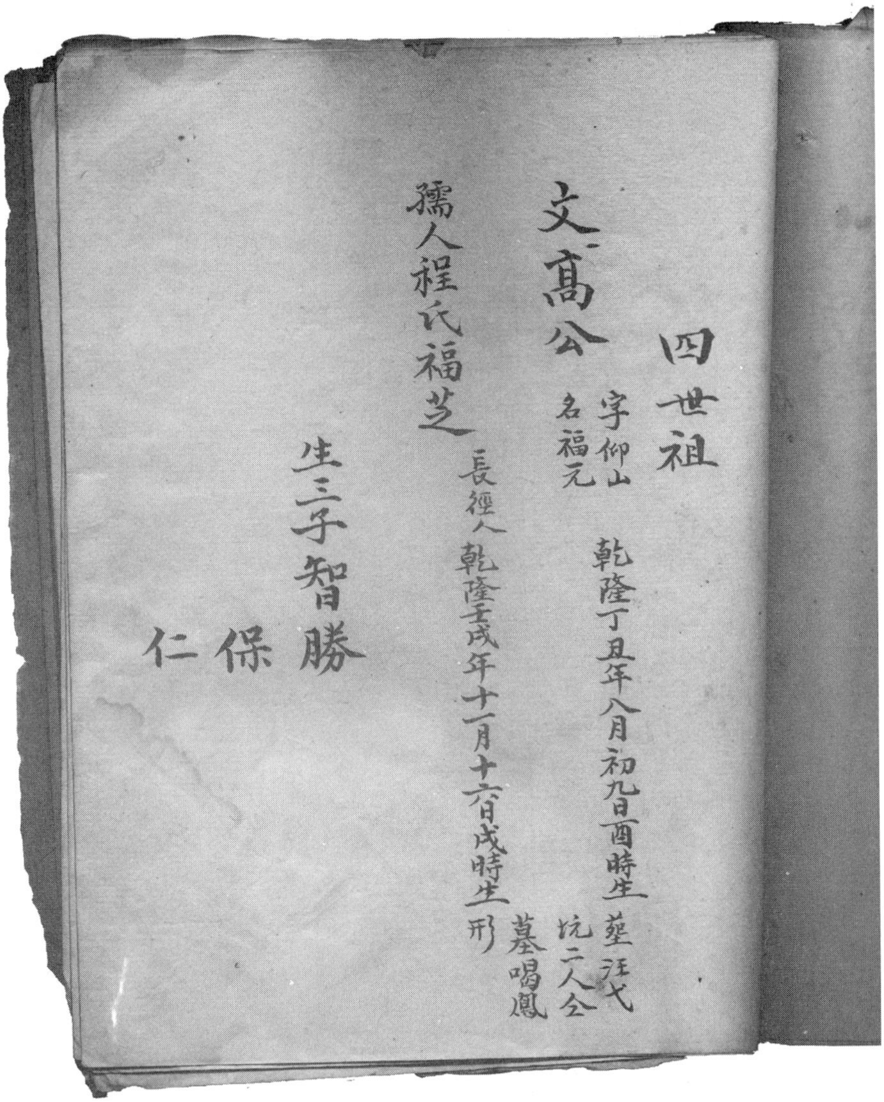

四世祖

文高公 字仰山 名福元 乾隆丁丑年八月初九日酉時生 葬汪弋坑二人公

孺人程氏福芝 長徑人 乾隆壬戌年十一月十六日戌時生 墓唱凰形

生三子 智勝 保 仁

秋口镇长径村 A 8-13 · 康熙四十一年 · 遗嘱及家谱 · 叶华万公

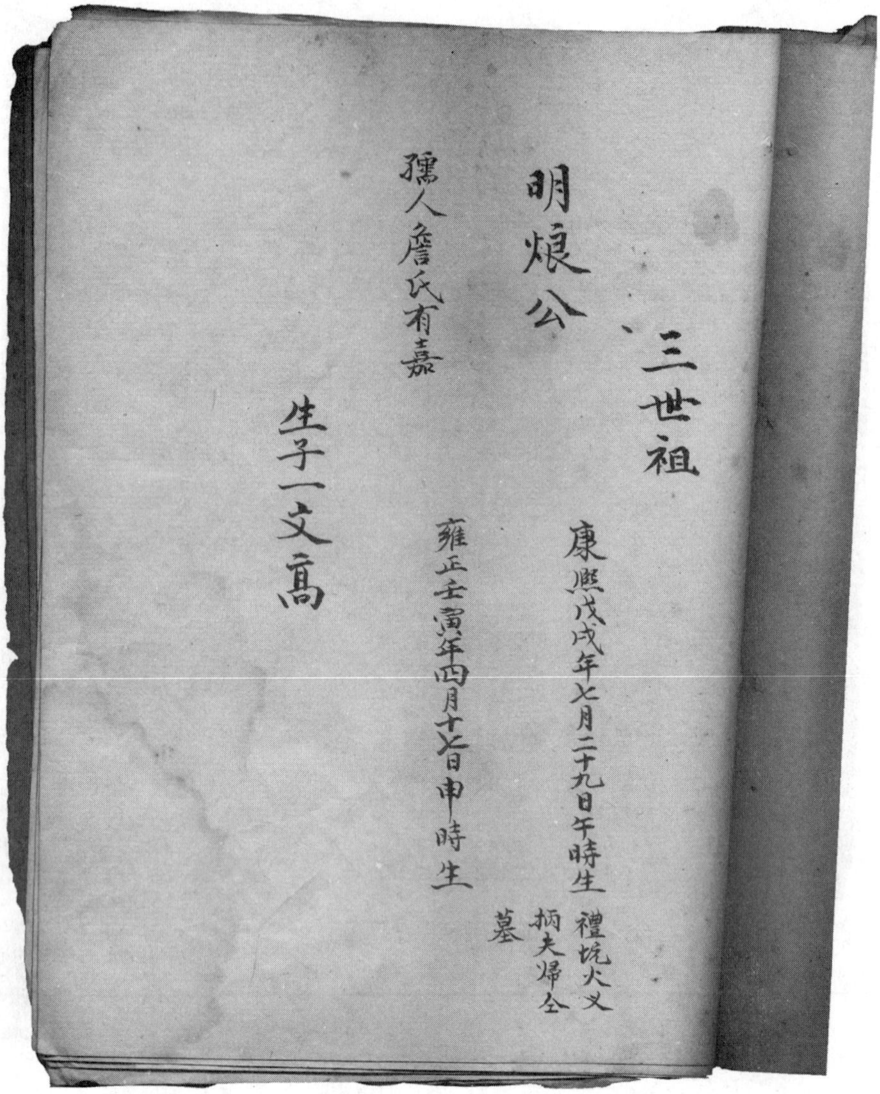
三世祖
明烺公
康熙戊戌年七月二十九日午時生
禮坑大丈
柄夫婦仝
墓
孺人詹氏有嘉
雍正壬寅年四月十七日申時生
生子一文高

秋口镇长径村 A 8-14 · 康熙四十一年 · 遗嘱及家谱 · 叶华万公

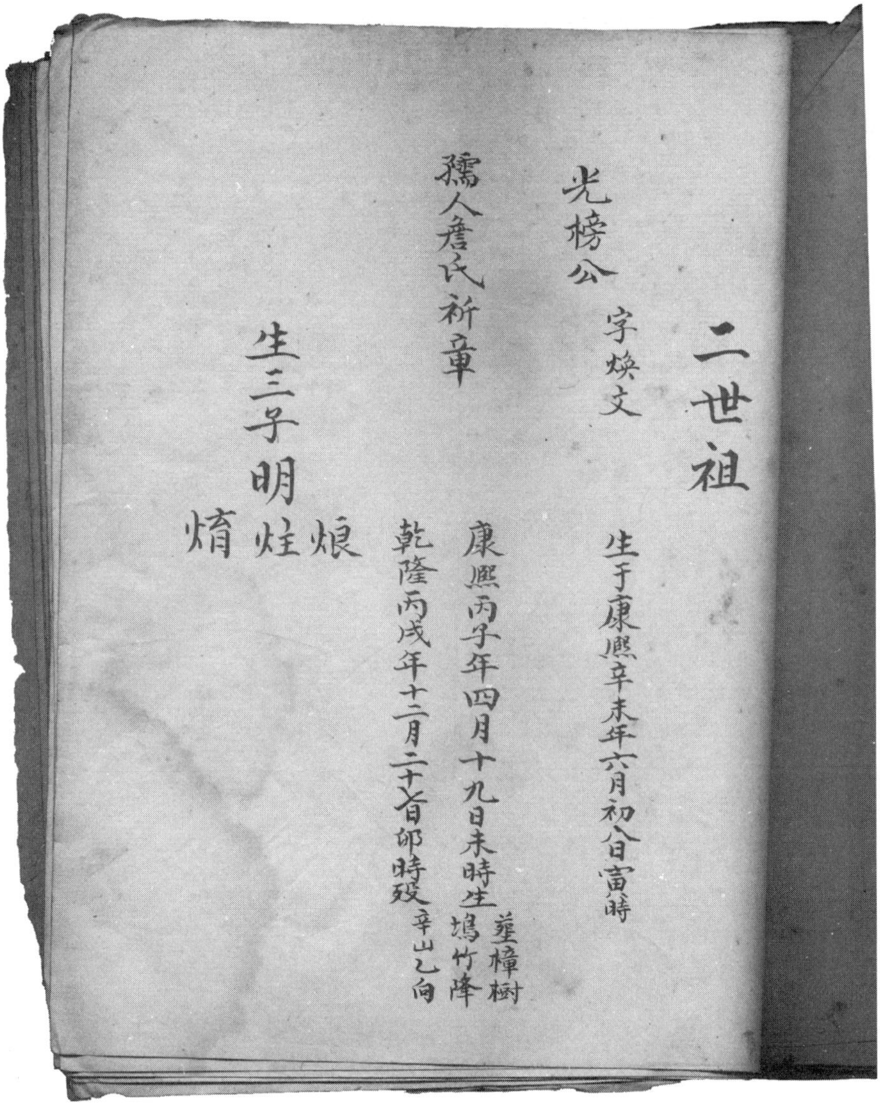

二世祖

光榜公 字焕文

生于康熙辛未年六月初八日寅時

孺人詹氏祈章

康熙丙子年四月十九日未時生 塟樟樹塢竹降

乾隆丙戌年十二月二十八日卯時殁 辛山乙向

生三子明烺 炷 焴

秋口镇长径村 A 8-15 · 康熙四十一年 · 遗嘱及家谱 · 叶华万公

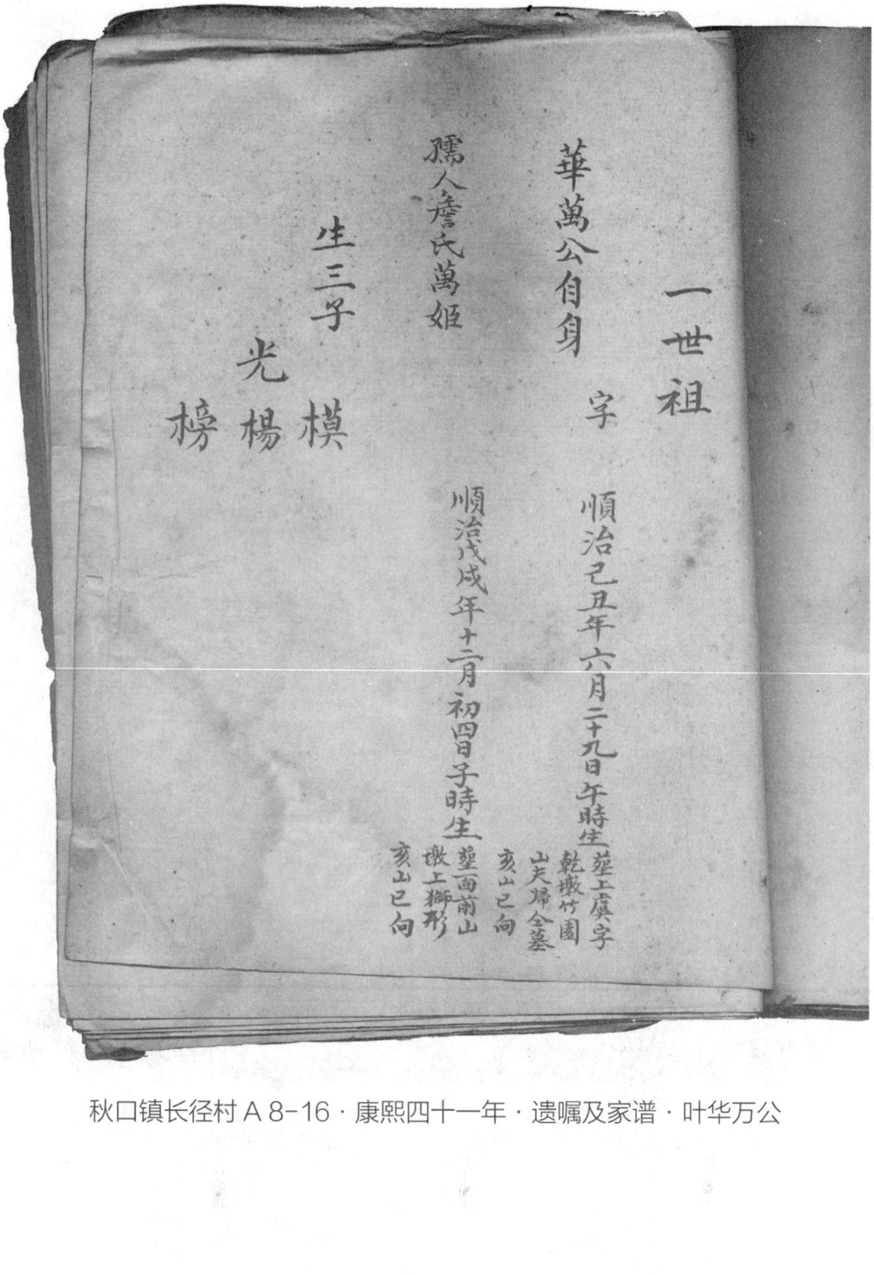
一世祖
華萬公自身 字
順治己丑年六月二十九日午時生 塟土虞字乾墩竹園山夫婦仝塟亥山巳向
孺人詹氏萬姫
順治戊戌年十二月初四日子時生 塟面前山墩上獅形亥山巳向
生三子 模
光 楊
榜

秋口镇长径村 A 8-16 · 康熙四十一年 · 遗嘱及家谱 · 叶华万公

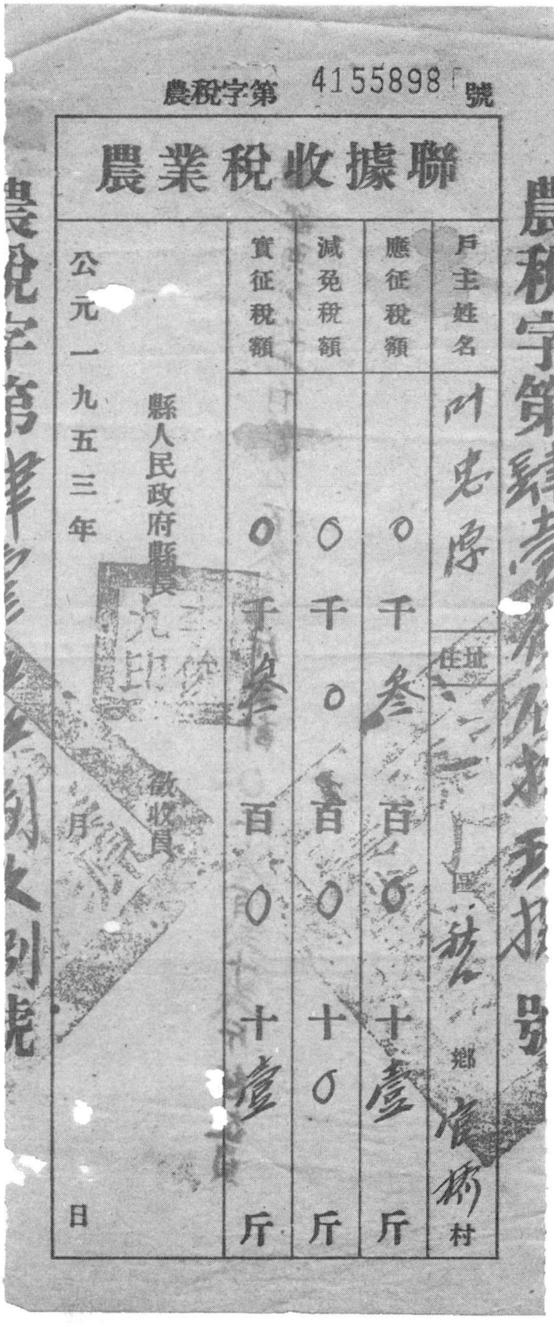
農稅字第 4155898 號

農業稅收據聯

戶主姓名	應征稅額	減免稅額	實征稅額
叶忠原	0千叁百0十壹斤	0千0百0十0斤	0千叁百0十壹斤

住址 區 鄉 村

縣人民政府縣長

徵收員

公元一九五三年 月 日

秋口镇长径村 A 8 附 · 一九五三年 · 农业税收据 · 叶忠原

秋口镇长径村 A 6-1 · 道光元年 · 分关文书 · 仰山

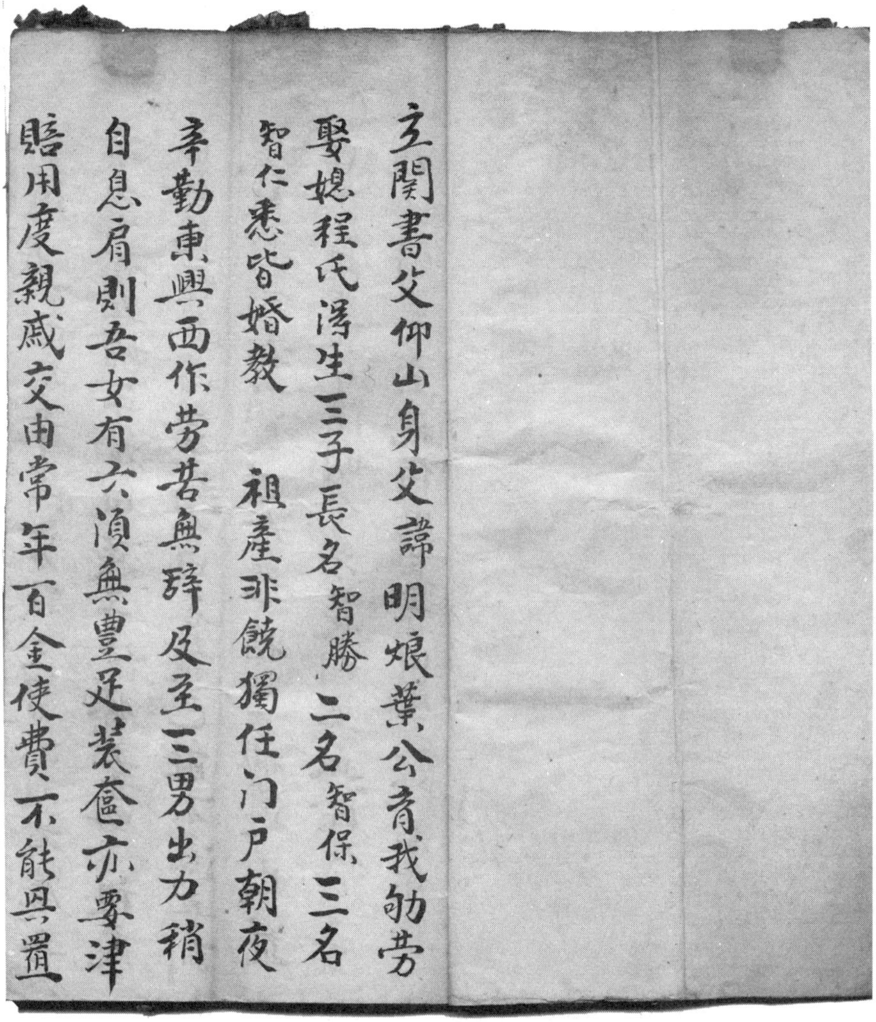

立閲書父仰山身父諱明娘葉公育我劬勞
娶媳程氏湧生三子長名智勝 二名智保 三名
智仁悉皆婚教 祖產非饒獨任門戶朝夜
辛勤東興西作勞苦無辭及至三男出力稍
自息肩則吾女有六須無豐足裝奩亦要津
贈用度親戚交由常年百金使費不能與置

秋口镇长径村 A 6-2 · 道光元年 · 分关文书 · 仰山

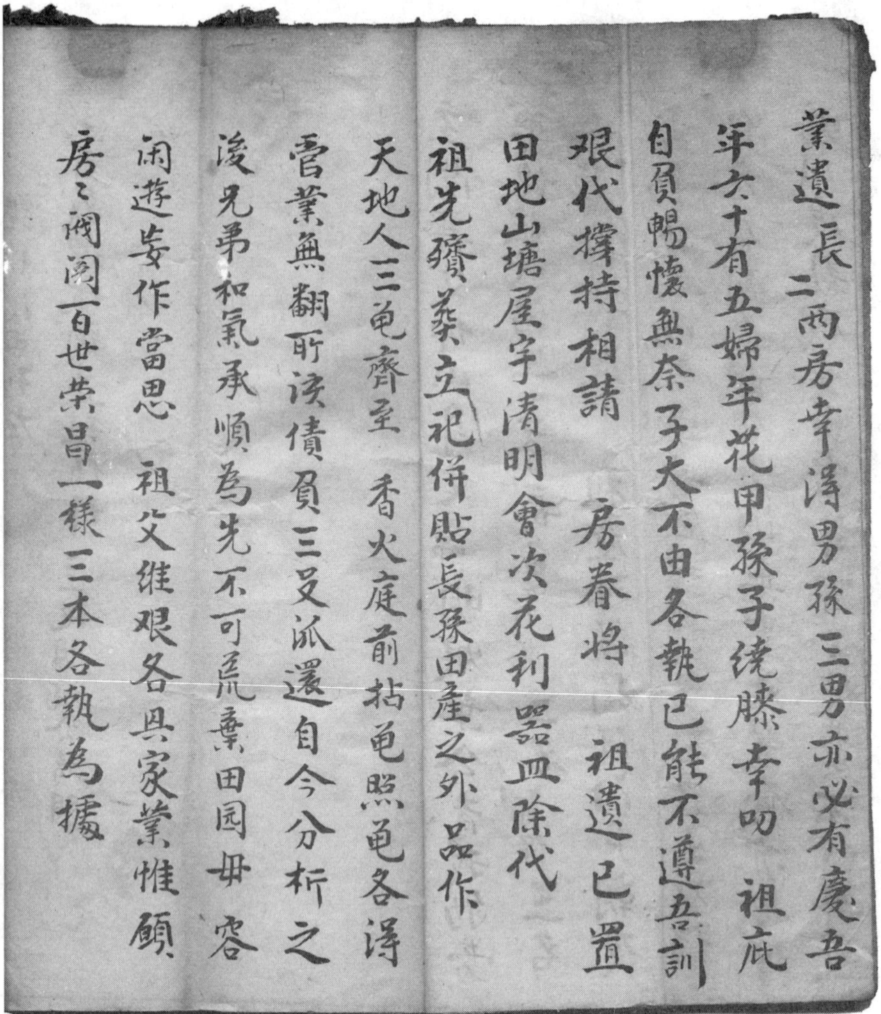
業遺長 二兩房幸得男孫 三男亦必有慶吾
年六十有五婦年花甲孫子繞膝幸叨 祖庇
自覺暢懷無奈子大不由各執已能不遵吾訓
艱代撑持相請 房眷將 祖遺已置
田地山塘屋宇清明會次花利器皿除代
祖先殯葬立祀併貼長孫田產之外品作
天地人三龜齊至 香火庭前拈龜照龜各得
營業無翻所該債負三叉派還自今分析之
後兄弟和氣承順為先不可荒棄田園毋容
閑遊妄作當思 祖父繼艱各興家業惟願
房房閥閱百世榮昌一樣三本各執為據

秋口镇长径村 A 6-3 · 道光元年 · 分关文书 · 仰山

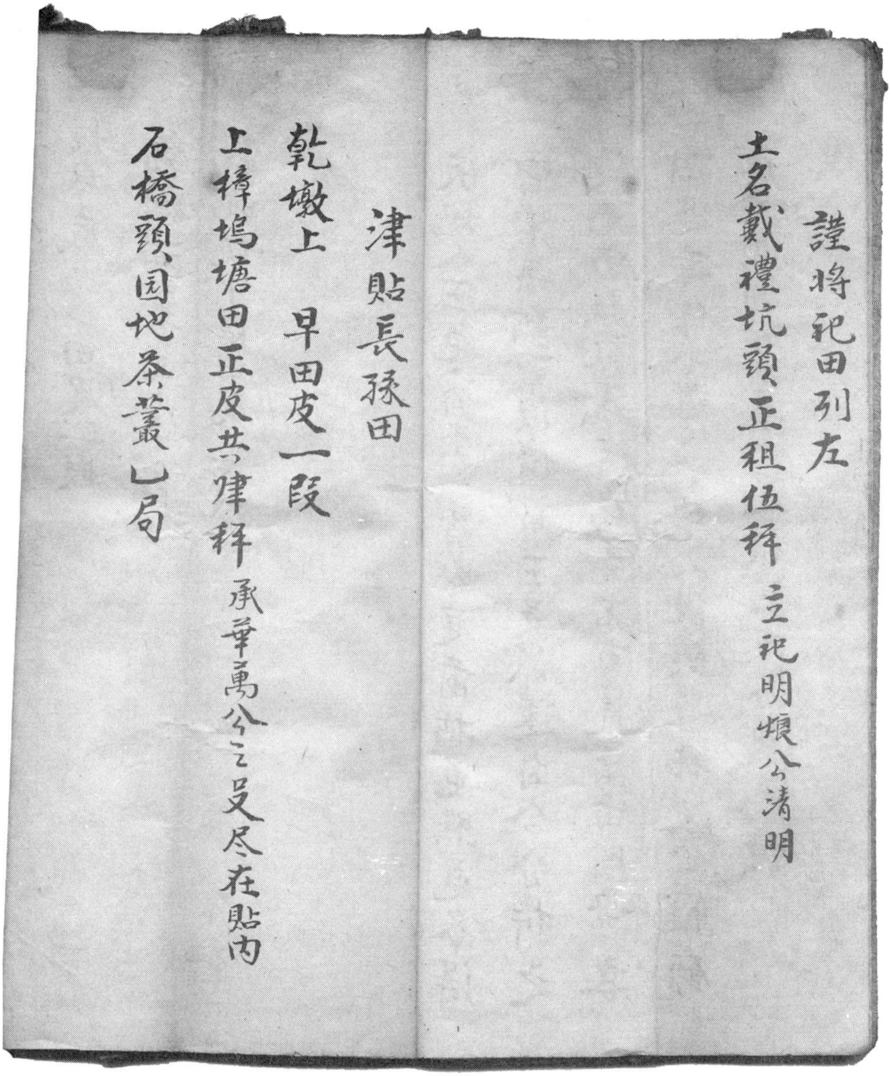

謹將祀田列左
土名戴禮坑頭 正租伍秤 立祀明娘公清明
津貼長孫田
乾墩上 旱田皮一段
上樟塢塘田正皮共肆秤 承華萬公之叉盡在貼內
石橋頭园地茶叢山局

秋口镇长径村 A 6-4 · 道光元年 · 分关文书 · 仰山

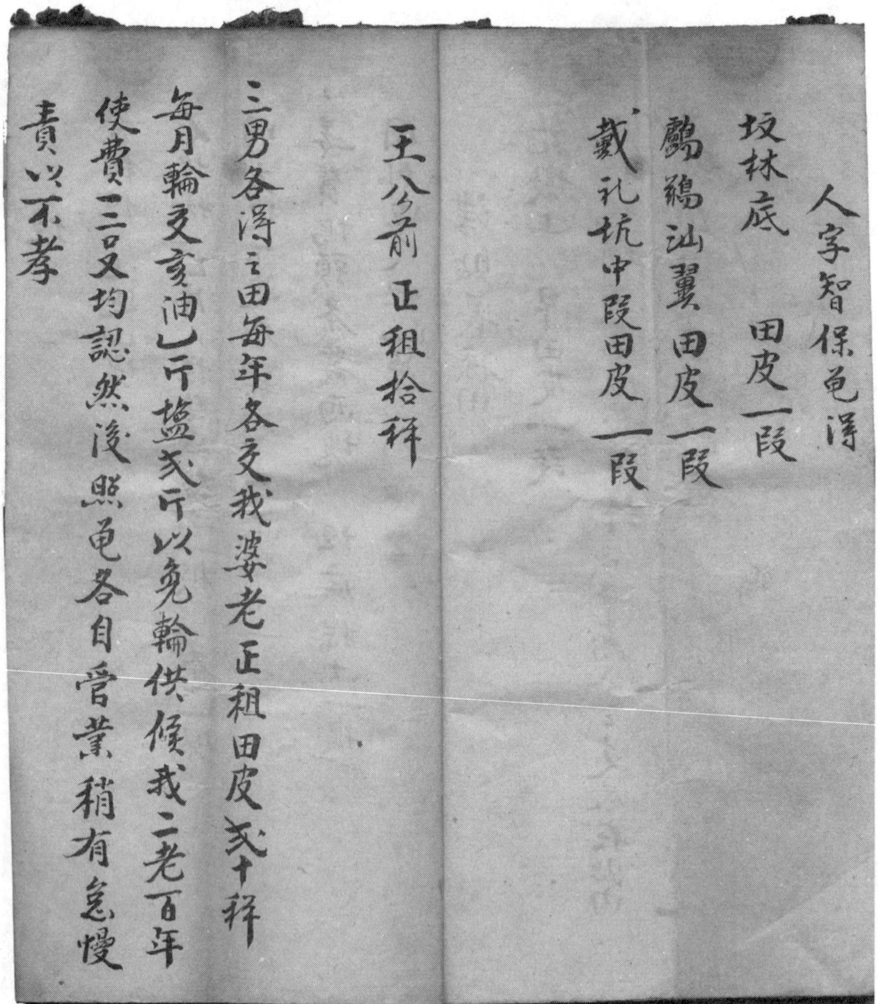

人字智保龟得
坟林底　田皮一段
鸕鷀汕翼田皮一段
戴礼坑中段田皮一段

王公前正租拾秤
三男各得之田每年各交我婆老正租田皮弍十秤
每月輪交亥油一斤鹽弍斤以免輪供候我二老百年
使費一三口文均認然後照龟各自管業稍有怠慢
責以不孝

秋口镇长径村 A 6–5 · 道光元年 · 分关文书 · 仰山

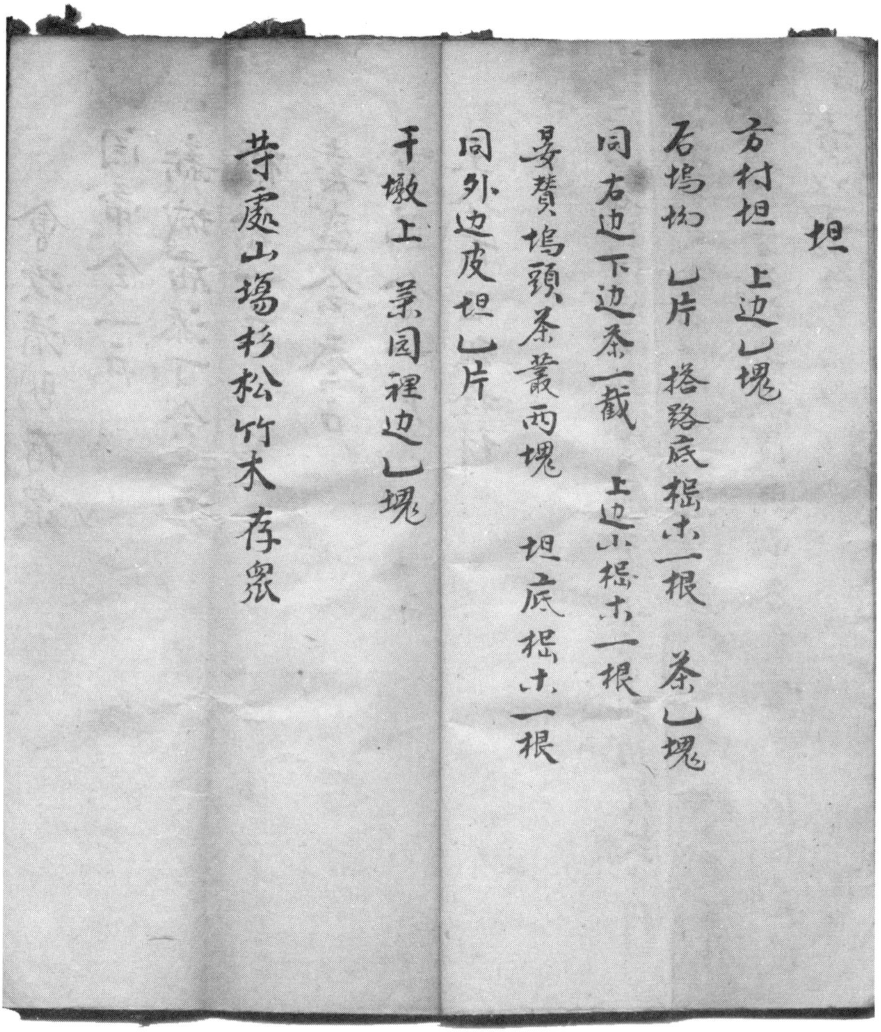
坦
方村坦　上边乚塊
石塢坳　乚片　搭路底榣木一根　茶乚塊
同右边下边茶一截　上边小榣木一根
晏贊塢頭茶叢兩塊　坦底榣木一根
同外边皮坦乚片
干墩上　菜园裡边乚塊
寺處山塢杉松竹木存衆

秋口镇长径村 A 6-6 · 道光元年 · 分关文书 · 仰山

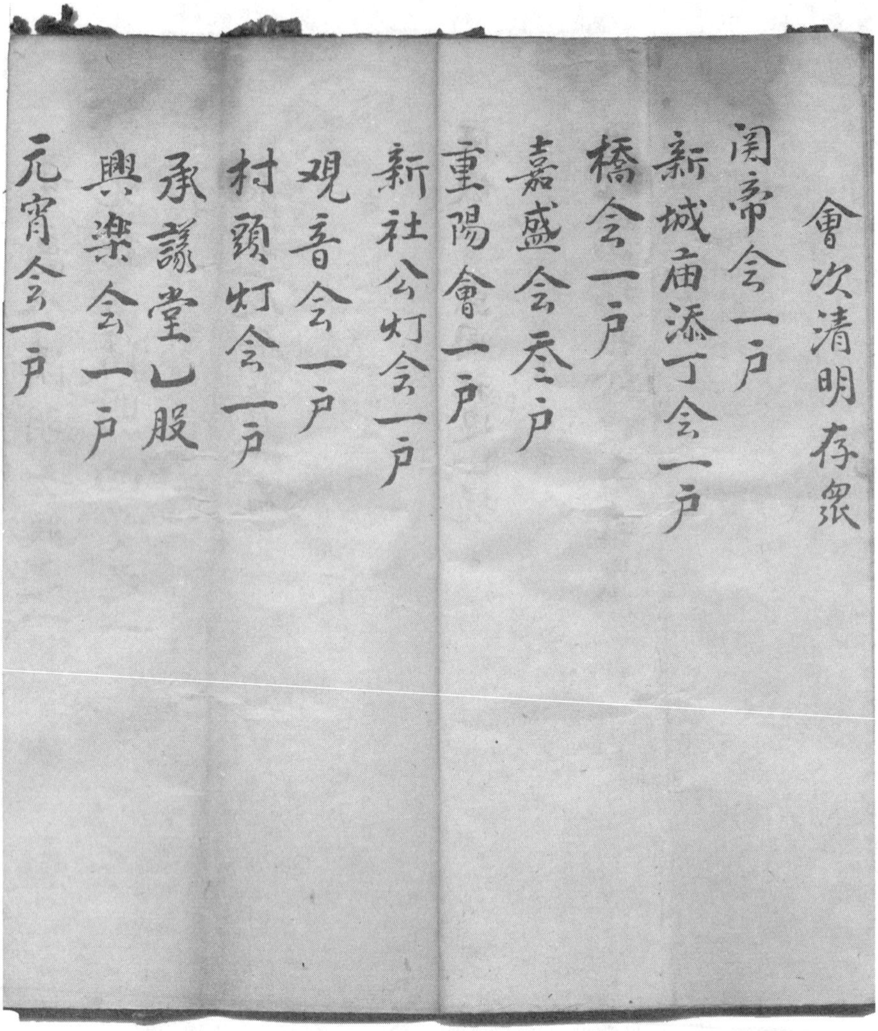
會次清明存衆
関帝会一户
新城庙添丁会一户
橋会一户
嘉盛会叁户
重陽會一户
新社公灯会一户
观音会一户
村頭灯会一户
承議堂乙股
興樂会一户
元宵会一户

秋口镇长径村 A 6-7 · 道光元年 · 分关文书 · 仰山

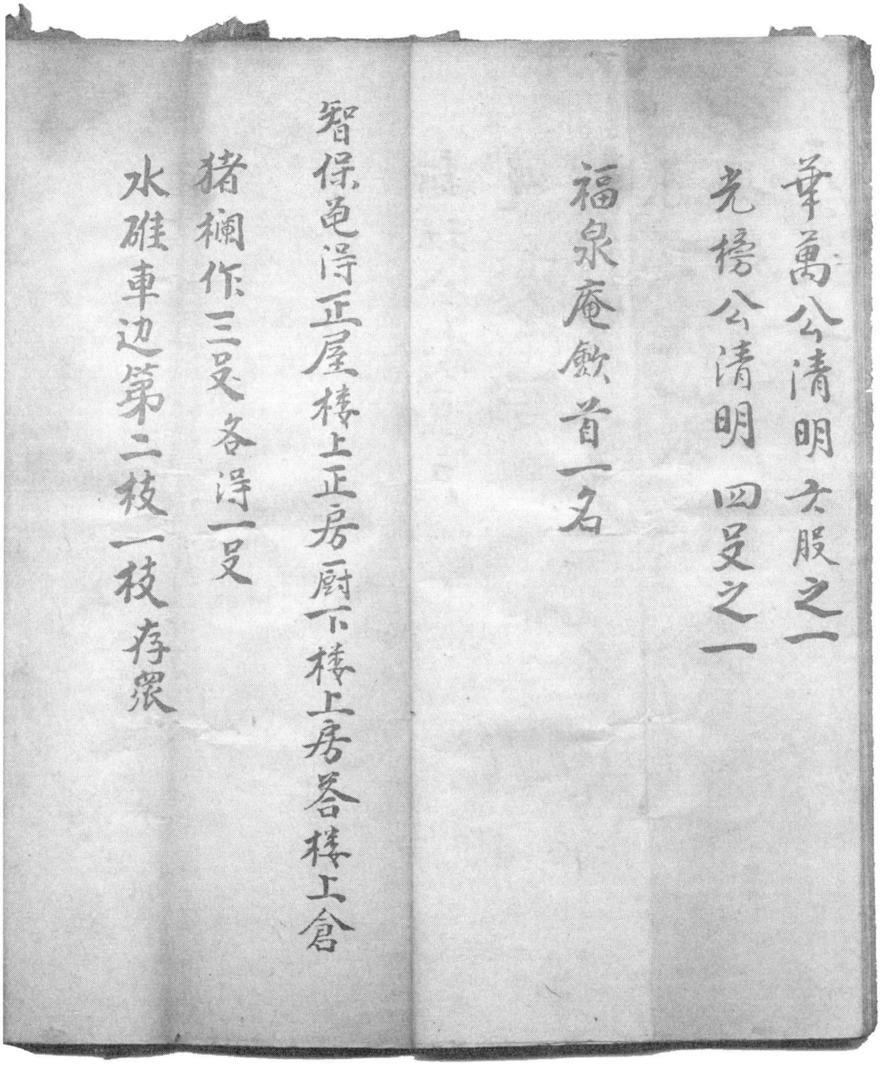
華萬公清明 六股之一
光榜公清明 四旻之一
福泉庵欽首一名
智保邑淂正屋棲上正房廚下棲上房客棲上倉
猪欄作三旻各淂一旻
水碓車边第二枝一枝存衆

秋口镇长径村 A 6-8 · 道光元年 · 分关文书 · 仰山

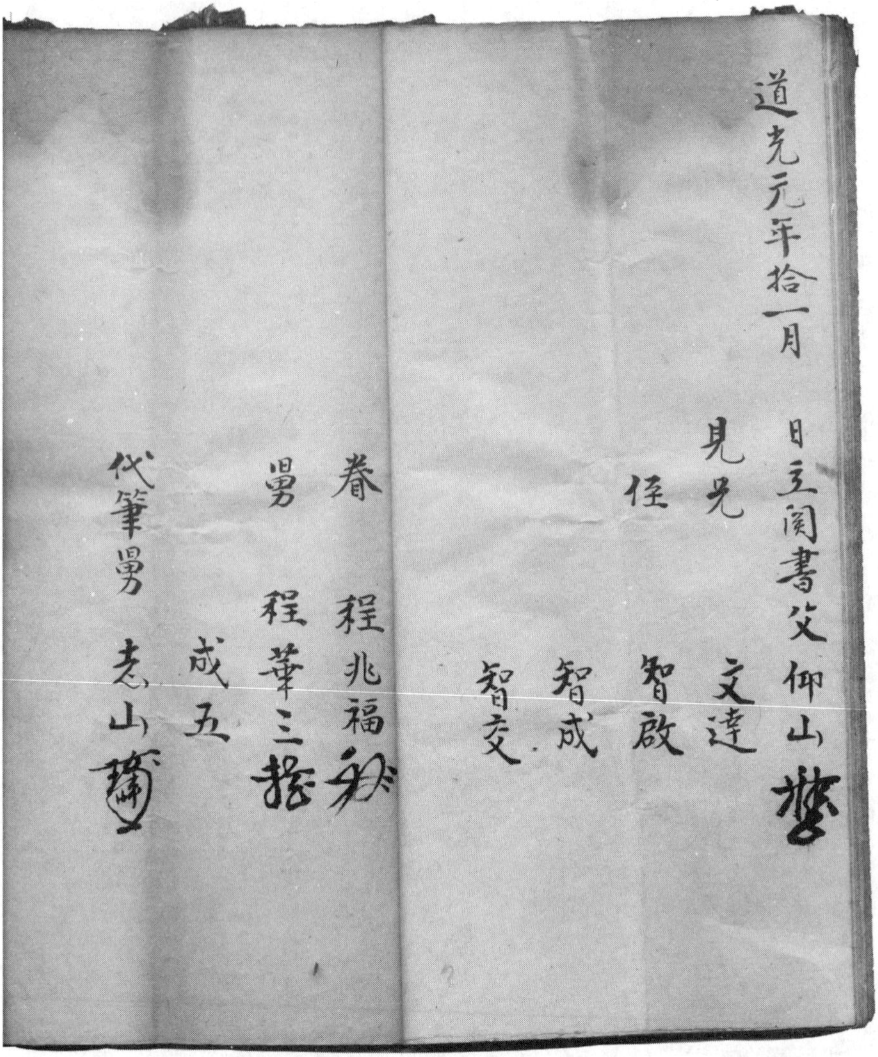

道光元年拾一月　日立阄書父仰山

見兄　文達

侄　智啟

智成

智交

眷　程兆福

甥　程華三

成五

代筆甥　志山

秋口镇长径村 A 6-9 · 道光元年 · 分关文书 · 仰山

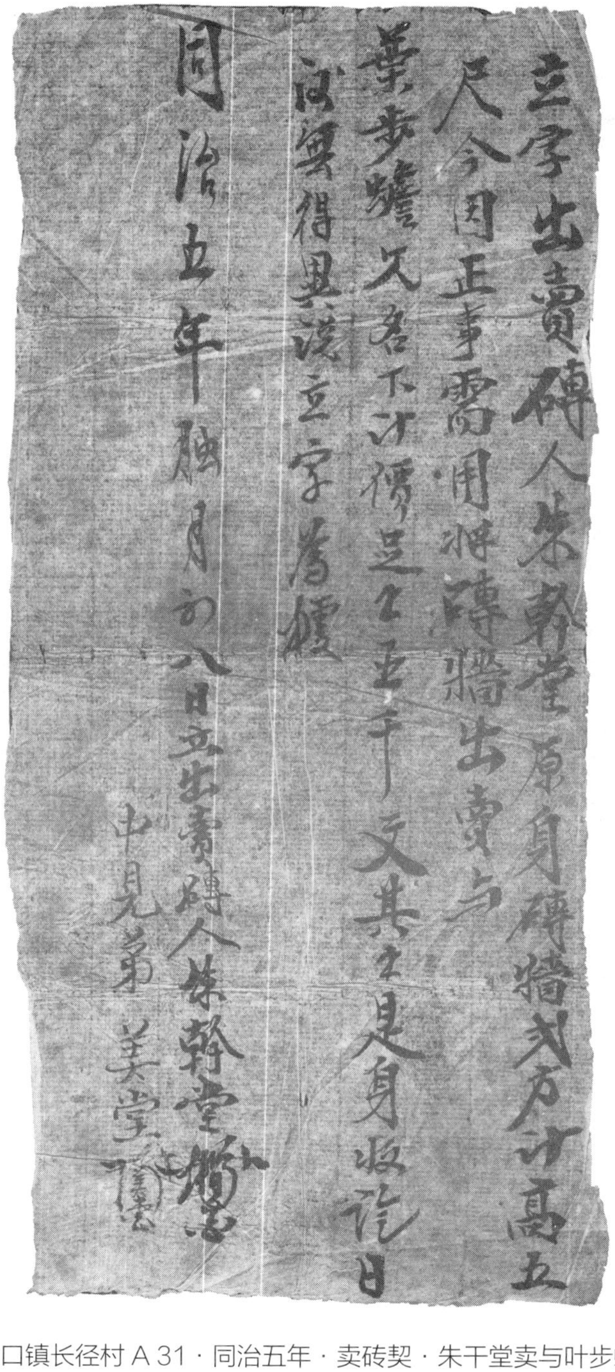
立字出賣磚人朱幹堂原身磚牆弍方計高五
尺今因正事需用將磚牆出賣與
葉步蟾名下計價足錢五千文其錢是身收訖日
後無得異說立字為據
同治五年臘月初八日立出賣磚人朱幹堂（押）
中見弟 美堂（押）

秋口镇长径村 A 31 · 同治五年 · 卖砖契 · 朱干堂卖与叶步蟾

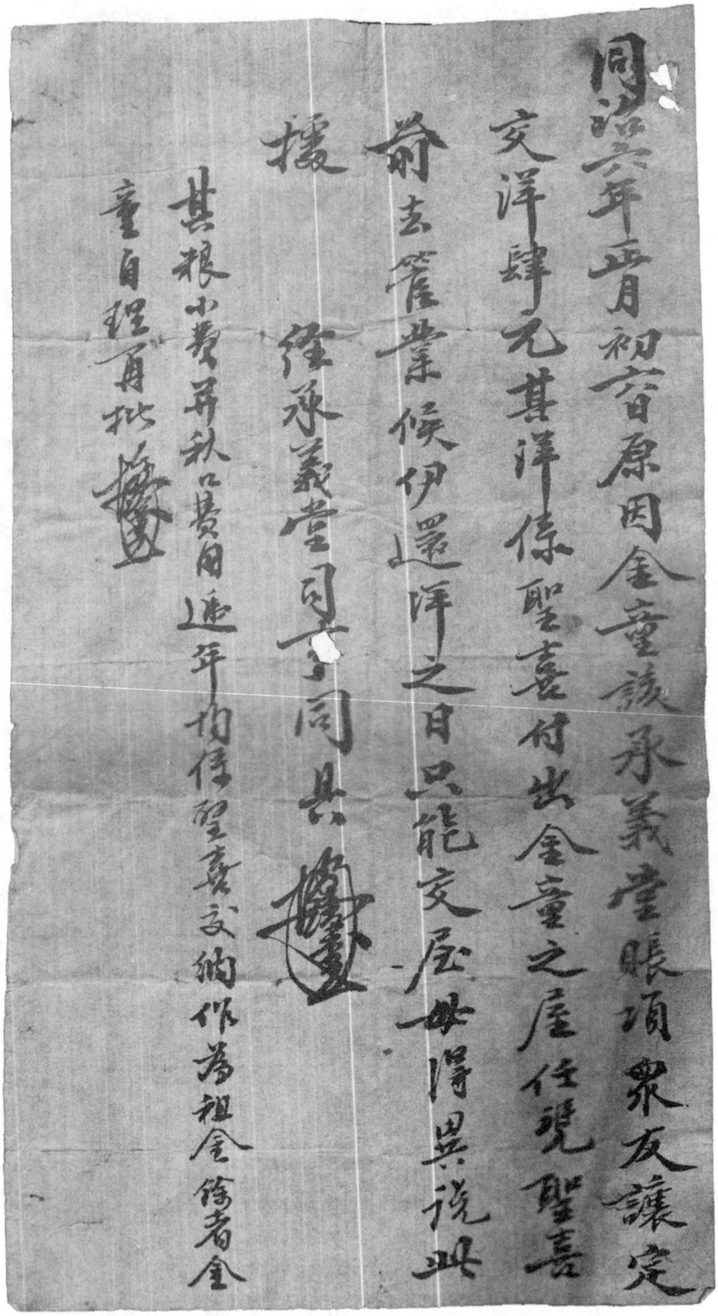
同治六年五月初六日原因金童該承義堂賬項衆友讓定
交洋肆元其洋係聖喜付出金童之屋任現聖喜
前去管業候伊還洋之日只能交屋毋得異說此
據
經承義堂司事同具（押）
其粮小費并秋口貴自遞年均係聖喜交納作爲租金餘者金
童自理再批（押）

秋口镇长径村 A 10 · 同治六年 · 欠条 · 金童欠圣喜

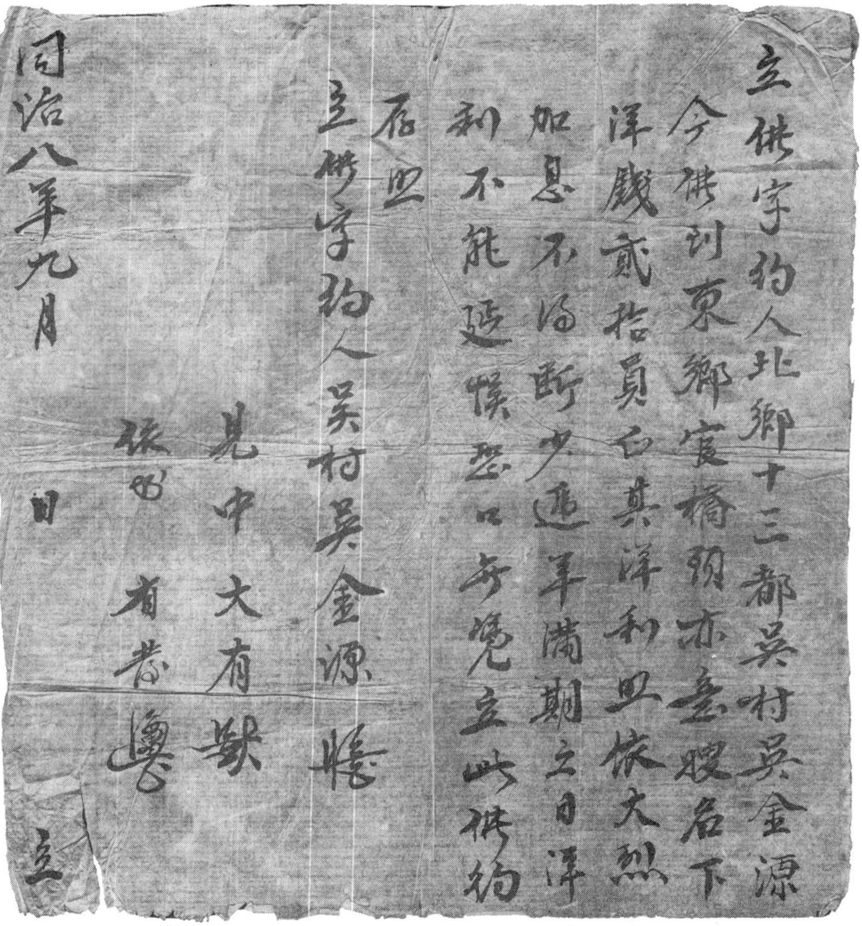

立借字約人北鄉十三都吳村吳金源，今借到東鄉宦橋頭亦意嫂名下洋錢貳拾員正，其洋利照依大熟加息，不得斷少，逐年滿期之日，洋利不能延誤。恐口無憑，立此借約存照。

立借字約人吳村吳金源

見中　大有

依口　有恭

同治八年九月　日　立

秋口镇长径村 A 28 · 同治八年 · 借约 · 吴金源借到亦意嫂

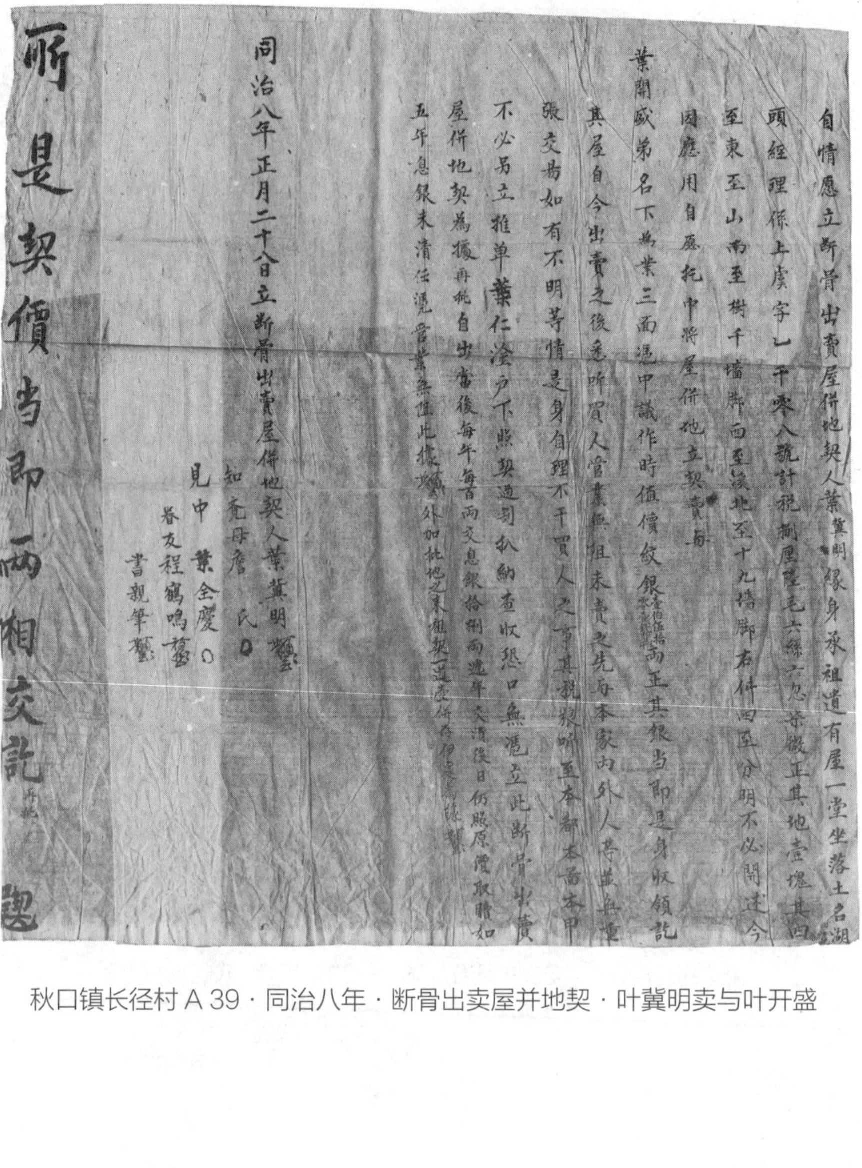
自情愿立断骨出賣屋併地契人葉冀明緣身承祖遺有屋一堂坐落土名湖頭經理係上虞字山千零八號計稅捌厘陸毛六絲六忽并微正其地壹塊其四至東至山南至樹千墻脚西至淡地至十九墻脚右件四至分明不必開述今因應用自愿托中將屋併地立契賣与葉開盛弟名下為業三面憑中議作時值價紋銀□□兩正其銀当即是身收領訖其屋自今出賣之後悉聽買人管業無阻未賣之先与本家內外人等並無重張交易如有不明等情是身自理不干買人之事其稅粮聽至本都本啚本甲不必另立推单葉仁淦户下照契過割扒納查收恐口無憑立此斷骨出賣屋併地契為據再批自出當後每年每百兩交息銀拾捌兩遞年交清後日仍照原價取贖如五年息銀未清任憑管業無阻此據 再批外加批他之來租契一道應併存□□□□照

同治八年正月二十八日立断骨出賣屋併地契人葉冀明

知見母詹氏

見中 葉全慶

眷友程鶴鳴

書 親筆

所是契價当即兩相交訖

秋口镇长径村 A 39 · 同治八年 · 断骨出卖屋并地契 · 叶冀明卖与叶开盛

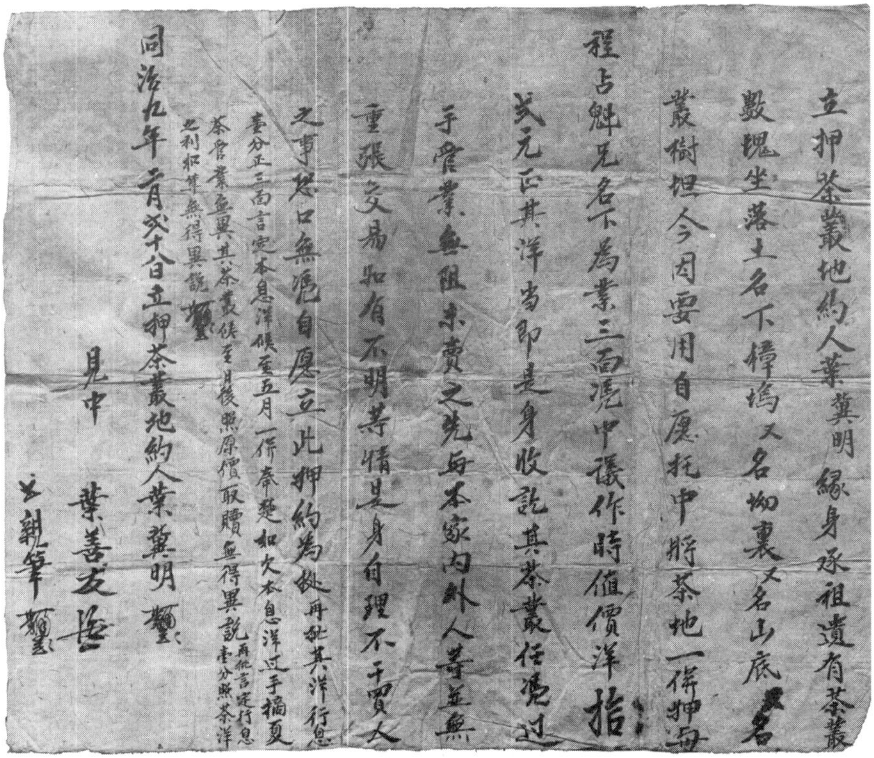
立押茶叢地約人葉冀明緣身承祖遺有茶叢
數塊坐落土名下樟塢又名坳裏又名山底又名
叢樹坦今因要用自愿托中將茶地一併押與
程占魁兄名下為業三面憑中議作時值價洋拾(?)[illegible]
弍元正其洋當即是身收訖其茶叢任憑过
手管業無阻未賣之先與本家內外人等並無
重張交易如有不明等情是身自理不干買人
之事恐口無憑自愿立此押約為據 再批其洋行息
每分正三面言定本息洋俱至五月一併奉楚如欠本息洋过手摘夏
茶管業無異其茶叢俟至月後照原價取贖無得異說 再批言定行息每分照茶洋
之利扣算無得異說 押
同治九年二月弍十八日(?)立押茶叢地約人葉冀明 押
見中 葉善友 押
親筆 押

秋口镇长径村 A 24 · 同治九年 · 押茶丛地约 · 叶冀明押与程占魁

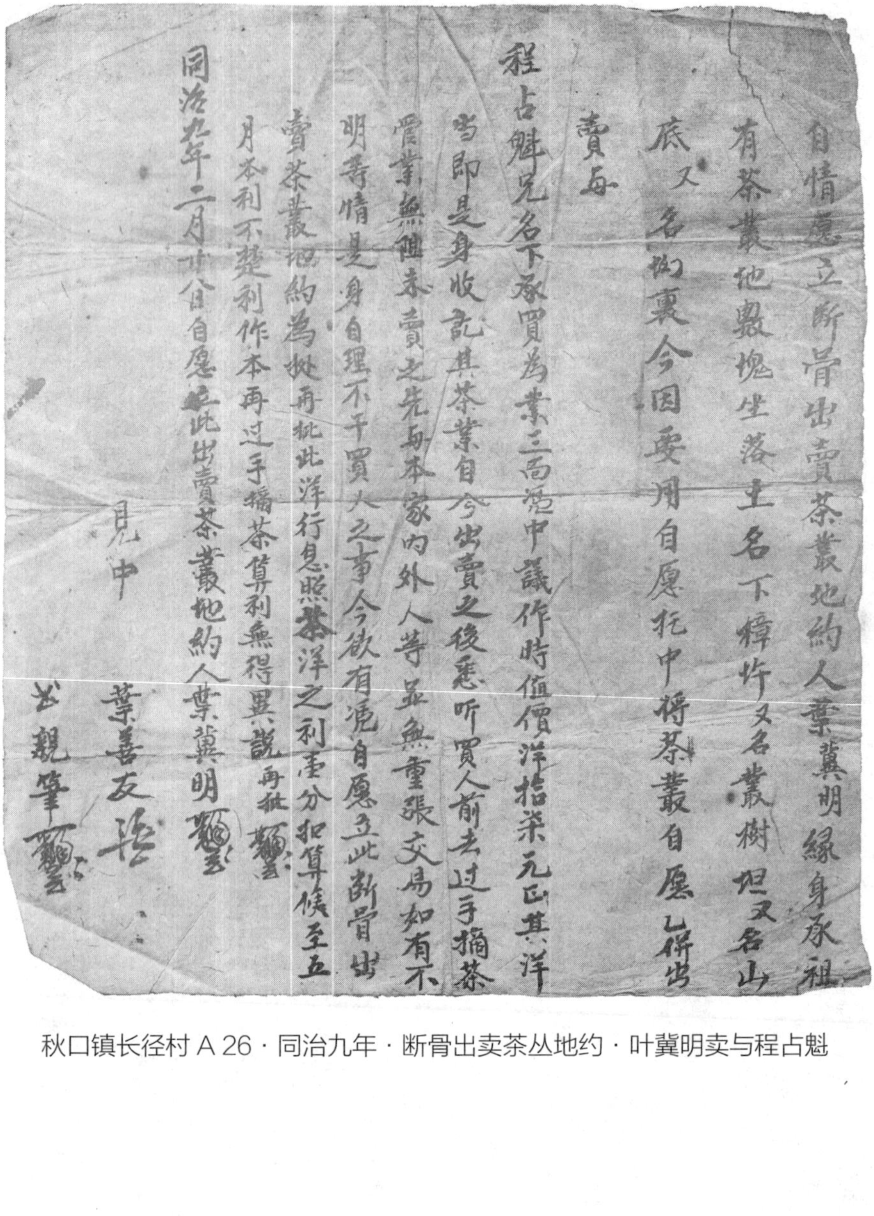

自情愿立断骨出賣茶叢地約人葉冀明緣身承祖
有茶叢地數塊坐落土名下樟圷又名叢樹坦又名山
底又名㘭裏今因要用自愿托中將茶叢自愿一併出
賣與
程占魁兄名下承買為業三面憑中議作時值價洋拾柒元正其洋
当即是身收訖其茶叢自今出賣之後悉听買人前去过手摘茶
管業無阻未賣之先与本家内外人等並無重張交易如有不
明等情是身自理不干買人之事今欲有憑自愿立此斷骨出
賣茶叢地約為拠再批此洋行息照茶洋之利每分扣算候至五
月茶利不楚利作本再过手摘茶算利無得異說再批（押）
同治九年二月卄日自愿立此出賣茶叢地約人葉冀明（押）
見中 葉善友（押）
书 親筆（押）

秋口镇长径村 A 26 · 同治九年 · 断骨出卖茶丛地约 · 叶冀明卖与程占魁

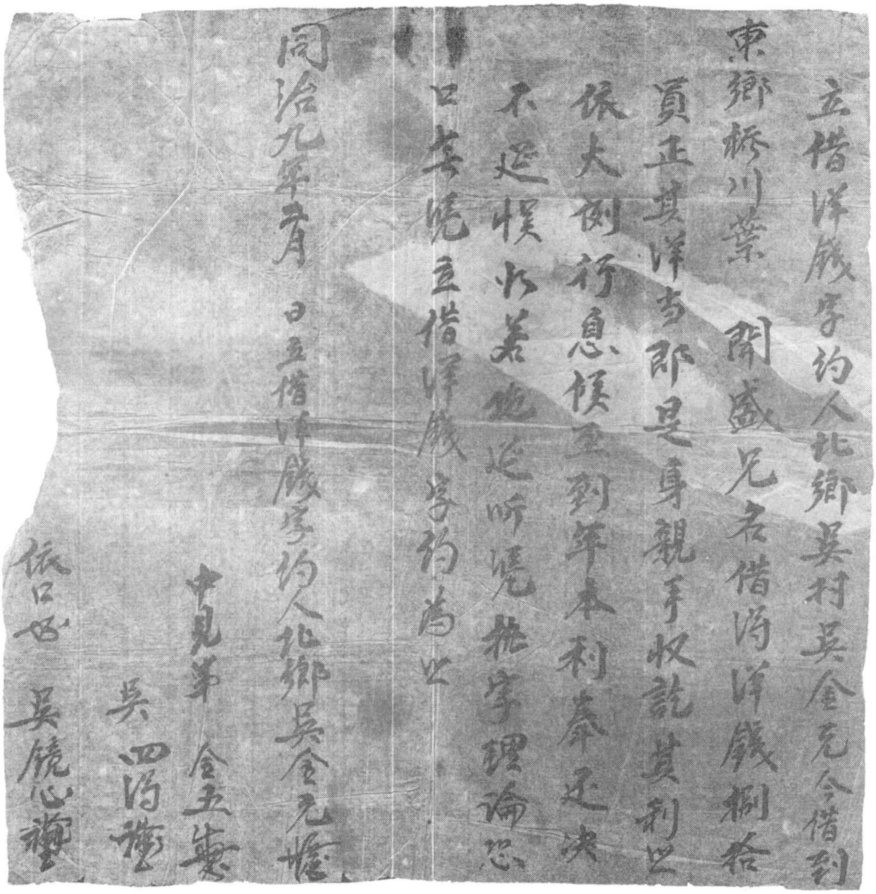

立借洋錢字约人北鄉吴村吴金元今借到
東鄉桥川葉　開盛兄名借得洋錢捌拾
員正其洋当郎是身親手收訖其利照
依大例行息，俟至到年本利奉还决
不延悞，如若延所凭抵字理论，恐
口無凭，立借洋錢字约為照。
同治九年五月　日立借洋錢字约人北鄉吴金元(押)
中見弟　金玉(押)
吴四得(押)
依口代　吴镜心(押)

秋口镇长径村 A 27 · 同治九年 · 借约 · 吴金元借到叶开盛

自情愿立断骨出賣楼房屋併基地契據人葉善祖原身承祖業有己業楼屋全堂坐落
土名湖頭經理係土字　號　計地稅壹分捌厘正　其屋地四至東至　西至
南至　北至　右件四至眼仝經中指明併有老冊原號不必繕述今因正事急用自
愿托中將身楼屋上至椽樑瓦下至地脚地併四方墻圍出路一概盡行断骨出賣與
聖喜族弟名下為業憑中三面議作時值價銀洋陸拾五元兩正其銀當即身收訖其屋地自今出賣之後
即聽買人前去管業居住無阻未賣之先與內外人等並無重張交易如有不明等情是身自理
不干買主之事其稅粮聽至十都四啚八甲葉[illegible]戶下過割扒納無異不必另立推單其業租無別
號相共不便繳付日後要証檢出無辭　今欲有憑立此断骨出賣楼屋地契存照
其屋[illegible]

光緒元年巧月　日自情愿立断骨出賣楼房屋地契人葉善祖（押）
經中叔　得寶（押）
弟　文金（押）
代筆眷程殿光（押）

所是契價當日兩相交足訖　再批

契尾

秋口镇长径村 A 58 · 光绪元年 · 断骨出卖楼房屋并基地契 · 叶善祖卖与圣喜族弟

秋口镇长径村 A 7-1 · 光绪五年至民国二十一年 · 税粮实征册 · 叶茂文户

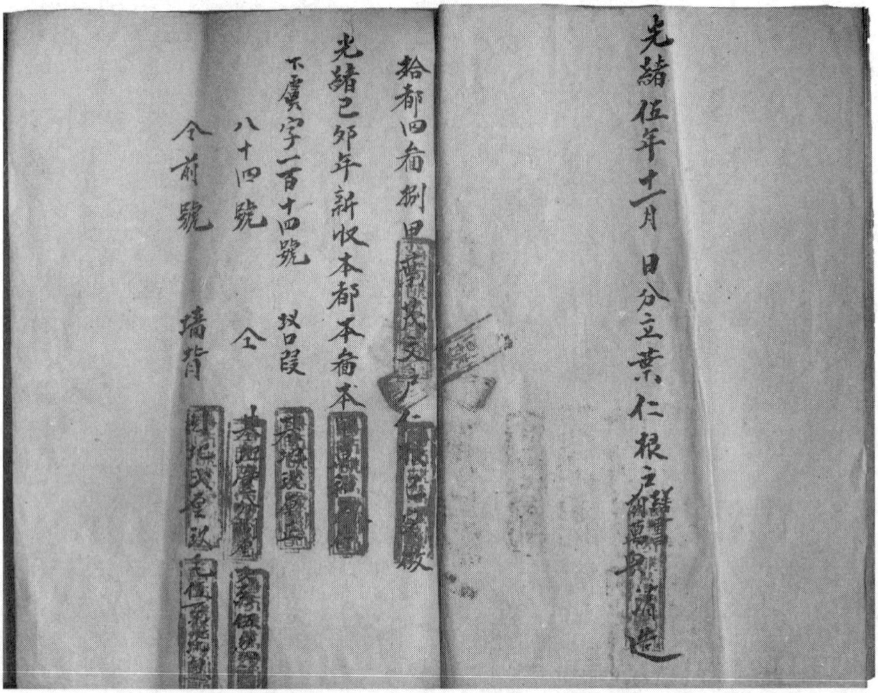

秋口镇长径村 A 7-2 · 光绪五年至民国二十一年 · 税粮实征册 · 叶茂文户

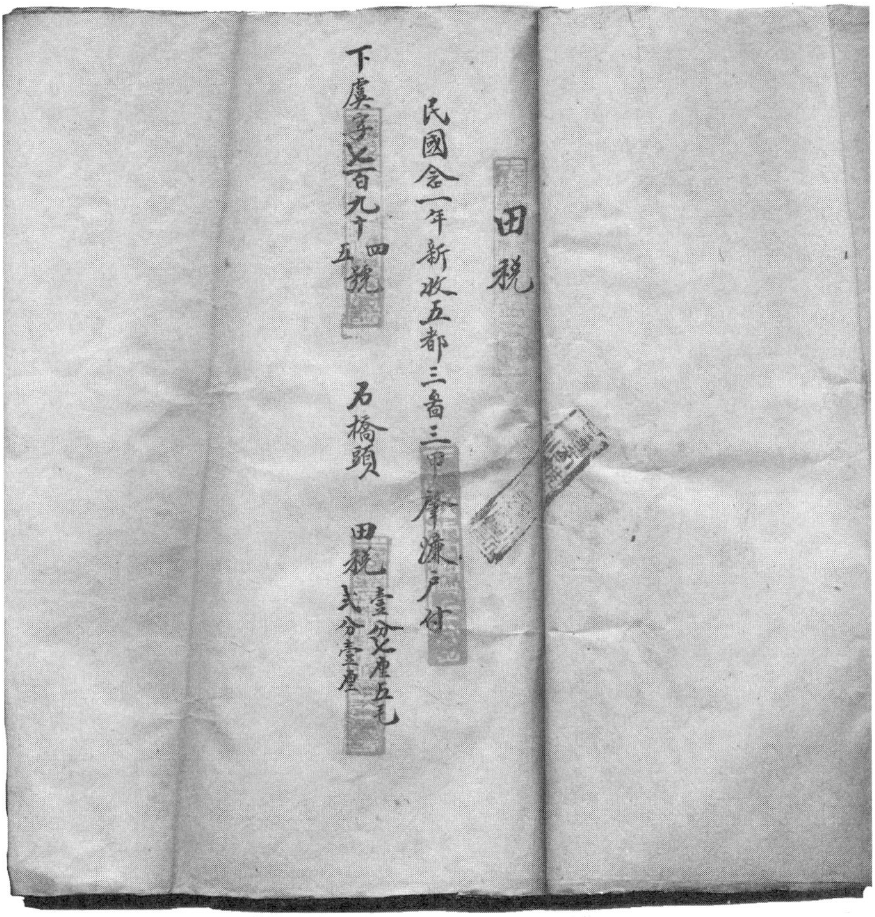

秋口镇长径村 A 7-3 · 光绪五年至民国二十一年 · 税粮实征册 · 叶茂文户

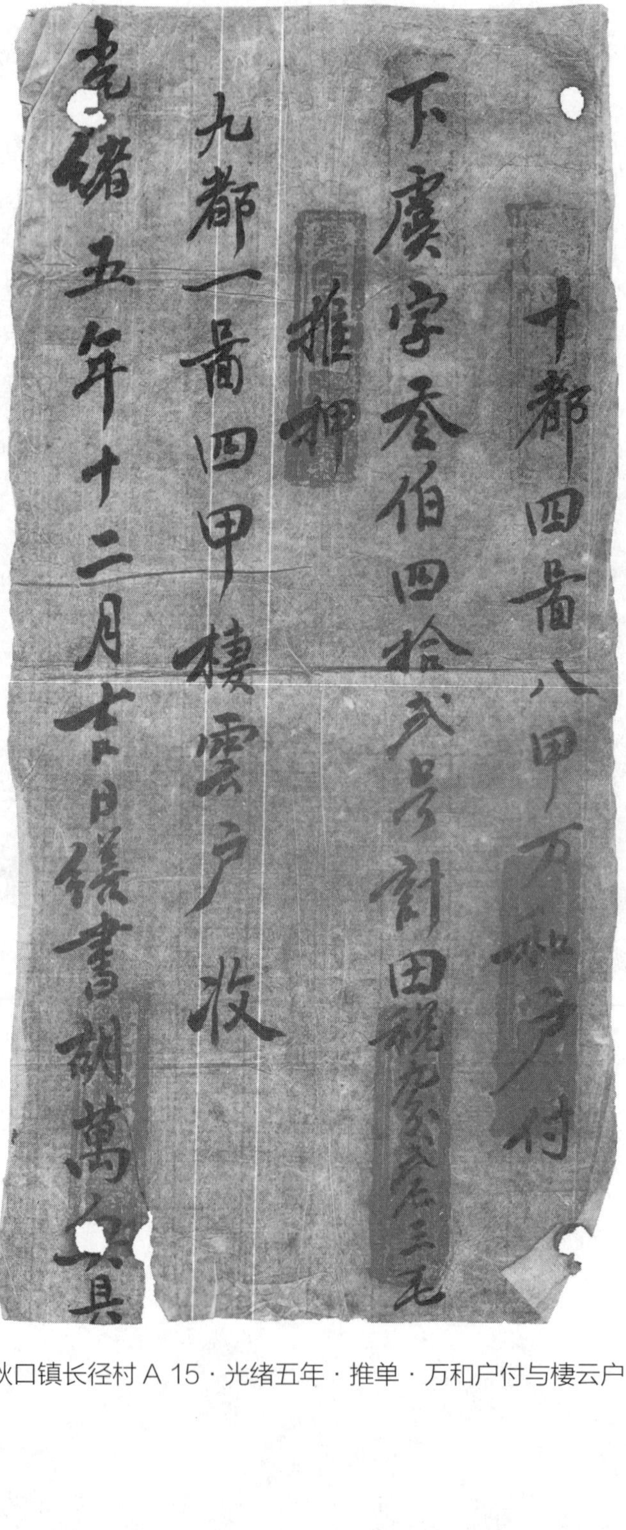

十都四啚八甲万和户付
下廣字叁伯四拾贰号割田税贰分贰厘三毛
推押
九都一啚四甲楼雲户收
光绪五年十二月廿日经書胡萬[illegible]具

秋口镇长径村 A 15 · 光绪五年 · 推单 · 万和户付与楼云户

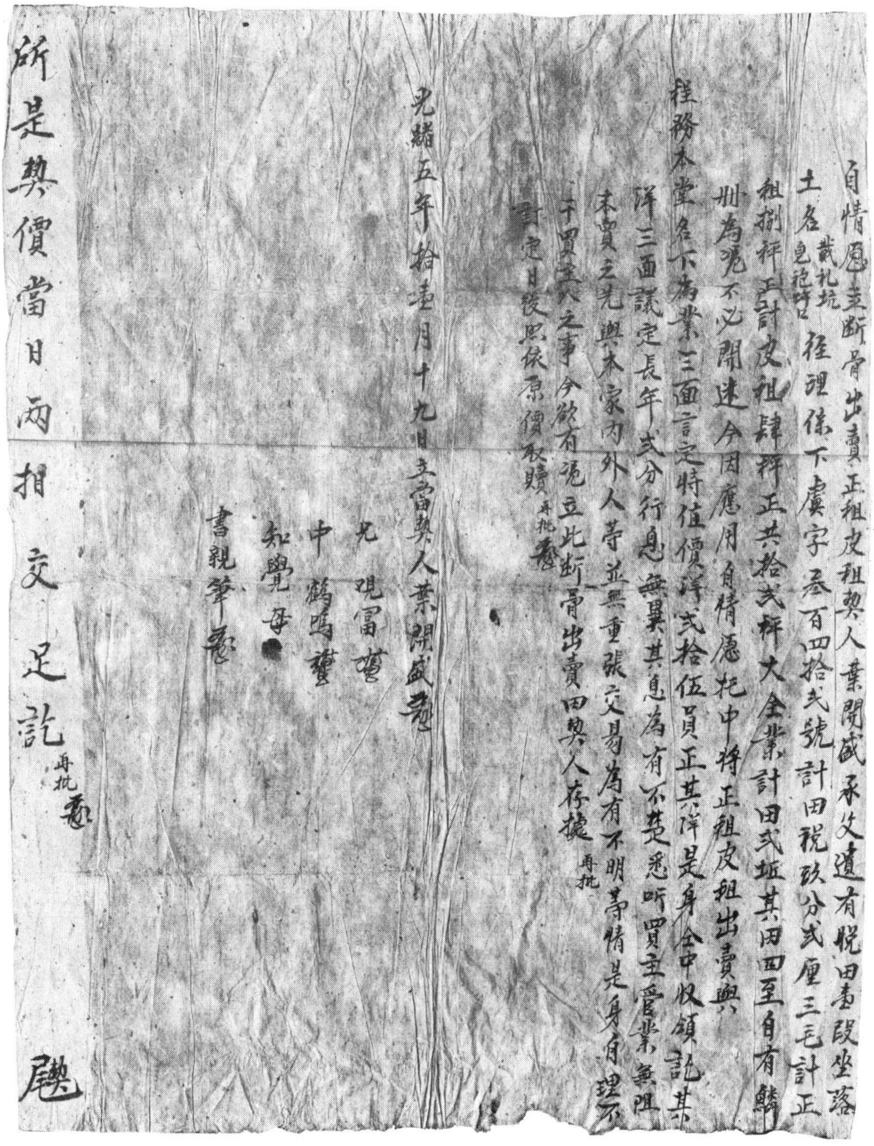
自情愿立断骨出賣正租皮租契人葉開盛承父遺有税田壹段坐落
土名戴礼坑皂袍時口經理係下虞字叁百四拾弍號計田税玖分弍厘三毛計正
租捌秤正計皮租肆秤正共拾弍秤大全業計田弍坵其田四至自有鮮
册為凭不必開述今因應用自情愿托中將正租皮租出賣與
程務本堂名下為業三面言定時值價洋弍拾伍員正其洋是身仝中收領訖其
洋三面議定長年弍分行息無異其息為有不楚悉听買主管業無阻
未賣之先與本家內外人等並無重張交易為有不明等情是身自理不
干買主之事今欲有凭立此断骨出賣田契人存據 再批
計定日後照依原價取贖 再批
光緒五年拾弍月十九日立當契人葉開盛
允 覌冨
中 鶴鳴
知覺 母
書親筆
所是契價當日兩相交足訖 再批

秋口镇长径村 A 69 · 光绪五年 · 断骨出卖正租、皮租契 ·
叶开盛卖与程务本堂名下

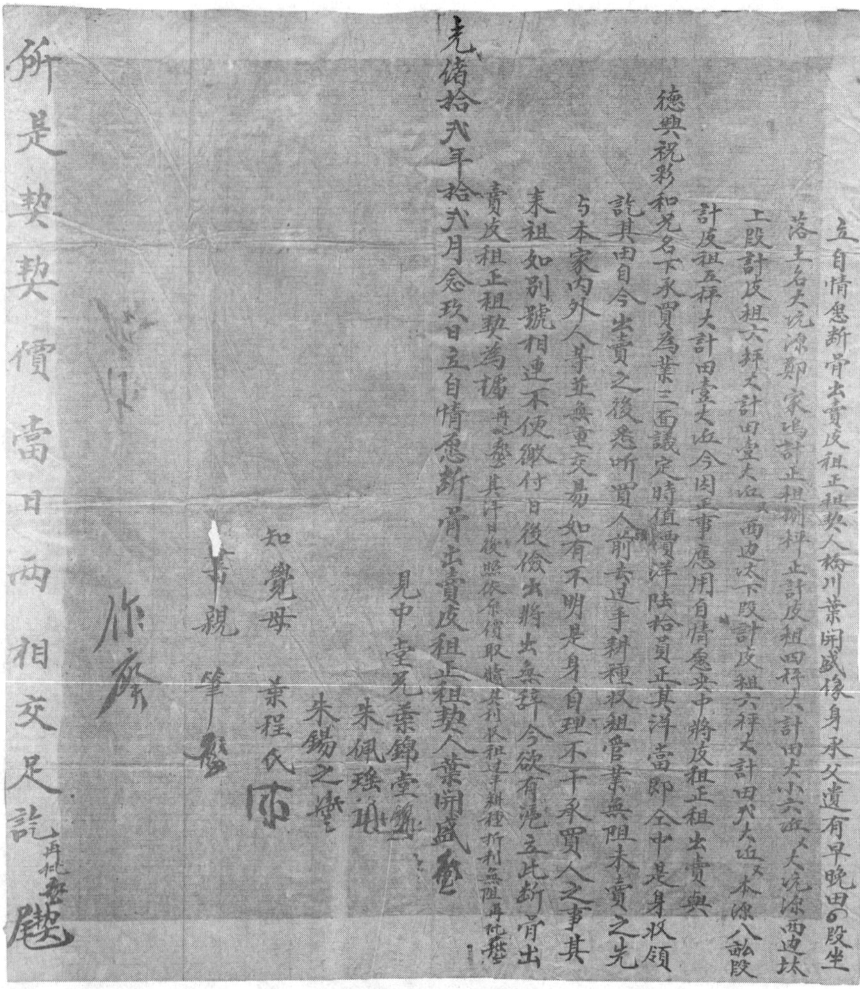

立自情愿断骨出賣皮租正租契人梅川葉開盛，像身承父遺有早晚田乙段坐
落土名大坑源鄭家塢，計正租捌秤正，計皮租四秤大，計田大小六坵；又大坑源西边坟
上段，計皮租六秤大，計田壹大坵；又西边坟下段，計皮租六秤大，計田弍大坵；又本源八畝段，
計皮租五秤大，計田壹大坵。今因正事應用，自情愿央中將皮租正租出賣與
德興祝彩和兄名下承買為業。三面議定時值價洋陆拾員正，其洋當即仝中是身收領
訖。其田自今出賣之後，悉听買人前去过手耕種收租管業無阻。未賣之先，
与本家内外人等並無重交易。如有不明，是身自理，不干承買人之事。其
来祖如别號相連，不便繳付，日後檢出，將出無辞。今欲有凭，立此断骨出
賣皮租正租契為據。再批（押）其洋日後照依原價取贖，其利反租过手耕種，折利無阻。再批（押）

光緒拾弍年拾弍月念玖日立自情愿断骨出賣皮租正租契人葉開盛（押）

見中 堂兄葉錦堂（押）

朱佩瑤（押）

朱錫之（押）

知覺母 葉程氏（押）

書 親筆（押）

作廢

所是契契價當日兩相交足訖 再批（押）

秋口镇长径村 A 65 · 光绪十二年 · 断骨出卖皮租、正租契 ·
叶开盛卖与祝彩和

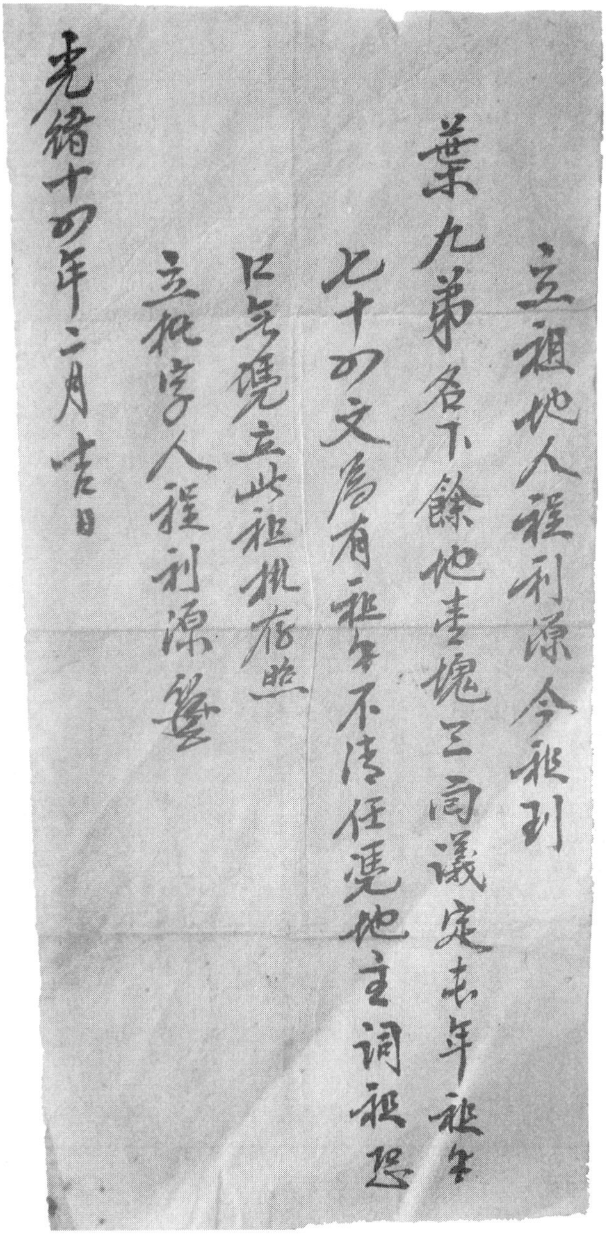

立祖地人程利源今租到
葉九弟名下餘地壹塊三面議定每年租金
七十四文爲有租金不清任憑地主詞租恐
口無憑立此租批存照
立租字人程利源（押）
光緒十四年二月吉日

秋口镇长径村 A 32 · 光绪十四年 · 租地契 · 程利源租到叶九弟

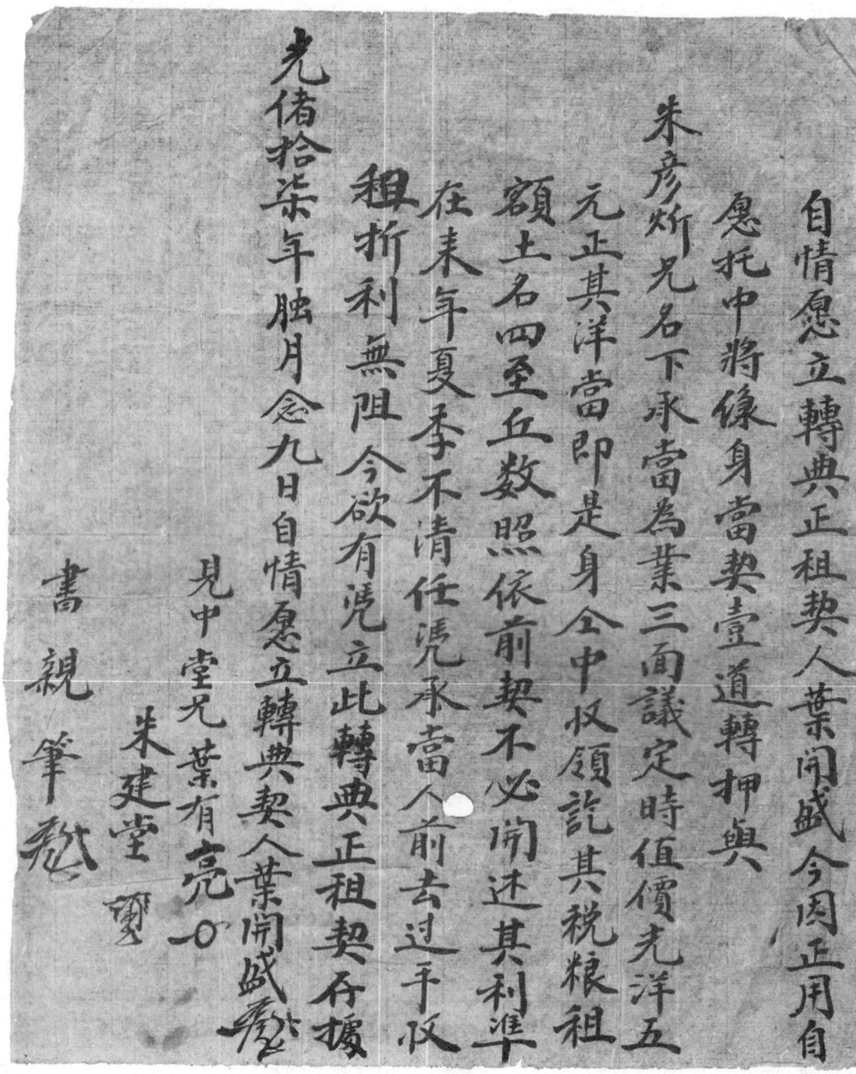

自情愿立轉典正租契人葉開盛今因正用自
愿托中將緣身當契壹道轉押與
朱彥炘兄名下承當為業三面議定時值價光洋五
元正其洋當即是身仝中收領訖其稅粮租
額土名四至丘數照依前契不必開述其利準
在來年夏季不清任憑兄承當人前去过手收
租折利無阻今欲有憑立此轉典正租契存據
光緒拾柒年胐月念九日自情愿立轉典契人葉開盛（押）
見中堂兄葉有亮（押）
朱建堂（押）
書親筆（押）

秋口镇长径村 A 18 · 光绪十七年 · 转典正租契 · 叶开盛转押典与朱彦炘

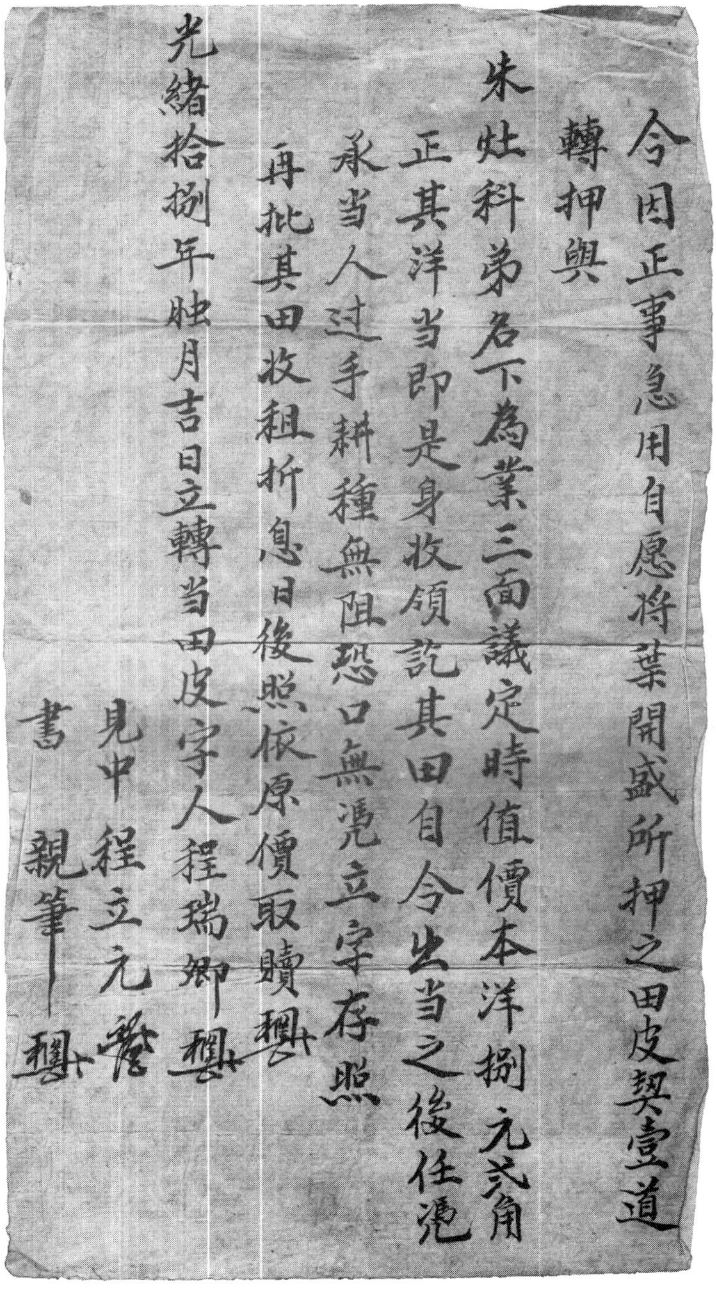

今因正事急用自愿将葉開盛所押之田皮契壹道
轉押與
朱灶科弟名下為業三面議定時值價本洋捌元六角
正其洋当即是身收領訖其田自今出当之後任憑
承当人过手耕種無阻恐口無憑立字存照
再批其田收租折息日後照依原價取贖押
光緒拾捌年朏月吉日立轉当田皮字人程瑞卿押
見中程立元押
書 親筆押

秋口镇长径村 A 30 · 光绪十八年 · 转当田皮契 · 程瑞卿转押与朱灶科

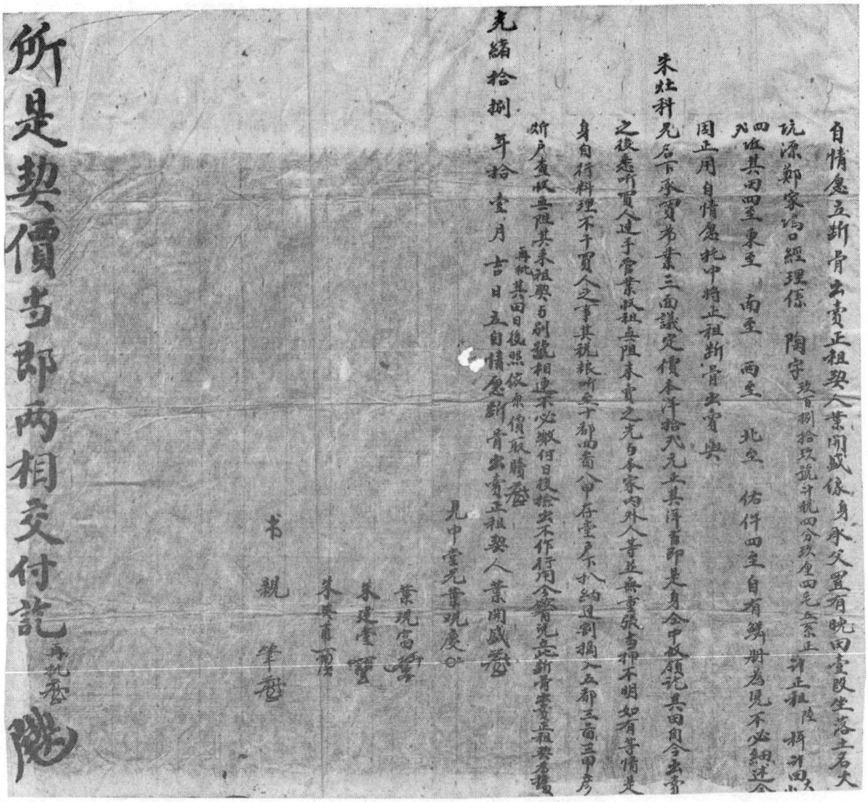
自情愿立断骨出賣正租契人葉開盛，緣身承父置有晚田壹段，坐落土名大
坑源鄭家塢口，經理係 陶字 玖百捌拾玖號，計税四分玖厘四毛五系正，計正租 陸 秤
其田四至 東至 南至 西至 北至 佑件四至自有鱗册為凭，不必細述。今
因正用，自情愿托中將正租断骨出賣與
朱灶科兄名下承買為業，三面議定價本洋拾八元正，其洋當即是身仝中收領訖，其田自今出賣
之後，悉听買人過手管業收租無阻。未賣之先与本家内外人等並無重張當押不明，如有等情，是
身自行料理，不干買人之事。其税粮听要十都四啚□甲存壹户下扒納過割，挑入五都三啚三甲户
名户查收無阻。其来祖契与别號相連，不必繳付，日後檢出不作行用。今欲有凭，立此断骨出賣正租契存據。
再批：其田日後照依原價取贖。（押）
光緒拾捌年拾壹月吉日立自情愿断骨出賣正租契人葉開盛（押）
見中堂兄葉觀慶
葉觀富（押）
朱建堂（押）
朱長甫（押）
書 親筆（押）
所是契價當即兩相交付訖 再批（押）
隨

秋口镇长径村 A 53 · 光绪十八年 · 断骨出卖正租契 · 叶开盛卖与朱灶科

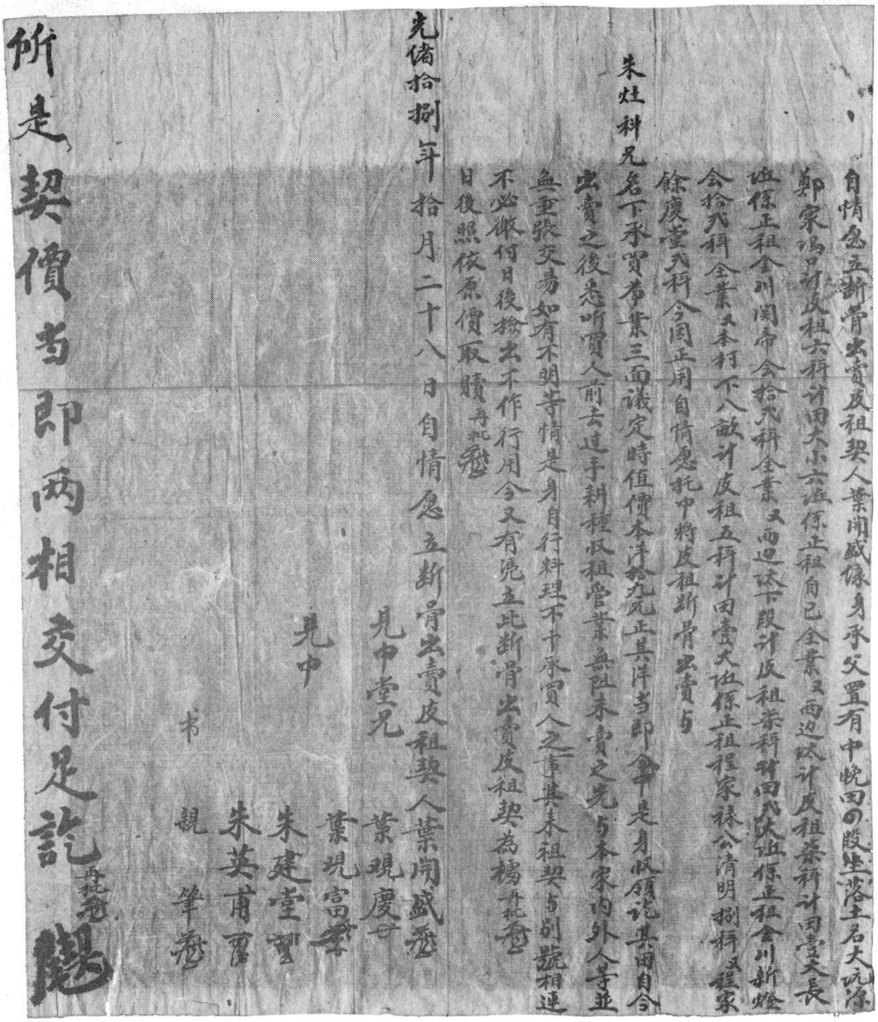
自情急立斷骨出賣皮租契人葉開盛，緣身承父置有中晚田四股，坐落土名大坑源鄭家塢口，計皮租六秤，計田大小六坵，係正租自己全業；又西边坎下，計皮租柒秤，計田壹大長坵，係正租金川閔帝会拾弍秤全業；又西边坎下段，計皮租柒秤，計田弍坎坵，係正租金川新燈会拾弍秤全業；又本村下八畝，計皮租五秤，計田壹大坵，係正租程家祿公清明捌秤，又程家餘慶堂弍秤。今因正用，自情急托中將皮租斷骨出賣与朱灶科兄名下承買為業，三面議定時值價本洋拾九元正，其洋当即一并是身收領訖。其田自今出賣之後，悉听買人前去過手耕種收租管業，無阻。未賣之先，与本家内外人等並無重張交易，如有不明等情，是身自行料理，不干承買人之事。其本祖契与别號相連，不必繳付，日後撿出，不作行用。今欲有憑，立此斷骨出賣皮租契為據。再批。押

日後照依原價取贖。再批。押

光緒拾捌年拾月二十八日自情急立斷骨出賣皮租契人葉開盛 押

見中堂兄 葉覌慶 押

葉覌富 押

見中 朱建堂 押

朱英甫 押

书 親筆 押

所是契價当即兩相交付足訖。再批。押

秋口镇长径村 A 54 · 光绪十八年 · 断骨出卖皮租契 · 叶开盛卖与朱灶科

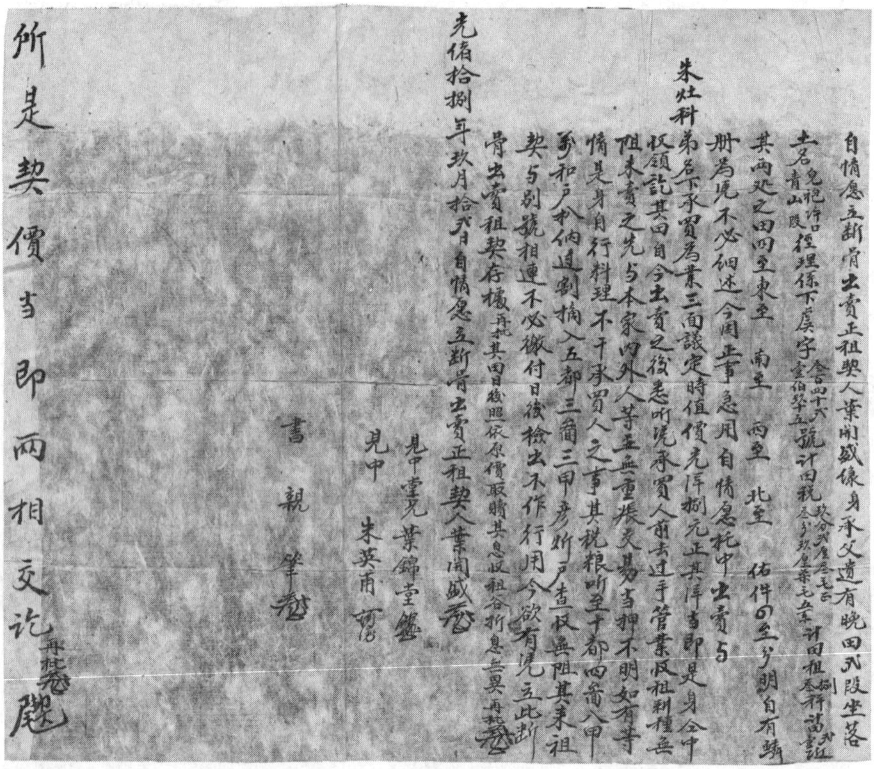

秋口镇长径村 A 56 · 光绪十八年 · 断骨出卖正租契 · 叶开盛卖与朱灶科

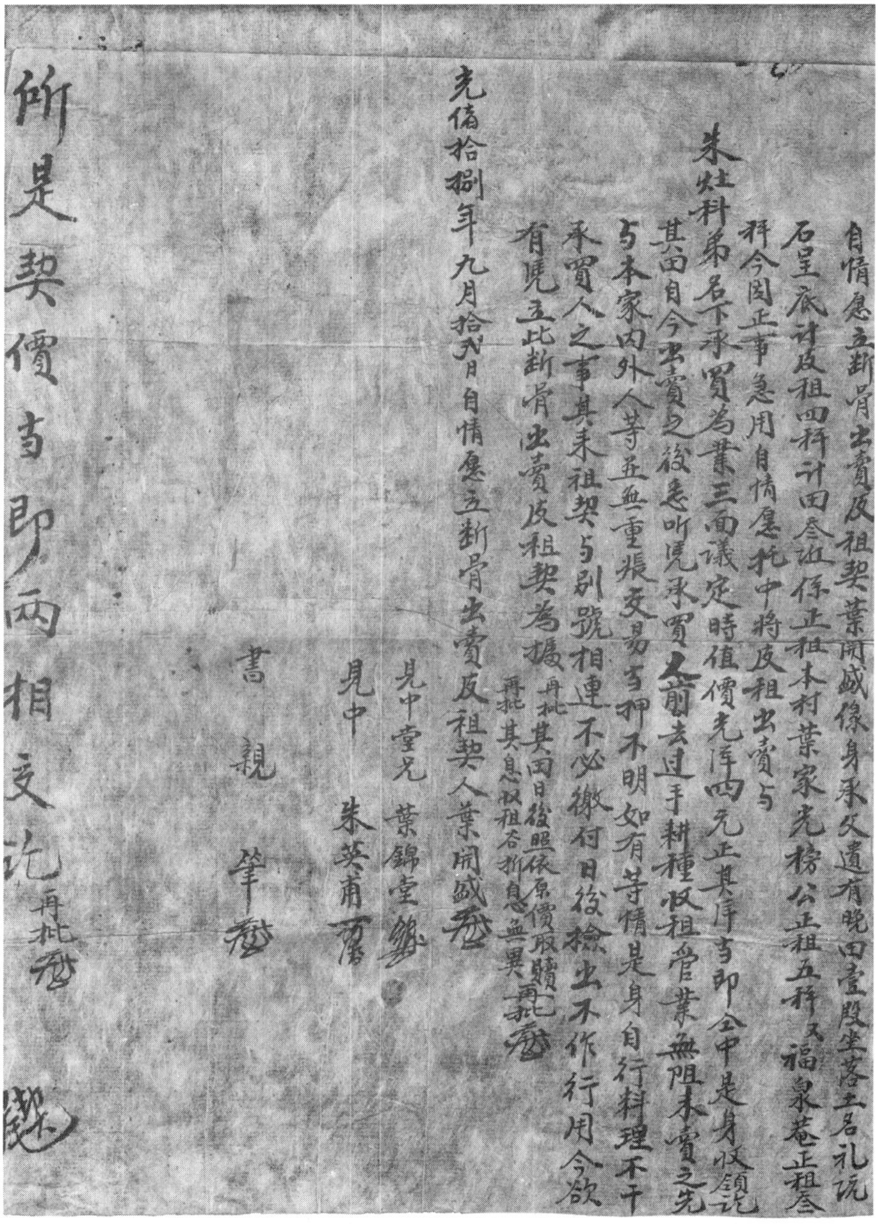
自情愿立断骨出賣皮租契葉開盛，緣身承父遺有晚田壹股，坐落土名礼坑
石呈底，計皮租四秤，計田叁畝，係正租本村葉家光榜公正租五秤又福泉菴正租叁
秤。今因正事急用，自情愿托中將皮租出賣与
朱灶科弟名下承買為業。三面議定時值價光洋四元正，其洋当即仝中是身收領訖。
其田自今出賣之後，悉听凭承買人前去过手耕種收租管業無阻。未賣之先
与本家内外人等並無重張交易、当押不明。如有等情，是身自行料理，不干
承買人之事。其來祖契与别號相連，不必繳付，日後検出不作行用。今欲
有憑，立此断骨出賣皮租契為據。再批：其田日後照依原價取贖。再批
再批：其息权租谷折息無異。再批（押）
光緒拾捌年九月拾貳日自情愿立断骨出賣皮租契人葉開盛（押）
見中堂兄　葉錦堂（押）
見中　朱英甫（押）
書　親筆（押）
所是契價当即兩相交訖　再批（押）

秋口镇长径村 A 66 · 光绪十八年 · 断骨出卖皮租契 · 叶开盛卖与朱灶科

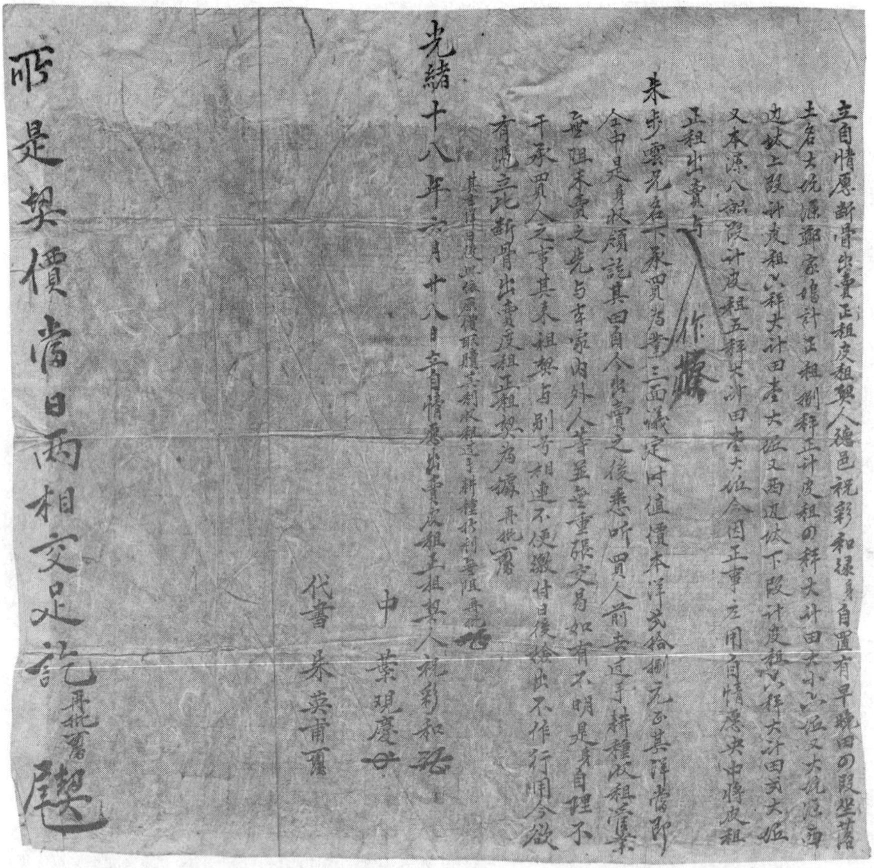

立自情愿断骨出卖正租皮租契人德邑祝彩和,缘身自置有早晚田四段,坐落土名大坑源郑家坞,计正租捌秤正,计皮租四秤,大计田大小六坵;又大坑源西边址上段,计皮租六秤,共计田叁大坵;又西边址下段,计皮租六秤,大计田弍大坵;又本源八亩段,计皮租五秤,共计田叁大坵。今因正事应用,自情愿央中将皮租正租出卖与

朱步云兄名下承买为业,三面议定时值价本洋弍拾捌元正,其洋当即全中是身收领讫。其田自今出卖之后,悉听买人前去过手耕种收租管业无阻。未卖之先,与本家内外人等并无重张交易;如有不明,是身自理,不干承买人之事。其来祖契与别号相连,不便缴付,日后检出不作行用。今欲有凭,立此断骨出卖皮租正租契为据。再批

其田日后照依原价取赎,其利收租过手耕种收利无阻。再批

光绪十八年六月十八日立自情愿出卖皮租正租契人 祝彩和

中 叶观庆

代书 朱英甫

所是契价当日两相交足讫。再批

秋口镇长径村 A 67 · 光绪十八年 · 断骨出卖正租、皮租契 · 祝彩和卖与朱步云

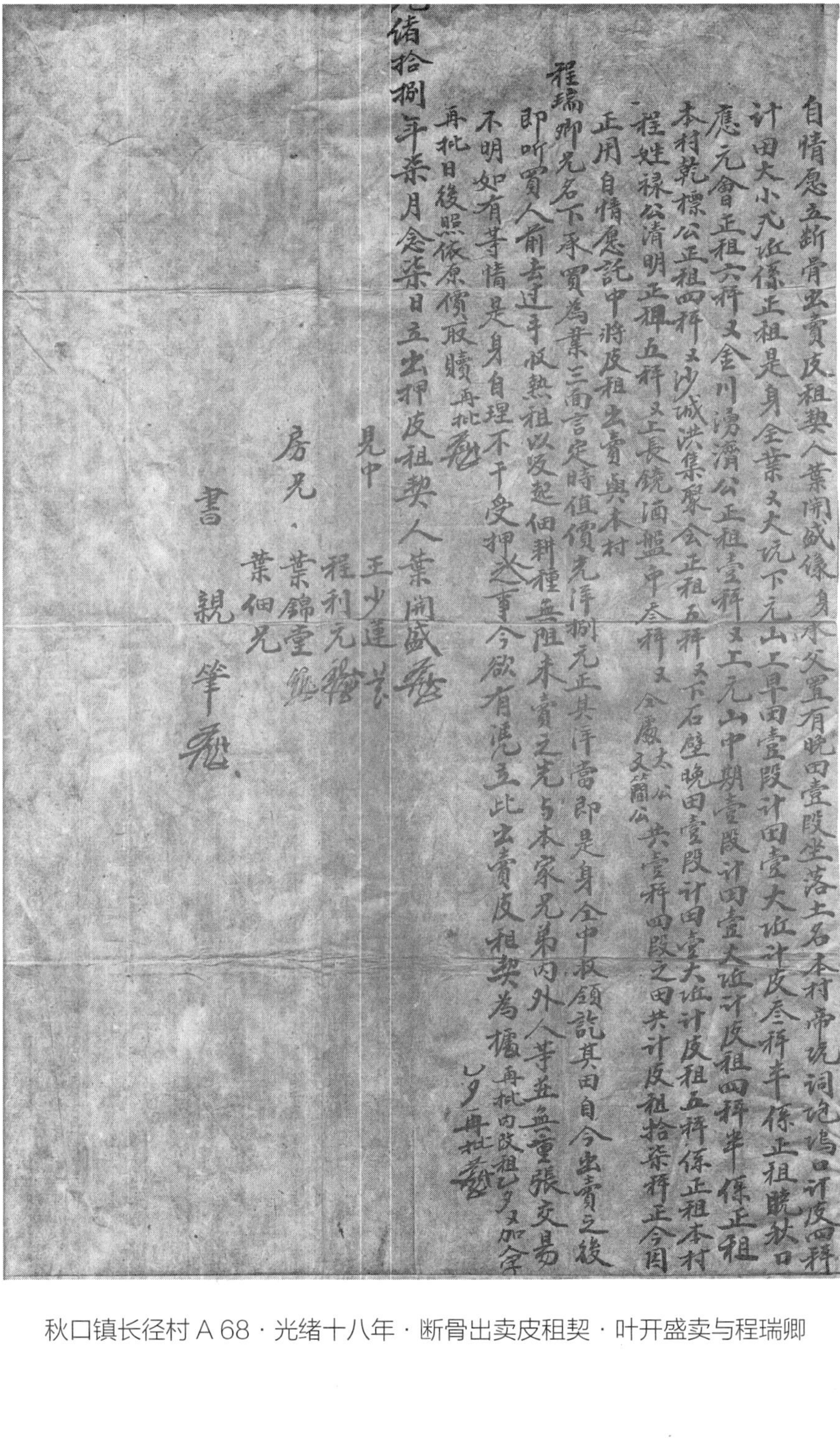

自情愿立断骨出卖皮租契人叶开盛，缘身承父置有晚田壹段，坐落土名本村帝坑词鸿口，计皮四秤，计田大小弍丘，系正租是身全叶文大坑下元山上旱田壹段，计田壹大丘，计皮叁秤半，系正租眈秋口应元会正租六秤，又金川湧济公正租壹秤，又上元山中期壹段，计田壹大丘，计皮租四秤半，系正租本村乾標公正租四秤，又沙城洪集聚会正租五秤，又下石壁晚田壹段，计田壹大丘，计皮租五秤，系正租本村程姓禄公清明正租五秤，又上长铙酒盘中叁秤，又仝康太公、文萧公共壹秤，四段之田共计皮租拾柒秤正。今因正用，自情愿托中将皮租出卖与本村程瑞卿兄名下承买为业，三面言定时值价光洋捌元正，其洋当即是身仝中收领讫。其田自今出卖之后，即听买人前去过手收熟租，以及起佃耕种，无阻。未卖之先，与本家兄弟内外人等并无重张交易不明。如有等情，是身自理，不干受押之事。今欲有凭，立此出卖皮租契为据。再批：内改祖乙歹，又加伞。乙歹一再批[押]

再批：日后照依原价取赎。再批[押]

光绪拾捌年柒月念柒日立出押皮租契人叶开盛[押]

见中 王少莲[押] 程利元[押]

房兄 叶锦堂[押] 叶佃元

书 亲笔[押]

秋口镇长径村 A 68 · 光绪十八年 · 断骨出卖皮租契 · 叶开盛卖与程瑞卿

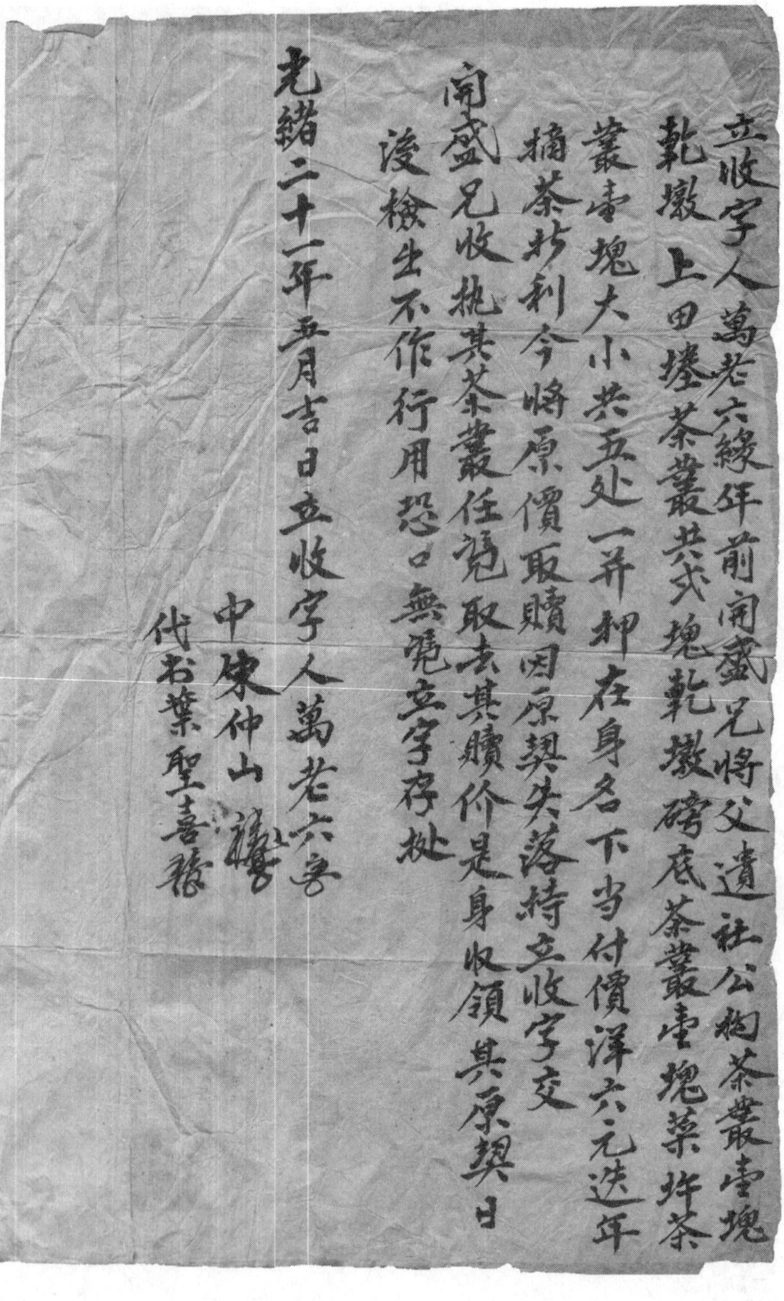
立收字人萬老六緣年前南盛兄將父遺社公枹茶叢壹塊
乾墩上田塝茶叢共弍塊乾墩磅底茶叢壹塊葉坪茶
叢壹塊大小共五處一并押在身名下当付價洋六、元迭年
摘茶抵利今將原價取贖因原契失落特立收字交
南盛兄收執其茶叢任憑取去其贖價是身收領其原契日
後檢生不作行用恐口無憑立字存批
光緒二十一年五月吉日立收字人萬老六
中 陳仲山
代书葉聖喜

秋口镇长径村 A 48 · 光绪二十一年 · 收字 · 万老六

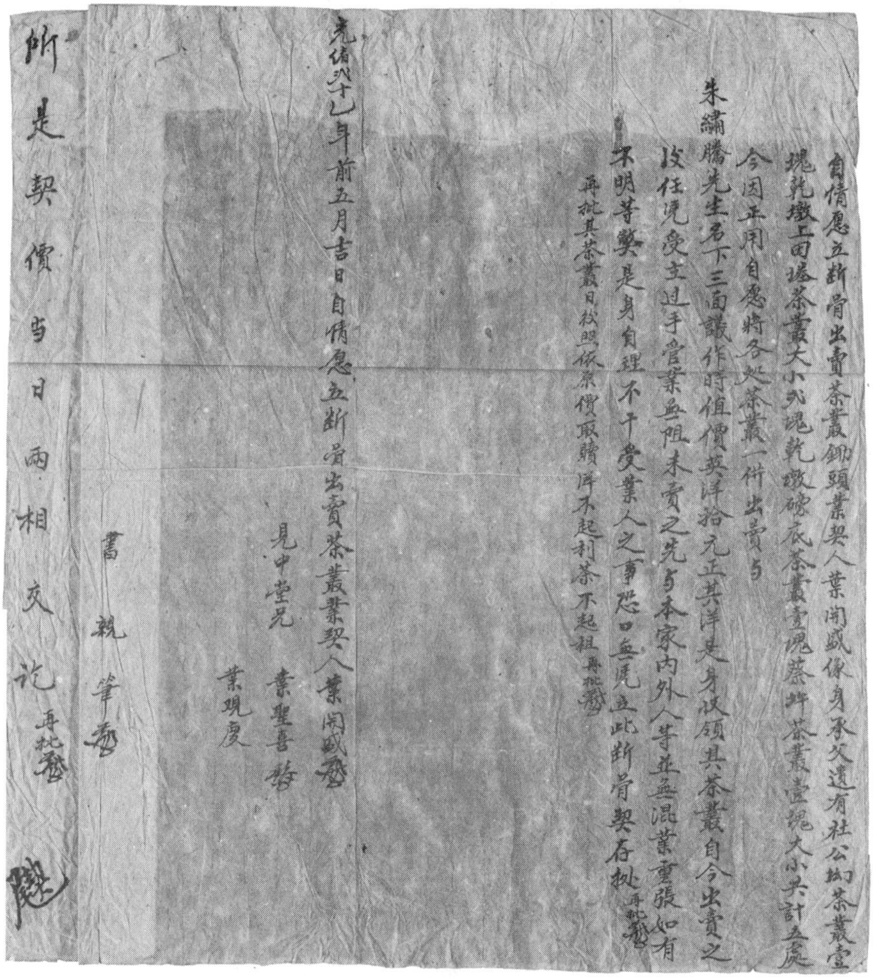

自情愿立断骨出賣茶叢鋤頭業契人葉開盛，係身承父遺有社公坳茶叢壹塊，乾墩上田墈茶叢大小弍塊，乾墩礅底茶叢壹塊，蔡岭茶叢壹塊，大小共計五處。今因正用，自愿將各处茶叢一併出賣与朱繡騰先生名下，三面議作時值價英洋拾元正，其洋是身收領，其茶叢自今出賣之後，任凭受主过手管業無阻，未賣之先与本家内外人等並無混葉重張，如有不明等弊，是身自理，不干受業人之事，恐口無凭，立此断骨契存执。再批。

再批：其茶叢日后照依原價取贖，洋不起利，茶不起租。再批。

光緒弍十乙年前五月吉日自情愿立断骨出賣茶叢業契人葉開盛（押）

見中堂兄　葉聖喜（押）　葉觀憂

書　親筆（押）

断是契價当日兩相交訖　再批（押）

秋口镇长径村 A 70 · 光绪二十一年 · 断骨出卖茶丛锄头业契 ·
叶开盛卖与朱绣腾

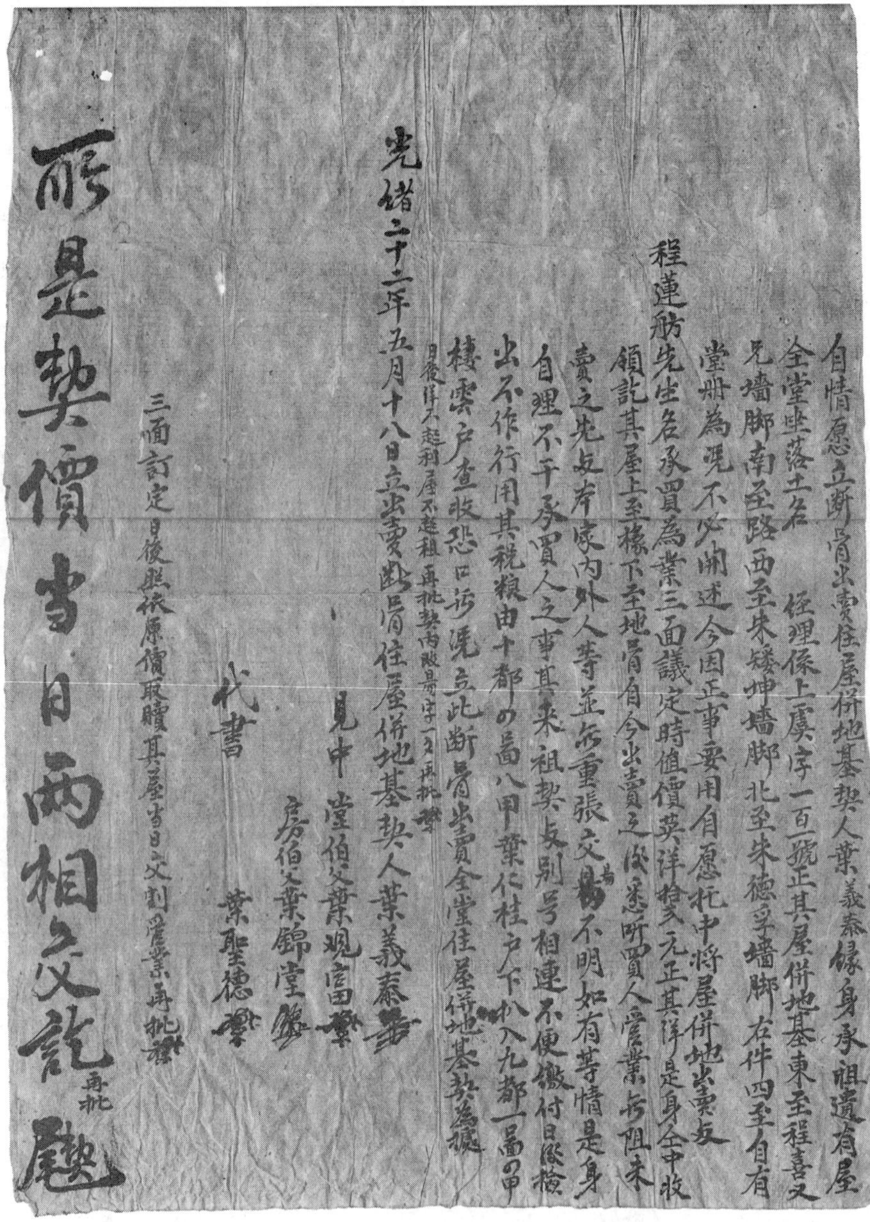

自情愿立断骨出賣住屋併地基契人葉義泰緣身承祖遺有屋
全堂坐落土名　　經理係上虞字一百一號正其屋併地基東至程喜文
兄墻脚南至路西至朱錢坤墻脚北至朱德孚墻脚　在件四至自有
堂册為憑不必開述今因正事要用自愿托中將屋併地出賣与
程蓮舫先生名承買為業三面議定時值價英洋拾文元正其洋是身仝中收
領訖其屋上至椽下至地骨自今出賣之後悉聽買人管業無阻未
賣之先与本家內外人等並無重張交易不明如有等情是身
自理不干承買人之事其來祖契与别号相連不便繳付日後檢
出不作行用其稅粮由十都四啚八甲葉仁桂户下扒入九都一啚四甲
棲雲户查收恐口無憑立此斷骨出賣全堂住屋併地基契為據
日後洋不起利屋不起租　再批　契內改易字一字　再批（押）
光緒二十二年五月十八日立出賣斷骨住屋併地基契人葉義泰（押）
見中　堂伯父葉觀富（押）
房伯父葉錦堂（押）
代書　葉聖德（押）
三面訂定日後照依原價取贖其屋當日文契葉宗再批（押）
所是契價當日兩相交訖　再批（押）

秋口镇长径村 A 59 · 光绪二十二年 · 断骨出卖住屋并地基契 · 叶义泰卖与程莲舫

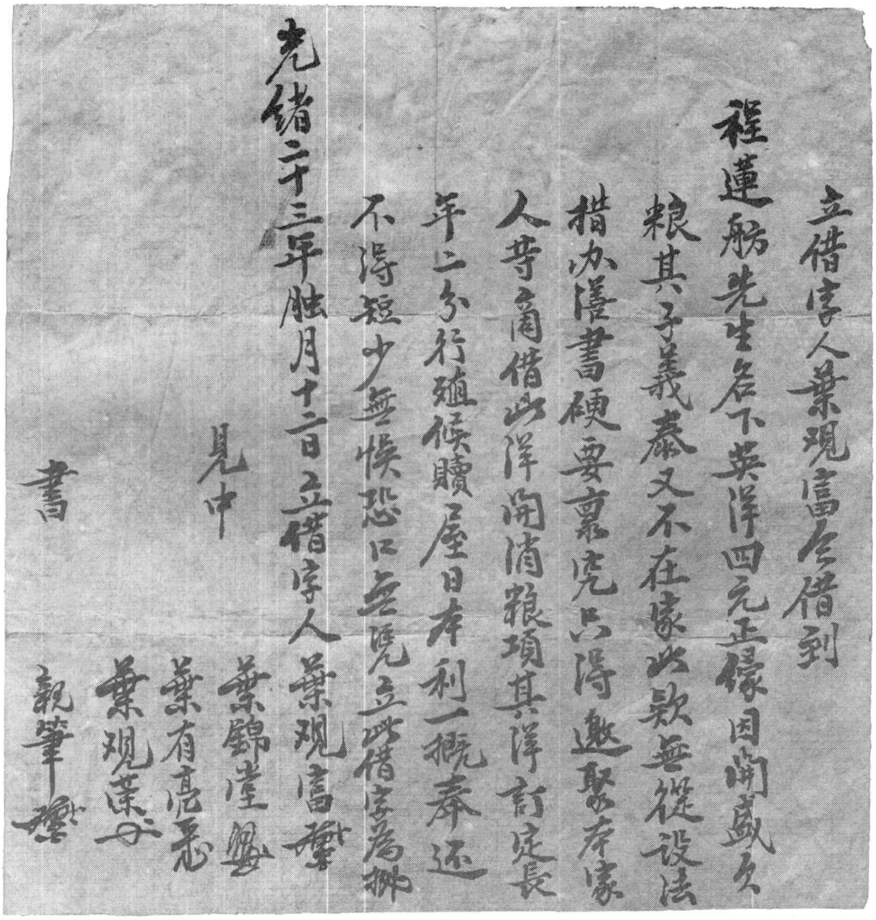

立借字人叶观富今借到
程莲舫先生名下英洋四元正缘因闹岁欠
粮其子义泰又不在家此款无从设法
措办,凭书硬要裹完,只得邀聚存家
人等商借此洋开清粮项,其洋订定长
年二分行息,候赎屋日本利一概奉还,
不得短少,无悮,恐口无凭,立此借字为据。
见中
叶锦堂
叶有亮
叶观叶
书
亲笔
光绪二十三年腊月十二日立借字人叶观富

秋口镇长径村 A 33 · 光绪二十三年 · 借约 · 叶观富借到程莲舫

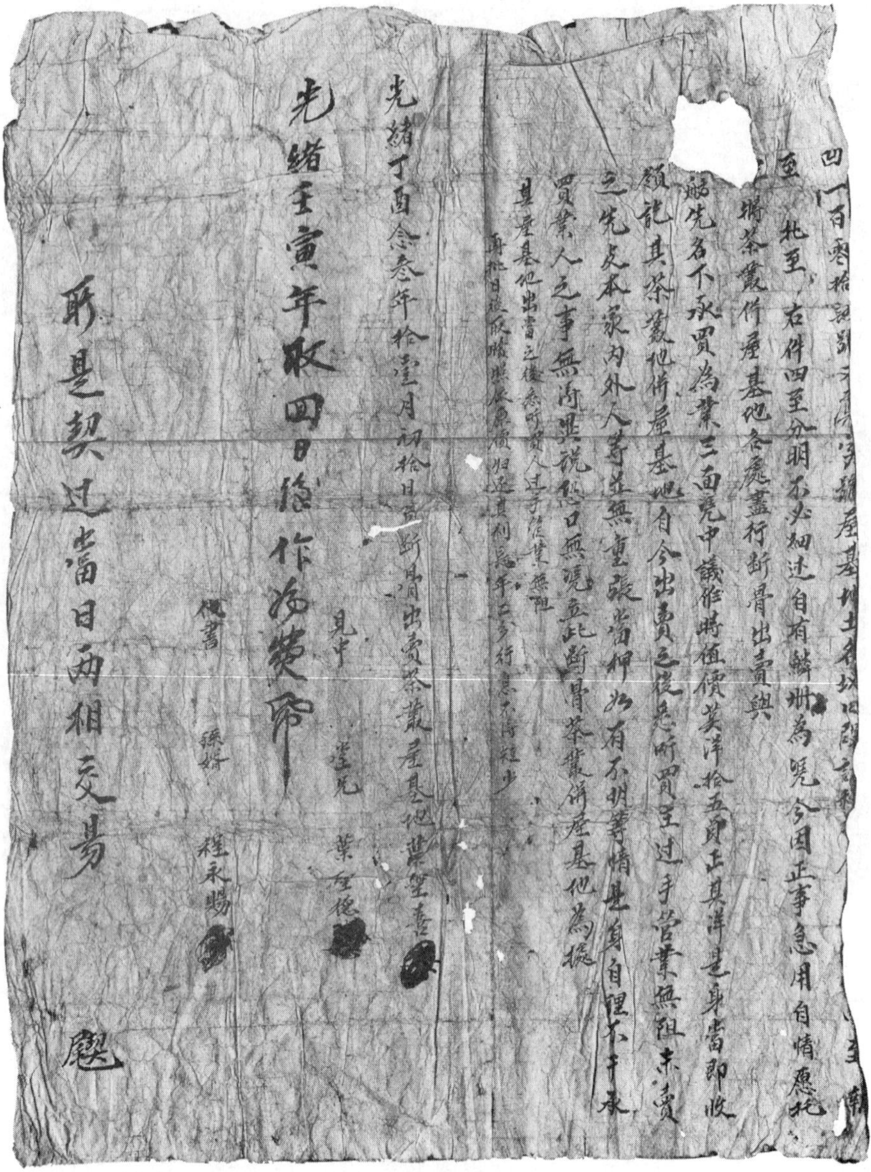

秋口镇长径村 A 57 · 光绪二十三年 · 断骨出卖茶丛屋基地契 ·
叶圣喜卖与□舫先名下

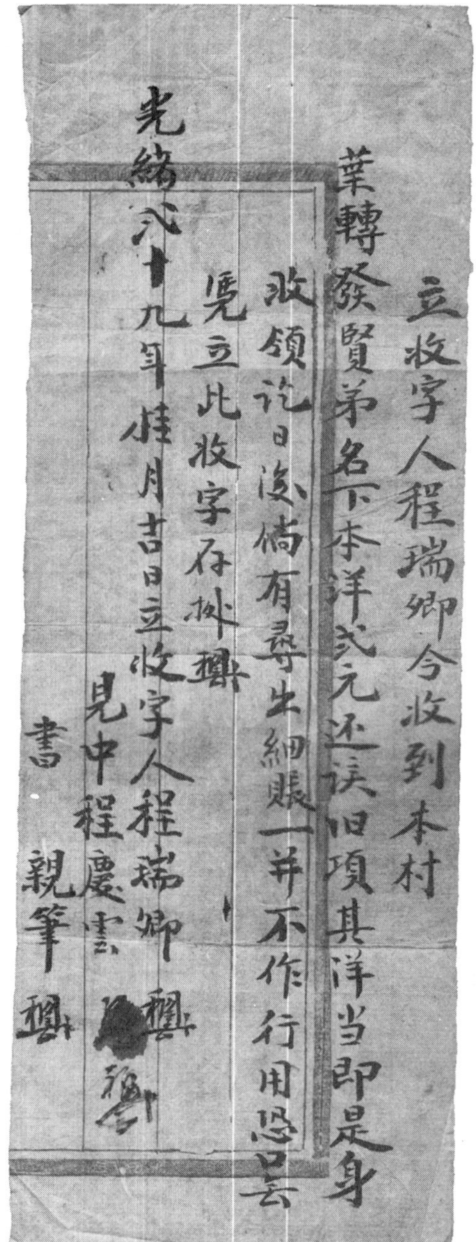
立收字人程瑞卿今收到本村
葉轉發賢弟名下本洋弍元还误旧項其洋当即是身
收領訖日後倘有尋出細賬一并不作行用恐口無
凭立此收字存照
光緒弍十九年桂月吉日立收字人程瑞卿（押）
見中程慶雲（押）
書　親筆（押）

秋口镇长径村 A 23 · 光绪二十九年 · 收字 · 程瑞卿收到叶转发

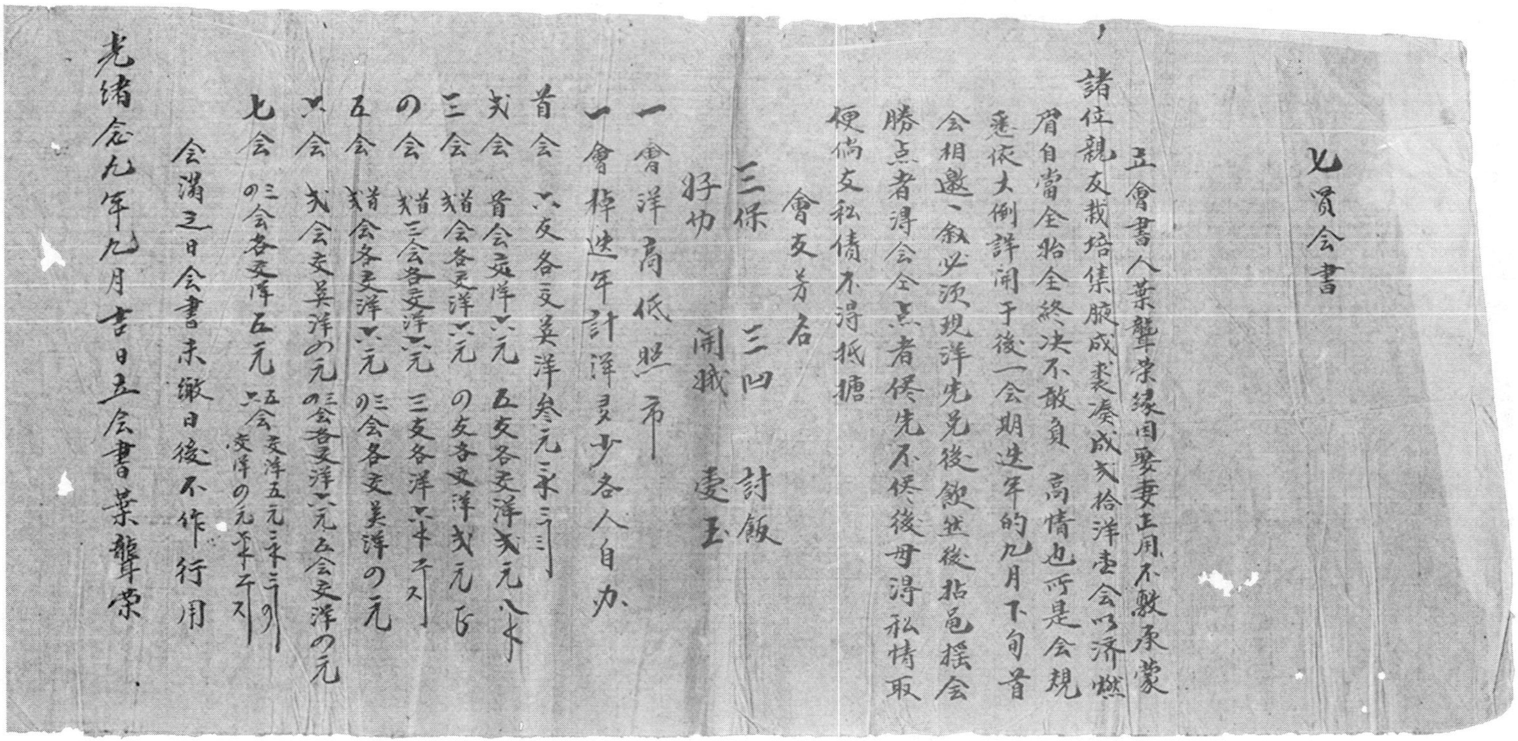

七贤会書

立會書人葉聾荣緣因娶妻正用不敷承蒙
諸位親友栽培集腋成裘凑成式拾洋壹会以济燃
眉自當全始全終決不敢負　高情也所是会規
悉依大例詳開于後一会期迭年的九月下旬首
会相邀、叙必须現洋先兑後飲然後拈阄摇会
勝点者得会全点者俟先不俟後毋得私情取
便倘支私債不得抵搪

會友芳名

三保　三四　討飯
好协　闹贼　凄玉

一會洋高低照市
一會梓迭年計洋多少各人自办

首会　六友各交英洋叁元二承三刁
弍会　首会兑洋六元　五友各交洋弍元八千
三会　首会各交洋六元　の友各交洋弍元五
の会　首三会各交洋六元　三友各洋六千刁
五会　首弍会各交洋六元　二会各交英洋の元
六会　弍会交英洋の元　三会各交洋六元　五会交洋の元
七会　三の会各交洋五元　五六会交洋五元三承三刁　交洋の元五千刁

会满之日会書未缴日後不作行用

光绪念九年九月　吉日立会書　葉聾荣

秋口镇长径村 A 40 · 光绪二十九年 · 会书 · 叶聋荣

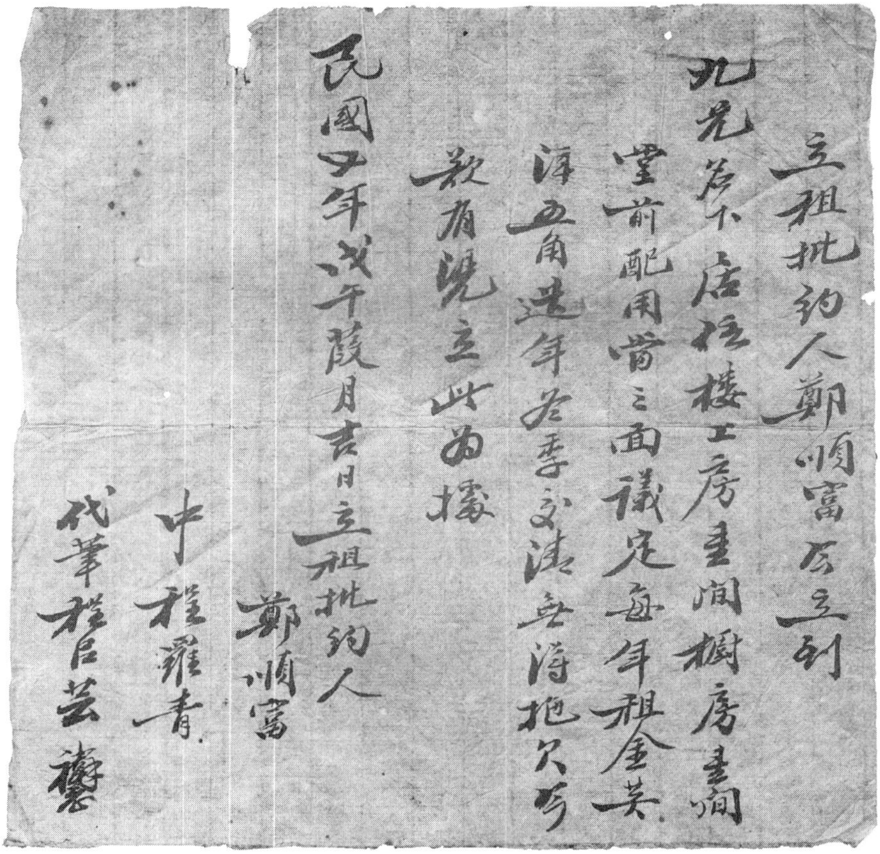

立租批約人鄭順富今立到
九兄名下居住樓上房壹間擱房壹間
堂前配用當三面議定每年租金英
洋五角遞年冬季交清無得拖欠等
款有憑立此為據
民國七年戊午葭月吉日立租批約人
鄭順富
中 程羅青
代筆 程启芸 押

秋口镇长径村 A 19 · 民国七年 · 租批约 · 郑顺富立到九兄

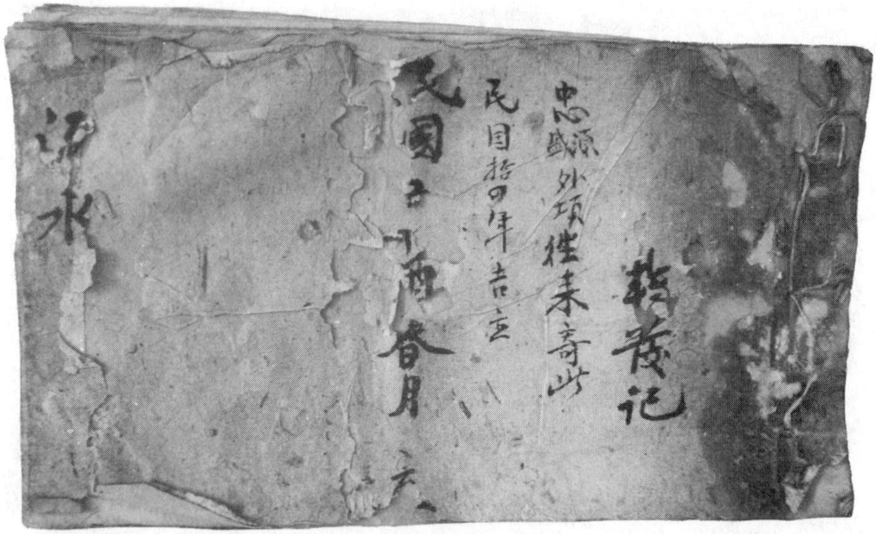

秋口镇长径村 A 72-1 · 民国十四年 · 流水帐 · 忠源、忠盛外项往来

秋口镇长径村 A 72-2 · 民国十四年 · 流水帐 · 忠源、忠盛外项往来

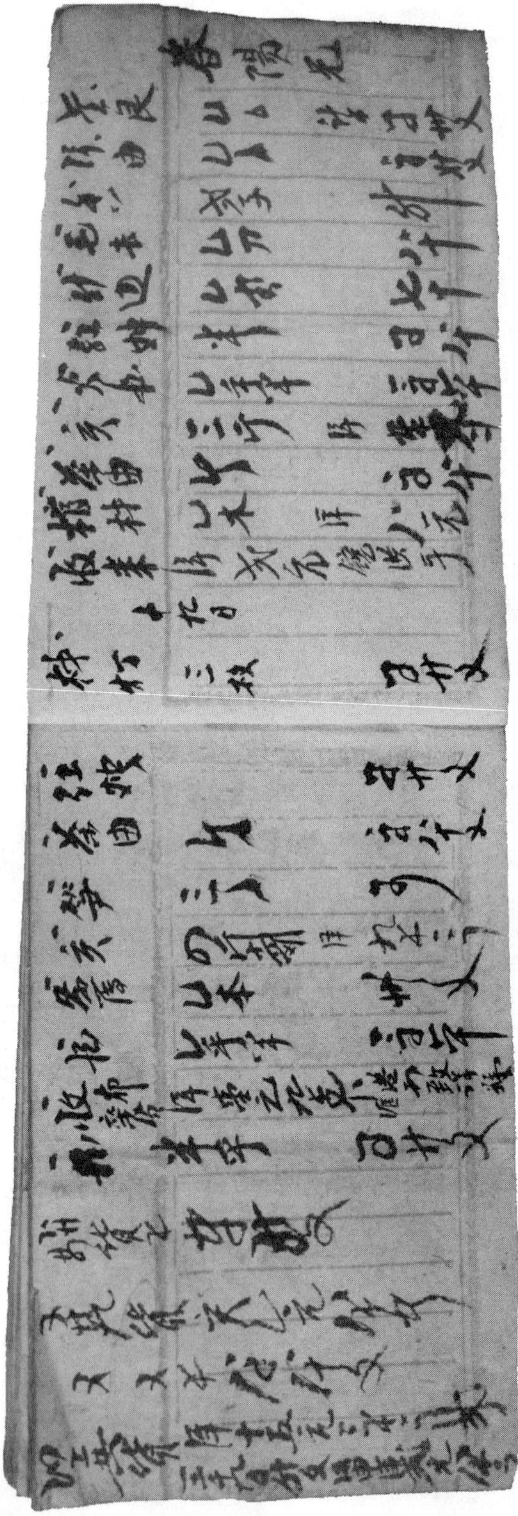

秋口镇长径村 A 72-3 · 民国十四年 · 流水帐 · 忠源、忠盛外项往来

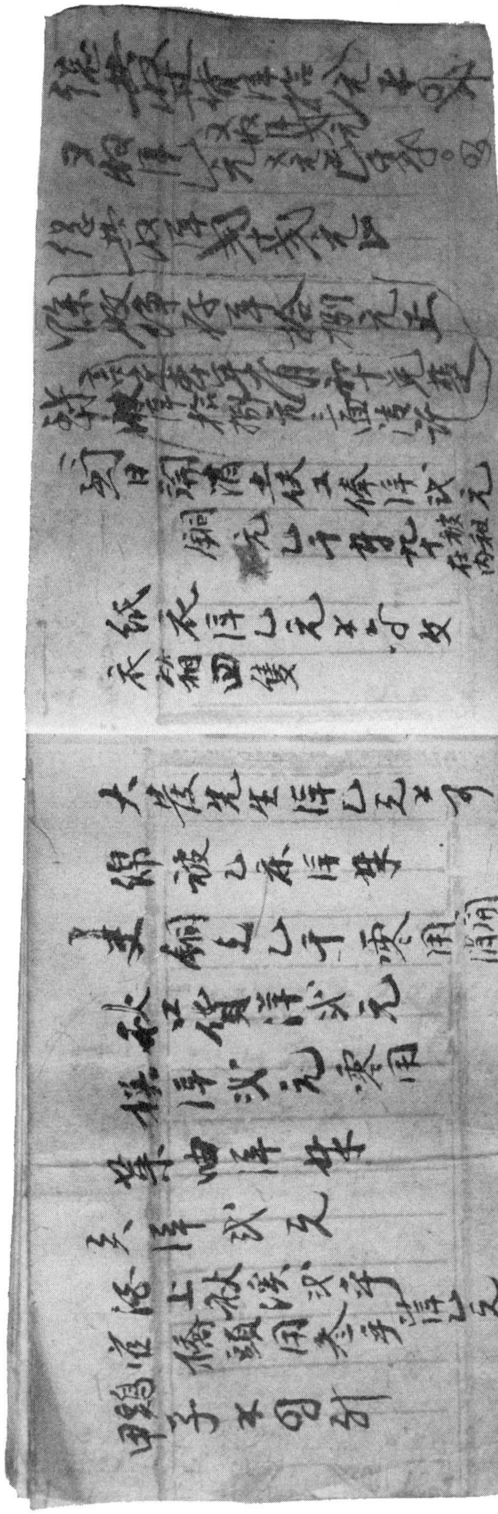

秋口镇长径村 A 72-4 · 民国十四年 · 流水帐 · 忠源、忠盛外项往来

秋口镇长径村 A 72-5・民国十四年・流水帐・忠源、忠盛外项往来

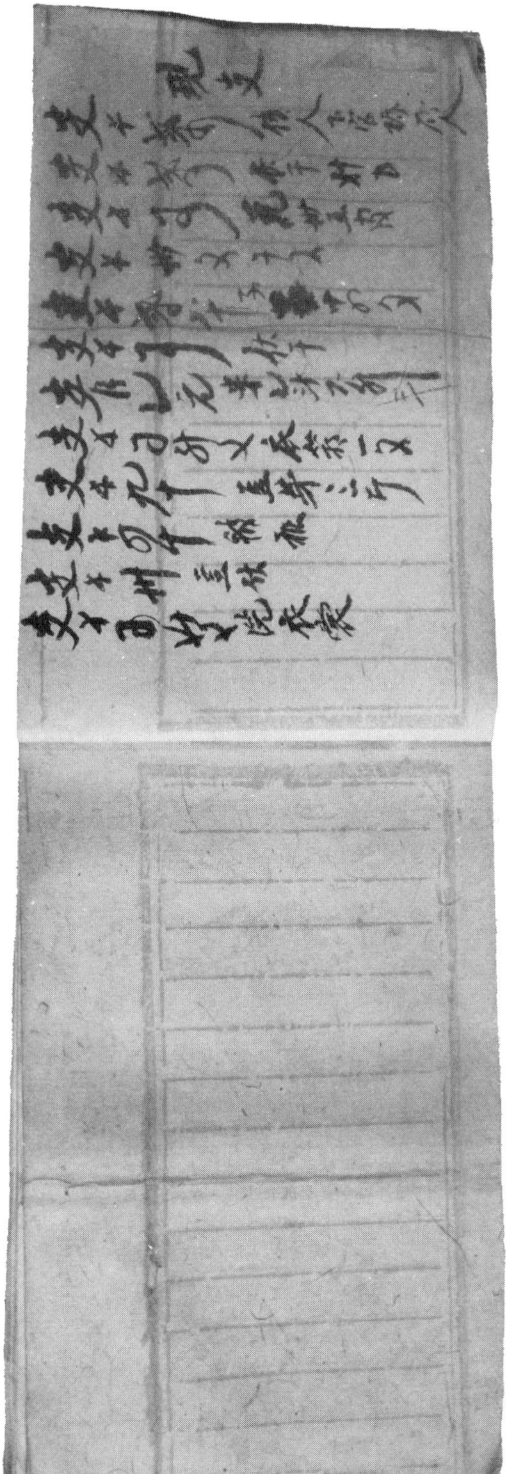

秋口镇长径村 A 72-6 · 民国十四年 · 流水帐 · 忠源、忠盛外项往来

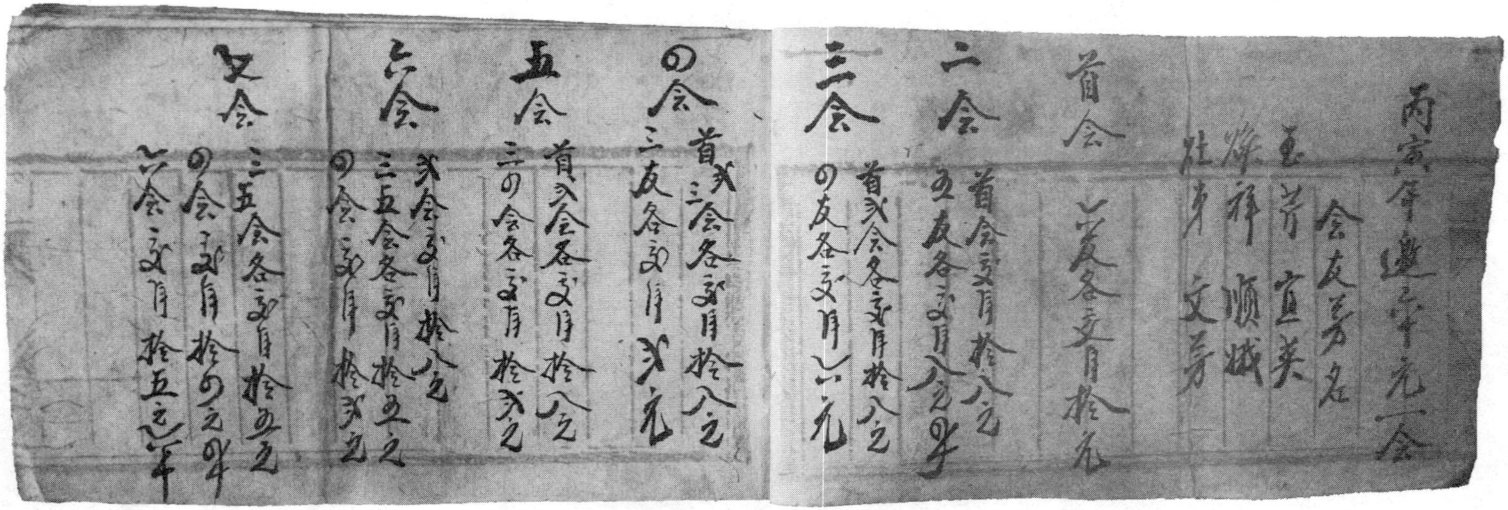

秋口镇长径村 A 72-7 · 民国十四年 · 流水帐 · 忠源、忠盛外项往来

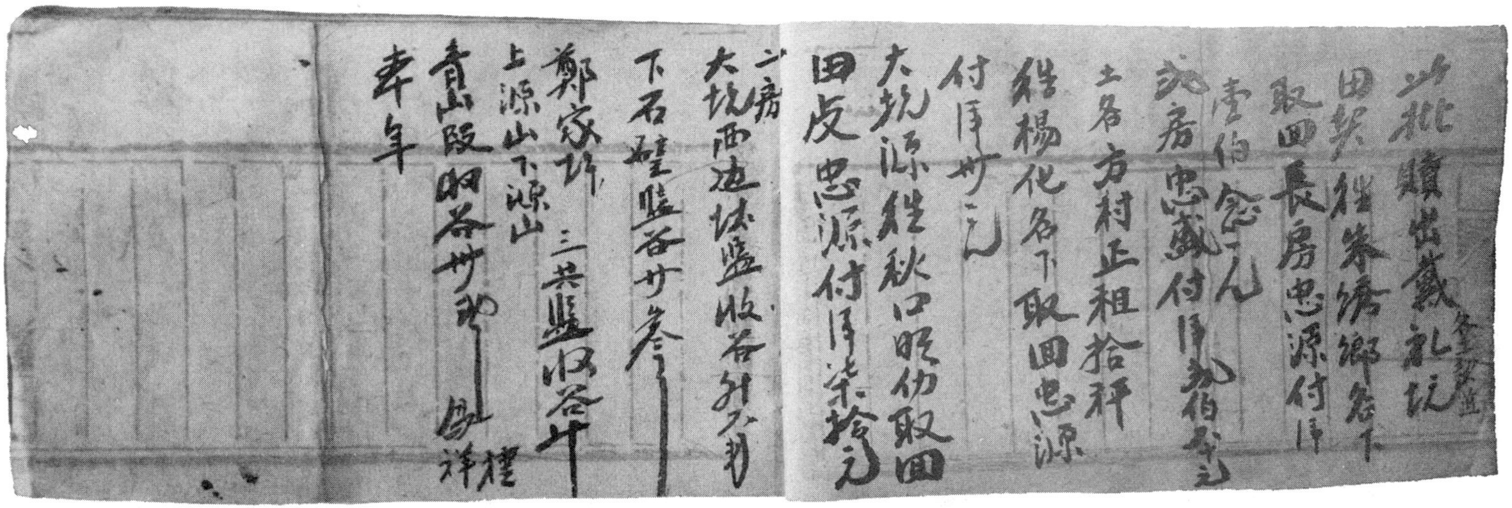

秋口镇长径村 A 72-8・民国十四年・流水帐・忠源、忠盛外项往来

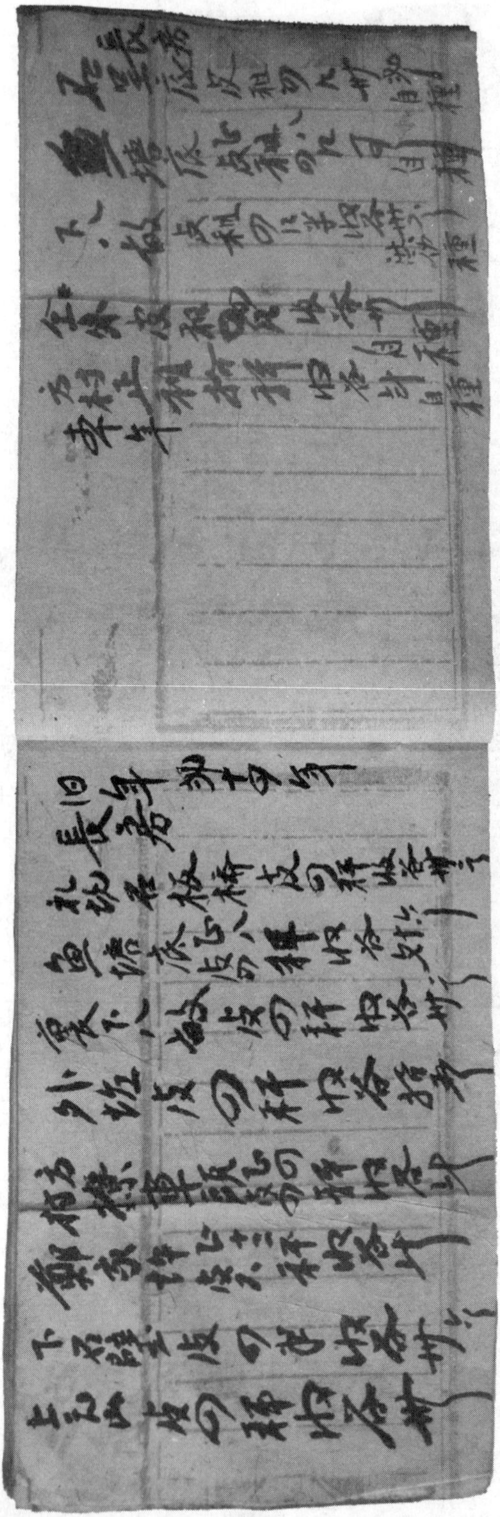

秋口镇长径村 A 72-9 · 民国十四年 · 流水帐 · 忠源、忠盛外项往来

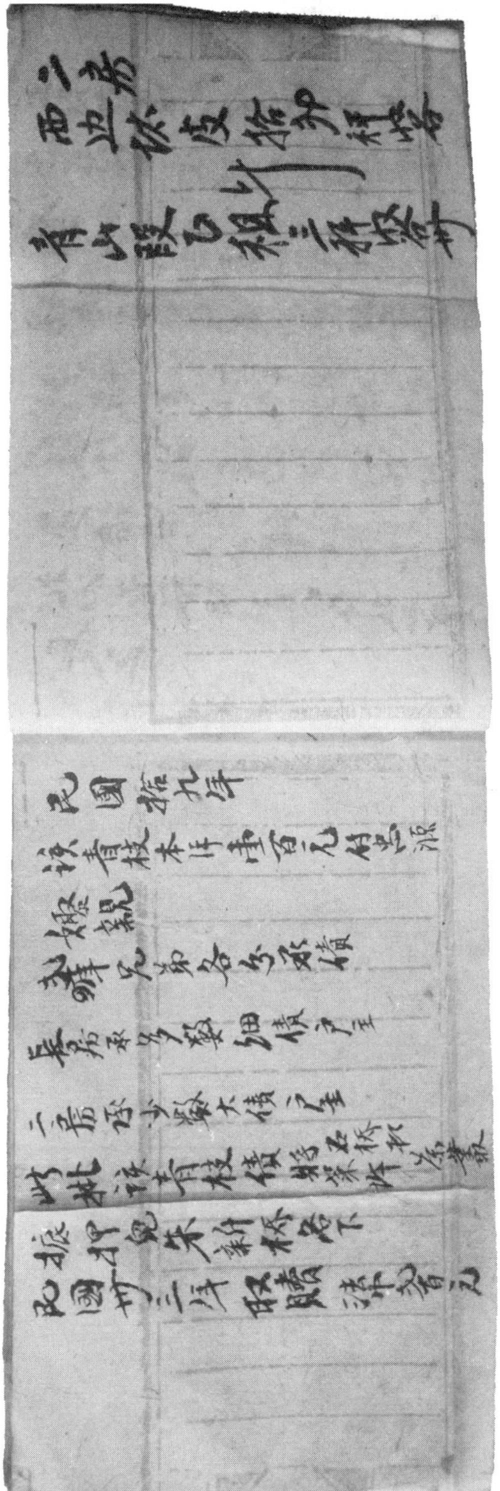

秋口镇长径村 A 72-10 · 民国十四年 · 流水帐 · 忠源、忠盛外项往来

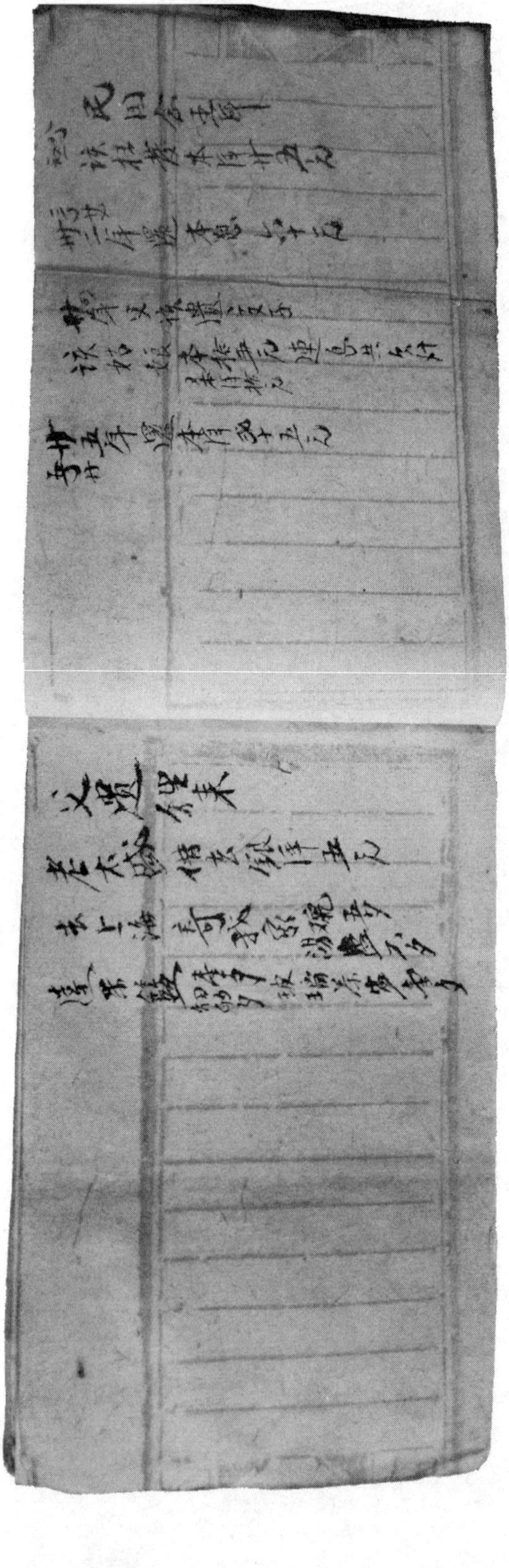

秋口镇长径村 A 72-11 · 民国十四年 · 流水帐 · 忠源、忠盛外项往来

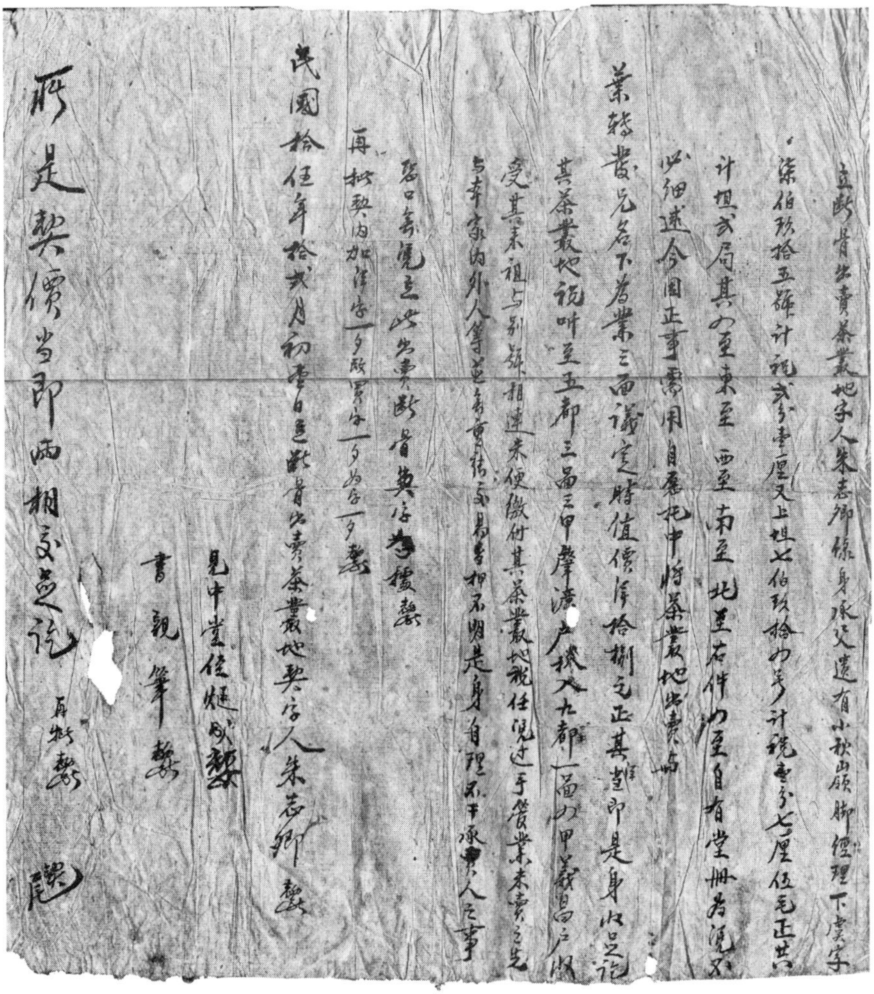

秋口镇长径村 A 63 · 民国十五年 · 断骨出卖茶丛地契 · 朱志卿卖与叶转发

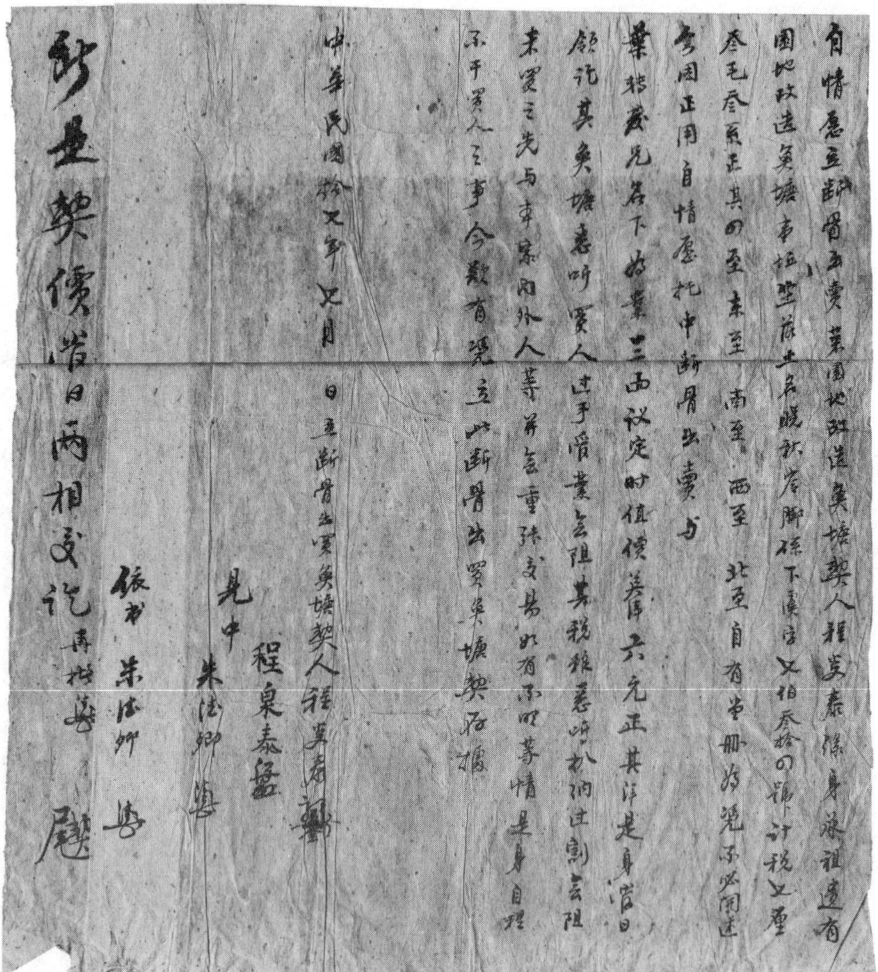

自情愿立断骨出卖菜园地改造鱼塘契人程美泰，系身承祖遗有
园地改造鱼塘壹口，坐落土名暖秋岸脚，系下溪字又伯叁拾四号，计税又壹
叁毛叁系正，其四至：东至　南至　西至　北至自有册载，不必开述
今因正用，自情愿托中断骨出卖与
叶转发兄名下为业，三面议定时值价洋陆元正，其洋是身当日
领讫，其鱼塘悉听买人过手管业无阻，其税粮悉听扒纳过割无阻
未买之先与本家内外人等并无重张交易，如有不明等情，是身自理
不干买人之事。今欲有凭，立此断骨出卖鱼塘契存据。
中华民国拾七年七月　日立断骨出卖鱼塘契人程美泰（押）
程泉泰（押）
见中　朱法卿（押）
依书　朱法卿（押）
新立契价当日两相交讫　再批（押）

秋口镇长径村 A 61 · 民国十七年 · 断骨出卖菜园地鱼塘契 · 程美泰卖与叶转发

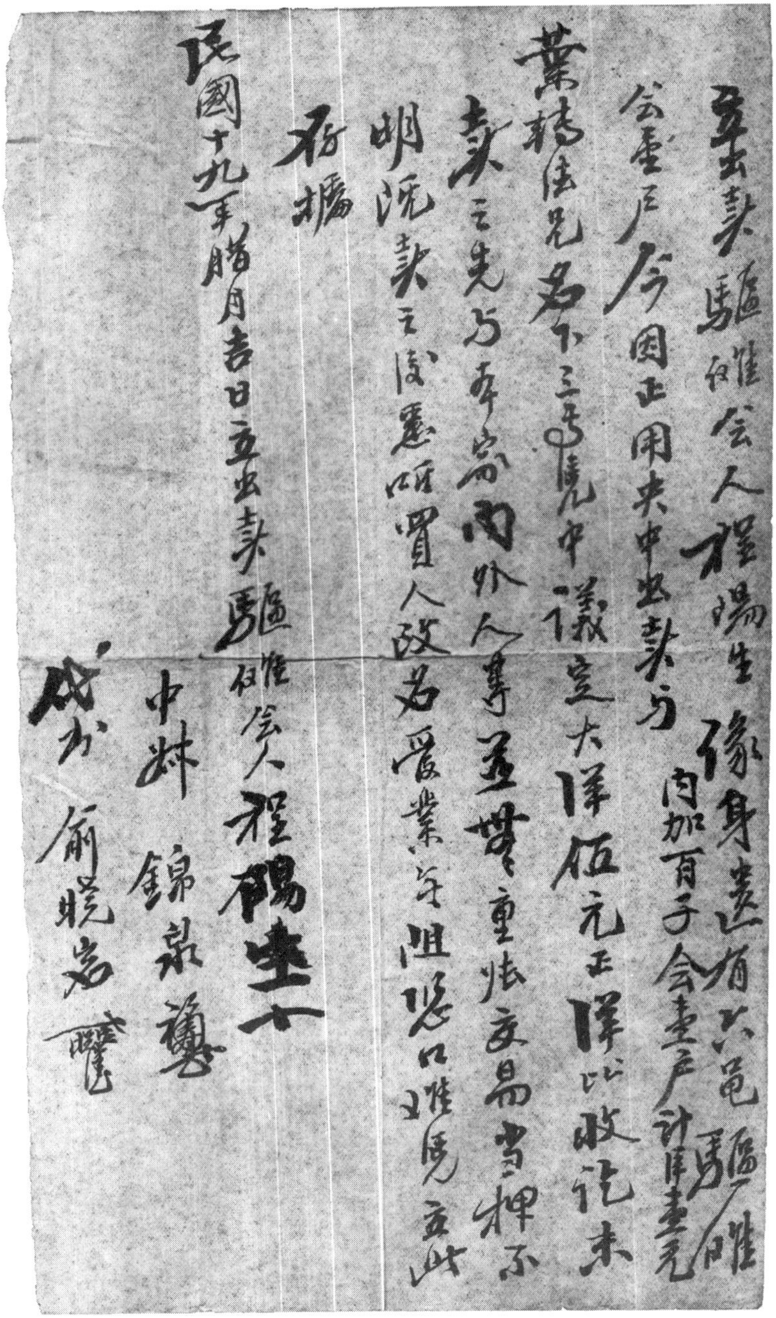

立出卖驱傩会人程阳生，缘身遗有六邑驱傩
公壹户，今因正用，央中出卖与（内加百子会壹户，计洋壹元）
叶转德先名下，三号凭中議定大洋伍元正，洋比收讫。未
卖之先，与本家内外人等并无重张交易、当押不
明，既卖之后，听买人改名过业，无得阻拦。口难凭，立此
存据。
民国十九年腊月吉日立出卖驱傩会人程阳生（押）
中料 锦泉（押）
代书 俞晓岩（押）

秋口镇长径村 A 25 · 民国十九年 · 卖驱傩会契 · 程阳生卖与叶转德

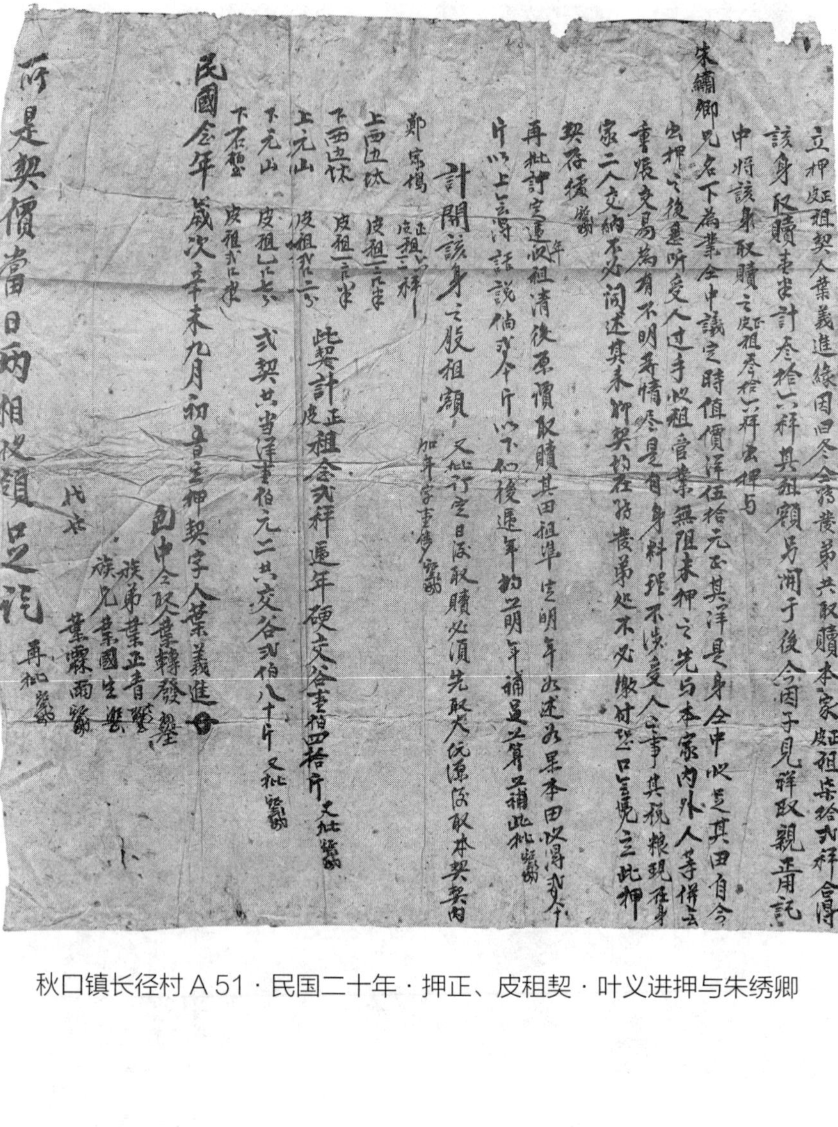

立押正皮祖契人葉義進，緣因四冬合（仝）侄裳弟共取贖本家正皮祖柒拾弍秤，今得該身取贖壹半，計叁拾六秤，其祖額另詳于後。今因乏用，託中將該身取贖之正皮祖叁拾六秤出押與
朱繡卿兄名下爲業。仝中議定時值價洋伍拾元正，其洋是身仝中收足。其田自今出押之後，悉聽受人過手收租管業，無阻。未押之先，與本家內外人等並無重復交易。倘有不明等情，悉是賣身料理，不涉受人之事。其稅糧現在身家二人交納，不必開述。其來脚契約存侄裳弟處，不必繳付。恐口無憑，立此押契存據。

再批：訂定遲收租清，後原價取贖其田，祖準定明年收述。如果本田收得弍斤以上，言得話說。倘弍斤以下，仍後遲年，均三明年補足，又算又補。此批。

計開該身之股祖額：又批，訂定日後取贖，必須先取大伕，後取本契。契內加年字壹條。

鄭家塢　正皮祖六秤
上西邊坑　皮祖三元半
下西邊坑　皮祖一元半
上元山　皮祖弍元二分
下元山　皮祖一元七分
下石塹　皮祖弍元根

此契計正皮祖合弍秤，遲年硬交谷壹佰四拾斤。又批。

弍契共当洋壹佰元，二共交谷弍佰八十斤。又批。

民國念年歲次辛未九月初五日立押契字人葉義進
憑中仝取　葉轉發
族弟　葉正青
族兄　葉國生
代書　葉霖雨

所是契價當日兩相收領足訖。再批。

秋口镇长径村 A 51 · 民国二十年 · 押正、皮租契 · 叶义进押与朱绣卿

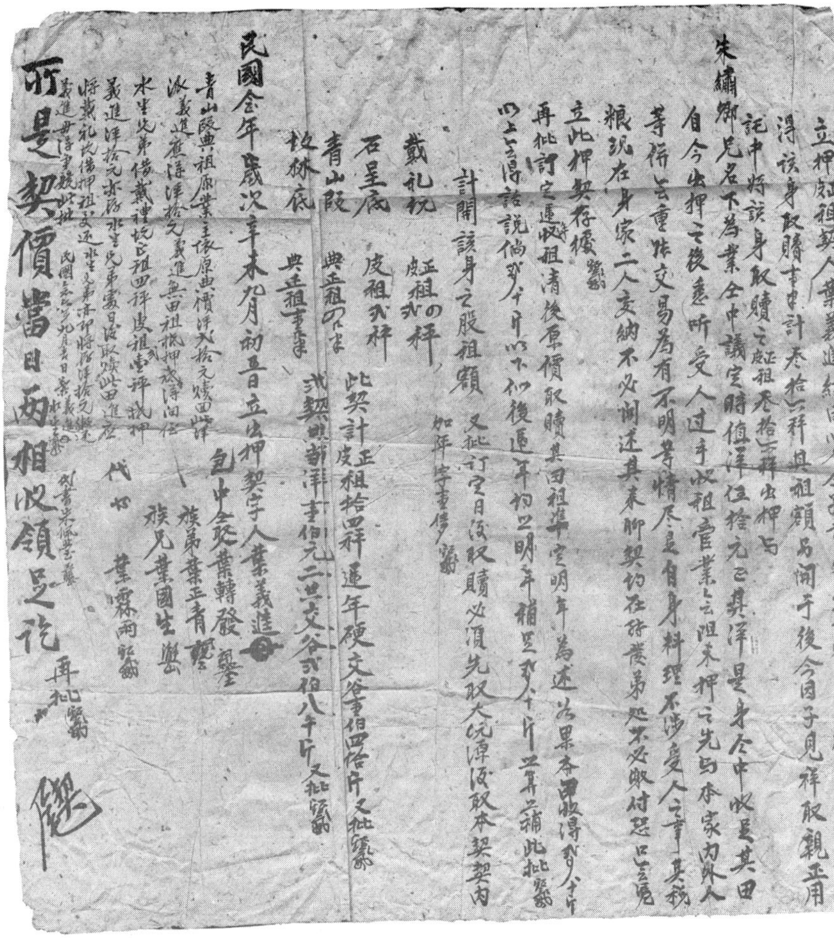

立押正祖契人葉義進緣因四冬全孫發弟欠取贖本家正祖柒拾弍秤合
得該身取贖之中計叁拾六秤其祖額另開于後今因子見祥取親正用
託中將該身取贖之正祖叁拾六秤出押與
朱繡卿兄名下為業全中議定時值洋伍拾元正其洋是身全中收足其田
自今出押之後悉听受人过手收租管業[illegible]阻未押之先與本家內外人
等倂無重張交易為有不明等情尽是自身料理不涉受人之事其税
粮現在身家二人交納不必開述其來脚契均在孫發弟處不必繳付[illegible]
立此押契存據
再批訂定速收祖清後原價取贖其田祖準定明年為速[illegible]本田收得[illegible]
[illegible]
計開該身之股祖額 又批訂定月後取贖必須先取大洗源後取本契契內
加秤字壹修
戴礼坑 正皮祖四秤 皮祖弍秤
石里底 皮祖弍秤
青山段 典正祖四[illegible] 此契計正皮祖拾四秤速年硬交谷壹伯四拾斤又批
枚林底 典正祖[illegible] [illegible]洋壹伯元[illegible]谷弍伯八十斤又批
民國念年歲次辛未九月初五日立出押契字人葉義進
包中全兄 葉轉發
族弟 葉正青
族兄 葉國生
代筆 葉霖雨
所是契價當日兩相收領足訖
再批

秋口镇长径村 A 62 · 民国二十年 · 押正、皮租契 · 叶义进押与朱绣卿

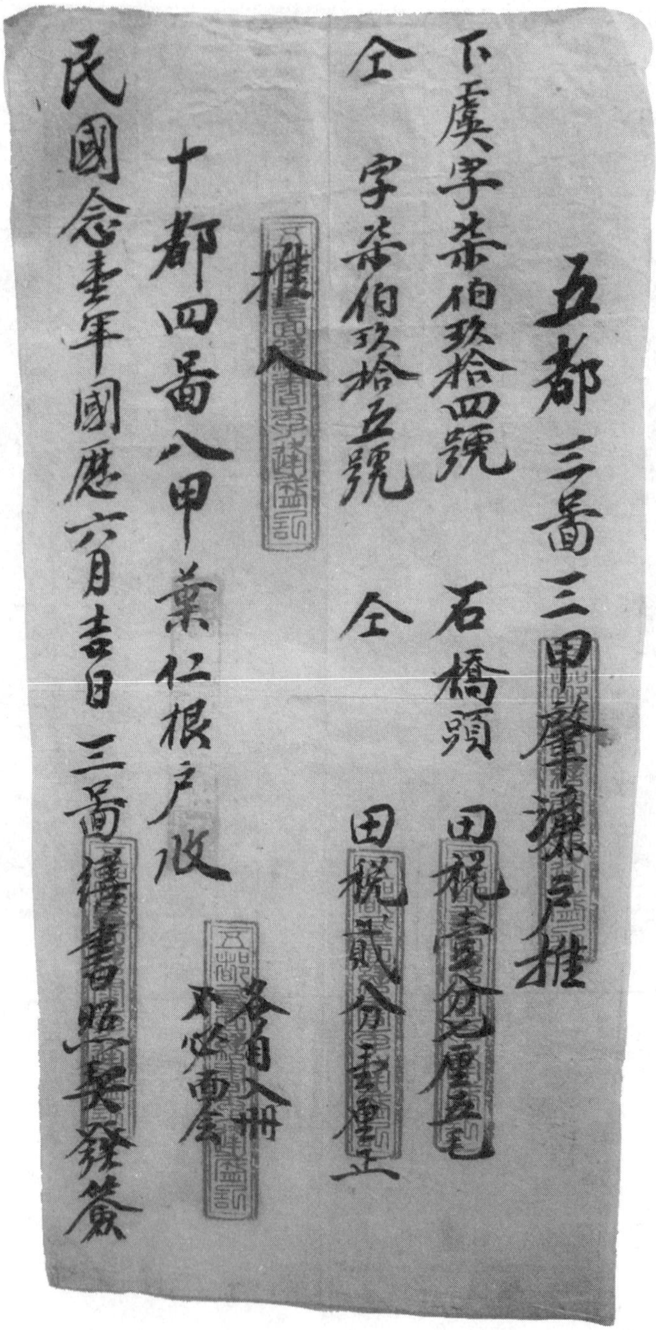

秋口镇长径村 A 14 · 民国二十一年 · 推单 · 肇濂户推与叶仁根户

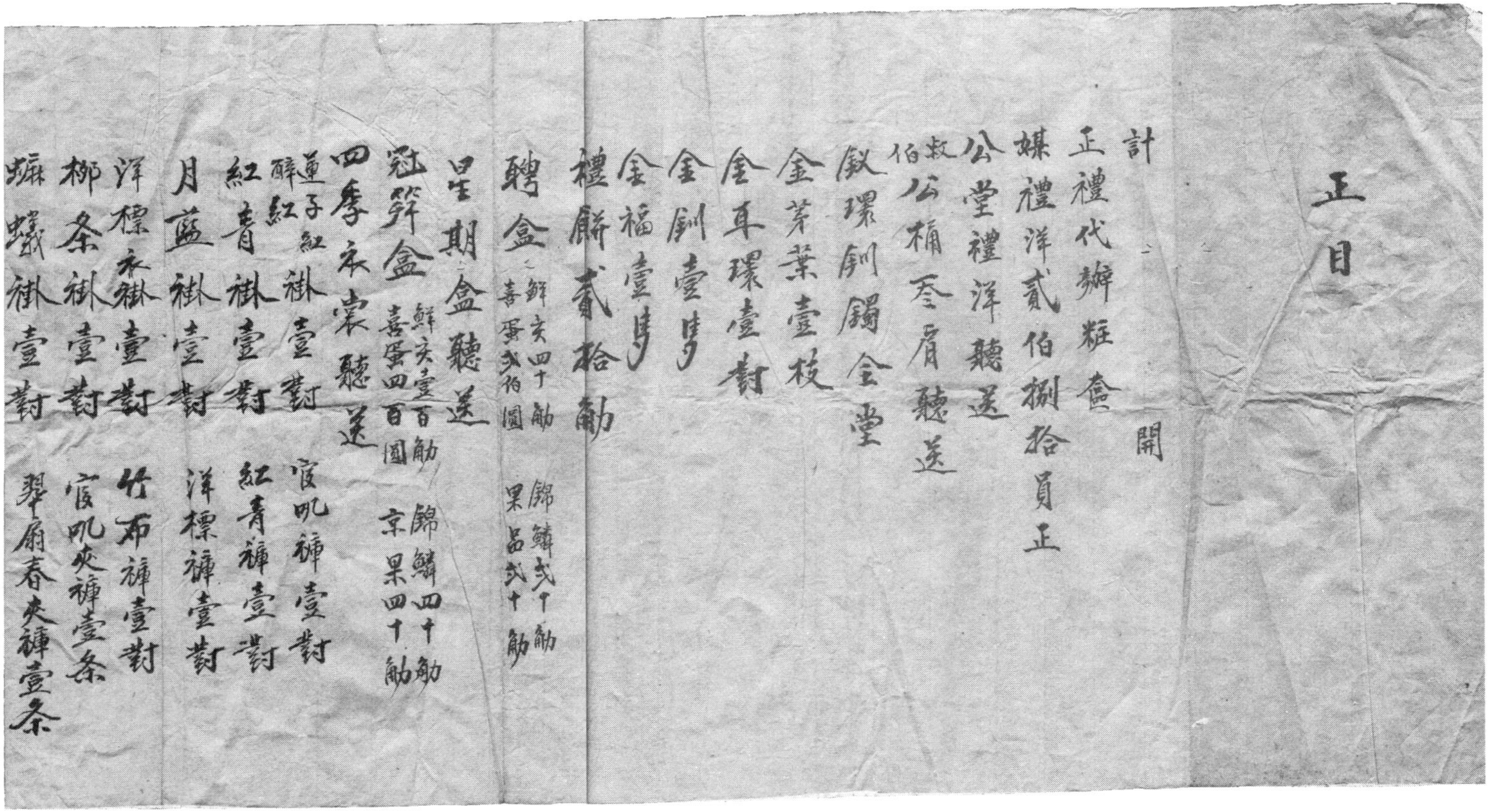
正目

計開
正禮代辦粧奩
媒禮洋貳伯捌拾員正
公堂禮洋聽送
叔伯公桶叁肩聽送
釵環銅鐲全堂
金茅葉壹枝
金耳環壹對
金釧壹隻
金福壹隻
禮餅貳拾觔
聘盒之 鮮亥四十觔 喜蛋弍伯圓 錦鱗弍十觔 果品弍十觔
星期盒聽送
冠笄盒 鮮亥壹百觔 喜蛋四百圓 錦鱗四十觔 京果四十觔
四季衣裳聽送
蓮子紅 醉紅襟壹對 官叽褲壹對
紅青襟壹對 紅青褲壹對
月藍襟壹對 洋標褲壹對
洋標衣襟壹對 竹布褲壹對
柳条襟壹對 官叽夾褲壹条
蠕蟻襟壹對 翠扇春夾褲壹条

秋口镇长径村 A 37-i · 民国二十一年 · 礼单（右半部分）

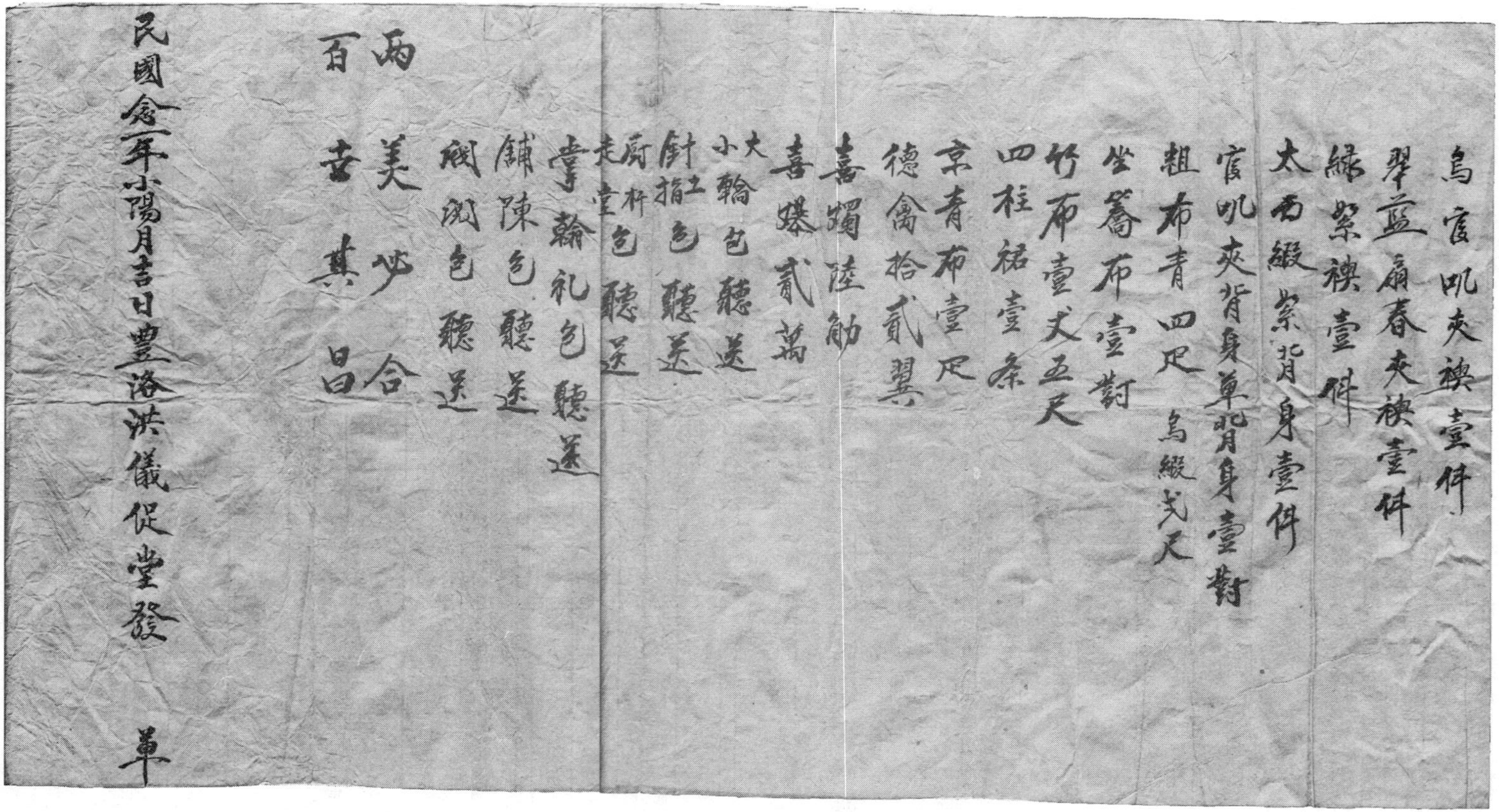
烏宦叽夾襖壹件
翠藍扇春夾襖壹件
綠紫襖壹件
太西緞紫背身壹件
宦叽夾背身單背身壹對
粗布青四尺 烏緞弍尺
坐蓊布壹對
竹布壹丈五尺
四柱裙壹条
京青布壹尺
德禽拾貳翼
喜燭陸觔
喜爆貳萬
大小輪包聽送
針指工包聽送
厨杵走堂包聽送
掌輪礼包聽送
鋪陳包聽送
梳洗包聽送
兩美必合
百世其昌
民國念一年小陽月吉日豐洛洪儀促堂發 單

秋口镇长径村 A 37-ii · 民国二十一年 · 礼单（左半部分）

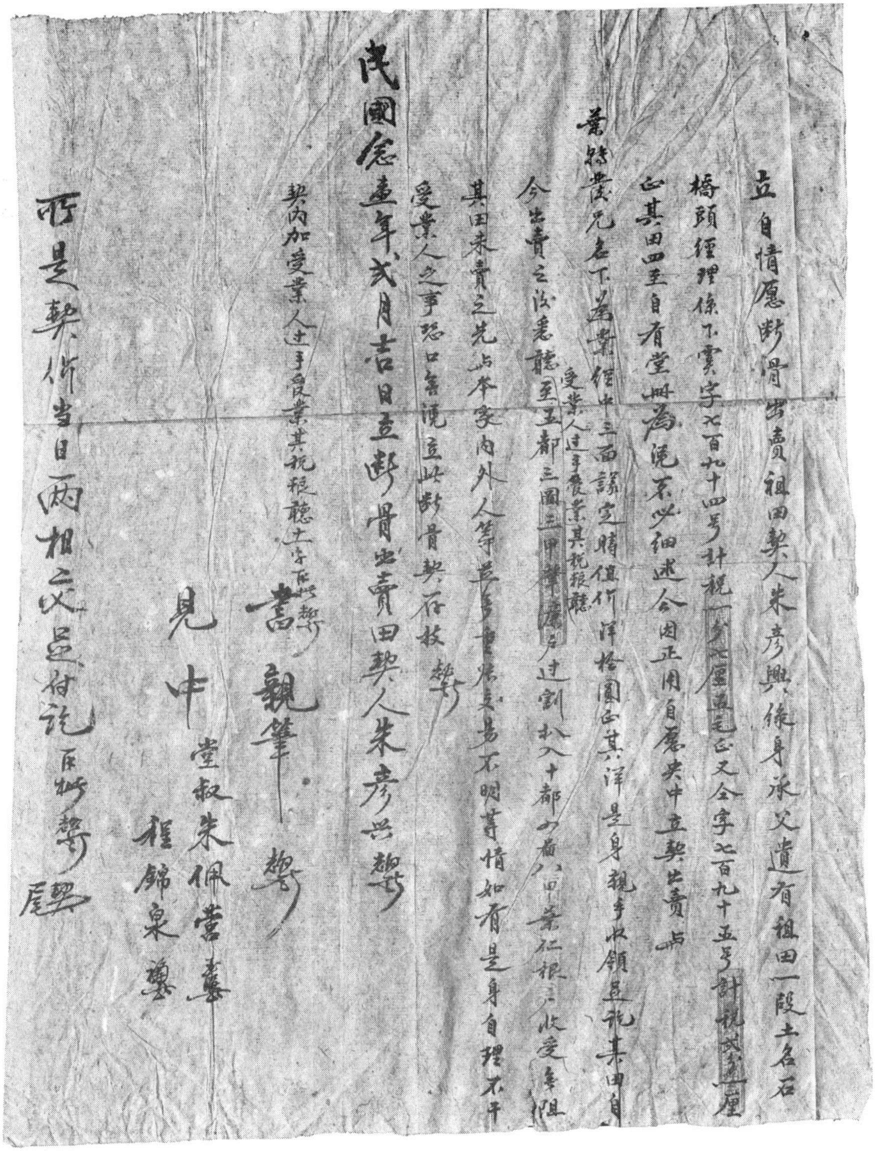

立自情愿断骨出賣祖田契人朱彦興，係身承父遺有祖田一段，土名石橋頭，經理係下實字七百九十四号，計稅一分七厘叁毛正，又仝字七百九十五号，計稅貳分叁厘正。其田四至自有堂册為憑，不必細述。今因正用，自愿央中立契出賣与葉轉發兄名下為業，經中三面議定時值价洋拾圓正。其洋是身親手收領足訖。其田自今出賣之后，悉聽受業人过手管業，其稅銀聽至五都三圖三甲葉德蒼戶过割，扒入十都四圖八甲葉仁根戶收受無阻。其田未賣之先，与本家內外人等並無重复交易不明等情，如有，是身自理，不干受業人之事。恐口無憑，立此断骨契存收。押

契內加"受業人过手管業其稅銀聽"十字正 押

民國念壹年貳月吉日立断骨出賣田契人朱彦興 押

書 親筆 押

見中 堂叔朱佩营 押

程錦泉 押

所是契价当日兩相交收足付訖 正 押

尾押

秋口镇长径村 A 50 · 民国二十一年 · 断骨出卖田契 · 朱彦兴卖与叶转发

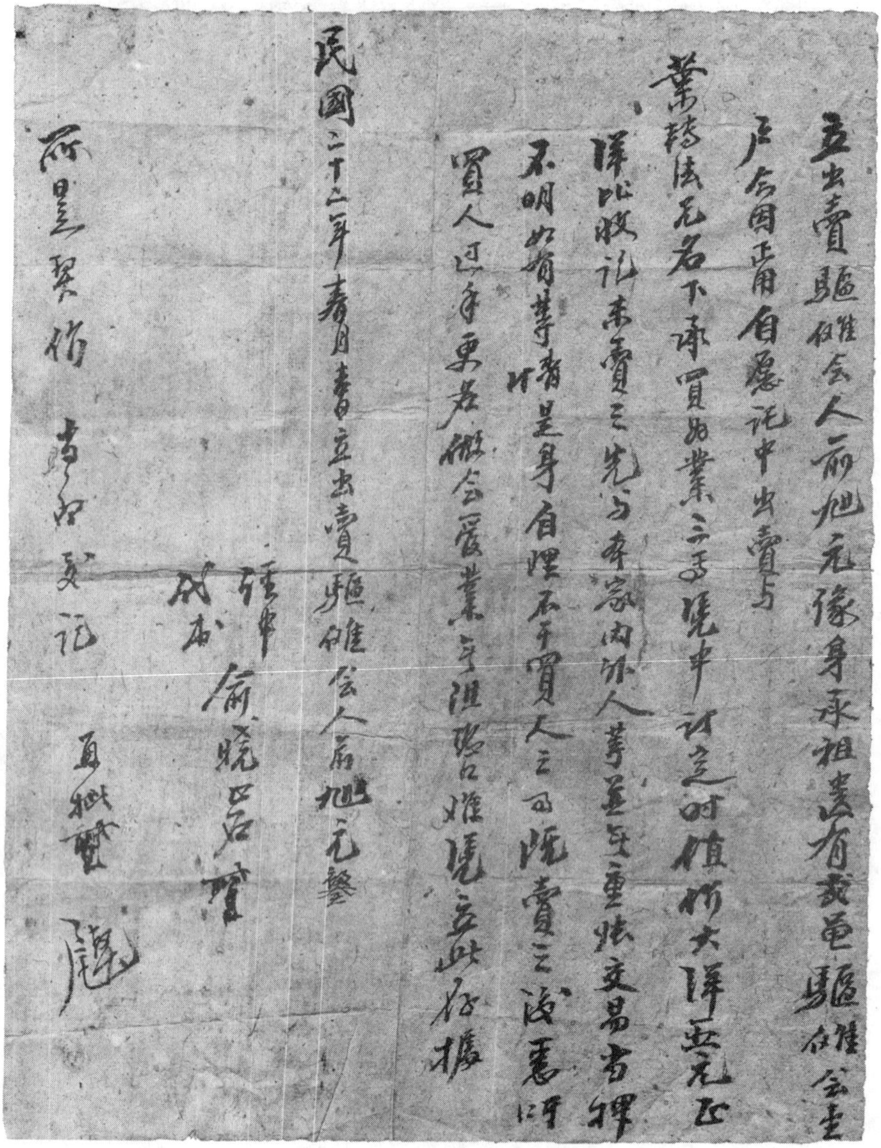

立出賣驅儺会人俞旭元，緣身承祖遺有貳邑驅儺会壹
户，今因正用，自愿托中出賣与
葉轉德名下承買為業，三面憑中言定時值价大洋壹元正，
洋比收訖。未賣之先，与本家内外人等並無重張交易，如有
不明，如有等情，是身自理，不干買人之事。所賣之後，悉听
買人过手更名，做会管業，無阻。恐口难凭，立此存據。
民國二十二年春月吉日立出賣驅儺会人俞旭元（押）
憑中
代本　俞晓昌（押）
所是契價當即交訖
[illegible]（押）

秋口镇长径村 A 44 · 民国二十二年 · 卖驱傩会契 · 俞旭元卖与叶转德

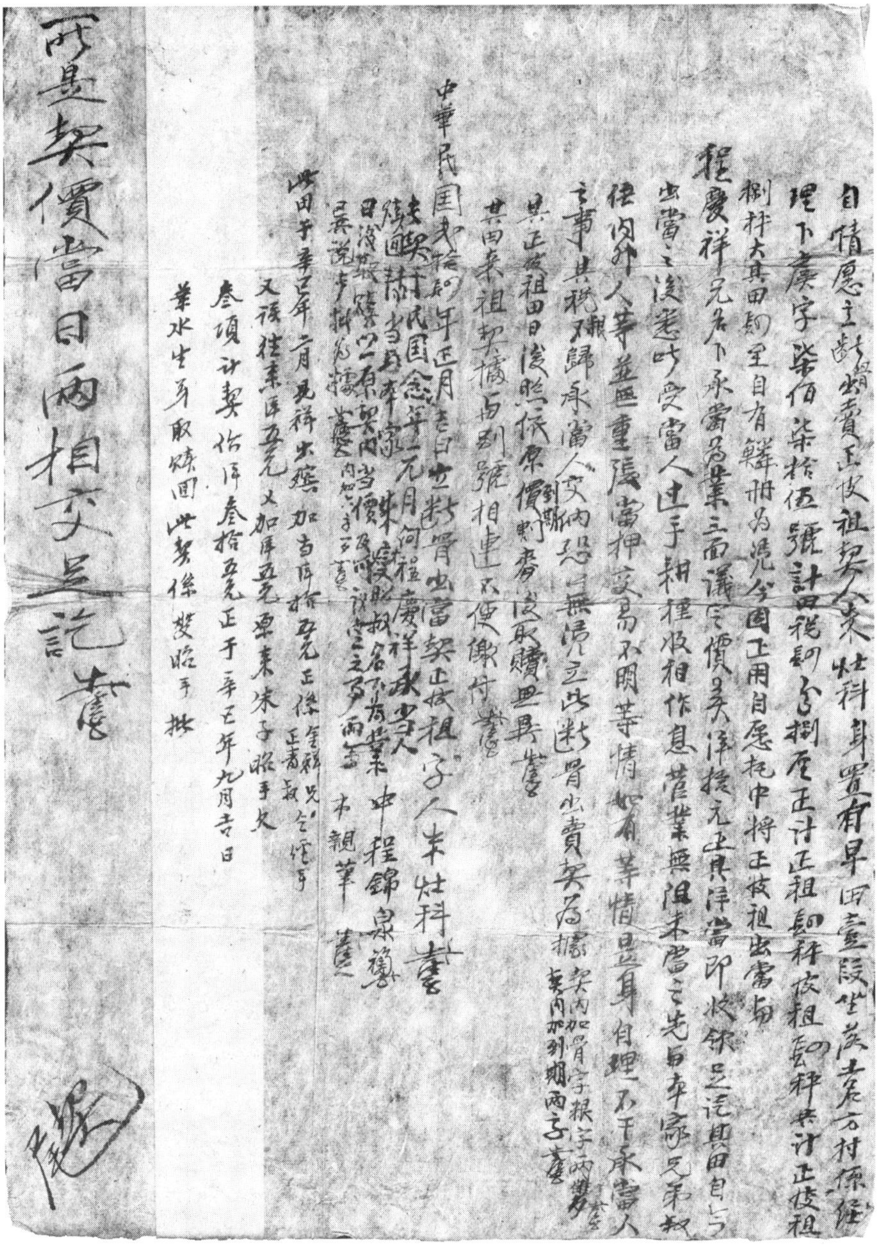

秋口镇长径村 A 55 · 民国二十四年 · 断骨出卖正皮租契 · 朱灶科卖与程庆祥

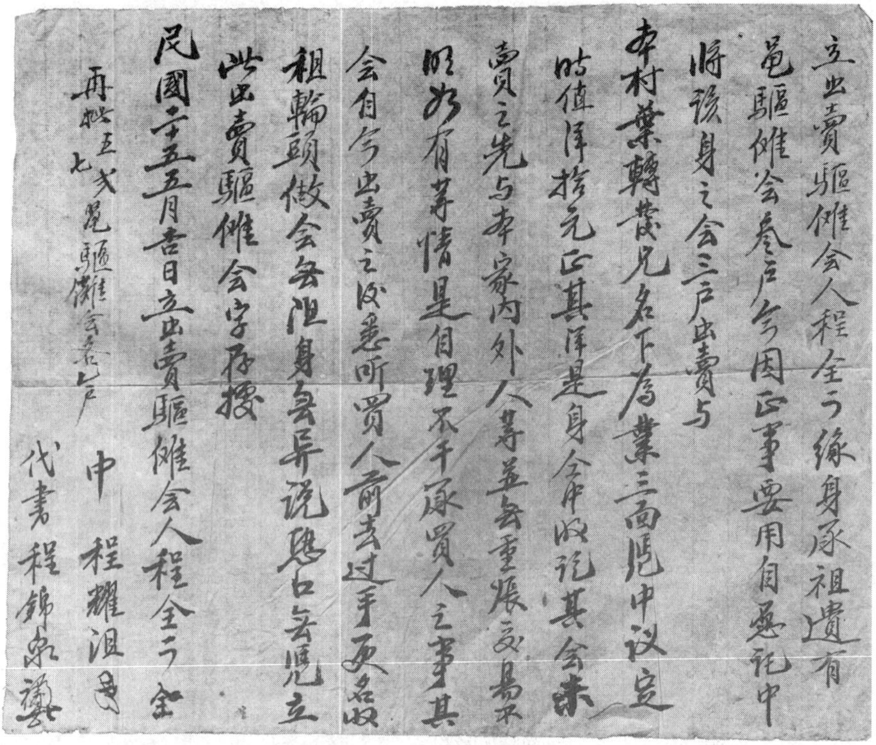

立出賣驅儺会人程全可緣身承祖遺有
嵬驅儺会叁戶今因正事要用自愿託中
將該身之会三戶出賣与
本村葉轉發兄名下為業三面憑中議定
時值洋拾元正其洋是身全(仝)收訖其会未
賣之先与本家內外人等並無重張交易如
有不明等情是自理不干承買人之事其
会自今出賣之後悉听買人前去过手更名收
租輪頭做会無阻身無异說恐口無憑立
此出賣驅儺会字存據
民國廿五年五月吉日立出賣驅儺会人程全可
中 程耀沮
代書 程錦泉
再批　五　七　弍嵬驅儺会叁戶

秋口镇长径村 A 34 · 民国二十五年 · 卖驱傩会契 · 程全可卖与叶转发

秋口镇长径村 A 2-1 · 民国二十六年 · 分关文书（二房阄书）· 叶忠源同弟忠盛

立阄書人葉忠源仝弟忠盛竊思樹大
枝散俗有常語兄弟雖親終久分爨古今
如是况吾父臨終致囑早日分炊以期
各自成立遗言在耳不得不遵爰集
本家親眷人等將茶叢田地會次配搭

秋口镇长径村 A 2-2 · 民国二十六年 · 分关文书（二房阄书）· 叶忠源同弟忠盛

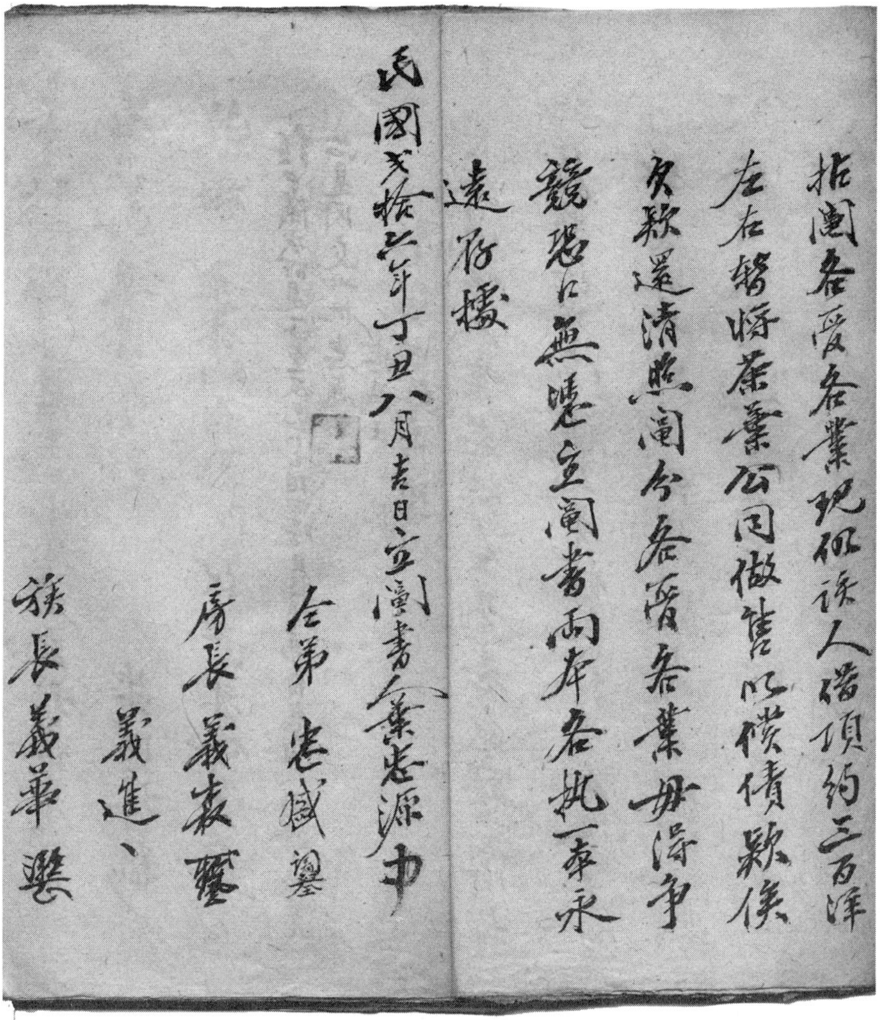
拈阄各管各業現係該人備項約三百洋左右暂將茶業公同做售以償債欵俟欠欵還清照阄分各管各業毋得爭競恐口無憑立阄書兩本各執一本永遠存據

民國貳拾六年丁丑八月吉日立阄書人葉忠源（押）

合弟 忠盛（押）

房長 義表（押）

義進、

族長 義華（押）

秋口镇长径村 A 2-3 · 民国二十六年 · 分关文书（二房阄书）· 叶忠源同弟忠盛

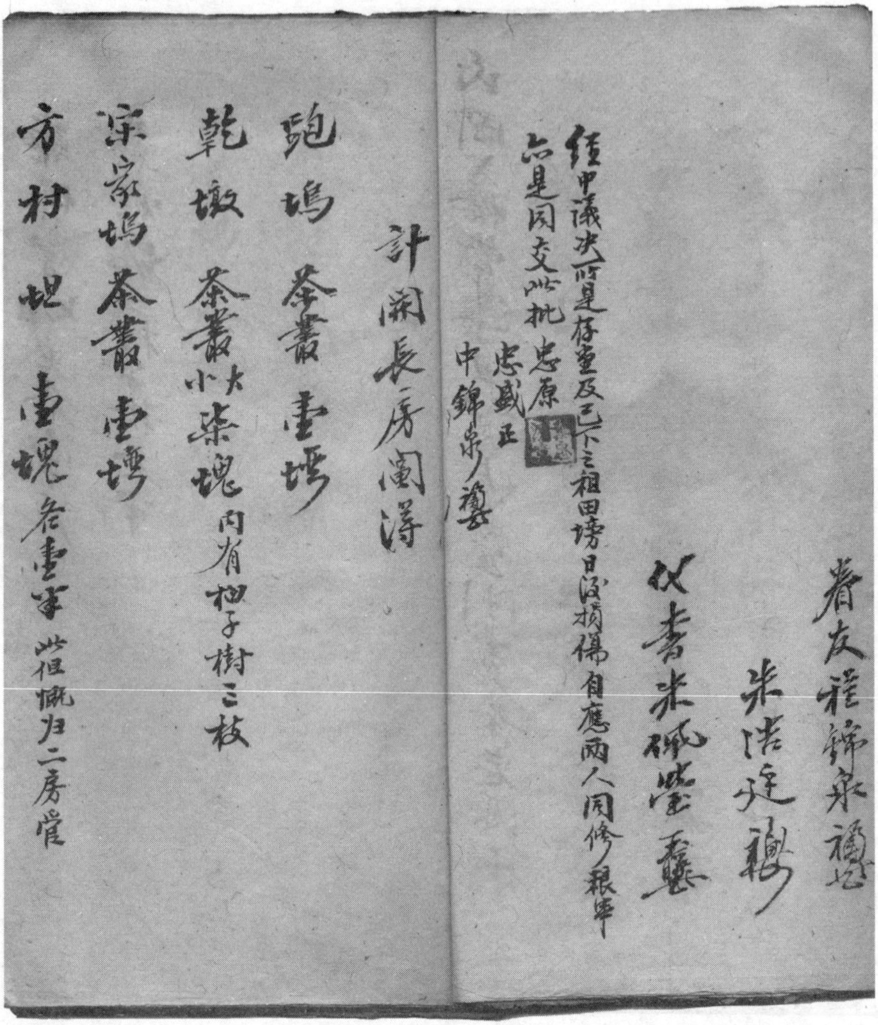
眷友程錦泉
朱浩廷
代書朱佩瑩
經中議決所是存堂及已下三祖田塝日后損傷自應兩人同修粮畢
亦是同交此批 忠源 忠盛 正
中 錦彩
計開長房鬮得
跑塢 茶叢 壹塝
乾墩 茶叢大小柴塊 内有柏子樹三枝
宋家塢 茶叢 壹塝
方村 坦 壹塊 各壹半 此但概歸二房管

秋口镇长径村 A 2-4 · 民国二十六年 · 分关文书（二房阄书）· 叶忠源同弟忠盛

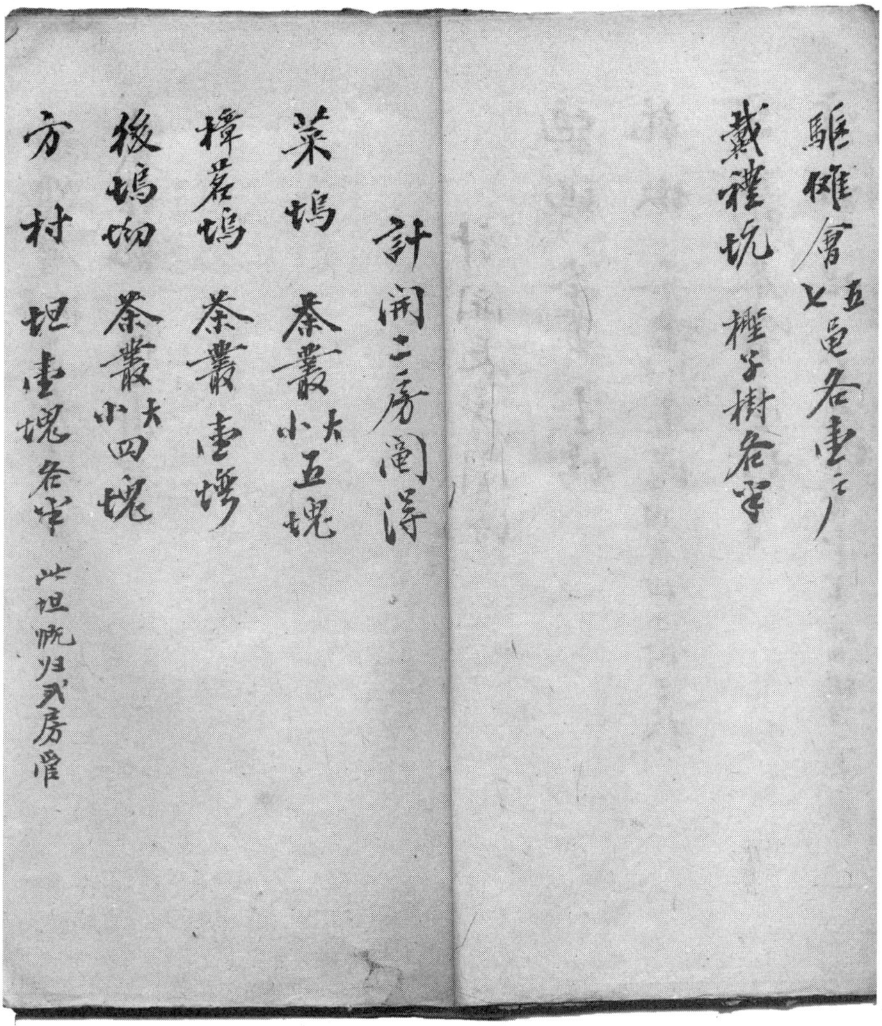

駈雉會七五邑各壹二厂
戴禮坑 樫子樹各半

許閑二房阄得
菜塢 茶叢大小五塊
樟落塢 茶叢壹塊
後塢坳 茶叢大小四塊
方村 坦壹塊 各半 此坦既归贰房管

秋口镇长径村 A 2-5 · 民国二十六年 · 分关文书（二房阄书）· 叶忠源同弟忠盛

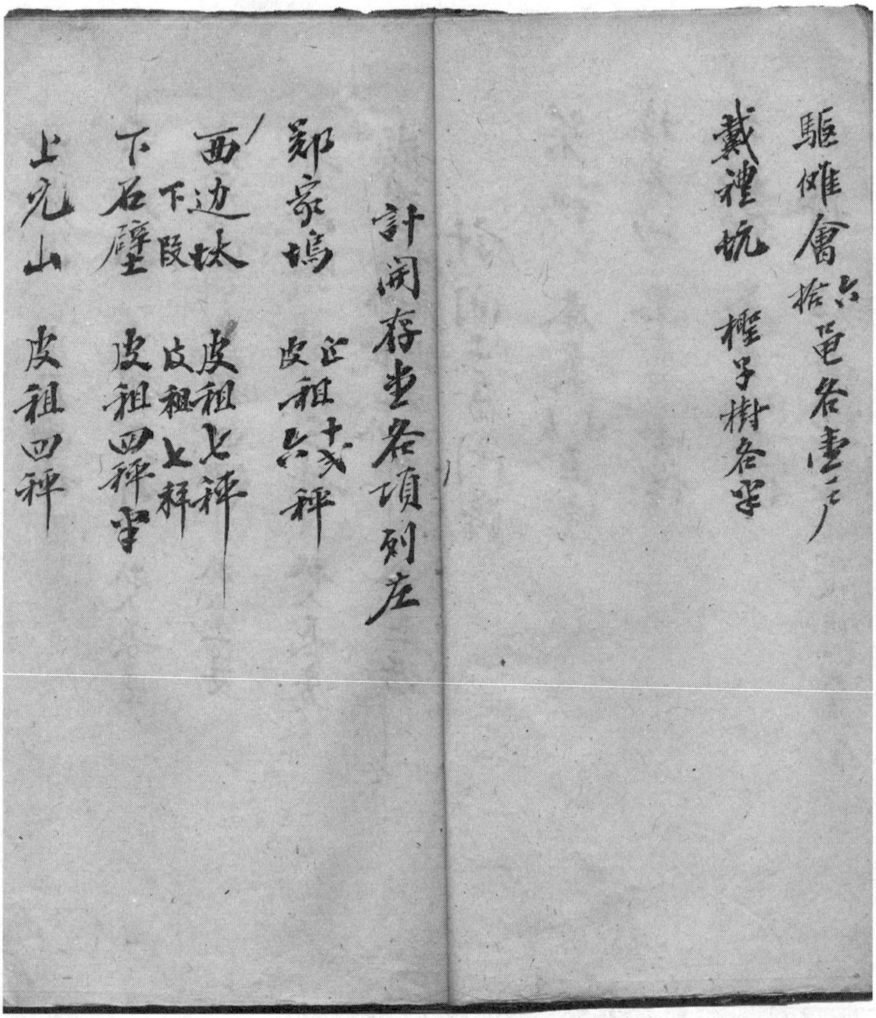
驅儺會 拾六邑各壹石
戴禮坑 樫子樹各半

計開存衆各項列左
鄭家塢 正十弍 皮租六秤
西边坑 皮租七秤
下段 皮租七秤
下石壁 皮租四秤半
上充山 皮租四秤

秋口镇长径村 A 2-6 · 民国二十六年 · 分关文书（二房阄书）· 叶忠源同弟忠盛

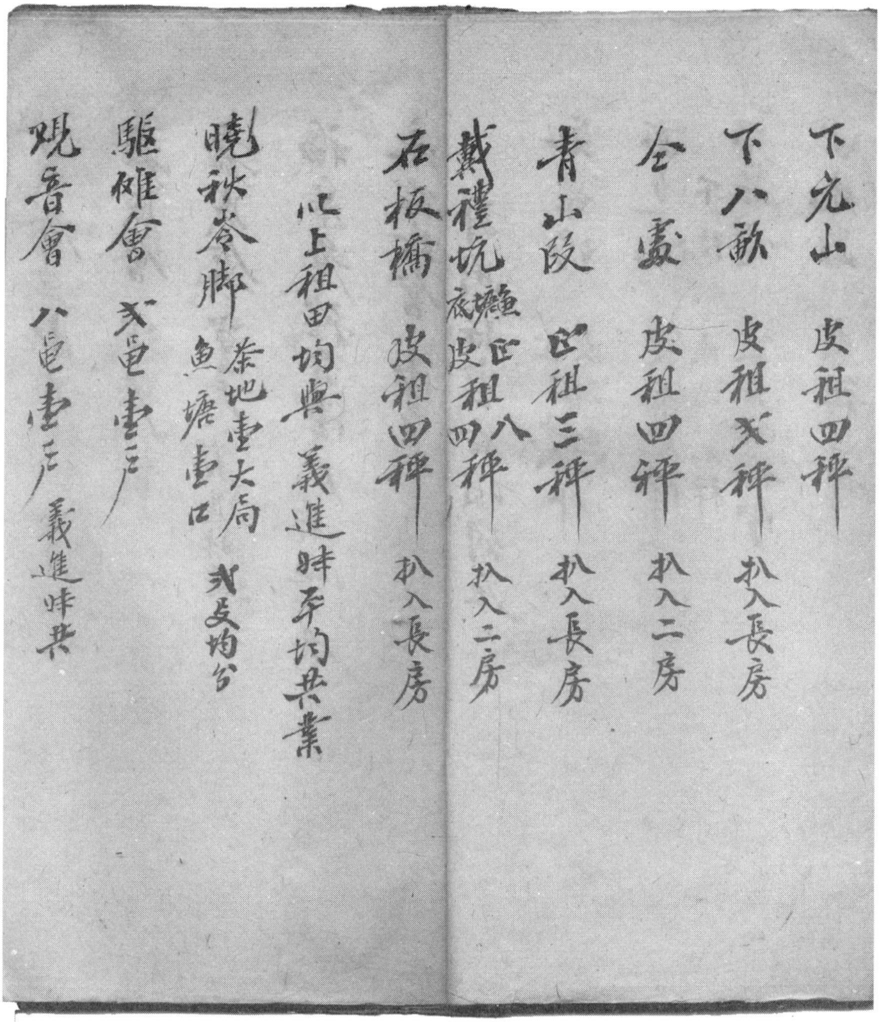

秋口镇长径村 A 2-7 · 民国二十六年 · 分关文书（二房阄书）· 叶忠源同弟忠盛

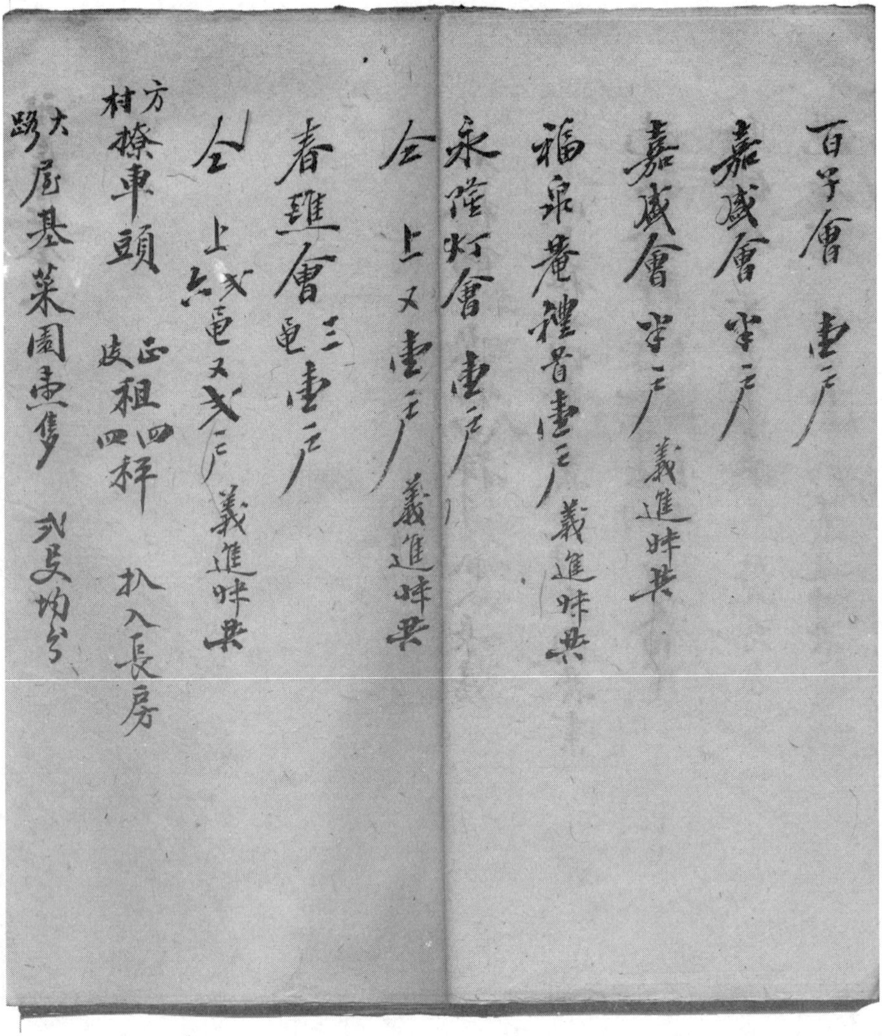

百子會 壹戶

嘉盛會 半戶

嘉盛會 半戶 義進時共

福泉庵禮晉壹戶 義進時共

永隆灯會 壹戶

仝 上又壹戶 義進時共

春進會 三邑壹戶

仝 上弍六邑又弍戶 義進時共

方村㮋車頭 正祖四四秤 扒入長房

大路屋基菜園壹隻 弍房均分

秋口镇长径村 A 2-8 · 民国二十六年 · 分关文书（二房阄书）· 叶忠源同弟忠盛

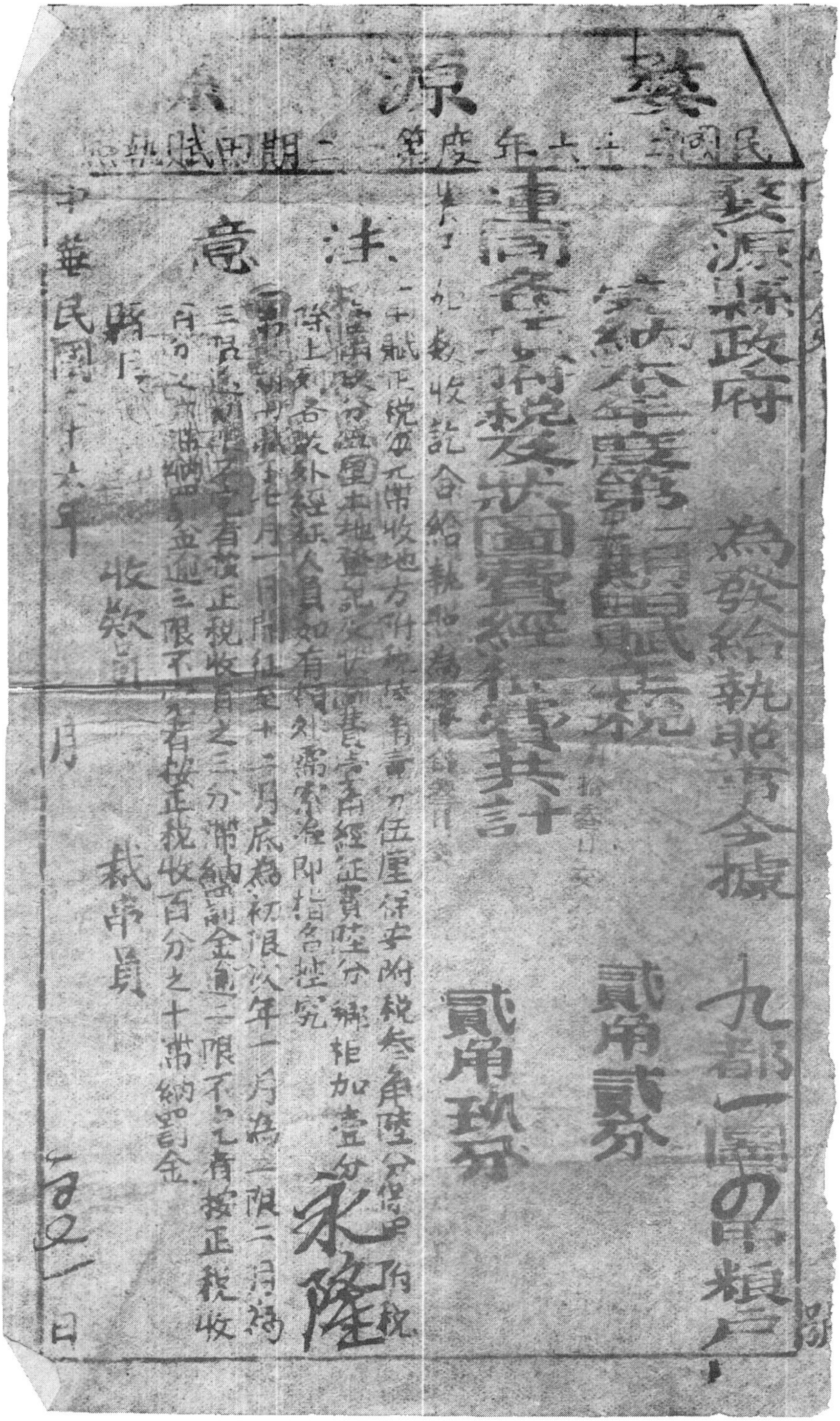

秋口镇长径村 A 16 · 民国二十六年 · 田赋执照 · 永隆

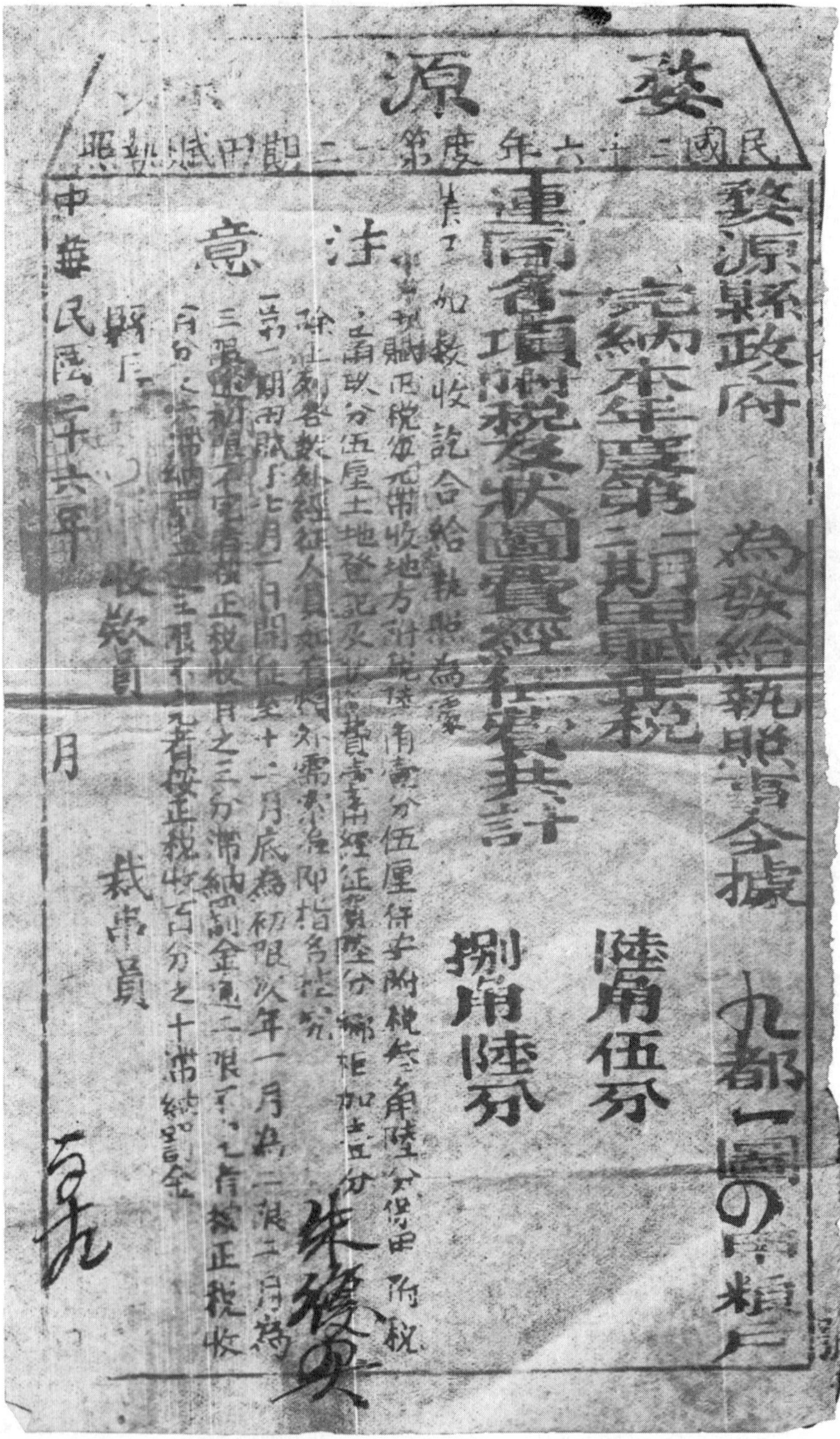

婺源

民國二十六年度第一二期田賦執照

婺源縣政府　為發給執照事今據　九都一圖

完納本年度第二期田賦正稅　陸角伍分

捌角陸分

注意

中華民國二十六年　月

收款員

裁串員

朱復興

秋口镇长径村 A 17 · 民国二十六年 · 田赋执照 · 朱复兴

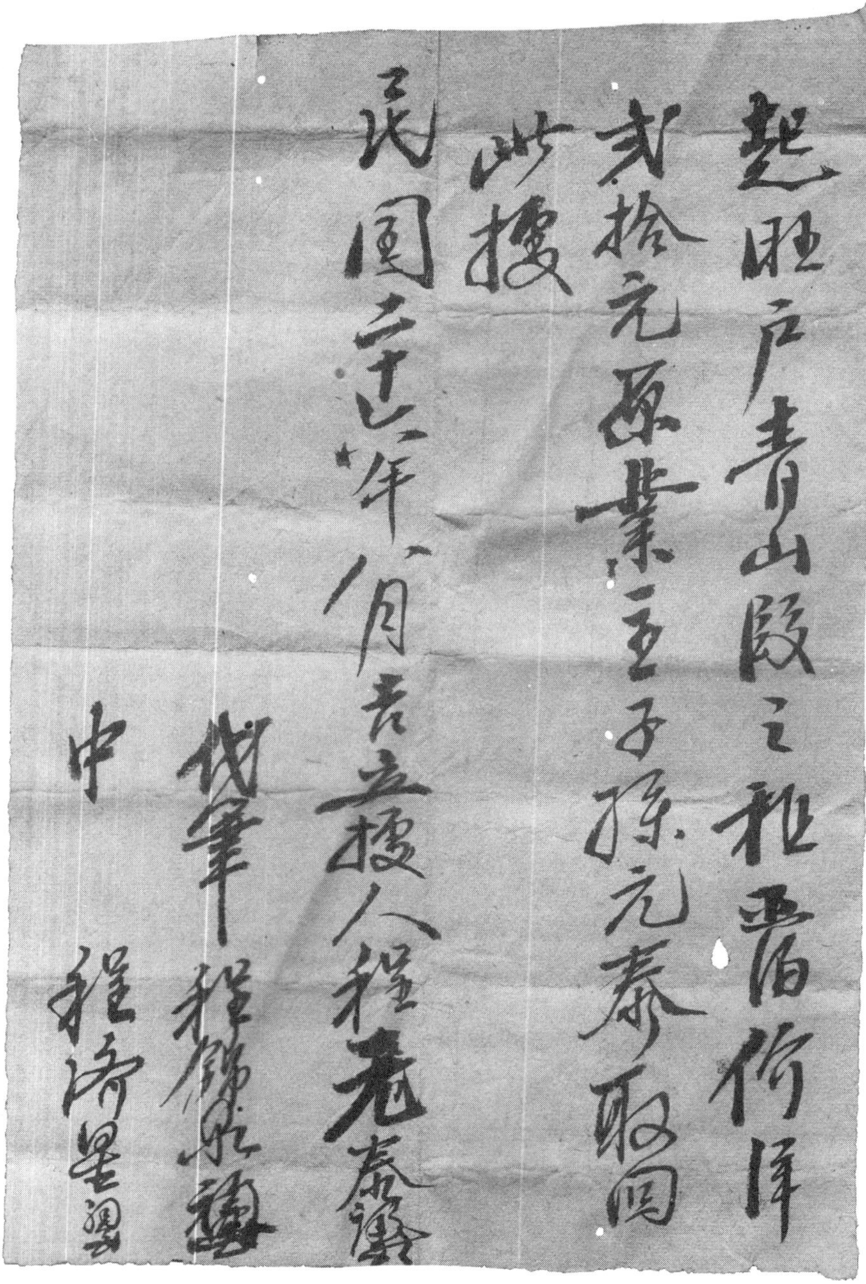

秋口镇长径村 A 20 · 民国二十六年 · 字据 · 程元泰

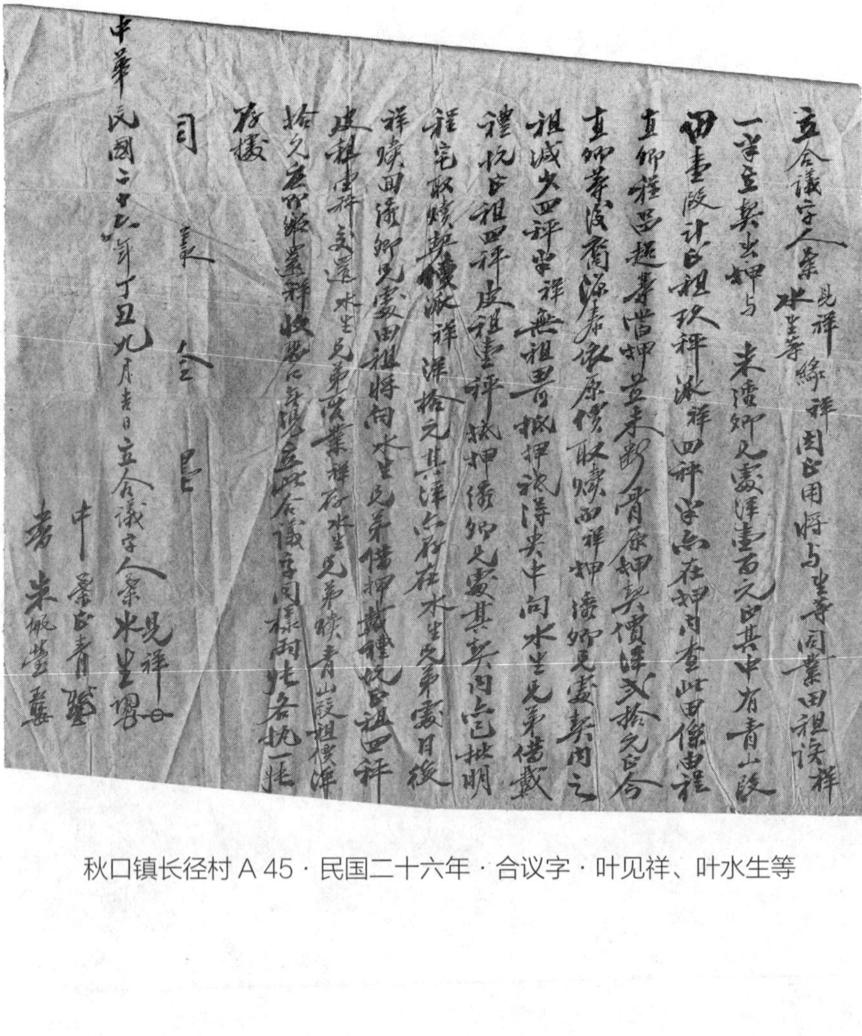

秋口镇长径村 A 45 · 民国二十六年 · 合议字 · 叶见祥、叶水生等

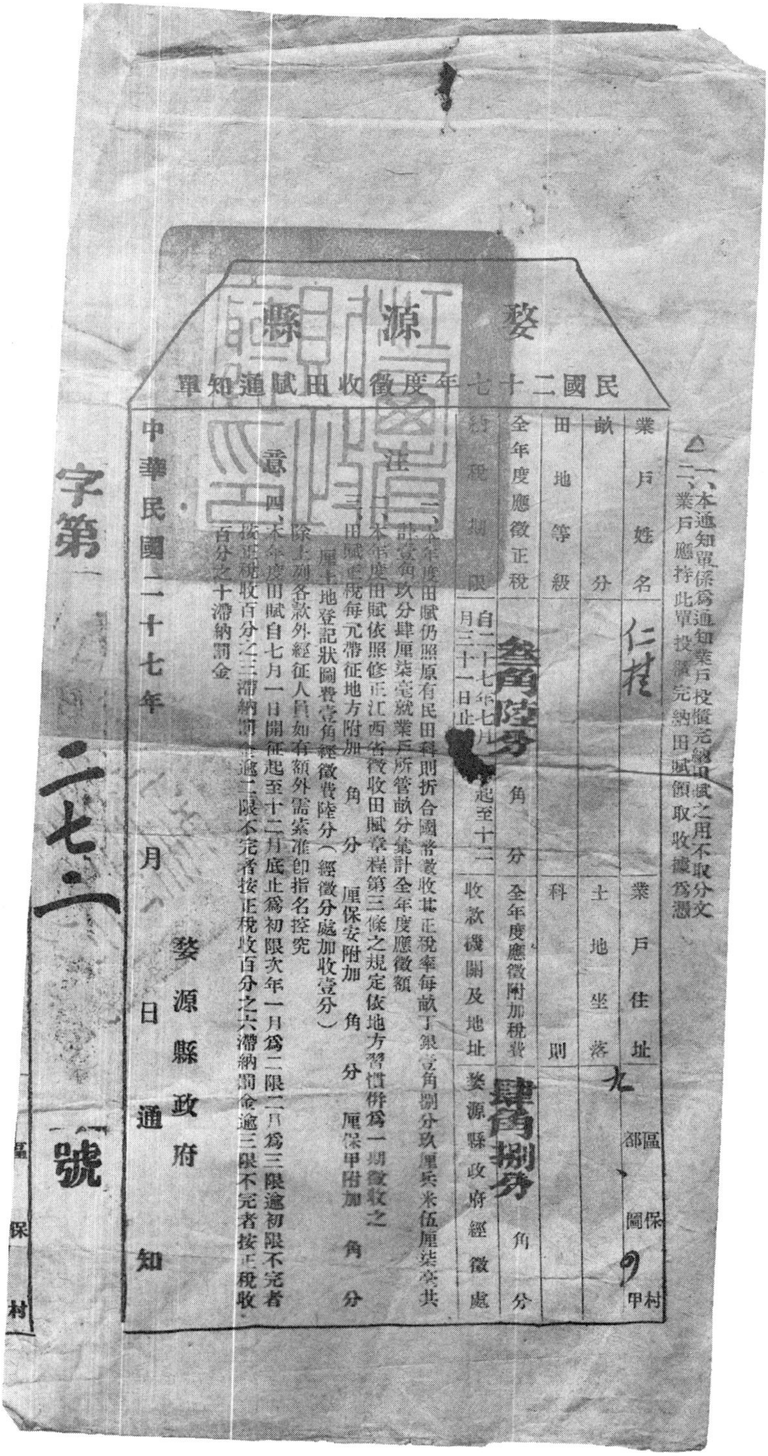

△一、本通知單係爲通知業戶投櫃完納田賦之用不取分文
二、業戶應持此單投櫃完納田賦領取收據爲憑

婺源縣

民國二十七年度徵收田賦通知單

業戶姓名 仁桂	業戶住址 九 區 部 圖 保 四 甲 村
畝分	土地坐落
田地等級	科則
全年度應徵正稅 叁角陸分 角 分	全年度應徵附加稅費 肆角捌分 角 分
繳稅期限 自二十七年七月起至十二月三十一日止	收款機關及地址 婺源縣政府經徵處

注意

一、本年度田賦仍照原有民田科則折合國幣徵收其正稅率每畝丁銀壹角捌分玖厘兵米伍厘柒毫共計壹角玖分肆厘柒毫就業戶所管畝分榮計全年度應徵額

二、本年度田賦依照修正江西省徵收田賦章程第三條之規定依地方習慣併爲一期徵收之

三、田賦正稅每元帶征地方附加 角 分 厘保安附加 角 分 厘保甲附加 角 分 厘土地登記狀圖費壹角經徵費陸分（經徵分處加收壹分）

四、本年度田賦自七月一日開征起至十二月底止爲初限次年一月爲二限二月爲三限逾初限不完者按正稅收百分之三滯納罰金逾二限不完者按正稅收百分之六滯納罰金逾三限不完者按正稅收百分之十滯納罰金

五、除上列各款外經征人員如有額外需索准即指名控究

婺源縣政府

中華民國二十七年 月 日 通知

字第 二七二 號

區 保 村

秋口镇长径村 A 12 · 民国二十七年 · 征收田赋通知单 · 仁桂

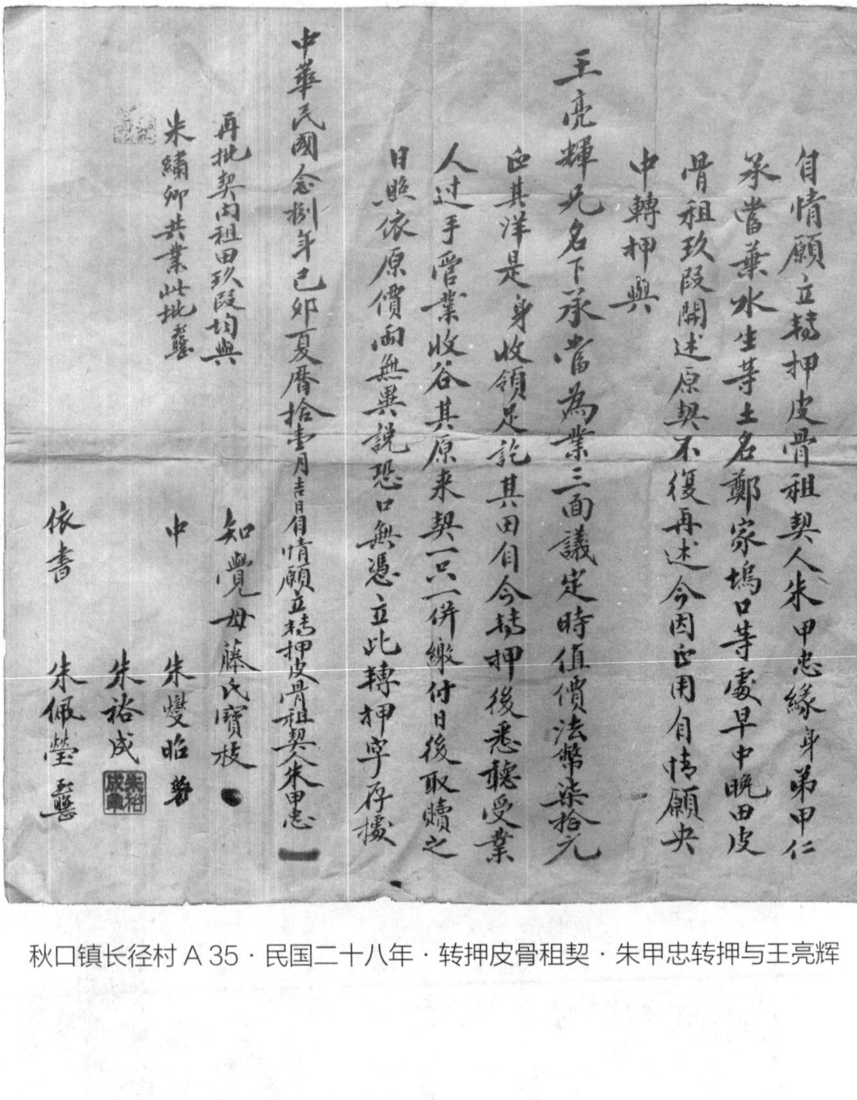
自情願立轉押皮骨租契人朱甲忠緣身弟甲仁
承當藥水生等土名鄭家塢口等處早中晚田皮
骨租玖段開述原契不復再述今因正用自情願央
中轉押與
王亮輝兄名下承當為業三面議定時值價法幣柒拾元
正其洋是身收領足訖其田自今轉押後悉聽受業
人过手管業收谷其原来契一只一併繳付日後取贖之
日照依原價兩無異說恐口無憑立此轉押字存據
中華民國念捌年己卯夏曆拾壹月吉日自情願立轉押皮骨租契人朱甲忠
知覺母 藤氏寶枝
中 朱燮昭
朱裕成
依書 朱佩瑩
再批契內租田玖段胡典
朱緒卿共業此批

秋口镇长径村 A 35 · 民国二十八年 · 转押皮骨租契 · 朱甲忠转押与王亮辉

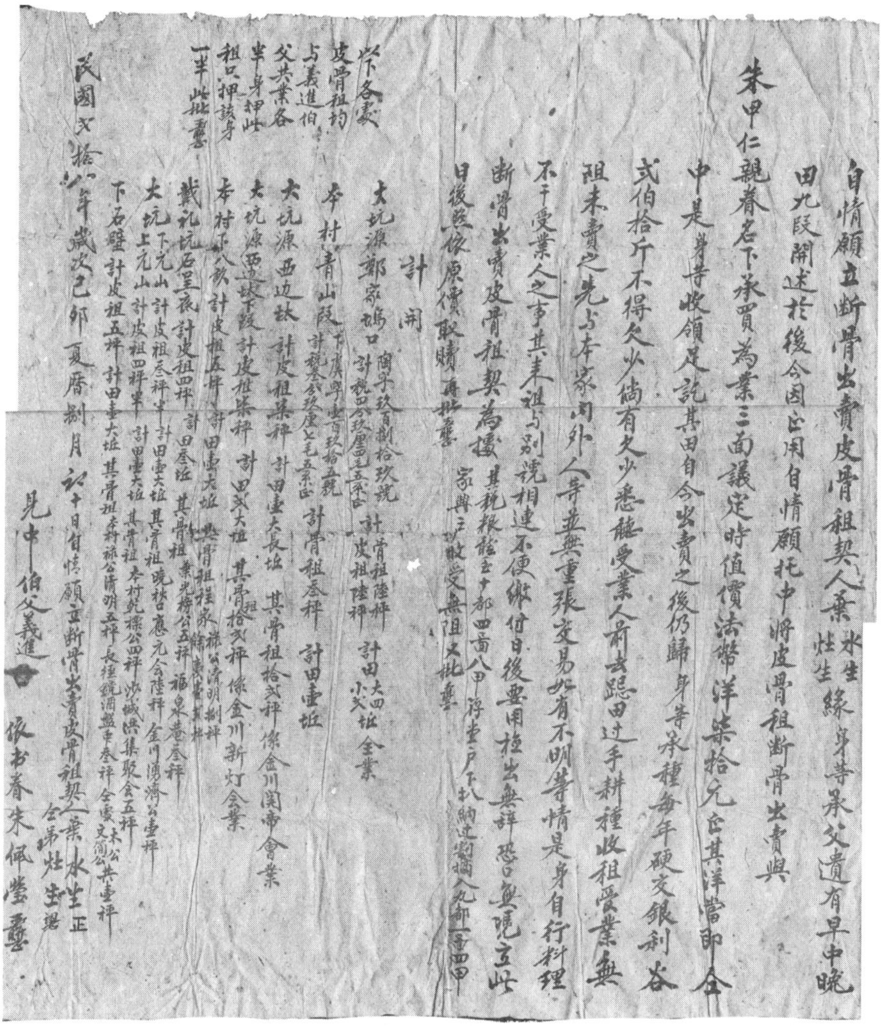
自情願立斷骨出賣皮骨租契人葉水生、灶生，緣身等承父遺有早中晚田九段，開述於後，今因正用，自情願托中將皮骨租斷骨出賣與朱甲仁親眷名下承買為業。三面議定，時值價法幣洋柒拾元正，其洋當即仝中是身等收領足訖。其田自今出賣之後，仍歸身等承種，每年硬交銀利谷貳伯拾斤，不得欠少。倘有欠少，悉聽受業人前去踐田過手耕種收租管業，無阻。未賣之先，與本家内外人等並無重張交易。如有不明等情，是身自行料理，不干受業人之事。其來祖與別號相連，不便繳付，日後要用，檢出無辞。恐口無憑，立此斷骨出賣皮骨租契為據。

其税根係十都四啚八甲存壹戶下扒納過割入九都一啚四甲家興三次收受無阻，又批[押]

日後照依原價取贖，再批[押]

計開

大坑源鄭家碼口 商字玖百捌拾玖號 計税四分玖厘四毛五系六 計骨租陸秤 計皮租陸秤 計田大四小弍坵 全業

本村青山段 下字壹百玖拾五號 計税叁分玖厘七毛五系六 計骨租叁秤 計田壹坵

大坑源西边缽 計皮租柒秤 計田壹大長坵 其骨租拾弍秤係金川関帝會業

大坑源西边缽下段 計皮租柒秤 計田弍大坵 其骨租拾弍秤係金川新灯会業

本村下八畝 計皮租五秤 計田壹大坵 其骨租程家祿公清明捌秤 [illegible]

戴礼坑石里衣 計皮租四秤 計田叁坵 其骨租秉光榜公五秤 福泉庵叁秤

大坑下元山 計皮租叁秤半 計田壹大坵 其骨租晚村惠元会陸秤 金川湧濟公壹秤

大坑上元山 計皮租四秤半 計田壹大坵 其骨租本村乾祿公四秤 沙城洪集聚会五秤

下石壁 計皮租五秤 計田壹大坵 其骨租本村祿公清明五秤 長径鏡湖盤中叁秤 仝處文木公、文簡公共壹秤

以上各處皮骨租均與義進伯父共業，各半。身押此租只押該身一半，此批[押]

民國貳拾八年歲次己卯夏曆捌月初十日自情願立斷骨出賣皮骨租契人葉水生正
仝弟灶生[押]

見中 伯父義進[押]

依書眷朱佩瑩[押]

秋口镇长径村 A 60 · 民国二十八年 · 断骨出卖皮骨租契 · 叶水生、叶灶生卖与朱甲仁

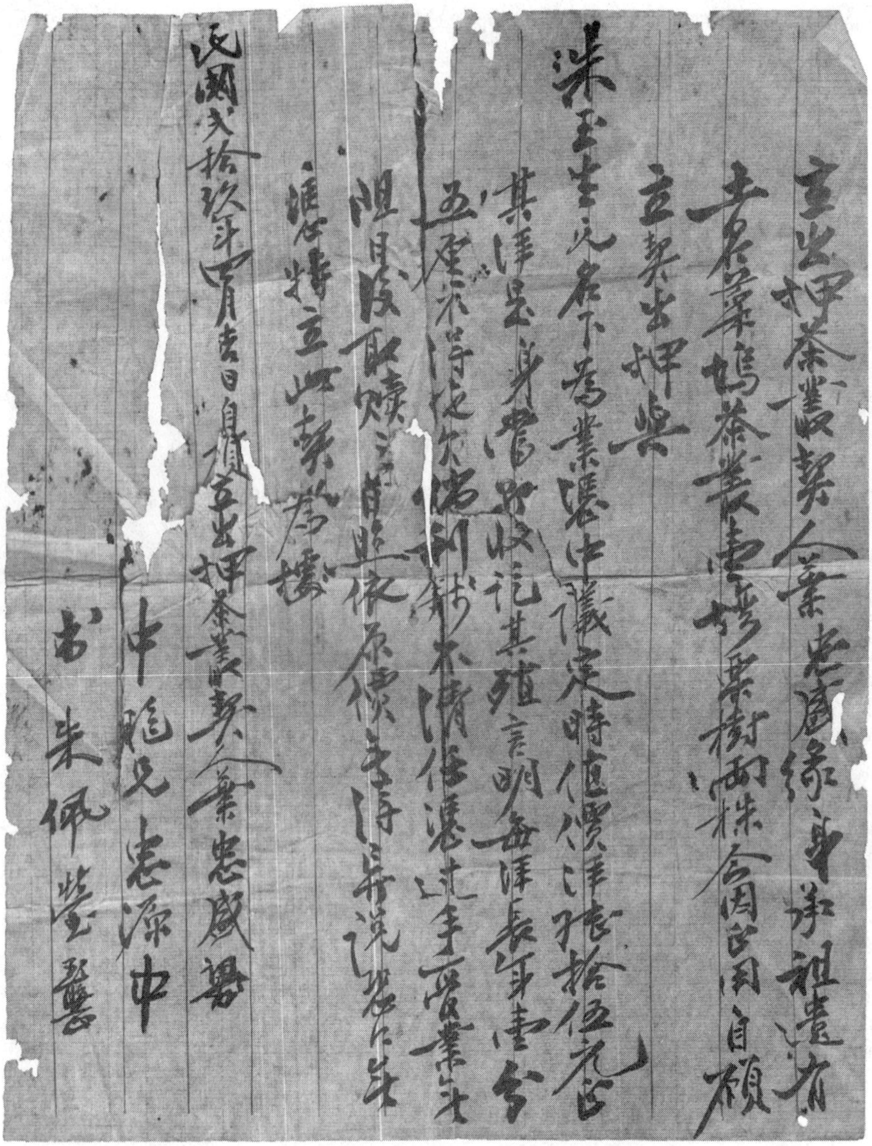
立出押茶叢契人葉忠盛，緣身承祖遺有
土名葉塢茶叢壹塝，栗樹兩株，今因正用，自願
立契出押與
朱玉生兄名下為業，憑中議定時值價洋拾伍元正，
其洋是身當即收訖，其殖言明每洋長年壹分
五，遞年不得拖欠，倘利錢不清，任憑過手管業收去，
倘日後取贖，其照依原價，年滿不得異說，[illegible]
恐口無憑，立此契為據。
民國貳拾玖年　月吉日　自願立出押茶叢契人葉忠盛（押）
中　胞兄　忠源（押）
书　朱佩璧（押）

秋口镇长径村 A 21 · 民国二十九年 · 出押茶丛契 · 叶忠盛押与朱玉生

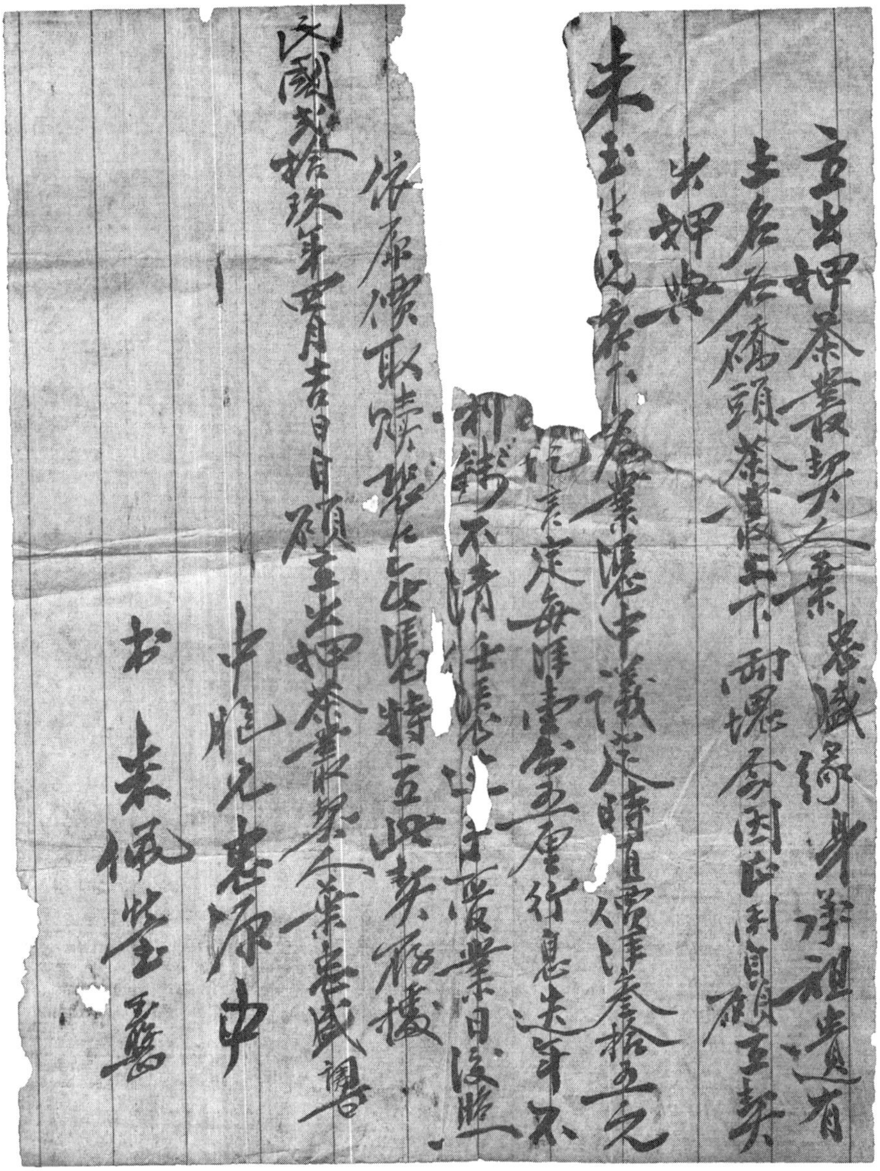

秋口镇长径村 A 22 · 民国二十九年 · 出押茶丛契 · 叶忠盛押与朱玉生

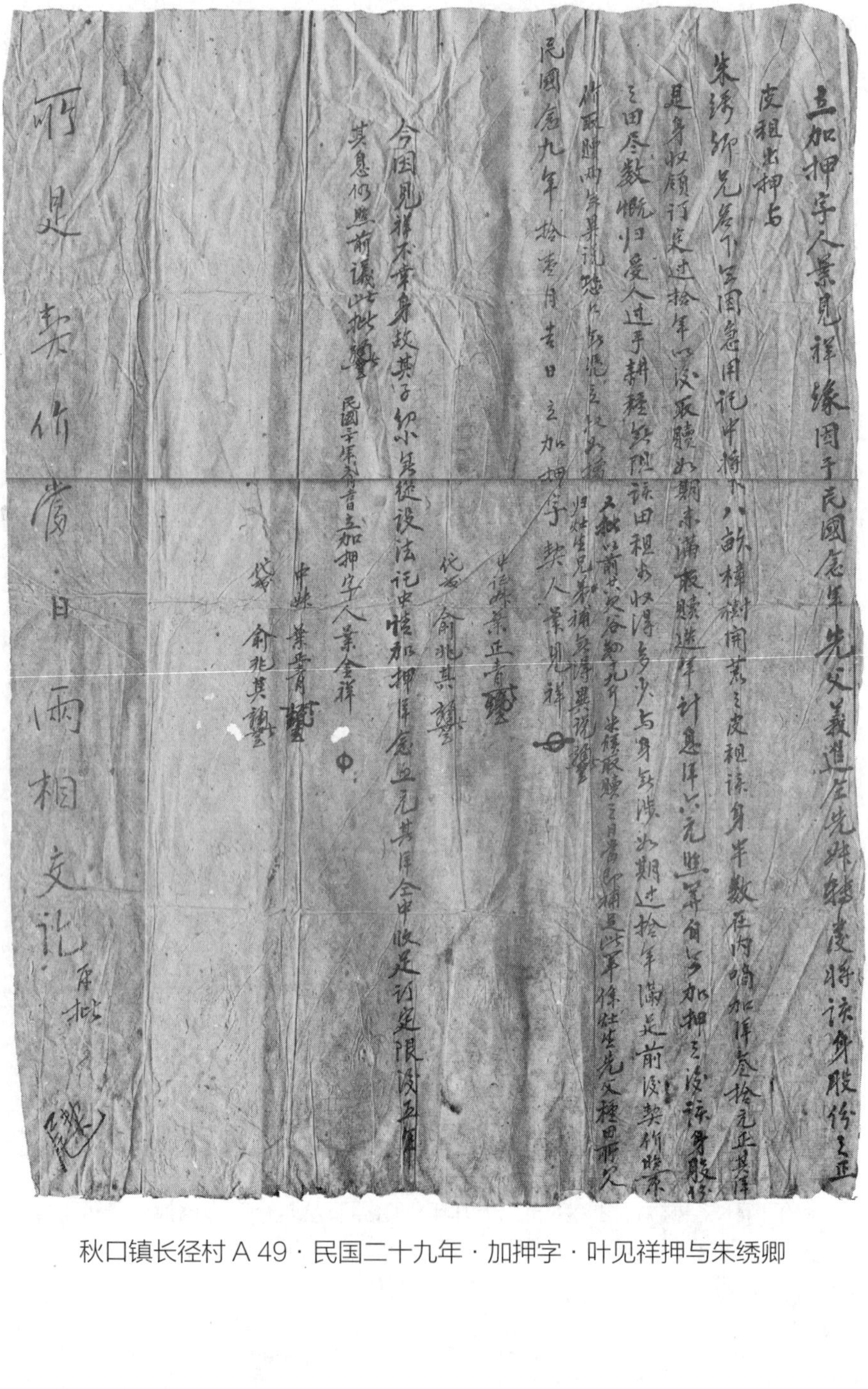

立加押字人葉見祥緣因于民國念年先父義進[illegible]將該身股份之正
皮租出押与
朱綉卿先生名下，當因急用，託中將[illegible]八畝樟樹開荒之皮租，該身半數在内，加洋叁拾元正，其洋
是身收領，訂定過拾年以後取贖，如期未滿取贖，逐年計息洋六元照算，自今加押之後，該身股份
之田，各數概歸受人過手耕種無阻，該田租如收得多少，與身無涉，如期過拾年滿足，前後契約照原
備取贖，兩無異說[illegible]
民國念九年拾壹月吉日 立加押字契人 葉見祥
中證 葉正青
代筆 俞兆其
今因見祥不幸身故，其子幼小，無從設法，託中[illegible]加押洋[illegible]元，其洋全中收足，訂定限[illegible]
其息仍照前議，此批
民國[illegible]年[illegible]日 立加押字人 葉金祥
中 葉[illegible]青
代筆 俞兆其
所是契約當日兩相交訖 再批

秋口镇长径村 A 49 · 民国二十九年 · 加押字 · 叶见祥押与朱绣卿

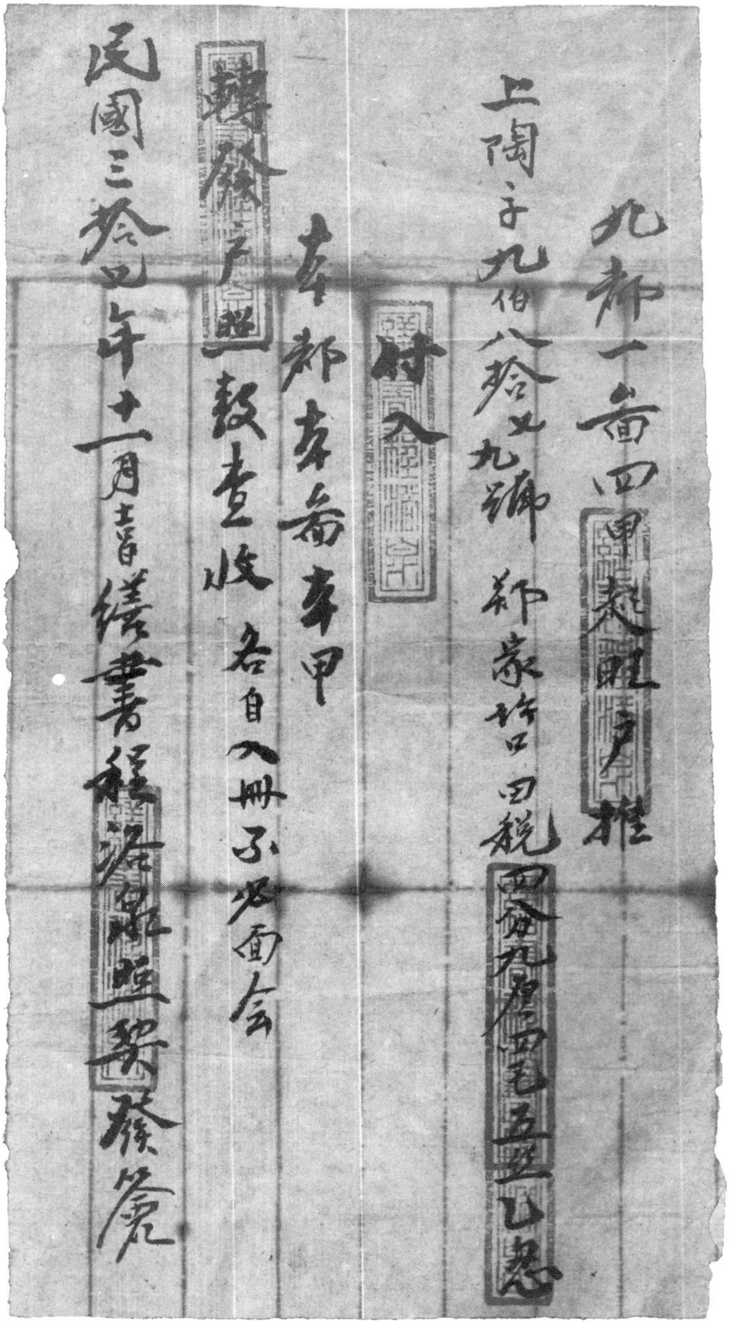
九都一啚四甲起旺户推
上陶子九伯八拾又九號 鄭家坞口田税四分九厘四毛五丝乙忽
村入
本都本啚本甲
轉發户照數查收 各自入册不必面会
民國三拾七年十一月十二日 繕書程洛鼎照契發簽

秋口镇长径村 A 13 · 民国三十七年 · 推单 · 起旺户推与转发户

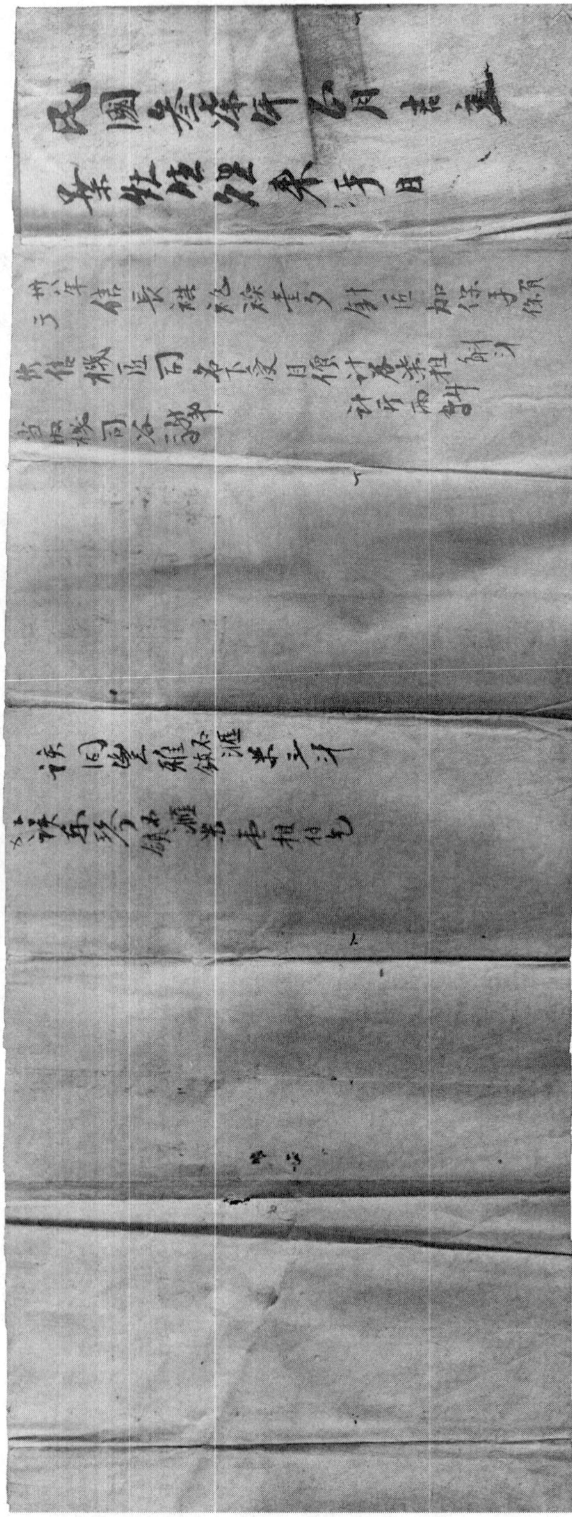

秋口镇长径村 A 38・民国三十七年・流水账・叶灶生

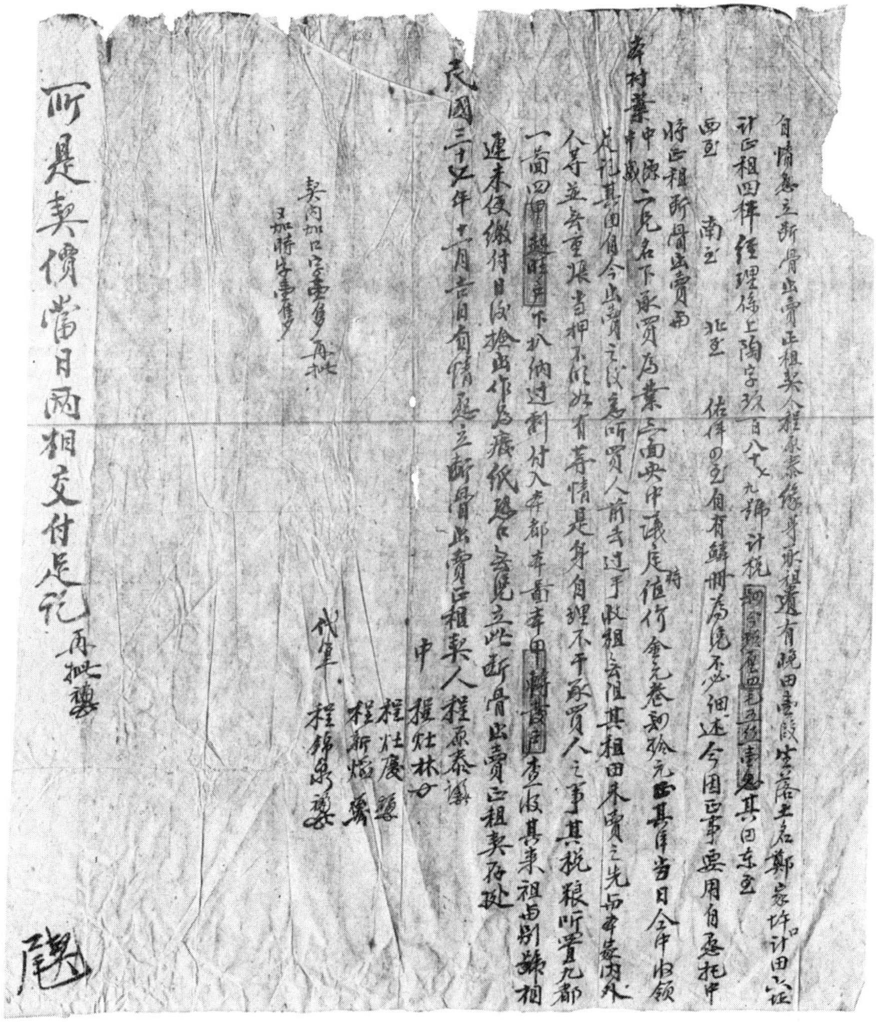

秋口镇长径村 A 64 · 民国三十七年 · 断骨出卖正租契 ·
程原泰卖与叶中源、叶中盛

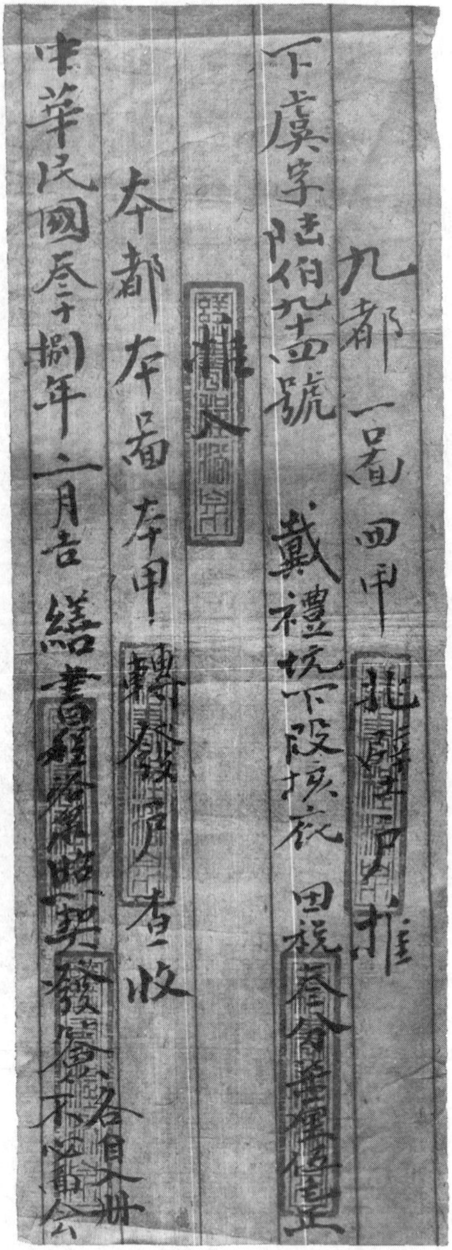
九都一啚四甲北壁户推
下虞字陆佰九十四號 戴禮坑下段塝衣 田稅叁分叁厘伍毫正
推人
本都本啚本甲轉發户查收
中華民國叁十捌年二月吉 繕書 各照契發 各自入册 不得遺漏

秋口镇长径村 A 11 · 民国三十八年 · 推单 · 北壁户推与转发户

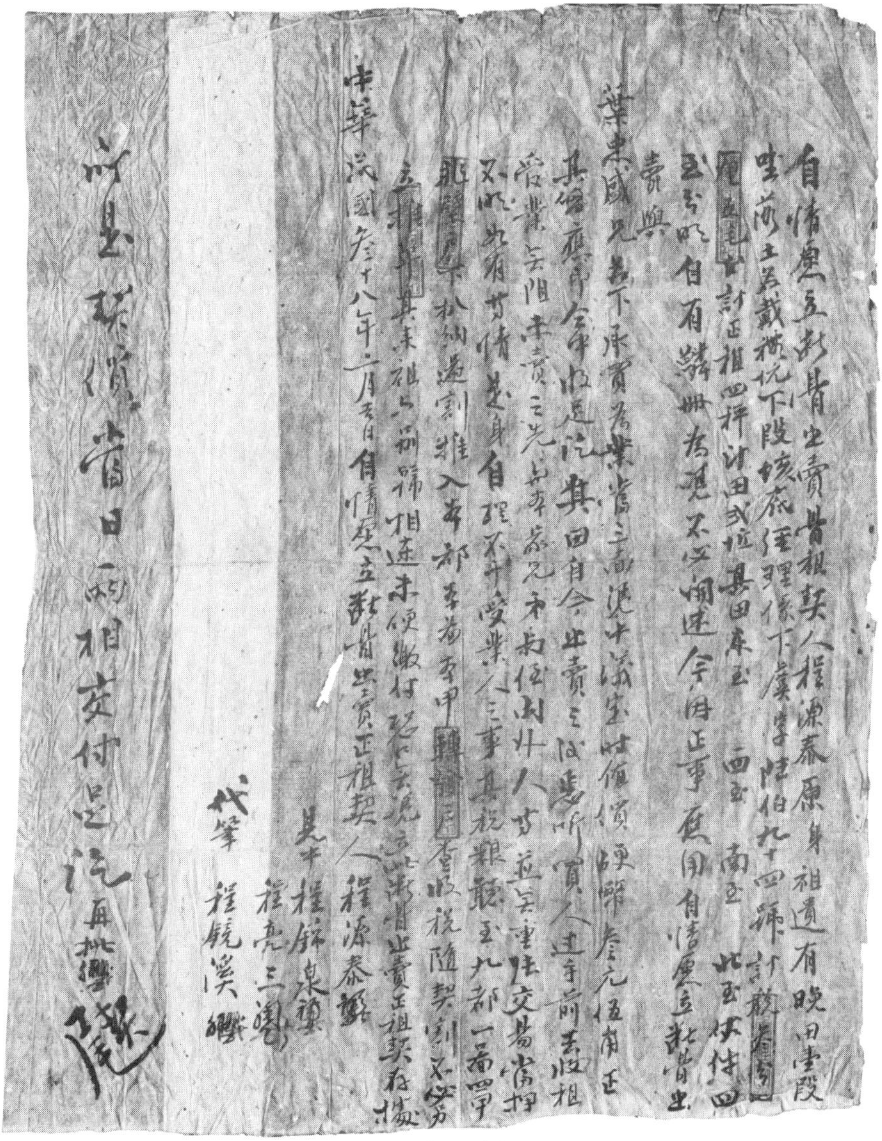

自情愿立断骨出卖骨租契人程源泰，原身祖遗有晚田壹段
坐落土名栽桥坑下段坑，系经理係下广字陆伯九十四号，计税[illegible]
[illegible]计正租四秤，计田贰坵。其田东至 西至 南至 北至[illegible]四
至分明，自有鳞册为凭，不必开述。今因正事应用，自情愿立断骨出
卖与
叶忠盛兄名下承买为业，当三面言定时值价[illegible]叁元伍角正
其洋随即收足讫。其田自今出卖之后，悉听买人过手前去收租
管业无阻。未卖之先，与本家兄弟与[illegible]内外人等并无重往交易，尚有
不明，如有等情，是身自理，不干受业人之事。其税粮听至九都一图四甲
[illegible]户下扒纳过割，推入本都本图本甲[illegible]户查收，税随契割，不另
立推单。其来祖[illegible]归相连，未便缴付，[illegible]断骨出卖正祖契存据
中华民国叁十八年六月[illegible]日 自情愿立断骨出卖正祖契人程源泰
见中 程解泉 程亮三
代笔 程镜溪
所是契价当日一[illegible]相交付足讫 再批

秋口镇长径村 A 52 · 民国三十八年 · 断骨出卖骨租契 · 程源泰卖与叶忠盛

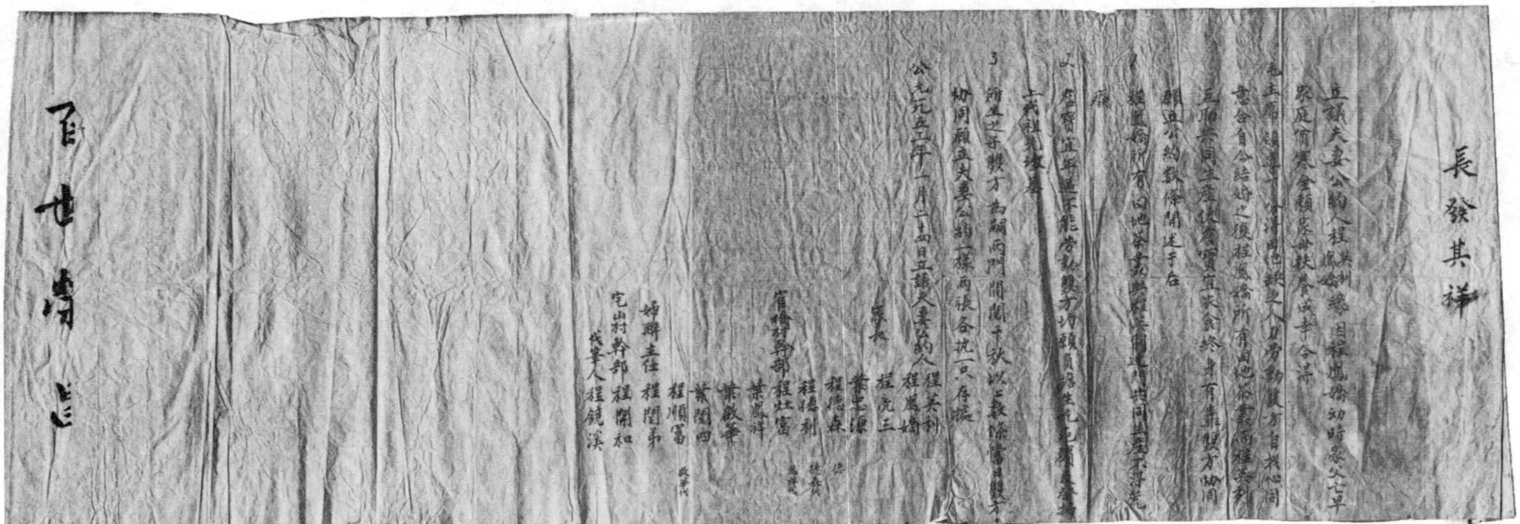

秋口镇长径村 A 36・一九五三年・夫妻公约・程英利、程凤娇

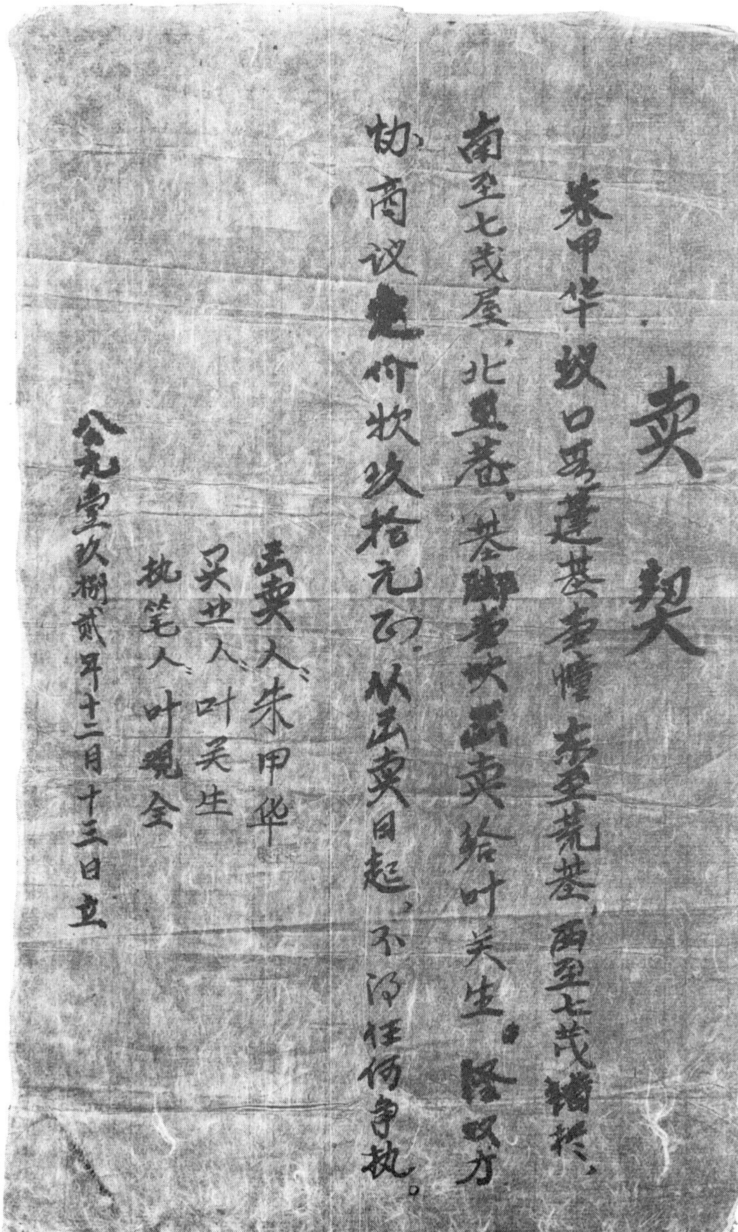

卖契

朱甲华坟口坞莲基壹幢，东至荒基，西至七茂猪栏，南至七茂屋，北至巷，基脚壹并出卖给叶关生。经双方协商议定作价玖拾元正。从出卖日起，不得任何争执。

出卖人、朱甲华

买受人、叶关生

执笔人、叶观全

公元壹玖捌贰年十二月十三日立

秋口镇长径村 A 47 · 一九八二年 · 卖契 · 朱甲华卖与叶关生

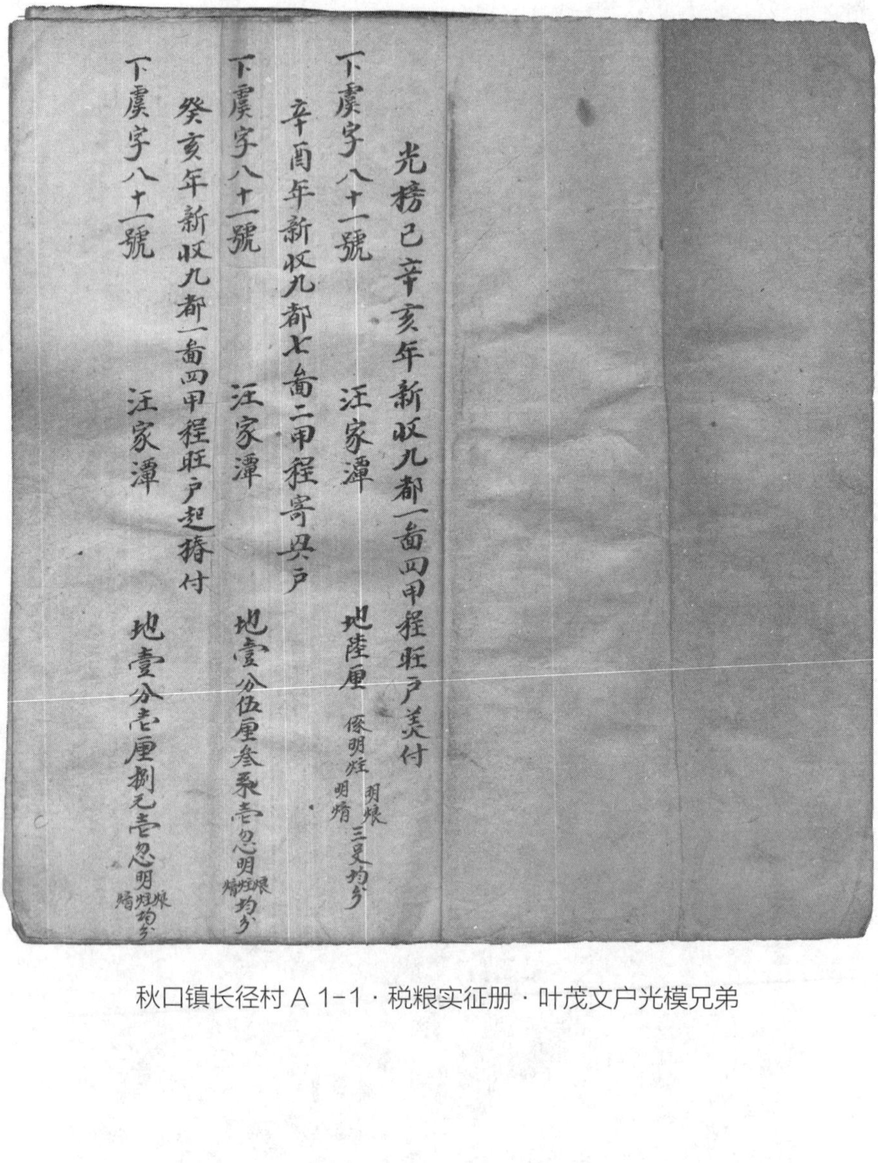
光榜己辛亥年新收九都一啚四甲程旺户羡付
下虞字八十一號　汪家潭　地陸厘　係明灶 明焴 羽粮 三叉均分
辛酉年新收九都七啚二甲程寄興户
下虞字八十一號　汪家潭　地壹分伍厘叁毫壹忽　明灶 明焴 粮均分
癸亥年新收九都一啚四甲程旺户起拨付
下虞字八十一號　汪家潭　地壹分壹厘捌毛壹忽　明灶 明焴 粮均分

秋口镇长径村 A 1-1 · 税粮实征册 · 叶茂文户光模兄弟

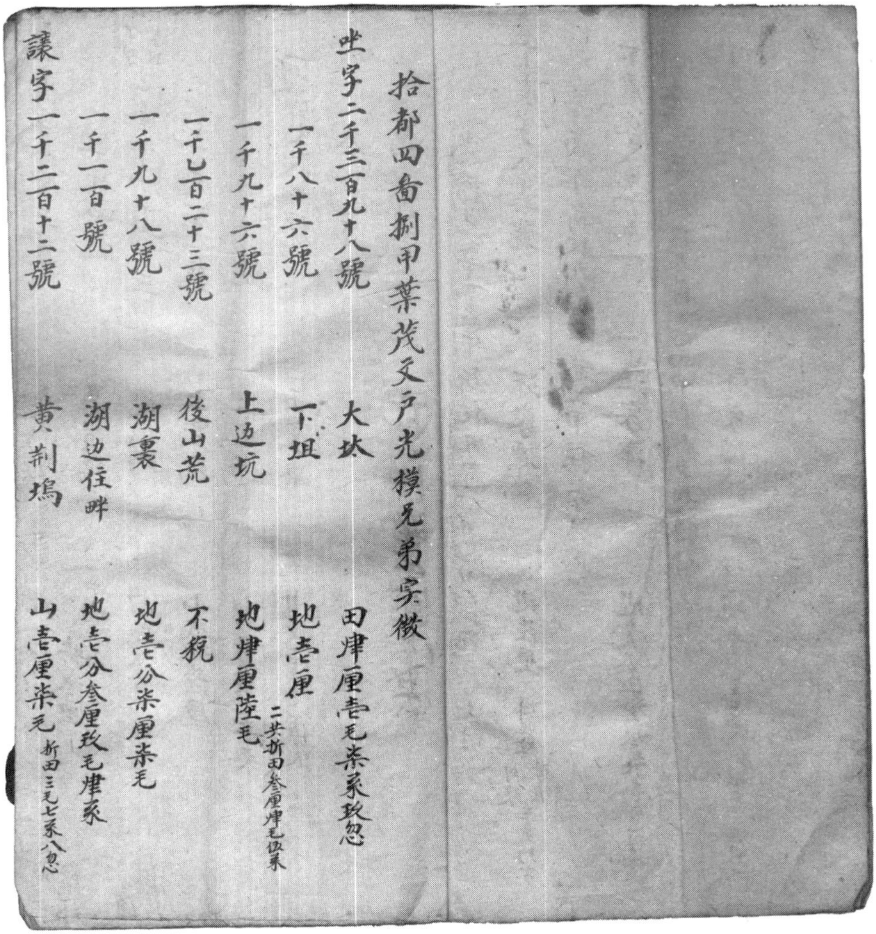
拾都四啚捌甲葉茂文户光模兄弟实徵
此字二千三百九十八號 大坵 田肆厘壹毛柒系玖忽
一千八十六號 下坦 地壹厘 二共折田叁厘肆毛伍系
一千九十六號 上边坑 地肆厘陸毛
一千七百二十三號 後山荒 不税
一千九十八號 湖裏 地壹分柒厘柒毛
一千一百號 湖边住畔 地壹分叁厘玖毛肆系
議字一千二百十二號 黄荊塢 山壹厘柒毛 折田三毛七系八忽

秋口镇长径村 A 1–2 · 税粮实征册 · 叶茂文户光模兄弟

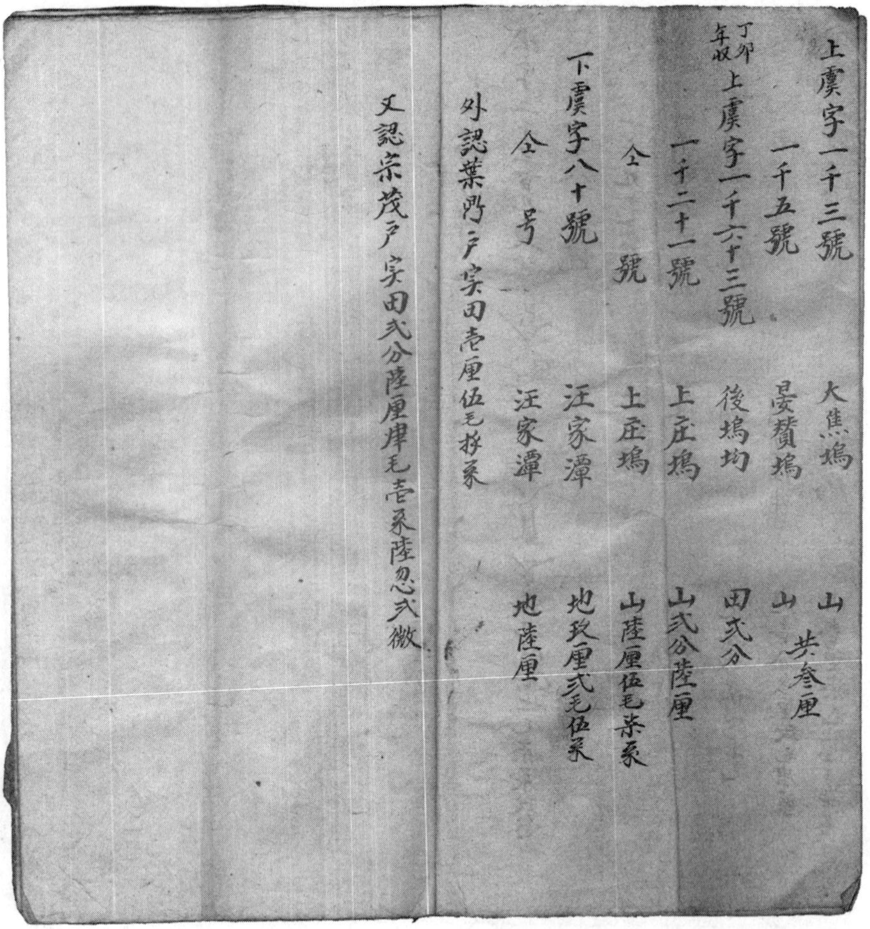

上虞字一千三號　大焦塢　山
一千五號　晏贅塢　山　共叁厘
丁卯年收 上虞字一千六十三號　後塢均　田弍分
一千二十一號　上庄塢　山弍分陸厘
仝　號　上庄塢　山陸厘伍毛柒系
下虞字八十號　汪家潭　地玖厘弍毛伍系
仝　号　汪家潭　地陸厘
外認葉門户实田壹厘伍毛捌系
又認宗茂户实田弍分陸厘肆毛壹系陸忽弍微

秋口镇长径村 A 1-3 · 税粮实征册 · 叶茂文户光模兄弟

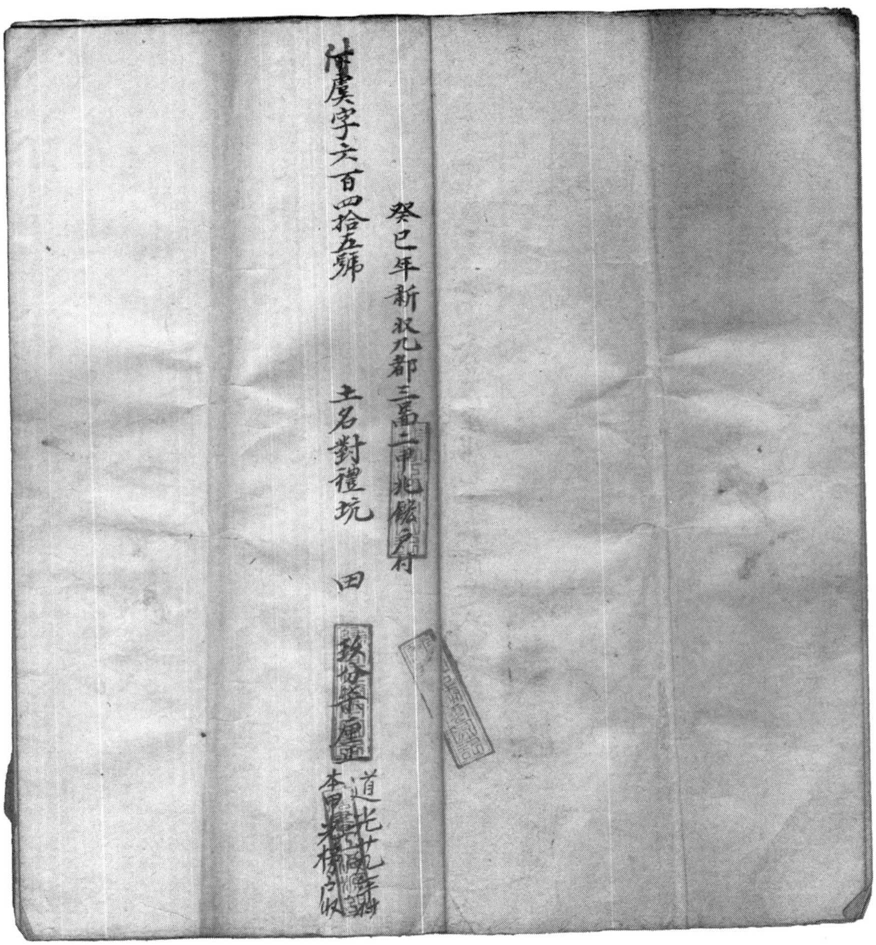

秋口镇长径村 A 1-4 · 税粮实征册 · 叶茂文户光模兄弟

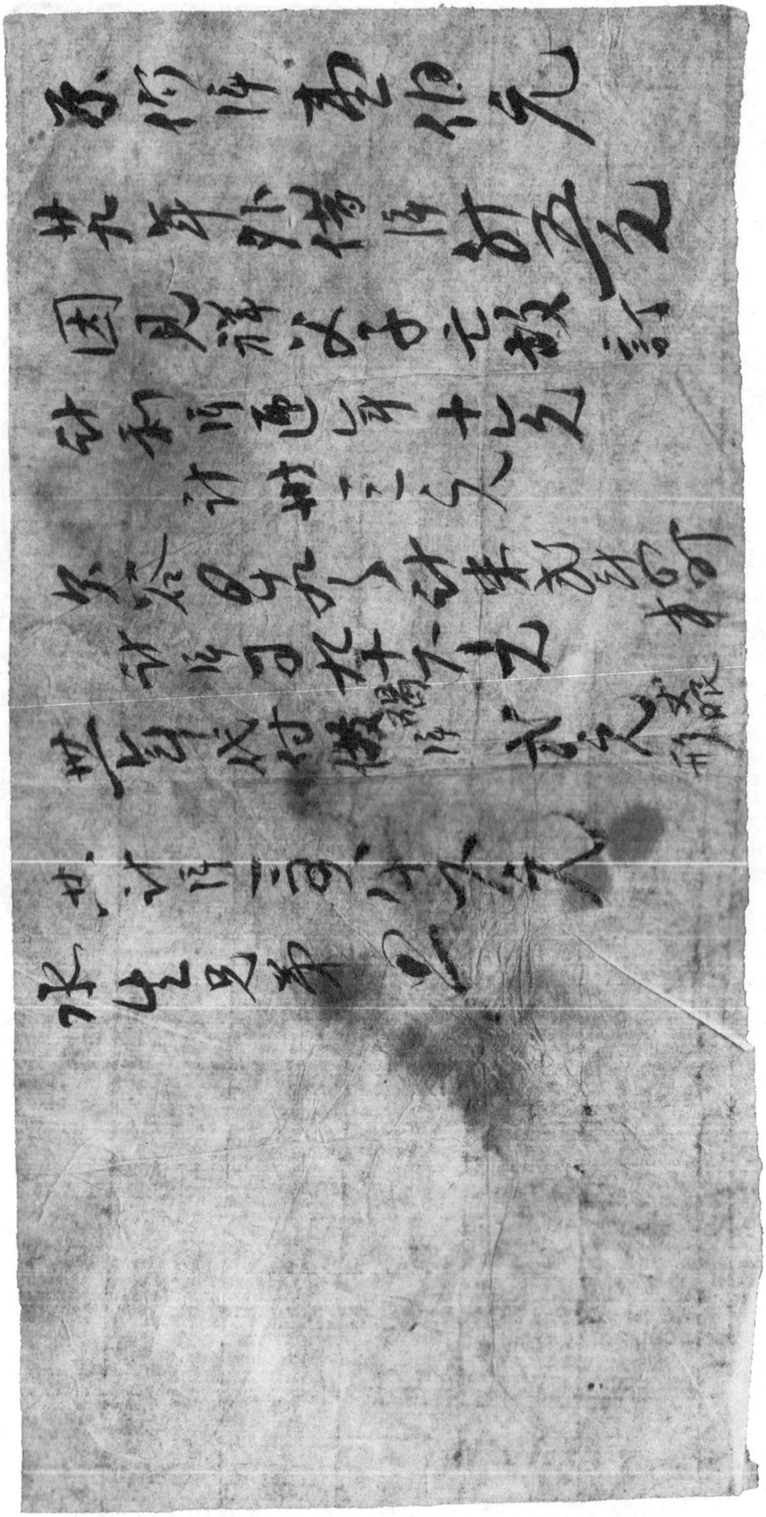

秋口镇长径村 A 9 · 流水账

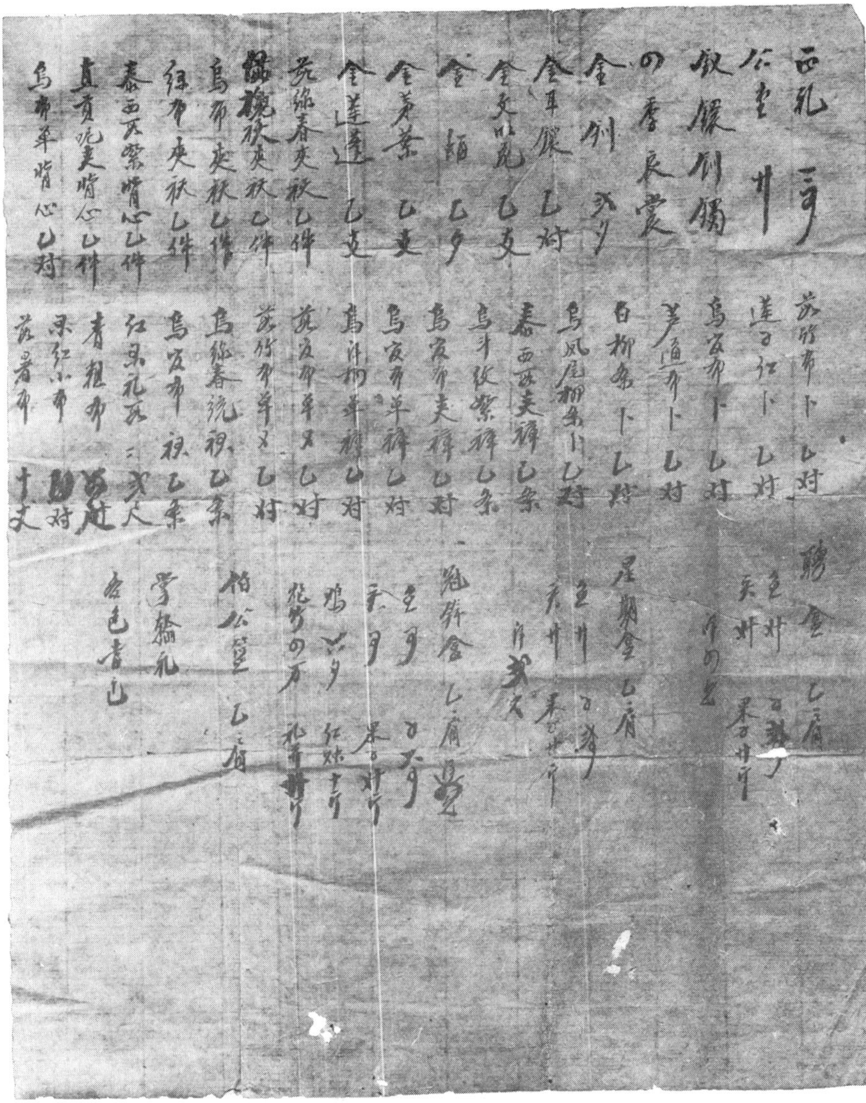

秋口镇长径村 A 41 · 礼单

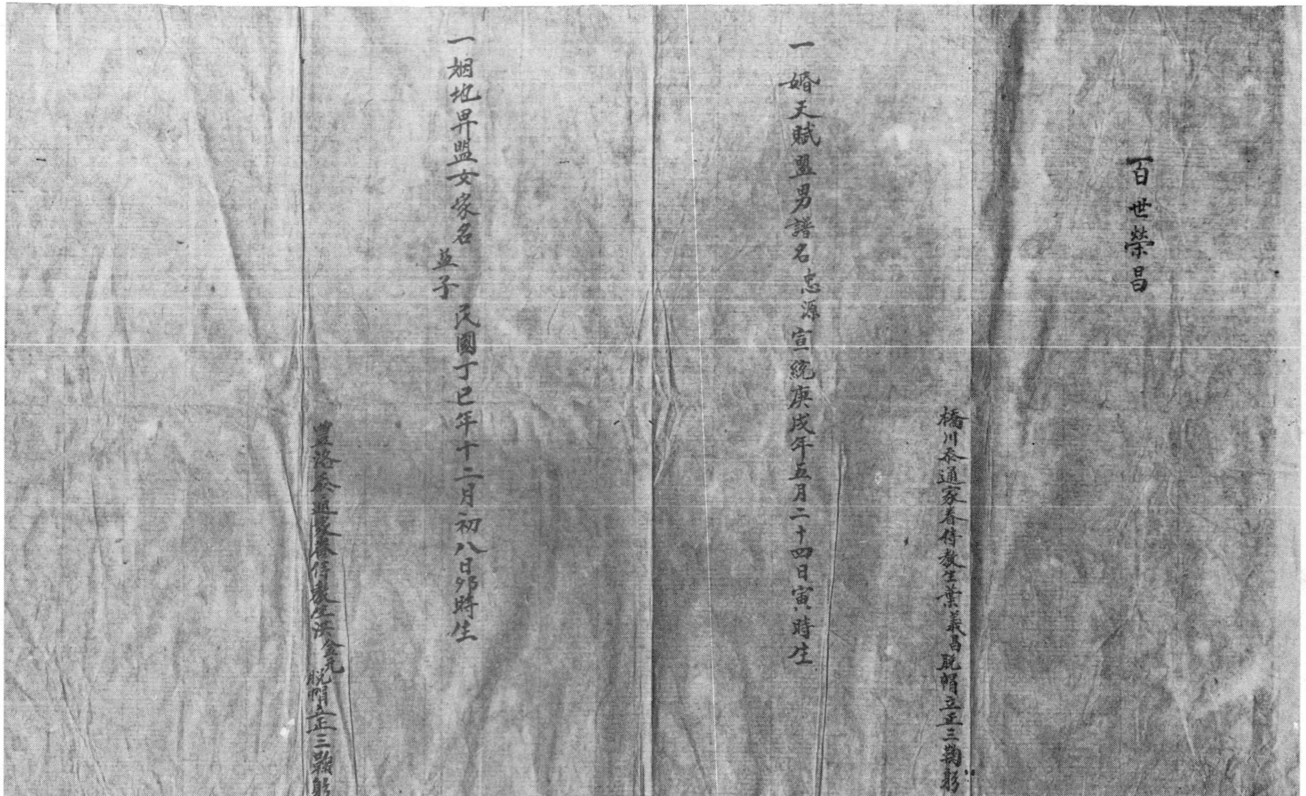

百世榮昌

橋川余通家眷侍教生葉義昌脫帽立正三鞠躬

一婚天賦盟男譜名志源 宣統庚戌年五月二十四日寅時生

一姻地畀盟女家名 益予 民國丁巳年十二月初八日卯時生

豐洛余通家眷侍教生汪金元脫帽立正三鞠躬

秋口镇长径村 A 42 · 一九一七年 · 婚约

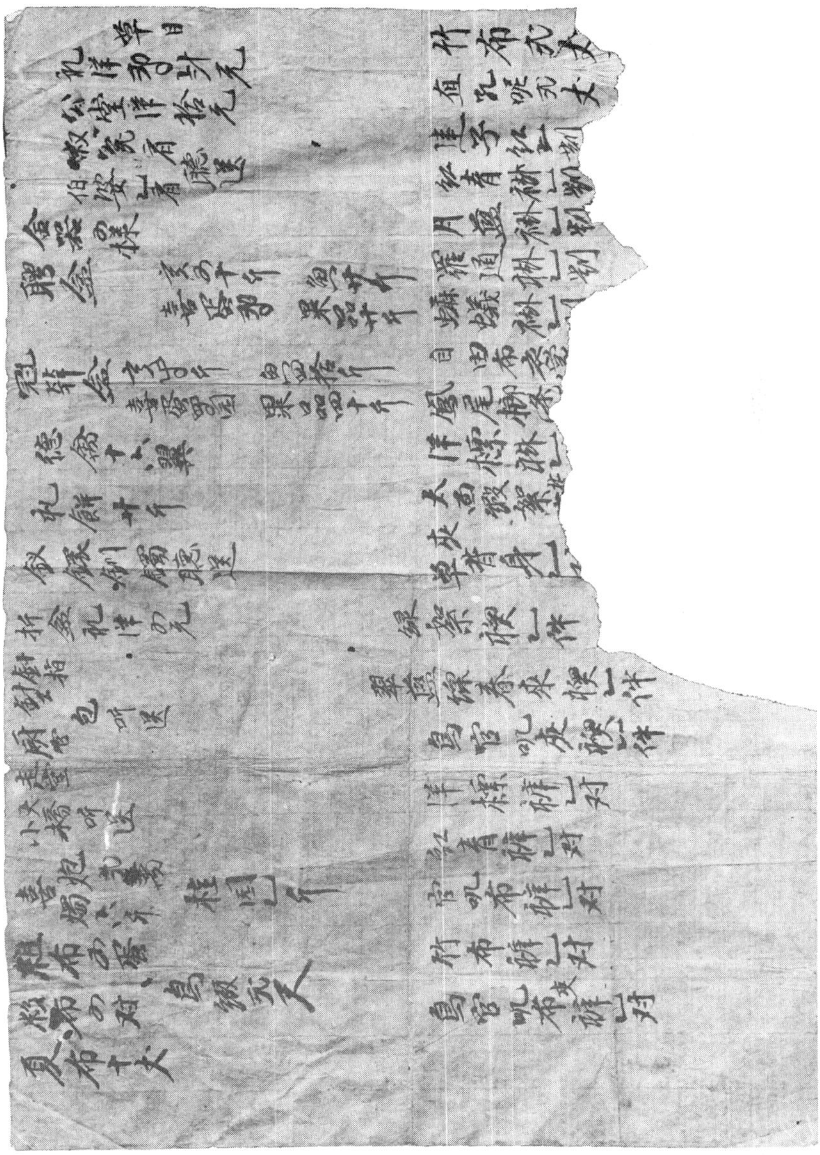

秋口镇长径村 A 43 · 聘礼礼单

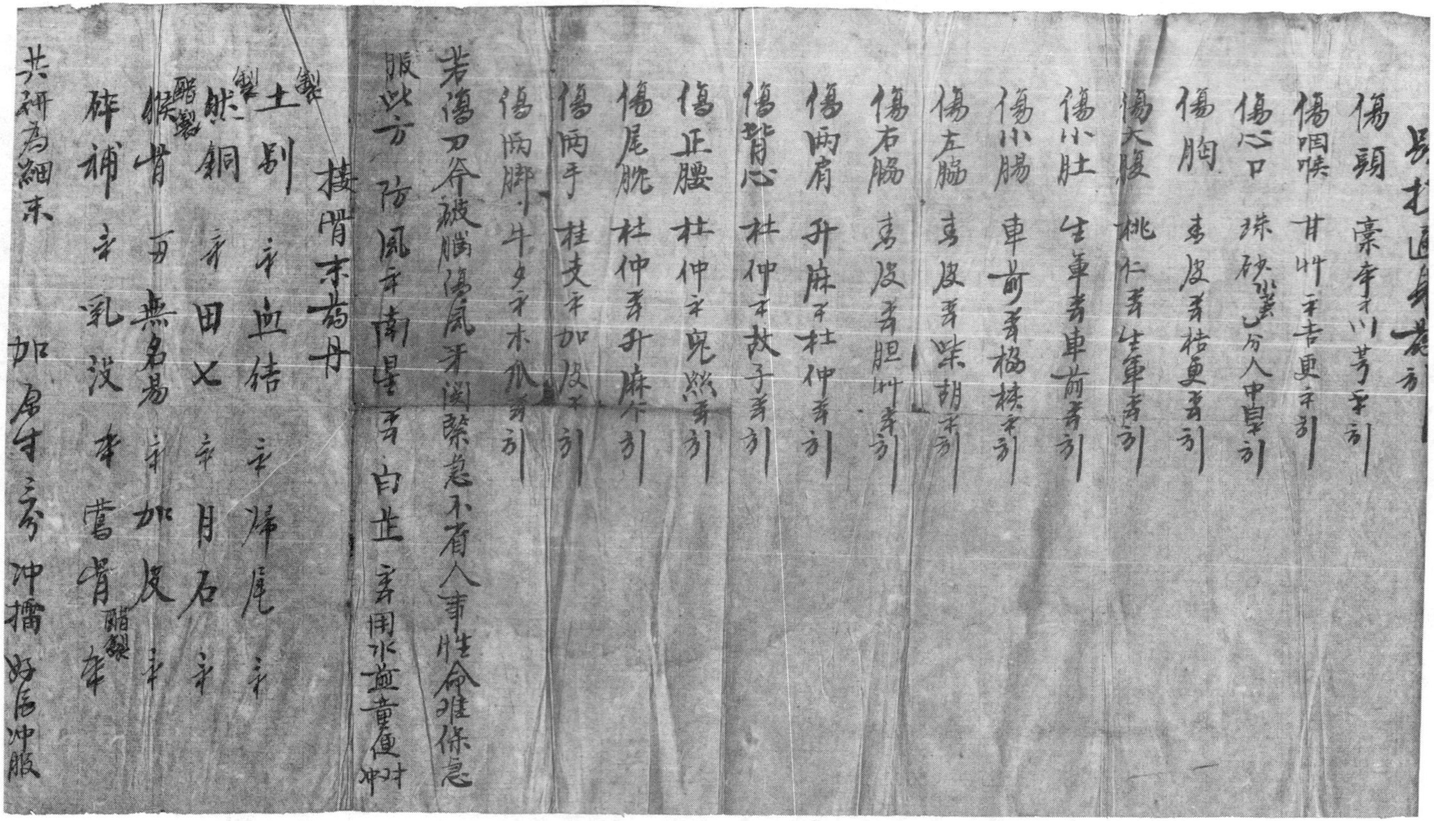

跌打通身药引

伤头 藁本 川芎 引
伤咽喉 甘草 桔梗 引
伤心口 朱砂 人中白 引
伤胸 青皮 桔梗 引
伤大腹 桃仁 生军 引
伤小肚 生军 车前 引
伤小肠 车前 引
伤左胁 青皮 柴胡 引
伤右胁 青皮 胆草 引
伤两肩 升麻 杜仲 引
伤背心 杜仲 故子 引
伤正腰 杜仲 兔丝 引
伤尾胱 杜仲 升麻 引
伤两手 桂支 加皮 引
伤两脚 牛夕 木瓜 引
若伤刀斧破脑伤风牙关紧急不省人事性命难保急服此方 防风 南星 白芷 童便冲对
接骨末药丹
土别 血结 归尾
熊铜 田七 月石
猴骨 无名易 加皮
碎补 乳没 ……
共研为细末 加…… 冲擂 好酒冲服

秋口镇长径村 A 46 · 跌打通身药引